[illegible]

—— [illegible]

[illegible]

ᠦᠨᠳᠦᠰᠦᠲᠡᠨ ᠦ ᠬᠡᠪᠯᠡᠯ ᠦᠨ ᠬᠣᠷᠢᠶ᠎ᠠ

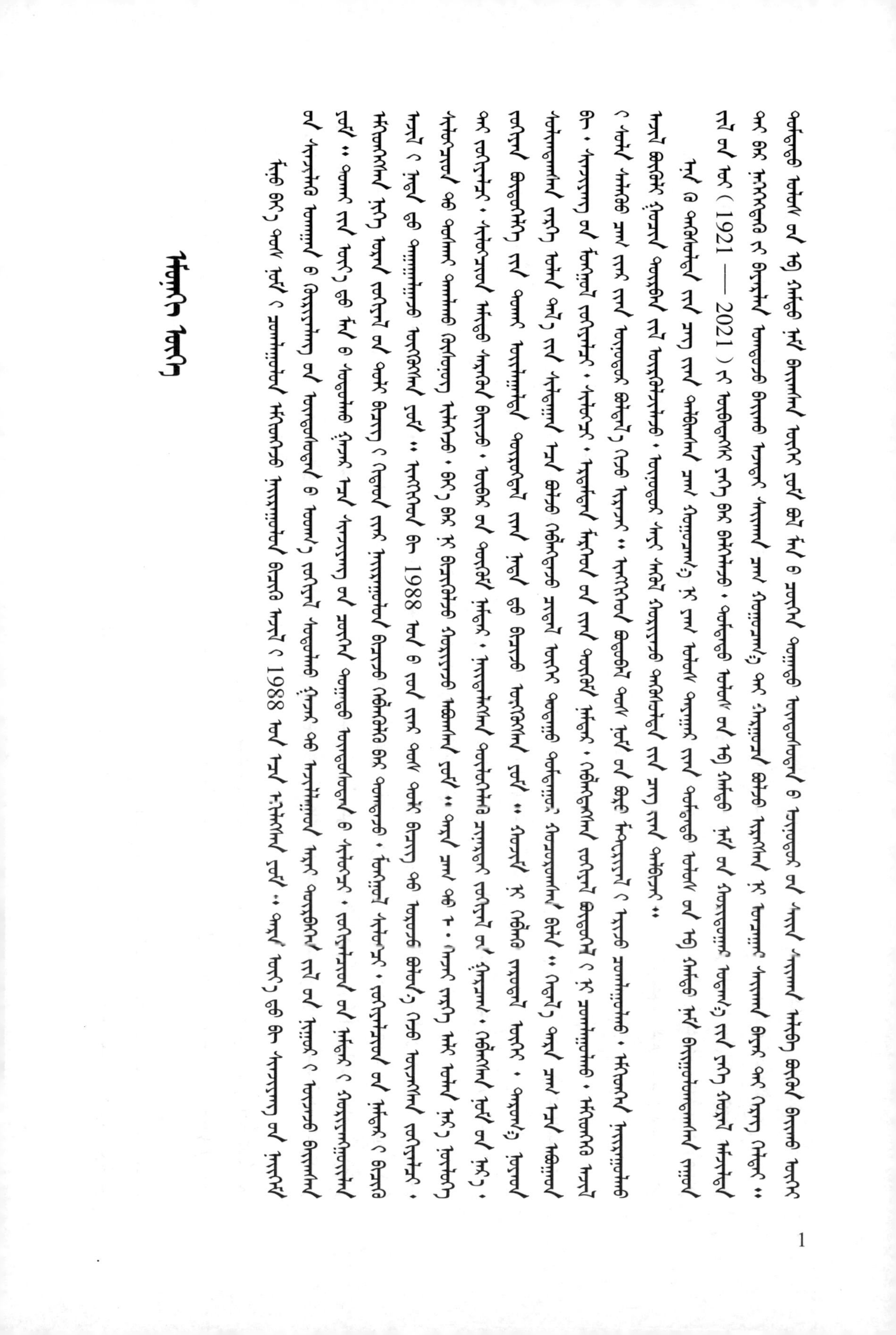

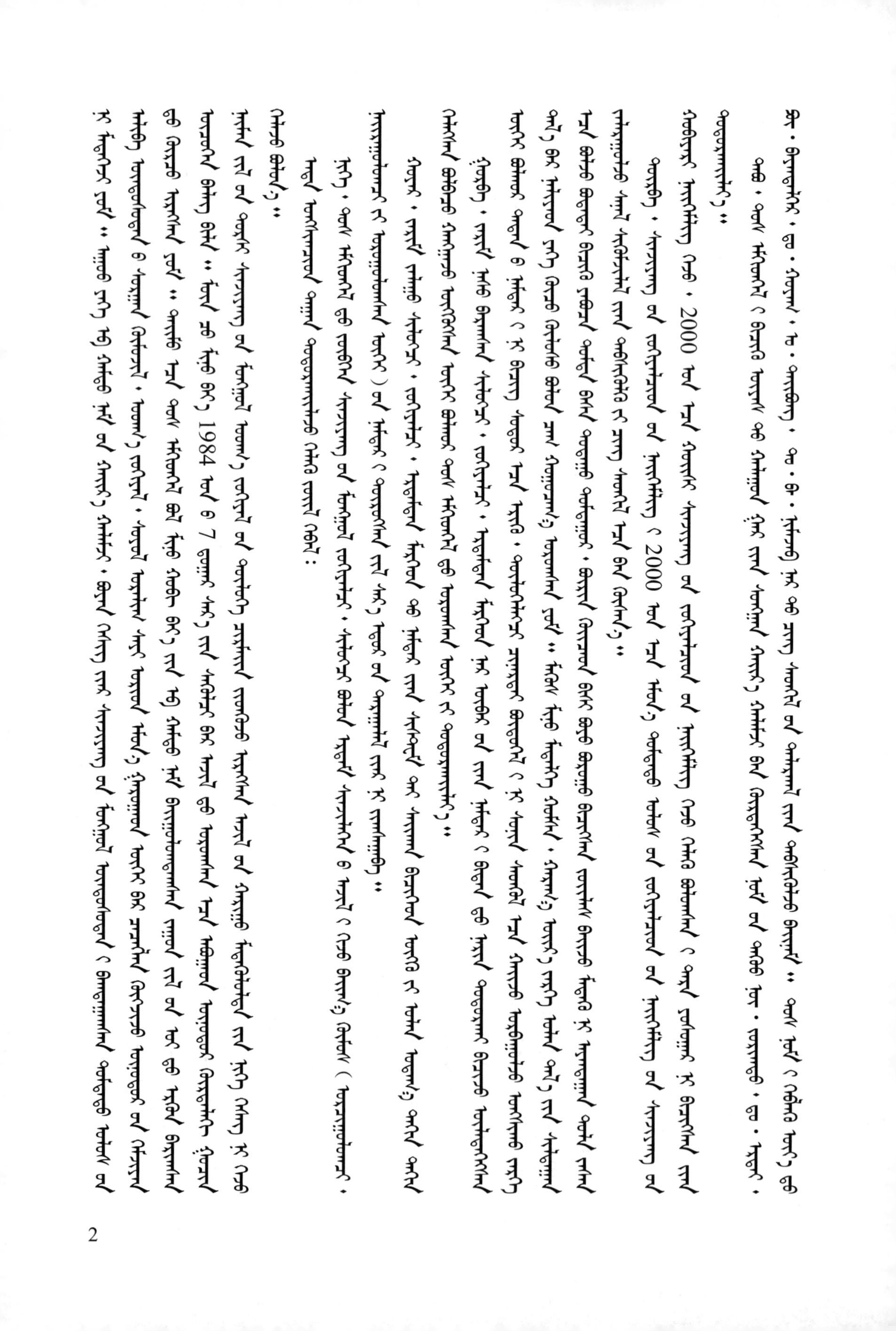

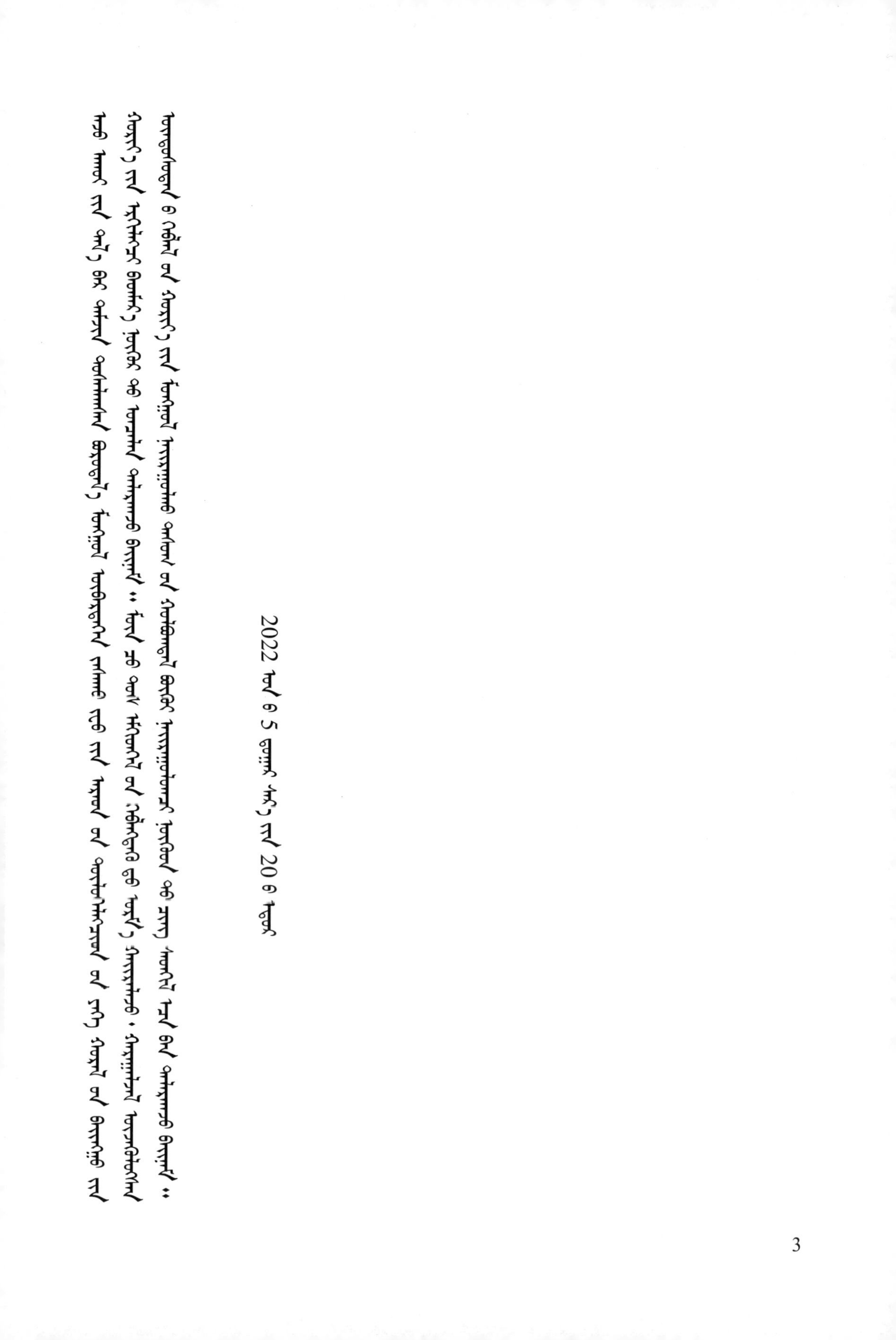

[illegible]

[illegible]

[illegible]

2022 ᠣᠨ ᠤ 5 ᠰᠠᠷ᠎ᠠ ᠶᠢᠨ 20 ᠤ ᠡᠳᠦᠷ

ᠭᠠᠷᠴᠠᠭ

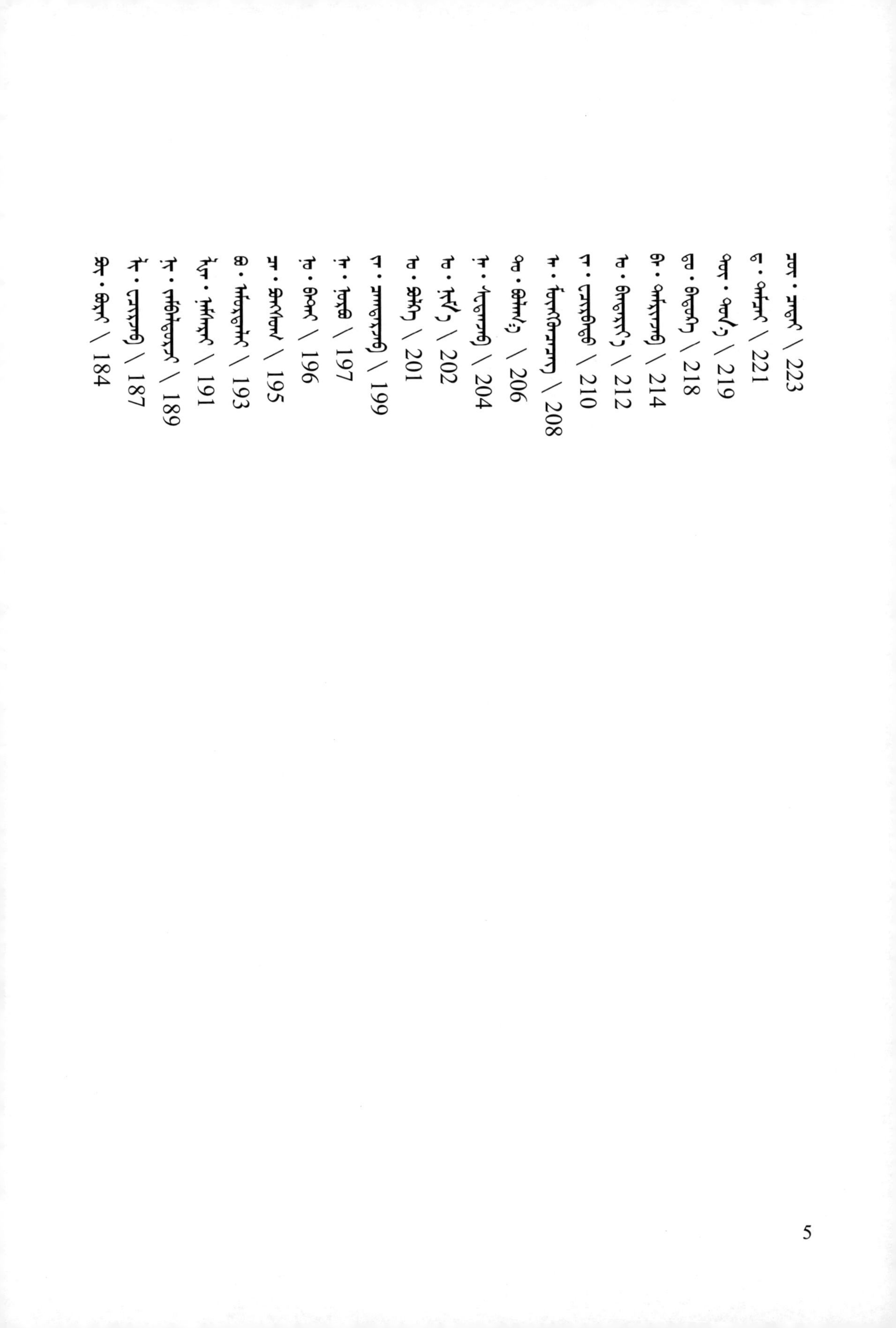

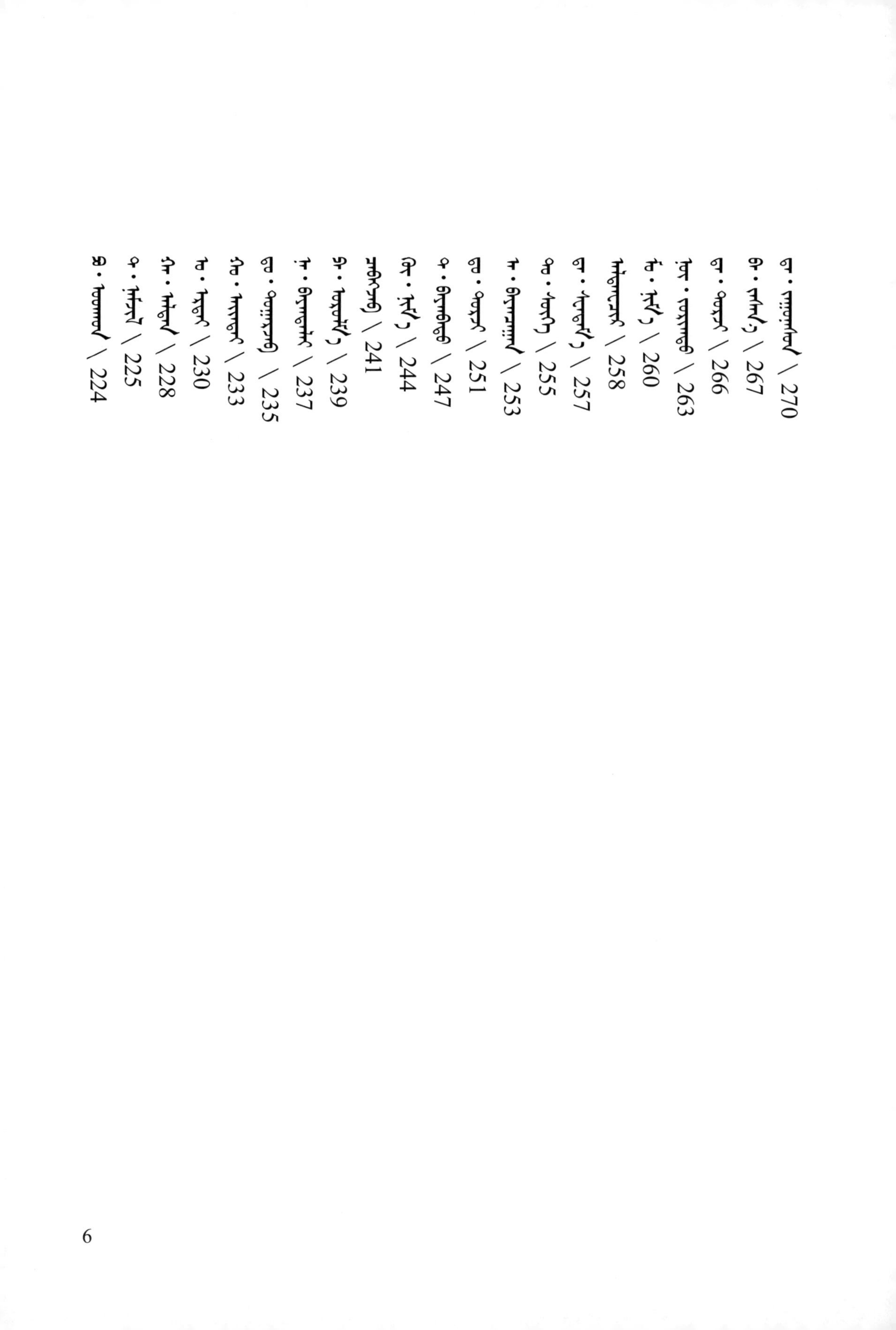

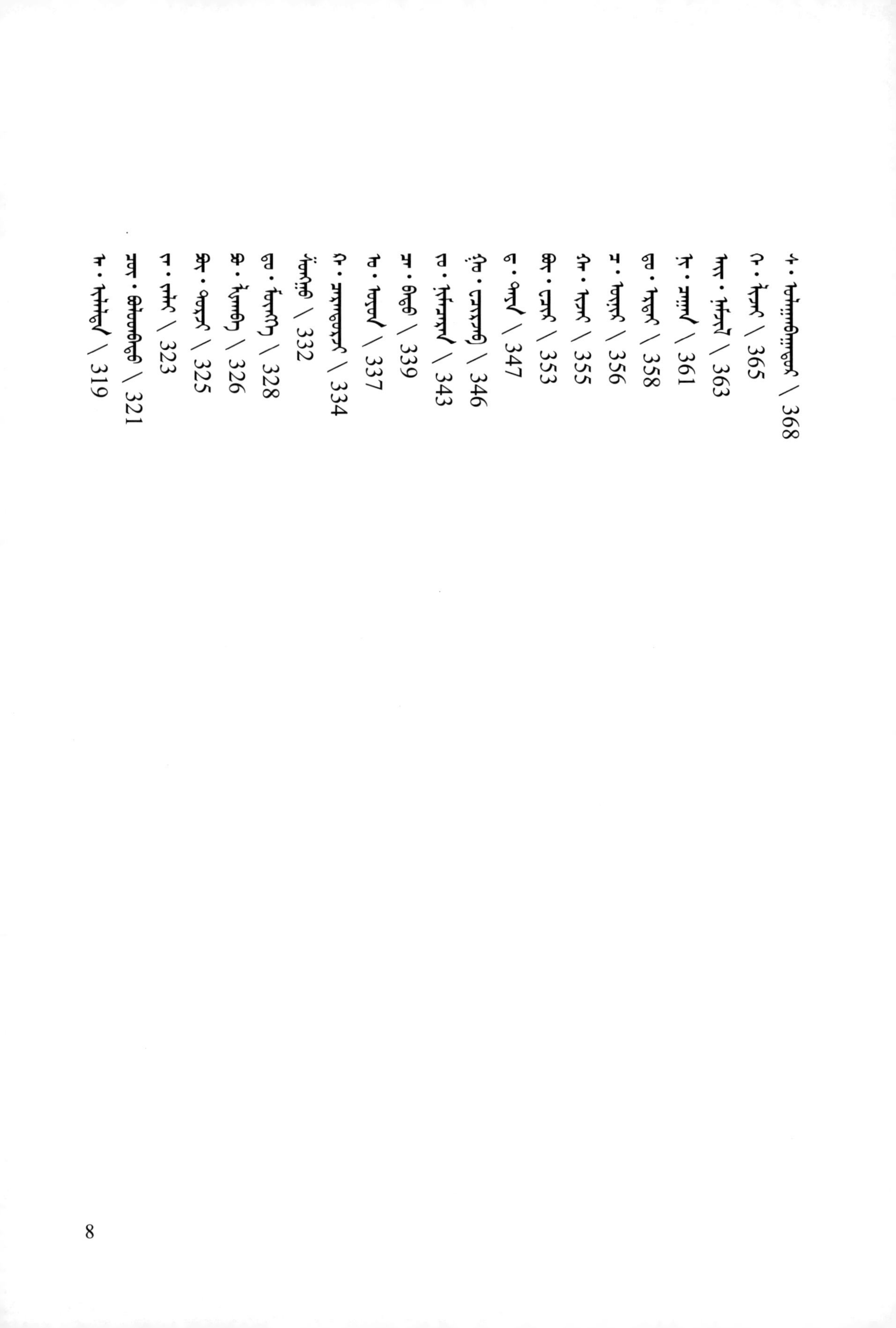

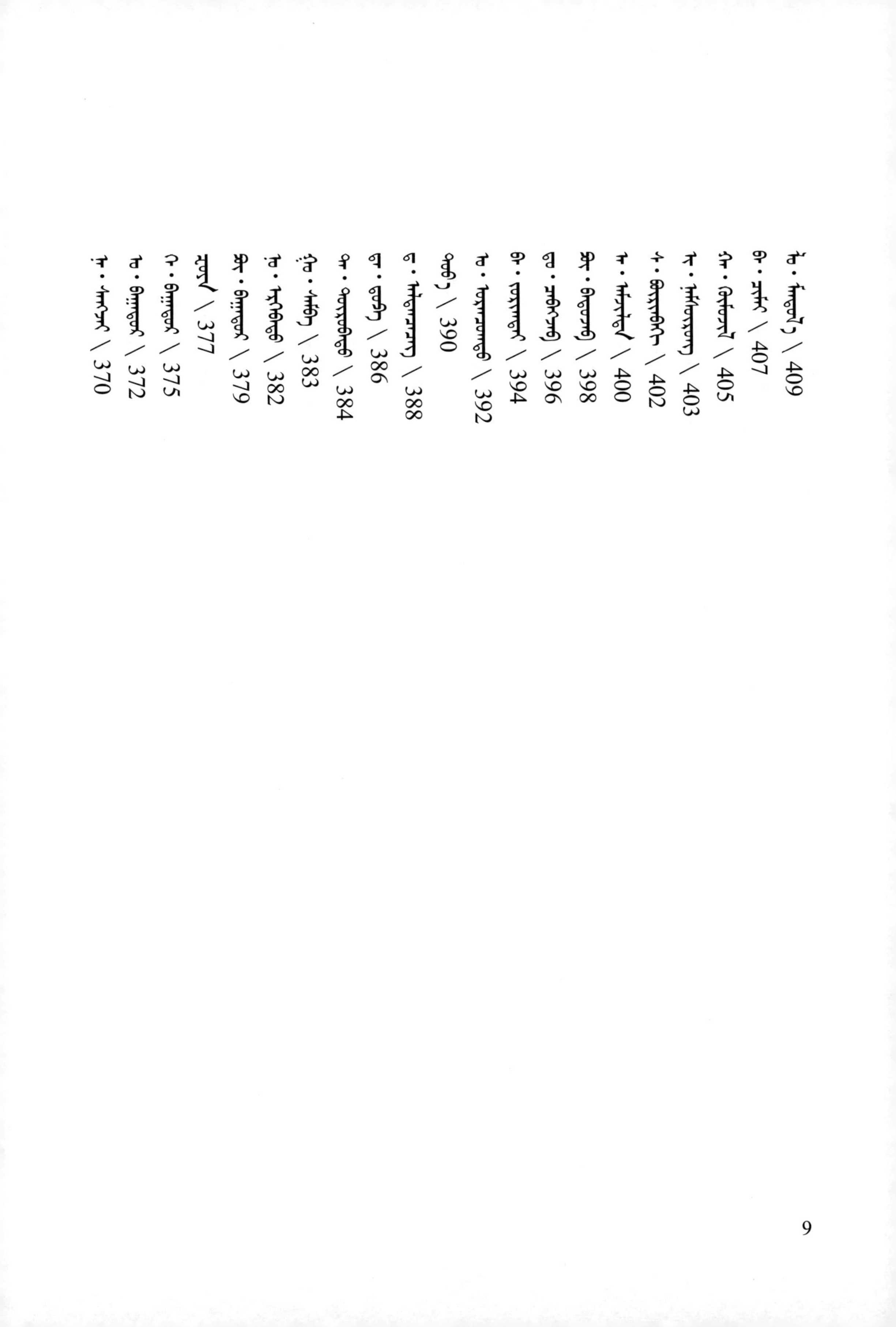

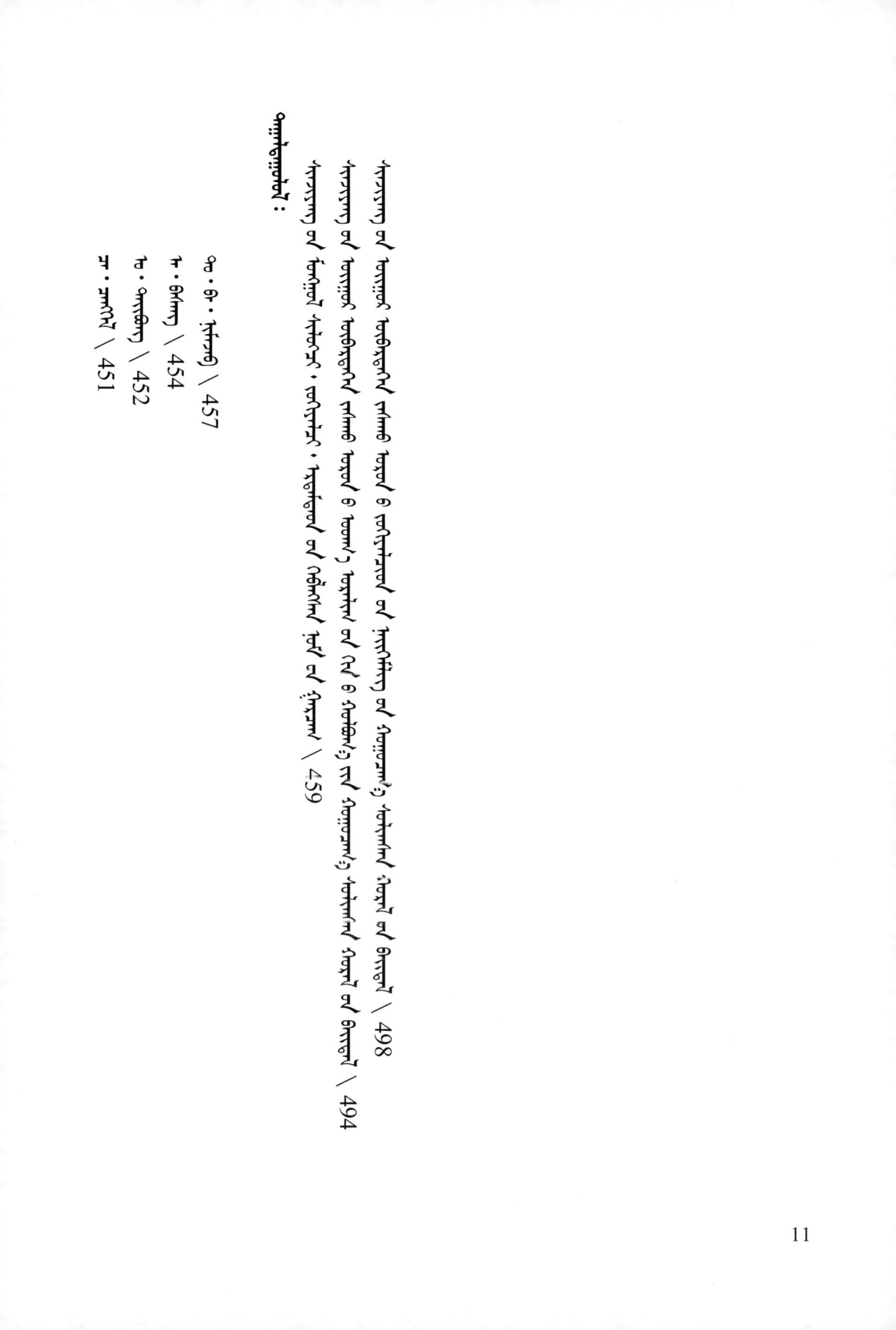

[illegible] :

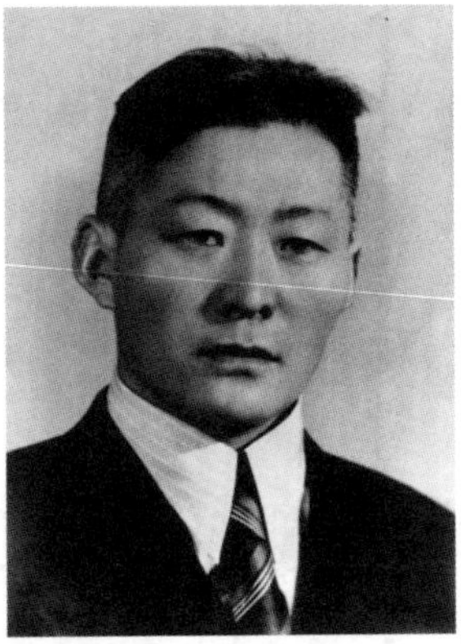

ᠮ᠋ᠠ᠂ ᠭᠠᠯᠰᠠᠩᠰᠦᠩᠳᠦᠪ

[illegible]

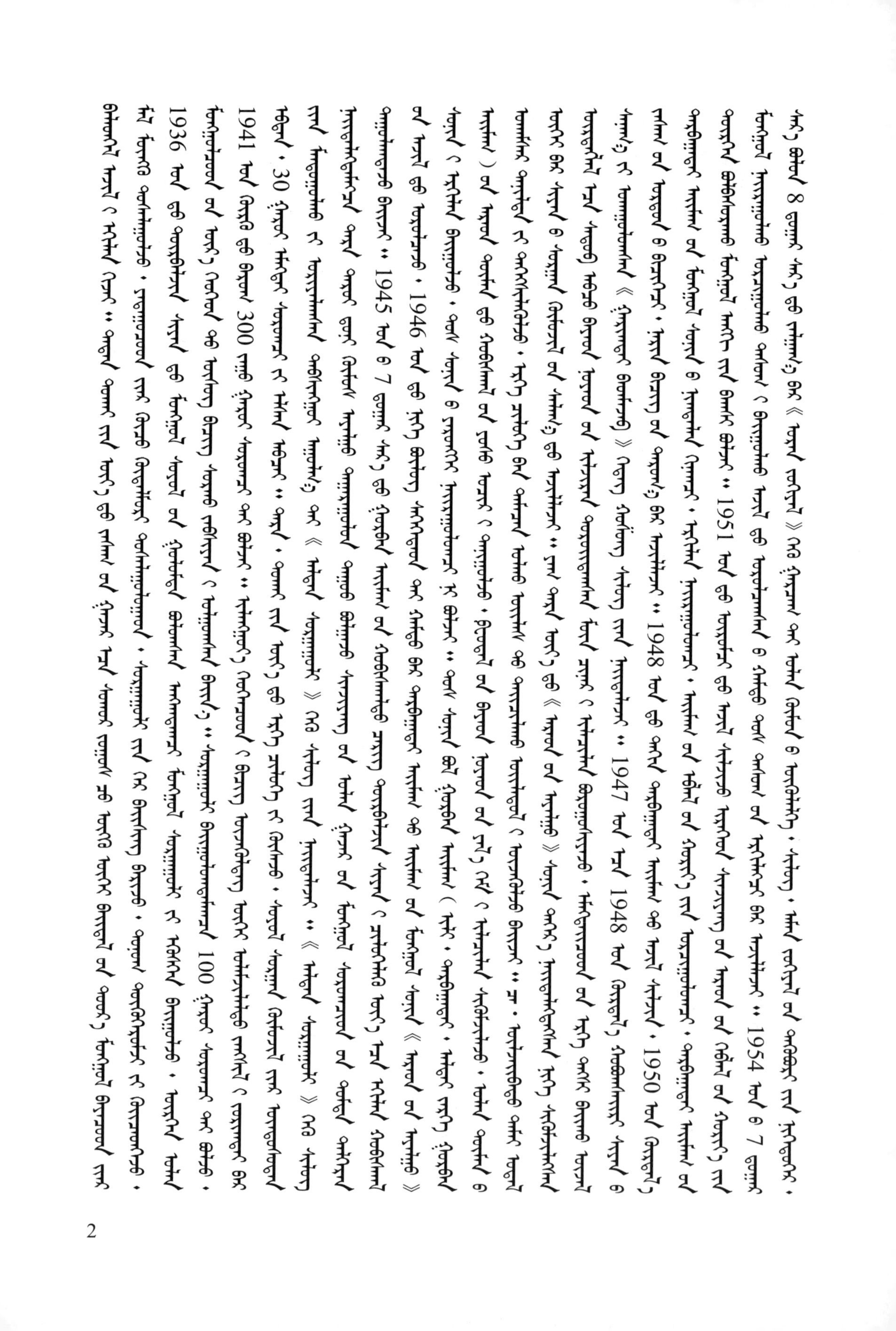

[illegible] 8 [illegible] 《[illegible]》 [illegible]
[illegible] 1954 [illegible] 7 [illegible]
[illegible] 1951 [illegible]
[illegible]
[illegible] 1948 [illegible] 1950 [illegible]
[illegible] 《[illegible]》 [illegible] 1947 [illegible] 1948 [illegible]
[illegible]
[illegible] 《[illegible]》 [illegible]
[illegible]
[illegible]
[illegible]
[illegible] 1946 [illegible] 《[illegible]》
[illegible] 1945 [illegible] 7 [illegible]
[illegible]
[illegible] 《[illegible]》 [illegible] 《[illegible]》 [illegible]
[illegible] 30 [illegible]
1941 [illegible] 300 [illegible]
[illegible] 100 [illegible]
1936 [illegible]
[illegible]
[illegible]

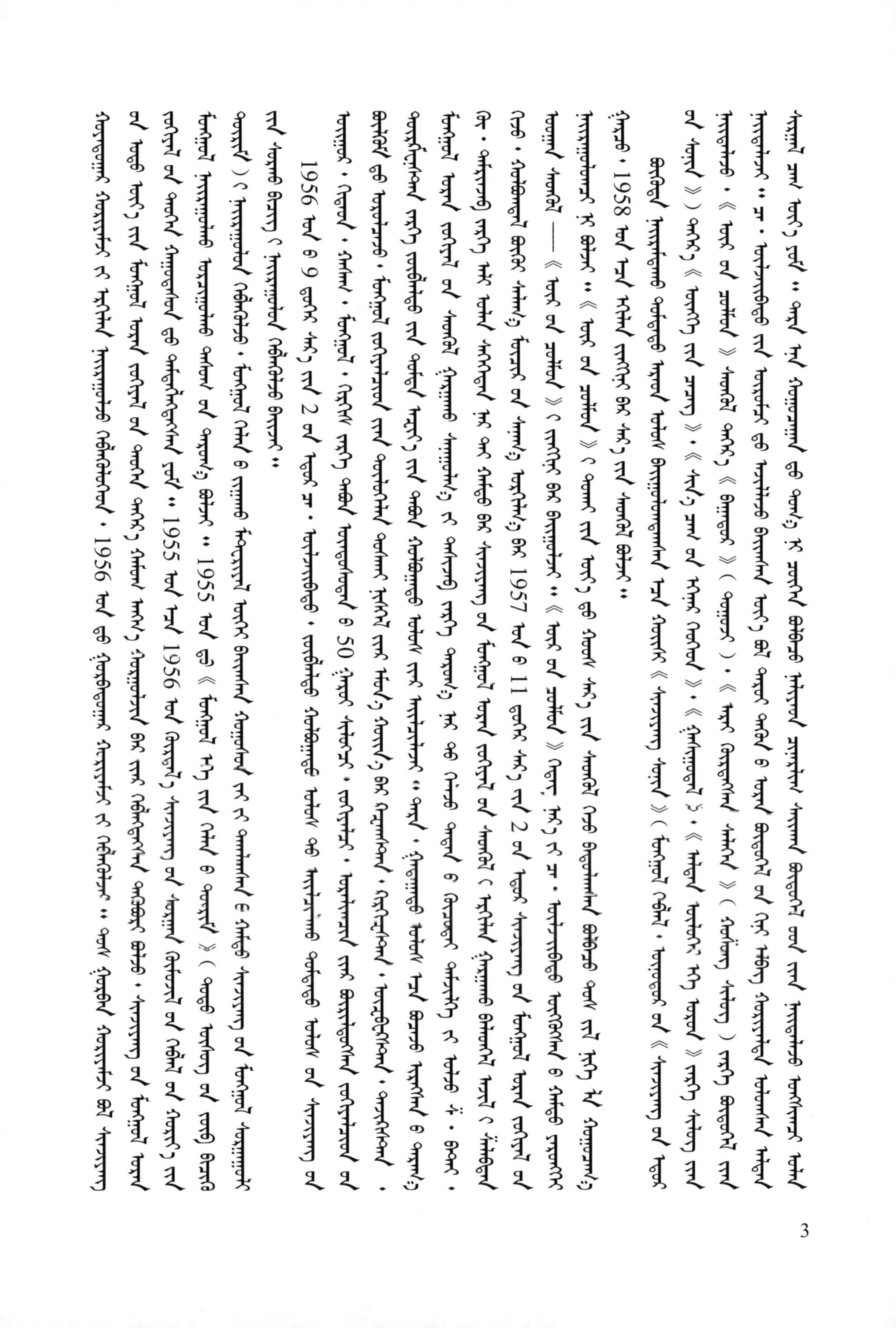

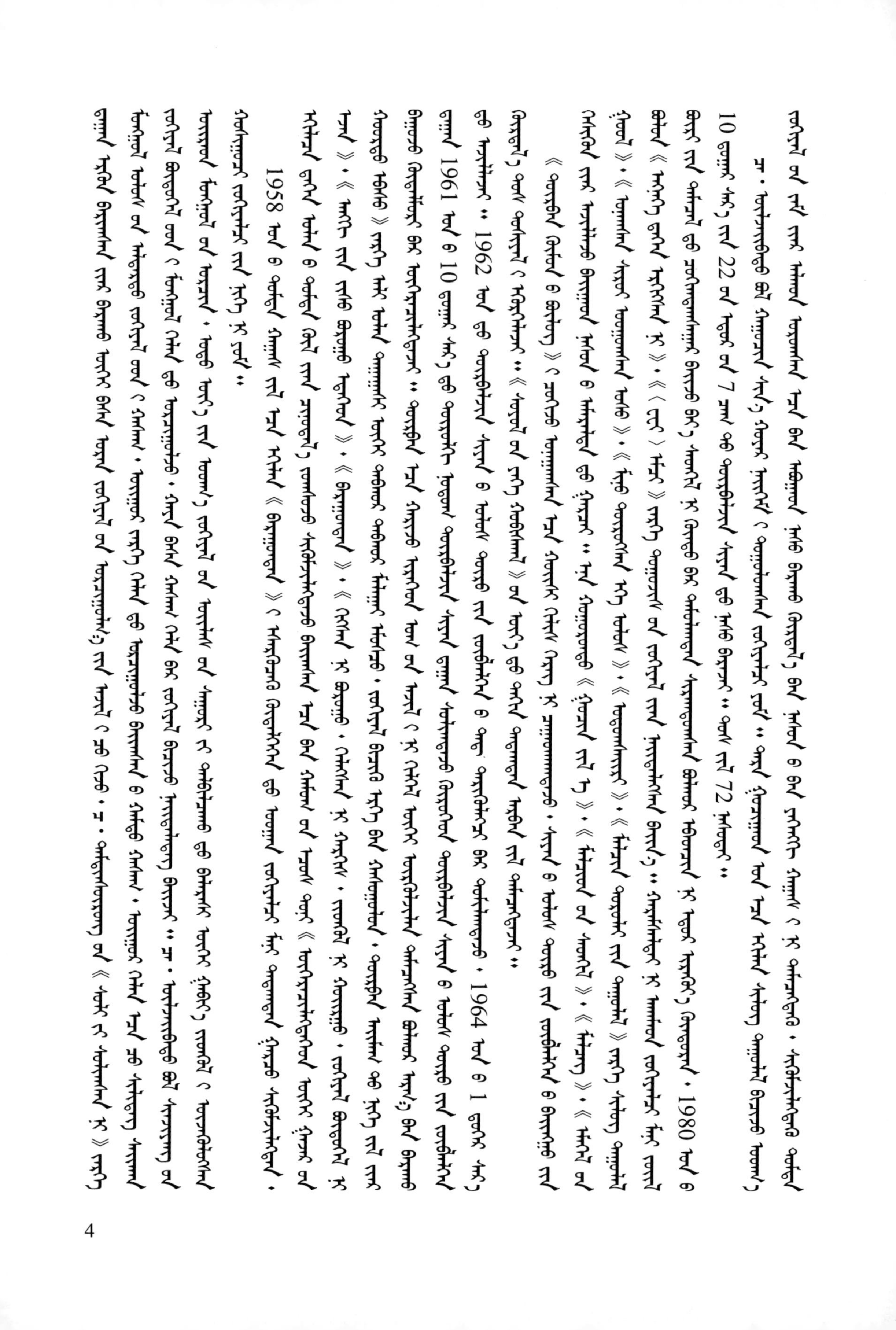

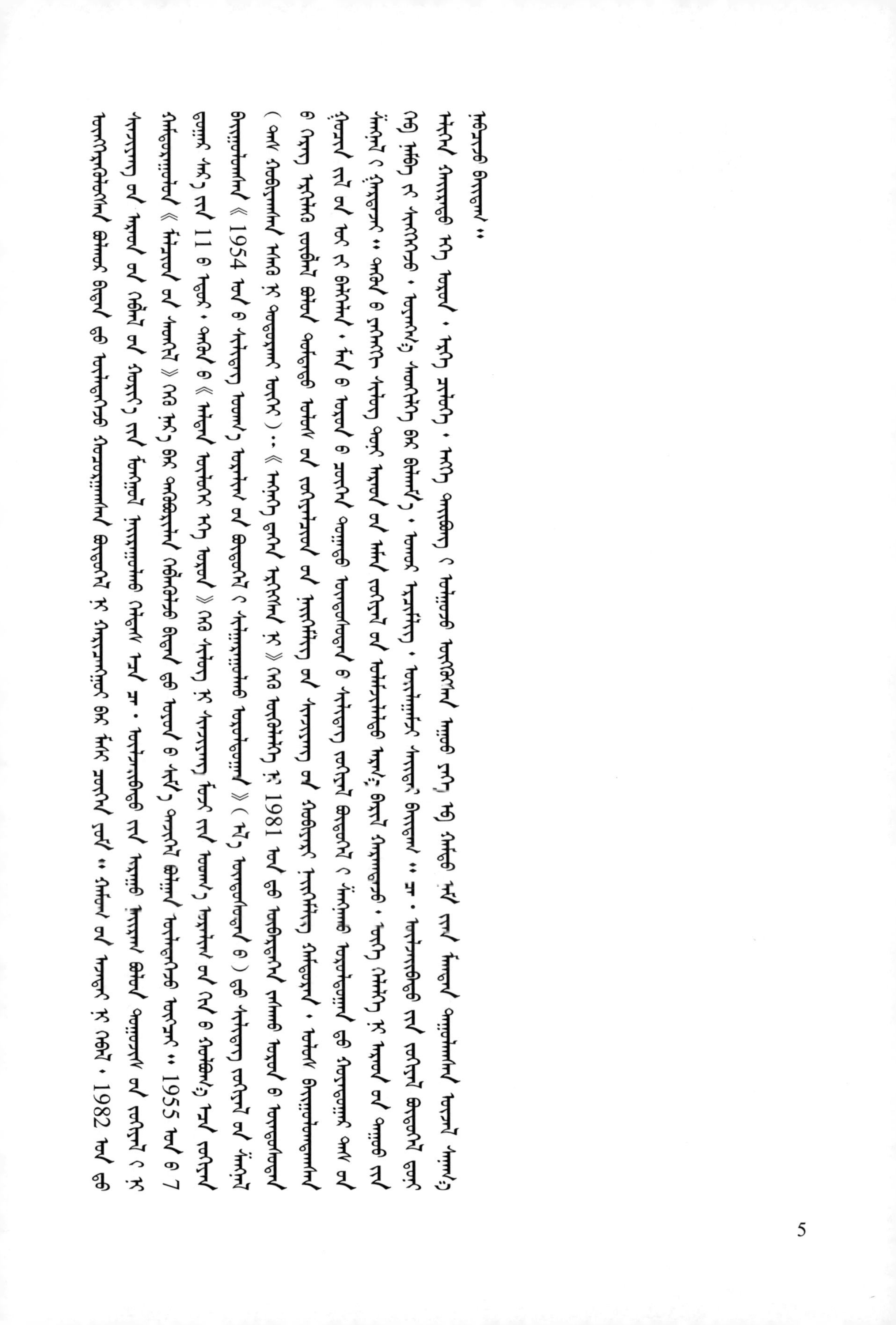

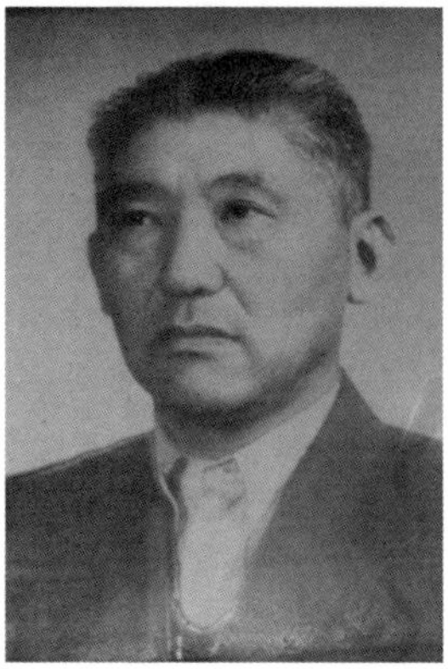

ᠯᠠ · ᠰᠡᠷᠡᠩᠴᠣᠪ

[illegible] ·· 1912 ᠣᠨ ᠤ 3 ᠳᠤᠭᠠᠷ ᠰᠠᠷ᠎ᠠ ᠳᠤ [illegible] 1924 ᠣᠨ ᠳᠤ [illegible] ·· 1934 ᠣᠨ ᠳᠤ [illegible] ·· 1937 ᠣᠨ ᠳᠤ [illegible] ·· [illegible] · 1942 ᠣᠨ [illegible] ·· [illegible] ·· 1945 ᠣᠨ ᠤ 7 ᠳᠤᠭᠠᠷ ᠰᠠᠷ᠎ᠠ ᠳᠤ [illegible] 8 ᠳᠤᠭᠠᠷ ᠰᠠᠷ᠎ᠠ ᠳᠤ [illegible] ·· [illegible] · 1946 ᠣᠨ [illegible] 1945 ᠣᠨ ᠤ [illegible] ·· [illegible]

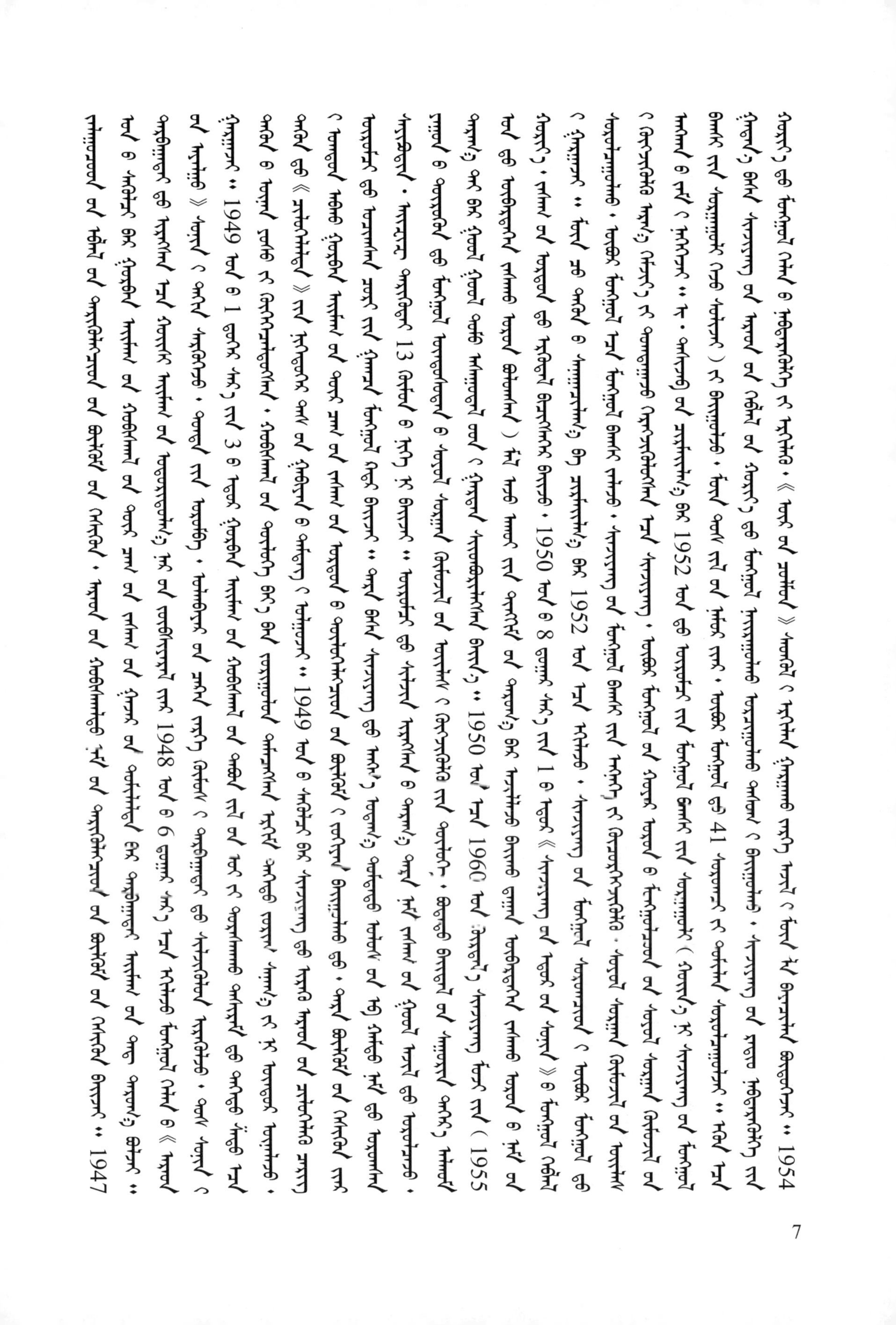

1954 :: [illegible]

[illegible]

[illegible] :: [illegible] 41 [illegible]

[illegible] 1952 [illegible]

[illegible]

[illegible]

[illegible] 1952 [illegible]

[illegible] 1950 [illegible] 8 [illegible] 1 [illegible]

[illegible]

1955 [illegible] 1960 [illegible] 1950 :: [illegible]

[illegible]

[illegible] 13 [illegible]

[illegible]

[illegible]

[illegible] 1949 :: [illegible]

[illegible]

[illegible] 1949 [illegible] 3 [illegible] 1 [illegible] 1949 :: [illegible]

[illegible]

[illegible] 6 [illegible] 1948 [illegible]

:: [illegible]

1947 :: [illegible]

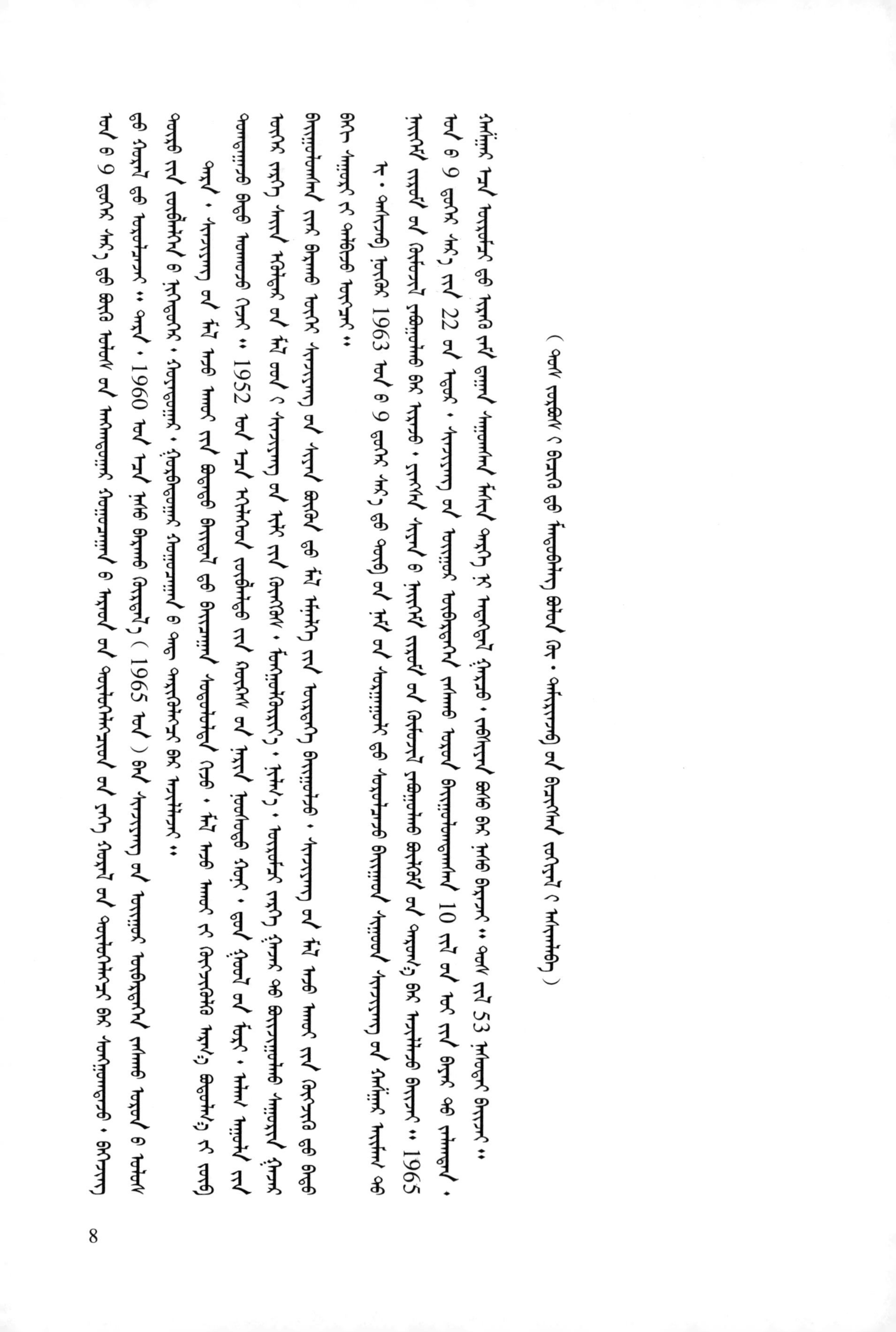

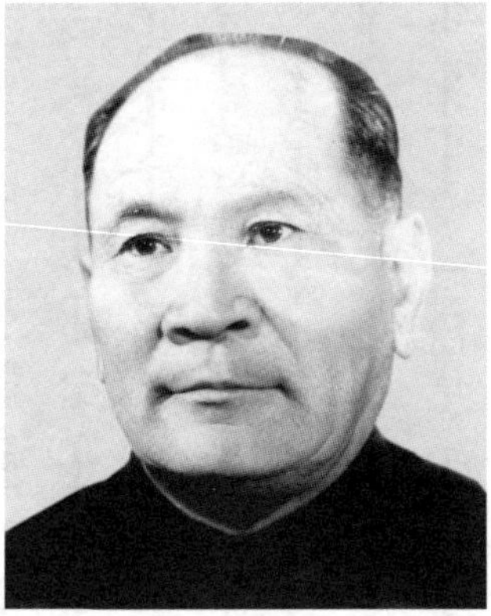

[illegible]

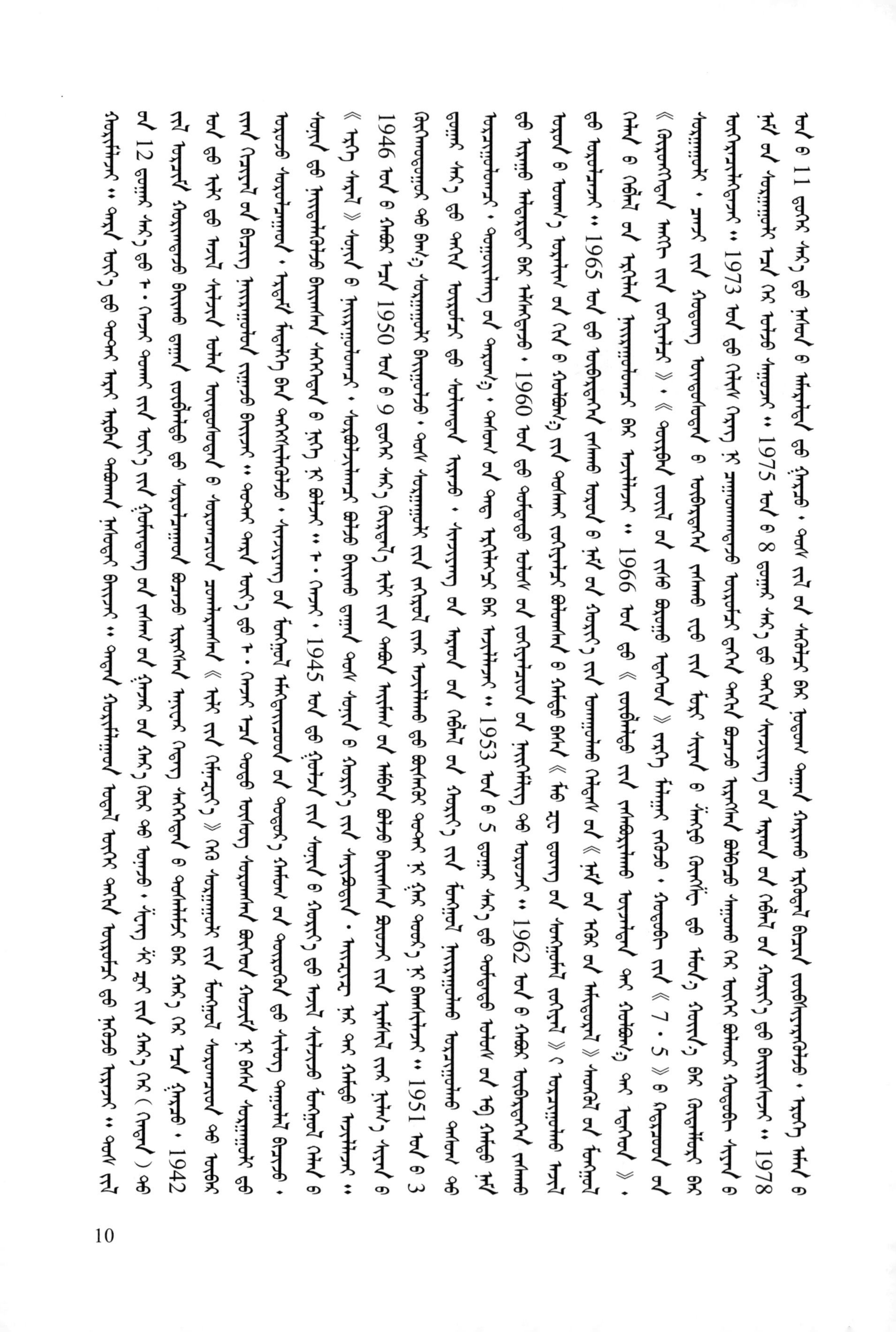

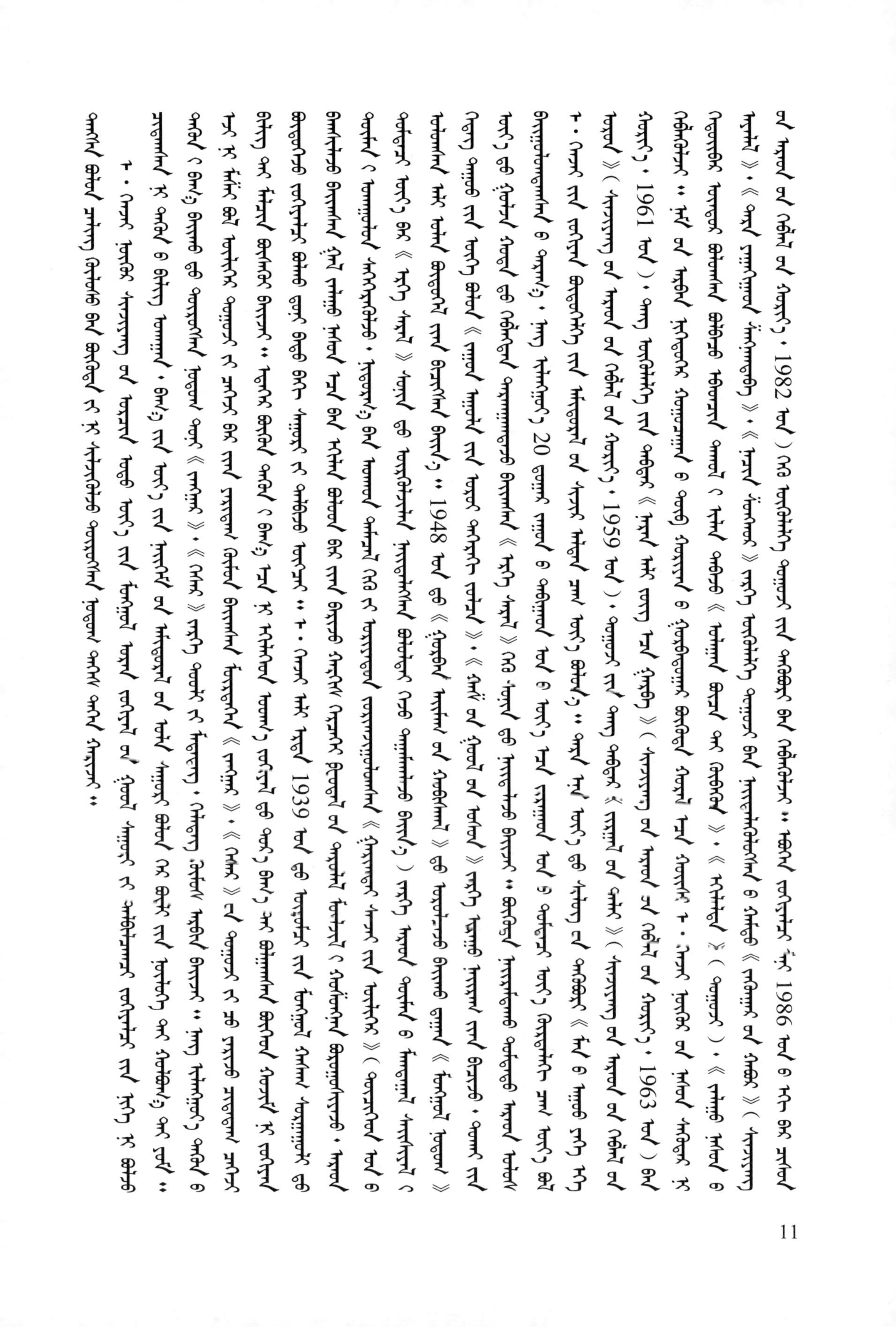

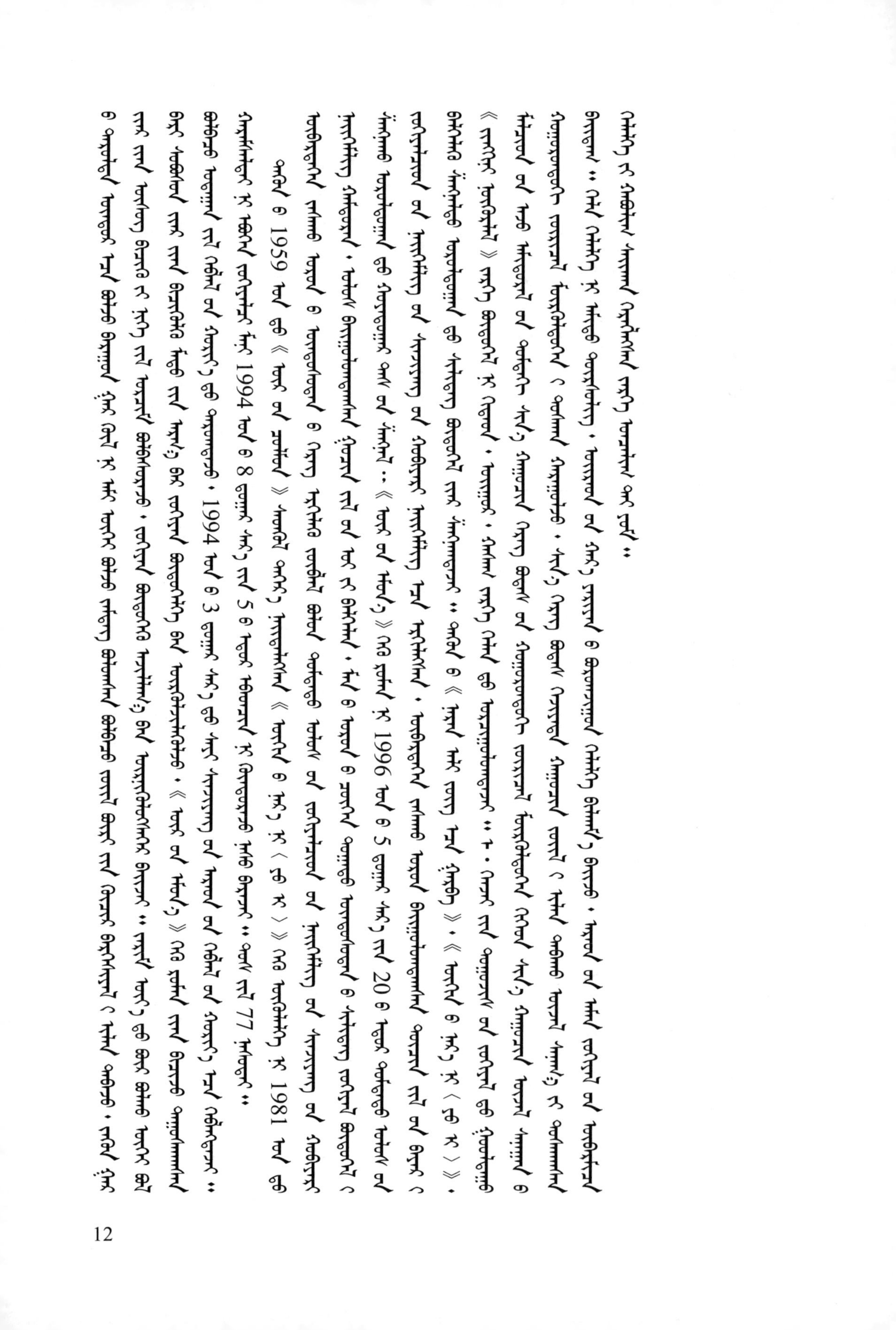

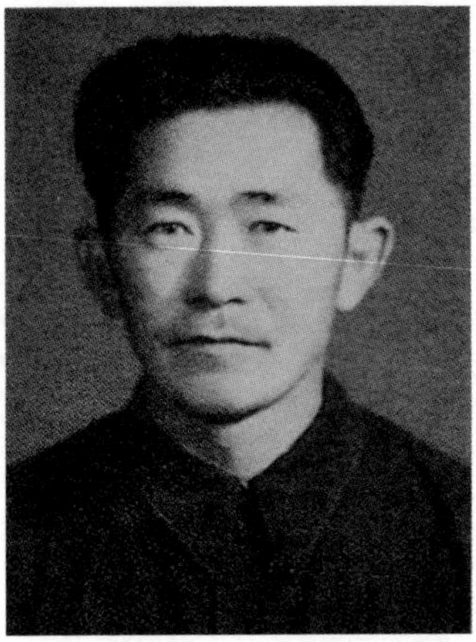

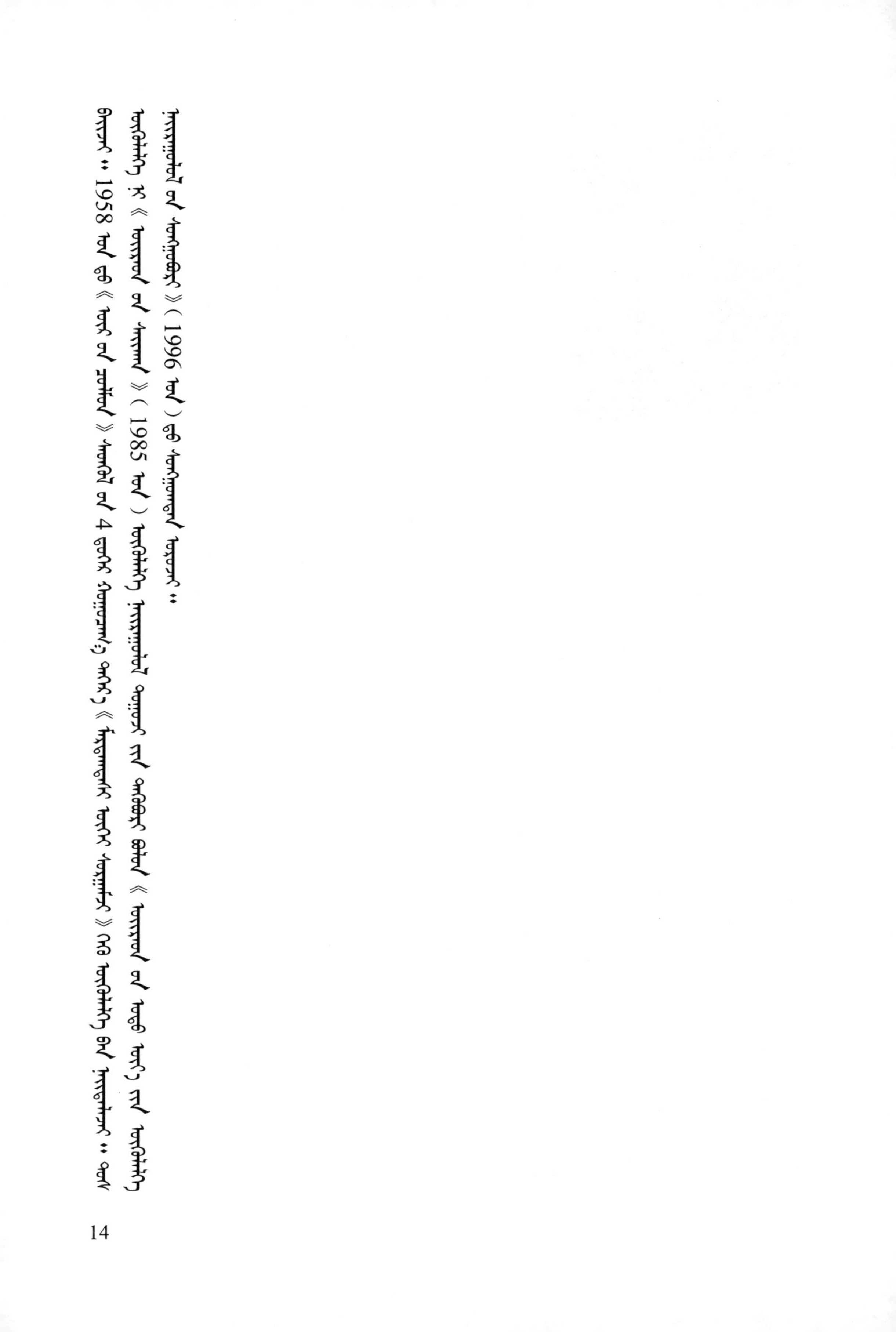

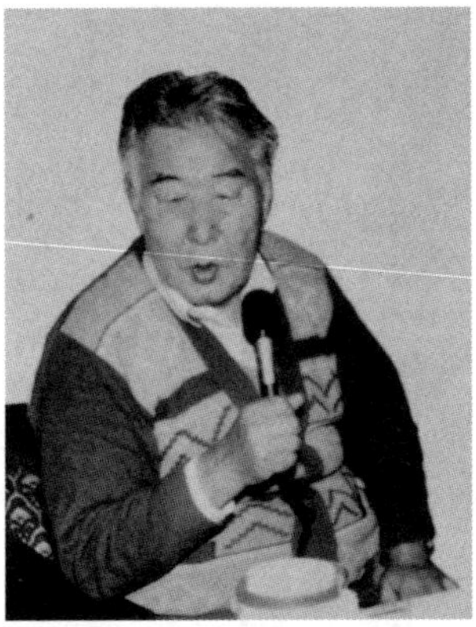

ᠬᠤᠷᠠᠯ ᠤᠨ ᠪᠠᠶᠢᠩᠭᠤ ᠬᠣᠷᠢᠶ᠎ᠠ ᠄ 1945 ᠣᠨ ᠤ 11 ᠰᠠᠷ᠎ᠠ ᠶᠢᠨ ᠳᠤ ᠬᠤᠷᠠᠯ ᠢ ᠵᠣᠬᠢᠶᠠᠨ ᠪᠠᠶᠢᠭᠤᠯᠬᠤ ᠪᠠᠷ ᠲᠣᠮᠢᠯᠠᠭᠳᠠᠭᠰᠠᠨ ᠪᠡᠯᠡᠳᠬᠡᠯ ᠦᠨ ᠬᠣᠷᠢᠶᠠᠨ ᠤ ᠪᠠᠶᠢᠩᠭᠤ ᠶᠢᠨ ᠭᠡᠰᠢᠭᠦᠨ ᠳᠠᠷᠤᠭ᠎ᠠ ᠠᠵᠢᠯᠯᠠᠭᠰᠠᠨ ᠄ 1946 ᠣᠨ ᠤ 1 ᠰᠠᠷ᠎ᠠ ᠶᠢᠨ ᠳᠤ ᠣᠯᠠᠨ ᠲᠦᠮᠡᠨ ᠦ ᠲᠣᠭᠲᠠᠭᠰᠠᠨ ᠬᠤᠷᠠᠯ ᠤᠨ ᠪᠠᠶᠢᠩᠭᠤ ᠬᠣᠷᠢᠶᠠᠨ ᠤ ᠭᠡᠰᠢᠭᠦᠨ ᠳᠠᠷᠤᠭ᠎ᠠ ᠶᠢᠨ 8 ᠰᠠᠷ᠎ᠠ ᠶᠢᠨ 3 ᠰᠠᠷ᠎ᠠ ᠶᠢᠨ ᠡᠴᠡ 7 ᠰᠠᠷ᠎ᠠ ᠶᠢᠨ ᠬᠦᠷᠲᠡᠯ᠎ᠡ ᠬᠤᠷᠠᠯ ᠤᠨ ᠭᠡᠰᠢᠭᠦᠨ ᠢ ᠪᠠᠶᠢᠭᠤᠯᠬᠤ ᠬᠣᠷᠢᠶ᠎ᠠ ᠶᠢᠨ ᠰᠤᠷᠭᠠᠭᠤᠯᠢ ᠳᠤ ᠰᠤᠷᠤᠯᠴᠠᠭᠰᠠᠨ ᠂ 1947 ᠣᠨ ᠳᠤ 1950 ᠣᠨ ᠤ ᠬᠠᠪᠤᠷ ᠤᠨ ᠬᠤᠷᠠᠯ ᠤᠨ ᠪᠠᠶᠢᠭᠤᠯᠤᠯᠭ᠎ᠠ ᠶᠢᠨ ᠬᠣᠷᠢᠶᠠᠨ ᠤ ᠪᠠᠶᠢᠭᠤᠯᠬᠤ ᠂ ᠬᠠᠮᠲᠤ ᠤᠯᠤᠰ ᠤᠨ ᠰᠢᠨ᠎ᠡ ᠵᠠᠰᠠᠭ ᠤᠨ ᠪᠠᠶᠢᠭᠤᠯᠤᠯᠭ᠎ᠠ ᠶᠢᠨ ᠬᠤᠷᠠᠯ ᠤᠨ ᠬᠠᠮᠲᠤ ᠤᠨ ᠶᠢᠨ ᠂ ᠪᠠᠶᠢᠭᠤᠯᠤᠯᠭ᠎ᠠ ᠶᠢᠨ ᠬᠤᠷᠠᠯ ᠤᠨ ᠲᠤᠰᠬᠠᠢ ᠳᠤ ᠰᠤᠷᠤᠯᠴᠠᠭᠤ ᠄ 1950 ᠣᠨ ᠤ 2 ᠰᠠᠷ᠎ᠠ ᠶᠢᠨ ᠳᠤ ᠣᠯᠠᠨ ᠲᠦᠮᠡᠨ ᠦ ᠰᠣᠩᠭᠤᠭᠤᠯᠢ ᠶᠢᠨ ᠬᠤᠷᠠᠯ ᠤᠨ ᠦᠨᠳᠦᠰᠦᠨ ᠤ ᠪᠠᠶᠢᠭᠤᠯᠬᠤ ᠨᠢ ᠪᠢᠴᠢᠭ ᠳᠦ ᠰᠣᠩᠭᠤᠭᠳᠠᠬᠤ ᠨᠢ ᠬᠠᠮᠲᠤ ᠤᠨ ᠵᠠᠰᠠᠭ ᠤᠨ ᠬᠤᠷᠠᠯ ᠢ ᠪᠣᠯᠪᠠᠰᠤᠷᠠᠯ ᠤᠨ ᠬᠤᠷᠠᠯ ᠳᠤ ᠰᠣᠩᠭᠤᠭᠳᠠᠬᠤ ᠨᠢ ᠬᠠᠮᠲᠤ ᠤᠨ ᠶᠢ ᠳᠡᠪᠰᠢᠭᠦᠯᠬᠦ ᠂ 3 ᠰᠠᠷ᠎ᠠ ᠶᠢᠨ ᠳᠤ ᠪᠠᠶᠢᠭᠤᠯᠤᠯᠭ᠎ᠠ ᠶᠢᠨ ᠬᠤᠷᠠᠯ ᠤᠨ ᠲᠤᠰᠬᠠᠢ ᠳᠤ ᠰᠤᠷᠤᠯᠴᠠᠭᠤ ᠪᠣᠯᠤᠭᠰᠠᠨ ᠄ ᠲᠡᠷᠡ ᠴᠠᠭ ᠲᠤ ᠪᠣᠯᠪᠠᠰᠤᠷᠠᠯ ᠤᠨ ᠬᠤᠷᠠᠯ ᠤᠨ ᠳᠠᠷᠤᠭ᠎ᠠ ᠂ ᠰᠤᠷᠭᠠᠭᠤᠯᠢ ᠶᠢᠨ ᠪᠠᠶᠢᠭᠤᠯᠤᠯᠭ᠎ᠠ ᠶᠢᠨ ᠬᠤᠷᠠᠯ ᠤᠨ ᠭᠡᠰᠢᠭᠦᠨ ᠪᠣᠯᠤᠭᠰᠠᠨ ᠄ ᠂ ᠬᠠᠮᠲᠤ ᠤᠨ ᠶᠢᠨ 6 ᠰᠠᠷ᠎ᠠ ᠶᠢᠨ ᠳᠤ ᠪᠣᠯᠤᠭᠰᠠᠨ ᠤ ᠬᠠᠮᠲᠤ ᠤᠯᠤᠰ ᠤᠨ ᠬᠤᠷᠠᠯ ᠤᠨ ᠪᠠᠶᠢᠩᠭᠤ ᠬᠣᠷᠢᠶᠠᠨ ᠤ ᠭᠡᠰᠢᠭᠦᠨ 1950 ᠣᠨ ᠤ 8 ᠰᠠᠷ᠎ᠠ ᠶᠢᠨ ᠳᠤ ᠣᠯᠠᠨ ᠲᠦᠮᠡᠨ ᠦ ᠬᠤᠷᠠᠯ ᠤᠨ ᠲᠤᠰᠬᠠᠢ ᠬᠣᠷᠢᠶᠠᠨ ᠤ ᠭᠡᠰᠢᠭᠦᠨ ᠢ ᠪᠠᠶᠢᠭᠤᠯᠬᠤ ᠂ 《ᠮᠣᠩᠭᠣᠯ ᠬᠡᠯᠡ ᠪᠢᠴᠢᠭ ᠦᠨ》 ᠰᠣᠨᠢᠨ ᠤ ᠬᠣᠷᠢᠶᠠᠨ ᠤ ᠭᠡᠰᠢᠭᠦᠨ ᠪᠣᠯᠵᠤ ᠂ 1950 ᠣᠨ ᠤ 8 ᠰᠠᠷ᠎ᠠ ᠶᠢᠨ 1 ᠦ ᠡᠳᠦᠷ ᠡᠴᠡ 《ᠮᠣᠩᠭᠣᠯ ᠬᠡᠯᠡ ᠪᠢᠴᠢᠭ》 ᠰᠣᠨᠢᠨ ᠤ ᠡᠬᠢᠯᠡᠨ ᠭᠠᠷᠭᠠᠭᠰᠠᠨ ᠄ 1951 ᠣᠨ ᠤ ᠡᠬᠢᠨ ᠡᠴᠡ ᠬᠣᠷᠢᠶᠠᠨ ᠤ ᠬᠤᠷᠠᠯ ᠳᠤ ᠰᠤᠷᠤᠯᠴᠠᠭᠤ ᠂ ᠲᠡᠭᠦᠨ ᠦ ᠬᠤᠷᠠᠯ ᠤᠨ ᠭᠡᠰᠢᠭᠦᠨ ᠂ ᠲᠡᠭᠦᠨ ᠦ ᠪᠠᠶᠢᠭᠤᠯᠤᠯᠭ᠎ᠠ ᠪᠣᠯᠤᠭᠰᠠᠨ 41 ᠰᠠᠷ᠎ᠠ ᠶᠢᠨ ᠳᠤ ᠪᠠᠶᠢᠭᠤᠯᠤᠯᠭ᠎ᠠ ᠶᠢᠨ ᠬᠤᠷᠠᠯ ᠤᠨ ᠭᠡᠰᠢᠭᠦᠨ ᠄ ᠲᠡᠭᠦᠨ ᠦ ᠂ 1952 ᠣᠨ ᠤ 10 ᠰᠠᠷ᠎ᠠ ᠶᠢᠨ ᠳᠤ ᠬᠣᠷᠢᠶ᠎ᠠ ᠪᠠᠷ 41 ᠬᠤᠷᠠᠯ ᠤᠨ ᠪᠠᠶᠢᠭᠤᠯᠤᠯᠭ᠎ᠠ ᠶᠢᠨ ᠭᠡᠰᠢᠭᠦᠨ ᠪᠣᠯᠵᠤ ᠂ ᠲᠡᠭᠦᠨ ᠦ ᠬᠣᠷᠢᠶᠠᠨ ᠤ ᠬᠤᠷᠠᠯ ᠤᠨ ᠪᠠᠶᠢᠭᠤᠯᠤᠯᠭ᠎ᠠ ᠶᠢᠨ ᠭᠡᠰᠢᠭᠦᠨ ᠨᠢ

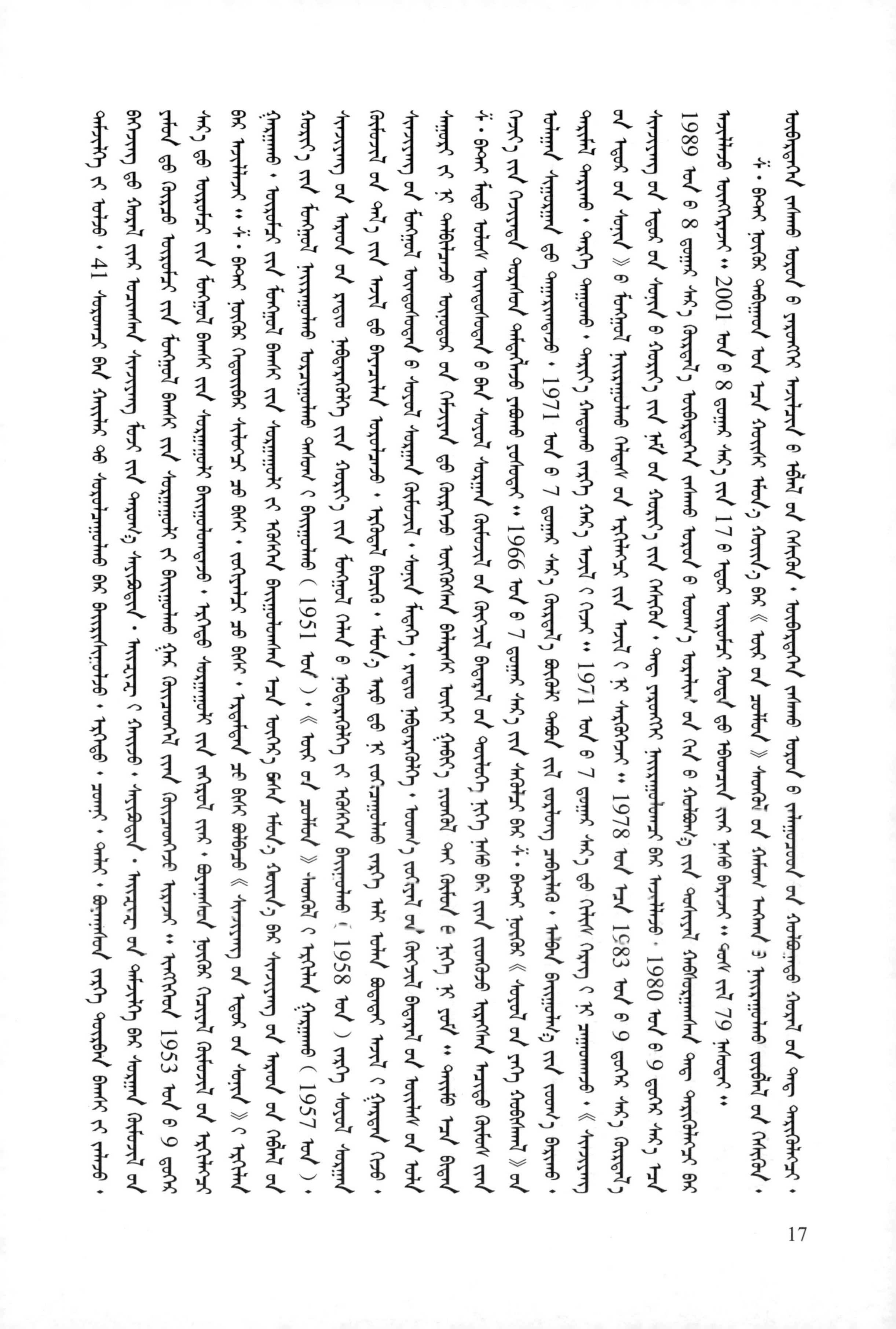

[illegible] 41 [illegible]

[illegible] 1953 [illegible] 9 [illegible]

[illegible] 1957 [illegible] 1951 [illegible] 1958 [illegible]

[illegible] 1966 [illegible] 7 [illegible]

[illegible] 1971 [illegible] 7 [illegible]

[illegible] 1971 [illegible] 7 [illegible]

[illegible] 1978 [illegible] 1983 [illegible] 9 [illegible]

[illegible] 1980 [illegible] 9 [illegible]

1989 [illegible] 8 [illegible]

[illegible] 2001 [illegible] 8 [illegible] 17 [illegible] 79 [illegible]

[illegible]

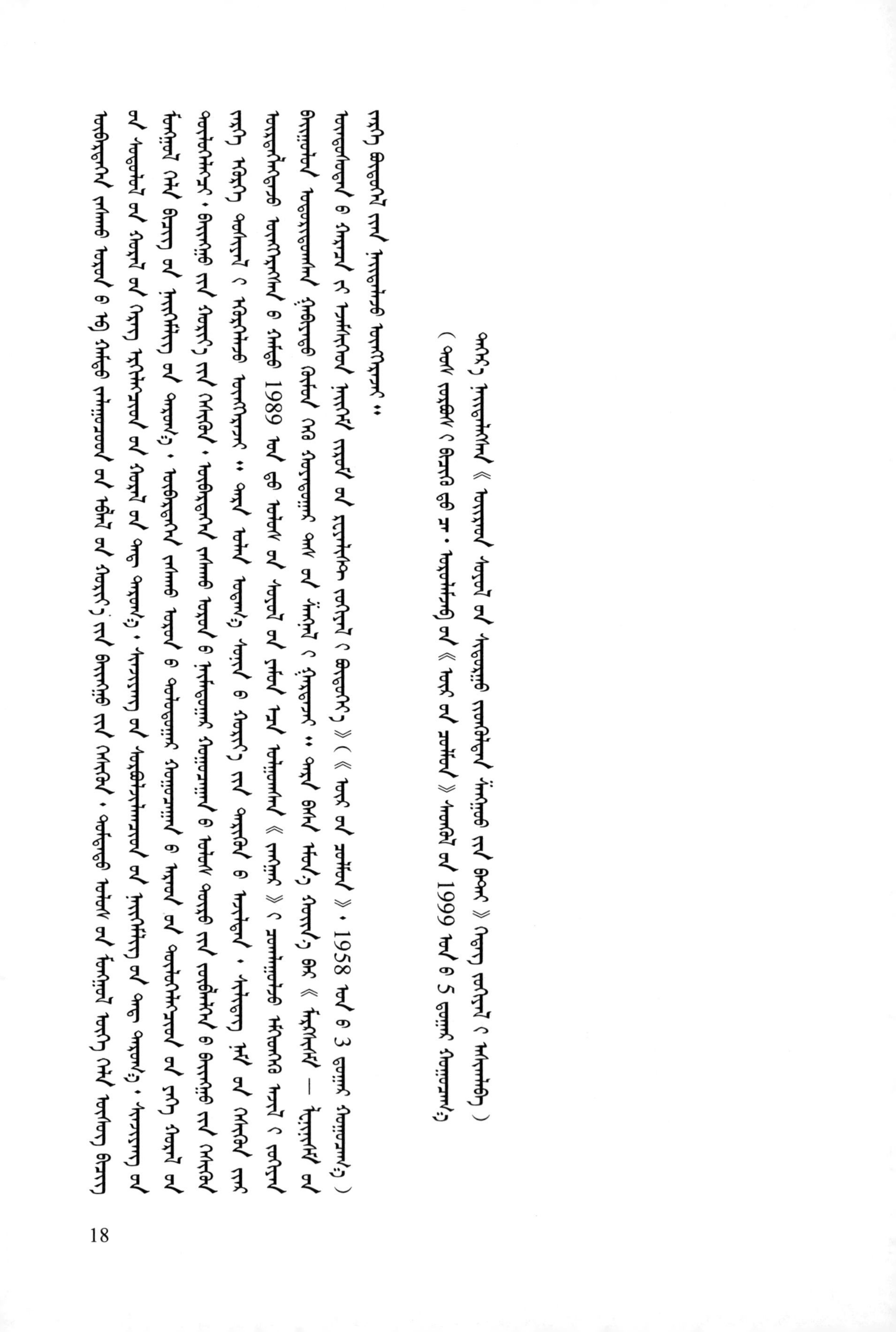

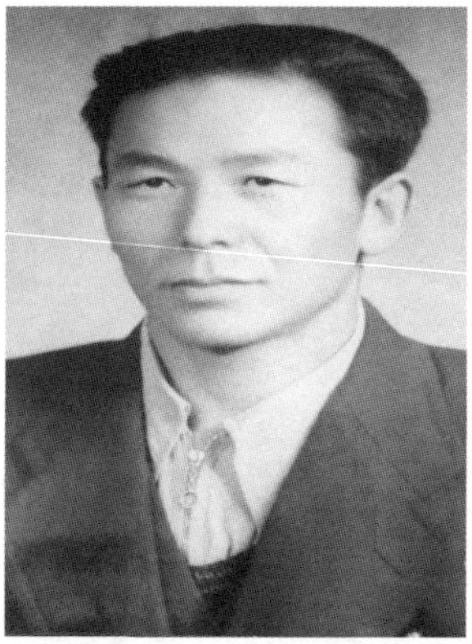

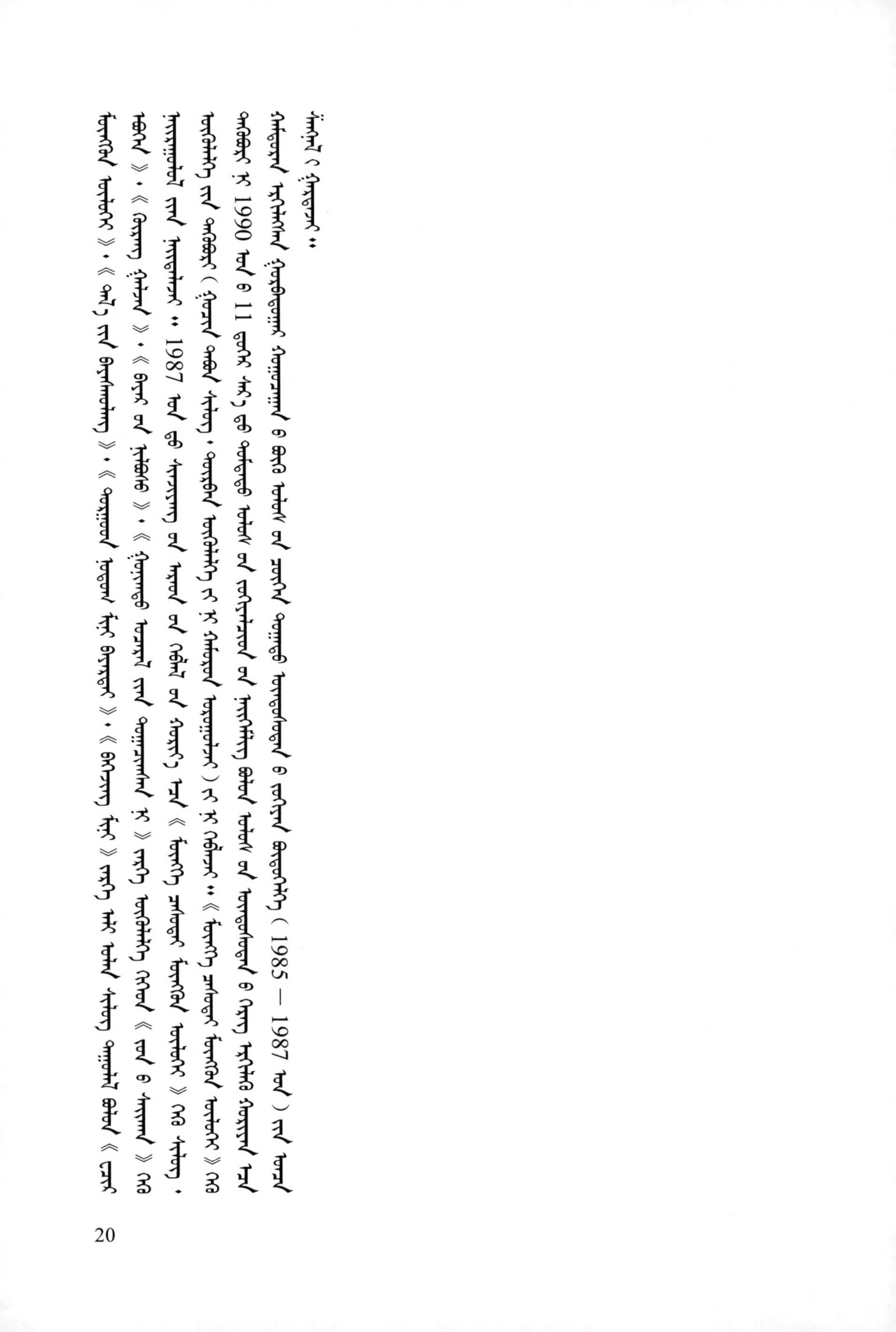

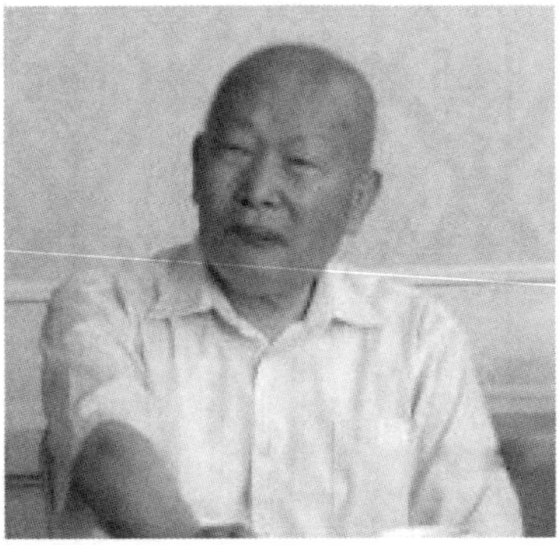

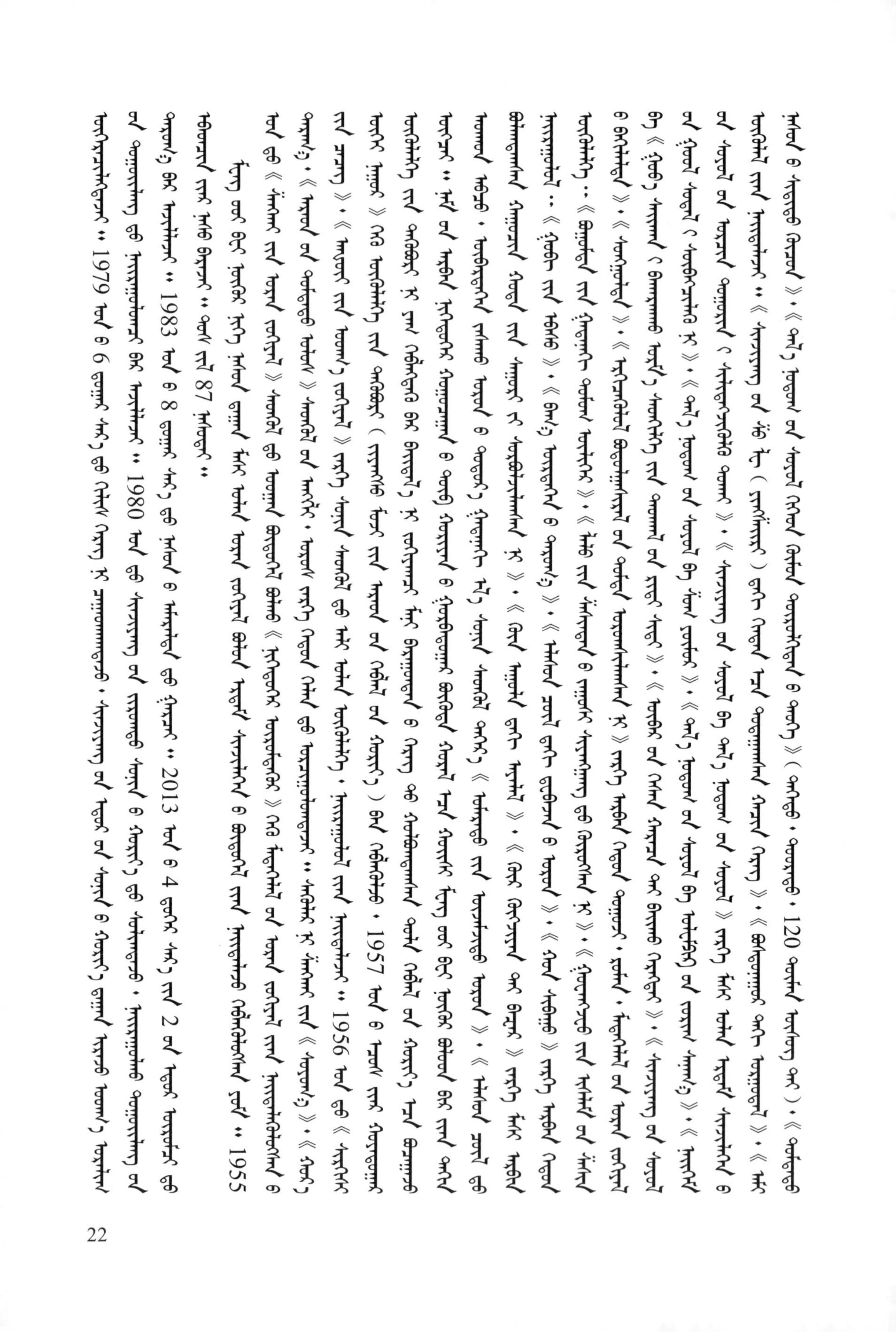

[illegible] ∶∶ 1979 [illegible] 6 [illegible] ∶∶ 1980 [illegible] ∶∶ 1983 [illegible] 8 [illegible] ∶∶ 2013 [illegible] 4 [illegible] 2 [illegible] ∶∶ [illegible] 87 [illegible] ∶∶

[illegible] ∶∶ 1955 [illegible] 《[illegible]》 [illegible] ∶∶ 1956 [illegible] 《[illegible]》 [illegible] 1957 [illegible] ([illegible]) [illegible] 《[illegible]》 [illegible] 《[illegible]》 ([illegible] 120 [illegible]) [illegible]

ᠮᠣᠩᠭᠣᠯ ᠤᠨ ᠪᠢᠴᠢᠭ ᠦᠨ ᠪᠠᠷᠢᠮᠲᠠ ᠶᠢᠨ ᠰᠢᠨᠵᠢᠯᠡᠯ 》(ᠪᠡᠭᠡᠵᠢᠩ · ᠪᠡᠯᠭᠡᠳᠡ · 70 ᠪᠣᠯᠣᠨ ᠲᠣᠭᠣᠨ ᠣᠨ) · 《 ᠲᠦᠷᠦᠯ ᠶᠢᠨ ᠪᠣᠯᠣᠨ ᠶᠢᠨ ᠪᠠᠷᠢᠮᠲᠠ ᠶᠢᠨ ᠰᠢᠨᠵᠢᠯᠡᠯ 》 ᠲᠡᠷᠡ ᠮᠡᠲᠦ ᠪᠦᠲᠦᠭᠡᠯ ᠦᠳ ᠪᠠᠢᠳᠠᠭ ᠶᠢᠨ ᠲᠤᠯᠠ ᠮᠣᠩᠭᠣᠯ ᠪᠢᠴᠢᠭ ᠦᠨ ᠪᠣᠯᠪᠠᠰᠤᠷᠠᠯ ᠤᠨ ᠲᠡᠦᠬᠡ ᠶᠢ ᠰᠢᠨᠵᠢᠯᠡᠬᠦ ᠳᠦ ᠴᠢᠬᠤᠯᠠ ᠠᠴᠢ ᠬᠣᠯᠪᠣᠭᠳᠠᠯ ᠲᠠᠢ ᠪᠣᠯᠪᠠ ::

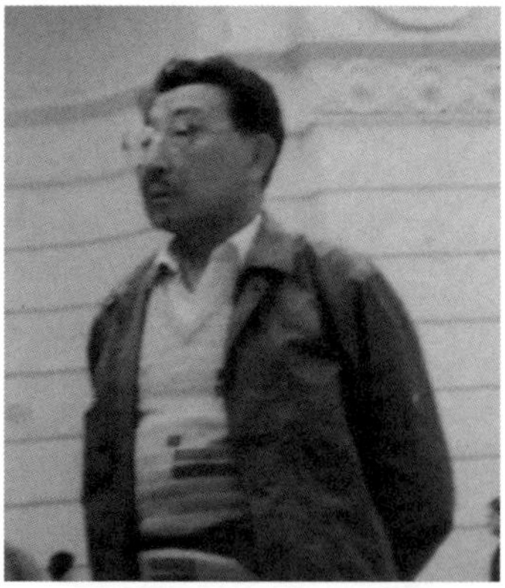

ᠲᠡ · ᠮᠡᠷᠭᠡᠨ

ᠬᠣᠲᠠ ᠶᠢᠨ ᠮᠣᠩᠭᠣᠯ ᠤᠨ ᠰᠤᠷᠭᠠᠭᠤᠯᠢ ᠳᠤ ᠰᠤᠷᠤᠯᠴᠠᠭᠠᠳ · ᠪᠠᠭᠰᠢ ᠶᠢᠨ ᠠᠵᠢᠯ ᠬᠢᠵᠦ ᠪᠠᠶᠢᠭᠰᠠᠨ ᠠᠵᠢᠭ᠎ᠠ ᠃ 1926 ᠣᠨ ᠳᠤ ᠮᠣᠩᠭᠣᠯ ᠤᠨ ᠠᠷᠠᠳ ᠤᠨ ᠬᠤᠪᠢᠰᠬᠠᠯ ᠤᠨ ᠨᠠᠮ ᠳᠤ ᠣᠷᠣᠭᠰᠠᠨ ᠪᠠᠶᠢᠨ᠎ᠠ ᠃ ᠲᠡ · ᠮᠡᠷᠭᠡᠨ ᠪᠣᠯ ᠮᠣᠩᠭᠣᠯ ᠤᠨ ᠪᠢᠴᠢᠭ ᠦᠰᠦᠭ ᠦᠨ ᠰᠤᠳᠤᠯᠤᠯ ᠤᠨ ᠠᠵᠢᠯ ᠢ ᠡᠷᠬᠢᠯᠡᠨ ᠬᠢᠵᠦ · ᠮᠣᠩᠭᠣᠯ ᠬᠡᠯᠡ ᠪᠢᠴᠢᠭ ᠦᠨ ᠰᠤᠷᠬᠤ ᠪᠢᠴᠢᠭ ᠢ ᠨᠠᠶᠢᠷᠠᠭᠤᠯᠤᠨ ᠵᠣᠬᠢᠶᠠᠭᠰᠠᠨ ᠶᠤᠮ ᠃ 1934 ᠣᠨ ᠳᠤ ᠮᠣᠩᠭᠣᠯ ᠤᠨ ᠰᠤᠷᠭᠠᠭᠤᠯᠢ ᠶᠢᠨ ᠪᠠᠭᠰᠢ ᠪᠣᠯᠵᠤ · ᠬᠡᠯᠡ ᠪᠢᠴᠢᠭ ᠦᠨ ᠬᠢᠴᠢᠶᠡᠯ ᠢ ᠵᠠᠭᠠᠵᠤ ᠪᠠᠶᠢᠭᠰᠠᠨ ᠠᠵᠢᠭ᠎ᠠ ᠃ 1937 ᠣᠨ ᠳᠤ ᠰᠤᠷᠭᠠᠭᠤᠯᠢ ᠶᠢᠨ ᠡᠷᠬᠢᠯᠡᠭᠴᠢ ᠪᠣᠯᠵᠤ ᠠᠵᠢᠯᠯᠠᠭᠰᠠᠨ ᠃ 1939 ᠣᠨ ᠳᠤ ᠰᠤᠷᠭᠠᠨ ᠬᠦᠮᠦᠵᠢᠯ ᠦᠨ ᠶᠠᠮᠤᠨ ᠳᠤ ᠠᠵᠢᠯᠯᠠᠵᠤ · 1942 ᠣᠨ ᠳᠤ ᠰᠤᠷᠭᠠᠭᠤᠯᠢ ᠶᠢᠨ ᠳᠠᠷᠤᠭ᠎ᠠ ᠪᠣᠯᠤᠭᠰᠠᠨ ᠃ 1944 ᠣᠨ ᠤ 3 ᠰᠠᠷ᠎ᠠ ᠳᠤ ᠰᠤᠷᠭᠠᠨ ᠬᠦᠮᠦᠵᠢᠯ ᠦᠨ ᠠᠵᠢᠯ ᠢ ᠬᠠᠷᠢᠭᠤᠴᠠᠨ ᠬᠢᠵᠦ ᠪᠠᠶᠢᠭᠰᠠᠨ ᠃ 1950 ᠣᠨ ᠳᠤ ᠪᠢᠴᠢᠭ ᠦᠰᠦᠭ ᠦᠨ ᠬᠤᠷᠠᠯ ᠤᠨ ᠠᠵᠢᠯ ᠢ ᠡᠷᠬᠢᠯᠡᠵᠦ · 1952 ᠣᠨ ᠳᠤ ᠮᠣᠩᠭᠣᠯ ᠬᠡᠯᠡ ᠪᠢᠴᠢᠭ ᠦᠨ ᠰᠤᠳᠤᠯᠤᠯ ᠤᠨ ᠠᠵᠢᠯ ᠢ ᠦᠷᠬᠦᠯᠵᠢᠯᠡᠨ ᠬᠢᠭᠰᠡᠨ ᠪᠠᠶᠢᠨ᠎ᠠ ᠃

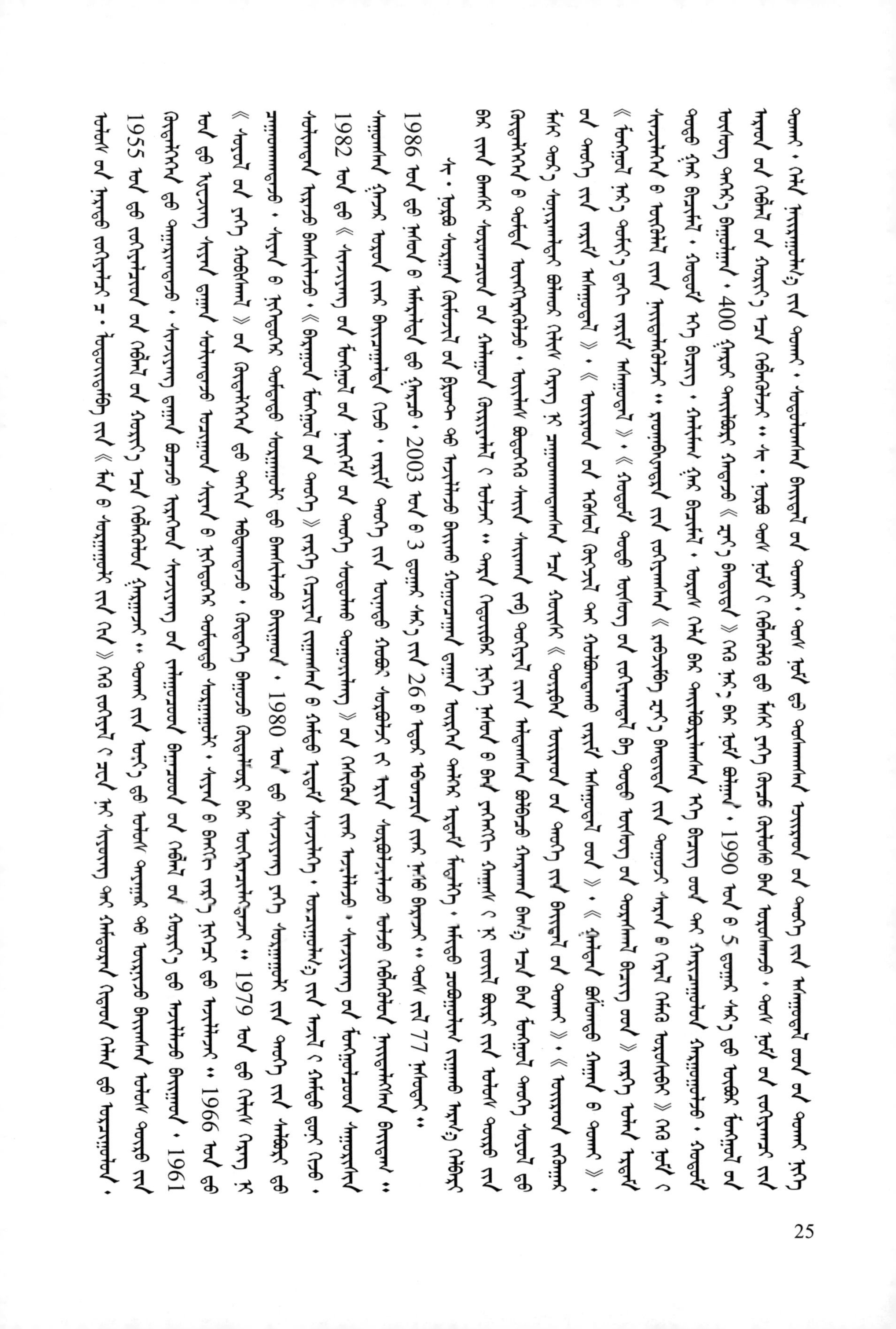

([illegible])

[illegible] ::

ᠪᠣᠯᠪᠠᠰᠤᠷᠠᠯ ᠰᠤᠷᠭᠠᠯ ᠤᠨ 《 [illegible] 》 ᠤᠨ [illegible] ᠤᠨ [illegible] ᠤᠨ [illegible] · [illegible]
ᠪᠣᠯᠪᠠᠰᠤᠷᠠᠯ ᠰᠤᠷᠭᠠᠯ ᠤᠨ [illegible] ᠤ ᠮᠣᠩᠭᠣᠯ [illegible] ᠤᠨ [illegible] · [illegible]

ᠠ · [illegible] · [illegible] 2014 ᠣᠨ ᠳᠤ ᠬᠡᠪᠯᠡᠭᠳᠡᠨ [illegible] ::

[illegible] ::

[illegible] :: 1993 — 1997 ᠣᠨ ᠳᠤ [illegible] ::

[illegible] 1999 ᠣᠨ ᠳᠤ [illegible] ::

[illegible]

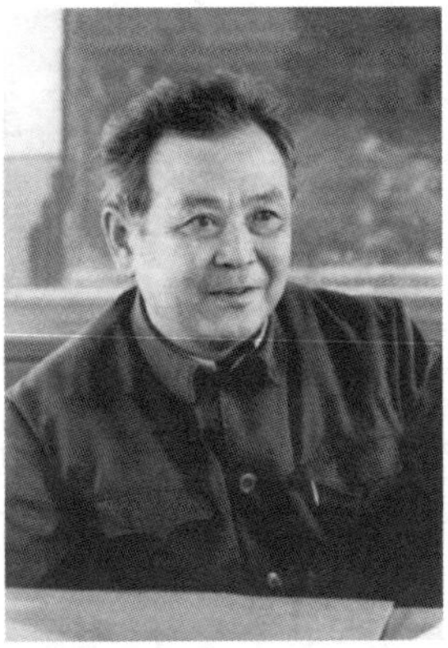

ᠱᠠ · ᠴᠢᠮᠡᠳ ᠨᠢᠭᠤᠴᠠ ᠨᠡᠷ᠎ᠡ ᠪᠡᠨ ᠰᠡᠴᠡᠨ ᠂ ᠮᠣᠩᠭᠣᠯ ᠦᠨᠳᠦᠰᠦᠲᠡᠨ ᠃ 1927 ᠣᠨ ᠤ 2 ᠰᠠᠷ᠎ᠠ ᠶᠢᠨ ᠳᠤ ᠲᠥᠷᠥᠭᠰᠡᠨ

ᠰᠤᠷᠭᠠᠭᠤᠯᠢ ᠳᠤ ᠰᠤᠷᠤᠯᠴᠠᠭᠰᠠᠨ (ᠤᠳᠤ ᠶᠢᠨ ᠬᠣᠲᠠ) ᠶᠢᠨ ᠰᠤᠷᠭᠠᠭᠤᠯᠢ ᠳᠤ ᠰᠤᠷᠤᠯᠴᠠᠭᠰᠠᠨ ᠃ 1941

ᠣᠨ ᠳᠤ ᠬᠤᠪᠰᠤᠭᠠᠯᠲᠤ ᠠᠵᠢᠯ ᠳᠤ ᠣᠷᠣᠯᠴᠠᠭᠰᠠᠨ ᠃ 1944 ᠣᠨ ᠳᠤ ᠥᠪᠥᠷ ᠮᠣᠩᠭᠣᠯ ᠤᠨ

ᠪᠠᠭᠰᠢ ᠶᠢᠨ ᠰᠤᠷᠭᠠᠭᠤᠯᠢ ᠳᠤ ᠰᠤᠷᠤᠯᠴᠠᠭᠰᠠᠨ ᠂ ᠳᠠᠷᠤᠭ᠎ᠠ ᠨᠢ ᠣᠷᠣᠨ ᠨᠤᠲᠤᠭ ᠲᠤ ᠪᠠᠭᠰᠢ ᠬᠢᠵᠦ

ᠪᠠᠢᠭᠰᠠᠨ ᠂ ᠰᠤᠷᠭᠠᠭᠤᠯᠢ ᠶᠢᠨ ᠬᠠᠷᠢᠭᠤᠴᠠᠯᠭ᠎ᠠ ᠶᠢᠨ ᠠᠵᠢᠯ ᠬᠢᠵᠦ ᠪᠠᠢᠭᠰᠠᠨ ᠃ 1945 ᠣᠨ ᠳᠤ ᠥᠪᠥᠷ ᠮᠣᠩᠭᠣᠯ ᠤᠨ ᠰᠤᠷᠭᠠᠭᠤᠯᠢ ᠳᠤ ᠪᠠᠭᠰᠢ ᠬᠢᠭᠰᠡᠨ ᠂ 《 ᠮᠣᠩᠭᠣᠯ ᠬᠡᠯᠡ ᠪᠢᠴᠢᠭ 》 ᠰᠡᠳᠬᠦᠯ ᠦᠨ ᠨᠠᠢᠷᠠᠭᠤᠯᠤᠭᠴᠢ ᠂ 《 ᠥᠪᠥᠷ ᠮᠣᠩᠭᠣᠯ ᠤᠨ ᠰᠣᠨᠢᠨ 》 ᠤ ᠨᠠᠢᠷᠠᠭᠤᠯᠤᠭᠴᠢ ᠬᠢᠭᠰᠡᠨ ᠃

1952 ᠣᠨ ᠤ 10 ᠰᠠᠷ᠎ᠠ ᠠᠴᠠ ᠥᠪᠥᠷ ᠮᠣᠩᠭᠣᠯ ᠤᠨ ᠠᠷᠠᠳ ᠤᠨ ᠬᠡᠪᠯᠡᠯ ᠦᠨ ᠬᠤᠷᠢᠶ᠎ᠠ ᠳᠤ ᠠᠵᠢᠯᠯᠠᠭᠰᠠᠨ ᠃ 1956 ᠣᠨ ᠤ 6 ᠰᠠᠷ᠎ᠠ ᠳᠤ ᠮᠣᠩᠭᠣᠯ ᠤᠨ ᠠᠷᠠᠳ ᠤᠨ ᠪᠦᠭᠦᠳᠡ ᠨᠠᠶᠢᠷᠠᠮᠳᠠᠬᠤ ᠤᠯᠤᠰ ᠤᠨ ᠬᠡᠪᠯᠡᠯ ᠦᠨ ᠬᠣᠷᠢᠶ᠎ᠠ ᠳᠤ ᠰᠢᠯᠵᠢᠨ ᠠᠵᠢᠯᠯᠠᠭᠰᠠᠨ ᠃ ᠲᠡᠷᠡ ᠨᠢ ᠮᠣᠩᠭᠣᠯ ᠬᠡᠯᠡ ᠪᠢᠴᠢᠭ ᠦᠨ ᠰᠤᠳᠤᠯᠭ᠎ᠠ ᠶᠢᠨ ᠠᠵᠢᠯ ᠢ ᠡᠷᠬᠢᠯᠡᠵᠦ ᠪᠠᠢᠭᠰᠠᠨ ᠪᠥᠭᠡᠳ ᠂ ᠣᠯᠠᠨ ᠨᠣᠮ ᠳᠡᠪᠲᠡᠷ ᠢ ᠨᠠᠢᠷᠠᠭᠤᠯᠤᠨ ᠬᠡᠪᠯᠡᠭᠰᠡᠨ ᠃

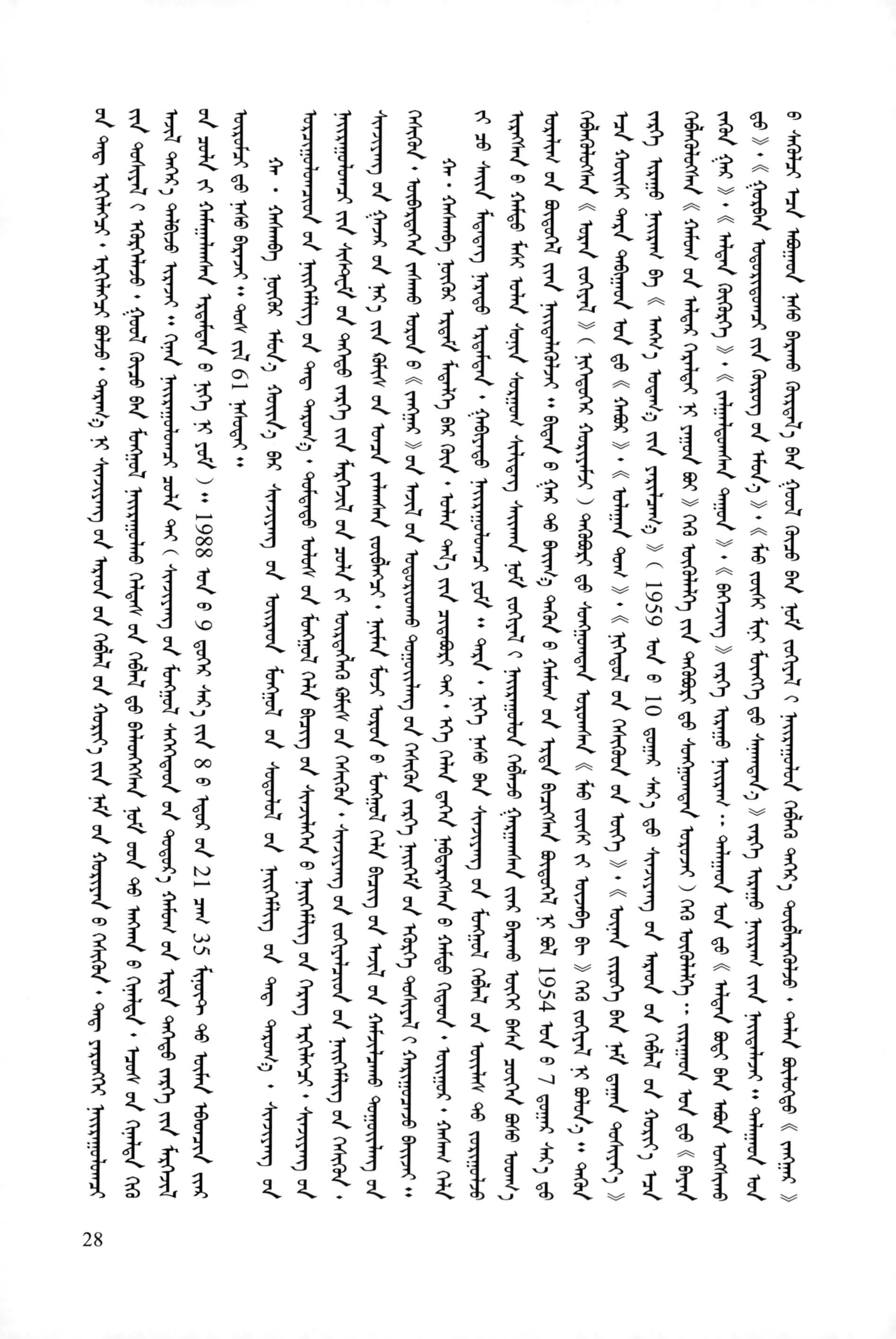

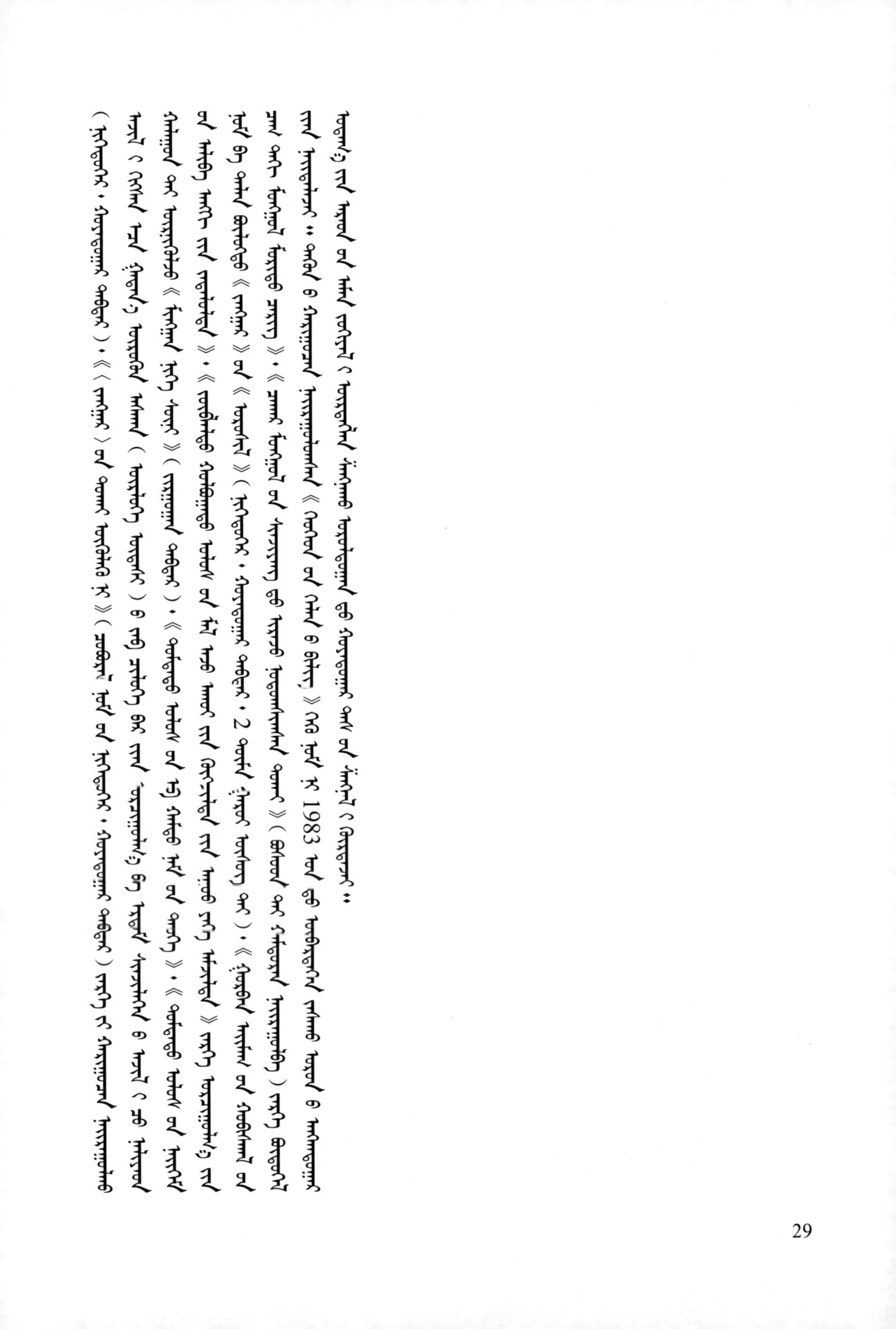

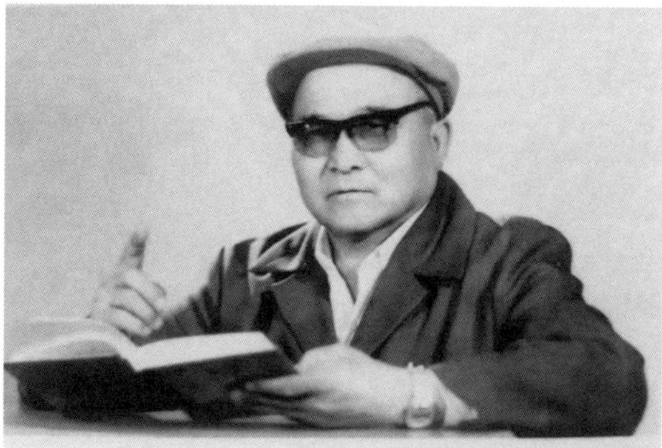

[illegible] 1927 [illegible] 9 [illegible] 6 [illegible] 1936 [illegible] 1941 [illegible] 1945 [illegible] 1949 [illegible] 1947 [illegible] 1950 [illegible] 8 [illegible] 1952 [illegible] 1955 [illegible] 1957 [illegible] 1960 [illegible] 8 [illegible] 1957 [illegible] 6 [illegible] 9 [illegible] 1963 [illegible]

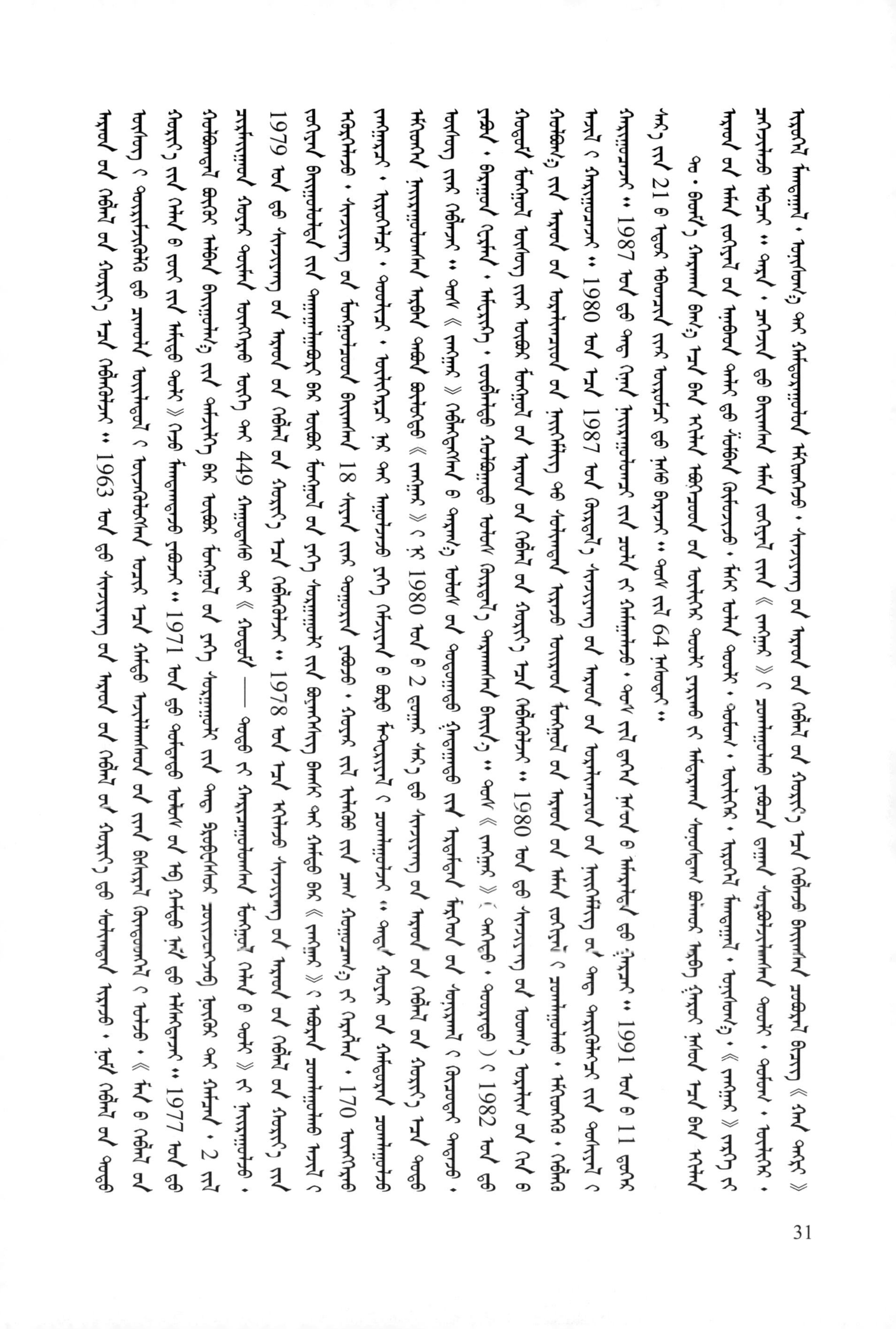

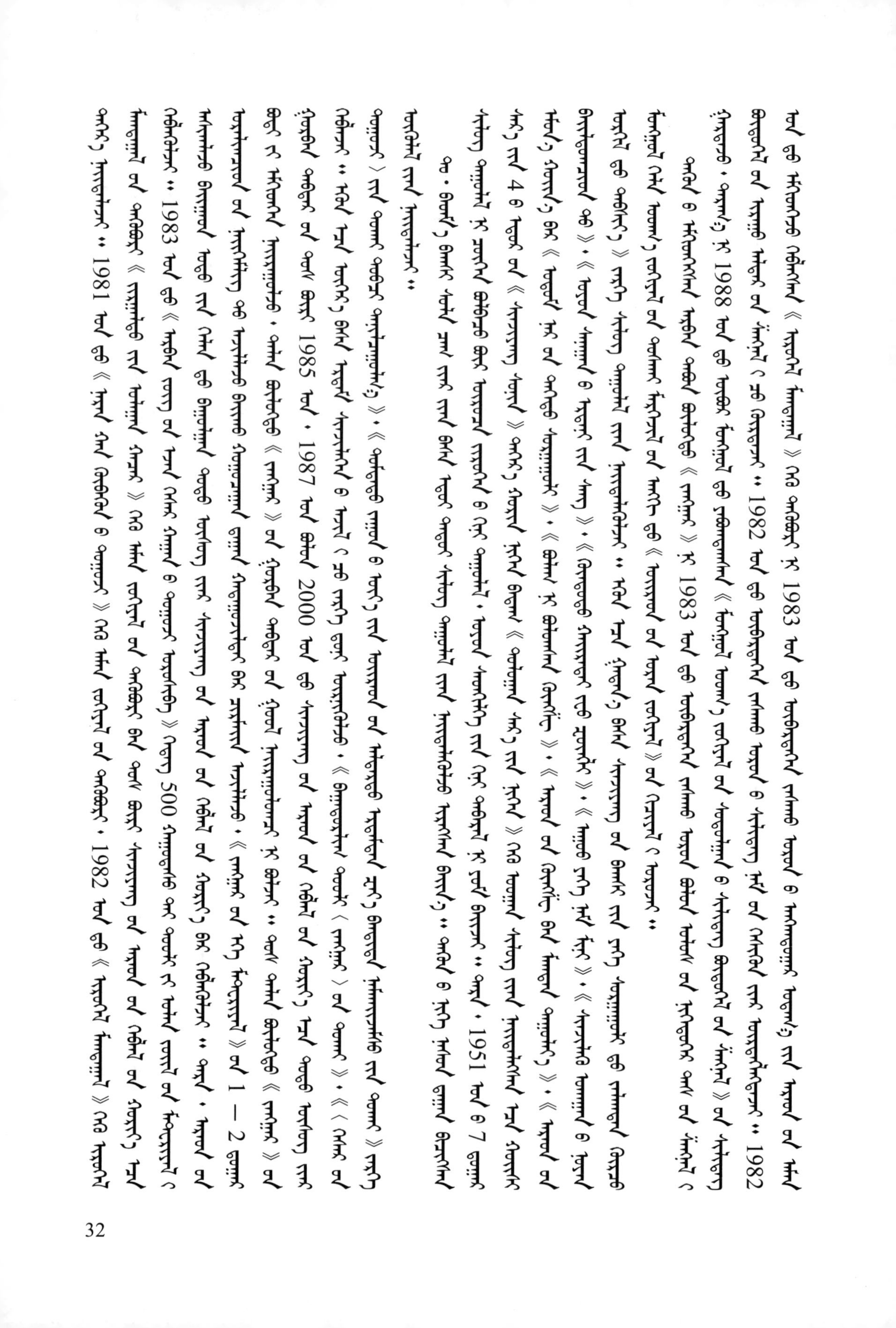

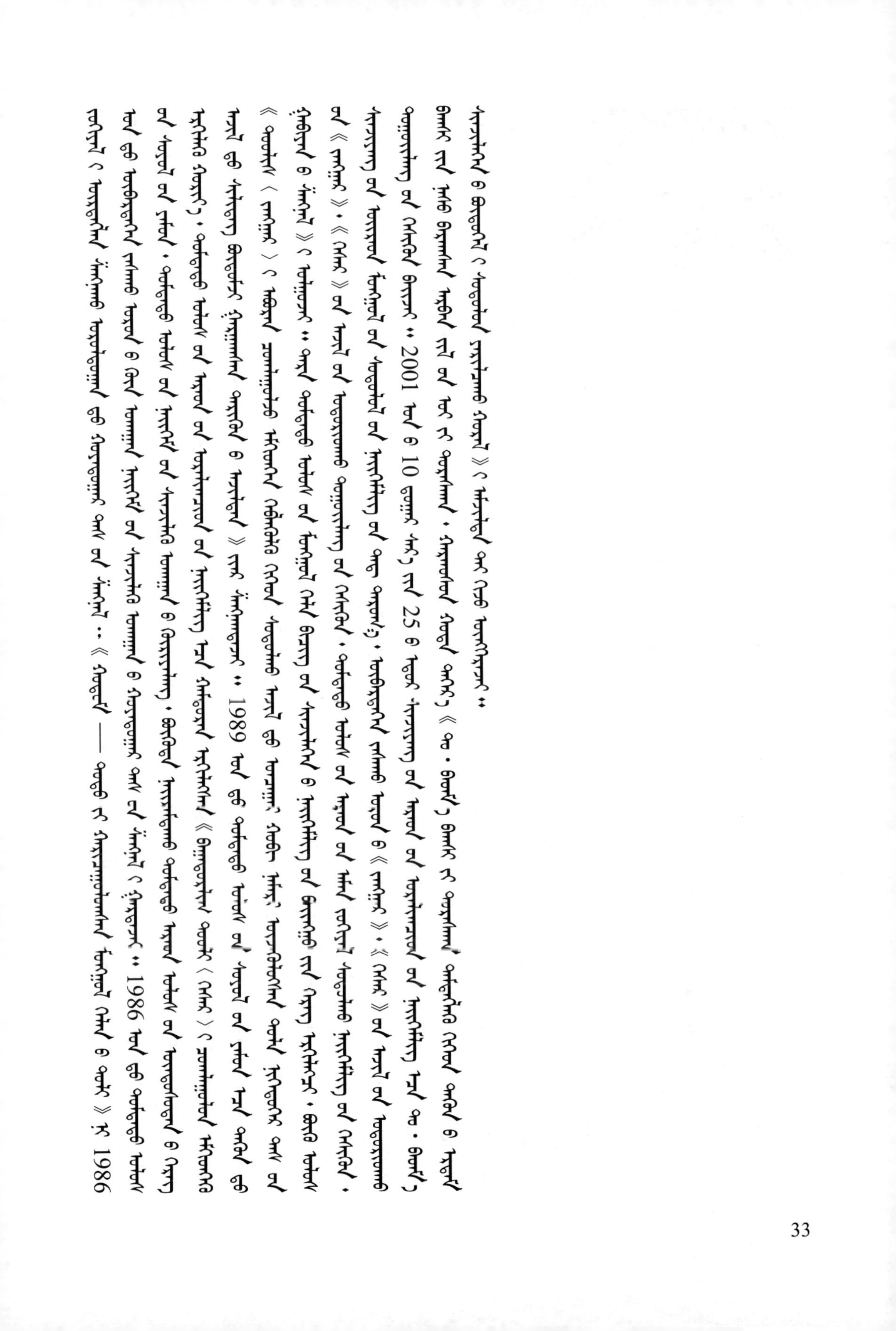

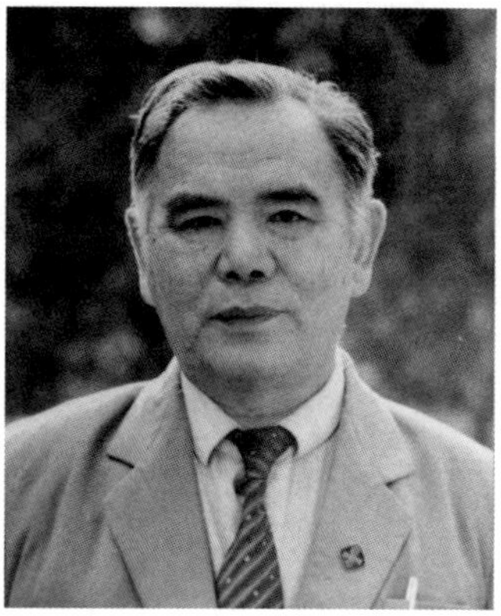

(政文组)

地干班

(新疆分局)

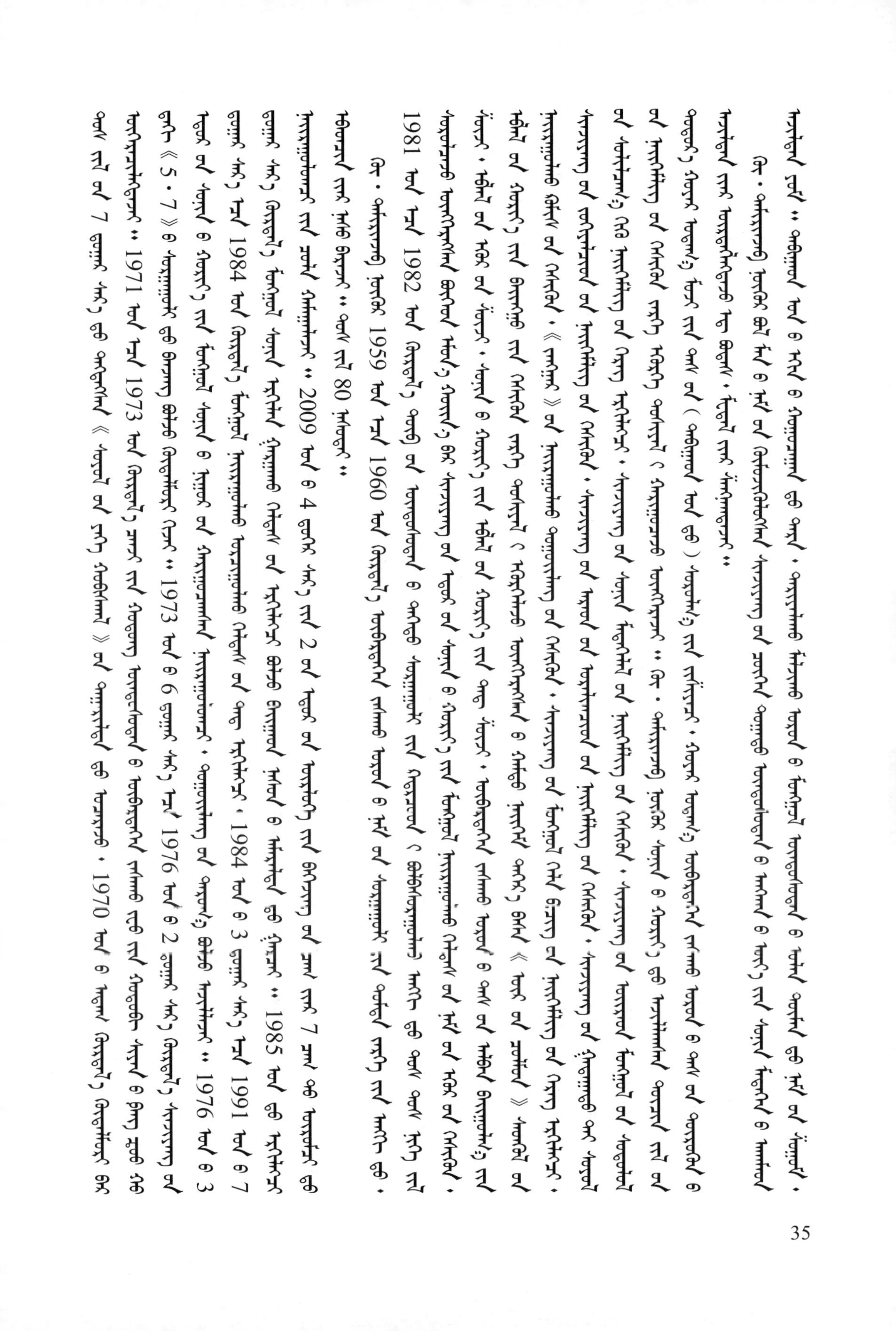

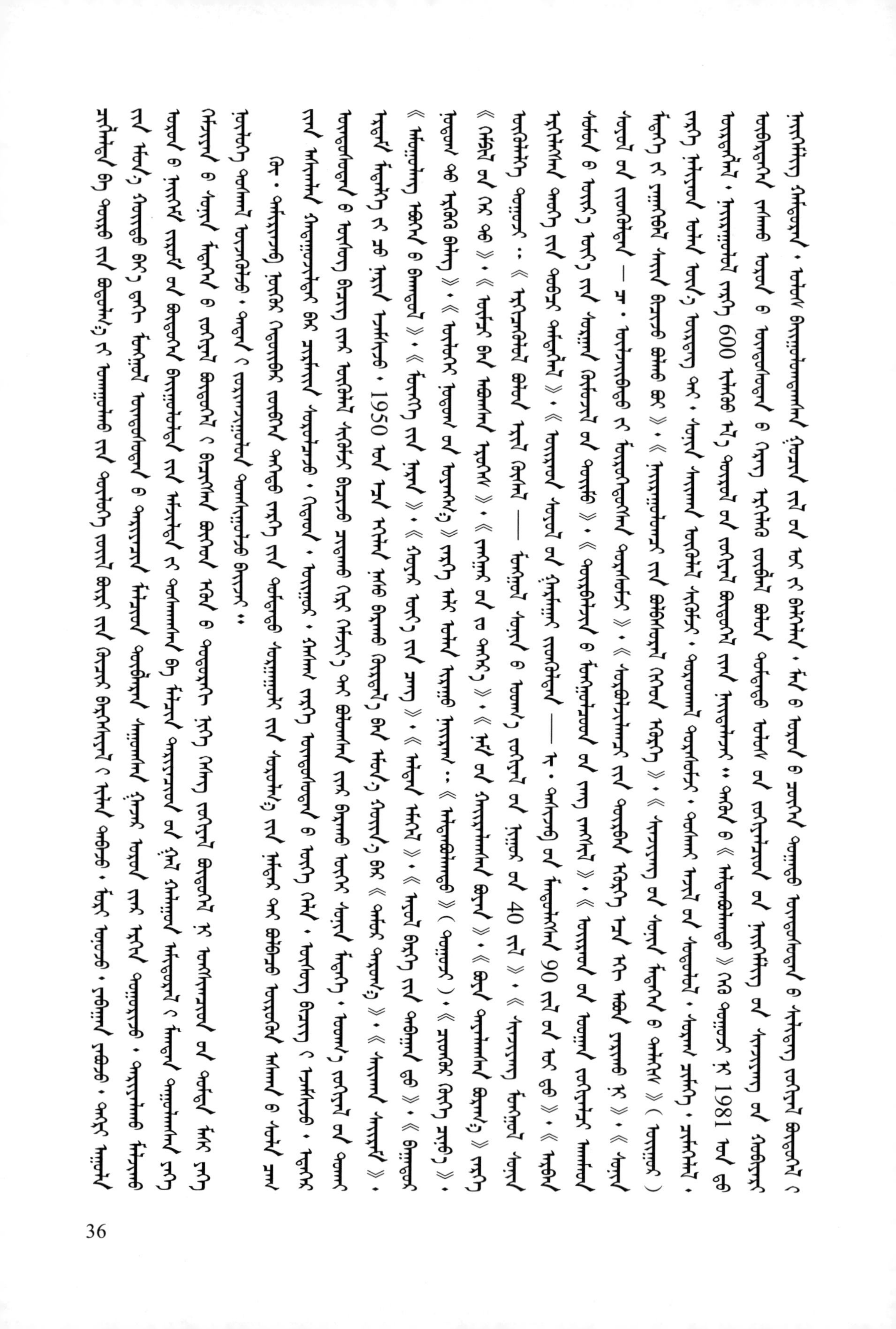

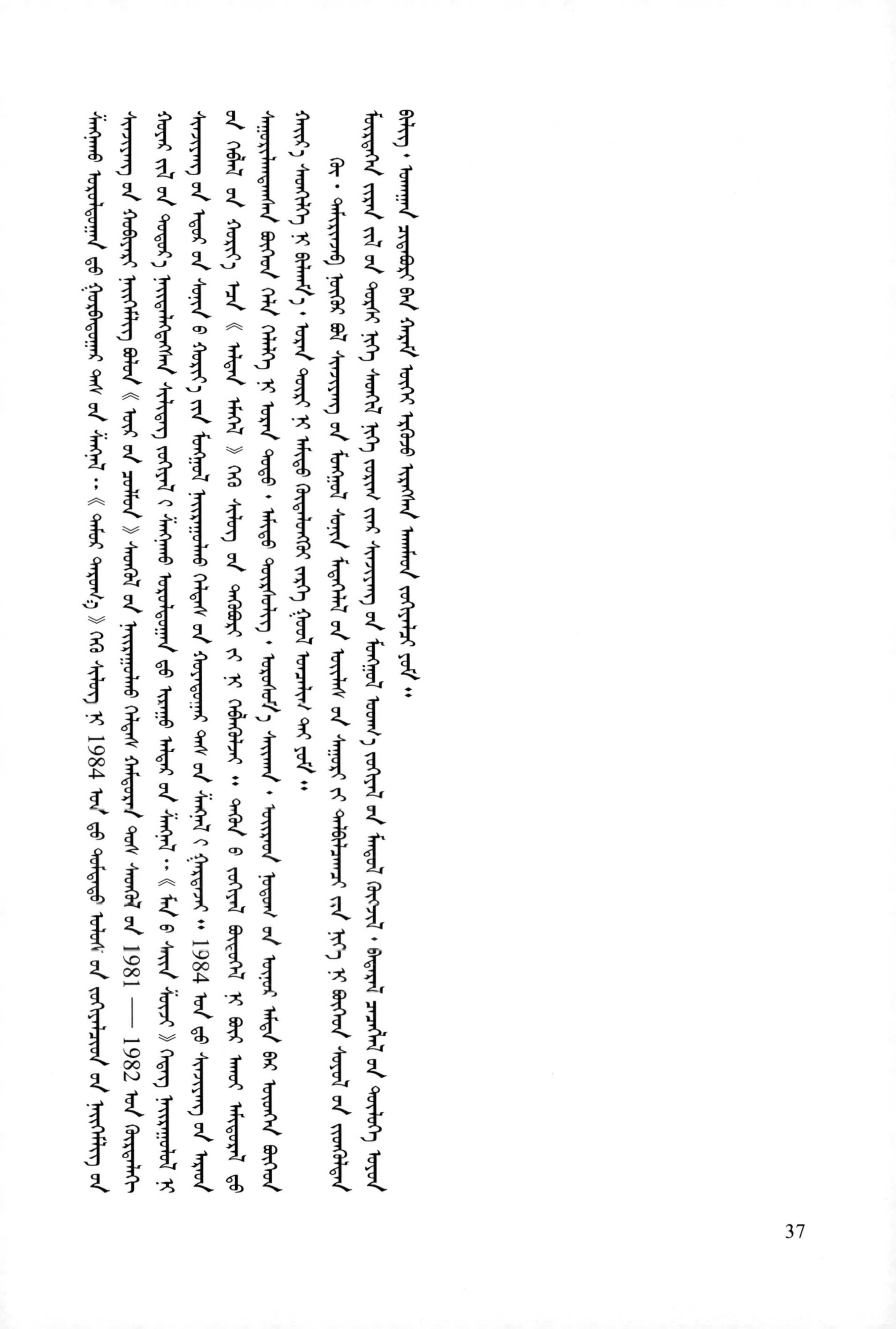

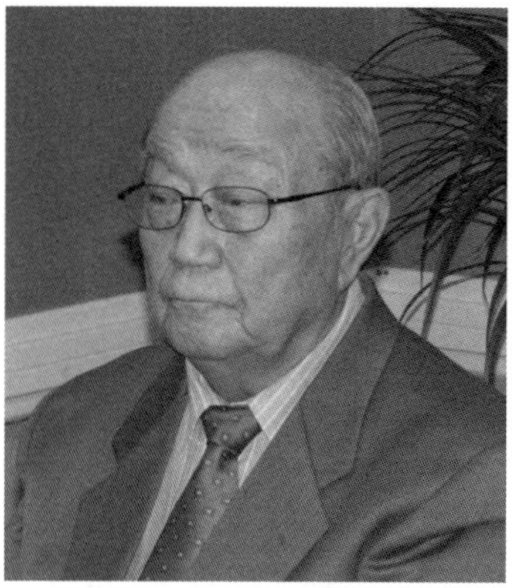

ᠶᠠ · ᠪᠠᠶᠠᠷ ᠪᠣᠯ ᠨᠡᠷᠡᠲᠦ ᠶᠢᠨ ᠰᠤᠷᠭᠠᠭᠤᠯᠢᠴᠢ ᠂ ᠬᠡᠯᠡ ᠵᠦᠢᠴᠢ ᠂ ᠣᠷᠴᠢᠭᠤᠯᠤᠭᠴᠢ ᠂ ᠮᠣᠩᠭᠣᠯ ᠤᠨ ᠬᠠᠷᠴᠢᠨ ᠬᠣᠰᠢᠭᠤᠨ ᠤ ᠬᠦᠮᠦᠨ ᠃ 1930 ᠣᠨ ᠤ 6 ᠰᠠᠷ᠎ᠠ ᠶᠢᠨ 5 ᠤ ᠡᠳᠦᠷ ᠲᠥᠷᠦᠭᠰᠡᠨ ᠃ ᠪᠠᠭ᠎ᠠ ᠳᠠᠭᠠᠨ ᠡᠴᠡ ᠭᠡᠷ ᠦᠨ ᠰᠤᠷᠭᠠᠭᠤᠯᠢ ᠳᠤ ᠰᠤᠷᠤᠯᠴᠠᠭᠠᠳ ᠂ ᠬᠢᠳᠠᠳ ᠮᠣᠩᠭᠣᠯ ᠪᠢᠴᠢᠭ ᠢ ᠰᠤᠷᠤᠯᠴᠠᠭᠰᠠᠨ ᠃ ᠶᠠ · ᠪᠠᠶᠠᠷ ᠤᠨ ᠡᠴᠢᠭᠡ ᠪᠠᠷ ᠡᠴᠡ ᠮᠣᠩᠭᠣᠯ ᠪᠢᠴᠢᠭ ᠢ ᠰᠤᠷᠤᠭᠰᠠᠨ ᠦ ᠬᠠᠮᠲᠤ ᠂ ᠬᠢᠳᠠᠳ ᠪᠢᠴᠢᠭ ᠢ ᠴᠤ ᠰᠤᠷᠤᠯᠴᠠᠭᠰᠠᠨ ᠪᠣᠯᠤᠨ᠎ᠠ ᠃

ᠶᠠ · ᠪᠠᠶᠠᠷ 1937 ᠣᠨ ᠳᠤ ᠨᠤᠲᠤᠭ ᠤᠨ ᠰᠤᠷᠭᠠᠭᠤᠯᠢ ᠳᠤ ᠣᠷᠤᠵᠤ ᠂ ᠬᠢᠳᠠᠳ ᠮᠣᠩᠭᠣᠯ ᠬᠣᠣᠰ ᠬᠡᠯᠡ ᠪᠢᠴᠢᠭ ᠢ ᠰᠤᠷᠤᠯᠴᠠᠭᠰᠠᠨ ᠃ 1940 ᠣᠨ ᠤ 9 ᠰᠠᠷ᠎ᠠ ᠳᠤ ᠰᠤᠷᠭᠠᠭᠤᠯᠢ ᠳᠤ ᠣᠷᠤᠵᠤ ᠂ ᠮᠣᠩᠭᠣᠯ ᠬᠡᠯᠡ ᠪᠢᠴᠢᠭ ᠤᠨ ᠨᠣᠮ ᠤᠳ (ᠮᠣᠩᠭᠣᠯ ᠤᠨ ᠨᠢᠭᠤᠴᠠ ᠲᠣᠪᠴᠢᠶᠠᠨ) ᠢ ᠤᠩᠰᠢᠵᠤ ᠂ 200 ᠭᠠᠷᠤᠢ ᠰᠢᠯᠦᠭ (ᠤᠷᠲᠤ ᠰᠢᠯᠦᠭ ᠂ ᠪᠣᠭᠣᠨᠢ ᠰᠢᠯᠦᠭ) ᠢ ᠴᠡᠭᠡᠵᠢᠯᠡᠭᠰᠡᠨ ᠪᠠᠶᠢᠨ᠎ᠠ ᠃ ᠶᠠ · ᠪᠠᠶᠠᠷ ᠤᠨ ᠵᠢᠷᠤᠭ ᠤᠨ ᠡᠷᠳᠡᠮ ᠢ ᠴᠤ ᠰᠤᠷᠤᠯᠴᠠᠭᠰᠠᠨ ᠃ 1943 ᠣᠨ ᠤ ᠡᠬᠢᠨ ᠡᠴᠡ ᠮᠣᠩᠭᠣᠯ ᠪᠢᠴᠢᠭ ᠢᠶᠡᠷ ᠪᠢᠴᠢᠭᠰᠡᠨ (ᠮᠣᠩᠭᠣᠯ ᠤᠨ ᠲᠡᠦᠬᠡ) ᠶᠢ ᠤᠩᠰᠢᠭᠰᠠᠨ ᠃ 1944 ᠣᠨ ᠤ ᠡᠬᠢᠨ ᠳᠦ ᠰᠤᠷᠭᠠᠭᠤᠯᠢ ᠪᠠᠨ ᠲᠡᠭᠦᠰᠦᠭᠰᠡᠨ ᠃ 1944 ᠣᠨ ᠳᠤ ᠬᠠᠷᠴᠢᠨ ᠳᠤ ᠪᠠᠭᠰᠢ ᠪᠣᠯᠵᠤ ᠂ ᠶᠠ · ᠪᠠᠶᠠᠷ ᠮᠣᠩᠭᠣᠯ ᠬᠡᠯᠡ ᠪᠢᠴᠢᠭ ᠢ ᠵᠠᠭᠠᠵᠤ ᠂ 1945 ᠣᠨ ᠳᠤ ᠰᠤᠷᠭᠠᠭᠤᠯᠢ ᠳᠤ ᠰᠤᠷᠤᠯᠴᠠᠭᠰᠠᠨ ᠂ 1946 ᠣᠨ ᠳᠤ ᠲᠡᠭᠦᠰᠦᠭᠰᠡᠨ ᠃

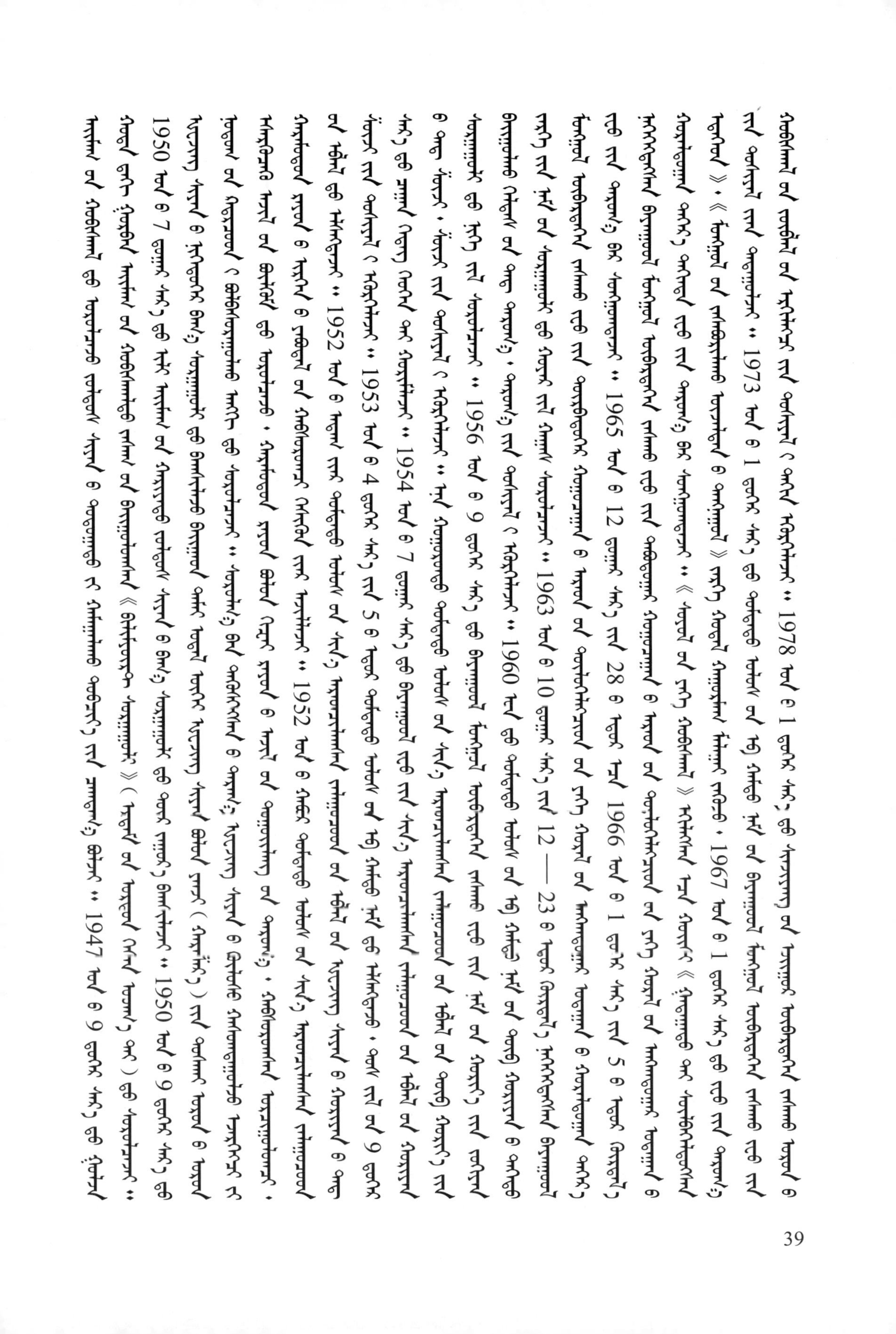

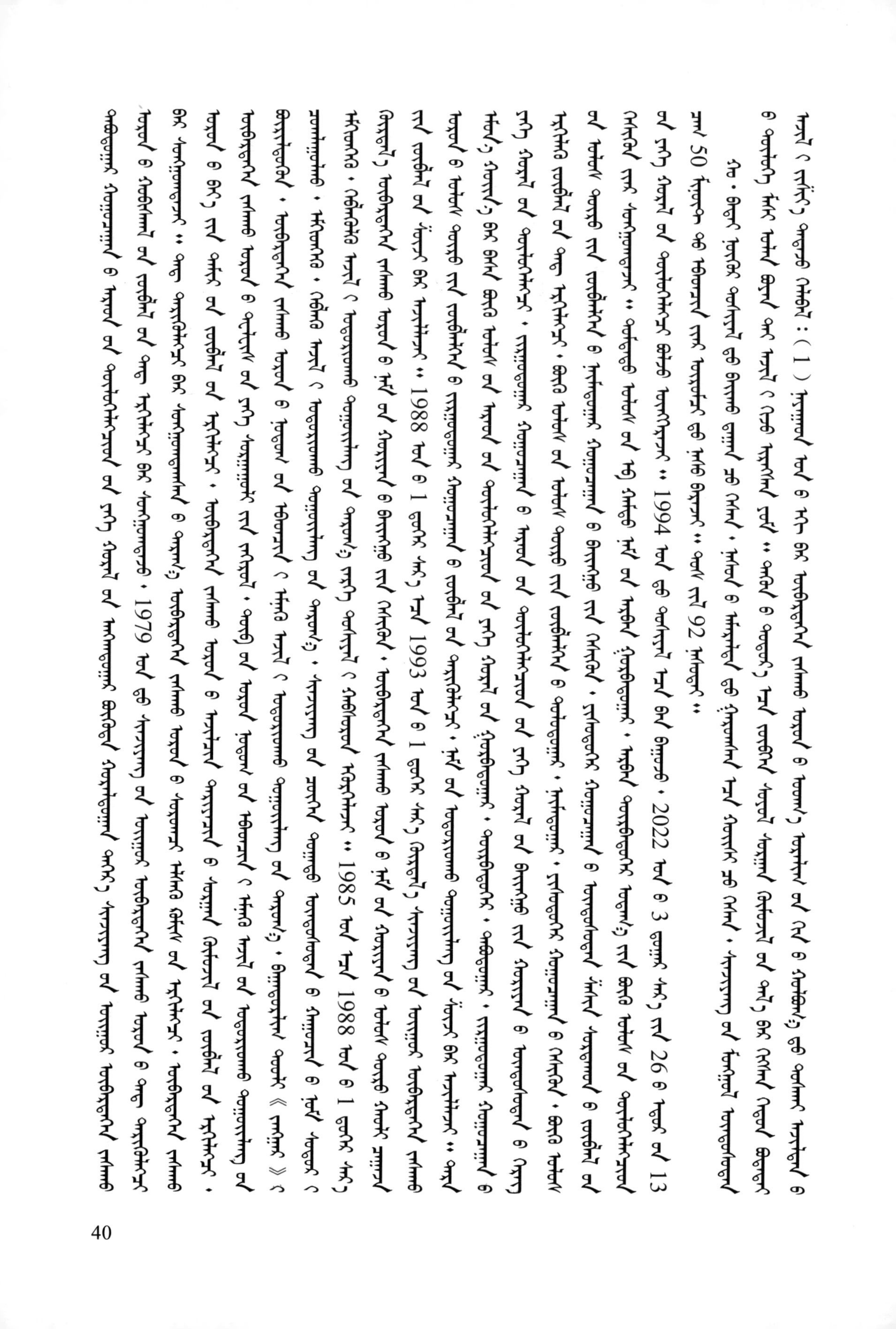

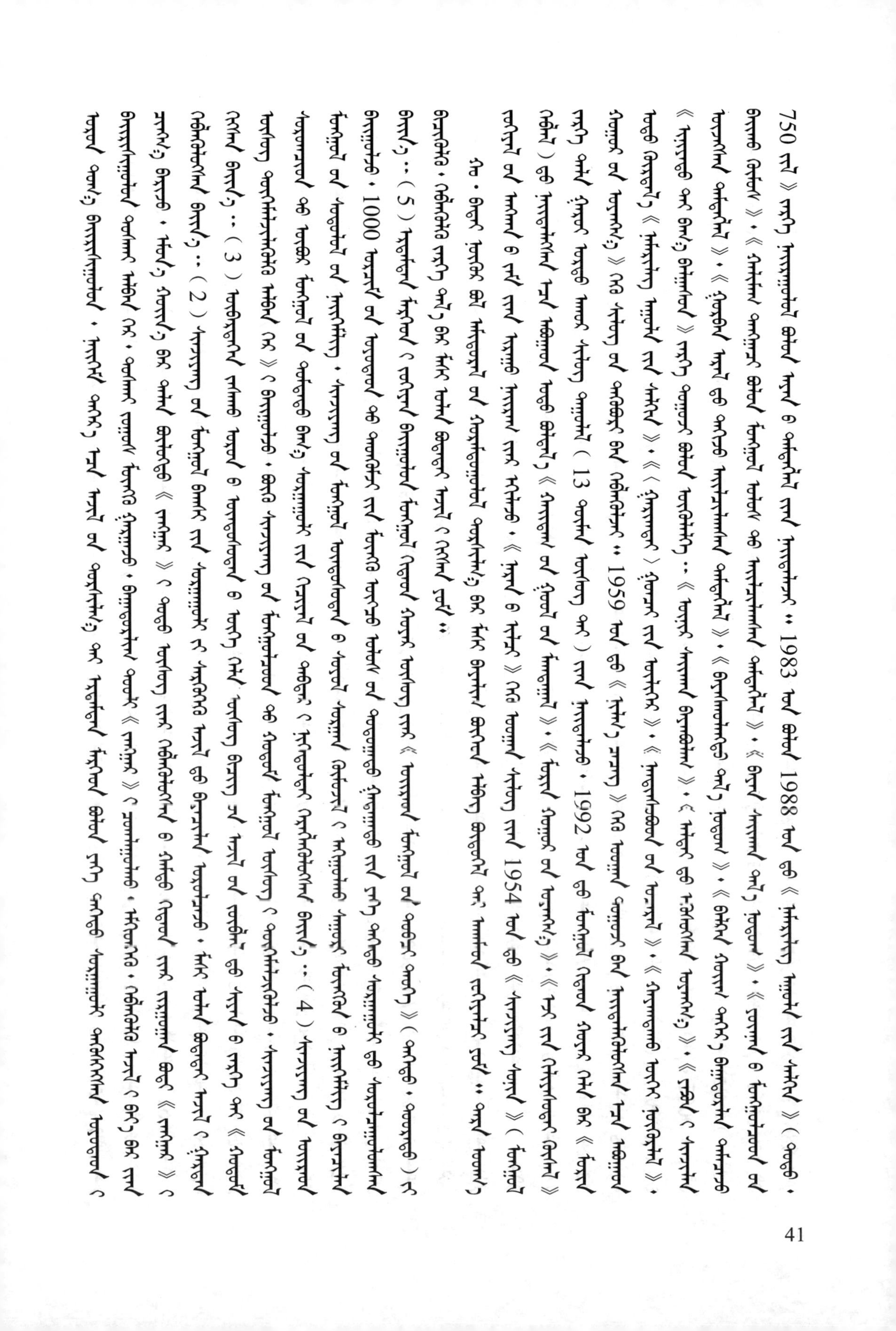

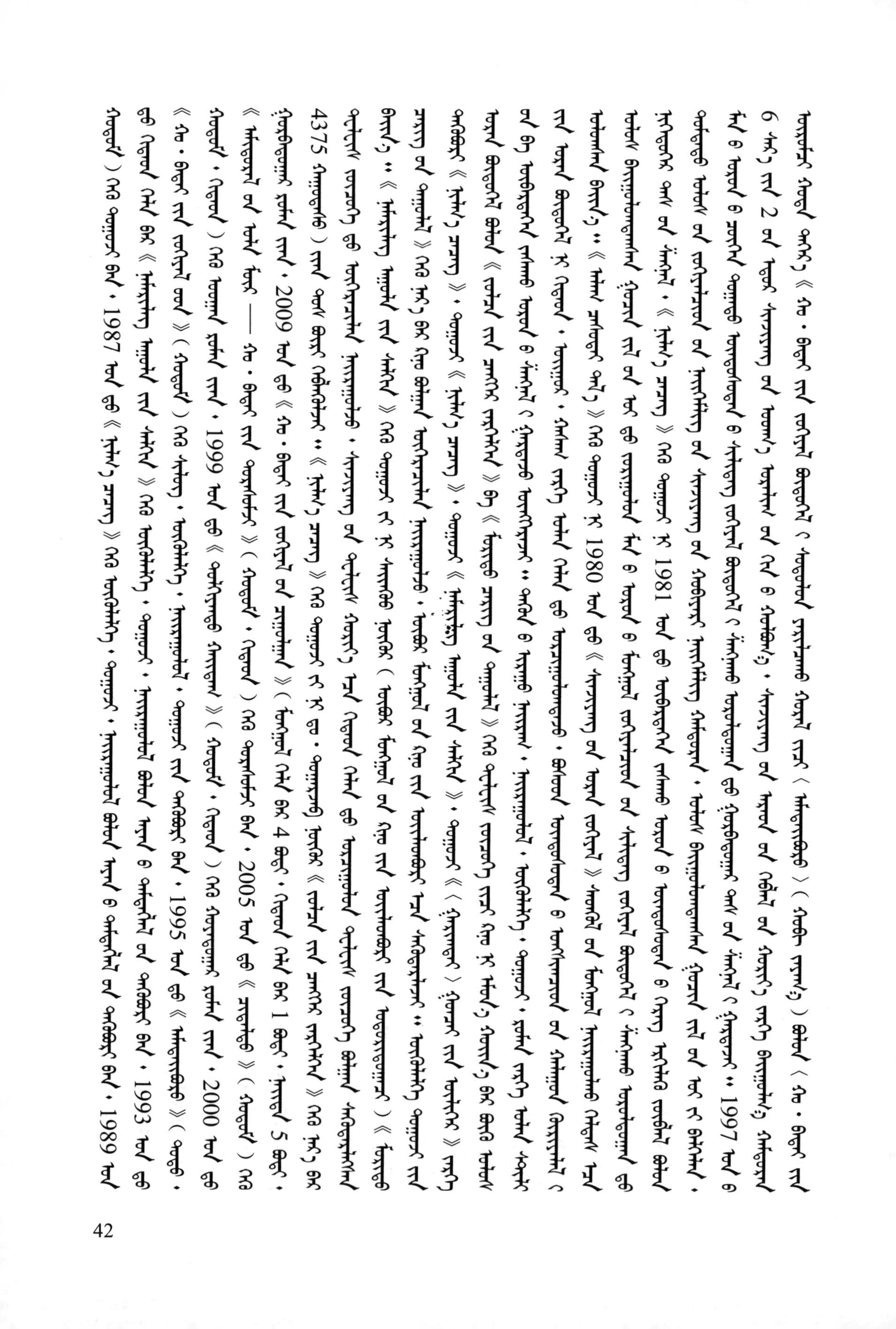

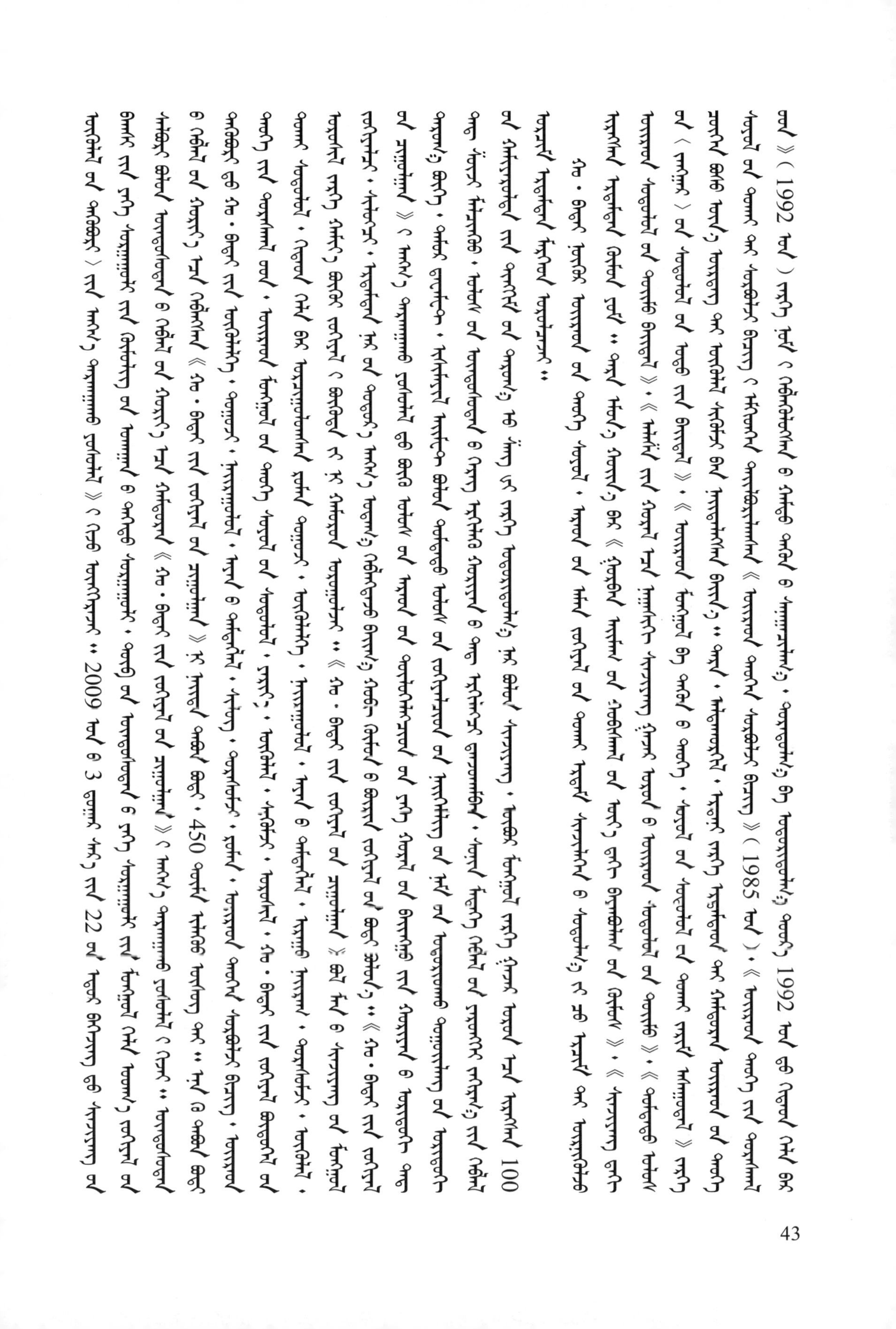

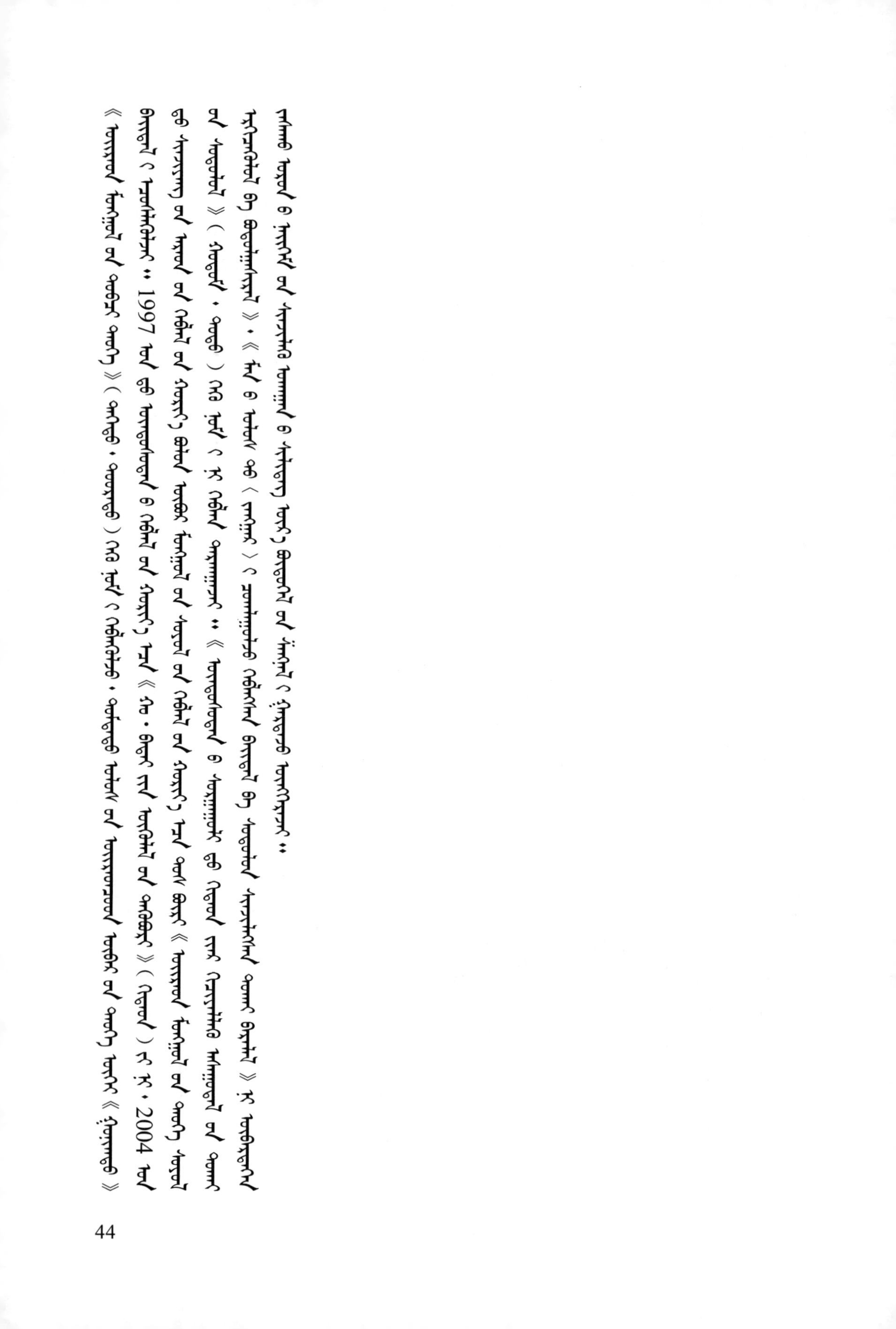

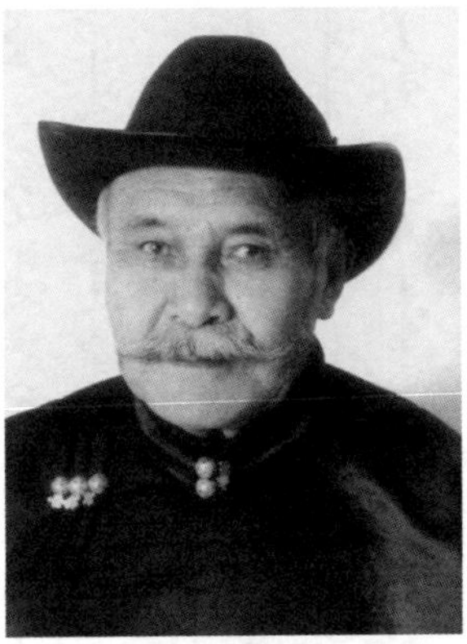

ᠨᠠᠮ᠎ᠠ · ᠴᠢᠮᠡᠳᠳᠣᠷᠵᠢ

ᠮᠣᠩᠭᠣᠯ ᠦᠨᠳᠦᠰᠦᠲᠡᠨ ᠦ ᠠᠷᠠᠳ ᠤᠨ ᠬᠥᠭᠵᠢᠮ ᠦᠨ ᠵᠢᠭᠠᠭᠤᠷᠢ ᠂ ᠮᠣᠩᠭᠣᠯ ᠬᠡᠯᠡ ᠪᠢᠴᠢᠭ ᠦᠨ ᠰᠤᠷᠭᠠᠭᠤᠯᠢ ᠶᠢᠨ ᠪᠠᠭᠰᠢ ᠂ 1932 ᠣᠨ ᠤ 3 ᠰᠠᠷ᠎ᠠ ᠶᠢᠨ 9 ᠤ ᠡᠳᠦᠷ ᠲᠦᠷᠦᠭᠰᠡᠨ ᠃ 1945 ᠣᠨ ᠡᠴᠡ ᠰᠤᠷᠭᠠᠭᠤᠯᠢ ᠳᠤ ᠣᠷᠣᠵᠤ ᠰᠤᠷᠤᠯᠴᠠᠭᠰᠠᠨ ᠃ 1947 ᠣᠨ ᠳᠤ ᠬᠣᠰᠢᠭᠤ ᠶᠢᠨ ᠰᠤᠷᠭᠠᠭᠤᠯᠢ ᠳᠤ ᠰᠤᠷᠤᠯᠴᠠᠭᠰᠠᠨ ᠃ 1946 ᠣᠨ ᠡᠴᠡ 1947 ᠣᠨ ᠳᠤ ᠬᠣᠰᠢᠭᠤ ᠶᠢᠨ ᠠᠵᠢᠯ ᠳᠤ ᠣᠷᠣᠯᠴᠠᠭᠰᠠᠨ ᠃ 1949 ᠣᠨ ᠤ 1 ᠰᠠᠷ᠎ᠠ ᠳᠤ ᠬᠤᠪᠢᠰᠬᠠᠯ ᠤᠨ ᠠᠵᠢᠯ ᠳᠤ ᠣᠷᠣᠯᠴᠠᠭᠰᠠᠨ ᠃ 1952 ᠣᠨ ᠡᠴᠡ 1958 ᠣᠨ ᠬᠦᠷᠲᠡᠯᠡ ᠰᠤᠷᠭᠠᠭᠤᠯᠢ ᠳᠤ ᠪᠠᠭᠰᠢ ᠬᠢᠵᠦ ᠂ 1958 ᠣᠨ ᠡᠴᠡ 1963 ᠣᠨ ᠬᠦᠷᠲᠡᠯᠡ ᠠᠵᠢᠯᠯᠠᠭᠰᠠᠨ ᠃ 1963 ᠣᠨ ᠳᠤ ᠠᠵᠢᠯ ᠠᠴᠠ ᠪᠠᠭᠤᠭᠰᠠᠨ ᠂ 1994 ᠣᠨ ᠳᠤ ᠲᠡᠳᠬᠦᠯᠡᠨ ᠳᠤ ᠭᠠᠷᠤᠭᠰᠠᠨ ᠂ 2010 ᠣᠨ ᠤ 8 ᠰᠠᠷ᠎ᠠ ᠶᠢᠨ 13 ᠤ ᠡᠳᠦᠷ ᠡᠪᠡᠳᠴᠢᠨ ᠢᠶᠡᠷ ᠲᠠᠰᠤᠷᠠᠭᠰᠠᠨ ᠂ ᠳᠡᠭᠡᠳᠦ 78 ᠨᠠᠰᠤᠯᠠᠭᠰᠠᠨ ᠃

ᠨᠠᠮ᠎ᠠ · ᠴᠢᠮᠡᠳᠳᠣᠷᠵᠢ ᠮᠣᠩᠭᠣᠯ ᠠᠷᠠᠳ ᠤᠨ ᠦᠯᠢᠭᠡᠷ ᠂ ᠵᠠᠩᠰᠢᠯ ᠵᠠᠩᠭᠢᠯ ᠢ ᠴᠤᠭᠯᠠᠭᠤᠯᠵᠤ ᠂ ᠡᠮᠬᠢᠳᠬᠡᠨ ᠨᠡᠶᠢᠲᠡᠯᠡᠭᠰᠡᠨ ᠪᠥᠭᠡᠳ 《ᠬᠠᠷᠢᠶᠠᠯᠠᠯ ᠤᠨ ᠳᠠᠭᠤᠤ ᠪᠠ ᠬᠠᠷᠢᠶᠠ》(1996 ᠣᠨ) ᠂ 《ᠮᠣᠩᠭᠣᠯ ᠤᠨ ᠡᠷᠲᠡᠨ ᠦ ᠵᠠᠩᠰᠢᠯ》(1999 ᠣᠨ) ᠵᠡᠷᠭᠡ ᠨᠣᠮ ᠢ ᠪᠢᠴᠢᠨ ᠬᠡᠪᠯᠡᠭᠦᠯᠦᠭᠰᠡᠨ ᠃

[illegible] 2500 ᠣᠨ ᠤ [illegible] ::

[illegible] ::

[illegible] ::

[illegible] 2018 ᠣᠨ ᠤ 6 ᠰᠠᠷ᠎ᠠ [illegible] 70 [illegible] 2016 ᠣᠨ ᠤ 5 ᠰᠠᠷ᠎ᠠ [illegible] 2008 [illegible] 2004 ᠣᠨ [illegible]

[illegible] ᠦᠨ 2009 ᠣᠨ ᠤ 1 ᠪᠠ 2 ᠳᠤᠭᠠᠷ [illegible] ᠳᠤ [illegible] · [illegible] [illegible] [illegible] [illegible] ᠤᠨ [illegible] ᠢ [illegible] ::

([illegible] [illegible] ᠤᠨ [illegible] ᠶᠢᠨ [illegible] · [illegible] ᠤᠨ [illegible] [illegible] 《 [illegible] [illegible] [illegible] [illegible]
[illegible] [illegible] 》 [illegible] [illegible] [illegible] · [illegible] · [illegible] · [illegible] [illegible] [illegible] ᠤᠨ [illegible])

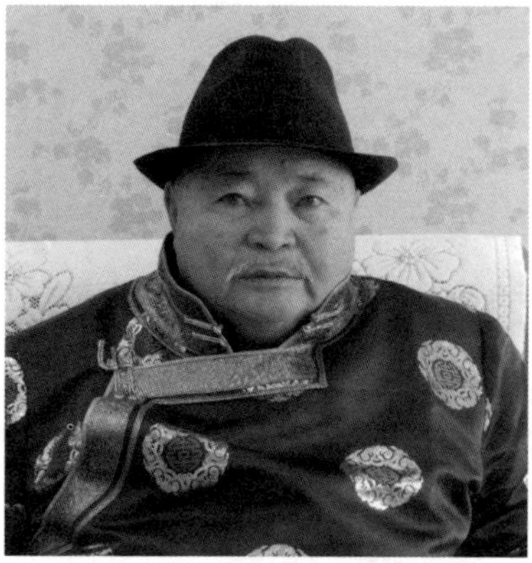

ᠴᠢ · ᠳᠠᠮᠪᠠ

ᠮᠣᠩᠭᠣᠯᠴᠤᠳ ᠤᠨ ᠵᠢᠷᠤᠭᠴᠢᠨ · ᠤᠷᠠᠯᠢᠭᠴᠢᠨ · ᠪᠢᠴᠢᠭᠯᠡᠭᠴᠢ · ᠰᠤᠷᠭᠠᠨ ᠬᠦᠮᠦᠵᠢᠯᠡᠭᠴᠢ :: 1932 ᠣᠨ ᠤ 10 ᠰᠠᠷ᠎ᠠ ᠶᠢᠨ 1 ᠦ ᠡᠳᠦᠷ ᠬᠠᠷᠴᠢᠨ ᠵᠡᠭᠦᠨ ᠭᠠᠷ ᠤᠨ ᠬᠣᠰᠢᠭᠤᠨ ᠤ ᠨᠤᠲᠤᠭ ᠲᠤ ᠲᠥᠷᠥᠭᠰᠡᠨ ᠪᠢᠯᠡ ᠃ 1939 ᠣᠨ ᠡᠴᠡ 1941 ᠣᠨ ᠬᠦᠷᠲᠡᠯ᠎ᠡ ᠭᠡᠷ ᠲᠦ ᠪᠡᠨ ᠪᠢᠴᠢᠭ ᠰᠤᠷᠤᠯᠴᠠᠭᠰᠠᠨ · 1946 ᠣᠨ ᠡᠴᠡ 1948 ᠣᠨ ᠬᠦᠷᠲᠡᠯ᠎ᠡ ᠰᠤᠷᠭᠠᠭᠤᠯᠢ ᠳᠤ ᠰᠤᠷᠤᠯᠴᠠᠭᠰᠠᠨ · 1948 ᠣᠨ ᠡᠴᠡ 1951 ᠣᠨ ᠬᠦᠷᠲᠡᠯ᠎ᠡ ᠪᠠᠭᠰᠢ ᠶᠢᠨ ᠰᠤᠷᠭᠠᠭᠤᠯᠢ ᠳᠤ ᠰᠤᠷᠤᠯᠴᠠᠭᠰᠠᠨ · 1951 ᠣᠨ ᠤ 9 ᠰᠠᠷ᠎ᠠ ᠶᠢᠨ ᠡᠴᠡ 1954 ᠣᠨ ᠬᠦᠷᠲᠡᠯ᠎ᠡ ᠰᠤᠷᠭᠠᠭᠤᠯᠢ ᠳᠤ ᠪᠠᠭᠰᠢ ᠬᠢᠭᠰᠡᠨ · 1954 ᠣᠨ ᠡᠴᠡ 1955 ᠣᠨ ᠬᠦᠷᠲᠡᠯ᠎ᠡ ᠰᠤᠷᠤᠯᠴᠠᠭᠰᠠᠨ ᠃ 1955 ᠣᠨ ᠡᠴᠡ 1960 ᠣᠨ ᠬᠦᠷᠲᠡᠯ᠎ᠡ ᠰᠤᠷᠭᠠᠭᠤᠯᠢ ᠳᠤ ᠪᠠᠭᠰᠢ ᠬᠢᠭᠰᠡᠨ · 1955 ᠣᠨ ᠳᠤ ᠬᠣᠲᠠ ᠳᠤ ᠰᠤᠷᠤᠯᠴᠠᠭᠰᠠᠨ · 1965 ᠣᠨ ᠡᠴᠡ 1988 ᠣᠨ ᠬᠦᠷᠲᠡᠯ᠎ᠡ ᠰᠤᠷᠭᠠᠭᠤᠯᠢ ᠳᠤ ᠪᠠᠭᠰᠢ ᠬᠢᠭᠰᠡᠨ ᠪᠠᠢᠭᠤᠯᠤᠯᠭ᠎ᠠ ᠳᠤ ᠰᠢᠯᠵᠢᠭᠰᠡᠨ ᠃ 1960 ᠣᠨ ᠡᠴᠡ 1964 ᠣᠨ ᠬᠦᠷᠲᠡᠯ᠎ᠡ ᠰᠤᠷᠭᠠᠭᠤᠯᠢ ᠶᠢᠨ ᠪᠠᠭᠰᠢ ᠬᠢᠭᠰᠡᠨ ᠃ 1998 ᠣᠨ ᠳᠤ ᠲᠡᠲᠡᠭᠡᠪᠦᠷᠢ ᠳᠤ ᠭᠠᠷᠴᠠᠢ · 2021 ᠣᠨ ᠤ 10 ᠰᠠᠷ᠎ᠠ ᠶᠢᠨ 29 ᠦ ᠡᠳᠦᠷ ᠡᠪᠡᠳᠴᠢᠨ ᠳᠤ ᠨᠠᠰᠤ ᠨᠥᠭᠴᠢᠵᠦ · ᠵᠢᠷᠤᠭ ᠬᠣᠶᠠᠷ 89 ᠨᠠᠰᠤᠯᠠᠪᠠ ::

1956 ᠣᠨ ᠡᠴᠡ ᠡᠬᠢᠯᠡᠨ ᠵᠢᠷᠤᠭ ᠤᠷᠠᠯᠢᠭ ᠤᠨ ᠪᠦᠲᠦᠭᠡᠯ ᠪᠦᠲᠦᠭᠡᠵᠦ · 1960 ᠣᠨ ᠡᠴᠡ ᠡᠬᠢᠯᠡᠨ ᠬᠡᠪᠯᠡᠯ ᠳᠦ ᠨᠡᠢᠲᠡᠯᠡᠭᠦᠯᠦᠭᠰᠡᠨ · ᠰᠣᠶᠣᠯ ᠤᠨ ᠪᠦᠲᠦᠭᠡᠯ ᠨᠡᠯᠡᠳ ᠪᠠᠢᠨ᠎ᠠ · 《ᠮᠣᠩᠭᠣᠯ ᠤᠨ ᠰᠣᠶᠣᠯ》· 《ᠮᠣᠩᠭᠣᠯ ᠬᠡᠯᠡ ᠪᠢᠴᠢᠭ》· 《ᠨᠠᠢᠷᠠᠮᠳᠠᠯ》 ᠵᠡᠷᠭᠡ ᠰᠣᠨᠢᠨ ᠬᠡᠪᠯᠡᠯ ᠳᠦ ᠬᠡᠪᠯᠡᠭᠰᠡᠨ ᠬᠡᠮᠡᠨ ᠰᠣᠶᠣᠯ ᠤᠨ 《ᠮᠣᠩᠭᠣᠯ ᠪᠢᠴᠢᠭ》· 《ᠮᠣᠩᠭᠣᠯ ᠤᠷᠠᠯᠢᠭ》· 《ᠮᠣᠩᠭᠣᠯ ᠬᠦᠮᠦᠵᠢᠯ》· 《ᠮᠣᠩᠭᠣᠯ ᠵᠢᠷᠤᠭ》 ᠵᠡᠷᠭᠡ ᠲᠣᠭᠤᠷᠢᠮ ᠳᠤ ᠨᠡᠢᠲᠡᠯᠡᠭᠦᠯᠦᠭᠰᠡᠨ ᠪᠠᠢᠨ᠎ᠠ · 《ᠮᠣᠩᠭᠣᠯ ᠤᠷᠠᠯᠢᠭ ᠤᠨ ᠲᠦᠭᠦᠬᠡ》 ᠵᠡᠷᠭᠡ ᠨᠣᠮ ᠢ ᠪᠢᠴᠢᠵᠦ ᠬᠡᠪᠯᠡᠭᠦᠯᠦᠭᠰᠡᠨ ᠃ 《ᠮᠣᠩᠭᠣᠯ ᠤᠨ ᠦᠨᠳᠦᠰᠦᠲᠡᠨ ᠦ ᠬᠡᠪ ᠦᠨ ᠵᠢᠷᠤᠭ》 ᠨᠣᠮ ᠢ ᠪᠢᠴᠢᠭᠰᠡᠨ ᠃ 《ᠮᠣᠩᠭᠣᠯ ᠤᠨ ᠤᠷᠠᠯᠢᠭ ᠤᠨ ᠰᠤᠷᠭᠠᠯᠲᠠ》 ᠨᠣᠮ ᠢ ᠬᠠᠮᠲᠤ ᠪᠢᠴᠢᠭᠰᠡᠨ ᠃ 1986 ᠣᠨ ᠳᠤ 《ᠮᠣᠩᠭᠣᠯ ᠤᠷᠠᠯᠢᠭ ᠤᠨ ᠬᠡᠪ ᠦᠨ ᠵᠢᠷᠤᠭ》 ᠨᠣᠮ ᠢ ᠳᠡᠭᠡᠵᠢᠯᠡᠭᠰᠡᠨ ᠬᠦᠮᠦᠵᠢᠯ ᠦᠨ ᠬᠦᠷᠢᠶᠡᠯᠡᠩ ᠡᠴᠡ ᠬᠡᠪᠯᠡᠭᠦᠯᠦᠭᠰᠡᠨ ᠪᠣᠯᠪᠠ ᠃ 2012 ᠣᠨ ᠳᠤ ᠬᠡᠪᠯᠡᠭᠦᠯᠦᠭᠰᠡᠨ ᠪᠢᠴᠢᠭ 《ᠮᠣᠩᠭᠣᠯ ᠤᠨ ᠦᠨᠳᠦᠰᠦᠲᠡᠨ ᠦ ᠤᠷᠠᠯᠢᠭ》(ᠰᠤᠷᠭᠠᠭᠤᠯᠢ ᠳᠤ ᠬᠡᠷᠡᠭᠯᠡᠬᠦ ᠳᠤ ᠵᠣᠷᠢᠭᠤᠯᠤᠨ᠎ᠠ) ᠪᠣᠯ

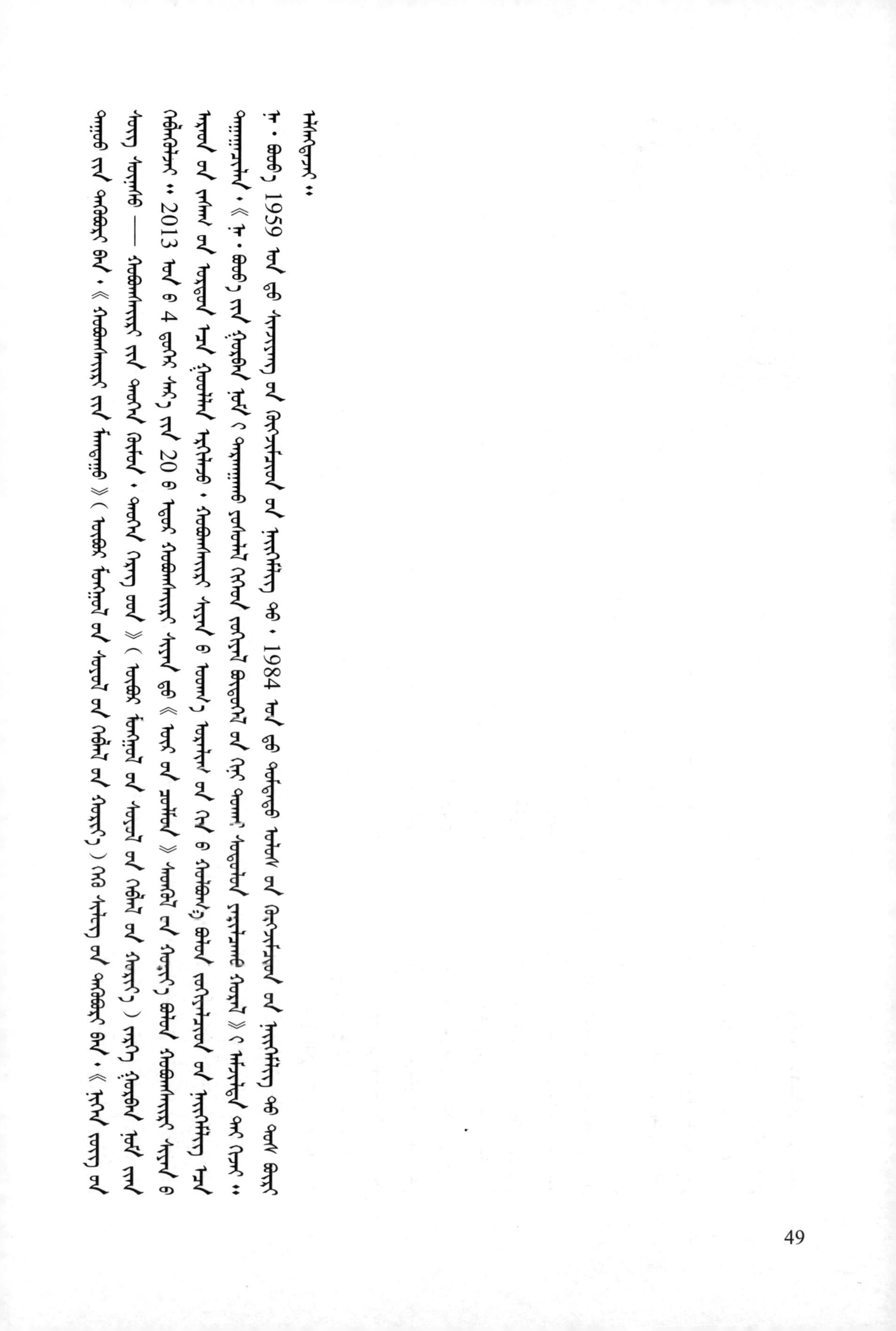

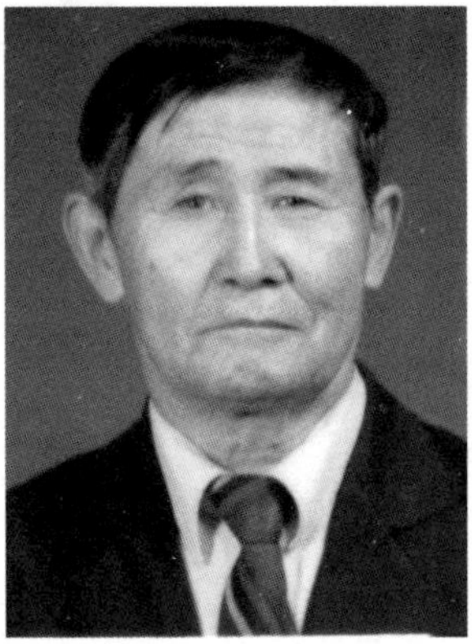

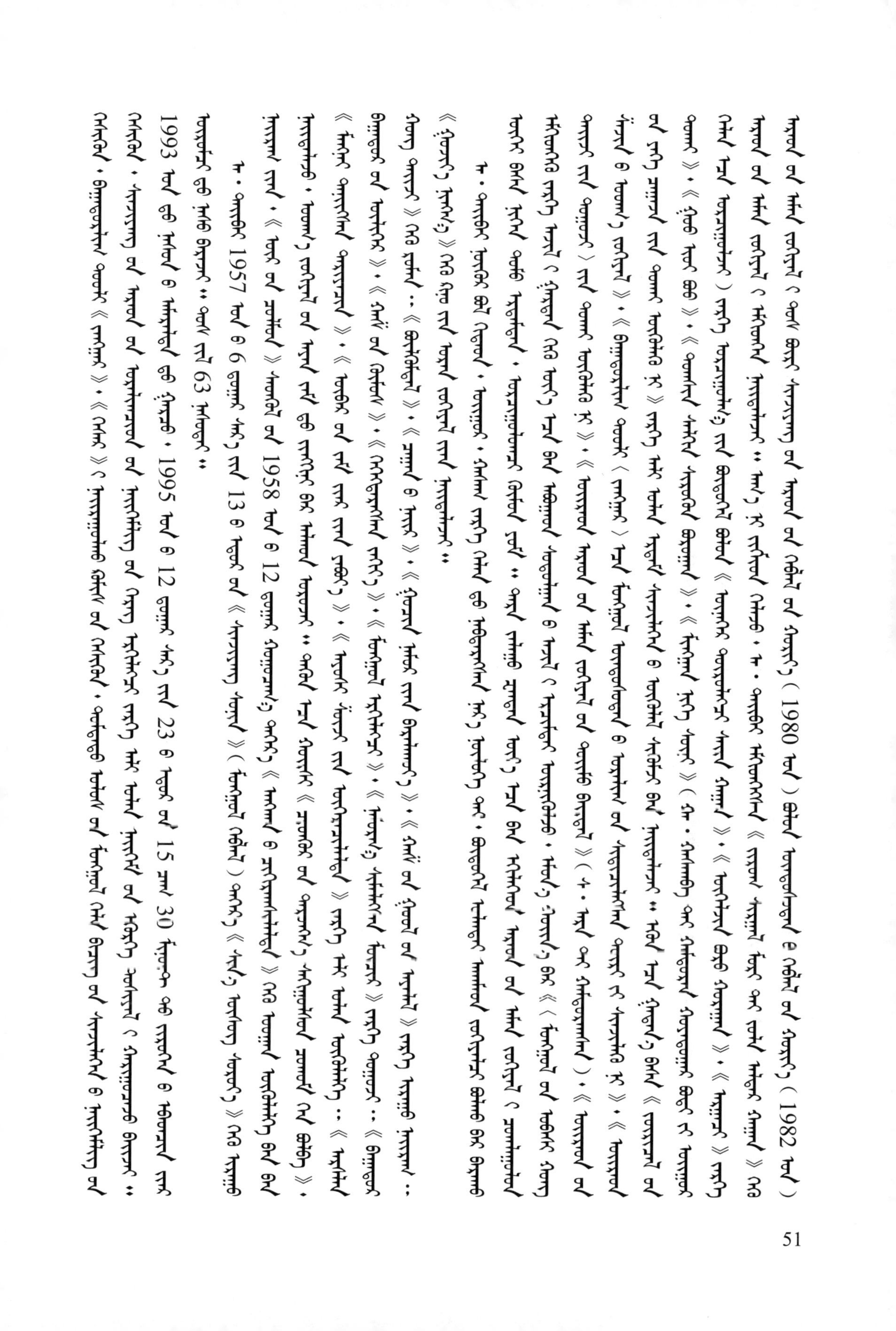

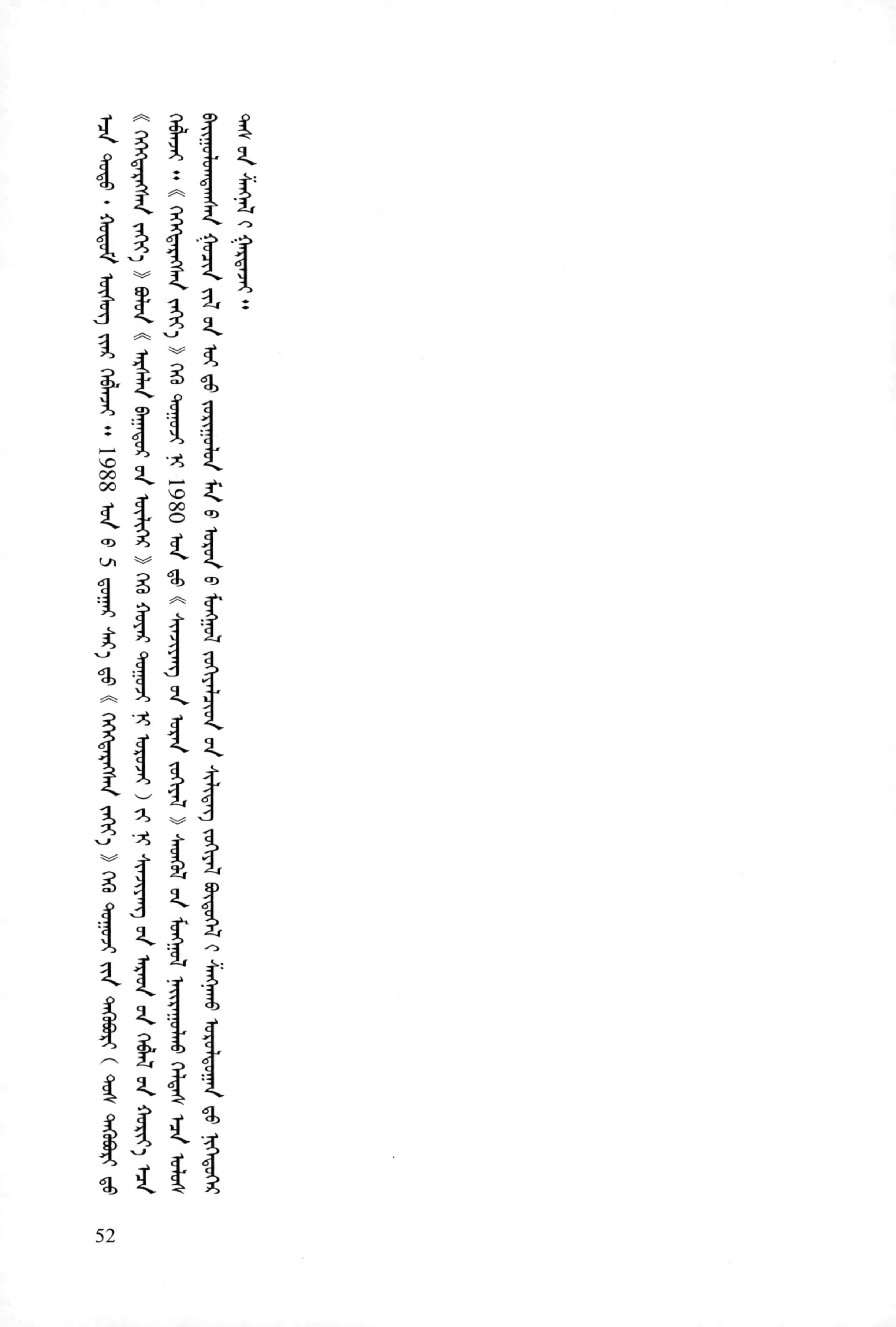

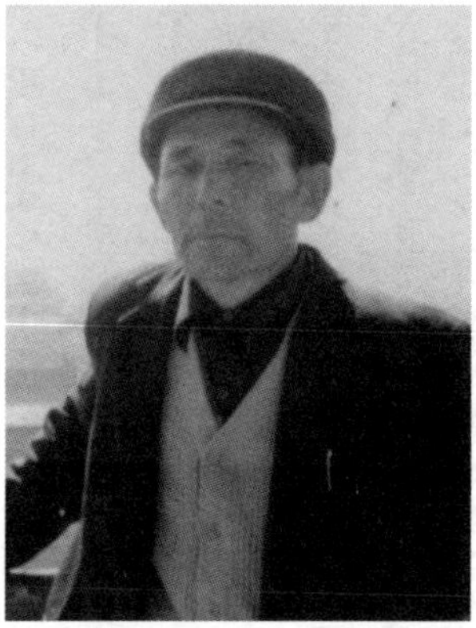

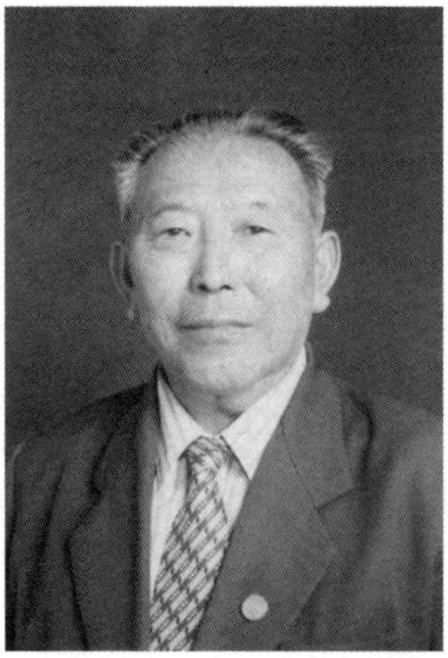

[illegible]

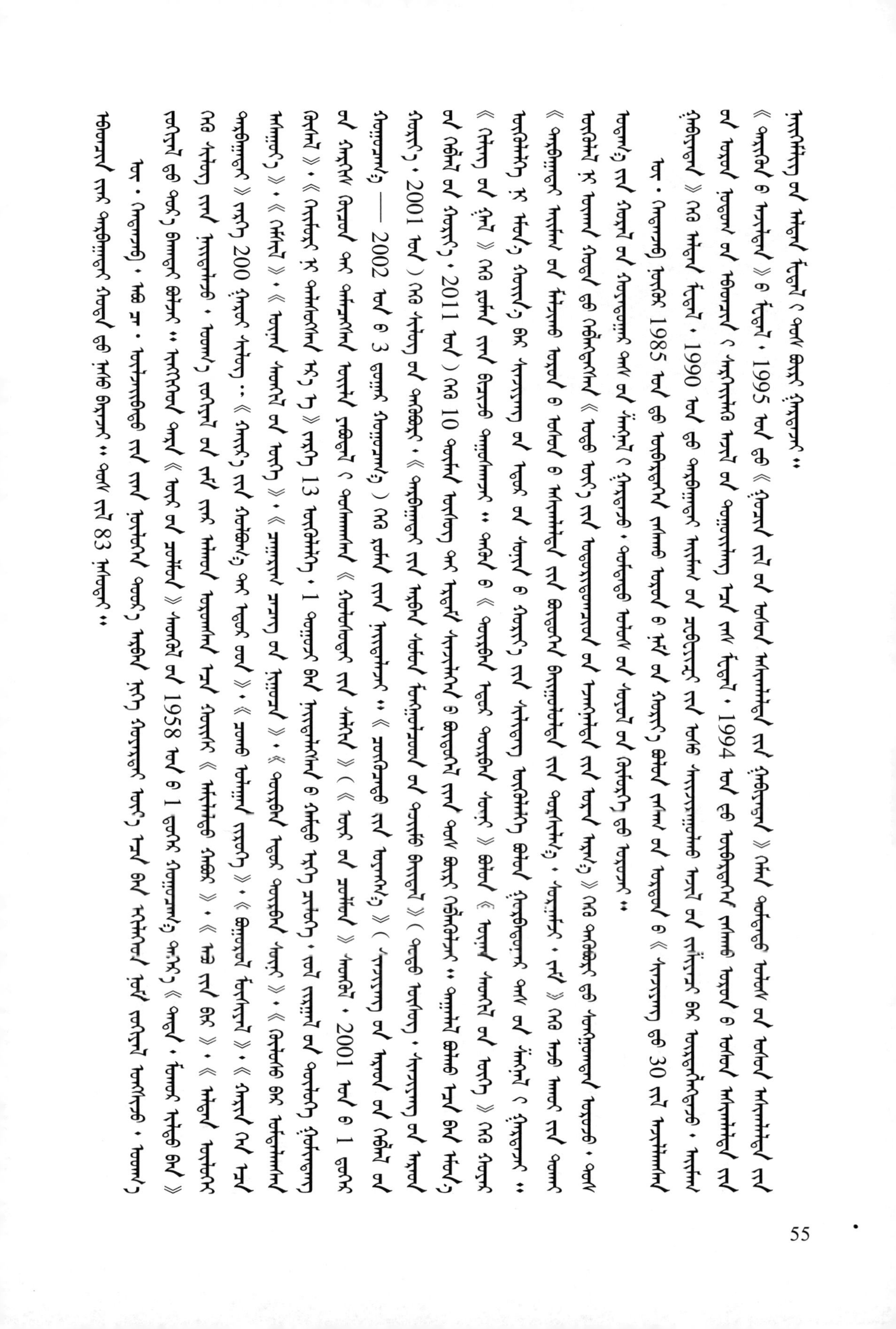

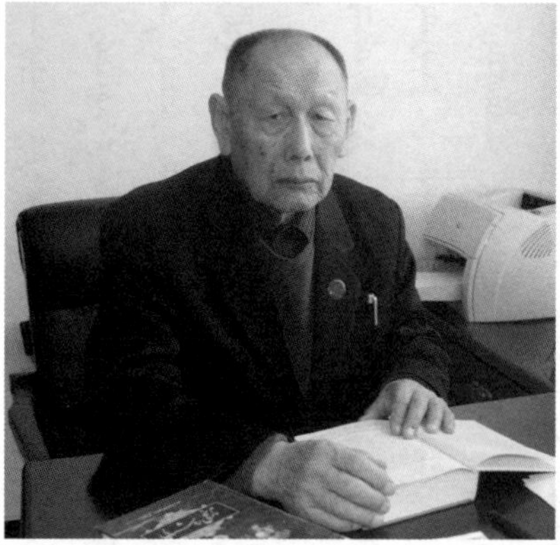

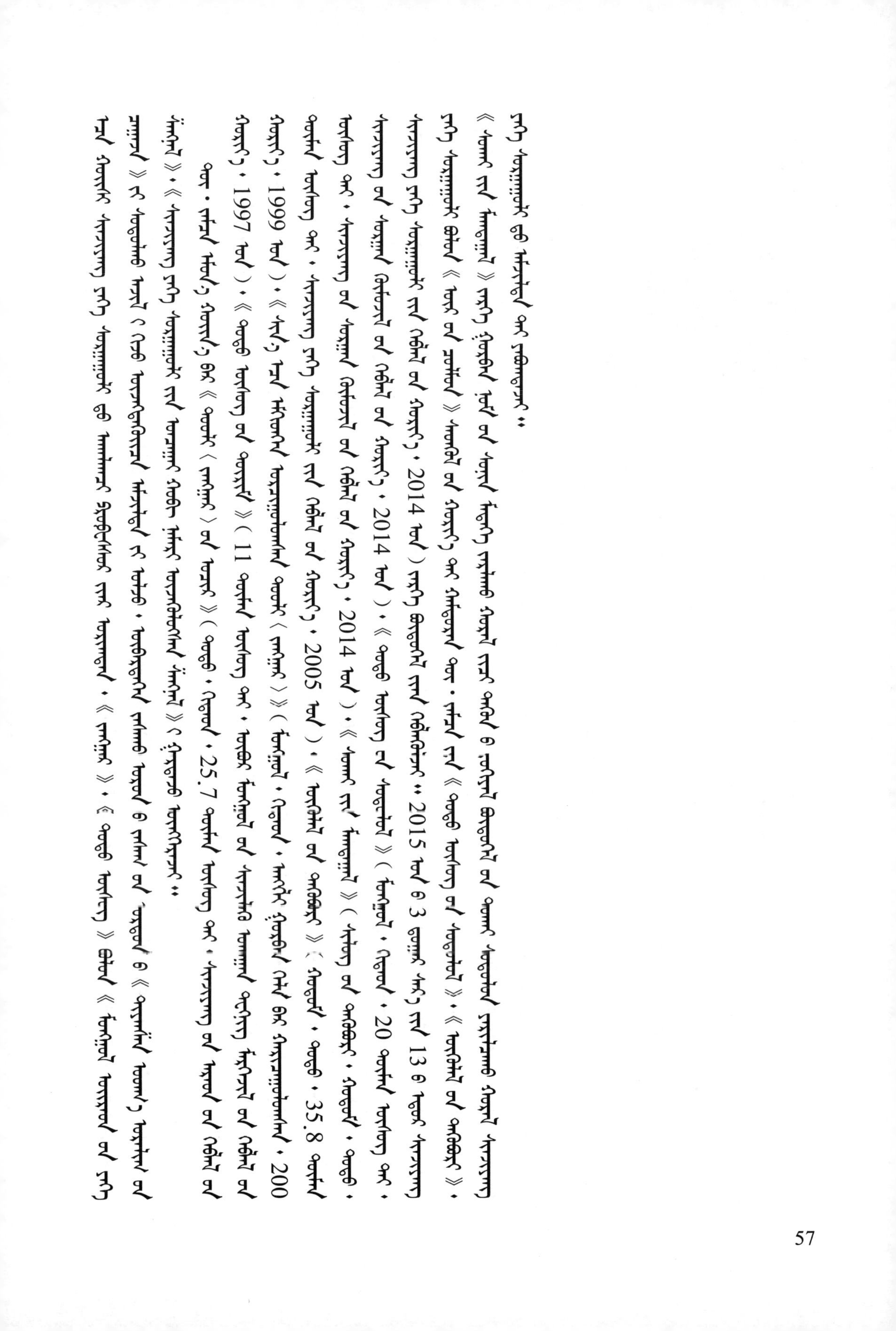

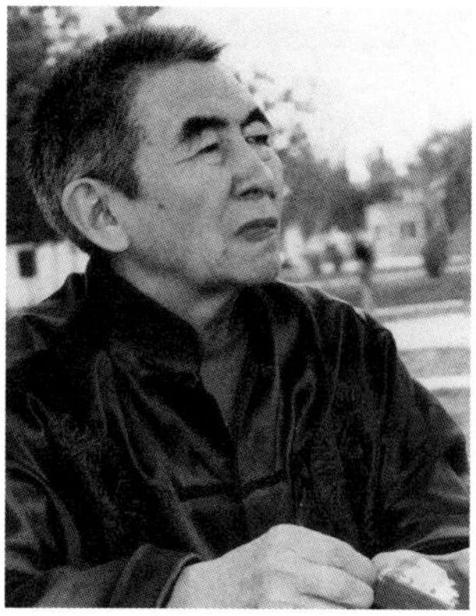

ᠮᠠ · ᠵᠢᠩ ᠮᠣᠩᠭᠣᠯ ᠦᠨᠳᠦᠰᠦᠲᠡᠨ · ᠭᠢᠷᠢᠨ ᠤ ᠮᠤᠵᠢ · ᠭᠤᠷᠯᠤᠰ ᠤᠨ ᠥᠪᠡᠷᠲᠡᠭᠡᠨ ᠵᠠᠰᠠᠭᠤ ᠤᠨ ᠬᠣᠰᠢᠭᠤᠨ ᠤ ᠬᠦᠮᠦᠨ ::

1933 ᠣᠨ ᠤ 10 ᠰᠠᠷ᠎ᠠ ᠳᠤ ᠲᠥᠷᠥᠭᠰᠡᠨ · ᠪᠠᠭ᠎ᠠ ᠳᠤ ᠪᠡᠨ ᠬᠣᠰᠢᠭᠤᠨ ᠤ ᠪᠠᠭ᠎ᠠ ᠰᠤᠷᠭᠠᠭᠤᠯᠢ ᠳᠤ ᠰᠤᠷᠤᠯᠴᠠᠭᠰᠠᠨ · ᠲᠡᠭᠦᠰᠭᠡᠭᠰᠡᠨ ᠤ ᠳᠠᠷᠠᠭ᠎ᠠ ᠪᠠᠢᠰᠢᠩ ᠤᠨ ᠳᠤᠮᠳᠠ ᠰᠤᠷᠭᠠᠭᠤᠯᠢ ᠳᠤ ᠣᠷᠣᠭᠰᠠᠨ :: 1943 ᠣᠨ ᠡᠴᠡ ᠡᠬᠢᠯᠡᠨ ᠬᠣᠰᠢᠭᠤᠨ ᠤ ᠪᠠᠭ᠎ᠠ ᠰᠤᠷᠭᠠᠭᠤᠯᠢ ᠳᠤ ᠪᠠᠭᠰᠢ ᠪᠣᠯᠵᠤ · 1948 ᠣᠨ ᠳᠤ ᠬᠣᠰᠢᠭᠤᠨ ᠤ ᠵᠠᠰᠠᠭ ᠤᠨ ᠭᠠᠵᠠᠷ ᠤᠨ ᠪᠢᠴᠢᠭᠡᠴᠢ ᠪᠣᠯᠪᠠ :: 1950 ᠣᠨ ᠡᠴᠡ 1951 ᠣᠨ ᠳᠤ ᠪᠢᠴᠢᠭᠡᠴᠢ ᠪᠣᠯᠤᠨ ᠨᠠᠢᠷᠠᠭᠤᠯᠤᠭᠴᠢ · ᠪᠢᠴᠢᠭᠡᠴᠢ ᠵᠡᠷᠭᠡ ᠠᠵᠢᠯ ᠬᠢᠭᠰᠡᠨ :: 1951 ᠣᠨ ᠡᠴᠡ 1952 ᠣᠨ ᠪᠣᠯᠲᠠᠯ᠎ᠠ ᠠᠷᠠᠳ ᠤᠨ ᠬᠣᠷᠢᠶ᠎ᠠ ᠶᠢᠨ ᠪᠢᠴᠢᠭᠡᠴᠢ ᠪᠣᠯᠪᠠ :: ᠬᠣᠷᠢᠶ᠎ᠠ ᠶᠢᠨ ᠠᠵᠢᠯ ᠤᠨ ᠳᠠᠷᠤᠭ᠎ᠠ · ᠰᠤᠷᠭᠠᠭᠤᠯᠢ ᠶᠢᠨ ᠪᠠᠭᠰᠢ · ᠬᠣᠷᠢᠶ᠎ᠠ ᠶᠢᠨ ᠬᠣᠷᠢᠶ᠎ᠠ · 1952 ᠣᠨ ᠡᠴᠡ 1954 ᠣᠨ ᠬᠦᠷᠲᠡᠯ᠎ᠡ ᠬᠣᠰᠢᠭᠤᠨ ᠤ ᠰᠤᠷᠭᠠᠨ ᠬᠦᠮᠦᠵᠢᠯ ᠤᠨ ᠲᠠᠰᠤᠭ ᠤᠨ ᠠᠵᠢᠯᠲᠠᠨ :: 1954 ᠣᠨ ᠡᠴᠡ 1956 ᠣᠨ ᠬᠦᠷᠲᠡᠯ᠎ᠡ ᠥᠪᠡᠷ ᠮᠣᠩᠭᠣᠯ ᠤᠨ ᠪᠠᠭᠰᠢ ᠶᠢᠨ ᠰᠤᠷᠭᠠᠭᠤᠯᠢ ᠳᠤ ᠰᠤᠷᠤᠯᠴᠠᠭᠰᠠᠨ :: 1966 ᠣᠨ ᠳᠤ ᠪᠢᠴᠢᠭᠡᠴᠢ ᠬᠣᠷᠢᠶ᠎ᠠ ᠶᠢᠨ ᠭᠡᠰᠢᠭᠦᠨ · ᠨᠠᠢᠷᠠᠭᠤᠯᠤᠭᠴᠢ ᠵᠡᠷᠭᠡ ᠠᠵᠢᠯ ᠢ ᠬᠠᠷᠢᠭᠤᠴᠠᠯᠭ᠎ᠠ · ᠬᠣᠷᠢᠶ᠎ᠠ ᠶᠢᠨ ᠳᠠᠷᠤᠭ᠎ᠠ · ᠬᠣᠷᠢᠶ᠎ᠠ ᠶᠢᠨ ᠪᠠᠭᠰᠢ ᠪᠣᠯᠤᠨ ᠬᠣᠷᠢᠶ᠎ᠠ ᠶᠢᠨ ᠬᠦᠮᠦᠨ ᠪᠣᠯᠪᠠ · 1973 ᠣᠨ ᠡᠴᠡ ᠡᠬᠢᠯᠡᠨ ᠬᠣᠰᠢᠭᠤᠨ ᠤ ᠰᠤᠷᠭᠠᠨ ᠬᠦᠮᠦᠵᠢᠯ ᠤᠨ ᠬᠣᠷᠢᠶ᠎ᠠ ᠶᠢᠨ ᠳᠠᠷᠤᠭ᠎ᠠ · ᠪᠢᠴᠢᠭᠡᠴᠢ ᠪᠣᠯᠤᠨ ᠬᠣᠷᠢᠶ᠎ᠠ ᠶᠢᠨ ᠳᠡᠳ ᠳᠠᠷᠤᠭ᠎ᠠ · ᠪᠢᠴᠢᠭᠡᠴᠢ ᠪᠣᠯᠤᠨ ᠬᠣᠷᠢᠶ᠎ᠠ ᠶᠢᠨ ᠤᠳᠤᠷᠢᠳᠤᠭᠴᠢ ᠳᠠᠷᠤᠭ᠎ᠠ ᠪᠣᠯᠪᠠ :: 1983 ᠣᠨ ᠡᠴᠡ 1988 ᠣᠨ ᠬᠦᠷᠲᠡᠯ᠎ᠡ ᠪᠢᠴᠢᠭᠡᠴᠢ ᠪᠣᠯᠤᠨ ᠳᠡᠳ ᠳᠠᠷᠤᠭ᠎ᠠ · 1988 ᠣᠨ ᠡᠴᠡ 1991 ᠣᠨ ᠬᠦᠷᠲᠡᠯ᠎ᠡ ᠥᠪᠡᠷ ᠮᠣᠩᠭᠣᠯ ᠤᠨ ᠪᠢᠴᠢᠭᠡᠴᠢ ᠪᠣᠯᠤᠨ ᠠᠵᠢᠯᠯᠠᠵᠤ · 1990 ᠣᠨ ᠡᠴᠡ 1993 ᠣᠨ ᠬᠦᠷᠲᠡᠯ᠎ᠡ ᠬᠣᠷᠢᠶ᠎ᠠ ᠶᠢᠨ ᠤᠳᠤᠷᠢᠳᠤᠯᠭ᠎ᠠ ᠶᠢᠨ ᠭᠡᠰᠢᠭᠦᠨ ᠪᠣᠯᠪᠠ :: 1988 ᠣᠨ ᠡᠴᠡ 1997 ᠣᠨ ᠬᠦᠷᠲᠡᠯ᠎ᠡ ᠪᠢᠴᠢᠭᠡᠴᠢ ᠪᠣᠯᠤᠨ ᠤᠳᠤᠷᠢᠳᠤᠯᠭ᠎ᠠ ᠶᠢᠨ ᠬᠣᠷᠢᠶ᠎ᠠ ᠶᠢᠨ ᠭᠡᠰᠢᠭᠦᠨ ᠪᠣᠯᠪᠠ :: 1993 ᠣᠨ ᠳᠤ ᠲᠡᠳᠭᠦᠯᠲᠡ ᠳᠤ ᠭᠠᠷᠤᠭᠰᠠᠨ · 2008 ᠣᠨ ᠤ 8 ᠰᠠᠷ᠎ᠠ ᠶᠢᠨ 27 ᠤ ᠡᠳᠦᠷ ᠡᠪᠡᠳᠴᠢᠨ ᠢᠶᠡᠷ ᠲᠠᠭᠠᠯᠠᠪᠠ :: ᠨᠠᠰᠤ ᠳᠤ 76 ᠨᠠᠰᠤᠯᠠᠪᠠ ::

ᠮᠠ · ᠵᠢᠩ 1950 ᠣᠨ ᠡᠴᠡ ᠡᠬᠢᠯᠡᠨ ᠵᠣᠬᠢᠶᠠᠯ ᠪᠢᠴᠢᠵᠦ ᠡᠬᠢᠯᠡᠭᠰᠡᠨ · ᠤᠷᠠᠨ ᠵᠣᠬᠢᠶᠠᠯ ᠤᠨ ᠲᠡᠦᠪᠦᠷᠢ ᠬᠡᠪᠯᠡᠯ ᠦᠨ ᠨᠣᠮ 《 ᠮᠠᠯ ᠤᠨ ᠳᠠᠭᠤ 》·《 ᠪᠣᠯᠤᠨ ᠰᠤᠷᠭᠠᠭᠤᠯᠢ 》·《 ᠮᠠᠯᠴᠢᠨ ᠤ ᠳᠠᠭᠤ 》·《 ᠬᠡᠭᠡᠷ᠎ᠡ ᠶᠢᠨ ᠴᠡᠴᠡᠭ 》·《 ᠠᠯᠲᠠᠨ ᠬᠣᠩᠬᠣ 》 ᠵᠡᠷᠭᠡ 60 ᠭᠠᠷᠤᠢ ᠵᠣᠬᠢᠶᠠᠯ ᠢ ᠪᠢᠴᠢᠭᠰᠡᠨ :: 2000 ᠣᠨ ᠤ 11 ᠰᠠᠷ᠎ᠠ ᠳᠤ 《 ᠬᠡᠭᠡᠷ᠎ᠡ ᠶᠢᠨ ᠴᠡᠴᠡᠭ 》(ᠵᠣᠬᠢᠶᠠᠯ ᠤᠨ ᠲᠡᠦᠪᠦᠷᠢ) ᠶᠢ ᠦᠨᠳᠦᠰᠦᠲᠡᠨ ᠦ ᠬᠡᠪᠯᠡᠯ ᠦᠨ ᠬᠣᠷᠢᠶ᠎ᠠ ᠠᠴᠠ ᠬᠡᠪᠯᠡᠭᠰᠡᠨ :: ᠡᠭᠦᠨ ᠡᠴᠡ ᠭᠠᠳᠠᠨ᠎ᠠ ᠪᠠᠰᠠ 《 ᠪᠣᠯᠤᠨ

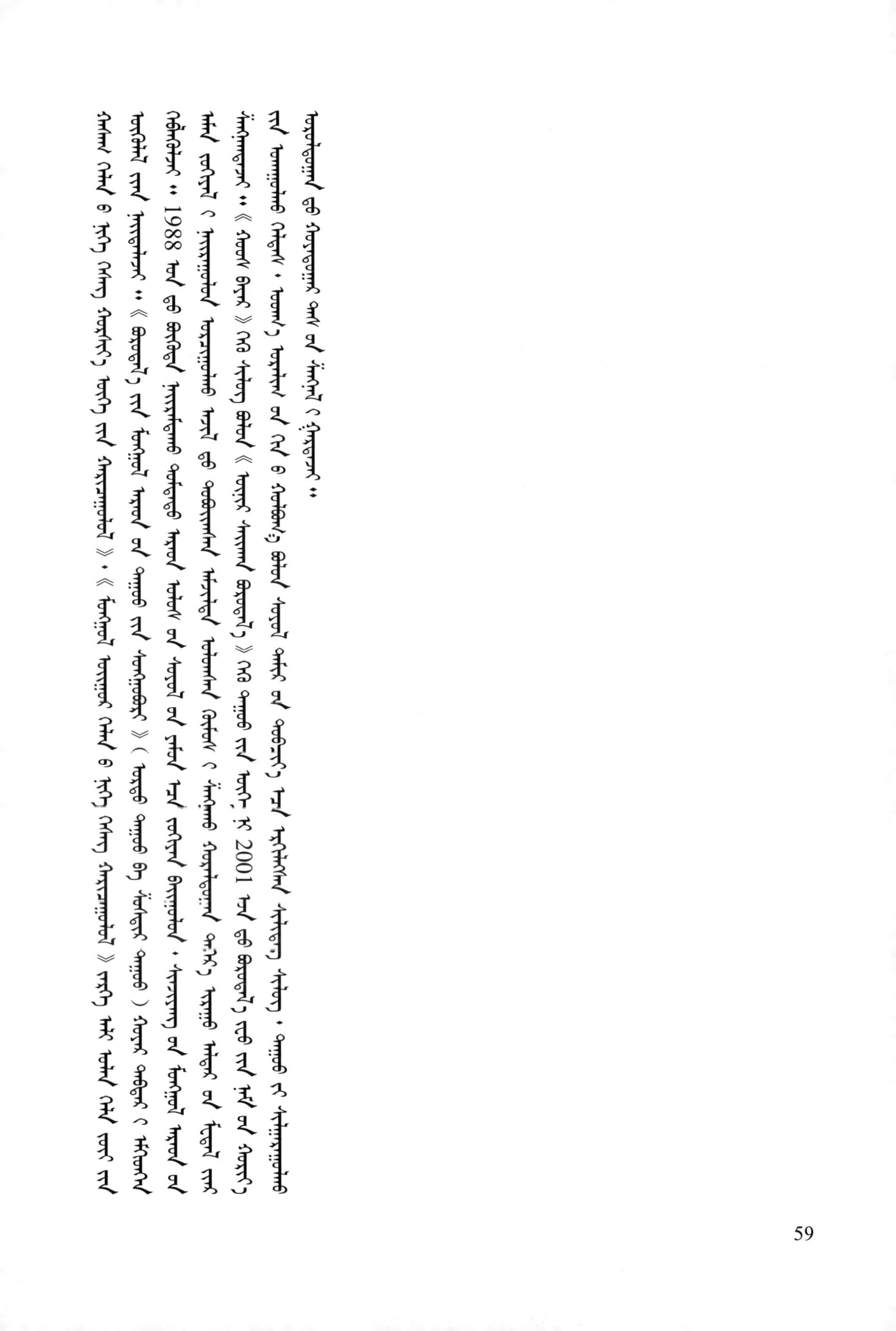

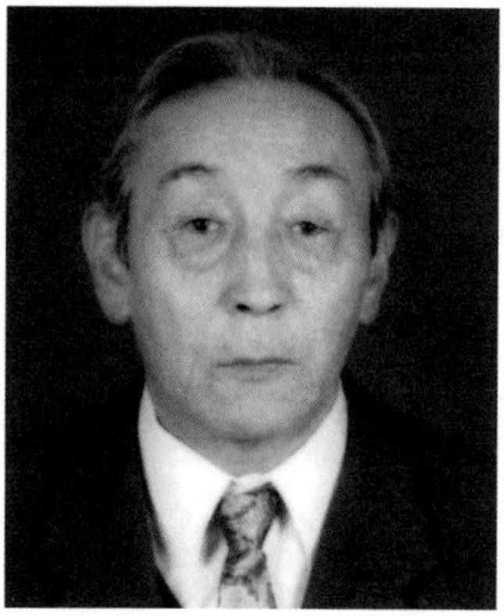

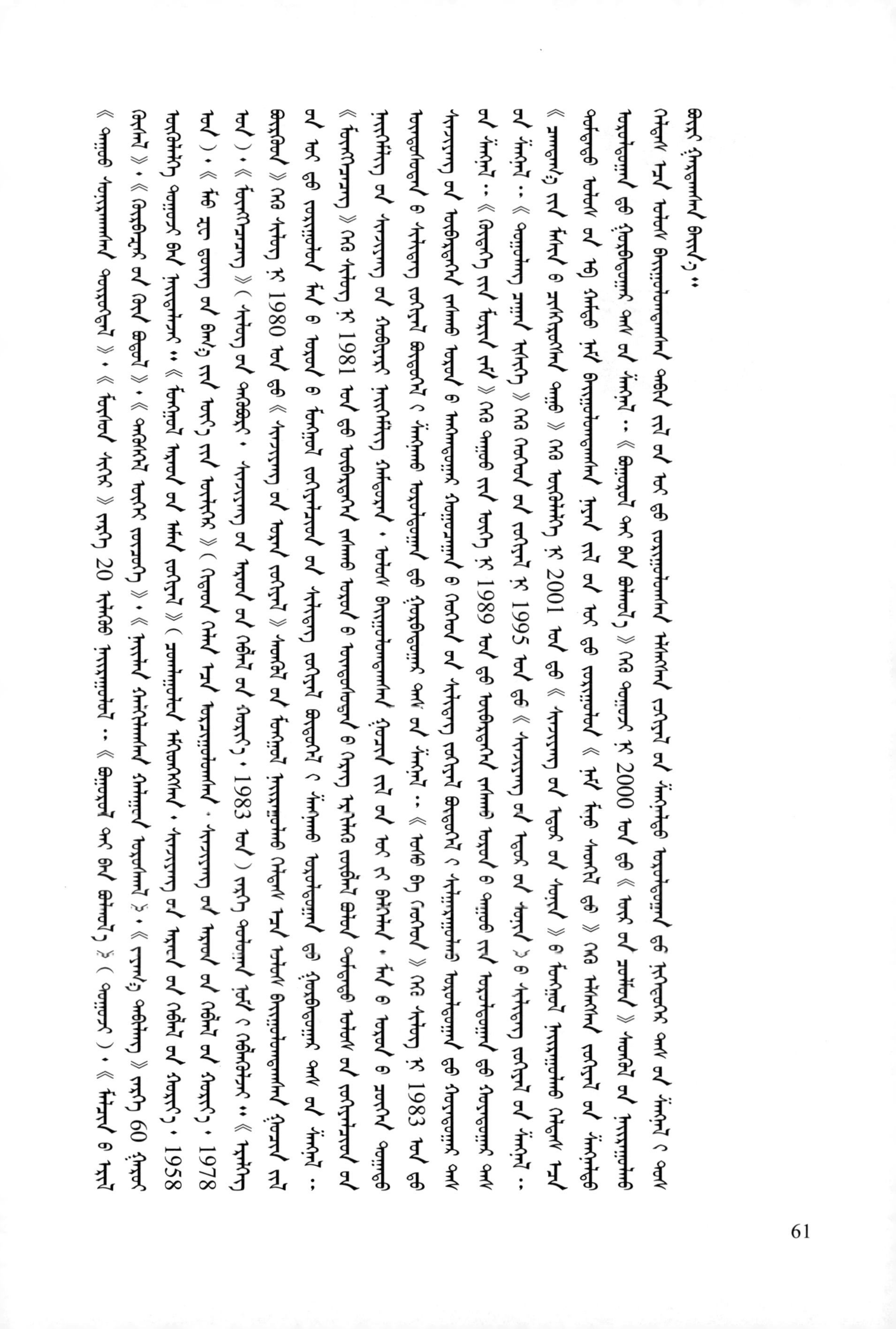

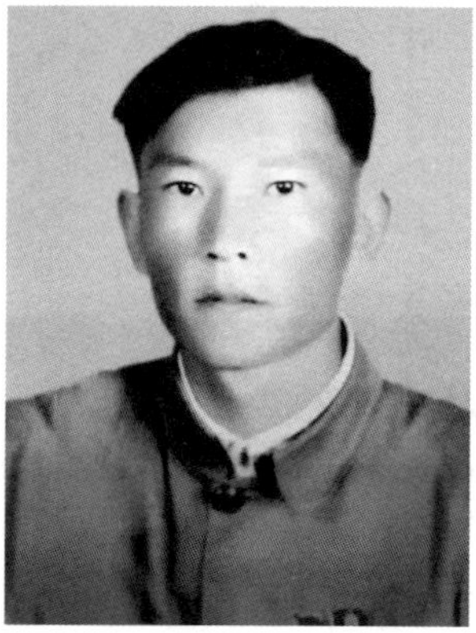

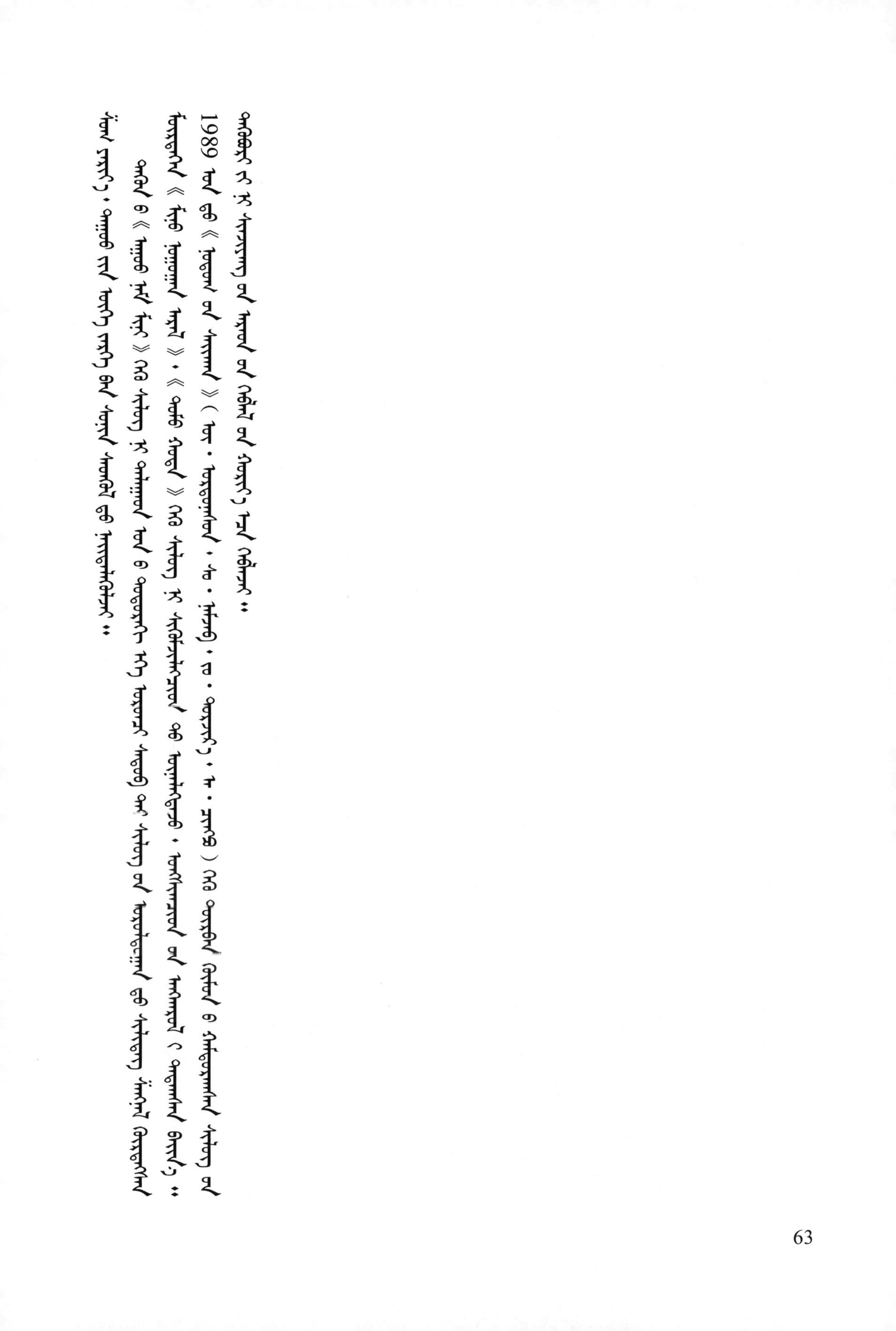

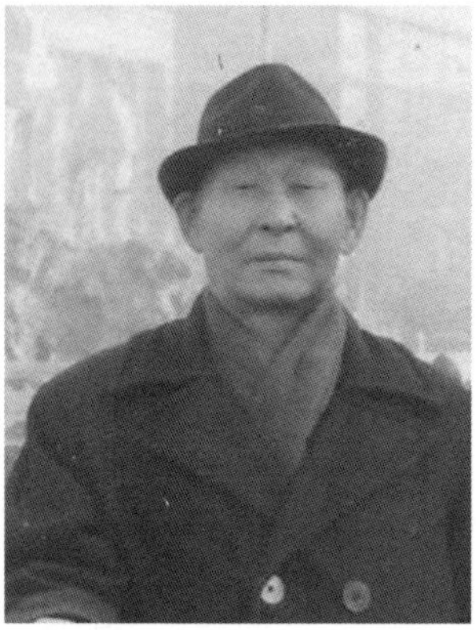

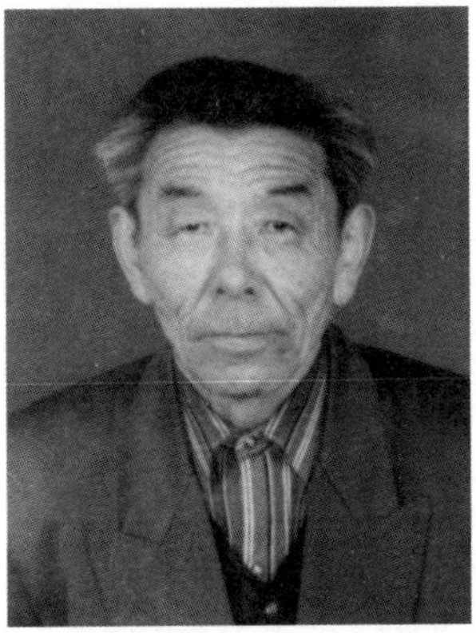

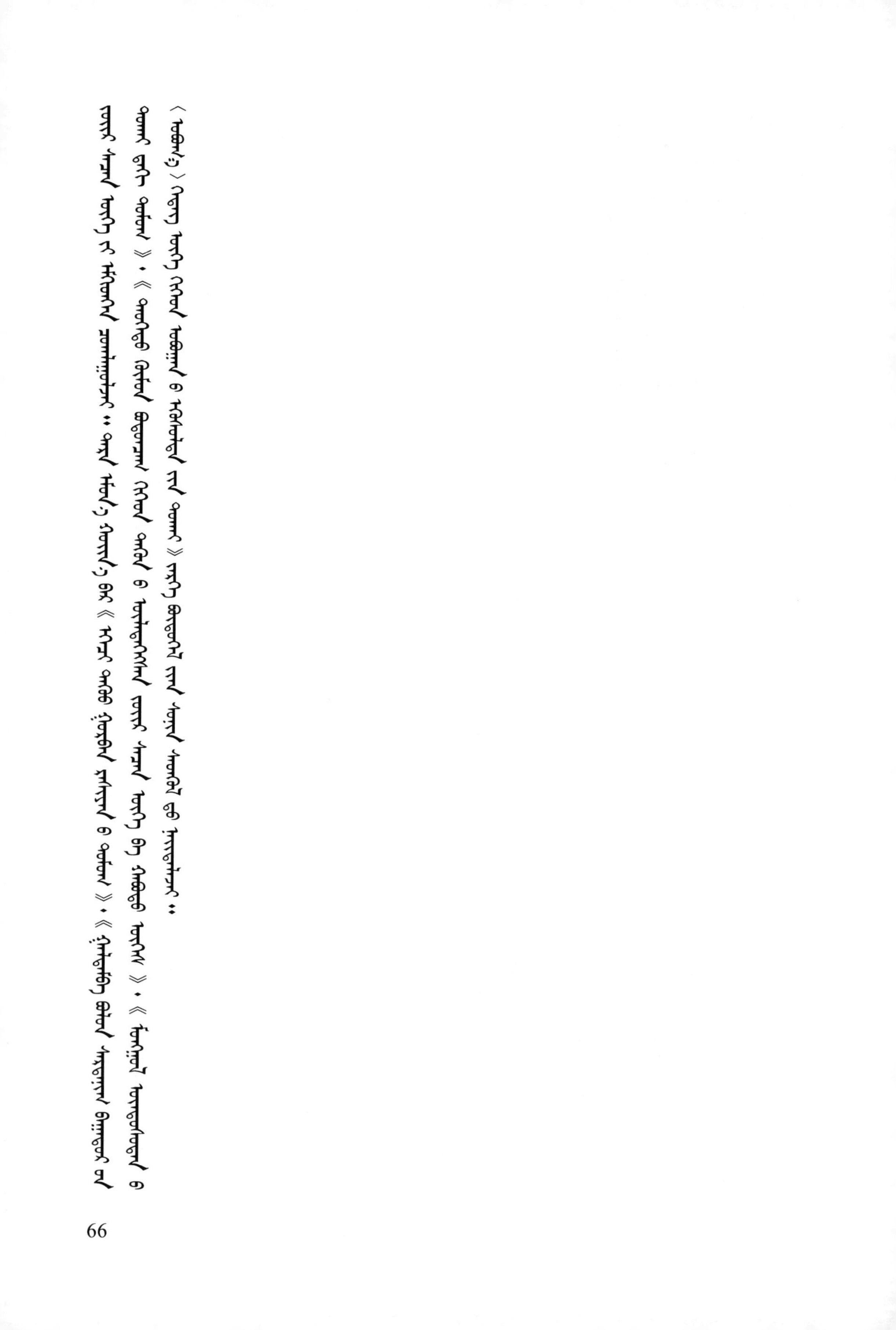

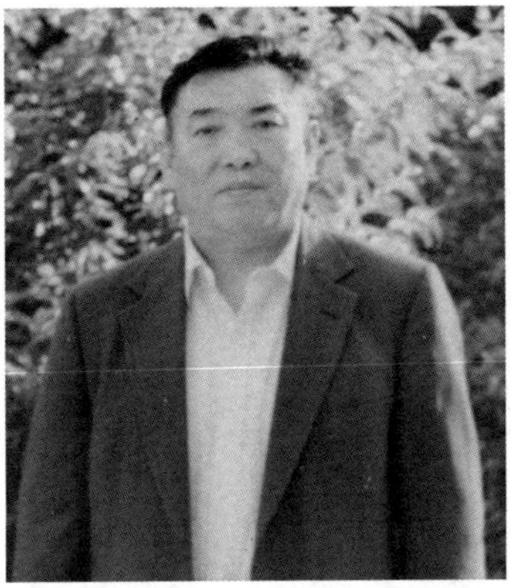

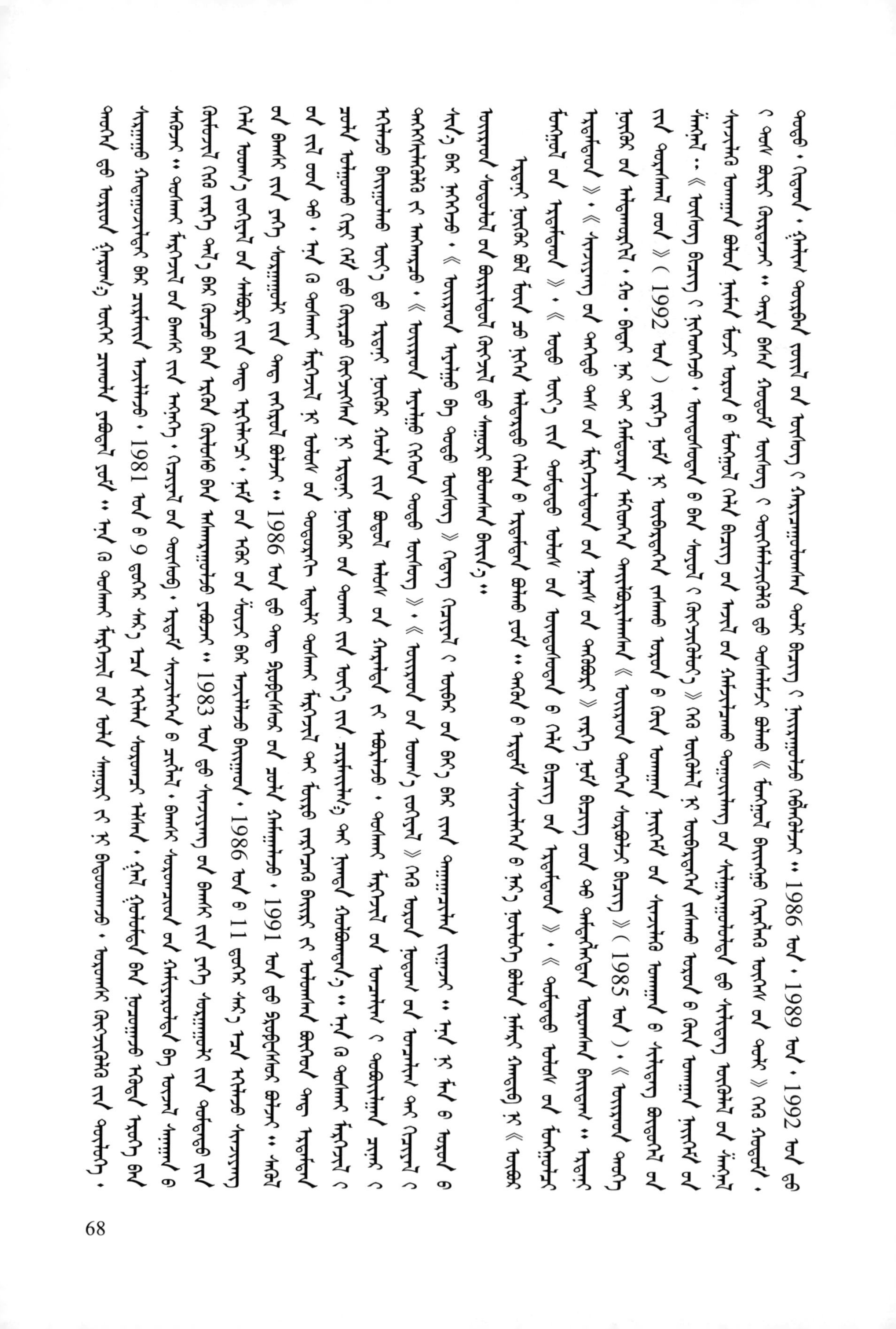

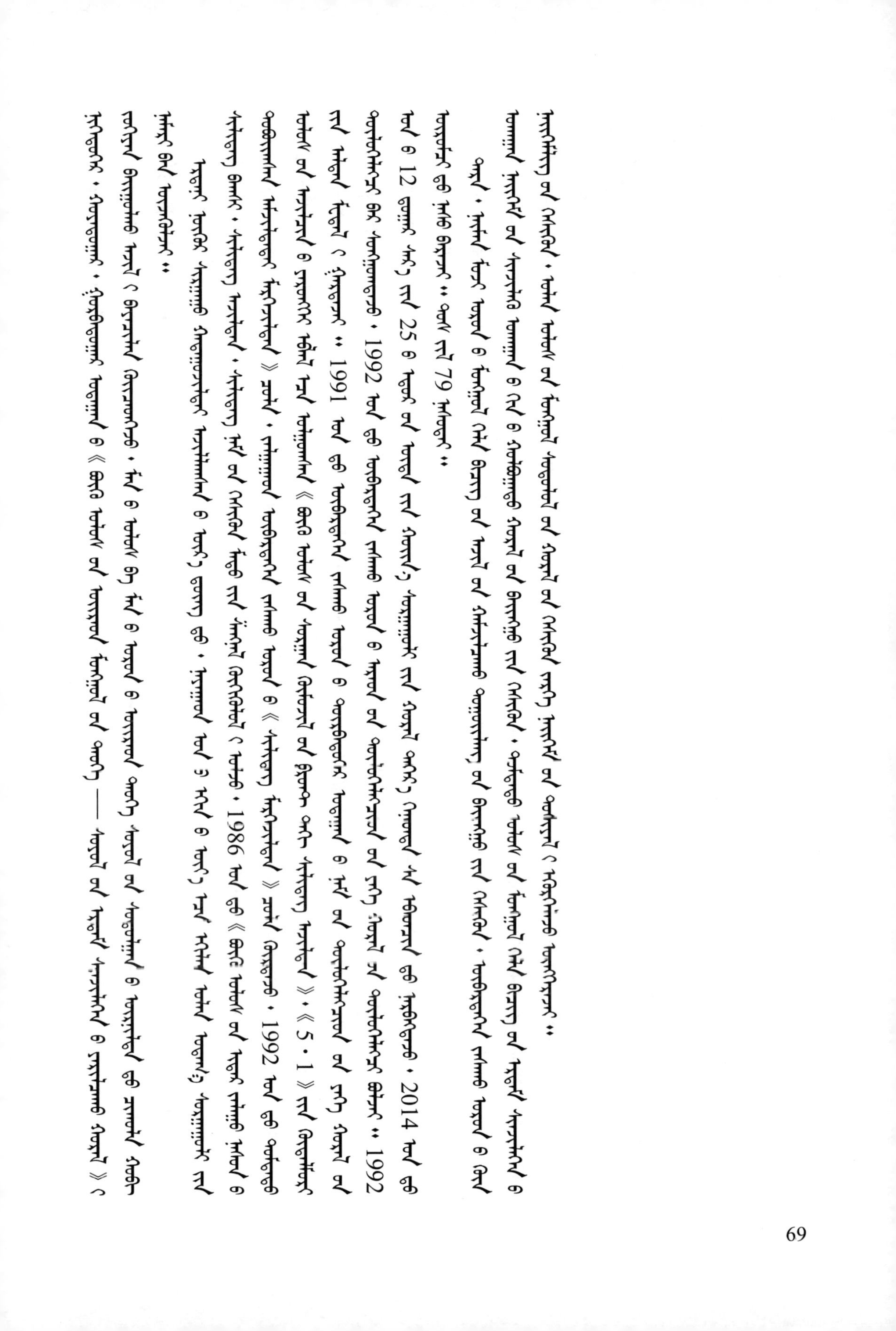

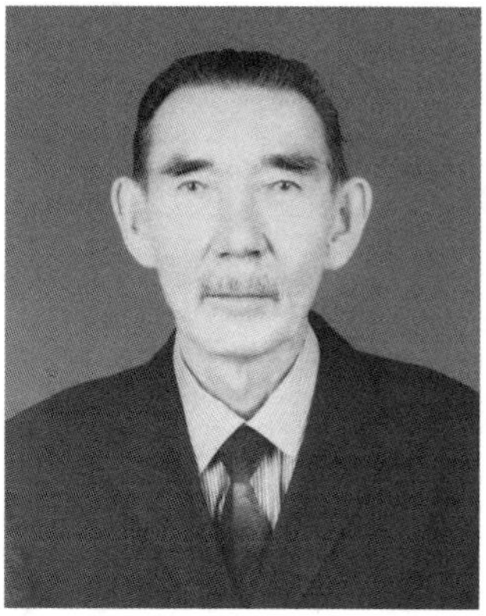

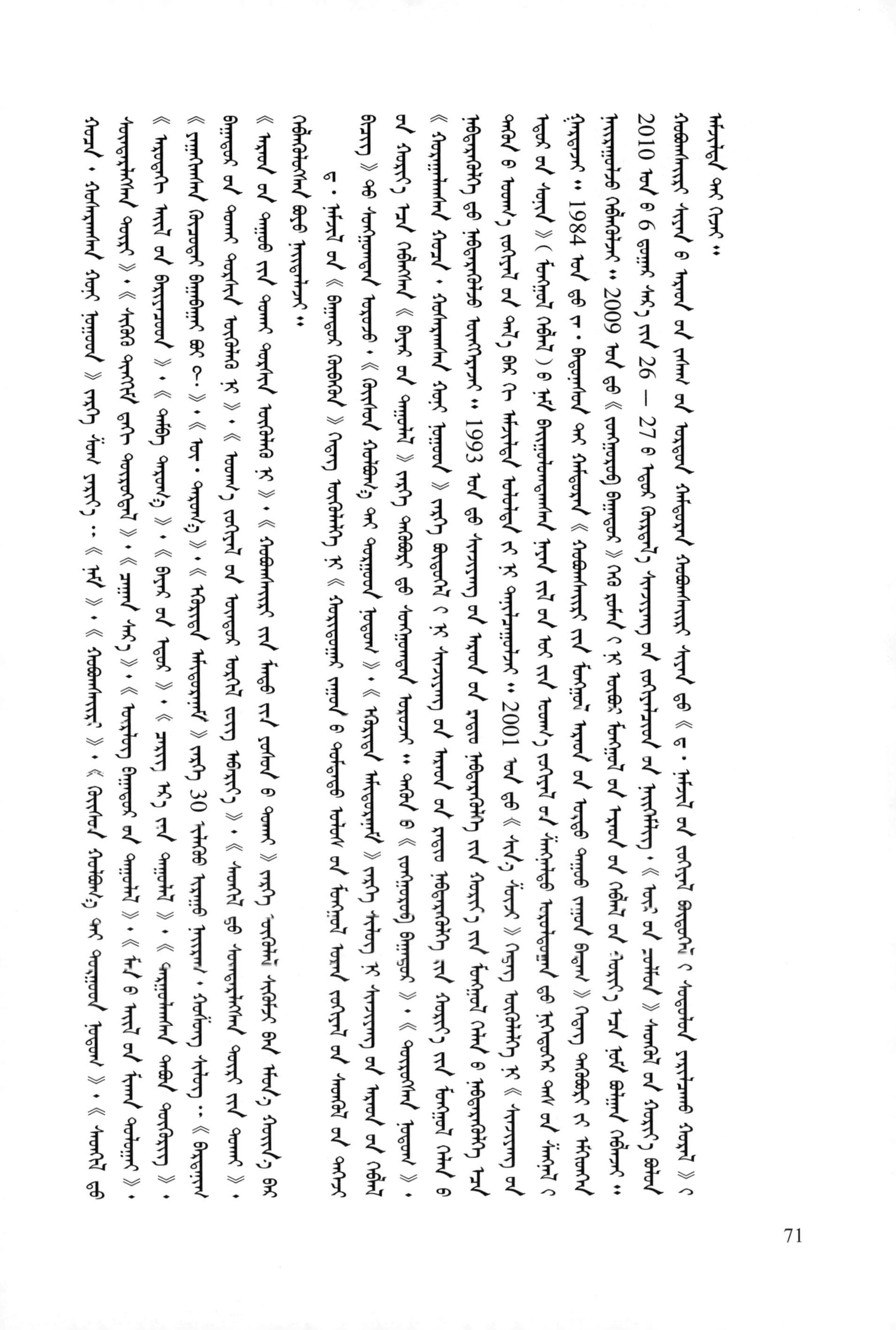

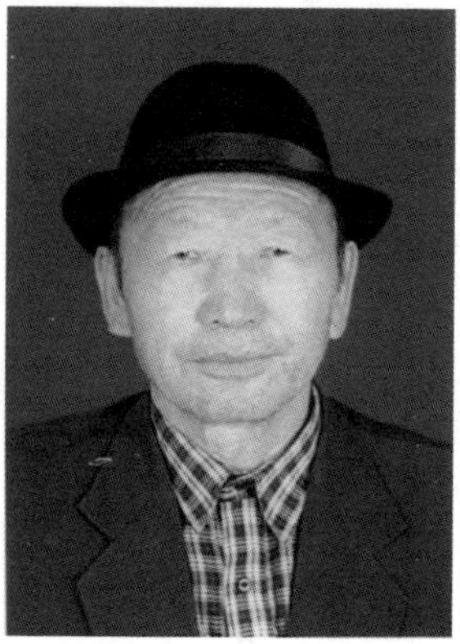

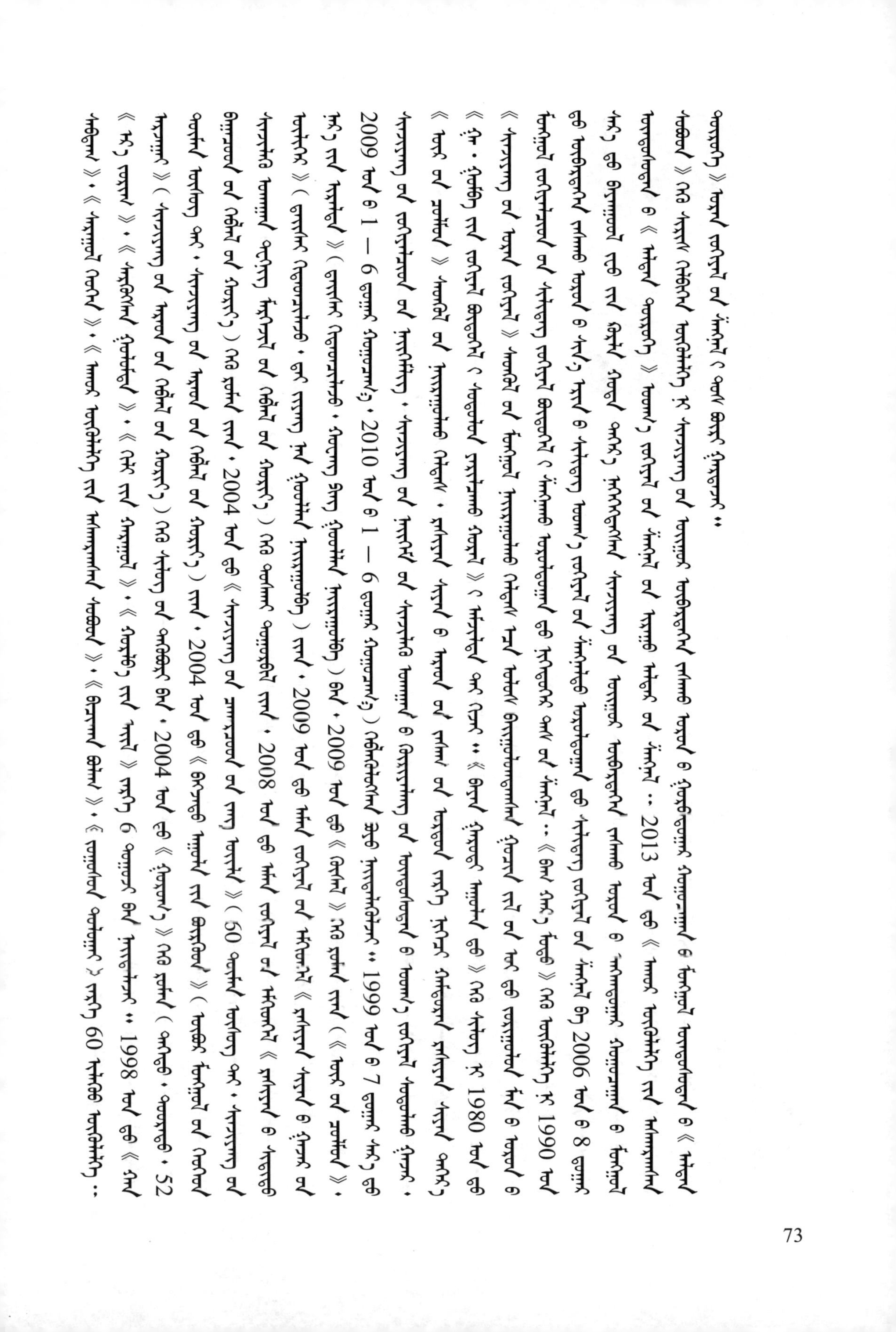

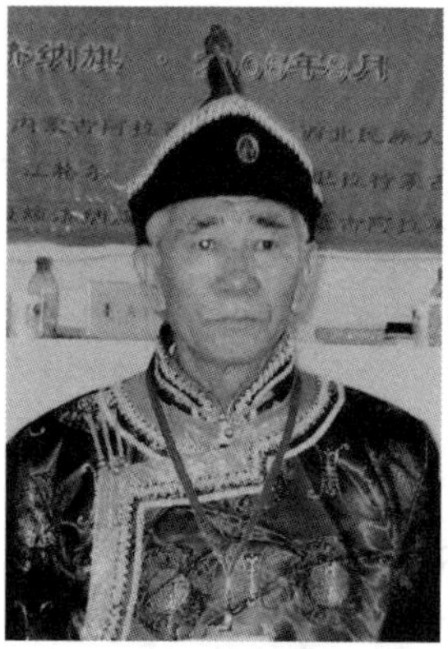

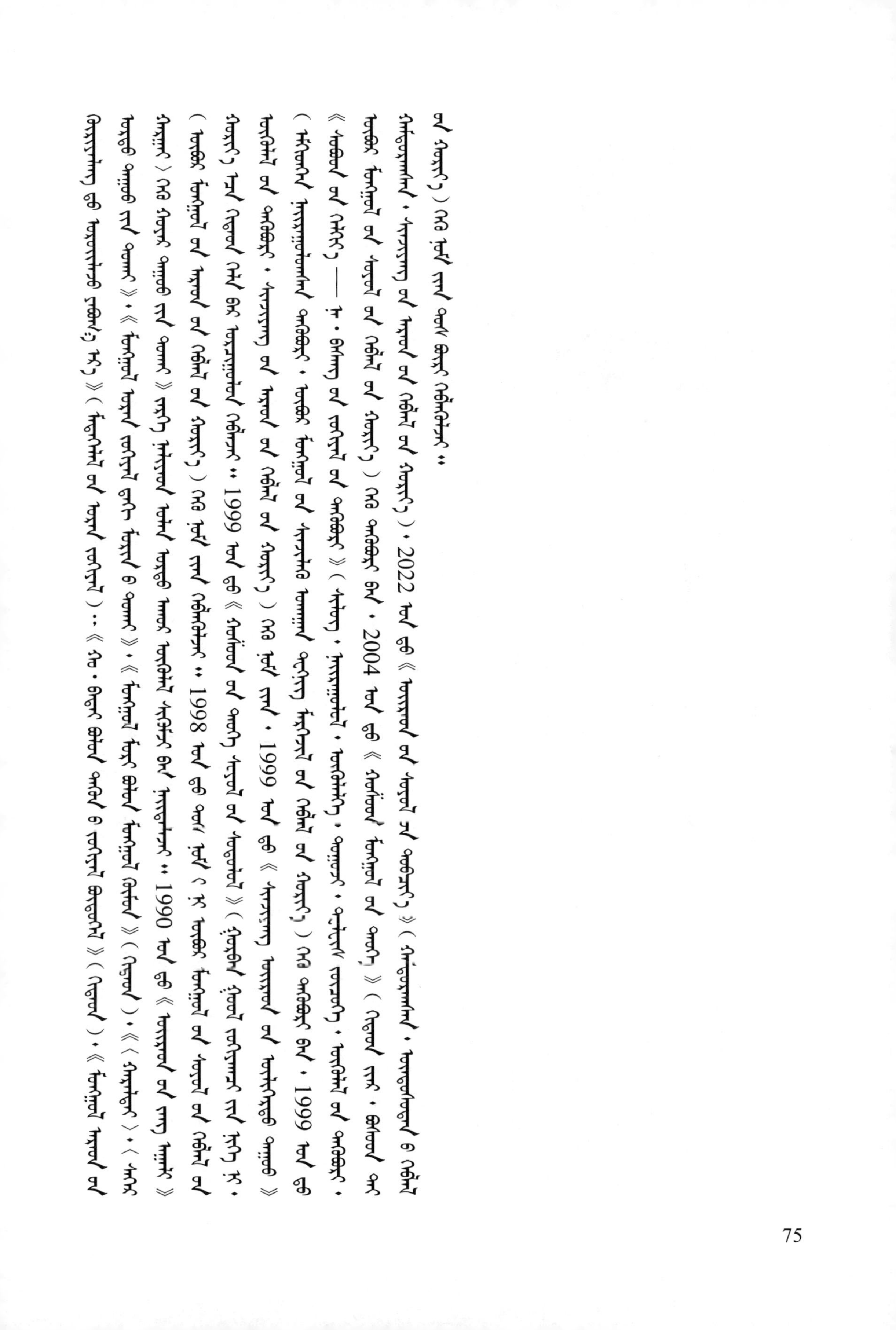

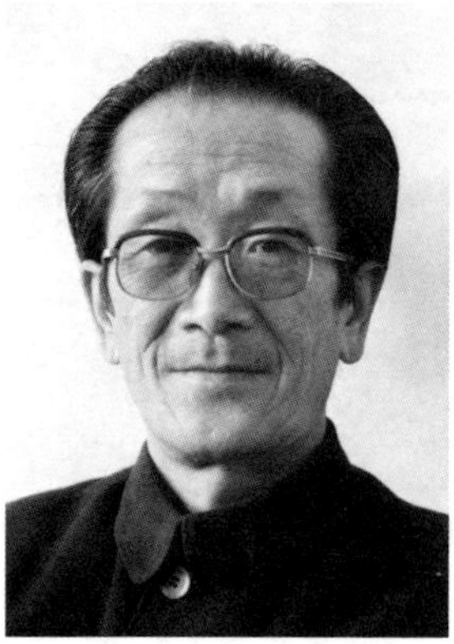

ᠰᠡᠴᠡᠨ ᠡᠷ᠎ᠡ ᠶᠢᠨ ᠨᠡᠷ᠎ᠡ ᠴ᠂ ᠰ᠂ ᠨᠠᠮᠵᠢᠯ ᠴᠣᠭᠲᠤ᠂ ᠮᠣᠩᠭᠣᠯ ᠦᠨᠳᠦᠰᠦᠲᠡᠨ᠂ ᠬᠣᠷᠴᠢᠨ ᠤ ᠬᠦᠮᠦᠨ᠂ ᠳᠤᠮᠳᠠᠳᠤ ᠰᠤᠷᠭᠠᠭᠤᠯᠢ ᠶᠢᠨ ᠰᠤᠷᠤᠯᠴᠠᠭᠴᠢ ᠃ 1936 ᠣᠨ ᠤ 3 ᠰᠠᠷ᠎ᠠ ᠳᠤ ᠲᠥᠷᠥᠭᠰᠡᠨ ᠃ 1954 ᠣᠨ ᠳᠤ ᠰᠤᠷᠭᠠᠭᠤᠯᠢ ᠲᠡᠭᠦᠰᠭᠡᠭᠡᠳ ᠃ 1957 ᠣᠨ ᠳᠤ ᠦᠪᠦᠷ ᠮᠣᠩᠭᠣᠯ ᠤᠨ ᠪᠠᠭᠰᠢ ᠶᠢᠨ ᠶᠡᠬᠡ ᠰᠤᠷᠭᠠᠭᠤᠯᠢ ᠶᠢᠨ ᠮᠣᠩᠭᠣᠯ ᠬᠡᠯᠡ ᠪᠢᠴᠢᠭ᠌ ᠦᠨ ᠲᠠᠰᠤᠭ (ᠳᠠᠷᠠᠭ᠎ᠠ ᠶᠢᠨ ᠮᠡᠷᠭᠡᠵᠢᠯ ᠦᠨ) ᠢ ᠲᠡᠭᠦᠰᠭᠡᠭᠡᠳ ᠃ 1957 ᠣᠨ ᠤ 9 ᠰᠠᠷ᠎ᠠ ᠠᠴᠠ 1959 ᠣᠨ ᠬᠦᠷᠲᠡᠯ᠎ᠡ ᠮᠣᠩᠭᠣᠯ ᠬᠡᠯᠡ ᠪᠢᠴᠢᠭ᠌ ᠦᠨ ᠰᠤᠷᠭᠠᠨ ᠬᠦᠮᠦᠵᠢᠯ ᠦᠨ ᠬᠦᠷᠢᠶᠡᠯᠡᠩ ᠳᠦ ᠠᠵᠢᠯᠯᠠᠭᠰᠠᠨ ᠃ 1959 ᠣᠨ ᠡᠴᠡ 1977 ᠣᠨ ᠬᠦᠷᠲᠡᠯ᠎ᠡ ᠪᠠᠷᠢᠭᠤᠨ ᠤ ᠠᠵᠢᠯ ᠳᠤ ᠪᠠᠶᠢᠭᠰᠠᠨ ᠃ 1977 ᠣᠨ ᠠᠴᠠ 1996 ᠣᠨ ᠬᠦᠷᠲᠡᠯ᠎ᠡ ᠦᠪᠦᠷ ᠮᠣᠩᠭᠣᠯ ᠤᠨ ᠤᠷᠠᠨ ᠵᠣᠬᠢᠶᠠᠯ ᠤᠨ 《 ᠲᠠᠯ᠎ᠠ ᠶᠢᠨ ᠳᠠᠭᠤ 》 ᠰᠡᠳᠬᠦᠯ ᠦᠨ ᠡᠷᠬᠢᠯᠡᠭᠴᠢ ᠪᠡᠷ ᠠᠵᠢᠯᠯᠠᠭᠰᠠᠨ ᠃ ᠮᠣᠩᠭᠣᠯ ᠤᠨ ᠤᠷᠠᠨ ᠵᠣᠬᠢᠶᠠᠯᠴᠢᠳ ᠤᠨ ᠨᠡᠢᠭᠡᠮᠯᠢᠭ ᠦᠨ ᠭᠡᠰᠢᠭᠦᠨ ᠃ 1991 ᠣᠨ ᠤ 4 ᠰᠠᠷ᠎ᠠ ᠳᠤ ᠳᠡᠭᠡᠳᠦ ᠵᠡᠷᠭᠡ ᠶᠢᠨ ᠡᠷᠬᠢᠯᠡᠭᠴᠢ ᠴᠣᠯ᠎ᠠ ᠬᠦᠷᠲᠡᠭᠰᠡᠨ ᠃ 1996 ᠣᠨ ᠤ 5 ᠰᠠᠷ᠎ᠠ ᠳᠤ ᠲᠡᠳᠭᠦᠮᠵᠢ ᠳᠤ ᠭᠠᠷᠤᠭᠰᠠᠨ ᠃ 1992 ᠣᠨ ᠳᠤ ᠤᠯᠤᠰ ᠤᠨ ᠲᠥᠷᠥ ᠶᠢᠨ ᠣᠨᠴᠠᠭᠠᠢ ᠲᠡᠳᠭᠦᠮᠵᠢ ᠬᠦᠷᠲᠡᠭᠰᠡᠨ ᠃ 2020 ᠣᠨ ᠤ 6 ᠰᠠᠷ᠎ᠠ ᠶᠢᠨ 2 ᠨ ᠳᠤ ᠥᠪᠴᠢᠨ ᠦ ᠤᠴᠢᠷ ᠢᠶᠠᠷ ᠲᠠᠭᠠᠯᠠᠯ ᠪᠣᠯᠤᠭᠰᠠᠨ ᠃ ᠨᠠᠰᠤ 84 ᠨᠠᠰᠤᠯᠠᠪᠠ ᠃

ᠰᠡᠴᠡᠨ ᠦ ᠵᠣᠬᠢᠶᠠᠯ 1957 ᠣᠨ ᠡᠴᠡ ᠡᠬᠢᠯᠡᠨ ᠬᠡᠪᠯᠡᠭᠳᠡᠭᠰᠡᠨ ᠪᠥᠭᠡᠳ ᠦᠨᠳᠦᠰᠦᠨ ᠦ ᠪᠦᠲᠦᠭᠡᠯ ᠨᠢ 《 ᠭᠡᠷᠡᠯᠲᠦ ᠵᠠᠮ 》 ᠂ 《 ᠪᠠᠭᠠᠴᠤᠳ ᠤᠨ ᠰᠢᠯᠢᠳᠡᠭ ᠵᠣᠬᠢᠶᠠᠯ 》 ᠂ 《 ᠲᠠᠯ᠎ᠠ ᠶᠢᠨ ᠳᠠᠭᠤ 》 ᠵᠡᠷᠭᠡ ᠪᠣᠯᠤᠨ᠎ᠠ ᠃ ᠲᠡᠭᠦᠨ ᠦ 《 ᠮᠣᠩᠭᠣᠯ ᠤᠨ ᠵᠣᠬᠢᠶᠠᠯ ᠤᠨ 100 ᠵᠢᠯ ᠦᠨ 100 ᠰᠢᠯᠢᠳᠡᠭ ᠪᠦᠲᠦᠭᠡᠯ 》 ᠳᠦ ᠰᠣᠩᠭᠣᠭᠳᠠᠭᠰᠠᠨ ᠃ 《 ᠭᠡᠷᠡᠯᠲᠦ ᠵᠠᠮ 》 ᠨᠢ 1987 ᠣᠨ ᠳᠤ ᠬᠡᠪᠯᠡᠭᠳᠡᠭᠰᠡᠨ ᠃ 《 ᠳᠠᠷᠤᠢ

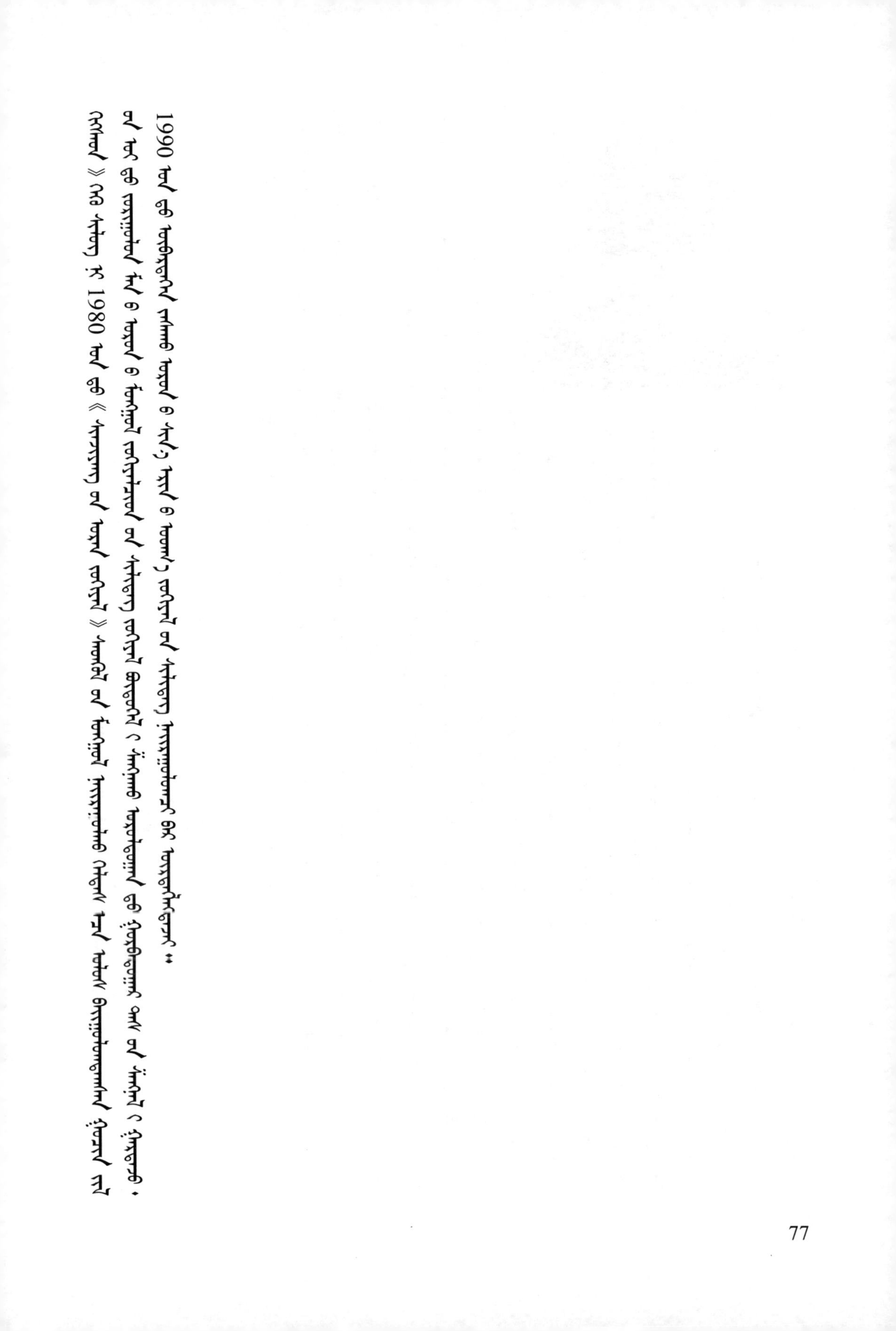

ᠪᠠᠭᠰᠢ • ᠮᠥᠩᠬᠡ ᠰᠠᠢᠨᠪᠠᠶᠠᠷ • ᠮᠣᠩᠭᠣᠯ ᠦᠨᠳᠦᠰᠦᠲᠡᠨ ᠦ ᠰᠤᠷᠭᠠᠭᠤᠯᠢ • ᠰᠤᠷᠭᠠᠨ ᠬᠦᠮᠦᠵᠢᠯ ᠦᠨ ᠮᠡᠷᠭᠡᠵᠢᠯᠲᠡᠨ ᠦ ᠪᠢᠯᠡ • ᠮᠣᠩᠭᠣᠯ ᠬᠣᠰᠢᠭᠤ ᠶᠢᠨ ᠬᠦᠮᠦᠨ ᠪᠢᠯᠡ :: 1936 ᠣᠨ ᠤ 9 ᠰᠠᠷ᠎ᠠ ᠶᠢᠨ 24 ᠤ ᠡᠳᠦᠷ ᠲᠥᠷᠦᠭᠰᠡᠨ ᠶᠢᠨ ᠰᠤᠷᠭᠠᠭᠤᠯᠢ ᠳᠤ ᠰᠤᠷᠤᠯᠴᠠᠭᠰᠠᠨ ᠶᠢᠨ ᠬᠣᠢᠨ᠎ᠠ (ᠣᠳᠣ ᠶᠢᠨ ᠰᠤᠷᠭᠠᠭᠤᠯᠢ) ᠶᠢᠨ ᠰᠤᠷᠤᠯᠴᠠᠭᠰᠠᠨ :: 1955 ᠣᠨ ᠤ ᠰᠤᠷᠭᠠᠭᠤᠯᠢ ᠳᠤ ᠰᠤᠷᠤᠯᠴᠠᠪᠠ • 1958 ᠣᠨ ᠤ ᠰᠤᠷᠭᠠᠭᠤᠯᠢ ᠶᠢᠨ ᠪᠠᠭᠰᠢ ᠪᠣᠯᠵᠤ :: 1958 ᠣᠨ ᠡᠴᠡ 1993 ᠣᠨ ᠬᠦᠷᠲᠡᠯᠡ ᠰᠤᠷᠭᠠᠨ ᠬᠦᠮᠦᠵᠢᠯ ᠦᠨ ᠠᠵᠢᠯ ᠢ ᠬᠢᠵᠦ • ᠰᠤᠷᠭᠠᠭᠤᠯᠢ ᠶᠢᠨ ᠪᠠᠭᠰᠢ • ᠡᠷᠬᠢᠯᠡᠭᠴᠢ ᠵᠡᠷᠭᠡ ᠠᠵᠢᠯ ᠢ ᠬᠠᠷᠢᠭᠤᠴᠠᠭᠰᠠᠨ :: 1983 ᠣᠨ ᠤ ᠰᠤᠷᠭᠠᠨ ᠬᠦᠮᠦᠵᠢᠯ ᠦᠨ ᠰᠠᠢᠨ ᠪᠠᠭᠰᠢ ᠪᠣᠯᠪᠠ :: 1985 ᠣᠨ ᠤ ᠰᠤᠷᠭᠠᠨ ᠬᠦᠮᠦᠵᠢᠯ ᠦᠨ ᠠᠵᠢᠯ ᠢ ᠬᠢᠭᠰᠡᠨ ᠶᠢᠨ ᠭᠠᠷᠤᠭ ᠢ ᠬᠦᠷᠲᠡᠭᠰᠡᠨ :: 1994 ᠣᠨ ᠤ ᠲᠤᠰᠬᠠᠢ ᠠᠵᠢᠯ ᠪᠠᠷ ᠠᠮᠠᠷᠠᠯᠳᠠ ᠳᠤ ᠭᠠᠷᠪᠠ • 2017 ᠣᠨ ᠤ 7 ᠰᠠᠷ᠎ᠠ ᠶᠢᠨ 28 ᠤ ᠡᠳᠦᠷ ᠡᠪᠡᠳᠴᠢᠨ ᠦ ᠤᠴᠢᠷ ᠪᠠᠷ ᠨᠠᠰᠤ ᠪᠠᠷᠠᠭᠰᠠᠨ :: ᠨᠠᠰᠤ ᠶᠢᠨ 82 ᠨᠠᠰᠤᠯᠠᠭᠰᠠᠨ ::

ᠪᠠᠭᠰᠢ • ᠮᠥᠩᠬᠡ ᠰᠤᠷᠭᠠᠨ ᠬᠦᠮᠦᠵᠢᠯ ᠦᠨ ᠠᠵᠢᠯ ᠤᠨ ᠬᠠᠵᠠᠭᠤ ᠪᠠᠷ ᠪᠦᠲᠦᠭᠡᠯ ᠲᠡᠷᠢᠭᠦᠯᠡᠯ • ᠬᠡᠯᠡᠯᠴᠡᠭᠡ ᠵᠡᠷᠭᠡ 《 ᠰᠤᠷᠭᠠᠨ ᠬᠦᠮᠦᠵᠢᠯ ᠦᠨ ᠲᠡᠮᠳᠡᠭᠯᠡᠯ 》 • 《 ᠮᠣᠩᠭᠣᠯ ᠪᠢᠴᠢᠭ ᠦᠨ ᠰᠤᠷᠭᠠᠯᠲᠠ 》 • 《 ᠬᠡᠯᠡ ᠵᠢᠨ ᠣᠨᠣᠯ ᠤᠨ ᠰᠤᠳᠤᠯᠭ᠎ᠠ 》 ᠵᠡᠷᠭᠡ ᠪᠦᠲᠦᠭᠡᠯ ᠦᠳ ᠢ ᠪᠢᠴᠢᠭᠰᠡᠨ :: 2017 ᠣᠨ ᠤ 7 ᠰᠠᠷ᠎ᠠ ᠳᠤ ᠰᠤᠷᠭᠠᠨ ᠬᠦᠮᠦᠵᠢᠯ ᠦᠨ 《 ᠰᠤᠷᠭᠠᠨ ᠬᠦᠮᠦᠵᠢᠯ ᠦᠨ ᠪᠠᠭᠰᠢ 》 ᠬᠡᠮᠡᠬᠦ ᠨᠣᠮ ᠢ 1980 ᠣᠨ ᠤ ᠬᠡᠪᠯᠡᠯ ᠡᠴᠡ ᠬᠣᠢᠰᠢ 《 ᠰᠤᠷᠭᠠᠨ ᠬᠦᠮᠦᠵᠢᠯ ᠦᠨ ᠰᠤᠳᠤᠯᠭ᠎ᠠ 》 ᠵᠡᠷᠭᠡ ᠨᠣᠮ ᠤᠳ ᠢ ᠬᠡᠪᠯᠡᠭᠦᠯᠦᠨ ᠭᠠᠷᠭᠠᠭᠰᠠᠨ ᠪᠠᠢᠨ᠎ᠠ :: 《 ᠰᠤᠷᠭᠠᠨ ᠬᠦᠮᠦᠵᠢᠯ ᠦᠨ ᠲᠡᠮᠳᠡᠭᠯᠡᠯ 》 ᠵᠡᠷᠭᠡ ᠪᠦᠲᠦᠭᠡᠯ ᠦᠳ ᠨᠢ ᠰᠤᠷᠭᠠᠨ ᠬᠦᠮᠦᠵᠢᠯ ᠦᠨ ᠰᠤᠳᠤᠯᠭ᠎ᠠ ᠳᠤ ᠣᠯᠠᠨ ᠲᠤᠰᠠ ᠶᠢ ᠦᠵᠡᠭᠦᠯᠦᠭᠰᠡᠨ ᠪᠠᠢᠨ᠎ᠠ ::

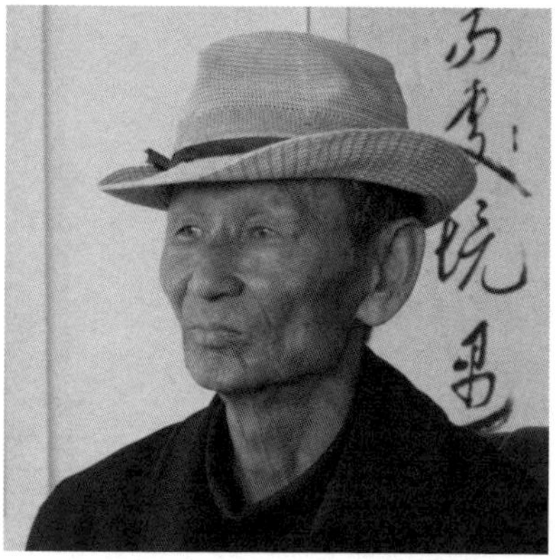

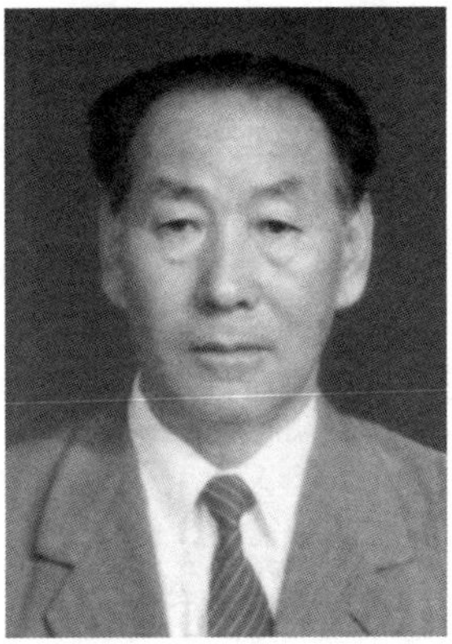

ᠳ᠂ ᠴᠢᠮᠡᠳ ᠡᠷ᠎ᠡ᠂ ᠮᠣᠩᠭᠣᠯ᠂ ᠳ᠂ ᠪᠠᠭᠰᠢ᠂ ᠰᠤᠷᠭᠠᠭᠤᠯᠢ᠂ ᠬᠣᠰᠢᠭᠤᠨ ᠤ ᠰᠤᠷᠭᠠᠨ ᠬᠦᠮᠦᠵᠢᠯ ᠤᠨ᠂ ᠮᠣᠩᠭᠣᠯ᠂

ᠬᠠᠷᠠᠴᠢᠨ ᠨᠤ ᠲᠦᠷᠦᠭᠰᠡᠨ᠃ 1936 ᠣᠨ ᠤ 10 ᠰᠠᠷ᠎ᠠ ᠳᠤ ᠬᠠᠷᠠᠴᠢᠨ ᠵᠡᠭᠦᠨ ᠬᠣᠰᠢᠭᠤᠨ ᠤ ᠨᠤᠲᠤᠭ ᠲᠤ ᠲᠥᠷᠦᠭᠰᠡᠨ᠂ ᠪᠠᠭᠠ ᠨᠠᠰᠤᠨ ᠠᠴᠠ ᠰᠤᠷᠤᠯᠴᠠᠭᠰᠠᠨ᠃

ᠨᠢᠭᠡ ᠰᠠᠷ᠎ᠠ ᠶᠢᠨ ᠳᠤᠮᠳᠠᠳᠤ ᠰᠤᠷᠭᠠᠭᠤᠯᠢ ᠳᠤ ᠰᠤᠷᠤᠯᠴᠠᠭᠰᠠᠨ ᠢᠨ 5 ᠤ ᠵᠢᠯ ᠳᠦ ᠰᠠᠷ᠎ᠠ ᠶᠢᠨ ᠰᠤᠷᠭᠠᠭᠤᠯᠢ ᠳᠤ ᠰᠤᠷᠤᠯᠴᠠᠭᠰᠠᠨ ᠂

1947 ᠣᠨ ᠤ 3 ᠰᠠᠷ᠎ᠠ ᠠᠴᠠ 1951 ᠣᠨ ᠤ 4 ᠰᠠᠷ᠎ᠠ ᠬᠦᠷᠲᠡᠯ᠎ᠡ ᠪᠠᠭ᠎ᠠ ᠰᠤᠷᠭᠠᠭᠤᠯᠢ ᠳᠤ ᠰᠤᠷᠤᠯᠴᠠᠭᠰᠠᠨ᠃

1951 ᠣᠨ ᠤ 4 ᠰᠠᠷ᠎ᠠ ᠠᠴᠠ 1952 ᠣᠨ ᠤ 8 ᠰᠠᠷ᠎ᠠ ᠬᠦᠷᠲᠡᠯ᠎ᠡ ᠬᠣᠰᠢᠭᠤᠨ ᠤ ᠳᠤᠮᠳᠠ ᠰᠤᠷᠭᠠᠭᠤᠯᠢ ᠳᠤ ᠰᠤᠷᠤᠯᠴᠠᠭᠰᠠᠨ᠂

1952 ᠣᠨ ᠤ 8 ᠰᠠᠷ᠎ᠠ ᠠᠴᠠ 1954 ᠣᠨ ᠤ 9 ᠰᠠᠷ᠎ᠠ ᠬᠦᠷᠲᠡᠯ᠎ᠡ ᠪᠠᠭᠰᠢ ᠶᠢᠨ ᠰᠤᠷᠭᠠᠭᠤᠯᠢ ᠳᠤ ᠰᠤᠷᠤᠯᠴᠠᠭᠰᠠᠨ᠃

1954 ᠣᠨ ᠤ 9 ᠰᠠᠷ᠎ᠠ ᠠᠴᠠ 1956 ᠣᠨ ᠤ 4 ᠰᠠᠷ᠎ᠠ ᠬᠦᠷᠲᠡᠯ᠎ᠡ ᠪᠠᠭ᠎ᠠ ᠰᠤᠷᠭᠠᠭᠤᠯᠢ ᠳᠤ ᠪᠠᠭᠰᠢ ᠬᠢᠵᠦ᠂ 1956 ᠣᠨ ᠤ 4 ᠰᠠᠷ᠎ᠠ ᠠᠴᠠ 1958 ᠣᠨ ᠤ 9 ᠰᠠᠷ᠎ᠠ ᠬᠦᠷᠲᠡᠯ᠎ᠡ ᠰᠤᠷᠭᠠᠭᠤᠯᠢ ᠳᠤ ᠪᠠᠭᠰᠢ ᠬᠢᠵᠦ᠂ 1958 ᠣᠨ ᠤ 9 ᠰᠠᠷ᠎ᠠ ᠠᠴᠠ 1959 ᠣᠨ ᠤ 9 ᠰᠠᠷ᠎ᠠ ᠬᠦᠷᠲᠡᠯ᠎ᠡ ᠰᠤᠷᠤᠯᠴᠠᠭᠰᠠᠨ᠃ 1959 ᠣᠨ ᠤ 10 ᠰᠠᠷ᠎ᠠ ᠠᠴᠠ 1960 ᠣᠨ ᠤ 4 ᠰᠠᠷ᠎ᠠ ᠬᠦᠷᠲᠡᠯ᠎ᠡ ᠪᠠᠭᠰᠢ ᠬᠢᠵᠦ᠂ 1960 ᠣᠨ ᠤ 4 ᠰᠠᠷ᠎ᠠ ᠠᠴᠠ 1965 ᠣᠨ ᠤ 8 ᠰᠠᠷ᠎ᠠ ᠬᠦᠷᠲᠡᠯ᠎ᠡ ᠬᠣᠰᠢᠭᠤᠨ ᠤ ᠰᠤᠷᠭᠠᠨ ᠬᠦᠮᠦᠵᠢᠯ ᠤᠨ ᠲᠠᠰᠤᠭ ᠲᠤ ᠠᠵᠢᠯᠯᠠᠵᠤ᠂ 1965 ᠣᠨ ᠤ 8 ᠰᠠᠷ᠎ᠠ ᠠᠴᠠ 1966 ᠣᠨ ᠤ 9 ᠰᠠᠷ᠎ᠠ ᠬᠦᠷᠲᠡᠯ᠎ᠡ ᠰᠤᠷᠭᠠᠭᠤᠯᠢ ᠳᠤ ᠠᠵᠢᠯᠯᠠᠭᠰᠠᠨ᠃ 1966 ᠣᠨ ᠤ 9 ᠰᠠᠷ᠎ᠠ ᠠᠴᠠ 1970 ᠣᠨ ᠤ 4 ᠰᠠᠷ᠎ᠠ ᠬᠦᠷᠲᠡᠯ᠎ᠡ ᠰᠤᠷᠭᠠᠭᠤᠯᠢ ᠳᠤ ᠠᠵᠢᠯᠯᠠᠵᠤ᠂ 1970 ᠣᠨ ᠤ 4 ᠰᠠᠷ᠎ᠠ ᠠᠴᠠ 1977 ᠣᠨ ᠤ 4 ᠰᠠᠷ᠎ᠠ ᠬᠦᠷᠲᠡᠯ᠎ᠡ ᠰᠤᠷᠭᠠᠭᠤᠯᠢ ᠳᠤ ᠪᠠᠭᠰᠢ ᠬᠢᠵᠦ᠂ 1977 ᠣᠨ ᠤ 4 ᠰᠠᠷ᠎ᠠ ᠠᠴᠠ 《ᠮᠣᠩᠭᠣᠯ ᠪᠠᠭᠰᠢ》 ᠰᠡᠳᠬᠦᠯ ᠦᠨ ᠬᠣᠷᠢᠶ᠎ᠠ ᠳᠤ ᠨᠠᠢᠷᠠᠭᠤᠯᠤᠭᠴᠢ ᠪᠣᠯᠵᠤ᠂ ᠬᠣᠰᠢᠭᠤᠨ ᠤ ᠰᠤᠷᠭᠠᠨ ᠬᠦᠮᠦᠵᠢᠯ ᠤᠨ ᠲᠠᠰᠤᠭ ᠤᠨ 《ᠮᠣᠩᠭᠣᠯ ᠪᠠᠭᠰᠢ》 ᠰᠡᠳᠬᠦᠯ ᠦᠨ ᠡᠷᠬᠢᠯᠡᠭᠴᠢ ᠪᠣᠯᠤᠭᠰᠠᠨ᠃ 1980 ᠣᠨ ᠤ 9 ᠰᠠᠷ᠎ᠠ ᠳᠤ ᠰᠤᠷᠭᠠᠨ ᠬᠦᠮᠦᠵᠢᠯ ᠤᠨ ᠲᠠᠰᠤᠭ ᠤᠨ ᠰᠤᠷᠭᠠᠨ ᠰᠤᠳᠤᠯᠭ᠎ᠠ ᠶᠢᠨ ᠭᠠᠵᠠᠷ ᠤᠨ ᠳᠠᠷᠤᠭ᠎ᠠ ᠪᠣᠯᠤᠭᠰᠠᠨ᠃ 1989 ᠣᠨ ᠤ 3 ᠰᠠᠷ᠎ᠠ ᠳᠤ ᠡᠳᠡᠭᠡᠷ ᠠᠵᠢᠯ ᠠᠴᠠ ᠲᠡᠳᠬᠦᠯ ᠠᠪᠤᠭᠰᠠᠨ᠃ 1989 ᠣᠨ ᠤ ᠬᠤᠪᠢ ᠳᠤ ᠳᠡᠭᠡᠳᠦ ᠰᠤᠷᠭᠠᠨ ᠬᠦᠮᠦᠵᠢᠯ ᠤᠨ ᠲᠠᠰᠤᠭ ᠤᠨ ᠰᠠᠯᠪᠤᠷᠢ ᠶᠢᠨ ᠰᠤᠷᠭᠠᠭᠤᠯᠢ ᠳᠤ ᠲᠡᠳᠬᠦᠯ ᠠᠪᠤᠭᠰᠠᠨ᠂ 1996 ᠣᠨ ᠳᠤ ᠨᠠᠰᠤ ᠪᠡᠷ ᠲᠡᠳᠬᠦᠯ ᠠᠪᠤᠭᠰᠠᠨ᠃ 1996 ᠣᠨ ᠳᠤ 《ᠮᠣᠩᠭᠣᠯ ᠪᠠᠭᠰᠢ》 ᠰᠡᠳᠬᠦᠯ ᠦᠨ ᠡᠷᠬᠢᠯᠡᠭᠴᠢ ᠪᠣᠯᠤᠭᠰᠠᠨ᠂ 2021 ᠣᠨ ᠤ 4 ᠰᠠᠷ᠎ᠠ ᠶᠢᠨ 25 ᠤ ᠡᠳᠦᠷ ᠦᠨ 11 ᠴᠠᠭ 54 ᠮᠢᠨᠦ᠋ᠲ ᠲᠦ ᠡᠪᠡᠳᠴᠢᠨ ᠦ ᠤᠴᠢᠷ ᠢᠶᠠᠷ ᠨᠠᠰᠤ ᠨᠡᠭᠴᠢᠪᠡ᠃

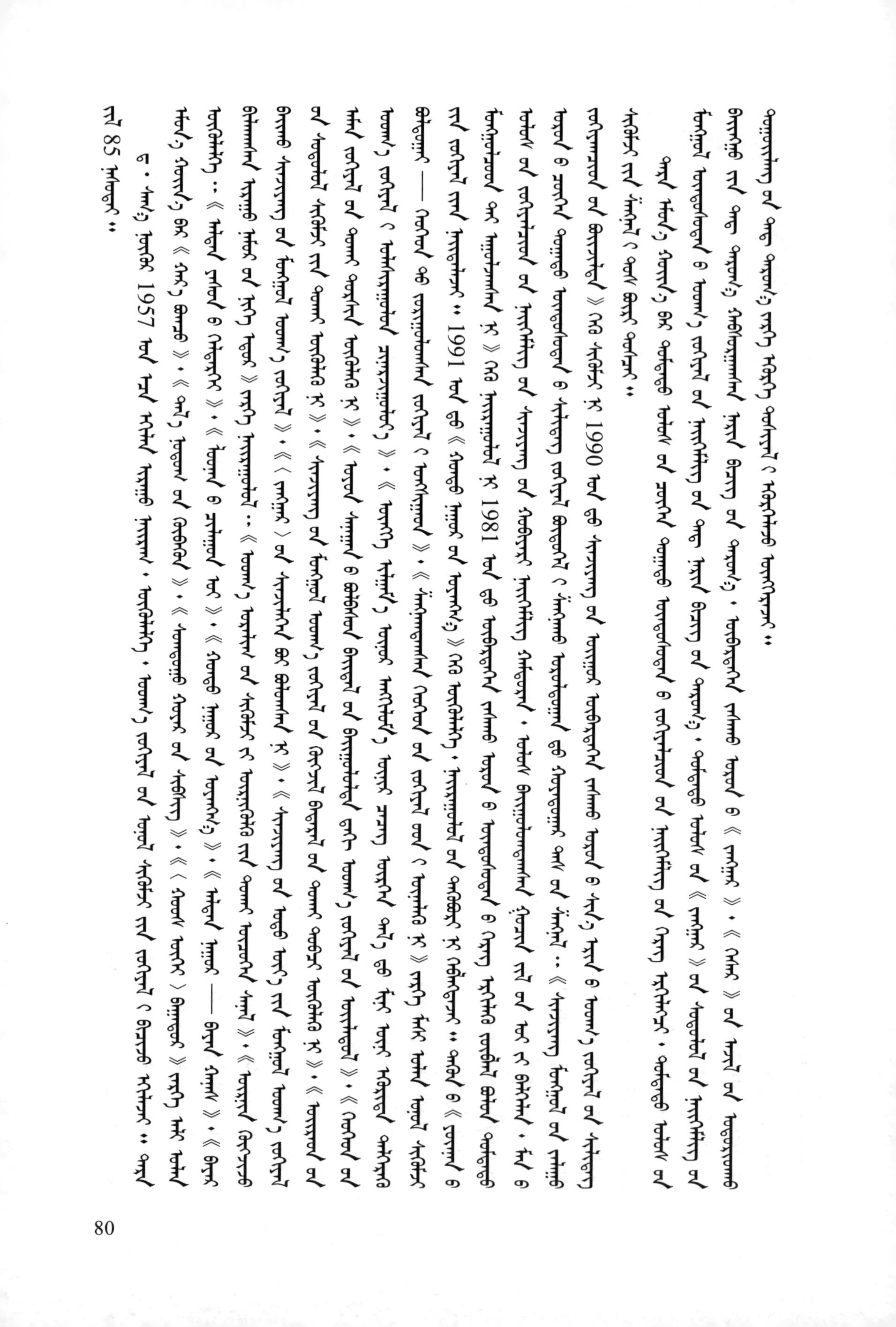

[illegible] ••

[illegible] ••

[illegible] 1990 [illegible] 1981 [illegible] 1991 [illegible] ••

[illegible] 1957 [illegible] 85 [illegible] ••

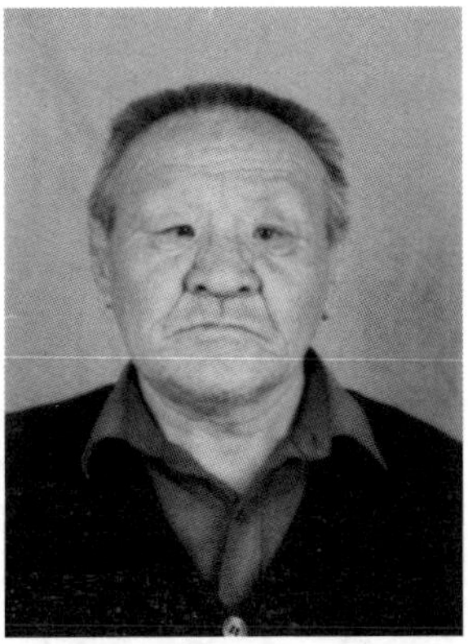

[illegible]

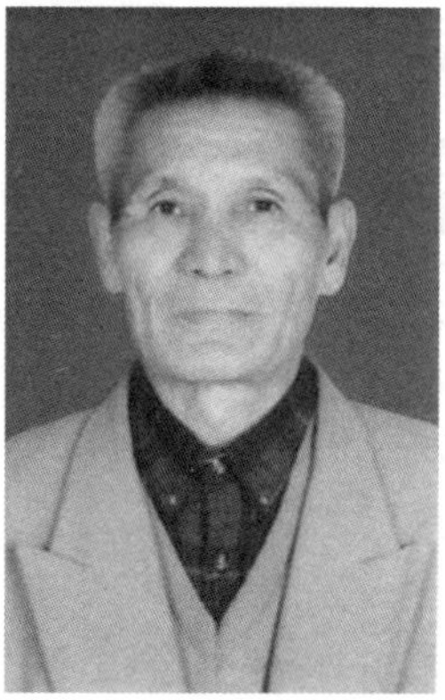

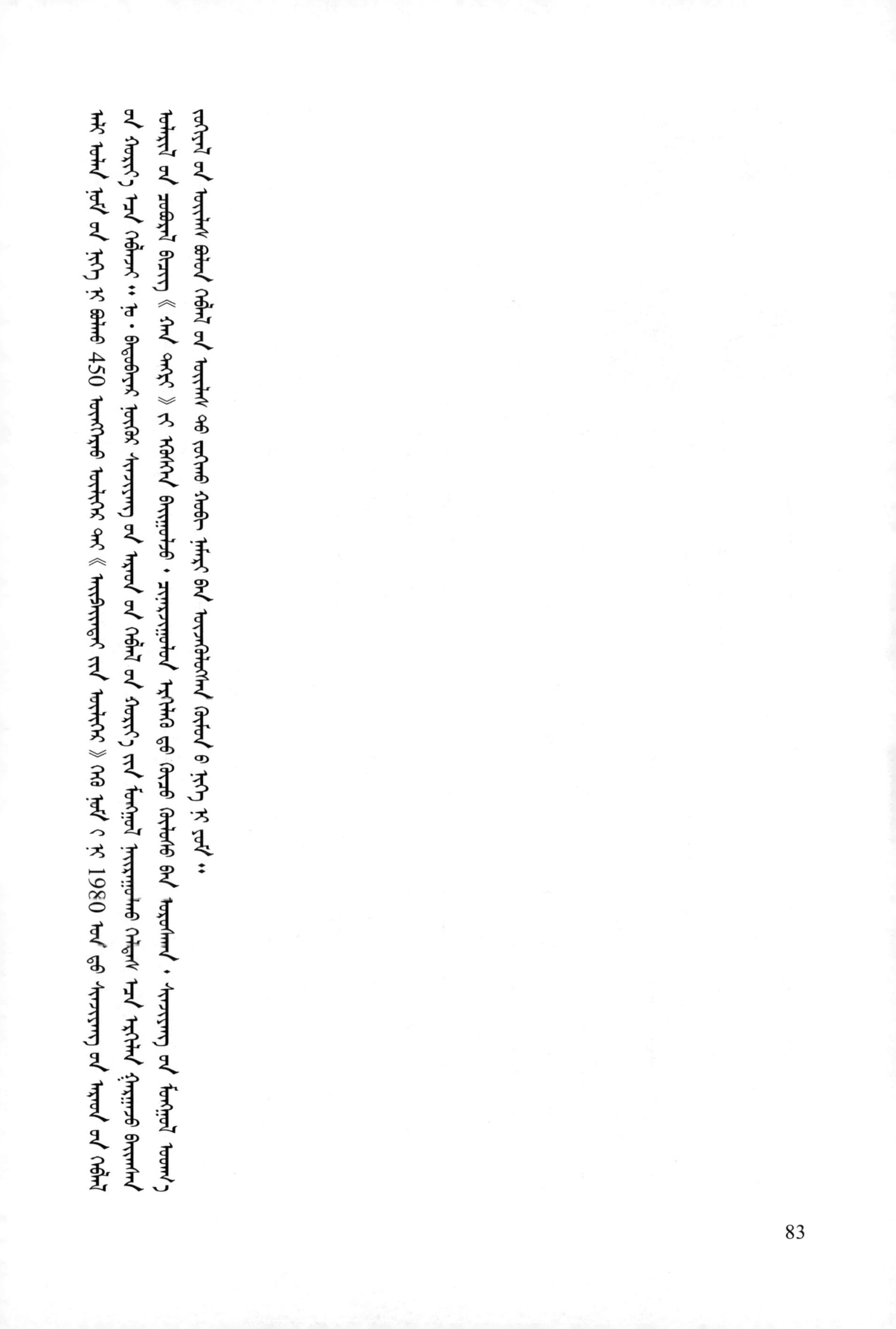

[illegible] 450 [illegible] 《 [illegible] 》 [illegible] 1980 [illegible]
[illegible] :: [illegible] · [illegible]
[illegible] 《 [illegible] 》 [illegible]
[illegible] ::

ᠪ · ᠳᠠᠷᠬᠠᠪᠠᠭ ᠮᠣᠩᠭᠣᠯ ᠦᠨᠳᠦᠰᠦᠲᠡᠨ ᠂ ᠬᠠᠷᠠᠴᠢᠨ ᠤ ᠵᠡᠭᠦᠨ ᠭᠠᠷᠤᠨ ᠤ ᠬᠣᠰᠢᠭᠤᠨ ᠤ ᠬᠦᠮᠦᠨ ᠃ 1936 ᠣᠨ ᠤ 12 ᠰᠠᠷ᠎ᠠ ᠶᠢᠨ 10 ᠤ ᠡᠳᠦᠷ ᠲᠥᠷᠥᠭᠰᠡᠨ ᠃ ᠲᠡᠷᠡ ᠪᠣᠯ ᠬᠣᠰᠢᠭᠤᠨ ᠤ ᠰᠤᠷᠭᠠᠭᠤᠯᠢ ᠳᠤ ᠰᠤᠷᠤᠯᠴᠠᠭᠰᠠᠨ ᠃ 1940 ᠣᠨ ᠡᠴᠡ 1942 ᠣᠨ ᠬᠦᠷᠲᠡᠯ᠎ᠡ ᠰᠤᠷᠭᠠᠭᠤᠯᠢ ᠳᠤ ᠰᠤᠷᠤᠯᠴᠠᠭᠰᠠᠨ ᠃ 1951 ᠣᠨ ᠡᠴᠡ 1953 ᠣᠨ ᠬᠦᠷᠲᠡᠯ᠎ᠡ ᠰᠤᠷᠤᠯᠴᠠᠭᠰᠠᠨ (ᠳᠤᠮᠳᠠ ᠰᠤᠷᠭᠠᠭᠤᠯᠢ) ᠪᠠ ᠂ 1953 ᠣᠨ ᠡᠴᠡ 1956 ᠣᠨ ᠬᠦᠷᠲᠡᠯ᠎ᠡ ᠰᠤᠷᠤᠯᠴᠠᠭᠰᠠᠨ (ᠳᠡᠭᠡᠳᠦ ᠰᠤᠷᠭᠠᠭᠤᠯᠢ) ᠪᠠ ᠂ 1956 ᠣᠨ ᠡᠴᠡ 1958 ᠣᠨ ᠬᠦᠷᠲᠡᠯ᠎ᠡ ᠰᠤᠷᠤᠯᠴᠠᠭᠰᠠᠨ ᠃ 1958 ᠣᠨ ᠡᠴᠡ 1960 ᠣᠨ ᠤ 10 ᠰᠠᠷ᠎ᠠ ᠬᠦᠷᠲᠡᠯ᠎ᠡ ᠠᠵᠢᠯᠯᠠᠭᠰᠠᠨ ᠃ 1960 ᠣᠨ ᠤ 10 ᠰᠠᠷ᠎ᠠ ᠡᠴᠡ 1966 ᠣᠨ ᠤ 11 ᠰᠠᠷ᠎ᠠ ᠬᠦᠷᠲᠡᠯ᠎ᠡ ᠠᠵᠢᠯᠯᠠᠭᠰᠠᠨ (ᠳᠡᠭᠡᠳᠦ ᠰᠤᠷᠭᠠᠭᠤᠯᠢ) ᠪᠠ ᠂ 1965 ᠣᠨ ᠤ 7 ᠰᠠᠷ᠎ᠠ ᠳᠤ ᠠᠵᠢᠯᠯᠠᠭᠰᠠᠨ ᠃ 1966 ᠣᠨ ᠤ 11 ᠰᠠᠷ᠎ᠠ ᠡᠴᠡ 1973 ᠣᠨ ᠤ 9 ᠰᠠᠷ᠎ᠠ ᠬᠦᠷᠲᠡᠯ᠎ᠡ ᠠᠵᠢᠯᠯᠠᠭᠰᠠᠨ ᠃ 1972 ᠣᠨ ᠡᠴᠡ 1973 ᠣᠨ ᠤ 9 ᠰᠠᠷ᠎ᠠ ᠬᠦᠷᠲᠡᠯ᠎ᠡ ᠠᠵᠢᠯᠯᠠᠭᠰᠠᠨ ᠃ 1973 ᠣᠨ ᠤ 9 ᠰᠠᠷ᠎ᠠ ᠡᠴᠡ 1975 ᠣᠨ ᠤ 7 ᠰᠠᠷ᠎ᠠ ᠬᠦᠷᠲᠡᠯ᠎ᠡ ᠠᠵᠢᠯᠯᠠᠭᠰᠠᠨ ᠃ 1975 ᠣᠨ ᠤ 7 ᠰᠠᠷ᠎ᠠ ᠡᠴᠡ 1976 ᠣᠨ ᠤ 12 ᠰᠠᠷ᠎ᠠ ᠬᠦᠷᠲᠡᠯ᠎ᠡ ᠠᠵᠢᠯᠯᠠᠭᠰᠠᠨ ᠃ 1976 ᠣᠨ ᠤ 12 ᠰᠠᠷ᠎ᠠ ᠡᠴᠡ 1978 ᠣᠨ ᠤ 6 ᠰᠠᠷ᠎ᠠ ᠬᠦᠷᠲᠡᠯ᠎ᠡ ᠠᠵᠢᠯᠯᠠᠭᠰᠠᠨ ᠃ 1978 ᠣᠨ ᠤ 6 ᠰᠠᠷ᠎ᠠ ᠡᠴᠡ 1981 ᠣᠨ ᠤ 1 ᠰᠠᠷ᠎ᠠ ᠬᠦᠷᠲᠡᠯ᠎ᠡ ᠠᠵᠢᠯᠯᠠᠭᠰᠠᠨ ᠃ 1981 ᠣᠨ ᠤ 1 ᠰᠠᠷ᠎ᠠ ᠡᠴᠡ 1984 ᠣᠨ ᠤ 4 ᠰᠠᠷ᠎ᠠ ᠬᠦᠷᠲᠡᠯ᠎ᠡ ᠠᠵᠢᠯᠯᠠᠭᠰᠠᠨ ᠃ 1984 ᠣᠨ ᠤ 4 ᠰᠠᠷ᠎ᠠ ᠡᠴᠡ 1985 ᠣᠨ ᠤ 5 ᠰᠠᠷ᠎ᠠ ᠬᠦᠷᠲᠡᠯ᠎ᠡ ᠠᠵᠢᠯᠯᠠᠭᠰᠠᠨ

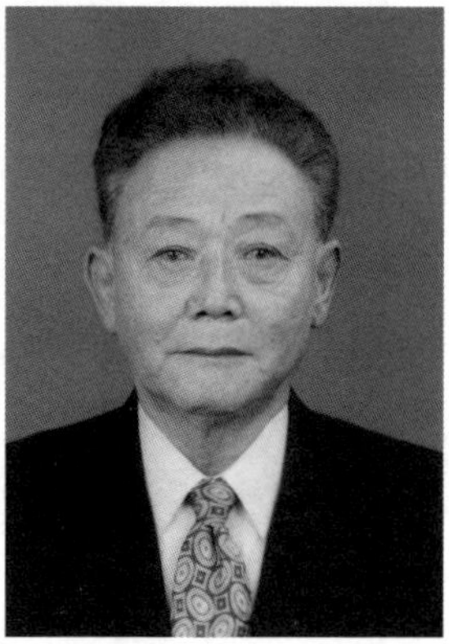

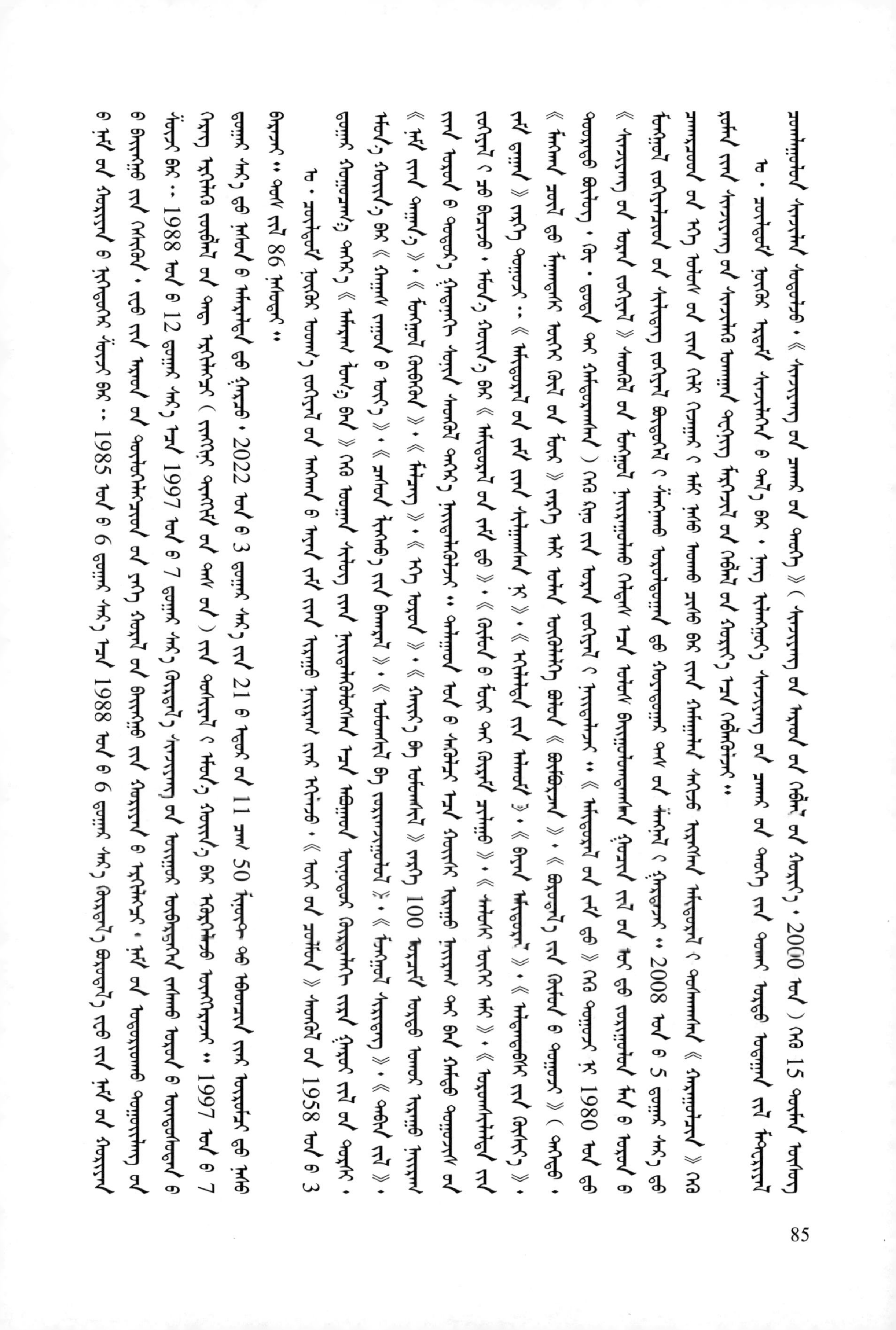

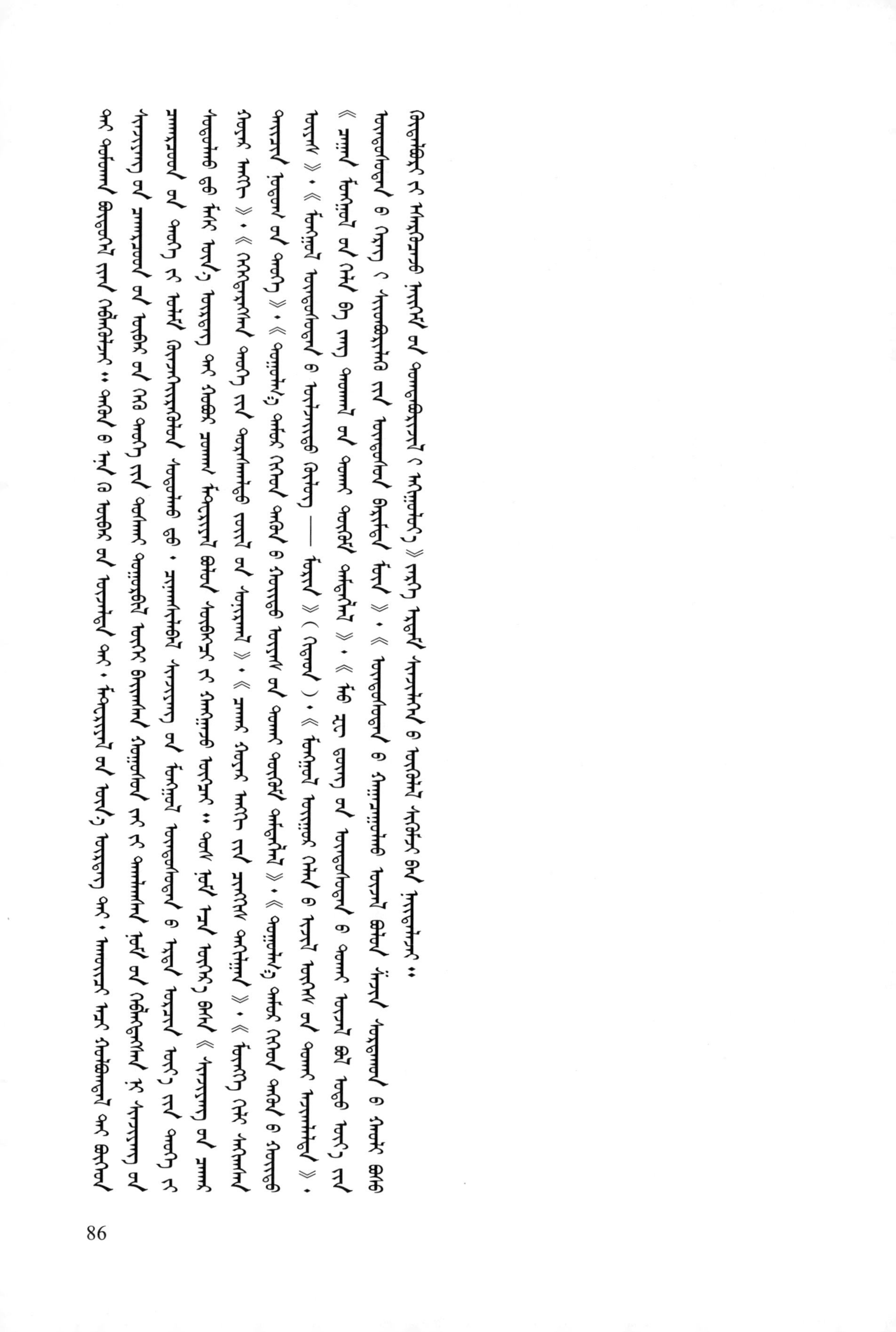

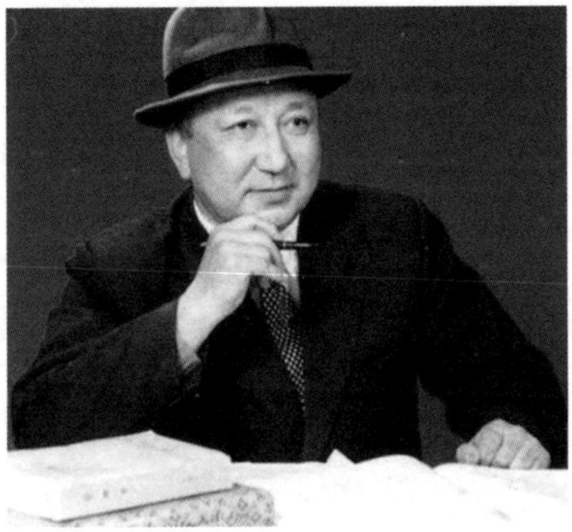

ᠪᠠ · ᠪᠠᠶᠠᠷᠲᠤ ᠰᠢᠨᠵᠢᠯᠡᠬᠦ ᠤᠬᠠᠭᠠᠨᠲᠠᠨ ᠂ ᠬᠡᠯᠡᠰᠢᠯᠡᠯᠴᠡ ᠶᠢᠨ ᠲᠡᠷᠢᠭᠦᠨ ᠡᠷᠳᠡᠮᠲᠡᠨ ᠂ ᠣᠷᠳᠣᠰ ᠤᠨ ᠬᠦᠮᠦᠨ ᠃ 1936 ᠣᠨ ᠤ 12 ᠰᠠᠷ᠎ᠠ ᠶᠢᠨ 25 ᠤ ᠡᠳᠦᠷ ᠲᠥᠷᠥᠭᠰᠡᠨ ᠮᠣᠩᠭᠣᠯ ᠦᠨᠳᠦᠰᠦᠲᠡᠨ ᠦ ᠲᠥᠷᠥᠯ ᠨᠡᠷ᠎ᠡ (ᠪᠣᠳᠣ ᠵᠢ ᠪᠠᠭᠰᠢ ᠶᠢᠨ ᠬᠥᠮᠦᠨ ᠦ ᠨᠢᠭᠡ ᠰᠤᠷᠭᠠᠭᠤᠯᠢ) ᠤ ᠰᠤᠷᠭᠠᠭᠤᠯᠢ ᠳᠤ ᠰᠤᠷᠤᠯᠴᠠᠭᠰᠠᠨ ᠃ 1947 ᠣᠨ ᠳᠤ ᠮᠣᠩᠭᠣᠯ ᠤᠨ ᠰᠤᠷᠭᠠᠭᠤᠯᠢ ᠳᠤ ᠣᠷᠣᠵᠤ ᠰᠤᠷᠤᠯᠴᠠᠭᠰᠠᠨ ᠪᠠ ᠰᠤᠷᠭᠠᠭᠤᠯᠢ ᠪᠠᠨ ᠲᠡᠭᠦᠰᠦᠭᠡᠳ ᠰᠤᠷᠭᠠᠭᠤᠯᠢ ᠳᠤ ᠰᠤᠷᠤᠯᠴᠠᠭᠰᠠᠨ ᠃ 1952 ᠣᠨ ᠤ 10 ᠰᠠᠷ᠎ᠠ ᠶᠢᠨ ᠳᠤ ᠦᠪᠦᠷ ᠮᠣᠩᠭᠣᠯ ᠤᠨ ᠪᠠᠭᠰᠢ ᠶᠢᠨ ᠰᠤᠷᠭᠠᠭᠤᠯᠢ ᠳᠤ ᠰᠤᠷᠤᠯᠴᠠᠭᠰᠠᠨ ᠂ 1958 ᠣᠨ ᠤ 9 ᠰᠠᠷ᠎ᠠ ᠶᠢᠨ ᠳᠤ ᠦᠪᠦᠷ ᠮᠣᠩᠭᠣᠯ ᠤᠨ ᠶᠡᠬᠡ ᠰᠤᠷᠭᠠᠭᠤᠯᠢ ᠶᠢᠨ ᠮᠣᠩᠭᠣᠯ ᠬᠡᠯᠡ ᠤᠳᠬ᠎ᠠ ᠵᠣᠬᠢᠶᠠᠯ ᠤᠨ ᠮᠡᠷᠭᠡᠵᠢᠯ ᠢ ᠲᠡᠭᠦᠰᠬᠡᠭᠰᠡᠨ ᠃ 1963 ᠣᠨ ᠤ 4 ᠰᠠᠷ᠎ᠠ ᠶᠢᠨ ᠳᠤ ᠰᠤᠷᠭᠠᠭᠤᠯᠢ ᠪᠠᠨ ᠲᠡᠭᠦᠰᠬᠡᠵᠦ ᠮᠣᠩᠭᠣᠯ ᠬᠡᠯᠡ ᠪᠢᠴᠢᠭ ᠦᠨ ᠰᠤᠳᠤᠯᠭ᠎ᠠ ᠶᠢᠨ ᠭᠠᠵᠠᠷ ᠲᠤ ᠠᠵᠢᠯᠯᠠᠵᠤ ᠮᠣᠩᠭᠣᠯ ᠬᠡᠯᠡ ᠶᠢᠨ ᠰᠤᠳᠤᠯᠭ᠎ᠠ ᠶᠢᠨ ᠪᠠᠭ ᠤᠨ ᠡᠷᠬᠢᠯᠡᠭᠴᠢ ᠂ ᠣᠳᠣ ᠶᠢᠨ ᠲᠦ 10 ᠰᠠᠷ᠎ᠠ ᠶᠢᠨ ᠳᠤ ᠡᠷᠳᠡᠮ ᠰᠢᠨᠵᠢᠯᠡᠬᠦ ᠶᠢᠨ ᠬᠦᠷᠢᠶᠡᠯᠡᠩ ᠦᠨ ᠮᠣᠩᠭᠣᠯ ᠬᠡᠯᠡ ᠪᠢᠴᠢᠭ ᠦᠨ ᠰᠤᠳᠤᠯᠭ᠎ᠠ ᠶᠢᠨ ᠭᠠᠵᠠᠷ ᠤᠨ ᠳᠡᠳ ᠡᠷᠬᠢᠯᠡᠭᠴᠢ ᠂ ᠰᠤᠳᠤᠯᠤᠭᠴᠢ ᠶᠢᠨ ᠠᠯᠪᠠᠨ ᠲᠤᠰᠢᠶᠠᠯ ᠢ ᠬᠠᠷᠢᠭᠤᠴᠠᠨ ᠠ ᠃ 1991 ᠣᠨ ᠤ 1 ᠰᠠᠷ᠎ᠠ ᠶᠢᠨ ᠡᠴᠡ 1997 ᠣᠨ ᠤ 12 ᠰᠠᠷ᠎ᠠ ᠶᠢᠨ ᠬᠦᠷᠲᠡᠯ᠎ᠡ ᠡᠷᠳᠡᠮ ᠰᠢᠨᠵᠢᠯᠡᠬᠦ ᠶᠢᠨ ᠬᠦᠷᠢᠶᠡᠯᠡᠩ ᠦᠨ ᠮᠣᠩᠭᠣᠯ ᠬᠡᠯᠡ ᠪᠢᠴᠢᠭ ᠦᠨ ᠰᠤᠳᠤᠯᠭ᠎ᠠ ᠶᠢᠨ ᠭᠠᠵᠠᠷ ᠤᠨ ᠡᠷᠬᠢᠯᠡᠭᠴᠢ ᠂ ᠦᠪᠦᠷ ᠮᠣᠩᠭᠣᠯ ᠤᠨ ᠡᠷᠳᠡᠮ ᠰᠢᠨᠵᠢᠯᠡᠬᠦ ᠶᠢᠨ ᠬᠦᠷᠢᠶᠡᠯᠡᠩ ᠦᠨ ᠳᠡᠳ ᠳᠠᠷᠤᠭ᠎ᠠ ᠶᠢᠨ ᠠᠯᠪᠠᠨ ᠲᠤᠰᠢᠶᠠᠯ ᠢ ᠬᠠᠷᠢᠭᠤᠴᠠᠨ ᠠ ᠃ 1987 ᠣᠨ ᠤ 4 ᠰᠠᠷ᠎ᠠ ᠶᠢᠨ ᠳᠤ ᠡᠷᠳᠡᠮ ᠰᠢᠨᠵᠢᠯᠡᠭᠡᠨ ᠦ ᠲᠡᠷᠢᠭᠦᠨ ᠵᠡᠷᠭᠡ ᠨᠢ ᠬᠦᠷᠲᠡᠭᠰᠡᠨ ᠃ 1993 ᠣᠨ ᠤ ᠡᠴᠡ ᠣᠯᠣᠰ ᠤᠨ ᠵᠠᠰᠠᠭ ᠤᠨ ᠣᠷᠳᠣᠨ ᠤ ᠲᠤᠰᠭᠠᠶ ᠲᠡᠳᠬᠦᠯᠡᠭ ᠬᠦᠷᠲᠡᠭᠰᠡᠨ ᠃ 1992 ᠣᠨ ᠤ 12 ᠰᠠᠷ᠎ᠠ ᠶᠢᠨ ᠳᠤ ᠭᠠᠳᠠᠭᠠᠳᠤ ᠣᠷᠣᠨ ᠤ ᠡᠷᠳᠡᠮᠲᠡᠨ ᠦ ᠨᠡᠷ᠎ᠡ ᠬᠦᠨᠳᠦ ᠶᠢ ᠬᠦᠷᠲᠡᠭᠰᠡᠨ ᠃ 1997 ᠣᠨ ᠤ 12 ᠰᠠᠷ᠎ᠠ ᠶᠢᠨ ᠳᠤ ᠲᠡᠳᠬᠦᠯᠡᠭ ᠲᠦ ᠭᠠᠷᠤᠭᠰᠠᠨ ᠃ ᠲᠡᠷᠡ ᠨᠢ ᠮᠣᠩᠭᠣᠯ ᠬᠡᠯᠡ ᠪᠢᠴᠢᠭ ᠦᠨ ᠰᠤᠳᠤᠯᠭ᠎ᠠ ᠶᠢᠨ ᠠᠵᠢᠯ ᠢ ᠡᠷᠬᠢᠯᠡᠨ ᠶᠠᠪᠤᠭᠤᠯᠵᠤ ᠠᠷᠪᠠ ᠭᠠᠷᠤᠶ ᠵᠢᠯ ᠦᠨ ᠳᠤᠷᠠᠰᠬᠠᠯ ᠢ ᠪᠢᠳᠡᠭᠦᠯᠦᠭᠰᠡᠨ ᠪᠣᠯᠪᠠᠰᠤ ᠲᠡᠷᠡ ᠨᠢ 2020 ᠣᠨ ᠤ 10 ᠰᠠᠷ᠎ᠠ ᠶᠢᠨ 24 ᠤ ᠡᠳᠦᠷ ᠡᠮᠴᠢᠯᠡᠭᠡ ᠶᠢᠨ ᠭᠠᠵᠠᠷ ᠲᠤ ᠨᠠᠰᠤ ᠨᠡᠭᠦᠴᠡᠭᠰᠡᠨ ᠃ ᠨᠠᠰᠤ ᠨᠢ 84 ᠰᠠᠭᠤᠭᠰᠠᠨ ᠃

ᠪᠠ · ᠪᠠᠶᠠᠷᠲᠤ ᠶᠢᠨ ᠭᠣᠣᠯ ᠪᠦᠲᠦᠭᠡᠯ ᠳᠤ《 ᠮᠣᠩᠭᠣᠯ ᠬᠡᠯᠡ ᠶᠢᠨ ᠦᠭᠡ ᠬᠡᠯᠡᠬᠦ ᠶᠢᠨ ᠳᠦᠷᠢᠮ 》᠂《 ᠮᠣᠩᠭᠣᠯ ᠬᠡᠯᠡ ᠶᠢᠨ ᠳᠦᠷᠢᠮ 》 ᠵᠡᠷᠭᠡ 25 ᠨᠣᠮ ᠳᠣᠬᠢᠶᠠᠯ ᠂ ᠡᠮᠬᠢᠳᠬᠡᠯ ᠂ ᠣᠷᠴᠢᠭᠤᠯᠭ᠎ᠠ ᠂ ᠰᠤᠳᠤᠯᠭ᠎ᠠ ᠶᠢᠨ ᠪᠦᠲᠦᠭᠡᠯ ᠵᠡᠷᠭᠡ 50 ᠭᠠᠷᠤᠶ ᠵᠣᠬᠢᠶᠠᠯ ᠢ ᠬᠡᠪᠯᠡᠭᠦᠯᠦᠭᠰᠡᠨ ᠃《 ᠮᠣᠩᠭᠣᠯ ᠬᠡᠯᠡ ᠶᠢᠨ ᠳᠦᠷᠢᠮ 》᠂《 ᠲᠣᠯᠢ ᠪᠢᠴᠢᠭ ᠦᠨ ᠨᠣᠮ 》 ᠵᠡᠷᠭᠡ 26 ᠨᠣᠮ ᠳᠣᠬᠢᠶᠠᠯ ᠢ ᠬᠣᠷᠢᠶᠠᠨ ᠨᠠᠶᠢᠷᠠᠭᠤᠯᠤᠭᠰᠠᠨ ᠪᠣᠯᠪᠠᠰᠤ 《 ᠪᠢᠴᠢᠭ ᠦᠨ ᠬᠡᠯᠡ ᠶᠢᠨ ᠨᠣᠮ 》᠂《 ᠮᠣᠩᠭᠣᠯ ᠬᠡᠯᠡ ᠶᠢᠨ ᠲᠣᠯᠢ 》 ᠵᠡᠷᠭᠡ ᠪᠦᠲᠦᠭᠡᠯ ᠢ ᠨᠡᠶᠢᠲᠡᠯᠡᠭᠦᠯᠦᠭᠰᠡᠨ ᠃

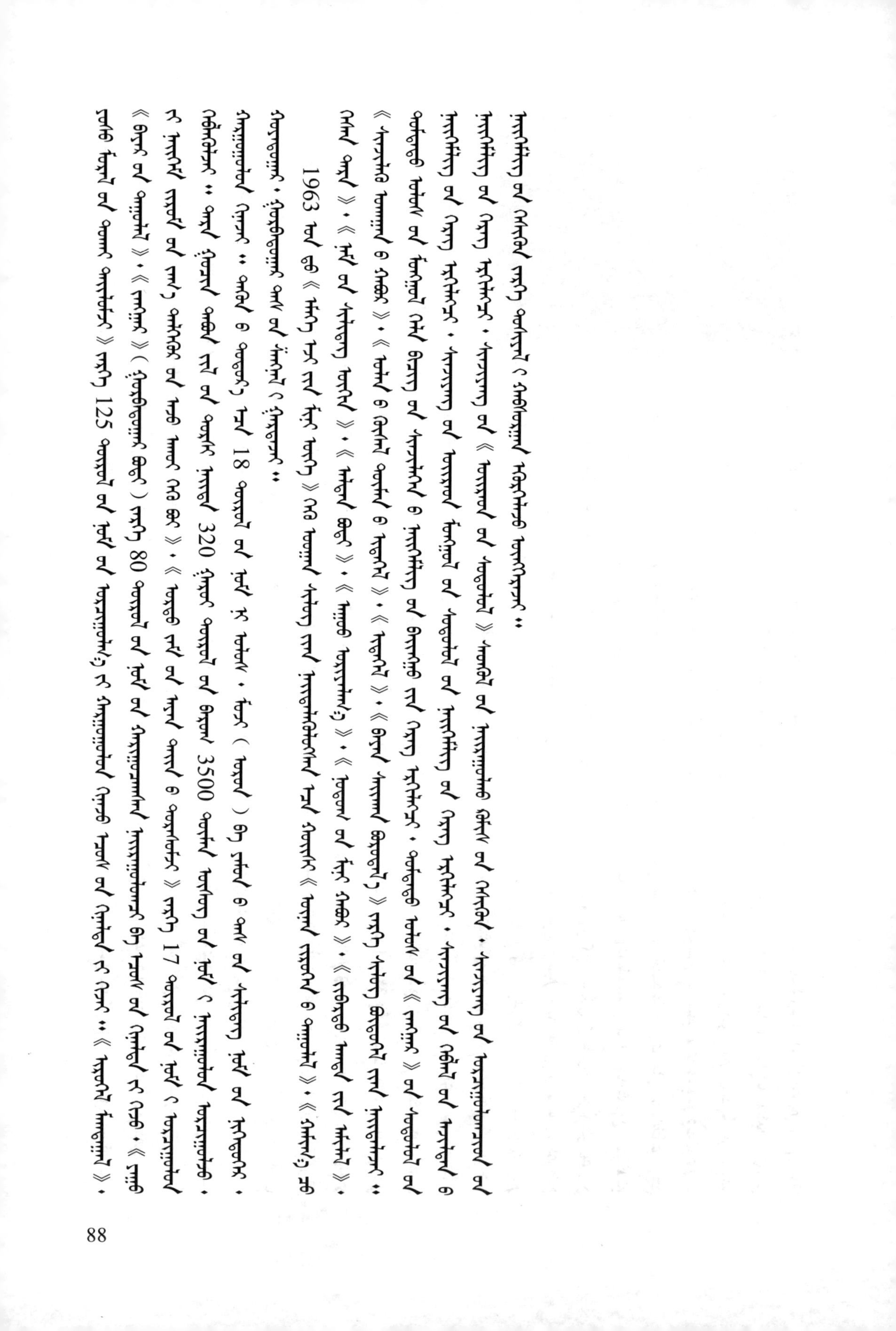

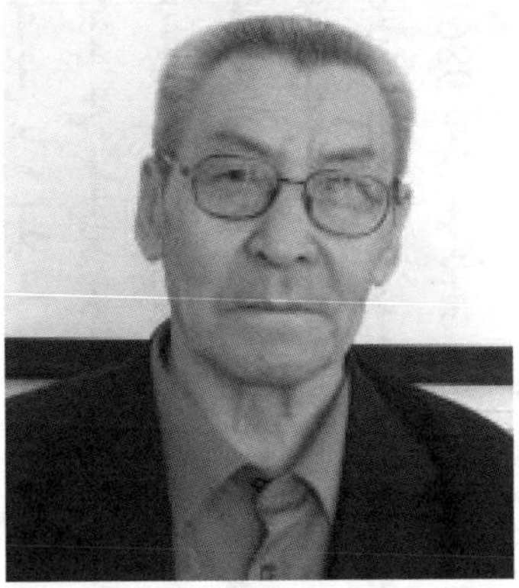

ᠳ᠂ ᠪᠠᠭᠠᠲᠤᠷ ᠪᠣᠯ ᠮᠣᠩᠭᠣᠯ ᠦᠨᠳᠦᠰᠦᠲᠡᠨ᠂ ᠬᠣᠷᠴᠢᠨ ᠵᠡᠭᠦᠨ ᠭᠠᠷ ᠤᠨ ᠤᠮᠠᠷᠠᠳᠤ ᠬᠣᠰᠢᠭᠤᠨ ᠤ ᠬᠦᠮᠦᠨ᠂ ᠬᠢᠲᠠᠳ ᠤᠨ ᠡᠪᠡᠯᠡᠷᠡᠯ ᠦᠨ ᠨᠠᠮ ᠤᠨ ᠭᠢᠰᠦᠨ᠃ 1937 ᠣᠨ ᠤ 4 ᠰᠠᠷ᠎ᠠ ᠶᠢᠨ 15 ᠤ ᠡᠳᠦᠷ ᠲᠥᠷᠥᠭᠰᠡᠨ᠂ ᠬᠣᠰᠢᠭᠤᠨ ᠤ ᠰᠤᠷᠭᠠᠭᠤᠯᠢ ᠳᠤ ᠰᠤᠷᠤᠯᠴᠠᠭᠰᠠᠨ᠃ 1949 ᠣᠨ ᠠᠴᠠ 1951 ᠣᠨ ᠤ 9 ᠰᠠᠷ᠎ᠠ ᠬᠦᠷᠲᠡᠯ ᠦᠯᠠᠭᠠᠨᠬᠠᠳᠠ ᠬᠣᠲᠠ ᠶᠢᠨ ᠮᠣᠩᠭᠣᠯ ᠳᠤᠮᠳᠠᠳᠤ ᠰᠤᠷᠭᠠᠭᠤᠯᠢ ᠳᠤ ᠰᠤᠷᠤᠯᠴᠠᠭᠰᠠᠨ᠂ 1951 ᠣᠨ ᠤ 9 ᠰᠠᠷ᠎ᠠ ᠠᠴᠠ 1953 ᠣᠨ ᠤ 9 ᠰᠠᠷ᠎ᠠ ᠬᠦᠷᠲᠡᠯ ᠥᠪᠦᠷ ᠮᠣᠩᠭᠣᠯ ᠤᠨ ᠪᠠᠭᠰᠢ ᠶᠢᠨ ᠰᠤᠷᠭᠠᠭᠤᠯᠢ ᠳᠤ ᠰᠤᠷᠤᠯᠴᠠᠭᠰᠠᠨ᠂ 1953 ᠣᠨ ᠤ 9 ᠰᠠᠷ᠎ᠠ ᠠᠴᠠ 1957 ᠣᠨ ᠤ 8 ᠰᠠᠷ᠎ᠠ ᠬᠦᠷᠲᠡᠯ ᠲᠥᠪ ᠦᠨ ᠦᠨᠳᠦᠰᠦᠲᠡᠨ ᠦ ᠶᠡᠬᠡ ᠰᠤᠷᠭᠠᠭᠤᠯᠢ ᠳᠤ ᠰᠤᠷᠤᠯᠴᠠᠭᠰᠠᠨ᠂ 1957 ᠣᠨ ᠤ 9 ᠰᠠᠷ᠎ᠠ ᠠᠴᠠ 1962 ᠣᠨ ᠤ 8 ᠰᠠᠷ᠎ᠠ ᠬᠦᠷᠲᠡᠯ ᠥᠪᠦᠷ ᠮᠣᠩᠭᠣᠯ ᠤᠨ ᠶᠡᠬᠡ ᠰᠤᠷᠭᠠᠭᠤᠯᠢ ᠶᠢᠨ ᠮᠣᠩᠭᠣᠯ ᠬᠡᠯᠡ ᠦᠰᠦᠭ ᠦᠨ ᠲᠡᠨᠬᠢᠮ ᠳᠦ ᠰᠤᠷᠤᠯᠴᠠᠭᠰᠠᠨ᠃ 1962 ᠣᠨ ᠤ 8 ᠰᠠᠷ᠎ᠠ ᠠᠴᠠ 1964 ᠣᠨ ᠤ 11 ᠰᠠᠷ᠎ᠠ ᠬᠦᠷᠲᠡᠯ ᠥᠪᠦᠷ ᠮᠣᠩᠭᠣᠯ ᠤᠨ ᠰᠤᠷᠭᠠᠨ ᠬᠦᠮᠦᠵᠢᠯ ᠦᠨ ᠬᠦᠷᠢᠶᠡᠯᠡᠩ ᠳᠦ ᠠᠵᠢᠯᠯᠠᠭᠰᠠᠨ᠃ 1964 ᠣᠨ ᠤ 11 ᠰᠠᠷ᠎ᠠ ᠠᠴᠠ 1974 ᠣᠨ ᠤ 2 ᠰᠠᠷ᠎ᠠ ᠬᠦᠷᠲᠡᠯ ᠬᠥᠳᠡᠭᠡ ᠠᠵᠤ ᠠᠬᠤᠢ ᠳᠤ ᠠᠵᠢᠯᠯᠠᠭᠰᠠᠨ᠂ 1974 ᠣᠨ ᠤ 2 ᠰᠠᠷ᠎ᠠ ᠠᠴᠠ 1978 ᠣᠨ ᠤ 8 ᠰᠠᠷ᠎ᠠ ᠬᠦᠷᠲᠡᠯ ᠥᠪᠦᠷ ᠮᠣᠩᠭᠣᠯ ᠤᠨ ᠠᠷᠠᠳ ᠤᠨ ᠬᠡᠪᠯᠡᠯ ᠦᠨ ᠬᠣᠷᠢᠶ᠎ᠠ ᠳᠤ ᠠᠵᠢᠯᠯᠠᠭᠰᠠᠨ᠂ 1978 ᠣᠨ ᠤ 8 ᠰᠠᠷ᠎ᠠ ᠠᠴᠠ 1980 ᠣᠨ ᠤ 8 ᠰᠠᠷ᠎ᠠ ᠬᠦᠷᠲᠡᠯ ᠥᠪᠦᠷ ᠮᠣᠩᠭᠣᠯ ᠤᠨ ᠰᠤᠷᠭᠠᠨ ᠬᠦᠮᠦᠵᠢᠯ ᠦᠨ ᠬᠡᠪᠯᠡᠯ ᠦᠨ ᠬᠣᠷᠢᠶ᠎ᠠ ᠳᠤ ᠠᠵᠢᠯᠯᠠᠭᠰᠠᠨ᠂ 1980 ᠣᠨ ᠤ 8 ᠰᠠᠷ᠎ᠠ ᠠᠴᠠ 1990 ᠣᠨ ᠤ 3 ᠰᠠᠷ᠎ᠠ ᠬᠦᠷᠲᠡᠯ ᠥᠪᠦᠷ ᠮᠣᠩᠭᠣᠯ ᠤᠨ ᠰᠤᠷᠭᠠᠨ ᠬᠦᠮᠦᠵᠢᠯ ᠦᠨ ᠬᠡᠪᠯᠡᠯ ᠦᠨ ᠬᠣᠷᠢᠶ᠎ᠠ ᠶᠢᠨ ᠮᠣᠩᠭᠣᠯ ᠨᠣᠮ ᠤᠨ ᠬᠡᠯᠲᠡᠰ ᠦᠨ ᠳᠠᠷᠤᠭ᠎ᠠ ᠪᠣᠯᠤᠭᠰᠠᠨ᠃ 1990 ᠣᠨ ᠤ 3 ᠰᠠᠷ᠎ᠠ ᠶᠢᠨ ᠬᠣᠢᠨ᠎ᠠ ᠥᠪᠦᠷ ᠮᠣᠩᠭᠣᠯ ᠤᠨ ᠰᠤᠷᠭᠠᠨ ᠬᠦᠮᠦᠵᠢᠯ ᠦᠨ ᠬᠡᠪᠯᠡᠯ ᠦᠨ ᠬᠣᠷᠢᠶ᠎ᠠ ᠶᠢᠨ ᠳᠡᠳ ᠳᠠᠷᠤᠭ᠎ᠠ ᠪᠣᠯᠤᠭᠰᠠᠨ᠂ 1996 ᠣᠨ ᠤ 10 ᠰᠠᠷ᠎ᠠ ᠳᠤ ᠲᠡᠳᠬᠦᠯᠡᠩ ᠳᠦ ᠭᠠᠷᠤᠭᠰᠠᠨ᠃ 2019 ᠣᠨ ᠤ 1 ᠰᠠᠷ᠎ᠠ ᠶᠢᠨ 19 ᠦ ᠡᠳᠦᠷ ᠡᠪᠡᠳᠴᠢᠨ ᠦ ᠤᠴᠢᠷ ᠠᠴᠠ 82 ᠨᠠᠰᠤᠯᠠᠪᠠ᠃

ᠳ᠂ ᠪᠠᠭᠠᠲᠤᠷ ᠤᠨ ᠵᠣᠬᠢᠶᠠᠭᠰᠠᠨ ᠨᠣᠮ ᠤᠨ ᠲᠣᠭ᠎ᠠ ᠳᠠᠬᠢ 《ᠮᠣᠩᠭᠣᠯ ᠰᠤᠳᠤᠯᠤᠯ ᠤᠨ ᠴᠤᠪᠤᠷᠠᠯ》᠂《ᠮᠣᠩᠭᠣᠯ ᠪᠢᠴᠢᠭ ᠦᠨ 100 ᠵᠢᠯ ᠦᠨ ᠳᠣᠷᠤᠳᠬᠠᠯ》᠂《ᠮᠣᠩᠭᠣᠯ ᠬᠡᠯᠡᠨ ᠦ ᠲᠣᠯᠢ》᠂《ᠮᠣᠩᠭᠣᠯ ᠤᠨ ᠨᠢᠭᠤᠴᠠ ᠲᠣᠪᠴᠢᠶᠠᠨ》᠂《ᠳ᠂ ᠨᠠᠰᠤᠨᠪᠠᠶᠠᠷ ᠤᠨ ᠵᠣᠬᠢᠶᠠᠯ》᠂《ᠰᠤᠷᠭᠠᠭᠤᠯᠢ ᠶᠢᠨ ᠪᠢᠴᠢᠭ》᠂《ᠮᠣᠩᠭᠣᠯ ᠦᠯᠢᠭᠡᠷ》᠂《ᠪᠢᠴᠢᠭ ᠦᠨ ᠬᠡᠯᠡ》᠂《ᠲᠠᠯ᠎ᠠ ᠶᠢᠨ ᠳᠠᠭᠤᠤ》᠂ ᠵᠡᠷᠭᠡ ᠣᠯᠠᠨ ᠨᠣᠮ ᠪᠣᠢ᠃

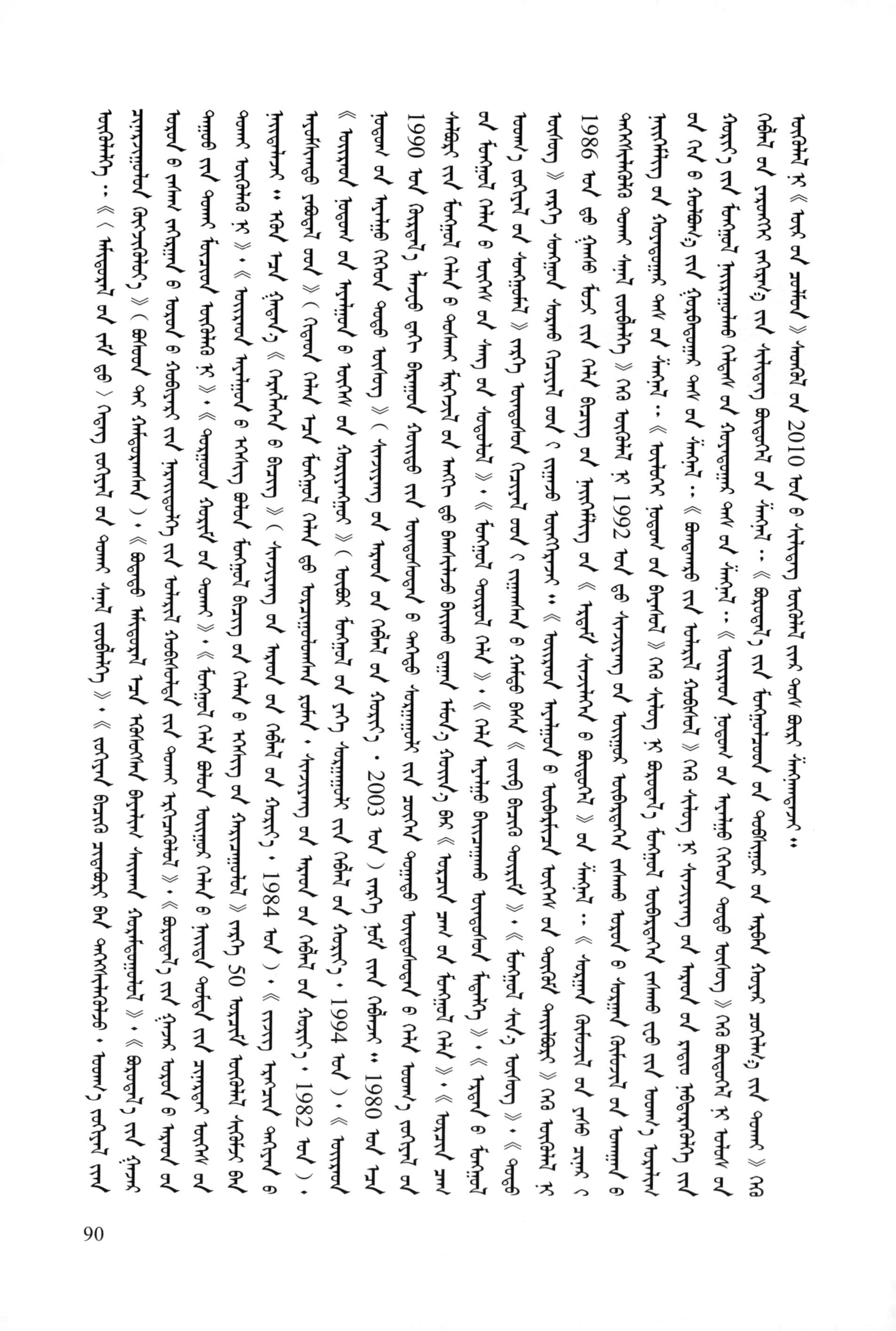

ᠮᠣᠩᠭᠣᠯ ᠪᠢᠴᠢᠭ ᠤᠨ ᠰᠤᠷᠪᠤᠯᠵᠢ ᠪᠣᠯ ᠲᠡᠦᠬᠡ ᠶᠢᠨ ᠬᠥᠭᠵᠢᠯ ᠤᠨ ᠣᠯᠠᠨ ᠤᠯᠠᠮᠵᠢᠯᠠᠯ ᠤᠨ ᠣᠨᠴᠠᠯᠢᠭ ᠢ ᠲᠤᠰᠬᠠᠭᠰᠠᠨ ᠂ ᠮᠣᠩᠭᠣᠯ ᠦᠨᠳᠦᠰᠦᠲᠡᠨ ᠦ ᠪᠠᠶᠠᠯᠢᠭ
ᠬᠠᠳᠠᠭᠠᠯᠠᠭᠳᠠᠭᠰᠠᠨ ᠂ ᠮᠣᠩᠭᠣᠯ ᠪᠢᠴᠢᠭ ᠂ ᠲᠣᠳᠣ ᠪᠢᠴᠢᠭ ᠂ ᠮᠠᠨᠵᠤ ᠪᠢᠴᠢᠭ ᠵᠡᠷᠭᠡ ᠣᠯᠠᠨ ᠲᠥᠷᠥᠯ ᠦᠨ ᠪᠢᠴᠢᠭ ᠦᠨ ᠳᠤᠷᠠᠰᠬᠠᠯ ᠤᠨ 700 ᠭᠠᠷᠤᠢ ᠪᠢᠴᠢᠭ ᠮᠠᠲᠧᠷᠢᠶᠠᠯ ᠪᠠᠶᠢᠭ᠎ᠠ ᠨᠢ ᠮᠠᠨ ᠤ ᠤᠯᠤᠰ
ᠤᠨ ᠰᠣᠶᠣᠯ ᠤᠨ ᠪᠠᠶᠠᠯᠢᠭ ᠪᠣᠯᠤᠨ᠎ᠠ ::

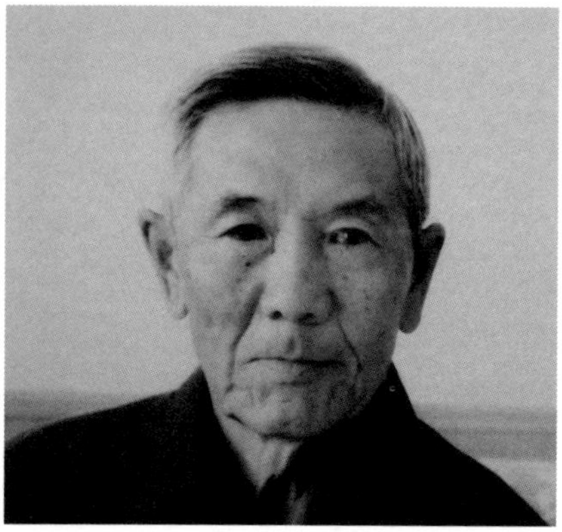

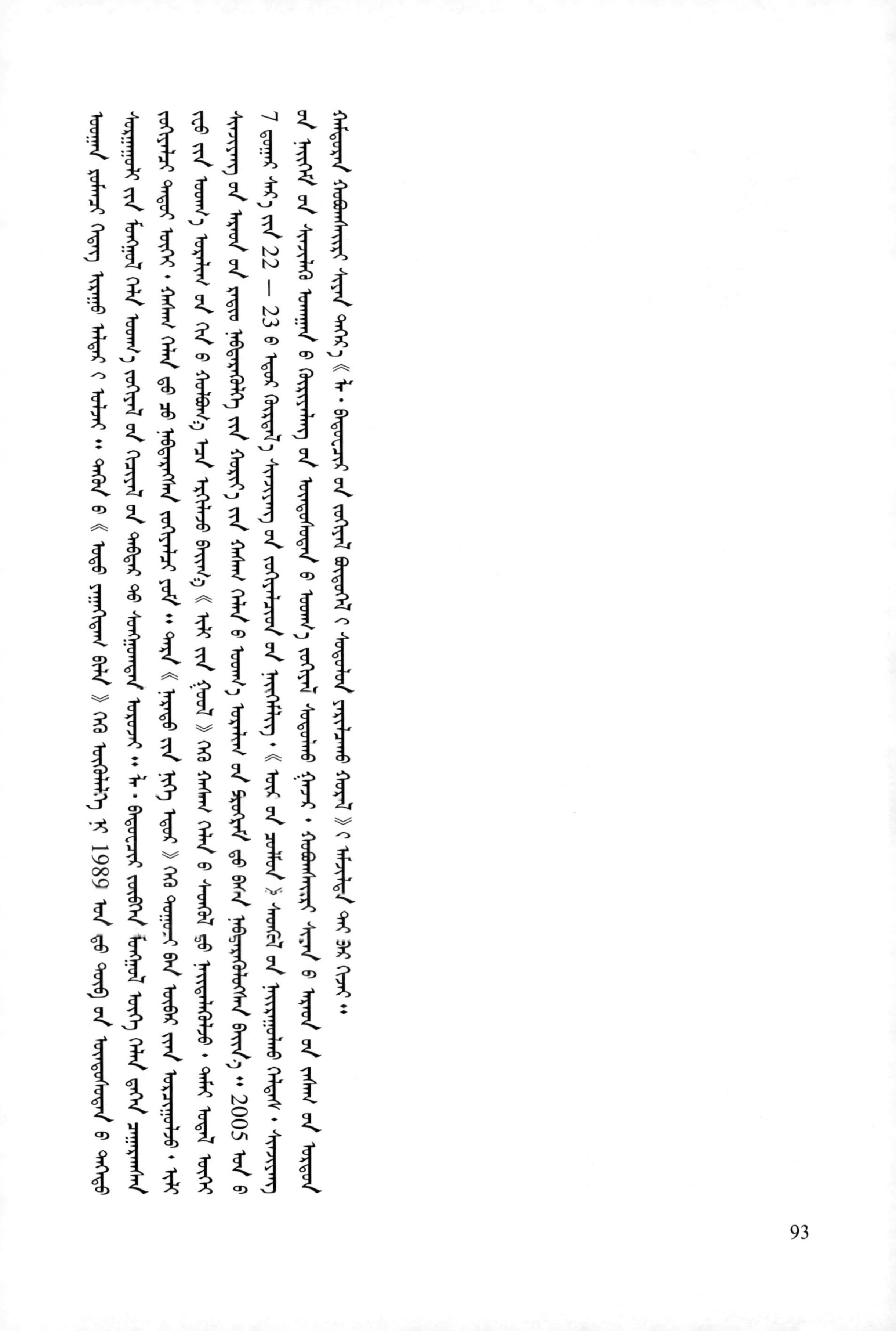

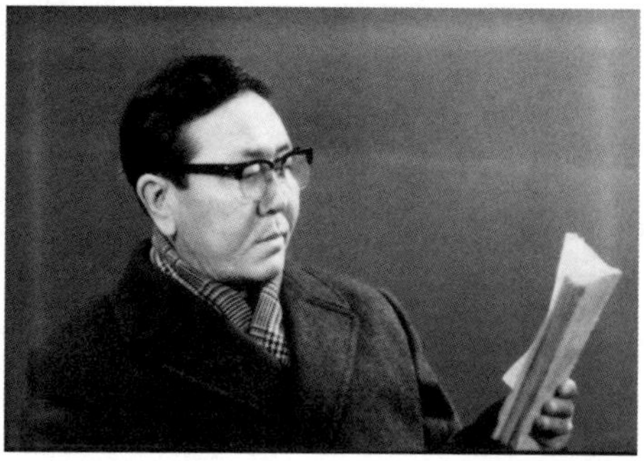

ᠵ᠂ **ᠮᠠᠯ** ᠪᠣᠯ ᠮᠣᠩᠭᠣᠯ ᠦᠨᠳᠦᠰᠦᠲᠡᠨ᠂ ᠬᠣᠰᠢᠭᠤᠨ ᠤ ᠬᠦᠮᠦᠨ᠂ ᠠᠯᠳᠠᠷᠲᠤ ᠵᠣᠬᠢᠶᠠᠯᠴᠢ ᠃ 1937 ᠣᠨ ᠤ 11 ᠰᠠᠷ᠎ᠠ ᠳᠤ ᠲᠥᠷᠥᠭᠰᠡᠨ ᠃ ᠪᠠᠭ᠎ᠠ ᠳᠤ ᠪᠠᠨ ᠰᠤᠷᠭᠠᠭᠤᠯᠢ ᠳᠤ ᠰᠤᠷᠤᠯᠴᠠᠭᠰᠠᠨ ᠃ 1949 ᠣᠨ ᠠᠴᠠ 1950 ᠣᠨ ᠬᠦᠷᠲᠡᠯ᠎ᠡ ᠰᠤᠷᠭᠠᠭᠤᠯᠢ ᠳᠤ ᠰᠤᠷᠤᠯᠴᠠᠭᠰᠠᠨ ᠃ 1950 ᠣᠨ ᠠᠴᠠ 1952 ᠣᠨ ᠬᠦᠷᠲᠡᠯ᠎ᠡ 41 ᠳᠦᠭᠡᠷ ᠰᠤᠷᠭᠠᠭᠤᠯᠢ ᠳᠤ ᠰᠤᠷᠤᠯᠴᠠᠭᠰᠠᠨ ᠃ 1952 ᠣᠨ ᠤ ᠰᠤᠷᠭᠠᠭᠤᠯᠢ ᠶᠢᠨ ᠵᠢᠭᠠᠬᠢ ᠪᠠᠭᠰᠢ ᠪᠣᠯᠵᠤ ᠠᠵᠢᠯᠯᠠᠭᠰᠠᠨ ᠃ 1958 ᠣᠨ ᠳᠤ ᠵᠣᠬᠢᠶᠠᠯ ᠤᠨ ᠪᠦᠲᠦᠭᠡᠯ ᠦᠨ ᠬᠡᠪᠯᠡᠯ ᠦᠨ ᠭᠠᠵᠠᠷ ᠲᠤ ᠠᠵᠢᠯᠯᠠᠭᠰᠠᠨ ᠃ 1963 ᠣᠨ ᠳᠤ ᠰᠡᠳᠬᠦᠯ ᠦᠨ ᠬᠡᠯᠲᠡᠰ ᠦᠨ ᠡᠷᠬᠢᠯᠡᠭᠴᠢ ᠪᠣᠯᠪᠠ ᠃ 1966 ᠣᠨ ᠠᠴᠠ 1971 ᠣᠨ ᠬᠦᠷᠲᠡᠯ᠎ᠡ ᠠᠵᠢᠯᠯᠠᠵᠤ᠂ 1972 ᠣᠨ ᠠᠴᠠ 1977 ᠣᠨ ᠬᠦᠷᠲᠡᠯ᠎ᠡ ᠪᠦᠲᠦᠭᠡᠯ ᠦᠨ ᠭᠠᠵᠠᠷ ᠲᠤ ᠠᠵᠢᠯᠯᠠᠭᠰᠠᠨ ᠃ 1977 ᠣᠨ ᠤ ᠰᠣᠶᠣᠯ ᠤᠨ ᠬᠡᠪᠯᠡᠯ ᠦᠨ ᠭᠠᠵᠠᠷ ᠤᠨ ᠳᠠᠷᠤᠭ᠎ᠠ ᠪᠣᠯᠪᠠ ᠃ 1980 ᠣᠨ ᠠᠴᠠ 1985 ᠣᠨ ᠬᠦᠷᠲᠡᠯ᠎ᠡ 《 ᠮᠣᠩᠭᠣᠯ ᠤᠨ ᠤᠷᠢᠯᠳᠤᠭᠠᠨ 》 ᠰᠡᠳᠬᠦᠯ ᠦᠨ ᠡᠷᠬᠢᠯᠡᠭᠴᠢ ᠪᠣᠯᠪᠠ ᠃ 1993 ᠣᠨ ᠳᠤ ᠲᠠᠲᠠᠭᠠᠯ ᠳᠤ ᠭᠠᠷᠤᠭᠰᠠᠨ ᠂ 1998 ᠣᠨ ᠤ 4 ᠰᠠᠷ᠎ᠠ ᠶᠢᠨ 9 ᠤ ᠡᠳᠦᠷ ᠲᠦ 8 ᠴᠠᠭ 20 ᠮᠢᠨᠦ᠋ᠲ ᠲᠦ ᠲᠠᠭᠠᠯᠠᠪᠠ ᠃ ᠨᠠᠰᠤ ᠨᠢ 61 ᠨᠠᠰᠤᠯᠠᠪᠠ ᠃

ᠵ᠂ ᠮᠠᠯ ᠤᠨ ᠵᠣᠬᠢᠶᠠᠯ ᠤᠨ ᠪᠦᠲᠦᠭᠡᠯ ᠳᠦ 《 ᠮᠣᠩᠭᠣᠯ ᠤᠨ 》 ᠂ 1958 ᠣᠨ ᠤ 11 ᠰᠠᠷ᠎ᠠ ᠳᠤ 《 ᠬᠡᠪᠯᠡᠯ ᠦᠨ 》 ᠂ 1959 ᠣᠨ ᠤ 3 ᠰᠠᠷ᠎ᠠ ᠳᠤ 《 ᠰᠣᠶᠣᠯ ᠤᠨ 》 ᠂ 《 ᠮᠣᠩᠭᠣᠯ ᠤᠨ 》 ᠵᠡᠷᠭᠡ ᠪᠦᠲᠦᠭᠡᠯ ᠪᠠᠢᠨ᠎ᠠ ᠃

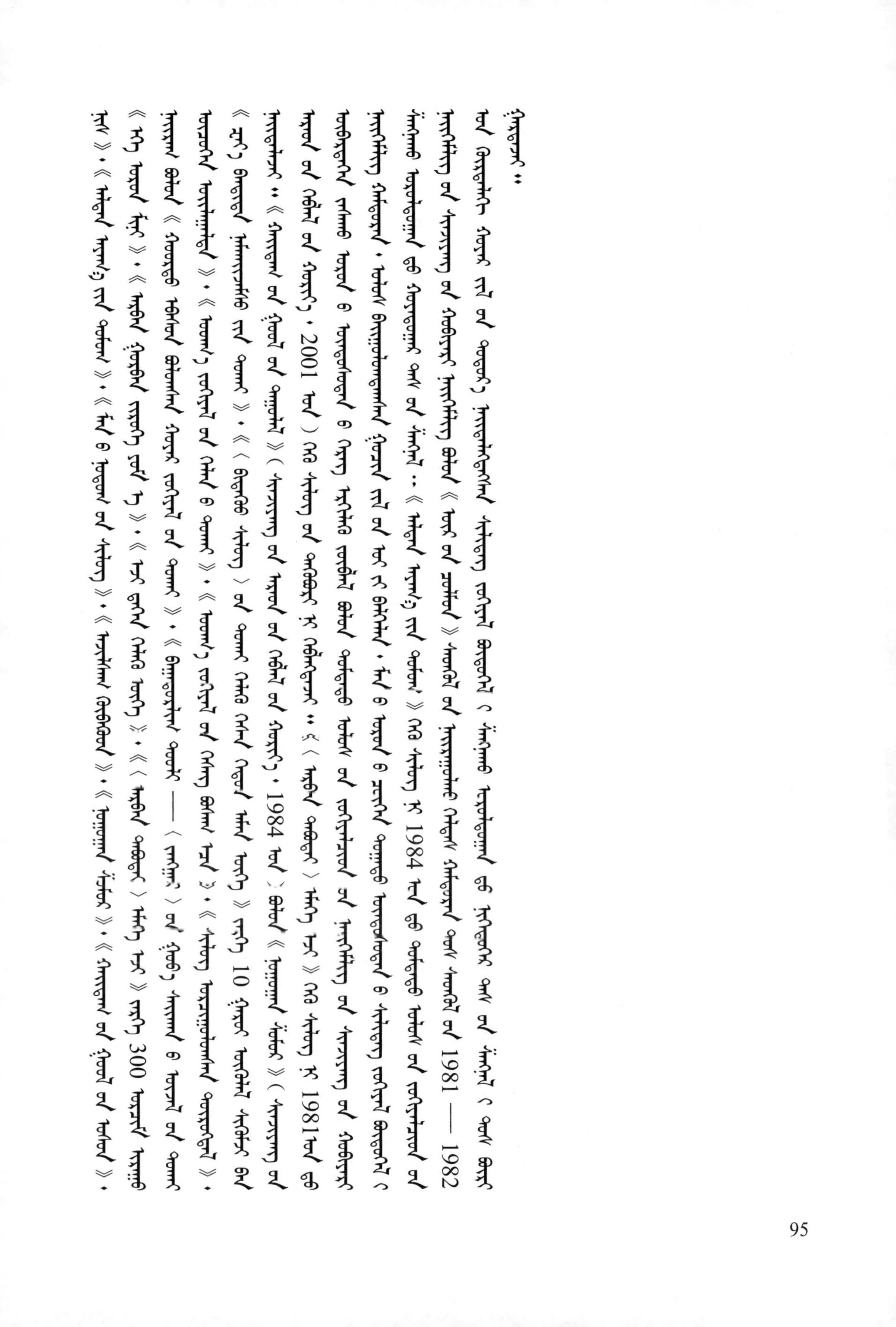

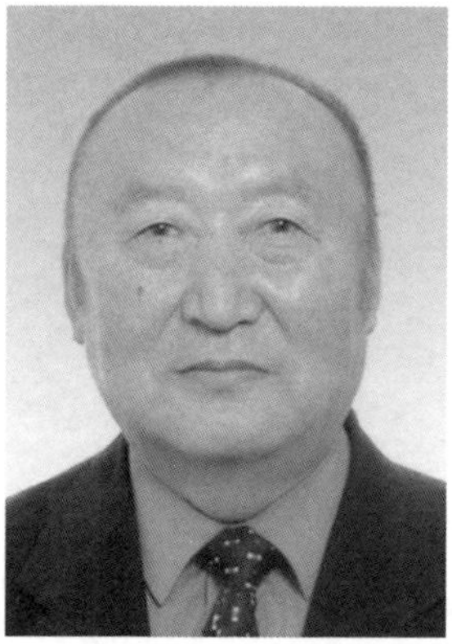

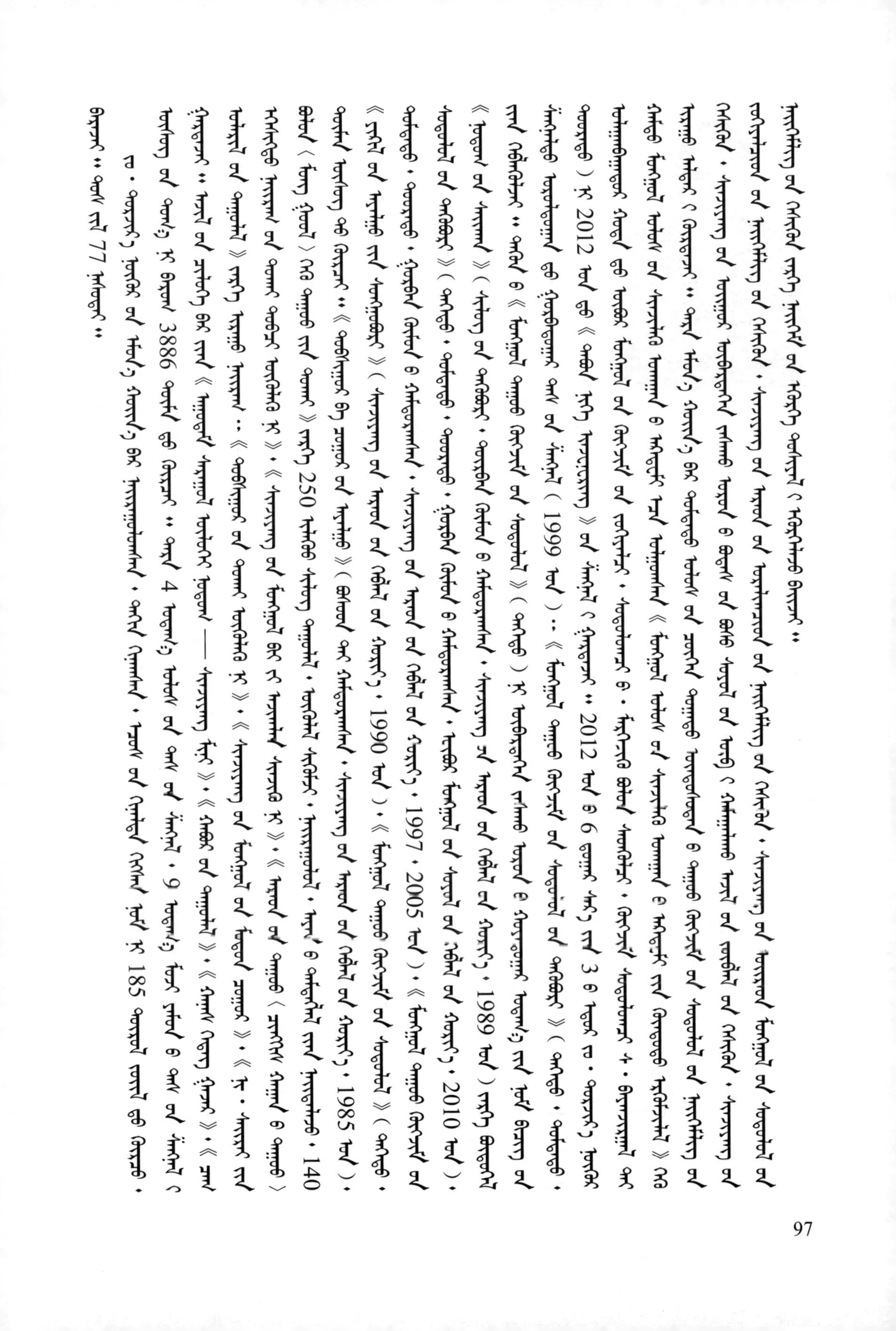

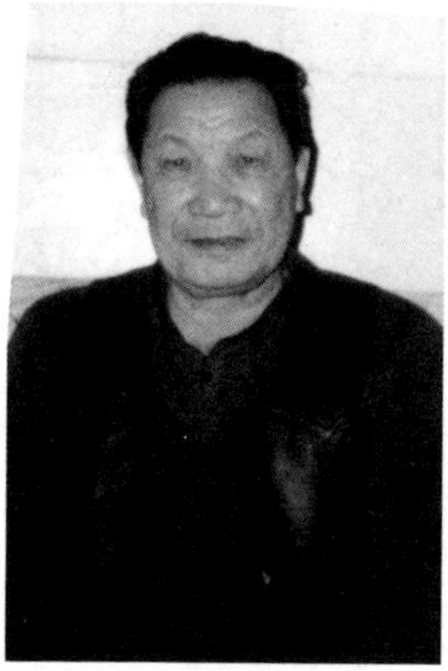

ᠭ᠂ ᠰᠠᠷᠠᠯ

ᠬᠣᠷᠴᠢᠨ ᠵᠡᠭᠦᠨ ᠭᠠᠷᠤᠨ ᠬᠣᠰᠢᠭᠤ ᠶᠢᠨ ᠬᠥᠳᠡᠭᠡ ᠳᠦ᠂ ᠮᠣᠩᠭᠣᠯ ᠦᠨᠳᠦᠰᠦᠲᠡᠨ ᠨᠢ᠂ 1938 ᠣᠨ ᠤ 5 ᠰᠠᠷ᠎ᠠ ᠶᠢᠨ 15 ᠤ ᠡᠳᠦᠷ ᠲᠥᠷᠥᠭᠰᠡᠨ᠃ 1949 ᠣᠨ ᠳᠤ ᠪᠠᠭ᠎ᠠ ᠰᠤᠷᠭᠠᠭᠤᠯᠢ ᠳᠤ ᠣᠷᠤᠵᠤ᠂ 1953 ᠣᠨ ᠤ 7 ᠰᠠᠷ᠎ᠠ ᠳᠤ ᠲᠡᠭᠦᠰᠦᠭᠰᠡᠨ᠃ 1953 ᠣᠨ ᠤ 9 ᠰᠠᠷ᠎ᠠ ᠳᠤ ᠳᠤᠮᠳᠠ ᠰᠤᠷᠭᠠᠭᠤᠯᠢ ᠳᠤ ᠣᠷᠤᠵᠤ᠂ 1956 ᠣᠨ ᠤ 7 ᠰᠠᠷ᠎ᠠ ᠳᠤ ᠲᠡᠭᠦᠰᠦᠭᠰᠡᠨ᠃ 1956 ᠣᠨ ᠤ 9 ᠰᠠᠷ᠎ᠠ ᠳᠤ ᠪᠠᠭᠰᠢ ᠶᠢᠨ ᠰᠤᠷᠭᠠᠭᠤᠯᠢ ᠳᠤ ᠣᠷᠤᠵᠤ᠂ 1958 ᠣᠨ ᠤ 7 ᠰᠠᠷ᠎ᠠ ᠳᠤ ᠲᠡᠭᠦᠰᠦᠭᠰᠡᠨ᠃ 1958 ᠣᠨ ᠤ 9 ᠰᠠᠷ᠎ᠠ ᠳᠤ ᠮᠣᠩᠭᠣᠯ ᠬᠡᠯᠡ ᠪᠢᠴᠢᠭ ᠦᠨ ᠮᠡᠷᠭᠡᠵᠢᠯ ᠳᠦ ᠰᠤᠷᠤᠯᠴᠠᠵᠤ᠂ 1962 ᠣᠨ ᠤ 7 ᠰᠠᠷ᠎ᠠ ᠳᠤ ᠲᠡᠭᠦᠰᠦᠭᠰᠡᠨ᠃ 1962 ᠣᠨ ᠤ 7 ᠰᠠᠷ᠎ᠠ ᠡᠴᠡ ᠬᠣᠢᠰᠢ ᠰᠤᠷᠭᠠᠨ ᠬᠦᠮᠦᠵᠢᠯ ᠦᠨ ᠠᠵᠢᠯ ᠬᠢᠵᠦ᠂ ᠮᠣᠩᠭᠣᠯ ᠬᠡᠯᠡ ᠪᠢᠴᠢᠭ ᠦᠨ ᠰᠤᠳᠤᠯᠭ᠎ᠠ ᠶᠢᠨ ᠠᠵᠢᠯ ᠢ ᠡᠷᠬᠢᠯᠡᠭᠰᠡᠨ᠃ 1980 ᠣᠨ ᠤ 9 ᠰᠠᠷ᠎ᠠ ᠡᠴᠡ ᠡᠬᠢᠯᠡᠨ ᠮᠣᠩᠭᠣᠯ ᠬᠡᠯᠡ ᠪᠢᠴᠢᠭ ᠦᠨ ᠰᠤᠳᠤᠯᠭ᠎ᠠ ᠶᠢᠨ ᠠᠵᠢᠯ ᠬᠠᠷᠢᠭᠤᠴᠠᠭᠰᠠᠨ᠃ 《ᠮᠣᠩᠭᠣᠯ ᠬᠡᠯᠡᠨ ᠦ ᠳᠦᠷᠢᠮ》᠂《ᠮᠣᠩᠭᠣᠯ ᠬᠡᠯᠡᠨ ᠦ 〈ᠠ〉 ᠡᠭᠡᠰᠢᠭ ᠦᠨ ᠰᠤᠳᠤᠯᠤᠯ》᠂《ᠣᠷᠴᠢᠭᠤᠯᠭ᠎ᠠ ᠶᠢᠨ ᠲᠣᠯᠢ ᠪᠢᠴᠢᠭ》᠂《ᠬᠡᠯᠡᠨ ᠦ ᠣᠨᠣᠯ ᠪᠠ ᠬᠡᠷᠡᠭᠯᠡᠭᠡ》᠂《ᠮᠣᠩᠭᠣᠯ ᠬᠡᠯᠡᠨ ᠦ ᠦᠭᠡ ᠬᠡᠯᠡᠬᠦ ᠵᠦᠢ》 ᠵᠡᠷᠭᠡ 20 ᠭᠠᠷᠤᠢ ᠨᠣᠮ ᠵᠣᠬᠢᠶᠠᠨ ᠨᠡᠢᠲᠡᠯᠡᠭᠦᠯᠦᠭᠰᠡᠨ᠃ ᠣᠷᠴᠢᠭᠤᠯᠤᠯ ᠤᠨ ᠵᠡᠷᠭᠡ ᠶᠢᠨ ᠰᠠᠢᠨ ᠰᠤᠳᠤᠯᠭ᠎ᠠ ᠶᠢᠨ ᠰᠢᠭᠠᠩᠭᠠᠯ ᠢ ᠬᠦᠷᠲᠡᠭᠰᠡᠨ᠃ 1992 ᠣᠨ ᠳᠤ᠂ ᠳᠡᠭᠡᠳᠦ ᠵᠡᠷᠭᠡ ᠶᠢᠨ ᠣᠷᠴᠢᠭᠤᠯᠤᠭᠴᠢ ᠴᠣᠯ᠎ᠠ ᠳᠤ ᠳᠡᠪᠰᠢᠭᠰᠡᠨ᠃ 1998 ᠣᠨ ᠳᠤ ᠲᠦᠰᠢᠮᠡᠯ ᠡᠴᠡ ᠲᠡᠭᠡᠴᠡᠭᠰᠡᠨ᠃ 2012 ᠣᠨ ᠤ 4 ᠰᠠᠷ᠎ᠠ ᠶᠢᠨ 13 ᠤ ᠡᠳᠦᠷ ᠡᠪᠡᠳᠴᠢᠨ ᠦ ᠤᠴᠠᠷ ᠠᠴᠠ ᠨᠠᠰᠤ ᠪᠠᠷᠠᠭᠰᠠᠨ᠂ ᠲᠡᠭᠦᠨ ᠦ 75 ᠨᠠᠰᠤᠯᠠᠵᠠᠢ᠃

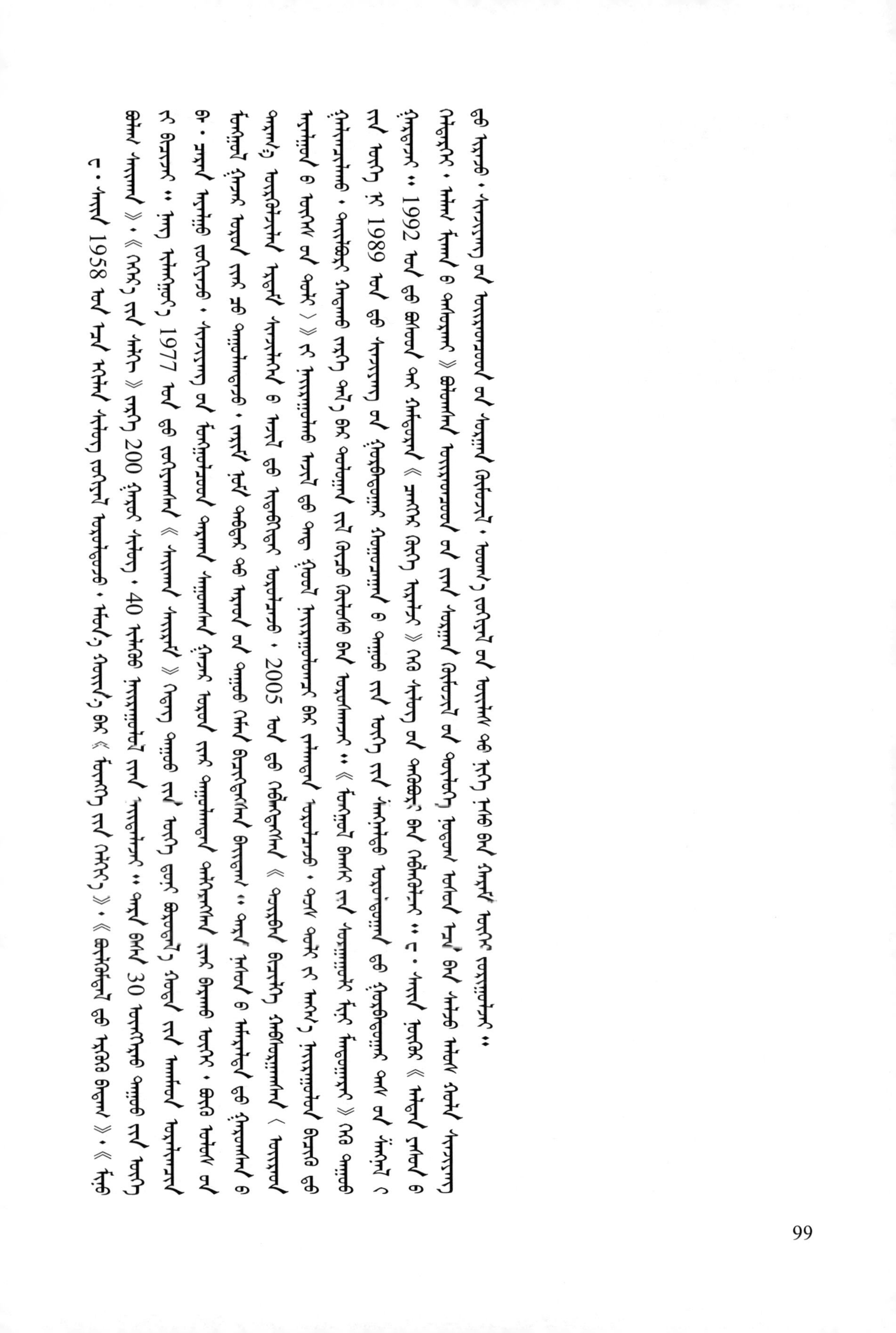

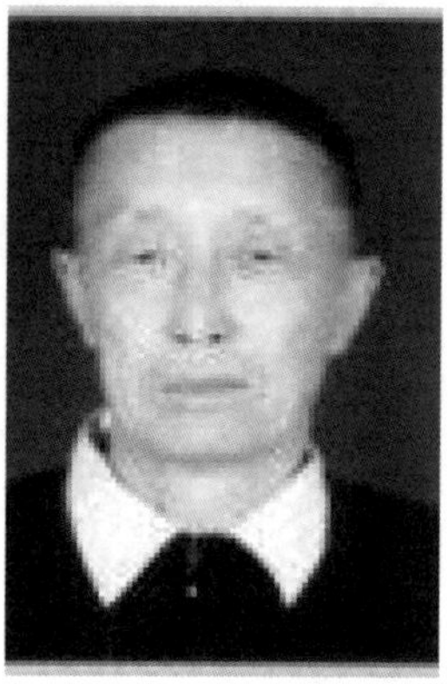

ᠲ᠂ ᠳᠣᠷᠵᠢ   ᠡᠷᠡᠭᠲᠡᠢ᠂ ᠮᠣᠩᠭᠣᠯ ᠦᠨᠳᠦᠰᠦᠲᠡᠨ᠂ ᠨᠠᠮ ᠤᠨ ᠭᠡᠰᠢᠭᠦᠨ᠃ 1939 ᠣᠨ ᠤ 4 ᠰᠠᠷ᠎ᠠ ᠶᠢᠨ 1 ᠦ ᠡᠳᠦᠷ ᠲᠥᠷᠥᠭᠰᠡᠨ᠃ ᠪᠠᠭ᠎ᠠ ᠳᠤᠮᠳᠠ ᠰᠤᠷᠭᠠᠭᠤᠯᠢ ᠳᠤ ᠰᠤᠷᠤᠯᠴᠠᠭᠰᠠᠨ ᠪᠠᠢᠳᠠᠯ ᠲᠠᠢ᠃ 1952 ᠣᠨ ᠡᠴᠡ 1953 ᠣᠨ ᠬᠦᠷᠲᠡᠯ᠎ᠡ ᠨᠤᠲᠤᠭ ᠤᠨ ᠰᠤᠷᠭᠠᠭᠤᠯᠢ ᠳᠤ ᠰᠤᠷᠤᠯᠴᠠᠭᠰᠠᠨ᠂ 1953 ᠣᠨ ᠡᠴᠡ 1954 ᠣᠨ ᠬᠦᠷᠲᠡᠯ᠎ᠡ ᠰᠤᠮᠤᠨ ᠤ ᠰᠤᠷᠭᠠᠭᠤᠯᠢ ᠳᠤ ᠪᠠᠭᠰᠢᠯᠠᠭᠰᠠᠨ᠂ 1954 ᠣᠨ ᠡᠴᠡ 1958 ᠣᠨ ᠬᠦᠷᠲᠡᠯ᠎ᠡ ᠪᠠᠭᠰᠢ ᠶᠢᠨ ᠰᠤᠷᠭᠠᠭᠤᠯᠢ ᠳᠤ ᠰᠤᠷᠤᠯᠴᠠᠭᠰᠠᠨ᠂ 1958 ᠣᠨ ᠡᠴᠡ 1961 ᠣᠨ ᠬᠦᠷᠲᠡᠯ᠎ᠡ ᠬᠣᠰᠢᠭᠤ ᠶᠢᠨ ᠰᠤᠷᠭᠠᠭᠤᠯᠢ ᠳᠤ ᠪᠠᠭᠰᠢᠯᠠᠭᠰᠠᠨ᠃ 1962 ᠣᠨ ᠡᠴᠡ 1971 ᠣᠨ ᠬᠦᠷᠲᠡᠯ᠎ᠡ ᠰᠤᠮᠤᠨ ᠤ ᠰᠤᠷᠭᠠᠭᠤᠯᠢ ᠶᠢᠨ ᠡᠷᠬᠢᠯᠡᠭᠴᠢ᠂ 1971 ᠣᠨ ᠡᠴᠡ 1979 ᠣᠨ ᠬᠦᠷᠲᠡᠯ᠎ᠡ ᠬᠣᠰᠢᠭᠤ ᠶᠢᠨ ᠰᠤᠷᠭᠠᠨ ᠬᠦᠮᠦᠵᠢᠯ ᠦᠨ ᠲᠠᠰᠤᠭ ᠲᠤ ᠠᠵᠢᠯᠯᠠᠭᠰᠠᠨ᠃ 1979 ᠣᠨ ᠡᠴᠡ ᠬᠣᠰᠢᠭᠤ ᠶᠢᠨ ᠳᠤᠮᠳᠠ ᠰᠤᠷᠭᠠᠭᠤᠯᠢ ᠳᠤ ᠪᠠᠭᠰᠢᠯᠠᠭᠰᠠᠨ ᠪᠤᠯᠤᠨ᠂ 1999 ᠣᠨ ᠳᠤ ᠠᠵᠢᠯ ᠠᠴᠠ ᠲᠡᠳᠬᠡᠭᠰᠡᠨ᠃ 2016 ᠣᠨ ᠤ 1 ᠰᠠᠷ᠎ᠠ ᠶᠢᠨ 18 ᠤ ᠡᠳᠦᠷ ᠡᠪᠡᠳᠴᠢᠨ ᠢᠶᠡᠷ ᠨᠠᠰᠤ ᠨᠡᠩᠭᠡᠴᠢᠭᠰᠡᠨ᠂ ᠵᠠᠰᠠ 78 ᠨᠠᠰᠤᠲᠠᠢ᠃

ᠲ᠂ ᠪᠠᠲᠤᠰᠤᠷᠡᠩ 1961 ᠣᠨ ᠳᠤ ᠪᠠᠭᠠᠷᠢᠨ ᠪᠠᠷᠠᠭᠤᠨ ᠬᠣᠰᠢᠭᠤ ᠳᠤ ᠲᠥᠷᠥᠭᠰᠡᠨ ᠮᠣᠩᠭᠣᠯ ᠦᠨᠳᠦᠰᠦᠲᠡᠨ᠂ ᠮᠣᠩᠭᠣᠯ ᠤᠨ ᠪᠢᠴᠢᠭᠡᠴᠢᠨ ᠦ ᠬᠤᠷᠠᠯ ᠤᠨ ᠭᠡᠰᠢᠭᠦᠨ᠃ 《ᠬᠠᠷᠢᠯᠴᠠᠭ᠎ᠠ ᠬᠣᠯᠪᠣᠭ᠎ᠠ》᠂《ᠰᠤᠷᠭᠠᠯ ᠤᠨ ᠵᠠᠮ ᠬᠦᠮᠦᠨ ᠦ ᠰᠦᠯᠳᠡ》᠂《ᠬᠦᠮᠦᠵᠢᠯ ᠦᠨ ᠪᠠᠶᠢᠳᠠᠯ》 ᠵᠡᠷᠭᠡ ᠨᠣᠮ ᠬᠡᠪᠯᠡᠭᠦᠯᠦᠭᠰᠡᠨ᠃ 《ᠰᠢᠯᠢᠳᠡᠭ ᠡᠭᠦᠯᠡᠷ ᠪᠢᠴᠢᠭᠰᠡᠨ ᠨᠠᠢᠷᠠᠭ》(ᠪᠦᠭᠦᠳᠡ ᠨᠠᠶᠢᠷᠠᠮᠳᠠᠬᠤ ᠮᠣᠩᠭᠣᠯ ᠤᠨ ᠦᠵᠡᠭᠦᠯᠦᠩ᠂ 1992 ᠣᠨ)᠂《ᠰᠣᠶᠣᠯ ᠤᠨ ᠥᠪ》(ᠮᠣᠩᠭᠣᠯ ᠬᠡᠯᠡ ᠪᠢᠴᠢᠭ ᠦᠨ ᠬᠡᠪᠯᠡᠯ ᠦᠨ ᠬᠣᠷᠢᠶ᠎ᠠ᠂ 2000 ᠣᠨ)᠂《ᠬᠦᠮᠦᠨ ᠦ ᠵᠠᠮ》(ᠦᠨᠳᠦᠰᠦᠲᠡᠨ ᠦ ᠬᠡᠪᠯᠡᠯ ᠦᠨ ᠬᠣᠷᠢᠶ᠎ᠠ᠂ 2003 ᠣᠨ)᠂《ᠲᠡᠩᠭᠡᠷ ᠦᠨ ᠬᠦᠮᠦᠨ ᠦ ᠰᠡᠳᠬᠢᠯ》(ᠰᠤᠷᠭᠠᠨ ᠬᠦᠮᠦᠵᠢᠯ ᠦᠨ ᠬᠡᠪᠯᠡᠯ ᠦᠨ ᠬᠣᠷᠢᠶ᠎ᠠ᠂ 2011 ᠣᠨ) ᠵᠡᠷᠭᠡ ᠵᠣᠬᠢᠶᠠᠯ ᠪᠦᠲᠦᠭᠡᠯ ᠢᠶᠡᠨ ᠬᠡᠪᠯᠡᠭᠦᠯᠦᠭᠰᠡᠨ᠃ 2010 ᠣᠨ ᠳᠤ ᠮᠣᠩᠭᠣᠯ ᠤᠨ ᠵᠣᠬᠢᠶᠠᠯ ᠤᠨ ᠰᠢᠯᠢᠳᠡᠭ ᠰᠢᠩᠨᠠᠯ ᠢ᠂ 2012 ᠣᠨ ᠳᠤ ᠦᠨᠳᠦᠰᠦᠲᠡᠨ ᠦ ᠵᠣᠬᠢᠶᠠᠯ ᠤᠨ 《ᠰᠤᠶᠤᠩᠭ᠎ᠠ》 ᠱᠠᠩᠨᠠᠯ ᠢ ᠲᠤᠰ ᠲᠤᠰ ᠬᠦᠷᠲᠡᠭᠰᠡᠨ᠃ 《ᠦᠷᠭᠦᠯᠵᠢ ᠵᠢᠷᠭᠠᠯ》 ᠵᠣᠬᠢᠶᠠᠯ ᠢᠶᠠᠷ ᠦᠪᠦᠷ ᠮᠣᠩᠭᠣᠯ ᠤᠨ ᠵᠣᠬᠢᠶᠠᠯ ᠤᠨ ᠰᠠᠶᠢᠨ ᠪᠦᠲᠦᠭᠡᠯ ᠦᠨ ᠭᠤᠷᠪᠠᠳᠤᠭᠠᠷ ᠵᠡᠷᠭᠡ ᠶᠢᠨ ᠱᠠᠩᠨᠠᠯ᠃ 《ᠵᠠᠩᠭᠢᠳᠤᠭᠰᠠᠨ ᠰᠣᠶᠣᠯ》 ᠭᠡᠳᠡᠭ ᠵᠣᠬᠢᠶᠠᠯ ᠨᠢ 2001 ᠣᠨ ᠳᠤ ᠪᠦᠬᠦ ᠤᠯᠤᠰ ᠤᠨ ᠴᠥᠭᠡᠨ ᠲᠣᠭᠠᠲᠠᠨ ᠦ ᠦᠨᠳᠦᠰᠦᠲᠡᠨ ᠦ ᠵᠣᠬᠢᠶᠠᠯ ᠤᠨ 《ᠪᠦᠲᠦᠭᠡᠯ

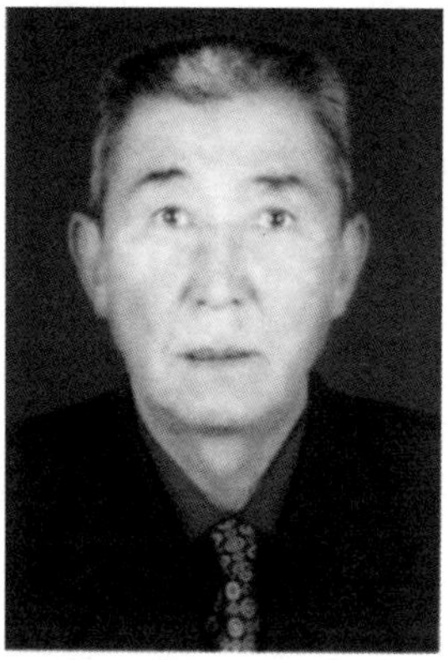

ᠳ᠋ᠣ᠋ · ᠮᠠᠨᠳᠠᠬᠤ ᠬᠠᠷᠴᠢᠨ ᠵᠡᠭᠦᠨ ᠭᠠᠷᠤᠨ ᠮᠣᠩᠭᠣᠯ ᠦᠨᠳᠦᠰᠦᠲᠡᠨ ᠦ ᠥᠪᠡᠷᠲᠡᠭᠡᠨ ᠵᠠᠰᠠᠬᠤ ᠰᠢᠶᠠᠨ ᠤ ᠬᠦᠮᠦᠨ ᠃ 1939 ᠣᠨ ᠤ 4 ᠰᠠᠷ᠎ᠠ ᠶᠢᠨ 12 ᠨᠤ ᠡᠳᠦᠷ ᠲᠦᠷᠦᠭᠰᠡᠨ ᠃ ᠪᠠᠭᠰᠢ ᠶᠢᠨ ᠰᠤᠷᠭᠠᠭᠤᠯᠢ ᠳᠤ ᠰᠤᠷᠤᠯᠴᠠᠭᠰᠠᠨ ᠂ ᠮᠣᠩᠭᠣᠯ ᠬᠡᠯᠡ ᠪᠢᠴᠢᠭ ᠦᠨ ᠮᠡᠷᠭᠡᠵᠢᠯ ᠢ ᠳᠡᠭᠦᠰᠬᠡᠭᠰᠡᠨ ᠃ 1959 ᠣᠨ ᠳᠤ ᠰᠤᠷᠭᠠᠭᠤᠯᠢ ᠲᠡᠭᠦᠰᠦᠭᠡᠳ ᠂ ᠪᠠᠭᠰᠢ ᠶᠢᠨ ᠠᠵᠢᠯ ᠳᠤ ᠣᠷᠣᠭᠰᠠᠨ ᠂ ᠬᠣᠶᠢᠨ᠎ᠠ ᠨᠢ ᠰᠤᠷᠭᠠᠨ ᠬᠦᠮᠦᠵᠢᠯ ᠦᠨ ᠠᠵᠢᠯ ᠢ ᠡᠷᠬᠢᠯᠡᠨ ᠬᠢᠭᠰᠡᠨ ᠃ 1964 ᠣᠨ ᠳᠤ ᠪᠠᠭᠰᠢ ᠶᠢᠨ ᠰᠤᠷᠭᠠᠭᠤᠯᠢ ᠳᠤ ᠳᠡᠪᠰᠢᠭᠦᠯᠦᠨ ᠰᠤᠷᠤᠯᠴᠠᠭᠰᠠᠨ ᠂ ᠬᠣᠶᠢᠨ᠎ᠠ ᠨᠢ ᠰᠤᠷᠭᠠᠭᠤᠯᠢ ᠶᠢᠨ ᠰᠤᠷᠭᠠᠨ ᠬᠦᠮᠦᠵᠢᠯ ᠦᠨ ᠬᠡᠯᠲᠡᠰ ᠦᠨ ᠳᠠᠷᠤᠭ᠎ᠠ ᠂ ᠰᠤᠷᠭᠠᠭᠤᠯᠢ ᠶᠢᠨ ᠳᠡᠳ ᠳᠠᠷᠤᠭ᠎ᠠ ᠂ ᠳᠠᠷᠤᠭ᠎ᠠ ᠵᠡᠷᠭᠡ ᠠᠯᠪᠠ ᠲᠣᠰᠢᠶᠠᠯ ᠬᠠᠰᠢᠭᠤᠯᠤᠭᠰᠠᠨ ᠃ 2011 ᠣᠨ ᠤ 6 ᠰᠠᠷ᠎ᠠ ᠶᠢᠨ 5 ᠤ ᠡᠳᠦᠷ ᠂ 1997 ᠣᠨ ᠤ 1 ᠰᠠᠷ᠎ᠠ ᠳᠤ ᠲᠡᠲᠡᠭᠡᠯᠡᠭᠰᠡᠨ ᠃

ᠳ᠋ᠣ᠋ · ᠮᠠᠨᠳᠠᠬᠤ 1958 ᠣᠨ ᠳᠤ ᠵᠣᠬᠢᠶᠠᠯ ᠪᠦᠲᠦᠭᠡᠯ ᠢ ᠪᠢᠴᠢᠵᠦ ᠡᠬᠢᠯᠡᠭᠰᠡᠨ ᠃ ᠨᠠᠰᠤ ᠨᠢ 72 ᠬᠦᠷᠦᠭᠰᠡᠨ ᠃

《 ᠬᠠᠪᠤᠷ ᠤᠨ ᠳᠠᠭᠤᠤ 》 ᠵᠡᠷᠭᠡ ᠵᠣᠬᠢᠶᠠᠯ ᠪᠦᠲᠦᠭᠡᠯ ᠢ ᠬᠡᠪᠯᠡᠯ ᠳᠦ ᠨᠡᠢᠲᠡᠯᠡᠭᠦᠯᠦᠭᠰᠡᠨ ᠪᠠ 《 ᠬᠠᠪᠤᠷ ᠤᠨ ᠳᠠᠭᠤᠤ 》 ᠂ 《 ᠮᠣᠩᠭᠣᠯ ᠤᠨ ᠰᠤᠷᠭᠠᠨ ᠬᠦᠮᠦᠵᠢᠯ 》 ᠂ 《 ᠰᠤᠷᠭᠠᠭᠤᠯᠢ ᠶᠢᠨ ᠠᠵᠢᠯ 》 ᠵᠡᠷᠭᠡ ᠰᠡᠳᠬᠦᠯ ᠳᠦ ᠨᠡᠢᠲᠡᠯᠡᠭᠦᠯᠦᠭᠰᠡᠨ ᠃ 《 ᠰᠤᠷᠭᠠᠨ ᠬᠦᠮᠦᠵᠢᠯ ᠦᠨ ᠰᠤᠳᠤᠯᠭ᠎ᠠ 》 ᠂ 《 ᠮᠣᠩᠭᠣᠯ ᠬᠡᠯᠡ ᠪᠢᠴᠢᠭ 》 ᠂ 《 ᠪᠠᠭᠰᠢ ᠶᠢᠨ ᠰᠤᠷᠭᠠᠨ ᠬᠦᠮᠦᠵᠢᠯ 》 ᠂ 《 ᠮᠣᠩᠭᠣᠯ ᠤᠨ ᠰᠤᠷᠭᠠᠨ ᠬᠦᠮᠦᠵᠢᠯ 》 ᠵᠡᠷᠭᠡ ᠨᠣᠮ ᠢ ᠨᠡᠢᠲᠡᠯᠡᠭᠦᠯᠦᠭᠰᠡᠨ ᠃ 1976 ᠣᠨ ᠤ 12 ᠰᠠᠷ᠎ᠠ ᠳᠤ ᠮᠣᠩᠭᠣᠯ ᠤᠨ ᠰᠤᠷᠭᠠᠨ ᠬᠦᠮᠦᠵᠢᠯ ᠦᠨ ᠰᠤᠳᠤᠯᠭ᠎ᠠ ᠶᠢᠨ ᠨᠡᠢᠭᠡᠮᠯᠢᠭ ᠦᠨ ᠭᠡᠰᠢᠭᠦᠨ ᠪᠣᠯᠤᠭᠰᠠᠨ ᠃ 1982 ᠣᠨ ᠤ 2 ᠰᠠᠷ᠎ᠠ ᠳᠤ ᠲᠡᠷᠢᠭᠦᠨ ᠵᠡᠷᠭᠡ ᠶᠢᠨ ᠪᠠᠭᠰᠢ ᠪᠣᠯᠤᠭᠰᠠᠨ ᠂ 1988 ᠣᠨ ᠤ 2 ᠰᠠᠷ᠎ᠠ ᠳᠤ ᠳᠡᠭᠡᠳᠦ ᠵᠡᠷᠭᠡ ᠶᠢᠨ ᠪᠠᠭᠰᠢ ᠪᠣᠯᠤᠭᠰᠠᠨ ᠃ ᠮᠣᠩᠭᠣᠯ ᠤᠨ ᠰᠤᠷᠭᠠᠨ ᠬᠦᠮᠦᠵᠢᠯ ᠦᠨ ᠬᠡᠷᠡᠭ ᠲᠦ ᠣᠨᠴᠠ ᠭᠠᠪᠢᠶ᠎ᠠ ᠪᠠᠶᠠᠭᠤᠯᠤᠭᠰᠠᠨ ᠂ 1989 ᠣᠨ ᠳᠤ ᠦᠨᠳᠦᠰᠦᠨ ᠦ ᠰᠢᠯᠢᠳᠡᠭ ᠪᠠᠭᠰᠢ ᠪᠣᠯᠤᠭᠰᠠᠨ ᠂ ᠰᠤᠷᠭᠠᠭᠤᠯᠢ ᠶᠢᠨ ᠮᠣᠩ

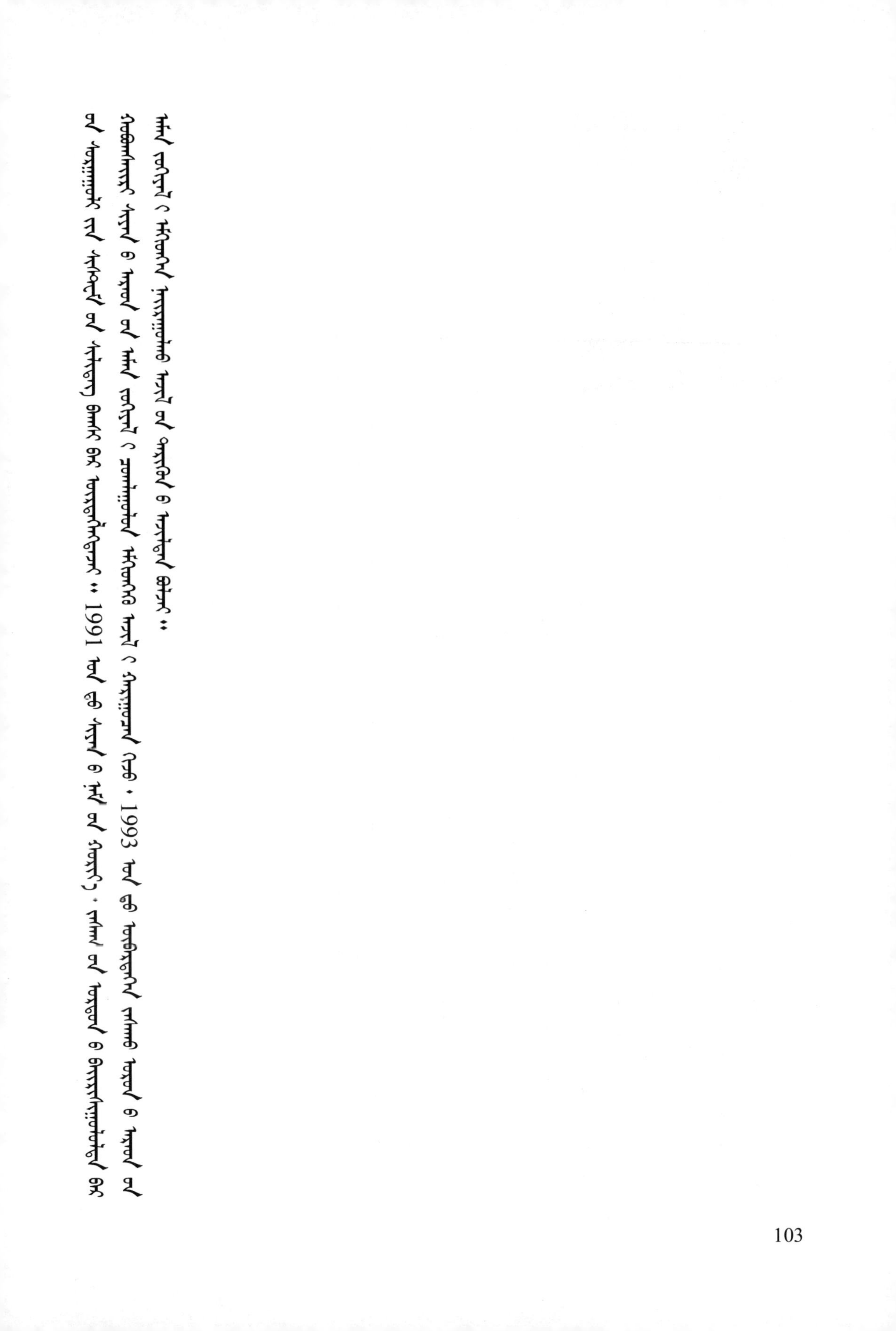

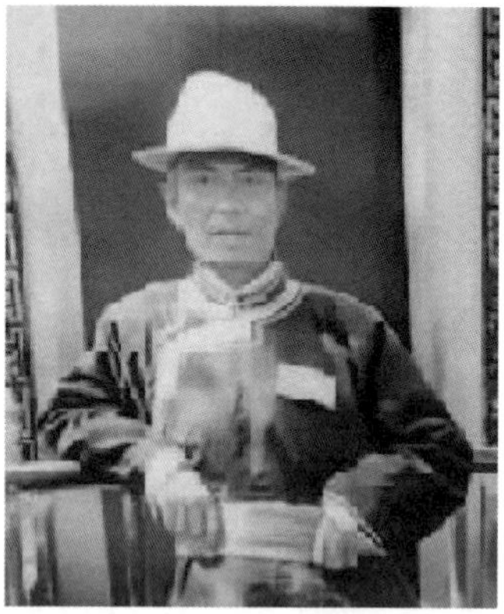

ᠮᠣ᠂ ᠨᠠᠳᠮᠢᠳ ᠮᠣᠩᠭᠣᠯ ᠦᠨᠳᠦᠰᠦᠲᠡᠨ ᠂ ᠵᠠᠷᠤᠳ ᠤᠨ ᠬᠣᠰᠢᠭᠤᠨ ᠤ ᠭᠠᠴᠠᠭ᠎ᠠ ᠶᠢᠨ ᠬᠦᠮᠦᠨ ᠃ ᠑᠙᠓᠙ ᠣᠨ ᠳᠤ ᠲᠥᠷᠥᠭᠰᠡᠨ ᠃ ᠪᠠᠭ᠎ᠠ ᠳᠠᠭᠠᠨ ᠪᠠᠭᠰᠢ ᠳᠤ ᠰᠤᠷᠤᠯᠴᠠᠭᠰᠠᠨ ᠂ ᠮᠣᠩᠭᠣᠯ ᠪᠢᠴᠢᠭ ᠦᠨ ᠡᠷᠳᠡᠮ ᠳᠦ ᠰᠤᠷᠤᠭᠰᠠᠨ ᠂ ᠮᠣᠩᠭᠣᠯ ᠦᠨ ᠦᠭᠡ ᠬᠡᠯᠡ ᠵᠢᠴᠢ ᠤᠯᠠᠮᠵᠢᠯᠠᠯ ᠤᠨ ᠰᠤᠷᠭᠠᠭᠤᠯᠢ ᠶᠢᠨ ᠪᠠᠭᠰᠢ ᠪᠣᠯᠵᠤ ᠠᠵᠢᠯᠯᠠᠭᠰᠠᠨ ᠃ ᠑᠙᠘᠗ ᠣᠨ ᠳᠤ ᠲᠡᠳᠬᠦᠯᠡᠭᠰᠡᠨ ᠂ ᠳᠡᠭᠡᠳᠦ ᠰᠤᠷᠭᠠᠭᠤᠯᠢ ᠶᠢᠨ ᠪᠠᠭᠰᠢ ᠪᠠᠶᠢᠭᠰᠠᠨ ᠃ ᠑᠙᠙᠓ ᠣᠨ ᠳᠤ ᠲᠠᠭᠠᠯᠠᠯ ᠪᠣᠯᠪᠠ ᠃ ᠨᠠᠰᠤ ᠨᠢ ᠕᠔

ᠨᠠᠰᠤᠯᠠᠪᠠ ᠃

ᠮᠣ᠂ ᠨᠠᠳᠮᠢᠳ ᠪᠣᠯ 1958 ᠣᠨ ᠡᠴᠡ ᠡᠬᠢᠯᠡᠨ ᠮᠣᠩᠭᠣᠯ ᠪᠢᠴᠢᠭ ᠦᠨ ᠵᠣᠬᠢᠶᠠᠯ ᠪᠢᠴᠢᠵᠦ ᠂ 《 ᠰᠠᠢᠨ ᠬᠦᠮᠦᠨ ᠦ ᠰᠤᠷᠭᠠᠯ ᠦᠭᠡ 》 ᠂ 《 ᠪᠣᠳᠣᠯᠭ᠎ᠠ 》 ᠂ 《 ᠮᠣᠩᠭᠣᠯ ᠮᠣᠷᠢ ᠶᠢᠨ …… 》 ᠂ 《 ᠪᠠᠶᠠᠷ ᠤᠨ ᠪᠦᠵᠢᠭ ᠮᠠᠭᠲᠠᠭᠠᠯ 》 ᠂ 《 ᠪᠠᠭᠰᠢ ᠶᠢᠨ ᠰᠤᠷᠭᠠᠯ 》 ᠵᠡᠷᠭᠡ ᠮᠣᠩᠭᠣᠯ ᠪᠢᠴᠢᠭ ᠦᠨ ᠵᠣᠬᠢᠶᠠᠯ ᠨᠡᠢᠲᠡᠯᠡᠭᠰᠡᠨ ᠃ 1989 ᠣᠨ ᠳᠤ 《 ᠮᠣᠩᠭᠣᠯ ᠤᠨ ᠰᠤᠷᠭᠠᠯ 》 ᠬᠡᠮᠡᠬᠦ ᠨᠣᠮ ᠨᠡᠢᠲᠡᠯᠡᠭᠰᠡᠨ ᠂ ᠮᠣᠩᠭᠣᠯ ᠤᠨ ᠠᠷᠳᠤ ᠲᠦᠮᠡᠨ ᠦ ᠳᠤᠷᠠᠰᠬᠠᠯ ᠢ ᠬᠠᠳᠠᠭᠠᠯᠠᠭᠰᠠᠨ (ᠮ᠂ ᠭᠠᠯᠰᠠᠩ ᠂ ᠪ᠂ ᠰᠣᠶᠣᠯᠵᠢᠭ᠂ ᠰᠣ᠂ ᠲᠣᠭᠲᠠᠭᠤ ᠶᠢᠨ ᠬᠠᠮᠲᠤ ᠂ ᠦᠨᠳᠦᠰᠦᠲᠡᠨ ᠦ ᠬᠡᠪᠯᠡᠯ ᠦᠨ ᠬᠣᠷᠢᠶ᠎ᠠ ᠶᠢᠨ ᠬᠡᠪᠯᠡᠯ) ᠳᠤ ᠬᠠᠪᠤᠷ ᠤᠨ ᠬᠠᠮᠲᠤ ᠪᠠᠷ ᠨᠡᠢᠲᠡᠯᠡᠭᠰᠡᠨ ᠁

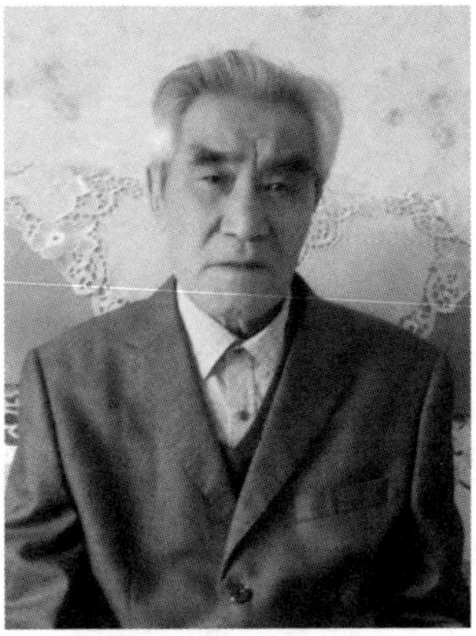

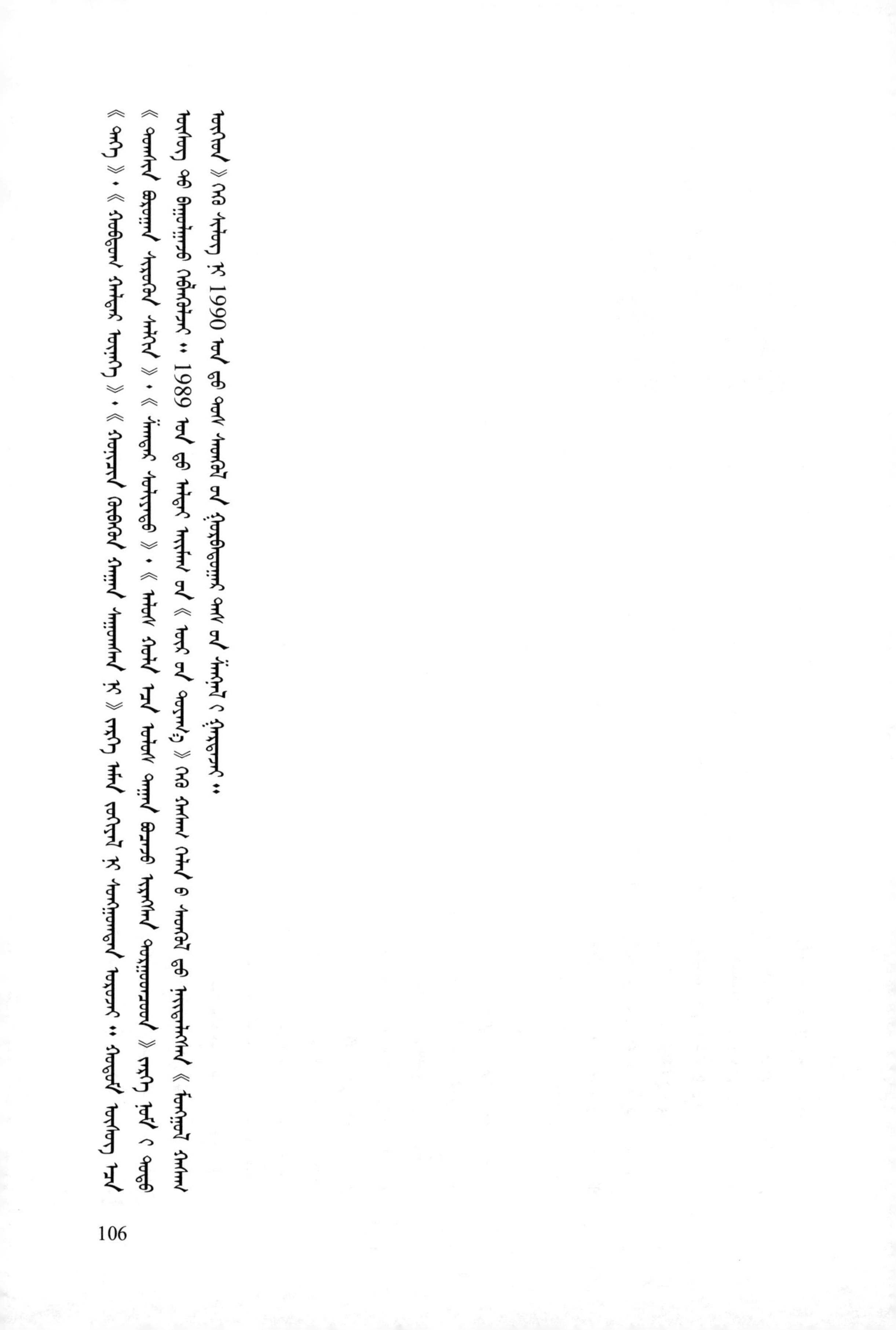

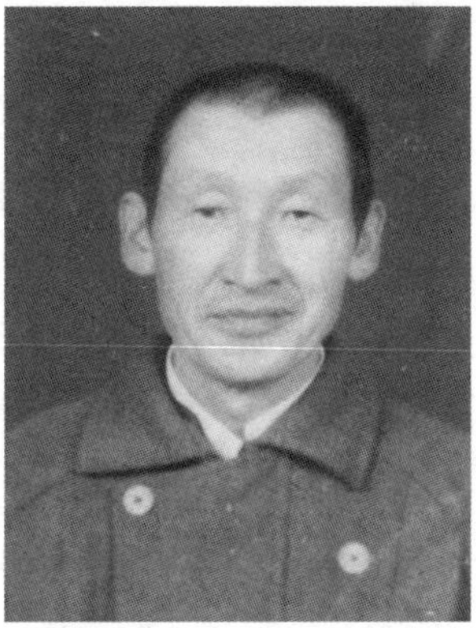

ᠮᠡᠳᠡᠭᠡ ᠶᠢᠨ ᠬᠡᠪᠯᠡᠭᠳᠡᠭᠡᠷ ᠃ ᠲᠡᠭᠡᠳ ᠡᠨᠡ ᠪᠣᠳᠣᠯ ᠪᠣᠯᠪᠠᠰᠤᠷᠠᠯ 《 ᠶᠢᠨ ᠬᠣᠪᠢᠷᠠᠯ 》 ᠤᠨ ᠲᠡᠭᠦᠨ ᠢ ᠮᠡᠳᠡᠭ ᠦᠨ ᠰᠣᠨᠢᠰᠬᠤ ᠬᠦᠮᠦᠰ ᠤᠨ ᠰᠤᠷᠠᠯᠴᠠᠭᠰᠠᠨ ᠪᠣ ᠲᠦᠷᠭᠡᠨᠬᠡᠨ ᠬᠦᠷᠬᠦᠭᠰᠡᠨ ᠪᠠ ᠃

(ᠣᠷᠣᠰ ᠤᠯᠤᠰ ᠤᠨ ᠯᠸ · ᠲᠣᠯᠰᠲᠣᠢ ᠵᠣᠬᠢᠶᠠᠪᠠ)

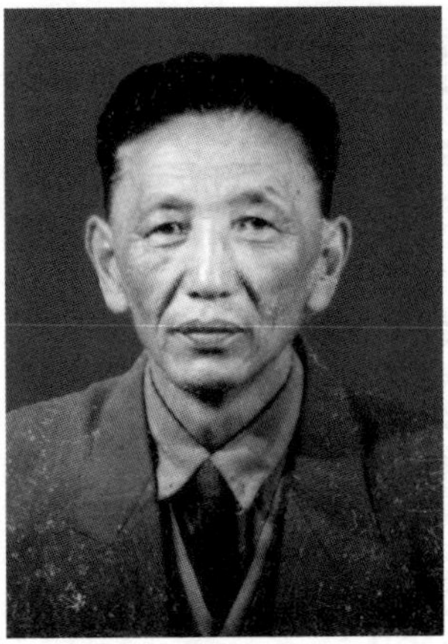

ᠮᠠ · ᠳᠠᠷᠵᠠᠭᠠ

ᠪᠠᠶᠢᠴᠠᠭᠠᠨ ᠵᠢᠷᠭᠠᠯᠠᠩ ᠂ ᠰᠤᠷᠭᠠᠭᠤᠯᠢ ᠶᠢᠨ ᠪᠠᠭᠰᠢ ᠶᠢᠨ ᠠᠯᠪᠠᠨ ᠃ 1940 ᠣᠨ ᠤ 2 ᠰᠠᠷ᠎ᠠ ᠶᠢᠨ 6 ᠤ ᠡᠳᠦᠷ ᠬᠠᠷᠠᠴᠢᠨ ᠪᠠᠷᠠᠭᠤᠨ ᠬᠣᠰᠢᠭᠤᠨ ᠤ ᠰᠤᠮᠤᠨ ᠤ ᠲᠠᠯ᠎ᠠ ᠳᠤ ᠲᠦᠷᠦᠭᠰᠡᠨ ᠃ 1949 ᠣᠨ ᠡᠴᠡ 1951 ᠣᠨ ᠬᠦᠷᠲᠡᠯ᠎ᠡ ᠲᠤᠰ ᠰᠤᠮᠤᠨ ᠤ ᠪᠠᠭ᠎ᠠ ᠰᠤᠷᠭᠠᠭᠤᠯᠢ ᠳᠤ ᠰᠤᠷᠤᠯᠴᠠᠭᠰᠠᠨ ᠂ 1951 ᠣᠨ ᠡᠴᠡ 1953 ᠣᠨ ᠬᠦᠷᠲᠡᠯ᠎ᠡ ᠳᠤᠮᠳᠠᠳᠤ ᠰᠤᠷᠭᠠᠭᠤᠯᠢ ᠳᠤ ᠰᠤᠷᠤᠯᠴᠠᠭᠰᠠᠨ ᠂ 1953 ᠣᠨ ᠤ 9 ᠰᠠᠷ᠎ᠠ ᠡᠴᠡ 1955 ᠣᠨ ᠤ 7 ᠰᠠᠷ᠎ᠠ ᠬᠦᠷᠲᠡᠯ᠎ᠡ ᠰᠤᠷᠭᠠᠨ ᠬᠦᠮᠦᠵᠢᠯ ᠦᠨ ᠰᠤᠷᠭᠠᠭᠤᠯᠢ ᠳᠤ ᠰᠤᠷᠤᠯᠴᠠᠭᠰᠠᠨ ᠃ 1955 ᠣᠨ ᠤ 7 ᠰᠠᠷ᠎ᠠ ᠳᠤ ᠰᠤᠷᠭᠠᠭᠤᠯᠢ ᠪᠠᠨ ᠲᠡᠭᠦᠰᠭᠡᠵᠦ ᠂ ᠪᠠᠭᠰᠢ ᠶᠢᠨ ᠠᠵᠢᠯ ᠳᠤ ᠣᠷᠣᠯᠴᠠᠭᠰᠠᠨ ᠃ 1961 ᠣᠨ ᠤ 8 ᠰᠠᠷ᠎ᠠ ᠳᠤ ᠰᠤᠷᠭᠠᠭᠤᠯᠢ ᠶᠢᠨ ᠠᠵᠢᠯ ᠳᠤ ᠰᠢᠯᠵᠢᠭᠰᠡᠨ ᠃ 1982 ᠣᠨ ᠤ 8 ᠰᠠᠷ᠎ᠠ ᠡᠴᠡ 1984 ᠣᠨ ᠤ 3 ᠰᠠᠷ᠎ᠠ ᠬᠦᠷᠲᠡᠯ᠎ᠡ ᠰᠤᠷᠭᠠᠭᠤᠯᠢ ᠶᠢᠨ ᠳᠡᠳ ᠳᠠᠷᠤᠭ᠎ᠠ ᠂ 1984 ᠣᠨ ᠡᠴᠡ 1994 ᠣᠨ ᠬᠦᠷᠲᠡᠯ᠎ᠡ ᠰᠤᠷᠭᠠᠭᠤᠯᠢ ᠶᠢᠨ ᠳᠠᠷᠤᠭ᠎ᠠ ᠪᠠᠷ ᠠᠵᠢᠯᠯᠠᠭᠰᠠᠨ ᠃ 1994 ᠣᠨ ᠳᠤ ᠲᠡᠲᠡᠭᠦᠯᠡᠩ ᠳᠦ ᠰᠠᠭᠤᠭᠰᠠᠨ ᠂ 2010 ᠣᠨ ᠤ 3 ᠰᠠᠷ᠎ᠠ ᠶᠢᠨ 5 ᠤ ᠡᠳᠦᠷ ᠡᠪᠡᠳᠴᠢᠨ ᠢᠶᠡᠷ ᠨᠠᠰᠤ ᠨᠡᠭᠴᠢᠭᠰᠡᠨ ᠃ ᠨᠠᠰᠤ ᠨᠢ 70 ᠬᠦᠷᠴᠡᠢ ᠃

ᠲᠡᠷᠡ ᠣᠨ ᠣᠨ ᠤ ᠲᠤᠷᠱᠢ ᠰᠤᠷᠭᠠᠨ ᠬᠦᠮᠦᠵᠢᠯ ᠦᠨ ᠪᠦᠲᠦᠭᠡᠯ ᠪᠢᠴᠢᠵᠦ ᠂ 《ᠬᠠᠷᠠᠴᠢᠨ ᠤ ᠰᠤᠷᠭᠠᠯ》 ᠵᠡᠷᠭᠡ 400 ᠭᠠᠷᠤᠢ ᠪᠦᠲᠦᠭᠡᠯ ᠨᠡᠢᠲᠡᠯᠡᠭᠦᠯᠦᠭᠰᠡᠨ ᠃ 1980 ᠣᠨ ᠳᠤ 《ᠬᠡᠯᠡᠨ ᠤ ᠰᠤᠷᠭᠠᠯ》 ᠶᠢ ᠨᠠᠢᠷᠠᠭᠤᠯᠤᠨ ᠨᠡᠢᠲᠡᠯᠡᠭᠦᠯᠦᠭᠰᠡᠨ ᠃ 1989 ᠣᠨ ᠳᠤ 《ᠬᠠᠷᠠᠴᠢᠨ ᠤ ᠰᠤᠷᠭᠠᠯ》 ᠶᠢ ᠨᠠᠢᠷᠠᠭᠤᠯᠤᠨ ᠵᠣᠬᠢᠶᠠᠭᠰᠠᠨ ᠂ 《ᠬᠣᠷᠴᠢᠨ ᠤ ᠰᠤᠷᠭᠠᠯ》 (ᠪᠣ · ᠵᠢᠷᠭᠠᠯ · ᠳᠣ · ᠪᠠᠶᠠᠷ · ᠪᠠ · ᠰᠠᠷᠠᠨᠭᠡᠷᠡᠯ) ᠶᠢ ᠨᠠᠢᠷᠠᠭᠤᠯᠤᠨ ᠮᠣᠩᠭᠣᠯ ᠬᠡᠯᠡ ᠪᠡᠷ ᠪᠦᠲᠦᠭᠡᠯ ᠢ ᠂ 2010 ᠣᠨ ᠳᠤ 《ᠬᠠᠷᠠᠴᠢᠨ ᠰᠤᠷᠭᠠᠨ ᠬᠦᠮᠦᠵᠢᠯ ᠦᠨ ᠲᠡᠦᠬᠡ》 (ᠮᠣᠩᠭᠣᠯ ᠬᠡᠯᠡ ᠪᠡᠷ) ᠢ ᠨᠠᠢᠷᠠᠭᠤᠯᠤᠨ ᠨᠡᠢᠲᠡᠯᠡᠭᠦᠯᠦᠭᠰᠡᠨ ᠪᠠᠢᠨ᠎ᠠ ᠃

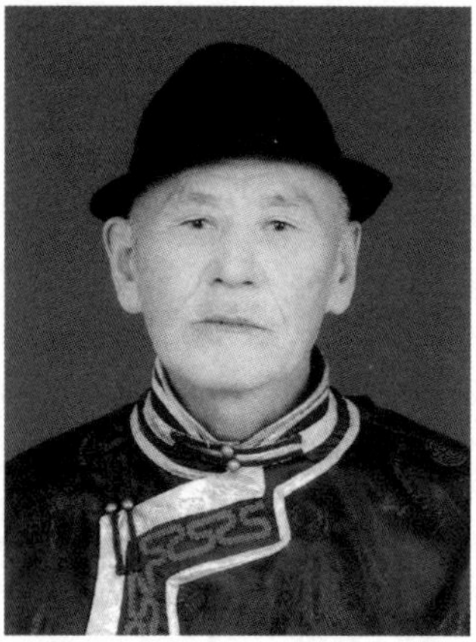

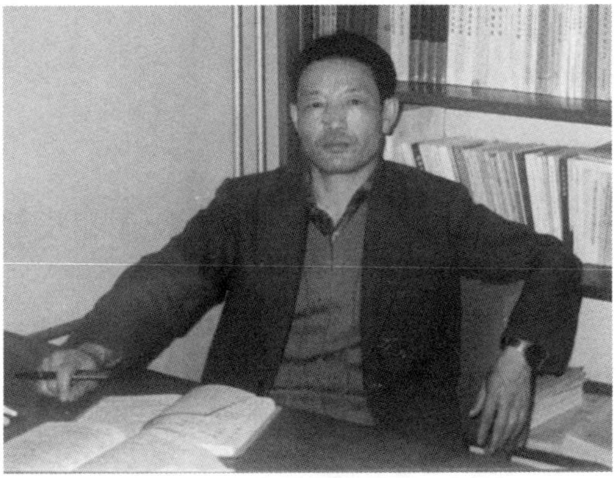

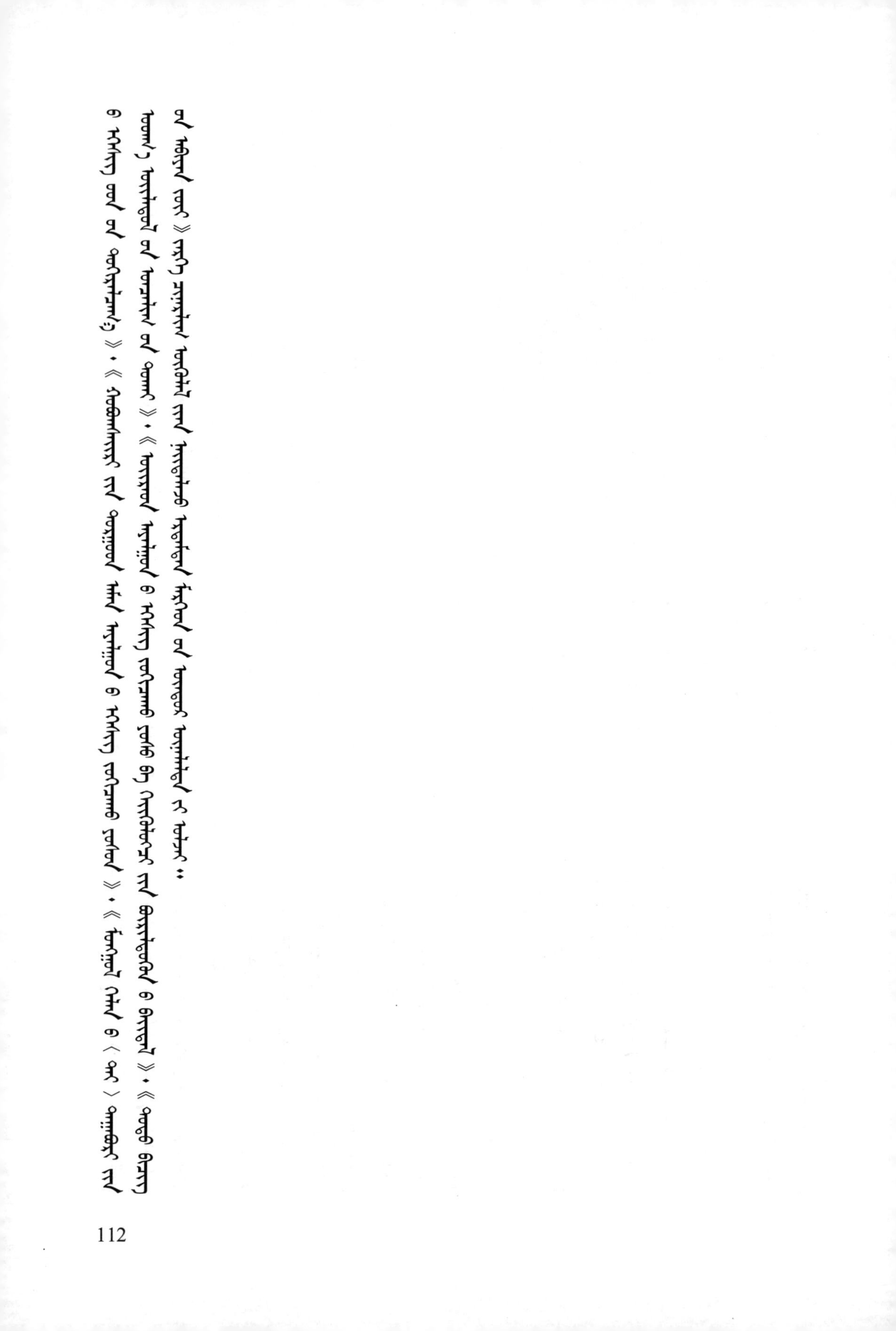

ᠮᠡᠩᠭᠡᠪᠠᠶᠠᠷ ᠮᠣᠩᠭᠣᠯ ᠦᠨᠳᠦᠰᠦᠲᠡᠨ ᠤ ᠬᠦᠮᠦᠨ᠂ ᠬᠣᠲᠠ ᠶᠢᠨ ᠪᠠᠷᠠᠭᠤᠨ ᠲᠣᠭᠣᠷᠢᠭ ᠤᠨ ᠭᠠᠵᠠᠷ ᠤᠨ ᠬᠦᠮᠦᠨ ᠃ 1940 ᠣᠨ ᠤ 11 ᠰᠠᠷ᠎ᠠ ᠶᠢᠨ 1 ᠦ ᠡᠳᠦᠷ ᠬᠥᠬᠡᠬᠣᠲᠠ ᠶᠢᠨ ᠬᠣᠲᠠ ᠬᠠᠪᠢᠷᠭ᠎ᠠ ᠶᠢᠨ ᠲᠣᠭᠣᠷᠢᠭ ᠤᠨ ᠰᠢᠶᠠᠩ (郊区乡) ᠤ ᠰᠢᠯᠢᠨᠭᠣᠣᠯ ᠲᠣᠰᠣᠨ ᠤ ᠭᠠᠵᠠᠷ ᠲᠦᠷᠦᠭᠰᠡᠨ ᠃ ᠬᠦᠮᠦᠨ ᠦ ᠪᠠᠭᠰᠢ ᠶᠢᠨ ᠬᠡᠯᠡᠨ ᠦ ᠰᠤᠷᠭᠠᠭᠤᠯᠢ ᠶᠢᠨ 《 ᠪᠢᠯᠢᠭ 》 ᠬᠡᠮᠡᠬᠦ ᠰᠤᠷᠭᠠᠭᠤᠯᠢ ᠳᠤ ᠰᠤᠷᠤᠯᠴᠠᠭᠰᠠᠨ ᠃ 1949 ᠣᠨ ᠤ 9 ᠰᠠᠷ᠎ᠠ ᠠᠴᠠ 1954 ᠣᠨ ᠤ 6 ᠰᠠᠷ᠎ᠠ ᠬᠦᠷᠲᠡᠯ᠎ᠡ ᠪᠠᠭ᠎ᠠ ᠰᠤᠷᠭᠠᠭᠤᠯᠢ ᠳᠤ ᠰᠤᠷᠤᠯᠴᠠᠭᠰᠠᠨ᠂ 1954 ᠣᠨ ᠤ 6 ᠰᠠᠷ᠎ᠠ ᠶᠢᠨ 1956 ᠣᠨ ᠤ 6 ᠰᠠᠷ᠎ᠠ ᠬᠦᠷᠲᠡᠯ᠎ᠡ ᠳᠤᠮᠳᠠ ᠰᠤᠷᠭᠠᠭᠤᠯᠢ ᠳᠤ ᠰᠤᠷᠤᠯᠴᠠᠭᠰᠠᠨ᠂ 1955 ᠣᠨ ᠤ 9 ᠰᠠᠷ᠎ᠠ ᠶᠢᠨ 1959 ᠣᠨ ᠤ 6 ᠰᠠᠷ᠎ᠠ ᠬᠦᠷᠲᠡᠯ᠎ᠡ ᠪᠠᠭᠰᠢ ᠶᠢᠨ ᠰᠤᠷᠭᠠᠭᠤᠯᠢ ᠳᠤ ᠰᠤᠷᠤᠯᠴᠠᠭᠰᠠᠨ᠂ 1959 ᠣᠨ ᠤ 9 ᠰᠠᠷ᠎ᠠ ᠶᠢᠨ 1961 ᠣᠨ ᠤ 6 ᠰᠠᠷ᠎ᠠ ᠬᠦᠷᠲᠡᠯ᠎ᠡ ᠶᠡᠬᠡ ᠰᠤᠷᠭᠠᠭᠤᠯᠢ ᠳᠤ ᠰᠤᠷᠤᠯᠴᠠᠭᠰᠠᠨ ᠃ 1961 ᠣᠨ ᠤ 9 ᠰᠠᠷ᠎ᠠ ᠶᠢᠨ 1962 ᠣᠨ ᠤ 9 ᠰᠠᠷ᠎ᠠ ᠬᠦᠷᠲᠡᠯ᠎ᠡ ᠪᠠᠭᠰᠢ ᠶᠢᠨ ᠠᠵᠢᠯ ᠬᠢᠭᠰᠡᠨ᠂ 1962 ᠣᠨ ᠤ 9 ᠰᠠᠷ᠎ᠠ ᠶᠢᠨ 1984 ᠣᠨ ᠤ 7 ᠰᠠᠷ᠎ᠠ ᠬᠦᠷᠲᠡᠯ᠎ᠡ ᠳᠤᠮᠳᠠ ᠰᠤᠷᠭᠠᠭᠤᠯᠢ ᠳᠤ ᠪᠠᠭᠰᠢ ᠪᠣᠯᠵᠤ ᠠᠵᠢᠯᠯᠠᠭᠰᠠᠨ ᠃ 1979 ᠣᠨ ᠤ 4 ᠰᠠᠷ᠎ᠠ ᠳᠤ ᠳᠡᠭᠡᠳᠦ ᠪᠠᠭᠰᠢ ᠶᠢᠨ ᠴᠣᠯ᠎ᠠ ᠳᠤ ᠬᠦᠷᠴᠡᠭᠡ ᠃ 1982 ᠣᠨ ᠤ 6 ᠰᠠᠷ᠎ᠠ ᠶᠢᠨ 1984 ᠣᠨ ᠤ 7 ᠰᠠᠷ᠎ᠠ ᠬᠦᠷᠲᠡᠯ᠎ᠡ ᠰᠤᠷᠭᠠᠭᠤᠯᠢ ᠶᠢᠨ ᠳᠡᠳ ᠬᠠᠷᠢᠭᠤᠴᠠᠭᠴᠢ᠂ 1984 ᠣᠨ ᠤ 7 ᠰᠠᠷ᠎ᠠ ᠶᠢᠨ ᠡᠴᠡ ᠬᠣᠲᠠ ᠶᠢᠨ ᠰᠤᠷᠭᠠᠨ ᠬᠦᠮᠦᠵᠢᠯ ᠦᠨ ᠲᠣᠪᠴᠢᠶ᠎ᠠ ᠳᠤ ᠠᠵᠢᠯᠯᠠᠭᠰᠠᠨ ᠃ 1985 ᠣᠨ ᠤ 6 ᠰᠠᠷ᠎ᠠ ᠶᠢᠨ ᠡᠴᠡ ᠰᠤᠷᠭᠠᠭᠤᠯᠢ ᠶᠢᠨ ᠬᠠᠷᠢᠭᠤᠴᠠᠭᠴᠢ ᠪᠠᠷ ᠠᠵᠢᠯᠯᠠᠭᠰᠠᠨ ᠃ 1995 ᠣᠨ ᠤ 6 ᠰᠠᠷ᠎ᠠ ᠳᠤ ᠳᠡᠭᠡᠳᠦ ᠪᠠᠭᠰᠢ ᠶᠢᠨ ᠴᠣᠯ᠎ᠠ ᠳᠤ ᠬᠦᠷᠴᠡᠭᠡ ᠃ 1995 ᠣᠨ ᠤ 12 ᠰᠠᠷ᠎ᠠ ᠳᠤ ᠲᠡᠲᠡᠭᠦᠯᠡᠭᠳᠡᠪᠡ᠂ ᠮᠣᠩᠭᠣᠯ ᠬᠡᠯᠡ ᠪᠢᠴᠢᠭ ᠦᠨ ᠰᠤᠳᠤᠯᠭ᠎ᠠ ᠶᠢᠨ ᠠᠵᠢᠯ ᠢ ᠡᠷᠬᠢᠯᠡᠨ ᠬᠢᠵᠦ ᠪᠠᠢᠨ᠎ᠠ ᠃ 2000 ᠣᠨ ᠤ 7 ᠰᠠᠷ᠎ᠠ ᠳᠤ ᠬᠣᠲᠠ ᠶᠢᠨ ᠮᠣᠩᠭᠣᠯ ᠬᠡᠯᠡ ᠪᠢᠴᠢᠭ ᠦᠨ ᠨᠡᠢᠭᠡᠮᠯᠢᠭ ᠦᠨ ᠭᠡᠰᠢᠭᠦᠨ ᠪᠣᠯᠵᠤ᠂ ᠮᠣᠩᠭᠣᠯ ᠬᠡᠯᠡᠨ ᠦ ᠰᠤᠷᠭᠠᠯᠲᠠ ᠶᠢᠨ ᠰᠤᠳᠤᠯᠭ᠎ᠠ ᠶᠢ ᠬᠢᠭᠰᠡᠭᠡᠷ ᠪᠠᠢᠨ᠎ᠠ ᠃ 《 ᠰᠤᠷᠭᠠᠨ ᠬᠦᠮᠦᠵᠢᠯ ᠦᠨ ᠰᠤᠳᠤᠯᠭ᠎ᠠ 》(ᠮᠣᠩᠭᠣᠯ ᠬᠡᠯᠡ ᠪᠢᠴᠢᠭ) ᠂《 ᠮᠣᠩᠭᠣᠯ ᠬᠡᠯᠡᠨ ᠦ ᠰᠤᠷᠭᠠᠯᠲᠠ ᠶᠢᠨ ᠠᠷᠭ᠎ᠠ 》᠂《 ᠬᠡᠯᠡᠨ ᠦ ᠳᠦᠷᠢᠮ 》᠂《 ᠰᠤᠷᠭᠠᠨ ᠬᠦᠮᠦᠵᠢᠯ ᠦᠨ ᠰᠤᠳᠤᠯᠭ᠎ᠠ ᠶᠢᠨ ᠲᠡᠦᠬᠡ 》ᠵᠡᠷᠭᠡ ᠨᠣᠮ ᠢ ᠬᠠᠮᠲᠤᠷᠠᠨ ᠵᠣᠬᠢᠶᠠᠭᠰᠠᠨ ᠪᠥᠭᠡᠳ 《〈 ᠰᠤᠷᠭᠠᠨ ᠬᠦᠮᠦᠵᠢᠯ 〉— ᠰᠤᠷᠭᠠᠭᠤᠯᠢ ᠶᠢᠨ ᠮᠣᠩᠭᠣᠯ ᠬᠡᠯᠡ 》ᠬᠡᠮᠡᠬᠦ ᠡᠷᠳᠡᠮ ᠰᠢᠨᠵᠢᠯᠡᠬᠦ ᠥᠭᠦᠯᠡᠯ ᠢ ᠨᠡᠢᠲᠡᠯᠡᠭᠦᠯᠦᠭᠰᠡᠨ ᠃

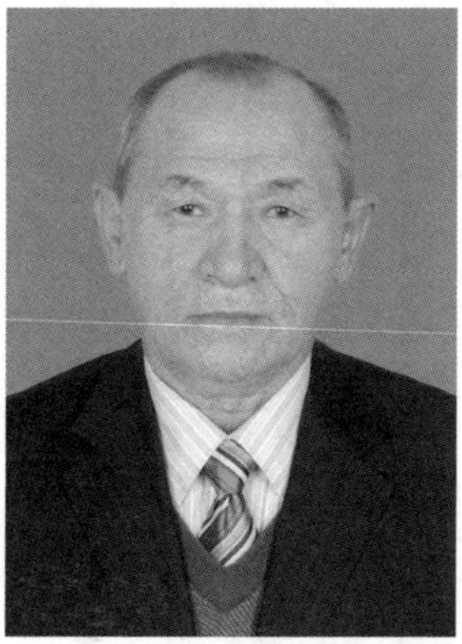

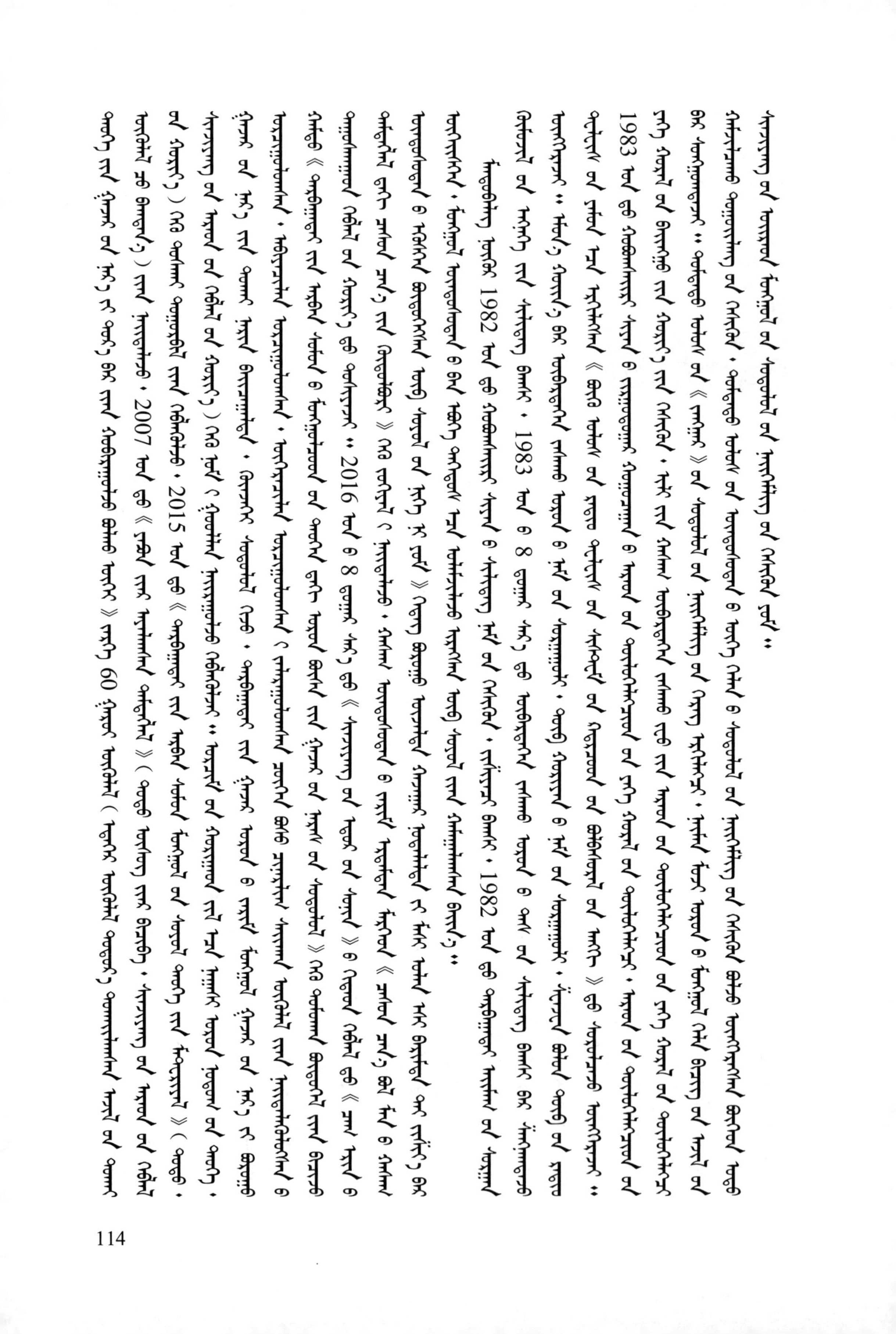

ᠶᠠᠷᠢᠯᠴᠠᠭᠠᠨ ᠤ ᠬᠡᠯᠡᠨ ᠦ ᠠᠷᠭ᠎ᠠ ::

ᠮᠡᠳᠡᠯᠭᠡ ᠪᠦᠲᠦᠭᠡᠯ :: 《 ᠣᠷᠴᠢᠨ ᠦ ᠦᠵᠡᠭᠳᠡᠯ 》 ᠦᠨ ᠲᠤᠬᠠᠢ ᠳᠣᠷᠠᠢ ᠪᠢᠴᠢᠭᠰᠡᠨ ᠢ ᠬᠠᠷᠢᠭᠤᠯᠲᠠ ᠶᠢᠨ ᠰᠣᠶᠣᠯ ᠤᠨ ᠲᠣᠭᠲᠠᠭᠠᠯ ᠤᠨ ᠨᠢᠭᠡᠳᠦᠭᠡᠷ ᠨᠣᠮ ᠤᠨ ᠰᠢᠭᠠᠩᠭᠠᠯ ᠢ 《 ᠮᠣᠩᠭᠣᠯ ᠤᠨ ᠰᠣᠶᠣᠯ ᠤᠨ ᠲᠤᠬᠠᠢ ᠪᠢᠴᠢᠭᠯᠡᠯ 》 (1986 ᠣᠨ) · 《 ᠨᠠᠷᠠᠨ ᠤ ᠭᠡᠷᠡᠯ 》 (1987 ᠣᠨ) ᠵᠡᠷᠭᠡ ᠨᠣᠮ ᠤᠳ ᠢ ᠬᠡᠪᠯᠡᠭᠦᠯᠦᠭᠰᠡᠨ · ᠶᠢᠷᠦ ᠶᠢᠨ ᠪᠣᠯᠪᠠᠰᠤᠷᠠᠯ ᠤᠨ ᠬᠡᠯᠡᠨ ᠦ ᠪᠠᠭᠰᠢ · ᠰᠣᠶᠣᠯ ᠤᠨ ᠠᠵᠢᠯᠲᠠᠨ ᠤ ᠨᠡᠷ᠎ᠡ ᠲᠥᠷᠥ ᠶᠢ ᠣᠯᠵᠤ ᠪᠠᠢᠭ᠎ᠠ · ᠮᠣᠩᠭᠣᠯ ᠪᠢᠴᠢᠭ ᠤᠨ ᠪᠦᠲᠦᠭᠡᠯ ᠦᠨ ᠡᠬᠢᠯᠡᠯ ᠳᠦ ᠬᠠᠮᠢᠶᠠᠷᠤᠭᠰᠠᠨ ᠪᠠᠢᠨ᠎ᠠ ::

ᠣᠳᠣ ᠬᠠᠷᠠᠴᠢᠨ ᠤ ᠪᠠᠭᠤᠢ ᠳᠤ ᠰᠤᠷᠭᠠᠭᠤᠯᠢ ᠶᠢᠨ ᠪᠠᠭᠰᠢ ᠪᠠᠷ ᠠᠵᠢᠯᠯᠠᠵᠤ ᠪᠠᠢᠨ᠎ᠠ · ᠨᠠᠰᠤ ᠳᠤᠷ 22 ᠨᠤ ᠬᠦᠷᠬᠦ ᠠᠵᠢᠯᠤᠨ ᠤ ᠬᠤᠷᠠᠯ ᠳᠤ ᠣᠷᠣᠯᠴᠠᠵᠤ ᠶᠠᠮᠠᠷ ᠰᠠᠢᠰᠢᠶᠠᠯ ᠳᠤ ᠬᠦᠷᠲᠡᠭᠰᠡᠨ ᠪᠠᠢᠨ᠎ᠠ :: 1983 ᠣᠨ ᠤ 9 ᠰᠠᠷ᠎ᠠ ᠳᠤ ᠵᠣᠬᠢᠶᠠᠯᠴᠢᠳ ᠤᠨ ᠡᠪᠯᠡᠯ ᠳᠦ ᠣᠷᠣᠭᠰᠠᠨ · 1988 ᠣᠨ ᠤ 6 ᠰᠠᠷ᠎ᠠ ᠳᠤ ᠮᠣᠩᠭᠣᠯ ᠤᠨ ᠪᠢᠴᠢᠭ ᠦᠨ ᠡᠪᠯᠡᠯ ᠳᠦ ᠣᠷᠣᠪᠠ :: 1992 ᠣᠨ ᠤ 6 ᠰᠠᠷ᠎ᠠ ᠳᠤ ᠲᠡᠭᠦᠨ ᠦ ᠮᠣᠩᠭᠣᠯ ᠬᠡᠯᠡ ᠪᠢᠴᠢᠭ ᠦᠨ ᠰᠤᠳᠤᠯᠭ᠎ᠠ ᠶᠢᠨ ᠬᠣᠷᠢᠶ᠎ᠠ ᠳᠤ ᠣᠷᠣᠭᠤᠯᠤᠭᠰᠠᠨ :: 1981 ᠣᠨ ᠤ 11 ᠰᠠᠷ᠎ᠠ ᠳᠤ ᠶᠡᠬᠡ ᠰᠤᠷᠭᠠᠭᠤᠯᠢ ᠶᠢᠨ ᠪᠠᠭᠰᠢ ᠪᠣᠯᠪᠠ :: 1981 ᠣᠨ ᠤ 9 ᠰᠠᠷ᠎ᠠ ᠳᠤ ᠶᠡᠷᠦᠩᠬᠡᠢ ᠰᠤᠷᠭᠠᠭᠤᠯᠢ ᠶᠢᠨ 《 ᠮᠣᠩᠭᠣᠯ ᠬᠡᠯᠡᠨ ᠦ ᠳᠦᠷᠢᠮ 》 · 《 ᠮᠣᠩᠭᠣᠯ ᠬᠡᠯᠡᠨ ᠦ ᠳᠦᠷᠢᠮ ᠦᠨ ᠬᠢᠴᠢᠶᠡᠯ 》 · 《 ᠮᠣᠩᠭᠣᠯ ᠬᠡᠯᠡᠨ ᠦ ᠤᠬᠠᠭᠠᠨ ᠪᠠ ᠳᠦᠷᠢᠮ 》 ᠵᠡᠷᠭᠡ ᠬᠢᠴᠢᠶᠡᠯ ᠦᠨ ᠨᠣᠮ ᠢ ᠪᠢᠴᠢᠭᠰᠡᠨ · 1975 ᠣᠨ ᠠᠴᠠ 1981 ᠣᠨ ᠬᠦᠷᠲᠡᠯ᠎ᠡ ᠰᠤᠷᠭᠠᠭᠤᠯᠢ ᠶᠢᠨ ᠮᠣᠩᠭᠣᠯ ᠬᠡᠯᠡᠨ ᠦ ᠪᠠᠭᠰᠢ · ᠳᠠᠷᠤᠭ᠎ᠠ ᠶᠢᠨ ᠠᠵᠢᠯ ᠬᠢᠵᠦ · ᠰᠤᠷᠭᠠᠨ ᠬᠦᠮᠦᠵᠢᠯ ᠦᠨ ᠠᠵᠢᠯ ᠳᠤ ᠬᠠᠮᠢᠶᠠᠷᠤᠭᠰᠠᠨ · 《 ᠮᠣᠩᠭᠣᠯ ᠬᠡᠯᠡ 》 ᠨᠤ ᠲᠡᠭᠦᠨ ᠦ ᠨᠢᠭᠡ ᠰᠣᠶᠣᠯ ᠤᠨ ᠲᠡᠮᠳᠡᠭ · ᠰᠤᠷᠭᠠᠭᠤᠯᠢ ᠶᠢᠨ ᠰᠤᠷᠤᠯᠴᠠᠭᠴᠢᠳ ᠤᠨ 《 ᠮᠣᠩᠭᠣᠯ ᠬᠡᠯᠡ 》 ᠵᠡᠷᠭᠡ ᠨᠣᠮ ᠢ ᠨᠠᠢᠷᠠᠭᠤᠯᠵᠤ ᠬᠡᠪᠯᠡᠭᠦᠯᠦᠭᠰᠡᠨ :: ᠲᠡᠭᠦᠨ ᠦ ᠰᠤᠷᠭᠠᠭᠤᠯᠢ ᠪᠠᠨ ᠲᠡᠭᠦᠰᠦᠭᠡᠳ ᠮᠣᠩᠭᠣᠯ ᠤᠨ ᠣᠷᠴᠢᠭᠤᠯᠭ᠎ᠠ ᠶᠢᠨ ᠠᠵᠢᠯ ᠳᠤ ᠣᠷᠣᠯᠴᠠᠭᠰᠠᠨ · ᠶᠢᠷᠦ ᠶᠢᠨ ᠮᠡᠳᠡᠯᠭᠡ ᠶᠢᠨ ᠪᠠᠭᠰᠢ ᠪᠣᠯᠤᠭᠰᠠᠨ · ᠮᠣᠩᠭᠣᠯ ᠤᠨ ᠠᠷᠠᠳ ᠤᠨ ᠬᠡᠪᠯᠡᠯ ᠦᠨ ᠬᠣᠷᠢᠶ᠎ᠠ ᠳᠤ ᠲᠤᠰᠬᠠᠢ ᠰᠤᠷᠪᠤᠯᠵᠢᠯᠠᠭᠴᠢ ᠪᠣᠯᠤᠨ ᠣᠷᠣᠴᠢᠭᠤᠯᠤᠭᠴᠢ ᠪᠠᠷ ᠠᠵᠢᠯᠯᠠᠭᠰᠠᠨ · 1960 ᠣᠨ ᠤ 9 ᠰᠠᠷ᠎ᠠ ᠠᠴᠠ 1964 ᠣᠨ ᠤ 7 ᠰᠠᠷ᠎ᠠ ᠬᠦᠷᠲᠡᠯ᠎ᠡ ᠪᠡᠰᠡ ᠲᠡᠷᠡ ᠰᠤᠷᠭᠠᠭᠤᠯᠢ ᠳᠤ ᠰᠤᠷᠤᠯᠴᠠᠭᠰᠠᠨ · 1956 ᠣᠨ ᠤ 9 ᠰᠠᠷ᠎ᠠ ᠠᠴᠠ 1960 ᠣᠨ ᠤ 7 ᠰᠠᠷ᠎ᠠ ᠬᠦᠷᠲᠡᠯ᠎ᠡ ᠪᠡᠰᠡ ᠳᠤᠮᠳᠠ ᠰᠤᠷᠭᠠᠭᠤᠯᠢ ᠳᠤ ᠰᠤᠷᠤᠯᠴᠠᠭᠰᠠᠨ · 1950 ᠣᠨ ᠤ 9 ᠰᠠᠷ᠎ᠠ ᠠᠴᠠ 1956 ᠣᠨ ᠤ 6 ᠰᠠᠷ᠎ᠠ ᠬᠦᠷᠲᠡᠯ᠎ᠡ ᠪᠠᠭ᠎ᠠ ᠰᠤᠷᠭᠠᠭᠤᠯᠢ ᠳᠤ ᠰᠤᠷᠤᠯᠴᠠᠭᠰᠠᠨ :: ᠰᠤᠷᠤᠯᠴᠠᠭᠴᠢ ᠶᠢᠨ ᠦᠶ᠎ᠡ ᠳᠦ ᠪᠡᠨ ᠵᠣᠬᠢᠶᠠᠯ ᠪᠢᠴᠢᠭᠯᠡᠯ ᠳᠤ ᠰᠣᠨᠢᠷᠬᠠᠵᠤ ᠪᠠᠢᠭᠰᠠᠨ · ᠨᠠᠰᠤ ᠳᠤᠷ 12 ᠨᠤ ᠬᠦᠷᠬᠦ ᠳᠤ ᠪᠡᠨ ᠲᠣᠰ ᠬᠣᠰᠢᠭᠤᠨ ᠤ ᠰᠤᠷᠭᠠᠭᠤᠯᠢ ᠳᠤ ᠣᠷᠣᠭᠰᠠᠨ ::

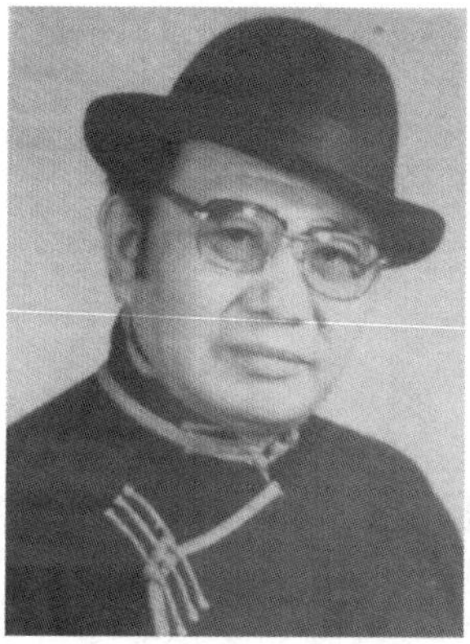

40 · ᠪᠢᠷᠠᠭ

ᠡᠷᠡ · ᠣᠷᠳᠣᠰ ᠬᠣᠰᠢᠭᠤᠨ ᠤ ᠬᠦᠮᠦᠨ · ᠮᠣᠩᠭᠣᠯ ᠦᠨᠳᠦᠰᠦᠲᠡᠨ · ᠤᠷᠢᠳᠠᠯ ᠵᠤᠯᠠᠭ᠎ᠠ ᠶᠢᠨ ᠭᠡᠰᠢᠭᠦᠨ :: 1941 ᠣᠨ ᠤ 2

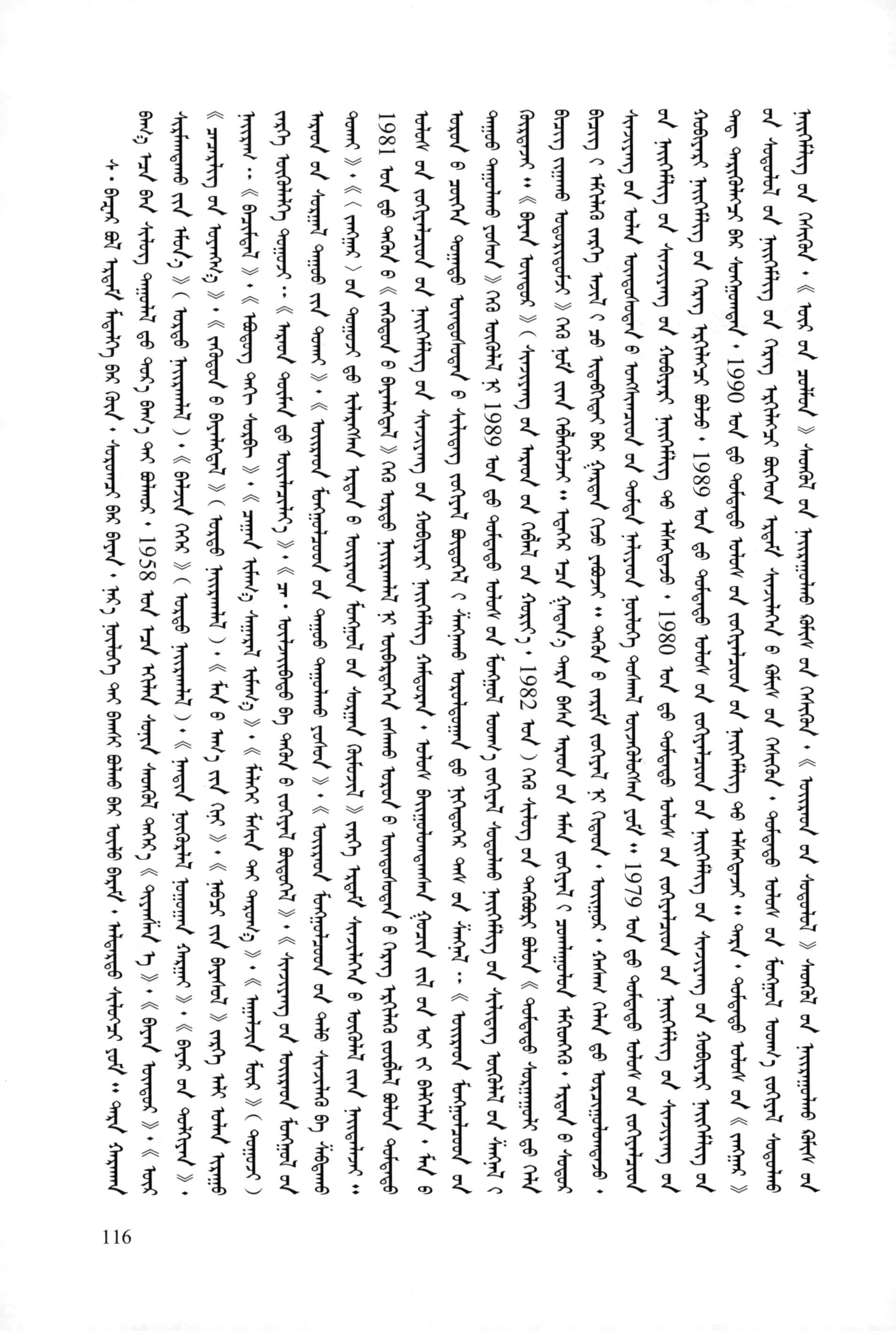

4· [illegible]

[illegible] · 1958 [illegible]

[illegible]

[illegible]

[illegible]

[illegible]

[illegible]

1981 [illegible]

[illegible]

[illegible]

[illegible] 1989 [illegible]

[illegible] · 1982 [illegible]

[illegible]

[illegible]

[illegible] :: 1979 [illegible]

[illegible] · 1980 [illegible]

[illegible] · 1989 [illegible]

[illegible] · 1990 [illegible]

[illegible]

[illegible]

ᠴᠢᠳᠠᠯ ᠪᠠᠢᠨ᠎ᠠ ::

᠔ · ᠪᠢᠴᠢᠭ ᠤᠨ ᠰᠡᠳᠦᠪ [illegible]

[illegible] ᠪᠠᠢᠨ᠎ᠠ ::

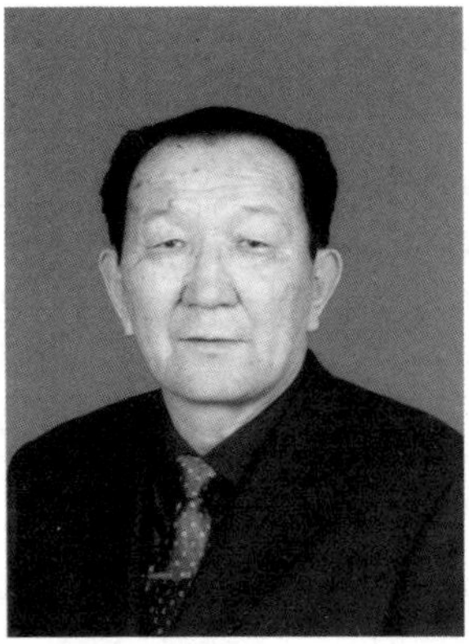

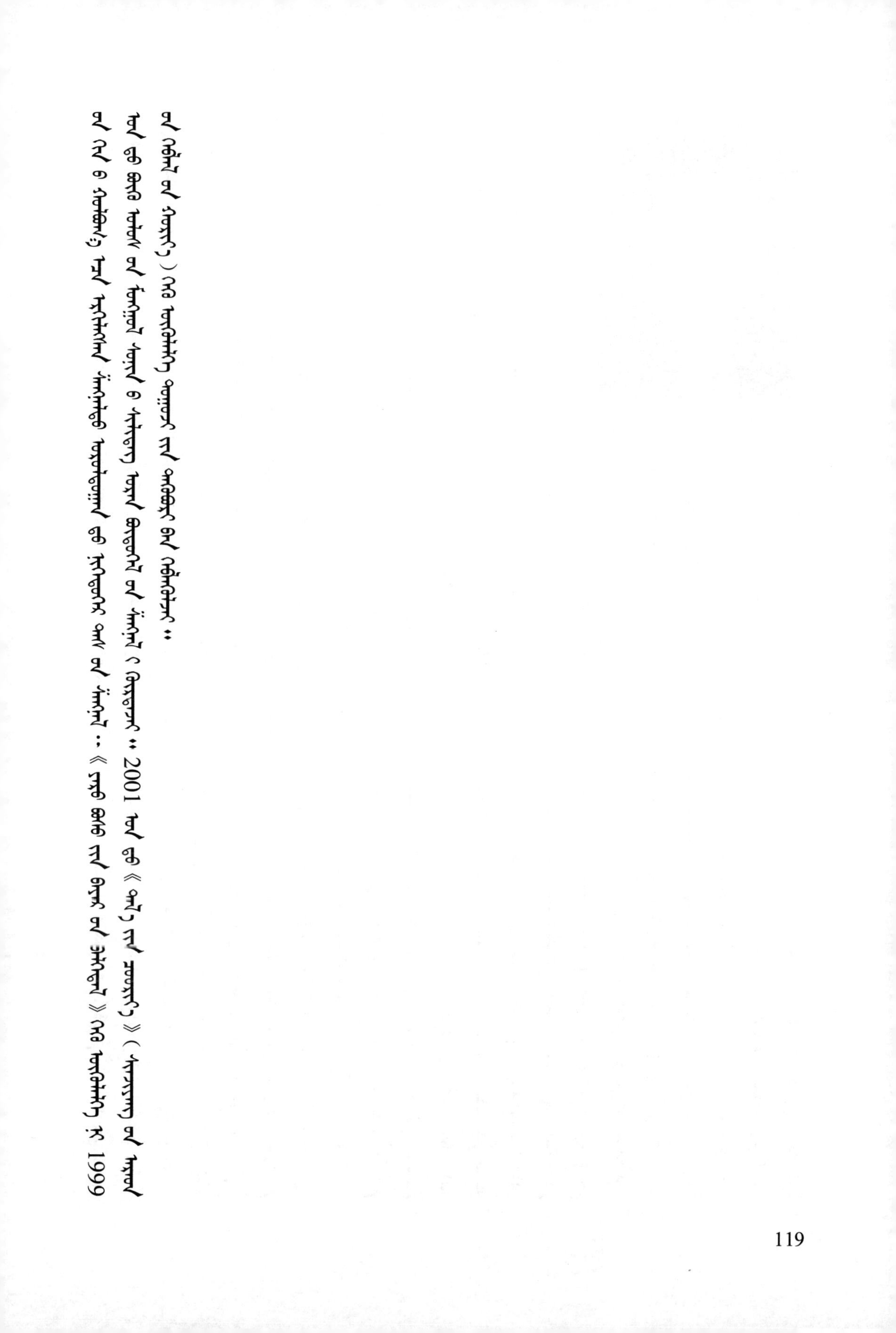

[illegible] 1999 [illegible]

[illegible] :: 2001 [illegible]

[illegible] ::

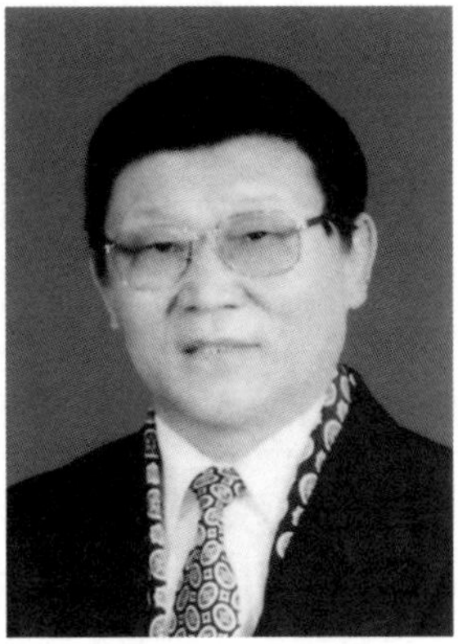

ᠪᠢᠴᠢᠭ ᠦᠨ 》 ᠨᠢ ᠣᠶᠤᠨ ᠤ ᠰᠣᠶᠤᠯ ᠢ 1982 ᠣᠨ ᠤ ᠦᠨᠳᠦᠰᠦᠲᠡᠨ ᠦ ᠬᠡᠪᠯᠡᠯ ᠦᠨ ᠬᠣᠷᠢᠶ᠎ᠠ ᠪᠠ ... ᠬᠡᠪᠯᠡᠯ ᠢ 1982 ᠣᠨ ᠤ 《 ... 》 (...) ᠤ ... :: 《 ... 》 ... 1981 ᠣᠨ ᠤ ...

《 ... ᠪᠠᠷ —· ... 》 ᠨᠢ ... ᠢ 1981 ᠣᠨ ᠤ ᠦᠨᠳᠦᠰᠦᠲᠡᠨ ᠦ ᠬᠡᠪᠯᠡᠯ ᠦᠨ ᠬᠣᠷᠢᠶ᠎ᠠ ... ᠮᠡᠳᠡᠭᠳᠡᠭ ᠪᠠᠢᠨ᠎ᠠ ::

... 2003 ᠣᠨ ᠤ 7 ... (1987 ᠣᠨ ᠤ ...) · 2005 ᠣᠨ ᠤ 《 ... 》 ... 2015 ᠣᠨ ᠤ 《 ... 》 · 《 ... 》 ... :: 1986 ᠣᠨ ᠤ 《 ... 》 ... 《 ... 》 · 《 ... 》 ... :: 《 ... ᠪᠠᠷ —· ... 》 · 《 ... 》 · 《 ... 》 ... :: 《 ... 》 · 《 ... 》 ... 1000 ... 《 ... 》 · 《 ... 》 · 《 ... 》 · 《 ... 》 ...

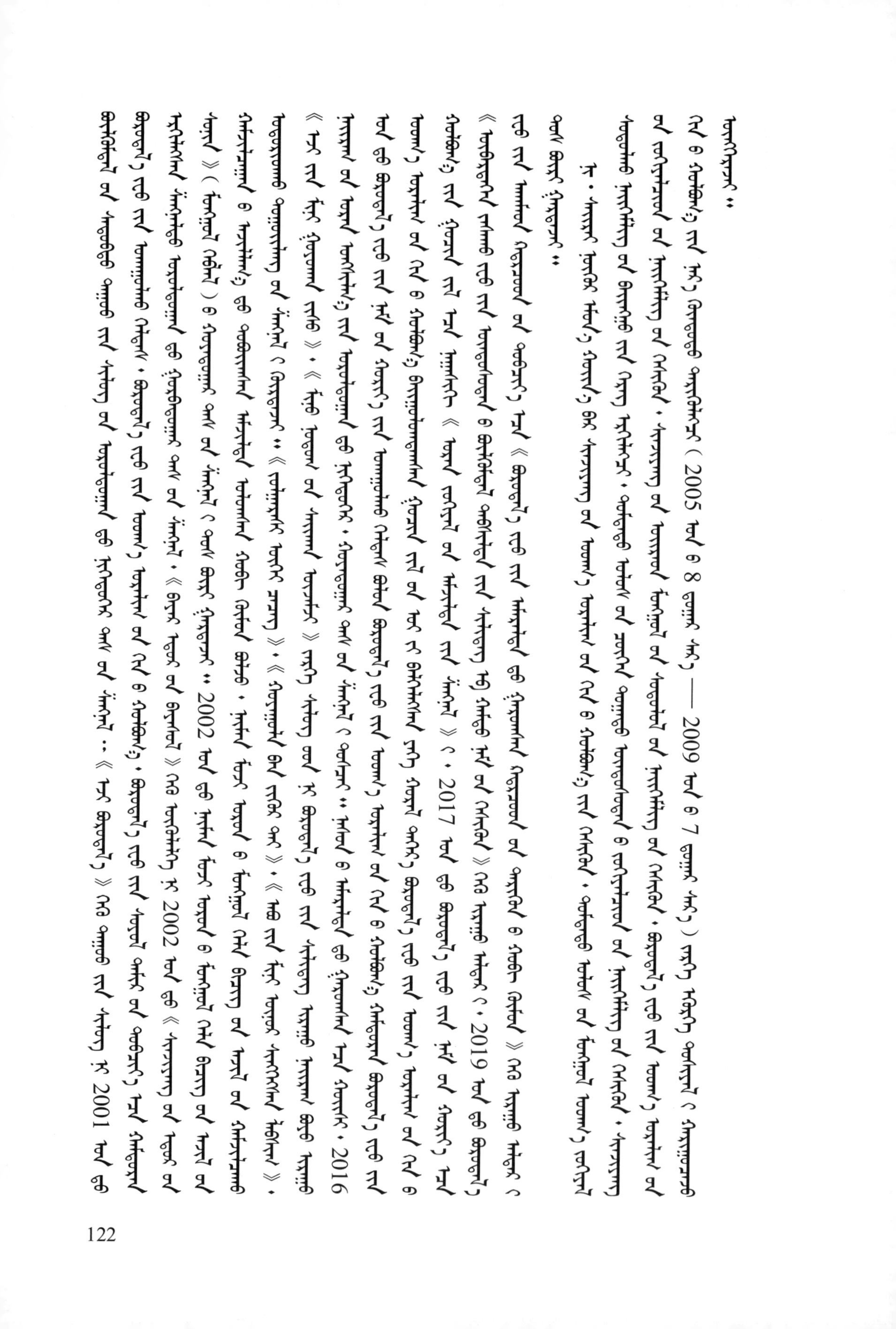

ᠬᠡᠪᠯᠡᠯ ᠦᠨ ᠬᠣᠷᠢᠶ᠎ᠠ ᠪᠠᠷ ᠂ 2015 ᠣᠨ ᠳᠤ《ᠬᠣᠷᠴᠢᠨ ᠬᠥᠭ᠍ᠵᠢᠮ ᠤᠨ ᠦᠦᠳᠡᠮ ᠰᠤᠳᠤᠯᠤᠯ》(ᠬᠣᠷᠴᠢᠨ ᠬᠥᠭ᠍ᠵᠢᠮ ᠤᠨ ᠬᠡᠪᠯᠡᠯ ᠦᠨ ᠬᠣᠷᠢᠶ᠎ᠠ) ᠬᠡᠪᠯᠡᠯ ᠡᠴᠡ ᠬᠡᠪᠯᠡᠭᠳᠡᠪᠡ ᠄ 《ᠬᠠᠷᠴᠢᠨ》ᠰᠡᠳᠬᠦᠯ ᠦᠨ ᠲᠡᠭᠦᠷᠭᠡᠨ ᠬᠣᠷᠢᠶᠠᠭᠰᠠᠨ ᠬᠥᠭ᠍ᠵᠢᠮ ᠤᠨ ᠰᠤᠳᠤᠯᠤᠯ ᠤᠨ ᠡᠮᠬᠢᠳᠬᠡᠯ (ᠨᠢᠭᠡ ᠳᠡᠪᠲᠡᠷ) ᠄ 2009 ᠣᠨ ᠳᠤ《ᠮᠣᠩᠭᠣᠯ ᠬᠡᠯᠡ ᠦᠭᠡ》(ᠮᠣᠩᠭᠣᠯ ᠪᠢᠴᠢᠭ) (ᠬᠠᠷᠴᠢᠨ ᠤ ᠪᠠᠭ᠎ᠠ ᠬᠥᠭ᠍ᠵᠢᠮ ᠤᠨ ᠬᠣᠷᠢᠶ᠎ᠠ) ᠰᠡᠳᠬᠦᠯ ᠪᠢᠴᠢᠭ᠂ ᠬᠥᠭ᠍ᠵᠢᠮ ᠤᠨ ᠦᠭᠡᠰ ᠦᠨ ᠲᠠᠢᠯᠪᠤᠷᠢ ᠶᠢᠨ ᠲᠣᠯᠢ ᠶᠢ ᠬᠠᠮᠲᠤᠷᠠᠨ ᠵᠣᠬᠢᠶᠠᠵᠤ ᠂ ᠬᠣᠷᠢᠶᠠᠨ ᠨᠠᠢᠷᠠᠭᠤᠯᠵᠤ ᠬᠡᠪᠯᠡᠭᠦᠯᠦᠭᠰᠡᠨ (ᠮᠣᠩᠭᠣᠯ) ᠪᠣᠯᠤᠨ ᠬᠢᠲᠠᠳ ᠬᠡᠯᠡ ᠪᠡᠷ ᠪᠢᠴᠢᠭᠰᠡᠨ ᠲᠣᠭ᠎ᠠ ᠦᠭᠡᠢ ᠡᠬᠡ ᠪᠢᠴᠢᠭ᠂ ᠰᠤᠳᠤᠯᠤᠯ ᠤᠨ ᠥᠭᠦᠯᠡᠯ ᠪᠣᠢ᠃ 2003 ᠣᠨ ᠡᠴᠡ 2016 ᠣᠨ ᠬᠦᠷᠲᠡᠯ᠎ᠡ ᠪᠣᠯᠪᠠᠰᠤᠷᠠᠯ ᠤᠨ ᠬᠥᠭ᠍ᠵᠢᠮ ᠤᠨ ᠰᠤᠳᠤᠯᠤᠯ ᠤᠨ ᠳᠡᠭᠡᠳᠦ ᠰᠤᠷᠭᠠᠭᠤᠯᠢ ᠶᠢᠨ ᠰᠤᠷᠪᠤᠯᠵᠢ ᠳᠤ《ᠮᠣᠩᠭᠣᠯ ᠬᠥᠭ᠍ᠵᠢᠮ》·《ᠮᠣᠩᠭᠣᠯ ᠤᠨ ᠬᠥᠭ᠍ᠵᠢᠮ》ᠰᠡᠳᠬᠦᠯ ᠳᠦ ᠡᠭᠦᠰᠬᠡᠯ ᠂ ᠰᠤᠳᠤᠯᠭ᠎ᠠ ᠂ ᠦᠵᠡᠯ ᠰᠠᠨᠠᠭ᠎ᠠ ᠪᠠᠨ ᠨᠡᠢᠲᠡᠯᠡᠭᠦᠯᠵᠦ《ᠬᠠᠷᠴᠢᠨ》·《ᠬᠥᠭ᠍ᠵᠢᠮ ᠤᠨ ᠰᠤᠳᠤᠯᠤᠯ ᠤᠨ ᠲᠣᠪᠴᠢᠶ᠎ᠠ》·《ᠬᠣᠷᠴᠢᠨ ᠤ ᠥᠪᠡᠷᠮᠢᠴᠡ ᠬᠥᠭ᠍ᠵᠢᠮ ᠤᠨ ᠬᠣᠷᠢᠶ᠎ᠠ》ᠳᠤ ᠪᠣᠯᠪᠠᠰᠤᠷᠠᠯ ᠤᠨ ᠡᠮᠬᠢᠳᠬᠡᠯ ᠬᠡᠪᠯᠡᠭᠦᠯᠦᠭᠰᠡᠨ ᠪᠣᠯᠤᠨ 1995 ᠣᠨ ᠳᠤ《ᠮᠣᠩᠭᠣᠯ ᠤᠨ ᠬᠥᠭ᠍ᠵᠢᠮ》ᠬᠡᠮᠡᠬᠦ ᠨᠣᠮ ᠢ ᠪᠠᠷ ᠬᠡᠪᠯᠡᠭᠦᠯᠵᠡᠢ᠃

ᠲᠡᠷᠡ ᠪᠣᠯ ᠮᠣᠩᠭᠣᠯ ᠤᠨ ᠬᠥᠭ᠍ᠵᠢᠮ ᠤᠨ ᠡᠷᠳᠡᠮ ᠰᠢᠨᠵᠢᠯᠡᠬᠦ ᠤᠬᠠᠭᠠᠨ ᠤ ᠨᠡᠢᠭᠡᠮᠯᠢᠭ ᠦᠨ ᠭᠢᠰᠦᠨ ᠪᠣᠯᠤᠨ ᠬᠣᠷᠴᠢᠨ ᠤ ᠬᠥᠭ᠍ᠵᠢᠮ ᠤᠨ ᠲᠡᠭᠦᠯᠳᠡᠷ ᠬᠥᠮᠦᠨ ᠪᠠᠢᠵᠤ ᠂ 2001 ᠣᠨ ᠤ 10 ᠰᠠᠷ᠎ᠠ ᠳᠤ ᠲᠡᠲᠠᠭᠠᠪᠤᠷᠢ ᠳᠤ ᠭᠠᠷᠪᠠ᠃ 1992 ᠣᠨ ᠡᠴᠡ 1995 ᠣᠨ ᠬᠦᠷᠲᠡᠯ᠎ᠡ ᠬᠣᠰᠢᠭᠤ ᠶᠢᠨ ᠦᠨᠳᠦᠰᠦᠲᠡᠨ ᠦ ᠬᠥᠭ᠍ᠵᠢᠮ ᠤᠨ ᠲᠡᠭᠦᠯᠳᠡᠷ ᠪᠠᠭᠰᠢ ᠂ ᠰᠤᠷᠭᠠᠭᠤᠯᠢ ᠶᠢᠨ ᠳᠡᠷᠭᠡᠳᠦ ᠬᠦᠮᠦᠨ ᠦ ᠬᠥᠭ᠍ᠵᠢᠮ ᠤᠨ ᠬᠠᠷᠢᠶᠠᠲᠤ ᠲᠡᠭᠦᠯᠳᠡᠷ ᠬᠥᠮᠦᠨ ᠂ 1979 ᠣᠨ ᠡᠴᠡ ᠬᠣᠶᠢᠰᠢ ᠬᠥᠭ᠍ᠵᠢᠮ ᠤᠨ ᠪᠠᠭᠰᠢ ᠶᠢᠨ ᠠᠵᠢᠯ ᠬᠢᠵᠡᠢ᠃ 1984 ᠣᠨ ᠤ 4 ᠰᠠᠷ᠎ᠠ ᠳᠤ ᠬᠣᠰᠢᠭᠤ ᠶᠢᠨ ᠰᠤᠷᠭᠠᠭᠤᠯᠢ ᠶᠢᠨ ᠬᠥᠭ᠍ᠵᠢᠮ ᠤᠨ ᠪᠠᠭᠰᠢ ᠪᠣᠯᠵᠤ ᠂ 2001 ᠣᠨ ᠤ 10 ᠰᠠᠷ᠎ᠠ ᠬᠦᠷᠲᠡᠯ᠎ᠡ ᠰᠤᠷᠭᠠᠭᠤᠯᠢ ᠶᠢᠨ ᠬᠥᠭ᠍ᠵᠢᠮ ᠤᠨ ᠪᠠᠭᠰᠢ ᠶᠢᠨ ᠠᠵᠢᠯ ᠬᠢᠵᠡᠢ᠃ 1961 ᠣᠨ ᠤ 8 ᠰᠠᠷ᠎ᠠ ᠡᠴᠡ 1984 ᠣᠨ ᠤ 4 ᠰᠠᠷ᠎ᠠ ᠬᠦᠷᠲᠡᠯ᠎ᠡ ᠬᠣᠰᠢᠭᠤ ᠶᠢᠨ ᠰᠤᠷᠭᠠᠭᠤᠯᠢ ᠶᠢᠨ ᠬᠥᠭ᠍ᠵᠢᠮ ᠤᠨ ᠪᠠᠭᠰᠢ ᠪᠠᠢᠵᠡᠢ᠃

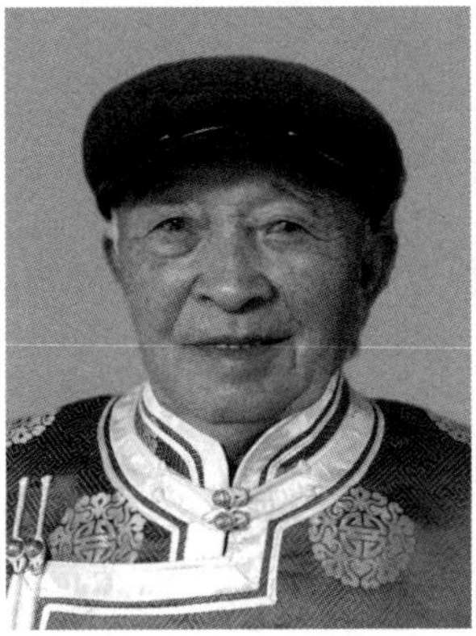

1958 ᠣᠨ ᠤ 9 ᠰᠠᠷ᠎ᠠ ᠡᠴᠡ 1961 ᠣᠨ ᠤ 7 ᠰᠠᠷ᠎ᠠ ᠬᠦᠷᠲᠡᠯ᠎ᠡ ᠪᠠᠭᠰᠢ ᠶᠢᠨ ᠰᠤᠷᠭᠠᠭᠤᠯᠢ ᠳᠤ ᠰᠤᠷᠤᠯᠴᠠᠵᠤ ᠂ 1955 ᠣᠨ ᠤ 9 ᠰᠠᠷ᠎ᠠ ᠡᠴᠡ 1958 ᠣᠨ ᠤ 7 ᠰᠠᠷ᠎ᠠ ᠬᠦᠷᠲᠡᠯ᠎ᠡ ᠳᠤᠮᠳᠠ ᠰᠤᠷᠭᠠᠭᠤᠯᠢ ᠳᠤ ᠰᠤᠷᠤᠯᠴᠠᠵᠤ ᠂ 1951 ᠣᠨ ᠤ 9 ᠰᠠᠷ᠎ᠠ ᠡᠴᠡ 1955 ᠣᠨ ᠤ 7 ᠰᠠᠷ᠎ᠠ ᠬᠦᠷᠲᠡᠯ᠎ᠡ ᠪᠠᠭ᠎ᠠ ᠰᠤᠷᠭᠠᠭᠤᠯᠢ ᠳᠤ ᠰᠤᠷᠤᠯᠴᠠᠭᠰᠠᠨ ᠪᠣᠯᠤᠨ ᠬᠣᠰᠢᠭᠤ ᠶᠢᠨ ᠨᠠᠢᠮᠠᠨ ᠰᠤᠮᠤᠨ ᠤ ᠭᠠᠴᠠᠭ᠎ᠠ ᠳᠤ ᠲᠥᠷᠥᠭᠰᠡᠨ᠃ 1941 ᠣᠨ ᠤ 9 ᠰᠠᠷ᠎ᠠ ᠶᠢᠨ 10 ᠤ ᠡᠳᠦᠷ ᠬᠠᠷᠴᠢᠨ ᠵᠡᠭᠦᠨ ᠬᠣᠰᠢᠭᠤ ᠶᠢᠨ ᠨᠤᠲᠤᠭ ᠲᠤ ᠲᠥᠷᠥᠭᠰᠡᠨ ᠂ ᠮᠣᠩᠭᠣᠯ ᠦᠨᠳᠦᠰᠦᠲᠡᠨ ᠂ ᠬᠠᠷᠴᠢᠨ ᠤ ᠬᠣᠰᠢᠭᠤ ᠶᠢᠨ ᠬᠥᠮᠦᠨ᠃

ᠪᠠ · ᠪᠠᠶᠠᠷ

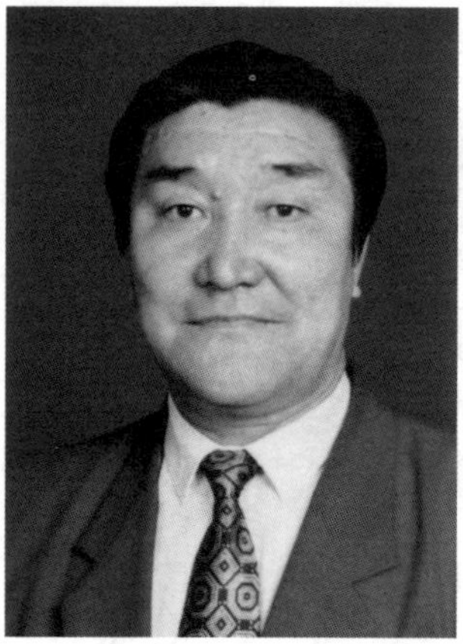

ᠲᠠ᠂ ᠮᠣᠩᠭᠣᠯ ᠦᠨᠳᠦᠰᠦᠲᠡᠨ᠂ ᠣᠷᠴᠢᠨ ᠦ ᠦᠶ᠎ᠡ ᠶᠢᠨ ᠮᠣᠩᠭᠣᠯ ᠦᠨ ᠵᠣᠬᠢᠶᠠᠯᠴᠢ᠃ 1942 ᠣᠨ ᠤ 1 ᠰᠠᠷ᠎ᠠ ᠶᠢᠨ 15 ᠤ ᠡᠳᠦᠷ ᠲᠥᠷᠥᠭᠰᠡᠨ᠃ 1956 ᠣᠨ ᠡᠴᠡ ᠵᠣᠬᠢᠶᠠᠯ ᠪᠢᠴᠢᠵᠦ ᠡᠬᠢᠯᠡᠭᠰᠡᠨ᠃

1982 ᠣᠨ ᠳᠤ ᠤᠯᠤᠰ ᠤᠨ ᠵᠣᠬᠢᠶᠠᠯᠴᠢᠳ ᠤᠨ ᠨᠡᠢᠭᠡᠮᠯᠡᠭ ᠦᠨ ᠭᠡᠰᠢᠭᠦᠨ ᠳᠦ ᠣᠷᠣᠭᠰᠠᠨ᠃ 1988 ᠣᠨ ᠳᠤ ᠤᠯᠤᠰ ᠤᠨ ᠨᠢᠭᠡᠳᠦᠭᠡᠷ ᠵᠡᠷᠭᠡ ᠶᠢᠨ ᠵᠣᠬᠢᠶᠠᠯᠴᠢ᠃ 1992 ᠣᠨ ᠳᠤ ᠤᠯᠤᠰ ᠤᠨ ᠲᠥᠷᠥ ᠶᠢᠨ ᠣᠨᠴᠠᠭᠠᠢ ᠲᠡᠳᠭᠦᠮᠵᠢ ᠶᠢ ᠬᠦᠷᠲᠡᠭᠰᠡᠨ᠃

ᠬᠡᠪᠯᠡᠭᠰᠡᠨ ᠵᠣᠬᠢᠶᠠᠯ ᠤᠨ ᠨᠣᠮ ᠪᠣᠯ 2000 ᠣᠨ ᠤ 12 ᠰᠠᠷ᠎ᠠ ᠳᠤ ᠬᠡᠪᠯᠡᠭᠳᠡᠭᠰᠡᠨ ᠳ᠋ᠤ ᠬᠠᠮᠢᠶᠠᠷᠤᠭᠳᠠᠨ᠎ᠠ᠃ ᠣᠨᠴᠠᠭᠠᠢ ᠵᠣᠬᠢᠶᠠᠯ ᠤᠳ ᠢᠶᠠᠨ ᠤ ᠳᠤᠲᠤᠷ᠎ᠠ 《 ᠮᠣᠩᠭᠣᠯ ᠤᠨ 20 ᠵᠠᠭᠤᠨ ᠤ ᠵᠣᠬᠢᠶᠠᠯ 》 ᠬᠡᠮᠡᠬᠦ 〈 ᠬᠠᠪᠤᠷ ᠤᠨ —— 〉 ᠵᠡᠷᠭᠡ ᠪᠦᠲᠦᠭᠡᠯ᠂ 《 ᠬᠠᠷ᠎ᠠ ᠮᠣᠷᠢ 》᠂ 《 ᠰᠡᠳᠬᠢᠯ ᠦᠨ ᠴᠡᠴᠡᠭ 》᠂ 《 ᠡᠵᠢ ᠶᠢᠨ ᠰᠡᠳᠬᠢᠯ 》᠂ 《 ᠲᠠᠯ᠎ᠠ ᠶᠢᠨ ᠳᠠᠭᠤᠤ 》 ᠵᠡᠷᠭᠡ ᠵᠣᠬᠢᠶᠠᠯ ᠤᠳ ᠪᠡᠷ 2010 ᠣᠨ ᠤ 7 ᠰᠠᠷ᠎ᠠ ᠳᠤ 《 ᠮᠣᠩᠭᠣᠯ ᠤᠨ 20 ᠵᠠᠭᠤᠨ ᠤ ᠰᠣᠶᠣᠯ ᠤᠨ ᠴᠣᠮᠣᠭ 》 ᠤᠨ ᠰᠢᠭᠠᠩᠨᠠᠯ ᠢ ᠬᠦᠷᠲᠡᠭᠰᠡᠨ᠃ 《 ᠰᠠᠷᠠᠨ ᠤ ᠭᠡᠷᠡᠯ 》 (ᠣᠷᠴᠢᠭᠤᠯᠭ᠎ᠠ) ᠲᠠᠢ᠂ 《 ᠬᠠᠪᠤᠷ ᠤᠨ ᠴᠡᠴᠡᠭ 》 (ᠣᠷᠴᠢᠭᠤᠯᠭ᠎ᠠ) ᠵᠡᠷᠭᠡ ᠲᠠᠢ ᠨᠡᠷ᠎ᠡ ᠶᠢᠨ ᠪᠦᠲᠦᠭᠡᠯ ᠢᠯᠡᠷᠡᠭᠰᠡᠨ᠃

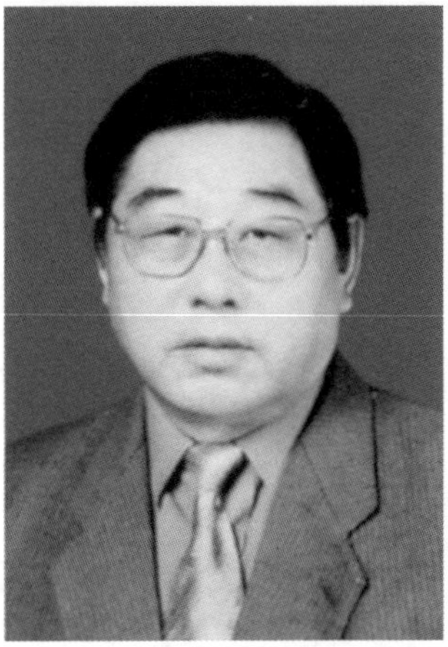

ᠪᠣᠯᠪᠠᠰᠤᠷᠠᠯ ᠰᠤᠷᠭᠠᠯ ᠤᠨ ᠬᠡᠪᠯᠡᠯ ᠦᠨ ᠬᠣᠷᠢᠶ᠎ᠠ ᠶᠢᠨ ᠨᠠᠶᠢᠷᠠᠭᠤᠯᠤᠭᠰᠠᠨ ᠤ ᠲᠡᠮᠳᠡᠭᠯᠡᠯ ᠤᠨ ᠪᠣᠯᠤᠨ᠎ᠠ ::

ᠲᠡᠦᠬᠡ ᠶᠢᠨ ᠮᠡᠳᠡᠯᠭᠡ 》(ᠵᠢ · ᠪᠠᠶᠠᠷᠲᠤ ᠶᠢᠨ ᠨᠠᠶᠢᠷᠠᠭᠤᠯᠤᠭᠰᠠᠨ · ᠬᠠᠭᠤᠴᠢᠨ ᠤ ᠮᠣᠩᠭᠣᠯ ᠪᠢᠴᠢᠭ ᠦᠨ ᠬᠡᠪᠯᠡᠯ ᠦᠨ ᠬᠣᠷᠢᠶ᠎ᠠ) ᠲᠡᠦᠬᠡ ᠶᠢᠨ ᠨᠢᠭᠡ ᠳᠦᠭᠡᠷ ᠪᠣᠳᠢ :: ᠪᠠᠷᠤᠨ ᠬᠣᠶᠠᠷ

ᠮᠣᠩᠭᠣᠯ ᠤᠨ ᠰᠤᠷᠭᠠᠨ ᠬᠦᠮᠦᠵᠢᠯ ᠦᠨ ᠬᠡᠪᠯᠡᠯ ᠦᠨ ᠬᠣᠷᠢᠶ᠎ᠠ) ᠨᠢᠭᠡ ᠳᠤᠭᠠᠷ ᠪᠣᠯ · 2017 ᠣᠨ ᠤ 7 ᠰᠠᠷ᠎ᠠ ᠶᠢᠨ ᠬᠡᠪᠯᠡᠯ 《 ᠪᠢᠴᠢᠭ ᠦᠨ ᠬᠡᠯᠡᠨ ᠦ ᠰᠤᠳᠤᠯᠤᠯ ᠤᠨ ᠲᠣᠪᠴᠢᠶ᠎ᠠ

2004 ᠣᠨ ᠤ 12 ᠰᠠᠷ᠎ᠠ ᠶᠢᠨ ᠬᠡᠪᠯᠡᠯ 《 ᠪᠠᠶᠢᠭᠠᠯᠢ ᠶᠢᠨ ᠬᠡᠯᠡ ᠪᠢᠴᠢᠭ 》(ᠵᠢ · ᠪᠠᠶᠠᠷᠲᠤ ᠶᠢᠨ ᠨᠠᠶᠢᠷᠠᠭᠤᠯᠤᠭᠰᠠᠨ · ᠬᠠᠭᠤᠴᠢᠨ · ᠲᠡᠦᠬᠡᠴᠢᠨ · ᠲᠡᠦᠬᠡ ᠶᠢᠨ ᠪᠣᠯᠤᠨ · ᠲᠡᠦᠬᠡ

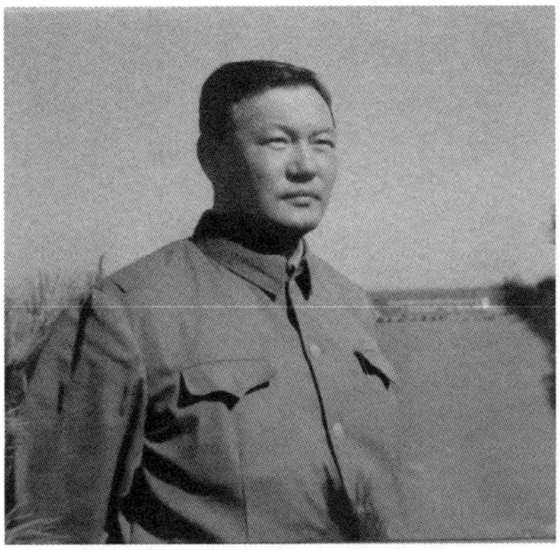

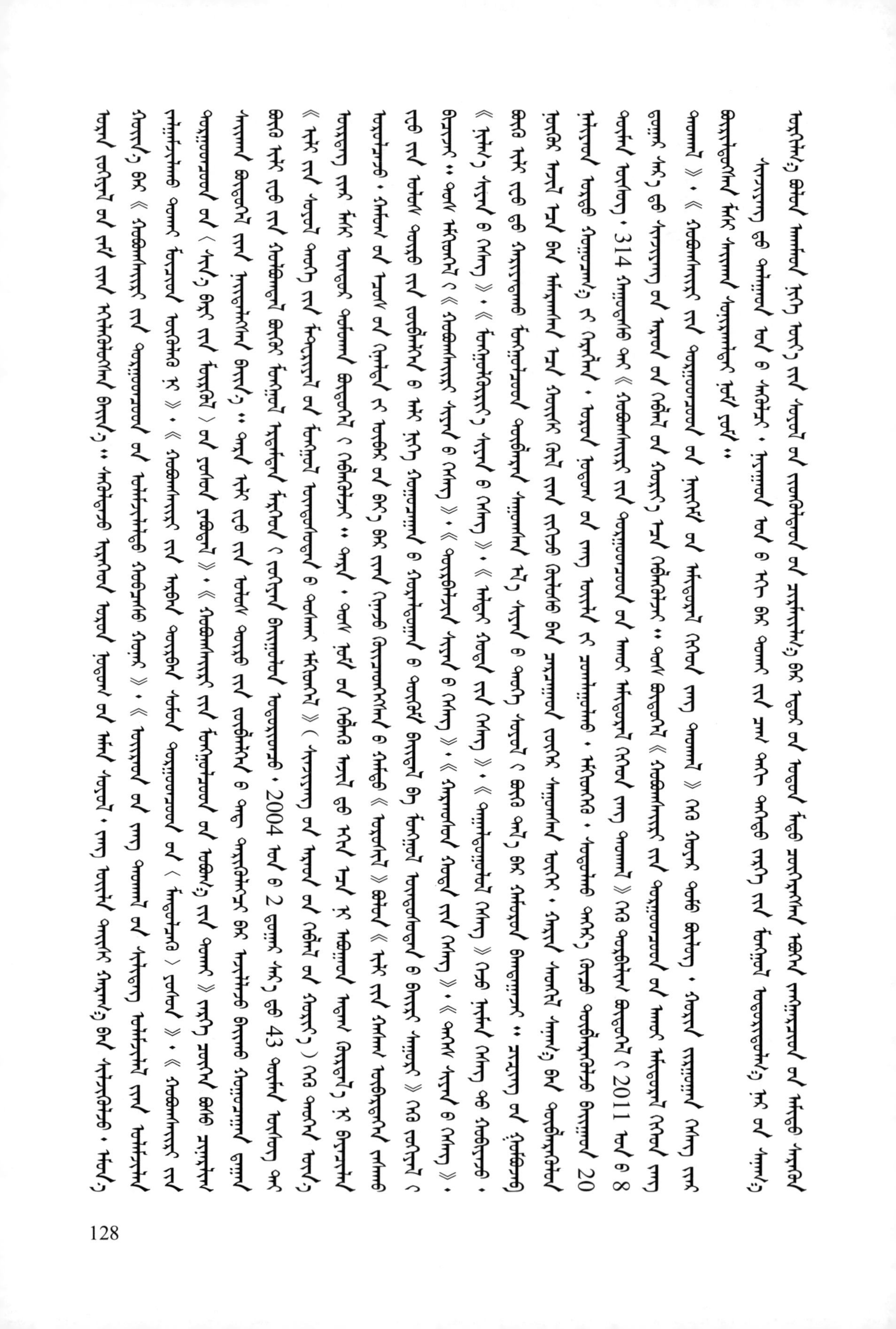

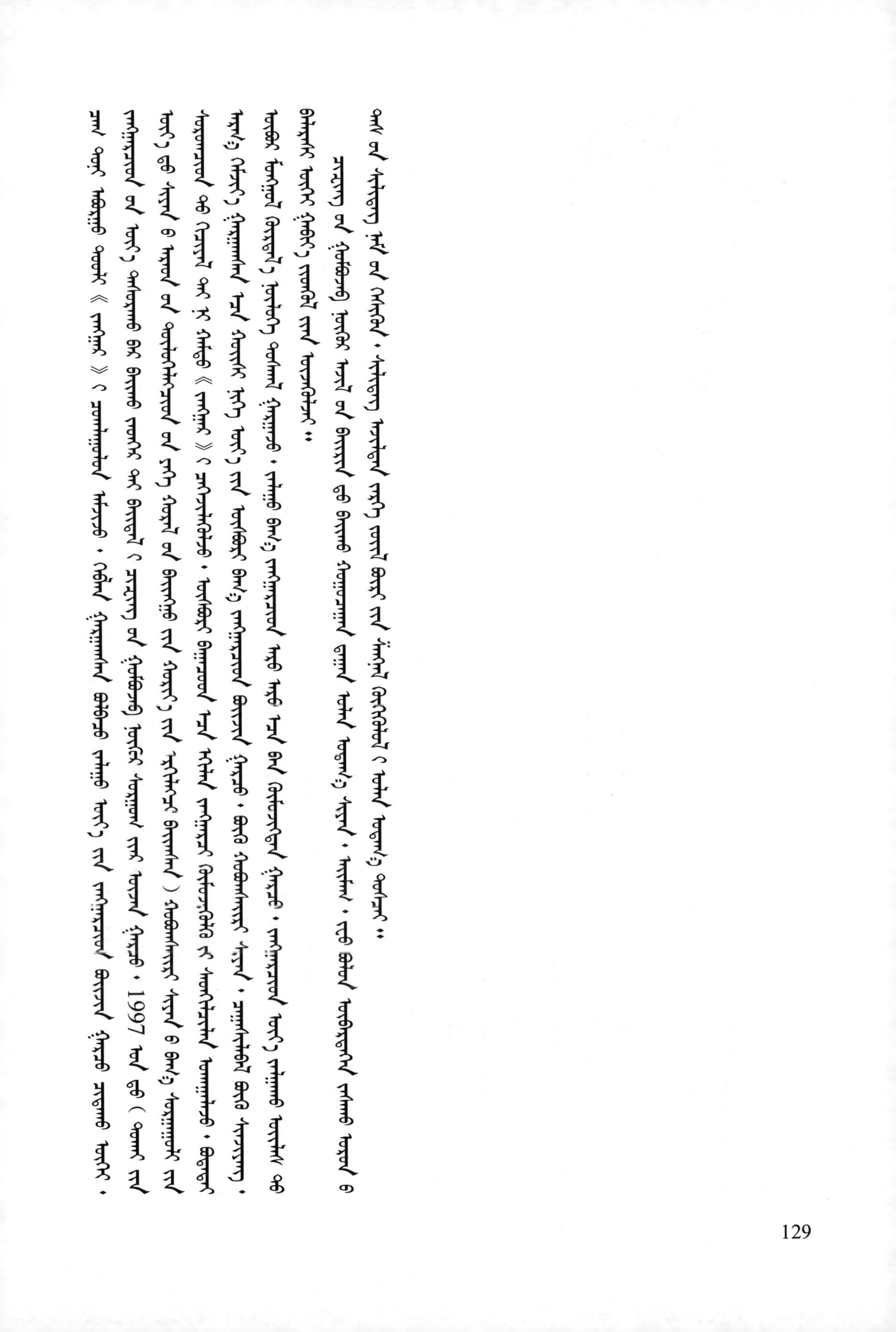

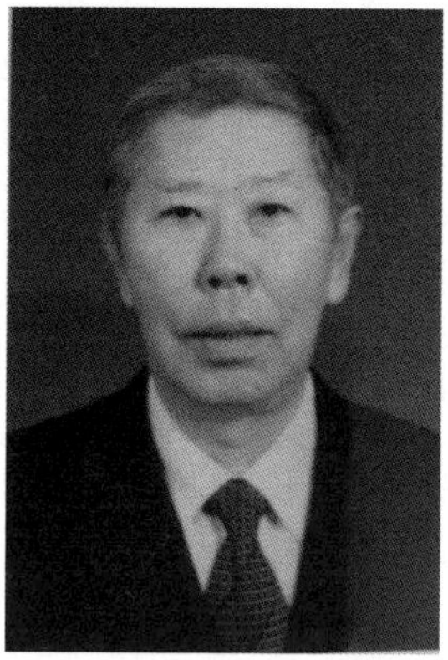

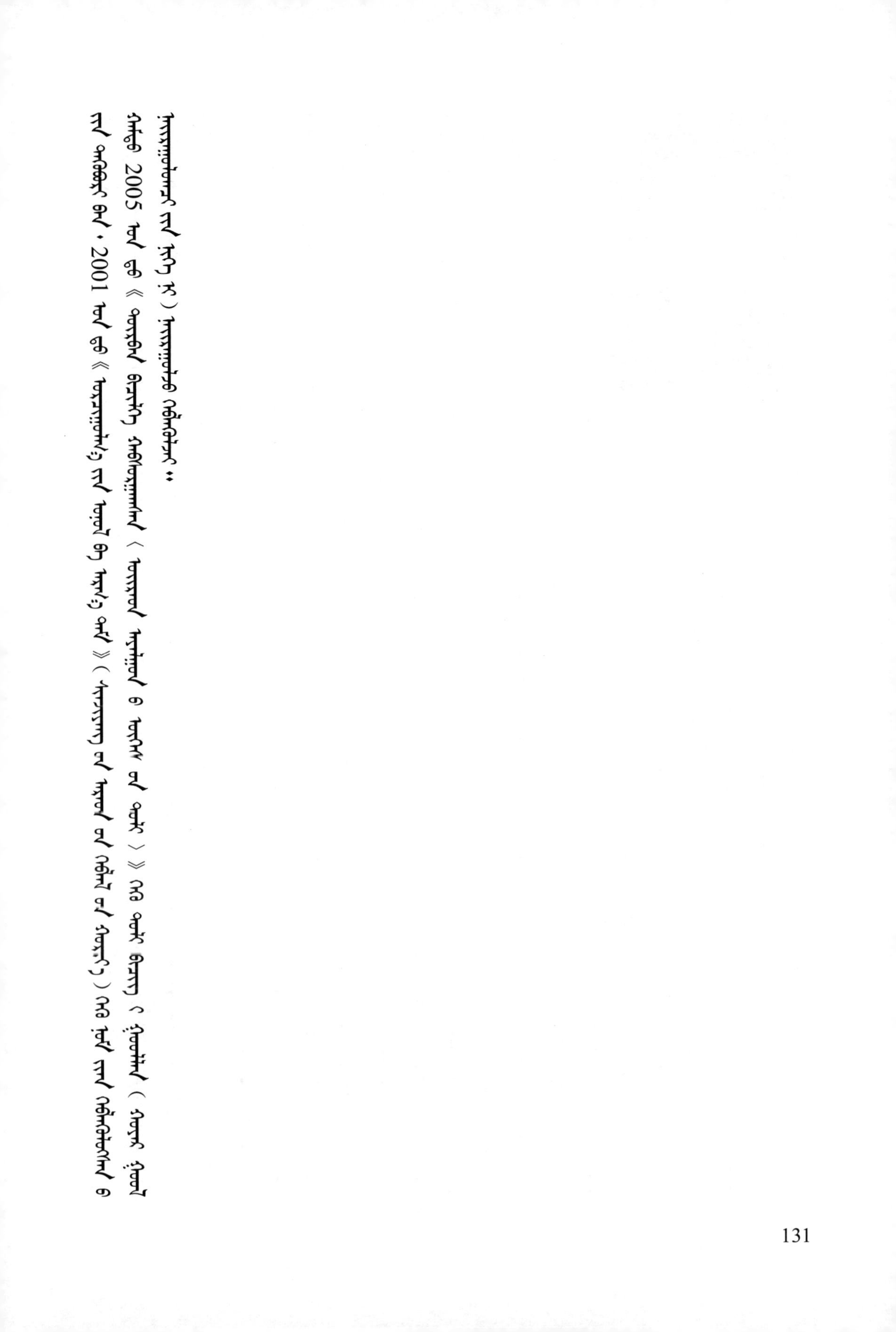

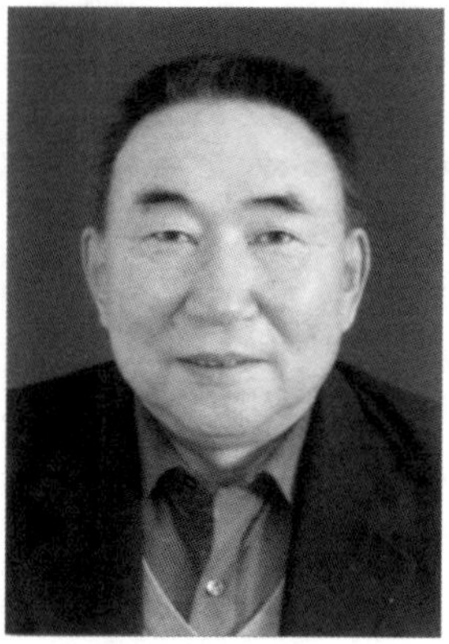

ᠪᠣ᠂ ᠨᠠᠰᠤᠨᠪᠠᠶᠠᠷ

ᠮᠣᠩᠭᠣᠯ ᠦᠨᠳᠦᠰᠦᠲᠡᠨ᠂ ᠬᠠᠷᠴᠢᠨ ᠨᠤᠲᠤᠭᠲᠠᠨ᠂ ᠮᠣᠩᠭᠣᠯ ᠬᠡᠯᠡ ᠪᠢᠴᠢᠭ ᠦᠨ ᠰᠢᠨᠵᠢᠯᠡᠬᠦ ᠤᠬᠠᠭᠠᠨ ᠤ ᠬᠦᠷᠢᠶᠡᠯᠡᠩ ᠦᠨ ᠭᠠᠳᠠᠭᠠᠳᠤ ᠤᠯᠤᠰ ᠤᠨ ᠰᠤᠳᠤᠯᠤᠯ ᠤᠨ ᠲᠠᠰᠤᠭ ᠤᠨ ᠡᠷᠳᠡᠮ ᠰᠢᠨᠵᠢᠯᠡᠭᠡᠴᠢ ᠪᠠᠶᠢᠭᠰᠠᠨ᠃ 1943 ᠣᠨ ᠤ 4 ᠰᠠᠷ᠎ᠠ ᠶᠢᠨ 20 ᠤ ᠡᠳᠦᠷ ᠲᠥᠷᠥᠭᠰᠡᠨ᠃ 1951 ᠣᠨ ᠤ 9 ᠰᠠᠷ᠎ᠠ ᠠᠴᠠ 1955 ᠣᠨ ᠤ 7 ᠰᠠᠷ᠎ᠠ ᠬᠦᠷᠲᠡᠯ᠎ᠡ ᠲᠤᠰ ᠭᠠᠵᠠᠷ ᠤᠨ ᠪᠠᠭ᠎ᠠ ᠰᠤᠷᠭᠠᠭᠤᠯᠢ ᠳᠤ ᠰᠤᠷᠤᠯᠴᠠᠭᠰᠠᠨ᠂ 1955 ᠣᠨ ᠤ 9 ᠰᠠᠷ᠎ᠠ ᠠᠴᠠ 1958 ᠣᠨ ᠤ 7 ᠰᠠᠷ᠎ᠠ ᠬᠦᠷᠲᠡᠯ᠎ᠡ ᠳᠤᠮᠳᠠ ᠰᠤᠷᠭᠠᠭᠤᠯᠢ ᠳᠤ ᠰᠤᠷᠤᠯᠴᠠᠭᠰᠠᠨ᠂ 1958 ᠣᠨ ᠤ 9 ᠰᠠᠷ᠎ᠠ ᠠᠴᠠ 1960 ᠣᠨ ᠤ 7 ᠰᠠᠷ᠎ᠠ ᠬᠦᠷᠲᠡᠯ᠎ᠡ ᠪᠠᠭᠰᠢ ᠶᠢᠨ ᠰᠤᠷᠭᠠᠭᠤᠯᠢ ᠳᠤ ᠰᠤᠷᠤᠯᠴᠠᠭᠰᠠᠨ᠂ 1960 ᠣᠨ ᠤ 9 ᠰᠠᠷ᠎ᠠ ᠠᠴᠠ 1961 ᠣᠨ ᠤ 7 ᠰᠠᠷ᠎ᠠ ᠬᠦᠷᠲᠡᠯ᠎ᠡ ᠵᠢᠷᠤᠭ ᠤᠨ ᠰᠤᠷᠭᠠᠭᠤᠯᠢ ᠳᠤ ᠰᠤᠷᠤᠯᠴᠠᠭᠰᠠᠨ᠃ 1961 ᠣᠨ ᠤ 8 ᠰᠠᠷ᠎ᠠ ᠠᠴᠠ 1981 ᠣᠨ ᠤ 3 ᠰᠠᠷ᠎ᠠ ᠬᠦᠷᠲᠡᠯ᠎ᠡ ᠪᠠᠭᠰᠢ ᠪᠣᠯᠵᠤ ᠠᠵᠢᠯᠯᠠᠭᠰᠠᠨ᠃ 1979 ᠣᠨ ᠳᠤ ᠪᠠᠭᠰᠢ ᠶᠢᠨ ᠲᠣᠯᠠ ᠪᠢᠴᠢᠭᠰᠡᠨ᠃ 1981 ᠣᠨ ᠤ 3 ᠰᠠᠷ᠎ᠠ ᠠᠴᠠ ᠡᠬᠢᠯᠡᠨ ᠮᠣᠩᠭᠣᠯ ᠬᠡᠯᠡ ᠪᠢᠴᠢᠭ ᠦᠨ ᠰᠢᠨᠵᠢᠯᠡᠬᠦ ᠤᠬᠠᠭᠠᠨ ᠤ ᠬᠦᠷᠢᠶᠡᠯᠡᠩ ᠳᠦ ᠠᠵᠢᠯᠯᠠᠭᠰᠠᠨ᠃ 1984 ᠣᠨ ᠤ 3 ᠰᠠᠷ᠎ᠠ ᠳᠤ 《 ᠮᠣᠩᠭᠣᠯ ᠬᠡᠯᠡ ᠪᠢᠴᠢᠭ 》 ᠰᠡᠳᠭᠦᠯ ᠦᠨ ᠨᠠᠢᠷᠠᠭᠤᠯᠤᠭᠴᠢ᠂ 1991 ᠣᠨ ᠳᠤ 《 ᠮᠣᠩᠭᠣᠯ ᠬᠡᠯᠡ ᠪᠢᠴᠢᠭ 》 (ᠮᠣᠩᠭᠣᠯ) ᠂ 《 ᠮᠣᠩᠭᠣᠯ ᠬᠡᠯᠡ ᠪᠢᠴᠢᠭ 》 (ᠬᠢᠲᠠᠳ) ᠰᠡᠳᠭᠦᠯ ᠦᠨ ᠡᠷᠬᠢᠯᠡᠭᠴᠢ ᠪᠣᠯᠵᠤ ᠠᠵᠢᠯᠯᠠᠭᠰᠠᠨ᠃ 1996 ᠣᠨ ᠠᠴᠠ 2002 ᠣᠨ ᠤ 10 ᠰᠠᠷ᠎ᠠ ᠬᠦᠷᠲᠡᠯ᠎ᠡ ᠲᠤᠰ ᠬᠦᠷᠢᠶᠡᠯᠡᠩ ᠦᠨ ᠳᠡᠳ ᠳᠠᠷᠤᠭ᠎ᠠ ᠪᠣᠯᠵᠤ ᠠᠵᠢᠯᠯᠠᠭᠰᠠᠨ᠃ 1988 ᠣᠨ ᠤ 1 ᠰᠠᠷ᠎ᠠ ᠳᠤ ᠳᠡᠳ ᠡᠷᠳᠡᠮ ᠰᠢᠨᠵᠢᠯᠡᠭᠡᠴᠢ᠂ 1993 ᠣᠨ ᠤ 10 ᠰᠠᠷ᠎ᠠ ᠳᠤ ᠡᠷᠳᠡᠮ ᠰᠢᠨᠵᠢᠯᠡᠭᠡᠴᠢ ᠪᠣᠯᠤᠭᠰᠠᠨ᠂ 2000 ᠣᠨ ᠤ 10 ᠰᠠᠷ᠎ᠠ ᠳᠤ ᠲᠡᠳᠬᠦᠨ ᠦ ᠬᠦᠮᠦᠨ ᠪᠣᠯᠤᠭᠰᠠᠨ᠃ 2003 ᠣᠨ ᠤ 7 ᠰᠠᠷ᠎ᠠ ᠳᠤ ᠲᠡᠳᠬᠦᠨ ᠳᠦ ᠭᠠᠷᠤᠭᠰᠠᠨ᠃ (ᠦᠨᠳᠦᠰᠦᠲᠡᠨ ᠦ ᠬᠡᠪᠯᠡᠯ ᠦᠨ ᠬᠣᠷᠢᠶ᠎ᠠ) ::

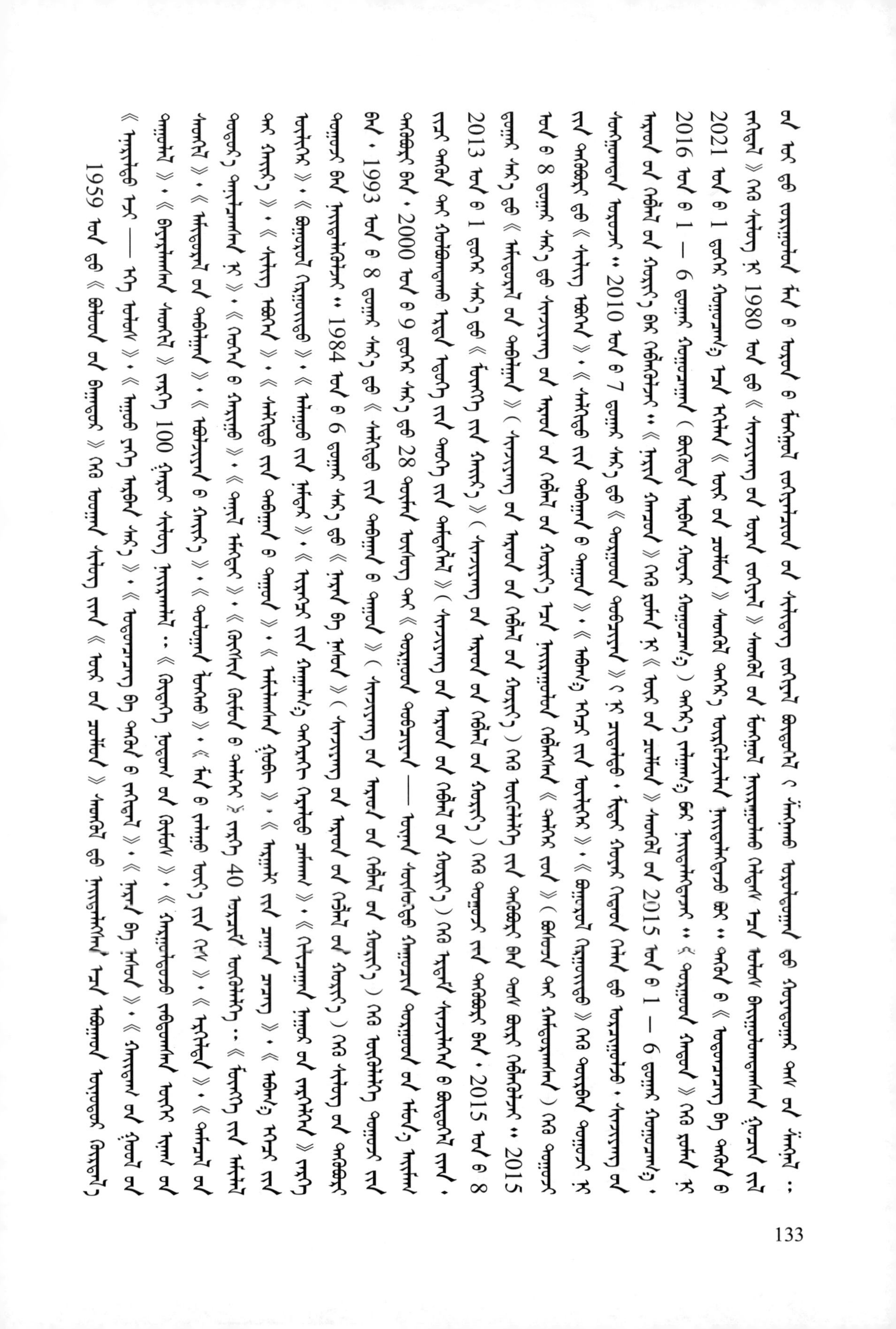

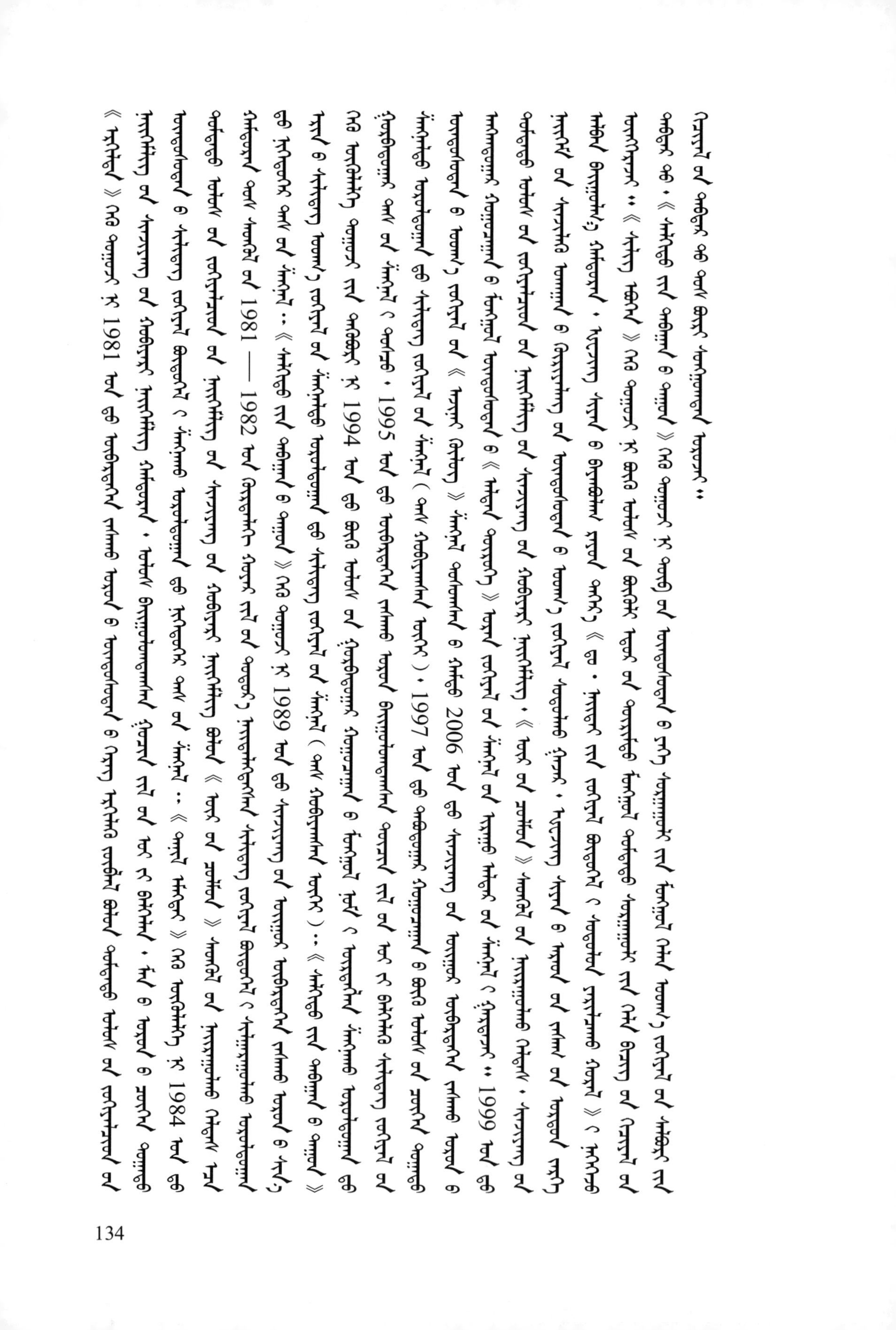

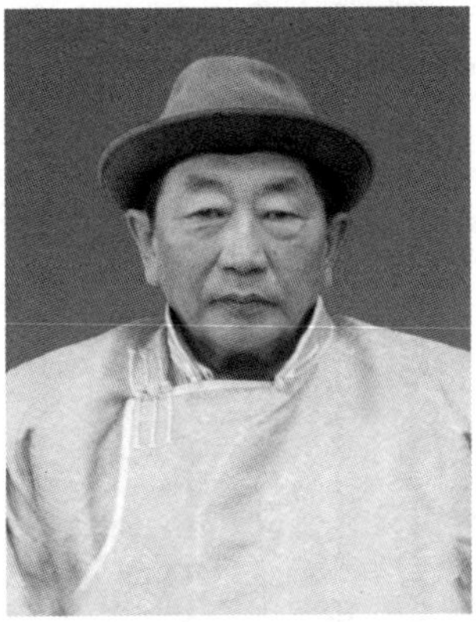

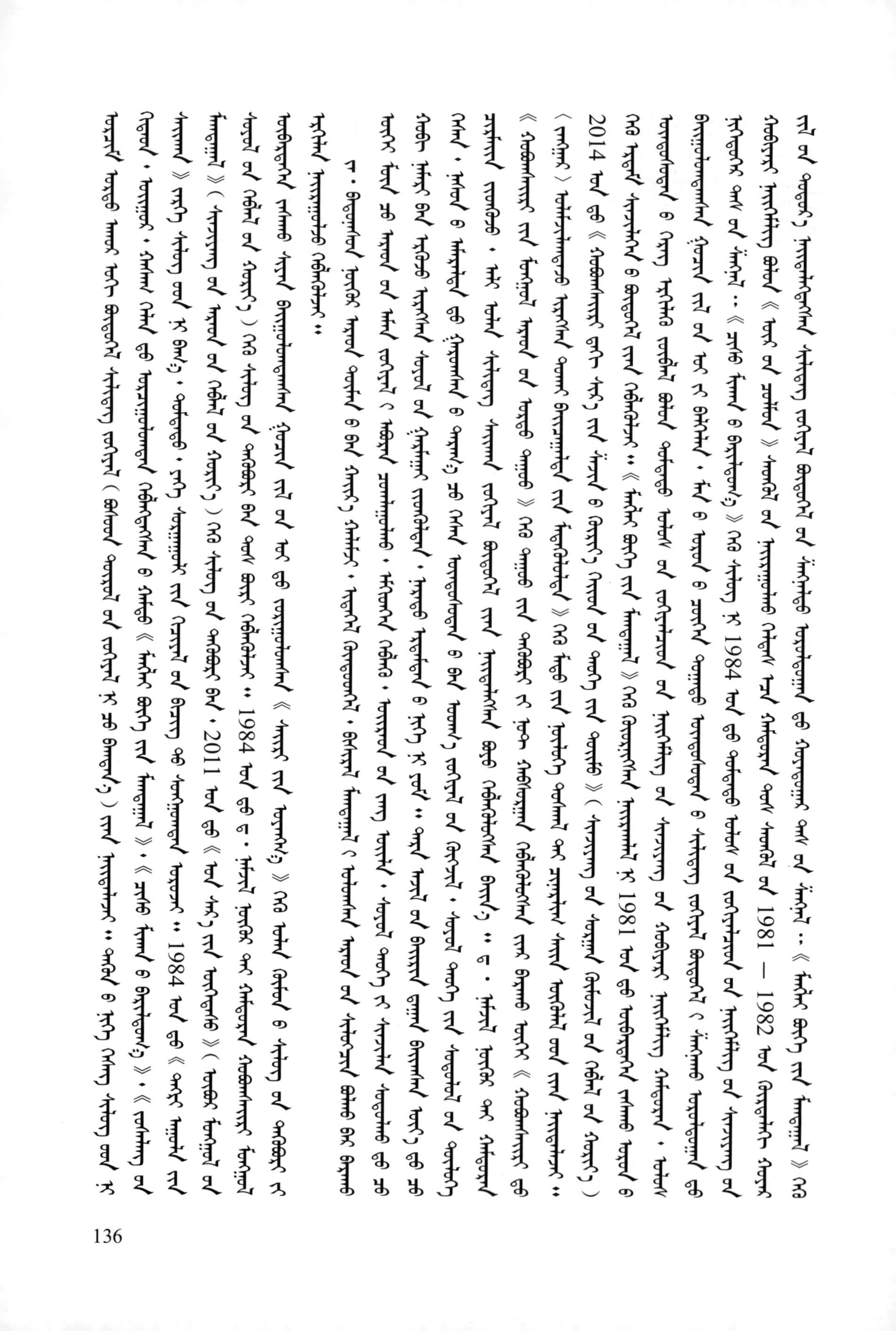

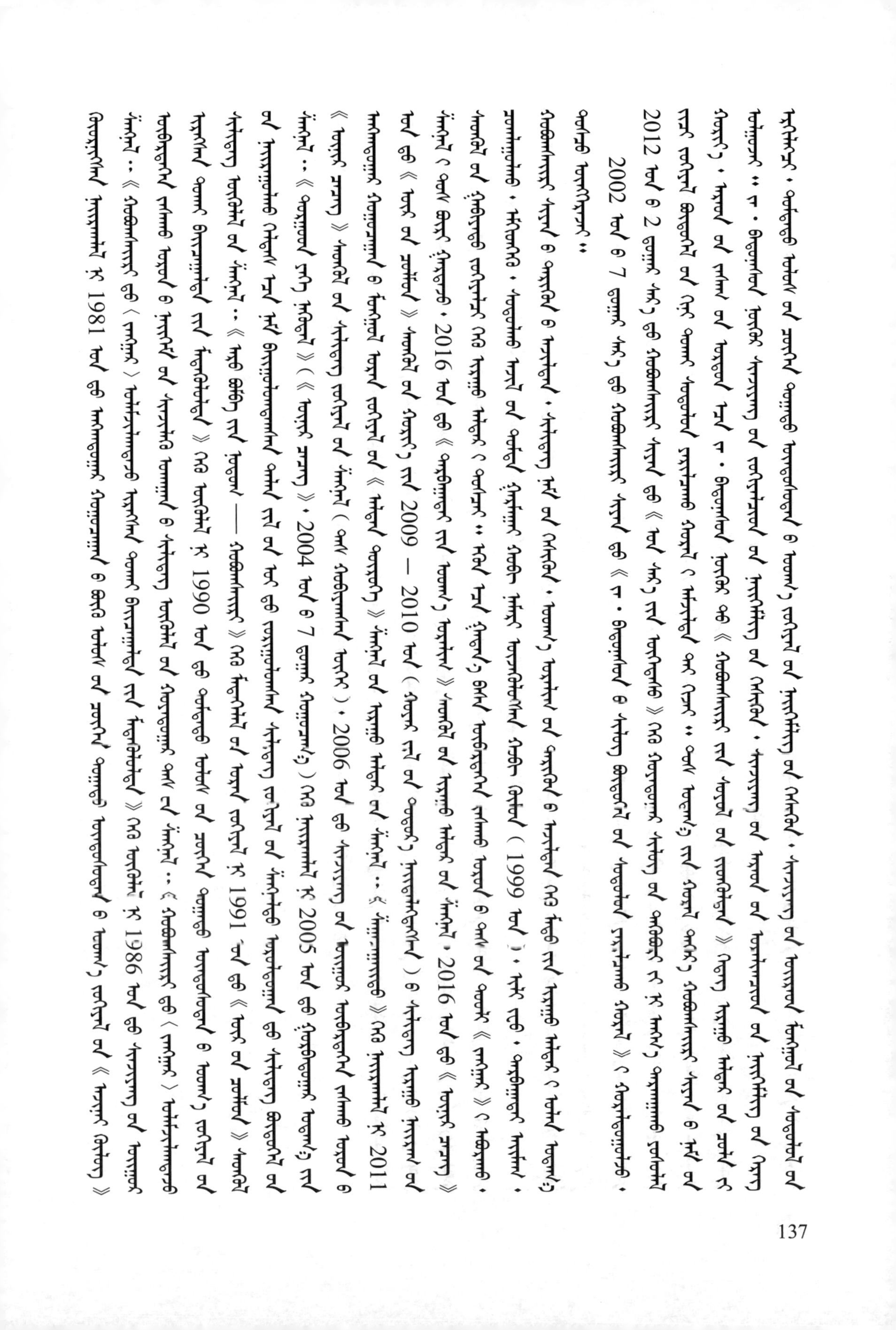

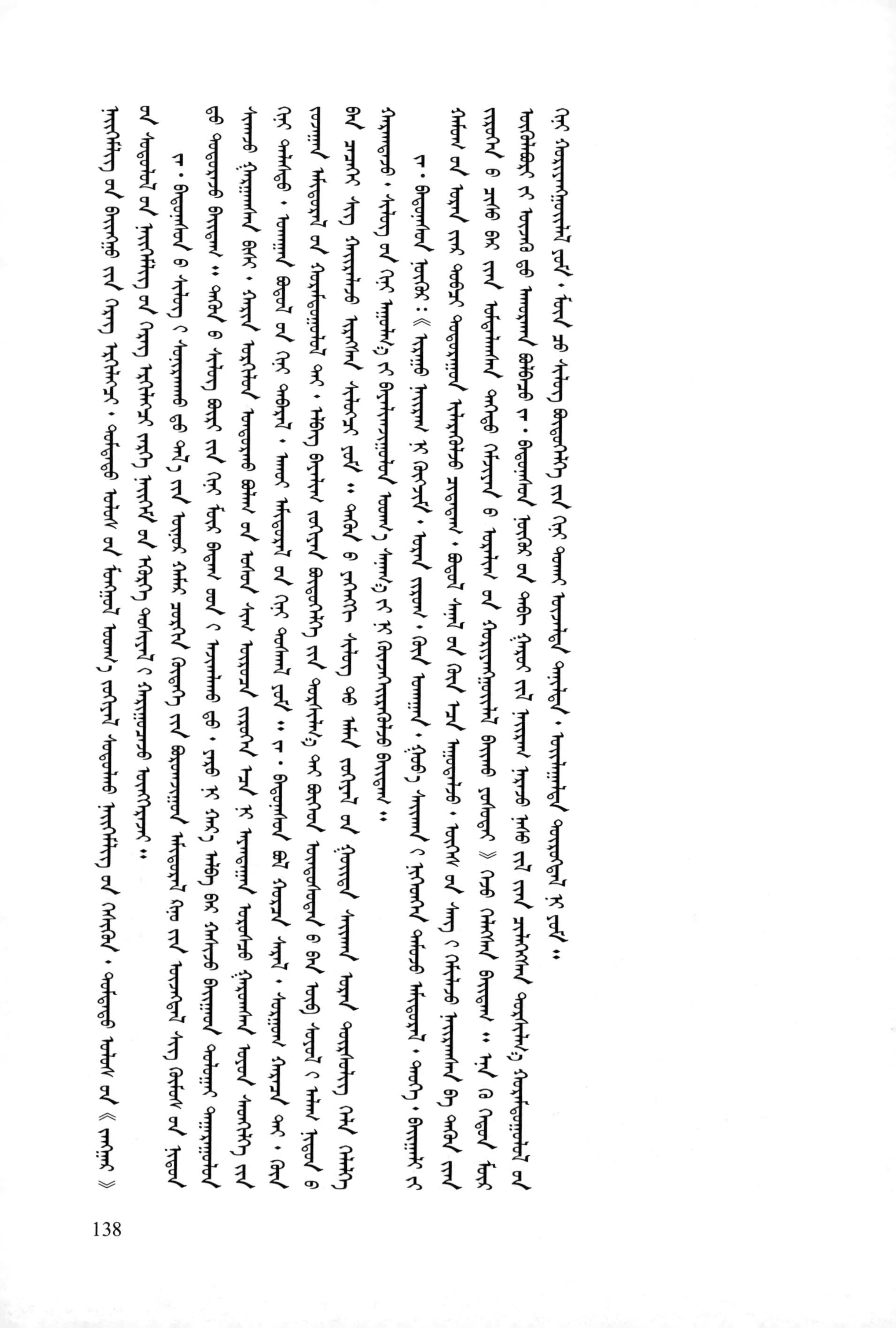

[illegible]

[illegible]

[illegible]

[illegible]

[illegible]

[illegible]

[illegible]

[illegible]

[illegible]

[illegible]

[illegible]

[illegible]

[illegible]

[illegible]

[illegible]

[illegible]

[illegible]

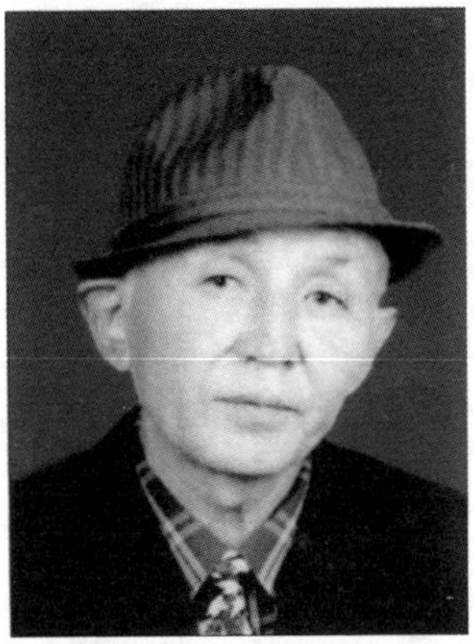

[illegible] 1958 ᠣᠨ ᠤ 6 ᠰᠠᠷ᠎ᠠ [illegible] 1 [illegible] 1956 ᠣᠨ [illegible]

ᠪᠣ · [illegible] 30 [illegible] 67 [illegible] ᠃

[illegible] 2002 ᠣᠨ ᠤ 8 ᠰᠠᠷ᠎ᠠ [illegible] 2011 ᠣᠨ ᠤ 6 ᠰᠠᠷ᠎ᠠ [illegible] 9 [illegible] 14 [illegible]

12 ᠰᠠᠷ᠎ᠠ [illegible] 1982 ᠣᠨ ᠤ 1 ᠰᠠᠷ᠎ᠠ [illegible] 1978 ᠣᠨ ᠤ 8 ᠰᠠᠷ᠎ᠠ [illegible] 1981 ᠣᠨ ᠤ [illegible] 1973 ᠣᠨ ᠤ 9 ᠰᠠᠷ᠎ᠠ [illegible] 1978 ᠣᠨ ᠤ 8 ᠰᠠᠷ᠎ᠠ [illegible] 1969 ᠣᠨ [illegible] 1973 ᠣᠨ ᠤ 9 ᠰᠠᠷ᠎ᠠ [illegible] 1968 ᠣᠨ ᠤ 7 ᠰᠠᠷ᠎ᠠ [illegible] 1967 ᠣᠨ [illegible] 1968 ᠣᠨ [illegible]

[illegible] 1962 ᠣᠨ ᠤ 9 ᠰᠠᠷ᠎ᠠ [illegible] 1966 ᠣᠨ ᠤ 7 ᠰᠠᠷ᠎ᠠ [illegible] 1956 ᠣᠨ ᠤ 9 ᠰᠠᠷ᠎ᠠ [illegible] 1962 ᠣᠨ ᠤ 7 ᠰᠠᠷ᠎ᠠ [illegible] 1952 ᠣᠨ ᠤ 9 ᠰᠠᠷ᠎ᠠ [illegible] 1956 ᠣᠨ ᠤ 7 ᠰᠠᠷ᠎ᠠ [illegible] ᠃ [illegible] 1944 ᠣᠨ ᠤ 5 ᠰᠠᠷ᠎ᠠ [illegible] 30 [illegible]

ᠪᠣ · [illegible]

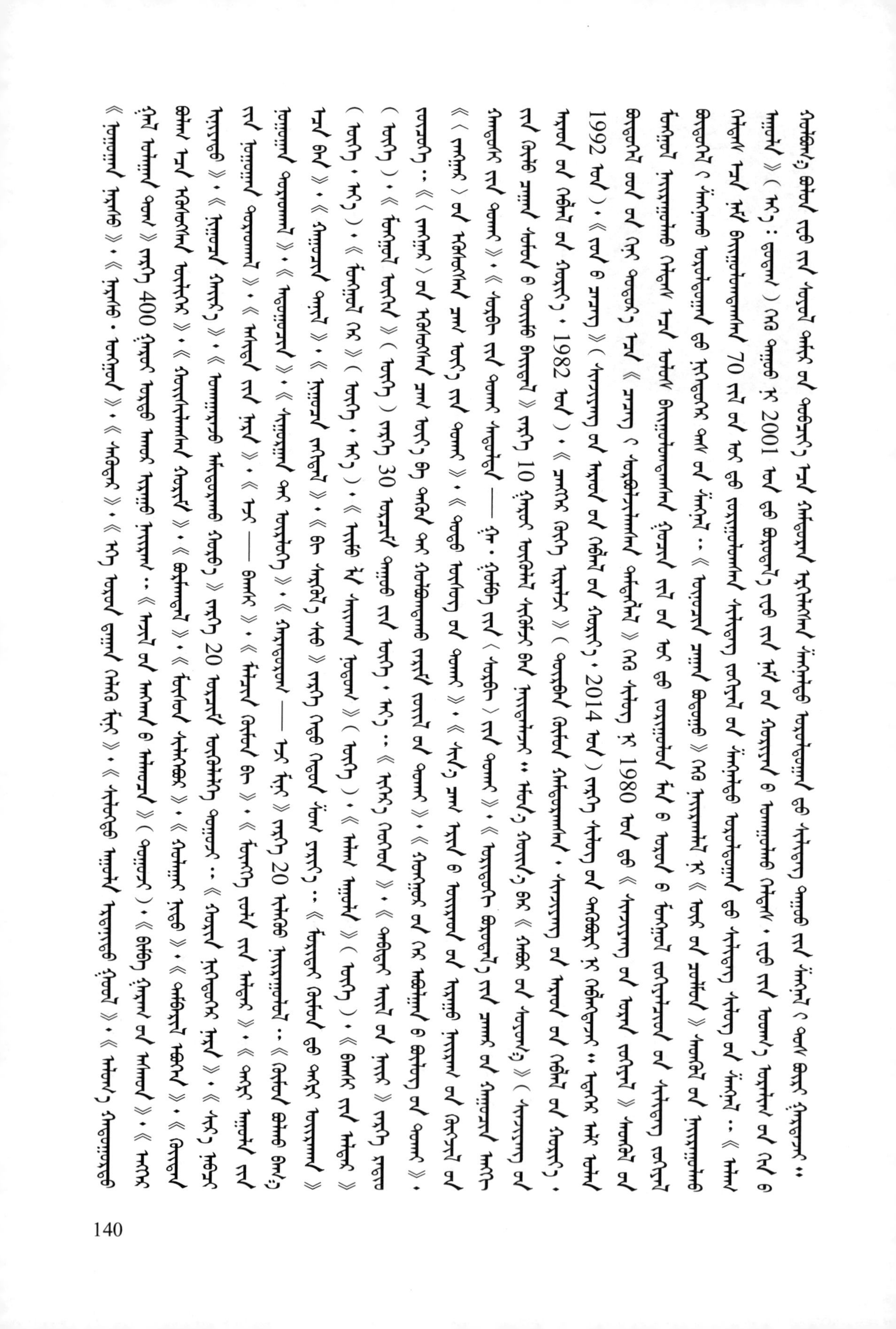

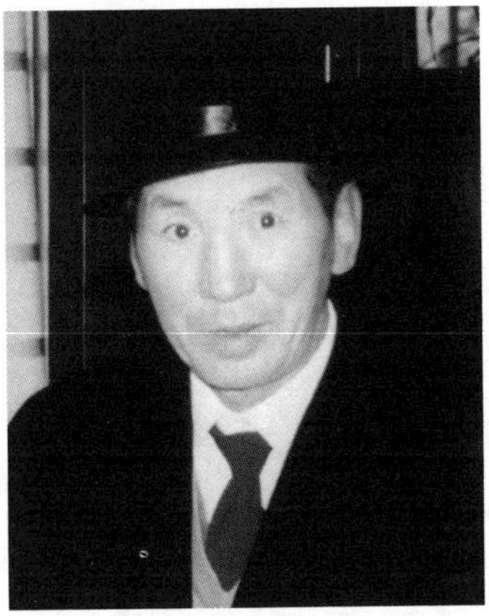

ᠶ · ᠬᠡᠰᠢᠭ ᠮᠣᠩᠭᠣᠯ ᠦᠨᠳᠦᠰᠦᠲᠡᠨ · ᠬᠠᠷᠴᠢᠨ ᠵᠡᠭᠦᠨ ᠭᠠᠷ ᠤᠨ ᠬᠣᠰᠢᠭᠤᠨ ᠤ ᠬᠦᠮᠦᠨ :: 1944 ᠣᠨ ᠤ 10 ᠰᠠᠷ᠎ᠠ ᠳᠤ ᠲᠥᠷᠥᠭᠰᠡᠨ · ᠪᠠᠭ᠋ᠰᠢ ᠶᠢᠨ ᠰᠤᠷᠭᠠᠭᠤᠯᠢ ᠶᠢ ᠲᠡᠭᠦᠰᠦᠭᠰᠡᠨ :: 1954 ᠣᠨ ᠡᠴᠡ 1957 ᠣᠨ ᠬᠦᠷᠲᠡᠯᠡ ᠰᠤᠷᠭᠠᠭᠤᠯᠢ ᠳᠤ ᠰᠤᠷᠤᠯᠴᠠᠭᠰᠠᠨ · 1957 ᠣᠨ ᠡᠴᠡ 1964 ᠣᠨ ᠤ 7 ᠰᠠᠷ᠎ᠠ ᠬᠦᠷᠲᠡᠯᠡ ᠪᠠᠭ᠋ᠰᠢ ᠶᠢᠨ ᠰᠤᠷᠭᠠᠭᠤᠯᠢ ᠳᠤ ᠰᠤᠷᠤᠯᠴᠠᠭᠰᠠᠨ :: 1964 ᠣᠨ ᠡᠴᠡ 1970 ᠣᠨ ᠬᠦᠷᠲᠡᠯᠡ 《 8 · 1 》 ᠦᠢᠯᠡᠳᠪᠦᠷᠢ ᠳᠦ ᠠᠵᠢᠯᠯᠠᠭᠰᠠᠨ :: 1970 ᠣᠨ ᠤ 7 ᠰᠠᠷ᠎ᠠ ᠳᠤ ᠰᠤᠷᠭᠠᠭᠤᠯᠢ ᠳᠤ ᠪᠠᠭ᠋ᠰᠢ ᠪᠣᠯᠤᠭᠰᠠᠨ · ᠬᠣᠲᠠ ᠶᠢᠨ 802 ᠳᠤᠭᠠᠷ ᠰᠤᠷᠭᠠᠭᠤᠯᠢ ᠳᠤ ᠪᠠᠭ᠋ᠰᠢ ᠪᠣᠯᠤᠨ ᠠᠵᠢᠯᠯᠠᠭᠰᠠᠨ :: 1972 ᠣᠨ ᠳᠤ ᠰᠤᠷᠭᠠᠭᠤᠯᠢ ᠶᠢᠨ ᠬᠣᠷᠢᠶ᠎ᠠ ᠳᠤ ᠰᠢᠯᠵᠢᠭᠰᠡᠨ · 1984 ᠣᠨ ᠡᠴᠡ 1989 ᠣᠨ ᠬᠦᠷᠲᠡᠯᠡ ᠰᠤᠷᠭᠠᠭᠤᠯᠢ ᠶᠢᠨ ᠳᠠᠷᠤᠭ᠎ᠠ ᠪᠠᠷ ᠠᠵᠢᠯᠯᠠᠭᠰᠠᠨ · 1990 ᠣᠨ ᠡᠴᠡ 2002 ᠣᠨ ᠤ 7 ᠰᠠᠷ᠎ᠠ ᠬᠦᠷᠲᠡᠯᠡ ᠬᠣᠰᠢᠭᠤᠨ ᠤ ᠰᠤᠷᠭᠠᠨ ᠬᠦᠮᠦᠵᠢᠯ ᠦᠨ ᠲᠣᠪᠴᠢᠶᠠ ᠳᠤ ᠠᠵᠢᠯᠯᠠᠭᠰᠠᠨ ᠪᠡᠷ ᠲᠡᠳᠦᠢ ᠵᠢᠯ ᠳᠦ ᠲᠡᠳᠬᠦᠨ ᠠᠮᠠᠷᠠᠭᠰᠠᠨ :: ᠲᠡᠷᠡ ᠪᠣᠯ ᠤᠳᠠᠭ᠎ᠠ ᠶᠢᠨ ᠵᠣᠬᠢᠶᠠᠯᠴᠢ ᠮᠥᠨ ::

ᠶ · ᠬᠡᠰᠢᠭ ᠨᠠᠰᠤᠨ 1962 ᠣᠨ ᠡᠴᠡ ᠡᠬᠢᠯᠡᠨ 《 ᠦᠷᠡ ᠵᠢ ᠬᠥᠭᠵᠢᠭᠡᠬᠦ ᠶᠢᠨ ᠲᠥᠯᠦᠭᠡ 》 ᠶᠢ ᠤᠯᠠᠭᠠᠨ ᠬᠤᠷᠢᠶ᠎ᠠ ᠪᠠ ᠰᠣᠨᠢᠨ ᠤ ᠵᠣᠬᠢᠶᠠᠯ ᠳᠤ ᠨᠡᠢᠲᠡᠯᠡᠭᠰᠡᠨ ᠡᠴᠡ ᠬᠣᠢᠰᠢ ᠤᠯᠠᠮ ᠤᠯᠠᠮ ᠵᠣᠬᠢᠶᠠᠯ ᠪᠢᠴᠢᠵᠦ · ᠪᠣᠭᠣᠨᠢ ᠥᠭᠦᠯᠡᠯ ᠂ ᠤᠷᠲᠤ ᠥᠭᠦᠯᠡᠯ ᠂ ᠤᠷᠠᠨ ᠳᠤᠷᠠᠰᠬᠠᠯ ᠮᠡᠲᠦ ᠵᠣᠬᠢᠶᠠᠯ ᠤᠨ ᠪᠦᠲᠦᠭᠡᠯ ᠢ ᠨᠡᠢᠲᠡᠯᠡᠭᠦᠯᠦᠭᠰᠡᠨ · ᠨᠡᠢᠲᠡ ᠳᠦ 《 ᠰᠠᠷᠠ ᠶᠢᠨ ᠭᠡᠷᠡᠯ 》 · 《 ᠬᠡᠭᠡᠷ᠎ᠡ ᠶᠢᠨ ᠰᠣᠨᠢᠨ 》 · 《 ᠬᠠᠪᠤᠷ ᠤᠨ ᠰᠠᠯᠬᠢ 》 ᠵᠡᠷᠭᠡ ᠣᠯᠠᠨ ᠵᠣᠬᠢᠶᠠᠯ ᠤᠨ ᠡᠮᠬᠲᠡᠭᠡᠯ ᠪᠠᠢᠭ᠎ᠠ ᠪᠡᠷ 《 ᠬᠠᠪᠤᠷ ᠤᠨ ᠴᠡᠴᠡᠭ 》 · 《 ᠭᠣᠣ᠋ ᠬᠠᠲᠤᠨ 》 · 《 ᠰᠣᠨᠢᠨ ᠤ ᠴᠢᠮᠡᠭᠡ 》 · 《 ᠥᠨᠳᠦᠷ ᠤᠯᠠ 》 ᠵᠡᠷᠭᠡ ᠶᠢ ᠨᠡᠢᠲᠡᠯᠡᠭᠦᠯᠦᠭᠰᠡᠨ ᠦ ᠬᠠᠮᠲᠤ 《 ᠰᠠᠷᠠᠨ ᠲᠣᠭᠣᠷᠢᠯ 》 · 《 ᠬᠥᠬᠡ ᠲᠠᠩᠭᠠᠷᠢᠭ 》 · 《 ᠮᠥᠩᠭᠦᠨ ᠴᠡᠴᠡᠭ 》 ᠵᠡᠷᠭᠡ 100 ᠭᠠᠷᠤᠢ ᠥᠭᠦᠯᠡᠯ ᠨᠡᠢᠲᠡᠯᠡᠭᠰᠡᠨ · 《 ᠬᠦᠮᠦᠨ ᠦ ᠵᠠᠮ 》 · 《 ᠬᠠᠷᠠᠩᠭᠤᠢ ᠶᠢᠨ ᠭᠡᠷᠡᠯ 》 · 《 ᠤᠰᠤᠨ ᠤ ᠳᠤᠭᠤ 》 :: ᠪᠦᠲᠦᠭᠡᠯ (ᠬᠣᠶᠠᠷ ᠪᠣᠳᠢ) ᠢ ᠬᠡᠪᠯᠡᠭᠦᠯᠦᠭᠰᠡᠨ · 《 ᠰᠠᠷᠠᠨ ᠲᠣᠭᠣᠷᠢᠯ 》 · 《 ᠪᠠᠭᠠᠲᠤᠷ ᠤᠨ ᠬᠥᠭᠡᠭᠡᠨ 》 ᠵᠡᠷᠭᠡ ᠪᠦᠲᠦᠭᠡᠯ ᠨᠢ 《 ᠪᠠᠭᠠᠲᠤᠷ

ᠭᠠᠵᠠᠷ ᠲᠤ 》(ᠬᠠᠷᠠᠭᠠᠯᠵᠠᠨ ᠤ ᠮᠠᠯ ᠤᠨ ᠡᠮᠨᠡᠯᠭᠡ ᠶᠢᠨ ᠰᠤᠷᠭᠠᠭᠤᠯᠢ) ᠶᠢᠨ ᠬᠡᠪᠯᠡᠯ ᠦᠨ ᠬᠤᠷᠢᠶᠠᠩᠭᠤᠢ ᠶᠢ ᠨᠡᠢᠲᠡᠯᠡᠭᠦᠯᠦᠭᠰᠡᠨ :: ᠮᠥᠨ ᠲᠡᠷᠡ ᠭᠠᠳᠠᠭᠠᠳᠤ ᠪᠣᠯᠤᠨ 40 ᠭᠠᠷᠤᠢ ᠥᠭᠦᠯᠡᠯ ᠬᠡᠪᠯᠡᠯ ᠦᠨ ᠮᠡᠷᠭᠡᠵᠢᠯ ᠦᠨ ᠰᠡᠳᠬᠦᠯ ᠢ ᠨᠡᠢᠲᠡᠯᠡᠭᠦᠯᠦᠨ ᠪᠣᠯᠪᠠᠰᠤᠷᠠᠭᠤᠯᠤᠯ 《 ᠮᠠᠯ ᠤᠨ 》 ᠰᠡᠳᠬᠦᠯ ᠳᠦ ᠬᠡᠪᠯᠡᠭᠳᠡᠭᠰᠡᠨ :: 1992 ᠣᠨ ᠤ 8 ᠳᠤᠭᠠᠷ ᠰᠠᠷ᠎ᠠ ᠳᠤ 《 ᠮᠣᠩᠭᠣᠯ ᠤᠨ ᠰᠤᠷᠭᠠᠨ ᠬᠦᠮᠦᠵᠢᠯ 》(ᠬᠤ · ᠪᠠᠭᠠᠲᠤᠷ ᠤᠨ ᠨᠡᠢᠲᠡᠯᠡᠭᠦᠯᠦᠯ · ᠬᠠᠷᠠᠭᠠᠯᠵᠠᠨ ᠤ ᠮᠠᠯ ᠤᠨ ᠡᠮᠨᠡᠯᠭᠡ ᠶᠢᠨ ᠰᠤᠷᠭᠠᠭᠤᠯᠢ) ᠶᠢᠨ ᠪᠦᠲᠦᠭᠡᠯ ᠲᠠᠢ ᠪᠣᠯ · 2005 ᠣᠨ ᠤ 8 ᠳᠤᠭᠠᠷ ᠰᠠᠷ᠎ᠠ ᠳᠤ 《 ᠰᠢᠨᠵᠢᠯᠡᠬᠦ ᠤᠬᠠᠭᠠᠨ ᠤ ᠳᠡᠭᠡᠳᠦ ᠭᠠᠵᠠᠷ ᠲᠤ 》(ᠬᠠᠷᠠᠭᠠᠯᠵᠠᠨ ᠤ ᠮᠠᠯ ᠤᠨ ᠡᠮᠨᠡᠯᠭᠡ ᠶᠢᠨ ᠰᠤᠷᠭᠠᠭᠤᠯᠢ) ᠶᠢᠨ ᠪᠦᠲᠦᠭᠡᠯ · ᠰᠡᠳᠬᠦᠯ ᠳᠦ ᠬᠡᠪᠯᠡᠭᠳᠡᠭᠰᠡᠨ ::

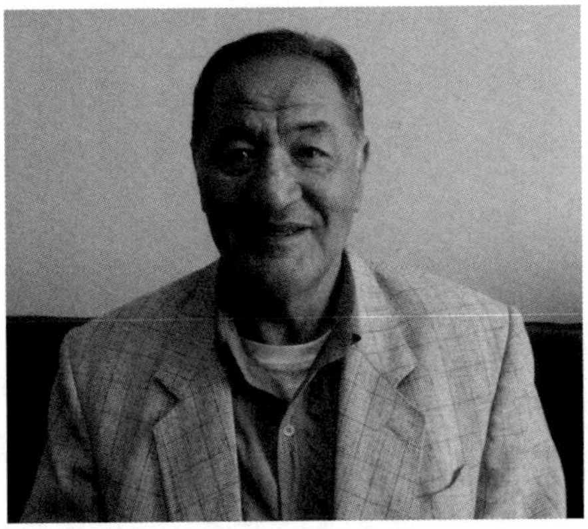

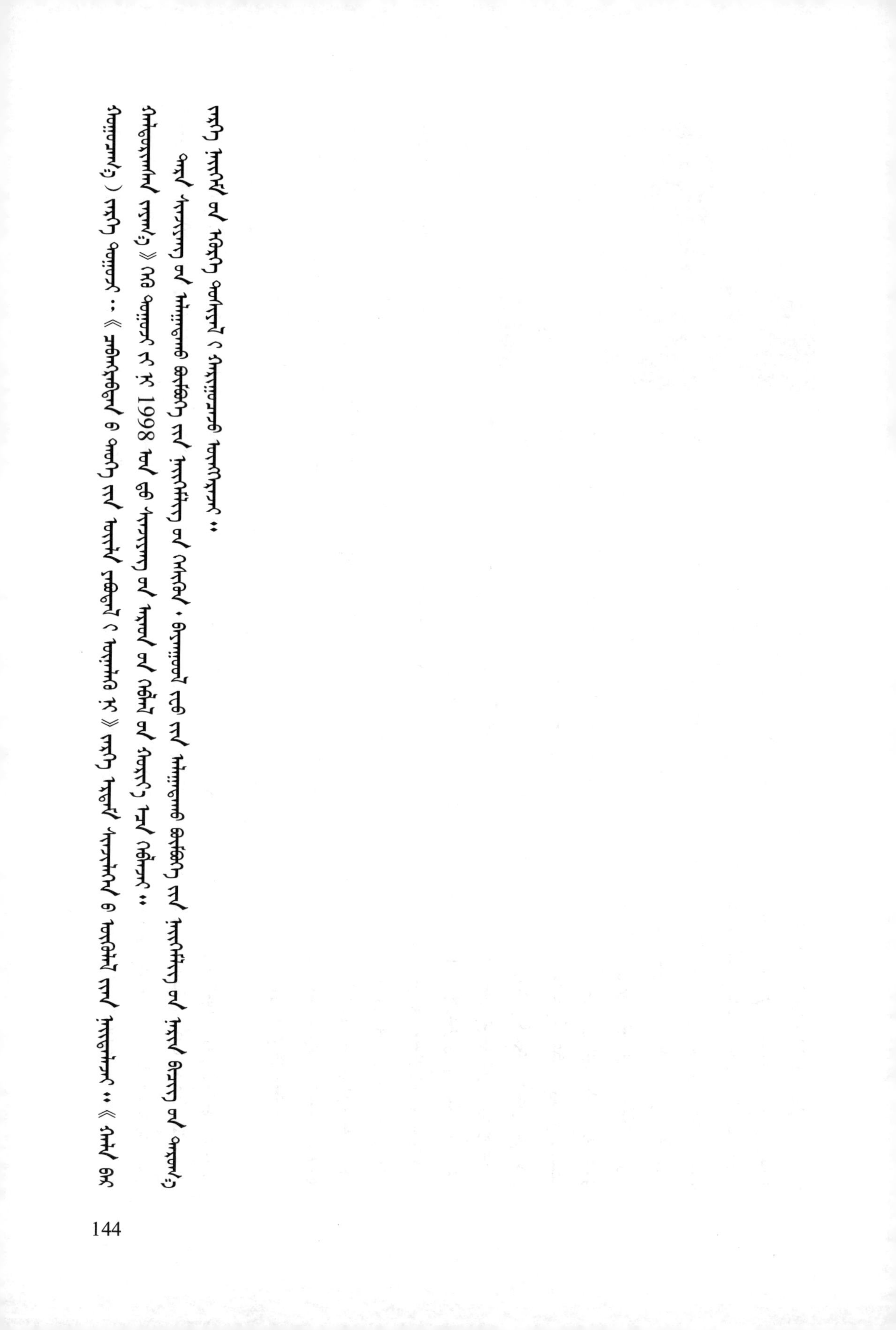

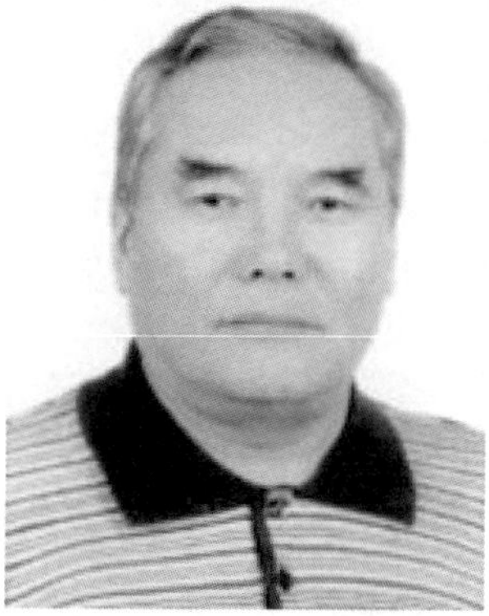

ᠪᠠᠲᠤᠮᠥᠩᠬᠡ ᠲᠡᠷᠭᠦᠯᠡᠭᠴᠢ᠂ ᠳᠡᠭᠡᠳᠦ ᠣᠷᠴᠢᠭᠤᠯᠤᠭᠴᠢ᠂ ᠲᠣᠷ ᠣᠷᠴᠢᠭᠤᠯᠤᠭᠴᠢ᠂ ᠬᠢᠳᠠᠳ ᠤᠨ ᠣᠷᠴᠢᠭᠤᠯᠭ᠎ᠠ ᠶᠢᠨ ᠨᠡᠢᠭᠡᠮᠯᠢᠭ ᠦᠨ ᠭᠡᠰᠢᠭᠦᠨ᠃ 1946 ᠣᠨ ᠤ 5 ᠰᠠᠷ᠎ᠠ ᠶᠢᠨ 16 ᠤ ᠡᠳᠦᠷ ᠲᠥᠷᠥᠭᠰᠡᠨ᠃ 1955 ᠣᠨ ᠤ ... 1963 ᠣᠨ ᠤ 9 ... 1965 ᠣᠨ ... 1977 ᠣᠨ ᠤ 12 ᠰᠠᠷ᠎ᠠ ... 2 ᠰᠠᠷ᠎ᠠ ... 1978 ᠣᠨ ᠤ 3 ᠰᠠᠷ᠎ᠠ ... 1982 ... ᠣᠨ ᠤ 1 ᠰᠠᠷ᠎ᠠ ... 1984 ᠣᠨ ᠤ 9 ᠰᠠᠷ᠎ᠠ ... 1985 ᠣᠨ ᠡᠴᠡ 2001 ᠣᠨ ᠤ 8 ᠰᠠᠷ᠎ᠠ ... 1995 ᠣᠨ ᠤ 10 ᠰᠠᠷ᠎ᠠ ... 2001 ᠣᠨ ᠤ 11 ᠰᠠᠷ᠎ᠠ ... 2004 ... 2001 ᠣᠨ ᠤ 8 ᠰᠠᠷ᠎ᠠ ᠡᠴᠡ 2006 ᠣᠨ ᠤ 6 ᠰᠠᠷ᠎ᠠ ... 2006 ᠣᠨ ᠤ 6 ᠰᠠᠷ᠎ᠠ ... 2021 ᠣᠨ ᠤ 11 ᠰᠠᠷ᠎ᠠ ᠶᠢᠨ 25 ᠤ ᠡᠳᠦᠷ ᠦᠨ 6 ᠴᠠᠭ 45 ᠮᠢᠨᠦ᠋ᠲ ᠲᠦ ... ᠨᠠᠰᠤ ᠪᠠᠷᠠᠯᠴᠠ᠃ ᠨᠠᠰᠤ ᠨᠢ 75 ᠬᠦᠷᠴᠡᠢ᠃

... 《...》᠂《...》᠂《...》᠂《...》᠂《...》...

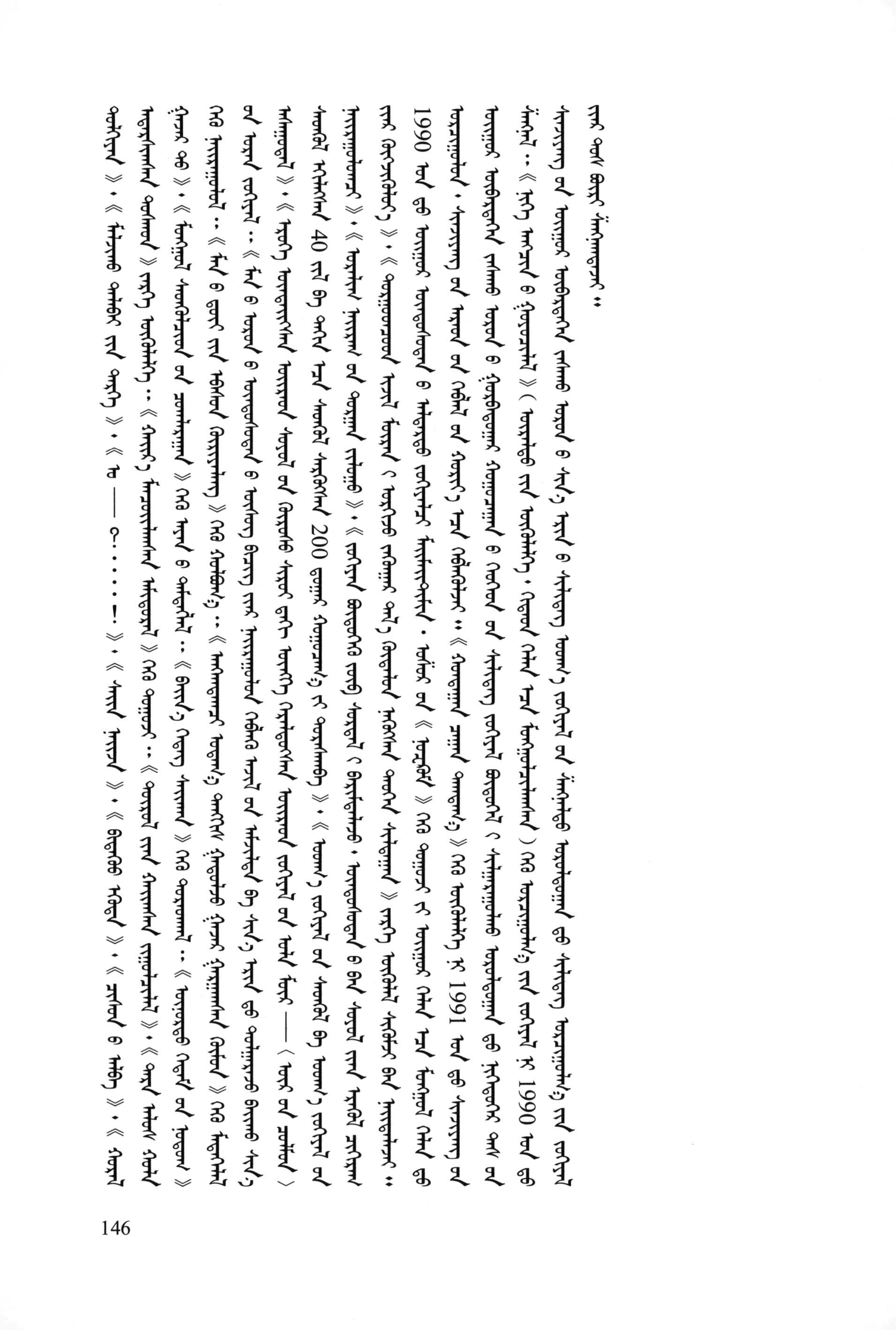

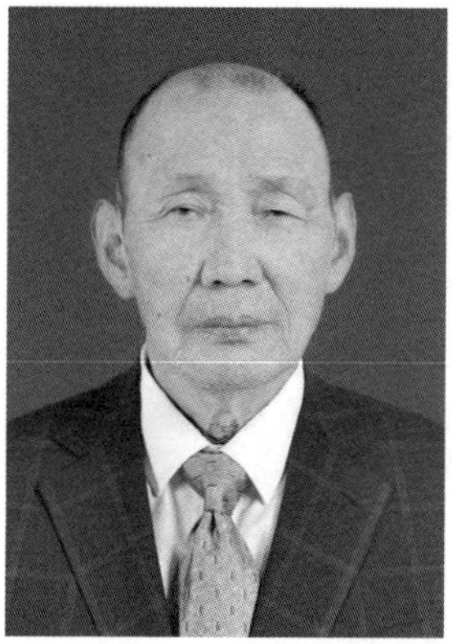

ᠪ᠂ ᠨᠠᠰᠤ ᠮᠣᠩᠭᠣᠯ ᠦᠨᠳᠦᠰᠦᠲᠡᠨ᠂ ᠬᠢᠲᠠᠳ ᠤᠨ ᠦᠨᠳᠦᠰᠦᠲᠡᠨ ᠦ ᠴᠥᠬᠡᠨ ᠵᠣᠬᠢᠶᠠᠯᠴᠢᠳ ᠤᠨ ᠨᠡᠶᠢᠭᠡᠮᠯᠢᠭ ᠦᠨ ᠭᠡᠰᠢᠭᠦᠨ᠃ 1946 ᠣᠨ ᠤ 8 ᠰᠠᠷ᠎ᠠ ᠶᠢᠨ 24 ᠦ ᠡᠳᠦᠷ ᠪᠠᠭᠠᠷᠢᠨ ᠪᠠᠷᠠᠭᠤᠨ ᠬᠣᠰᠢᠭᠤᠨ ᠤ ᠰᠠᠭᠤᠷᠢᠨ ᠰᠤᠮᠤ ᠶᠢᠨ ᠭᠠᠴᠠᠭ᠎ᠠ ᠳᠤ ᠲᠥᠷᠥᠭᠰᠡᠨ᠃ ᠨᠤᠲᠤᠭ ᠤᠨ ᠪᠠᠭ᠎ᠠ ᠰᠤᠷᠭᠠᠭᠤᠯᠢ ᠳᠤ ᠰᠤᠷᠤᠯᠴᠠᠭᠰᠠᠨ᠃ 1953 ᠣᠨ ᠡᠴᠡ 1959 ᠣᠨ ᠬᠦᠷᠲᠡᠯᠡ ᠨᠤᠲᠤᠭ ᠤᠨ ᠪᠠᠭ᠎ᠠ ᠪᠣᠯᠤᠨ ᠳᠤᠮᠳᠠ ᠰᠤᠷᠭᠠᠭᠤᠯᠢ ᠳᠤ ᠰᠤᠷᠤᠯᠴᠠᠭᠰᠠᠨ᠂ 1960 ᠣᠨ ᠡᠴᠡ 1964 ᠣᠨ ᠬᠦᠷᠲᠡᠯᠡ ᠬᠥᠬᠡᠬᠣᠲᠠ ᠶᠢᠨ ᠪᠠᠭᠰᠢ ᠶᠢᠨ ᠰᠤᠷᠭᠠᠭᠤᠯᠢ ᠳᠤ ᠰᠤᠷᠤᠯᠴᠠᠭᠰᠠᠨ᠃ 1964 ᠣᠨ ᠤ 10 ᠰᠠᠷ᠎ᠠ ᠡᠴᠡ 1984 ᠣᠨ ᠬᠦᠷᠲᠡᠯᠡ ᠬᠣᠰᠢᠭᠤᠨ ᠤ ᠰᠤᠷᠭᠠᠭᠤᠯᠢ ᠳᠤ ᠪᠠᠭᠰᠢ᠂ ᠪᠠᠭᠰᠢ ᠶᠢᠨ ᠰᠤᠷᠭᠠᠨ ᠬᠦᠮᠦᠵᠢᠯ ᠦᠨ ᠬᠦᠷᠢᠶᠡᠯᠡᠩ ᠳᠦ ᠠᠵᠢᠯᠯᠠᠭᠰᠠᠨ᠃ 1971 ᠣᠨ ᠠᠴᠠ ᠡᠬᠢᠯᠡᠨ ᠤᠷᠠᠨ ᠵᠣᠬᠢᠶᠠᠯ ᠤᠨ ᠪᠦᠲᠦᠭᠡᠯ ᠪᠢᠴᠢᠵᠦ ᠡᠬᠢᠯᠡᠭᠰᠡᠨ᠃ 1984 ᠣᠨ ᠳᠤ ᠥᠪᠦᠷ ᠮᠣᠩᠭᠣᠯ ᠤᠨ ᠵᠣᠬᠢᠶᠠᠯᠴᠢᠳ ᠤᠨ ᠨᠡᠶᠢᠭᠡᠮᠯᠢᠭ ᠲᠦ ᠡᠯᠰᠡᠭᠰᠡᠨ᠃ 1984 ᠣᠨ ᠡᠴᠡ 1986 ᠣᠨ ᠬᠦᠷᠲᠡᠯᠡ ᠬᠣᠰᠢᠭᠤᠨ ᠤ ᠰᠤᠶᠤᠯ ᠤᠨ ᠲᠣᠪᠴᠢᠶ᠎ᠠ ᠶᠢᠨ ᠰᠤᠷᠭᠠᠨ ᠰᠤᠳᠤᠯᠬᠤ ᠭᠠᠵᠠᠷ (ᠤᠷᠠᠯᠢᠭ ᠤᠨ ᠭᠠᠵᠠᠷ) ᠤᠨ ᠡᠷᠬᠢᠯᠡᠭᠴᠢ᠂ 1986 ᠣᠨ ᠡᠴᠡ 1994 ᠣᠨ ᠬᠦᠷᠲᠡᠯᠡ ᠬᠣᠰᠢᠭᠤᠨ ᠤ ᠤᠯᠤᠰ ᠲᠥᠷᠦ ᠶᠢᠨ ᠪᠢᠴᠢᠭ ᠦᠨ ᠬᠡᠯᠡᠲᠦ ᠶᠢᠨ ᠳᠠᠷᠤᠭ᠎ᠠ ᠪᠡᠷ ᠠᠵᠢᠯᠯᠠᠭᠰᠠᠨ᠃ 1994 ᠣᠨ ᠤ 7 ᠰᠠᠷ᠎ᠠ ᠡᠴᠡ ᠬᠣᠰᠢᠭᠤᠨ ᠤ ᠪᠣᠯᠪᠠᠰᠤᠷᠠᠯ ᠤᠨ ᠬᠣᠷᠢᠶ᠎ᠠ ᠶᠢᠨ ᠳᠡᠳ ᠳᠠᠷᠤᠭ᠎ᠠ᠂ ᠬᠣᠰᠢᠭᠤᠨ ᠤ ᠡᠪ ᠨᠡᠶᠢᠲᠡ ᠶᠢᠨ ᠬᠣᠷᠢᠶ᠎ᠠ ᠶᠢᠨ ᠳᠡᠳ ᠳᠠᠷᠤᠭ᠎ᠠ ᠪᠡᠷ ᠠᠵᠢᠯᠯᠠᠵᠤ᠂ 2002 ᠣᠨ ᠤ 3 ᠰᠠᠷ᠎ᠠ ᠳᠤ ᠲᠡᠲᠡᠭᠦᠯᠡᠨ ᠳᠦ ᠭᠠᠷᠤᠭᠰᠠᠨ᠃

ᠪ᠂ ᠨᠠᠰᠤ 1967 ᠣᠨ ᠳᠤ 《 ᠥᠪᠦᠷ ᠮᠣᠩᠭᠣᠯ ᠤᠨ ᠡᠳᠦᠷ ᠦᠨ ᠰᠣᠨᠢᠨ 》 ᠳᠤ ᠨᠡᠢᠳᠡᠯᠡᠭᠰᠡᠨ ᠠᠩᠬᠠᠨ ᠤ ᠪᠦᠲᠦᠭᠡᠯ ᠡᠴᠡ ᠡᠬᠢᠯᠡᠨ ᠤᠷᠠᠨ ᠵᠣᠬᠢᠶᠠᠯ ᠤᠨ ᠣᠯᠠᠨ ᠲᠣᠭ᠎ᠠ ᠶᠢᠨ ᠮᠡᠳᠡᠭᠡ᠂ ᠥᠭᠦᠯᠡᠷ᠂ ᠶᠡᠷᠦ ᠶᠢᠨ ᠥᠭᠦᠯᠡᠯ᠂ ᠰᠢᠯᠦᠭ ᠲᠡᠷᠭᠡᠭᠦᠲᠡᠨ ᠪᠢᠴᠢᠵᠦ 《 ᠰᠢᠨᠵᠢᠯᠡᠬᠦ ᠤᠬᠠᠭᠠᠨ ᠤ ᠰᠣᠳᠤᠯ 》᠂《 ᠪᠠᠭᠠᠷᠢᠨ ᠤ ᠰᠢᠯᠢ ᠳᠤ 》᠂《 ᠰᠡᠳᠬᠢᠯ ᠦᠨ ᠪᠡᠯᠡᠭ ᠪᠠᠶᠠᠯᠢᠭ 》᠂《〈 ᠭᠡᠷᠡᠯ 〉ᠦᠨ ᠰᠢᠯᠦᠭ 》᠂《 ᠰᠢᠨ᠎ᠡ ᠨᠤᠲᠤᠭ ᠤᠨ ᠳᠠᠭᠤᠤ 》᠂《 ᠲᠣᠭᠤᠷᠢᠭ ᠤᠨ ᠳᠠᠭᠤᠤ 》᠂《 ᠨᠠᠷᠠᠨ ᠰᠠᠷᠠᠨ ᠤ ᠰᠢᠯᠦᠭ 》(ᠬᠠᠮᠲᠤ) ᠵᠡᠷᠭᠡ 30 ᠭᠠᠷᠤᠢ ᠨᠣᠮ ᠬᠡᠪᠯᠡᠭᠦᠯᠦᠭᠰᠡᠨ᠃《 ᠰᠢᠨᠵᠢᠯᠡᠬᠦ ᠤᠬᠠᠭᠠᠨ ᠤ ᠰᠣᠳᠤᠯ 》᠂《 ᠪᠠᠭᠠᠷᠢᠨ ᠤ ᠰᠤᠷᠭᠠᠭᠤᠯᠢ 》᠂《 ᠵᠣᠯᠠ 》᠂《 ᠪᠡᠭᠡᠳᠡᠰ ᠦᠨ ᠬᠥᠭᠵᠢᠮ 》᠂《 ᠨᠤᠲᠤᠭ ᠤᠨ ᠰᠡᠳᠬᠢᠯ 》 ᠵᠡᠷᠭᠡ 70 ᠭᠠᠷᠤᠢ ᠪᠦᠲᠦᠭᠡᠯ ᠨᠢ ᠶᠡᠬᠡ ᠰᠤᠷᠭᠠᠭᠤᠯᠢ ᠶᠢᠨ ᠰᠤᠷᠬᠤ ᠪᠢᠴᠢᠭ ᠲᠦ ᠣᠷᠣᠭᠰᠠᠨ᠃《 ᠰᠢᠨᠵᠢᠯᠡᠬᠦ ᠤᠬᠠᠭᠠᠨ ᠤ ᠰᠣᠳᠤᠯ 》ᠨᠣᠮ ᠨᠢ 1984 ᠣᠨ ᠳᠤ ᠥᠪᠦᠷ ᠮᠣᠩᠭᠣᠯ ᠤᠨ ᠵᠣᠬᠢᠶᠠᠯᠴᠢᠳ ᠤᠨ ᠨᠡᠶᠢᠭᠡᠮᠯᠢᠭ ᠦᠨ 1981 —— 1982 ᠣᠨ ᠤ ᠰᠠᠶᠢᠨ ᠪᠦᠲᠦᠭᠡᠯ ᠦᠨ ᠱᠠᠩᠨᠠᠯ᠂《 ᠡᠳᠦᠷ ᠦᠨ ᠰᠣᠨᠢᠨ 》 ᠰᠣᠨᠢᠨ ᠤ ᠶᠡᠷᠦᠩᠬᠡᠢ ᠨᠡᠶᠢᠭᠡᠮᠯᠢᠭ ᠦᠨ ᠤᠷᠠᠨ ᠵᠣᠬᠢᠶᠠᠯ ᠤᠨ ᠱᠠᠩᠨᠠᠯ ᠢ ᠬᠦᠷᠲᠡᠭᠰᠡᠨ᠃《 ᠰᠢᠯᠦᠭ ᠦᠨ ᠲᠣᠭᠲᠠᠭᠠᠯ 》 ᠢ ᠦᠨᠳᠦᠰᠦᠲᠡᠨ ᠦ ᠴᠥᠬᠡᠨ ᠲᠣᠭ᠎ᠠ ᠶᠢᠨ ᠬᠡᠯᠡ ᠪᠢᠴᠢᠭ ᠢ ᠭᠠᠷᠤᠭᠰᠠᠨ ᠪᠠᠶᠢᠨ᠎ᠠ᠃ ᠳᠤᠮᠳᠠᠳᠤ ᠤᠯᠤᠰ ᠤᠨ ᠵᠣᠬᠢᠶᠠᠯᠴᠢᠳ ᠤᠨ ᠨᠡᠶᠢᠭᠡᠮᠯᠢᠭ ᠦᠨ ᠭᠡᠰᠢᠭᠦᠨ ᠪᠣᠯᠪᠠ᠃

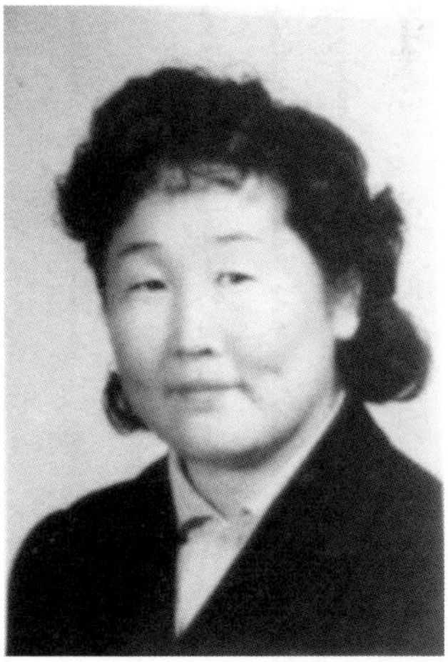

ᠪᠠ᠂ ᠣᠶᠤᠨᠴᠢᠮᠡᠭ ᠡᠮᠡᠭᠲᠡᠢ᠂ ᠬᠠᠷᠠᠴᠢᠨ ᠬᠣᠰᠢᠭᠤ ᠪᠠᠭᠠᠷᠢᠨ᠂ ᠵᠠᠷᠤᠳ ᠤᠨ ᠪᠠᠭᠠᠷᠢᠨ ᠤ ᠰᠢᠯᠢᠭᠡᠳᠡᠭ:: 1946 ᠣᠨ ᠤ 11 ᠰᠠᠷ᠎ᠠ ᠶᠢᠨ 15 ᠤ ᠡᠳᠦᠷ ᠲᠥᠷᠥᠭᠰᠡᠨ᠂ ᠪᠠᠭᠰᠢ ᠶᠢᠨ ᠮᠡᠷᠭᠡᠵᠢᠯ ᠲᠡᠢ᠂ ᠰᠤᠷᠭᠠᠭᠤᠯᠢ ᠶᠢᠨ ᠪᠠᠭᠰᠢ ᠶᠢᠨ ᠪᠡᠶ᠎ᠡ ᠪᠡᠷ ᠰᠤᠷᠭᠠᠨ ᠬᠦᠮᠦᠵᠢᠭᠦᠯᠬᠦ ᠠᠵᠢᠯ ᠢ ᠡᠷᠬᠢᠯᠡᠵᠦ ᠪᠠᠢᠭᠰᠠᠨ:: 1963 ᠣᠨ ᠳᠤ ᠰᠤᠷᠭᠠᠭᠤᠯᠢ ᠳᠦ ᠣᠷᠣᠵᠤ᠂ ᠰᠤᠷᠭᠠᠭᠤᠯᠢ ᠶᠢᠨ ᠪᠠᠭᠰᠢ ᠪᠣᠯᠵᠤ ᠮᠣᠩᠭᠣᠯ ᠪᠢᠴᠢᠭ᠌ ᠦᠨ ᠬᠢᠴᠢᠶᠡᠯ ᠦᠨ ᠪᠠᠭᠰᠢ ᠪᠣᠯᠤᠨ ᠰᠤᠷᠭᠠᠭᠤᠯᠢ ᠶᠢᠨ ᠡᠷᠬᠢᠯᠡᠭᠴᠢ ᠵᠢᠷᠭᠠᠯ ᠲᠤ ᠠᠵᠢᠯᠯᠠᠵᠤ ᠪᠠᠢᠭᠰᠠᠨ:: 1975 ᠣᠨ ᠳᠤ ᠰᠤᠷᠭᠠᠭᠤᠯᠢ ᠶᠢᠨ ᠣᠷᠣᠯᠠᠭᠴᠢ᠂ ᠡᠷᠬᠢᠯᠡᠭᠴᠢ ᠪᠠᠷ ᠲᠣᠮᠢᠯᠠᠭᠳᠠᠵᠤ᠂ 1992 ᠣᠨ ᠳᠤ ᠲᠡᠳᠬᠦᠯᠲᠡ ᠶᠢᠨ ᠠᠵᠢᠯ ᠳᠤ ᠰᠢᠯᠵᠢᠵᠦ ᠪᠠᠢᠭᠰᠠᠨ:: 2001 ᠣᠨ ᠳᠤ ᠲᠦᠰᠢᠮᠡᠯ ᠡᠴᠡ ᠲᠡᠳᠬᠦᠯᠲᠡ ᠳᠦ ᠭᠠᠷᠴᠤ᠂ ᠨᠠᠰᠤᠨ ᠤ ᠡᠴᠡᠰ ᠲᠦ ᠬᠦᠷᠴᠦ 2021 ᠣᠨ ᠤ 12 ᠰᠠᠷ᠎ᠠ ᠶᠢᠨ 11 ᠦ ᠡᠳᠦᠷ ᠦᠨ 4 ᠴᠠᠭ ᠲᠤ ᠬᠥᠬᠡᠬᠣᠲᠠ ᠳᠤ ᠲᠠᠭᠠᠯᠠᠯ ᠪᠣᠯᠪᠠ:: ᠨᠠᠰᠤ ᠨᠢ
77 ᠨᠠᠰᠤᠯᠠᠪᠠ::

ᠦᠨᠳᠦᠰᠦᠲᠡᠨ ᠦ ᠪᠠᠷ ᠳᠤ ᠬᠡᠪᠯᠡᠭᠳᠡᠭᠰᠡᠨ ᠪᠦᠲᠦᠭᠡᠯ ᠳᠤ 《 ᠬᠠᠷ ᠤᠨ ᠭᠣᠣᠯ 》· 《 ᠪᠣᠯᠤᠨ ᠤ ᠬᠠᠯᠠᠮᠰᠢ 》· 《 ᠭᠡᠷ ᠦᠨ ᠬᠦᠮᠦᠵᠢᠯ ᠦᠨ ᠰᠣᠳᠤᠯᠭ᠎ᠠ 》 ᠵᠡᠷᠭᠡ ᠨᠣᠮ ᠤᠳ ᠪᠠᠢᠨ᠎ᠠ:: 2004 ᠣᠨ ᠤ 12 ᠰᠠᠷ᠎ᠠ ᠳᠤ 《 ᠪᠣᠯᠤᠨ ᠤ ᠬᠣᠭᠣᠰᠤᠨ 》(ᠪᠠ᠂ ᠣᠶᠤᠨᠴᠢᠮᠡᠭ ᠤᠨ ᠵᠣᠬᠢᠶᠠᠯ ᠤᠨ ᠴᠣᠮᠤᠭ) ᠬᠡᠪᠯᠡᠭᠳᠡᠭᠰᠡᠨ ᠪᠣᠯᠤᠨ ᠮᠣᠩᠭᠣᠯ ᠪᠢᠴᠢᠭ᠌ ᠦᠨ ᠰᠤᠷᠭᠠᠯᠲᠠ ᠶᠢᠨ ᠲᠤᠬᠠᠢ ᠡᠷᠳᠡᠮ ᠰᠢᠨᠵᠢᠯᠡᠭᠡᠨ ᠦ ᠵᠣᠬᠢᠶᠠᠯ ᠤᠳ ᠢ ᠨᠡᠢᠲᠡᠯᠡᠭᠦᠯᠵᠦ᠂ 《 ᠪᠣᠯᠤᠨ ᠤ ᠬᠠᠯᠠᠮᠰᠢ 》(ᠪᠠ᠂ ᠣᠶᠤᠨᠴᠢᠮᠡᠭ ᠤᠨ ᠵᠣᠬᠢᠶᠠᠯ ᠤᠨ ᠴᠣᠮᠤᠭ) ᠬᠡᠪᠯᠡᠭᠳᠡᠭᠰᠡᠨ ᠪᠢᠯᠡ᠂ 2017 ᠣᠨ ᠤ 7 ᠰᠠᠷ᠎ᠠ ᠳᠤ 《 ᠪᠣᠯᠤᠨ ᠤ ᠬᠣᠭᠣᠰᠤᠨ ᠤ ᠳᠤᠷᠠᠰᠬᠠᠯ 》 ᠢ ᠦᠨᠳᠦᠰᠦᠲᠡᠨ ᠦ ᠬᠡᠪᠯᠡᠯ ᠦᠨ ᠬᠣᠷᠢᠶ᠎ᠠ ᠪᠠᠷ ᠬᠡᠪᠯᠡᠭᠦᠯᠦᠨ ᠭᠠᠷᠭᠠᠪᠠ::

ᠪᠣᠢ ᠶᠢᠨ ᠠ᠃
ᠣᠷᠴᠢᠭᠤᠯᠤᠭᠴᠢᠳ ᠤᠨ ᠨᠡᠶᠢᠭᠡᠮᠯᠢᠭ ᠦᠨ ᠪᠠᠢᠭᠤᠯᠤᠯᠭ᠎ᠠ ᠶᠢᠨ ᠭᠡᠰᠢᠭᠦᠨ ᠦ ᠪᠠᠢᠳᠠᠯ ᠢ ᠣᠯᠤᠭᠰᠠᠨ ᠤ ᠬᠠᠮᠲᠤ᠂ 2006 ᠣᠨ ᠳᠤ ᠬᠤᠪᠢ ᠶᠢᠨ ᠬᠡᠪᠯᠡᠯ ᠦᠨ
ᠪᠠᠢᠭᠤᠯᠤᠯᠭ᠎ᠠ ᠶᠢᠨ ᠭᠡᠰᠢᠭᠦᠨ ᠦ ᠲᠤᠰᠬᠠᠢ ᠮᠡᠷᠭᠡᠵᠢᠯᠲᠡᠨ ᠦ ᠨᠡᠷ᠎ᠡ ᠲᠣᠷᠳᠠᠯ ᠢ ᠣᠯᠵᠠᠢ ᠃ 2000 ᠣᠨ ᠳᠤ ᠪᠦᠭᠦᠳᠡ ᠨᠠᠶᠢᠷᠠᠮᠳᠠᠬᠤ ᠢᠯᠠᠭᠤᠭᠴᠢᠳ ᠤᠨ ᠨᠡᠷ᠎ᠡ ᠲᠣᠷᠳᠠᠯ ᠢ ᠣᠯᠵᠠᠢ᠂ ᠣᠳᠣ ᠪᠦᠬᠦ ᠤᠯᠤᠰ ᠤᠨ
ᠣᠷᠴᠢᠭᠤᠯᠭ᠎ᠠ ᠶᠢᠨ ᠦᠢᠯᠡ ᠶᠢᠨ ᠬᠦᠮᠦᠵᠢᠯ ᠦᠨ ᠬᠣᠷᠢᠶ᠎ᠠ ᠶᠢᠨ ᠨᠡᠷᠡᠲᠦ ᠭᠡᠰᠢᠭᠦᠨ ᠦ ᠪᠠᠢᠳᠠᠯ ᠢ ᠣᠯᠵᠠᠢ᠃ 1996 ᠣᠨ ᠤ 4 ᠰᠠᠷ᠎ᠠ ᠠᠴᠠ ᠪᠣᠯᠵᠣᠬᠤ ᠣᠷᠴᠢᠭᠤᠯᠭ᠎ᠠ ᠶᠢᠨ
ᠣᠷᠴᠢᠭᠤᠯᠤᠭᠴᠢᠳ ᠤᠨ ᠬᠣᠷᠢᠶ᠎ᠠ ᠶᠢᠨ ᠰᠢᠭᠦᠯᠲᠡ᠂ ᠰᠢᠭᠦᠯᠲᠡ ᠶᠢᠨ ᠬᠣᠷᠢᠶ᠎ᠠ ᠶᠢᠨ ᠭᠡᠰᠢᠭᠦᠨ᠂ 1990 ᠣᠨ ᠠᠴᠠ 1996 ᠣᠨ ᠤ 4 ᠰᠠᠷ᠎ᠠ ᠬᠦᠷᠲᠡᠯ᠎ᠡ ᠮᠣᠩᠭᠣᠯ ᠬᠡᠯᠡ ᠪᠢᠴᠢᠭ ᠦᠨ
ᠣᠨ ᠤ 7 ᠰᠠᠷ᠎ᠠ ᠠᠴᠠ ᠡᠬᠢᠯᠡᠨ ᠭᠡᠰᠢᠭᠦᠨ᠂ ᠣᠷᠴᠢᠭᠤᠯᠭ᠎ᠠ ᠶᠢᠨ ᠲᠠᠰᠤᠭ ᠤᠨ ᠲᠤᠰᠠᠯᠠᠮᠵᠢ ᠳᠠᠷᠤᠭ᠎ᠠ᠂ ᠮᠣᠩᠭᠣᠯ ᠬᠡᠯᠡ ᠪᠢᠴᠢᠭ ᠦᠨ ᠣᠷᠴᠢᠭᠤᠯᠭ᠎ᠠ ᠶᠢᠨ ᠬᠢᠯᠪᠤᠷ ᠢ ᠡᠷᠬᠢᠯᠡᠨ 1985
ᠣᠨ ᠤ ᠬᠣᠷᠢᠶ᠎ᠠ ᠳᠤ ᠣᠷᠴᠢᠭᠤᠯᠤᠭᠴᠢ ᠪᠣᠯᠵᠣ᠂ ᠮᠣᠩᠭᠣᠯ ᠬᠡᠯᠡ ᠪᠢᠴᠢᠭ ᠦᠨ ᠣᠷᠴᠢᠭᠤᠯᠭ᠎ᠠ ᠶᠢᠨ ᠲᠠᠰᠤᠭ ᠤᠨ ᠲᠤᠰᠠᠯᠠᠮᠵᠢ᠂ 1983 ᠣᠨ ᠤ 9 ᠰᠠᠷ᠎ᠠ ᠠᠴᠠ ᠪᠡᠯᠡᠳᠬᠡᠭᠰᠡᠨ ᠰᠣᠶᠣᠯ
ᠮᠠᠭᠠᠳ ᠪᠠᠶᠢᠭᠤᠯᠤᠯᠭ᠎ᠠ ᠶᠢᠨ ᠣᠷᠴᠢᠭᠤᠯᠤᠭᠴᠢ ᠪᠣᠯᠪᠠ᠃ 1980 ᠣᠨ ᠤ 4 ᠰᠠᠷ᠎ᠠ ᠠᠴᠠ 1983 ᠣᠨ ᠤ 9 ᠰᠠᠷ᠎ᠠ ᠬᠦᠷᠲᠡᠯ᠎ᠡ
ᠤᠷᠤᠯᠳᠤᠭᠠᠨ ᠤ ᠨᠡᠶᠢᠲᠡ ᠪᠠᠶᠢᠭᠤᠯᠤᠯᠭ᠎ᠠ ᠶᠢᠨ ᠬᠡᠯᠡᠲᠡᠰ ᠳᠤ ᠠᠵᠢᠯᠯᠠᠵᠤ᠂ ᠤᠷᠤᠯᠳᠤᠭᠠᠨ ᠤ ᠣᠷᠴᠢᠭᠤᠯᠤᠭᠴᠢ ᠪᠣᠯᠪᠠ᠃ 1970 ᠣᠨ ᠠᠴᠠ 1980 ᠣᠨ ᠬᠦᠷᠲᠡᠯ᠎ᠡ ᠪᠦᠬᠦ ᠤᠯᠤᠰ ᠤᠨ ᠠᠷᠠᠳ ᠤᠨ ᠢᠯᠠᠭᠤᠭᠰᠠᠨ ᠤ
ᠮᠣᠩᠭᠣᠯ ᠪᠣᠯᠪᠠ ᠠᠷᠠᠳ ᠤᠨ ᠬᠡᠪᠯᠡᠯ ᠦᠨ ᠬᠣᠷᠢᠶ᠎ᠠ ᠳᠤ ᠣᠷᠴᠢᠭᠤᠯᠤᠭᠴᠢ ᠪᠣᠯᠪᠠ᠃ 1970 ᠣᠨ ᠳᠤ ᠲᠡᠭᠦᠰᠦᠭᠰᠡᠨ
ᠪᠡᠭᠡᠵᠢᠩ ᠦᠨ ᠦᠨᠳᠦᠰᠦᠲᠡᠨ ᠦ ᠶᠡᠬᠡ ᠰᠤᠷᠭᠠᠭᠤᠯᠢ ᠳᠤ ᠰᠤᠷᠤᠯᠴᠠᠵᠤ᠂ 1967 ᠣᠨ ᠤ 10 ᠰᠠᠷ᠎ᠠ ᠳᠤ ᠲᠡᠭᠦᠰᠦᠭᠰᠡᠨ᠂ ᠮᠣᠩᠭᠣᠯ ᠬᠡᠯᠡ ᠪᠢᠴᠢᠭ ᠦᠨ ᠮᠡᠷᠭᠡᠵᠢᠯ ᠢ
1963 ᠣᠨ ᠤ 9 ᠰᠠᠷ᠎ᠠ ᠠᠴᠠ 1967 ᠣᠨ ᠤ 10 ᠰᠠᠷ᠎ᠠ ᠬᠦᠷᠲᠡᠯ᠎ᠡ ᠦᠨᠳᠦᠰᠦᠲᠡᠨ ᠦ ᠶᠡᠬᠡ ᠰᠤᠷᠭᠠᠭᠤᠯᠢ ᠶᠢᠨ ᠮᠣᠩᠭᠣᠯ ᠬᠡᠯᠡ ᠪᠢᠴᠢᠭ ᠦᠨ ᠰᠤᠷᠭᠠᠭᠤᠯᠢ ᠳᠤ ᠰᠤᠷᠤᠯᠴᠠᠪᠠ᠃
ᠣᠨ ᠠᠴᠠ 1962 ᠣᠨ ᠬᠦᠷᠲᠡᠯ᠎ᠡ ᠪᠠᠭ᠎ᠠ ᠰᠤᠷᠭᠠᠭᠤᠯᠢ ᠳᠤ᠂ ᠰᠤᠷᠤᠯᠴᠠᠨ ᠳᠡᠭᠡᠳᠦ ᠰᠤᠷᠭᠠᠭᠤᠯᠢ ᠳᠤ ᠰᠤᠷᠤᠯᠴᠠᠪᠠ᠃ 1957
ᠣᠨ ᠤ ᠲᠥᠷᠦᠯ ᠦᠨ ᠬᠡᠪᠯᠡᠯ ᠦᠨ ᠬᠣᠷᠢᠶ᠎ᠠ ᠪᠠᠷ 《 ᠮᠣᠩᠭᠣᠯ 》 ᠨᠣᠮ ᠢ ᠡᠷᠬᠢᠯᠡᠨ ᠬᠡᠪᠯᠡᠭᠦᠯᠦᠭᠰᠡᠨ᠃ ᠡᠳᠦᠭᠡ ᠬᠤᠪᠢ ᠶᠢᠨ ᠬᠡᠪᠯᠡᠯ ᠦᠨ
ᠮᠣᠩᠭᠣᠯ ᠬᠡᠯᠡ ᠪᠢᠴᠢᠭ ᠦᠨ ᠣᠷᠴᠢᠭᠤᠯᠭ᠎ᠠ ᠶᠢᠨ ᠲᠠᠰᠤᠭ ᠤᠨ ᠳᠠᠷᠤᠭ᠎ᠠ᠂ ᠣᠷᠴᠢᠭᠤᠯᠤᠭᠴᠢ ᠶᠢᠨ ᠮᠡᠷᠭᠡᠵᠢᠯ ᠦᠨ ᠴᠣᠯ᠎ᠠ ᠲᠠᠢ
ᠮᠡᠷᠭᠡᠵᠢᠯᠲᠡᠨ ᠦ ᠨᠡᠷ᠎ᠡ ᠲᠣᠷᠳᠠᠯ ᠲᠠᠢ ᠣᠷᠴᠢᠭᠤᠯᠤᠭᠴᠢ᠃ ᠦᠨᠳᠦᠰᠦᠲᠡᠨ ᠦ ᠬᠡᠪᠯᠡᠯ ᠦᠨ ᠬᠣᠷᠢᠶ᠎ᠠ ᠶᠢᠨ ᠮᠣᠩᠭᠣᠯ ᠬᠡᠯᠡ
ᠣᠷᠴᠢᠭᠤᠯᠤᠭᠴᠢ ᠮᠣᠩᠭᠣᠯ ᠦᠨᠳᠦᠰᠦᠲᠡᠨ᠂ ᠥᠪᠥᠷ ᠮᠣᠩᠭᠣᠯ ᠤᠨ ᠥᠷᠲᠡᠭᠡ ᠶᠢᠨ ᠬᠣᠰᠢᠭᠤᠨ ᠤ ᠬᠦᠮᠦᠨ ᠪᠣᠯᠤᠨ᠎ᠠ᠃
ᠪᠣ᠂ ᠪᠠᠲᠤ   ᠡᠷᠡᠭᠲᠡᠢ᠂ 1946 ᠣᠨ ᠤ 11 ᠰᠠᠷ᠎ᠠ ᠶᠢᠨ 27 ᠦ ᠡᠳᠦᠷ ᠲᠥᠷᠦᠭᠰᠡᠨ᠂

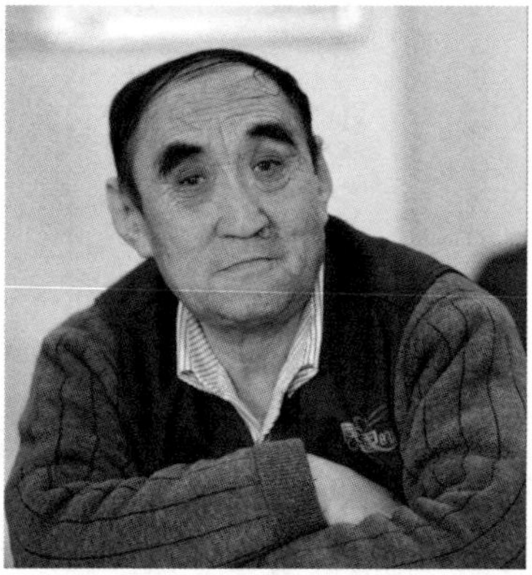

ᠬᠡᠪᠯᠡᠭᠳᠡᠨ ᠡ ᠭᠠᠷᠴᠠᠢ ᠃ 《ᠮᠠᠨᠠᠢ ᠰᠤᠷᠭᠠᠭᠤᠯᠢ ᠶᠢᠨ ᠳᠠᠭᠤᠤ》 ᠭᠡᠳᠡᠭ ᠨᠢ 2013 ᠣᠨ ᠤ ᠦᠨᠳᠦᠰᠦᠲᠡᠨ ᠦ ᠤᠷᠠᠨ ᠵᠣᠬᠢᠶᠠᠯ ᠤᠨ (华夏) ᠰᠡᠳᠬᠦᠯ ᠦᠨ ᠳᠤᠭᠠᠷ ᠲᠤ ᠬᠡᠪᠯᠡᠭᠳᠡᠵᠡᠢ ᠃ 2006 ᠣᠨ ᠤ 《ᠮᠣᠩᠭᠣᠯ ᠬᠡᠯᠡ ᠶᠢᠨ ᠰᠤᠷᠭᠠᠭᠤᠯᠢ》 ᠭᠡᠳᠡᠭ ᠨᠢ ᠰᠡᠳᠬᠦᠯ ᠦᠨ ᠳᠤᠭᠠᠷ ᠲᠤ ᠬᠡᠪᠯᠡᠭᠳᠡᠵᠡᠢ ᠃ 《ᠮᠠᠨᠠᠢ ᠰᠤᠷᠭᠠᠭᠤᠯᠢ》 ᠭᠡᠳᠡᠭ ᠨᠢ ᠮᠣᠩᠭᠣᠯ ᠦᠨᠳᠦᠰᠦᠲᠡᠨ ᠦ ᠰᠤᠷᠭᠠᠭᠤᠯᠢ ᠶᠢᠨ ᠰᠡᠳᠬᠦᠯ ᠳᠦ ᠬᠡᠪᠯᠡᠭᠳᠡᠵᠡᠢ ᠃ 《ᠬᠠᠪᠤᠷ ᠤᠨ ᠰᠠᠷᠠ》 ᠪᠠ 《ᠰᠠᠷᠠ ᠶᠢᠨ ᠬᠤᠪᠴᠠᠰᠤ》 ᠭᠡᠳᠡᠭ ᠨᠢ ᠰᠤᠷᠭᠠᠭᠤᠯᠢ ᠶᠢᠨ ᠰᠡᠳᠬᠦᠯ ᠳᠦ ᠬᠡᠪᠯᠡᠭᠳᠡᠵᠡᠢ ᠃ 《ᠬᠠᠪᠤᠷ ᠤᠨ ᠰᠠᠷᠠ》 ᠭᠡᠳᠡᠭ ᠨᠢ ᠬᠡᠪᠯᠡᠭᠳᠡᠵᠡᠢ ᠃ ᠨᠢᠭᠡ 11 ᠰᠠᠷ᠎ᠠ ᠶᠢᠨ 12 ᠡᠳᠦᠷ ᠦᠨ ᠰᠡᠳᠬᠦᠯ ᠳᠦ ᠬᠡᠪᠯᠡᠭᠳᠡᠵᠡᠢ ᠂ 2015 ᠣᠨ ᠤ 《ᠮᠣᠩᠭᠣᠯ ᠬᠡᠯᠡ ᠶᠢᠨ ᠰᠤᠷᠭᠠᠭᠤᠯᠢ》 ᠭᠡᠳᠡᠭ ᠨᠢ 2014 ᠣᠨ ᠤ 《ᠰᠠᠷᠠ ᠶᠢᠨ ᠳᠠᠭᠤᠤ》 (阮郎归·那达慕节) ᠭᠡᠳᠡᠭ ᠨᠢ ᠬᠡᠪᠯᠡᠭᠳᠡᠵᠡᠢ ᠂ 2012 ᠣᠨ ᠤ 《ᠮᠣᠩᠭᠣᠯ ᠤᠨ ᠰᠤᠷᠭᠠᠭᠤᠯᠢ》 ᠭᠡᠳᠡᠭ ᠨᠢ ᠰᠡᠳᠬᠦᠯ ᠳᠦ ᠬᠡᠪᠯᠡᠭᠳᠡᠵᠡᠢ ᠂ 《ᠮᠣᠩᠭᠣᠯ ᠤᠨ ᠰᠤᠷᠭᠠᠭᠤᠯᠢ》 ᠪᠠ ᠪᠤᠰᠤᠳ ᠬᠡᠪᠯᠡᠭᠳᠡᠵᠡᠢ ᠃ ᠪᠤᠰᠤᠳ ᠨᠢ ᠬᠡᠪᠯᠡᠭᠳᠡᠵᠡᠢ ᠂ 2013 ᠣᠨ ᠤ 《ᠰᠠᠷᠠ ᠶᠢᠨ ᠳᠠᠭᠤᠤ》 ᠭᠡᠳᠡᠭ ᠨᠢ ᠬᠡᠪᠯᠡᠭᠳᠡᠵᠡᠢ ᠂ 2012 ᠣᠨ ᠤ 《ᠬᠠᠪᠤᠷ ᠤᠨ ᠰᠠᠷᠠ》 ᠪᠣᠯᠤᠨ 《ᠴᠢ ᠮᠠᠨᠤ ᠶᠤ》 (忆秦娥·神州歌) ᠭᠡᠬᠦ ᠮᠡᠲᠦ ᠰᠢᠯᠦᠭᠯᠡᠯ ᠪ᠂ 2012 ᠣᠨ ᠤ 《ᠮᠣᠩᠭᠣᠯ ᠤᠨ ᠰᠤᠷᠭᠠᠭᠤᠯᠢ》 ᠭᠡᠳᠡᠭ ᠨᠢ ᠬᠡᠪᠯᠡᠭᠳᠡᠵᠡᠢ ᠃ 2004 ᠣᠨ ᠤ 《ᠰᠢᠯᠦᠭᠯᠡᠯ ᠦᠨ ᠰᠡᠳᠬᠦᠯ ᠦᠨ ᠳᠤᠭᠠᠷ》 ᠭᠡᠳᠡᠭ ᠨᠢ ᠬᠡᠪᠯᠡᠭᠳᠡᠵᠡᠢ ᠂ 2012 ᠣᠨ ᠤ 《ᠬᠠᠪᠤᠷ ᠤᠨ》 ᠪᠠ ᠪᠤᠰᠤᠳ ᠰᠢᠯᠦᠭ ᠢ ᠬᠡᠪᠯᠡᠭᠦᠯᠵᠡᠢ ᠃ 《ᠰᠠᠷᠠ》 ᠪᠠ ᠮᠣᠩᠭᠣᠯ ᠰᠢᠯᠦᠭ ᠦᠨ ᠬᠡᠪᠯᠡᠯ ᠦᠨ ᠳᠤᠭᠠᠷ ᠤᠨ 《(ᠰᠠᠷᠠ) ᠶᠢᠨ ᠰᠢᠯᠦᠭ》 (ᠪᠠᠭᠠ) ᠂ 2020 ᠣᠨ ᠤ 《(ᠰᠠᠷᠠ) ᠶᠢᠨ ᠰᠢᠯᠦᠭ ᠦᠨ ᠬᠡᠪᠯᠡᠯ》 (ᠪᠠᠭᠠ) ᠭᠡᠳᠡᠭ ᠨᠢ ᠬᠡᠪᠯᠡᠭᠳᠡᠵᠡᠢ ᠃ 2016 ᠣᠨ ᠤ 《ᠮᠣᠩᠭᠣᠯ ᠤᠨ ᠰᠢᠯᠦᠭ ᠦᠨ ᠬᠡᠪᠯᠡᠯ》 ᠪᠠ (楹联) ᠪᠣᠯᠤᠨ ᠬᠤᠪᠴᠠᠰᠤ ᠶᠢᠨ ᠳᠠᠭᠤᠤ ᠪᠠᠭᠠ ᠰᠢᠯᠦᠭ ᠦᠨ ᠬᠡᠪᠯᠡᠯ ᠳᠦ 500 ᠭᠠᠷᠤᠢ ᠪᠢᠴᠢᠭ᠂ ᠬᠡᠪᠯᠡᠯ ᠦᠨ (辞赋)᠂ ᠬᠡᠪᠯᠡᠯ (元曲)᠂ ᠪᠠᠭᠠ ᠰᠢᠯᠦᠭ ᠦᠨ 《ᠮᠣᠩᠭᠣᠯ ᠪᠢᠴᠢᠭ》᠂ 《ᠮᠣᠩᠭᠣᠯ ᠬᠡᠯᠡ ᠶᠢᠨ ᠰᠤᠷᠭᠠᠭᠤᠯᠢ》᠂ ᠰᠠᠷᠠ ᠶᠢᠨ ᠰᠢᠯᠦᠭ ᠦᠨ ᠬᠡᠪᠯᠡᠯ ᠦᠨ ᠳᠤᠭᠠᠷ ᠪᠠ 《ᠬᠠᠪᠤᠷ ᠤᠨ ᠰᠠᠷᠠ》᠂ 《ᠰᠠᠷᠠ ᠶᠢᠨ ᠬᠤᠪᠴᠠᠰᠤ》᠂ 《ᠮᠣᠩᠭᠣᠯ ᠬᠡᠯᠡ》᠂ 《ᠰᠠᠷᠠ》 ᠪᠠ ᠪᠤᠰᠤᠳ᠂ 《ᠮᠣᠩᠭᠣᠯ ᠤᠨ ᠰᠠᠷᠠ ᠶᠢᠨ ᠳᠠᠭᠤᠤ》᠂ 《ᠰᠠᠷᠠ ᠶᠢᠨ ᠬᠤᠪᠴᠠᠰᠤ》᠂ 《ᠬᠠᠪᠤᠷ ᠤᠨ ᠰᠠᠷᠠ ᠶᠢᠨ ᠳᠠᠭᠤᠤ ᠪᠢᠴᠢᠭ》᠂ 《ᠰᠠᠷᠠ》᠂ 《ᠮᠣᠩᠭᠣᠯ ᠬᠡᠯᠡ》᠂ 《ᠰᠠᠷᠠ》 ᠪᠠ 《ᠬᠠᠪᠤᠷ》 ᠪᠣᠯᠤᠨ 400 ᠭᠠᠷᠤᠢ ᠬᠡᠪᠯᠡᠭᠳᠡᠵᠡᠢ ᠃ 《ᠮᠣᠩᠭᠣᠯ ᠰᠠᠷᠠ ᠶᠢᠨ》᠂ 《ᠮᠣᠩᠭᠣᠯ ᠤᠨ ᠰᠢᠯᠦᠭ》 ᠪᠠ 《ᠬᠠᠪᠤᠷ ᠤᠨ ᠰᠢᠯᠦᠭ》 ᠪᠣᠯᠤᠨ ᠬᠡᠪᠯᠡᠭᠳᠡᠵᠡᠢ ᠃

ᠳᠣ᠂ ᠨᠢᠭᠡ 1964 ᠣᠨ ᠤ ᠬᠠᠪᠤᠷ ᠤᠨ ᠰᠠᠷᠠ ᠳᠤ ᠲᠥᠷᠦᠭᠰᠡᠨ 《ᠬᠠᠪᠤᠷ ᠤᠨ ᠰᠠᠷᠠ》 ᠪᠠ 《ᠮᠣᠩᠭᠣᠯ ᠤᠨ ᠰᠠᠷᠠ ᠶᠢᠨ ᠳᠠᠭᠤᠤ》 ᠮᠣᠩᠭᠣᠯ ᠬᠡᠪᠯᠡᠭᠳᠡᠵᠡᠢ

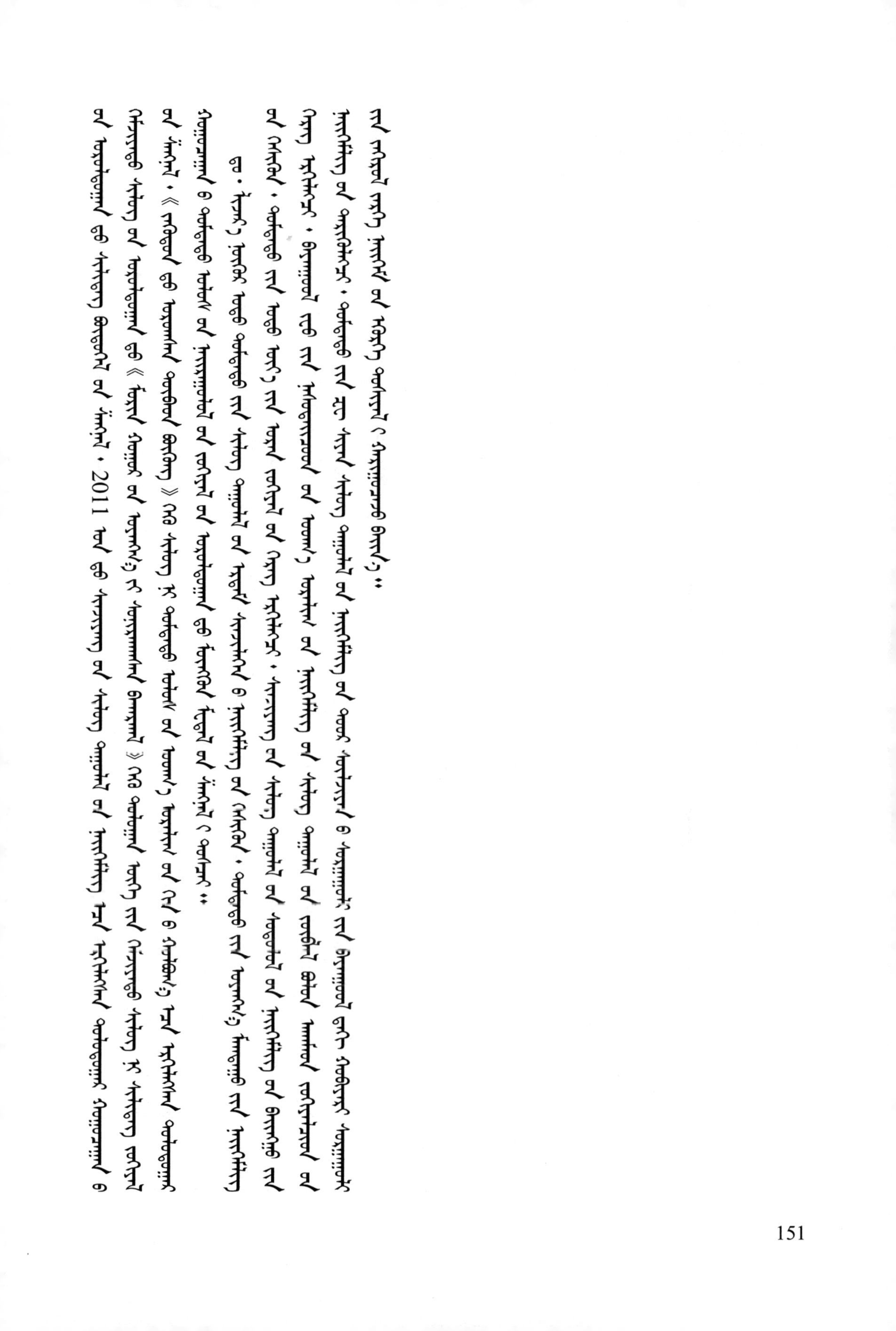

5 · ᠪᠠᠶᠠᠷᠮᠡᠩᠳᠦ

ᠬᠣᠷᠴᠢᠨ ᠪᠠᠷᠠᠭᠤᠨ ᠭᠠᠷᠤᠨ ᠤ ᠬᠣᠰᠢᠭᠤ ᠶᠢᠨ ᠬᠦᠮᠦᠨ ᠃ ᠮᠣᠩᠭᠣᠯ ᠦᠨᠳᠦᠰᠦᠲᠡᠨ ᠂ 1946 ᠣᠨ ᠤ 12 ᠰᠠᠷ᠎ᠠ ᠶᠢᠨ 10 ᠤ ᠡᠳᠦᠷ ᠲᠥᠷᠥᠭᠰᠡᠨ ᠃ ᠡᠳᠦᠭᠡ ᠪᠣᠯ ᠲᠡᠳᠭᠦᠮᠵᠢ ᠲᠡᠭᠦᠯ ᠳᠦ ᠰᠠᠭᠤᠵᠤ ᠪᠠᠶᠢᠨ᠎ᠠ ᠃ 1953 ᠣᠨ ᠡᠴᠡ 1959 ᠣᠨ ᠳᠤ ᠪᠠᠭ᠎ᠠ ᠰᠤᠷᠭᠠᠭᠤᠯᠢ ᠳᠤ ᠰᠤᠷᠤᠯᠴᠠᠵᠤ ᠂ 1959 ᠣᠨ ᠡᠴᠡ 1965 ᠣᠨ ᠳᠤ ᠳᠤᠮᠳᠠᠳᠤ ᠰᠤᠷᠭᠠᠭᠤᠯᠢ ᠳᠤ ᠰᠤᠷᠤᠯᠴᠠᠭᠰᠠᠨ ᠃ 1965 ᠣᠨ ᠳᠤ ᠶᠡᠬᠡ ᠰᠤᠷᠭᠠᠭᠤᠯᠢ ᠳᠤ ᠣᠷᠣᠵᠤ ᠂ 1969 ᠣᠨ ᠤ 12 ᠰᠠᠷ᠎ᠠ ᠳᠤ 36021 ᠴᠡᠷᠢᠭ ᠦᠨ ᠠᠩᠭᠢ ᠳᠤ ᠠᠵᠢᠯ ᠳᠤ ᠣᠷᠣᠭᠰᠠᠨ ᠃ 1974 ᠣᠨ ᠤ 3 ᠰᠠᠷ᠎ᠠ ᠳᠤ ᠣᠷᠣᠨ ᠨᠤᠲᠤᠭ ᠲᠤ ᠪᠤᠴᠠᠵᠤ ᠂ 1978 ᠣᠨ ᠤ 10 ᠰᠠᠷ᠎ᠠ ᠳᠤ ᠲᠣᠪ ᠰᠤᠷᠭᠠᠭᠤᠯᠢ ᠳᠤ ᠪᠠᠭᠰᠢ ᠪᠣᠯᠵᠤ ᠂ 1981 ᠣᠨ ᠤ ᠮᠣᠩᠭᠣᠯ ᠬᠡᠯᠡ ᠪᠢᠴᠢᠭ ᠦᠨ ᠠᠵᠢᠯ ᠳᠤ ᠰᠢᠯᠵᠢᠭᠰᠡᠨ ᠃ 1982 ᠣᠨ ᠤ 11 ᠰᠠᠷ᠎ᠠ ᠳᠤ ᠬᠣᠰᠢᠭᠤ ᠶᠢᠨ ᠰᠤᠷᠭᠠᠨ ᠬᠥᠮᠦᠵᠢᠯ ᠦᠨ ᠬᠣᠷᠢᠶ᠎ᠠ ᠳᠤ ᠰᠢᠯᠵᠢᠵᠦ ᠂ 1983 ᠣᠨ ᠳᠤ ᠳᠡᠭᠡᠳᠦ ᠂ 1991 ᠣᠨ ᠳᠤ ᠮᠡᠷᠭᠡᠵᠢᠯᠲᠡᠨ ᠂ 1995 ᠣᠨ ᠳᠤ ᠮᠡᠷᠭᠡᠵᠢᠯᠲᠡᠨ ᠪᠠᠭᠰᠢ ᠪᠣᠯᠤᠭᠰᠠᠨ ᠃ 1992 ᠣᠨ ᠤ 2 ᠰᠠᠷ᠎ᠠ ᠡᠴᠡ 2001 ᠣᠨ ᠤ 1 ᠰᠠᠷ᠎ᠠ ᠬᠦᠷᠲᠡᠯ᠎ᠡ ᠮᠣᠩᠭᠣᠯ ᠬᠡᠯᠡ ᠪᠢᠴᠢᠭ ᠦᠨ ᠠᠵᠢᠯ ᠤᠨ ᠭᠠᠵᠠᠷ ᠤᠨ ᠳᠠᠷᠤᠭ᠎ᠠ ᠪᠣᠯᠵᠤ ᠂ 2001 ᠣᠨ ᠤ 11 ᠰᠠᠷ᠎ᠠ ᠡᠴᠡ 2016 ᠣᠨ ᠤ 12 ᠰᠠᠷ᠎ᠠ ᠬᠦᠷᠲᠡᠯ᠎ᠡ ᠵᠢᠷᠤᠮ ᠬᠣᠷᠢᠶᠠᠨ ᠤ ᠨᠡᠷᠡᠲᠦ ᠲᠡᠷᠢᠭᠦᠨ ᠪᠠᠶᠢᠭᠰᠠᠨ ᠃ ᠮᠣᠩᠭᠣᠯ ᠬᠡᠯᠡ ᠪᠢᠴᠢᠭ ᠦᠨ ᠰᠤᠳᠤᠯᠭ᠎ᠠ ᠶᠢᠨ ᠵᠦᠢᠯ ᠳᠦ ᠣᠯᠠᠨ ᠵᠢᠯ ᠠᠵᠢᠯᠯᠠᠵᠤ ᠂ 2002 ᠣᠨ ᠤ 10 ᠰᠠᠷ᠎ᠠ ᠡᠴᠡ 2011 ᠣᠨ ᠤ 9 ᠰᠠᠷ᠎ᠠ ᠬᠦᠷᠲᠡᠯ᠎ᠡ ᠮᠣᠩᠭᠣᠯ ᠬᠡᠯᠡ ᠪᠢᠴᠢᠭ ᠦᠨ ᠨᠡᠶᠢᠭᠡᠮ ᠦᠨ ᠭᠡᠰᠢᠭᠦᠨ ᠪᠣᠯᠤᠭᠰᠠᠨ ᠃ 1998 ᠣᠨ ᠳᠤ ᠬᠣᠰᠢᠭᠤ ᠶᠢᠨ ᠰᠠᠶᠢᠨ ᠠᠵᠢᠯᠲᠠᠨ ᠃ 1999 ᠣᠨ ᠳᠤ ᠮᠡᠷᠭᠡᠵᠢᠯ ᠦᠨ ᠨᠡᠷ᠎ᠡ ᠬᠦᠨᠳᠦᠯᠡᠭᠳᠡᠭᠰᠡᠨ ᠂ ᠬᠣᠶᠠᠷ ᠳᠤᠭᠠᠷ ᠪᠣᠳᠢ ᠲᠣᠪᠴᠢᠶ᠎ᠠ ᠪᠠᠷ 《ᠬᠣᠷᠴᠢᠨ ᠤ ᠠᠮᠠᠨ ᠵᠣᠬᠢᠶᠠᠯ ᠤᠨ ᠲᠡᠦᠬᠡ》 ᠶᠢ ᠨᠡᠶᠢᠲᠡᠯᠡᠭᠦᠯᠦᠭᠰᠡᠨ᠂ ᠬᠠᠮᠲᠤ ᠶᠢᠨ ᠶᠠᠭᠤᠨ ᠲᠡᠮᠳᠡᠭᠯᠡᠯ ᠦᠨ ᠬᠤᠷᠢᠶᠠᠩᠭᠤᠢ《ᠮᠣᠩᠭᠣᠯ ᠬᠡᠯᠡ ᠪᠢᠴᠢᠭ ᠦᠨ ᠰᠤᠳᠤᠯᠭ᠎ᠠ》·

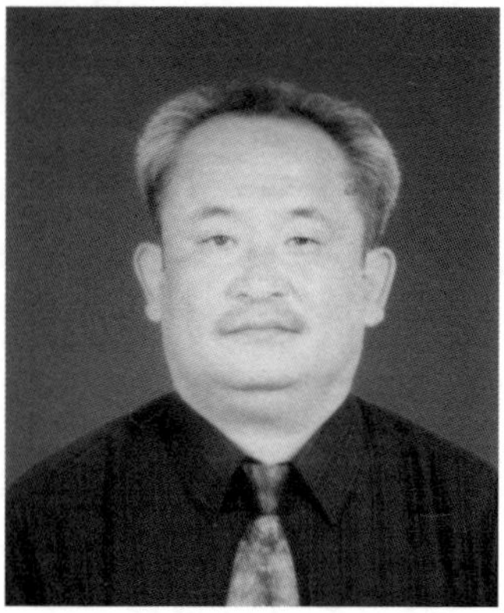

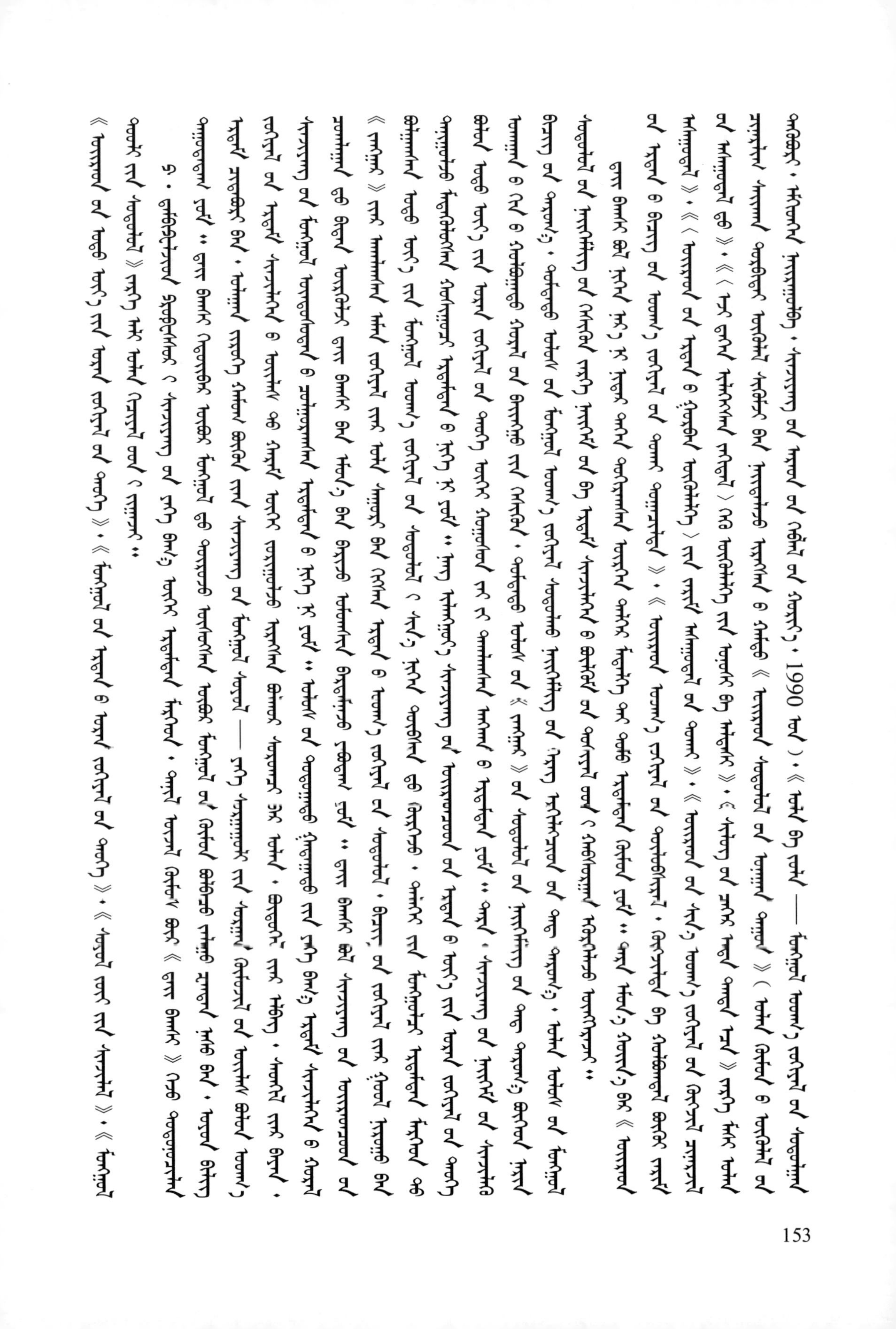

ᠳᠠᠭᠤ ᠨᠡᠶᠢᠲᠡᠯᠡᠪᠡ᠃

ᠰᠤᠷᠭᠠᠭᠤᠯᠢ》(ᠮᠣᠩᠭᠣᠯ ᠤᠨ ᠰᠤᠷᠭᠠᠨ ᠬᠦᠮᠦᠵᠢᠯ ᠦᠨ ᠬᠣᠷᠢᠶᠠᠯᠠᠩ᠂ ᠦᠨᠳᠦᠰᠦᠲᠡᠨ ᠦ ᠬᠡᠪᠯᠡᠯ ᠦᠨ ᠬᠣᠷᠢᠶ᠎ᠠ ᠶᠢᠨ ᠬᠡᠪᠯᠡᠯ᠂ 2015 ᠣᠨ) ᠵᠡᠷᠭᠡ ᠮᠣᠩᠭᠣᠯ ᠬᠡᠯᠡ ᠰᠤᠳᠤᠯᠬᠤ ᠨᠣᠮ᠂ ᠦᠨᠳᠦᠰᠦᠲᠡᠨ ᠦ ᠬᠡᠪᠯᠡᠯ ᠦᠨ ᠬᠣᠷᠢᠶ᠎ᠠ ᠶᠢᠨ ᠬᠡᠪᠯᠡᠯ᠂ 2014 ᠣᠨ)᠂《ᠮᠣᠩᠭᠣᠯ ᠬᠡᠯᠡᠨ ᠦ ᠰᠤᠳᠤᠯᠤᠯ ᠤᠨ ᠲᠦᠦᠬᠡ》(ᠰᠠ᠂ ᠴᠣᠢ ᠵᠢᠨ ᠨᠠᠶᠢᠷᠠᠭᠤᠯᠤᠭᠰᠠᠨ᠂ ᠦᠨᠳᠦᠰᠦᠲᠡᠨ ᠦ ᠬᠡᠪᠯᠡᠯ ᠦᠨ ᠬᠣᠷᠢᠶ᠎ᠠ ᠶᠢᠨ ᠬᠡᠪᠯᠡᠯ᠂ 1992 ᠣᠨ)᠂《ᠮᠣᠩᠭᠣᠯ ᠬᠡᠯᠡᠨ ᠦ ᠰᠤᠳᠤᠯᠤᠯ ᠤᠨ ᠲᠦᠭᠦᠬᠡ ᠶᠢᠨ ᠲᠣᠪᠴᠢ》(ᠰᠠ᠂ ᠴᠣᠢ ᠵᠢᠨ ᠨᠠᠶᠢᠷᠠᠭᠤᠯᠤᠭᠰᠠᠨ᠂ ᠦᠨᠳᠦᠰᠦᠲᠡᠨ ᠦ ᠬᠡᠪᠯᠡᠯ ᠦᠨ ᠬᠣᠷᠢᠶ᠎ᠠ ᠶᠢᠨ ᠬᠡᠪᠯᠡᠯ᠂ 2003 ᠣᠨ) ᠵᠡᠷᠭᠡ ᠰᠤᠳᠤᠯᠤᠯ ᠤᠨ ᠪᠦᠲᠦᠭᠡᠯ᠂《ᠮᠣᠩᠭᠣᠯ ᠬᠡᠯᠡᠨ ᠦ ᠰᠤᠳᠤᠯᠤᠯ ᠤᠨ ᠡᠬᠡᠯᠡᠯ》(ᠦᠨᠳᠦᠰᠦᠲᠡᠨ ᠦ ᠬᠡᠪᠯᠡᠯ ᠦᠨ ᠬᠣᠷᠢᠶ᠎ᠠ ᠶᠢᠨ ᠬᠡᠪᠯᠡᠯ᠂ 1984 ᠣᠨ)᠂《ᠮᠣᠩᠭᠣᠯ ᠪᠢᠴᠢᠭ ᠦᠨ ᠲᠦᠭᠦᠬᠡ》(ᠪᠠᠶᠠᠷ ᠪᠢᠴᠢᠭ ᠦᠨ ᠨᠠᠶᠢᠷᠠᠭᠤᠯᠤᠯ᠂ ᠦᠨᠳᠦᠰᠦᠲᠡᠨ ᠦ ᠬᠡᠪᠯᠡᠯ ᠦᠨ ᠬᠣᠷᠢᠶ᠎ᠠ ᠶᠢᠨ ᠬᠡᠪᠯᠡᠯ᠂ 1984 ᠣᠨ)᠂《ᠮᠣᠩᠭᠣᠯ ᠬᠡᠯᠡ ᠪᠢᠴᠢᠭ》᠂《ᠰᠢᠨ᠎ᠡ ᠤᠳᠠᠭ᠎ᠠ ᠶᠢᠨ ᠪᠢᠴᠢᠭ》ᠵᠡᠷᠭᠡ ᠨᠡᠷ᠎ᠡ ᠲᠣᠮᠣ ᠰᠤᠷᠬᠤ ᠪᠢᠴᠢᠭ ᠤᠳ ᠬᠡᠪᠯᠡᠭᠳᠡᠪᠡ᠂《ᠮᠣᠩᠭᠣᠯ ᠪᠢᠴᠢᠭ ᠦᠨ ᠳᠦᠷᠢᠮ》(ᠮᠣᠩᠭᠣᠯ ᠬᠡᠯᠡ ᠪᠢᠴᠢᠭ)᠂《ᠮᠣᠩᠭᠣᠯ ᠬᠡᠯᠡ》᠂《ᠰᠢᠨ᠎ᠡ ᠬᠡᠯᠡ ᠶᠢᠨ ᠪᠢᠴᠢᠭ》᠂《ᠪᠠᠭ᠎ᠠ ᠰᠤᠷᠭᠠᠭᠤᠯᠢ》᠂《ᠮᠣᠩᠭᠣᠯ ᠬᠡᠯᠡᠨ ᠦ ᠰᠤᠷᠬᠤ ᠪᠢᠴᠢᠭ》᠂《ᠰᠤᠷᠭᠠᠭᠤᠯᠢ ᠶᠢᠨ》᠂《ᠰᠤᠷᠭᠠᠨ ᠬᠦᠮᠦᠵᠢᠯ ᠦᠨ ᠨᠣᠮ》᠂《ᠮᠣᠩᠭᠣᠯ ᠬᠡᠯᠡ》ᠵᠡᠷᠭᠡ ᠨᠡᠷ᠎ᠡ ᠲᠣᠮᠣ ᠪᠦᠲᠦᠭᠡᠯ ᠦᠳ ᠬᠡᠪᠯᠡᠭᠳᠡᠪᠡ᠃ 1973 ᠣᠨ ᠳᠤ《ᠮᠣᠩᠭᠣᠯ ᠬᠡᠯᠡ》᠂《ᠪᠢᠴᠢᠭ ᠦᠨ ᠬᠡᠯᠡ》ᠵᠡᠷᠭᠡ ᠨᠡᠷ᠎ᠡ ᠲᠣᠮᠣ ᠰᠤᠳᠤᠯᠤᠯ ᠤᠨ ᠪᠦᠲᠦᠭᠡᠯ ᠦᠳ ᠬᠡᠪᠯᠡᠭᠳᠡᠭᠰᠡᠨ ᠪᠠᠶᠢᠨ᠎ᠠ᠃ ᠡᠳᠡᠭᠡᠷ

ᠲᠡᠷᠡ ᠪᠢᠴᠢᠭ ᠵᠣᠬᠢᠶᠠᠯ ᠤᠨ ᠬᠡᠯᠡ ᠵᠢᠨ ᠰᠤᠳᠤᠯᠤᠯ ᠤᠨ ᠨᠡᠷ᠎ᠡ ᠲᠣᠮᠣ ᠡᠷᠳᠡᠮᠲᠡᠨ ᠦ ᠨᠢᠭᠡ᠂ ᠮᠣᠩᠭᠣᠯ ᠬᠡᠯᠡ ᠰᠤᠳᠤᠯᠤᠭᠴᠢ ᠶᠢᠨ ᠬᠡᠷᠡᠭᠯᠡᠭᠳᠡᠬᠦ ᠨᠡᠷ᠎ᠡ ᠶᠢ ᠲᠦᠷᠦᠭᠦᠯᠦᠭᠰᠡᠨ ᠪᠤᠢ᠃

ᠦᠨ ᠰᠤᠷᠭᠠᠭᠤᠯᠢ》(ᠦᠨᠳᠦᠰᠦᠲᠡᠨ ᠦ ᠬᠡᠪᠯᠡᠯ ᠦᠨ ᠬᠣᠷᠢᠶ᠎ᠠ ᠶᠢᠨ ᠬᠡᠪᠯᠡᠯ᠂ 2013 ᠣᠨ) ᠵᠡᠷᠭᠡ ᠪᠦᠲᠦᠭᠡᠯ ᠦᠳ ᠬᠡᠪᠯᠡᠭᠳᠡᠪᠡ᠂ ᠦᠨᠳᠦᠰᠦᠲᠡᠨ ᠦ ᠮᠣᠩᠭᠣᠯ ᠬᠡᠯᠡᠨ ᠦ ᠰᠤᠳᠤᠯᠤᠯ ᠤᠨ ᠬᠣᠷᠢᠶᠠᠯᠠᠩ ᠤᠨ ᠨᠠᠶᠢᠷᠠᠭᠤᠯᠤᠭᠰᠠᠨ᠂ ᠦᠨᠳᠦᠰᠦᠲᠡᠨ ᠦ ᠬᠡᠪᠯᠡᠯ ᠦᠨ ᠬᠣᠷᠢᠶ᠎ᠠ ᠶᠢᠨ ᠬᠡᠪᠯᠡᠯ᠂ 2009 ᠣᠨ ᠤ 8 ᠰᠠᠷ᠎ᠠ ᠳᠤ)᠂《ᠮᠣᠩᠭᠣᠯ ᠬᠡᠯᠡᠨ ᠦ ᠦᠭᠡᠰ ᠦᠨ ᠰᠤᠳᠤᠯᠤᠯ》(ᠰᠠ᠂ ᠴᠣᠢ ᠵᠢᠨ ᠨᠠᠶᠢᠷᠠᠭᠤᠯᠤᠭᠰᠠᠨ᠂ ᠦᠨᠳᠦᠰᠦᠲᠡᠨ ᠦ ᠬᠡᠪᠯᠡᠯ ᠦᠨ ᠬᠣᠷᠢᠶ᠎ᠠ ᠶᠢᠨ ᠬᠡᠪᠯᠡᠯ᠂ 2006 ᠣᠨ)᠂《ᠮᠣᠩᠭᠣᠯ ᠬᠡᠯᠡᠨ ᠦ ᠰᠤᠳᠤᠯᠤᠯ ᠤᠨ ᠬᠡᠷᠡᠭᠯᠡᠭᠡ ᠶᠢᠨ ᠪᠦᠲᠦᠭᠡᠯ ᠦᠨ ᠰᠤᠳᠤᠯᠤᠯ》(ᠪᠠᠶᠠᠨᠲᠤᠭ᠎ᠠ᠂ ᠨᠠᠶᠢᠷᠠᠭᠤᠯᠤᠭᠰᠠᠨ᠂ ᠲᠡᠷᠡ ᠪᠢᠴᠢᠭ ᠵᠢᠨ ᠨᠠᠶᠢᠷᠠᠭᠤᠯᠤᠭᠰᠠᠨ᠂ ᠦᠨᠳᠦᠰᠦᠲᠡᠨ ᠦ ᠬᠡᠪᠯᠡᠯ ᠦᠨ ᠬᠣᠷᠢᠶ᠎ᠠ ᠶᠢᠨ ᠬᠡᠪᠯᠡᠯ᠂ 2002 ᠣᠨ)᠂《ᠮᠣᠩᠭᠣᠯ ᠬᠡᠯᠡᠨ ᠦ ᠦᠭᠡᠰ ᠦᠨ ᠰᠤᠳᠤᠯᠤᠯ ᠤᠨ ᠬᠡᠷᠡᠭᠯᠡᠭᠡ ᠶᠢᠨ ᠰᠤᠷᠬᠤ ᠪᠢᠴᠢᠭ》(ᠲᠡᠷᠡ ᠪᠢᠴᠢᠭ ᠵᠢᠨ ᠨᠠᠶᠢᠷᠠᠭᠤᠯᠤᠭᠰᠠᠨ᠂ ᠦᠨᠳᠦᠰᠦᠲᠡᠨ ᠦ ᠬᠡᠪᠯᠡᠯ ᠦᠨ ᠬᠣᠷᠢᠶ᠎ᠠ ᠶᠢᠨ ᠬᠡᠪᠯᠡᠯ᠂ 1999 ᠣᠨ)᠂《ᠮᠣᠩᠭᠣᠯ ᠤ ᠮᠣᠩᠭᠣᠯ ᠬᠡᠯᠡᠨ ᠦ ᠦᠭᠡᠰ》(ᠰᠠ᠂ ᠴᠣᠢ ᠵᠢᠨ ᠨᠠᠶᠢᠷᠠᠭᠤᠯᠤᠭᠰᠠᠨ ᠬᠡᠷᠡᠭᠯᠡᠭᠡ᠂ ᠦᠨᠳᠦᠰᠦᠲᠡᠨ ᠦ ᠬᠡᠪᠯᠡᠯ ᠦᠨ ᠬᠣᠷᠢᠶ᠎ᠠ ᠶᠢᠨ ᠬᠡᠪᠯᠡᠯ᠂ 1999 ᠣᠨ)᠂《ᠮᠣᠩᠭᠣᠯ ᠬᠡᠯᠡᠨ ᠦ ᠦᠭᠡ ᠶᠢᠨ ᠰᠤᠳᠤᠯᠤᠯ ᠤᠨ ᠦᠭᠡᠰ ᠦᠨ ᠬᠡᠯᠡᠨ ᠦ ᠦᠭᠡᠰ ᠦᠨ ᠲᠣᠯᠢ》(ᠮᠣᠩᠭᠣᠯ ᠬᠡᠯᠡᠨ ᠦ ᠪᠢᠴᠢᠭ ᠦᠨ ᠬᠣᠷᠢᠶᠠᠯᠠᠩ ᠤᠨ ᠬᠡᠪᠯᠡᠯ᠂ 1997 ᠣᠨ)᠂ ᠪᠢᠴᠢᠭ ᠬᠡᠯᠡᠨ ᠦ ᠰᠤᠳᠤᠯᠤᠯ ᠰᠤᠷᠭᠠᠭᠤᠯᠢ ᠶᠢᠨ《ᠮᠣᠩᠭᠣᠯ ᠬᠡᠯᠡᠨ ᠦ ᠦᠭᠡ ᠶᠢᠨ ᠰᠤᠳᠤᠯᠤᠯ ᠤᠨ ᠲᠦᠭᠦᠬᠡ》(ᠦᠨᠳᠦᠰᠦᠲᠡᠨ ᠦ ᠬᠡᠪᠯᠡᠯ ᠦᠨ ᠬᠣᠷᠢᠶ᠎ᠠ ᠶᠢᠨ ᠬᠡᠪᠯᠡᠯ᠂ 2001 ᠣᠨ ᠳᠤ ᠬᠡᠪᠯᠡᠪᠡ)᠂《ᠮᠣᠩᠭᠣᠯ ᠬᠡᠯᠡ ᠵᠢᠨ ᠰᠤᠳᠤᠯᠤᠯ ᠤᠨ ᠲᠦᠭᠦᠬᠡ ᠶᠢᠨ ᠲᠣᠪᠴᠢ》(ᠰᠤᠳᠤᠯᠤᠭᠴᠢᠳ ᠤᠨ ᠨᠠᠶᠢᠷᠠᠭᠤᠯᠤᠭᠰᠠᠨ ᠮᠣᠩᠭᠣᠯ ᠬᠡᠯᠡᠨ ᠦ ᠰᠤᠳᠤᠯᠤᠯ ᠤᠨ ᠲᠦᠭᠦᠬᠡ ᠶᠢᠨ ᠦᠨᠳᠦᠰᠦᠲᠡᠨ ᠦ ᠬᠡᠪᠯᠡᠯ ᠦᠨ ᠬᠣᠷᠢᠶ᠎ᠠ ᠶᠢᠨ ᠬᠡᠪᠯᠡᠯ᠂ 1994 ᠣᠨ᠄ ᠨᠡᠶᠢᠲᠡ ᠪᠢᠴᠢᠭ ᠦᠨ ᠬᠡᠯᠡ ᠶᠢᠨ ᠦᠨᠳᠦᠰᠦᠲᠡᠨ ᠦ ᠬᠡᠪᠯᠡᠯ ᠦᠨ ᠬᠣᠷᠢᠶ᠎ᠠ ᠶᠢᠨ

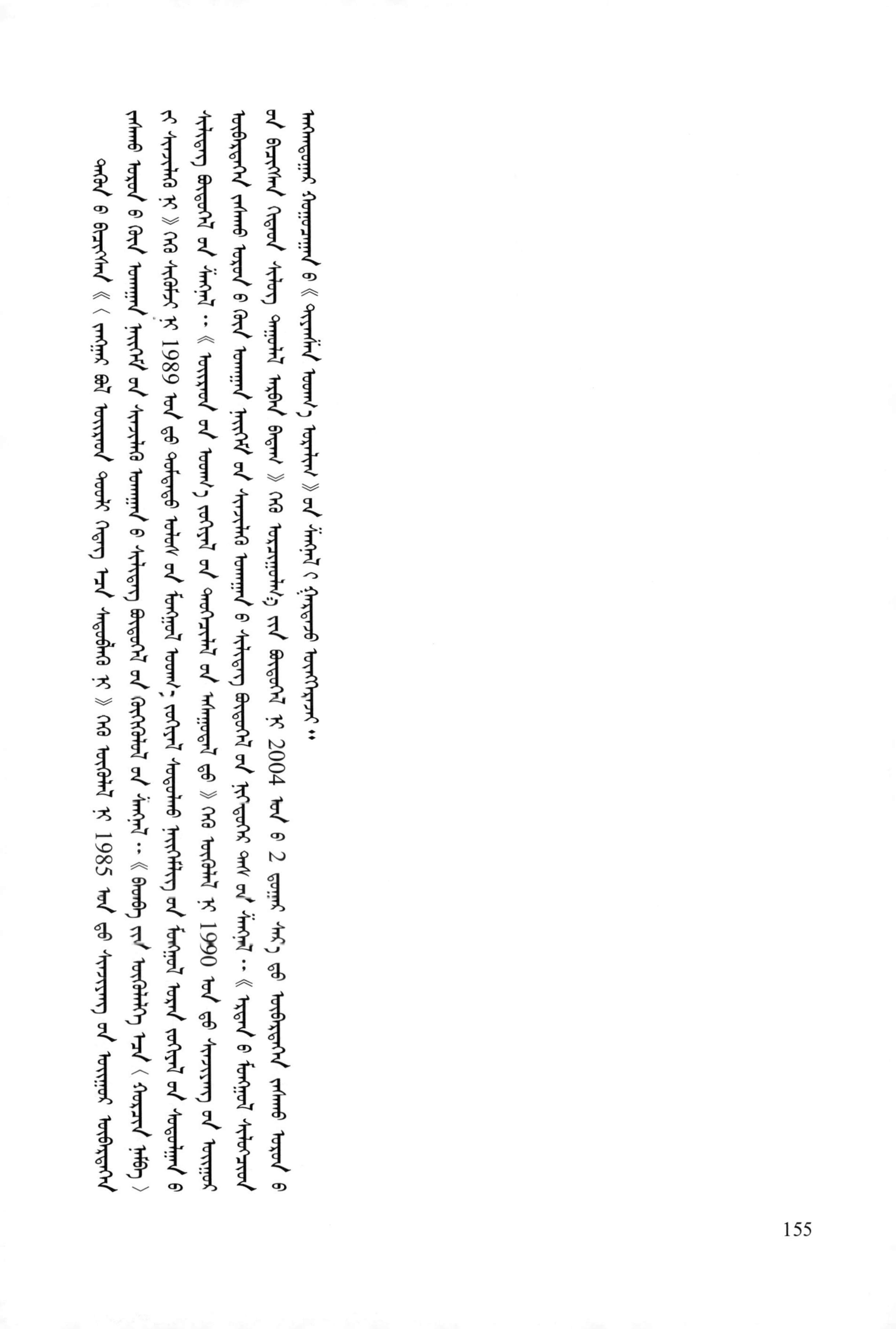

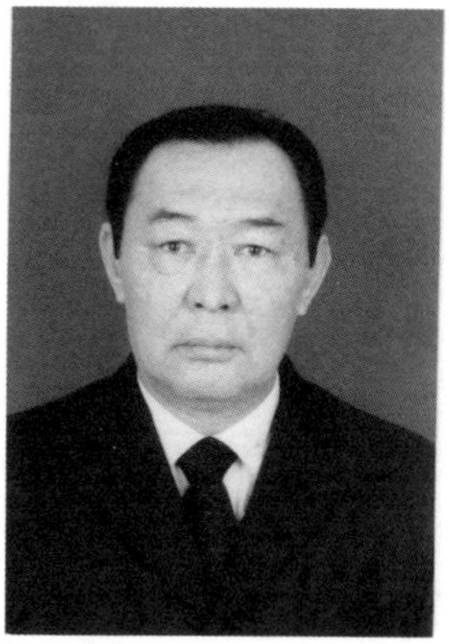

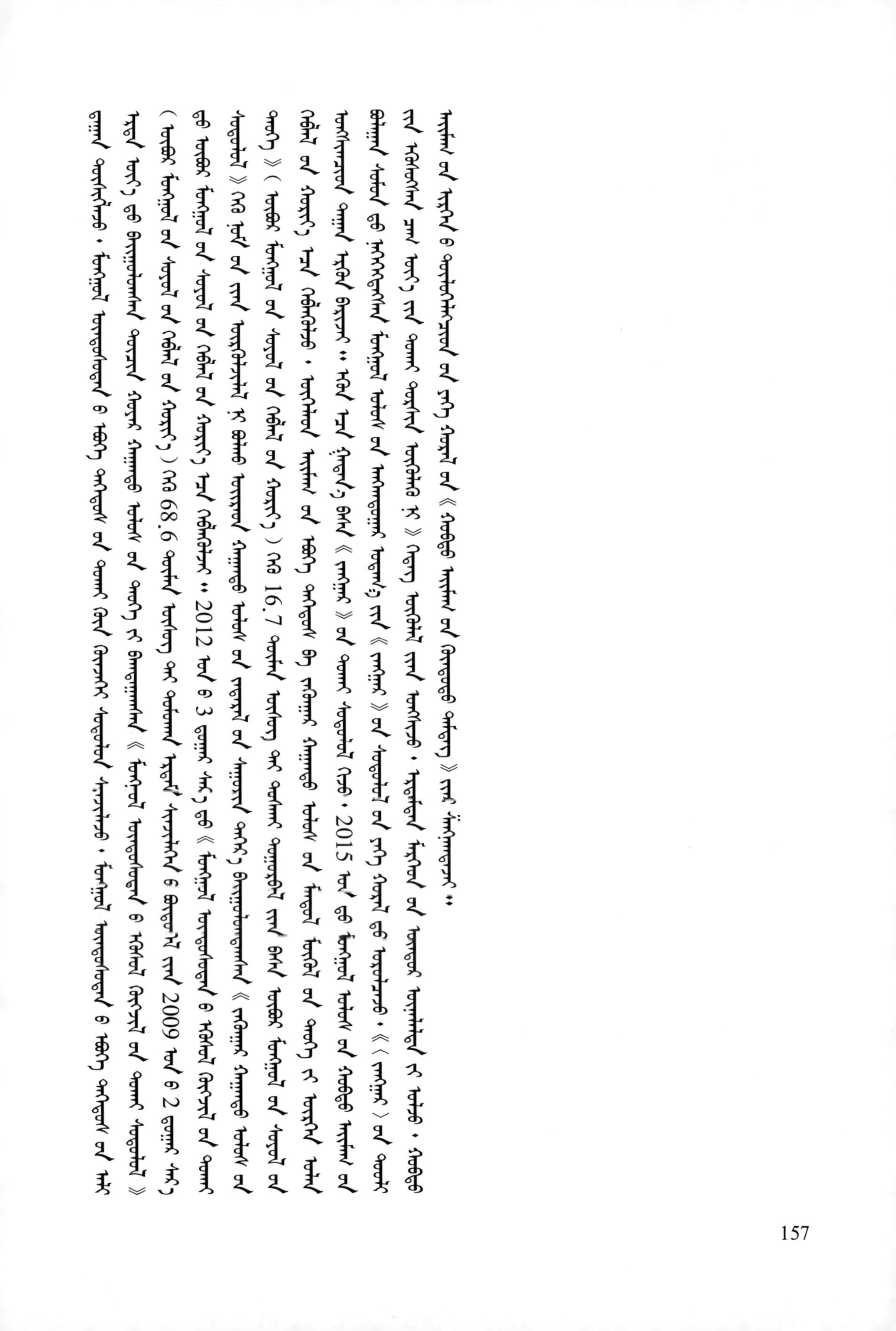

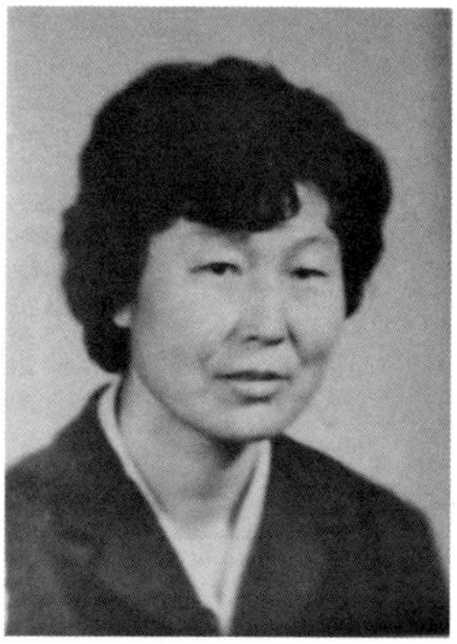

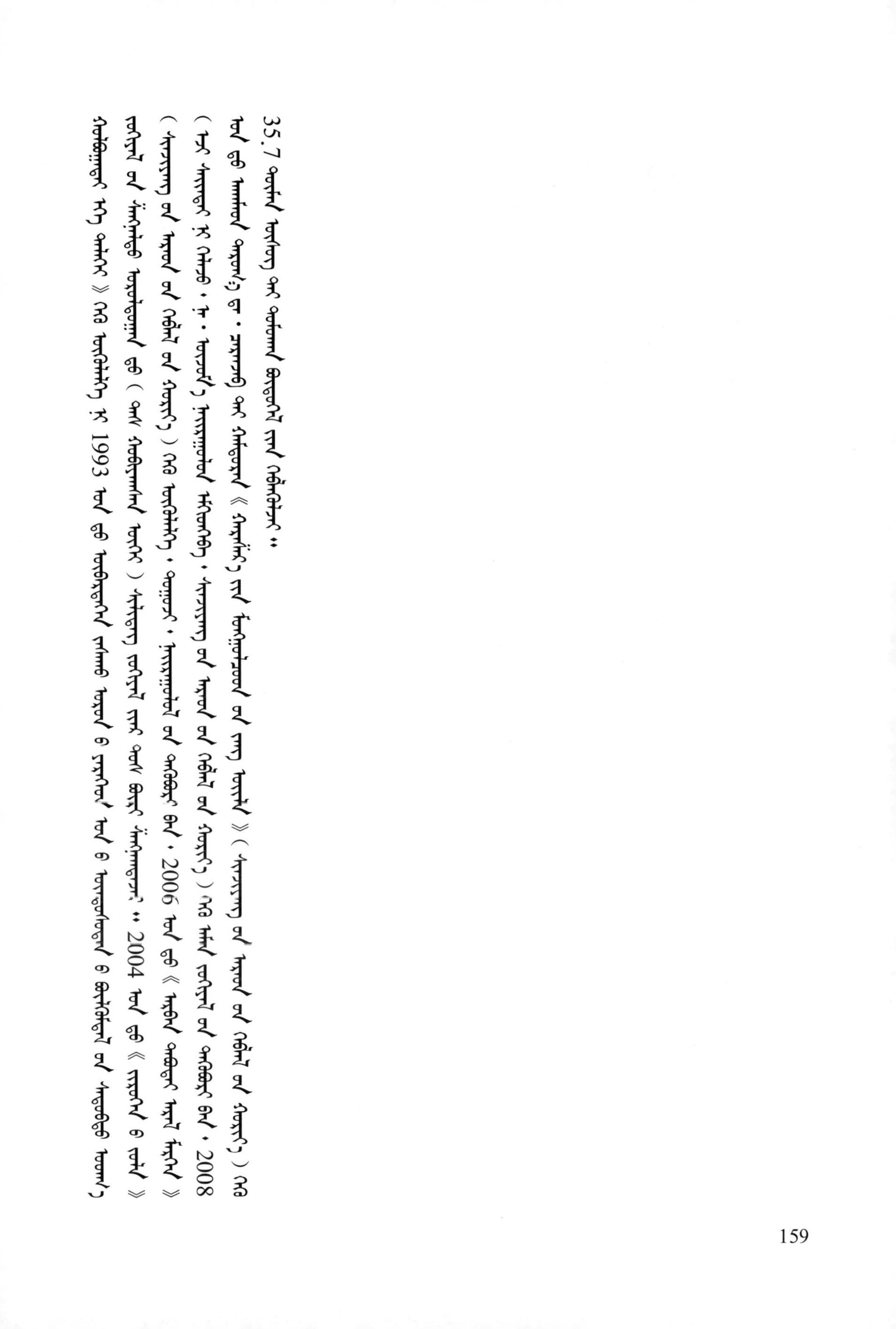

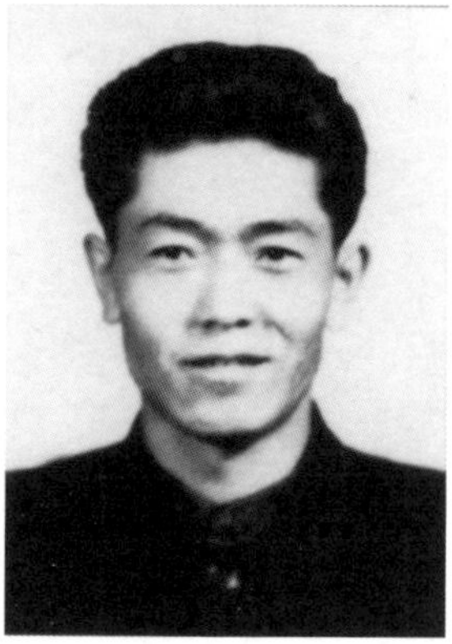

ᠪᠢ᠂ ᠪᠠᠶᠠᠷᠮᠠᠭ ᠡᠷ᠎ᠡ᠂ ᠮᠣᠩᠭᠣᠯ ᠦᠨᠳᠦᠰᠦᠲᠡᠨ᠂ ᠵᠠᠷᠤᠳ ᠬᠣᠰᠢᠭᠤᠨ ᠤ ᠬᠦᠮᠦᠨ ᠃᠃ 1948 ᠣᠨ ᠤ 3 ᠰᠠᠷ᠎ᠠ ᠶᠢᠨ 21 ᠦ ᠡᠳᠦᠷ ᠲᠥᠷᠥᠭᠰᠡᠨ ᠃ 1956 ᠣᠨ ᠤ 9 ᠰᠠᠷ᠎ᠠ ᠠᠴᠠ 1960 ᠣᠨ ᠤ 7 ᠰᠠᠷ᠎ᠠ ᠬᠦᠷᠲᠡᠯᠡ ᠪᠠᠭ᠎ᠠ ᠰᠤᠷᠭᠠᠭᠤᠯᠢ ᠳᠤ ᠰᠤᠷᠤᠯᠴᠠᠭᠰᠠᠨ ᠃ 1960 ᠣᠨ ᠤ 7 ᠰᠠᠷ᠎ᠠ ᠠᠴᠠ 1974 ᠣᠨ ᠤ 10 ᠰᠠᠷ᠎ᠠ ᠬᠦᠷᠲᠡᠯᠡ ᠠᠵᠢᠯ ᠬᠢᠵᠦ ᠪᠠᠢᠭᠰᠠᠨ ᠃᠃ 1974 ᠣᠨ ᠠᠴᠠ 1977 ᠣᠨ ᠤ 7 ᠰᠠᠷ᠎ᠠ ᠬᠦᠷᠲᠡᠯᠡ ᠶᠡᠬᠡ ᠰᠤᠷᠭᠠᠭᠤᠯᠢ ᠳᠤ ᠰᠤᠷᠤᠯᠴᠠᠭᠰᠠᠨ ᠃ ᠡᠭᠦᠨ ᠡᠴᠡ ᠬᠣᠶᠢᠰᠢ ᠰᠤᠷᠭᠠᠭᠤᠯᠢ ᠳᠤ ᠠᠵᠢᠯᠯᠠᠭᠰᠠᠨ ᠃ 2008 ᠣᠨ ᠤ 3 ᠰᠠᠷ᠎ᠠ ᠳᠤ ᠲᠡᠲᠬᠦᠯᠡᠭᠰᠡᠨ ᠃ 2013 ᠣᠨ ᠤ 5 ᠰᠠᠷ᠎ᠠ ᠶᠢᠨ 19 ᠦ ᠡᠳᠦᠷ 23 ᠴᠠᠭ 20 ᠮᠢᠨᠦ᠋ᠲ ᠲᠦ ᠡᠪᠡᠳᠴᠢᠨ ᠢᠶᠡᠷ ᠨᠠᠰᠤ ᠨᠥᠭᠴᠢᠭᠰᠡᠨ ᠃ ᠲᠡᠷᠡ ᠴᠠᠭ ᠲᠤ 65 ᠨᠠᠰᠤᠲᠠᠢ ᠃᠃

ᠪᠢ᠂ ᠪᠠᠶᠠᠷᠮᠠᠭ ᠲᠠᠭᠤᠷ 1977 ᠣᠨ ᠠᠴᠠ ᠡᠬᠢᠯᠡᠨ ᠮᠣᠩᠭᠣᠯ ᠬᠡᠯᠡ ᠪᠢᠴᠢᠭ ᠦᠨ ᠰᠤᠳᠤᠯᠭ᠎ᠠ᠂ ᠰᠤᠷᠭᠠᠨ ᠬᠦᠮᠦᠵᠢᠯ ᠦᠨ ᠰᠤᠳᠤᠯᠭ᠎ᠠ ᠶᠢᠨ ᠠᠵᠢᠯ ᠢ ᠬᠢᠵᠦ᠂ 2001 ᠣᠨ ᠳᠤ 《ᠬᠡᠯᠡ ᠶᠢᠨ ᠰᠤᠷᠭᠠᠯ ᠤᠨ ᠠᠷᠭ᠎ᠠ ᠪᠠᠷᠢᠯ》᠂《ᠪᠢᠴᠢᠭ ᠦᠨ ᠬᠡᠯᠡ ᠶᠢᠨ ᠰᠤᠷᠭᠠᠯ》᠂《ᠮᠣᠩᠭᠣᠯ ᠬᠡᠯᠡ ᠶᠢᠨ ᠳᠦᠷᠢᠮ》᠂《ᠰᠤᠷᠭᠠᠨ ᠬᠦᠮᠦᠵᠢᠯ ᠦᠨ ᠰᠤᠳᠤᠯᠭ᠎ᠠ》᠂《ᠪᠠᠭᠰᠢ ᠶᠢᠨ ᠤᠶᠠᠯᠭ᠎ᠠ》 ᠵᠡᠷᠭᠡ ᠨᠣᠮ ᠪᠢᠴᠢᠵᠦ ᠬᠡᠪᠯᠡᠭᠦᠯᠦᠭᠰᠡᠨ᠂ ᠰᠤᠳᠤᠯᠭ᠎ᠠ ᠶᠢᠨ ᠥᠭᠦᠯᠡᠯ᠂ ᠵᠣᠬᠢᠶᠠᠯ᠂ ᠣᠷᠴᠢᠭᠤᠯᠭ᠎ᠠ ᠵᠡᠷᠭᠡ 150 ᠭᠠᠷᠤᠢ ᠪᠦᠲᠦᠭᠡᠯ (ᠰᠤᠷᠭᠠᠭᠤᠯᠢ ᠶᠢᠨ ᠰᠤᠷᠬᠤ ᠪᠢᠴᠢᠭ ᠢ ᠣᠷᠣᠭᠤᠯᠤᠨ) ᠢ ᠬᠡᠪᠯᠡᠯ ᠦᠨ ᠭᠠᠵᠠᠷ ᠲᠤ ᠨᠡᠢᠲᠡᠯᠡᠭᠦᠯᠦᠭᠰᠡᠨ ᠃᠃ ᠲᠡᠭᠦᠨ ᠦ ᠪᠦᠲᠦᠭᠡᠯ ᠦᠳ ᠣᠯᠠᠨ ᠤᠳᠠᠭ᠎ᠠ ᠱᠠᠩᠨᠠᠭᠳᠠᠵᠤ᠂ ᠮᠡᠷᠭᠡᠵᠢᠯ ᠦᠨ ᠲᠤᠰᠬᠠᠢ ᠴᠣᠯ ᠢ ᠬᠦᠷᠲᠡᠭᠰᠡᠨ ᠪᠥᠭᠡᠳ᠂ 《ᠮᠣᠩᠭᠣᠯ ᠤᠨ ᠨᠡᠷᠡᠲᠦ ᠡᠷᠳᠡᠮᠳᠡᠨ》 ᠦ ᠲᠣᠯᠢ ᠪᠢᠴᠢᠭ ᠲᠦ ᠨᠡᠷ᠎ᠡ ᠣᠷᠣᠭᠰᠠᠨ ᠃᠃

ᠪᠢ᠂ ᠪᠠᠶᠠᠷᠮᠠᠭ ᠤᠨ ᠰᠤᠳᠤᠯᠭ᠎ᠠ ᠶᠢᠨ ᠠᠵᠢᠯ ᠤᠨ ᠠᠮᠵᠢᠯᠲᠠ ᠨᠢ 《ᠮᠣᠩᠭᠣᠯ ᠬᠡᠯᠡ ᠪᠢᠴᠢᠭ》 ᠰᠡᠳᠭᠦᠯ ᠲᠦ ᠨᠡᠷ᠎ᠡ ᠃᠃

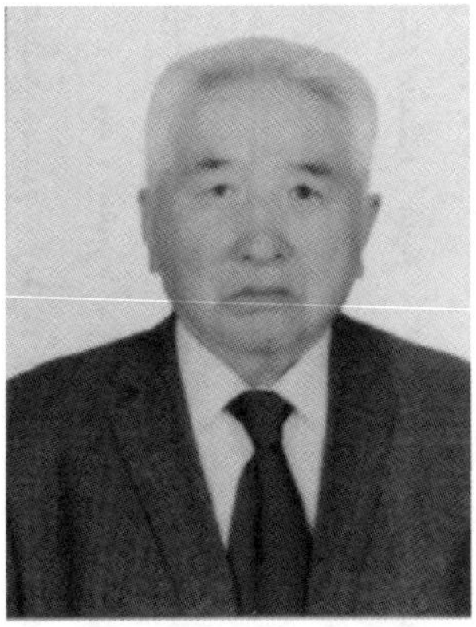

ᠪᠠ · ᠪᠠᠲᠤᠷ [illegible] ᠃ 1949 ᠣᠨ ᠤ 2 ᠰᠠᠷ᠎ᠠ ᠶᠢᠨ 1 [illegible] ᠃ 1973 ᠣᠨ [illegible] ᠃ 1958 ᠣᠨ ᠤ 9 ᠰᠠᠷ᠎ᠠ ᠡᠴᠡ 1962 ᠣᠨ ᠤ 7 ᠰᠠᠷ᠎ᠠ ᠬᠦᠷᠲᠡᠯ᠎ᠡ [illegible] 17 ᠰᠠᠷ᠎ᠠ [illegible] ([illegible]) ᠳᠤ ᠂ 1962 ᠣᠨ ᠤ 9 ᠰᠠᠷ᠎ᠠ ᠡᠴᠡ 1968 ᠣᠨ ᠤ 12 ᠰᠠᠷ᠎ᠠ ᠬᠦᠷᠲᠡᠯ᠎ᠡ [illegible] ᠃ 1968 ᠣᠨ ᠤ 12 ᠰᠠᠷ᠎ᠠ ᠡᠴᠡ [illegible] ᠂ 1973 ᠣᠨ ᠤ 3 ᠰᠠᠷ᠎ᠠ ᠬᠦᠷᠲᠡᠯ᠎ᠡ [illegible] ([illegible]) [illegible] ᠃ 1973 ᠣᠨ ᠤ 4 ᠰᠠᠷ᠎ᠠ ᠡᠴᠡ 1984 ᠣᠨ ᠤ 3 ᠰᠠᠷ᠎ᠠ ᠬᠦᠷᠲᠡᠯ᠎ᠡ [illegible] ([illegible]) [illegible] ᠃ 1979 ᠣᠨ ᠤ 7 ᠰᠠᠷ᠎ᠠ ᠡᠴᠡ 1984 ᠣᠨ ᠤ 3 ᠰᠠᠷ᠎ᠠ ᠬᠦᠷᠲᠡᠯ᠎ᠡ [illegible] ᠃ 1984 ᠣᠨ ᠤ 3 ᠰᠠᠷ᠎ᠠ ᠡᠴᠡ 1992 ᠣᠨ ᠤ 11 ᠰᠠᠷ᠎ᠠ ᠬᠦᠷᠲᠡᠯ᠎ᠡ [illegible] ([illegible]) [illegible] ᠂ 《 [illegible] 》 [illegible] ᠃ 1986 ᠣᠨ ᠤ 9 ᠰᠠᠷ᠎ᠠ ᠡᠴᠡ 1988 ᠣᠨ ᠤ 7 ᠰᠠᠷ᠎ᠠ ᠬᠦᠷᠲᠡᠯ᠎ᠡ [illegible] 《 [illegible] 》 [illegible] ᠃ 1992 ᠣᠨ ᠤ 11 ᠰᠠᠷ᠎ᠠ ᠡᠴᠡ 2002 ᠣᠨ ᠤ 11 ᠰᠠᠷ᠎ᠠ ᠬᠦᠷᠲᠡᠯ᠎ᠡ [illegible] ᠃ 2002 ᠣᠨ ᠤ 11 ᠰᠠᠷ᠎ᠠ

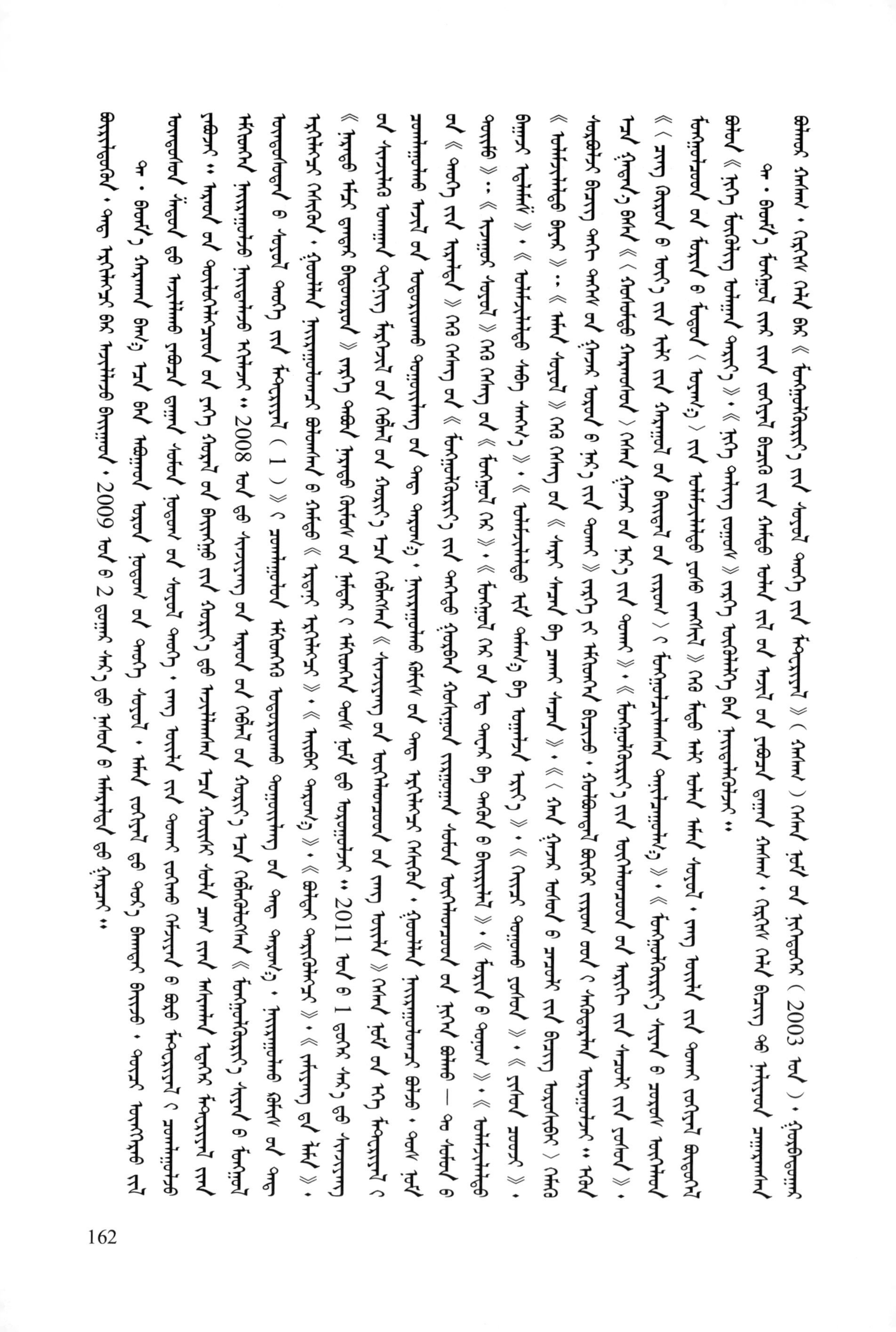

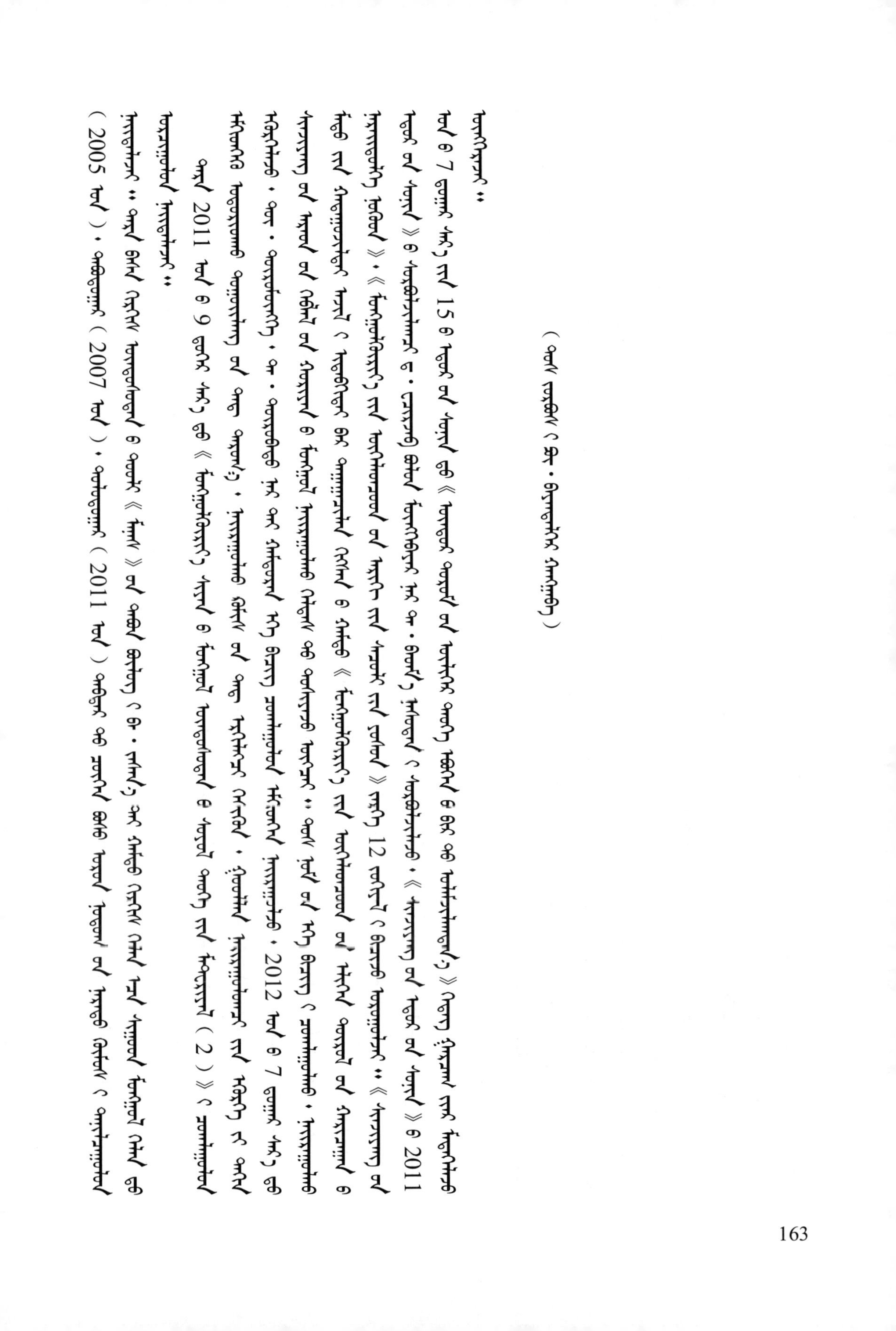

[illegible]

ᠮᠠ᠂ ᠭᠠᠩᠰᠦᠬ [illegible]

[illegible] 《 [illegible] 》 [illegible] 2009 ᠣᠨ ᠳᠤ [illegible]

《 [illegible] 》 [illegible] 1980 ᠣᠨ ᠳᠤ 《 [illegible] 》 [illegible]

[illegible] 2003 ᠣᠨ ᠳᠤ [illegible] 10 [illegible] 《 [illegible] 》 [illegible]

1969 ᠣᠨ ᠡᠴᠡ 1972 ᠣᠨ [illegible] 2012 ᠣᠨ ᠳᠤ [illegible]

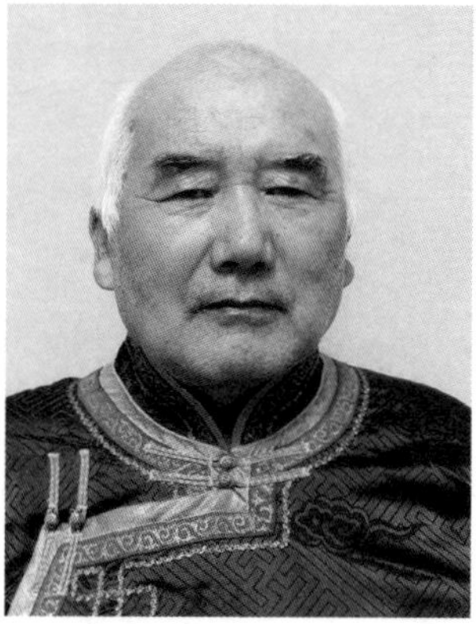

[illegible] 1998 ᠣᠨ ᠳᠤ [illegible] 1969 ᠣᠨ [illegible] 1965 ᠣᠨ ᠡᠴᠡ 1968 ᠣᠨ [illegible] 1958 ᠣᠨ ᠳᠤ [illegible] ([illegible]) [illegible]

15 [illegible]

ᠮᠠ᠂ ᠭᠠᠩᠰᠦᠬ [illegible] 1950 ᠣᠨ ᠤ 3 [illegible]

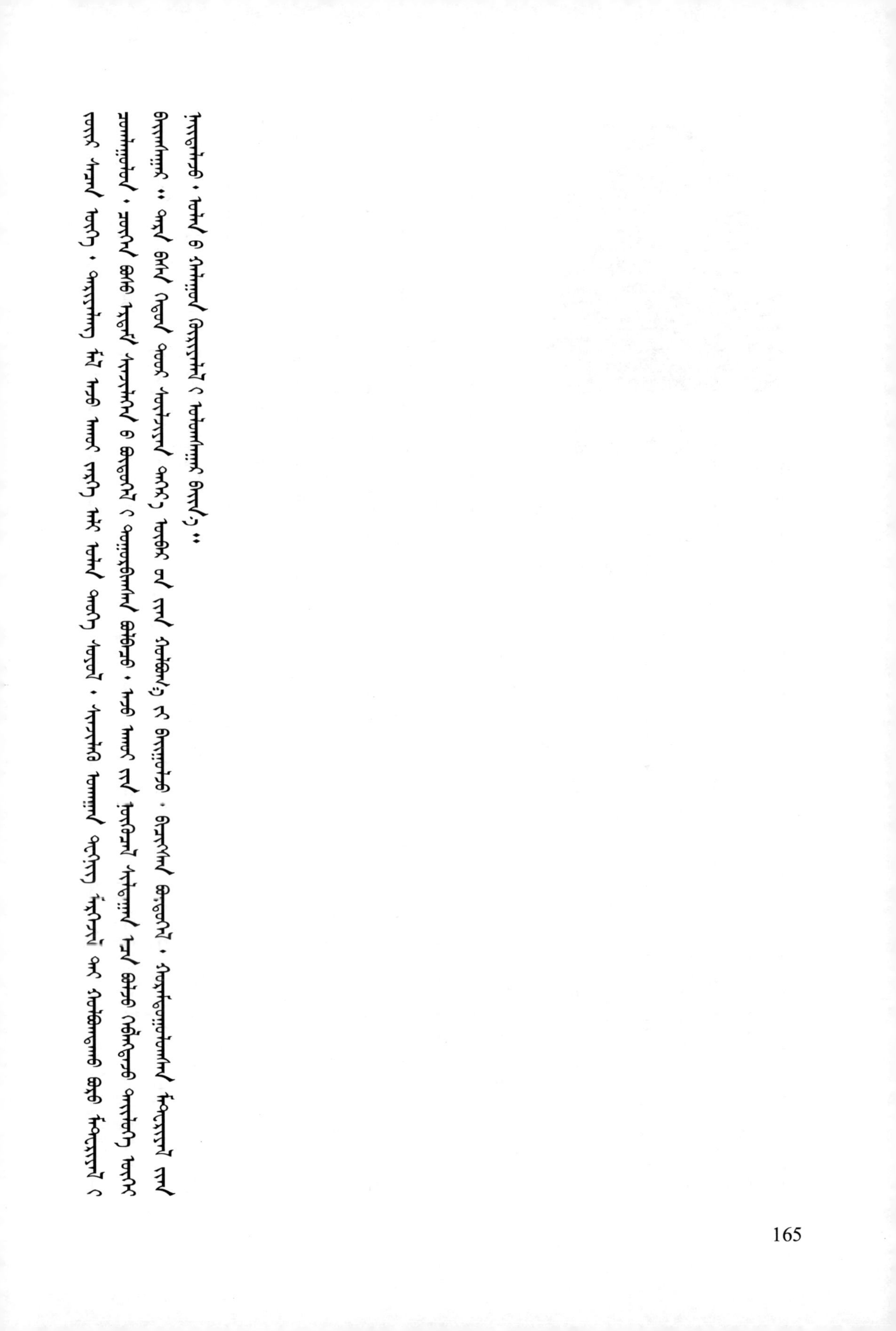

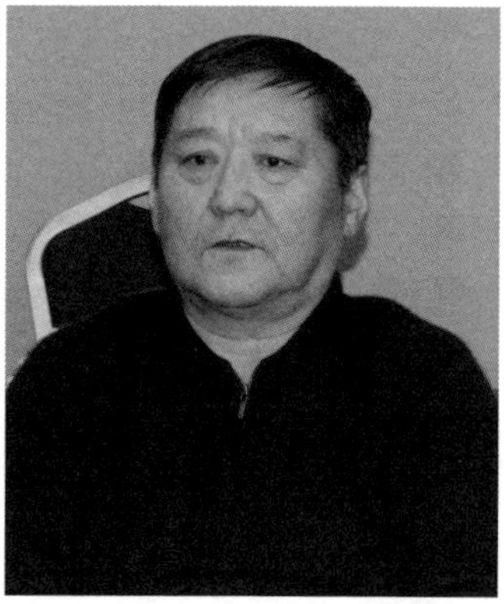

ᠳᠠ · ᠪᠠᠶᠠᠷ ᠮᠣᠩᠭᠣᠯ ᠦᠨᠳᠦᠰᠦᠲᠡᠨ ᠂ ᠡᠷᠡᠭᠲᠡᠢ ᠂ 1952 ᠣᠨ ᠤ 6 ᠰᠠᠷ-ᠠ ᠶᠢᠨ 15 ᠤ ᠡᠳᠦᠷ ᠲᠥᠷᠥᠭᠰᠡᠨ ᠄ 1962 ᠣᠨ ᠤ 9 ᠰᠠᠷ-ᠠ ᠠᠴᠠ 1965 ᠣᠨ ᠤ 9 ᠰᠠᠷ-ᠠ ᠬᠦᠷᠲᠡᠯ ᠰᠤᠷᠭᠠᠭᠤᠯᠢ ᠳᠤ ᠰᠤᠷᠤᠯᠴᠠᠭᠰᠠᠨ ᠄ 1965 ᠣᠨ ᠤ 9 ᠰᠠᠷ-ᠠ ᠠᠴᠠ 1968 ᠣᠨ ᠤ 7 ᠰᠠᠷ-ᠠ ᠬᠦᠷᠲᠡᠯ ᠰᠤᠷᠤᠯᠴᠠᠭᠰᠠᠨ ᠄ 1968 ᠣᠨ ᠤ 9 ᠰᠠᠷ-ᠠ ᠠᠴᠠ 1970 ᠣᠨ ᠤ 12 ᠰᠠᠷ-ᠠ ᠬᠦᠷᠲᠡᠯ ᠠᠵᠢᠯᠯᠠᠭᠰᠠᠨ ᠄ 1970 ᠣᠨ ᠤ 12 ᠰᠠᠷ-ᠠ ᠠᠴᠠ 1974 ᠣᠨ ᠤ 3 ᠰᠠᠷ-ᠠ ᠬᠦᠷᠲᠡᠯ 215 ᠳᠤᠭᠠᠷ ᠠᠩᠭᠢ ᠳᠤ 3 ᠳᠤᠭᠠᠷ ᠠᠩᠭᠢ ᠳᠤ ᠴᠡᠷᠢᠭᠯᠡᠭᠰᠡᠨ ᠄ 1974 ᠣᠨ ᠤ 9 ᠰᠠᠷ-ᠠ ᠠᠴᠠ 1977 ᠣᠨ ᠤ 8 ᠰᠠᠷ-ᠠ ᠬᠦᠷᠲᠡᠯ ᠰᠤᠷᠤᠯᠴᠠᠭᠰᠠᠨ ᠄ 1977 ᠣᠨ ᠤ 8 ᠰᠠᠷ-ᠠ ᠠᠴᠠ 2012 ᠣᠨ ᠤ 6 ᠰᠠᠷ-ᠠ ᠬᠦᠷᠲᠡᠯ ᠠᠵᠢᠯᠯᠠᠭᠰᠠᠨ ᠄ 2012 ᠣᠨ ᠤ 6 ᠰᠠᠷ-ᠠ ᠳᠤ ᠲᠡᠲᠡᠭᠦᠯᠡᠭᠰᠡᠨ ᠪᠣᠯᠪᠠ ᠄

ᠳᠠ · ᠪᠠᠶᠠᠷ 1977 ᠣᠨ ᠡᠴᠡ 2012 ᠣᠨ ᠬᠦᠷᠲᠡᠯ ᠵᠢᠷᠤᠭ ᠵᠢᠷᠤᠵᠤ ᠂ 《 ... 》 ᠂ 《 ... 》 ᠂ 《 ... 》 ᠂ 《 ... 》 ᠵᠡᠷᠭᠡ 100 ᠭᠠᠷᠤᠢ ᠵᠢᠷᠤᠭ ᠪᠦᠲᠦᠭᠡᠭᠰᠡᠨ ᠄ 《 ... 》 ᠂ 《 ... 》 ᠵᠡᠷᠭᠡ ᠪᠦᠲᠦᠭᠡᠯ ᠨᠢ ᠰᠢᠭᠠᠩᠭᠠᠳᠠᠭᠰᠠᠨ ᠄

[illegible] 》([illegible]) [illegible] 1983 ᠣᠨ [illegible]

[illegible] :: 1989 ᠣᠨ [illegible] 40 [illegible]

[illegible] :: 《 [illegible]

[illegible] 》 [illegible] 1988 ᠣᠨ ᠤ 6 [illegible] ::

《 [illegible] 〈 [illegible] 〉》 [illegible] 1988 ᠣᠨ ᠤ 7 [illegible] 《

[illegible] 1999 ᠣᠨ ᠤ 7 [illegible]

[illegible] :: 《 [illegible] 〈 [illegible] 〉》([illegible]) [illegible] 2001 ᠣᠨ [illegible]

[illegible] 《 [illegible] 》 [illegible]

[illegible] 》([illegible]) [illegible] 2010 ᠣᠨ ᠤ 9 [illegible]

[illegible] :: 《 [illegible]

[illegible] 》([illegible]) [illegible] 2010 ᠣᠨ ᠤ 9 [illegible]

[illegible] ::

[illegible]

[illegible] 《 [illegible] 》 [illegible] :: [illegible]

[illegible] 《 [illegible] 》 [illegible]

[illegible]

[illegible] 《 [illegible] 》 [illegible] 《 [illegible] 》 [illegible]

[illegible] 《 [illegible] 》 [illegible] 《 [illegible] 》 [illegible]

[illegible] ::

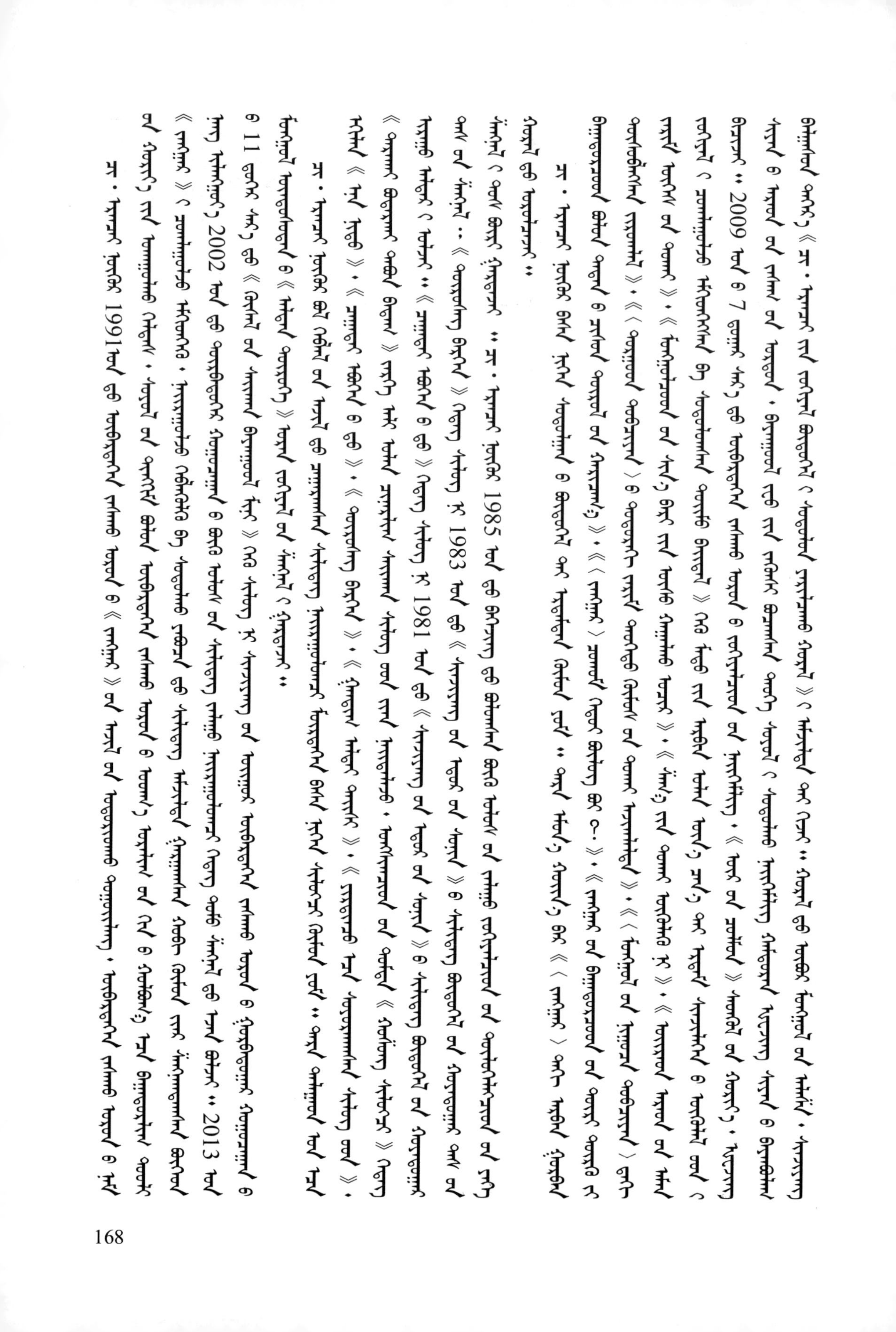

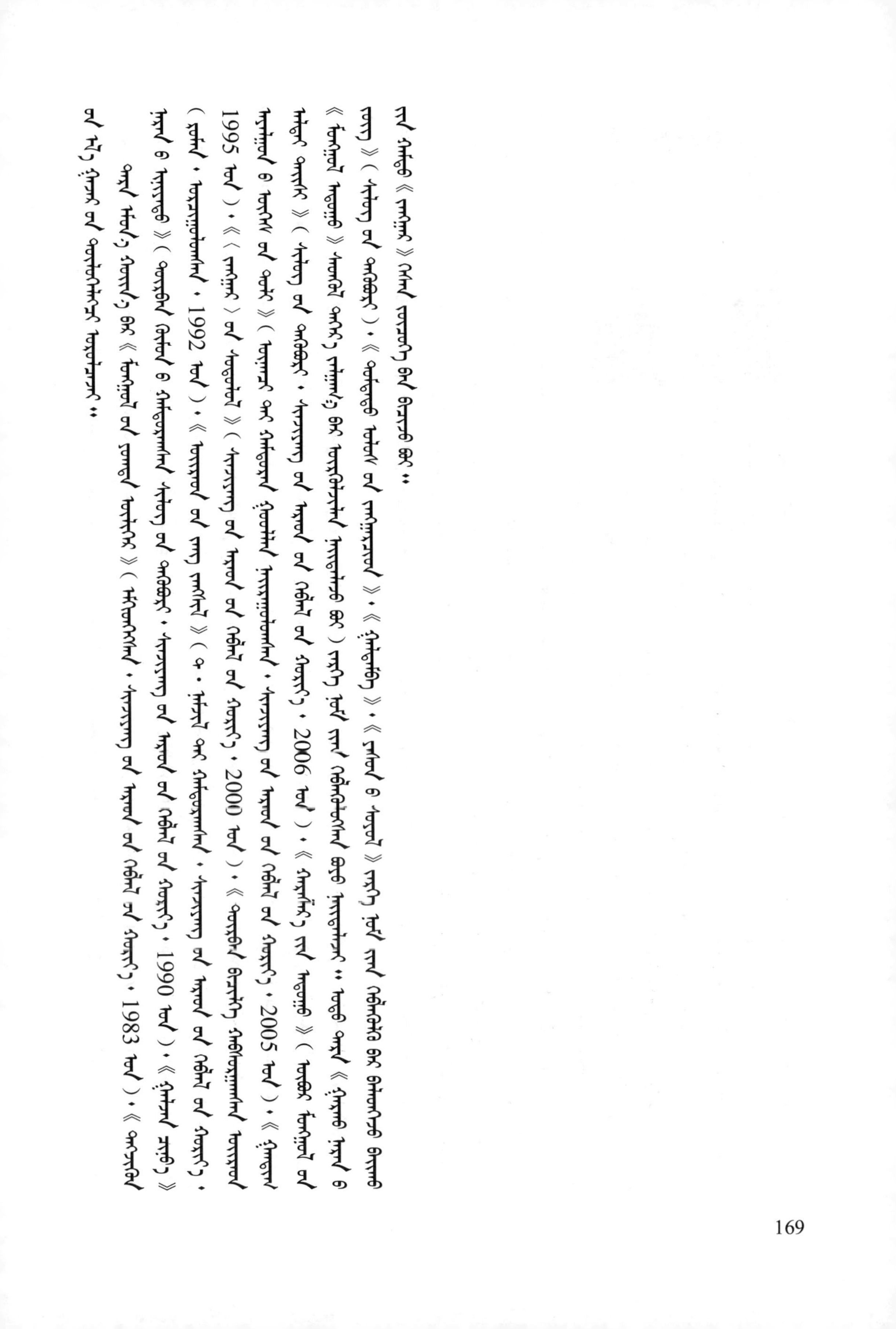

ᠵᠢᠷ᠂ ᠴᠢᠮᠡᠭ   ᠨᠠᠷᠢᠨ ᠵᠣᠬᠢᠶᠠᠯᠴᠢ᠂ ᠣᠷᠴᠢᠭᠤᠯᠤᠭᠴᠢ᠂ ᠮᠣᠩᠭᠣᠯ ᠦᠨᠳᠦᠰᠦᠲᠡᠨ᠂ ᠡᠷᠬᠢᠮ ᠲᠠᠯ᠎ᠠ ᠶᠢᠨ ᠬᠠᠷᠠᠴᠢᠨ ᠤ

ᠪᠠᠷᠠᠭᠤᠨ ᠬᠣᠰᠢᠭᠤ ᠶᠢᠨ ᠬᠦᠮᠦᠨ᠃ 1953 ᠣᠨ ᠤ 12 ᠰᠠᠷ᠎ᠠ ᠶᠢᠨ 24 ᠤ ᠡᠳᠦᠷ ᠲᠥᠷᠦᠭᠰᠡᠨ᠂ ᠬᠡᠪᠯᠡᠯ ᠦᠨ ᠬᠣᠷᠢᠶ᠎ᠠ ᠶᠢᠨ ᠪᠣᠯᠪᠠᠰᠤᠷᠠᠯ ᠤᠨ ᠲᠠᠰᠤᠭ ᠤᠨ ᠡᠷᠬᠢᠯᠡᠭᠴᠢ ᠪᠣᠯᠤᠨ᠎ᠠ᠃ 1959 ᠣᠨ ᠤ 9 ᠰᠠᠷ᠎ᠠ ᠡᠴᠡ 1969 ᠣᠨ ᠤ 7 ᠰᠠᠷ᠎ᠠ ᠬᠦᠷᠲᠡᠯ᠎ᠡ ᠬᠣᠰᠢᠭᠤ ᠶᠢᠨ ᠰᠤᠷᠭᠠᠭᠤᠯᠢ ᠳᠤ ᠰᠤᠷᠤᠯᠴᠠᠵᠤ᠂ 1969 ᠣᠨ ᠤ 7 ᠰᠠᠷ᠎ᠠ ᠡᠴᠡ 1972 ᠣᠨ ᠤ 9 ᠰᠠᠷ᠎ᠠ ᠬᠦᠷᠲᠡᠯ᠎ᠡ ᠭᠠᠵᠠᠷ ᠲᠠᠷᠢᠶᠠᠯᠠᠩ ᠳᠤ ᠠᠵᠢᠯ ᠬᠢᠵᠦ᠂ 1972 ᠣᠨ ᠤ 9 ᠰᠠᠷ᠎ᠠ ᠡᠴᠡ 1974 ᠣᠨ ᠤ 7 ᠰᠠᠷ᠎ᠠ ᠬᠦᠷᠲᠡᠯ᠎ᠡ ᠥᠪᠦᠷ ᠮᠣᠩᠭᠣᠯ ᠤᠨ ᠪᠠᠭᠰᠢ ᠶᠢᠨ ᠶᠡᠬᠡ ᠰᠤᠷᠭᠠᠭᠤᠯᠢ ᠶᠢᠨ ᠮᠣᠩᠭᠣᠯ ᠬᠡᠯᠡ ᠪᠢᠴᠢᠭ ᠦᠨ ᠮᠡᠷᠭᠡᠵᠢᠯ ᠳᠦ ᠰᠤᠷᠤᠯᠴᠠᠭᠠᠳ᠂ 1976 ᠣᠨ ᠤ 10 ᠰᠠᠷ᠎ᠠ ᠡᠴᠡ ᠡᠭᠦᠷᠭᠡ ᠳᠦ ᠣᠷᠣᠵᠤ᠂ ᠬᠣᠣᠰᠢᠭᠤ ᠶᠢᠨ ᠰᠤᠷᠭᠠᠭᠤᠯᠢ ᠳᠤ ᠪᠠᠭᠰᠢ᠂ ᠬᠡᠪᠯᠡᠯ ᠦᠨ ᠬᠣᠷᠢᠶ᠎ᠠ ᠶᠢᠨ ᠨᠠᠢᠷᠠᠭᠤᠯᠤᠭᠴᠢ᠂ ᠨᠠᠢᠷᠠᠭᠤᠯᠤᠭᠴᠢ ᠶᠢᠨ ᠲᠡᠷᠢᠭᠦᠨ ᠵᠡᠷᠭᠡ ᠠᠵᠢᠯ ᠬᠢᠵᠦ ᠢᠷᠡᠭᠰᠡᠨ᠃ 1989 ᠣᠨ ᠤ 9 ᠰᠠᠷ᠎ᠠ ᠡᠴᠡ 1992 ᠣᠨ ᠤ 8 ᠰᠠᠷ᠎ᠠ ᠬᠦᠷᠲᠡᠯ᠎ᠡ ᠮᠣᠩᠭᠣᠯ ᠤᠨ ᠤᠷᠤᠨ ᠵᠣᠬᠢᠶᠠᠯ ᠤᠨ ᠳᠡᠭᠡᠳᠦ ᠰᠤᠷᠭᠠᠭᠤᠯᠢ ᠳᠤ ᠰᠤᠷᠤᠯᠴᠠᠭᠰᠠᠨ᠃ 2013 ᠣᠨ ᠤ 12 ᠰᠠᠷ᠎ᠠ ᠳᠤ ᠲᠡᠳᠭᠦᠯᠲᠡ ᠳᠦ ᠭᠠᠷᠤᠭᠰᠠᠨ᠃ ᠮᠣᠩᠭᠣᠯ ᠤᠨ ᠵᠣᠬᠢᠶᠠᠯᠴᠢᠳ ᠤᠨ ᠨᠡᠶᠢᠭᠡᠮᠯᠢᠭ ᠦᠨ ᠭᠡᠰᠢᠭᠦᠨ ᠪᠣᠯᠤᠨ᠎ᠠ᠃

ᠵᠢᠷ᠂ ᠴᠢᠮᠡᠭ 1975 ᠣᠨ ᠳᠤ ᠤᠷᠤᠨ ᠪᠦᠲᠦᠭᠡᠯ ᠪᠢᠴᠢᠵᠦ ᠡᠬᠢᠯᠡᠭᠰᠡᠨ᠂ ᠣᠳᠣ ᠬᠦᠷᠲᠡᠯ᠎ᠡ ᠪᠢᠴᠢᠭᠰᠡᠨ 《ᠮᠣᠷᠢᠨ ᠬᠣᠭᠣᠷ》᠂《ᠰᠠᠷᠠᠨ ᠰᠡᠳᠬᠢᠯ ᠦᠨ ᠬᠦᠮᠦᠨ》᠂《ᠭᠣᠣ ᠵᠢ》᠂《ᠪᠦᠷᠢᠳᠬᠡᠯ ᠦᠨ ᠳᠡᠪᠲᠡᠷ》᠂《ᠨᠣᠶᠠᠨ ᠬᠦᠮᠦᠨ》 ᠵᠡᠷᠭᠡ ᠤᠷᠲᠤ᠂ ᠳᠤᠮᠳᠠ ᠬᠡᠮᠵᠢᠶ᠎ᠡ ᠶᠢᠨ ᠲᠤᠤᠵᠢ ᠶᠢ ᠪᠢᠴᠢᠭᠰᠡᠨ᠃《ᠮᠣᠩᠭᠣᠯ ᠬᠦᠮᠦᠨ ᠦ ᠰᠡᠳᠬᠢᠯ》᠂《ᠠᠷᠠᠳ ᠤᠨ ᠵᠣᠬᠢᠶᠠᠯ》᠂《ᠮᠠᠯᠴᠢᠨ ᠤ ᠦᠭᠡ》 ᠵᠡᠷᠭᠡ ᠨᠣᠮ ᠨᠡᠶᠢᠲᠡᠯᠡᠭᠦᠯᠦᠭᠰᠡᠨ᠃《ᠲᠠᠯ᠎ᠠ ᠶᠢᠨ ᠰᠠᠶᠢᠬᠠᠨ》ᠨᠣᠮ ᠢ ᠣᠷᠴᠢᠭᠤᠯᠤᠭᠰᠠᠨ᠃ 《ᠪᠣᠯᠵᠤ᠂ ᠮᠥᠨ)᠂《ᠣᠷᠴᠢᠨ ᠲᠣᠭᠣᠷᠢᠭᠰᠠᠨ ᠬᠠᠷᠠᠭᠠᠯ》 ᠡᠳᠡᠭᠡᠷ ᠪᠣᠯᠤᠨ᠎ᠠ᠃ (ᠪᠢᠴᠢᠭ ᠦᠨ ᠰᠤᠷᠭᠠᠯ ᠤᠨ ᠨᠡᠶᠢᠲᠡᠯᠡᠯ ᠦᠨ ᠬᠣᠷᠢᠶ᠎ᠠ)

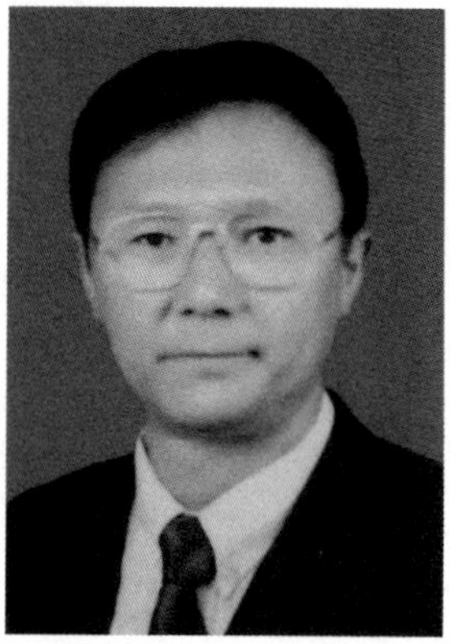

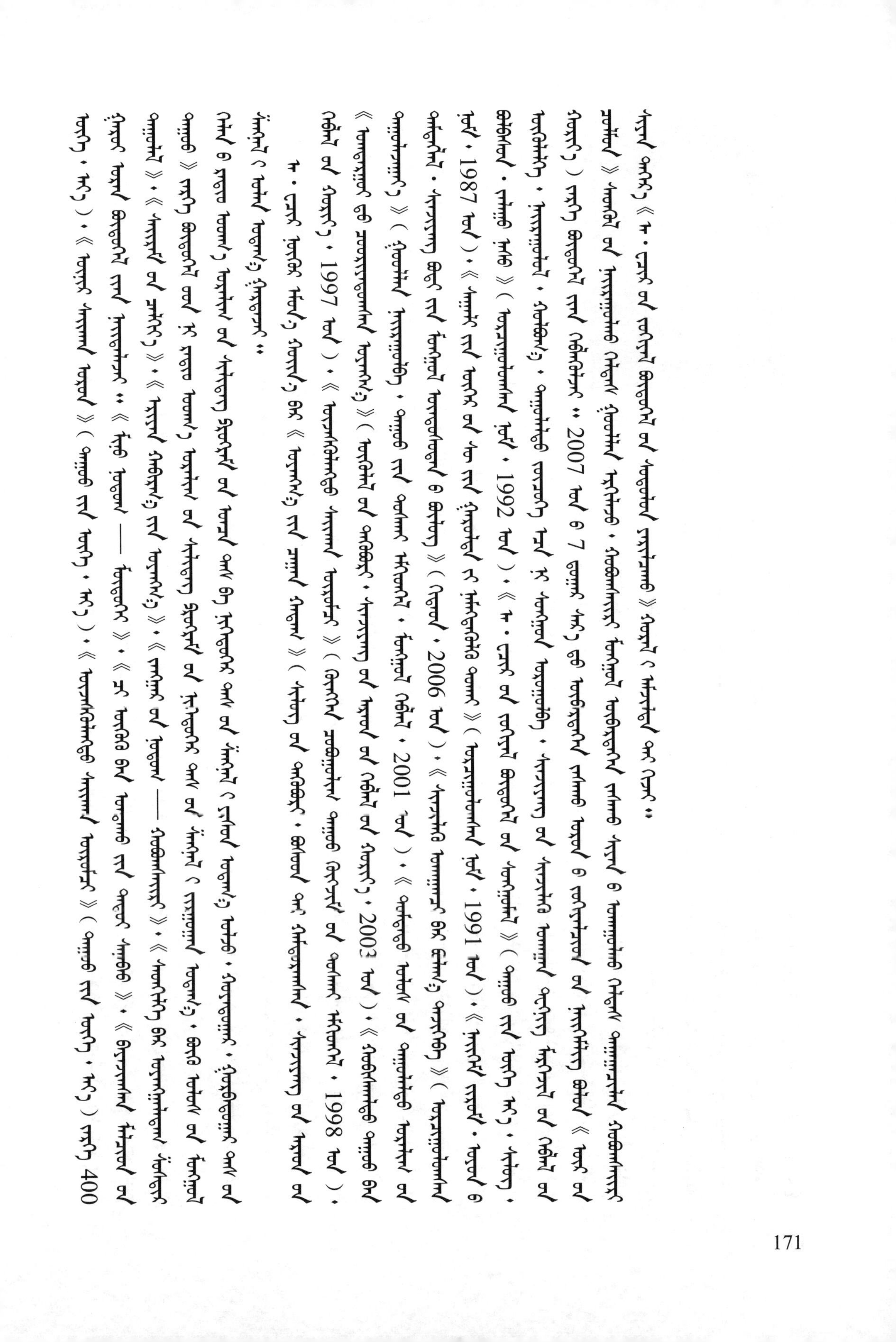

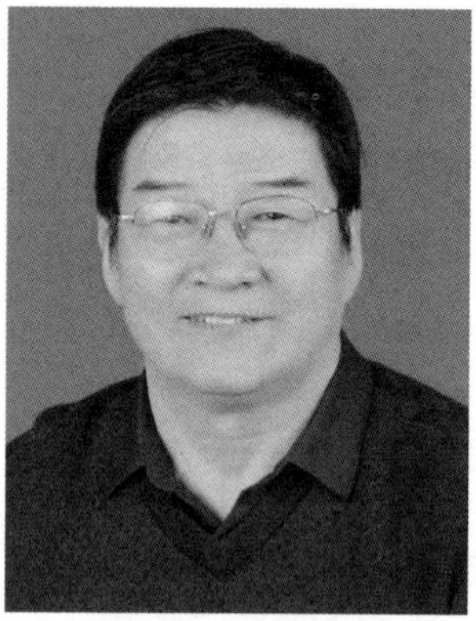

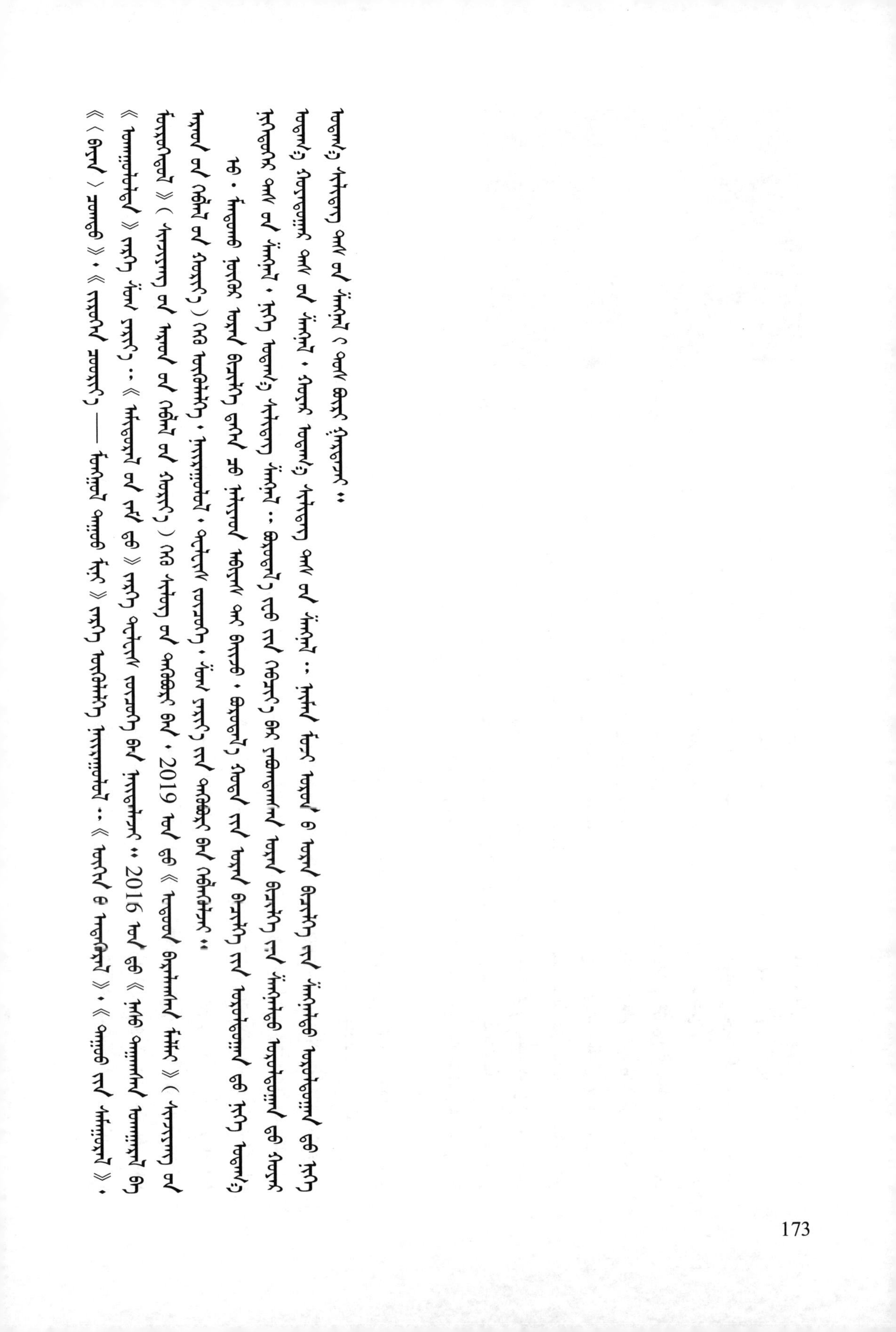

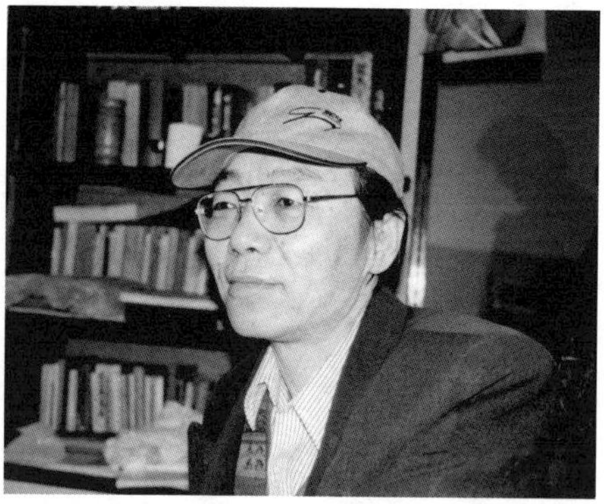

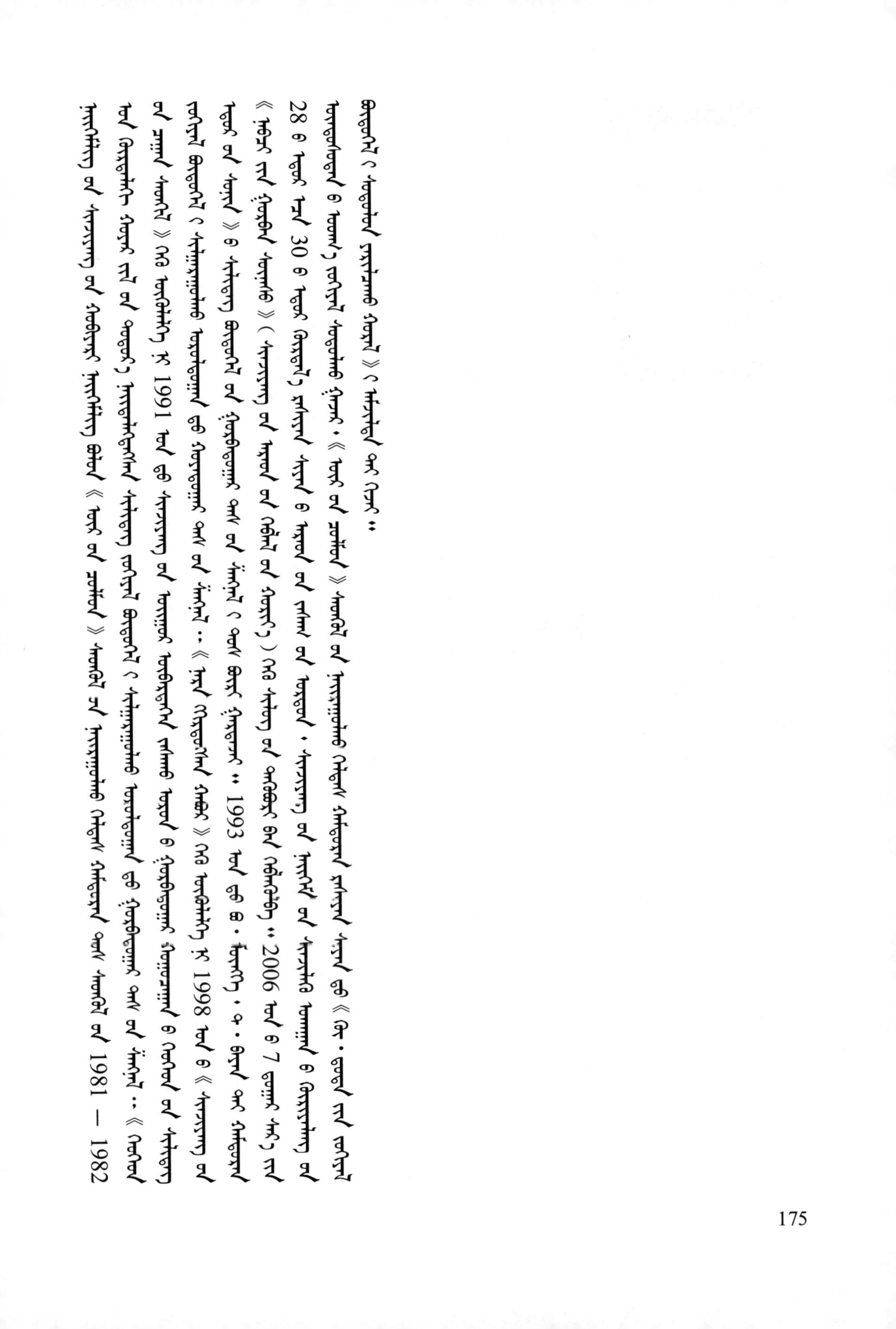

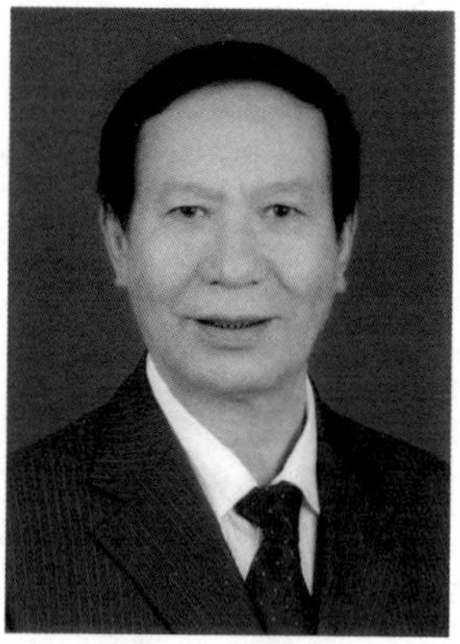

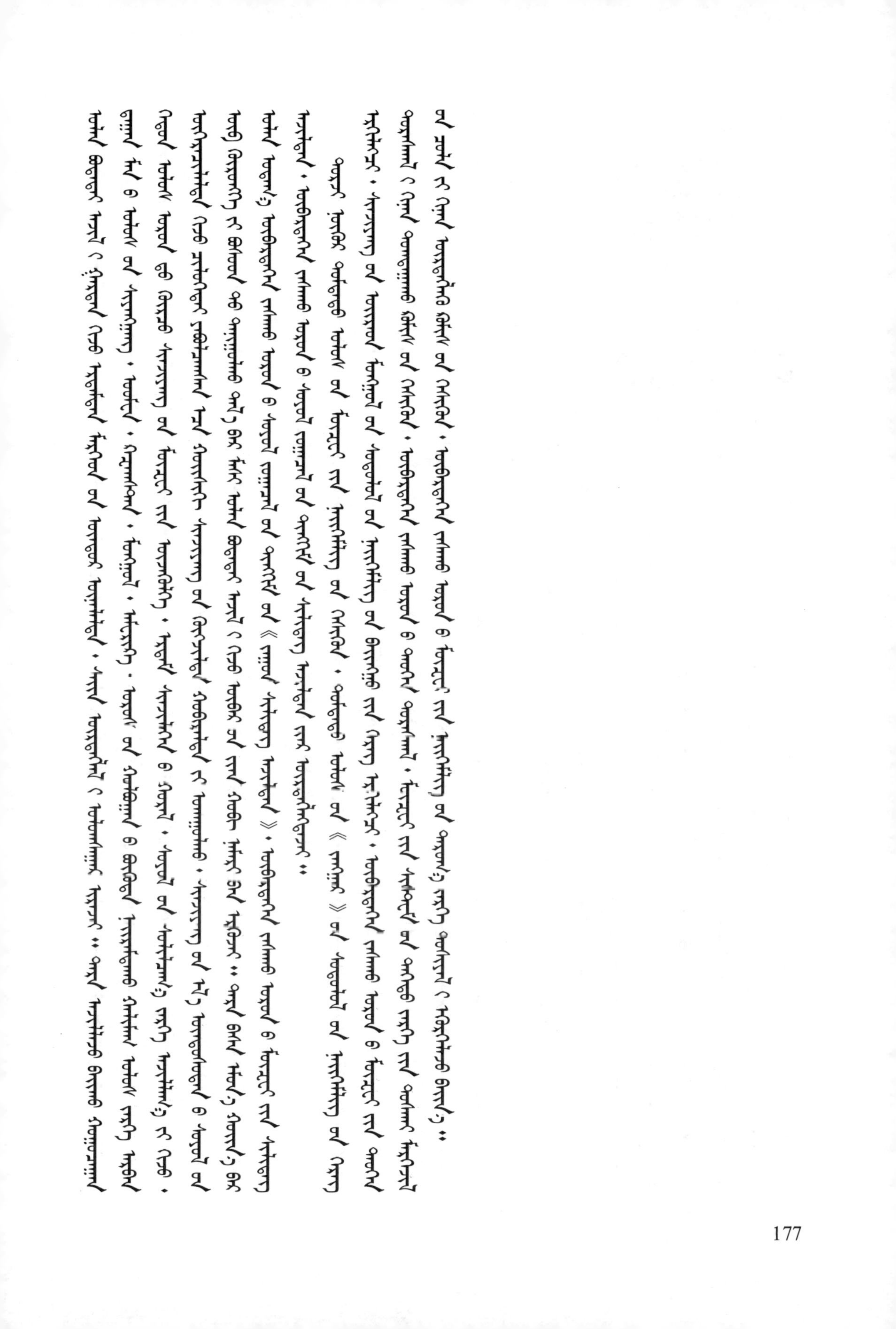

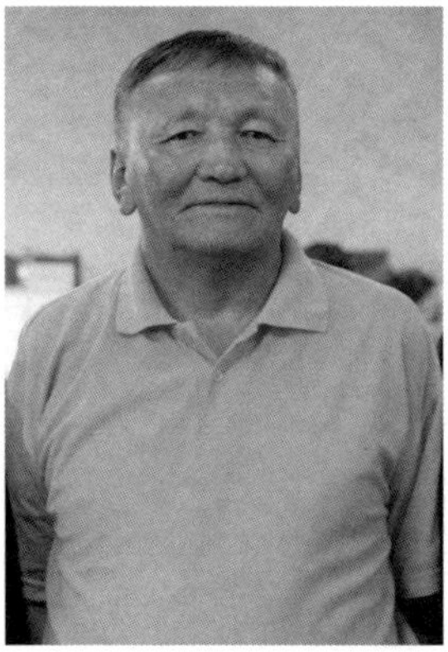

[illegible]

ᠬᠡᠷᠡᠭᠯᠡᠭᠳᠡᠭ ᠰᠠᠨ ᠨᠢᠭᠤᠴᠠᠯᠠᠯ·《ᠮᠣᠩᠭᠣᠯ ᠤᠨ ᠨᠢᠭᠤᠴᠠ ᠲᠣᠪᠴᠢᠶᠠᠨ》ᠤ ᠬᠡᠪᠯᠡᠯ ᠦᠨ ᠰᠤᠳᠤᠯᠭᠠᠨ ᠤ ᠪᠠᠷᠢᠮᠲᠠᠯᠠᠯ ᠢ ᠪᠠᠰᠠ ᠨᠢᠭᠡ ᠳᠤᠨ ᠵᠢᠷᠤᠮ ᠤᠨ ᠰᠤᠳᠤᠯᠤᠯ
ᠵᠢᠱᠢᠶ᠎ᠡ ᠶᠢᠨ ᠬᠡᠪᠯᠡᠭᠦᠯᠦᠭᠰᠡᠨ《ᠮᠣᠩᠭᠣᠯ ᠮᠣᠩᠭᠣᠯ ᠤᠨ ᠲᠣᠯᠢ》·《〈ᠰᠢᠯᠢᠳᠡᠭ ᠦᠭᠡ〉ᠶᠢᠨ ᠲᠣᠯᠢ ᠪᠢᠴᠢᠭ》ᠦᠨ ᠬᠡᠪᠯᠡᠯ ᠦᠨ ᠭᠠᠳᠠᠭᠠᠳᠤ ᠲᠣᠯᠢ ᠶᠢᠨ
ᠲᠣᠯᠢ》·《ᠶᠡᠬᠡ ᠲᠣᠯᠢ ᠶᠢᠨ ᠲᠣᠬᠢᠶᠠᠯᠳᠤᠯ ᠦᠨ ᠲᠠᠢᠯᠪᠤᠷᠢ〈ᠬᠠᠭᠠᠨ〉ᠶᠢᠨ ᠲᠣᠯᠢ》ᠵᠡᠷᠭᠡ ᠶᠢᠨ ᠬᠡᠪᠯᠡᠯ ᠦᠨ ᠮᠠᠲ᠋ᠧᠷᠢᠶᠠᠯ ᠤᠨ
ᠬᠡᠪᠯᠡᠭᠰᠡᠨ :: ᠪᠠᠰᠠ·ᠪᠠᠷᠢᠮᠲᠠᠯᠠᠯ ᠢ ᠲᠣᠬᠢᠷᠠᠭᠤᠯᠬᠤ《〈ᠮᠣᠩᠭᠣᠯ ᠤᠨ ᠨᠢᠭᠤᠴᠠ ᠲᠣᠪᠴᠢᠶᠠᠨ〉ᠬᠡᠪᠯᠡᠯ ᠦᠨ ᠰᠤᠳᠤᠯᠤᠯ ᠤᠨ ᠬᠡᠪᠯᠡᠯ ᠦᠨ ᠬᠡᠪᠯᠡᠯ ᠤᠨ ᠲᠣᠬᠢᠷᠠᠭᠤᠯᠤᠭᠰᠠᠨ ᠬᠡᠪᠯᠡᠭᠦᠯᠦᠯ》
(ᠰᠢᠨᠵᠢᠯᠡᠬᠦ ᠶᠢᠨ ᠲᠡᠭᠦᠯ ᠦᠨ ᠭᠠᠵᠠᠷ ᠤᠨ ᠬᠡᠪᠯᠡᠯ·2014 ᠣᠨ)·《ᠮᠣᠩᠭᠣᠯ ᠬᠡᠯᠡ ᠮᠣᠩᠭᠣᠯ ᠤᠨ ᠨᠢᠭᠤᠴᠠ ᠲᠣᠪᠴᠢᠶᠠᠨ ᠤ ᠬᠡᠯᠡ ᠶᠢᠨ ᠰᠤᠳᠤᠯᠤᠯ》(ᠬᠣᠶᠠᠳᠤᠭᠠᠷ
ᠬᠡᠪᠯᠡᠭᠦᠯᠦᠯ·ᠬᠡᠪᠯᠡᠭᠦᠯᠦᠯ ᠦᠨ ᠰᠢᠨᠵᠢᠯᠡᠭᠡ·2016 ᠣᠨ)·《〈ᠮᠣᠩᠭᠣᠯ ᠤᠨ ᠨᠢᠭᠤᠴᠠ ᠲᠣᠪᠴᠢᠶᠠᠨ〉ᠬᠡᠯᠡ ᠬᠡᠯᠡᠯᠴᠡᠭᠡ》(ᠬᠡᠪᠯᠡᠭᠦᠯᠦᠯ ᠦᠨ ᠬᠡᠪᠯᠡᠯ ᠤᠨ ᠬᠡᠪᠯᠡᠯ ᠦᠨ ᠭᠠᠵᠠᠷ·
2021 ᠣᠨ) ᠵᠡᠷᠭᠡ ᠶᠢᠨ ᠨᠡᠷᠡ ᠲᠠᠢ ᠬᠡᠪᠯᠡᠭᠰᠡᠨ :: 《ᠬᠡᠪᠯᠡᠯ ᠦᠨ ᠰᠤᠳᠤᠯᠤᠯ ᠤᠨ ᠰᠢᠨᠵᠢᠯᠡᠭᠡ ᠶᠢᠨ ᠲᠣᠯᠢ ᠬᠡᠪᠯᠡᠯ ᠦᠨ ᠰᠤᠳᠤᠯᠭᠠᠨ〈ᠮᠣᠩᠭᠣᠯ ᠤᠨ ᠨᠢᠭᠤᠴᠠ ᠲᠣᠪᠴᠢᠶᠠᠨ〉》·
《ᠮᠣᠩᠭᠣᠯ ᠤᠨ ᠨᠢᠭᠤᠴᠠ ᠲᠣᠪᠴᠢᠶᠠᠨ》(ᠲᠣᠪᠴᠢ)·《ᠰᠢᠨᠵᠢᠯᠡᠯ ᠲᠣᠪᠴᠢ ᠪᠢᠴᠢᠭ ᠦᠨ ᠦᠭᠡ〈ᠰᠣᠳᠣᠨᠣᠮ〉》(ᠰᠢᠨᠵᠢᠯᠡᠯ ᠦᠨ ᠪᠢᠴᠢᠯᠭᠡ) ᠰᠤᠳᠤᠯᠤᠯ ᠢ ᠲᠣᠪᠴᠢ
ᠬᠡᠷᠡᠭᠯᠡᠭᠳᠡᠬᠦ ᠪᠠᠢᠨ᠎ᠠ ::

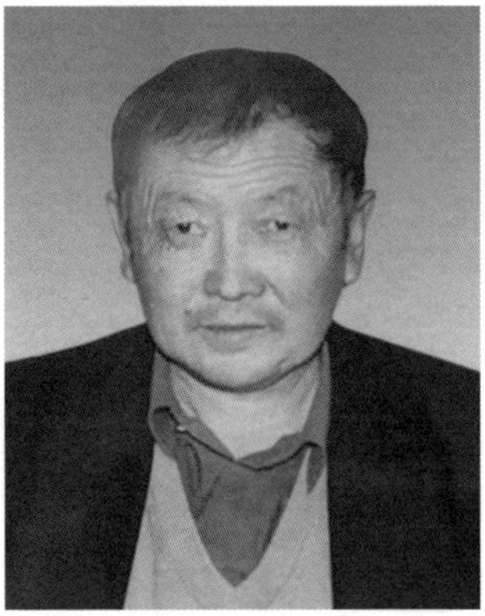

ᠶᠢ 》 ᠭᠡᠳᠡᠭ ᠬᠡᠪᠯᠡᠯ ᠢ 1996 ᠣᠨ ᠤ 12 ᠳᠤᠭᠠᠷ ᠰᠠᠷ᠎ᠠ ᠳᠤ 《 ᠮᠣᠩᠭᠣᠯ ᠪᠢᠴᠢᠭ ᠤᠨ ᠰᠤᠳᠤᠯᠭ᠎ᠠ 》 ᠤᠨ (1981—1996 ᠣᠨ ᠤ ᠡᠷᠳᠡᠮ ᠰᠢᠨᠵᠢᠯᠡᠭᠡᠨ ᠦ ᠵᠣᠬᠢᠶᠠᠯ ᠤᠨ ᠰᠢᠯᠢᠮᠡᠯ) ᠬᠤᠷᠢᠶᠠᠩᠭᠤᠢ ᠳᠤ ᠣᠷᠣᠭᠤᠯᠪᠠ ᠃

(ᠥᠪᠥᠷ ᠮᠣᠩᠭᠣᠯ ᠤᠨ ᠪᠠᠭᠰᠢ · ᠬᠥᠮᠦᠵᠢᠯ ᠦᠨ ᠰᠤᠷᠭᠠᠭᠤᠯᠢ)

ᠵᠢᠷ · ᠰᠣᠯᠣᠩᠭ᠎ᠠ ᠭᠠᠷ ᠪᠢᠴᠢᠭ᠂ ᠡᠷᠡ᠂ ᠮᠣᠩᠭᠣᠯ ᠦᠨᠳᠦᠰᠦᠲᠡᠨ ᠄ 1957 ᠣᠨ ᠤ 10 ᠰᠠᠷ᠎ᠠ ᠶᠢᠨ 28 ᠤ ᠡᠳᠦᠷ ᠲᠥᠷᠥᠭᠰᠡᠨ ᠃ ᠮᠡᠷᠭᠡᠵᠢᠯ ᠦᠨ ᠰᠤᠷᠭᠠᠭᠤᠯᠢ ᠶᠢ ᠲᠡᠭᠦᠰᠭᠡᠭᠰᠡᠨ ᠃ 1965 ᠣᠨ ᠤ 9 ᠰᠠᠷ᠎ᠠ ᠠᠴᠠ 1970 ᠣᠨ ᠤ 7 ᠰᠠᠷ᠎ᠠ ᠬᠦᠷᠲᠡᠯ᠎ᠡ ᠪᠠᠭ᠎ᠠ ᠰᠤᠷᠭᠠᠭᠤᠯᠢ ᠳᠤ ᠰᠤᠷᠤᠯᠴᠠᠭᠰᠠᠨ ᠄ 1970 ᠣᠨ ᠤ 9 ᠰᠠᠷ᠎ᠠ ᠠᠴᠠ 1973 ᠣᠨ ᠤ 7 ᠰᠠᠷ᠎ᠠ ᠬᠦᠷᠲᠡᠯ᠎ᠡ ᠳᠤᠮᠳᠠ ᠰᠤᠷᠭᠠᠭᠤᠯᠢ ᠳᠤ ᠰᠤᠷᠤᠯᠴᠠᠭᠰᠠᠨ ᠃ 1974 ᠣᠨ ᠳᠤ ᠠᠵᠢᠯ ᠳᠤ ᠣᠷᠣᠭᠰᠠᠨ ᠄ 1975 ᠣᠨ ᠤ 9 ᠰᠠᠷ᠎ᠠ ᠠᠴᠠ 1976 ᠣᠨ ᠤ 8 ᠰᠠᠷ᠎ᠠ ᠬᠦᠷᠲᠡᠯ᠎ᠡ ᠪᠠᠭᠰᠢ ᠶᠢᠨ ᠰᠤᠷᠭᠠᠭᠤᠯᠢ ᠳᠤ ᠰᠤᠷᠤᠯᠴᠠᠭᠰᠠᠨ ᠄ 1976 ᠣᠨ ᠤ 12 ᠰᠠᠷ᠎ᠠ ᠠᠴᠠ 1978 ᠣᠨ ᠤ 2 ᠰᠠᠷ᠎ᠠ ᠬᠦᠷᠲᠡᠯ᠎ᠡ ᠪᠠᠭᠰᠢ ᠬᠢᠭᠰᠡᠨ ᠄ 1978 ᠣᠨ ᠤ 2 ᠰᠠᠷ᠎ᠠ ᠳᠤ ᠶᠡᠬᠡ ᠰᠤᠷᠭᠠᠭᠤᠯᠢ ᠳᠤ ᠣᠷᠣᠭᠰᠠᠨ ᠄ 1982 ᠣᠨ ᠤ 1 ᠰᠠᠷ᠎ᠠ ᠳᠤ ᠲᠡᠭᠦᠰᠦᠭᠰᠡᠨ ᠃ ᠣᠷᠴᠢᠭᠤᠯᠭ᠎ᠠ ᠶᠢᠨ ᠠᠵᠢᠯ ᠢ ᠡᠷᠬᠢᠯᠡᠭᠰᠡᠨ ᠂ 2005 ᠣᠨ ᠤ 12 ᠰᠠᠷ᠎ᠠ ᠳᠤ ᠳᠡᠭᠡᠳᠦ ᠣᠷᠴᠢᠭᠤᠯᠤᠭᠴᠢ ᠪᠣᠯᠤᠭᠰᠠᠨ ᠃ 1994 ᠣᠨ ᠳᠤ ᠣᠷᠴᠢᠭᠤᠯᠭ᠎ᠠ ᠶᠢᠨ ᠠᠵᠢᠯ ᠳᠤ ᠰᠢᠯᠢᠳᠡᠭ ᠰᠢᠭᠠᠩᠭ᠎ᠠ ᠬᠦᠷᠲᠡᠭᠰᠡᠨ ᠂ 2008 ᠣᠨ ᠳᠤ ᠣᠷᠴᠢᠭᠤᠯᠭ᠎ᠠ ᠶᠢᠨ ᠠᠵᠢᠯ ᠳᠤ ᠰᠢᠯᠢᠳᠡᠭ ᠰᠢᠭᠠᠩᠭ᠎ᠠ ᠬᠦᠷᠲᠡᠭᠰᠡᠨ ᠃

1993 ᠣᠨ ᠳᠤ 《 ... 》 ᠢ ᠣᠷᠴᠢᠭᠤᠯᠵᠤ ᠬᠡᠪᠯᠡᠭᠰᠡᠨ ᠂ 1997 ᠣᠨ ᠳᠤ ... ᠬᠦᠷᠲᠡᠭᠰᠡᠨ ᠄ 2017 ᠣᠨ ᠳᠤ ᠲᠡᠳᠭᠦᠮᠵᠢ ᠳᠤ ᠭᠠᠷᠤᠭᠰᠠᠨ ᠄

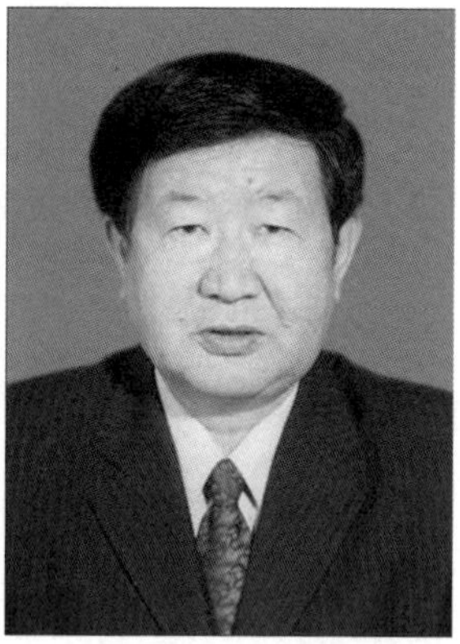

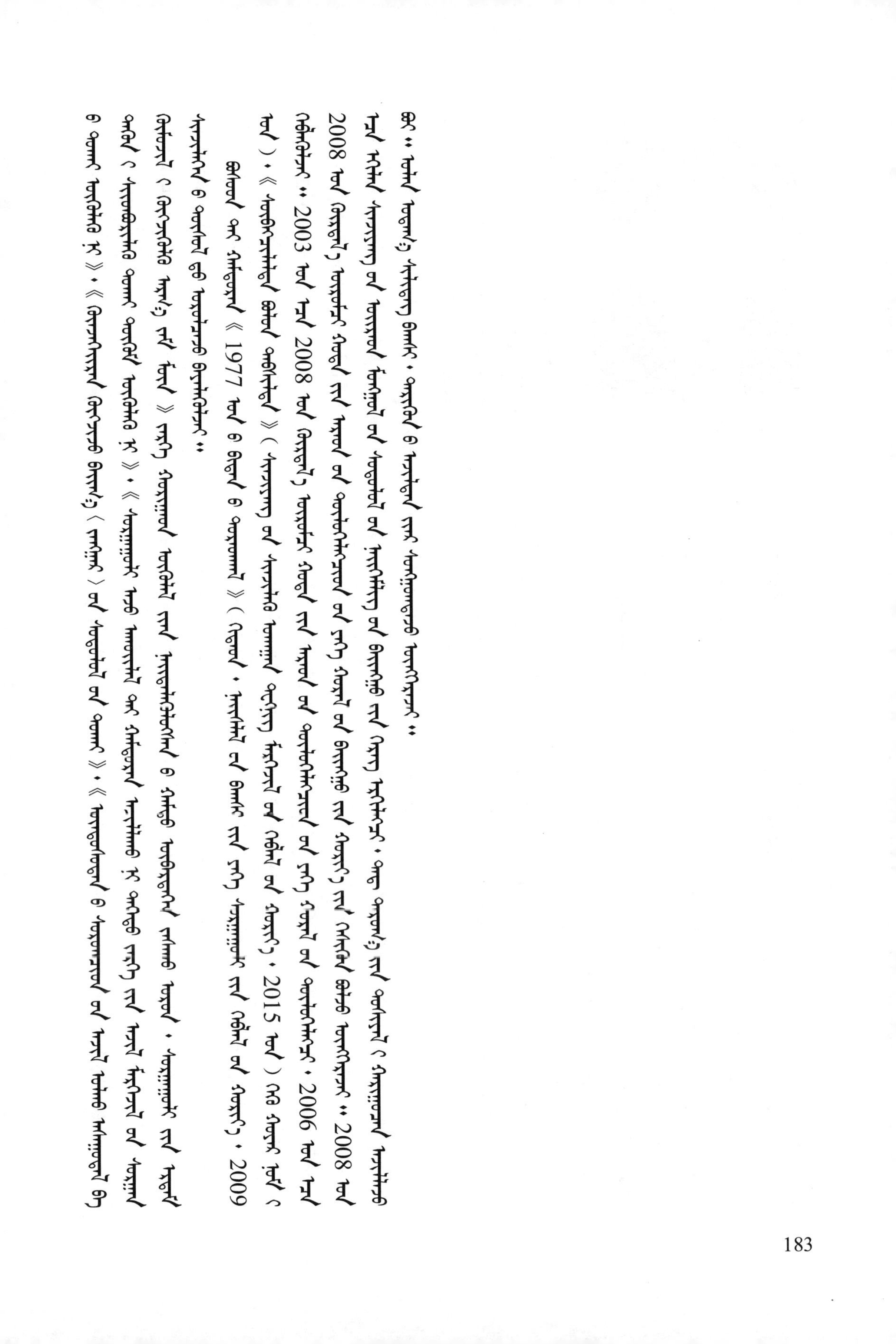

ᠪ · ᠪᠠᠶᠠᠷ

[illegible] :: 1958 ᠣᠨ ᠤ 4 ᠰᠠᠷ᠎ᠠ ᠶᠢᠨ 16 ᠤ [illegible] :: 1964 ᠣᠨ ᠤ 9 ᠰᠠᠷ᠎ᠠ ᠡᠴᠡ 1970 ᠣᠨ ᠤ 7 ᠰᠠᠷ᠎ᠠ [illegible] :: 1969 ᠣᠨ ᠤ 9 ᠰᠠᠷ᠎ᠠ ᠡᠴᠡ 1971 ᠣᠨ ᠤ 7 ᠰᠠᠷ᠎ᠠ [illegible] :: 1971 ᠣᠨ ᠤ 11 ᠰᠠᠷ᠎ᠠ [illegible] :: 1974 ᠣᠨ ᠤ 9 ᠰᠠᠷ᠎ᠠ [illegible] · 1980 ᠣᠨ [illegible] · 1976 ᠣᠨ [illegible] 1982 ᠣᠨ [illegible] :: 1980 ᠣᠨ ᠤ 12 ᠰᠠᠷ᠎ᠠ [illegible] 1982 ᠣᠨ [illegible] · 1984 ᠣᠨ [illegible] :: 1982 ᠣᠨ [illegible] (1989 — 1990 ᠣᠨ [illegible]) :: 1985 ᠣᠨ ᠤ 7 ᠰᠠᠷ᠎ᠠ [illegible] · 1993 ᠣᠨ [illegible] :: 1997 ᠣᠨ [illegible] · 1998 ᠣᠨ [illegible] :: 2007 ᠣᠨ ᠤ 1 ᠰᠠᠷ᠎ᠠ ᠡᠴᠡ 2018 ᠣᠨ ᠤ 1 ᠰᠠᠷ᠎ᠠ [illegible] · 2020 ᠣᠨ ᠤ 1 ᠰᠠᠷ᠎ᠠ [illegible]

ᠪ · ᠪᠠᠶᠠᠷ [illegible] ::

[illegible] ᠬᠡᠯᠡᠨ ᠦ ᠰᠤᠳᠤᠯᠭ᠎ᠠ ᠶᠢᠨ ᠲᠤᠬᠠᠢ ᠰᠤᠳᠤᠯᠤᠯ ᠤᠳ ᠢ ᠬᠡᠪᠯᠡᠭᠰᠡᠨ ᠪᠠᠶᠢᠨ᠎ᠠ ᠃ [illegible]

ᠡᠨᠡ ᠬᠦᠮᠦᠨ ᠦ ᠰᠡᠳᠬᠦᠯ ᠦᠨ ᠪᠦᠲᠦᠭᠡᠯ ᠦᠳ 《ᠮᠣᠩᠭᠣᠯ ᠬᠡᠯᠡ ᠪᠢᠴᠢᠭ》 ᠰᠡᠳᠬᠦᠯ ᠳᠦ ᠨᠡᠢᠲᠡᠯᠡᠭᠳᠡᠭᠰᠡᠨ ᠶᠡᠬᠡ ᠲᠥᠯᠦᠪ ᠨᠢ 《ᠮᠣᠩᠭᠣᠯ》 (ᠮᠣᠩᠭᠣᠯ ᠬᠡᠯᠡ ᠪᠢᠴᠢᠭ) ᠢᠶᠠᠷ ᠬᠡᠪᠯᠡᠭᠳᠡᠭᠰᠡᠨ ᠪᠣᠯᠪᠠ ᠄

《ᠮᠣᠩᠭᠣᠯ ᠬᠡᠯᠡᠨ ᠦ ᠰᠤᠳᠤᠯᠭ᠎ᠠ》 ᠳᠦ 1994 ᠣᠨ ᠤ 9 ᠳᠦᠭᠡᠷ ᠰᠠᠷ᠎ᠠ ᠳᠤ 《ᠮᠣᠩᠭᠣᠯ ᠬᠡᠯᠡᠨ ᠦ ᠰᠤᠳᠤᠯᠭ᠎ᠠ》 (ᠡᠮᠬᠢᠳᠬᠡᠯ) ᠬᠡᠪᠯᠡᠭᠰᠡᠨ ᠃ 《ᠮᠣᠩᠭᠣᠯ ᠬᠡᠯᠡᠨ ᠦ ᠦᠭᠡ ᠶᠢᠨ ᠰᠤᠳᠤᠯᠭ᠎ᠠ》 (《ᠮᠣᠩᠭᠣᠯ ᠬᠡᠯᠡ ᠪᠢᠴᠢᠭ》 · 1985 ᠣᠨ ᠤ 11 ᠳᠦᠭᠡᠷ ᠳᠤᠭᠠᠷ ᠳᠤ ᠬᠡᠪᠯᠡᠭᠰᠡᠨ) · 《ᠳᠠᠭᠤᠳᠠᠯ ᠤᠨ ᠪᠠᠶᠢᠳᠠᠯ》 (《ᠮᠣᠩᠭᠣᠯ ᠬᠡᠯᠡ ᠪᠢᠴᠢᠭ》 · 1985 ᠣᠨ ᠤ 6 ᠳᠤᠭᠠᠷ ᠳᠤ ᠬᠡᠪᠯᠡᠭᠰᠡᠨ) · 《ᠳᠠᠭᠤᠳᠠᠯ ᠤᠨ ᠪᠠᠶᠢᠳᠠᠯ》 (《ᠮᠣᠩᠭᠣᠯ ᠬᠡᠯᠡ ᠪᠢᠴᠢᠭ》 · 1985 ᠣᠨ ᠤ 5 ᠳᠤᠭᠠᠷ ᠳᠤ ᠬᠡᠪᠯᠡᠭᠰᠡᠨ) · 《ᠮᠣᠩᠭᠣᠯ》 (《ᠮᠣᠩᠭᠣᠯ ᠬᠡᠯᠡ ᠪᠢᠴᠢᠭ》 · 1985 ᠣᠨ ᠤ 1 ᠳᠦᠭᠡᠷ ᠳᠤᠭᠠᠷ ᠳᠤ ᠬᠡᠪᠯᠡᠭᠰᠡᠨ) · 《ᠪᠠᠶᠢᠳᠠᠯ ᠤᠨ ᠦᠭᠡ ᠶᠢᠨ ᠰᠤᠳᠤᠯᠭ᠎ᠠ》 (ᠡᠮᠬᠢᠳᠬᠡᠯ · 《ᠮᠣᠩᠭᠣᠯ ᠬᠡᠯᠡ ᠪᠢᠴᠢᠭ》 · 1985 ᠣᠨ ᠤ 2 ᠳᠤᠭᠠᠷ ᠳᠤ ᠬᠡᠪᠯᠡᠭᠰᠡᠨ) · 《ᠮᠣᠩᠭᠣᠯ ᠤᠯᠠᠮᠵᠢᠯᠠᠯ》 (《ᠮᠣᠩᠭᠣᠯ ᠬᠡᠯᠡ ᠪᠢᠴᠢᠭ》 · 1984 ᠣᠨ ᠤ 11 ᠳᠦᠭᠡᠷ ᠳᠤᠭᠠᠷ ᠳᠤ ᠬᠡᠪᠯᠡᠭᠰᠡᠨ) · 《ᠬᠡᠯᠡᠨ ᠦ ᠰᠤᠳᠤᠯᠭ᠎ᠠ ᠶᠢᠨ ᠠᠰᠠᠭᠤᠳᠠᠯ》 ᠵᠡᠷᠭᠡ ᠰᠤᠳᠤᠯᠤᠯ ᠢ 《ᠣᠨ ᠤ ᠳᠤᠭᠠᠷ ᠤᠨ ᠲᠦᠭᠦᠷ》 · 《ᠮᠣᠩᠭᠣᠯ ᠬᠡᠯᠡᠨ ᠦ ᠰᠤᠳᠤᠯᠭ᠎ᠠ》 (《ᠮᠣᠩᠭᠣᠯ ᠬᠡᠯᠡ ᠪᠢᠴᠢᠭ》 · 1984 ᠣᠨ ᠤ 10 ᠳᠤᠭᠠᠷ ᠳᠤ ᠬᠡᠪᠯᠡᠭᠰᠡᠨ) ᠵᠡᠷᠭᠡ ᠪᠦᠲᠦᠭᠡᠯ ᠦᠳ ᠪᠠᠶᠢᠨ᠎ᠠ ᠄ ᠡᠳᠡᠭᠡᠷ · 《ᠮᠣᠩᠭᠣᠯ ᠬᠡᠯᠡ ᠪᠢᠴᠢᠭ》 ᠳᠦ 1982 ᠣᠨ ᠤ 4 ᠳᠦᠭᠡᠷ ᠳᠤᠭᠠᠷ ᠳᠤ ᠬᠡᠪᠯᠡᠭᠰᠡᠨ [illegible]

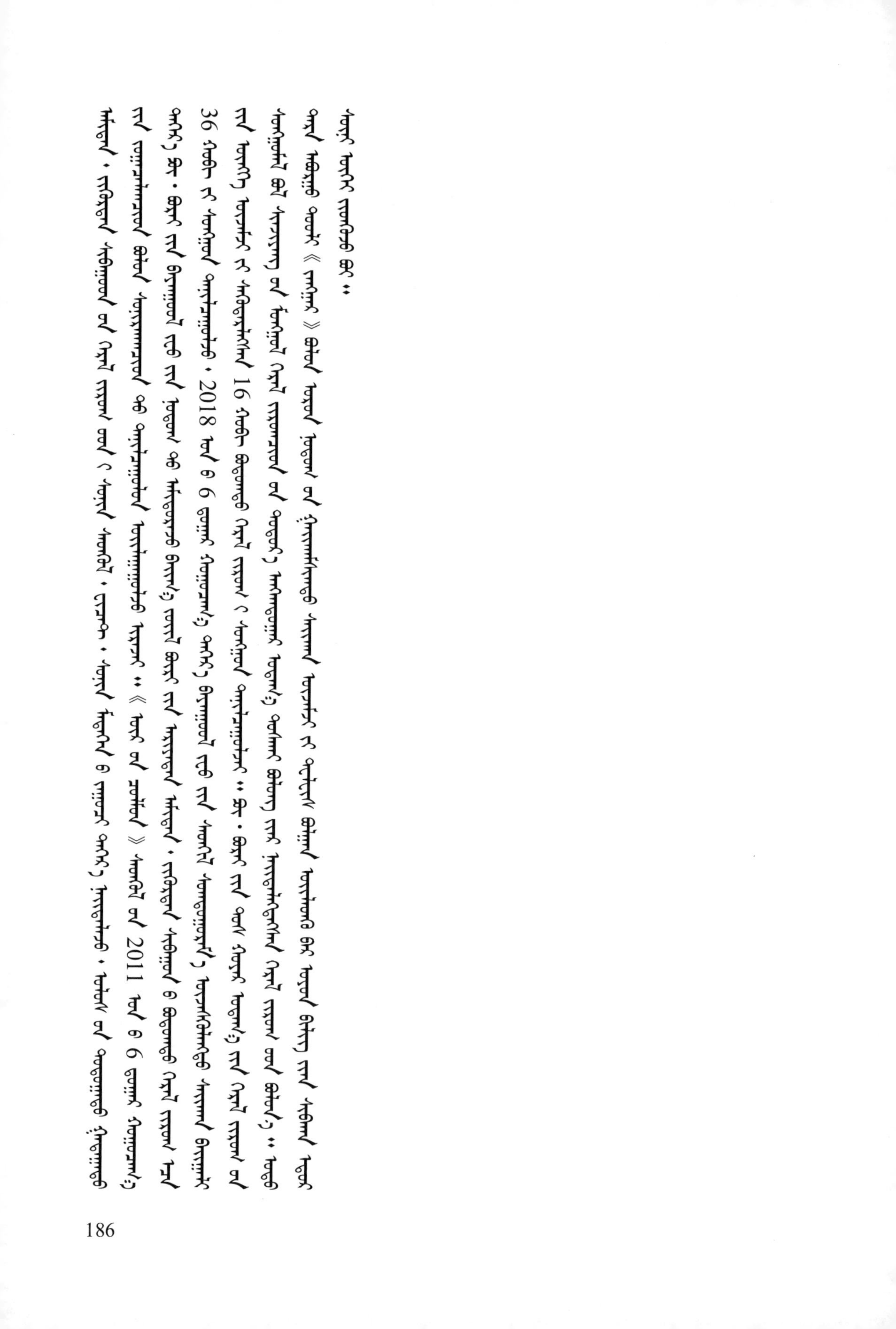

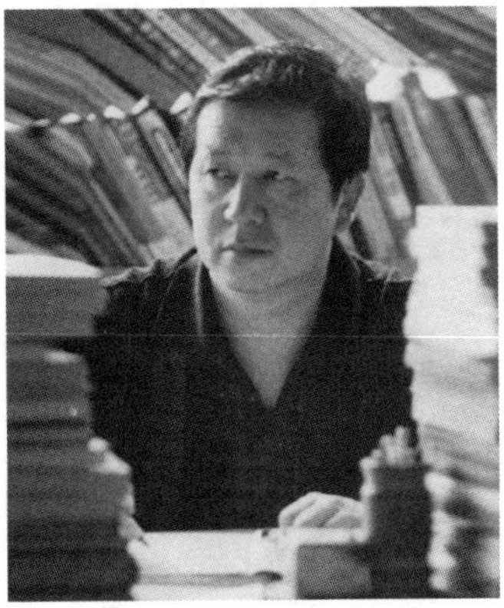

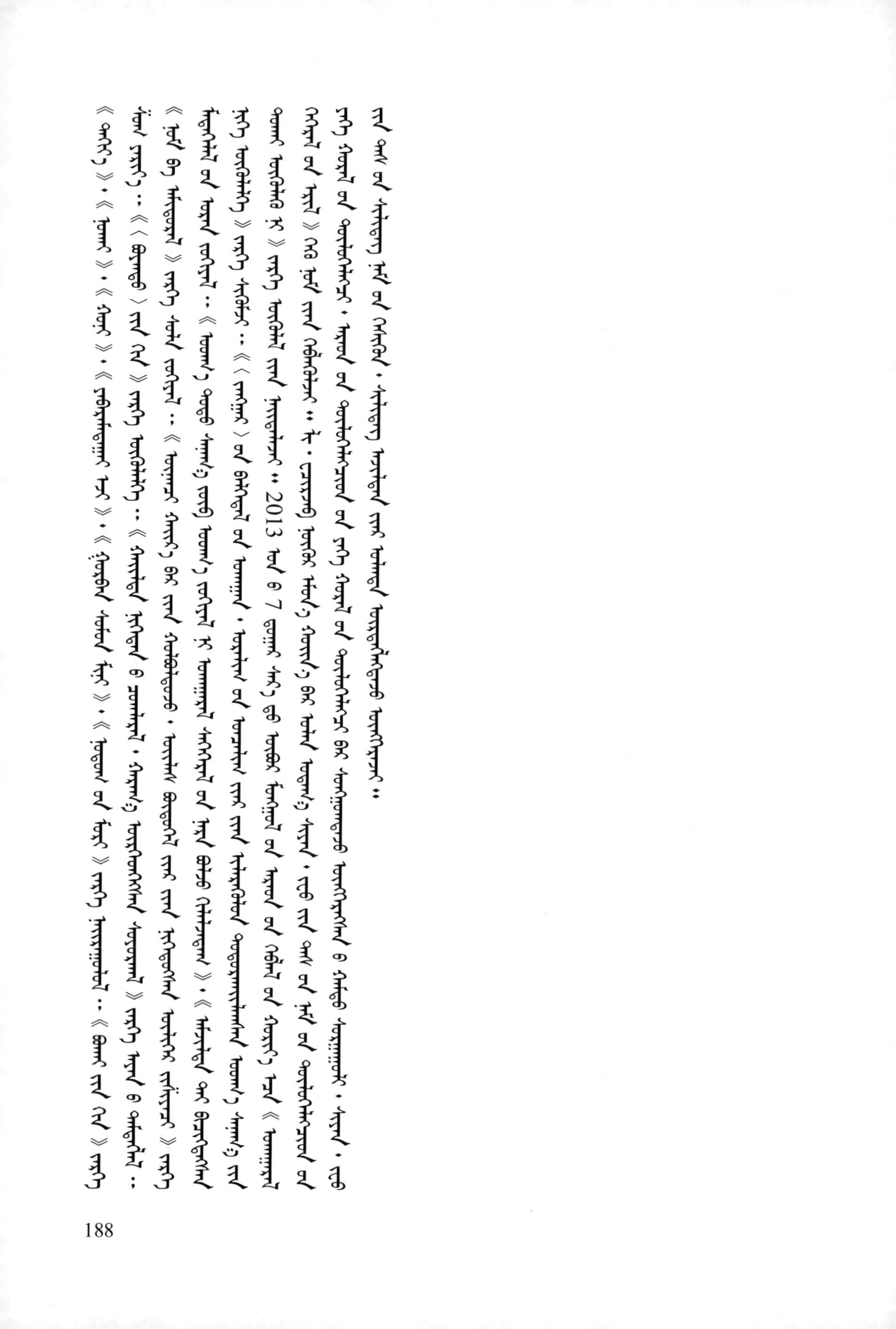

188

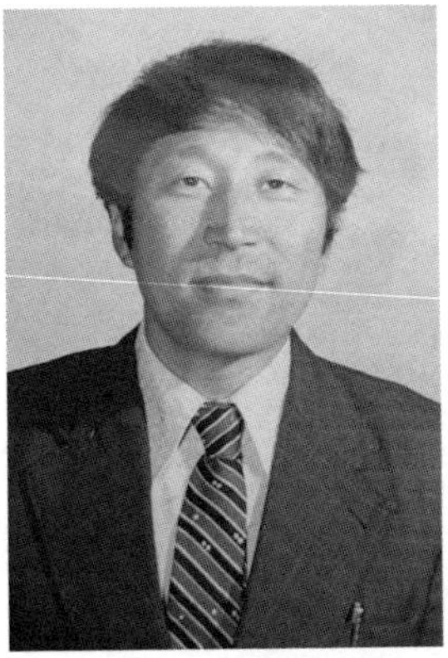

ᠨ᠎ᠠ · ᠰᠤᠪᠣᠳᠭᠡᠷᠡᠯ　ᠮᠣᠩᠭᠣᠯ ᠦᠨᠳᠦᠰᠦᠲᠡᠨ · ᠬᠠᠷᠴᠢᠨ ᠵᠡᠭᠦᠨ ᠬᠣᠰᠢᠭᠤᠨ ᠤ ᠬᠦᠮᠦᠨ :: 1958 ᠣᠨ ᠤ 7 ᠰᠠᠷ᠎ᠠ ᠶᠢᠨ 5 ᠤ ᠡᠳᠦᠷ ᠲᠦᠷᠦᠭᠰᠡᠨ · ᠪᠠᠭ᠎ᠠ ᠰᠤᠷᠭᠠᠭᠤᠯᠢ ᠳᠤ ᠰᠤᠷᠤᠯᠴᠠᠭᠰᠠᠨ ᠤ ᠬᠣᠶᠢᠨ᠎ᠠ ᠲᠦᠪ ᠰᠤᠷᠭᠠᠭᠤᠯᠢ ᠳᠤ ᠰᠤᠷᠤᠯᠴᠠᠭᠰᠠᠨ :: 1967 ᠣᠨ ᠡᠴᠡ 1972 ᠣᠨ ᠬᠦᠷᠲᠡᠯᠡ ᠪᠠᠭ᠎ᠠ ᠰᠤᠷᠭᠠᠭᠤᠯᠢ ᠳᠤ · 1972 ᠣᠨ ᠡᠴᠡ 1975 ᠣᠨ ᠬᠦᠷᠲᠡᠯᠡ ᠳᠤᠮᠳᠠ ᠰᠤᠷᠭᠠᠭᠤᠯᠢ ᠳᠤ · 1975 ᠣᠨ ᠤ 9 ᠰᠠᠷ᠎ᠠ ᠡᠴᠡ 1977 ᠣᠨ ᠤ 7 ᠰᠠᠷ᠎ᠠ ᠬᠦᠷᠲᠡᠯᠡ ᠳᠡᠭᠡᠳᠦ ᠳᠤᠮᠳᠠ ᠰᠤᠷᠭᠠᠭᠤᠯᠢ ᠳᠤ ᠰᠤᠷᠤᠯᠴᠠᠭᠰᠠᠨ :: 1977 ᠣᠨ ᠤ 7 ᠰᠠᠷ᠎ᠠ ᠡᠴᠡ 1979 ᠣᠨ ᠤ 8 ᠰᠠᠷ᠎ᠠ ᠬᠦᠷᠲᠡᠯᠡ ᠠᠵᠢᠯ ᠬᠢᠵᠦ · 1979 ᠣᠨ ᠤ 9 ᠰᠠᠷ᠎ᠠ ᠡᠴᠡ 1981 ᠣᠨ ᠤ 7 ᠰᠠᠷ᠎ᠠ ᠬᠦᠷᠲᠡᠯᠡ ᠪᠠᠭᠰᠢ ᠶᠢᠨ ᠰᠤᠷᠭᠠᠭᠤᠯᠢ ᠳᠤ ᠰᠤᠷᠤᠯᠴᠠᠭᠰᠠᠨ :: 1981 ᠣᠨ ᠤ 8 ᠰᠠᠷ᠎ᠠ ᠡᠴᠡ 1982 ᠣᠨ ᠤ 1 ᠰᠠᠷ᠎ᠠ ᠬᠦᠷᠲᠡᠯᠡ ᠪᠠᠭᠰᠢ ᠪᠣᠯᠤᠭᠰᠠᠨ :: 1982 ᠣᠨ ᠤ 12 ᠰᠠᠷ᠎ᠠ ᠡᠴᠡ ᠡᠬᠢᠯᠡᠨ ᠰᠤᠷᠭᠠᠨ ᠬᠦᠮᠦᠵᠢᠯ ᠦᠨ ᠠᠵᠢᠯ ᠬᠢᠭᠰᠡᠨ :: 1989 ᠣᠨ ᠤ ᠡᠴᠡ ᠡᠬᠢᠯᠡᠨ ᠰᠤᠷᠭᠠᠭᠤᠯᠢ ᠶᠢᠨ ᠡᠷᠬᠢᠯᠡᠭᠴᠢ ᠪᠣᠯᠵᠤ · ᠰᠤᠷᠭᠠᠨ ᠬᠦᠮᠦᠵᠢᠯ ᠦᠨ ᠠᠵᠢᠯ ᠢ ᠡᠷᠬᠢᠯᠡᠭᠰᠡᠨ · 2002 ᠣᠨ ᠳᠤ ᠳᠡᠭᠡᠳᠦ ᠵᠡᠷᠭᠡ ᠶᠢᠨ ᠪᠠᠭᠰᠢ ᠪᠣᠯᠤᠭᠰᠠᠨ :: ᠮᠣᠩᠭᠣᠯ ᠬᠡᠯᠡ ᠪᠢᠴᠢᠭ ᠦᠨ ᠰᠤᠷᠭᠠᠨ ᠬᠦᠮᠦᠵᠢᠯ ᠦᠨ ᠳᠤᠭᠤᠢ ᠶᠢ ᠰᠤᠳᠤᠯᠵᠤ ᠢᠷᠡᠭᠰᠡᠨ ::

ᠪᠢᠴᠢᠭᠰᠡᠨ ᠵᠣᠬᠢᠶᠠᠯ ᠨᠢ ᠮᠣᠩᠭᠣᠯ ᠤᠨ ᠪᠠᠭᠰᠢ ᠶᠢᠨ ᠰᠤᠷᠭᠠᠨ ᠬᠦᠮᠦᠵᠢᠯ ᠦᠨ ᠰᠡᠳᠬᠦᠯ ᠳᠦ ᠨᠡᠶᠢᠲᠡᠯᠡᠭᠳᠡᠭᠰᠡᠨ :: 1990 ᠣᠨ ᠳᠤ 《 ᠮᠣᠩᠭᠣᠯ ᠬᠡᠯᠡ ᠪᠢᠴᠢᠭ ᠦᠨ ᠰᠤᠷᠭᠠᠯᠲᠠ 》(ᠬᠠᠮᠲᠤᠷᠠᠨ ᠪᠢᠴᠢᠭᠰᠡᠨ) ᠢ ᠪᠢᠴᠢᠵᠦ ᠬᠡᠪᠯᠡᠭᠦᠯᠦᠭᠰᠡᠨ · 《 ᠮᠣᠩᠭᠣᠯ ᠬᠡᠯᠡ ᠪᠢᠴᠢᠭ 》· 《 ᠤᠷᠠᠨ ᠵᠣᠬᠢᠶᠠᠯ 》· 《 ᠰᠤᠷᠭᠠᠨ ᠬᠦᠮᠦᠵᠢᠯ 》· 《 ᠬᠦᠮᠦᠨ ᠦ ᠰᠡᠳᠬᠢᠯ 》· 《 ᠨᠤᠲᠤᠭ ᠤᠨ ᠳᠠᠭᠤᠤ 》· 《 ᠰᠤᠷᠤᠭᠴᠢ ᠶᠢᠨ ᠰᠡᠳᠬᠢᠯ 》· 《 ᠵᠣᠬᠢᠶᠠᠯ ᠤᠨ ᠰᠤᠷᠭᠠᠯᠲᠠ 》 ᠵᠡᠷᠭᠡ ᠵᠣᠬᠢᠶᠠᠯ ᠨᠢ ᠰᠤᠷᠭᠠᠨ ᠬᠦᠮᠦᠵᠢᠯ ᠦᠨ ᠰᠡᠳᠬᠦᠯ ᠳᠦ ᠨᠡᠶᠢᠲᠡᠯᠡᠭᠳᠡᠭᠰᠡᠨ ::

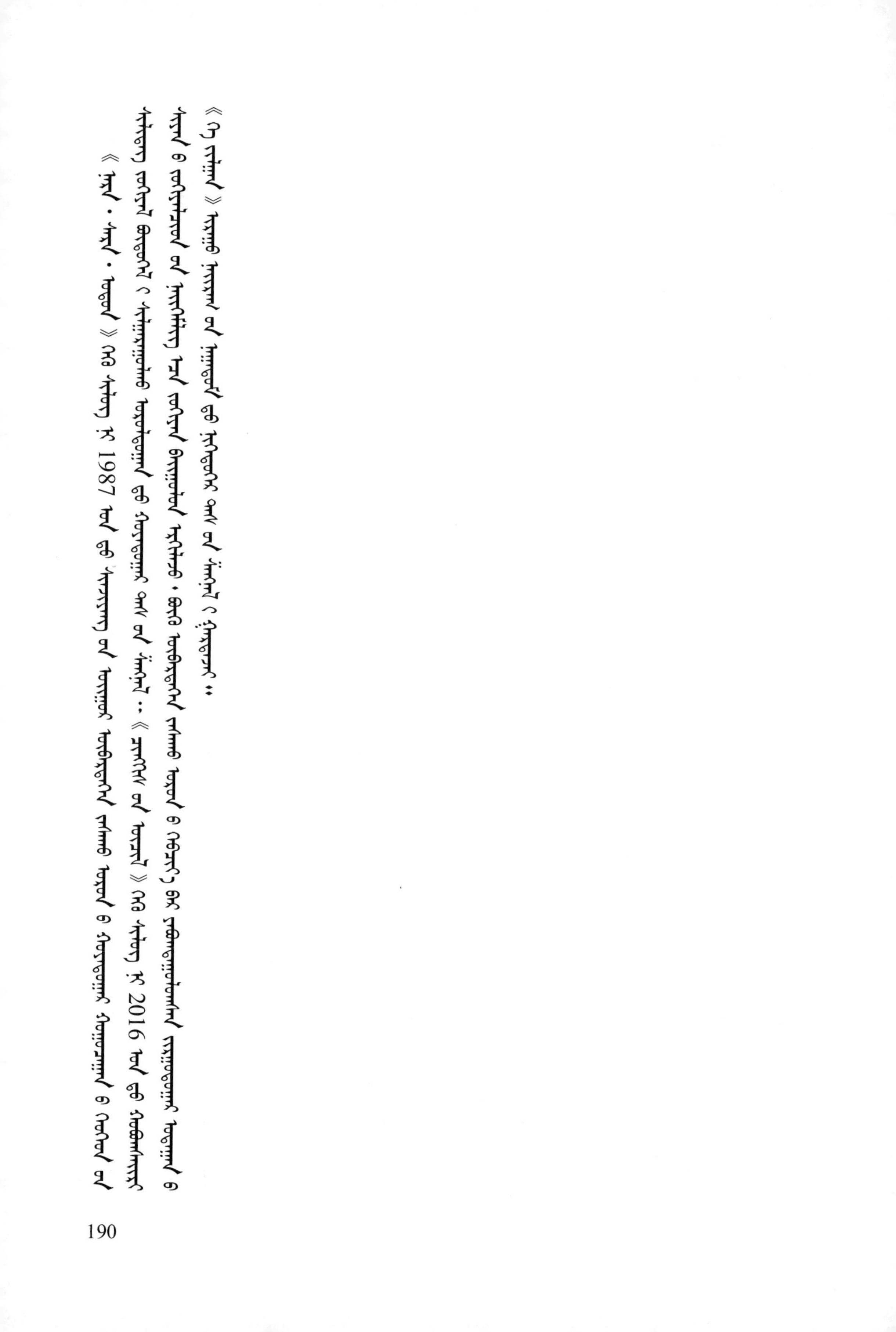

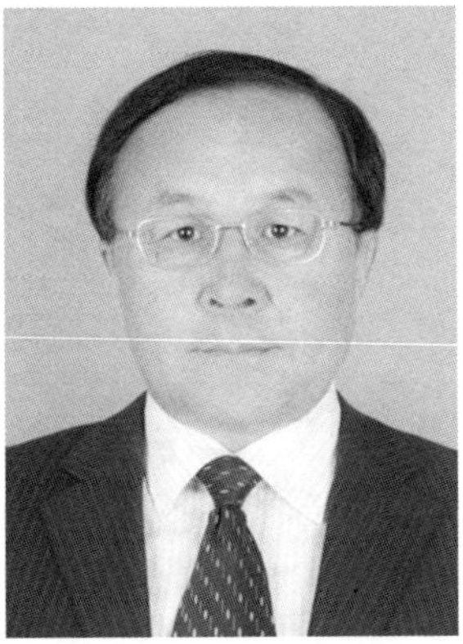

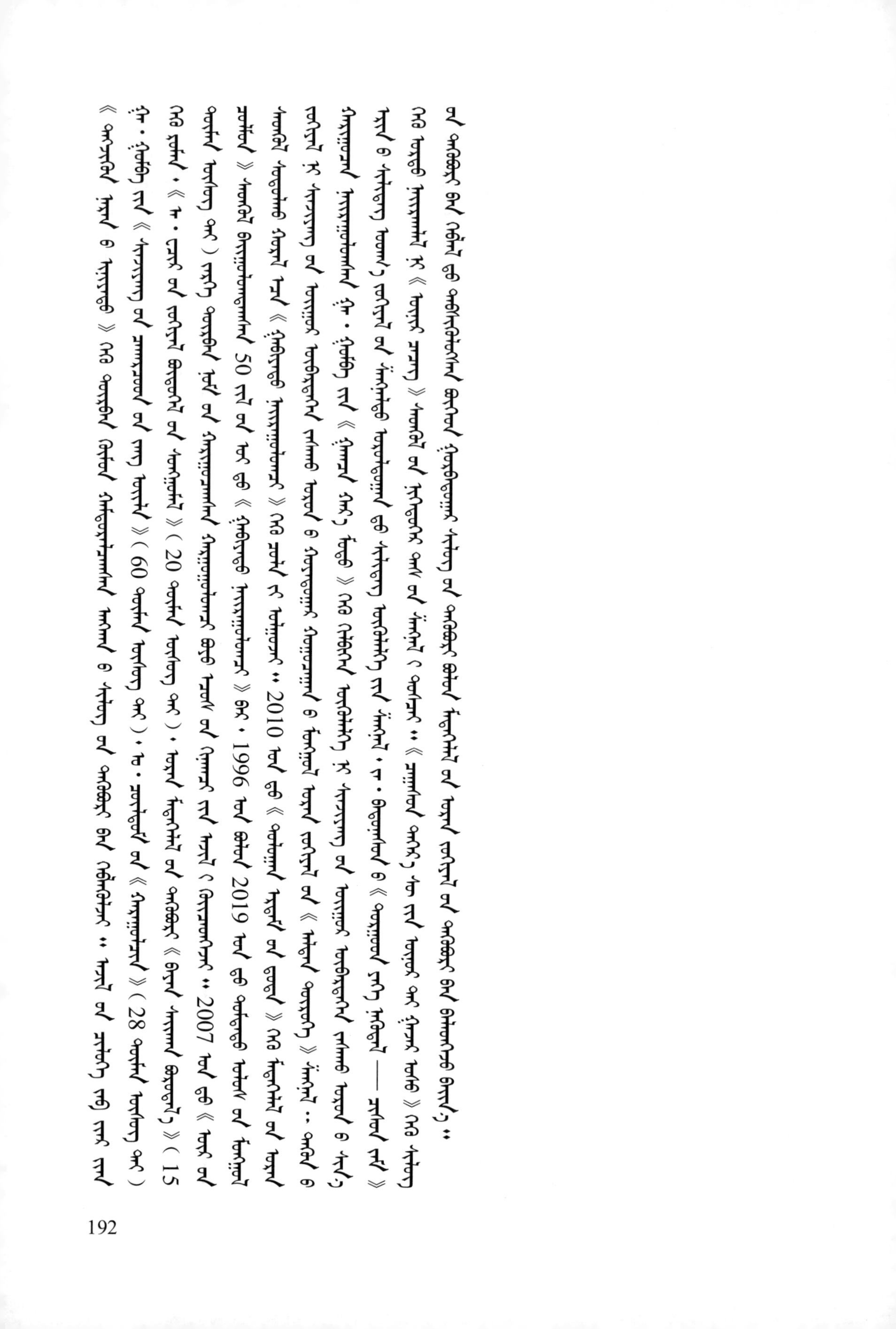

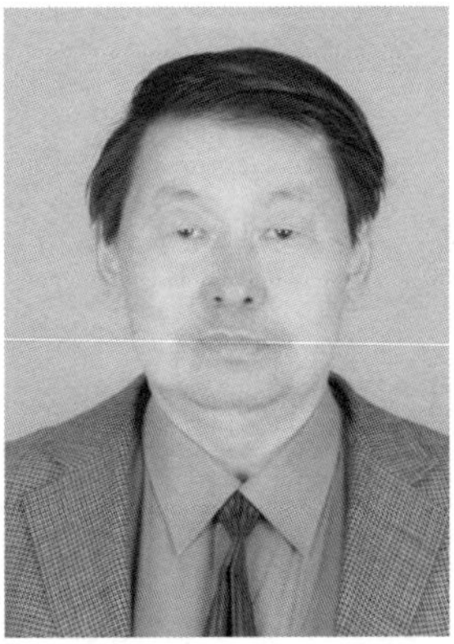

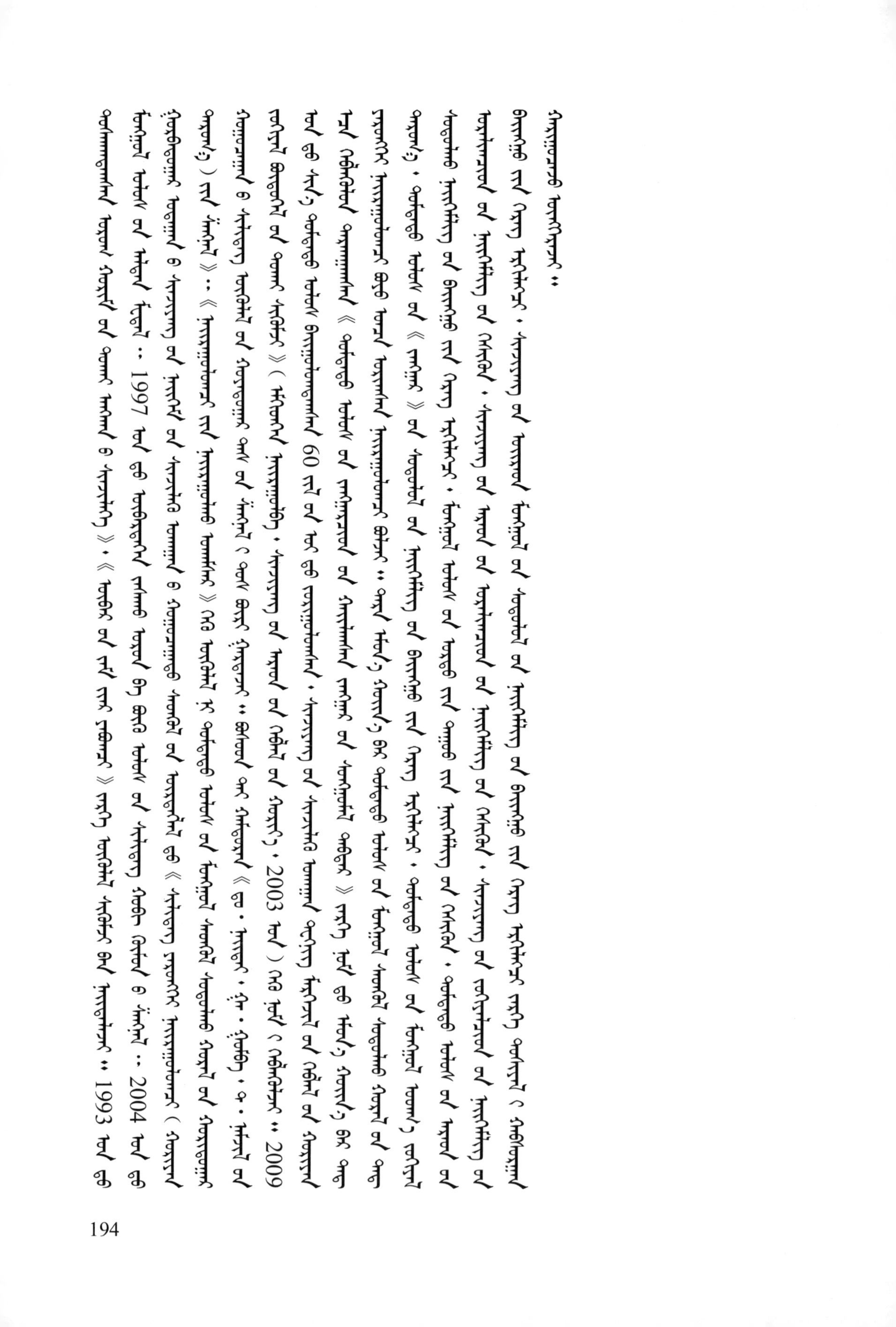

1993 … 2004 … 1997 … 2009 … 2003 …

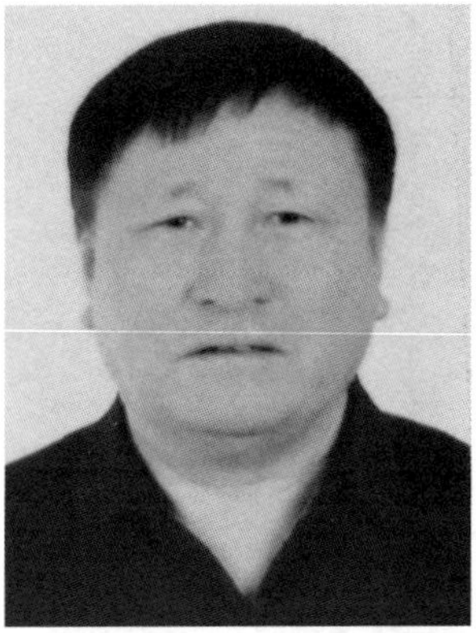

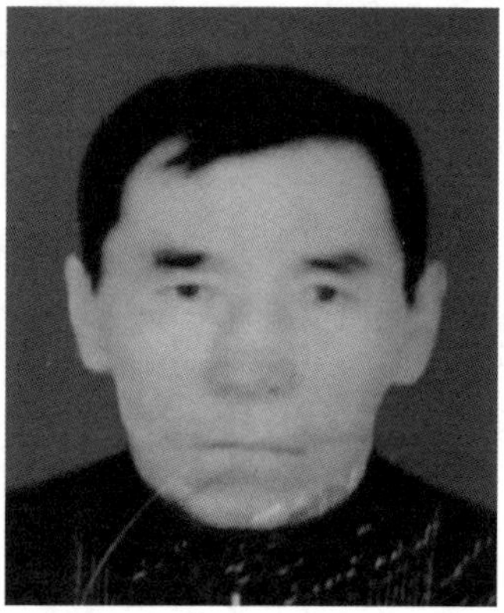

ᠨᠠ · ᠪᠠᠲᠦ

ᠬᠢᠲᠠᠳ ᠦᠨᠳᠦᠰᠦᠲᠡᠨ ᠃ 1956 ᠣᠨ ᠤ 1 ᠰᠠᠷ᠎ᠠ ᠳᠤ ᠲᠡᠷᠡ 20 ᠤ ᠣᠨ ᠳᠤ ᠨᠠᠰᠤᠨ ᠳᠤ ᠲᠥᠷᠥᠭᠰᠡᠨ ᠬᠦᠮᠦᠨ ᠤ ᠰᠤᠷᠭᠠᠭᠤᠯᠢ ᠳᠤ ᠰᠤᠷᠤᠯᠴᠠᠭᠰᠠᠨ ᠃ ᠪᠠᠰᠠ 1965 ᠣᠨ ᠤ 9 ᠰᠠᠷ᠎ᠠ ᠠᠴᠠ 1970 ᠣᠨ ᠤ 7 ᠰᠠᠷ᠎ᠠ ᠬᠦᠷᠲᠡᠯ᠎ᠡ ᠰᠤᠷᠭᠠᠭᠤᠯᠢ ᠳᠤ ᠰᠤᠷᠤᠯᠴᠠᠭᠰᠠᠨ ᠂ 1970 ᠣᠨ ᠤ 9 ᠰᠠᠷ᠎ᠠ ᠠᠴᠠ ᠰᠤᠷᠭᠠᠭᠤᠯᠢ ᠶᠢᠨ 13 ᠰᠠᠷ᠎ᠠ ᠶᠢᠨ ᠰᠤᠷᠭᠠᠭᠤᠯᠢ ᠳᠤ ᠰᠤᠷᠤᠯᠴᠠᠭᠰᠠᠨ ᠃ 1975 ᠣᠨ ᠤ 7 ᠰᠠᠷ᠎ᠠ ᠬᠦᠷᠲᠡᠯ᠎ᠡ ᠰᠤᠷᠭᠠᠭᠤᠯᠢ ᠳᠤ ᠪᠠᠭᠰᠢ ᠪᠣᠯᠵᠤ ᠠᠵᠢᠯᠯᠠᠭᠰᠠᠨ ᠃ 1975 ᠣᠨ ᠤ 7 ᠰᠠᠷ᠎ᠠ ᠠᠴᠠ 1976 ᠣᠨ ᠤ 9 ᠰᠠᠷ᠎ᠠ ᠬᠦᠷᠲᠡᠯ᠎ᠡ ᠰᠤᠷᠭᠠᠭᠤᠯᠢ ᠶᠢᠨ ᠪᠠᠭᠰᠢ ᠪᠠᠷ ᠠᠵᠢᠯᠯᠠᠭᠰᠠᠨ ᠃ 1976 ᠣᠨ ᠤ 9 ᠰᠠᠷ᠎ᠠ ᠠᠴᠠ 1979 ᠣᠨ ᠤ 7 ᠰᠠᠷ᠎ᠠ ᠬᠦᠷᠲᠡᠯ᠎ᠡ ᠰᠤᠷᠭᠠᠭᠤᠯᠢ ᠳᠤ ᠰᠤᠷᠤᠯᠴᠠᠭᠰᠠᠨ ᠂ 1979 ᠣᠨ ᠤ 7 ᠰᠠᠷ᠎ᠠ ᠠᠴᠠ 1982 ᠣᠨ ᠤ 9 ᠰᠠᠷ᠎ᠠ ᠬᠦᠷᠲᠡᠯ᠎ᠡ ᠰᠤᠷᠭᠠᠭᠤᠯᠢ ᠳᠤ ᠪᠠᠭᠰᠢ ᠂ 1982 ᠣᠨ ᠤ 9 ᠰᠠᠷ᠎ᠠ ᠠᠴᠠ 1988 ᠣᠨ ᠤ 7 ᠰᠠᠷ᠎ᠠ ᠬᠦᠷᠲᠡᠯ᠎ᠡ ᠰᠤᠷᠭᠠᠭᠤᠯᠢ ᠶᠢᠨ ᠬᠣᠷᠢᠶ᠎ᠠ ᠳᠤ ᠠᠵᠢᠯᠯᠠᠭᠰᠠᠨ ᠂ 1988 ᠣᠨ ᠤ 9 ᠰᠠᠷ᠎ᠠ ᠠᠴᠠ 1990 ᠣᠨ ᠤ 7 ᠰᠠᠷ᠎ᠠ ᠬᠦᠷᠲᠡᠯ᠎ᠡ ᠰᠤᠷᠭᠠᠭᠤᠯᠢ ᠳᠤ ᠪᠠᠭᠰᠢ ᠂ 1990 ᠣᠨ ᠤ 9 ᠰᠠᠷ᠎ᠠ ᠠᠴᠠ 2010 ᠣᠨ ᠤ 7 ᠰᠠᠷ᠎ᠠ ᠬᠦᠷᠲᠡᠯ᠎ᠡ ᠰᠤᠷᠭᠠᠭᠤᠯᠢ ᠶᠢᠨ ᠪᠠᠭᠰᠢ ᠪᠠᠷ ᠠᠵᠢᠯᠯᠠᠭᠰᠠᠨ ᠃ 2010 ᠣᠨ ᠤ 9 ᠰᠠᠷ᠎ᠠ ᠳᠤ ᠲᠡᠳᠭᠦᠢ ᠳᠤ ᠭᠠᠷᠤᠭᠰᠠᠨ ᠃

2010 ᠣᠨ ᠤ 3 ᠰᠠᠷ᠎ᠠ ᠶᠢᠨ 21 ᠤ ᠡᠳᠦᠷ ᠲᠦ 《 ᠮᠣᠩᠭᠣᠯ ᠬᠡᠯᠡ 》 ᠳᠦ 《 ᠰᠤᠷᠭᠠᠭᠤᠯᠢ 》 ᠬᠡᠮᠡᠬᠦ ᠵᠣᠬᠢᠶᠠᠯ ᠶᠢᠨ ᠳᠡᠭᠡᠷ᠎ᠡ ᠬᠠᠪᠰᠤᠷᠤᠭᠰᠠᠨ ᠂ 《 ᠮᠣᠩᠭᠣᠯ ᠬᠡᠯᠡ ᠪᠢᠴᠢᠭ 》 ᠂ 《 ᠮᠣᠩᠭᠣᠯ ᠰᠤᠷᠭᠠᠭᠤᠯᠢ 》 ᠂ 《 ᠰᠤᠷᠭᠠᠨ ᠬᠦᠮᠦᠵᠢᠯ 》 ᠂ 《 ᠬᠡᠯᠡ ᠵᠦᠢ 》 ᠂ 《 ᠬᠦᠮᠦᠨ ᠤ ᠬᠥᠭᠵᠢᠯ 》 ᠂ 《 ᠠᠷᠠᠳ 》 ᠲᠡᠷᠡ 80 ᠭᠠᠷᠤᠢ ᠵᠣᠬᠢᠶᠠᠯ ᠢ ᠨᠡᠢᠲᠡᠯᠡᠭᠦᠯᠦᠭᠰᠡᠨ ᠃

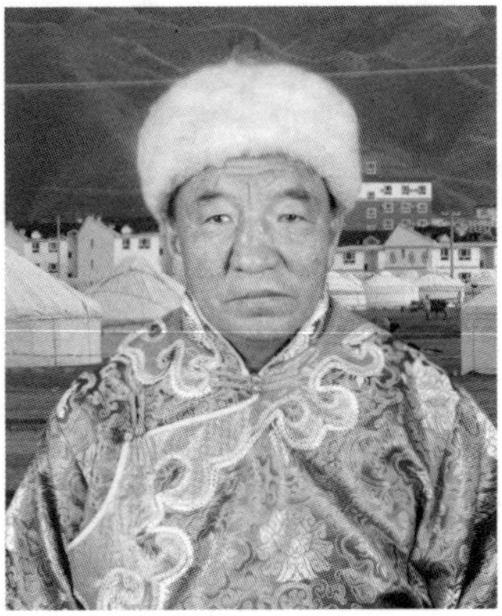

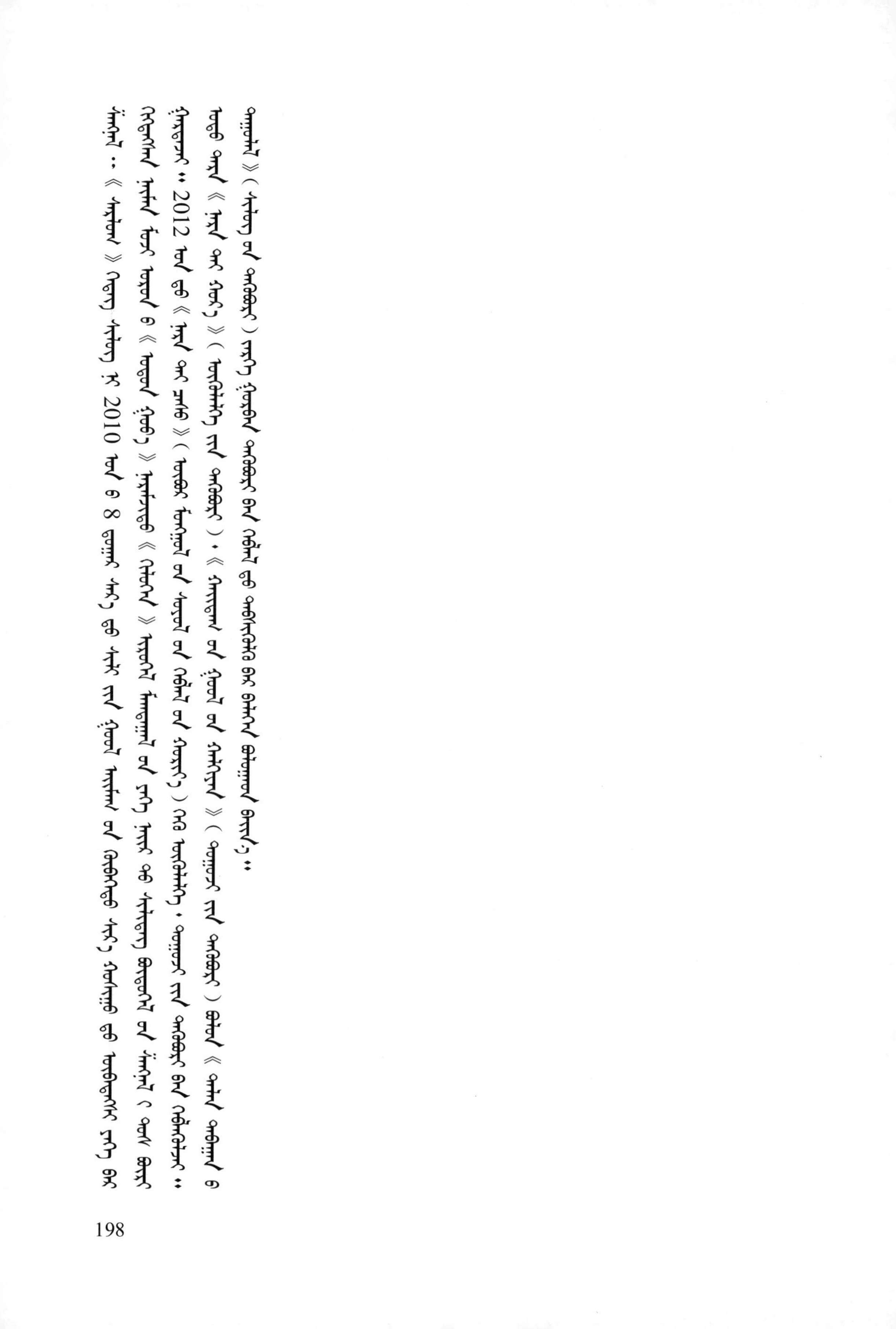

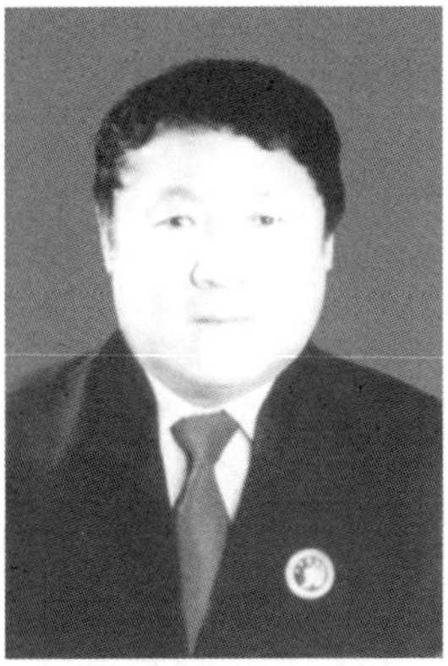

ᠳ᠋ ᠂ ᠪᠠᠲᠤᠪᠠᠶᠠᠷ [illegible] ::

1959 ᠣᠨ ᠤ 7 ᠰᠠᠷ᠎ᠠ ᠶᠢᠨ 10 ᠤ ᠡᠳᠦᠷ [illegible] :: 1967 ᠣᠨ ᠤ 9 ᠰᠠᠷ᠎ᠠ ᠡᠴᠡ 1972 ᠣᠨ ᠤ 7 ᠰᠠᠷ᠎ᠠ ᠬᠦᠷᠲᠡᠯ᠎ᠡ [illegible] ᠂ 1972 ᠣᠨ ᠤ 9 ᠰᠠᠷ᠎ᠠ ᠡᠴᠡ 1975 ᠣᠨ ᠤ 7 ᠰᠠᠷ᠎ᠠ ᠬᠦᠷᠲᠡᠯ᠎ᠡ [illegible] ᠂ 1975 ᠣᠨ ᠤ 9 ᠰᠠᠷ᠎ᠠ ᠡᠴᠡ 1977 ᠣᠨ ᠤ 7 ᠰᠠᠷ᠎ᠠ ᠬᠦᠷᠲᠡᠯ᠎ᠡ [illegible] :: 1979 ᠣᠨ ᠤ 7 ᠰᠠᠷ᠎ᠠ ᠡᠴᠡ [illegible] ᠂ 1981 ᠣᠨ ᠤ 7 ᠰᠠᠷ᠎ᠠ ᠡᠴᠡ [illegible] 10 [illegible] :: 1985 ᠣᠨ ᠤ 7 ᠰᠠᠷ᠎ᠠ ᠶᠢᠨ 1 ᠡᠴᠡ [illegible] :: [illegible] 9 ᠰᠠᠷ᠎ᠠ ᠡᠴᠡ [illegible] ᠂ 1987 ᠣᠨ ᠤ 7 ᠰᠠᠷ᠎ᠠ ᠡᠴᠡ [illegible] :: 1990 ᠣᠨ ᠤ 1 ᠰᠠᠷ᠎ᠠ ᠡᠴᠡ [illegible] ᠂ 1993 ᠣᠨ ᠤ 10 ᠰᠠᠷ᠎ᠠ ᠡᠴᠡ [illegible] :: 2007 ᠣᠨ [illegible] 《 [illegible] 》 [illegible] :: 2003 ᠣᠨ ᠤ 9 ᠰᠠᠷ᠎ᠠ ᠶᠢᠨ 15 ᠡᠴᠡ 2015 ᠣᠨ ᠤ 11 ᠰᠠᠷ᠎ᠠ ᠶᠢᠨ 9 ᠬᠦᠷᠲᠡᠯ᠎ᠡ [illegible] 《 [illegible] 》 [illegible] :: 2019 ᠣᠨ ᠤ 8 ᠰᠠᠷ᠎ᠠ ᠳᠤ [illegible] ::

1978 ᠣᠨ ᠤ 9 ᠰᠠᠷ᠎ᠠ ᠶᠢᠨ 26 ᠤ ᠡᠳᠦᠷ 《 [illegible] 》 [illegible] 《 [illegible] 》 [illegible]

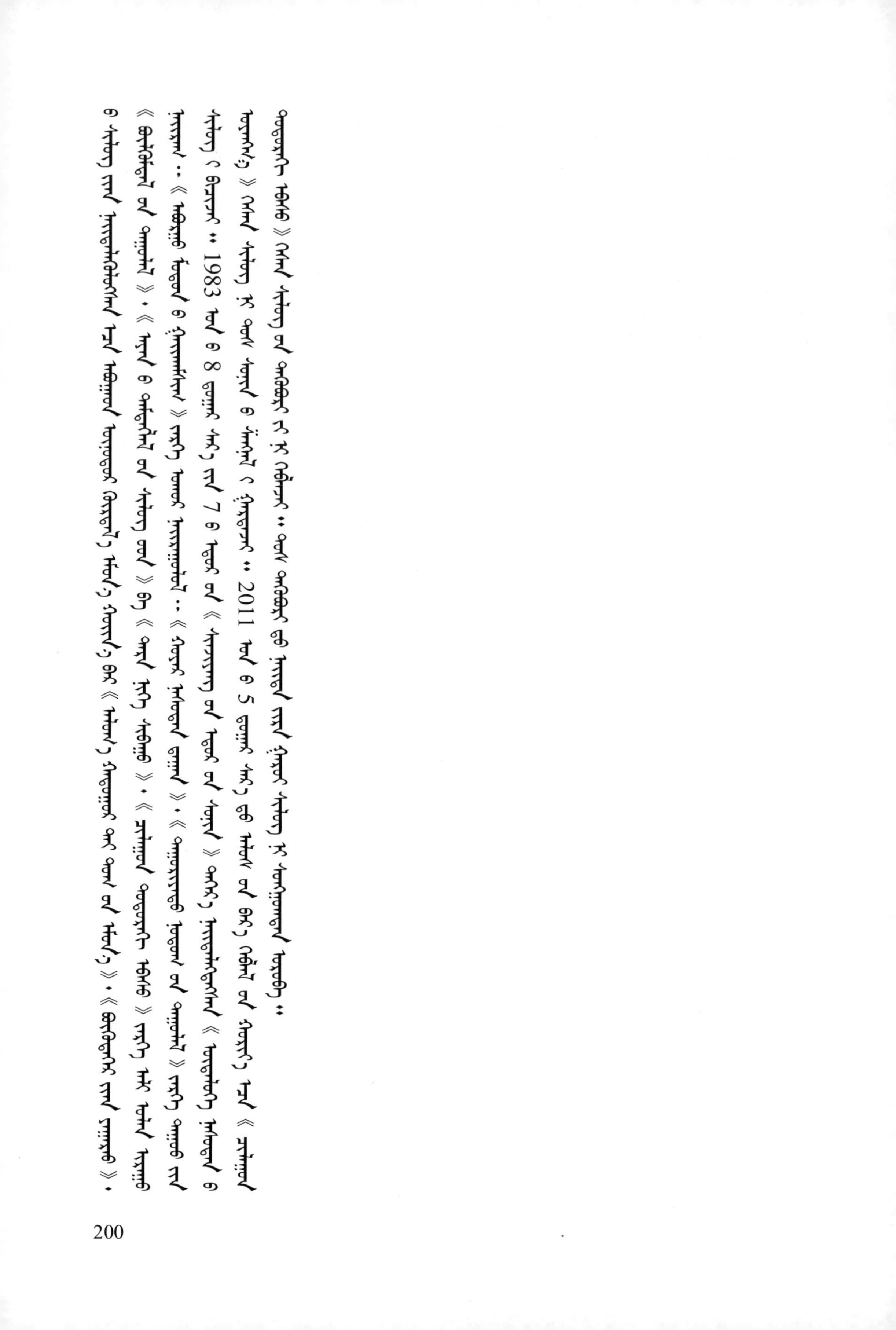

[illegible] 20 [illegible] ::

[illegible] 1983 [illegible] 2009 [illegible] 70 [illegible] ::

[illegible] 2019 [illegible] 6 [illegible] 19 [illegible] 60 [illegible] :: 2010 [illegible] 1994 [illegible] 1993 [illegible] 1991 [illegible] ::

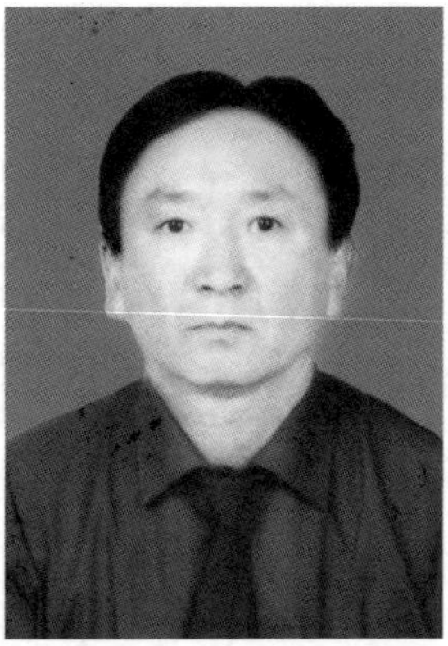

[illegible] 1979 [illegible] 9 [illegible] 1979 [illegible] 1977 [illegible] 1977 [illegible] 1976 [illegible] 1975 [illegible] 1972 [illegible] ::

[illegible] 1959 [illegible] 11 [illegible] 23 [illegible] ::

[illegible] 1981 [illegible]

[illegible] 53 [illegible]

[illegible] 2012 [illegible] 11 [illegible] 28 [illegible]

2009 [illegible]

[illegible] 1990 [illegible] 2009 [illegible]

[illegible] 1987 [illegible] 1985 [illegible] 1987 [illegible]

[illegible] 1982 [illegible] 7 [illegible]

1975 [illegible] 1977 [illegible] 1981 [illegible] 1982 [illegible]

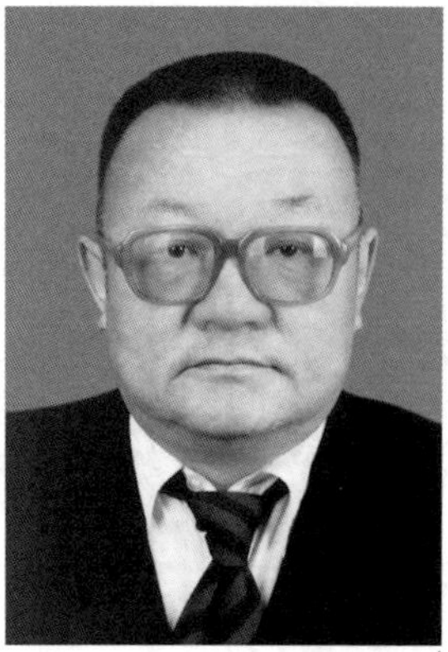

[illegible] 1972 [illegible] 1975 [illegible]

[illegible] 1967 [illegible] 1972 [illegible]

[illegible] 11 [illegible] 30 [illegible] 1959 [illegible]

ᠶᠢᠨ 《ᠰᠤᠶᠤᠯ ᠣᠷᠴᠢᠨ ᠤ ᠲᠣᠪᠴᠢᠶ᠎ᠠ》 ᠳᠤ ᠨᠡᠢᠲᠡᠯᠡᠪᠡ᠂ ᠮᠣᠩᠭᠣᠯᠴᠤᠳ ᠤᠨ ᠪᠢᠴᠢᠭ ᠪᠡᠷ ᠬᠡᠪᠯᠡᠪᠡ ᠄

ᠮᠣᠩᠭᠣᠯ ᠬᠡᠯᠡ ᠤ ᠰᠤᠳᠤᠯᠭ᠎ᠠ ᠶᠢᠨ ᠬᠦᠷᠢᠶᠡᠯᠡᠩ ᠦᠨ ᠡᠷᠳᠡᠮ ᠰᠢᠨᠵᠢᠯᠡᠬᠦ ᠬᠡᠪᠯᠡᠯ ᠄ 2007 ᠣᠨ ᠤ 1 ᠳᠦᠭᠡᠷ ᠰᠠᠷ᠎ᠠ ᠳᠤ ᠮᠣᠩᠭᠣᠯ ᠬᠡᠯᠡ ᠤ ᠬᠡᠪᠯᠡᠯ ᠦᠨ ᠬᠣᠷᠢᠶ᠎ᠠ ᠤ ᠰᠤᠳᠤᠯᠭ᠎ᠠ ᠶᠢᠨ ᠬᠡᠯᠡᠨ ᠤ ᠨᠣᠮ ᠤ

《ᠮᠣᠩᠭᠣᠯᠴᠤᠳ ᠤᠨ ᠪᠢᠴᠢᠭ ᠤᠨ ᠨᠣᠮ》 ᠤ ᠮᠣᠩᠭᠣᠯ ᠬᠡᠯᠡ ᠤ ᠬᠡᠪᠯᠡᠯ ᠦᠨ ᠬᠣᠷᠢᠶᠠᠯᠠᠭᠰᠠᠨ᠂ ᠮᠣᠩᠭᠣᠯᠴᠤᠳ ᠤᠨ ᠬᠡᠯᠡ ᠤ ᠰᠤᠳᠤᠯᠭ᠎ᠠ ᠶᠢᠨ ᠬᠦᠷᠢᠶᠡᠯᠡᠩ ᠦᠨ

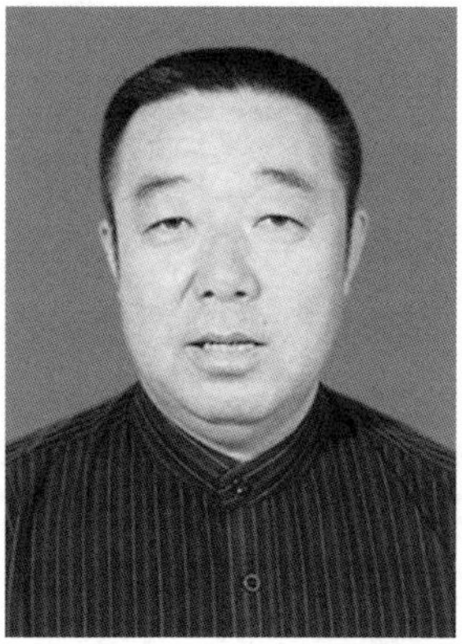

ᠨᠠ · ᠪᠠᠶᠠᠷ

ᠨᠠ · ᠪᠠᠶᠠᠷ ᠡᠷᠡ ᠮᠣᠩᠭᠣᠯ ᠦᠨᠳᠦᠰᠦᠲᠡᠨ ᠤ ᠬᠦᠮᠦᠨ · ᠵᠣᠬᠢᠶᠠᠯᠴᠢ :: 1959 ᠣᠨ ᠤ 12 ᠰᠠᠷ᠎ᠠ ᠶᠢᠨ 12 ᠳᠤ ᠲᠥᠷᠥᠭᠰᠡᠨ (ᠮᠣᠩᠭᠣᠯ ᠤᠨ ᠪᠢᠴᠢᠭ) :: 1966 ᠣᠨ ᠡᠴᠡ 1971 ᠣᠨ ᠬᠦᠷᠲᠡᠯ ᠪᠠᠭ᠎ᠠ ᠰᠤᠷᠭᠠᠭᠤᠯᠢ ᠳᠤ ᠰᠤᠷᠤᠯᠴᠠᠭ᠎ᠠ · 1971 ᠣᠨ ᠡᠴᠡ 1977 ᠣᠨ ᠬᠦᠷᠲᠡᠯ ᠳᠤᠮᠳᠠ ᠰᠤᠷᠭᠠᠭᠤᠯᠢ ᠳᠤ ᠰᠤᠷᠤᠯᠴᠠᠭ᠎ᠠ · 1977 ᠣᠨ ᠳᠤ ᠰᠤᠷᠭᠠᠭᠤᠯᠢ ᠳᠤ ᠣᠷᠣᠭᠰᠠᠨ · 1978 ᠣᠨ ᠤ 3 ᠰᠠᠷ᠎ᠠ ᠡᠴᠡ 1982 ᠣᠨ ᠤ 1 ᠰᠠᠷ᠎ᠠ ᠬᠦᠷᠲᠡᠯ ᠰᠤᠷᠭᠠᠭᠤᠯᠢ ᠳᠤ ᠰᠤᠷᠤᠯᠴᠠᠭ᠎ᠠ (ᠮᠣᠩᠭᠣᠯ ᠤᠨ ᠬᠡᠯᠡ ᠤᠳᠬ᠎ᠠ ᠵᠣᠬᠢᠶᠠᠯ ᠤᠨ ᠮᠡᠷᠭᠡᠵᠢᠯ) ᠤᠨ ᠮᠡᠷᠭᠡᠵᠢᠯ ᠢ ᠲᠡᠭᠦᠰᠬᠡᠭᠰᠡᠨ · 1982 ᠣᠨ ᠤ 2 ᠰᠠᠷ᠎ᠠ ᠡᠴᠡ ᠬᠣᠰᠢᠭᠤ ᠶᠢᠨ ᠠᠵᠢᠯ ᠳᠤ ᠣᠷᠣᠭᠰᠠᠨ · 2001 ᠣᠨ ᠡᠴᠡ ᠪᠣᠯᠪᠠᠰᠤᠷᠠᠯ ᠤᠨ ᠬᠦᠷᠢᠶᠡᠯᠡᠩ ᠤᠨ ᠬᠠᠷᠢᠭᠤᠴᠠᠭ᠎ᠠ ᠲᠠᠢ ᠠᠵᠢᠯᠲᠠᠨ ᠪᠣᠯᠣᠭᠰᠠᠨ :: 1989 ᠣᠨ ᠡᠴᠡ 2008 ᠣᠨ · 2003 ᠣᠨ ᠡᠴᠡ ᠬᠠᠷᠢᠭᠤᠴᠠᠭ᠎ᠠ ᠲᠠᠢ ᠠᠵᠢᠯᠲᠠᠨ · 1994 ᠣᠨ ᠳᠤ ᠣᠯᠠᠨ ᠤᠯᠤᠰ ᠤᠨ · 1987 ᠣᠨ ᠳᠤ ᠮᠣᠩᠭᠣᠯ ᠤᠨ ᠵᠣᠬᠢᠶᠠᠯᠴᠢᠳ ᠤᠨ ᠨᠡᠢᠭᠡᠮᠯᠡᠯ ᠦᠨ ᠭᠡᠰᠢᠭᠦᠨ · ᠮᠣᠩᠭᠣᠯ ᠤᠨ ᠤᠷᠠᠨ ᠵᠣᠬᠢᠶᠠᠯ ᠤᠨ · 2001 ᠣᠨ ᠳᠤ ᠥᠪᠦᠷ ᠮᠣᠩᠭᠣᠯ ᠤᠨ ᠵᠣᠬᠢᠶᠠᠯᠴᠢᠳ ᠤᠨ ᠨᠡᠢᠭᠡᠮᠯᠡᠯ ᠦᠨ ᠭᠡᠰᠢᠭᠦᠨ :: 2000 ᠣᠨ ᠳᠤ ᠭᠡᠰᠢᠭᠦᠨ ᠪᠣᠯᠵᠠᠢ · ᠮᠣᠩᠭᠣᠯ ᠤᠨ ᠤᠷᠠᠨ ᠵᠣᠬᠢᠶᠠᠯ ᠤᠨ ᠰᠤᠷᠭᠠᠭᠤᠯᠢ ᠶᠢᠨ ᠰᠤᠷᠤᠯᠴᠠᠭ᠎ᠠ ᠪᠣᠯᠵᠠᠢ ::

ᠬᠡᠪᠯᠡᠭᠰᠡᠨ ᠦᠭᠡ ᠪᠦᠲᠦᠭᠡᠯ ᠳᠦ 《 ᠮᠣᠩᠭᠣᠯ ᠤᠨ ᠠᠷᠠᠳ ᠤᠨ ᠤᠷᠠᠨ ᠵᠣᠬᠢᠶᠠᠯ 》 · 《 ᠮᠣᠩᠭᠣᠯ ᠤᠨ ᠤᠷᠠᠨ ᠵᠣᠬᠢᠶᠠᠯ 》 ᠵᠡᠷᠭᠡ ᠨᠣᠮ ᠤᠳ ᠢ ᠪᠢᠴᠢᠭᠰᠡᠨ · 《 ᠮᠣᠩᠭᠣᠯ ᠤᠨ ᠠᠷᠠᠳ ᠤᠨ ᠤᠷᠠᠨ ᠵᠣᠬᠢᠶᠠᠯ 》 · 《 ᠮᠣᠩᠭᠣᠯ ᠤᠨ ᠤᠯᠠᠮᠵᠢᠯᠠᠯᠲᠤ ᠤᠷᠠᠨ ᠵᠣᠬᠢᠶᠠᠯ 》 · 《 ᠮᠣᠩᠭᠣᠯ ᠤᠨ ᠤᠷᠠᠨ ᠵᠣᠬᠢᠶᠠᠯ 》 ᠵᠡᠷᠭᠡ ᠨᠣᠮ ᠢ ᠬᠡᠪᠯᠡᠯ ᠦᠨ ᠭᠠᠵᠠᠷ ᠪᠢᠴᠢᠭᠰᠡᠨ ::

ᠪᠣᠯᠪᠠᠰᠤᠷᠠᠯ ᠤᠨ 《 ᠮᠣᠩᠭᠣᠯ ᠤᠨ ᠠᠷᠠᠳ ᠤᠨ ᠤᠷᠠᠨ ᠵᠣᠬᠢᠶᠠᠯ 》 ᠶᠢᠨ ᠬᠡᠪᠯᠡᠯ ᠦᠨ ᠬᠣᠷᠢᠶᠠᠯᠲᠠ ᠳᠤ ᠮᠣᠩᠭᠣᠯ ᠪᠢᠴᠢᠭ ᠦᠨ ᠬᠡᠪᠯᠡᠯ ᠦᠨ ᠦᠢᠯᠡᠳᠦᠯ ᠢ ᠪᠠᠷᠢᠮᠲᠠᠯᠠᠭᠰᠠᠨ ::

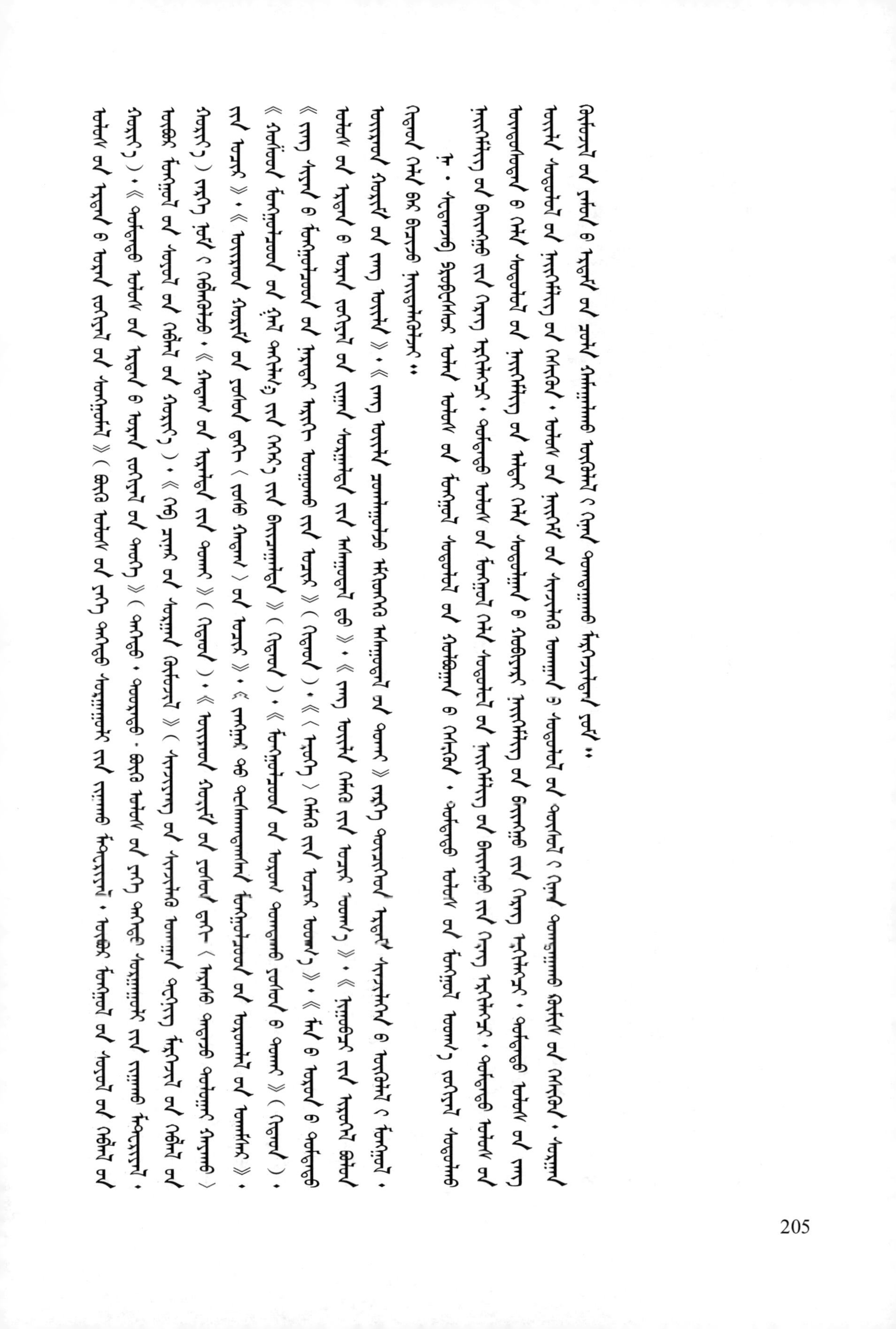

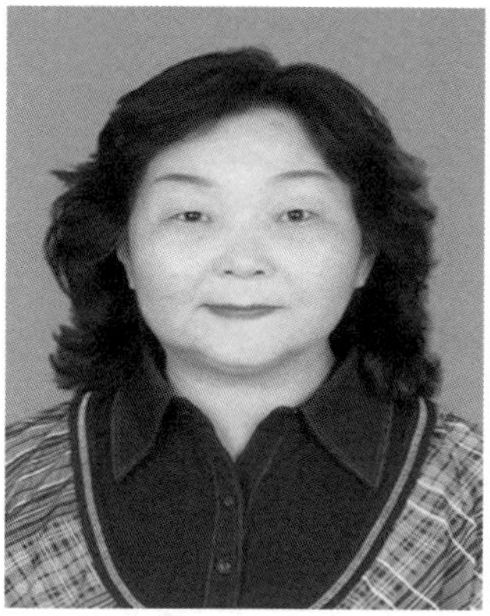

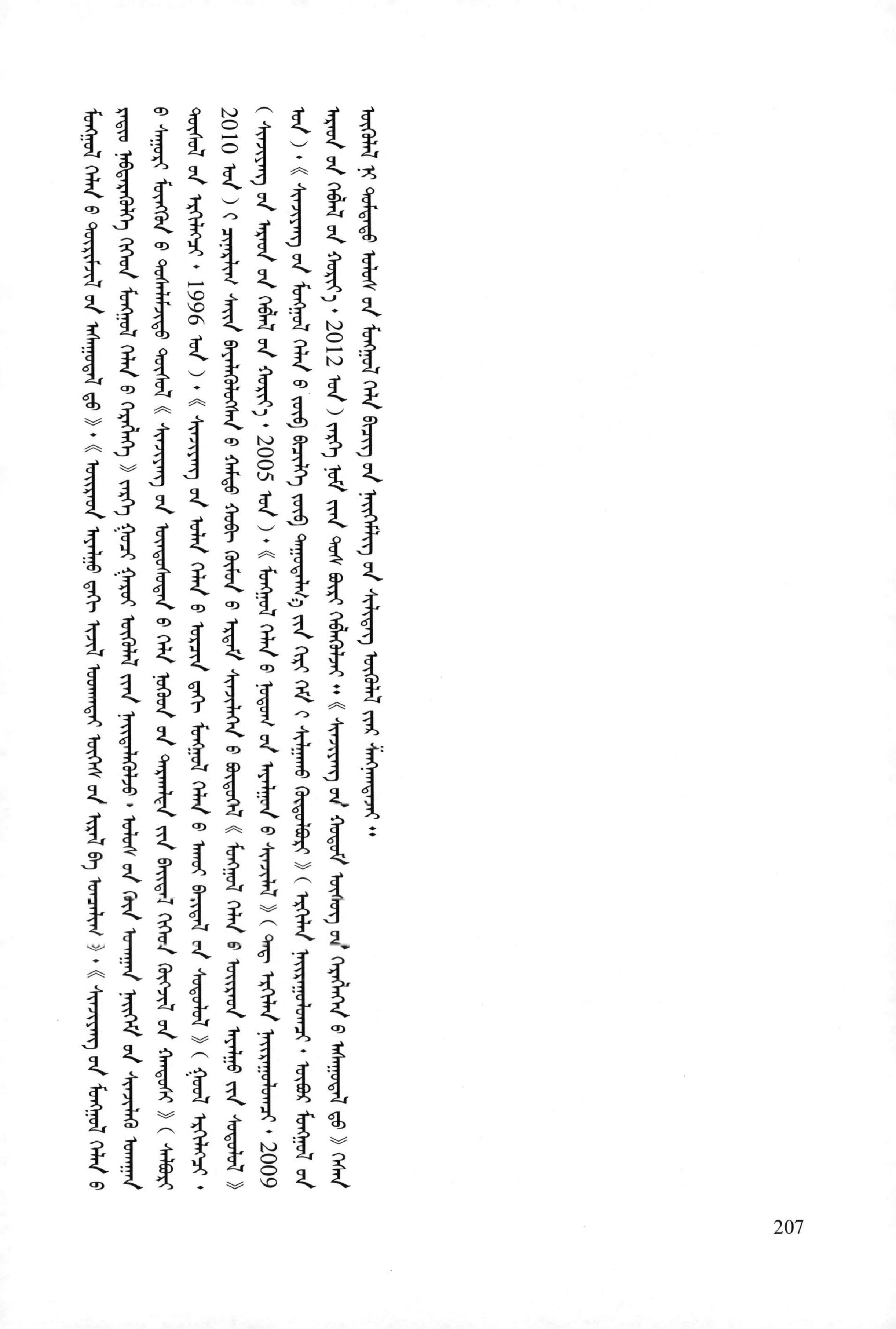

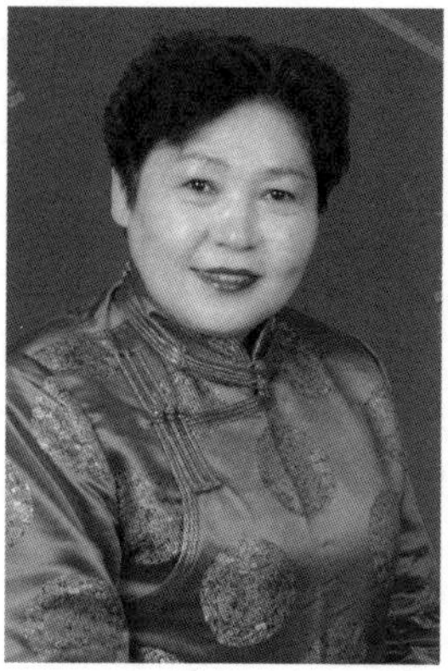

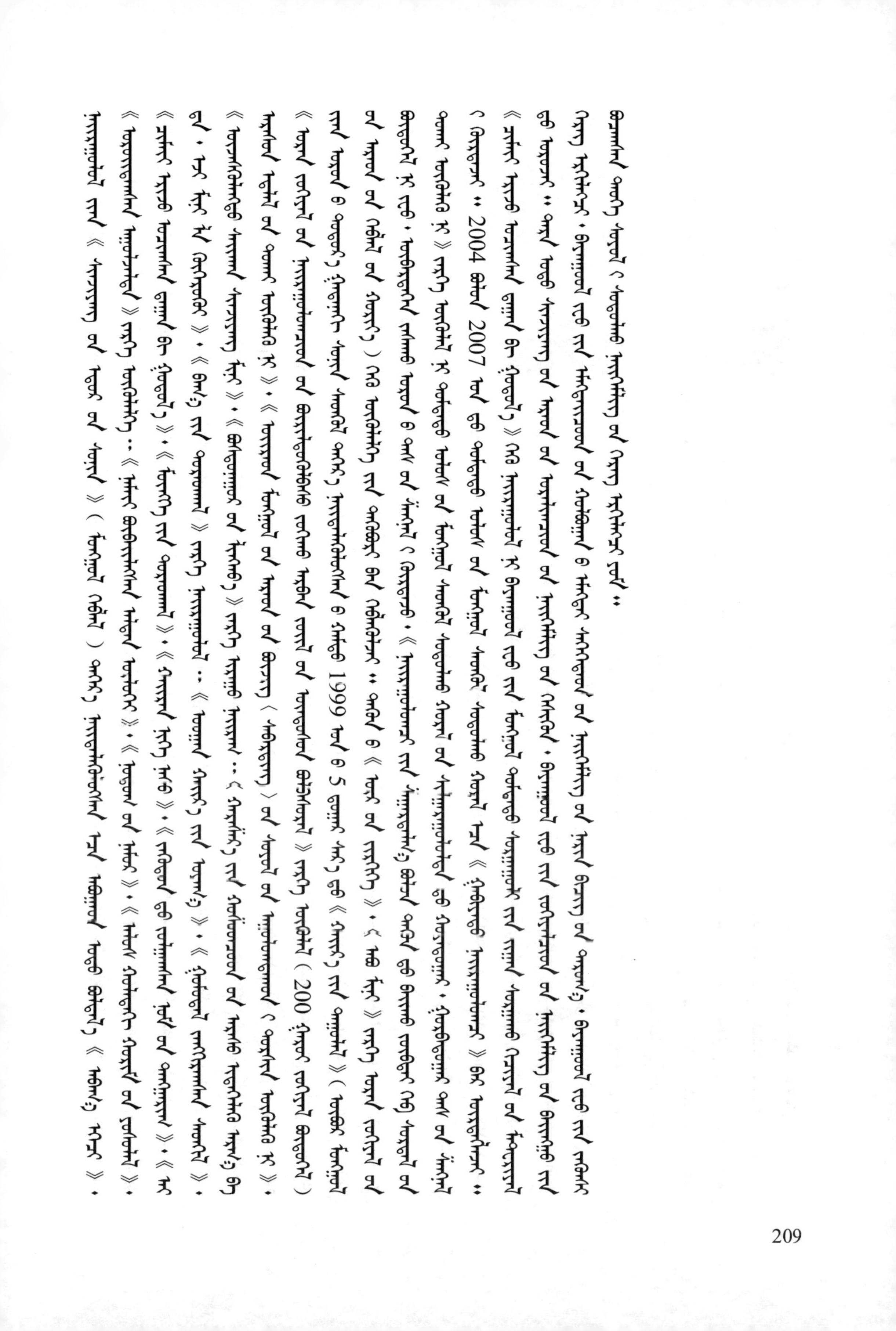

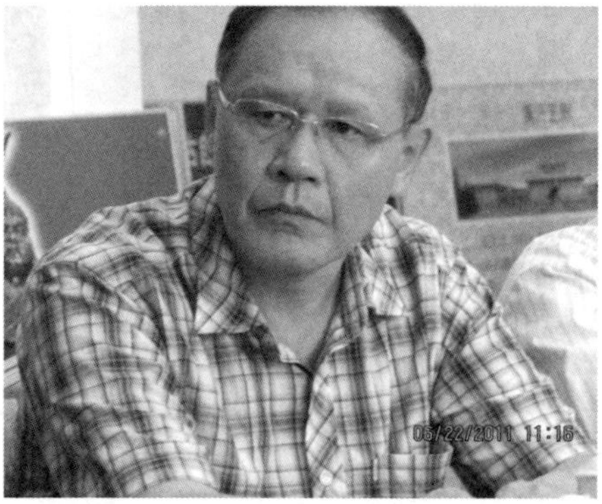

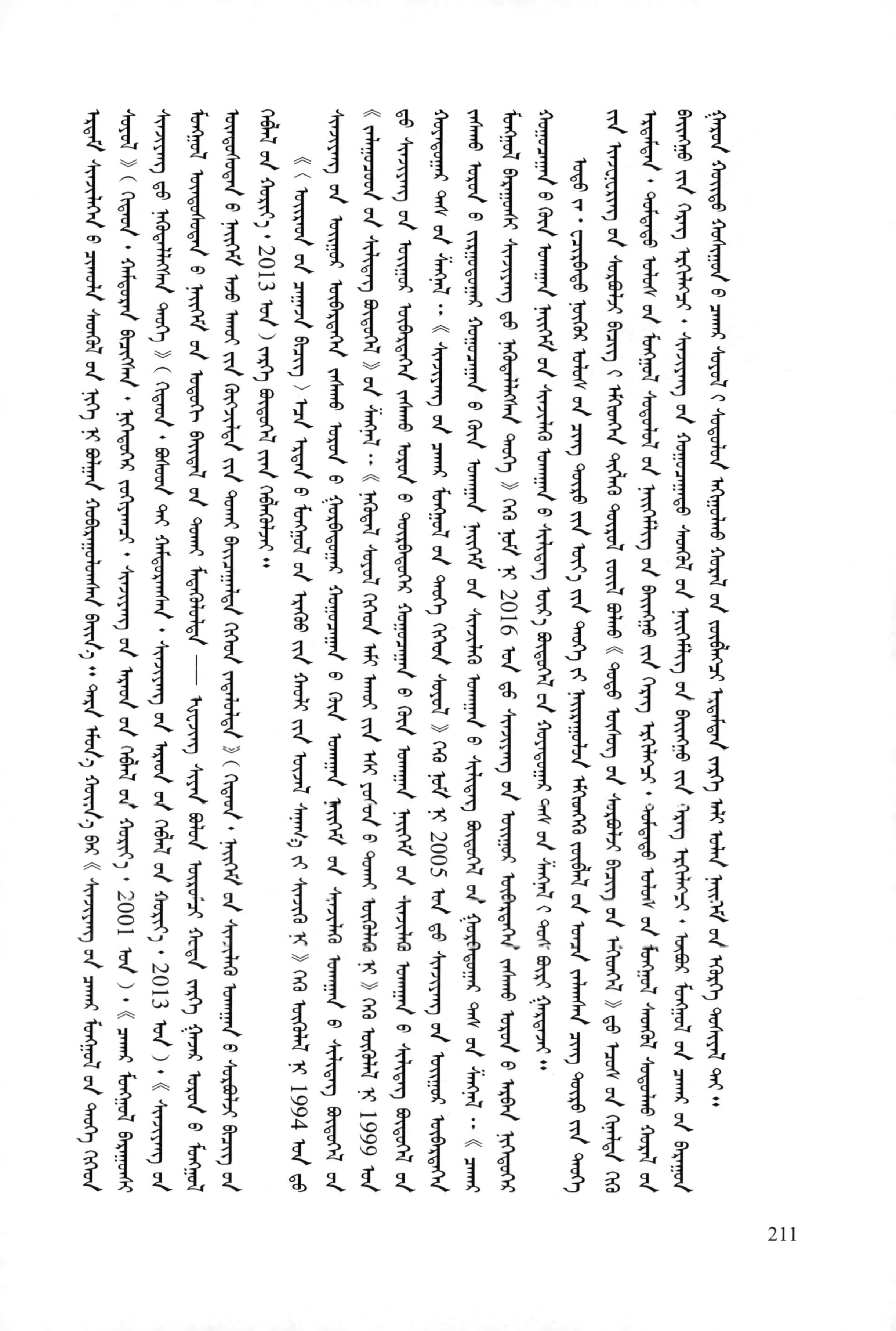

[illegible] ::

[illegible] 2016 [illegible] 2005 [illegible] 1999 [illegible] 1994 [illegible] 2013 [illegible] ::

[illegible] 2013 [illegible] 2001 [illegible]

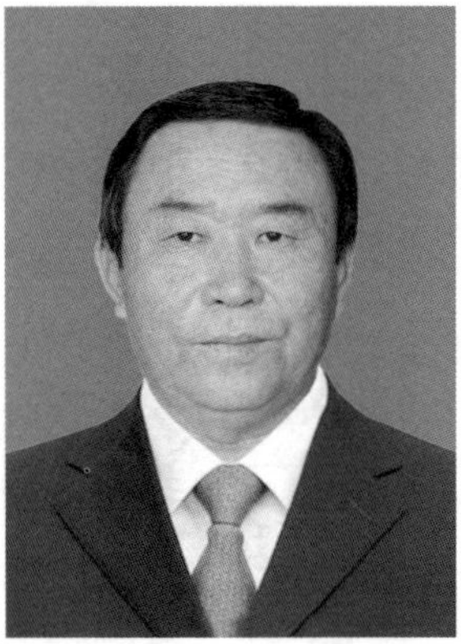

[illegible]

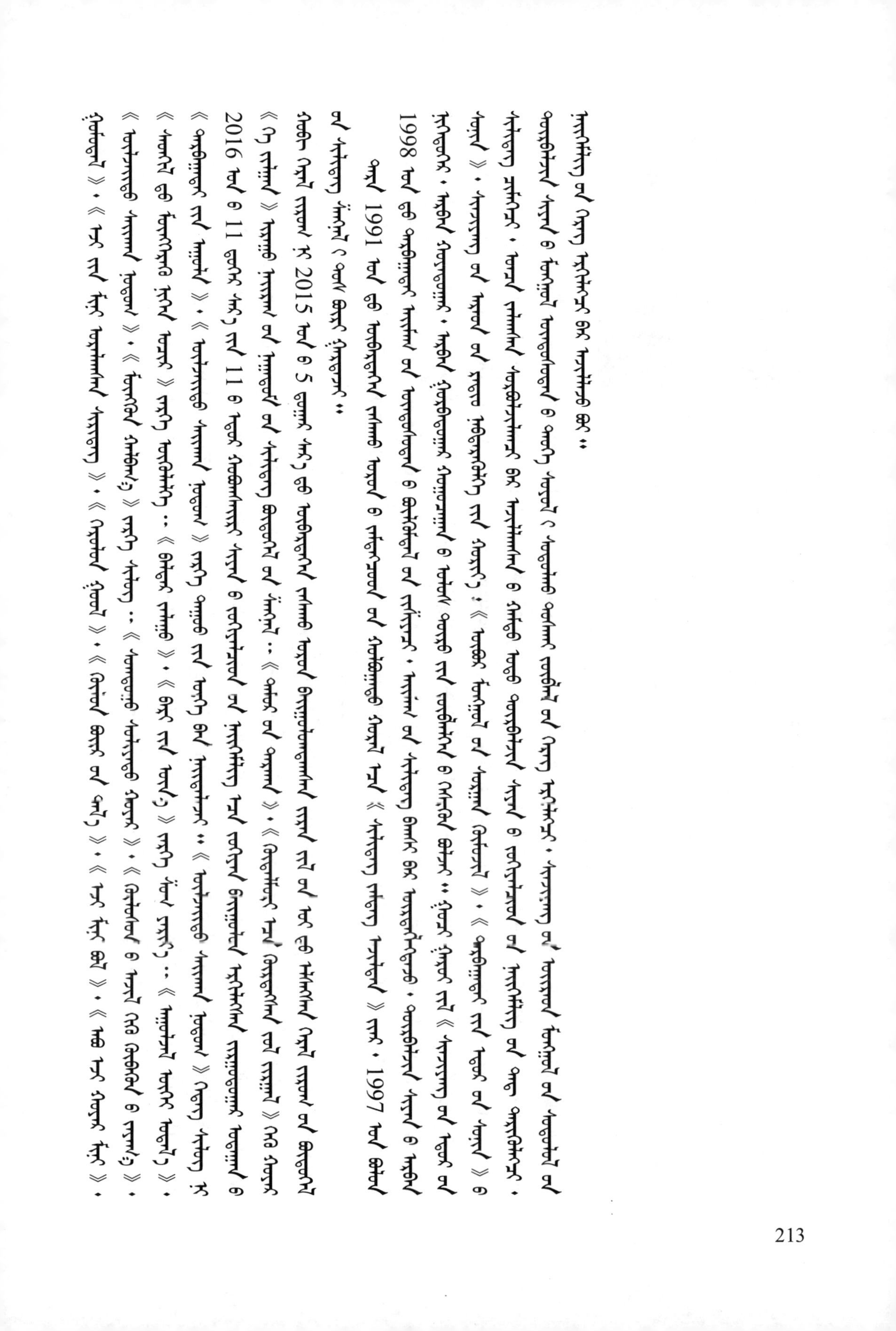

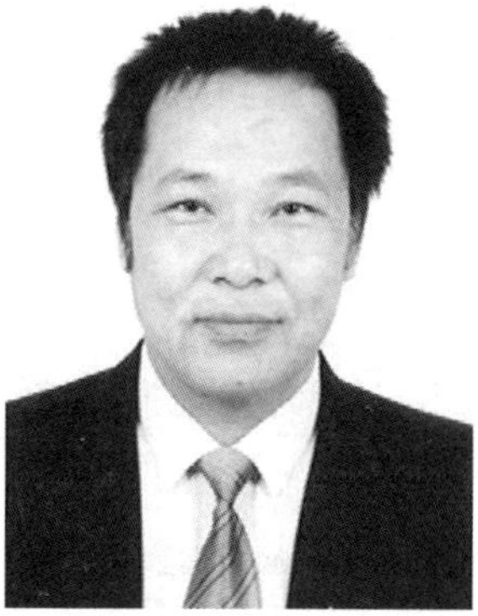

ᠪ᠂ ᠰᠤᠷᠪᠤᠯᠵᠢᠳ ᠮᠣᠩᠭᠣᠯ ᠦᠨᠳᠦᠰᠦᠲᠡᠨ ᠦ ᠳᠤᠭᠲᠤᠷ (Ph.D)· ᠪᠣᠯᠪᠠᠰᠤ ᠶᠢᠨ ᠰᠤᠷᠭᠠᠯ ᠤᠨ ᠲᠡᠷᠢᠭᠦᠨ ᠡᠷᠳᠡᠮᠲᠡᠨ ᠪᠣᠯᠤᠨ ᠬᠥᠳᠡᠯᠮᠦᠷᠢ ᠶᠢᠨ ᠪᠠᠢ᠌ᠳᠠᠯ ᠲᠠᠢ᠃ 1960 ᠣᠨ ᠤ 2 ᠳᠤᠭᠠᠷ ᠰᠠᠷ᠎ᠠ ᠶᠢᠨ 10 ᠤ ᠡᠳᠦᠷ ᠲᠥᠷᠥᠭᠰᠡᠨ ᠶᠢᠨ ᠬᠤᠪᠢ ᠬᠦᠮᠦᠨ ᠤ ᠭᠠᠵᠠᠷ ᠤᠨ ᠬᠣᠰᠢᠭᠤ (ᠬᠣᠲᠠ) ᠤ ᠰᠤᠮᠤ ᠶᠢᠨ ᠬᠦᠮᠦᠨ ᠃ ᠠᠶᠢᠮᠠᠭ ᠤᠨ ᠬᠤᠰᠢᠭᠤ ᠪᠠ ᠰᠤᠮᠤ ᠶᠢᠨ ᠰᠤᠷᠭᠠᠭᠤᠯᠢ ᠳᠤ ᠰᠤᠷᠤᠯᠴᠠᠵᠤ ᠪᠠᠢ᠌ᠭᠠᠳ ᠃ 1966 ᠣᠨ ᠡᠴᠡ 1975 ᠣᠨ ᠬᠦᠷᠲᠡᠯ᠎ᠡ ᠰᠤᠷᠤᠯᠴᠠᠭᠰᠠᠨ ᠪᠠ 1975 ᠣᠨ ᠤ ᠰᠤᠷᠭᠠᠭᠤᠯᠢ ᠶᠢᠨ ᠪᠠᠭᠰᠢ ᠪᠣᠯᠤᠭᠰᠠᠨ ᠃ ᠣᠨ 1977 ᠣᠨ ᠬᠦᠷᠲᠡᠯ᠎ᠡ ᠰᠤᠮᠤ ᠶᠢᠨ ᠰᠤᠷᠭᠠᠭᠤᠯᠢ ᠳᠤ ᠪᠠᠭᠰᠢ ᠶᠢᠨ ᠠᠵᠢᠯ ᠬᠢᠵᠦ ᠪᠠᠢ᠌ᠭᠠᠳ ᠃ 1977 ᠣᠨ ᠡᠴᠡ 1980 ᠣᠨ ᠬᠦᠷᠲᠡᠯ᠎ᠡ ᠪᠠᠭᠰᠢ ᠶᠢᠨ ᠰᠤᠷᠭᠠᠭᠤᠯᠢ ᠳᠤ ᠰᠤᠷᠤᠯᠴᠠᠭᠰᠠᠨ ᠃ 1980 ᠣᠨ ᠡᠴᠡ 1984 ᠣᠨ ᠬᠦᠷᠲᠡᠯ᠎ᠡ ᠪᠠᠭᠰᠢ ᠶᠢᠨ ᠰᠤᠷᠭᠠᠭᠤᠯᠢ ᠳᠤ ᠪᠠᠭᠰᠢᠯᠠᠵᠤ ᠪᠠᠢ᠌ᠭᠠᠳ ᠃ 1984 ᠣᠨ ᠡᠴᠡ ᠡᠬᠢᠯᠡᠨ ᠦᠪᠦᠷ ᠮᠣᠩᠭᠣᠯ ᠤᠨ ᠶᠡᠬᠡ ᠰᠤᠷᠭᠠᠭᠤᠯᠢ ᠶᠢᠨ ᠪᠠᠭᠰᠢ ᠶᠢᠨ ᠠᠵᠢᠯ ᠬᠢᠵᠦ (ᠣᠳᠣ ᠶᠢᠨ ᠪᠣᠯᠪᠠᠰᠤᠷᠠᠯ ᠤᠨ ᠰᠤᠷᠭᠠᠭᠤᠯᠢ) ᠶᠢ 2020 ᠣᠨ ᠤ 3 ᠳᠤᠭᠠᠷ ᠰᠠᠷ᠎ᠠ ᠳᠤ ᠲᠡᠳᠭᠡᠪᠦᠷᠢ ᠳᠦ ᠭᠠᠷᠤᠭᠰᠠᠨ ᠃ 1991 ᠣᠨ ᠤ 9 ᠳᠦᠭᠡᠷ ᠰᠠᠷ᠎ᠠ ᠠᠴᠠ 1992 ᠣᠨ ᠤ 9 ᠳᠦᠭᠡᠷ ᠰᠠᠷ᠎ᠠ ᠬᠦᠷᠲᠡᠯ᠎ᠡ · 1996 ᠣᠨ ᠤ 9 ᠳᠦᠭᠡᠷ ᠰᠠᠷ᠎ᠠ ᠠᠴᠠ 1997 ᠣᠨ ᠤ 12 ᠳᠤᠭᠠᠷ ᠰᠠᠷ᠎ᠠ ᠬᠦᠷᠲᠡᠯ᠎ᠡ ᠶᠠᠫᠣᠨ ᠤᠯᠤᠰ ᠤᠨ ᠰᠤᠳᠤᠯᠤᠭᠴᠢ ᠪᠠᠷ ᠰᠤᠷᠤᠯᠴᠠᠭᠰᠠᠨ ᠃ 1997 ᠣᠨ ᠤ 11 ᠳᠦᠭᠡᠷ ᠰᠠᠷ᠎ᠠ ᠠᠴᠠ 2002 ᠣᠨ ᠤ 9 ᠳᠦᠭᠡᠷ ᠰᠠᠷ᠎ᠠ ᠬᠦᠷᠲᠡᠯ᠎ᠡ ᠶᠠᠫᠣᠨ ᠤ ᠶᠡᠬᠡ ᠰᠤᠷᠭᠠᠭᠤᠯᠢ ᠳᠤ ᠳᠤᠭᠲᠤᠷ ᠤᠨ ᠡᠷᠳᠡᠮ ᠤᠨ ᠴᠣᠯ᠎ᠠ ᠬᠦᠷᠲᠡᠭᠰᠡᠨ ᠃ 2002 ᠣᠨ ᠤ 9 ᠳᠦᠭᠡᠷ ᠰᠠᠷ᠎ᠠ ᠠᠴᠠ 2003 ᠣᠨ ᠤ 9 ᠳᠦᠭᠡᠷ ᠰᠠᠷ᠎ᠠ ᠬᠦᠷᠲᠡᠯ᠎ᠡ ᠰᠤᠳᠤᠯᠤᠭᠴᠢ ᠪᠠᠷ ᠠᠵᠢᠯᠯᠠᠭᠰᠠᠨ ᠃ 2002 ᠣᠨ ᠤ 5 ᠳᠤᠭᠠᠷ ᠰᠠᠷ᠎ᠠ ᠠᠴᠠ 8 ᠳᠤᠭᠠᠷ ᠰᠠᠷ᠎ᠠ ᠬᠦᠷᠲᠡᠯ᠎ᠡ · 2003 ᠣᠨ ᠤ 12 ᠳᠤᠭᠠᠷ ᠰᠠᠷ᠎ᠠ ᠠᠴᠠ 2004 ᠣᠨ ᠤ 3 ᠳᠤᠭᠠᠷ ᠰᠠᠷ᠎ᠠ ᠬᠦᠷᠲᠡᠯ᠎ᠡ · 2004 ᠣᠨ ᠤ 12 ᠳᠤᠭᠠᠷ ᠰᠠᠷ᠎ᠠ ᠠᠴᠠ 2005 ᠣᠨ ᠤ 3 ᠳᠤᠭᠠᠷ ᠰᠠᠷ᠎ᠠ ᠬᠦᠷᠲᠡᠯ᠎ᠡ · 2006 ᠣᠨ ᠤ 1 ᠳᠦᠭᠡᠷ ᠰᠠᠷ᠎ᠠ ᠠᠴᠠ 4 ᠳᠦᠭᠡᠷ ᠰᠠᠷ᠎ᠠ ᠬᠦᠷᠲᠡᠯ᠎ᠡ ᠶᠠᠫᠣᠨ ᠤ ᠶᠡᠬᠡ ᠰᠤᠷᠭᠠᠭᠤᠯᠢ ᠳᠤ ᠵᠣᠴᠢᠨ ᠰᠤᠳᠤᠯᠤᠭᠴᠢ ᠪᠠᠷ ᠠᠵᠢᠯᠯᠠᠭᠰᠠᠨ ᠪᠣᠯᠤᠨ ᠡᠷᠳᠡᠮ ᠰᠢᠨᠵᠢᠯᠡᠭᠡᠨ ᠤ ᠬᠤᠷᠠᠯ ᠳᠤ ᠣᠷᠣᠯᠴᠠᠭᠰᠠᠨ · 2006 ᠣᠨ ᠤ 9 ᠳᠦᠭᠡᠷ ᠰᠠᠷ᠎ᠠ ᠠᠴᠠ 2007 ᠣᠨ ᠤ 7 ᠳᠤᠭᠠᠷ ᠰᠠᠷ᠎ᠠ ᠬᠦᠷᠲᠡᠯ᠎ᠡ ᠶᠠᠫᠣᠨ ᠤ ᠡᠷᠳᠡᠮ ᠰᠢᠨᠵᠢᠯᠡᠬᠦ ᠶᠢ ᠳᠡᠮᠵᠢᠬᠦ ᠬᠤᠷᠠᠯ (日本学术振兴会) ᠤᠨ ᠰᠤᠳᠤᠯᠤᠭᠴᠢ ᠪᠠᠷ ᠰᠤᠷᠤᠯᠴᠠᠵᠤ ᠢᠷᠡᠪᠡ᠃ 2007 ᠣᠨ ᠤ 9 ᠳᠦᠭᠡᠷ ᠰᠠᠷ᠎ᠠ ᠠᠴᠠ 12 ᠳᠤᠭᠠᠷ ᠰᠠᠷ᠎ᠠ ᠬᠦᠷᠲᠡᠯ᠎ᠡ ᠳᠠᠬᠢᠨ ᠰᠤᠳᠤᠯᠤᠭᠴᠢ ᠪᠠᠷ ᠬᠠᠮᠲᠤ ᠶᠢᠨ ᠰᠤᠳᠤᠯᠤᠯ ᠤᠨ ᠠᠵᠢᠯ ᠳᠤ ᠣᠷᠣᠯᠴᠠᠵᠤ ᠡᠷᠳᠡᠮ ᠤᠨ ᠵᠢᠷᠤᠮ ᠰᠢᠨᠵᠢᠯᠡᠭᠡᠨ᠃

ᠤᠨ ᠰᠡᠳᠬᠦᠯ 》(ᠮᠣᠩᠭᠣᠯ ᠬᠡᠯᠡ ᠤᠨ ᠰᠤᠳᠤᠯᠤᠯ ᠤᠨ ᠬᠦᠷᠢᠶᠡᠯᠡᠩ ᠦᠨ ᠰᠡᠳᠬᠦᠯ · 2012 ᠣᠨ) · 《 ᠮᠣᠩᠭᠣᠯ ᠬᠡᠯᠡᠨ ᠦ ᠦᠭᠡ ᠶᠢᠨ ᠬᠡᠪ ᠤᠨ ᠦᠯᠦ ᠬᠤᠪᠢᠷᠠᠬᠤ 》(ᠬᠡᠯᠡ ᠵᠦᠢ ·
ᠰᠤᠳᠤᠯᠤᠭᠴᠢ · ᠮᠣᠩᠭᠣᠯ ᠤᠨ ᠬᠡᠯᠡ ᠪᠢᠴᠢᠭ ᠦᠨ ᠰᠤᠳᠤᠯᠤᠯ · 2010 ᠣᠨ) · 《 ᠬᠡᠯᠡᠨ ᠦ ᠰᠤᠳᠤᠯᠤᠯ ᠤᠨ ᠪᠠᠳᠤᠯᠭ᠎ᠠ — ᠮᠣᠩᠭᠣᠯ
ᠬᠡᠯᠡᠨ ᠦ ᠬᠡᠯᠡ ᠵᠦᠢ · ᠮᠣᠩᠭᠣᠯ ᠤᠨ ᠬᠡᠯᠡ ᠪᠢᠴᠢᠭ ᠦᠨ ᠰᠤᠳᠤᠯᠤᠯ · 2009 ᠣᠨ) · 《 ᠮᠣᠩᠭᠣᠯ ᠬᠡᠯᠡᠨ ᠦ ᠦᠭᠡ ᠶᠢᠨ ᠬᠡᠪ ᠤᠨ ᠦᠯᠦ ᠬᠤᠪᠢᠷᠠᠬᠤ 》(ᠬᠡᠯᠡ ᠵᠦᠢ · ᠰᠤᠳᠤᠯᠤᠭᠴᠢ
ᠮᠣᠩᠭᠣᠯ ᠤᠨ ᠬᠡᠯᠡ ᠪᠢᠴᠢᠭ ᠦᠨ ᠰᠤᠳᠤᠯᠤᠯ · 2008 ᠣᠨ) · 《 ᠮᠣᠩᠭᠣᠯ ᠬᠡᠯᠡᠨ ᠦ ᠦᠭᠡ ᠶᠢᠨ ᠬᠡᠪ ᠤᠨ ᠦᠯᠦ ᠬᠤᠪᠢᠷᠠᠬᠤ 》(ᠬᠡᠯᠡ ᠵᠦᠢ · ᠰᠤᠳᠤᠯᠤᠭᠴᠢ · ᠮᠣᠩᠭᠣᠯ ᠬᠡᠯᠡᠨ ᠦ ᠬᠡᠯᠡ ᠵᠦᠢ ·
ᠰᠤᠳᠤᠯᠤᠯ · 2007 ᠣᠨ) · 《 ᠮᠣᠩᠭᠣᠯ ᠬᠡᠯᠡᠨ ᠦ ᠦᠭᠡ ᠶᠢᠨ ᠬᠡᠪ ᠤᠨ ᠦᠯᠦ ᠬᠤᠪᠢᠷᠠᠬᠤ 》(ᠬᠡᠯᠡ ᠵᠦᠢ · ᠰᠤᠳᠤᠯᠤᠭᠴᠢ · ᠮᠣᠩᠭᠣᠯ ᠬᠡᠯᠡᠨ ᠦ ᠬᠡᠯᠡ ᠵᠦᠢ · ᠮᠣᠩᠭᠣᠯ ᠤᠨ ᠬᠡᠯᠡ ᠪᠢᠴᠢᠭ ᠦᠨ
《 ᠮᠣᠩᠭᠣᠯ ᠬᠡᠯᠡᠨ ᠦ ᠦᠭᠡ ᠶᠢᠨ ᠬᠡᠪ ᠤᠨ ᠦᠯᠦ ᠬᠤᠪᠢᠷᠠᠬᠤ ᠶᠢᠨ ᠰᠢᠨᠵᠢ ᠴᠢᠨᠠᠷ 》(ᠮᠣᠩᠭᠣᠯ ᠬᠡᠯᠡᠨ ᠦ ᠰᠤᠳᠤᠯᠤᠯ · 2006 ᠣᠨ) · 《 ᠮᠣᠩᠭᠣᠯ ᠬᠡᠯᠡᠨ ᠦ ᠦᠭᠡ ᠶᠢᠨ ᠬᠡᠪ ᠤᠨ
ᠬᠡᠯᠡᠨ ᠦ 》(ᠮᠣᠩᠭᠣᠯ ᠬᠡᠯᠡᠨ ᠦ ᠰᠤᠳᠤᠯᠤᠯ · 2006 ᠣᠨ) · 《 ᠮᠣᠩᠭᠣᠯ ᠬᠡᠯᠡᠨ ᠦ ᠦᠭᠡ ᠶᠢᠨ ᠬᠡᠪ ᠤᠨ ᠬᠡᠯᠡᠨ ᠦ 》(ᠮᠣᠩᠭᠣᠯ ᠤᠨ ᠬᠡᠯᠡ ᠪᠢᠴᠢᠭ ᠦᠨ ᠰᠤᠳᠤᠯᠤᠯ · 2006 ᠣᠨ) ·
《〈 ᠮᠣᠩᠭᠣᠯ ᠬᠡᠯᠡᠨ 〉— ᠮᠣᠩᠭᠣᠯ ᠬᠡᠯᠡᠨ ᠦ ᠦᠭᠡ ᠶᠢᠨ ᠬᠡᠪ ᠤᠨ ᠰᠢᠨᠵᠢᠯᠡᠯ 》(ᠮᠣᠩᠭᠣᠯ ᠤᠨ ᠬᠡᠯᠡ ᠪᠢᠴᠢᠭ ᠦᠨ ᠰᠤᠳᠤᠯᠤᠯ · 2002 ᠣᠨ) · 《 ᠮᠣᠩᠭᠣᠯ ᠬᠡᠯᠡᠨ ᠦ ᠦᠭᠡ ᠶᠢᠨ ᠬᠡᠪ — ᠰᠤᠳᠤᠯᠤᠯ ᠤᠨ ᠦ
ᠰᠤᠳᠤᠯᠤᠯ ᠤᠨ ᠬᠡᠯᠡᠨ ᠦ ᠰᠢᠨᠵᠢᠯᠡᠯ 》(ᠮᠣᠩᠭᠣᠯ ᠤᠨ ᠬᠡᠯᠡ ᠪᠢᠴᠢᠭ ᠦᠨ ᠰᠤᠳᠤᠯᠤᠯ · 1998 ᠣᠨ) · 《 ᠮᠣᠩᠭᠣᠯ 〈 ᠬᠡᠯᠡᠨ 〉— ᠰᠤᠳᠤᠯᠤᠯ
ᠬᠡᠯᠡᠨ — ᠮᠣᠩᠭᠣᠯ ᠬᠡᠯᠡᠨ ᠦ ᠦᠭᠡ ᠶᠢᠨ ᠬᠡᠪ 》(ᠮᠣᠩᠭᠣᠯ ᠬᠡᠯᠡᠨ ᠦ ᠰᠤᠳᠤᠯᠤᠯ · 1998 ᠣᠨ) · 《 ᠮᠣᠩᠭᠣᠯ 〈 ᠬᠡᠯᠡᠨ 〉— ᠰᠤᠳᠤᠯᠤᠯ
ᠰᠤᠳᠤᠯᠤᠯ · 1996 ᠣᠨ) · 《 ᠮᠣᠩᠭᠣᠯ ᠬᠡᠯᠡᠨ ᠦ ᠦᠭᠡ ᠶᠢᠨ ᠬᠡᠪ ᠤᠨ ᠰᠢᠨᠵᠢᠯᠡᠯ 》(ᠮᠣᠩᠭᠣᠯ — ᠮᠣᠩᠭᠣᠯ ᠬᠡᠯᠡᠨ ᠦ ᠰᠤᠳᠤᠯᠤᠯ · 1997 ᠣᠨ) · 《 ᠮᠣᠩᠭᠣᠯ
ᠬᠡᠯᠡᠨ ᠦ ᠮᠣᠩᠭᠣᠯ ᠬᠡᠯᠡᠨ ᠦ ᠰᠤᠳᠤᠯᠤᠯ · 1994 ᠣᠨ) · 《 ᠮᠣᠩᠭᠣᠯ ᠬᠡᠯᠡᠨ ᠦ ᠦᠭᠡ — ᠮᠣᠩᠭᠣᠯ ᠬᠡᠯᠡᠨ ᠦ ᠦᠭᠡ ᠶᠢᠨ ᠬᠡᠪ 》(ᠮᠣᠩᠭᠣᠯ ᠬᠡᠯᠡᠨ ᠦ ᠰᠤᠳᠤᠯᠤᠯ ᠤᠨ ᠦ
ᠰᠤᠳᠤᠯᠤᠯ · ᠮᠣᠩᠭᠣᠯ ᠬᠡᠯᠡᠨ ᠦ ᠮᠣᠩᠭᠣᠯ ᠬᠡᠯᠡᠨ ᠦ ᠰᠤᠳᠤᠯᠤᠯ · 1988 ᠣᠨ) · 《 ᠮᠣᠩᠭᠣᠯ ᠬᠡᠯᠡᠨ — ᠮᠣᠩᠭᠣᠯ ᠬᠡᠯᠡᠨ ᠦ ᠦᠭᠡ ᠶᠢᠨ ᠬᠡᠪ 》(ᠬᠡᠯᠡ ᠵᠦᠢ · ᠰᠤᠳᠤᠯᠤᠭᠴᠢ ᠶᠢᠨ
ᠰᠤᠳᠤᠯᠤᠭᠰᠠᠨ ᠁ ᠣᠨ ᠤ ᠬᠣᠶᠠᠷ ᠬᠡᠪᠯᠡᠯ ᠤᠨ ᠬᠤᠭᠤᠴᠠᠭ᠎ᠠ ᠳᠤ 《 ᠮᠣᠩᠭᠣᠯ ᠬᠡᠯᠡᠨ ᠦ ᠬᠡᠯᠡ — ᠮᠣᠩᠭᠣᠯ ᠬᠡᠯᠡᠨ ᠦ ᠦᠭᠡ ᠶᠢᠨ ᠬᠡᠪ 》(ᠬᠡᠯᠡ ᠵᠦᠢ · ᠰᠤᠳᠤᠯᠤᠭᠴᠢ ᠶᠢᠨ
1500 ᠭᠠᠷᠤᠢ ᠦᠭᠡ ᠶᠢᠨ ᠪᠦᠲᠦᠭᠡᠯ · 100 ᠭᠠᠷᠤᠢ ᠪᠦᠲᠦᠭᠡᠯ · 360 ᠭᠠᠷᠤᠢ ᠮᠣᠩᠭᠣᠯ ᠬᠡᠯᠡᠨ ᠦ ᠬᠡᠪᠯᠡᠯ ᠤᠨ ᠦᠭᠡ ᠶᠢᠨ ᠬᠡᠪ ᠰᠤᠳᠤᠯᠤᠯ · ᠮᠣᠩᠭᠣᠯ ᠬᠡᠯᠡᠨ ᠦ
ᠰᠤᠳᠤᠯᠤᠭᠰᠠᠨ ᠁ ᠬᠡᠪᠯᠡᠯ ᠳᠤ 190 ᠭᠠᠷᠤᠢ ᠪᠦᠲᠦᠭᠡᠯ《 ᠬᠡᠯᠡᠨ 》· 80 ᠭᠠᠷᠤᠢ ᠪᠦᠲᠦᠭᠡᠯ《 ᠬᠡᠯᠡᠨ 》· 20 ᠭᠠᠷᠤᠢ ᠮᠣᠩᠭᠣᠯ ᠬᠡᠯᠡᠨ ᠦ · 1400 ᠭᠠᠷᠤᠢ ᠦᠭᠡ ᠶᠢᠨ ᠰᠤᠳᠤᠯᠤᠯ ·
ᠪᠦᠲᠦᠭᠡᠯ ᠮᠣᠩᠭᠣᠯ ᠬᠡᠯᠡᠨ ᠦ ᠮᠣᠩᠭᠣᠯ ᠬᠡᠯᠡᠨ ᠦ ᠰᠤᠳᠤᠯᠤᠯ ᠤᠨ ᠬᠡᠪᠯᠡᠯ ᠳᠤ ᠮᠣᠩᠭᠣᠯ ᠬᠡᠯᠡᠨ ᠦ ᠦᠭᠡ ᠶᠢᠨ ᠬᠡᠪ ᠤᠨ ᠪᠦᠲᠦᠭᠡᠯ ᠤᠨ ᠬᠣᠶᠠᠷ ᠭᠠᠷᠤᠢ ᠦᠭᠡ ᠶᠢᠨ ᠰᠤᠳᠤᠯᠤᠯ
ᠮᠣᠩᠭᠣᠯ ᠬᠡᠯᠡᠨ ᠦ ᠰᠤᠳᠤᠯᠤᠯ ᠤᠨ ᠭᠠᠷᠤᠢ ᠮᠣᠩᠭᠣᠯ ᠬᠡᠯᠡᠨ ᠦ ᠦᠭᠡ ᠶᠢᠨ ᠬᠡᠪ ᠤᠨ ᠬᠡᠯᠡ ᠵᠦᠢ · ᠮᠣᠩᠭᠣᠯ ᠬᠡᠯᠡᠨ ᠦ ᠰᠤᠳᠤᠯᠤᠯ · ᠮᠣᠩᠭᠣᠯ ᠬᠡᠯᠡᠨ
2008 · 2009 · 2010 · 2013 · 2014 · 2015 · 2016 · 2017 · 2018 ᠣᠨ ᠳᠤ ᠮᠣᠩᠭᠣᠯ ᠬᠡᠯᠡᠨ ᠦ ᠮᠣᠩᠭᠣᠯ ᠬᠡᠯᠡᠨ ᠦ ᠰᠤᠳᠤᠯᠤᠯ ᠤᠨ ᠦ
ᠰᠤᠳᠤᠯᠤᠭᠰᠠᠨ ᠭᠠᠷᠤᠢ ᠮᠣᠩᠭᠣᠯ ᠬᠡᠯᠡᠨ ᠦ ᠰᠤᠳᠤᠯᠤᠯ ᠤᠨ ᠣᠨ 1985 · 1986 · 1987 · 1988 · 1990 · 1995 · 1998 · 2000 · 2004 · 2006 ·
ᠪ᠊ · ᠰᠤᠳᠤᠯᠤᠭᠴᠢ 1984 ᠣᠨ ᠳᠤ ᠮᠣᠩᠭᠣᠯ ᠬᠡᠯᠡᠨ ᠦ ᠰᠤᠳᠤᠯᠤᠯ ᠤᠨ ᠮᠣᠩᠭᠣᠯ ᠬᠡᠯᠡᠨ ᠦ ᠦᠭᠡ ᠶᠢᠨ ᠬᠡᠪ ᠤᠨ ᠰᠤᠳᠤᠯᠤᠯ ᠤᠨ ᠦ ᠬᠡᠯᠡᠨ

ᠤᠨ ᠬᠡᠪᠯᠡᠯ ᠦᠨ ᠬᠣᠷᠢᠶ᠎ᠠ ᠶᠢᠨ ᠮᠣᠩᠭᠣᠯ ᠨᠣᠮ ᠤᠨ ᠨᠠᠶᠢᠷᠠᠭᠤᠯᠤᠭᠴᠢ ᠶᠢᠨ ᠬᠡᠯᠲᠡᠰ ᠦᠨ ᠳᠡᠭᠡᠳᠦ ᠨᠠᠶᠢᠷᠠᠭᠤᠯᠤᠭᠴᠢ ᠪᠣᠯᠵᠤ ᠠᠵᠢᠯᠯᠠᠵᠤ ᠪᠠᠢᠭ᠎ᠠ᠃

4 ᠰᠠᠷ᠎ᠠ) ᠬᠦᠷᠲᠡᠯ᠎ᠡ 2011 ᠣᠨ ᠤ ᠳᠠᠭᠠᠭᠠᠷᠠᠬᠤ ᠬᠡᠯᠲᠡᠰ ᠦᠨ ᠳᠡᠭᠡᠳᠦ ᠨᠠᠶᠢᠷᠠᠭᠤᠯᠤᠭᠴᠢ ᠪᠣᠯᠵᠤ ᠠᠵᠢᠯᠯᠠᠵᠤ᠃ 2012 ᠣᠨ ᠤ ᠡᠬᠢᠨ ᠡᠴᠡ

ᠤ ᠮᠣᠩᠭᠣᠯ ᠤᠨ ᠰᠤᠷᠭᠠᠨ ᠬᠦᠮᠦᠵᠢᠯ ᠤᠨ ᠰᠤᠳᠤᠯᠤᠯ ᠤᠨ ᠰᠡᠳᠬᠦᠯ ᠦᠨ ᠨᠠᠶᠢᠷᠠᠭᠤᠯᠤᠭᠴᠢ᠂《ᠮᠣᠩᠭᠣᠯ ᠤᠨ ᠰᠤᠷᠭᠠᠨ ᠬᠦᠮᠦᠵᠢᠯ》(ᠮᠣᠩᠭᠣᠯ

ᠪᠢᠴᠢᠭ ᠦᠨ ᠬᠡᠪᠯᠡᠯ ᠦᠨ ᠬᠣᠷᠢᠶ᠎ᠠ ᠶᠢᠨ ᠰᠡᠳᠬᠦᠯ ᠦᠨ ᠨᠠᠶᠢᠷᠠᠭᠤᠯᠤᠭᠴᠢ ᠪᠣᠯᠵᠤ 2004 ᠣᠨ ᠤ ᠡᠬᠢᠨ ᠡᠴᠡ ᠡᠷᠬᠢᠯᠡᠬᠦ ᠨᠠᠶᠢᠷᠠᠭᠤᠯᠤᠭᠴᠢ᠂ ᠳᠡᠭᠡᠳᠦ ᠨᠠᠶᠢᠷᠠᠭᠤᠯᠤᠭᠴᠢ ᠶᠢᠨ ᠡᠷᠬᠢᠯᠡᠬᠦ ᠬᠡᠯᠲᠡᠰ

ᠦᠨᠳᠦᠰᠦᠲᠡᠨ ᠦ ᠬᠡᠪᠯᠡᠯ ᠦᠨ ᠬᠣᠷᠢᠶ᠎ᠠ ᠶᠢᠨ ᠮᠣᠩᠭᠣᠯ ᠨᠣᠮ ᠤᠨ ᠨᠠᠶᠢᠷᠠᠭᠤᠯᠤᠭᠴᠢ ᠶᠢᠨ ᠬᠡᠯᠲᠡᠰ ᠦᠨ ᠳᠡᠭᠡᠳᠦ ᠨᠠᠶᠢᠷᠠᠭᠤᠯᠤᠭᠴᠢ ᠪᠣᠯᠵᠤ ᠠᠵᠢᠯᠯᠠᠵᠤ᠃《ᠮᠣᠩᠭᠣᠯ 〈 ᠲᠣᠪᠴᠢᠶᠠᠨ 〉— ᠮᠣᠩᠭᠣᠯ

ᠬᠡᠯᠡ ᠪᠢᠴᠢᠭ ᠦᠨ ᠰᠤᠷᠭᠠᠯᠲᠠ ᠶᠢᠨ ᠨᠠᠶᠢᠷᠠᠭᠤᠯᠤᠭᠴᠢ ᠶᠢᠨ ᠬᠡᠯᠲᠡᠰ》ᠣᠨ ᠤ 2003 ᠣᠨ ᠤ ᠡᠬᠢᠨ ᠡᠴᠡ ᠬᠦᠷᠲᠡᠯ᠎ᠡ ᠳᠠᠭᠠᠭᠠᠷᠠᠬᠤ ᠳᠡᠭᠡᠳᠦ ᠨᠠᠶᠢᠷᠠᠭᠤᠯᠤᠭᠴᠢ ᠶᠢᠨ ᠬᠡᠯᠲᠡᠰ ᠦᠨ ᠳᠠᠷᠤᠭ᠎ᠠ

ᠬᠡᠪᠯᠡᠯ ᠦᠨ ᠮᠣᠩᠭᠣᠯ ᠨᠣᠮ ᠤᠨ ᠨᠠᠶᠢᠷᠠᠭᠤᠯᠤᠭᠴᠢ ᠶᠢᠨ ᠮᠣᠩᠭᠣᠯ ᠨᠣᠮ ᠤᠨ ᠨᠠᠶᠢᠷᠠᠭᠤᠯᠤᠭᠴᠢ ᠶᠢᠨ ᠰᠡᠳᠬᠦᠯ ᠦᠨ ᠡᠷᠬᠢᠯᠡᠬᠦ ᠨᠠᠶᠢᠷᠠᠭᠤᠯᠤᠭᠴᠢ᠃《ᠮᠣᠩᠭᠣᠯ 〈 ᠬᠡᠯᠡ 〉— ᠮᠣᠩᠭᠣᠯ

ᠪᠢᠴᠢᠭ ᠰᠤᠷᠭᠠᠯᠲᠠ ᠶᠢᠨ ᠬᠡᠪᠯᠡᠯ ᠦᠨ ᠬᠣᠷᠢᠶ᠎ᠠ》ᠬᠦᠷᠲᠡᠯ᠎ᠡ 2000 ᠣᠨ ᠤ ᠳᠠᠭᠠᠭᠠᠷᠠᠬᠤ ᠳᠡᠭᠡᠳᠦ ᠬᠡᠯᠲᠡᠰ ᠦᠨ ᠳᠠᠷᠤᠭ᠎ᠠ ᠶᠢᠨ ᠬᠡᠪᠯᠡᠯ ᠦᠨ ᠮᠣᠩᠭᠣᠯ ᠨᠣᠮ ᠤᠨ

ᠮᠣᠩᠭᠣᠯ ᠬᠡᠯᠡ ᠪᠢᠴᠢᠭ ᠦᠨ ᠨᠠᠶᠢᠷᠠᠭᠤᠯᠤᠭᠴᠢ ᠶᠢᠨ ᠬᠡᠯᠲᠡᠰ ᠦᠨ ᠰᠤᠷᠭᠠᠨ ᠬᠦᠮᠦᠵᠢᠯ ᠤᠨ ᠰᠤᠳᠤᠯᠤᠯ ᠤᠨ ᠬᠡᠯᠲᠡᠰ》ᠤᠯᠠᠮ 1993 ᠣᠨ ᠤ ᠳᠠᠭᠠᠭᠠᠷᠠᠬᠤ ᠳᠡᠭᠡᠳᠦ ᠨᠠᠶᠢᠷᠠᠭᠤᠯᠤᠭᠴᠢ ᠶᠢᠨ ᠬᠡᠯᠲᠡᠰ ᠦᠨ

《ᠮᠣᠩᠭᠣᠯ ᠬᠡᠯᠡ ᠪᠢᠴᠢᠭ — ᠬᠡᠯᠡᠨ ᠦ ᠰᠤᠳᠤᠯᠤᠯ ᠤᠨ ᠰᠤᠷᠭᠠᠨ ᠬᠦᠮᠦᠵᠢᠯ》ᠤᠯᠠᠮ ᠣᠨ ᠤ 1993 ᠣᠨ ᠤ ᠳᠠᠭᠠᠭᠠᠷᠠᠬᠤ ᠳᠡᠭᠡᠳᠦ ᠨᠠᠶᠢᠷᠠᠭᠤᠯᠤᠭᠴᠢ ᠶᠢᠨ ᠬᠡᠯᠲᠡᠰ ᠦᠨ ᠨᠠᠶᠢᠷᠠᠭᠤᠯᠤᠭᠴᠢ᠃《ᠮᠣᠩᠭᠣᠯ ᠬᠡᠯᠡ

ᠶᠢᠨ ᠨᠠᠶᠢᠷᠠᠭᠤᠯᠤᠭᠴᠢ ᠶᠢᠨ ᠰᠤᠷᠭᠠᠨ ᠬᠦᠮᠦᠵᠢᠯ ᠦᠨ ᠳᠡᠭᠡᠳᠦ ᠮᠣᠩᠭᠣᠯ ᠬᠡᠯᠡ ᠶᠢᠨ ᠬᠡᠯᠡᠯᠴᠡᠭᠡᠨ ᠦ ᠨᠠᠶᠢᠷᠠᠭᠤᠯᠤᠭᠴᠢ ᠶᠢᠨ ᠮᠣᠩᠭᠣᠯ ᠤᠨ ᠡᠷᠳᠡᠮ ᠦᠨ ᠨᠠᠶᠢᠷᠠᠭᠤᠯᠤᠭᠴᠢ᠃

ᠶᠢᠨ ᠰᠤᠳᠤᠯᠤᠯ》(2001 ᠣᠨ)᠂《ᠮᠣᠩᠭᠣᠯ ᠬᠡᠯᠡ ᠶᠢᠨ ᠮᠣᠩᠭᠣᠯᠴᠤᠳ ᠤᠨ ᠰᠤᠷᠭᠠᠨ ᠬᠦᠮᠦᠵᠢᠯ ᠤᠨ ᠰᠤᠳᠤᠯᠤᠯ》(1993 ᠣᠨ) ᠵᠡᠷᠭᠡ 50

《ᠮᠣᠩᠭᠣᠯ ᠬᠡᠯᠡ ᠶᠢᠨ ᠪᠢᠴᠢᠭ ᠦᠨ ᠰᠤᠳᠤᠯᠤᠯ ᠤᠨ ᠰᠤᠳᠤᠯᠤᠯ》(1999 ᠣᠨ)᠂《ᠮᠣᠩᠭᠣᠯ ᠬᠡᠯᠡ ᠶᠢᠨ ᠪᠢᠴᠢᠭ ᠦᠨ ᠰᠤᠳᠤᠯᠤᠯ ᠦᠨ ᠬᠡᠯᠡ

ᠮᠣᠩᠭᠣᠯᠴᠤᠳ ᠤᠨ ᠰᠤᠷᠭᠠᠨ ᠬᠦᠮᠦᠵᠢᠯ》(1997 ᠣᠨ)᠂《ᠮᠣᠩᠭᠣᠯ ᠬᠡᠯᠡ ᠶᠢᠨ ᠪᠢᠴᠢᠭ ᠦᠨ ᠮᠣᠩᠭᠣᠯ ᠬᠡᠯᠡ ᠶᠢᠨ ᠰᠤᠳᠤᠯᠤᠯ》(1997 ᠣᠨ)᠂

《ᠮᠣᠩᠭᠣᠯ ᠬᠡᠯᠡ ᠶᠢᠨ ᠨᠠᠶᠢᠷᠠᠭᠤᠯᠤᠭᠴᠢ ᠶᠢᠨ ᠪᠢᠴᠢᠭ ᠦᠨ ᠮᠣᠩᠭᠣᠯ ᠬᠡᠯᠡ ᠶᠢᠨ ᠰᠤᠳᠤᠯᠤᠯ ᠤᠨ ᠡᠷᠳᠡᠮ》(1988 ᠣᠨ)᠂《ᠮᠣᠩᠭᠣᠯ ᠬᠡᠯᠡ ᠶᠢᠨ ᠪᠢᠴᠢᠭ ᠦᠨ ᠮᠣᠩᠭᠣᠯ ᠬᠡᠯᠡ

ᠰᠤᠳᠤᠯᠤᠯ — ᠮᠣᠩᠭᠣᠯ ᠬᠡᠯᠡ ᠶᠢᠨ ᠨᠠᠶᠢᠷᠠᠭᠤᠯᠤᠭᠴᠢ》(ᠮᠣᠩᠭᠣᠯ ᠬᠡᠯᠡ ᠶᠢᠨ ᠪᠢᠴᠢᠭ ᠦᠨ ᠰᠤᠳᠤᠯᠤᠯ᠂ 2023 ᠣᠨ) ᠵᠡᠷᠭᠡ ᠣᠨ ᠤ ᠰᠤᠳᠤᠯᠤᠯ ᠨᠢᠭᠡ ᠪᠢᠴᠢᠭ᠃ ᠮᠣᠩᠭᠣᠯ ᠬᠡᠯᠡ

《ᠮᠣᠩᠭᠣᠯ 〈 ᠬᠡᠯᠡ 〉— ᠮᠣᠩᠭᠣᠯ ᠬᠡᠯᠡ ᠶᠢᠨ ᠨᠠᠶᠢᠷᠠᠭᠤᠯᠤᠭᠴᠢ》(ᠮᠣᠩᠭᠣᠯ ᠬᠡᠯᠡ ᠶᠢᠨ ᠪᠢᠴᠢᠭ ᠦᠨ ᠰᠤᠳᠤᠯᠤᠯ᠂ 2020 ᠣᠨ)᠂《ᠮᠣᠩᠭᠣᠯ ᠬᠡᠯᠡ ᠶᠢᠨ ᠰᠤᠳᠤᠯᠤᠯ

ᠬᠡᠯᠡ ᠪᠢᠴᠢᠭ ᠦᠨ ᠮᠣᠩᠭᠣᠯ — ᠮᠣᠩᠭᠣᠯ ᠬᠡᠯᠡ ᠶᠢᠨ ᠰᠤᠳᠤᠯᠤᠯ ᠤᠨ ᠰᠤᠳᠤᠯᠤᠯ》(ᠮᠣᠩᠭᠣᠯ ᠰᠤᠳᠤᠯᠤᠯ᠂ ᠮᠣᠩᠭᠣᠯ ᠬᠡᠯᠡ ᠶᠢᠨ ᠮᠣᠩᠭᠣᠯ ᠬᠡᠯᠡ ᠶᠢᠨ ᠪᠢᠴᠢᠭ ᠦᠨ ᠰᠤᠳᠤᠯᠤᠯ᠂ 2018 ᠣᠨ)᠂

ᠪᠢᠴᠢᠭ ᠦᠨ ᠮᠣᠩᠭᠣᠯ — ᠮᠣᠩᠭᠣᠯ ᠬᠡᠯᠡ ᠶᠢᠨ ᠰᠤᠳᠤᠯᠤᠯ ᠤᠨ ᠰᠤᠳᠤᠯᠤᠯ》(ᠮᠣᠩᠭᠣᠯ ᠰᠤᠳᠤᠯᠤᠯ᠂ ᠮᠣᠩᠭᠣᠯ ᠬᠡᠯᠡ ᠶᠢᠨ ᠪᠢᠴᠢᠭ ᠦᠨ ᠰᠤᠳᠤᠯᠤᠯ᠂ 2018 ᠣᠨ)᠂《ᠮᠣᠩᠭᠣᠯ ᠬᠡᠯᠡ ᠶᠢᠨ

ᠮᠣᠩᠭᠣᠯᠴᠤᠳ ᠤᠨ ᠮᠣᠩᠭᠣᠯ ᠪᠢᠴᠢᠭ ᠦᠨ ᠮᠣᠩᠭᠣᠯ ᠬᠡᠯᠡ ᠶᠢᠨ ᠨᠠᠶᠢᠷᠠᠭᠤᠯᠤᠭᠴᠢ᠂ ᠮᠣᠩᠭᠣᠯ ᠪᠢᠴᠢᠭ ᠦᠨ ᠰᠤᠳᠤᠯᠤᠯ᠂ ᠮᠣᠩᠭᠣᠯ᠂ 2017 ᠣᠨ)᠂《ᠮᠣᠩᠭᠣᠯ ᠬᠡᠯᠡ ᠶᠢᠨ ᠰᠤᠳᠤᠯᠤᠯ

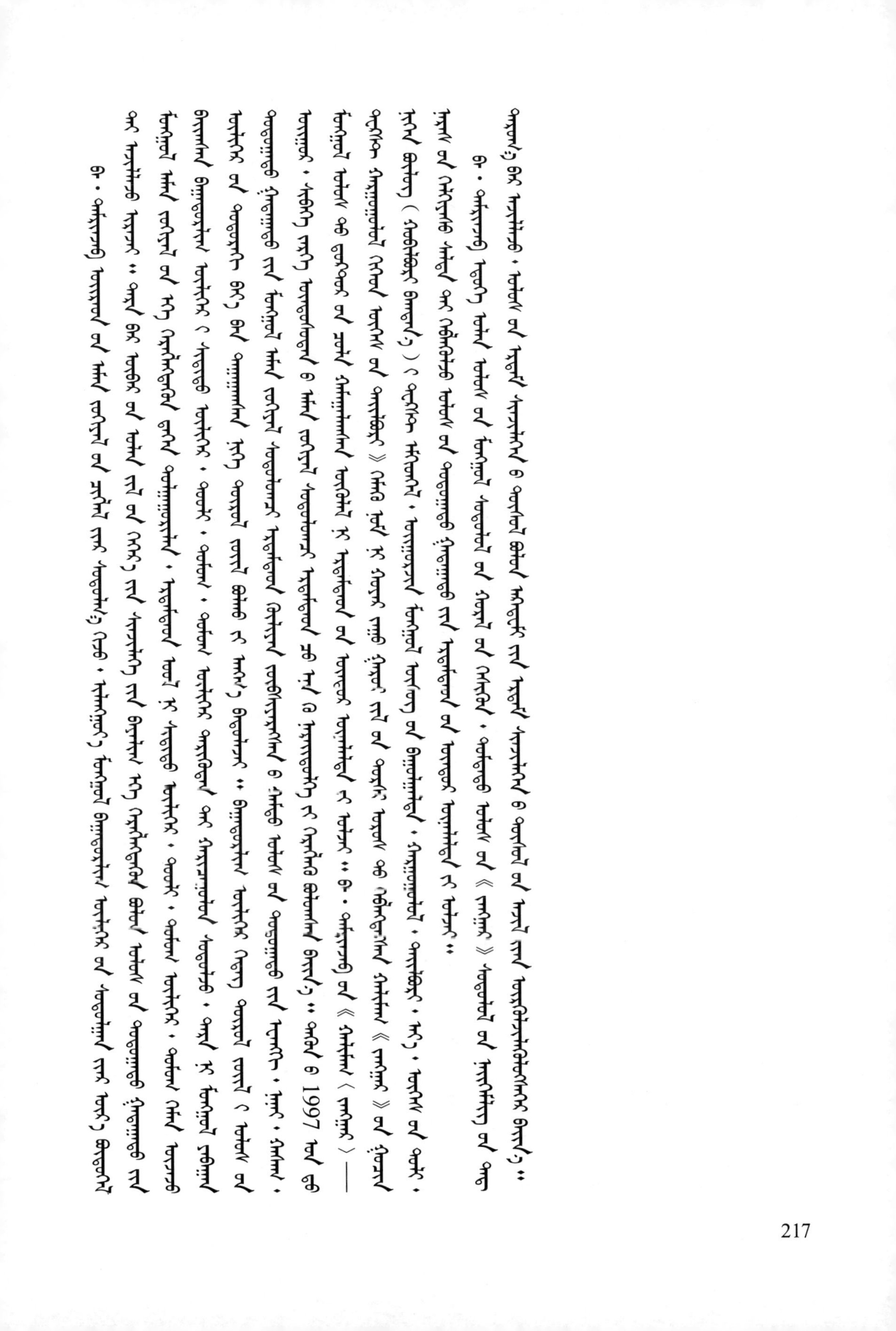

[illegible] 1997 [illegible]

[illegible]

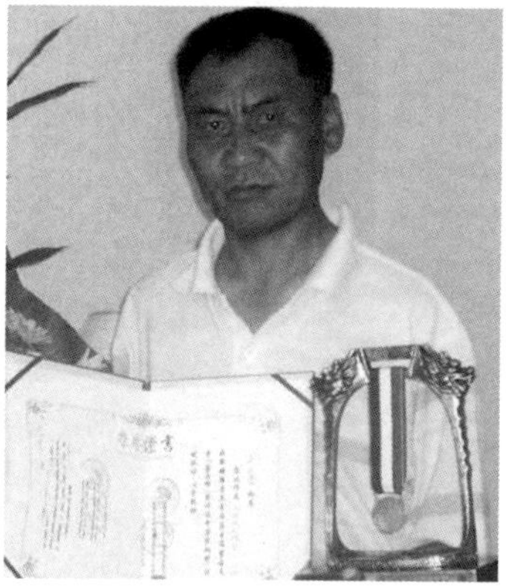

ᠳᠤ · ᠪᠠᠶᠠᠷ [illegible] :: 1960 ᠣᠨ ᠤ 4 ᠰᠠᠷ᠎ᠠ ᠳᠤ [illegible] 1970 ᠣᠨ ᠡᠴᠡ 1978 ᠣᠨ ᠬᠦᠷᠲᠡᠯ᠎ᠡ [illegible] · 1978 ᠣᠨ ᠡᠴᠡ 1980 ᠣᠨ ᠬᠦᠷᠲᠡᠯ᠎ᠡ [illegible] :: 1980 ᠣᠨ ᠤ 9 ᠰᠠᠷ᠎ᠠ ᠳᠤ [illegible] :: 2009 ᠣᠨ ᠤ 10 ᠰᠠᠷ᠎ᠠ ᠳᠤ [illegible] 49 [illegible] ::

[illegible] 1976 ᠣᠨ [illegible] 200 [illegible] · [illegible] :: 《[illegible]》 [illegible] 2006 ᠣᠨ ᠳᠤ 《[illegible]》 [illegible] 2006 ᠣᠨ ᠤ 8 ᠰᠠᠷ᠎ᠠ ᠳᠤ 《[illegible]》 [illegible] ::

([illegible] ᠳᠤ · ᠪᠠᠶᠠᠷ [illegible])

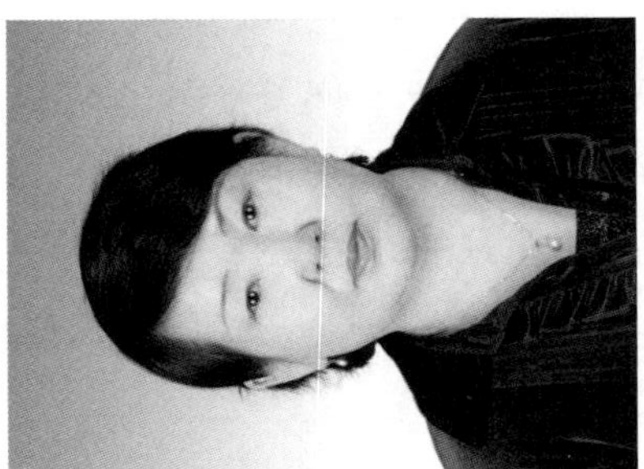

ᠨᠡᠶᠢᠭᠡᠮ ᠦᠨ ᠬᠥᠭᠵᠢᠯ ᠳᠦ ᠲᠤᠰᠠ ᠲᠠᠢ ::

ᠰᠤᠷᠭᠠᠭᠤᠯᠢ ᠨᠡᠶᠢᠭᠡᠮ ᠦᠨ ᠬᠥᠭᠵᠢᠯ ᠂ ᠪᠣᠯᠪᠠᠰᠤᠷᠠᠯ ᠰᠤᠷᠭᠠᠯᠢ ᠶᠢᠨ ᠮᠣᠩᠭᠣᠯ ᠰᠤᠷᠭᠠᠭᠤᠯᠢ ᠶᠢᠨ ᠨᠡᠶᠢᠭᠡᠮ ᠦᠨ ᠬᠥᠭᠵᠢᠯ ᠂ ᠪᠣᠯᠪᠠᠰᠤᠷᠠᠯ ᠰᠤᠷᠭᠠᠯᠢ ᠶᠢᠨ ᠦᠨᠳᠦᠰᠦᠲᠡᠨ ᠰᠤᠷᠭᠠᠭᠤᠯᠢ ᠶᠢᠨ ᠪᠠ ᠮᠣᠩᠭᠣᠯ ᠬᠡᠯᠡ ᠶᠢᠨ ᠰᠤᠷᠭᠠᠭᠤᠯᠢ ᠶᠢᠨ ᠨᠡᠶᠢᠭᠡᠮ ᠦᠨ ᠬᠥᠭᠵᠢᠯ ᠂ ᠮᠣᠩᠭᠣᠯ ᠤᠨ ᠮᠣᠩᠭᠣᠯ ᠬᠡᠯᠡ ᠶᠢᠨ ᠰᠤᠷᠭᠠᠭᠤᠯᠢ ᠶᠢᠨ ᠨᠡᠶᠢᠭᠡᠮ ᠦᠨ ᠬᠥᠭᠵᠢᠯ ᠂ ᠪᠣᠯᠪᠠᠰᠤᠷᠠᠯ ᠰᠤᠷᠭᠠᠯᠢ ᠶᠢᠨ ᠦᠨᠳᠦᠰᠦᠲᠡᠨ ᠮᠣᠩᠭᠣᠯ ᠬᠡᠯᠡ ᠶᠢᠨ ᠬᠥᠭᠵᠢᠯ ᠂ ᠪᠣᠯᠪᠠᠰᠤᠷᠠᠯ ᠰᠤᠷᠭᠠᠯᠢ ᠶᠢᠨ ᠰᠤᠷᠭᠠᠭᠤᠯᠢ ᠶᠢᠨ ᠪᠣᠯᠪᠠᠰᠤᠷᠠᠯ ᠢ ᠮᠣᠩᠭᠣᠯ ᠬᠡᠯᠡ ᠶᠢᠨ ᠰᠤᠷᠭᠠᠭᠤᠯᠢ ᠶᠢᠨ ᠨᠡᠶᠢᠭᠡᠮ ᠦᠨ ᠬᠥᠭᠵᠢᠯ ᠂ ᠪᠣᠯᠪᠠᠰᠤᠷᠠᠯ ᠰᠤᠷᠭᠠᠯᠢ ᠶᠢᠨ ᠪᠣᠯᠪᠠᠰᠤᠷᠠᠯ ᠰᠤᠷᠭᠠᠯᠢ ᠶᠢᠨ ᠰᠤᠷᠭᠠᠭᠤᠯᠢ ᠶᠢᠨ

ᠪᠠᠰᠠ ᠂ ᠪᠣᠯᠤᠨ ᠰᠤᠷᠭᠠᠭᠤᠯᠢ ᠳᠠᠭᠠᠭᠤᠯᠬᠤ ᠬᠡᠯᠡᠨ ᠦ ᠰᠤᠷᠭᠠᠯᠢ ᠪᠣᠯᠪᠠᠰᠤᠷᠠᠯ ᠲᠠᠢ ᠬᠠᠮᠲᠤᠷᠠᠯ ᠦᠨ ᠳᠠᠭᠠᠭᠤᠯᠤᠯ ᠂ ᠰᠤᠷᠭᠠᠭᠤᠯᠢ ᠂ ᠰᠤᠷᠭᠠᠯᠢ ᠰᠤᠷᠭᠠᠭᠤᠯᠢ ᠰᠤᠷᠭᠠᠭᠤᠯᠢ ᠶᠢᠨ ᠪᠦᠲᠦᠭᠡᠯ ᠲᠠᠢ ᠶᠢᠨ ᠮᠣᠩᠭᠣᠯ ᠬᠡᠯᠡ ᠶᠢᠨ ᠰᠤᠷᠭᠠᠭᠤᠯᠢ ᠶᠢᠨ ᠰᠤᠷᠭᠠᠭᠤᠯᠢ ᠪᠣᠯᠤᠨ ᠶᠢᠨ ᠪᠠᠢᠳᠠᠯ ᠢ ᠪᠠᠢᠭᠤᠯᠪᠠ ᠪᠠᠢᠭᠤᠯᠤᠭᠰᠠᠨ ::

ᠰᠤᠷᠭᠠᠭᠤᠯᠢ ᠶᠢᠨ ᠪᠢᠴᠢᠭ » ᠢ ᠪᠢ 2016 ᠣᠨ ᠳᠤ ᠮᠣᠩᠭᠣᠯ ᠬᠡᠯᠡ ᠶᠢᠨ ᠰᠤᠷᠭᠠᠭᠤᠯᠢ ᠶᠢᠨ ᠰᠤᠷᠭᠠᠯᠢ ᠪᠣᠯᠪᠠᠰᠤᠷᠠᠯ ᠤᠨ ᠰᠤᠷᠭᠠᠭᠤᠯᠢ ᠶᠢᠨ ᠰᠤᠷᠭᠠᠭᠤᠯᠢ ᠶᠢᠨ ᠪᠠᠭᠰᠢ ᠨᠠᠷ ᠰᠤᠷᠭᠠᠭᠤᠯᠢ ᠶᠢᠨ ᠪᠠᠭᠰᠢ ᠨᠠᠷ ᠮᠣᠩᠭᠣᠯ ᠬᠡᠯᠡ ᠶᠢᠨ ᠰᠤᠷᠭᠠᠭᠤᠯᠢ ᠶᠢᠨ ᠪᠢᠴᠢᠭ ᠦᠨ ᠰᠤᠷᠭᠠᠭᠤᠯᠢ ᠶᠢᠨ ᠰᠤᠷᠭᠠᠯᠢ ᠶᠢᠨ ᠶᠢᠨ ᠮᠠᠭᠠᠳ ᠢ ᠪᠠᠢᠭᠤᠯᠪᠠ :: 《 ᠮᠣᠩᠭᠣᠯ ᠬᠡᠯᠡ ᠶᠢᠨ ᠰᠤᠷᠭᠠᠭᠤᠯᠢ ᠶᠢᠨ ᠮᠣᠩᠭᠣᠯ ᠳᠤ

《 ᠮᠣᠩᠭᠣᠯ ᠤᠨ ᠮᠣᠩᠭᠣᠯ ᠬᠡᠯᠡ ᠶᠢᠨ ᠪᠢᠴᠢᠭ ᠦᠨ ᠰᠤᠷᠭᠠᠯᠢ ᠶᠢᠨ ᠪᠢᠴᠢᠭ 》 ᠢ ᠪᠢ 2005 ᠣᠨ ᠳᠤ ᠮᠣᠩᠭᠣᠯ ᠬᠡᠯᠡ ᠶᠢᠨ ᠰᠤᠷᠭᠠᠭᠤᠯᠢ ᠶᠢᠨ ᠰᠤᠷᠭᠠᠯᠢ ᠪᠣᠯᠪᠠᠰᠤᠷᠠᠯ ᠤᠨ ᠰᠤᠷᠭᠠᠭᠤᠯᠢ ᠶᠢᠨ ᠰᠤᠷᠭᠠᠭᠤᠯᠢ ᠬᠣᠷᠢᠶ᠎ᠠ ᠂ 2019 ᠣᠨ) ᠪᠢᠴᠢᠭ ᠦᠨ ᠬᠡᠪᠯᠡᠯ ᠦᠨ ᠪᠠᠷ ᠢ ᠬᠡᠪᠯᠡᠭᠦᠯᠦᠭᠰᠡᠨ ::

ᠬᠣᠷᠢᠶ᠎ᠠ ᠂ 2017 ᠣᠨ) ᠂ 《 ᠮᠣᠩᠭᠣᠯ ᠬᠡᠯᠡ ᠶᠢᠨ ᠪᠢᠴᠢᠭ ᠦᠨ ᠬᠡᠯᠡᠨ ᠦ ᠰᠤᠷᠭᠠᠯᠢ ᠪᠣᠯᠤᠨ ᠰᠤᠷᠭᠠᠭᠤᠯᠢ ᠶᠢᠨ ᠪᠢᠴᠢᠭ 》 (ᠦᠪᠦᠷ ᠮᠣᠩᠭᠣᠯ ᠤᠨ ᠠᠷᠠᠳ ᠤᠨ ᠬᠡᠪᠯᠡᠯ ᠦᠨ ᠬᠣᠷᠢᠶ᠎ᠠ ᠂ 2003 ᠣᠨ) ᠂ 《 ᠮᠣᠩᠭᠣᠯ ᠬᠡᠯᠡ ᠶᠢᠨ ᠪᠢᠴᠢᠭ ᠦᠨ ᠬᠡᠯᠡᠨ ᠦ ᠰᠤᠷᠭᠠᠯᠢ ᠪᠣᠯᠤᠨ ᠰᠤᠷᠭᠠᠭᠤᠯᠢ ᠶᠢᠨ ᠪᠢᠴᠢᠭ 》 (ᠦᠪᠦᠷ ᠮᠣᠩᠭᠣᠯ ᠤᠨ ᠠᠷᠠᠳ ᠤᠨ ᠬᠡᠪᠯᠡᠯ ᠦᠨ (ᠦᠨᠳᠦᠰᠦᠲᠡᠨ ᠦ ᠠᠷᠠᠳ ᠤᠨ ᠬᠡᠪᠯᠡᠯ ᠦᠨ ᠬᠣᠷᠢᠶ᠎ᠠ ᠂ 1996 ᠣᠨ) ᠂ 《 ᠮᠣᠩᠭᠣᠯ ᠤᠨ ᠰᠤᠷᠭᠠᠭᠤᠯᠢ ᠶᠢᠨ 》 (ᠦᠨᠳᠦᠰᠦᠲᠡᠨ ᠦ ᠪᠦᠭᠦᠳᠡ ᠨᠠᠶᠢᠷᠠᠮᠳᠠᠬᠤ ᠬᠡᠪᠯᠡᠯ ᠦᠨ ᠬᠣᠷᠢᠶ᠎ᠠ ᠂ ᠪᠡᠭᠡᠵᠢᠩ 《 ᠮᠣᠩᠭᠣᠯ ᠤᠨ ᠪᠢᠴᠢᠭ ᠦᠨ ᠦᠯᠢᠭᠡᠷ ᠪᠢᠴᠢᠭ 》 (ᠮᠣᠩᠭᠣᠯ ᠤᠨ ᠠᠷᠠᠳ ᠤᠨ ᠬᠡᠪᠯᠡᠯ ᠦᠨ ᠬᠣᠷᠢᠶ᠎ᠠ ᠂ 1993 ᠣᠨ) ᠂ 《 ᠰᠤᠷᠭᠠᠭᠤᠯᠢ ᠮᠣᠩᠭᠣᠯ ᠬᠡᠯᠡ ᠶᠢᠨ ᠪᠠᠭᠰᠢ ᠶᠢᠨ ᠪᠢᠴᠢᠭ 》 ᠪᠠᠰᠠ ᠂ ᠮᠣᠩᠭᠣᠯ ᠤᠨ ᠰᠤᠷᠭᠠᠯᠢ ᠶᠢᠨ ᠰᠤᠷᠭᠠᠯᠢ ᠶᠢᠨ ᠬᠡᠪᠯᠡᠯ ᠦᠨ ᠬᠣᠷᠢᠶ᠎ᠠ ᠂ 2016 ᠣᠨ) ᠪᠢᠴᠢᠭ ᠰᠤᠷᠭᠠᠯᠢ ᠮᠣᠩᠭᠣᠯ ᠤᠨ ᠪᠠᠭᠰᠢ ᠶᠢᠨ ᠪᠣᠯᠪᠠᠰᠤᠷᠠᠯ ᠲᠠᠢ ᠬᠡᠪᠯᠡᠭᠦᠯᠦᠭᠰᠡᠨ :: ᠰᠤᠷᠭᠠᠯᠢ ᠮᠠᠲᠠᠯ ᠪᠢᠴᠢᠭᠡᠴᠢ ᠬᠡᠪᠯᠡᠯ ᠦᠨ ᠬᠣᠷᠢᠶ᠎ᠠ ᠂ 2013 ᠣᠨ) ᠂ 《 ᠰᠤᠷᠭᠠᠯᠢ ᠰᠤᠷᠭᠠᠯᠢ ᠰᠤᠷᠭᠠᠯᠢ ᠶᠢᠨ ᠮᠠᠲᠠᠨ ᠤ ᠪᠢᠴᠢᠭ : ᠮᠣᠩᠭᠣᠯ ᠬᠡᠯᠡ ᠶᠢᠨ ᠰᠤᠷᠭᠠᠯᠢ ᠪᠣᠯᠪᠠᠰᠤᠷᠠᠯ 》 (ᠳᠡᠪᠲᠡᠷ ᠂ 23 ᠪᠠᠭᠠᠨ ᠰᠤᠷᠭᠠᠯᠢ ᠬᠣᠷᠢᠶ᠎ᠠ ᠂ 2013 ᠣᠨ) ᠂ 《 ᠮᠣᠩᠭᠣᠯ ᠬᠡᠯᠡ ᠶᠢᠨ ᠪᠠᠭᠰᠢ ᠶᠢᠨ ᠮᠣᠩᠭᠣᠯ ᠬᠡᠯᠡ ᠳᠤ ᠰᠤᠷᠭᠠᠭᠤᠯᠢ ᠶᠢᠨ ᠪᠢᠴᠢᠭ 》 (ᠳᠡᠪᠲᠡᠷ ᠂ ᠪᠢᠴᠢᠭ ᠪᠠᠷ ᠬᠡᠪᠯᠡᠭᠦᠯᠦᠭᠰᠡᠨ ᠂ ᠮᠣᠩᠭᠣᠯ ᠤᠨ ᠠᠷᠠᠳ ᠤᠨ ᠮᠣᠩᠭᠣᠯ ᠤᠨ ᠰᠤᠷᠭᠠᠯᠢ ᠰᠤᠷᠭᠠᠭᠤᠯᠢ ᠶᠢᠨ ᠪᠣᠯᠪᠠᠰᠤᠷᠠᠯ ᠤᠨ ᠰᠤᠷᠭᠠᠯᠢ ᠶᠢᠨ ᠮᠠᠲᠠᠨ ᠤ ᠮᠣᠩᠭᠣᠯ ᠬᠡᠯᠡ ᠶᠢᠨ 》 (ᠳᠡᠪᠲᠡᠷ ᠂ ᠰᠤᠷᠭᠠᠯᠢ ᠰᠤᠷᠭᠠᠭᠤᠯᠢ ᠂ ᠮᠣᠩᠭᠣᠯ ᠤᠨ ᠠᠷᠠᠳ ᠤᠨ ᠬᠡᠪᠯᠡᠯ ᠦᠨ ᠰᠤᠷᠭᠠᠯᠢ ᠪᠣᠯᠪᠠᠰᠤᠷᠠᠯ ᠤᠨ ᠪᠢᠴᠢᠭ 》 (ᠳᠡᠪᠲᠡᠷ ᠂ ᠪᠢᠴᠢᠭ ᠪᠠᠷ ᠬᠡᠪᠯᠡᠭᠦᠯᠦᠭᠰᠡᠨ ᠂ ᠰᠤᠷᠭᠠᠭᠤᠯᠢ ᠣᠨ ᠤ ᠬᠡᠪᠯᠡᠭᠦᠯᠦᠭᠰᠡᠨ ᠂ 2011 ᠣᠨ) ᠂ 《 ᠮᠣᠩᠭᠣᠯ ᠤᠨ ᠰᠤᠷᠭᠠᠯᠢ ᠶᠢᠨ ᠪᠣᠯᠪᠠᠰᠤᠷᠠᠯ ᠤᠨ ᠰᠤᠷᠭᠠᠯᠢ ᠶᠢᠨ

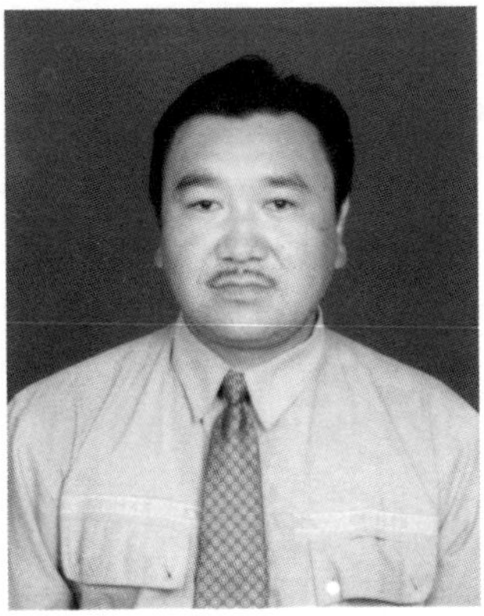

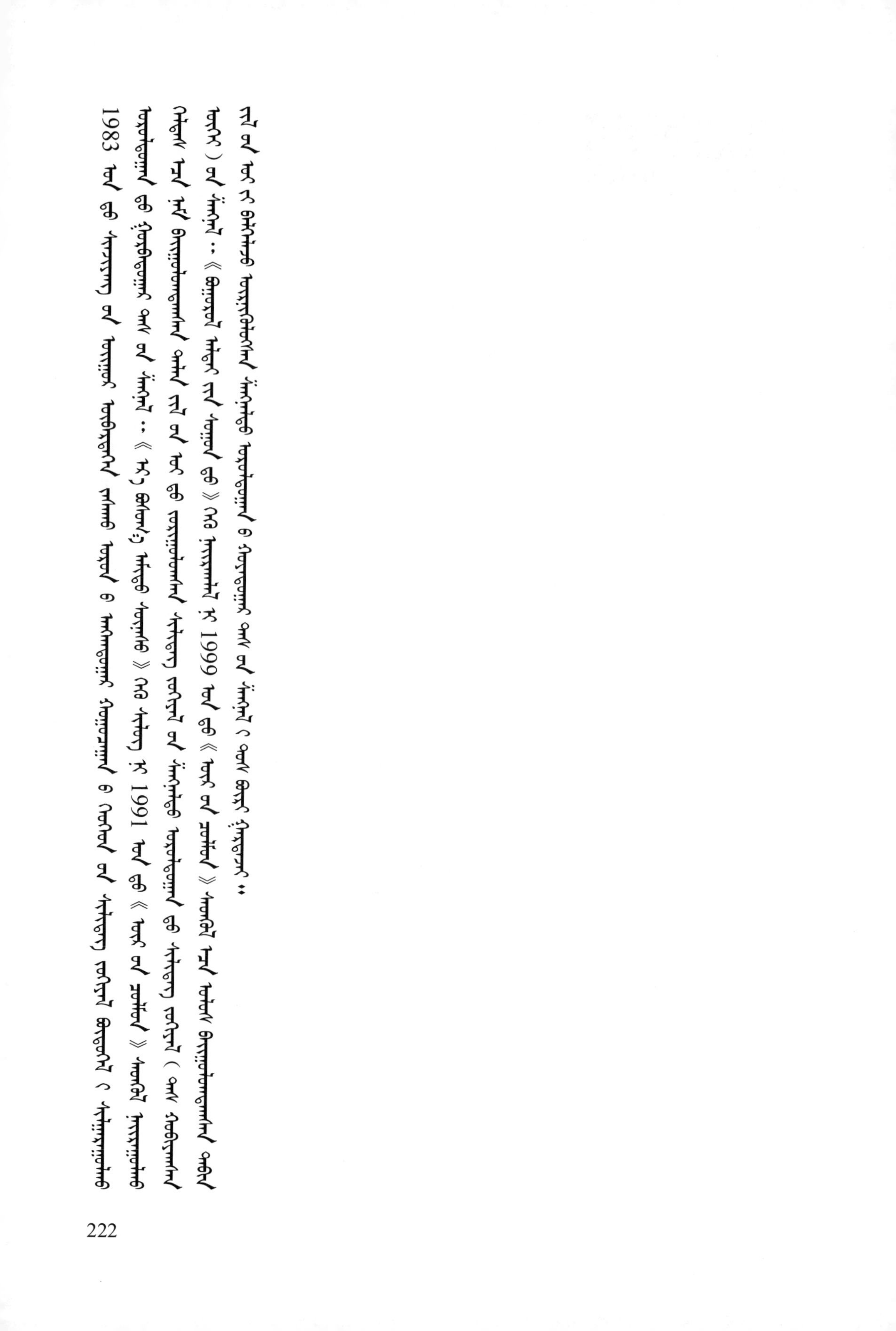

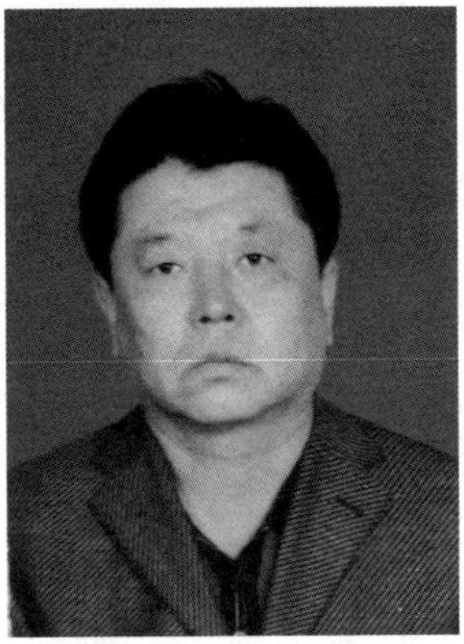

[illegible] · [illegible] [illegible] [illegible] ·· 1960 ᠣᠨ ᠤ 7 ᠰᠠᠷ᠎ᠠ ᠶᠢᠨ 25 ᠤ ᠡᠳᠦᠷ [illegible] [illegible] [illegible] ·· 1968 ᠣᠨ [illegible] 1972 ᠣᠨ [illegible] · 1972 ᠣᠨ ᠤ 9 ᠰᠠᠷ᠎ᠠ [illegible] · 1975 ᠣᠨ ᠤ 7 ᠰᠠᠷ᠎ᠠ [illegible] · 1976 ᠣᠨ ᠤ 4 ᠰᠠᠷ᠎ᠠ [illegible] · 1994 [illegible] ·· 1985 ᠣᠨ ᠡᠴᠡ 1987 ᠣᠨ [illegible] ᠣᠨ ᠡᠴᠡ 1996 ᠣᠨ [illegible] ·· 1993 ᠣᠨ ᠤ 3 ᠰᠠᠷ᠎ᠠ [illegible] 2009 ᠣᠨ ᠤ 9 ᠰᠠᠷ᠎ᠠ [illegible] ··

1990 ᠣᠨ [illegible] 《[illegible]》 [illegible] 《[illegible]》 ·《[illegible]》 ·《[illegible]》 ·《[illegible]》 ·《[illegible]》 ·《[illegible]》 ·《[illegible]》 ·《[illegible]》 ([illegible]) ·《[illegible]》 ·· 2008 ᠣᠨ ᠤ 2 ᠰᠠᠷ᠎ᠠ [illegible] 《[illegible]》 ([illegible]) [illegible] 100 [illegible] ·· 《[illegible]》 [illegible] 2006 ᠣᠨ [illegible] 《[illegible]》 [illegible] ··

[illegible] 1960 [illegible] 8 [illegible] 14 [illegible] 1980 [illegible] 9 [illegible] 1984 [illegible] 7 [illegible] 1988 [illegible] 9 [illegible] 2014 [illegible] 10 [illegible] 1985 [illegible] 2003 [illegible] 2014 [illegible] ᠃

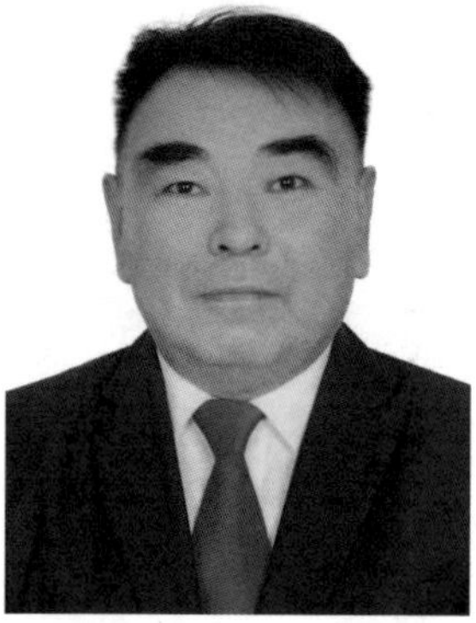

[illegible] 1990 [illegible] 《[illegible]》[illegible] 200 [illegible] 2013 [illegible] 2023 [illegible] ᠃

[illegible] ᠪᠠᠢ᠃

[illegible] 1996 — 2022 [illegible]
[illegible] 2020 [illegible] 9 [illegible]
[illegible] 2019 [illegible] 12 [illegible] 2018 [illegible] 2 [illegible] 2017 [illegible] 2 [illegible]
[illegible] 2015 [illegible] 6 [illegible] 2019 [illegible] 12 [illegible]
[illegible] 1996 [illegible] 8 [illegible] 2006 [illegible] 10 [illegible]
[illegible] 2005 [illegible] 5 [illegible]
[illegible] 2001 [illegible] 9 [illegible]
[illegible] 1996 [illegible] 2 [illegible] 2000 [illegible]
[illegible] 1984 [illegible] 8 [illegible]

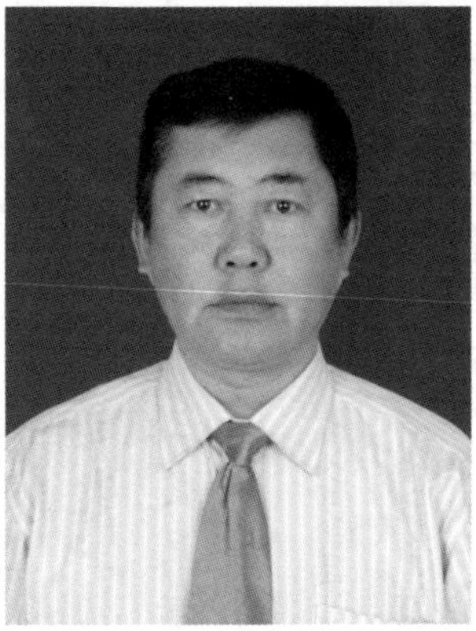

[illegible] 9 [illegible] 1984 [illegible] 7 [illegible]
1980 [illegible] 7 [illegible] 1980 [illegible]
[illegible] 1975 [illegible] 1975 [illegible] 9 [illegible]
[illegible] 1968 [illegible]
[illegible] (ph.D) [illegible] 1960 [illegible] 9 [illegible] 1 [illegible]
[illegible]

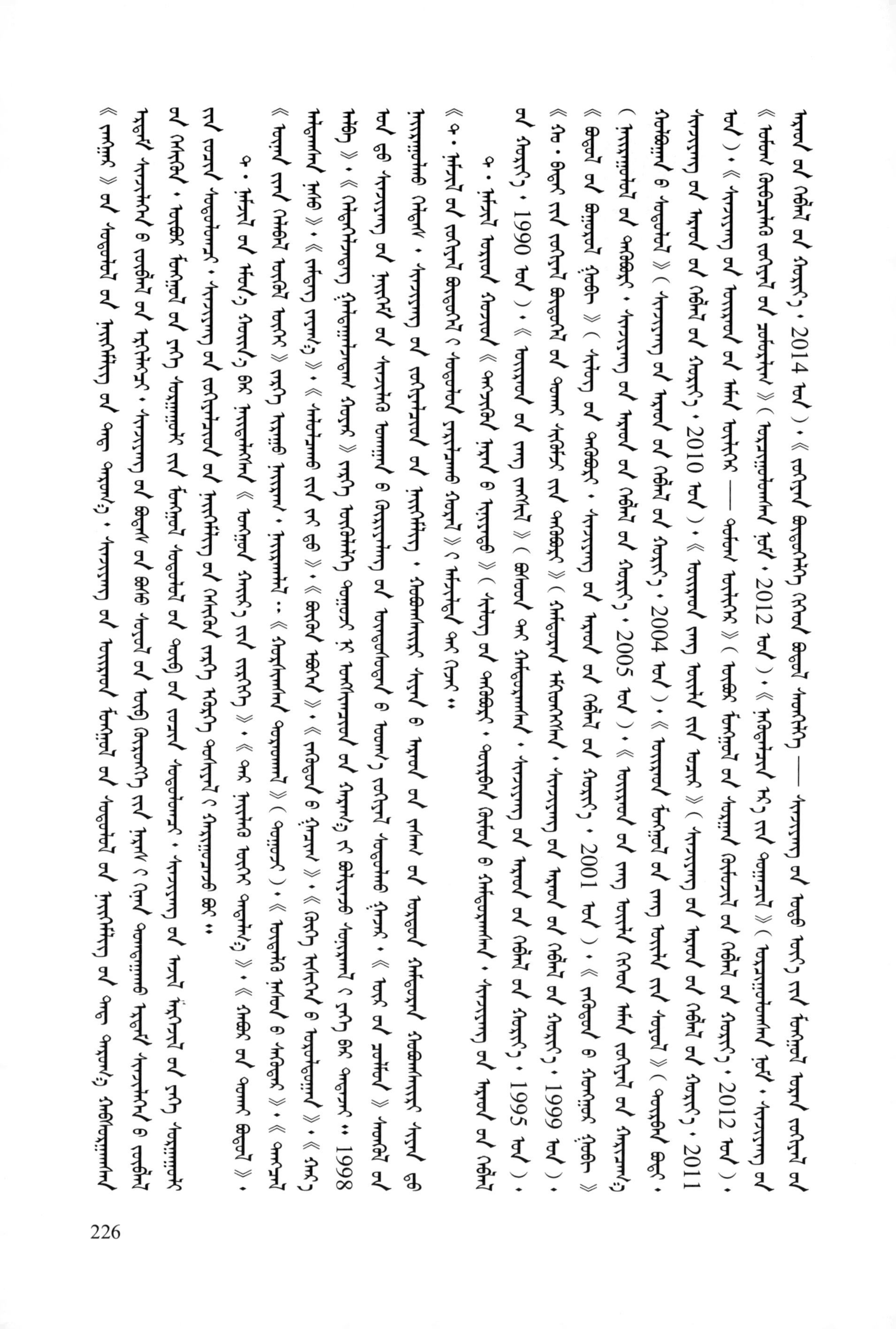

ᠬᠡᠪᠯᠡᠯ 》(ᠥᠪᠥᠷ ᠮᠣᠩᠭᠣᠯ ᠤᠨ ᠠᠷᠠᠳ ᠤᠨ ᠬᠡᠪᠯᠡᠯ ᠦᠨ ᠬᠣᠷᠢᠶ᠎ᠠ · 2016 ᠣᠨ) · 《 ᠮᠣᠩᠭᠣᠯ ᠤᠨ ᠨᠢᠭᠤᠴᠠ 〈ᠨᠣᠮ〉 ᠤᠨ ᠰᠤᠳᠤᠯᠤᠯ ᠤᠨ ᠲᠣᠪᠴᠢᠶᠠᠨ 》(ᠪᠡᠭᠡᠵᠢᠩ ᠦᠨ ᠦᠨᠳᠦᠰᠦᠲᠡᠨ ᠦ ᠬᠡᠪᠯᠡᠯ ᠦᠨ ᠬᠣᠷᠢᠶ᠎ᠠ · 2019 ᠣᠨ) · 《 ᠮᠣᠩᠭᠣᠯ ᠤᠨ ᠨᠢᠭᠤᠴᠠ ᠲᠣᠪᠴᠢᠶᠠᠨ ᠤ ᠬᠤᠪᠢᠯᠭᠠᠯᠲᠠ 150 ᠵᠢᠯ ᠤᠨ ᠳᠤᠷᠠᠰᠬᠠᠯ 》(ᠦᠨᠳᠦᠰᠦᠲᠡᠨ ᠦ ᠬᠡᠪᠯᠡᠯ ᠦᠨ ᠬᠣᠷᠢᠶ᠎ᠠ · 2019 ᠣᠨ) ᠵᠡᠷᠭᠡ ᠪᠦᠲᠦᠭᠡᠯ ᠨᠢ ᠪᠠᠢᠨ᠎ᠠ · ᠡᠳᠡᠭᠡᠷ ᠪᠦᠲᠦᠭᠡᠯ ᠦᠳ ᠦᠨ ᠰᠤᠳᠤᠯᠤᠯ ᠤᠨ ᠠᠷᠭ᠎ᠠ ᠪᠠᠷ ᠰᠤᠷᠪᠠᠯᠵᠢᠯᠠᠪᠠ ::

ᠬᠡᠪᠯᠡᠭᠰᠡᠨ ᠨᠢ 1991 ᠣᠨ ᠳᠤ ᠦᠨᠳᠦᠰᠦᠲᠡᠨ ᠦ ᠬᠡᠪᠯᠡᠯ ᠦᠨ ᠬᠣᠷᠢᠶ᠎ᠠ ᠪᠠᠷ ᠬᠡᠪᠯᠡᠭᠳᠡᠭᠰᠡᠨ 《 ᠮᠣᠩᠭᠣᠯ ᠤᠨ ᠨᠢᠭᠤᠴᠠ ᠲᠣᠪᠴᠢᠶᠠᠨ 》 ᠪᠣᠯ ᠲᠡᠭᠦᠨ ᠦ ᠰᠤᠳᠤᠯᠤᠯ ᠤᠨ ᠦᠷ᠎ᠡ ᠳᠦᠩ ᠳᠦ ᠲᠤᠯᠭᠤᠷᠢᠯᠠᠭᠰᠠᠨ ᠪᠣᠯᠤᠨ᠎ᠠ :: 《 ᠮᠣᠩᠭᠣᠯ ᠤᠨ ᠪᠢᠴᠢᠭ ᠦᠨ ᠰᠣᠶᠣᠯ ᠤᠨ ᠲᠡᠦᠬᠡ 》 ᠳᠦ 1994 ᠣᠨ ᠳᠤ ᠬᠡᠪᠯᠡᠭᠳᠡᠭᠰᠡᠨ ᠪᠣᠯᠤᠨ ᠮᠣᠩᠭᠣᠯ ᠤᠨ ᠰᠣᠶᠣᠯ ᠤᠨ ᠲᠡᠦᠬᠡ ᠶᠢᠨ ᠰᠤᠳᠤᠯᠤᠯ ᠤᠨ ᠦᠷ᠎ᠡ ᠳᠦᠩ ᠦᠨ ᠨᠢᠭᠡ ᠪᠣᠯᠤᠨ᠎ᠠ :: 《 ᠮᠣᠩᠭᠣᠯ ᠤᠨ ᠰᠣᠶᠣᠯ ᠤᠨ ᠲᠡᠦᠬᠡ 》 ᠳᠦ 2006 ᠣᠨ ᠳᠤ ᠬᠡᠪᠯᠡᠭᠳᠡᠭᠰᠡᠨ ᠪᠣᠯᠤᠨ ᠮᠣᠩᠭᠣᠯ ᠤᠨ ᠰᠣᠶᠣᠯ ᠤᠨ ᠲᠡᠦᠬᠡ ᠶᠢᠨ ᠰᠤᠳᠤᠯᠤᠯ ᠤᠨ ᠨᠡᠩ ᠴᠢᠬᠤᠯᠠ ᠦᠷ᠎ᠡ ᠳᠦᠩ ᠳᠦ ᠲᠤᠯᠭᠤᠷᠢᠯᠠᠭᠰᠠᠨ ᠪᠣᠯᠤᠨ᠎ᠠ · 《 ᠮᠣᠩᠭᠣᠯ ᠤᠨ ᠰᠣᠶᠣᠯ ᠤᠨ ᠲᠡᠦᠬᠡ 》(ᠳᠦᠷᠪᠡᠨ ᠪᠣᠳᠢ) ᠳᠦ 2014 ᠣᠨ ᠳᠤ ᠬᠡᠪᠯᠡᠭᠳᠡᠭᠰᠡᠨ ᠪᠣᠯᠤᠨ ᠮᠣᠩᠭᠣᠯ ᠤᠨ ᠰᠣᠶᠣᠯ ᠤᠨ ᠲᠡᠦᠬᠡ ᠶᠢᠨ ᠰᠤᠳᠤᠯᠤᠯ ᠤᠨ ᠬᠠᠮᠤᠭ ᠤᠨ ᠰᠢᠨ᠎ᠡ ᠦᠷ᠎ᠡ ᠳᠦᠩ ᠢ ᠲᠤᠯᠭᠤᠷᠢᠯᠠᠭᠰᠠᠨ ᠪᠣᠯᠤᠨ᠎ᠠ ::

ᠡᠳᠡᠭᠡᠷ ᠨᠢ 《 ᠮᠣᠩᠭᠣᠯ ᠤᠨ ᠨᠢᠭᠤᠴᠠ ᠲᠣᠪᠴᠢᠶᠠᠨ 》· 《 ᠠᠯᠲᠠᠨ ᠲᠣᠪᠴᠢ 》· 《 ᠮᠣᠩᠭᠣᠯ ᠤᠨ ᠬᠠᠭᠠᠳ ᠤᠨ ᠦᠨᠳᠦᠰᠦ 》 ᠵᠡᠷᠭᠡ ᠲᠡᠦᠬᠡ ᠶᠢᠨ ᠵᠣᠬᠢᠶᠠᠯ ᠪᠣᠯᠤᠨ 《 ᠨᠣᠮ 》 ᠤᠨ ᠬᠡᠯᠡ ᠶᠢᠨ ᠰᠤᠳᠤᠯᠤᠯ ᠤᠨ ᠬᠣᠶᠠᠷ ᠲᠠᠯ᠎ᠠ ᠶᠢ ᠮᠡᠳᠡᠭᠳᠡᠵᠦ ᠪᠠᠢᠨ᠎ᠠ ::

(13 ᠪᠦᠯᠦᠭ ᠬᠡᠪᠯᠡᠯ ᠪᠠᠢ) ᠶᠢᠨ ᠵᠣᠬᠢᠶᠠᠨ ᠪᠠᠢᠭᠤᠯᠤᠭᠰᠠᠨ ᠂ ᠨᠠᠢᠷᠠᠭᠤᠯᠤᠨ ᠪᠠᠢᠭᠤᠯᠤᠭᠰᠠᠨ ᠪᠠᠢ ᠮᠥᠷᠳᠡᠭᠡᠨ ᠪᠠᠢ ᠃ ᠮᠥᠨ ᠂ ᠮᠥᠩᠭᠡᠨ ᠬᠠᠶᠠᠭ ᠪᠠᠢ 《 ᠡᠩᠬᠡ ᠲᠠᠢᠪᠤᠩ ᠶᠢᠨ

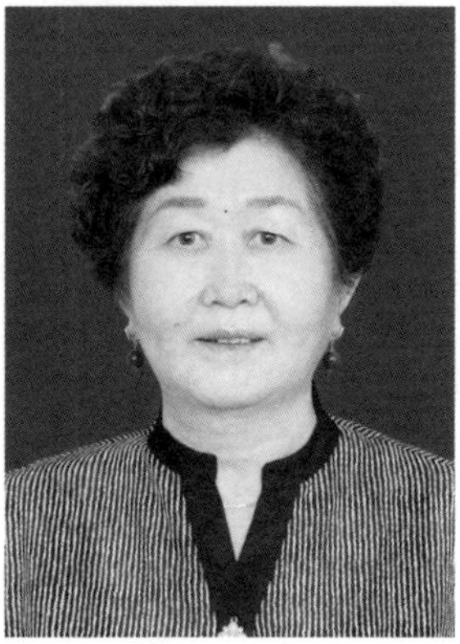

ᠮᠥᠩᠭᠡᠨ ᠬᠠᠶᠠᠭ ᠂ 2015 ᠣᠨ ᠤ 10 ᠰᠠᠷ᠎ᠠ ᠳᠤ ᠲᠡᠲᠡᠭᠡᠯᠡᠭᠰᠡᠨ ᠃ 1982 ᠣᠨ ᠤ 3 ᠰᠠᠷ᠎ᠠ ᠠᠴᠠ 2015 ᠣᠨ ᠤ 10 ᠰᠠᠷ᠎ᠠ ᠬᠦᠷᠲᠡᠯ᠎ᠡ ᠣᠯᠠᠨ ᠨᠡᠢᠲᠡ ᠶᠢᠨ ᠠᠵᠢᠯ ᠤᠨ ᠬᠡᠷᠡᠭ ᠲᠦ ᠣᠷᠣᠯᠴᠠᠭᠰᠠᠨ ᠃ 1982 ᠣᠨ ᠤ 1 ᠰᠠᠷ᠎ᠠ ᠠᠴᠠ 1978 ᠣᠨ ᠤ 3 ᠰᠠᠷ᠎ᠠ ᠂ 1972 ᠣᠨ ᠤ 9 ᠰᠠᠷ᠎ᠠ ᠠᠴᠠ 1977 ᠣᠨ ᠤ 7 ᠰᠠᠷ᠎ᠠ ᠂ 1968 ᠣᠨ ᠤ 9 ᠰᠠᠷ᠎ᠠ ᠠᠴᠠ 1972 ᠣᠨ ᠤ 7 ᠰᠠᠷ᠎ᠠ ᠃ 1960 ᠣᠨ ᠤ 10 ᠰᠠᠷ᠎ᠠ ᠶᠢᠨ 19 ᠤ ᠡᠳᠦᠷ ᠲᠥᠷᠦᠭᠰᠡᠨ ᠃

ᠮᠥᠩᠭᠡᠨ ᠂ ᠪᠠᠢᠭᠤᠯᠤᠭᠴᠢ

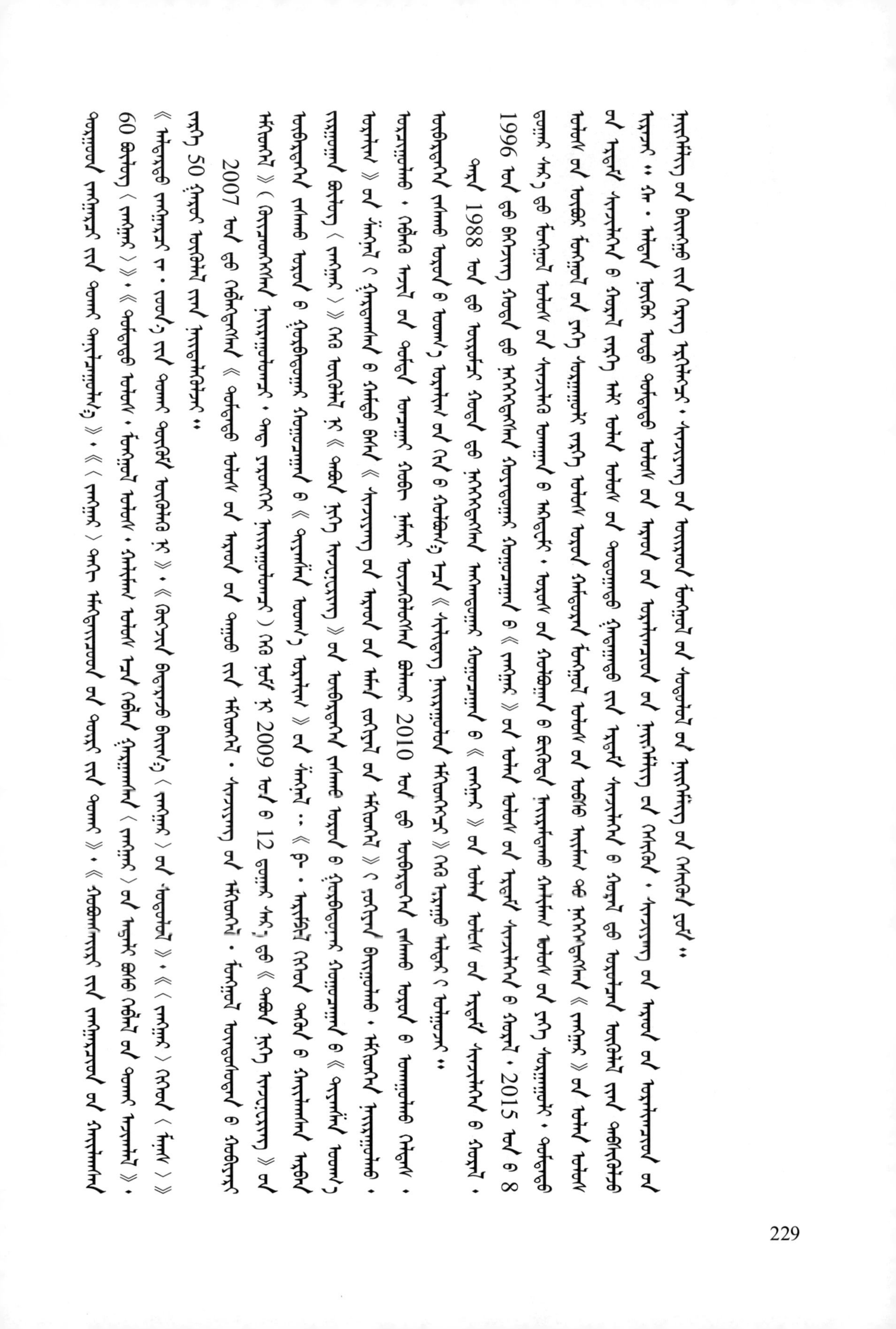

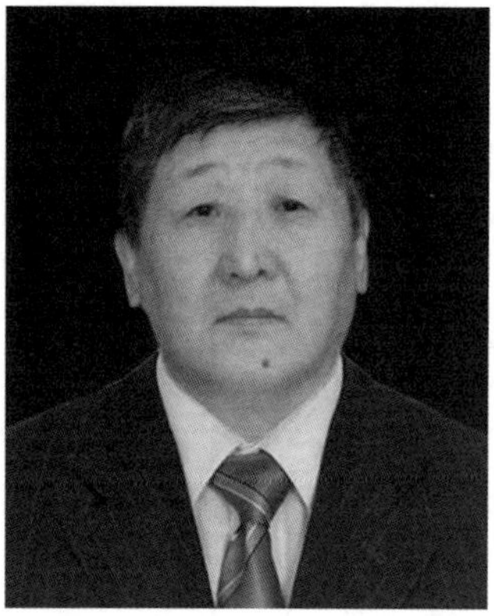

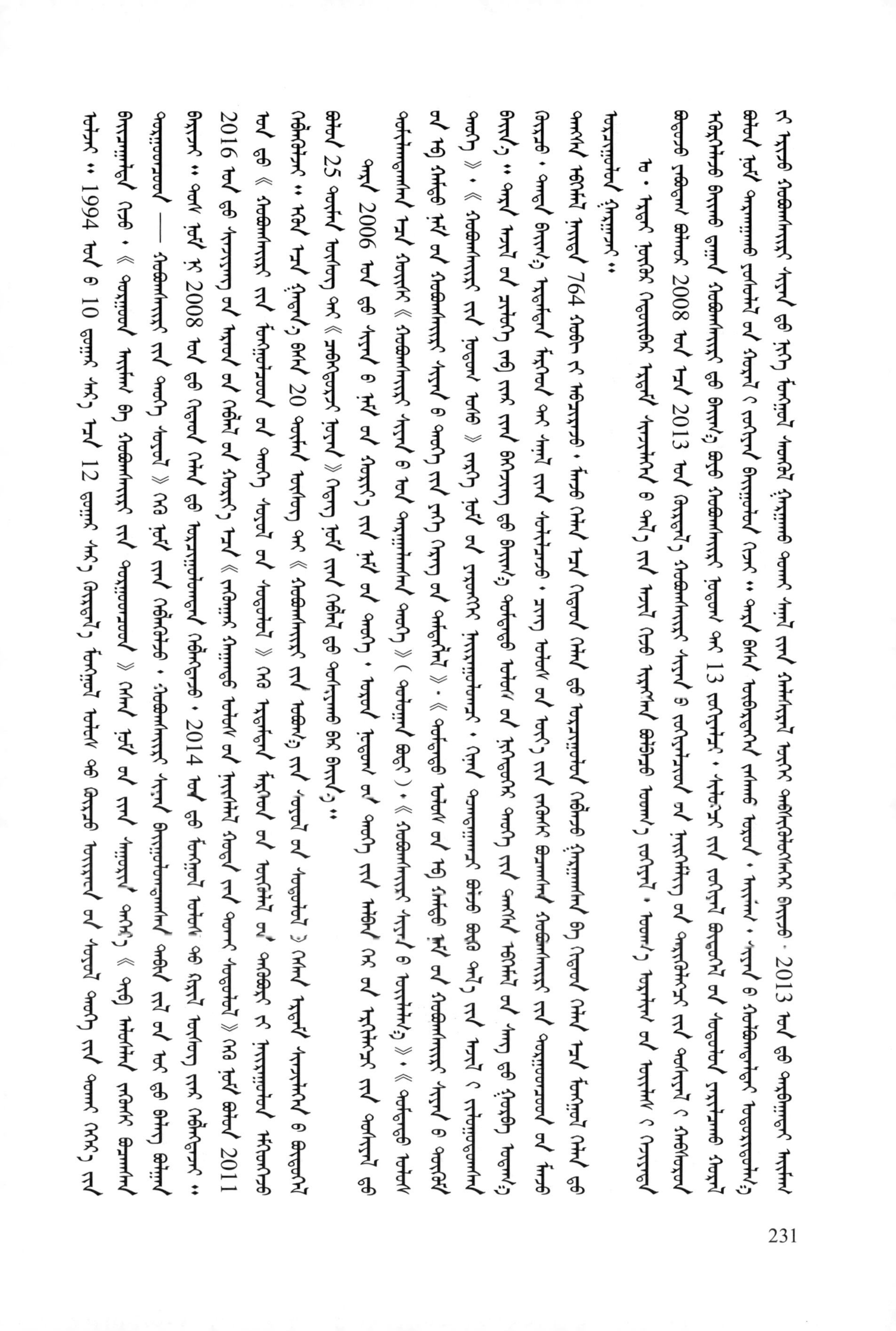

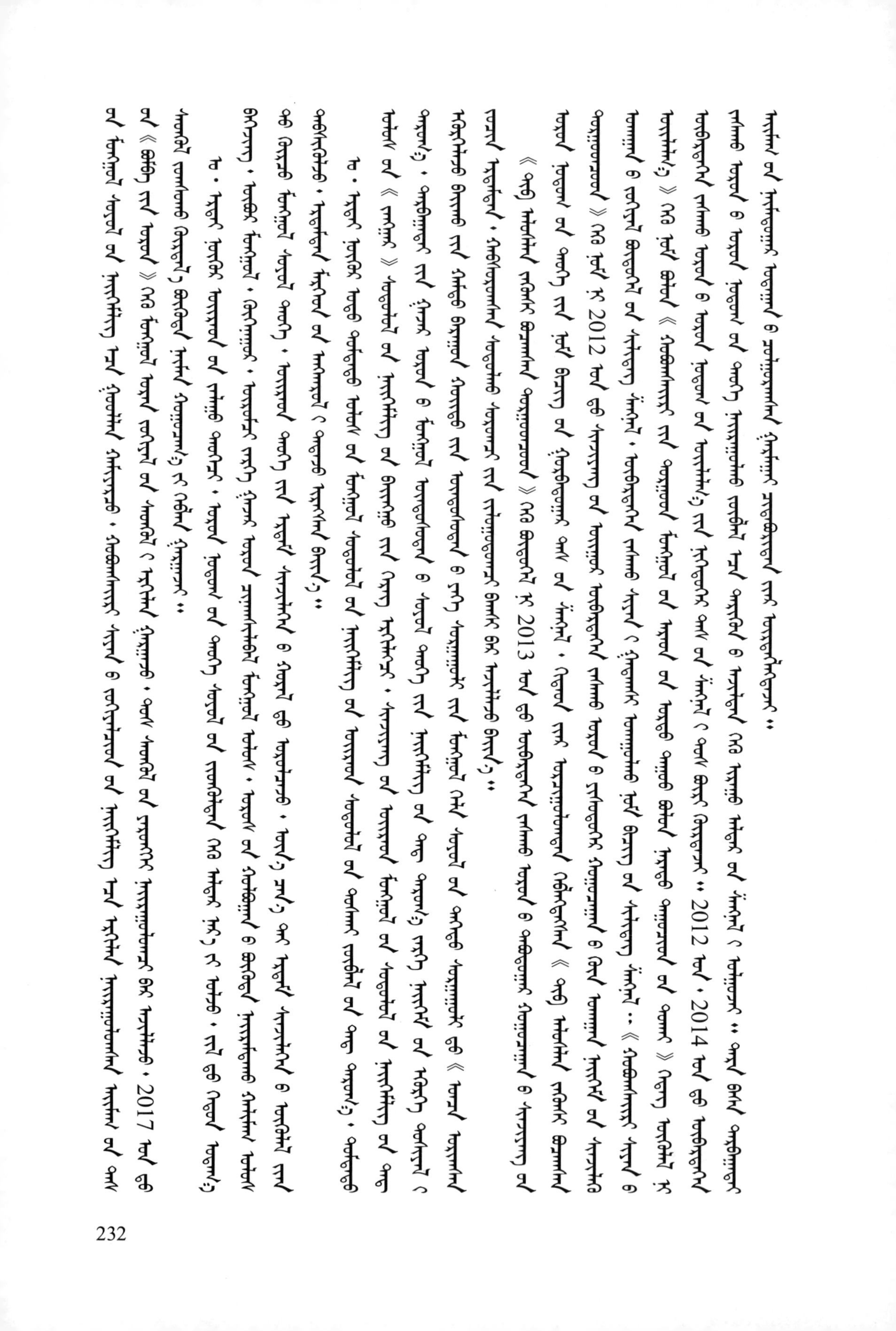

[illegible] 《 [illegible] 》᠂《 [illegible] 》᠂《 [illegible] 》᠂《 [illegible] 》᠂《 [illegible] 》

[illegible] 2000 [illegible] 200 [illegible]

1978 [illegible] 《 [illegible] 》 [illegible] 2011 [illegible] ::

[illegible] 1994 [illegible] 3 [illegible] 《 [illegible] 》 [illegible] 2001 [illegible]

[illegible] 1978 [illegible] 1980 [illegible] 1969 [illegible] 9 [illegible] 1978 [illegible] 7 [illegible] 15 [illegible] 1961 [illegible] 2 [illegible]

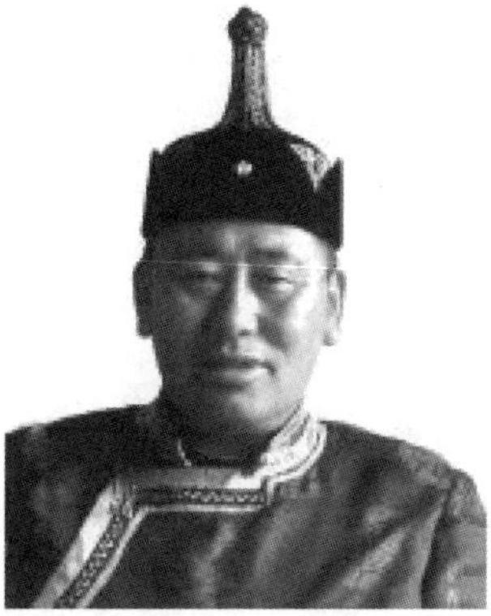

[illegible]

ᠰᠡᠳᠬᠦᠯ ᠪᠢᠴᠢᠭ ᠰᠤᠳᠤᠯᠤᠯ ᠤᠨ ᠰᠤᠳᠤᠯ 》 ᠤᠨ ᠳᠡᠭᠡᠳᠦ 20 ᠳᠤᠭᠠᠷ ᠡᠮᠬᠢᠳᠬᠡᠯ ᠨᠡᠢᠲᠡᠯᠡᠭᠳᠡᠪᠡ :: 《 ᠮᠣᠩᠭᠣᠯ 》 ᠤᠨ ᠰᠤᠳᠤᠯ (《 ᠮᠣᠩᠭᠣᠯ ᠤᠨ ᠰᠤᠷᠭᠠᠨ 》 ᠰᠡᠳᠬᠦᠯ · 2019 ᠣᠨ ᠤ 5 — 6 ᠳᠤᠭᠠᠷ ᠬᠡᠪᠯᠡᠯᠳᠦ · 2020 ᠣᠨ ᠤ 1 — 5 ᠳᠤᠭᠠᠷ ᠬᠡᠪᠯᠡᠯᠳᠦ · ᠪᠦᠲᠦᠨ ᠪᠢᠴᠢᠭ) ᠳᠡᠭᠡᠷᠡ ᠨᠡᠢᠲᠡᠯᠡᠭᠳᠡᠪᠡ :: 《 ᠰᠤᠷᠭᠠᠭᠤᠯᠢ ᠶᠢᠨ ᠣᠶᠤ 》 ᠶᠢᠨ ᠬᠡᠪᠯᠡᠯᠲᠡᠢ ᠪᠡᠷ 2015 ᠣᠨ ᠳᠤ ᠬᠠᠪᠰᠤᠷᠤᠯᠴᠠᠭ᠎ᠠ ᠪᠠᠷ ᠬᠡᠪᠯᠡᠭᠦᠯᠦᠨ ᠭᠠᠵᠠᠷ ᠤᠨ ᠰᠢᠨᠵᠢᠯᠡᠬᠦ ᠤᠬᠠᠭᠠᠨ ᠤ ᠬᠦᠷᠢᠶᠡᠯᠡᠩ ᠦᠨ 《 ᠮᠣᠩᠭᠣᠯ ᠰᠤᠳᠤᠯ 》 ᠤᠨ ᠬᠡᠪᠯᠡᠯ ᠦᠨ ᠬᠣᠷᠢᠶ᠎ᠠ ᠳᠤ (1) ᠶᠢᠨ ᠳᠡᠭᠡᠷᠡ ᠨᠡᠢᠲᠡᠯᠡᠭᠳᠡᠵᠡᠢ ::

[illegible] 30 [illegible] 10 [illegible] 130 [illegible]

[illegible] 1978 [illegible]

[illegible] 2019 [illegible] 9 [illegible] 2018 [illegible] 11 [illegible] 2011 [illegible] 1 [illegible] 2000 [illegible] 3 [illegible] 1989 [illegible] 5 [illegible] 1987 [illegible] 1 [illegible] 1985 [illegible] 9 [illegible] 1983 [illegible] 8 [illegible] 1984 [illegible] 1 [illegible]

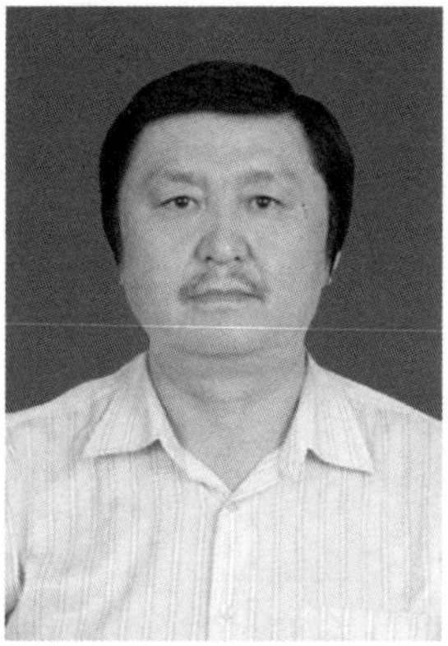

[illegible] 1983 [illegible] 7 [illegible] 5 [illegible] 24 [illegible] 1961 [illegible]

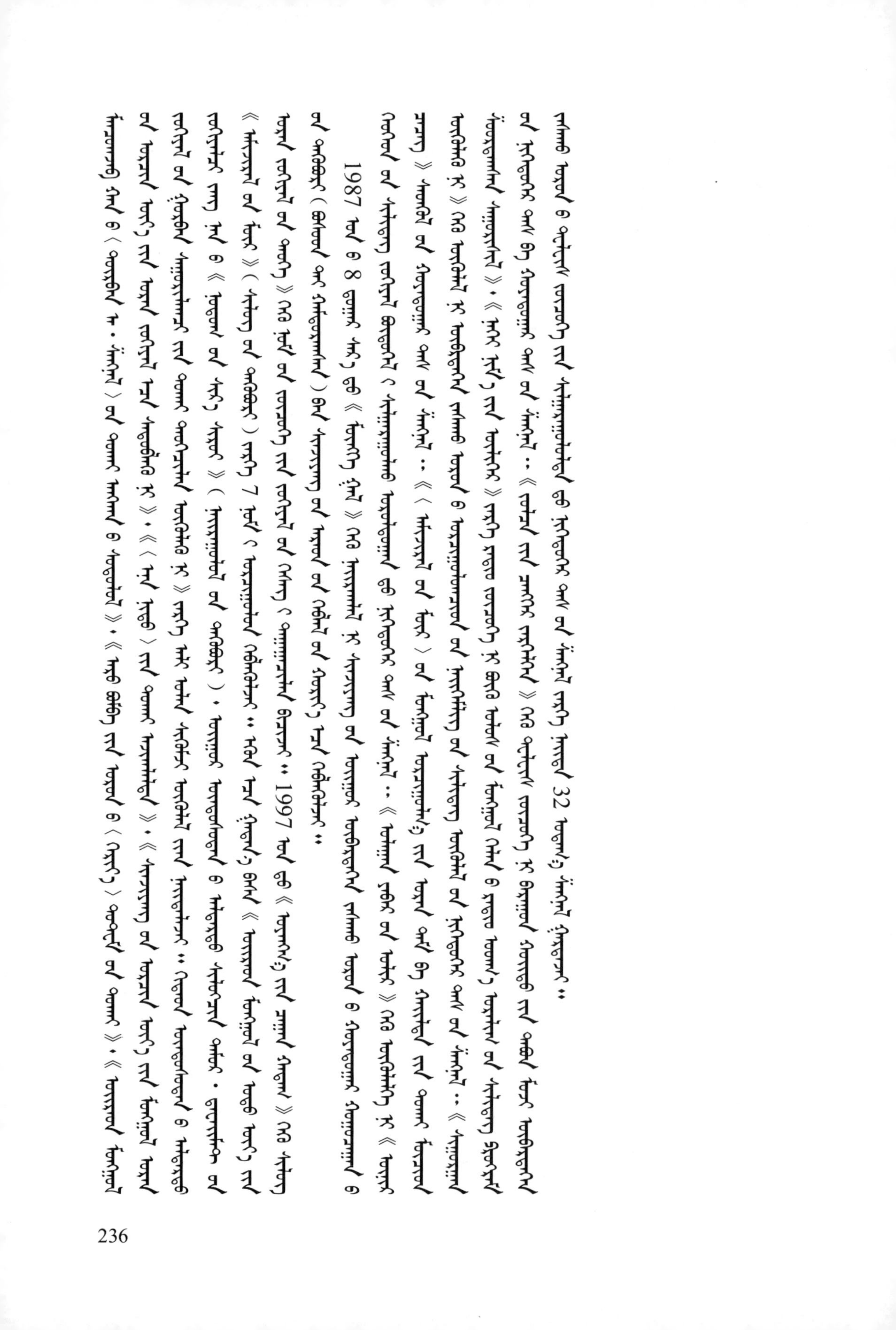

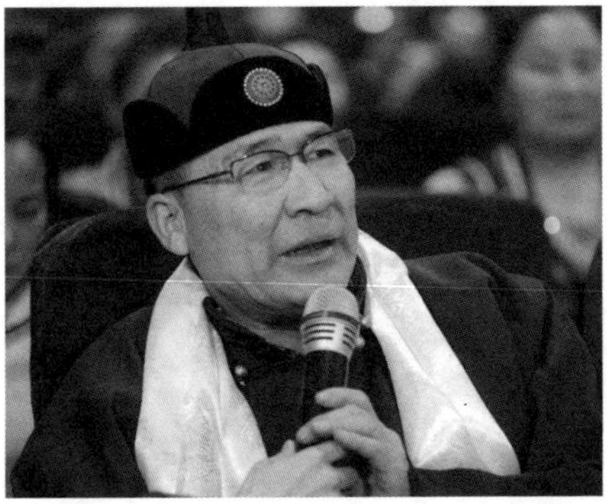

237

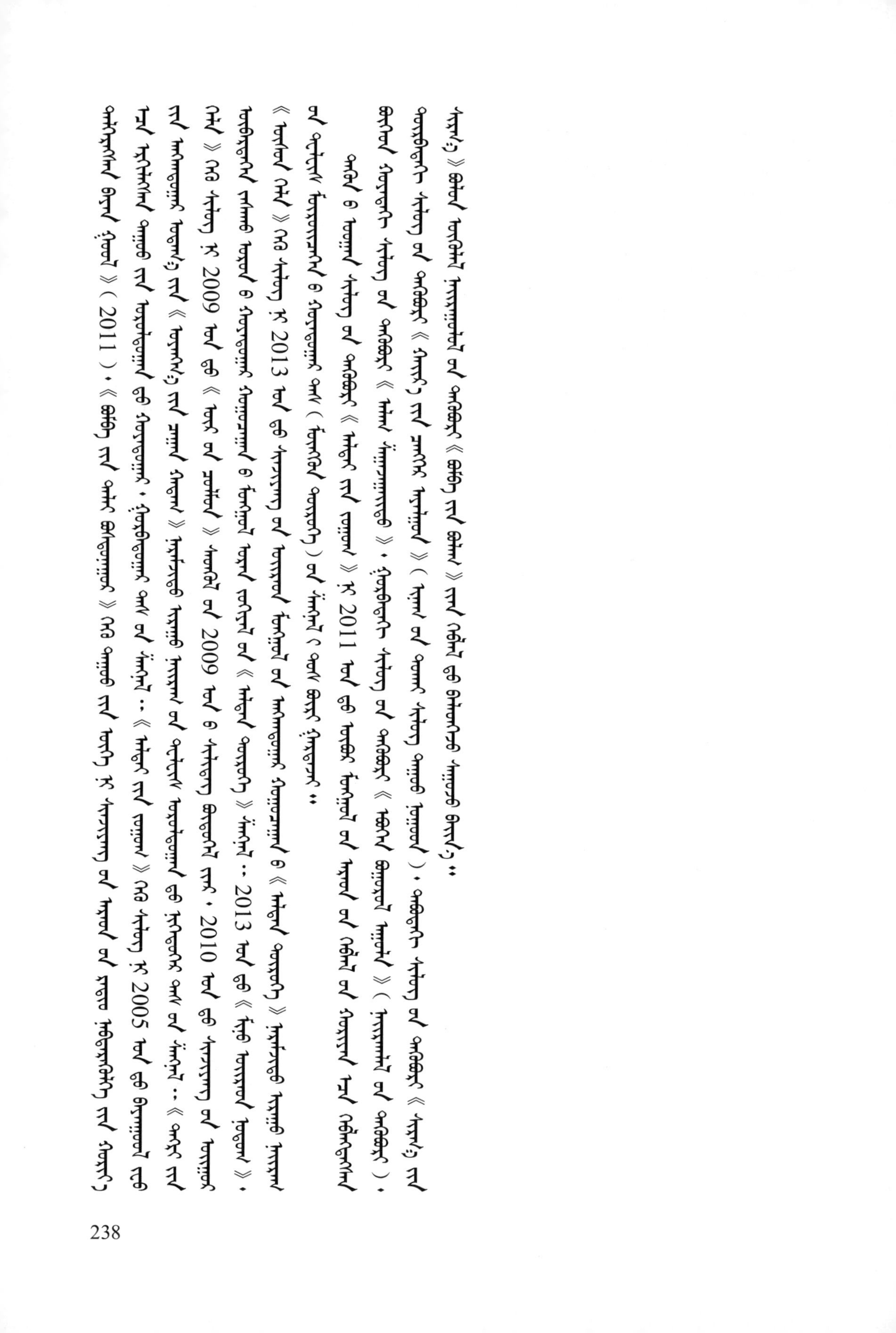

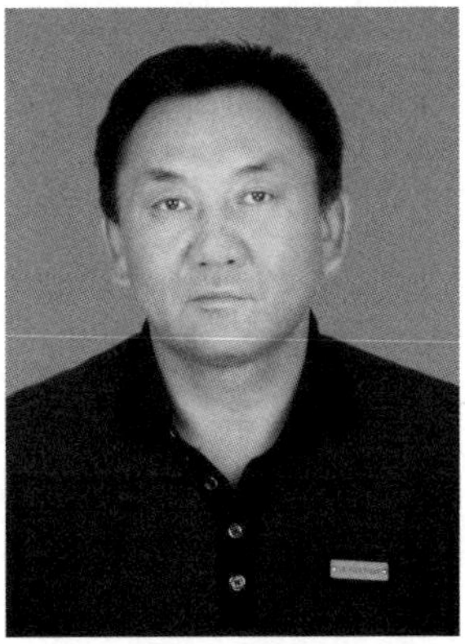

ᠶᠢᠨ ᠬᠠᠮᠲᠤᠷᠠᠯᠴᠠᠭᠠᠨ ᠃ 2011 ᠣᠨ ᠤ 9 ᠰᠠᠷ᠎ᠠ ᠳᠤ 《ᠭᠠᠭᠴᠠ ᠮᠣᠳᠣ》(ᠲᠡᠦᠬᠡ ᠶᠢᠨ ᠲᠣᠬᠢᠶᠠᠯ ᠤᠨ ᠣᠷᠴᠢᠭᠤᠯᠭ᠎ᠠ) ᠨᠣᠮ ᠢ ᠣᠷᠴᠢᠭᠤᠯᠤᠨ ᠪᠡᠷ
ᠨᠡᠶᠢᠲᠡᠯᠡᠭᠦᠯᠪᠡ᠂ ᠮᠥᠨ ᠲᠡᠷᠡ ᠪᠡᠷ 《ᠬᠦᠮᠦᠨ ᠦ ᠡᠷᠬᠡ》᠂ 《ᠪᠢ ᠬᠡᠨ ᠪᠤᠢ》᠂ 《ᠪᠢ · ᠮᠣᠩᠭᠣᠯ ᠬᠦᠮᠦᠨ》 ᠵᠡᠷᠭᠡ 30 ᠭᠠᠷᠤᠢ ᠵᠣᠬᠢᠶᠠᠯ ᠨᠠᠶᠢᠷᠠᠭᠤᠯᠵᠤ
《ᠠᠮᠢᠨ ᠰᠤᠯᠠᠶ᠋ᠠ》᠂ 《ᠬᠦᠮᠦᠨ ᠡᠷᠬᠡ ᠶᠢᠨ ᠬᠦᠰᠡᠯ》᠂ 《ᠨᠣᠲᠤᠭ ᠤᠨ ᠳᠠᠭᠤᠤ》᠂ 《ᠰᠡᠳᠬᠢᠯ ᠦᠨ ᠳᠠᠭᠤᠤ》 ᠵᠡᠷᠭᠡ 200 ᠭᠠᠷᠤᠢ ᠳᠠᠭᠤᠤ
ᠶᠢᠨ ᠦᠭᠡ ᠶᠢ ᠪᠢᠴᠢᠭᠰᠡᠨ ᠪᠡᠷ 《ᠬᠠᠷ᠎ᠠ ᠮᠣᠷᠢᠨ ᠤ ᠳᠠᠭᠤᠤ》᠂ 《ᠪᠠᠶᠠᠷ ᠤᠨ ᠳᠠᠭᠤᠤ》᠂ 《ᠡᠵᠢ》᠂ 《ᠮᠣᠷᠢ ᠶᠢᠨ ᠬᠥᠭᠵᠢᠮ》᠂
ᠵᠡᠷᠭᠡ ᠳᠠᠭᠤᠤ ᠨᠢ ᠥᠷᠭᠡᠨ ᠠᠷᠠᠳ ᠲᠤ ᠲᠠᠷᠬᠠᠵᠤ ᠡᠯᠡᠪ ᠰᠣᠶᠣᠯ ᠤᠨ ᠠᠮᠢᠳᠤᠷᠠᠯ ᠳᠤ ᠬᠤᠪᠢ ᠨᠡᠮᠡᠷᠢ ᠣᠷᠣᠭᠤᠯᠵᠠᠢ ᠃ ᠲᠡᠷᠡ · ᠨᠠᠶᠢᠷᠠᠯ ᠤᠨ
ᠵᠦᠢᠯ ᠦᠨ ᠤᠷᠠᠯᠢᠭ ᠤᠨ ᠠᠵᠢᠯ ᠳᠤ ᠢᠴᠢᠩᠬᠦᠢ ᠬᠠᠷᠢᠭᠤᠴᠠᠯᠭ᠎ᠠ ᠲᠠᠢ᠂ ᠬᠠᠮᠤᠭ ᠤᠨ ᠰᠠᠶᠢᠨ ᠤ ᠪᠦᠲᠦᠭᠡᠯ ᠦᠨ ᠰᠢᠭᠠᠩᠨᠠᠯ ᠢ ᠣᠯᠤᠨ ᠤᠳᠠᠭ᠎ᠠ ᠬᠦᠷᠲᠡᠭᠰᠡᠨ᠂ ᠣᠨ ᠤ
ᠰᠢᠯᠢᠳᠡᠭ ᠪᠦᠲᠦᠭᠡᠯ ᠦᠨ ᠰᠢᠭᠠᠩᠨᠠᠯ ᠢ ᠭᠤᠷᠪᠠᠨ ᠤᠳᠠᠭ᠎ᠠ ᠬᠦᠷᠲᠡᠭᠰᠡᠨ ᠪᠠᠶᠢᠨ᠎ᠠ ᠃
ᠲᠡᠷᠡ · ᠨᠠᠶᠢᠷᠠᠯ ᠤᠨ ᠪᠦᠲᠦᠭᠡᠯ ᠢ ᠣᠯᠠᠨ ᠲᠦᠮᠡᠨ ᠳᠦ ᠲᠠᠨᠢᠭᠤᠯᠵᠤ ᠣᠯᠠᠨ ᠬᠦᠮᠦᠨ ᠦ ᠬᠠᠶᠢᠷᠠ ᠶᠢ ᠣᠯᠵᠠᠢ ᠃ ᠲᠡᠷᠡ ᠨᠢ ᠣᠳᠣ 56 ᠨᠠᠰᠤᠲᠠᠢ ᠃
ᠮᠥᠨ 10 ᠭᠠᠷᠤᠢ ᠪᠦᠲᠦᠭᠡᠯ ᠢ ᠤᠯᠠᠰ ᠤᠨ ᠴᠢᠨᠠᠷ ᠲᠠᠢ ᠬᠡᠪᠯᠡᠯ ᠦᠨ ᠬᠣᠷᠢᠶ᠎ᠠ ᠪᠠᠷ ᠬᠡᠪᠯᠡᠭᠦᠯᠦᠨ ᠨᠡᠶᠢᠲᠡᠯᠡᠭᠦᠯᠵᠡᠢ ᠃
ᠵᠣᠬᠢᠶᠠᠯᠴᠢᠳ ᠤᠨ ᠬᠣᠷᠢᠶ᠎ᠠ ᠶᠢᠨ ᠭᠡᠰᠢᠭᠦᠨ ᠃ 2014 ᠣᠨ ᠤ 10 ᠰᠠᠷ᠎ᠠ ᠳᠤ ᠡᠵᠡᠨ ᠤ ᠬᠣᠰᠢᠭᠤ ᠶᠢᠨ ᠵᠣᠬᠢᠶᠠᠯᠴᠢᠳ ᠤᠨ ᠬᠣᠷᠢᠶ᠎ᠠ ᠨᠢ ᠠᠨᠭᠬᠠ ᠳᠤ ᠪᠠᠶᠢᠭᠤᠯᠤᠭᠳᠠᠵᠤ 2017 ᠣᠨ ᠤ 9 ᠰᠠᠷ᠎ᠠ ᠳᠤ 6
ᠳᠤᠭᠠᠷ ᠬᠤᠷᠠᠯ ᠢᠶᠠᠨ ᠬᠤᠷᠠᠯᠳᠤᠭᠤᠯᠵᠤ ᠡᠵᠡᠨ ᠤ ᠬᠣᠰᠢᠭᠤ ᠶᠢᠨ ᠤᠷᠠᠯᠢᠭ ᠤᠨ ᠬᠣᠷᠢᠶ᠎ᠠ ᠶᠢᠨ ᠭᠡᠰᠢᠭᠦᠨ ᠳᠦ ᠰᠣᠩᠭᠤᠭᠳᠠᠵᠤ᠂ ᠰᠣᠶᠣᠯ ᠤᠨ ᠠᠵᠢᠯ ᠤᠨ ᠭᠠᠵᠠᠷ ᠤᠨ ᠬᠠᠷᠢᠭᠤᠴᠠᠯᠭ᠎ᠠ
ᠲᠡᠭᠦᠯᠳᠡᠷ ᠢ ᠬᠦᠯᠢᠶᠡᠨ ᠠᠪᠴᠤ ᠪᠠᠶᠢᠨ᠎ᠠ ᠃ 1991 ᠣᠨ ᠳᠤ ᠬᠣᠰᠢᠭᠤ ᠶᠢᠨ ᠰᠤᠷᠭᠠᠭᠤᠯᠢ ᠳᠤ ᠪᠠᠭᠰᠢ ᠪᠣᠯᠵᠤ 1996 ᠣᠨ ᠳᠤ
ᠰᠤᠷᠭᠠᠭᠤᠯᠢ ᠶᠢᠨ ᠠᠯᠪᠠᠨ ᠤ ᠬᠡᠯᠡᠲᠦ ᠶᠢᠨ ᠳᠠᠷᠤᠭ᠎ᠠ᠂ ᠬᠣᠰᠢᠭᠤ ᠶᠢᠨ ᠰᠤᠷᠭᠠᠨ ᠬᠦᠮᠦᠵᠢᠯ ᠦᠨ ᠲᠣᠪᠴᠢᠶ᠎ᠠ ᠶᠢᠨ ᠳᠠᠷᠤᠭ᠎ᠠ᠂ ᠠᠯᠪᠠᠨ ᠳᠤ
ᠰᠠᠭᠤᠵᠤ ᠪᠠᠶᠢᠭᠰᠠᠨ ᠃ 1987 ᠣᠨ ᠡᠴᠡ 1995 ᠣᠨ ᠬᠦᠷᠲᠡᠯ ᠬᠣᠰᠢᠭᠤ ᠶᠢᠨ ᠰᠤᠷᠭᠠᠭᠤᠯᠢ ᠳᠤ ᠪᠠᠭᠰᠢ ᠪᠣᠯᠵᠤ ᠠᠵᠢᠯᠯᠠᠭᠰᠠᠨ᠂ ᠣᠯᠠᠨ ᠳᠤᠭᠠᠷ
ᠪᠠᠭᠰᠢ ᠶᠢᠨ ᠰᠤᠷᠭᠠᠭᠤᠯᠢ ᠳᠤ ᠰᠤᠷᠤᠯᠴᠠᠵᠤ ᠲᠡᠭᠦᠰᠬᠡᠭᠰᠡᠨ ᠮᠡᠷᠭᠡᠵᠢᠯ ᠦᠨ ᠰᠤᠷᠭᠠᠭᠤᠯᠢ ᠳᠤ ᠰᠤᠷᠤᠯᠴᠠᠭᠰᠠᠨ ᠪᠡᠷ ᠲᠡᠭᠦᠰᠦᠭᠰᠡᠨ
ᠰᠤᠷᠭᠠᠭᠤᠯᠢ ᠶᠢᠨ ᠲᠡᠭᠦᠰᠭᠡᠭᠰᠡᠨ ᠃ 1985 ᠣᠨ ᠡᠴᠡ 1987 ᠣᠨ ᠬᠦᠷᠲᠡᠯ ᠬᠣᠰᠢᠭᠤ ᠶᠢᠨ ᠰᠤᠷᠭᠠᠨ ᠬᠦᠮᠦᠵᠢᠯ ᠦᠨ ᠲᠣᠪᠴᠢᠶ᠎ᠠ ᠳᠤ ᠠᠵᠢᠯᠯᠠᠵᠤ ᠪᠠᠶᠢᠭᠰᠠᠨ ᠪᠡᠷ
ᠮᠥᠨ ᠲᠡᠷᠡ ᠵᠢᠯ ᠳᠤ ᠰᠤᠷᠭᠠᠭᠤᠯᠢ ᠶᠢᠨ ᠪᠠᠭᠰᠢ ᠨᠠᠷ ᠤᠨ ᠪᠦᠯᠦᠭ ᠦᠨ ᠳᠠᠷᠤᠭ᠎ᠠ ᠪᠡᠷ ᠵᠢᠭᠠᠨ ᠰᠤᠷᠭᠠᠯᠲᠠ ᠶᠢᠨ ᠠᠵᠢᠯ ᠢ ᠡᠷᠬᠢᠯᠡᠵᠦ᠂ ᠣᠷᠣᠨ ᠤ
ᠮᠥᠨ ᠰᠤᠷᠭᠠᠭᠤᠯᠢ ᠳᠤ ᠰᠤᠷᠤᠯᠴᠠᠭᠰᠠᠨ ᠃ 1981 ᠣᠨ ᠤ 7 ᠰᠠᠷ᠎ᠠ ᠳᠤ ᠪᠠᠭᠰᠢ ᠶᠢᠨ ᠰᠤᠷᠭᠠᠭᠤᠯᠢ ᠪᠠᠨ ᠲᠡᠭᠦᠰᠬᠡᠭᠡᠳ ᠲᠡᠷᠡ ᠣᠨ ᠤ 9 ᠰᠠᠷ᠎ᠠ ᠡᠴᠡ 7
ᠰᠠᠷ᠎ᠠ ᠶᠢᠨ ᠬᠣᠭᠣᠷᠣᠨᠳᠣ ᠰᠤᠷᠭᠠᠭᠤᠯᠢ ᠶᠢᠨ ᠪᠠᠭᠰᠢ ᠪᠠᠷ (ᠡᠵᠡᠨ ᠤ ᠬᠣᠰᠢᠭᠤ ᠶᠢᠨ ᠳᠤᠮᠳᠠᠳᠤ ᠰᠤᠷᠭᠠᠭᠤᠯᠢ) ᠳᠤ ᠰᠤᠷᠤᠯᠴᠠᠵᠤ᠂ 1979 ᠣᠨ
ᠤ ᠡᠵᠡᠨ ᠤ ᠬᠣᠰᠢᠭᠤ ᠶᠢᠨ ᠰᠤᠷᠭᠠᠨ ᠬᠦᠮᠦᠵᠢᠯ ᠦᠨ ᠲᠣᠪᠴᠢᠶ᠎ᠠ ᠶᠢᠨ ᠪᠠᠭᠰᠢ ᠶᠢᠨ ᠰᠤᠷᠭᠠᠭᠤᠯᠢ ᠳᠤ ᠰᠤᠷᠤᠯᠴᠠᠭᠰᠠᠨ ᠪᠠᠭᠰᠢ ᠪᠣᠯᠤᠨ
ᠶᠢᠨ ᠠᠷᠠᠳ ᠤᠨ ᠵᠠᠰᠠᠭ ᠤᠨ ᠣᠷᠣᠨ ᠳᠤ ᠲᠥᠷᠥᠭᠰᠡᠨ ᠃ 1961 ᠣᠨ ᠤ 7 ᠰᠠᠷ᠎ᠠ ᠳᠤ 6 ᠤ ᠡᠳᠦᠷ ᠡᠵᠡᠨ ᠤ ᠬᠣᠰᠢᠭᠤ ᠶᠢᠨ ᠮᠠᠯᠵᠢᠯ ᠤᠨ ᠰᠤᠮᠤ ᠳᠤ
ᠲᠡᠷᠡ · ᠨᠠᠶᠢᠷᠠᠯ ᠪᠣᠯ ᠡᠷᠡ ᠬᠦᠮᠦᠨ᠂ ᠮᠣᠩᠭᠣᠯ ᠦᠨᠳᠦᠰᠦᠲᠡᠨ᠂ ᠬᠠᠯᠬ᠎ᠠ ᠶᠢᠨ ᠤᠭ ᠤᠨ

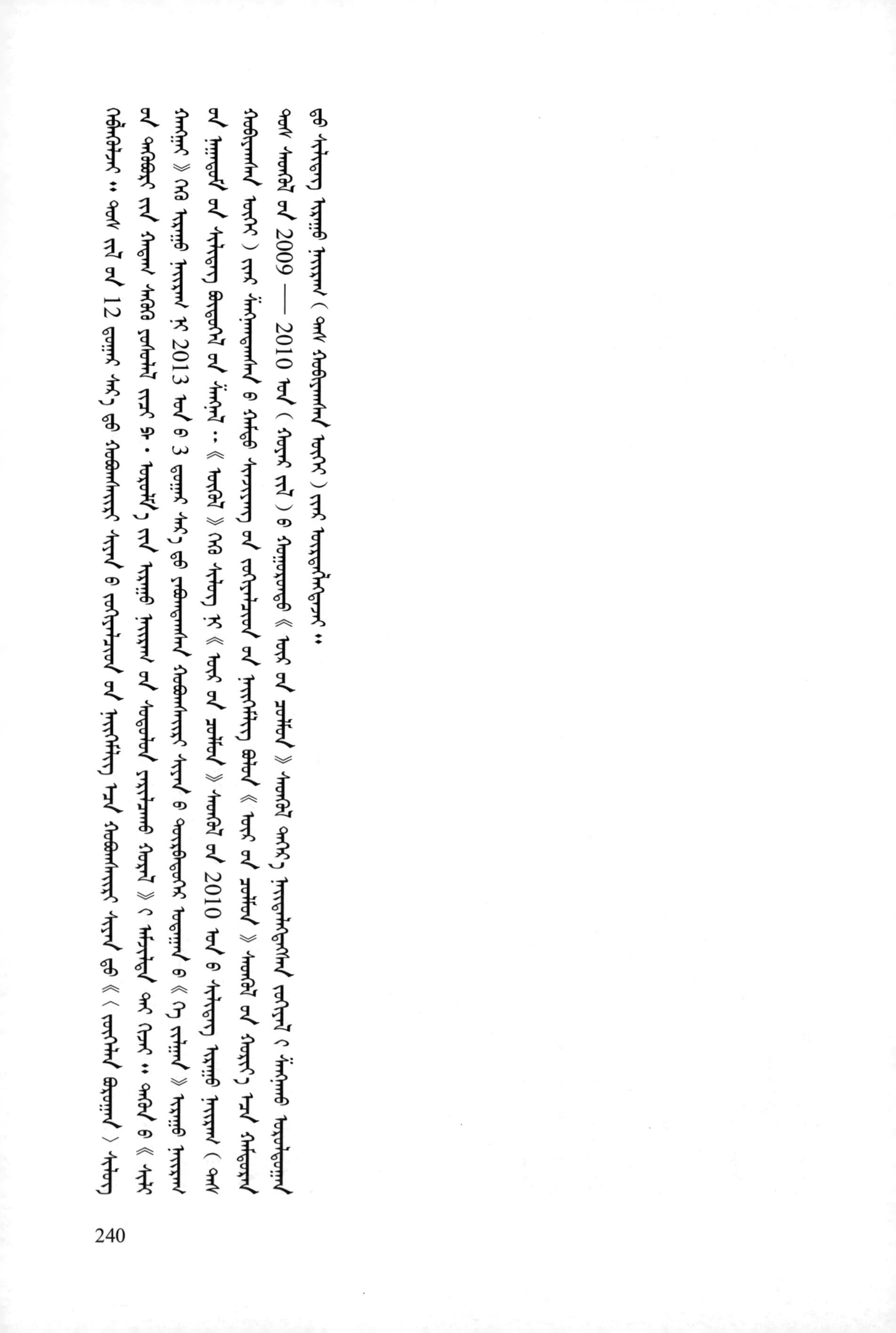

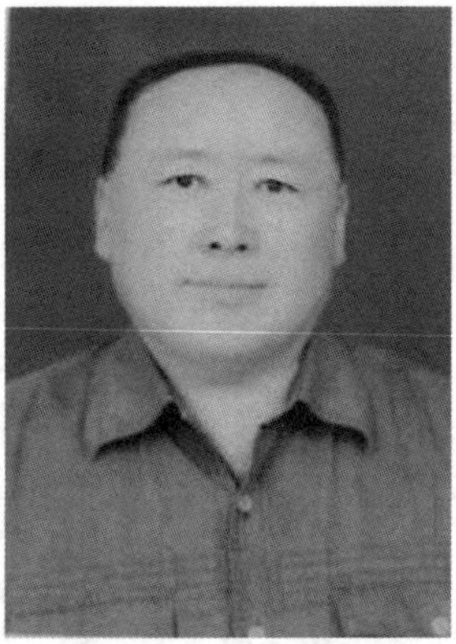

ᠰᠤᠳᠤᠯᠤᠯ ᠤᠨ ᠪᠦᠲᠦᠭᠡᠯ ᠦᠨ ᠨᠡᠢᠲᠡᠯᠡᠭᠰᠡᠨ ᠪᠡᠷ ᠃ ᠡᠭᠦᠨ ᠦ ᠳᠤᠮᠳᠠ 《ᠮᠣᠩᠭᠣᠯ ᠤᠨ ᠰᠤᠳᠤᠯᠤᠯ ᠤᠨ ᠲᠣᠪᠴᠢ》(ᠬᠡᠪᠯᠡᠯ · 2003 ᠣᠨ) · 《ᠮᠣᠩᠭᠣᠯ ᠤᠨ ᠰᠤᠳᠤᠯᠤᠯ ᠤᠨ ᠲᠡᠦᠬᠡ ᠶᠢᠨ ᠦᠵᠡᠯ》(ᠬᠡᠪᠯᠡᠯ · 2009 ᠣᠨ) · 《ᠮᠣᠩᠭᠣᠯ ᠤᠨ ᠰᠤᠳᠤᠯᠤᠯ ᠤᠨ ᠳᠡᠯᠭᠡᠷᠡᠩᠭᠦᠢ ᠲᠣᠯᠢ》(ᠬᠡᠪᠯᠡᠯ · 2009 ᠣᠨ) · 《ᠮᠣᠩᠭᠣᠯ ᠤᠨ ᠰᠤᠳᠤᠯᠤᠯ ᠤᠨ ᠦᠵᠡᠯ ᠰᠠᠨᠠᠭ᠎ᠠ》(ᠬᠡᠪᠯᠡᠯ · 2013 ᠣᠨ) · 《ᠮᠣᠩᠭᠣᠯ ᠤᠨ ᠰᠤᠳᠤᠯᠤᠯ ᠤᠨ ᠬᠥᠭᠵᠢᠯ》(ᠬᠡᠪᠯᠡᠯ · 2018 ᠣᠨ) · 《ᠮᠣᠩᠭᠣᠯ ᠤᠨ ᠰᠤᠳᠤᠯᠤᠯ ᠤᠨ ᠠᠷᠭ᠎ᠠ ᠵᠠᠮ》(ᠬᠡᠪᠯᠡᠯ · 2019 ᠣᠨ) ᠵᠡᠷᠭᠡ ᠨᠣᠮ ᠨᠢ ᠡᠷᠳᠡᠮ ᠰᠢᠨᠵᠢᠯᠡᠬᠦ ᠤᠬᠠᠭᠠᠨ ᠤ ᠰᠤᠳᠤᠯᠤᠯ ᠤᠨ ᠬᠥᠭᠵᠢᠯ ᠳᠦ ᠲᠤᠰᠠ ᠨᠡᠮᠡᠷ ᠣᠷᠤᠭᠤᠯᠤᠭᠰᠠᠨ ᠪᠣᠯᠤᠨ᠎ᠠ ᠃ 《ᠮᠣᠩᠭᠣᠯ ᠤᠨ ᠰᠤᠳᠤᠯᠤᠯ ᠤᠨ ᠲᠣᠪᠴᠢ ᠲᠡᠦᠬᠡ》(ᠬᠡᠪᠯᠡᠯ · 40 ᠳᠡᠪᠲᠡᠷ ᠲᠠᠢ) ᠪᠣᠯ ᠮᠣᠩᠭᠣᠯ ᠤᠨ ᠰᠤᠳᠤᠯᠤᠯ ᠤᠨ ᠡᠷᠳᠡᠮ ᠰᠢᠨᠵᠢᠯᠡᠬᠦ ᠤᠬᠠᠭᠠᠨ ᠤ ᠲᠥᠯᠦᠭᠡᠯᠡᠯ ᠪᠦᠲᠦᠭᠡᠯ ᠪᠣᠯᠤᠨ᠎ᠠ ᠃ ᠮᠣᠩᠭᠣᠯ ᠤᠨ ᠰᠤᠳᠤᠯᠤᠯ ᠤᠨ ᠪᠦᠲᠦᠭᠡᠯ ᠦᠨ ᠬᠡᠯᠡᠨ ᠦ ᠰᠤᠳᠤᠯᠤᠯ ᠤᠨ ᠲᠥᠪ 《ᠮᠣᠩᠭᠣᠯ ᠬᠡᠯᠡ ᠤᠬᠠᠭᠠᠨ》 ᠰᠡᠳᠬᠦᠯ ᠢ 2014 ᠣᠨ ᠳᠤ ᠪᠠᠶᠢᠭᠤᠯᠤᠭᠰᠠᠨ ᠠᠴᠠ ᠡᠬᠢᠯᠡᠨ ᠮᠣᠩᠭᠣᠯ ᠤᠨ ᠰᠤᠳᠤᠯᠤᠯ ᠤᠨ ᠪᠦᠲᠦᠭᠡᠯ ᠦᠨ ᠲᠦᠪ ᠤᠨ 《ᠮᠣᠩᠭᠣᠯ ᠰᠤᠳᠤᠯᠤᠯ》 ᠰᠡᠳᠬᠦᠯ ᠢ 1997 ᠣᠨ ᠳᠤ ᠡᠷᠬᠢᠯᠡᠨ ᠭᠠᠷᠭᠠᠭᠰᠠᠨ ᠪᠠᠶᠢᠨ᠎ᠠ ᠃ 《ᠮᠣᠩᠭᠣᠯ ᠲᠡᠦᠬᠡ ᠶᠢᠨ ᠰᠤᠳᠤᠯᠤᠯ》 ᠰᠡᠳᠬᠦᠯ ᠢ 1998 ᠣᠨ ᠳᠤ 《ᠮᠣᠩᠭᠣᠯ ᠤᠨ ᠲᠡᠦᠬᠡ》 ᠰᠡᠳᠬᠦᠯ ᠢ 2002 ᠣᠨ ᠳᠤ ᠭᠠᠷᠭᠠᠭᠰᠠᠨ ᠪᠠᠶᠢᠨ᠎ᠠ ᠃ 《〈ᠮᠣᠩᠭᠣᠯ ᠤᠨ ᠨᠢᠭᠤᠴᠠ ᠲᠣᠪᠴᠢᠶᠠᠨ〉ᠤ ᠰᠤᠳᠤᠯᠤᠯ》 ᠰᠡᠳᠬᠦᠯ ᠢ 1998 ᠣᠨ ᠳᠤ ᠭᠠᠷᠭᠠᠭᠰᠠᠨ ᠠᠴᠠ ᠬᠣᠶᠢᠰᠢ ᠮᠣᠩᠭᠣᠯ ᠤᠨ ᠰᠤᠳᠤᠯᠤᠯ ᠤᠨ ᠪᠦᠲᠦᠭᠡᠯ ᠦᠨ ᠨᠡᠢᠲᠡᠯᠡᠯ ᠦᠨ ᠠᠵᠢᠯ ᠢ ᠡᠷᠴᠢᠮᠲᠡᠢ ᠶᠠᠪᠤᠭᠤᠯᠵᠤ ᠪᠠᠶᠢᠨ᠎ᠠ ᠃

ᠮᠣᠩᠭᠣᠯ ᠤᠨ ᠰᠤᠳᠤᠯᠤᠯ ᠤᠨ ᠬᠦᠷᠢᠶᠡᠯᠡᠩ ᠦᠨ ᠬᠥᠭᠵᠢᠯ ᠳᠦ ᠬᠤᠪᠢ ᠨᠡᠮᠡᠷ ᠣᠷᠤᠭᠤᠯᠤᠭᠰᠠᠨ ᠲᠥᠯᠦᠭᠡᠯᠡᠯ ᠡᠷᠳᠡᠮᠲᠡᠨ ᠦ ᠰᠤᠷᠪᠠᠯᠵᠢ ᠶᠢᠨ ᠪᠦᠲᠦᠭᠡᠯ

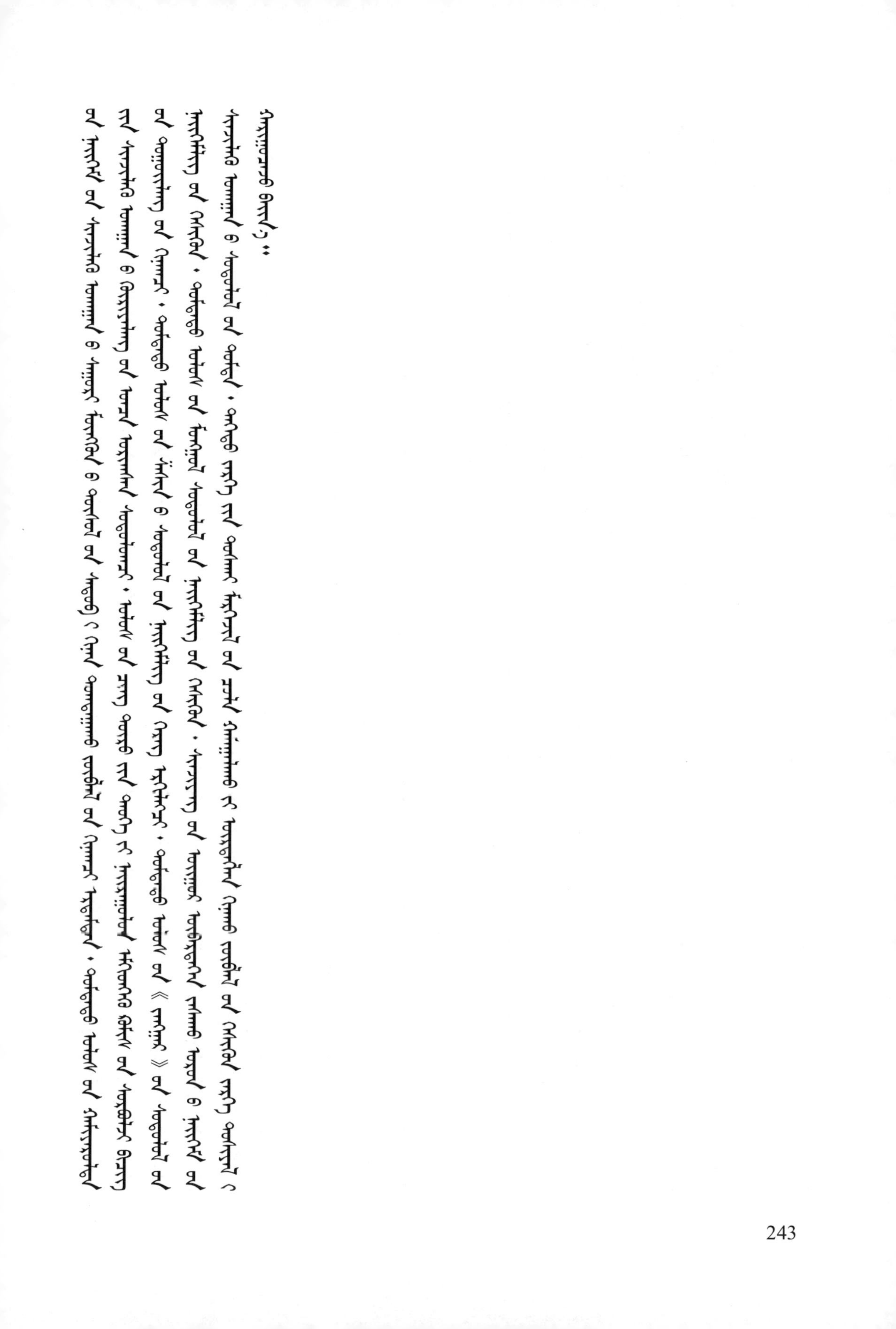

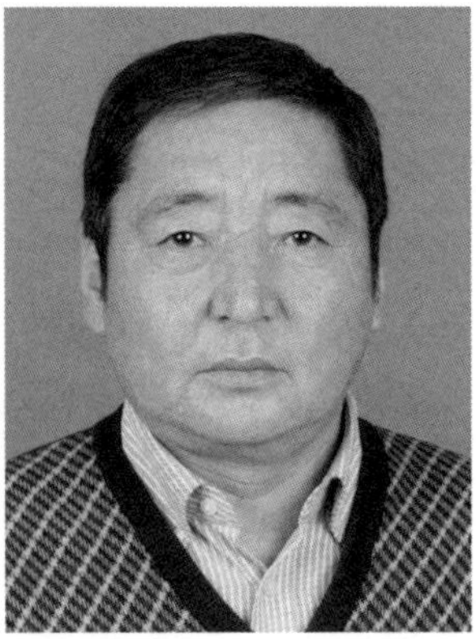

ᠥᠪᠦᠷᠮᠣᠩᠭᠣᠯ ᠤᠨ ᠠᠷᠠᠳ ᠤᠨ ᠬᠡᠪᠯᠡᠯ ᠦᠨ ᠬᠣᠷᠢᠶ᠎ᠠ ᠂ 2006 ᠣᠨ) ᠂《 ᠥᠪᠦᠷᠮᠣᠩᠭᠣᠯ ᠤᠨ ᠮᠣᠩᠭᠣᠯ ᠬᠡᠯᠡᠨ ᠤ ᠰᠤᠳᠤᠯᠤᠯ 》(ᠮᠣᠩᠭᠣᠯ ᠪᠢᠴᠢᠭ ᠰᠤᠳᠤᠯᠤᠯᠴᠢᠳ ᠂ ᠥᠪᠦᠷᠮᠣᠩᠭᠣᠯ ᠤᠨ
ᠠᠷᠠᠳ ᠤᠨ ᠬᠡᠪᠯᠡᠯ ᠦᠨ ᠬᠣᠷᠢᠶ᠎ᠠ ᠂ 2009 ᠣᠨ) ᠵᠡᠷᠭᠡ ᠨᠣᠮ ᠪᠢᠲᠡᠭᠦ ᠶᠢᠨ ᠨᠠᠢᠷᠠᠭᠤᠯᠤᠯ ᠢ ᠬᠠᠮᠲᠤᠷᠠᠨ ᠪᠣᠯᠪᠠᠰᠤᠷᠠᠭᠤᠯᠬᠤ ᠳᠤ ᠣᠷᠣᠯᠴᠠᠭᠰᠠᠨ ᠪᠠᠢᠨ᠎ᠠ ᠂ ᠮᠣᠩᠭᠣᠯ ᠬᠡᠯᠡ ᠵᠦᠢ ᠶᠢᠨ ᠰᠤᠳᠤᠯᠭ᠎ᠠ ᠶᠢᠨ
ᠲᠥᠪ ᠦᠨ ᠬᠣᠷᠢᠶ᠎ᠠ ᠶᠢᠨ ᠮᠣᠩᠭᠣᠯ ᠬᠡᠯᠡᠨ ᠰᠤᠳᠤᠯᠤᠯ ᠤᠨ ᠪᠠᠭ᠎ᠠ ᠳᠤᠮᠳᠠ 《 ᠮᠣᠩᠭᠣᠯ ᠬᠡᠯᠡᠨ ᠤ ᠰᠤᠳᠤᠯᠤᠯ ᠤᠨ ᠰᠤᠳᠤᠯᠭ᠎ᠠ 》(ᠥᠪᠦᠷᠮᠣᠩᠭᠣᠯ ᠤᠨ ᠰᠤᠷᠭᠠᠨ
ᠬᠦᠮᠦᠵᠢᠯ ᠦᠨ ᠬᠡᠪᠯᠡᠯ ᠦᠨ ᠬᠣᠷᠢᠶ᠎ᠠ ᠂ 2013 ᠣᠨ) ᠂《 ᠥᠪᠦᠷᠮᠣᠩᠭᠣᠯ ᠤᠨ ᠲᠥᠷᠦ ᠶᠢᠨ ᠪᠢᠴᠢᠭ ᠤᠨ ᠬᠡᠯᠡ 》(ᠰᠣᠶᠣᠯᠤᠨ ᠪᠠᠭ᠎ᠠ ᠂ ᠥᠪᠦᠷᠮᠣᠩᠭᠣᠯ ᠤᠨ ᠠᠷᠠᠳ ᠤᠨ
ᠬᠡᠪᠯᠡᠯ ᠦᠨ ᠬᠣᠷᠢᠶ᠎ᠠ ᠂ 2014 ᠣᠨ) ᠂《 ᠥᠪᠦᠷᠮᠣᠩᠭᠣᠯ ᠤᠨ ᠰᠣᠶᠣᠯ ᠤᠨ ᠬᠡᠯᠡᠨ ᠪᠢᠴᠢᠭ ᠤᠨ ᠪᠣᠳᠤᠯᠭ᠎ᠠ 》(ᠰᠣᠶᠣᠯᠤᠨ ᠪᠠᠭ᠎ᠠ ᠂ ᠥᠪᠦᠷᠮᠣᠩᠭᠣᠯ ᠤᠨ ᠠᠷᠠᠳ ᠤᠨ ᠬᠡᠪᠯᠡᠯ ᠦᠨ
ᠬᠣᠷᠢᠶ᠎ᠠ ᠂ 2015 ᠣᠨ) ᠂《 ᠥᠪᠦᠷᠮᠣᠩᠭᠣᠯ ᠤᠨ ᠬᠣᠲᠠ ᠶᠢᠨ ᠬᠡᠯᠡᠨ ᠪᠢᠴᠢᠭ ᠤᠨ ᠪᠣᠳᠤᠯᠭ᠎ᠠ 》(ᠰᠣᠶᠣᠯᠤᠨ ᠪᠠᠭ᠎ᠠ ᠂ ᠥᠪᠦᠷᠮᠣᠩᠭᠣᠯ ᠤᠨ ᠠᠷᠠᠳ ᠤᠨ ᠬᠡᠪᠯᠡᠯ ᠦᠨ ᠬᠣᠷᠢᠶ᠎ᠠ ᠂
2014 ᠣᠨ) ᠪᠣᠯᠣᠨ ᠮᠣᠩᠭᠣᠯ ᠬᠡᠯᠡᠨ ᠦ ᠨᠡᠢᠲᠡ ᠶᠢᠨ ᠦᠵᠡᠯ ᠤᠨ ᠮᠡᠳᠡᠯ ᠢ ᠪᠠᠶᠠᠵᠢᠭᠤᠯᠬᠤ ᠤᠨ 2015 — 2016 ᠣᠨ ᠤ NG1306 ᠳᠤᠭᠠᠷᠲᠤ ᠲᠥᠰᠥᠯ ᠢ ᠪᠠᠷᠢᠯᠳᠠᠭᠤᠯᠤᠨ
《 ᠥᠪᠦᠷᠮᠣᠩᠭᠣᠯ ᠤᠨ ᠨᠡᠢᠲᠡ ᠬᠡᠯᠡ 》 ᠵᠡᠷᠭᠡ ᠲᠥᠰᠥᠯ ᠰᠢᠨᠵᠢᠯᠡᠬᠦ ᠨᠡᠢᠲᠡᠯᠡᠯ ᠦᠨ ᠲᠥᠰᠥᠯ ᠢ ᠬᠠᠷᠢᠭᠤᠴᠠᠯᠠᠨ ᠭᠦᠢᠴᠡᠳᠬᠡᠵᠦ ᠪᠠᠢᠨ᠎ᠠ ᠄ 2018 ᠣᠨ ᠳᠤ ᠳᠤᠰᠬᠠᠨ ᠳᠠᠭᠤᠰᠬᠠᠨ᠎ᠠ
ᠮᠣᠩᠭᠣᠯ ᠬᠡᠯᠡᠨ ᠦ ᠰᠤᠳᠤᠯᠤᠯ ᠤᠨ ᠲᠥᠪ ᠦᠨ ᠬᠠᠮᠲᠤ ᠲᠣᠭᠠᠴᠠᠭᠰᠠᠨ ᠦ ᠨᠡᠷ᠎ᠡ ᠪᠣᠯᠤᠨ᠎ᠠ 《 ᠵᠠᠷᠯᠢᠭ 》 ᠢ ᠬᠡᠪᠯᠡᠭᠦᠯᠦᠯᠦᠭᠰᠡᠨ ᠰᠤᠳᠤᠯᠤᠯᠴᠢᠨ ᠤ ᠭᠠᠷᠤᠯ ᠤᠨ ᠪᠠᠷᠢᠮᠲᠠ ᠶᠢᠨ
ᠮᠣᠩᠭᠣᠯ ᠬᠡᠯᠡᠨ ᠰᠤᠳᠤᠯᠤᠯᠤᠨ ᠶᠢᠨ ᠲᠦᠷᠦᠭᠦ ᠶᠢ ᠰᠤᠳᠤᠯᠤᠯᠤᠭᠰᠠᠨ ᠪᠠᠢᠨ᠎ᠠ ::

ᠪᠢ ᠂ ᠨᠣᠮ ᠤᠨ ᠮᠣᠩᠭᠣᠯ ᠬᠡᠯᠡᠨ ᠤ ᠨᠡᠢᠲᠡᠯᠡᠯ ᠦᠨ ᠲᠥᠷᠦᠯ ᠢ ᠵᠢᠷᠤᠮᠯᠠᠨ ᠭᠠᠭᠴᠠ ᠰᠠᠢᠨ ᠰᠠᠢᠨ ᠬᠠᠮᠲᠤ ᠂ ᠮᠣᠩᠭᠣᠯ ᠰᠤᠳᠤᠯᠤᠯ ᠪᠠᠨ 《 ᠮᠣᠩᠭᠣᠯ ᠬᠡᠯᠡᠨ ᠦ ᠰᠠᠢᠬᠠᠨ ᠤ ᠰᠤᠳᠤᠯᠤᠯᠴᠢᠯᠭ᠎ᠠ 》
(ᠥᠪᠦᠷᠮᠣᠩᠭᠣᠯ ᠤᠨ ᠠᠷᠠᠳ ᠤᠨ ᠬᠡᠪᠯᠡᠯ ᠦᠨ ᠬᠣᠷᠢᠶ᠎ᠠ ᠂ 1998 ᠣᠨ) ᠂《 ᠥᠪᠦᠷᠮᠣᠩᠭᠣᠯ ᠤᠨ ᠪᠠᠶᠢᠭᠠᠯᠢ ᠪᠠᠢᠳᠠᠯ 》(ᠪᠠᠢᠭᠤᠯᠤᠯ ᠵᠡᠷᠭᠡ ᠶᠢᠨ ᠨᠡᠢᠲᠡᠯᠡᠯ ᠰᠤᠳᠤᠯᠤᠯᠴᠢᠳ ᠤᠨ ᠬᠠᠮᠲᠤᠷᠠᠯ
ᠤᠨ ᠰᠤᠳᠤᠯᠬᠤ ᠪᠢᠴᠢᠭ ᠂ ᠥᠪᠦᠷᠮᠣᠩᠭᠣᠯ ᠤᠨ ᠰᠤᠷᠭᠠᠨ ᠬᠦᠮᠦᠵᠢᠯ ᠦᠨ ᠬᠡᠪᠯᠡᠯ ᠦᠨ ᠬᠣᠷᠢᠶ᠎ᠠ ᠂ 2013 ᠣᠨ) ᠂《 ᠰᠤᠳᠤᠯᠤᠨ ᠮᠡᠳᠡᠬᠦ ᠶᠢᠨ ᠵᠠᠮᠤᠯᠠᠯ 》(ᠪᠠᠶᠠᠯᠢᠭ ᠵᠡᠷᠭᠡ ᠶᠢᠨ ᠨᠡᠢᠲᠡᠯᠡᠭᠰᠡᠨ
ᠤᠨ ᠰᠤᠷᠭᠠᠭᠤᠯᠢ ᠪᠠᠷᠢᠯᠭ᠎ᠠ ᠂ ᠥᠪᠦᠷᠮᠣᠩᠭᠣᠯ ᠤᠨ ᠰᠤᠷᠭᠠᠨ ᠬᠦᠮᠦᠵᠢᠯ ᠦᠨ ᠬᠡᠪᠯᠡᠯ ᠦᠨ ᠬᠣᠷᠢᠶ᠎ᠠ ᠂ 2014 ᠣᠨ) ᠂《 ᠪᠢᠳᠡ ᠵᠠᠭᠠᠨ ᠰᠠᠷᠠ ᠶᠢᠨ ᠰᠤᠷᠤᠯᠴᠠᠭ᠎ᠠ ᠶᠢᠨ ᠨᠡᠢᠲᠡᠯᠡᠯ
ᠶᠢᠨ ᠰᠤᠳᠤᠯᠤᠯᠴᠢᠳ ᠶᠢᠨ ᠰᠤᠳᠤᠯᠤᠯᠤᠨ ᠤ ᠰᠤᠷᠭᠠᠭᠤᠯᠢ ᠪᠠᠷᠢᠯᠭ᠎ᠠ ᠂ ᠥᠪᠦᠷᠮᠣᠩᠭᠣᠯ ᠤᠨ ᠰᠤᠷᠭᠠᠨ ᠬᠦᠮᠦᠵᠢᠯ ᠦᠨ ᠬᠡᠪᠯᠡᠯ ᠦᠨ ᠬᠣᠷᠢᠶ᠎ᠠ ᠂ 2014 ᠣᠨ) ᠂《 ᠪᠢᠳᠡ ᠵᠠᠭᠠᠨ ᠰᠠᠷᠠ ᠶᠢᠨ ᠰᠤᠷᠤᠯᠴᠠᠭ᠎ᠠ ᠶᠢᠨ ᠨᠡᠢᠲᠡᠯᠡᠯ ᠤᠨ
ᠶᠢᠨ ᠰᠤᠷᠤᠭ ᠨᠡᠢᠲᠡ ᠬᠡᠯᠡᠨ ᠵᠦᠢ ᠪᠢᠴᠢᠭ ᠪᠣᠯᠪᠠᠰᠤᠷᠠᠯ — ᠰᠤᠷᠤᠭ ᠤ ᠬᠦᠮᠦᠵᠢᠯ 》(ᠥᠪᠦᠷᠮᠣᠩᠭᠣᠯ ᠤᠨ ᠰᠤᠷᠭᠠᠨ ᠬᠦᠮᠦᠵᠢᠯ ᠦᠨ ᠬᠡᠪᠯᠡᠯ ᠦᠨ ᠬᠣᠷᠢᠶ᠎ᠠ ᠂ 2013 ᠣᠨ) ᠂《 ᠨᠡᠢᠲᠡᠯᠡᠯ ᠦᠨ ᠰᠤᠳᠤᠯᠤᠯᠴᠢᠯᠭ᠎ᠠ ᠶᠢᠨ
ᠰᠤᠷᠤᠯᠭᠠ 》(ᠥᠪᠦᠷᠮᠣᠩᠭᠣᠯ ᠤᠨ ᠰᠤᠷᠭᠠᠨ ᠬᠦᠮᠦᠵᠢᠯ ᠦᠨ ᠬᠡᠪᠯᠡᠯ ᠦᠨ ᠬᠣᠷᠢᠶ᠎ᠠ ᠂ 2013 ᠣᠨ) ᠂《 ᠪᠠᠶᠠᠯᠢᠭ ᠨᠡᠢᠲᠡᠯᠡᠯ ᠦᠨ ᠰᠤᠳᠤᠯᠤᠯ 》(ᠥᠪᠦᠷᠮᠣᠩᠭᠣᠯ ᠤᠨ ᠰᠤᠷᠭᠠᠨ ᠬᠦᠮᠦᠵᠢᠯ ᠦᠨ ᠬᠡᠪᠯᠡᠯ ᠦᠨ ᠬᠣᠷᠢᠶ᠎ᠠ ᠂
2014 ᠣᠨ) ᠂《 ᠵᠠᠯᠠᠭᠤ ᠰᠤᠷᠤᠭ ᠤᠨ ᠪᠣᠯᠪᠠᠰᠤᠷᠠᠯ 》(ᠥᠪᠦᠷᠮᠣᠩᠭᠣᠯ ᠤᠨ ᠰᠤᠷᠭᠠᠨ ᠬᠦᠮᠦᠵᠢᠯ ᠦᠨ ᠬᠡᠪᠯᠡᠯ ᠦᠨ ᠬᠣᠷᠢᠶ᠎ᠠ ᠂ 2015 ᠣᠨ) ᠂《 ᠲᠤᠩᠭᠠᠯᠠᠭ ᠬᠡᠯᠡᠨ ᠦ ᠪᠠᠶᠠᠯᠢᠭ ᠨᠡᠢᠲᠡᠯᠡᠯ ᠦᠨ
ᠪᠢᠴᠢᠯᠭᠡ 》(ᠥᠪᠦᠷᠮᠣᠩᠭᠣᠯ ᠤᠨ ᠰᠤᠷᠭᠠᠨ ᠬᠦᠮᠦᠵᠢᠯ ᠦᠨ ᠬᠡᠪᠯᠡᠯ ᠦᠨ ᠬᠣᠷᠢᠶ᠎ᠠ ᠂ 2016 ᠣᠨ) ᠵᠡᠷᠭᠡ 10 ᠭᠠᠷᠤᠳᠠᠢ ᠨᠣᠮ ᠢ ᠬᠣᠪᠤᠨ ᠬᠠᠮᠲᠤ ᠨᠡᠢᠲᠡ ᠳᠤ ᠬᠡᠪᠯᠡᠭᠦᠯᠦᠯᠡ

ᠬᠡᠪᠯᠡᠭᠦᠯᠪᠡ ::

ᠪᠢ 1984 ᠣᠨ ᠡᠴᠡ ᠡᠬᠢᠯᠡᠨ 《 ᠬᠡᠯᠡᠨ ᠰᠤᠳᠤᠯᠤᠯ ᠤᠨ ᠰᠤᠳᠤᠯᠭ᠎ᠠ 》᠂《 ᠮᠣᠩᠭᠣᠯ ᠬᠡᠯᠡᠨ ᠤ ᠮᠡᠳᠡᠯᠭᠡ 》᠂《 ᠮᠣᠩᠭᠣᠯ ᠬᠡᠯᠡ ᠵᠦᠢ ᠰᠤᠳᠤᠯᠤᠯᠴᠢᠯᠭ᠎ᠠ 》᠂《 ᠪᠠᠶᠠᠯᠢᠭ ᠪᠦᠬᠦ ᠮᠣᠩᠭᠣᠯ
ᠰᠤᠷᠭᠠᠭᠤᠯᠢ 》᠂《 ᠵᠠᠩᠭᠢᠷ ᠰᠤᠳᠤᠯᠤᠯ ᠤᠨ ᠮᠡᠳᠡᠭᠳᠡᠬᠦᠨ ᠮᠡᠳᠡᠭᠡ 》᠂《 ᠰᠢᠨᠵᠢᠯᠡᠬᠦ ᠪᠢᠴᠢᠭ ᠪᠢᠴᠢᠭᠰᠡᠨ ᠮᠡᠳᠡᠭᠡ 》᠂《 ᠮᠣᠩᠭᠣᠯ ᠮᠣᠩᠭᠣᠯ ᠤᠨ ᠰᠢᠨ᠎ᠡ ᠰᠤᠳᠤᠯᠤᠯ 》᠂《 ᠮᠣᠩᠭᠣᠯᠴᠤᠳ ᠤᠨ ᠲᠡᠦᠬᠡ ᠪᠢᠴᠢᠭ 》᠂《 ᠮᠣᠩᠭᠣᠯ

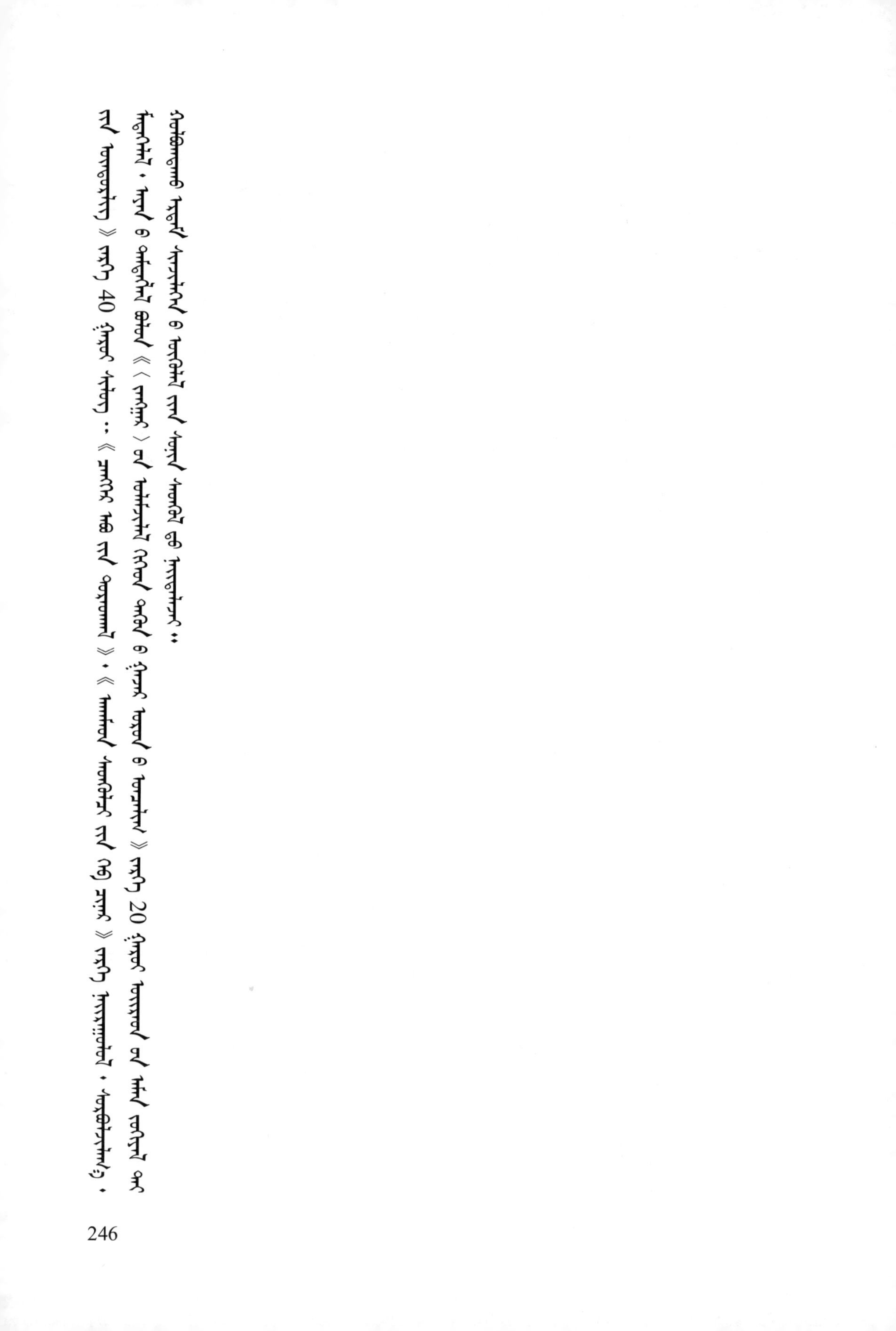

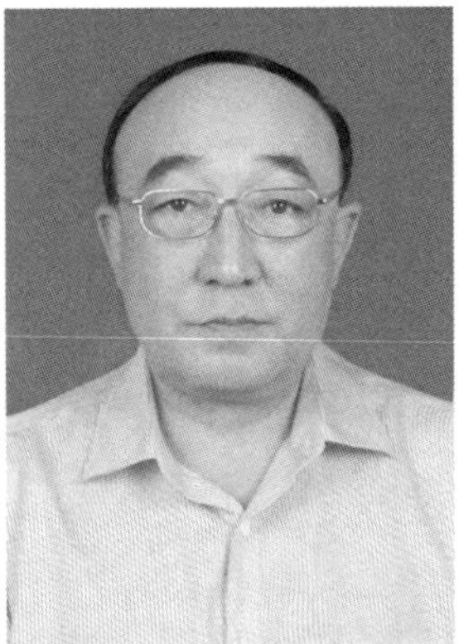

ᠪ · ᠪᠠᠲᠤᠮᠥᠩᠬᠡ

ᠡᠷᠡᠭᠲᠡᠢ ᠂ ᠮᠣᠩᠭᠣᠯ ᠦᠨᠳᠦᠰᠦᠲᠡᠨ ᠂ ᠬᠠᠷᠴᠢᠨ ᠵᠡᠭᠦᠨ ᠭᠠᠷ ᠤᠨ ᠬᠣᠰᠢᠭᠤᠨ ᠤ ᠬᠦᠮᠦᠨ ᠃ 1961 ᠣᠨ ᠤ 8 ᠰᠠᠷ᠎ᠠ ᠶᠢᠨ 16 ᠳᠤ ᠲᠥᠷᠥᠭᠰᠡᠨ ᠃ ᠳᠡᠭᠡᠳᠦ ᠰᠤᠷᠭᠠᠭᠤᠯᠢ ᠶᠢᠨ ᠪᠠᠶᠢᠴᠠᠭᠠᠯᠲᠠ ᠶᠢᠨ ᠡᠷᠳᠡᠮ ᠦᠨ ᠴᠣᠯᠠ ᠲᠠᠢ ᠃ ᠮᠣᠩᠭᠣᠯ ᠬᠡᠯᠡ ᠪᠢᠴᠢᠭ ᠤᠨ ᠰᠤᠷᠭᠠᠭᠤᠯᠢ ᠳᠤ ᠰᠤᠷᠤᠯᠴᠠᠵᠤ ᠡᠷᠳᠡᠮ ᠦᠨ ᠮᠡᠷᠭᠡᠵᠢᠯ ᠦᠨ ᠪᠣᠯᠪᠠᠰᠤᠷᠠᠯ ᠢ ᠣᠯᠵᠤ ᠂ ᠵᠢᠨ ᠬᠠᠮᠤᠭ ᠤᠨ ᠰᠣᠶᠣᠯ ᠤᠨ ᠠᠵᠢᠯ ᠤᠨ ᠲᠡᠰᠤᠪ ᠲᠦ ᠪᠤᠢ ᠃ 1971 ᠣᠨ ᠤ 3 ᠰᠠᠷ᠎ᠠ ᠡᠴᠡ 1975 ᠣᠨ ᠤ 7 ᠰᠠᠷ᠎ᠠ ᠬᠦᠷᠲᠡᠯ᠎ᠡ ᠰᠤᠷᠭᠠᠭᠤᠯᠢ ᠳᠤ ᠰᠤᠷᠤᠯᠴᠠᠭᠰᠠᠨ ᠃ 1975 ᠣᠨ ᠤ 9 ᠰᠠᠷ᠎ᠠ ᠡᠴᠡ 1977 ᠣᠨ ᠤ 7 ᠰᠠᠷ᠎ᠠ ᠬᠦᠷᠲᠡᠯ᠎ᠡ ᠰᠤᠷᠭᠠᠭᠤᠯᠢ ᠳᠤ ᠪᠠᠭᠰᠢ ᠬᠢᠵᠦ ᠂ 1977 ᠣᠨ ᠤ 9 ᠰᠠᠷ᠎ᠠ ᠡᠴᠡ 1980 ᠣᠨ ᠤ 7 ᠰᠠᠷ᠎ᠠ ᠬᠦᠷᠲᠡᠯ᠎ᠡ ᠪᠠᠭᠰᠢ ᠶᠢᠨ ᠰᠤᠷᠭᠠᠭᠤᠯᠢ ᠳᠤ ᠰᠤᠷᠤᠯᠴᠠᠭᠰᠠᠨ ᠂ 1980 ᠣᠨ ᠤ 9 ᠰᠠᠷ᠎ᠠ ᠡᠴᠡ 1984 ᠣᠨ ᠤ 7 ᠰᠠᠷ᠎ᠠ ᠬᠦᠷᠲᠡᠯ᠎ᠡ ᠶᠡᠬᠡ ᠰᠤᠷᠭᠠᠭᠤᠯᠢ ᠳᠤ ᠰᠤᠷᠤᠯᠴᠠᠭᠰᠠᠨ ᠃ 1984 ᠣᠨ ᠤ 7 ᠰᠠᠷ᠎ᠠ ᠡᠴᠡ 1988 ᠣᠨ ᠤ 5 ᠰᠠᠷ᠎ᠠ ᠬᠦᠷᠲᠡᠯ᠎ᠡ ᠠᠵᠢᠯᠯᠠᠭᠰᠠᠨ ᠃ 1988 ᠣᠨ ᠡᠴᠡ 1990 ᠣᠨ ᠬᠦᠷᠲᠡᠯ᠎ᠡ ᠰᠤᠷᠤᠯᠴᠠᠭᠰᠠᠨ ᠂ 1990 ᠣᠨ ᠡᠴᠡ 1996 ᠣᠨ ᠬᠦᠷᠲᠡᠯ᠎ᠡ ᠠᠵᠢᠯᠯᠠᠭᠰᠠᠨ ᠂ 1996 ᠣᠨ ᠡᠴᠡ 2000 ᠣᠨ ᠤ 5 ᠰᠠᠷ᠎ᠠ ᠬᠦᠷᠲᠡᠯ᠎ᠡ ᠠᠵᠢᠯᠯᠠᠭᠰᠠᠨ ᠃ 2000 ᠣᠨ ᠡᠴᠡ 2008 ᠣᠨ ᠤ 4 ᠰᠠᠷ᠎ᠠ ᠬᠦᠷᠲᠡᠯ᠎ᠡ ᠠᠵᠢᠯᠯᠠᠭᠰᠠᠨ ᠃ 2008 ᠣᠨ ᠤ 8 ᠰᠠᠷ᠎ᠠ ᠡᠴᠡ ᠡᠬᠢᠯᠡᠨ ᠠᠵᠢᠯᠯᠠᠵᠤ ᠪᠠᠶᠢᠨ᠎ᠠ ᠃ 2005 ᠣᠨ ᠤ 11 ᠰᠠᠷ᠎ᠠ ᠳᠤ 《 ᠮᠣᠩᠭᠣᠯ ᠬᠡᠯᠡ ᠪᠢᠴᠢᠭ 》 ᠰᠡᠳᠬᠦᠯ ᠦᠨ ᠡᠷᠬᠢᠯᠡᠭᠴᠢ ᠪᠣᠯᠵᠤ ᠂ 2010 ᠣᠨ ᠤ 8 ᠰᠠᠷ᠎ᠠ ᠳᠤ 《 ᠮᠣᠩᠭᠣᠯ ᠬᠡᠯᠡ ᠪᠢᠴᠢᠭ 》 ᠰᠡᠳᠬᠦᠯ ᠦᠨ ᠬᠣᠷᠢᠶ᠎ᠠ ᠶᠢᠨ ᠡᠷᠬᠢᠯᠡᠭᠴᠢ ᠪᠣᠯᠵᠤ ᠃ 2011 ᠣᠨ ᠤ 6 ᠰᠠᠷ᠎ᠠ ᠡᠴᠡ ᠡᠬᠢᠯᠡᠨ ᠮᠣᠩᠭᠣᠯ ᠬᠡᠯᠡ ᠪᠢᠴᠢᠭ ᠦᠨ ᠠᠵᠢᠯ ᠤᠨ ᠬᠣᠷᠢᠶ᠎ᠠ ᠶᠢᠨ ᠳᠠᠷᠤᠭ᠎ᠠ ᠪᠣᠯᠵᠤ ᠂ 2011 ᠣᠨ ᠤ 9 ᠰᠠᠷ᠎ᠠ ᠡᠴᠡ ᠡᠬᠢᠯᠡᠨ ᠮᠣᠩᠭᠣᠯ ᠬᠡᠯᠡ ᠪᠢᠴᠢᠭ ᠤᠨ ᠠᠵᠢᠯ ᠤᠨ ᠬᠣᠷᠢᠶ᠎ᠠ ᠶᠢᠨ ᠳᠠᠷᠤᠭ᠎ᠠ ᠶᠢᠨ ᠠᠯᠪᠠ ᠶᠢ ᠬᠠᠪᠰᠤᠷᠤᠨ ᠡᠷᠬᠢᠯᠡᠵᠦ ᠪᠠᠶᠢᠨ᠎ᠠ ᠃

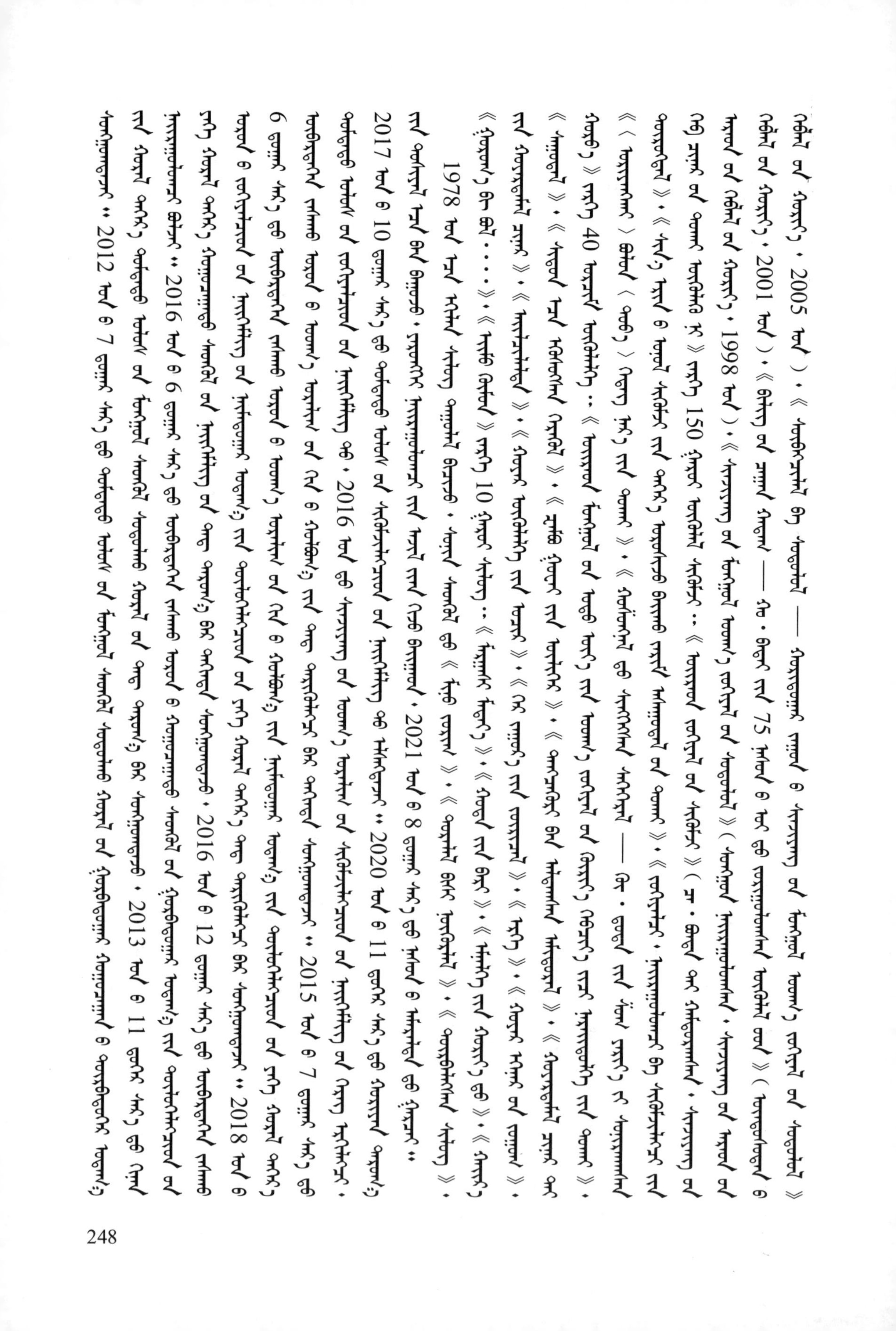

《 ᠪᠠ • ᠴᠢᠮᠡᠳ ᠦᠨ ᠤᠷᠠᠨ ᠪᠦᠲᠦᠭᠡᠯ ᠦᠨ ᠦᠵᠡᠮᠵᠢ 》 ᠭᠡᠰᠡᠨ ᠥᠭᠦᠯᠡᠯ ᠢ 1996 ᠣᠨ ᠤ 7 ᠳᠤᠭᠠᠷ ᠰᠠᠷ᠎ᠠ ᠳᠤ 《 ᠮᠣᠩᠭᠣᠯ ᠬᠡᠯᠡ ᠤᠷᠠᠨ ᠵᠣᠬᠢᠶᠠᠯ 》 ᠤᠨ 《 ᠪᠠᠷ ᠤᠨ ᠰᠤᠷᠭᠠᠭᠤᠯᠢ ᠶᠢᠨ ᠰᠡᠳᠬᠦᠯ 》 (ᠲᠤᠰᠬᠠᠢ ᠳᠤᠭᠠᠷ) ᠰᠤᠳᠤᠯᠤᠭᠠᠳ ᠬᠡᠪᠯᠡᠭᠦᠯᠦᠭᠰᠡᠨ 15 ᠵᠢᠯ (1981 — 1996) ᠤᠨ ᠰᠣᠩᠭᠤᠮᠠᠯ ᠥᠭᠦᠯᠡᠯ ᠦᠨ ᠲᠡᠭᠦᠪᠦᠷᠢ ᠳᠦ ᠣᠷᠤᠭᠤᠯᠤᠨ᠎ᠠ :: 《 ᠪᠠᠭᠰᠢ ᠨᠠᠷ ᠤᠨ ᠵᠢᠷᠤᠮ ᠶᠠᠰᠤ ᠶᠢᠨ ᠰᠤᠷᠭᠠᠯ ᠤᠨ ᠠᠵᠢᠯ ᠤᠨ ᠲᠤᠬᠠᠢ ᠲᠡᠮᠳᠡᠭᠯᠡᠯ 》 ᠭᠡᠰᠡᠨ ᠥᠭᠦᠯᠡᠯ ᠢ 1996 ᠣᠨ ᠤ 12 ᠳᠤᠭᠠᠷ ᠰᠠᠷ᠎ᠠ ᠳᠤ 《 ᠪᠦᠭᠦᠳᠡ ᠨᠠᠢᠷᠠᠮᠳᠠᠬᠤ ᠳᠤᠮᠳᠠᠳᠤ ᠰᠤᠷᠭᠠᠭᠤᠯᠢ ᠶᠢᠨ ᠰᠤᠷᠭᠠᠨ ᠬᠥᠮᠦᠵᠢᠯ ᠦᠨ ᠰᠤᠳᠤᠯᠭ᠎ᠠ 》 ᠳᠤ ᠨᠡᠢᠲᠡᠯᠡᠭᠦᠯᠪᠡ ᠃ 1993 ᠣᠨ ᠤ 10 ᠳᠤᠭᠠᠷ ᠰᠠᠷ᠎ᠠ ᠳᠤ ᠪᠢᠴᠢᠭᠰᠡᠨ 《 ᠦᠨᠳᠦᠰᠦᠲᠡᠨ ᠦ ᠰᠤᠷᠭᠠᠨ ᠬᠥᠮᠦᠵᠢᠯ ᠦᠨ ᠰᠢᠨᠡᠳᠭᠡᠯ 》 ᠬᠡᠮᠡᠬᠦ ᠥᠭᠦᠯᠡᠯ ᠢ ᠦᠨᠳᠦᠰᠦᠲᠡᠨ ᠦ ᠰᠤᠷᠭᠠᠨ ᠬᠥᠮᠦᠵᠢᠯ ᠦᠨ ᠬᠡᠪᠯᠡᠯ ᠦᠨ ᠬᠣᠷᠢᠶ᠎ᠠ ᠳᠤ 70 ᠵᠢᠯ ᠤᠨ 1991 ᠣᠨ ᠤ 7 ᠳᠤᠭᠠᠷ ᠰᠠᠷ᠎ᠠ ᠳᠤ 《 ᠮᠣᠩᠭᠣᠯ ᠰᠤᠷᠭᠠᠯ 》 ᠰᠡᠳᠬᠦᠯ ᠳᠦ ᠨᠡᠢᠲᠡᠯᠡᠭᠦᠯᠪᠡ :: 《 ᠮᠣᠩᠭᠣᠯ ᠦᠨᠳᠦᠰᠦᠲᠡᠨ ᠦ ᠰᠤᠷᠭᠠᠨ ᠬᠥᠮᠦᠵᠢᠯ ᠦᠨ ᠬᠥᠭᠵᠢᠯ 》 ᠭᠡᠰᠡᠨ ᠥᠭᠦᠯᠡᠯ ᠢ 1990 ᠣᠨ ᠤ 12 ᠳᠤᠭᠠᠷ ᠰᠠᠷ᠎ᠠ ᠳᠤ 《 ᠰᠤᠷᠭᠠᠨ ᠬᠥᠮᠦᠵᠢᠯ ᠦᠨ ᠰᠤᠳᠤᠯᠭ᠎ᠠ 》 ᠳᠤ ᠨᠡᠢᠲᠡᠯᠡᠭᠦᠯᠪᠡ :: 《 ᠬᠠ • ᠪᠠᠲᠤ ᠶᠢᠨ

《 ᠳᠣᠷᠤᠨᠠᠳᠤ ᠮᠣᠩᠭᠣᠯ ᠤᠨ ᠰᠤᠷᠭᠠᠯ 》 ᠭᠡᠰᠡᠨ ᠥᠭᠦᠯᠡᠯ ᠢ 1987 ᠣᠨ ᠳᠤ 《 ᠰᠤᠷᠭᠠᠨ ᠬᠥᠮᠦᠵᠢᠯ ᠦᠨ ᠰᠤᠳᠤᠯᠭ᠎ᠠ ᠶᠢᠨ ᠡᠮᠬᠢᠳᠬᠡᠯ 》 ᠳᠤ ᠨᠡᠢᠲᠡᠯᠡᠭᠦᠯᠪᠡ ::

2006 ᠣᠨ ᠳᠤ ᠪᠠᠶᠢᠭᠤᠯᠤᠭᠰᠠᠨ 《 ᠮᠣᠩᠭᠣᠯ ᠬᠡᠯᠡ ᠶᠢᠨ ᠰᠤᠷᠭᠠᠯᠲᠠ ᠶᠢᠨ ᠠᠷᠭ᠎ᠠ ᠪᠠᠷᠢᠯ 》 (ᠨᠢᠭᠡᠳᠦᠭᠡᠷ) ᠬᠡᠮᠡᠬᠦ ᠨᠣᠮ ᠢ ᠮᠣᠩᠭᠣᠯ ᠬᠡᠯᠡ ᠤᠷᠠᠨ ᠵᠣᠬᠢᠶᠠᠯ ᠤᠨ ᠰᠤᠷᠭᠠᠯᠲᠠ ᠶᠢᠨ ᠰᠤᠳᠤᠯᠭ᠎ᠠ ᠶᠢᠨ ᠴᠤᠪᠤᠷᠠᠯ ᠤᠨ 3 ᠳᠤᠭᠠᠷ ᠪᠣᠳᠢ ᠪᠣᠯᠭᠠᠨ ᠦᠨᠳᠦᠰᠦᠲᠡᠨ ᠦ ᠬᠡᠪᠯᠡᠯ ᠦᠨ ᠬᠣᠷᠢᠶ᠎ᠠ ᠡᠴᠡ ᠬᠡᠪᠯᠡᠭᠦᠯᠦᠭᠰᠡᠨ :: 2003 ᠣᠨ ᠳᠤ 《 ᠮᠣᠩᠭᠣᠯ ᠬᠡᠯᠡ ᠶᠢᠨ ᠰᠤᠷᠭᠠᠯᠲᠠ ᠶᠢᠨ ᠠᠷᠭ᠎ᠠ ᠪᠠᠷᠢᠯ 》 (ᠬᠣᠶᠠᠳᠤᠭᠠᠷ) ᠭᠡᠰᠡᠨ 24 ᠮᠢᠩᠭ᠎ᠠ ᠦᠰᠦᠭ ᠲᠦ ᠨᠣᠮ ᠢ ᠮᠣᠩᠭᠣᠯ ᠬᠡᠯᠡ ᠤᠷᠠᠨ ᠵᠣᠬᠢᠶᠠᠯ ᠤᠨ ᠰᠤᠷᠭᠠᠯᠲᠠ ᠶᠢᠨ ᠰᠤᠳᠤᠯᠭ᠎ᠠ ᠶᠢᠨ ᠴᠤᠪᠤᠷᠠᠯ ᠤᠨ ᠬᠡᠪᠯᠡᠯ ᠦᠨ ᠬᠣᠷᠢᠶ᠎ᠠ ᠡᠴᠡ ᠬᠡᠪᠯᠡᠭᠦᠯᠦᠭᠰᠡᠨ :: 2001 ᠣᠨ ᠳᠤ ᠪᠠᠭᠰᠢ ᠨᠠᠷ ᠤᠨ ᠭᠠᠷ ᠤᠨ ᠠᠪᠤᠯᠭ᠎ᠠ 《 ᠮᠣᠩᠭᠣᠯ ᠬᠡᠯᠡ ᠶᠢᠨ ᠰᠤᠷᠭᠠᠯᠲᠠ ᠶᠢᠨ ᠠᠷᠭ᠎ᠠ ᠪᠠᠷᠢᠯ 》 (2015 ᠣᠨ) ᠵᠡᠷᠭᠡ ᠪᠦᠲᠦᠭᠡᠯ ᠢ ᠬᠡᠪᠯᠡᠭᠦᠯᠦᠭᠰᠡᠨ :: 2001 ᠣᠨ ᠳᠤ ᠪᠢᠴᠢᠭᠰᠡᠨ 《 ᠰᠤᠷᠭᠠᠭᠤᠯᠢ ᠶᠢᠨ ᠮᠣᠩᠭᠣᠯ ᠬᠡᠯᠡ ᠶᠢᠨ ᠰᠤᠷᠭᠠᠯᠲᠠ 》 (ᠰᠤᠷᠭᠠᠭᠤᠯᠢ ᠶᠢᠨ ᠮᠣᠩᠭᠣᠯ ᠬᠡᠯᠡ ᠶᠢᠨ ᠬᠡᠪᠯᠡᠯ ᠦᠨ ᠬᠣᠷᠢᠶ᠎ᠠ ، 2012 ᠣᠨ) ، 《 ᠪᠢᠴᠢᠭ ᠦᠨ ᠬᠡᠯᠡ — ᠪ • ᠪᠠᠶᠠᠷᠵᠠᠷᠭᠠᠯ ᠤᠨ ᠰᠤᠷᠭᠠᠯ ᠤᠨ ᠬᠡᠯᠡ ᠬᠡᠪᠯᠡᠯ ᠦᠨ ᠬᠣᠷᠢᠶ᠎ᠠ ، 2012 ᠣᠨ) ، 《 ᠮᠣᠩᠭᠣᠯ ᠬᠡᠯᠡ ᠶᠢᠨ ᠰᠤᠷᠭᠠᠯᠲᠠ — ᠪᠢᠴᠢᠭ ᠦᠨ ᠬᠡᠯᠡ ᠶᠢᠨ ᠰᠤᠳᠤᠯᠭ᠎ᠠ ᠶᠢᠨ ᠲᠤᠬᠠᠢ 》 (ᠰᠤᠷᠭᠠᠭᠤᠯᠢ ᠶᠢᠨ ᠮᠣᠩᠭᠣᠯ ᠬᠡᠯᠡ ᠶᠢᠨ ᠬᠡᠪᠯᠡᠯ ᠦᠨ ᠬᠣᠷᠢᠶ᠎ᠠ ، 2010 ᠣᠨ) ، 《 ᠰᠢᠨᠵᠢᠯᠡᠬᠦ ᠤᠬᠠᠭᠠᠨ — ᠮᠣᠩᠭᠣᠯ ᠬᠡᠯᠡ ᠶᠢᠨ ᠰᠤᠷᠭᠠᠯᠲᠠ ᠶᠢᠨ ᠰᠤᠳᠤᠯᠭ᠎ᠠ 》 (ᠰᠤᠷᠭᠠᠭᠤᠯᠢ ᠶᠢᠨ ᠮᠣᠩᠭᠣᠯ ᠬᠡᠯᠡ ᠶᠢᠨ ᠬᠡᠪᠯᠡᠯ — ᠮᠣᠩᠭᠣᠯ ᠬᠡᠯᠡ ᠶᠢᠨ ᠰᠤᠷᠭᠠᠯᠲᠠ ᠶᠢᠨ ᠰᠤᠳᠤᠯᠭ᠎ᠠ ، ᠰᠤᠷᠭᠠᠯᠲᠠ ، ᠮᠣᠩᠭᠣᠯ ᠬᠡᠯᠡ ᠶᠢᠨ ᠪᠢᠴᠢᠭ ᠦᠨ ᠬᠡᠯᠡ 》 (ᠨᠣᠮ ᠰᠤᠷᠭᠠᠯᠲᠠ ᠶᠢᠨ ᠬᠡᠪᠯᠡᠯ ᠦᠨ ᠬᠣᠷᠢᠶ᠎ᠠ ، 2009 ᠣᠨ) ، 《 ᠪᠢᠴᠢᠭ ᠦᠨ ᠬᠡᠯᠡ ᠶᠢᠨ ᠮᠣᠩᠭᠣᠯ ᠬᠡᠯᠡ ᠶᠢᠨ ᠰᠤᠷᠭᠠᠯᠲᠠ ᠶᠢᠨ ᠠᠷᠭ᠎ᠠ ᠪᠠᠷᠢᠯ 》 ᠤᠨ ᠰᠤᠳᠤᠯᠭ᠎ᠠ — ᠮᠣᠩᠭᠣᠯ ᠬᠡᠯᠡ ᠶᠢᠨ ᠰᠤᠷᠭᠠᠯᠲᠠ ᠶᠢᠨ ᠬᠡᠪᠯᠡᠯ ᠦᠨ ᠬᠣᠷᠢᠶ᠎ᠠ ، 2006 ᠣᠨ) ، 《 ᠮᠣᠩᠭᠣᠯ ᠬᠡᠯᠡ ᠶᠢᠨ ᠰᠤᠷᠭᠠᠯᠲᠠ ᠶᠢᠨ (ᠪᠣᠯᠪᠠᠰᠤᠷᠠᠯᠠᠭᠠ ᠶᠢᠨ ᠬᠡᠪᠯᠡᠯ ᠦᠨ ᠬᠣᠷᠢᠶ᠎ᠠ

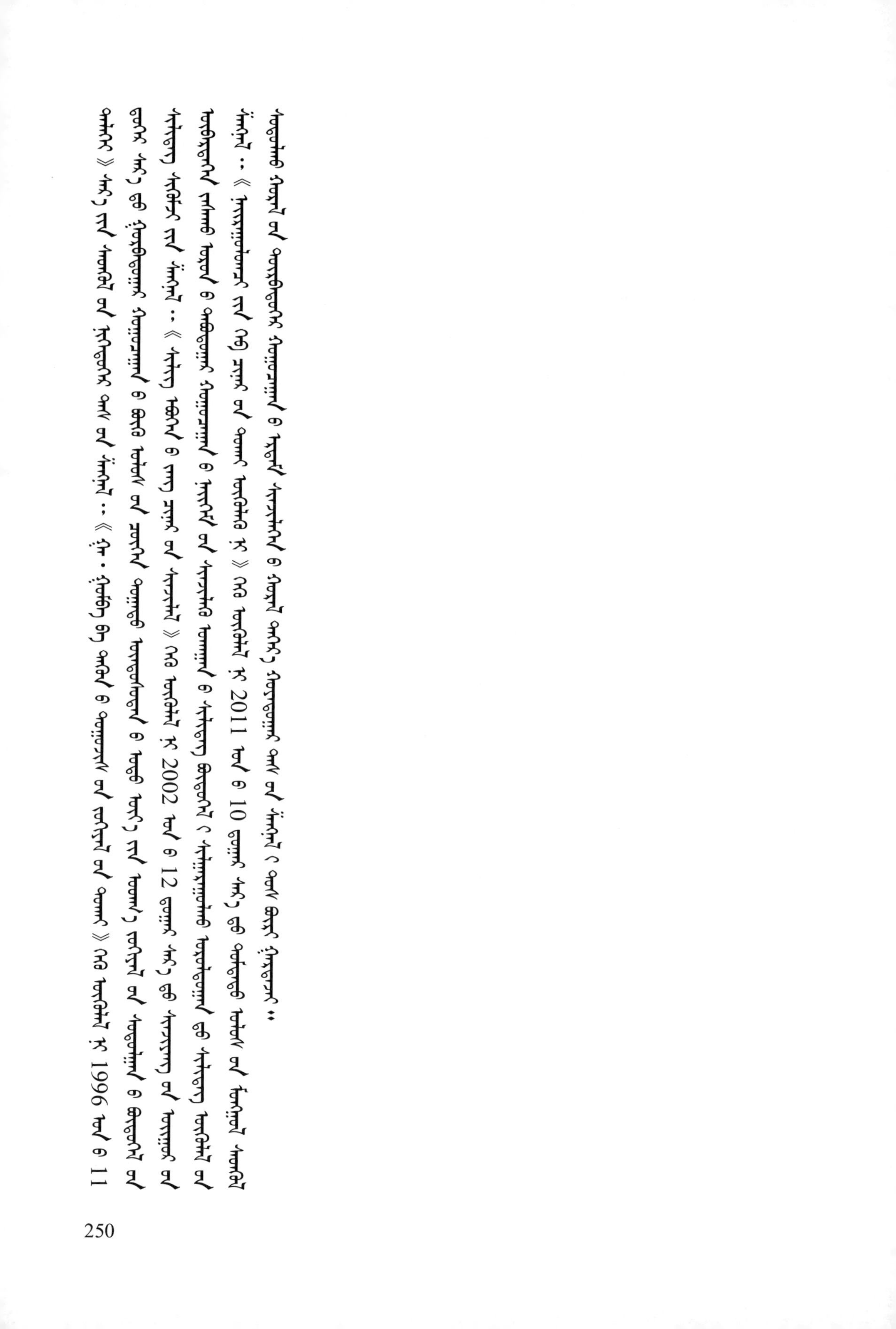

ᠪᠣ · ᠪᠠᠲᠤ ᠬᠠᠷᠴᠢᠨ ᠡᠷᠡᠭᠲᠡᠢ᠂ ᠮᠣᠩᠭᠣᠯ ᠦᠨᠳᠦᠰᠦᠲᠡᠨ ᠂ ᠬᠢᠴᠢᠶᠡᠯ ᠦᠨ ᠵᠢᠷᠤᠭᠴᠢᠨ᠃ 1961 ᠣᠨ ᠤ 9 ᠰᠠᠷ᠎ᠠ ᠶᠢᠨ 15 ᠤ ᠡᠳᠦᠷ ᠲᠦᠷᠦᠭᠰᠡᠨ᠃ 1971 ᠣᠨ ᠤ 9 ᠰᠠᠷ᠎ᠠ ᠠᠴᠠ 1976 ᠣᠨ ᠤ 7 ᠰᠠᠷ᠎ᠠ ᠬᠦᠷᠲᠡᠯ ᠪᠠᠭ᠎ᠠ ᠰᠤᠷᠭᠠᠭᠤᠯᠢ ᠳᠤ᠂ 1976 ᠣᠨ ᠤ 9 ᠰᠠᠷ᠎ᠠ ᠠᠴᠠ 1979 ᠣᠨ ᠤ 7 ᠰᠠᠷ᠎ᠠ ᠬᠦᠷᠲᠡᠯ ᠳᠤᠮᠳᠠ ᠰᠤᠷᠭᠠᠭᠤᠯᠢ ᠳᠤ᠂ 1979 ᠣᠨ ᠤ 9 ᠰᠠᠷ᠎ᠠ ᠠᠴᠠ 1981 ᠣᠨ ᠤ 7 ᠰᠠᠷ᠎ᠠ ᠬᠦᠷᠲᠡᠯ ᠪᠠᠭᠰᠢ ᠶᠢᠨ ᠰᠤᠷᠭᠠᠭᠤᠯᠢ ᠳᠤ ᠰᠤᠷᠤᠯᠴᠠᠭᠰᠠᠨ᠃ 1981 ᠣᠨ ᠳᠤ ᠰᠤᠷᠭᠠᠭᠤᠯᠢ ᠳᠤ ᠪᠠᠭᠰᠢ ᠬᠢᠵᠦ᠂ 1981 ᠣᠨ ᠤ 11 ᠰᠠᠷ᠎ᠠ ᠠᠴᠠ 1985 ᠣᠨ ᠤ 11 ᠰᠠᠷ᠎ᠠ ᠬᠦᠷᠲᠡᠯ ᠠᠵᠢᠯᠯᠠᠭᠰᠠᠨ᠃ 1985 ᠣᠨ ᠤ 12 ᠰᠠᠷ᠎ᠠ ᠳᠤ ᠰᠤᠷᠭᠠᠭᠤᠯᠢ ᠳᠤ ᠰᠤᠷᠤᠯᠴᠠᠵᠤ᠂ 1988 ᠣᠨ ᠤ 9 ᠰᠠᠷ᠎ᠠ ᠠᠴᠠ 1990 ᠣᠨ ᠤ 7 ᠰᠠᠷ᠎ᠠ ᠬᠦᠷᠲᠡᠯ ᠶᠡᠬᠡ ᠰᠤᠷᠭᠠᠭᠤᠯᠢ ᠳᠤ ᠰᠤᠷᠤᠯᠴᠠᠭᠰᠠᠨ᠃ 1996 ᠣᠨ ᠤ 3 ᠰᠠᠷ᠎ᠠ ᠠᠴᠠ 1998 ᠣᠨ ᠤ 3 ᠰᠠᠷ᠎ᠠ ᠬᠦᠷᠲᠡᠯ ᠰᠤᠷᠤᠯᠴᠠᠭᠰᠠᠨ᠃ 1995 ᠣᠨ ᠳᠤ ᠵᠢᠷᠤᠭᠴᠢᠳ ᠤᠨ ᠨᠡᠢᠭᠡᠮᠯᠢᠭ ᠦᠨ ᠭᠡᠰᠢᠭᠦᠨ ᠪᠣᠯᠵᠤ᠂ 2003 ᠣᠨ ᠤ 1 ᠰᠠᠷ᠎ᠠ ᠳᠤ ᠤᠯᠤᠰ ᠤᠨ ᠵᠢᠷᠤᠭᠴᠢᠳ ᠤᠨ ᠨᠡᠢᠭᠡᠮᠯᠢᠭ ᠦᠨ ᠭᠡᠰᠢᠭᠦᠨ ᠪᠣᠯᠪᠠ᠃ 2015 ᠣᠨ ᠤ 10 ᠰᠠᠷ᠎ᠠ ᠳᠤ ᠡᠭᠦᠨ ᠦ ᠵᠢᠷᠤᠭ ᠤᠨ ᠦᠵᠡᠰᠬᠦᠯᠡᠩ ᠢ ᠬᠣᠰᠢᠭᠤ ᠳᠤ ᠭᠠᠷᠭᠠᠭᠰᠠᠨ ᠦᠨ ᠬᠡᠮᠵᠢᠶᠡ ᠳᠦ ᠰᠣᠩᠭᠣᠭᠳᠠᠪᠠ᠃

ᠲᠡᠭᠦᠨ ᠦ ᠵᠢᠷᠤᠭ ᠤᠨ ᠪᠦᠲᠦᠭᠡᠯ 2005 ᠣᠨ ᠳᠤ ᠣᠯᠠᠨ ᠤ ᠬᠡᠪᠯᠡᠯ ᠦᠨ《 5 · 1 》ᠤ ᠰᠢᠯᠭᠠᠷᠠᠯ ᠤᠨ《 ᠰᠢᠯᠭᠠᠷᠠᠯ ᠤᠨ ᠵᠢᠷᠤᠭ 》 ᠬᠡᠪᠯᠡᠯ ᠦᠨ ᠬᠡᠮᠵᠢᠶᠡ ᠳᠦ ᠬᠡᠪᠯᠡᠭᠳᠡᠭᠰᠡᠨ᠂《 ... 》ᠬᠡᠪᠯᠡᠯ᠂ 2014 ᠣᠨ ᠳᠤ ᠣᠯᠠᠨ ᠤ ᠬᠡᠪᠯᠡᠯ ᠦᠨ ᠬᠡᠮᠵᠢᠶᠡ ᠳᠦ ᠬᠡᠪᠯᠡᠭᠳᠡᠭᠰᠡᠨ ᠪᠣᠯᠤᠨ᠎ᠠ᠃

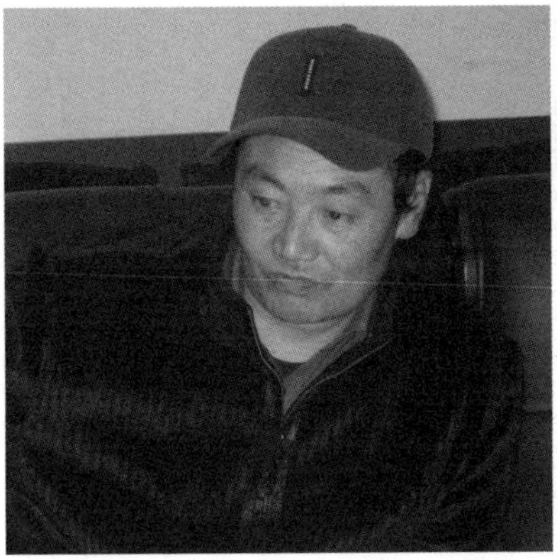

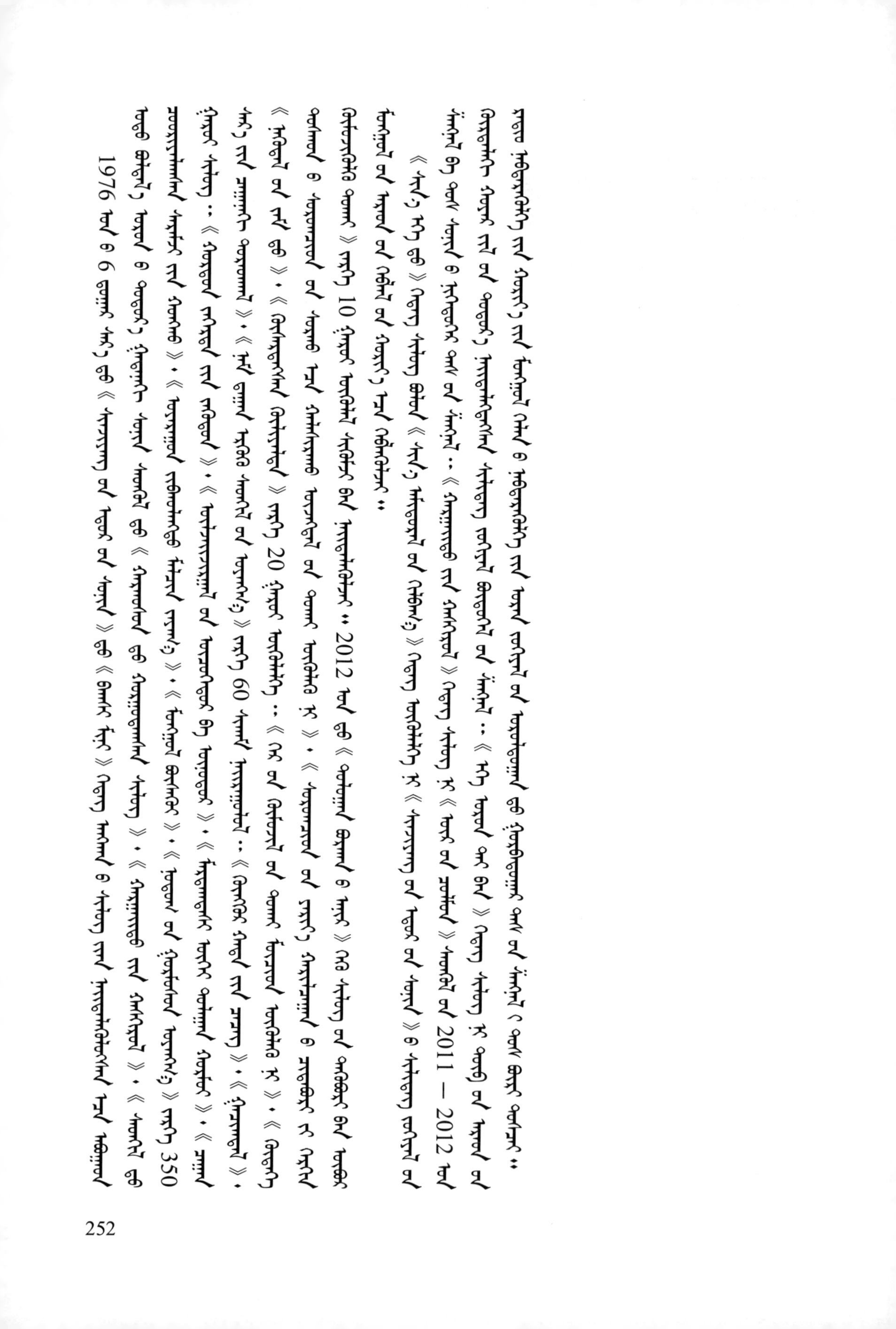

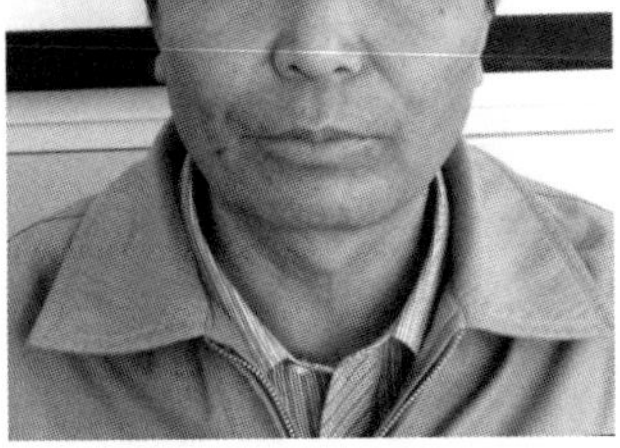

《ᠬᠡᠳᠦᠢ ᠨᠠᠰᠤᠨ ᠤ ᠬᠠᠯᠠᠭᠤᠨ》·《ᠪᠣᠷᠣᠭᠠᠨ》(ᠲᠣᠭᠤᠯᠢ)·《ᠲᠡᠩᠭᠡᠷ ᠦᠨ ᠦᠵᠡᠮᠵᠢ ᠬᠦᠰᠡᠯ》·《ᠨᠠᠮᠤᠷ ᠤᠨ ᠮᠦᠷ》·《ᠰᠠᠷ᠎ᠠ ᠶᠢᠨ ᠭᠡᠷᠡᠯ》·《ᠡᠭᠡᠰᠢᠭ ᠤᠨ》

1980 ᠣᠨ ᠠᠴᠠ 《ᠬᠠᠮᠤᠭ ᠤᠨ》ᠶᠡᠬᠡ ᠰᠤᠷᠭᠠᠭᠤᠯᠢ ᠶᠢᠨ ᠰᠤᠷᠭᠠᠭᠤᠯᠢ ᠳᠤ ᠰᠤᠷᠤᠯᠴᠠᠭᠰᠠᠨ ᠪᠤᠯᠤᠨ ᠬᠡᠪᠯᠡᠯ ᠦᠨ 《ᠬᠡᠪᠯᠡᠯ ᠦᠨ ᠬᠡᠷᠡᠭ》·

2022 ᠣᠨ ᠤ 4 ᠰᠠᠷ᠎ᠠ ᠶᠢᠨ 11 ᠤ ᠡᠳᠦᠷ ᠲᠠᠯᠠᠢ ᠨᠠᠰᠤ ᠪᠠᠷᠠᠭᠰᠠᠨ ᠪᠥᠭᠡᠳ ᠨᠠᠰᠤ 61 ᠬᠦᠷᠦᠭᠰᠡᠨ ᠃

ᠨᠢ ᠰᠤᠷᠭᠠᠭᠤᠯᠢ ᠶᠢᠨ ᠪᠠᠭᠰᠢ ᠪᠣᠯᠵᠤ ᠂ 1991 ᠣᠨ ᠠᠴᠠ ᠡᠬᠢᠯᠡᠨ ᠬᠣᠰᠢᠭᠤ ᠶᠢᠨ ᠰᠤᠷᠭᠠᠨ ᠬᠦᠮᠦᠵᠢᠯ ᠦᠨ ᠠᠵᠢᠯ ᠳᠤ ᠣᠷᠣᠯᠴᠠᠭᠰᠠᠨ ᠃ 2009 ᠣᠨ ᠤ 9 ᠰᠠᠷ᠎ᠠ ᠶᠢᠨ ᠡᠴᠡ ᠲᠡᠲᠡᠭᠦᠯᠡᠭᠰᠡᠨ ᠃

ᠶᠢᠨ ᠪᠠᠭᠰᠢ ᠪᠠᠷ ᠠᠵᠢᠯᠯᠠᠵᠤ ᠂ ᠰᠤᠷᠭᠠᠭᠤᠯᠢ ᠶᠢᠨ ᠬᠠᠮᠤᠭ ᠤᠨ ᠰᠠᠶᠢᠨ ᠪᠠᠭᠰᠢ ᠪᠣᠯᠵᠤ ᠂ ᠰᠤᠷᠭᠠᠨ ᠬᠦᠮᠦᠵᠢᠯ ᠦᠨ ᠠᠵᠢᠯ ᠤᠨ ᠲᠤᠷᠰᠢᠯᠭ᠎ᠠ ᠶᠢ ᠬᠤᠷᠢᠶᠠᠨ ᠳᠦᠭᠦᠨᠴᠢᠯᠡᠭᠰᠡᠨ ᠃

ᠰᠤᠷᠭᠠᠭᠤᠯᠢ ᠶᠢᠨ ᠪᠠᠭᠰᠢ ᠪᠠᠷ ᠠᠵᠢᠯᠯᠠᠭᠰᠠᠨ ᠃ 1989 ᠣᠨ ᠤ 9 ᠰᠠᠷ᠎ᠠ ᠠᠴᠠ 1991 ᠣᠨ ᠤ 7 ᠰᠠᠷ᠎ᠠ ᠬᠦᠷᠲᠡᠯ ᠬᠣᠰᠢᠭᠤ ᠶᠢᠨ ᠪᠠᠭᠰᠢ ᠶᠢᠨ ᠰᠤᠷᠭᠠᠭᠤᠯᠢ ᠳᠤ

ᠰᠤᠷᠤᠯᠴᠠᠭᠰᠠᠨ ᠂ ᠰᠤᠷᠭᠠᠭᠤᠯᠢ ᠶᠢᠨ ᠵᠠᠬᠢᠷᠤᠯ ᠤᠨ ᠣᠷᠣᠯᠠᠭᠴᠢ ᠂ ᠵᠠᠬᠢᠷᠤᠯ ᠂ ᠨᠠᠮ ᠤᠨ ᠰᠠᠯᠪᠤᠷᠢ ᠶᠢᠨ ᠰᠡᠭᠦᠯᠴᠢ ᠂ ᠰᠤᠷᠭᠠᠭᠤᠯᠢ ᠶᠢᠨ ᠵᠠᠬᠢᠷᠤᠯ ᠪᠣᠯᠤᠭᠰᠠᠨ

ᠵᠢᠯ ᠤᠨ ᠬᠦᠮᠦᠵᠢᠯ ᠦᠨ ᠰᠤᠷᠭᠠᠭᠤᠯᠢ (ᠳᠤᠮᠳᠠᠳᠤ ᠰᠤᠷᠭᠠᠭᠤᠯᠢ) ᠶᠢᠨ ᠪᠠᠭᠰᠢ ᠂ ᠪᠠᠭᠰᠢ ᠶᠢᠨ ᠡᠷᠬᠢᠯᠡᠭᠴᠢ ᠪᠠᠷ ᠠᠵᠢᠯᠯᠠᠭᠰᠠᠨ

ᠪᠠᠭᠰᠢ ᠪᠣᠯᠵᠤ ᠂ ᠰᠤᠷᠭᠠᠭᠤᠯᠢ ᠶᠢᠨ ᠪᠠᠭᠰᠢ ᠶᠢᠨ ᠰᠤᠷᠭᠠᠭᠤᠯᠢ ᠳᠤ ᠰᠤᠷᠤᠯᠴᠠᠭᠰᠠᠨ ᠃ 1984 ᠣᠨ ᠠᠴᠠ 1985 ᠣᠨ ᠤ 7 ᠰᠠᠷ᠎ᠠ ᠬᠦᠷᠲᠡᠯ ᠬᠣᠰᠢᠭᠤ ᠶᠢᠨ

ᠰᠤᠮᠤᠨ ᠤ ᠮᠣᠩᠭᠣᠯ ᠰᠤᠷᠭᠠᠭᠤᠯᠢ ᠳᠤ ᠪᠠᠭᠰᠢ ᠪᠣᠯᠤᠭᠰᠠᠨ ᠃ 1983 ᠣᠨ ᠤ 9 ᠰᠠᠷ᠎ᠠ ᠠᠴᠠ 1983 ᠣᠨ ᠤ 7 ᠰᠠᠷ᠎ᠠ ᠬᠦᠷᠲᠡᠯ ᠬᠣᠰᠢᠭᠤ ᠶᠢᠨ

ᠰᠤᠮᠤᠨ ᠤ ᠮᠣᠩᠭᠣᠯ ᠰᠤᠷᠭᠠᠭᠤᠯᠢ ᠳᠤ ᠰᠤᠷᠤᠯᠴᠠᠭᠰᠠᠨ ᠃ 1981 ᠣᠨ ᠤ 7 ᠰᠠᠷ᠎ᠠ ᠬᠦᠷᠲᠡᠯ ᠰᠤᠮᠤᠨ ᠤ ᠪᠠᠭᠰᠢ ᠪᠣᠯᠤᠭᠰᠠᠨ

ᠰᠤᠷᠭᠠᠭᠤᠯᠢ ᠶᠢᠨ ᠰᠤᠷᠤᠭᠴᠢ ᠪᠣᠯᠤᠭᠰᠠᠨ ᠃ 1978 ᠣᠨ ᠠᠴᠠ ᠪᠠᠭᠰᠢ ᠶᠢᠨ ᠰᠤᠷᠭᠠᠭᠤᠯᠢ ᠳᠤ ᠰᠤᠷᠤᠯᠴᠠᠭᠰᠠᠨ ᠂

ᠶᠡᠬᠡ ᠳᠤᠮᠳᠠᠳᠤ ᠰᠤᠷᠭᠠᠭᠤᠯᠢ ᠳᠤ ᠰᠤᠷᠤᠯᠴᠠᠭᠰᠠᠨ ᠃ 1976 ᠣᠨ ᠤ ᠳᠤᠮᠳᠠᠳᠤ ᠰᠤᠷᠭᠠᠭᠤᠯᠢ ᠶᠢ ᠲᠡᠭᠦᠰᠦᠭᠰᠡᠨ ᠪᠣᠯᠤᠨ ᠠᠷᠪᠠᠨ ᠨᠢᠭᠡ ᠶᠢᠨ ᠰᠤᠷᠭᠠᠭᠤᠯᠢ ᠳᠤ

ᠤᠨ ᠬᠦᠮᠦᠵᠢᠯ ᠦᠨ ᠰᠤᠷᠭᠠᠭᠤᠯᠢ ᠳᠤ ᠰᠤᠷᠤᠯᠴᠠᠭᠰᠠᠨ ᠂ ᠬᠣᠶᠠᠷ ᠪᠠᠭ᠎ᠠ ᠪᠠᠭᠰᠢ ᠶᠢᠨ ᠰᠤᠷᠭᠠᠭᠤᠯᠢ ᠳᠤ

ᠰᠤᠷᠭᠠᠭᠤᠯᠢ ᠳᠤ ᠰᠤᠷᠤᠯᠴᠠᠭᠰᠠᠨ ᠂ ᠠᠷᠪᠠᠨ ᠨᠢᠭᠡ ᠶᠢᠨ ᠰᠤᠷᠭᠠᠭᠤᠯᠢ ᠳᠤ ᠰᠤᠷᠤᠯᠴᠠᠭᠰᠠᠨ ᠂ ᠪᠠᠭ᠎ᠠ ᠰᠤᠷᠭᠠᠭᠤᠯᠢ (ᠳᠤᠮᠳᠠᠳᠤ) ᠶᠢᠨ

ᠮᠣᠩᠭᠣᠯ ᠬᠡᠯᠡ ᠶᠢᠨ ᠪᠠᠭᠰᠢ ᠪᠣᠯᠤᠭᠰᠠᠨ ᠃ ᠡᠬᠡ ᠶᠢᠨ ᠨᠡᠷ᠎ᠡ ᠶᠢ ᠰᠤᠷᠭᠠᠭᠤᠯᠢ ᠶᠢᠨ ᠪᠠᠭᠰᠢ ᠪᠣᠯᠤᠭᠰᠠᠨ ᠂ ᠠᠪᠤ ᠶᠢᠨ

ᠶᠢᠨ ᠪᠡᠷ ᠭᠠᠵᠠᠷ ᠤᠨ ᠬᠦᠮᠦᠨ ᠃ 1961 ᠣᠨ ᠤ 10 ᠰᠠᠷ᠎ᠠ ᠶᠢᠨ 5 ᠤ ᠡᠳᠦᠷ ᠮᠡᠨᠳᠦᠯᠡᠭᠰᠡᠨ ᠂ ᠮᠣᠩᠭᠣᠯ ᠦᠨᠳᠦᠰᠦᠲᠡᠨ ᠂

ᠬᠣᠷᠢᠨ ᠠᠷᠪᠠᠨ ᠨᠢᠭᠡ ᠂ ᠪᠠᠭᠰᠢ

ᠬᠣᠷᠢᠨ ᠨᠢᠭᠡ · ᠪᠠᠶᠠᠷᠮᠠᠭᠨᠠᠢ

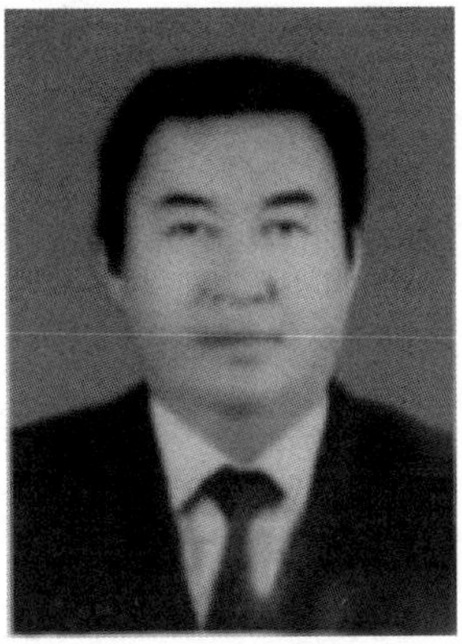

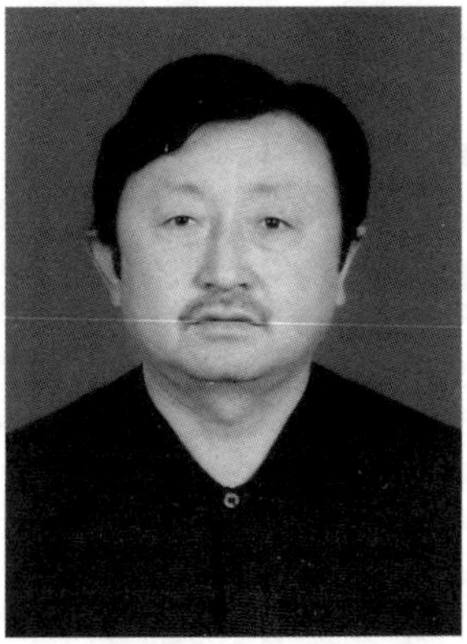

ᠪᠣ · ᠴᠣᠭᠲᠤ ᠮᠣᠩᠭᠣᠯ ᠦᠨᠳᠦᠰᠦᠲᠡᠨ · ᠡᠷᠡᠭᠲᠡᠢ ᠂ ᠵᠣᠬᠢᠶᠠᠯᠴᠢ ᠶᠢᠨ ᠨᠡᠶᠢᠭᠡᠮᠯᠢᠭ ᠦᠨ ᠭᠡᠰᠢᠭᠦᠨ ᠤ ᠭᠡᠰᠢᠭᠦᠨ ᠪᠣᠯᠤᠨ ᠠ ᠪᠢᠯᠡ :: 1962 ᠣᠨ ᠤ 3 ᠰᠠᠷ᠎ᠠ ᠶᠢᠨ ᠳᠤ 1 ᠦ ᠡᠳᠦᠷ ᠬᠣᠷᠴᠢᠨ ᠵᠡᠭᠦᠨ ᠭᠠᠷ ᠤᠨ ᠬᠣᠰᠢᠭᠤ ᠨᠤ ᠰᠤᠮᠤᠨ ᠤ ᠲᠥᠷᠥᠯᠬᠢ ᠳᠤᠮᠳᠠᠳᠤ ᠰᠤᠷᠭᠠᠭᠤᠯᠢ ᠶᠢᠨ ᠪᠠᠭᠰᠢ ᠪᠣᠯᠵᠤ ᠂ 1970 ᠣᠨ ᠤ ᠬᠣᠷᠢᠨ ᠤ ᠰᠤᠷᠭᠠᠭᠤᠯᠢ ᠳᠤ ᠰᠤᠷᠤᠯᠴᠠᠵᠤ ᠂ ᠳᠤᠮᠳᠠᠳᠤ ᠰᠤᠷᠭᠠᠭᠤᠯᠢ ᠶᠢ ᠲᠡᠭᠦᠰᠬᠡᠭᠰᠡᠨ :: 1978 ᠣᠨ ᠡᠴᠡ 1976 ᠣᠨ ᠤ ᠰᠤᠮᠤᠨ ᠤ ᠲᠥᠪ ᠰᠤᠷᠭᠠᠭᠤᠯᠢ ᠶᠢᠨ ᠪᠠᠭᠰᠢ ᠪᠣᠯᠵᠤ ᠂ 1976 ᠣᠨ ᠡᠴᠡ 1979 ᠣᠨ ᠤ 5 ᠰᠠᠷ᠎ᠠ ᠶᠢᠨ ᠬᠣᠰᠢᠭᠤᠨ ᠤ ᠰᠤᠷᠭᠠᠭᠤᠯᠢ ᠳᠤ ᠪᠠᠭᠰᠢ ᠪᠣᠯᠵᠤ ᠂ 1982 ᠣᠨ ᠡᠴᠡ 1984 ᠣᠨ ᠬᠦᠷᠲᠡᠯ᠎ᠡ ᠬᠣᠰᠢᠭᠤᠨ ᠤ ᠰᠤᠷᠭᠠᠭᠤᠯᠢ ᠶᠢᠨ ᠪᠠᠭᠰᠢ ᠪᠣᠯᠵᠤ ᠂ 1984 ᠣᠨ ᠡᠴᠡ 1990 ᠣᠨ ᠬᠦᠷᠲᠡᠯ᠎ᠡ ᠬᠣᠰᠢᠭᠤᠨ ᠤ ᠰᠤᠷᠭᠠᠭᠤᠯᠢ ᠶᠢᠨ ᠪᠠᠭᠰᠢ ᠂ ᠬᠣᠰᠢᠭᠤᠨ ᠤ ᠰᠤᠷᠭᠠᠨ ᠬᠦᠮᠦᠵᠢᠯ ᠦᠨ ᠲᠠᠰᠤᠭ ᠲᠤ ᠠᠵᠢᠯᠯᠠᠵᠤ ᠂ 1990 ᠣᠨ ᠡᠴᠡ 1994 ᠣᠨ ᠬᠦᠷᠲᠡᠯ᠎ᠡ ᠬᠣᠰᠢᠭᠤᠨ ᠤ ᠰᠤᠷᠭᠠᠭᠤᠯᠢ ᠶᠢᠨ ᠪᠠᠭᠰᠢ ᠂ 1994 ᠣᠨ ᠡᠴᠡ 2008 ᠣᠨ ᠬᠦᠷᠲᠡᠯ᠎ᠡ ᠬᠣᠰᠢᠭᠤᠨ ᠤ ᠰᠤᠷᠭᠠᠭᠤᠯᠢ ᠶᠢᠨ ᠪᠠᠭᠰᠢ (ᠳᠡᠭᠡᠳᠦ ᠪᠠᠭᠰᠢ) ᠪᠣᠯᠵᠤ ᠂ 2008 ᠣᠨ ᠤ 8 ᠰᠠᠷ᠎ᠠ ᠳᠤ ᠲᠡᠳᠬᠦᠯᠡᠪᠦᠷᠢ ᠳᠦ ᠭᠠᠷᠴᠤ ᠂ 2017 ᠣᠨ ᠤ 4 ᠰᠠᠷ᠎ᠠ ᠳᠤ ᠲᠡᠷᠢᠭᠦᠯᠡᠭᠴᠢ ᠶᠢᠨ ᠠᠵᠢᠯ ᠠᠴᠠ ᠲᠡᠳᠬᠦᠯᠡᠪᠦᠷᠢ ᠳᠦ ᠭᠠᠷᠤᠭᠰᠠᠨ :: ᠵᠣᠬᠢᠶᠠᠯ ᠤᠨ ᠪᠦᠲᠦᠭᠡᠯ ᠢᠶᠡᠨ ᠢᠯᠡᠷᠬᠡᠢ ᠳᠤ ᠨᠡᠶᠢᠲᠡᠯᠡᠭᠦᠯᠦᠭᠰᠡᠨ ᠪᠠ ᠬᠡᠪᠯᠡᠯ ᠦᠨ ᠭᠠᠵᠠᠷ ᠤᠨ ᠵᠣᠬᠢᠶᠠᠯ ᠤᠨ ᠰᠤᠷᠭᠠᠭᠤᠯᠢ ᠳᠤ ᠰᠤᠷᠤᠯᠴᠠᠭᠰᠠᠨ ::

1985 ᠣᠨ ᠡᠴᠡ ᠡᠬᠢᠯᠡᠨ ᠵᠣᠬᠢᠶᠠᠯ ᠦᠨ ᠪᠦᠲᠦᠭᠡᠯ ᠨᠡᠶᠢᠲᠡᠯᠡᠭᠦᠯᠵᠦ ᠂ ᠳᠤᠷᠠᠰᠬᠠᠯ ᠤᠨ ᠪᠢᠴᠢᠭ « ᠬᠠᠪᠤᠷ ᠤᠨ ᠬᠣᠩᠬᠣᠷ » ᠬᠡᠮᠡᠬᠦ ᠵᠣᠬᠢᠶᠠᠯ ᠤᠨ « ᠪᠢᠴᠢᠭᠡ ᠶᠢᠨ ᠰᠣᠨᠢᠨ » ᠰᠡᠳᠭᠦᠯ ᠳᠦ ᠨᠡᠶᠢᠲᠡᠯᠡᠭᠦᠯᠦᠭᠰᠡᠨ ᠪᠠ « ᠰᠡᠳᠬᠢᠯ ᠦᠨ ᠳᠠᠭᠤᠤ » ᠂ « ᠮᠣᠷᠢ ᠶᠢᠨ ᠬᠦᠯᠢᠶᠡᠯ ᠲᠡ » ᠂ « ᠰᠡᠭᠦᠯᠡᠭ ᠦᠨ ᠬᠤᠪᠢ » ᠂ « ᠤᠷᠠᠨ ᠤ ᠵᠣᠬᠢᠶᠠᠯ ᠤᠨ » ᠂ « ᠬᠠᠪᠤᠷ ᠤᠨ ᠰᠣᠶᠣᠯ » ᠂ « ᠪᠢᠴᠢᠭᠡ ᠶᠢᠨ ᠲᠣᠭᠤᠰᠤ » ᠴᠡᠷᠭᠡ 100 ᠭᠠᠷᠤᠢ ᠵᠣᠬᠢᠶᠠᠯ ᠤᠨ « ᠡᠳᠦᠷ ᠦᠨ ᠲᠡᠮᠳᠡᠭᠯᠡᠯ » ᠂ « ᠵᠣᠬᠢᠶᠠᠯ ᠤᠨ ᠡᠳᠦᠷ ᠦᠨ » ᠂ « ᠪᠢᠴᠢᠭᠡ ᠶᠢᠨ ᠤᠷᠠᠨ » ᠢ ᠨᠡᠶᠢᠲᠡᠯᠡᠭᠦᠯᠦᠭᠰᠡᠨ :: ᠡᠳᠡᠭᠡᠷ ᠡᠴᠡ ᠭᠠᠳᠠᠨ᠎ᠠ ᠪᠠᠰᠠ ᠵᠣᠬᠢᠶᠠᠯ ᠤᠨ ᠰᠣᠶᠣᠯ ᠤᠨ ᠠᠴᠠ 《 ᠪᠠᠭᠰᠢ ᠶᠢᠨ ᠰᠤᠷᠭᠠᠨ ᠬᠦᠮᠦᠵᠢᠯ ᠦᠨ ᠵᠣᠬᠢᠶᠠᠯ 》 ᠢ 1998 ᠣᠨ ᠳᠤ ᠨᠡᠶᠢᠲᠡᠯᠡᠭᠦᠯᠦᠭᠰᠡᠨ :: 《 ᠪᠢᠴᠢᠭᠡ ᠶᠢᠨ ᠰᠣᠶᠣᠯ 》 ᠬᠡᠮᠡᠬᠦ ᠵᠣᠬᠢᠶᠠᠯ ᠢ « ᠴᠡᠷᠭᠡ 6 ᠨᠣᠮ ᠤᠨ ᠴᠤᠪᠤᠷᠠᠯ » ᠳᠤ ᠨᠡᠶᠢᠲᠡᠯᠡᠭᠦᠯᠦᠭᠰᠡᠨ ᠪᠠ ᠬᠡᠪᠯᠡᠯ ᠦᠨ ᠬᠣᠷᠢᠶᠠᠨ ᠳᠤ « ᠮᠣᠩᠭᠣᠯ ᠪᠢᠴᠢᠭᠡ ᠶᠢᠨ ᠰᠤᠷᠭᠠᠭᠤᠯᠢ » ᠶᠢᠨ ᠰᠣᠶᠣᠯ ᠤᠨ ᠰᠣᠨᠢᠨ ᠢ ᠬᠡᠪᠯᠡᠭᠰᠡᠨ ::

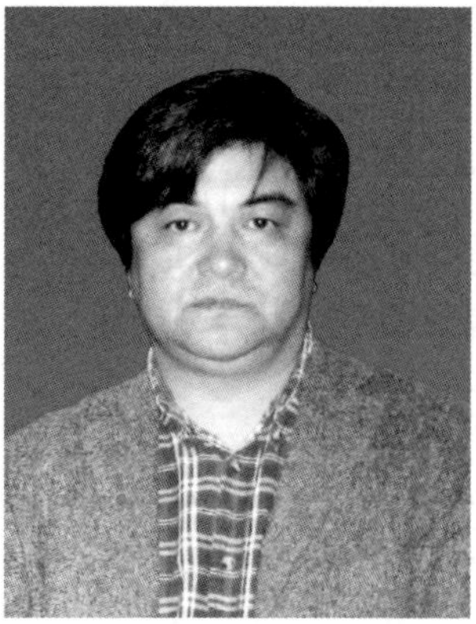

ᠰᠠᠷᠠᠨᠭᠡᠷᠡᠯ

ᠡᠮᠡ ᠂ ᠮᠣᠩᠭᠣᠯ ᠦᠨᠳᠦᠰᠦᠲᠡᠨ ᠂ 1962 ᠣᠨ ᠤ 3 ᠰᠠᠷ᠎ᠠ ᠶᠢᠨ 5 ᠤ ᠡᠳᠦᠷ ᠲᠥᠷᠥᠵᠡᠢ ᠃ 1981 ᠣᠨ ᠤ 7 ᠰᠠᠷ᠎ᠠ ᠠᠴᠠ 1985 ᠣᠨ ᠤ 7 ᠰᠠᠷ᠎ᠠ ᠬᠦᠷᠲᠡᠯ᠎ᠡ ᠥᠪᠥᠷ ᠮᠣᠩᠭᠣᠯ ᠤᠨ ᠪᠠᠭᠰᠢ ᠶᠢᠨ ᠶᠡᠬᠡ ᠰᠤᠷᠭᠠᠭᠤᠯᠢ ᠶᠢᠨ ᠮᠣᠩᠭᠣᠯ ᠬᠡᠯᠡ ᠤᠳᠬ᠎ᠠ ᠵᠣᠬᠢᠶᠠᠯ ᠤᠨ ᠰᠤᠷᠭᠠᠭᠤᠯᠢ ᠳᠤ ᠰᠤᠷᠤᠯᠴᠠᠭᠰᠠᠨ ᠃ 1988 ᠣᠨ ᠤ 7 ᠰᠠᠷ᠎ᠠ ᠠᠴᠠ 2002 ᠣᠨ ᠤ 11 ᠰᠠᠷ᠎ᠠ ᠬᠦᠷᠲᠡᠯ᠎ᠡ ᠪᠠᠭᠰᠢ ᠶᠢᠨ ᠠᠵᠢᠯ ᠬᠢᠵᠦ ᠂ 2003 ᠣᠨ ᠤ 5 ᠰᠠᠷ᠎ᠠ ᠠᠴᠠ 2004 ᠣᠨ ᠬᠦᠷᠲᠡᠯ᠎ᠡ ᠰᠤᠷᠭᠠᠨ ᠬᠥᠮᠦᠵᠢᠯ ᠦᠨ ᠠᠵᠢᠯ ᠬᠢᠵᠦ ᠂ 2004 ᠣᠨ ᠡᠴᠡ 2011 ᠣᠨ ᠬᠦᠷᠲᠡᠯ᠎ᠡ ᠰᠤᠷᠭᠠᠨ ᠬᠥᠮᠦᠵᠢᠯ ᠦᠨ ᠬᠡᠯᠲᠡᠰ ᠦᠨ ᠠᠵᠢᠯ ᠬᠠᠷᠢᠭᠤᠴᠠᠭᠰᠠᠨ ᠃ 2010 ᠣᠨ ᠤ 6 ᠰᠠᠷ᠎ᠠ ᠠᠴᠠ 2012 ᠣᠨ ᠤ 9 ᠰᠠᠷ᠎ᠠ ᠬᠦᠷᠲᠡᠯ᠎ᠡ ᠰᠤᠷᠭᠠᠨ ᠬᠥᠮᠦᠵᠢᠯ ᠦᠨ ᠠᠵᠢᠯ ᠬᠠᠷᠢᠭᠤᠴᠠᠭᠰᠠᠨ ᠃

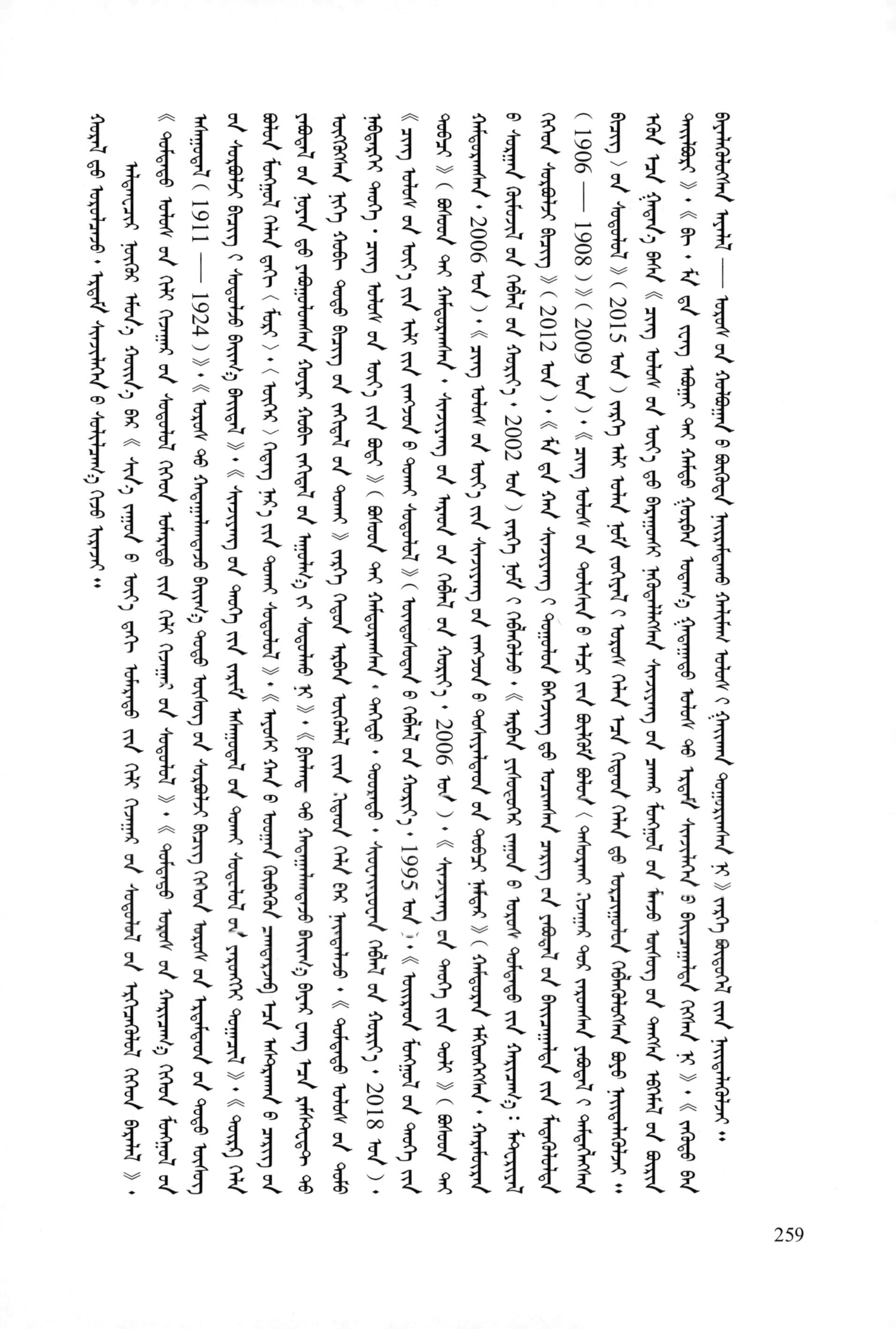

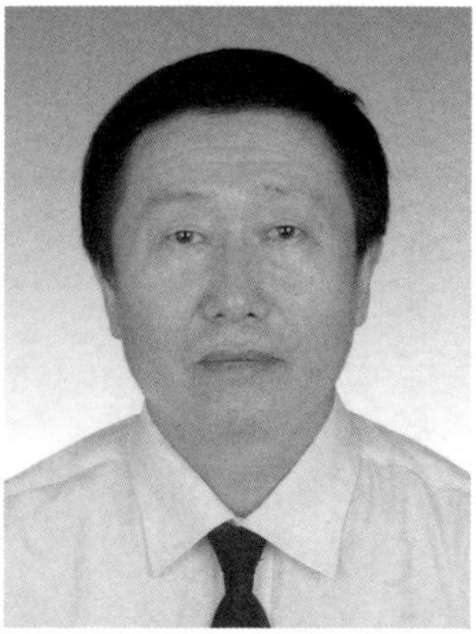

ᠮᠥ · ᠰᠡᠩᠭᠡ ᠬᠣᠷᠴᠢᠨ ᠪᠠᠷᠠᠭᠤᠨ ᠬᠣᠰᠢᠭᠤ ᠨᠤ ᠬᠦᠮᠦᠨ᠂ ᠮᠣᠩᠭᠣᠯ ᠦᠨᠳᠦᠰᠦᠲᠡᠨ᠃ 1962 ᠣᠨ ᠤ 5 ᠰᠠᠷ᠎ᠠ ᠶᠢᠨ 13 ᠦ ᠡᠳᠦᠷ ᠲᠥᠷᠥᠭᠰᠡᠨ᠃ ᠦᠪᠦᠷ ᠮᠣᠩᠭᠣᠯ ᠤᠨ ᠪᠠᠭᠰᠢ ᠶᠢᠨ ᠶᠡᠬᠡ ᠰᠤᠷᠭᠠᠭᠤᠯᠢ ᠶᠢᠨ ᠮᠣᠩᠭᠣᠯ ᠬᠡᠯᠡ ᠪᠢᠴᠢᠭ ᠦᠨ ᠮᠡᠷᠭᠡᠵᠢᠯ ᠢ ᠲᠡᠭᠦᠰᠦᠭᠰᠡᠨ᠃ 1971 ᠣᠨ ᠤ 9 ᠰᠠᠷ᠎ᠠ ᠠᠴᠠ 1976 ᠣᠨ ᠤ 7 ᠰᠠᠷ᠎ᠠ ᠬᠦᠷᠲᠡᠯ᠎ᠡ ᠰᠤᠷᠭᠠᠭᠤᠯᠢ ᠳᠤ ᠰᠤᠷᠤᠯᠴᠠᠭᠰᠠᠨ᠂ 1976 ᠣᠨ ᠤ 9 ᠰᠠᠷ᠎ᠠ ᠠᠴᠠ 1979 ᠣᠨ ᠤ 7 ᠰᠠᠷ᠎ᠠ ᠬᠦᠷᠲᠡᠯ᠎ᠡ ᠪᠠᠭᠰᠢ ᠶᠢᠨ ᠰᠤᠷᠭᠠᠭᠤᠯᠢ ᠳᠤ ᠰᠤᠷᠤᠯᠴᠠᠭᠰᠠᠨ᠂ 1979 ᠣᠨ ᠤ 9 ᠰᠠᠷ᠎ᠠ ᠠᠴᠠ 1981 ᠣᠨ ᠤ 7 ᠰᠠᠷ᠎ᠠ ᠬᠦᠷᠲᠡᠯ᠎ᠡ ᠰᠤᠷᠭᠠᠭᠤᠯᠢ ᠳᠤ ᠪᠠᠭᠰᠢ ᠪᠣᠯᠵᠤ ᠠᠵᠢᠯᠯᠠᠭᠰᠠᠨ᠃ 1981 ᠣᠨ ᠤ 9 ᠰᠠᠷ᠎ᠠ ᠠᠴᠠ 1985 ᠣᠨ ᠤ 7 ᠰᠠᠷ᠎ᠠ ᠬᠦᠷᠲᠡᠯ᠎ᠡ ᠦᠪᠦᠷ ᠮᠣᠩᠭᠣᠯ ᠤᠨ ᠶᠡᠬᠡ ᠰᠤᠷᠭᠠᠭᠤᠯᠢ ᠶᠢᠨ ᠮᠣᠩᠭᠣᠯ ᠬᠡᠯᠡ ᠪᠢᠴᠢᠭ ᠦᠨ ᠮᠡᠷᠭᠡᠵᠢᠯ ᠢ ᠲᠡᠭᠦᠰᠦᠭᠰᠡᠨ᠃ 1985 ᠣᠨ ᠤ 8 ᠰᠠᠷ᠎ᠠ ᠠᠴᠠ ᠡᠬᠢᠯᠡᠨ ᠬᠣᠷᠢᠶ᠎ᠠ ᠶᠢᠨ ᠰᠤᠷᠭᠠᠨ ᠬᠦᠮᠦᠵᠢᠯ ᠦᠨ ᠬᠣᠷᠢᠶ᠎ᠠ ᠳᠤ ᠠᠵᠢᠯᠯᠠᠵᠤ᠂ ᠪᠠᠭᠰᠢ᠂ ᠰᠤᠷᠭᠠᠨ ᠬᠦᠮᠦᠵᠢᠯ ᠦᠨ ᠰᠤᠳᠤᠯᠤᠭᠠᠴᠢ ᠪᠣᠯᠵᠤ ᠠᠵᠢᠯᠯᠠᠭᠰᠠᠨ᠃ 1992 ᠣᠨ ᠤ 7 ᠰᠠᠷ᠎ᠠ ᠠᠴᠠ ᠬᠣᠷᠢᠶ᠎ᠠ ᠶᠢᠨ ᠰᠤᠷᠭᠠᠨ ᠬᠦᠮᠦᠵᠢᠯ ᠦᠨ ᠬᠣᠷᠢᠶ᠎ᠠ ᠶᠢᠨ ᠳᠡᠷᠭᠡᠳᠡᠬᠢ ᠰᠤᠷᠭᠠᠭᠤᠯᠢ ᠶᠢᠨ ᠳᠡᠳ ᠬᠣᠷᠢᠶ᠎ᠠ ᠳᠤ᠂ ᠬᠣᠰᠢᠭᠤ ᠶᠢᠨ ᠰᠤᠷᠭᠠᠨ ᠬᠦᠮᠦᠵᠢᠯ ᠦᠨ ᠬᠣᠷᠢᠶ᠎ᠠ ᠳᠤ ᠠᠵᠢᠯᠯᠠᠭᠰᠠᠨ᠃ 1993 ᠣᠨ ᠤ 4 ᠰᠠᠷ᠎ᠠ ᠠᠴᠠ ᠡᠬᠢᠯᠡᠨ ᠬᠣᠰᠢᠭᠤ ᠶᠢᠨ ᠰᠤᠷᠭᠠᠨ ᠬᠦᠮᠦᠵᠢᠯ ᠦᠨ ᠬᠣᠷᠢᠶ᠎ᠠ ᠳᠤ ᠠᠵᠢᠯᠯᠠᠵᠤ᠂ 1993 ᠣᠨ ᠤ 10 ᠰᠠᠷ᠎ᠠ ᠠᠴᠠ 1995 ᠣᠨ ᠤ 10 ᠰᠠᠷ᠎ᠠ ᠬᠦᠷᠲᠡᠯ᠎ᠡ ᠬᠣᠷᠢᠶ᠎ᠠ ᠶᠢᠨ ᠳᠡᠷᠭᠡᠳᠡᠬᠢ ᠰᠤᠷᠭᠠᠭᠤᠯᠢ ᠶᠢᠨ ᠳᠠᠷᠤᠭ᠎ᠠ ᠪᠣᠯᠵᠤ᠂ 1995 ᠣᠨ ᠤ 2 ᠰᠠᠷ᠎ᠠ ᠠᠴᠠ ᠬᠣᠰᠢᠭᠤ ᠶᠢᠨ ᠰᠤᠷᠭᠠᠨ ᠬᠦᠮᠦᠵᠢᠯ ᠦᠨ ᠬᠣᠷᠢᠶ᠎ᠠ ᠶᠢᠨ ᠳᠡᠳ ᠳᠠᠷᠤᠭ᠎ᠠ ᠪᠣᠯᠵᠤ ᠠᠵᠢᠯᠯᠠᠭᠰᠠᠨ᠃ 2003 ᠣᠨ ᠠᠴᠠ ᠬᠣᠰᠢᠭᠤ ᠶᠢᠨ ᠰᠤᠷᠭᠠᠨ ᠬᠦᠮᠦᠵᠢᠯ ᠦᠨ ᠬᠣᠷᠢᠶ᠎ᠠ ᠶᠢᠨ ᠰᠤᠷᠭᠠᠨ ᠬᠦᠮᠦᠵᠢᠯ ᠦᠨ ᠰᠤᠳᠤᠯᠭ᠎ᠠ ᠶᠢᠨ ᠲᠠᠰᠤᠭ ᠤᠨ ᠳᠠᠷᠤᠭ᠎ᠠ ᠪᠣᠯᠵᠤ᠂ 2004 ᠣᠨ ᠤ 2 ᠰᠠᠷ᠎ᠠ ᠠᠴᠠ ᠬᠣᠰᠢᠭᠤ ᠶᠢᠨ ᠰᠤᠷᠭᠠᠨ ᠬᠦᠮᠦᠵᠢᠯ ᠦᠨ ᠬᠣᠷᠢᠶ᠎ᠠ ᠶᠢᠨ ᠰᠤᠷᠭᠠᠨ ᠬᠦᠮᠦᠵᠢᠯ ᠦᠨ ᠰᠤᠳᠤᠯᠭ᠎ᠠ ᠶᠢᠨ ᠲᠥᠪ ᠦᠨ ᠳᠠᠷᠤᠭ᠎ᠠ ᠪᠣᠯᠵᠤ ᠠᠵᠢᠯᠯᠠᠭᠰᠠᠨ᠃ 2014 ᠣᠨ ᠤ 3 ᠰᠠᠷ᠎ᠠ ᠠᠴᠠ 2015 ᠣᠨ ᠤ 3 ᠰᠠᠷ᠎ᠠ ᠬᠦᠷᠲᠡᠯ᠎ᠡ 《ᠰᠤᠷᠭᠠᠨ ᠬᠦᠮᠦᠵᠢᠯ · ᠰᠢᠨᠵᠢᠯᠡᠬᠦ · ᠰᠤᠳᠤᠯᠤᠯ》 ᠰᠡᠳᠬᠦᠯ ᠦᠨ ᠡᠷᠬᠢᠯᠡᠭᠴᠢ ᠪᠣᠯᠵᠤ᠂ ᠦᠪᠦᠷ ᠮᠣᠩᠭᠣᠯ ᠤᠨ ᠰᠤᠷᠭᠠᠨ ᠬᠦᠮᠦᠵᠢᠯ ᠦᠨ ᠬᠣᠷᠢᠶ᠎ᠠ ᠳᠤ ᠠᠵᠢᠯᠯᠠᠭᠰᠠᠨ᠂ ᠬᠣᠰᠢᠭᠤ ᠶᠢᠨ ᠰᠤᠷᠭᠠᠨ ᠬᠦᠮᠦᠵᠢᠯ ᠦᠨ ᠬᠣᠷᠢᠶ᠎ᠠ ᠶᠢᠨ ᠰᠤᠷᠭᠠᠨ ᠬᠦᠮᠦᠵᠢᠯ ᠦᠨ ᠰᠤᠳᠤᠯᠭ᠎ᠠ ᠶᠢᠨ ᠲᠥᠪ ᠦᠨ ᠳᠠᠷᠤᠭ᠎ᠠ ᠪᠣᠯᠵᠤ ᠠᠵᠢᠯᠯᠠᠭᠰᠠᠨ᠃ 2014 ᠣᠨ ᠤ 11 ᠰᠠᠷ᠎ᠠ ᠠᠴᠠ ᠡᠬᠢᠯᠡᠨ ᠬᠣᠰᠢᠭᠤ ᠶᠢᠨ ᠰᠤᠷᠭᠠᠨ ᠬᠦᠮᠦᠵᠢᠯ ᠦᠨ ᠬᠣᠷᠢᠶ᠎ᠠ ᠶᠢᠨ ᠰᠤᠷᠭᠠᠨ ᠬᠦᠮᠦᠵᠢᠯ ᠦᠨ ᠰᠤᠳᠤᠯᠭ᠎ᠠ ᠶᠢᠨ ᠬᠡᠯᠲᠡᠰ ᠦᠨ ᠳᠠᠷᠤᠭ᠎ᠠ ᠪᠣᠯᠵᠤ ᠠᠵᠢᠯᠯᠠᠵᠤ ᠪᠠᠢᠨ᠎ᠠ᠃

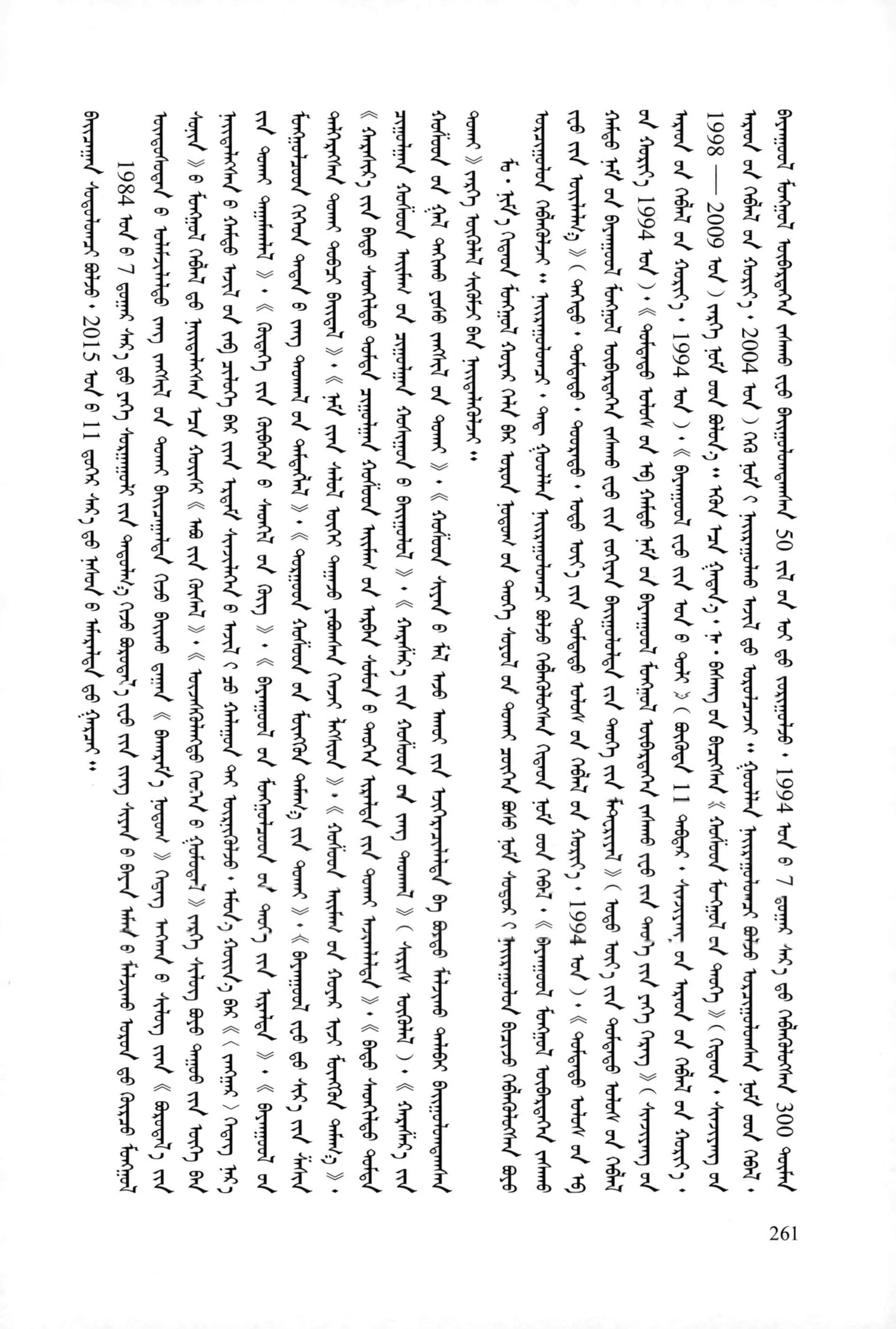

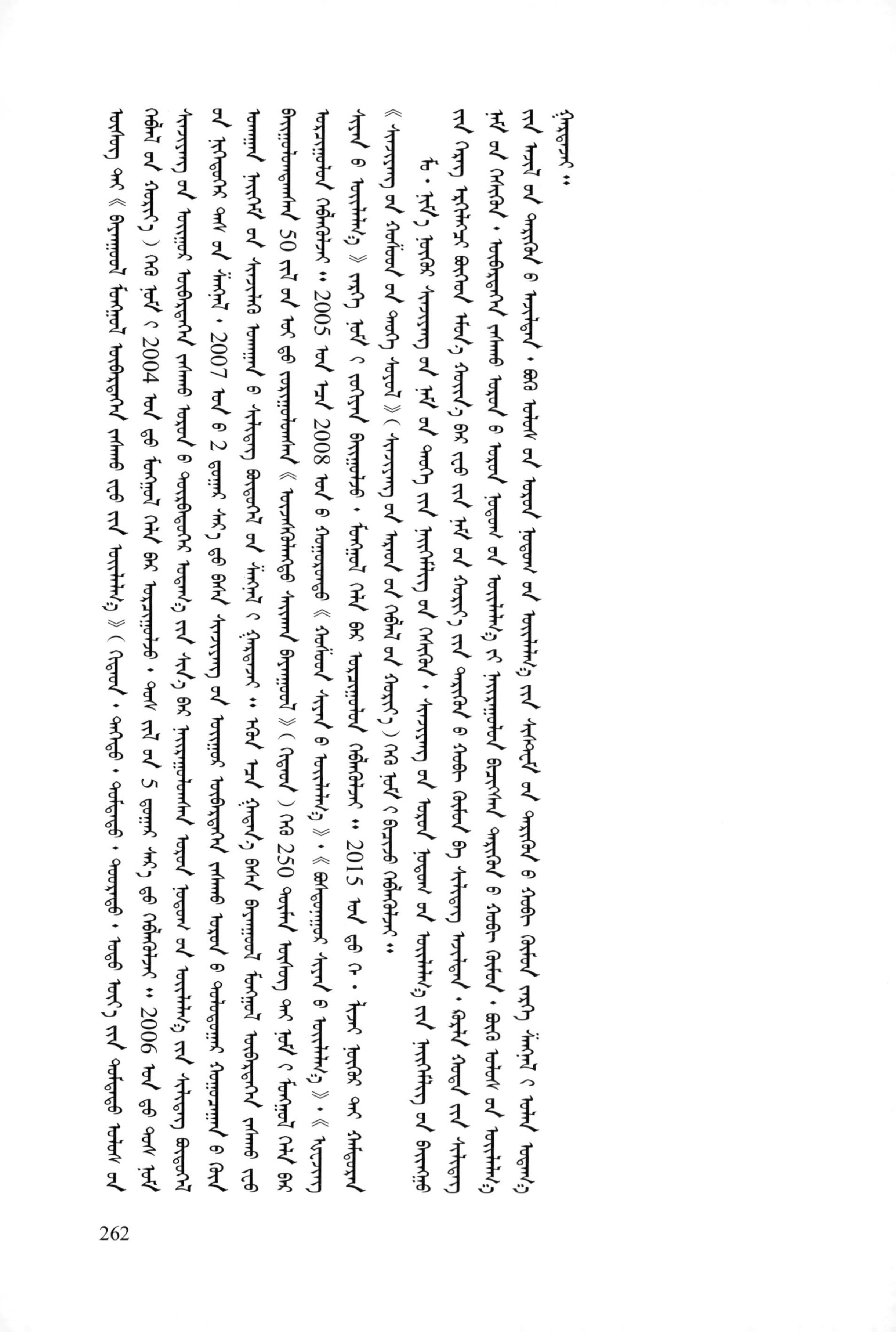

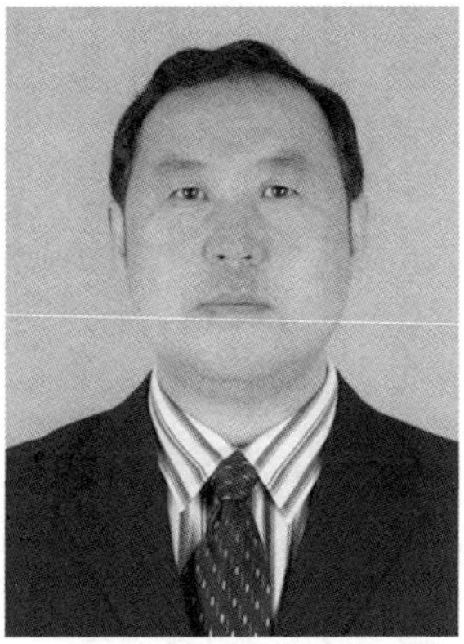

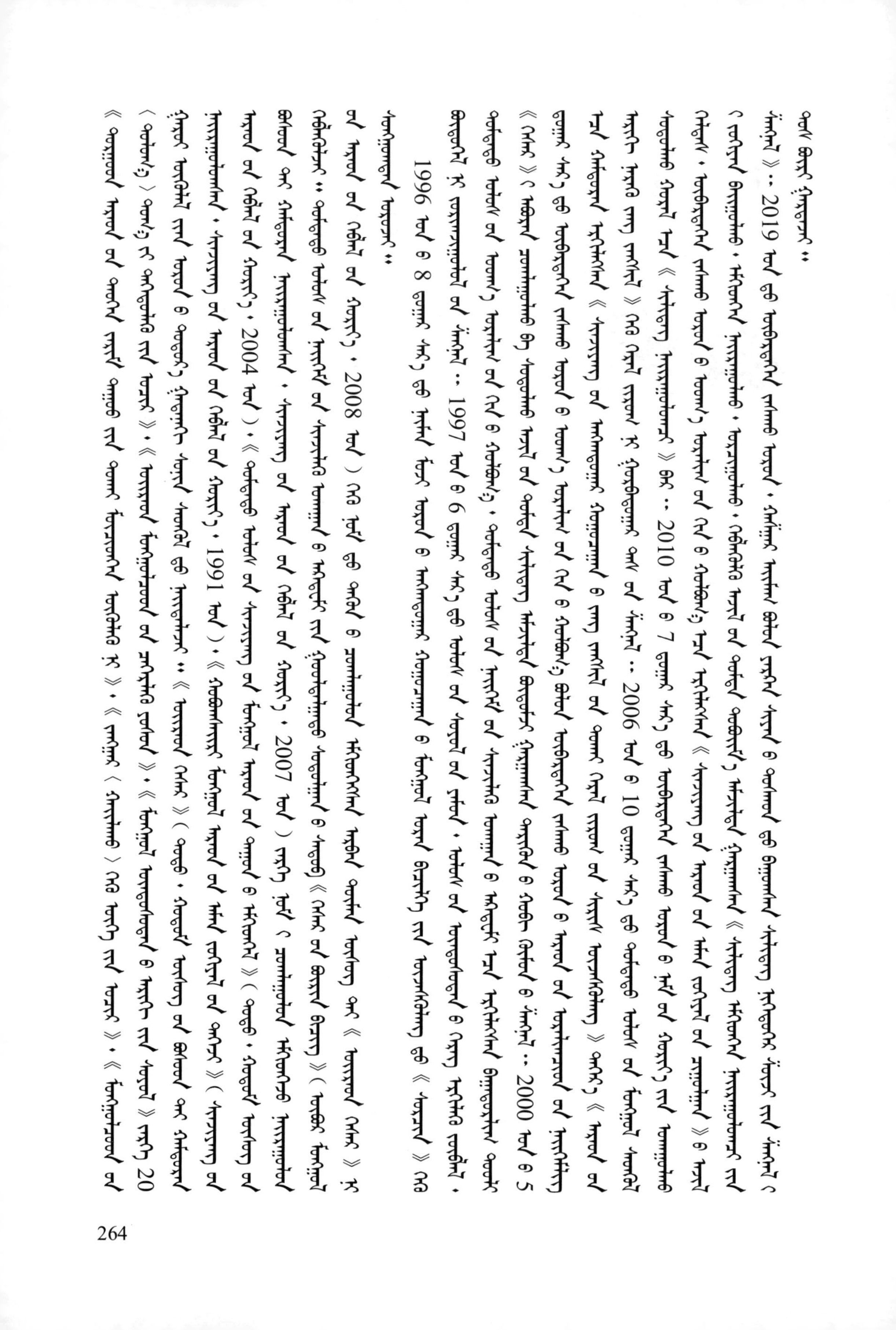

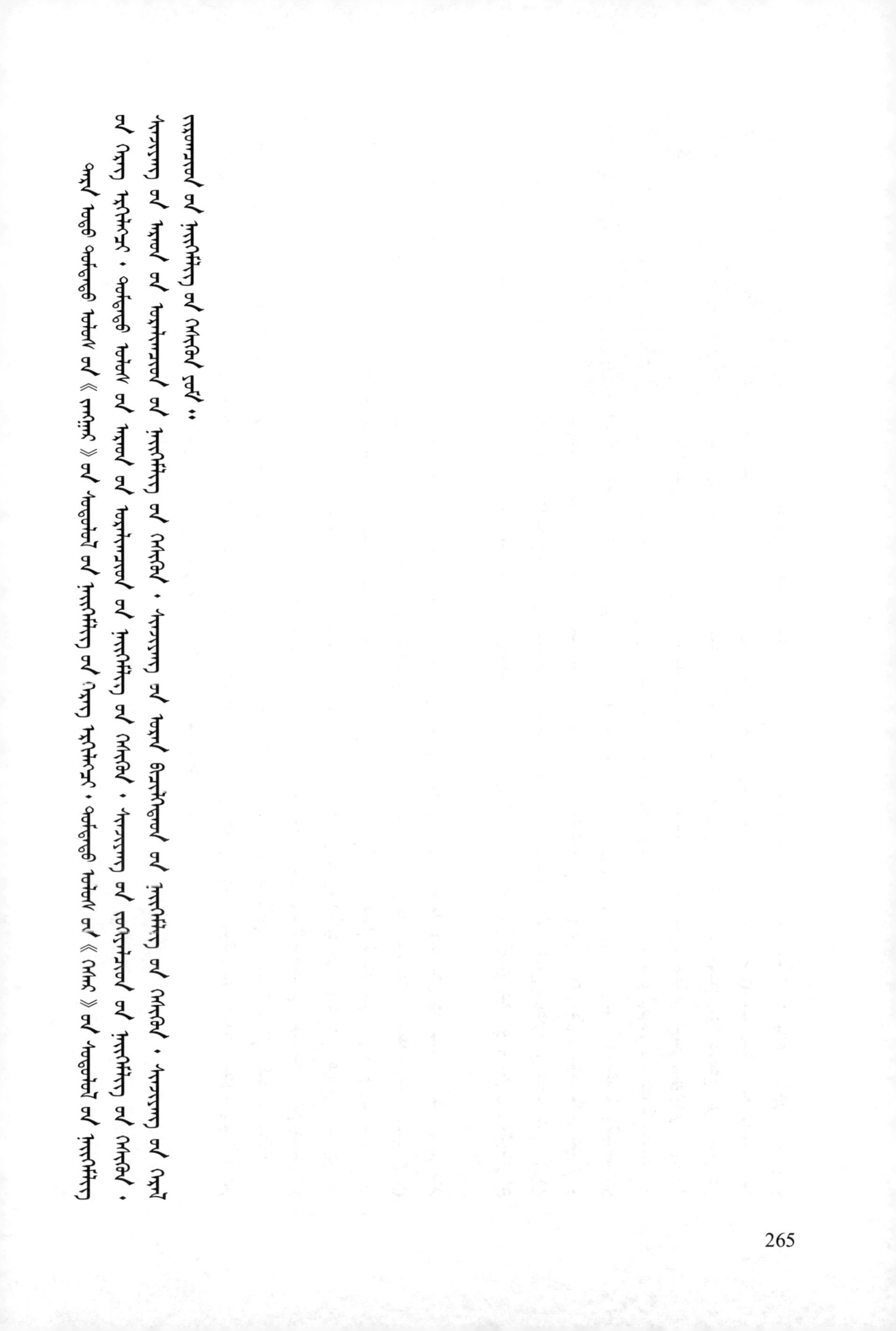

[illegible]
[illegible]
[illegible]
[illegible]

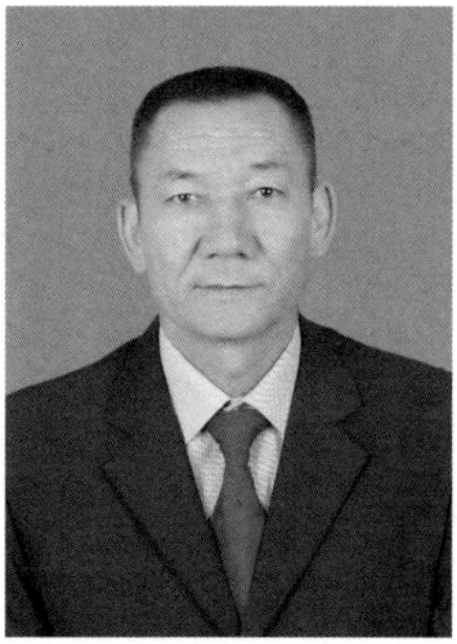

ᠪᠠ · ᠥᠯᠵᠡᠢ ᠮᠣᠩᠭᠣᠯ ᠦᠨᠳᠦᠰᠦᠲᠡᠨ᠂ ᠬᠠᠷᠠᠴᠢᠨ ᠤ ᠬᠣᠰᠢᠭᠤᠨ ᠤ ᠰᠤᠮᠤ ᠶᠢᠨ ᠭᠠᠴᠠᠭ᠎ᠠ ᠶᠢᠨ ᠬᠦᠮᠦᠨ ᠃ 1962 ᠣᠨ ᠤ 6 ᠰᠠᠷ᠎ᠠ ᠶᠢᠨ 12 ᠨ ᠳᠦ ᠲᠥᠷᠦᠭᠰᠡᠨ ᠃ ᠮᠣᠩᠭᠣᠯ ᠬᠡᠯᠡ ᠵᠣᠬᠢᠶᠠᠯ ᠤᠨ ᠰᠤᠳᠤᠯᠤᠯ ᠤᠨ ᠮᠡᠷᠭᠡᠵᠢᠯᠲᠡᠨ ᠂ ᠪᠠᠭᠰᠢ ᠶᠢᠨ ᠰᠤᠷᠭᠠᠭᠤᠯᠢ ᠶᠢᠨ ᠮᠣᠩᠭᠣᠯ ᠬᠡᠯᠡ ᠪᠢᠴᠢᠭ ᠤᠨ ᠮᠡᠷᠭᠡᠵᠢᠯ ᠢ ᠲᠡᠭᠦᠰᠦᠭᠰᠡᠨ ᠃ 1971 ᠣᠨ ᠤ 9 ᠰᠠᠷ᠎ᠠ ᠠᠴᠠ 1975 ᠣᠨ ᠤ 7 ᠰᠠᠷ᠎ᠠ ᠬᠦᠷᠲᠡᠯ᠎ᠡ ᠰᠤᠷᠭᠠᠭᠤᠯᠢ ᠳᠤ ᠰᠤᠷᠤᠯᠴᠠᠭᠰᠠᠨ ᠂ 1975 ᠣᠨ ᠤ 9 ᠰᠠᠷ᠎ᠠ ᠠᠴᠠ 1978 ᠣᠨ ᠤ 7 ᠰᠠᠷ᠎ᠠ ᠬᠦᠷᠲᠡᠯ᠎ᠡ ᠰᠤᠷᠭᠠᠭᠤᠯᠢ ᠶᠢᠨ ᠪᠠᠭᠰᠢ ᠶᠢᠨ ᠠᠵᠢᠯ ᠬᠢᠵᠦ ᠂ 1979 ᠣᠨ ᠳᠤ ᠰᠤᠷᠭᠠᠭᠤᠯᠢ ᠳᠤ ᠰᠤᠷᠤᠯᠴᠠᠭᠰᠠᠨ ᠃ 1985 ᠣᠨ ᠤ 9 ᠰᠠᠷ᠎ᠠ ᠠᠴᠠ 1987 ᠣᠨ ᠤ 7 ᠰᠠᠷ᠎ᠠ ᠬᠦᠷᠲᠡᠯ᠎ᠡ ᠰᠤᠷᠭᠠᠭᠤᠯᠢ ᠶᠢᠨ ᠪᠠᠭᠰᠢ ᠶᠢᠨ ᠠᠵᠢᠯ ᠬᠢᠵᠦ ᠂ 2009 ᠣᠨ ᠳᠤ ᠲᠡᠳᠭᠡᠪᠦᠷᠢ ᠶᠢᠨ ᠬᠡᠮᠵᠢᠶ᠎ᠡ ᠳᠦ ᠰᠤᠷᠤᠯᠴᠠᠭᠰᠠᠨ ᠃ ᠪᠢᠴᠢᠵᠡᠢ ᠃

1981 ᠣᠨ ᠳᠤ 《 ᠮᠣᠩᠭᠣᠯ ᠬᠡᠯᠡ ᠵᠣᠬᠢᠶᠠᠯ 》 ᠳᠡᠬᠢ ᠵᠣᠬᠢᠶᠠᠯ ᠤᠨ ᠰᠤᠳᠤᠯᠤᠯ ᠤᠨ ᠡᠮᠬᠢᠳᠬᠡᠯ ᠳᠦ 《 ᠮᠣᠩᠭᠣᠯ ᠬᠡᠯᠡ ᠤᠨ 200 ᠦᠭᠡ 》 ᠂ 《 ᠰᠤᠷᠭᠠᠭᠤᠯᠢ ᠶᠢᠨ ᠪᠠᠭᠰᠢ 》 ᠂ 《 ᠰᠤᠷᠭᠠᠭᠤᠯᠢ ᠶᠢᠨ ᠬᠦᠮᠦᠵᠢᠯ 》 ᠂ 《 ᠪᠢᠴᠢᠭ 》 ᠂ 《 ᠮᠣᠩᠭᠣᠯ ᠬᠡᠯᠡ ᠤᠨ ᠦᠭᠡ 》 ᠂ 《 ᠰᠤᠷᠭᠠᠭᠤᠯᠢ ᠶᠢᠨ ᠠᠵᠢᠯ 》 ᠂ 《 ᠮᠣᠩᠭᠣᠯ ᠬᠡᠯᠡ ᠶᠢᠨ ᠪᠠᠭᠰᠢ 》 ᠵᠡᠷᠭᠡ ᠵᠣᠬᠢᠶᠠᠯ ᠢ ᠨᠡᠢᠲᠡᠯᠡᠭᠦᠯᠦᠭᠰᠡᠨ ᠃ 1984 ᠣᠨ ᠳᠤ 《 ᠮᠣᠩᠭᠣᠯ ᠬᠡᠯᠡ ᠶᠢᠨ ᠰᠤᠷᠭᠠᠯᠲᠠ 》 ᠵᠡᠷᠭᠡ ᠨᠣᠮ ᠢ ᠨᠡᠢᠲᠡᠯᠡᠭᠦᠯᠦᠭᠰᠡᠨ ᠪᠠᠢᠨ᠎ᠠ ᠃ 《 ᠮᠣᠩᠭᠣᠯ ᠬᠡᠯᠡ ᠶᠢᠨ ᠰᠤᠷᠭᠠᠯᠲᠠ 》 ᠵᠡᠷᠭᠡ ᠵᠣᠬᠢᠶᠠᠯ ᠤᠨ ᠨᠣᠮ ᠤᠨ ᠰᠤᠳᠤᠯᠤᠯ ᠤᠨ ᠡᠮᠬᠢᠳᠬᠡᠯ ᠳᠦ 《 ᠮᠣᠩᠭᠣᠯ ᠬᠡᠯᠡ 》 ᠶᠢᠨ ᠬᠣᠷᠢᠶᠠᠯ ᠳᠤ ᠨᠡᠢᠲᠡᠯᠡᠭᠦᠯᠦᠭᠰᠡᠨ ᠃ 1981 — 1982 ᠣᠨ ᠳᠤ ᠰᠤᠷᠭᠠᠭᠤᠯᠢ ᠶᠢᠨ ᠮᠣᠩᠭᠣᠯ ᠬᠡᠯᠡ ᠪᠢᠴᠢᠭ ᠤᠨ ᠰᠤᠷᠭᠠᠯᠲᠠ ᠶᠢᠨ ᠨᠣᠮ ᠢ ᠵᠣᠬᠢᠶᠠᠨ ᠨᠡᠢᠲᠡᠯᠡᠭᠦᠯᠦᠭᠰᠡᠨ ᠃ 1993 ᠣᠨ ᠳᠤ 《 ᠮᠣᠩᠭᠣᠯ ᠬᠡᠯᠡ ᠶᠢᠨ ᠰᠤᠷᠭᠠᠯᠲᠠ 》 ᠵᠡᠷᠭᠡ ᠨᠣᠮ ᠢ 《 ᠮᠣᠩᠭᠣᠯ ᠬᠡᠯᠡ ᠶᠢᠨ ᠪᠢᠴᠢᠭ 》 ᠦᠨ ᠬᠣᠷᠢᠶᠠᠯ ᠳᠤ ᠨᠡᠢᠲᠡᠯᠡᠭᠦᠯᠦᠭᠰᠡᠨ ᠃ 《 ᠮᠣᠩᠭᠣᠯ ᠰᠣᠶᠣᠯ 》 ᠳᠡᠬᠢ ᠨᠡᠢᠲᠡᠯᠡᠭᠳᠡᠭᠰᠡᠨ ᠵᠣᠬᠢᠶᠠᠯ ᠤᠨ ᠰᠤᠳᠤᠯᠤᠯ ᠢ ᠪᠢᠴᠢᠵᠦ ᠨᠡᠢᠲᠡᠯᠡᠭᠦᠯᠦᠭᠰᠡᠨ ᠪᠣᠯᠪᠠ ᠃

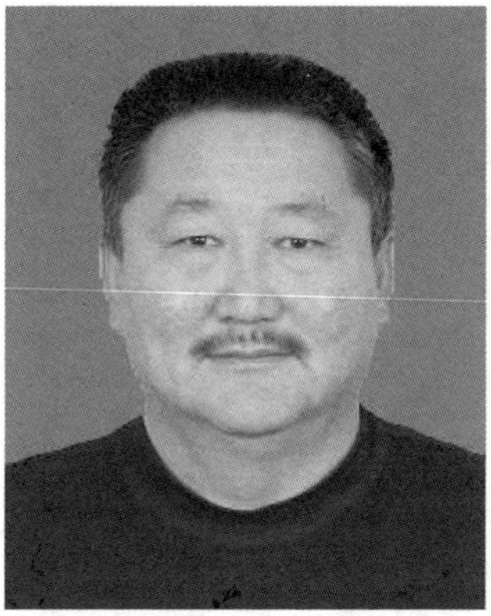

ᠨᠡᠶᠢᠲᠡ ᠨᠡᠶᠢᠲᠡᠯᠡᠭᠳᠡᠭᠦ ᠶᠢ 2008 ᠣᠨ ᠳᠤ ᠬᠡᠪᠯᠡᠭᠳᠡᠭᠦᠯᠦᠭᠰᠡᠨ ᠵᠢᠷᠤᠮᠯᠠᠯ ᠤᠨ ᠦᠭᠦᠯᠡᠯ ᠦᠨ (ᠠᠶᠠᠯᠭᠤᠪᠠᠷ ᠪᠠᠷᠢᠮᠲᠠᠯᠠᠭᠰᠠᠨ ᠰᠤᠷᠤᠯᠴᠠᠭᠠᠨ ᠤ ᠨᠡᠶᠢᠲᠡ ᠶᠢᠨ ᠠᠷᠭᠠ ᠪᠠᠷᠢᠮᠵᠢᠶᠠ ᠪᠠ
ᠬᠡᠪᠯᠡᠯ ᠪᠠ ᠮᠡᠷᠭᠡᠵᠢᠯ ᠨᠡᠶᠢᠲᠡ ᠬᠡᠪᠯᠡᠯ ᠦᠨ ᠬᠤᠷᠢᠶᠠ ᠳᠤ ᠬᠡᠪᠯᠡᠭᠳᠡᠭᠦᠯᠦᠭᠰᠡᠨ ᠦ ᠵᠢᠷᠤᠮᠯᠠᠯ ᠤᠨ ᠪᠠᠷ ᠳᠤ ᠰᠤᠷᠤᠯᠴᠠᠭᠰᠠᠨ ᠤ · 《ᠰᠤᠷᠭᠠᠭᠤᠯᠢ ᠶᠢᠨ ᠰᠤᠷᠭᠠᠯ ᠬᠦᠮᠦᠵᠢᠯ》(ᠰᠤᠷᠭᠠᠯ ᠪᠢᠴᠢᠭ) ᠢᠶᠠᠷ
ᠨᠡᠶᠢᠲᠡᠯᠡᠭᠦᠯᠦᠭᠰᠡᠨ ᠶᠢ 2006 ᠣᠨ ᠳᠤ ᠬᠡᠪᠯᠡᠭᠳᠡᠭᠰᠡᠨ ᠮᠡᠷᠭᠡᠵᠢᠯ ᠬᠡᠪᠯᠡᠯ ᠦᠨ ᠨᠡᠶᠢᠲᠡ ᠬᠡᠪᠯᠡᠯ ᠦᠨ ᠬᠤᠷᠢᠶᠠ ᠳᠤ ᠰᠤᠷᠤᠯᠴᠠᠭᠰᠠᠨ ᠪᠠᠷ 2006 ᠣᠨ ᠤ ᠪᠦᠬᠦ ᠤᠯᠤᠰ ᠤᠨ ᠰᠢᠯᠢᠳᠡᠭ ᠰᠢᠩ
ᠰᠢᠯᠢᠳᠡᠭ ᠰᠢᠩ ᠬᠡᠪᠯᠡᠯ ᠦᠨ ᠮᠡᠷᠭᠡᠵᠢᠯ ᠨᠡᠶᠢᠲᠡ ᠬᠡᠪᠯᠡᠯ ᠦᠨ ᠬᠤᠷᠢᠶᠠ ᠳᠤ ᠬᠡᠪᠯᠡᠭᠳᠡᠭᠦᠯᠦᠭᠰᠡᠨ ᠦ ᠵᠢᠷᠤᠮᠯᠠᠯ ᠤᠨ ᠪᠠᠷ ᠳᠤ ᠰᠤᠷᠤᠯᠴᠠᠭᠰᠠᠨ ᠤ · 《ᠰᠤᠷᠭᠠᠯ》(ᠠᠶᠠᠯᠭᠤ ᠠᠶᠠᠰ ᠪᠢᠴᠢᠭ) ᠢᠶᠠᠷ ᠨᠡᠶᠢᠲᠡ
ᠶᠢ 2003 ᠣᠨ ᠡᠴᠡ 2005 ᠣᠨ ᠳᠤ ᠬᠡᠪᠯᠡᠭᠳᠡᠭᠰᠡᠨ ᠮᠡᠷᠭᠡᠵᠢᠯ ᠬᠡᠪᠯᠡᠯ ᠦᠨ ᠨᠡᠶᠢᠲᠡ ᠬᠡᠪᠯᠡᠯ ᠦᠨ ᠠᠶᠠᠯᠭᠤᠪᠠᠷ ᠪᠠᠷ ᠳᠤ ᠰᠤᠷᠤᠯᠴᠠᠭᠰᠠᠨ ᠤ · 2005 ᠣᠨ ᠤ ᠪᠦᠬᠦ ᠤᠯᠤᠰ ᠤᠨ
ᠤᠨ ᠬᠡᠪᠯᠡᠯ ᠦᠨ ᠬᠤᠷᠢᠶᠠ 》 ᠤ ᠰᠢᠯᠢᠳᠡᠭ ᠪᠦᠲᠦᠭᠡᠯ ᠤᠨ ᠰᠤᠷᠤᠯᠴᠠᠭᠰᠠᠨ ᠤ · ᠳᠠ · ᠰᠠᠷᠠᠨᠭᠡᠷᠡᠯ ᠦᠨ ᠠᠶᠠᠯᠭᠤᠪᠠᠷ ᠵᠢᠷᠤᠮᠯᠠᠯ 《ᠰᠢᠨ ᠡ ᠤᠷᠤᠭ》(ᠰᠢᠨ ᠪᠢᠴᠢᠭ) ᠢᠶᠠᠷ ᠬᠡᠪᠯᠡᠯ ᠤᠨ ᠨᠡᠶᠢᠲᠡᠯᠡᠭᠦᠯᠦᠭᠰᠡᠨ
2017 ᠣᠨ ᠤ ᠬᠤᠷᠢᠶᠠ ᠳᠤ ᠰᠤᠷᠤᠯᠴᠠᠭᠰᠠᠨ (ᠠᠯᠲᠠᠨ ᠪᠢᠴᠢᠭ ᠰᠠᠶᠢᠨ ᠨᠡᠶᠢᠲᠡᠯᠡᠭᠰᠡᠨ · ᠨᠡᠶᠢᠲᠡ ᠨᠡᠶᠢᠲᠡᠯᠡᠭᠦᠯᠦᠭᠰᠡᠨ ᠣᠨ : 《ᠬᠦᠮᠦᠨ》(ᠰᠢᠨ ᠪᠢᠴᠢᠭ) ᠢᠶᠠᠷ ᠨᠡᠶᠢᠲᠡ ᠨᠡᠶᠢᠲᠡᠯᠡᠭᠦᠯᠦᠭᠰᠡᠨ ᠶᠢ 2001 ᠣᠨ ᠳᠤ 《ᠠᠷᠠᠳ ᠤᠨ
《ᠠᠷᠠᠳ ᠤᠨ ᠬᠡᠪᠯᠡᠯ》 ᠰᠤᠷᠭᠠᠯ ᠤᠨ ᠰᠢᠯᠢᠳᠡᠭ ᠪᠦᠲᠦᠭᠡᠯ ᠤᠨ ᠰᠤᠷᠤᠯᠴᠠᠭᠰᠠᠨ · 《ᠬᠦᠮᠦᠵᠢᠯ ᠦᠨ ᠰᠤᠷᠭᠠᠯ ᠬᠦᠮᠦᠨ》ᠢᠶᠠᠷ ᠬᠡᠪᠯᠡᠭᠳᠡᠭᠦᠯᠦᠭᠰᠡᠨ ᠶᠢ 《ᠬᠦᠮᠦᠵᠢᠯ ᠦᠨ ᠬᠦᠮᠦᠨ ᠪᠦᠲᠦᠭᠡᠯ》 ᠰᠤᠷᠭᠠᠯ ᠤᠨ
ᠶᠢ 《ᠰᠤᠷᠭᠠᠯ》 ᠰᠤᠷᠭᠠᠯ ᠤᠨ 2016 — 2017 ᠣᠨ ᠤ ᠰᠤᠷᠤᠯᠴᠠᠭᠰᠠᠨ ᠤᠨ ᠪᠦᠲᠦᠭᠡᠯ ᠤᠨ ᠠᠶᠠᠯᠭᠤᠪᠠᠷ ᠪᠠᠷ ᠤᠨ ᠰᠤᠷᠤᠯᠴᠠᠭᠰᠠᠨ · 《ᠪᠢᠴᠢᠭ》 ᠢᠶᠠᠷ ᠬᠡᠪᠯᠡᠭᠳᠡᠭᠦᠯᠦᠭᠰᠡᠨ ᠶᠢ 2017 ᠣᠨ ᠤ
《ᠰᠤᠷᠭᠠᠯ ᠰᠤᠷᠤᠯᠴᠠᠭᠰᠠᠨ》ᠢᠶᠠᠷ ᠰᠤᠷᠤᠯᠴᠠᠭ ᠶᠢ 2015 ᠣᠨ ᠳᠤ ᠪᠦᠬᠦ ᠤᠯᠤᠰ ᠤᠨ 《ᠮᠡᠷᠭᠡᠵᠢᠯ ᠬᠡᠪᠯᠡᠯ ᠦᠨ ᠬᠡᠪᠯᠡᠯ ᠪᠦᠲᠦᠭᠡᠯ》ᠤᠨ ᠰᠤᠷᠤᠯᠴᠠᠭᠰᠠᠨ · 《ᠬᠦᠮᠦᠨ ᠤ ᠰᠤᠷᠭᠠᠯ》ᠢᠶᠠᠷ ᠰᠤᠷᠤᠯᠴᠠᠭ
ᠬᠦᠮᠦᠨ ᠤᠨ ᠰᠢᠨ》ᠢᠶᠠᠷ ᠰᠤᠷᠤᠯᠴᠠᠭ ᠶᠢ 2012 ᠣᠨ ᠳᠤ ᠬᠡᠪᠯᠡᠭᠳᠡᠭᠰᠡᠨ ᠮᠡᠷᠭᠡᠵᠢᠯ ᠬᠡᠪᠯᠡᠯ ᠦᠨ ᠰᠤᠷᠭᠠᠭᠤᠯᠢ ᠶᠢᠨ ᠰᠤᠷᠭᠠᠭᠤᠯᠢ ᠤ 《ᠰᠤᠷᠭᠠᠯ ᠬᠦᠮᠦᠨ ᠬᠡᠪᠯᠡᠯ》ᠤᠨ ᠰᠤᠷᠤᠯᠴᠠᠭᠰᠠᠨ ·
ᠰᠤᠷᠭᠠᠭᠤᠯᠢ ᠤ ᠮᠡᠷᠭᠡᠵᠢᠯ ᠬᠡᠪᠯᠡᠯ ᠪᠦᠲᠦᠭᠡᠯ ᠤᠨ 《ᠰᠢᠨ ᠡ ᠨᠡᠶᠢᠲᠡ》ᠰᠤᠷᠤᠯᠴᠠᠭᠰᠠᠨ · 2012 ᠣᠨ ᠳᠤ ᠬᠡᠪᠯᠡᠯ ᠮᠡᠷᠭᠡᠵᠢᠯ ᠤᠨ 《ᠪᠢᠴᠢᠭ ᠬᠡᠪᠯᠡᠯ ᠪᠦᠲᠦᠭᠡᠯ ᠤᠨ ᠰᠤᠷᠤᠯᠴᠠᠭᠰᠠᠨ》 · 《ᠰᠢᠨ
ᠤᠨ ᠬᠡᠪᠯᠡᠯ ᠰᠢᠨ ᠤᠨ ᠰᠤᠷᠤᠯᠴᠠᠭᠰᠠᠨ · 《ᠪᠢᠴᠢᠭ ᠠᠶᠠᠰ ᠰᠤᠷᠭᠠᠯ》ᠢᠶᠠᠷ ᠰᠤᠷᠤᠯᠴᠠᠭ ᠶᠢ 2010 ᠣᠨ ᠳᠤ ᠠᠷᠠᠳ ᠤᠨ ᠬᠡᠪᠯᠡᠯ ᠬᠡᠪᠯᠡᠭᠳᠡᠭᠰᠡᠨ ᠮᠡᠷᠭᠡᠵᠢᠯ ᠬᠡᠪᠯᠡᠯ ᠦᠨ ᠰᠤᠷᠭᠠᠭᠤᠯᠢ
ᠰᠤᠷᠤᠯᠴᠠᠭᠰᠠᠨ · 2006 ᠣᠨ ᠳᠤ ᠠᠷᠠᠳ ᠤᠨ ᠬᠡᠪᠯᠡᠯ ᠬᠡᠪᠯᠡᠭᠳᠡᠭᠰᠡᠨ ᠮᠡᠷᠭᠡᠵᠢᠯ ᠬᠡᠪᠯᠡᠯ ᠦᠨ ᠰᠤᠷᠭᠠᠭᠤᠯᠢ ᠶᠢᠨ ᠰᠤᠷᠭᠠᠭᠤᠯᠢ ᠤ ᠮᠡᠷᠭᠡᠵᠢᠯ ᠬᠡᠪᠯᠡᠯ ᠪᠦᠲᠦᠭᠡᠯ ᠤᠨ 《ᠰᠢᠨ ᠡ ᠨᠡᠶᠢᠲᠡ》ᠰᠤᠷᠤᠯᠴᠠᠭᠰᠠᠨ
ᠤ 《ᠰᠤᠷᠭᠠᠯ ᠬᠦᠮᠦᠨ ᠬᠡᠪᠯᠡᠯ》ᠤᠨ ᠰᠤᠷᠤᠯᠴᠠᠭᠰᠠᠨ · 《ᠰᠢᠨ ᠡ ᠠᠶᠠᠰ ᠰᠤᠷᠭᠠᠯ》ᠢᠶᠠᠷ ᠬᠡᠪᠯᠡᠭᠳᠡᠭᠦᠯᠦᠭᠰᠡᠨ ᠶᠢ 2005 ᠣᠨ ᠳᠤ 《ᠠᠷᠠᠳ ᠤᠨ ᠬᠡᠪᠯᠡᠯ》 ᠰᠤᠷᠭᠠᠯ ᠤᠨ ᠰᠢᠯᠢᠳᠡᠭ ᠪᠦᠲᠦᠭᠡᠯ ᠤᠨ
ᠰᠤᠷᠤᠯᠴᠠᠭᠰᠠᠨ · 《ᠰᠤᠷᠭᠠᠯ · ᠰᠤᠷᠤᠯᠴᠠᠭ ᠠᠶᠠᠰ ᠪᠢᠴᠢᠭ ᠤᠨ ᠰᠤᠷᠭᠠᠭᠰᠠᠨ ᠶᠢ》ᠢᠶᠠᠷ ᠰᠤᠷᠤᠯᠴᠠᠭ ᠨᠡᠶᠢᠲᠡᠯᠡᠭᠦᠯᠦᠭᠰᠡᠨ ᠶᠢ 2004 ᠣᠨ ᠳᠤ ᠬᠡᠪᠯᠡᠭᠳᠡᠭᠰᠡᠨ ᠮᠡᠷᠭᠡᠵᠢᠯ ᠬᠡᠪᠯᠡᠯ ᠦᠨ ᠰᠤᠷᠭᠠᠭᠤᠯᠢ ᠶᠢᠨ ᠰᠤᠷᠭᠠᠭᠤᠯᠢ
ᠪᠦᠲᠦᠭᠡᠯ ᠪᠢᠴᠢᠭᠰᠡᠨ ᠤᠨ ᠰᠤᠷᠤᠯᠴᠠᠭᠰᠠᠨ · 《ᠰᠤᠷᠭᠠᠭᠤᠯᠢ ᠶᠢᠨ ᠰᠤᠷᠭᠠᠯ ᠰᠤᠷᠭᠠᠭᠤᠯᠢ》ᠢᠶᠠᠷ ᠬᠡᠪᠯᠡᠭᠳᠡᠭᠦᠯᠦᠭᠰᠡᠨ ᠶᠢ 1994 ᠣᠨ ᠤ 《ᠠᠷᠠᠳ ᠤᠨ ᠬᠡᠪᠯᠡᠯ ᠤᠨ ᠬᠦᠮᠦᠨ》ᠤ ᠰᠤᠷᠤᠯᠴᠠᠭᠰᠠᠨ ᠪᠠᠷ ᠤᠨ
《ᠰᠢᠨ ᠡ ᠪᠠᠶᠢᠭᠤᠯᠤᠭᠳᠠᠭᠰᠠᠨ 70 ᠵᠢᠯ ᠤᠨ ᠣᠨ》ᠳᠤ ᠬᠡᠪᠯᠡᠭᠳᠡᠭᠦᠯᠦᠭᠰᠡᠨ ᠬᠡᠪᠯᠡᠭᠳᠡᠭᠰᠡᠨ ᠮᠡᠷᠭᠡᠵᠢᠯ ᠬᠡᠪᠯᠡᠯ ᠦᠨ ᠰᠢᠯᠢᠳᠡᠭ ᠪᠦᠲᠦᠭᠡᠯ ᠪᠢᠴᠢᠭᠰᠡᠨ (ᠰᠤᠷᠤᠯᠴᠠᠭ ᠬᠡᠪᠯᠡᠭᠳᠡᠭᠦᠯᠦᠭ ᠳᠦ ᠰᠢᠯᠢᠳᠡᠭ
ᠶᠢ ᠨᠠ · ᠰᠤᠷᠤᠯ · ᠰᠠ · ᠬᠡᠪᠯᠡᠯ ᠠᠶᠠᠰ ᠪᠢᠴᠢᠭ ᠪᠢᠴᠢᠭ ᠳᠦ ᠬᠡᠪᠯᠡᠭᠳᠡᠭᠦᠯᠦᠭᠰᠡᠨ 2013 ᠣᠨ ᠳᠤ ᠪᠢᠴᠢᠭᠰᠡᠨ · 《ᠰᠤᠷᠭᠠᠭᠤᠯᠢ ᠬᠦᠮᠦᠨ ᠰᠢᠨ》ᠢᠶᠠᠷ ᠬᠡᠪᠯᠡᠭᠳᠡᠭᠦᠯᠦᠭᠰᠡᠨ ᠶᠢ 1991 ᠣᠨ ᠳᠤ
ᠬᠡᠪᠯᠡᠭᠳᠡᠭᠦᠯᠦᠭᠰᠡᠨ ᠰᠤᠷᠤᠯᠴᠠᠭ ᠤᠨ ᠰᠤᠷᠭᠠᠭᠤᠯᠢ ᠪᠠᠷ ᠠᠷᠠᠳ ᠤᠨ ᠬᠡᠪᠯᠡᠯ ᠤᠨ ᠪᠢᠴᠢᠭ ᠤᠨ ᠠᠶᠠᠰ ᠬᠡᠪᠯᠡᠯ ᠪᠢᠴᠢᠭᠰᠡᠨ · 《ᠠᠶᠠ ᠬᠦᠮᠦᠨ ᠤᠨ ᠰᠤᠷᠭᠠᠯ》ᠢᠶᠠᠷ ᠬᠡᠪᠯᠡᠭᠳᠡᠭᠦᠯᠦᠭᠰᠡᠨ ᠤᠨ ᠰᠤᠷᠭᠠᠭᠤᠯᠢ ᠶᠢ
ᠬᠡᠪᠯᠡᠭᠳᠡᠭᠦᠯᠦᠭᠰᠡᠨ ᠤᠨ ᠰᠤᠷᠭᠠᠭᠤᠯᠢ ᠪᠠᠷ · 2016 ᠣᠨ ᠳᠤ 《ᠪᠢᠴᠢᠭ ᠠᠶᠠᠰ ᠰᠤᠷᠭᠠᠯ》ᠢᠶᠠᠷ ᠰᠤᠷᠤᠯᠴᠠᠭ ᠤᠨ ᠰᠤᠷᠭᠠᠭᠤᠯᠢ ᠪᠠᠷ · 2020 ᠣᠨ ᠳᠤ 《ᠠᠶᠠᠰ ᠤᠨ ᠬᠦᠮᠦᠨ》ᠢᠶᠠᠷ

ᠶᠢᠨ ᠰᠤᠷᠭᠠᠨ ᠬᠦᠮᠦᠵᠢᠯ ᠦᠨ ᠬᠡᠪᠯᠡᠯ ᠦᠨ ᠬᠣᠷᠢᠶ᠎ᠠ (2001 ᠣᠨ) ᠳᠤ ᠬᠡᠪᠯᠡᠭᠳᠡᠪᠡ ::

ᠦᠨᠳᠦᠰᠦᠲᠡᠨ ᠦ ᠬᠡᠪᠯᠡᠯ ᠦᠨ ᠬᠣᠷᠢᠶ᠎ᠠ ᠶᠢᠨ ᠮᠣᠩᠭᠣᠯ ᠬᠡᠯᠡ ᠪᠢᠴᠢᠭ ᠤᠨ (2008 ᠣᠨ) · ᠦᠨᠳᠦᠰᠦᠲᠡᠨ ᠦ ᠬᠡᠪᠯᠡᠯ ᠦᠨ ᠬᠣᠷᠢᠶ᠎ᠠ ᠶᠢᠨ ᠢᠯᠠᠭᠤ ᠶᠢᠨ ᠰᠢᠭᠠᠩᠭᠠᠯ ᠢ ᠬᠦᠷᠲᠡᠭᠰᠡᠨ ᠶᠢᠨ ᠲᠡᠦᠬᠡ ᠶᠢᠨ ᠰᠤᠳᠤᠯᠤᠯ ᠤᠨ ᠬᠡᠪᠯᠡᠯ ᠦᠨ ᠬᠣᠷᠢᠶ᠎ᠠ ᠶᠢᠨ ᠣᠷᠴᠢᠭᠤᠯᠤᠯ ᠤᠨ ᠲᠠᠰᠤᠭ ᠤᠨ 《 ᠪᠢᠴᠢᠭ ᠰᠣᠶᠣᠯ 》 ᠤᠨ ᠬᠡᠪᠯᠡᠯ (2015 — 2017 ᠣᠨ) · ᠰᠤᠷᠭᠠᠭᠤᠯᠢ ᠶᠢᠨ ᠬᠡᠪᠯᠡᠯ ᠦᠨ ᠬᠣᠷᠢᠶ᠎ᠠ ᠶᠢᠨ ᠨᠣᠮ ᠤᠨ ᠢᠯᠠᠭᠤ ᠶᠢᠨ ᠰᠢᠭᠠᠩᠭᠠᠯ ᠢ ᠬᠦᠷᠲᠡᠭᠰᠡᠨ ᠪᠣᠯᠤᠨ 《 ᠪᠢ · ᠰᠡᠴᠡᠨ 》 ᠦ ᠬᠡᠪᠯᠡᠯ ᠦᠨ ᠬᠣᠷᠢᠶ᠎ᠠ ᠶᠢᠨ ᠨᠣᠮ ᠤᠨ ᠰᠢᠭᠠᠩᠭᠠᠯ ᠢ ᠬᠦᠷᠲᠡᠭᠰᠡᠨ ᠶᠢᠨ ᠡᠷᠬᠢᠯᠡᠭᠴᠢ ᠪᠢ · ᠰᠡᠴᠡᠨ ᠦ ᠮᠡᠳᠡᠯᠭᠡ ᠶᠢᠨ ᠬᠢᠷᠢ ᠪᠡᠷ 《 ᠪᠢ · ᠰᠡᠴᠡᠨ ᠤ ᠲᠡᠦᠬᠡ ᠪᠢᠴᠢᠭ ᠢ ᠮᠡᠳᠡᠭᠦᠯᠡᠭᠰᠡᠨ ᠬᠤᠷᠠᠯ 》 ᠤᠨ ᠵᠠᠷᠯᠠᠯ ᠢ ᠡᠷᠬᠢᠯᠡᠨ ᠭᠠᠷᠭᠠᠪᠠ ::

ᠲᠡᠷᠡ ᠨᠢ ᠦᠨᠳᠦᠰᠦᠲᠡᠨ ᠦ ᠰᠤᠷᠭᠠᠨ ᠬᠦᠮᠦᠵᠢᠯ ᠦᠨ ᠡᠷᠳᠡᠮ ᠰᠢᠨᠵᠢᠯᠡᠭᠡᠨ ᠦ 2015 ᠣᠨ ᠤ 8 ᠰᠠᠷ᠎ᠠ ᠳᠤ ᠬᠡᠪᠯᠡᠭᠳᠡᠭᠰᠡᠨ 《 ᠰᠠᠢᠬᠠᠨ ᠤ ᠲᠠᠯᠠᠪᠤᠷ 》 (ᠦᠨᠳᠦᠰᠦᠲᠡᠨ ᠦ ᠬᠡᠪᠯᠡᠯ ᠦᠨ ᠬᠣᠷᠢᠶ᠎ᠠ) ᠳᠤ ᠨᠡᠶᠢᠲᠡᠯᠡᠭᠳᠡᠭᠰᠡᠨ ᠮᠣᠩᠭᠣᠯ ᠤᠨ ᠢᠯᠠᠭᠤ ᠰᠠᠶᠢᠨ ᠨᠣᠮ ᠤᠨ ᠢᠯᠠᠭᠤ ᠶᠢᠨ ᠰᠢᠭᠠᠩᠭᠠᠯ ᠤᠨ ᠮᠡᠳᠡᠭᠦᠯᠡᠯ ᠳᠦ 2011 ᠣᠨ ᠳᠤ ᠬᠡᠪᠯᠡᠭᠳᠡᠭᠰᠡᠨ ᠦᠨᠳᠦᠰᠦᠲᠡᠨ ᠦ ᠰᠣᠶᠣᠯ ᠤᠨ ᠮᠡᠳᠡᠯᠭᠡ ᠶᠢᠨ ᠨᠡᠷᠡ ᠶᠢ ᠣᠷᠤᠭᠤᠯᠤᠭᠰᠠᠨ ::

ᠮᠡᠳᠡᠭᠦᠯᠡᠯ ᠬᠣᠷᠢᠶᠠᠨ ᠠᠪᠤᠭᠰᠠᠨ ᠳᠤ 2010 ᠣᠨ ᠳᠤ ᠬᠡᠪᠯᠡᠭᠳᠡᠭᠰᠡᠨ ᠦᠨᠳᠦᠰᠦᠲᠡᠨ ᠦ ᠰᠤᠷᠭᠠᠨ ᠬᠦᠮᠦᠵᠢᠯ ᠦᠨ ᠮᠡᠳᠡᠭᠦᠯᠡᠯ ᠦᠨ ᠨᠣᠮ ᠤᠨ ᠪᠠᠢᠭᠤᠯᠭ᠎ᠠ ᠶᠢᠨ ᠰᠢᠭᠠᠩᠭᠠᠯ ᠤᠨ ᠨᠡᠷᠡ ᠶᠢ ᠣᠷᠤᠭᠤᠯᠤᠭᠰᠠᠨ :: 《 ᠵᠠᠩᠭᠢᠯᠠᠭ᠎ᠠ ᠶᠢᠨ ᠪᠢᠴᠢᠭ ᠦᠨ ᠰᠤᠳᠤᠯᠤᠯ 》 (ᠦᠨᠳᠦᠰᠦᠲᠡᠨ ᠦ ᠬᠡᠪᠯᠡᠯ ᠦᠨ ᠬᠣᠷᠢᠶ᠎ᠠ) ᠨᠢ 2010 ᠣᠨ ᠤ ᠮᠡᠳᠡᠭᠦᠯᠡᠯ ᠦᠨ ᠨᠣᠮ ᠤᠨ ᠪᠠᠢᠭᠤᠯᠭ᠎ᠠ ᠶᠢᠨ ᠰᠢᠭᠠᠩᠭᠠᠯ ᠤᠨ ᠨᠡᠷᠡ ᠶᠢ ᠣᠷᠤᠭᠤᠯᠤᠭᠰᠠᠨ ᠪᠣᠯᠤᠨ 2007 ᠣᠨ ᠤ ᠦᠨᠳᠦᠰᠦᠲᠡᠨ ᠦ ᠪᠢᠴᠢᠭ ᠦᠨ ᠨᠣᠮ ᠤᠨ ᠰᠢᠭᠠᠩᠭᠠᠯ ᠤᠨ ᠨᠡᠷᠡ ᠶᠢ ᠣᠷᠤᠭᠤᠯᠤᠭᠰᠠᠨ :: 《 ᠬᠠᠭᠤᠴᠢᠨ ᠮᠣᠩᠭᠣᠯ ᠪᠢᠴᠢᠭ 》 (ᠦᠨᠳᠦᠰᠦᠲᠡᠨ ᠦ ᠬᠡᠪᠯᠡᠯ ᠦᠨ ᠬᠣᠷᠢᠶ᠎ᠠ) ᠨᠢ 2007 ᠣᠨ ᠳᠤ ᠬᠡᠪᠯᠡᠭᠳᠡᠭᠰᠡᠨ ᠦᠨᠳᠦᠰᠦᠲᠡᠨ ᠦ ᠰᠤᠷᠭᠠᠨ ᠬᠦᠮᠦᠵᠢᠯ ᠦᠨ ᠮᠡᠳᠡᠭᠦᠯᠡᠯ ᠦᠨ ᠨᠣᠮ ᠤᠨ ᠪᠠᠢᠭᠤᠯᠭ᠎ᠠ ᠶᠢᠨ ᠰᠢᠭᠠᠩᠭᠠᠯ ᠤᠨ ᠨᠡᠷᠡ ᠶᠢ ᠣᠷᠤᠭᠤᠯᠤᠭᠰᠠᠨ :: 《 ᠮᠣᠩᠭᠣᠯ ᠤᠨ ᠰᠣᠶᠣᠯ ᠤᠨ ᠲᠦᠪ ᠦᠨ ᠬᠣᠷᠢᠶᠠᠯᠢ 》 (ᠦᠨᠳᠦᠰᠦᠲᠡᠨ ᠦ ᠬᠡᠪᠯᠡᠯ ᠦᠨ ᠬᠣᠷᠢᠶ᠎ᠠ) ᠨᠢ 2011 ᠣᠨ ᠤ ᠮᠡᠳᠡᠭᠦᠯᠡᠯ ᠦᠨ ᠨᠣᠮ ᠤᠨ ᠪᠠᠢᠭᠤᠯᠭ᠎ᠠ ᠶᠢᠨ ᠰᠢᠭᠠᠩᠭᠠᠯ ᠤᠨ ᠨᠡᠷᠡ ᠶᠢ ᠣᠷᠤᠭᠤᠯᠤᠭᠰᠠᠨ :: 《 ᠮᠣᠩᠭᠣᠯ ᠬᠡᠯᠡ ᠪᠢᠴᠢᠭ 》 (ᠦᠨᠳᠦᠰᠦᠲᠡᠨ ᠦ ᠬᠡᠪᠯᠡᠯ ᠦᠨ ᠬᠣᠷᠢᠶ᠎ᠠ) ᠨᠢ 2009 ᠣᠨ ᠤ ᠦᠨᠳᠦᠰᠦᠲᠡᠨ ᠦ ᠪᠢᠴᠢᠭ ᠦᠨ ᠨᠣᠮ ᠤᠨ ᠰᠢᠭᠠᠩᠭᠠᠯ ᠤᠨ ᠨᠡᠷᠡ ᠶᠢ ᠣᠷᠤᠭᠤᠯᠤᠭᠰᠠᠨ :: 《 ᠮᠣᠩᠭᠣᠯ ᠤᠨ ᠲᠡᠦᠬᠡ 》 (ᠦᠨᠳᠦᠰᠦᠲᠡᠨ ᠦ ᠬᠡᠪᠯᠡᠯ ᠦᠨ ᠬᠣᠷᠢᠶ᠎ᠠ) ᠨᠢ 2008 ᠣᠨ ᠤ ᠦᠨᠳᠦᠰᠦᠲᠡᠨ ᠦ ᠪᠢᠴᠢᠭ ᠦᠨ ᠨᠣᠮ ᠤᠨ ᠰᠢᠭᠠᠩᠭᠠᠯ ᠤᠨ ᠨᠡᠷᠡ ᠶᠢ ᠣᠷᠤᠭᠤᠯᠤᠭᠰᠠᠨ :: 《 ᠮᠣᠩᠭᠣᠯ ᠤᠨ ᠰᠣᠶᠣᠯ 》 (ᠦᠨᠳᠦᠰᠦᠲᠡᠨ ᠦ ᠬᠡᠪᠯᠡᠯ ᠦᠨ ᠬᠣᠷᠢᠶ᠎ᠠ) ᠨᠢ 2008 ᠣᠨ ᠤ

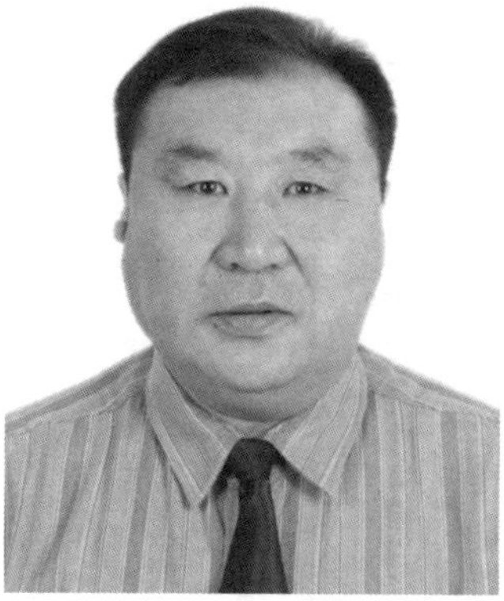

270

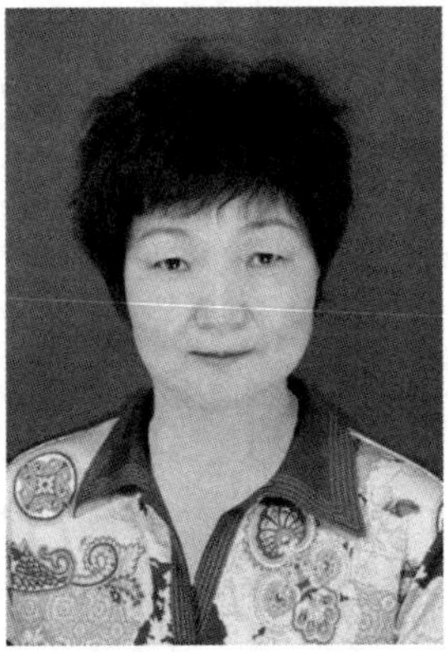

ᠨᠠᠷᠠᠨᠭᠤᠸ᠎ᠠ ᠪᠣᠯ ᠬᠠᠷᠴᠢᠨ ᠬᠣᠰᠢᠭᠤᠨ ᠤ ᠬᠦᠮᠦᠨ · 《ᠬᠠᠯᠢᠭᠤ》 · 《ᠴᠢᠮᠡᠭ》 ᠵᠡᠷᠭᠡ ᠨᠡᠷ᠎ᠡ ᠪᠡᠷ ᠵᠣᠬᠢᠶᠠᠯ ᠨᠡᠶᠢᠲᠡᠯᠡᠭᠰᠡᠨ ::
1962 ᠣᠨ ᠤ 9 ᠰᠠᠷ᠎ᠠ ᠶᠢᠨ 6 ᠤ ᠡᠳᠦᠷ ᠲᠥᠷᠦᠭᠰᠡᠨ ᠮᠣᠩᠭᠣᠯ ᠦᠨᠳᠦᠰᠦᠲᠡᠨ ᠦ ᠡᠮᠡᠭᠲᠡᠢ ᠵᠣᠬᠢᠶᠠᠯᠴᠢ ᠪᠣᠯᠤᠨ ᠪᠠᠭ᠎ᠠ ᠰᠤᠷᠭᠠᠭᠤᠯᠢ ᠳᠤ ᠰᠤᠷᠤᠯᠴᠠᠭᠰᠠᠨ :: 1970 ᠣᠨ ᠤ 9 ᠰᠠᠷ᠎ᠠ ᠠᠴᠠ 1975 ᠣᠨ ᠤ 7 ᠰᠠᠷ᠎ᠠ ᠬᠦᠷᠲᠡᠯ᠎ᠡ ᠬᠣᠰᠢᠭᠤᠨ ᠤ ᠳᠤᠮᠳᠠᠳᠤ ᠰᠤᠷᠭᠠᠭᠤᠯᠢ ᠳᠤ ᠰᠤᠷᠤᠯᠴᠠᠭᠰᠠᠨ · 1975 ᠣᠨ ᠤ 9 ᠰᠠᠷ᠎ᠠ ᠠᠴᠠ 1978 ᠣᠨ ᠤ 7 ᠰᠠᠷ᠎ᠠ ᠬᠦᠷᠲᠡᠯ᠎ᠡ ᠠᠬ᠎ᠠ ᠳᠤᠮᠳᠠᠳᠤ ᠰᠤᠷᠭᠠᠭᠤᠯᠢ ᠳᠤ ᠰᠤᠷᠤᠯᠴᠠᠭᠰᠠᠨ · 1978 ᠣᠨ ᠤ 9 ᠰᠠᠷ᠎ᠠ ᠠᠴᠠ 1980 ᠣᠨ ᠤ 7 ᠰᠠᠷ᠎ᠠ ᠬᠦᠷᠲᠡᠯ᠎ᠡ ᠪᠠᠭᠰᠢ ᠶᠢᠨ ᠰᠤᠷᠭᠠᠭᠤᠯᠢ ᠳᠤ ᠰᠤᠷᠤᠯᠴᠠᠭᠰᠠᠨ · 1980 ᠣᠨ ᠤ 9 ᠰᠠᠷ᠎ᠠ ᠠᠴᠠ ᠡᠬᠢᠯᠡᠨ ᠬᠣᠰᠢᠭᠤᠨ ᠤ ᠰᠤᠷᠭᠠᠭᠤᠯᠢ ᠳᠤ ᠪᠠᠭᠰᠢ ᠪᠣᠯᠤᠨ ᠰᠤᠷᠭᠠᠭᠤᠯᠢ ᠶᠢᠨ ᠠᠵᠢᠯ ᠳᠤ ᠠᠵᠢᠯᠯᠠᠭᠰᠠᠨ :: 1984 ᠣᠨ ᠤ 7 ᠰᠠᠷ᠎ᠠ ᠠᠴᠠ ᠡᠬᠢᠯᠡᠨ ᠬᠣᠰᠢᠭᠤᠨ ᠤ ᠰᠣᠶᠣᠯ ᠤᠨ ᠲᠠᠰᠤᠭ ᠲᠤ ᠠᠵᠢᠯᠯᠠᠵᠤ · ᠰᠣᠶᠣᠯ ᠤᠨ ᠠᠵᠢᠯ ᠢ ᠡᠷᠬᠢᠯᠡᠭᠰᠡᠨ :: 1994 ᠣᠨ ᠳᠤ ᠪᠣᠯᠪᠠᠰᠤᠷᠠᠯ ᠤᠨ ᠲᠡᠭᠦᠰᠦᠭᠰᠡᠨ · 2002 ᠣᠨ ᠳᠤ ᠳᠡᠭᠡᠳᠦ ᠪᠣᠯᠪᠠᠰᠤᠷᠠᠯ ᠤᠨ ᠵᠡᠷᠭᠡ ᠣᠯᠤᠭᠰᠠᠨ :: 2010 ᠣᠨ ᠠᠴᠠ 2017 ᠣᠨ ᠬᠦᠷᠲᠡᠯ᠎ᠡ ᠰᠣᠶᠣᠯ ᠤᠨ ᠬᠣᠷᠢᠶ᠎ᠠ ᠶᠢᠨ 《ᠬᠠᠯᠢᠭᠤ》 · 《ᠴᠢᠮᠡᠭ》 ᠰᠡᠳᠬᠦᠯ ᠦᠨ ᠡᠷᠬᠢᠯᠡᠭᠴᠢ ᠪᠠᠷ ᠠᠵᠢᠯᠯᠠᠭᠰᠠᠨ · 2017 ᠣᠨ ᠤ 10 ᠰᠠᠷ᠎ᠠ ᠳᠤ ᠲᠡᠲᠡᠭᠦᠯᠡᠭᠰᠡᠨ ::

ᠵᠣᠬᠢᠶᠠᠯ ᠣᠨ ᠤ ᠬᠠᠪᠤᠷ ᠤᠨ ᠳᠤᠭᠠᠷ ᠰᠡᠳᠬᠦᠯ ᠳᠦ ᠨᠡᠶᠢᠲᠡᠯᠡᠭᠰᠡᠨ 《ᠰᠡᠳᠬᠢᠯ》 (1983 ᠣᠨ ᠤ 7 ᠰᠠᠷ᠎ᠠ ᠳᠤ ᠨᠡᠶᠢᠲᠡᠯᠡᠭᠰᠡᠨ) ᠡᠴᠡ ᠡᠬᠢᠯᠡᠨ · 《ᠬᠠᠯᠢᠭᠤ》 · 《ᠴᠢᠮᠡᠭ》 ᠵᠡᠷᠭᠡ ᠨᠡᠷ᠎ᠡ ᠪᠡᠷ 《ᠰᠡᠳᠬᠢᠯ ᠦᠨ ᠴᠡᠴᠡᠭ》 (1983 ᠣᠨ ᠤ 5 ᠰᠠᠷ᠎ᠠ ᠳᠤ ᠨᠡᠶᠢᠲᠡᠯᠡᠭᠰᠡᠨ) · 《ᠡᠵᠢ ᠶᠢᠨ ᠬᠠᠢᠷ᠎ᠠ》 ᠵᠡᠷᠭᠡ ᠣᠯᠠᠨ ᠵᠣᠬᠢᠶᠠᠯ ᠨᠡᠶᠢᠲᠡᠯᠡᠭᠰᠡᠨ · ᠡᠳᠡᠭᠡᠷ ᠵᠣᠬᠢᠶᠠᠯ ᠨᠢ ᠣᠯᠠᠨ ᠤᠩᠰᠢᠭᠴᠢᠳ ᠤᠨ ᠳᠡᠮᠵᠢᠯᠭᠡ ᠶᠢ ᠣᠯᠤᠭᠰᠠᠨ :: 1991 ᠣᠨ ᠤ 3 ᠰᠠᠷ᠎ᠠ ᠳᠤ 4 ᠳᠦᠭᠡᠷ ᠦᠨ 《ᠰᠡᠳᠬᠢᠯ》 ᠰᠡᠳᠬᠦᠯ ᠳᠦ · 《ᠬᠠᠯᠢᠭᠤ》 · 《ᠴᠢᠮᠡᠭ》 ᠦᠨ ᠬᠠᠮᠲᠤ 《ᠮᠥᠩᠭᠦᠨ ᠭᠡᠷᠡᠯ》 ᠵᠡᠷᠭᠡ ᠨᠡᠶᠢᠲᠡᠯᠡᠭᠰᠡᠨ · ᠮᠡᠷᠭᠡᠵᠢᠯ ᠦᠨ ᠰᠢᠯᠳᠡᠭ ᠰᠢᠭᠠᠩᠨᠠᠯ ᠬᠦᠷᠲᠡᠭᠰᠡᠨ · 《ᠡᠭᠦᠯᠡ ᠶᠢᠨ ᠦᠢᠯ᠎ᠡ ᠶᠢᠨ ᠬᠢ》 · 《ᠡᠭᠦᠯᠡ 〈ᠰᠡᠳᠬᠢᠯ〉 ᠦᠨ ᠬᠢ》 · 《ᠳᠠ · ᠰᠠᠷᠠᠨ ᠤ》 (ᠬᠠᠮᠲᠤ ᠪᠢᠴᠢᠭᠰᠡᠨ) 《ᠬᠦᠮᠦᠨ ᠦ ᠵᠠᠶᠠᠭ᠎ᠠ ᠶᠢᠨ ᠬᠢ》 ᠡᠴᠡ · 《ᠨᠠᠢᠷᠠᠮᠳᠠᠯ ᠤᠨ ᠬᠢ》 · 《〈ᠰᠡᠳᠬᠢᠯ〉 ᠮᠡᠳᠡ

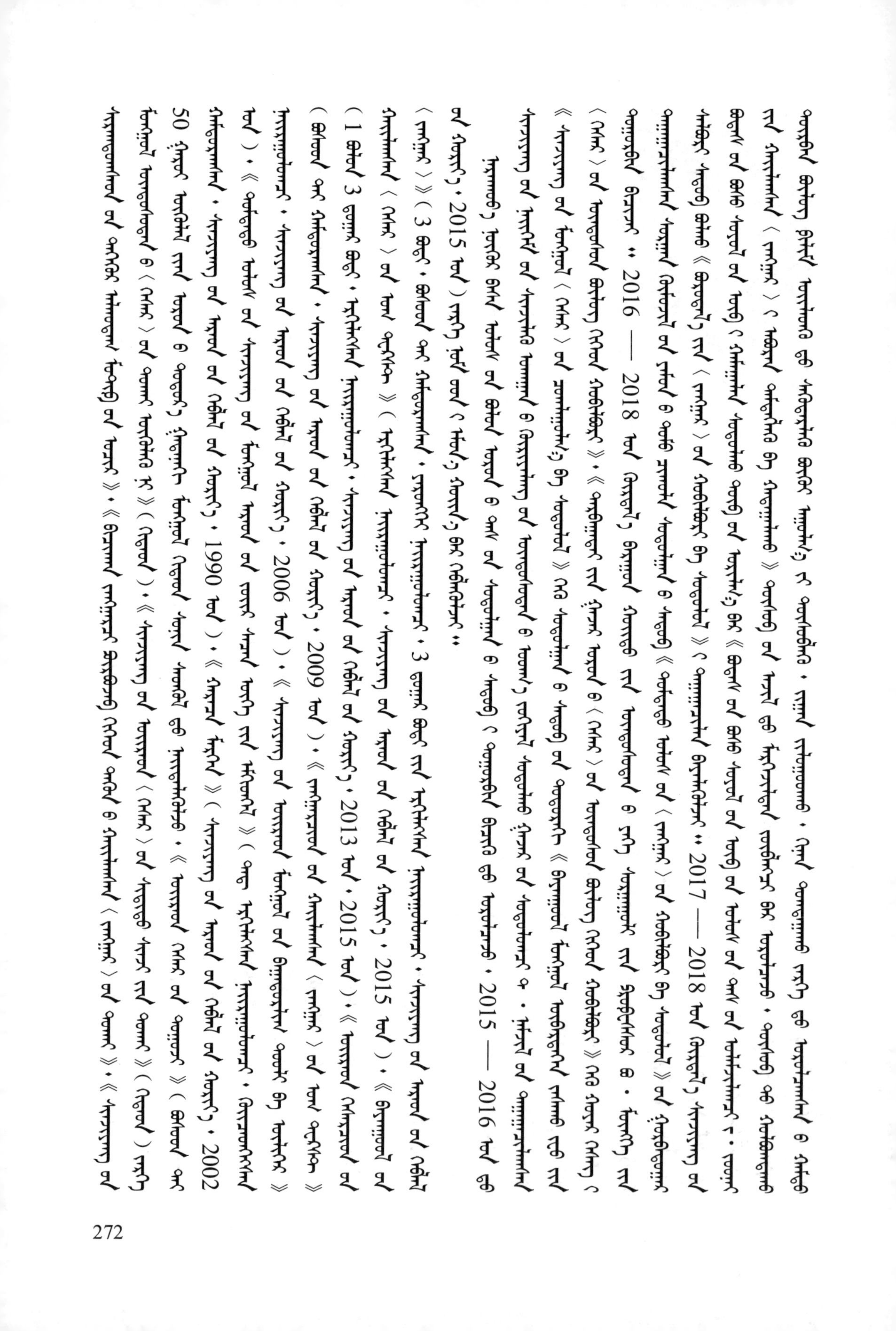

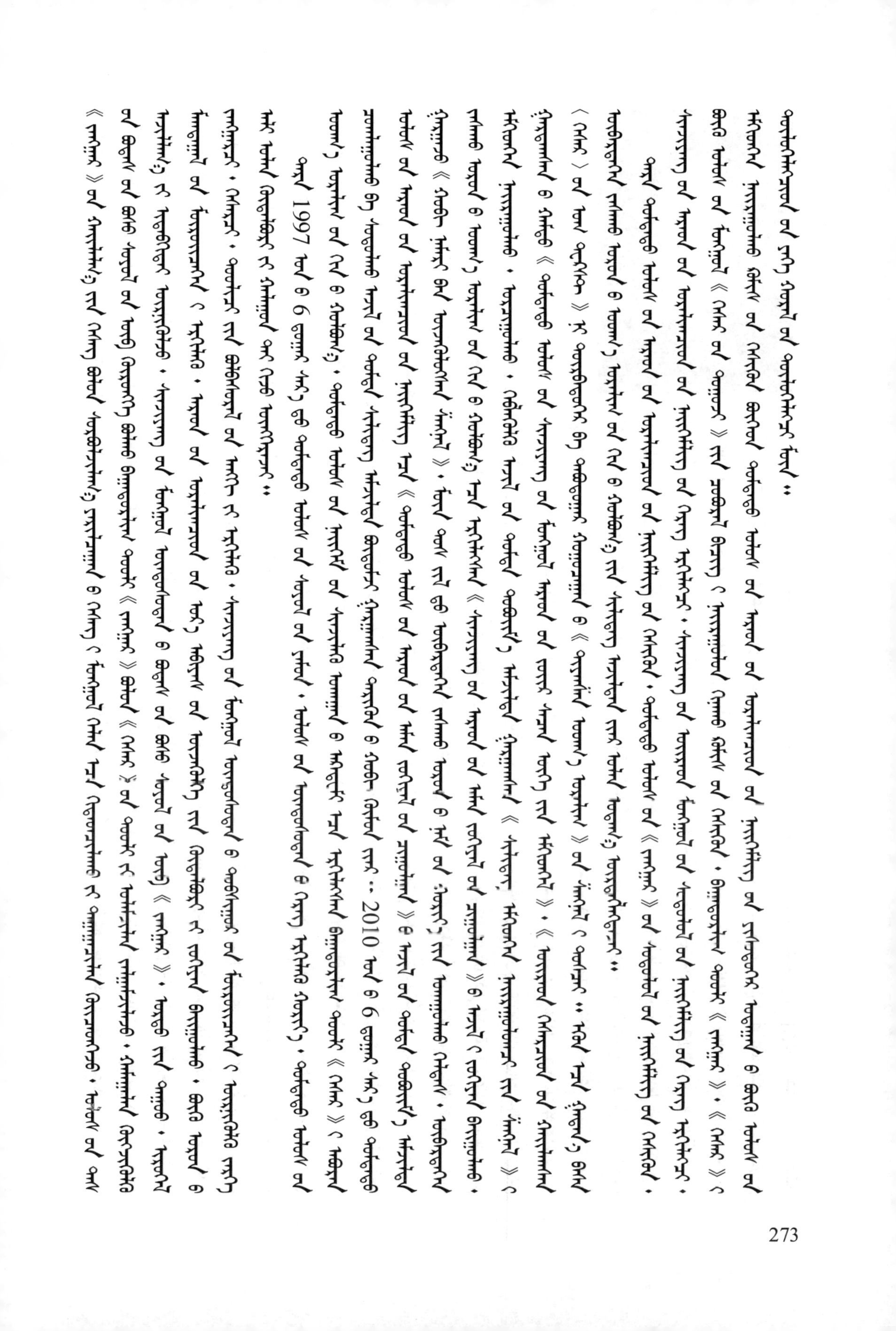

[illegible] ..

[illegible]

[illegible] 1997 [illegible] 6 [illegible] ..

[illegible] 2010 [illegible] 6 [illegible] ..

[illegible]

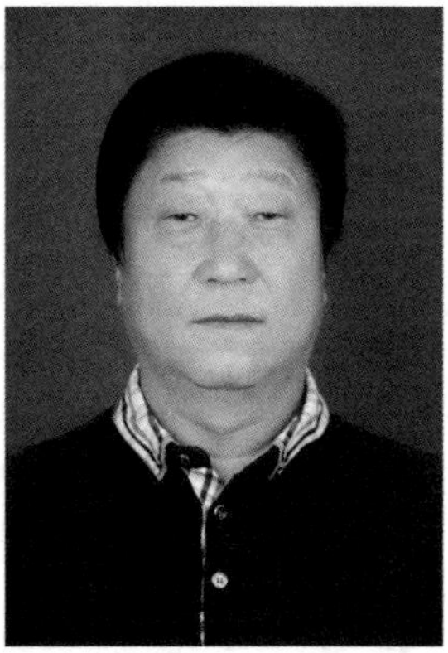

ᠳᠤ · ᠪᠠᠶᠠᠷ ᠡᠷ᠎ᠡ ᠬᠦᠢᠰᠦ ᠲᠡᠢ ᠂ ᠮᠣᠩᠭᠣᠯ ᠦᠨᠳᠦᠰᠦᠲᠡᠨ ᠂ ᠬᠠᠷᠠᠴᠢᠨ ᠬᠣᠰᠢᠭᠤᠨ ᠤ ᠬᠦᠮᠦᠨ ᠃ 1962 ᠣᠨ ᠤ 10 ᠰᠠᠷ᠎ᠠ ᠶᠢᠨ 25 ᠤ ᠡᠳᠦᠷ ᠲᠥᠷᠥᠭᠰᠡᠨ ᠃ ᠮᠣᠩᠭᠣᠯ ᠬᠡᠯᠡ ᠪᠢᠴᠢᠭ ᠤᠨ ᠮᠡᠷᠭᠡᠵᠢᠯ ᠦᠨ ᠳᠡᠭᠡᠳᠦ ᠰᠤᠷᠭᠠᠭᠤᠯᠢ ᠲᠡᠭᠦᠰᠬᠡᠭᠰᠡᠨ ᠃ 1976 ᠣᠨ ᠳᠤ ᠰᠤᠷᠭᠠᠭᠤᠯᠢ ᠳᠦ ᠰᠤᠷᠤᠯᠴᠠᠭᠰᠠᠨ ᠂ 1979 ᠣᠨ ᠳᠤ ᠠᠵᠢᠯ ᠳᠤ ᠣᠷᠣᠭᠰᠠᠨ ᠂ 1981 ᠣᠨ ᠳᠤ ᠪᠠᠭᠰᠢ ᠪᠣᠯᠵᠤ ᠂ 1985 ᠣᠨ ᠳᠤ ᠰᠤᠷᠭᠠᠭᠤᠯᠢ ᠶᠢᠨ ᠤᠳᠤᠷᠢᠳᠤᠭᠴᠢ ᠪᠣᠯᠵᠤ ᠠᠵᠢᠯᠯᠠᠭᠰᠠᠨ ᠂ ᠪᠣᠯᠪᠠᠰᠤᠷᠠᠯ ᠤᠨ ᠠᠵᠢᠯ ᠤᠨ ᠬᠠᠮᠢᠶᠠᠷᠤᠯᠲᠠ ᠳᠤ ᠠᠵᠢᠯᠯᠠᠵᠤ ᠂ ᠵᠣᠬᠢᠶᠠᠯ ᠤᠨ ᠠᠵᠢᠯ ᠳᠤ ᠣᠷᠣᠯᠴᠠᠭᠰᠠᠨ ᠂ ᠪᠢᠴᠢᠭ ᠦᠨ ᠬᠡᠪᠯᠡᠯ ᠦᠨ ᠬᠣᠷᠢᠶ᠎ᠠ ᠶᠢᠨ ᠭᠡᠰᠢᠭᠦᠨ ᠂ ᠵᠣᠬᠢᠶᠠᠯ ᠤᠨ ᠨᠡᠶᠢᠭᠡᠮᠯᠢᠭ ᠦᠨ ᠭᠡᠰᠢᠭᠦᠨ ᠂ ᠬᠣᠲᠠ ᠶᠢᠨ ᠵᠣᠬᠢᠶᠠᠯᠴᠢᠳ ᠤᠨ ᠨᠡᠶᠢᠭᠡᠮᠯᠢᠭ ᠦᠨ ᠭᠡᠰᠢᠭᠦᠨ ᠪᠣᠯᠤᠨ᠎ᠠ ᠃ 1986 ᠣᠨ ᠳᠤ ᠵᠣᠬᠢᠶᠠᠯ ᠪᠢᠴᠢᠵᠦ ᠡᠬᠢᠯᠡᠭᠰᠡᠨ ᠂ ᠬᠡᠪᠯᠡᠯ ᠦᠨ ᠲᠣᠪᠴᠢᠶ᠎ᠠ ᠳᠤ ᠶᠡᠷᠦ ᠪᠡᠷ ᠵᠣᠬᠢᠶᠠᠯ ᠤᠨ ᠡᠪᠬᠡᠮᠡᠯ ᠢ ᠬᠡᠪᠯᠡᠭᠦᠯᠦᠭᠰᠡᠨ ᠂ 1984 ᠣᠨ ᠳᠤ 《 ᠭᠤᠷᠪᠠᠨ ᠤ ᠭᠠᠵᠠᠷ ᠤᠨ ᠣᠳᠤ 》 ᠳᠤ 《 ᠰᠠᠷᠠᠨ ᠰᠡᠳᠬᠢᠯ ᠤᠨ ᠳᠠᠭᠤᠤ 》 ᠬᠡᠮᠡᠬᠦ ᠠᠩᠬᠠᠨ ᠤ ᠵᠣᠬᠢᠶᠠᠯ ᠢᠶᠠᠨ ᠨᠡᠶᠢᠲᠡᠯᠡᠭᠰᠡᠨ ᠪᠥᠭᠡᠳ ᠂ 2022 ᠣᠨ ᠤ 12 ᠰᠠᠷ᠎ᠠ ᠶᠢᠨ ᠪᠠᠷᠤᠭ ᠳᠤ ᠪᠢᠴᠢᠭᠰᠡᠨ ᠵᠣᠬᠢᠶᠠᠯ ᠢᠶᠠᠨ ᠨᠡᠶᠢᠲᠡᠯᠡᠭᠰᠡᠨ ᠃ ᠲᠡᠭᠦᠨ ᠦ 《 ᠬᠠᠪᠤᠷ ᠤᠨ ᠰᠠᠯᠬᠢ 》 ᠂ 《 ᠰᠡᠷᠭᠦᠭᠡ ᠬᠠᠪᠤᠷ 》 ᠂ 《 ᠨᠤᠲᠤᠭ ᠤᠨ ᠮᠥᠷ 》 ᠬᠡᠮᠡᠬᠦ ᠵᠡᠷᠭᠡ ᠵᠣᠬᠢᠶᠠᠯ ᠨᠤᠭᠤᠳ ᠢ 《 ᠮᠣᠩᠭᠣᠯ ᠬᠡᠯᠡ ᠵᠣᠬᠢᠶᠠᠯ 》 ᠳᠤ ᠨᠡᠶᠢᠲᠡᠯᠡᠭᠰᠡᠨ ᠂ 《 ᠪᠢᠳᠡᠨ ᠦ ᠣᠷᠤᠨ 》 ᠳᠤ 130 ᠭᠠᠷᠤᠢ ᠵᠣᠬᠢᠶᠠᠯ ᠨᠡᠶᠢᠲᠡᠯᠡᠭᠰᠡᠨ ᠃ 1996 ᠣᠨ ᠳᠤ 《 ᠬᠠᠪᠤᠷ ᠤᠨ ᠰᠠᠯᠬᠢ 》 ᠬᠡᠮᠡᠬᠦ ᠨᠣᠮ ᠬᠡᠪᠯᠡᠭᠰᠡᠨ ᠂ 2005 ᠣᠨ ᠳᠤ 《 ᠨᠤᠲᠤᠭ ᠤᠨ ᠮᠥᠷ 》 ᠬᠡᠮᠡᠬᠦ ᠨᠣᠮ ᠬᠡᠪᠯᠡᠭᠰᠡᠨ ᠃ 2012 ᠣᠨ ᠳᠤ ᠬᠡᠪᠯᠡᠯ ᠦᠨ ᠭᠠᠵᠠᠷ ᠠᠴᠠ 《 ᠰᠤᠩᠭᠤᠮᠠᠯ ᠵᠣᠬᠢᠶᠠᠯ 》 ᠬᠡᠮᠡᠬᠦ ᠨᠣᠮ ᠢ ᠬᠡᠪᠯᠡᠭᠦᠯᠦᠭᠰᠡᠨ ᠃

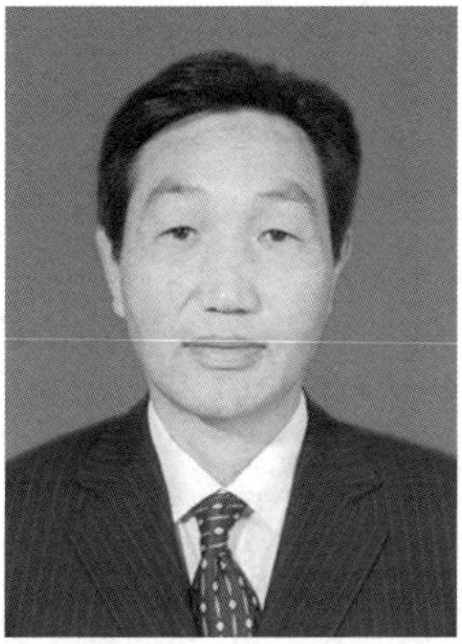

ᠳᠠ · ᠪᠠᠲᠤ ᠪᠣᠯ ᠮᠣᠩᠭᠣᠯ ᠦᠨᠳᠦᠰᠦᠲᠡᠨ ᠂ ᠬᠤᠪᠢ ᠶᠢᠨ ᠨᠡᠷ᠎ᠡ ᠂ ᠬᠣᠷᠴᠢᠨ ᠨᠤᠲᠤᠭ ᠲᠠᠢ ᠃ 1962 ᠣᠨ ᠤ 10 ᠰᠠᠷ᠎ᠠ ᠶᠢᠨ 30 ᠤ ᠡᠳᠦᠷ ᠲᠥᠷᠦᠭᠰᠡᠨ ᠃ ᠣᠶᠣᠲᠤ ᠰᠤᠷᠭᠠᠭᠤᠯᠢ ᠲᠦᠭᠡᠰᠦᠭᠰᠡᠨ ᠃ 1970 ᠣᠨ ᠤ 3 ᠰᠠᠷ᠎ᠠ ᠠᠴᠠ 1976 ᠣᠨ ᠤ 9 ᠰᠠᠷ᠎ᠠ ᠬᠦᠷᠲᠡᠯ᠎ᠡ ᠪᠠᠭ᠎ᠠ ᠰᠤᠷᠭᠠᠭᠤᠯᠢ ᠳᠤ ᠰᠤᠷᠤᠯᠴᠠᠭᠰᠠᠨ ᠂ 1977 ᠣᠨ ᠤ 7 ᠰᠠᠷ᠎ᠠ ᠬᠦᠷᠲᠡᠯ᠎ᠡ ᠳᠤᠮᠳᠠ ᠰᠤᠷᠭᠠᠭᠤᠯᠢ ᠳᠤ ᠰᠤᠷᠤᠯᠴᠠᠭᠰᠠᠨ ᠂ 1977 ᠣᠨ ᠤ 9 ᠰᠠᠷ᠎ᠠ ᠠᠴᠠ 1980 ᠣᠨ ᠤ 7 ᠰᠠᠷ᠎ᠠ ᠬᠦᠷᠲᠡᠯ᠎ᠡ 《 5 · 7 》 ᠰᠤᠷᠭᠠᠭᠤᠯᠢ ᠳᠤ ᠠᠵᠢᠯᠯᠠᠭᠰᠠᠨ ᠂ 1980 ᠣᠨ ᠤ 9 ᠰᠠᠷ᠎ᠠ ᠠᠴᠠ 1984 ᠣᠨ ᠤ 7 ᠰᠠᠷ᠎ᠠ ᠬᠦᠷᠲᠡᠯ᠎ᠡ ᠮᠣᠩᠭᠣᠯ ᠪᠢᠴᠢᠭ ᠦᠨ ᠰᠤᠷᠭᠠᠭᠤᠯᠢ ᠳᠤ ᠰᠤᠷᠤᠯᠴᠠᠭᠰᠠᠨ ᠃ 1984 ᠣᠨ ᠳᠤ ᠠᠵᠢᠯ ᠳᠤ ᠣᠷᠣᠭᠰᠠᠨ ᠃ 1988 ᠣᠨ ᠤ 9 ᠰᠠᠷ᠎ᠠ ᠠᠴᠠ 1989 ᠣᠨ ᠤ 6 ᠰᠠᠷ᠎ᠠ ᠬᠦᠷᠲᠡᠯ᠎ᠡ ᠰᠤᠷᠤᠯᠴᠠᠭᠰᠠᠨ ᠂ 2001 ᠣᠨ ᠤ 9 ᠰᠠᠷ᠎ᠠ ᠠᠴᠠ 2002 ᠣᠨ ᠤ 6 ᠰᠠᠷ᠎ᠠ ᠬᠦᠷᠲᠡᠯ᠎ᠡ ᠰᠤᠷᠤᠯᠴᠠᠭᠰᠠᠨ ᠃ ᠮᠣᠩᠭᠣᠯ ᠬᠡᠯᠡ ᠪᠢᠴᠢᠭ ᠦᠨ ᠠᠵᠢᠯ ᠢ ᠡᠷᠬᠢᠯᠡᠨ ᠡᠷᠬᠢᠯᠡᠵᠦ ᠢᠷᠡᠭᠰᠡᠨ ᠃ 2022 ᠣᠨ ᠤ 10 ᠰᠠᠷ᠎ᠠ ᠳᠤ ᠲᠡᠳᠬᠡᠨ ᠳᠤ ᠭᠠᠷᠪᠠ ᠃

ᠳᠠ · ᠪᠠᠲᠤ ᠬᠡᠪᠯᠡᠯ ᠦᠨ ᠪᠦᠲᠦᠭᠡᠯ ᠲᠦ 《 ᠮᠣᠩᠭᠣᠯ ᠬᠡᠯᠡ ᠪᠢᠴᠢᠭ 》 ᠂ 《 ᠥᠪᠥᠷ ᠮᠣᠩᠭᠣᠯ ᠤᠨ ᠪᠠᠭᠰᠢ 》 ᠂ 《 ᠭᠡᠷᠡᠯ 》 ᠂ 《 ᠬᠡᠯᠡ ᠪᠢᠴᠢᠭ 》 ᠵᠡᠷᠭᠡ ᠰᠡᠳᠬᠦᠯ ᠳᠦ ᠡᠷᠳᠡᠮ ᠰᠢᠨᠵᠢᠯᠡᠭᠡᠨ ᠦ ᠥᠭᠦᠯᠡᠯ ᠨᠡᠢᠲᠡᠯᠡᠭᠦᠯᠦᠭᠰᠡᠨ ᠃ 《 ᠬᠡᠯᠡ ᠪᠢᠴᠢᠭ 》 ᠰᠡᠳᠬᠦᠯ ᠦᠨ 1986 ᠣᠨ ᠤ 4 ᠳᠦᠭᠡᠷ ᠳᠡᠪᠲᠡᠷ ᠲᠦ ᠨᠡᠢᠲᠡᠯᠡᠭᠰᠡᠨ ᠃

ᠲᠤᠰᠬᠠᠢᠯᠠᠨ ᠳᠡᠭᠡᠨ ᠰᠢᠨᠵᠢᠯᠡᠭᠰᠡᠨ ᠳᠦ ᠪᠠᠷ ᠪᠠᠷᠢᠮᠲᠠ ᠲᠠᠢ ᠳᠠᠭᠠᠨ ᠲᠤᠰᠬᠠᠢᠯᠠᠨ ᠬᠠᠷᠢᠴᠠᠭᠤᠯᠤᠯ ᠰᠤᠳᠤᠯᠭᠠᠨ ᠦ ᠠᠷᠭ᠎ᠠ ᠵᠢᠷᠤᠮ ᠢ ᠬᠡᠷᠡᠭᠯᠡᠭᠰᠡᠨ :: 《ᠳᠠ · ᠮᠣᠩᠭᠣᠯ ᠲᠤ ᠪᠠᠢᠬᠤ ᠪᠢᠴᠢᠭ ᠦᠨ ᠳᠤᠷᠠᠰᠬᠠᠯ ᠤᠨ ᠰᠤᠳᠤᠯᠤᠯ》 ᠢ ᠰᠣᠨᠢᠷᠬᠠᠬᠤ ᠪᠦᠲᠦᠭᠡᠯ ᠪᠣᠯᠭᠠᠨ ᠲᠤᠷᠰᠢᠭᠰᠠᠨ ᠪᠠᠢᠨ᠎ᠠ · ᠲᠡᠭᠦᠨ ᠦ ᠪᠦᠲᠦᠭᠡᠯ ᠦᠨ ᠳᠤᠮᠳᠠᠬᠢ ᠬᠠᠷᠢᠴᠠᠭᠤᠯᠤᠯ ᠰᠤᠳᠤᠯᠭᠠᠨ ᠦ ᠠᠷᠭ᠎ᠠ ᠪᠠᠷ ᠲᠤᠰᠬᠠᠢᠯᠠᠨ ᠬᠠᠷᠢᠴᠠᠭᠤᠯᠤᠯ ᠤᠨ ᠰᠤᠳᠤᠯᠤᠯ ᠤᠨ ᠨᠡᠢᠲᠡ ᠶᠢᠨ ᠪᠦᠲᠦᠭᠡᠯ 》 ᠢ ᠬᠦᠷᠲᠡᠯ᠎ᠡ ᠬᠠᠷᠢᠴᠠᠭᠤᠯᠤᠯ ᠤᠨ ᠰᠤᠳᠤᠯᠤᠯ ᠤᠨ ᠰᠢᠨᠵᠢᠯᠡᠭᠡ ᠶᠢ ᠪᠣᠯᠪᠠᠰᠤᠷᠠᠭᠤᠯᠬᠤ ᠲᠤᠬᠠᠢ ᠬᠣᠶᠠᠷ ᠶᠡᠬᠡ ᠪᠦᠲᠦᠭᠡᠯ ᠢ ᠲᠤᠷᠰᠢᠨ ᠪᠦᠲᠦᠭᠡᠵᠦ ᠪᠠᠢᠨ᠎ᠠ :: ᠳᠠ · ᠪᠠᠶᠠᠷ ᠤᠨ ᠲᠡᠦᠬᠡ ᠶᠢᠨ ᠬᠡᠯᠡᠨ ᠦ ᠰᠤᠳᠤᠯᠭᠠᠨ ᠦ ᠠᠷᠭ᠎ᠠ ᠵᠢᠷᠤᠮ ᠪᠣᠯᠤᠨ ᠲᠤᠰᠬᠠᠢᠯᠠᠨ ᠬᠠᠷᠢᠴᠠᠭᠤᠯᠤᠯ ᠤᠨ ᠰᠤᠳᠤᠯᠤᠯ ᠤᠨ ᠰᠢᠨᠵᠢᠯᠡᠬᠦ ᠤᠬᠠᠭᠠᠨ ᠤ ᠡᠷᠬᠢᠮ ᠪᠦᠲᠦᠭᠡᠯ ᠦᠳ ᠢ ᠪᠦᠲᠦᠭᠡᠭᠰᠡᠨ :: ᠡᠨᠡ ᠨᠢ ᠮᠣᠩᠭᠣᠯ ᠤᠨ ᠤᠯᠠᠮᠵᠢᠯᠠᠯᠲᠤ ᠰᠤᠳᠤᠯᠤᠯ ᠤᠨ ᠠᠷᠭ᠎ᠠ ᠶᠢ ᠪᠦᠷᠢᠮᠦᠰᠦᠨ ᠪᠡᠷ ᠡᠵᠡᠮᠳᠡᠭᠰᠡᠨ ᠦ ᠰᠠᠭᠤᠷᠢ ᠳᠡᠭᠡᠷ᠎ᠡ ᠬᠣᠪᠢᠰᠬᠠᠯ ᠤᠨ ᠰᠣᠨᠢᠨ ᠰᠢᠨᠵᠢᠯᠡᠯᠲᠡ · ᠬᠦᠮᠦᠨ ᠦ ᠤᠬᠠᠭᠠᠨ ᠤ ᠪᠠᠷᠢᠮᠲᠠ ᠶᠢ ᠬᠡᠷᠡᠭᠯᠡᠨ ᠲᠡᠦᠬᠡ ᠶᠢᠨ ᠬᠡᠯᠡᠨ ᠦ ᠠᠷᠭ᠎ᠠ ᠪᠠᠷ ᠬᠠᠷᠢᠴᠠᠭᠤᠯᠤᠯ ᠤᠨ ᠰᠤᠳᠤᠯᠤᠯ ᠢ ᠭᠦᠨᠵᠡᠭᠦᠷᠡᠭᠦᠯᠦᠨ ᠶᠠᠪᠤᠭᠤᠯᠤᠭᠰᠠᠨ ᠶᠠᠭᠤᠮ ᠪᠣᠯᠤᠨ᠎ᠠ :: ᠡᠨᠡ ᠪᠦᠲᠦᠭᠡᠯ ᠨᠢ ᠬᠣᠶᠠᠳᠤᠭᠠᠷ ᠪᠦᠯᠦᠭ ᠲᠦ ᠮᠣᠩᠭᠣᠯ ᠤᠨ ᠤᠯᠠᠮᠵᠢᠯᠠᠯᠲᠤ ᠰᠤᠳᠤᠯᠤᠯ ᠤᠨ ᠲᠡᠦᠬᠡ ᠶᠢᠨ ᠬᠡᠯᠡᠨ ᠦ ᠰᠤᠳᠤᠯᠭᠠᠨ ᠤ ᠠᠷᠭ᠎ᠠ ᠵᠢᠷᠤᠮ ᠢ ᠰᠢᠨᠵᠢᠯᠡᠨ ᠨᠡᠢᠲᠡᠯᠡᠭᠦᠯᠦᠭᠰᠡᠨ ᠪᠠᠢᠨ᠎ᠠ ::

《ᠮᠣᠩᠭᠣᠯ ᠤᠨ ᠤᠯᠠᠮᠵᠢᠯᠠᠯᠲᠤ ᠰᠤᠳᠤᠯᠤᠯ ᠤᠨ ᠲᠡᠦᠬᠡ ᠶᠢᠨ ᠬᠡᠯᠡᠨ ᠦ ᠰᠤᠳᠤᠯᠭᠠᠨ ᠦ ᠠᠷᠭ᠎ᠠ ᠵᠢᠷᠤᠮ》 ᠢ ᠨᠢ ᠪᠠᠷ ᠦᠨᠳᠦᠰᠦᠯᠡᠨ ᠨᠡᠢᠲᠡᠯᠡᠭᠦᠯᠦᠭᠰᠡᠨ ᠪᠦᠲᠦᠭᠡᠯ ᠦᠨ ᠬᠣᠶᠠᠷ ᠨᠢᠭᠡ ᠨᠢ ᠰᠤᠳᠤᠯᠤᠯ ᠤᠨ ᠰᠢᠨᠵᠢᠯᠡᠭᠡ ᠶᠢ ᠪᠣᠯᠪᠠᠰᠤᠷᠠᠭᠤᠯᠬᠤ ᠳᠤ ᠣᠨᠴᠠ ᠴᠢᠬᠤᠯᠠ ᠨᠥᠯᠦᠭᠡ ᠦᠵᠡᠭᠦᠯᠦᠭᠰᠡᠨ ::

ᠪᠣᠯᠤᠨ᠎ᠠ · ᠲᠡᠭᠦᠨ ᠦ ᠲᠡᠦᠬᠡ ᠶᠢᠨ ᠬᠡᠯᠡᠨ ᠦ ᠰᠤᠳᠤᠯᠭᠠᠨ ᠦ ᠠᠷᠭ᠎ᠠ ᠪᠠᠷ ᠬᠠᠷᠢᠴᠠᠭᠤᠯᠤᠯ ᠤᠨ ᠰᠤᠳᠤᠯᠤᠯ ᠢ ᠨᠢ ᠪᠠᠢᠭᠤᠯᠬᠤ ᠳᠤ ᠲᠡᠭᠦᠨ ᠦ ᠡᠷᠳᠡᠮ ᠰᠢᠨᠵᠢᠯᠡᠭᠡ ᠶᠢᠨ ᠠᠵᠢᠯ ᠪᠡᠷ ᠬᠦᠷᠲᠡᠭᠡᠵᠦ ᠪᠠᠢᠨ᠎ᠠ :: ᠡᠨᠡ ᠴᠢᠭᠯᠡᠯ ᠦᠨ ᠪᠦᠲᠦᠭᠡᠯ ᠳᠦ ᠪᠣᠯ 《ᠮᠣᠩᠭᠣᠯ ᠤᠨ ᠤᠯᠠᠮᠵᠢᠯᠠᠯᠲᠤ ᠰᠤᠳᠤᠯᠤᠯ ᠤᠨ ᠲᠡᠦᠬᠡ ᠶᠢᠨ ᠬᠡᠯᠡᠨ ᠦ ᠰᠤᠳᠤᠯᠭᠠᠨ ᠦ ᠠᠷᠭ᠎ᠠ ᠵᠢᠷᠤᠮ》 · 《ᠮᠣᠩᠭᠣᠯ ᠤᠨ ᠰᠤᠳᠤᠯᠤᠯ ᠤᠨ ᠮᠡᠳᠡᠭᠳᠡᠯ》 (ᠥᠪᠥᠷ ᠮᠣᠩᠭᠣᠯ ᠤᠨ ᠠᠷᠠᠳ ᠤᠨ ᠬᠡᠪᠯᠡᠯ ᠦᠨ ᠬᠣᠷᠢᠶ᠎ᠠ · 2014 ᠣᠨ) ᠵᠡᠷᠭᠡ ᠨᠣᠮ ᠤᠳ ᠪᠦᠲᠦᠭᠡᠯ ᠢ ᠨᠢ ᠪᠣᠯᠪᠠᠰᠤᠷᠠᠭᠤᠯᠵᠠᠢ :: ᠲᠡᠭᠦᠨ ᠡᠴᠡ ᠭᠠᠳᠠᠨ᠎ᠠ 《ᠮᠣᠩᠭᠣᠯ ᠤᠨ ᠤᠯᠠᠮᠵᠢᠯᠠᠯᠲᠤ ᠰᠤᠳᠤᠯᠤᠯ ᠤᠨ ᠮᠡᠳᠡᠭᠳᠡᠯ》 (ᠥᠪᠥᠷ ᠮᠣᠩᠭᠣᠯ ᠤᠨ ᠠᠷᠠᠳ ᠤᠨ ᠬᠡᠪᠯᠡᠯ ᠦᠨ ᠬᠣᠷᠢᠶ᠎ᠠ · 2004 ᠣᠨ) · 《ᠮᠣᠩᠭᠣᠯ ᠤᠨ ᠰᠤᠳᠤᠯᠤᠯ ᠤᠨ ᠲᠡᠦᠬᠡ ᠶᠢᠨ ᠬᠡᠯᠡᠨ ᠦ ᠰᠤᠳᠤᠯᠭᠠᠨ ᠦ ᠠᠷᠭ᠎ᠠ ᠵᠢᠷᠤᠮ》 (ᠥᠪᠥᠷ ᠮᠣᠩᠭᠣᠯ ᠤᠨ ᠠᠷᠠᠳ ᠤᠨ ᠬᠡᠪᠯᠡᠯ ᠦᠨ ᠬᠣᠷᠢᠶ᠎ᠠ · 2012 ᠣᠨ) · 《ᠮᠣᠩᠭᠣᠯ ᠤᠨ ᠲᠡᠦᠬᠡ ᠶᠢᠨ ᠪᠢᠴᠢᠭ — ᠤᠯᠠᠮᠵᠢᠯᠠᠯᠲᠤ ᠰᠤᠳᠤᠯᠤᠯ ᠤᠨ ᠲᠡᠦᠬᠡ ᠶᠢᠨ ᠬᠡᠯᠡᠨ ᠦ ᠠᠷᠭ᠎ᠠ ᠵᠢᠷᠤᠮ ᠢ ᠰᠢᠨᠵᠢᠯᠡᠬᠦ ᠨᠢ》 (ᠥᠪᠥᠷ ᠮᠣᠩᠭᠣᠯ ᠤᠨ ᠠᠷᠠᠳ ᠤᠨ ᠬᠡᠪᠯᠡᠯ ᠦᠨ ᠬᠣᠷᠢᠶ᠎ᠠ · 1998 ᠣᠨ) · 《ᠮᠣᠩᠭᠣᠯ ᠤᠨ ᠰᠤᠳᠤᠯᠤᠯ ᠤᠨ ᠡᠷᠳᠡᠮ ᠰᠢᠨᠵᠢᠯᠡᠭᠡ ᠶᠢᠨ 80 ᠵᠢᠯ》 ᠵᠡᠷᠭᠡ ᠨᠣᠮ ᠤᠳ ᠪᠠᠢᠨ᠎ᠠ :: ᠲᠡᠭᠦᠨ ᠦ 《ᠤᠯᠠᠮᠵᠢᠯᠠᠯᠲᠤ ᠰᠤᠳᠤᠯᠤᠯ ᠤᠨ ᠲᠡᠦᠬᠡ ᠶᠢᠨ ᠬᠡᠯᠡᠨ ᠦ ᠠᠷᠭ᠎ᠠ ᠵᠢᠷᠤᠮ》 (ᠥ · ᠪᠠᠢᠭᠤᠯᠤᠭᠴᠢ) · 《ᠮᠣᠩᠭᠣᠯ ᠤᠨ ᠰᠤᠳᠤᠯᠤᠯ ᠤᠨ ᠮᠡᠳᠡᠭᠳᠡᠯ》 · 《ᠤᠯᠠᠮᠵᠢᠯᠠᠯᠲᠤ ᠰᠤᠳᠤᠯᠤᠯ ᠤᠨ ᠲᠡᠦᠬᠡ ᠶᠢᠨ ᠬᠡᠯᠡᠨ ᠦ ᠠᠷᠭ᠎ᠠ ᠵᠢᠷᠤᠮ ᠤᠨ ᠰᠢᠨᠵᠢᠯᠡᠭᠡ》 · 《ᠤᠯᠠᠮᠵᠢᠯᠠᠯᠲᠤ ᠰᠤᠳᠤᠯᠤᠯ ᠤᠨ ᠬᠠᠷᠢᠴᠠᠭᠤᠯᠤᠯ ᠤᠨ ᠰᠤᠳᠤᠯᠤᠯ ᠤᠨ ᠠᠷᠭ᠎ᠠ ᠵᠢᠷᠤᠮ》 · ᠬᠣᠶᠠᠷ ᠪᠣᠳᠢ ᠶᠢᠨ 《〈ᠭᠡᠰᠡᠷ〉 ᠤᠨ ᠰᠤᠳᠤᠯᠭᠠᠨ ᠦ ᠲᠣᠪᠴᠢ ᠪᠢᠴᠢᠭ》 · ᠬᠣᠪᠢᠰᠬᠠᠯ ᠤᠨ ᠰᠣᠨᠢᠨ ᠰᠢᠨᠵᠢᠯᠡᠬᠦ ᠤᠬᠠᠭᠠᠨ ᠤ ᠠᠷᠭ᠎ᠠ ᠪᠠᠷ ᠪᠠᠢᠭᠤᠯᠤᠭᠰᠠᠨ

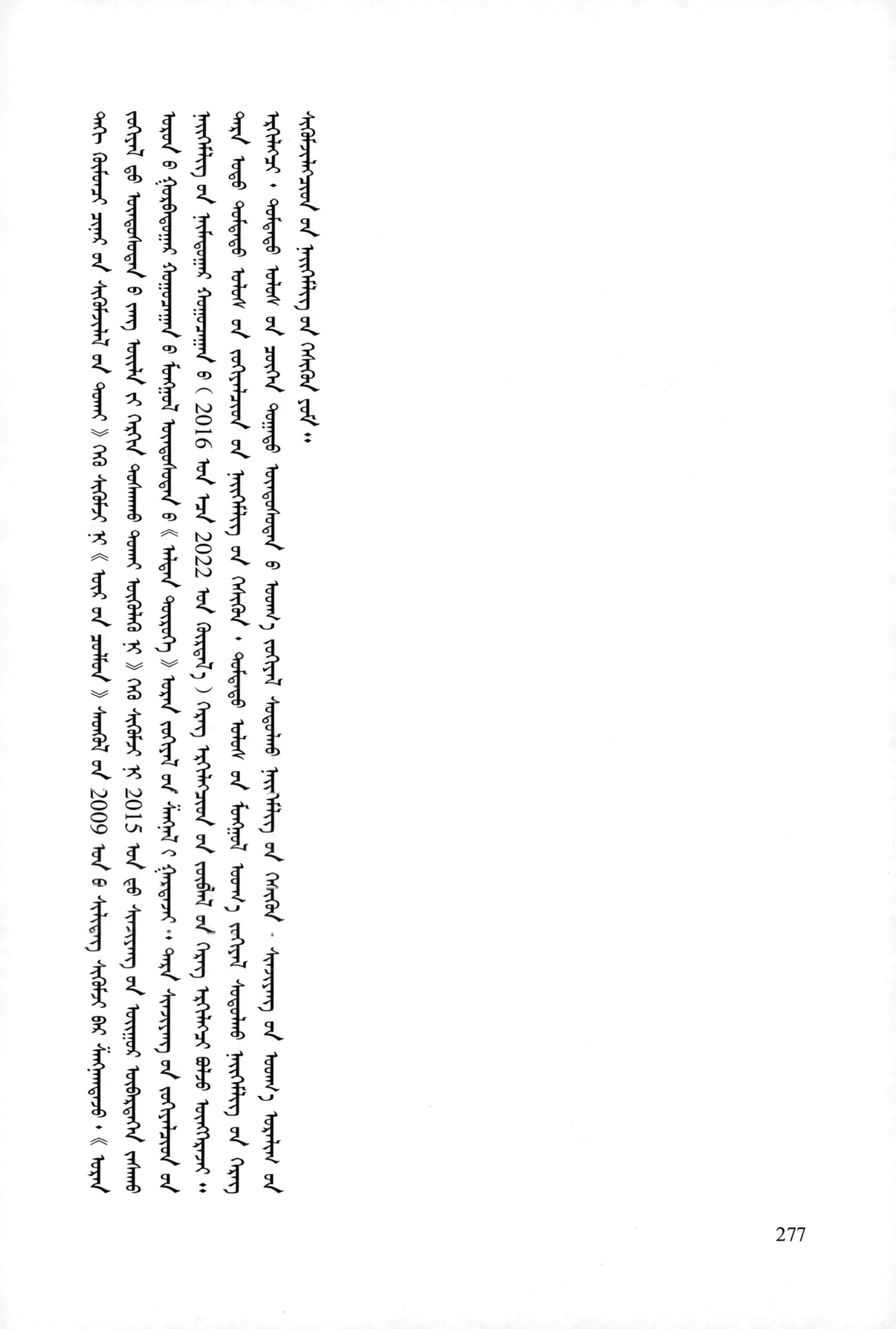

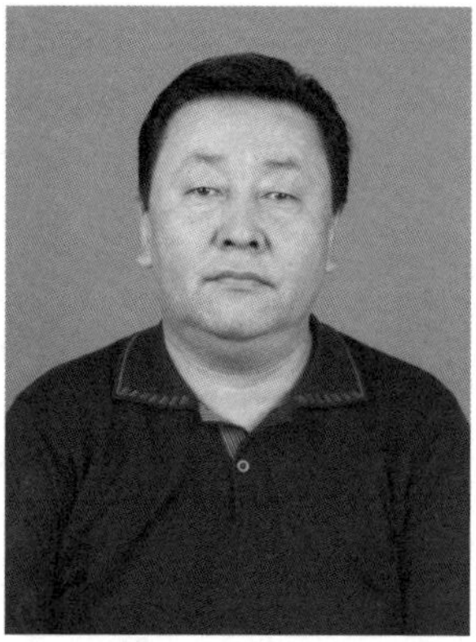

ᠪᠣ · ᠪᠣᠯᠣᠷᠪᠠᠭᠠᠲᠤᠷ

ᠡᠷᠡ ᠂ ᠮᠣᠩᠭᠣᠯ ᠦᠨᠳᠦᠰᠦᠲᠡᠨ ᠂ ᠬᠣᠷᠴᠢᠨ ᠵᠡᠭᠦᠨ ᠭᠠᠷᠤᠨ ᠳᠤᠮᠳᠠ ᠬᠣᠰᠢᠭᠤᠨ ᠤ ᠬᠦᠮᠦᠨ ᠂ ᠰᠤᠷᠭᠠᠨ ᠬᠥᠮᠦᠵᠢᠯ ᠦᠨ ᠳᠡᠭᠡᠳᠦ ᠵᠡᠷᠭᠡ ᠶᠢᠨ ᠮᠡᠷᠭᠡᠵᠢᠯᠲᠡᠨ ᠃ 1962 ᠣᠨ ᠤ 11 ᠰᠠᠷ᠎ᠠ ᠶᠢᠨ 7 ᠤ ᠡᠳᠦᠷ ᠲᠥᠷᠥᠭᠰᠡᠨ ᠂ ᠨᠠᠮ ᠤᠨ ᠭᠡᠰᠢᠭᠦᠨ ᠂ ᠲᠣᠭᠲᠠᠭᠰᠠᠨ ᠠᠵᠢᠯ ᠤᠨ ᠴᠠᠭ ᠨᠢ 1971 ᠣᠨ ᠤ 3 ᠰᠠᠷ᠎ᠠ ᠠᠴᠠ 1973 ᠣᠨ ᠤ 7 ᠰᠠᠷ᠎ᠠ ᠬᠦᠷᠲᠡᠯᠡ ᠰᠤᠮᠤᠨ ᠤ ᠰᠤᠷᠭᠠᠭᠤᠯᠢ ᠳᠤ ᠪᠠᠭᠰᠢ ᠪᠣᠯᠤᠨ ᠠᠵᠢᠯᠯᠠᠵᠤ ᠂ 1973 ᠣᠨ ᠤ 9 ᠰᠠᠷ᠎ᠠ ᠠᠴᠠ 1976 ᠣᠨ ᠤ 7 ᠰᠠᠷ᠎ᠠ ᠬᠦᠷᠲᠡᠯᠡ ᠪᠠᠭᠰᠢ ᠶᠢᠨ ᠰᠤᠷᠭᠠᠭᠤᠯᠢ ᠳᠤ ᠰᠤᠷᠤᠯᠴᠠᠵᠤ ᠂ 1976 ᠣᠨ ᠤ 9 ᠰᠠᠷ᠎ᠠ ᠠᠴᠠ 1979 ᠣᠨ ᠤ 7 ᠰᠠᠷ᠎ᠠ ᠬᠦᠷᠲᠡᠯᠡ ᠰᠤᠷᠭᠠᠭᠤᠯᠢ ᠶᠢᠨ ᠪᠠᠭᠰᠢ ᠪᠣᠯᠵᠤ ᠂ 1979 ᠣᠨ ᠤ 9 ᠰᠠᠷ᠎ᠠ ᠠᠴᠠ 1981 ᠣᠨ ᠤ 7 ᠰᠠᠷ᠎ᠠ ᠬᠦᠷᠲᠡᠯᠡ ᠰᠤᠷᠤᠯᠴᠠᠵᠤ ᠂ 1981 ᠣᠨ ᠤ 9 ᠰᠠᠷ᠎ᠠ ᠠᠴᠠ 1985 ᠣᠨ ᠤ 7 ᠰᠠᠷ᠎ᠠ ᠬᠦᠷᠲᠡᠯᠡ ᠰᠤᠷᠭᠠᠭᠤᠯᠢ ᠶᠢᠨ ᠪᠠᠭᠰᠢ ᠪᠣᠯᠵᠤ ᠠᠵᠢᠯᠯᠠᠭᠰᠠᠨ ᠃ 1985 ᠣᠨ ᠤ 7 ᠰᠠᠷ᠎ᠠ ᠠᠴᠠ ᠬᠣᠰᠢᠭᠤᠨ ᠤ ᠮᠣᠩᠭᠣᠯ ᠰᠤᠷᠭᠠᠭᠤᠯᠢ ᠳᠤ ᠪᠠᠭᠰᠢ ᠂ ᠰᠤᠷᠭᠠᠨ ᠬᠥᠮᠦᠵᠢᠯ ᠦᠨ ᠣᠷᠣᠯᠠᠭᠴᠢ ᠂ ᠰᠤᠷᠭᠠᠭᠤᠯᠢ ᠶᠢᠨ ᠳᠡᠳ ᠡᠷᠬᠢᠯᠡᠭᠴᠢ ᠪᠣᠯᠵᠤ ᠠᠵᠢᠯᠯᠠᠭᠰᠠᠨ ᠃ 1994 ᠣᠨ ᠳᠤ ᠰᠤᠷᠭᠠᠭᠤᠯᠢ ᠶᠢᠨ ᠡᠷᠬᠢᠯᠡᠭᠴᠢ ᠪᠣᠯᠵᠤ ᠂ 1999 ᠣᠨ ᠠᠴᠠ 2001 ᠣᠨ ᠳᠤ ᠬᠦᠷᠲᠡᠯᠡ ᠬᠣᠰᠢᠭᠤᠨ ᠤ ᠰᠤᠷᠭᠠᠨ ᠬᠥᠮᠦᠵᠢᠯ ᠦᠨ ᠲᠣᠪᠴᠢᠶ᠎ᠠ ᠳᠤ ᠠᠵᠢᠯᠯᠠᠭᠰᠠᠨ ᠃ 20 ᠭᠠᠷᠤᠢ ᠵᠢᠯ ᠦᠨ ᠰᠤᠷᠭᠠᠨ ᠬᠥᠮᠦᠵᠢᠯ ᠦᠨ ᠠᠵᠢᠯ ᠳᠤ ᠂ 2002 ᠣᠨ ᠳᠤ ᠬᠣᠰᠢᠭᠤᠨ ᠤ ᠰᠤᠷᠭᠠᠭᠤᠯᠢ ᠶᠢᠨ ᠡᠷᠬᠢᠯᠡᠭᠴᠢ ᠪᠣᠯᠵᠤ ᠂ 1998 ᠣᠨ ᠳᠤ ᠣᠷᠣᠨ ᠲᠤᠰ ᠤᠨ ᠰᠤᠷᠭᠠᠨ ᠬᠥᠮᠦᠵᠢᠯ ᠦᠨ ᠲᠥᠷᠦ ᠶᠢᠨ ᠵᠢᠭᠤᠷ ᠤᠨ ᠰᠠᠶᠢᠨ ᠠᠵᠢᠯᠲᠠᠨ ᠃ 2005 ᠣᠨ ᠤ 12 ᠰᠠᠷ᠎ᠠ ᠳᠤ ᠬᠣᠰᠢᠭᠤᠨ ᠤ ᠰᠤᠷᠭᠠᠨ ᠬᠥᠮᠦᠵᠢᠯ ᠦᠨ ᠲᠣᠪᠴᠢᠶ᠎ᠠ ᠶᠢᠨ ᠣᠷᠣᠯᠠᠭᠴᠢ ᠂ 2008 ᠣᠨ ᠤ 10 ᠰᠠᠷ᠎ᠠ ᠠᠴᠠ 2018 ᠣᠨ ᠤ 12 ᠰᠠᠷ᠎ᠠ ᠬᠦᠷᠲᠡᠯᠡ ᠬᠣᠰᠢᠭᠤᠨ ᠤ ᠰᠤᠷᠭᠠᠨ ᠬᠥᠮᠦᠵᠢᠯ ᠦᠨ ᠲᠣᠪᠴᠢᠶ᠎ᠠ ᠶᠢᠨ ᠳᠠᠷᠤᠭ᠎ᠠ ᠪᠣᠯᠵᠤ ᠠᠵᠢᠯᠯᠠᠭᠰᠠᠨ ᠃ ᠡᠨᠡ ᠬᠤᠭᠤᠴᠠᠭ᠎ᠠ ᠳᠤ ᠬᠣᠰᠢᠭᠤᠨ ᠤ ᠰᠤᠷᠭᠠᠭᠤᠯᠢ ᠶᠢᠨ ᠠᠵᠢᠯ ᠢ ᠲᠡᠷᠢᠭᠦᠯᠡᠨ ᠂ ᠪᠣᠯᠪᠠᠰᠤᠷᠠᠯ ᠤᠨ ᠰᠤᠷᠭᠠᠨ ᠬᠥᠮᠦᠵᠢᠯ ᠢ ᠬᠥᠭᠵᠢᠭᠦᠯᠬᠦ ᠳᠤ ᠬᠤᠪᠢ ᠨᠡᠮᠡᠷᠢ ᠣᠷᠣᠭᠤᠯᠵᠤ ᠂ 2011 ᠣᠨ

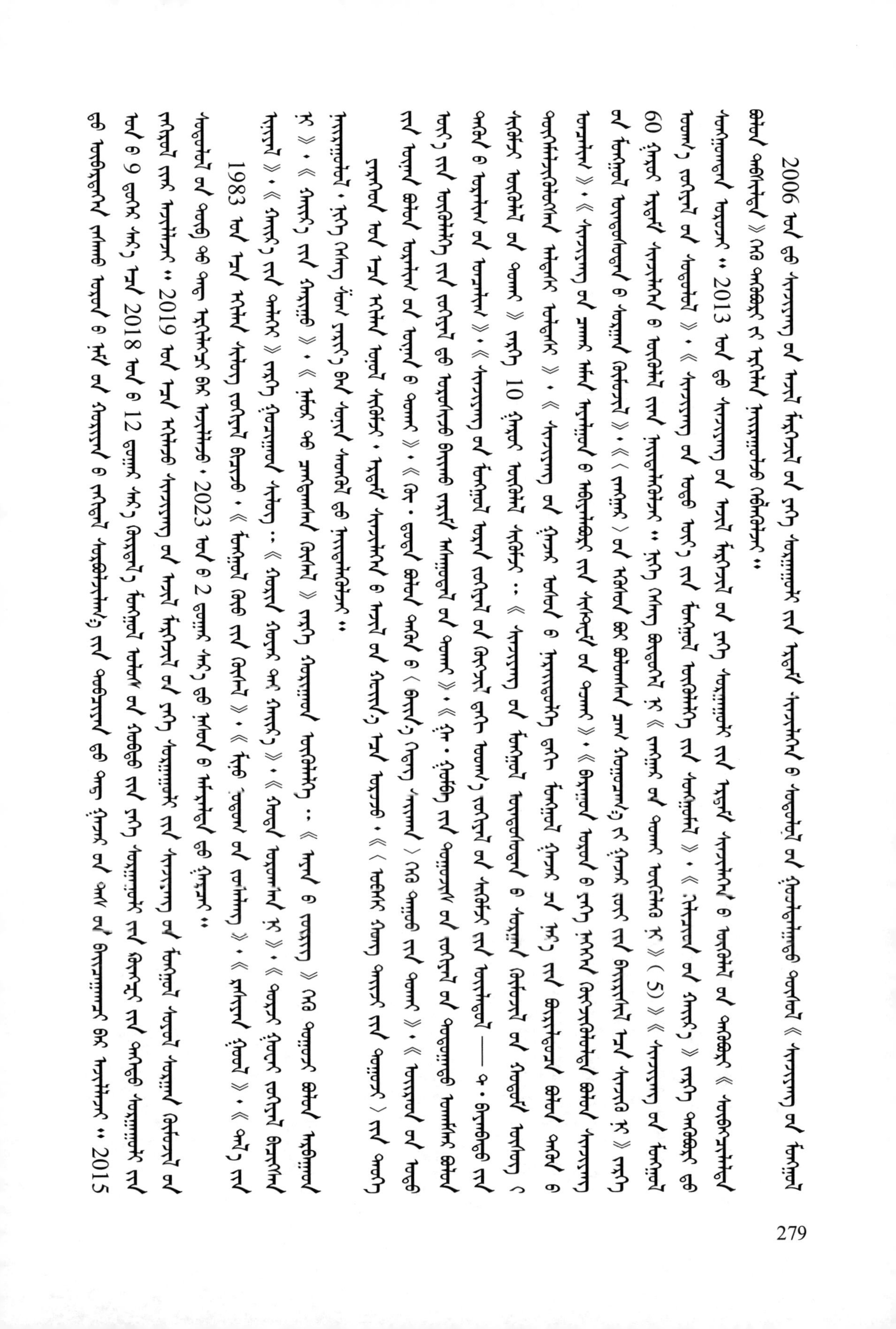

ᠲᠥᠪᠡᠳ ᠦᠨ ᠰᠤᠳᠤᠯᠤᠯ ᠤᠨ ᠬᠦᠷᠢᠶᠡᠯᠡᠩ ᠦ ᠪᠣᠯᠤᠨ ᠬᠡᠯᠡᠨ ᠦ ᠰᠤᠳᠤᠯᠤᠯ ᠤᠨ ᠲᠠᠰᠤᠭ ᠤᠨ ᠡᠷᠳᠡᠮ ᠰᠢᠨᠵᠢᠯᠡᠭᠡᠨ ᠦ ᠠᠵᠢᠯᠲᠠᠨ ᠪᠣᠯᠤᠨ ᠰᠤᠷᠪᠠᠯᠵᠢᠯᠠᠨ ᠳᠤ ᠠᠵᠢᠯᠯᠠᠵᠤ ᠪᠠᠢᠨ᠎ᠠ ::
ᠬᠡᠯᠡᠨ ᠦ ᠰᠤᠳᠤᠯᠤᠯ ᠤᠨ ᠮᠡᠷᠭᠡᠵᠢᠯ ᠦᠨ ᠪᠣᠯᠤᠨ ᠮᠣᠩᠭᠣᠯ ᠬᠡᠯᠡ ᠪᠢᠴᠢᠭ ᠦᠨ ᠰᠤᠳᠤᠯᠤᠯ ᠤᠨ ᠦᠨᠳᠦᠰᠦ ᠶᠢᠨ ᠲᠤᠰᠬᠠᠢ ᠡᠷᠳᠡᠮ ᠰᠢᠨᠵᠢᠯᠡᠭᠡᠨ ᠦ ᠮᠡᠷᠭᠡᠵᠢᠯᠲᠡᠨ᠂ ᠮᠣᠩᠭᠣᠯ ᠬᠡᠯᠡ ᠪᠢᠴᠢᠭ ᠦᠨ ᠰᠤᠳᠤᠯᠤᠯ ᠤᠨ ᠲᠥᠪ ᠦᠨ ᠬᠡᠯᠡᠨ ᠦ ᠰᠤᠳᠤᠯᠤᠯ ᠤᠨ ᠮᠡᠷᠭᠡᠵᠢᠯᠲᠡᠨ᠂ ᠮᠣᠩᠭᠣᠯ ᠬᠡᠯᠡ ᠪᠢᠴᠢᠭ ᠦᠨ ᠪᠣᠯᠤᠨ ᠰᠤᠷᠭᠠᠯ ᠦᠨ ᠬᠤᠷᠢᠶᠠᠩᠭᠤᠢ ᠶᠢᠨ ᠡᠷᠳᠡᠮᠲᠡᠨ ᠪᠣᠯᠤᠨ᠎ᠠ ::
ᠲᠡᠷᠡ ᠪᠣᠯᠪᠠᠰᠤ ᠲᠥᠷᠥ ᠶᠢᠨ ᠬᠡᠯᠡᠨ ᠦ ᠤᠯᠠᠮᠵᠢᠯᠠᠯ ᠤᠨ ᠰᠤᠳᠤᠯᠤᠯ᠂ ᠪᠣᠯᠪᠠᠰᠤ ᠲᠥᠷᠥ ᠶᠢᠨ 《 ᠬᠡᠯᠡᠨ 》 ᠦ ᠬᠡᠷᠡᠭᠯᠡᠭᠡ ᠶᠢᠨ ᠰᠤᠳᠤᠯᠤᠯ ᠤᠨ ᠲᠤᠰᠬᠠᠢ ᠪᠣᠯᠪᠠᠰᠤ 《 ᠮᠣᠩᠭᠣᠯ ᠤᠨ ᠬᠡᠯᠡᠨ ᠦ ᠰᠤᠳᠤᠯᠤᠯ ᠤᠨ ᠲᠦᠭᠦᠬᠡ ᠶᠢᠨ ᠲᠣᠶᠢᠮ 》 ᠢ ᠵᠣᠬᠢᠶᠠᠨ ᠨᠡᠢᠲᠡᠯᠡᠭᠦᠯᠪᠡ ::
ᠮᠣᠩᠭᠣᠯ ᠤᠨ ᠤᠯᠤᠰ ᠤᠨ ᠶᠡᠬᠡ ᠰᠤᠷᠭᠠᠭᠤᠯᠢ ᠶᠢᠨ ᠬᠡᠯᠡᠨ ᠦ ᠰᠤᠳᠤᠯᠤᠯ ᠤᠨ ᠬᠦᠷᠢᠶᠡᠯᠡᠩ ᠦᠨ ᠡᠷᠳᠡᠮ ᠰᠢᠨᠵᠢᠯᠡᠭᠡᠨ ᠦ ᠠᠵᠢᠯᠲᠠᠨ ᠪᠣᠯᠤᠨ ᠤᠯᠤᠰ ᠤᠨ ᠰᠤᠷᠭᠠᠨ ᠬᠦᠮᠦᠵᠢᠯ ᠦᠨ ᠶᠠᠮᠣᠨ ᠤ ᠰᠤᠷᠭᠠᠯ ᠤᠨ ᠬᠦᠷᠢᠶᠡᠯᠡᠩ ᠦᠨ 《 ᠮᠣᠩᠭᠣᠯ ᠪᠢᠴᠢᠭ ᠦᠨ ᠬᠡᠯᠡᠨ ᠦ ᠰᠤᠷᠭᠠᠨ ᠬᠦᠮᠦᠵᠢᠯ 》 ᠦᠨ ᠲᠥᠰᠥᠯ ᠢ ᠬᠡᠪᠯᠡᠭᠰᠡᠨ᠂ 2007 ᠣᠨ ᠠᠴᠠ 2012 ᠣᠨ ᠬᠦᠷᠲᠡᠯᠡ ᠮᠣᠩᠭᠣᠯ ᠤᠨ ᠬᠡᠯᠡᠨ ᠦ ᠰᠤᠳᠤᠯᠤᠯ ᠤᠨ ᠲᠥᠪ ᠦᠨ ᠬᠡᠯᠡᠨ ᠦ ᠮᠡᠷᠭᠡᠵᠢᠯ ᠦᠨ ᠬᠡᠯᠡᠨ ᠦ ᠪᠠᠢᠭᠤᠯᠤᠯᠭ᠎ᠠ ᠶᠢᠨ ᠰᠤᠳᠤᠯᠤᠯ ᠤᠨ ᠰᠤᠷᠭᠠᠭᠤᠯᠢ ᠶᠢᠨ 《 ᠮᠣᠩᠭᠣᠯ ᠤᠨ ᠬᠡᠯᠡᠨ ᠦ ᠰᠤᠳᠤᠯᠤᠯ ᠤᠨ ᠰᠤᠷᠭᠠᠭᠤᠯᠢ 》 ᠶᠢ ᠬᠡᠪᠯᠡᠭᠰᠡᠨ᠂ 2008 ᠣᠨ ᠠᠴᠠ 2009 ᠣᠨ ᠬᠦᠷᠲᠡᠯᠡ ᠮᠣᠩᠭᠣᠯᠴᠤᠳ ᠤᠨ ᠬᠡᠯᠡᠨ ᠦ

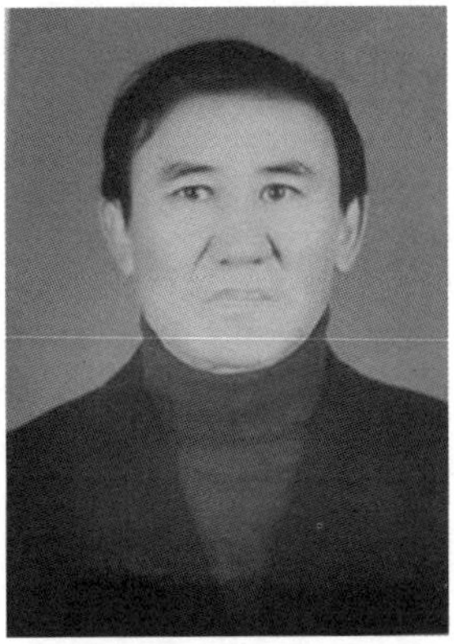

ᠳ᠋ᠠ᠂ ᠪᠠᠶᠠᠷ ᠮᠣᠩᠭᠣᠯ ᠦᠨᠳᠦᠰᠦᠲᠡᠨ᠂ ᠡᠷᠡᠭᠲᠡᠢ᠂ ᠬᠥᠪᠡᠭᠦᠨ ᠲᠤ ᠬᠣᠰᠢᠭᠤᠨ ᠤ ᠰᠤᠮᠤ ᠶᠢᠨ ᠭᠠᠴᠠᠭ᠎ᠠ ᠳᠤ 1962 ᠣᠨ ᠤ 11 ᠰᠠᠷ᠎ᠠ ᠶᠢᠨ 9 ᠦ ᠡᠳᠦᠷ ᠲᠦ ᠮᠡᠨᠳᠡᠯᠡᠭᠰᠡᠨ ᠪᠣᠯᠪᠠᠰᠤᠷᠠᠯ ᠤᠨ ᠳᠡᠭᠡᠳᠦ ᠰᠤᠷᠭᠠᠭᠤᠯᠢ ᠶᠢ ᠲᠡᠭᠦᠰᠦᠭᠰᠡᠨ᠃ 1980 ᠣᠨ ᠤ 9 ᠰᠠᠷ᠎ᠠ ᠠᠴᠠ ᠪᠣᠯᠪᠠᠰᠤᠷᠠᠯ ᠤᠨ ᠬᠣᠷᠢᠶ᠎ᠠ ᠳᠤ ᠰᠤᠷᠤᠯᠴᠠᠭᠰᠠᠨ᠂ 1980 ᠣᠨ ᠤ 7 ᠰᠠᠷ᠎ᠠ ᠠᠴᠠ ᠡᠬᠢᠯᠡᠨ ᠠᠵᠢᠯ ᠳᠤ ᠣᠷᠣᠭᠰᠠᠨ᠂ 1984 ᠣᠨ ᠠᠴᠠ ᠮᠣᠩᠭᠣᠯ ᠬᠡᠯᠡ ᠪᠢᠴᠢᠭ ᠦᠨ ᠠᠵᠢᠯ ᠬᠠᠮᠢᠶᠠᠷᠤᠭᠰᠠᠨ᠃ 1987 ᠣᠨ ᠤ 12 ᠰᠠᠷ᠎ᠠ ᠳᠤ ᠬᠤᠪᠢ ᠶᠢᠨ ᠵᠣᠬᠢᠶᠠᠯ ᠪᠦᠲᠦᠭᠡᠯ ᠢ ᠡᠮᠬᠢᠳᠬᠡᠨ ᠨᠡᠢᠲᠡᠯᠡᠭᠦᠯᠦᠭᠰᠡᠨ᠃ 《 ᠬᠠᠪᠤᠷ ᠤᠨ ᠰᠠᠯᠬᠢ 》᠂《 ᠨᠤᠲᠤᠭ ᠤᠨ ᠳᠤᠷᠠᠰᠬᠠᠯ 》᠂《 ᠮᠣᠩᠭᠣᠯ ᠰᠡᠳᠬᠢᠯ 》 ᠵᠡᠷᠭᠡ ᠨᠣᠮ ᠨᠡᠢᠲᠡᠯᠡᠭᠰᠡᠨ᠃ 1990 ᠣᠨ ᠤ 5 ᠰᠠᠷ᠎ᠠ ᠳᠤ ᠦᠨᠳᠦᠰᠦᠨ ᠦ ᠵᠣᠬᠢᠶᠠᠯᠴᠢᠳ ᠤᠨ ᠨᠡᠢᠭᠡᠮᠯᠡᠭ ᠦᠨ ᠭᠡᠰᠢᠭᠦᠨ ᠳᠦ ᠡᠯᠰᠡᠭᠰᠡᠨ᠃ 1994 ᠣᠨ ᠤ 5 ᠰᠠᠷ᠎ᠠ ᠳᠤ ᠭᠠᠵᠠᠷ ᠤᠨ ᠵᠣᠬᠢᠶᠠᠯᠴᠢᠳ ᠤᠨ ᠬᠣᠷᠢᠶ᠎ᠠ ᠶᠢᠨ ᠭᠡᠰᠢᠭᠦᠨ᠂ 1997 ᠣᠨ ᠤ 5 ᠰᠠᠷ᠎ᠠ ᠳᠤ ᠬᠣᠷᠢᠶ᠎ᠠ ᠶᠢᠨ ᠳᠡᠷᠭᠡᠳᠡᠬᠢ ᠳᠠᠷᠤᠭ᠂ 2005 ᠣᠨ ᠤ 5 ᠰᠠᠷ᠎ᠠ ᠳᠤ ᠬᠣᠷᠢᠶ᠎ᠠ ᠶᠢᠨ ᠳᠠᠷᠤᠭ᠂ 2007 ᠣᠨ ᠤ 5 ᠰᠠᠷ᠎ᠠ ᠳᠤ ᠬᠣᠷᠢᠶ᠎ᠠ ᠶᠢᠨ ᠡᠷᠬᠢᠯᠡᠭᠴᠢ ᠳᠠᠷᠤᠭ᠂ 2013 ᠣᠨ ᠤ 5 ᠰᠠᠷ᠎ᠠ ᠳᠤ ᠬᠣᠷᠢᠶ᠎ᠠ ᠶᠢᠨ ᠳᠠᠷᠤᠭ ᠪᠣᠯᠵᠤ ᠰᠣᠩᠭᠤᠭᠳᠠᠭᠰᠠᠨ᠃ 2014 ᠣᠨ ᠤ 10 ᠰᠠᠷ᠎ᠠ ᠶᠢᠨ 1 ᠦ ᠡᠳᠦᠷ ᠦᠨ ᠪᠠᠶᠠᠷ ᠤᠨ ᠬᠤᠷᠠᠯ ᠳᠤ ᠵᠠᠰᠠᠭ ᠤᠨ ᠭᠠᠵᠠᠷ ᠤᠨ ᠱᠠᠩᠨᠠᠯ ᠢ ᠬᠦᠷᠲᠡᠭᠰᠡᠨ᠃

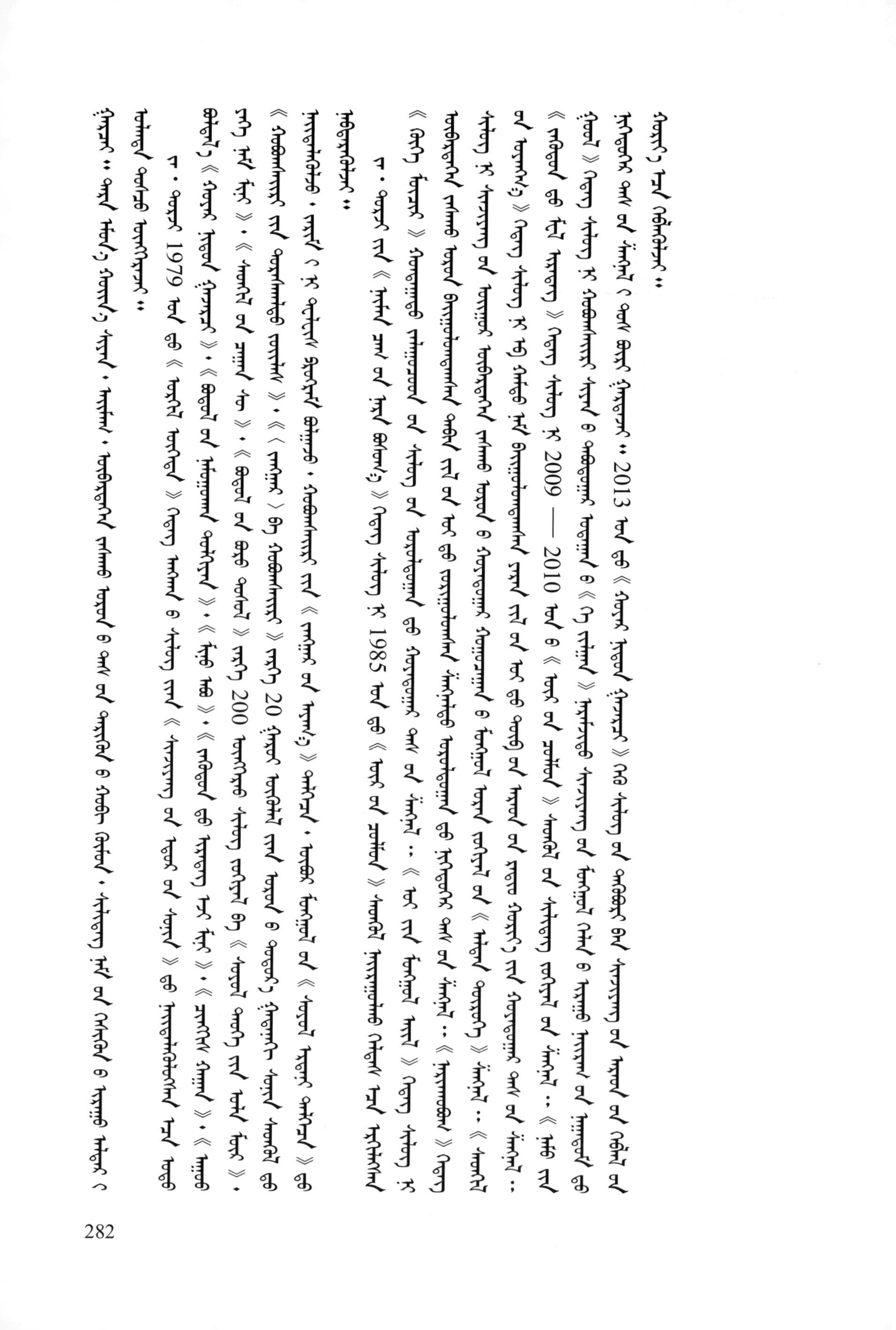

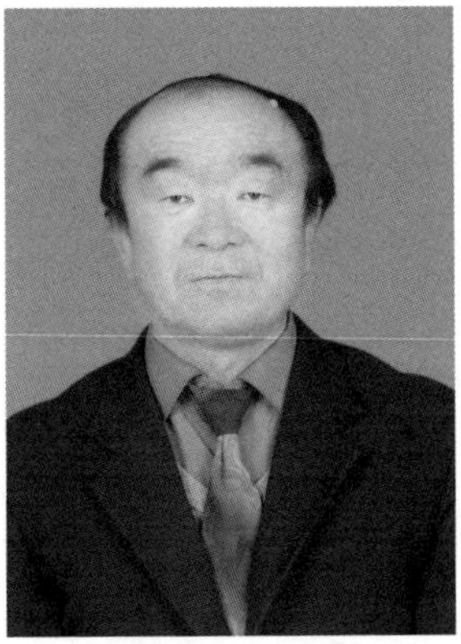

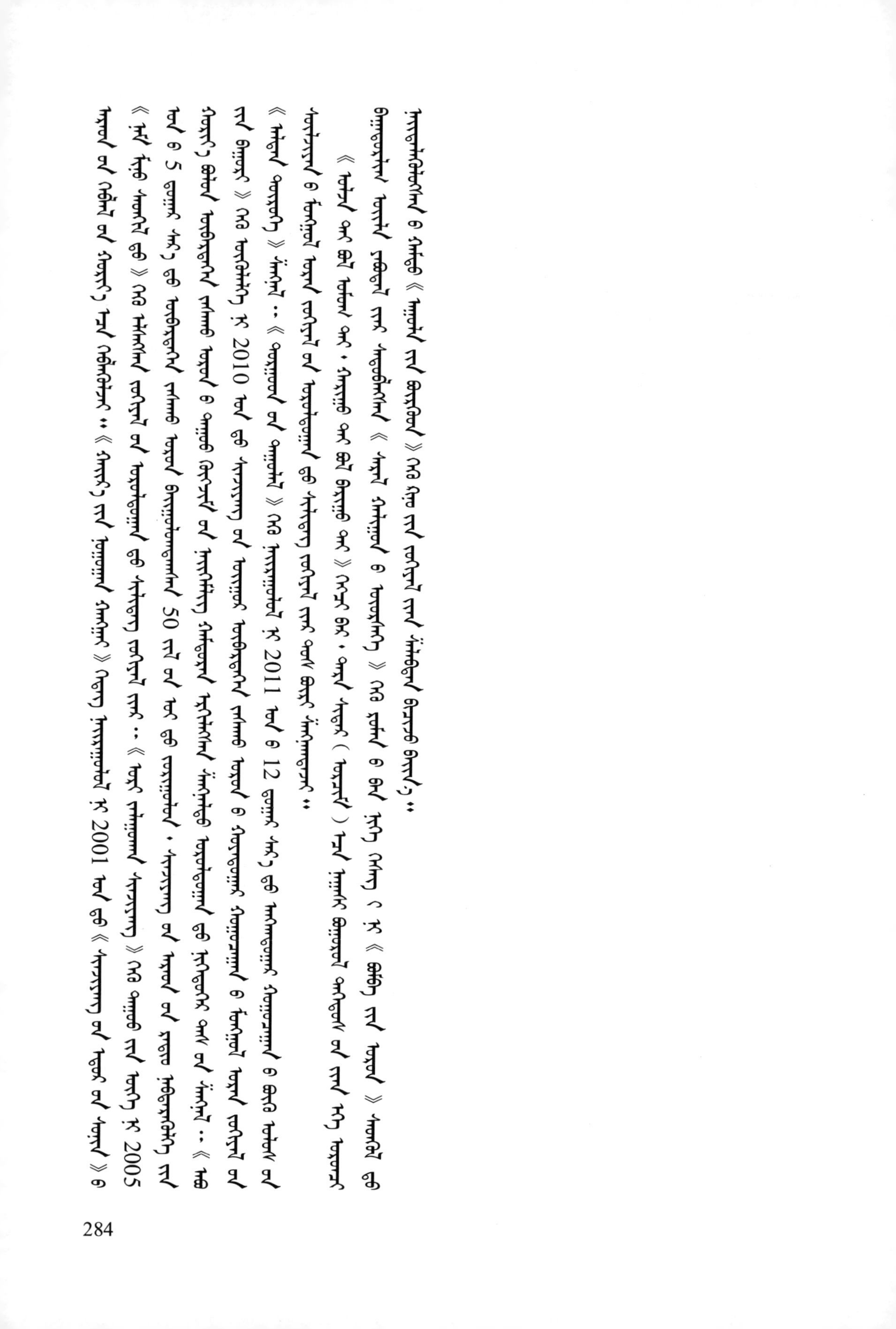

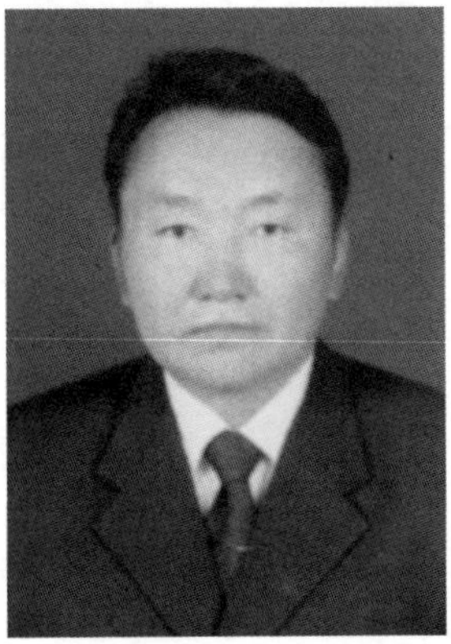

ᠪᠠᠭᠠᠲᠤᠷᠴᠢᠯᠠᠭᠤ ᠡᠷᠡ ᠂ ᠮᠣᠩᠭᠣᠯ ᠦᠨᠳᠦᠰᠦᠲᠡᠨ ᠃ 1962 ᠣᠨ ᠤ 12 ᠰᠠᠷ᠎ᠠ ᠶᠢᠨ 24 ᠦ ᠡᠳᠦᠷ ᠲᠥᠷᠥᠭᠰᠡᠨ ᠂ ᠥᠪᠥᠷ ᠮᠣᠩᠭᠣᠯ ᠤᠨ ᠥᠷᠲᠡᠭᠡᠨ ᠵᠠᠰᠠᠬᠤ ᠬᠣᠰᠢᠭᠤᠨ ᠤ ᠬᠦᠮᠦᠨ ᠃ 1971 ᠣᠨ ᠡᠴᠡ 1973 ᠣᠨ ᠪᠠᠭᠰᠢ ᠪᠣᠯᠵᠤ ᠂ 1973 ᠣᠨ ᠡᠴᠡ 1978 ᠣᠨ ᠬᠦᠷᠲᠡᠯᠡ ᠰᠤᠷᠭᠠᠭᠤᠯᠢ ᠳᠤ ᠰᠤᠷᠤᠯᠴᠠᠵᠤ ᠂ 1978 ᠣᠨ ᠡᠴᠡ 1981 ᠣᠨ ᠬᠦᠷᠲᠡᠯᠡ ᠮᠡᠷᠭᠡᠵᠢᠯ ᠦᠨ ᠰᠤᠷᠭᠠᠭᠤᠯᠢ ᠳᠤ ᠰᠤᠷᠤᠯᠴᠠᠵᠤ ᠂ 1981 ᠣᠨ ᠤ 9 ᠰᠠᠷ᠎ᠠ ᠠᠴᠠ 1983 ᠣᠨ ᠤ 7 ᠰᠠᠷ᠎ᠠ ᠬᠦᠷᠲᠡᠯᠡ ᠰᠤᠷᠭᠠᠭᠤᠯᠢ ᠳᠤ ᠠᠵᠢᠯᠯᠠᠵᠤ ᠂ 1983 ᠣᠨ ᠤ 9 ᠰᠠᠷ᠎ᠠ ᠠᠴᠠ ᠡᠬᠢᠯᠡᠨ ᠰᠤᠷᠭᠠᠭᠤᠯᠢ ᠶᠢᠨ ᠪᠠᠭᠰᠢ ᠪᠣᠯᠵᠠᠢ ᠃ 1989 ᠣᠨ ᠡᠴᠡ 1992 ᠣᠨ ᠬᠦᠷᠲᠡᠯᠡ ᠰᠤᠷᠭᠠᠭᠤᠯᠢ ᠶᠢᠨ ᠡᠷᠬᠢᠯᠡᠭᠴᠢ ᠃ 1994 ᠣᠨ ᠡᠴᠡ 2004 ᠣᠨ ᠬᠦᠷᠲᠡᠯᠡ ᠪᠠᠭᠰᠢ ᠶᠢᠨ ᠰᠤᠷᠭᠠᠭᠤᠯᠢ ᠳᠤ ᠠᠵᠢᠯᠯᠠᠵᠤ ᠂ 2012 ᠣᠨ ᠤ 12 ᠰᠠᠷ᠎ᠠ ᠳᠤ ᠲᠦᠪᠰᠢᠨ ᠦ ᠨᠡᠷᠡ ᠬᠦᠨᠳᠦ ᠶᠢ ᠣᠯᠵᠠᠢ ᠃

ᠪᠠᠭᠠᠲᠤᠷᠴᠢᠯᠠᠭᠤ ᠶᠢᠨ ᠵᠣᠬᠢᠶᠠᠯ ᠳᠤ 《〈 ᠮᠣᠩᠭᠣᠯ ᠬᠡᠯᠡ ᠪᠢᠴᠢᠭ 〉 ᠬᠢᠴᠢᠶᠡᠯ ᠦᠨ ᠪᠠᠭᠰᠢ ᠶᠢᠨ ᠨᠣᠮ 》 ᠂ 《 ᠮᠣᠩᠭᠣᠯ ᠬᠡᠯᠡ ᠪᠢᠴᠢᠭ ᠦᠨ ᠰᠤᠷᠭᠠᠯᠲᠠ 》 ᠂ 《 ᠮᠣᠩᠭᠣᠯ ᠬᠡᠯᠡ ᠪᠢᠴᠢᠭ ᠦᠨ ᠳᠠᠰᠬᠠᠯ 》 ᠂ 《 ᠰᠤᠷᠭᠠᠨ ᠬᠦᠮᠦᠵᠢᠯ ᠦᠨ ᠰᠤᠳᠤᠯᠭᠠ 》 ᠂ 《 ᠲᠥᠷᠥ ᠶᠢᠨ ᠪᠠ ᠤᠯᠤᠰ ᠤᠨ ᠰᠤᠳᠤᠯᠭᠠ 》 ᠂ 《 ᠬᠡᠯᠡᠨ ᠵᠦᠢ ᠶᠢᠨ ᠰᠤᠳᠤᠯᠭᠠ 》 ᠵᠡᠷᠭᠡ 50 ᠭᠠᠷᠤᠯ ᠥᠭᠦᠯᠡᠯ ᠪᠢᠴᠢᠭᠰᠡᠨ ᠲᠤᠷ ᠮᠣᠩᠭᠣᠯ ᠬᠡᠯᠡ ᠪᠢᠴᠢᠭ ᠦᠨ ᠰᠤᠷᠭᠠᠯᠲᠠ ᠳᠤ ᠬᠤᠪᠢ ᠨᠡᠮᠡᠷᠢ ᠣᠷᠤᠭᠤᠯᠵᠠᠢ ᠃

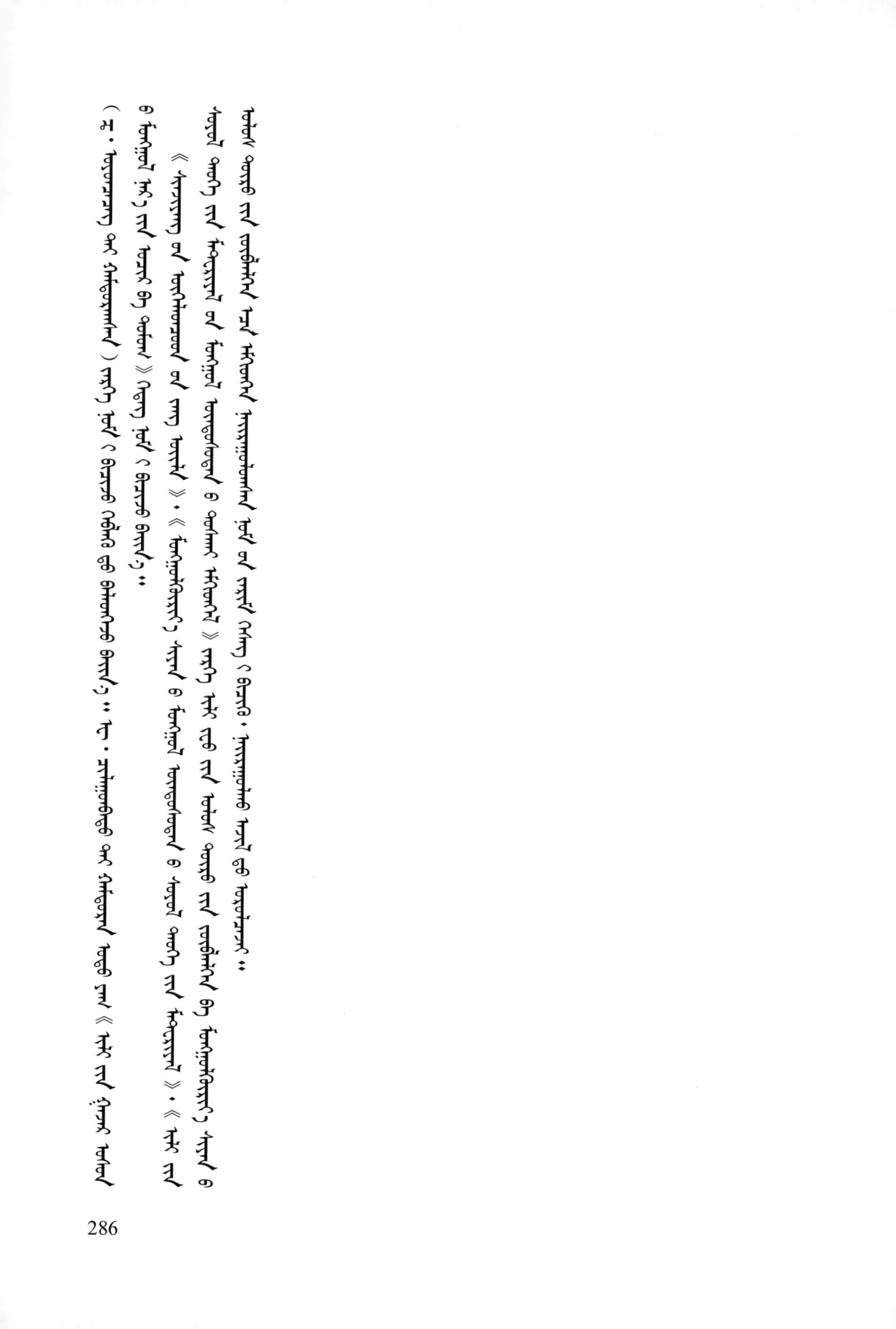

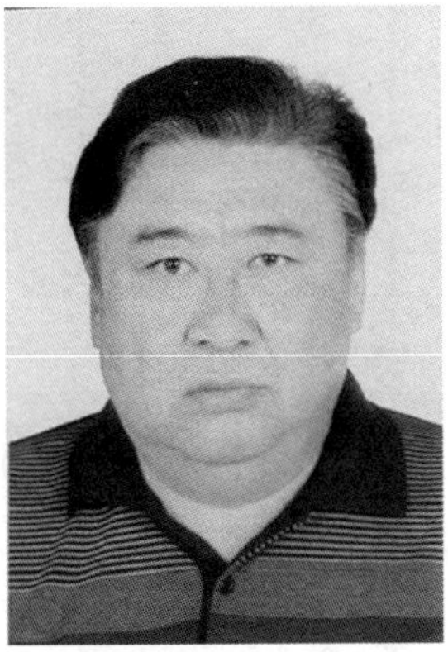

ᠪᠠ᠂ ᠪᠠᠶᠠᠷᠰᠠᠶᠢᠬᠠᠨ ᠮᠣᠩᠭᠣᠯ ᠦᠨᠳᠦᠰᠦᠲᠡᠨ ᠃ 1963 ᠣᠨ ᠤ 1 ᠰᠠᠷ᠎ᠠ ᠶᠢᠨ 3 ᠤ ᠡᠳᠦᠷ ᠲᠥᠷᠥᠭᠰᠡᠨ ᠃ 1974 ᠣᠨ ᠤ 9 ᠰᠠᠷ᠎ᠠ ᠡᠴᠡ 1978 ᠣᠨ ᠤ 7 ᠰᠠᠷ᠎ᠠ ᠬᠦᠷᠲᠡᠯ᠎ᠡ ᠳᠤᠮᠳᠠᠳᠤ ᠰᠤᠷᠭᠠᠭᠤᠯᠢ ᠳᠤ ᠰᠤᠷᠤᠯᠴᠠᠭᠰᠠᠨ ᠂ 1978 ᠣᠨ ᠤ 9 ᠰᠠᠷ᠎ᠠ ᠡᠴᠡ 1980 ᠣᠨ ᠤ 7 ᠰᠠᠷ᠎ᠠ ᠬᠦᠷᠲᠡᠯ᠎ᠡ ᠰᠤᠷᠭᠠᠭᠤᠯᠢ ᠳᠤ ᠰᠤᠷᠤᠯᠴᠠᠭᠰᠠᠨ ᠃ 1980 ᠣᠨ ᠤ 7 ᠰᠠᠷ᠎ᠠ ᠡᠴᠡ 1981 ᠣᠨ ᠤ 7 ᠰᠠᠷ᠎ᠠ ᠬᠦᠷᠲᠡᠯ᠎ᠡ ᠰᠤᠷᠤᠯᠴᠠᠭᠰᠠᠨ ᠃ 1981 ᠣᠨ ᠤ 9 ᠰᠠᠷ᠎ᠠ ᠳᠤ ᠠᠵᠢᠯ ᠳᠤ ᠣᠷᠤᠭᠰᠠᠨ ᠃ ᠣᠳᠣ ᠶᠢᠨ ᠲᠣᠯ 10 ᠰᠠᠷ᠎ᠠ ᠶᠢᠨ ᠳᠤ ᠪᠠᠭᠰᠢ ᠂ 2023 ᠣᠨ ᠤ 1 ᠰᠠᠷ᠎ᠠ ᠳᠤ ᠲᠡᠳᠬᠦᠯᠡᠭᠡ ᠳᠤ ᠭᠠᠷᠤᠭᠰᠠᠨ ᠃

1982 ᠣᠨ ᠳᠤ 《ᠬᠦᠮᠦᠨ ᠤ ᠬᠠᠮᠢᠶ᠎ᠠ》 ᠬᠡᠮᠡᠬᠦ ᠦᠭᠡᠯᠡᠯ ᠢᠶᠡᠷ ᠤᠷᠢᠳᠠ ᠪᠦᠲᠦᠭᠡᠯ ᠡᠨ ᠨᠡᠶᠢᠲᠡᠯᠡᠭᠰᠡᠨ ᠂ 1986 ᠣᠨ ᠤ 7 ᠰᠠᠷ᠎ᠠ ᠳᠤ 《ᠵᠢᠷᠭᠠᠯ》 ᠰᠡᠳᠬᠦᠯ ᠳᠦ 《ᠲᠠᠯ᠎ᠠ ᠶᠢᠨ ᠰᠠᠯᠬᠢ》 ᠂ 1986 ᠣᠨ ᠤ 11 ᠰᠠᠷ᠎ᠠ ᠳᠤ 《ᠡᠭᠦᠯᠡ》 ᠰᠡᠳᠬᠦᠯ ᠳᠦ ᠨᠡᠶᠢᠲᠡᠯᠡᠭᠦᠯᠦᠭᠰᠡᠨ ᠂ 《ᠬᠠᠪᠤᠷ ᠤᠨ ᠪᠣᠷᠣᠭ᠎ᠠ》 ᠵᠢᠴᠢ 《ᠲᠠᠯ᠎ᠠ ᠶᠢᠨ ᠮᠣᠷᠢ》 ᠵᠡᠷᠭᠡ ᠦᠭᠡᠯᠡᠯ ᠦᠳ ᠲᠤᠰ ᠲᠤᠰ ᠰᠡᠳᠬᠦᠯ ᠳᠦ ᠨᠡᠶᠢᠲᠡᠯᠡᠭᠳᠡᠭᠰᠡᠨ ᠃ 《ᠪᠣᠷᠣᠭᠠᠨ ᠰᠢᠭᠤᠷᠭ᠎ᠠ》 ᠪᠠ 《ᠮᠣᠷᠢ ᠶᠢᠨ ᠲᠤᠶᠤᠭ᠎ᠠ》 ᠵᠡᠷᠭᠡ ᠦᠭᠡᠯᠡᠯ ᠦᠳ ᠨᠢ 《ᠲᠠᠯ᠎ᠠ ᠶᠢᠨ ᠭᠡᠷᠡᠯ》 ᠪᠠ 《ᠬᠦᠮᠦᠨ ᠤ ᠵᠠᠮ》 ᠳᠤ ᠨᠡᠶᠢᠲᠡᠯᠡᠭᠳᠡᠭᠰᠡᠨ ᠂ 《ᠤᠯᠠᠭᠠᠨ ᠬᠠᠳᠠ》 ᠪᠠ 《ᠰᠠᠷᠠᠨ ᠤ ᠭᠡᠷᠡᠯ》 ᠳᠤ ᠨᠡᠶᠢᠲᠡᠯᠡᠭᠳᠡᠭᠰᠡᠨ ᠪᠡᠷ ᠮᠡᠳᠡᠭᠳᠡᠳᠡᠭ ᠃

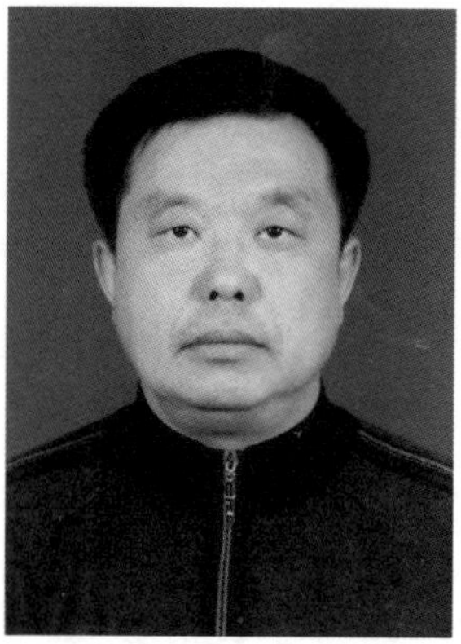

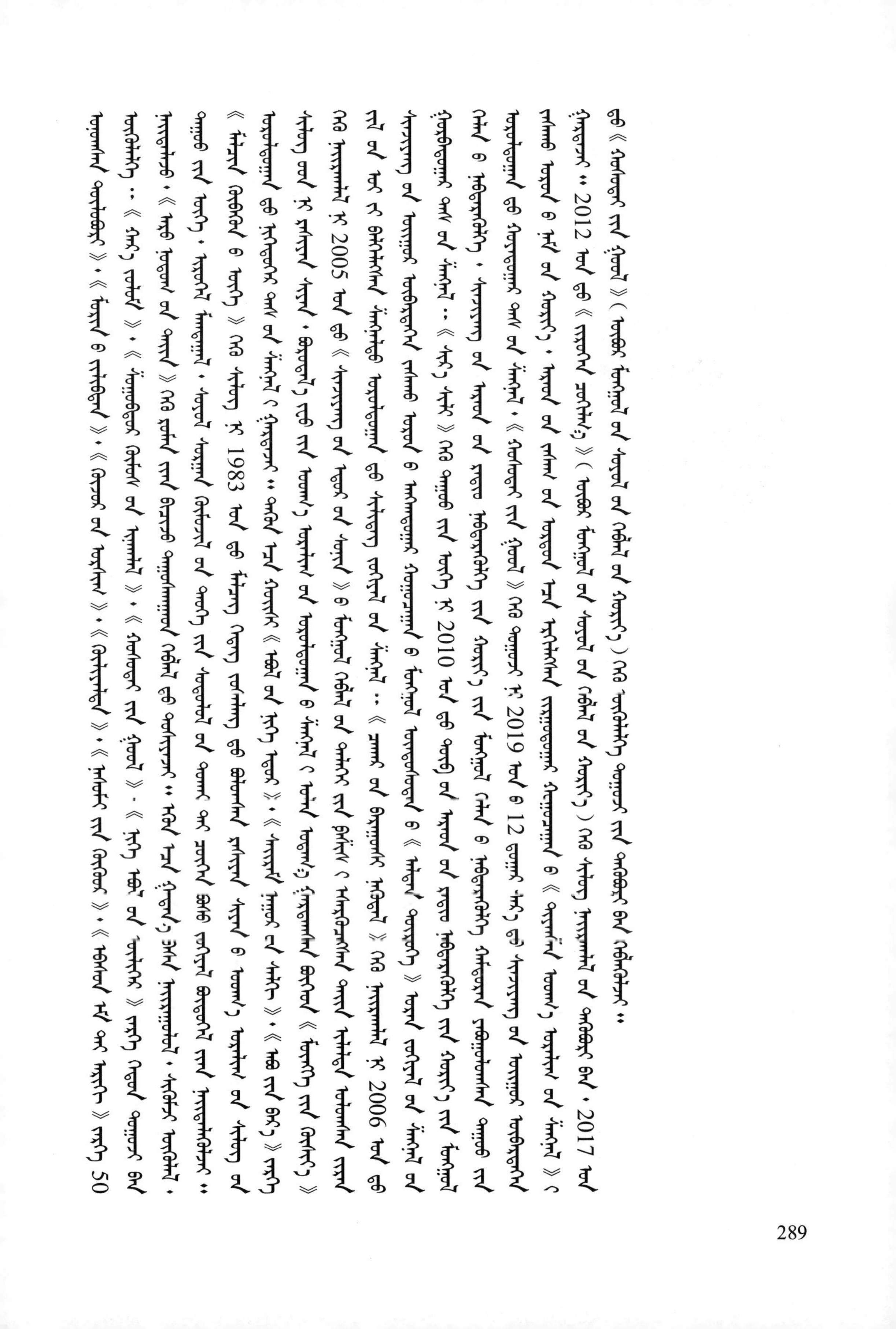

ᠮᠣᠩᠭᠣᠯ ᠬᠡᠯᠡ ᠪᠢᠴᠢᠭ ᠦᠨ ᠰᠤᠷᠭᠠᠨ ᠬᠦᠮᠦᠵᠢᠯ ᠦᠨ ᠠᠵᠢᠯ ᠢ ᠡᠷᠬᠢᠯᠡᠨ ᠬᠢᠵᠦ ᠂ ᠰᠤᠷᠭᠠᠭᠤᠯᠢ ᠶᠢᠨ ᠰᠤᠷᠭᠠᠨ ᠬᠦᠮᠦᠵᠢᠯ ᠦᠨ ᠴᠢᠨᠠᠷ ᠢ ᠳᠡᠭᠡᠭᠰᠢᠯᠡᠭᠦᠯᠬᠦ ᠳᠤ ᠬᠤᠪᠢ ᠨᠡᠮᠡᠷᠢ ᠣᠷᠣᠭᠤᠯᠵᠤ ᠢᠷᠡᠭᠰᠡᠨ ᠃ ᠲᠡᠷᠡ ᠨᠢ 《 ᠮᠣᠩᠭᠣᠯ ᠬᠡᠯᠡ ᠪᠢᠴᠢᠭ ᠦᠨ ᠰᠤᠷᠭᠠᠨ ᠬᠦᠮᠦᠵᠢᠯ 》 ᠡᠳᠦᠷ ᠦᠨ 80 ᠭᠠᠷᠤᠢ ᠥᠭᠦᠯᠡᠯ ᠢ ᠬᠡᠪᠯᠡᠯ ᠳᠦ ᠨᠡᠢᠲᠡᠯᠡᠭᠦᠯᠵᠡᠢ ᠃ 《 ᠪᠠᠭᠠ ᠰᠤᠷᠭᠠᠭᠤᠯᠢ ᠶᠢᠨ ᠮᠣᠩᠭᠣᠯ ᠬᠡᠯᠡ ᠪᠢᠴᠢᠭ ᠦᠨ ᠰᠤᠷᠭᠠᠨ ᠬᠦᠮᠦᠵᠢᠯ 》 ᠂ 《 ᠰᠤᠷᠭᠠᠨ ᠬᠦᠮᠦᠵᠢᠯ ᠦᠨ ᠰᠢᠨᠵᠢᠯᠡᠯ 》 ᠂ 《 ᠮᠣᠩᠭᠣᠯ ᠬᠡᠯᠡ ᠪᠢᠴᠢᠭ ᠦᠨ ᠰᠤᠷᠭᠠᠨ ᠬᠦᠮᠦᠵᠢᠯ ᠦᠨ ᠠᠷᠭ᠎ᠠ 》 ᠂ 《 ᠰᠤᠷᠭᠠᠨ ᠬᠦᠮᠦᠵᠢᠯ ᠦᠨ ᠰᠤᠳᠤᠯᠭᠠ 》 (ᠳᠡᠪᠲᠡᠷ) ᠵᠡᠷᠭᠡ ᠨᠣᠮ ᠵᠣᠬᠢᠶᠠᠨ ᠨᠡᠢᠲᠡᠯᠡᠭᠦᠯᠵᠡᠢ ᠃ ᠲᠡᠷᠡ ᠨᠢ ᠪᠣᠰᠤ ᠬᠣᠣᠰᠢᠭᠤ ᠶᠢᠨ ᠰᠠᠢᠨ ᠪᠠᠭᠰᠢ ᠂ ᠬᠣᠣᠰᠢᠭᠤ ᠶᠢᠨ ᠰᠤᠷᠭᠠᠨ ᠬᠦᠮᠦᠵᠢᠯ ᠦᠨ ᠰᠢᠯᠢᠳᠡᠭ ᠠᠵᠢᠯᠲᠠᠨ ᠵᠡᠷᠭᠡ ᠴᠣᠯ ᠢ ᠬᠦᠷᠲᠡᠭᠰᠡᠨ ᠃ 2005 ᠣᠨ ᠳᠤ ᠰᠤᠷᠭᠠᠭᠤᠯᠢ ᠶᠢᠨ ᠳᠡᠭᠡᠳᠦ ᠵᠡᠷᠭᠡ ᠶᠢᠨ ᠪᠠᠭᠰᠢ ᠶᠢᠨ ᠮᠡᠷᠭᠡᠵᠢᠯ ᠦᠨ ᠴᠣᠯ ᠢ ᠬᠦᠷᠲᠡᠭᠰᠡᠨ ᠃

2023 ᠣᠨ ᠤ 5 ᠰᠠᠷ᠎ᠠ ᠳᠤ ᠲᠦᠰᠢᠮᠡᠯ ᠡᠴᠡ ᠲᠡᠳᠦᠢᠯᠡᠭᠰᠡᠨ ᠃

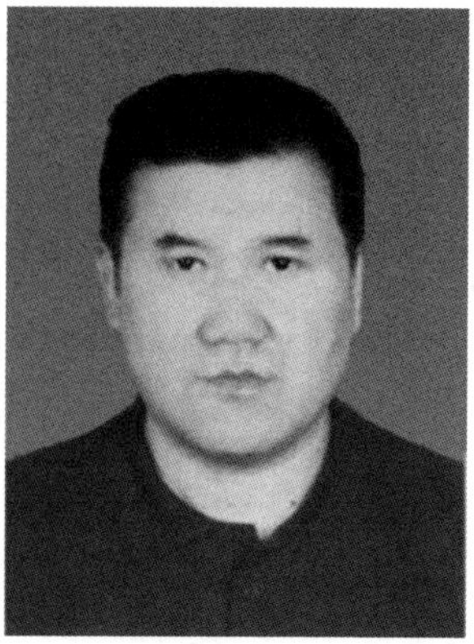

ᠵ · ᠪᠠᠶᠠᠷ ᠡᠷᠡᠭᠲᠡᠢ ᠂ ᠮᠣᠩᠭᠣᠯ ᠦᠨᠳᠦᠰᠦᠲᠡᠨ ᠂ ᠶᠡᠬᠡ ᠰᠤᠷᠭᠠᠭᠤᠯᠢ ᠲᠦᠭᠡᠰᠦᠭᠰᠡᠨ ᠃ 1963 ᠣᠨ ᠤ 4 ᠰᠠᠷ᠎ᠠ ᠳᠤ ᠬᠠᠷᠢᠶᠠᠲᠤ ᠬᠣᠣᠰᠢᠭᠤ ᠶᠢᠨ ᠰᠤᠮᠤ ᠳᠤ ᠲᠥᠷᠥᠭᠰᠡᠨ ᠃ 1970 ᠣᠨ ᠡᠴᠡ 1975 ᠣᠨ ᠤ 7 ᠰᠠᠷ᠎ᠠ ᠬᠦᠷᠲᠡᠯ᠎ᠡ ᠰᠤᠮᠤ ᠶᠢᠨ ᠪᠠᠭᠠ ᠰᠤᠷᠭᠠᠭᠤᠯᠢ ᠳᠤ ᠰᠤᠷᠤᠯᠴᠠᠭᠰᠠᠨ ᠂ 1975 ᠣᠨ ᠤ 9 ᠰᠠᠷ᠎ᠠ ᠡᠴᠡ 1980 ᠣᠨ ᠤ 7 ᠰᠠᠷ᠎ᠠ ᠬᠦᠷᠲᠡᠯ᠎ᠡ ᠬᠣᠣᠰᠢᠭᠤ ᠶᠢᠨ ᠳᠤᠮᠳᠠᠳᠤ ᠰᠤᠷᠭᠠᠭᠤᠯᠢ ᠳᠤ ᠰᠤᠷᠤᠯᠴᠠᠭᠰᠠᠨ ᠂ 1980 ᠣᠨ ᠤ 9 ᠰᠠᠷ᠎ᠠ ᠡᠴᠡ 1984 ᠣᠨ ᠤ 7 ᠰᠠᠷ᠎ᠠ ᠬᠦᠷᠲᠡᠯ᠎ᠡ ᠪᠠᠭᠰᠢ ᠶᠢᠨ ᠶᠡᠬᠡ ᠰᠤᠷᠭᠠᠭᠤᠯᠢ ᠶᠢᠨ ᠮᠣᠩᠭᠣᠯ ᠬᠡᠯᠡ ᠪᠢᠴᠢᠭ ᠦᠨ ᠮᠡᠷᠭᠡᠵᠢᠯ ᠳᠦ ᠰᠤᠷᠤᠯᠴᠠᠭᠰᠠᠨ ᠃ ᠲᠡᠭᠦᠨ ᠦ ᠬᠣᠶᠢᠨ᠎ᠠ ᠬᠣᠣᠰᠢᠭᠤ ᠶᠢᠨ ᠳᠤᠮᠳᠠᠳᠤ ᠰᠤᠷᠭᠠᠭᠤᠯᠢ ᠳᠤ ᠪᠠᠭᠰᠢ ᠬᠢᠭᠰᠡᠨ ᠃

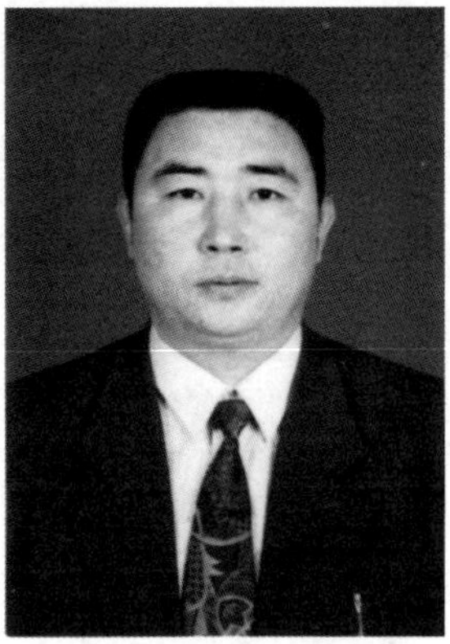

ᠪᠣ᠂ ᠳᠣᠷᠵᠢ ᠡᠷᠡᠭᠲᠡᠢ᠂ ᠮᠣᠩᠭᠣᠯ᠂ ᠵᠣᠬᠢᠶᠠᠯᠴᠢ᠂ ᠮᠡᠷᠭᠡᠵᠢᠯ ᠳᠡᠭᠡᠳᠦ᠂ ᠰᠤᠷᠭᠠᠭᠤᠯᠢ ᠶᠢᠨ ᠪᠠᠭᠰᠢ ᠶᠢᠨ ᠬᠦᠮᠦᠨ ᠦ ᠬᠣᠷᠢᠶ᠎ᠠ ᠶᠢᠨ ᠭᠡᠰᠢᠭᠦᠨ᠃ 1963 ᠣᠨ ᠤ 4 ᠰᠠᠷ᠎ᠠ ᠶᠢᠨ 26 ᠤ ᠡᠳᠦᠷ ᠲᠥᠷᠦᠭᠰᠡᠨ᠃ 1981 ᠣᠨ ᠤ 9 ᠰᠠᠷ᠎ᠠ ᠳᠤ ᠰᠤᠷᠭᠠᠭᠤᠯᠢ ᠳᠤ ᠣᠷᠣᠭᠰᠠᠨ᠂ 1985 ᠣᠨ ᠤ 7 ᠰᠠᠷ᠎ᠠ ᠳᠤ ᠲᠡᠭᠦᠰᠦᠭᠰᠡᠨ᠃ 1996 ᠣᠨ ᠳᠤ … 2003 ᠣᠨ ᠳᠤ … 2010 ᠣᠨ ᠳᠤ … 2014 ᠣᠨ ᠳᠤ … 1997 ᠣᠨ ᠡᠴᠡ 2000 ᠣᠨ ᠳᠤ … 2000 ᠣᠨ ᠡᠴᠡ 2009 ᠣᠨ … 2001 ᠣᠨ ᠡᠴᠡ 2015 ᠣᠨ … 2008 ᠣᠨ ᠤ 2 ᠰᠠᠷ᠎ᠠ ᠡᠴᠡ 2016 ᠣᠨ ᠤ 2 ᠰᠠᠷ᠎ᠠ ᠬᠦᠷᠲᠡᠯ᠎ᠡ … 2015 ᠣᠨ … 2017 ᠣᠨ ᠡᠴᠡ 2019 ᠣᠨ ᠤ 7 ᠰᠠᠷ᠎ᠠ ᠳᠤ …

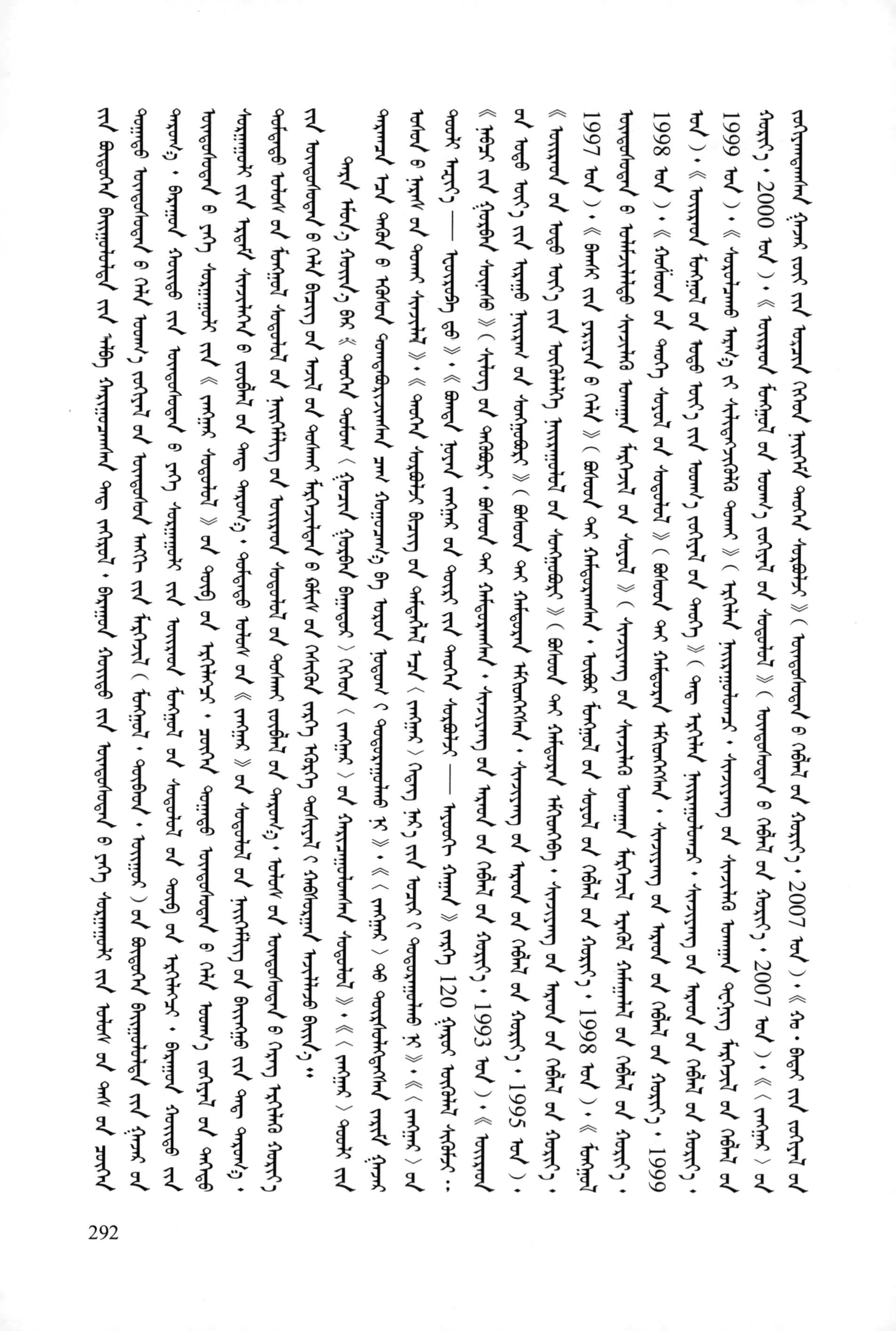

ᠶᠢᠨ ᠦᠶ᠎ᠡ ᠶᠢᠨ ᠮᠣᠩᠭᠣᠯ ᠤᠷᠠᠨ ᠵᠣᠬᠢᠶᠠᠯ ᠤᠨ ᠰᠤᠳᠤᠯᠤᠯ ᠤᠨ ᠲᠣᠶᠢᠮ ᠤ ᠰᠤᠳᠤᠯᠭ᠎ᠠ 》 (ᠳᠣᠭᠣᠯᠠᠩ ᠳᠤ ᠬᠡᠪᠯᠡᠭᠳᠡᠭᠰᠡᠨ) · 《 ᠮᠣᠩᠭᠣᠯ ᠤᠷᠠᠨ ᠵᠣᠬᠢᠶᠠᠯ ᠤᠨ ᠲᠡᠦᠬᠡ 》 ᠶᠢᠨ 〈 ᠳᠡᠪᠲᠡᠷ 〉 ᠤᠨ ᠪᠢᠴᠢᠭᠰᠡᠨ ᠲᠣᠶᠢᠮ (ᠥᠪᠥᠷ

ᠮᠣᠩᠭᠣᠯ ᠤᠨ ᠰᠤᠷᠭᠠᠨ ᠬᠦᠮᠦᠵᠢᠯ ᠦᠨ ᠬᠡᠪᠯᠡᠯ ᠦᠨ ᠬᠣᠷᠢᠶ᠎ᠠ 》 · 《 ᠮᠣᠩᠭᠣᠯ ᠤᠷᠠᠨ ᠵᠣᠬᠢᠶᠠᠯ ᠤᠨ ᠰᠤᠳᠤᠯᠤᠯ ᠤᠨ ᠲᠣᠶᠢᠮ ᠤ ᠰᠤᠳᠤᠯᠭ᠎ᠠ 》 (ᠥᠪᠥᠷ ᠮᠣᠩᠭᠣᠯ ᠤᠨ

ᠮᠣᠩᠭᠣᠯ ᠤᠷᠠᠨ ᠵᠣᠬᠢᠶᠠᠯ ᠤᠨ ᠰᠤᠳᠤᠯᠤᠯ ᠤᠨ ᠰᠤᠳᠤᠯᠭ᠎ᠠ ᠶᠢᠨ ᠲᠣᠶᠢᠮ) · 《 ᠮᠣᠩᠭᠣᠯ ᠤᠷᠠᠨ ᠵᠣᠬᠢᠶᠠᠯ ᠤᠨ 〈 ᠳᠡᠪᠲᠡᠷ 〉 ᠤᠨ ᠰᠤᠳᠤᠯᠤᠯ 》 (ᠥᠪᠥᠷ ᠮᠣᠩᠭᠣᠯ ᠤᠨ

ᠮᠣᠩᠭᠣᠯ ᠤᠷᠠᠨ ᠵᠣᠬᠢᠶᠠᠯ ᠤᠨ ᠰᠤᠳᠤᠯᠤᠯ ᠤᠨ ᠰᠤᠳᠤᠯᠭ᠎ᠠ ᠶᠢᠨ ᠲᠣᠶᠢᠮ) · 《 ᠮᠣᠩᠭᠣᠯ ᠤᠨ ᠤᠷᠠᠨ ᠵᠣᠬᠢᠶᠠᠯ ᠤᠨ ᠰᠤᠳᠤᠯᠤᠯ ᠤᠨ ᠬᠡᠯᠡᠯᠴᠡᠭᠡ 》 (ᠥᠪᠥᠷ ᠮᠣᠩᠭᠣᠯ ᠤᠨ

ᠮᠣᠩᠭᠣᠯ ᠤᠷᠠᠨ ᠵᠣᠬᠢᠶᠠᠯ ᠤᠨ ᠰᠤᠳᠤᠯᠤᠯ ᠤᠨ ᠲᠣᠶᠢᠮ) · 《 ᠮᠣᠩᠭᠣᠯ ᠤᠨ ᠤᠷᠠᠨ ᠵᠣᠬᠢᠶᠠᠯ ᠤᠨ 〈 ᠳᠡᠪᠲᠡᠷ 〉 ᠤᠨ ᠰᠤᠳᠤᠯᠤᠯ 》 (ᠥᠪᠥᠷ ᠮᠣᠩᠭᠣᠯ ᠤᠨ ᠰᠤᠷᠭᠠᠨ ᠬᠦᠮᠦᠵᠢᠯ ᠦᠨ ᠬᠡᠪᠯᠡᠯ ᠦᠨ ᠬᠣᠷᠢᠶ᠎ᠠ) · 《 ᠮᠣᠩᠭᠣᠯ

ᠤᠷᠠᠨ ᠵᠣᠬᠢᠶᠠᠯ ᠤᠨ ᠲᠡᠦᠬᠡ ᠶᠢᠨ ᠰᠤᠳᠤᠯᠤᠯ 》 (ᠦᠨᠳᠦᠰᠦᠲᠡᠨ ᠦ ᠬᠡᠪᠯᠡᠯ ᠦᠨ ᠬᠣᠷᠢᠶ᠎ᠠ) · 《 ᠮᠣᠩᠭᠣᠯ ᠤᠷᠠᠨ ᠵᠣᠬᠢᠶᠠᠯ ᠤᠨ ᠲᠡᠦᠬᠡ 》 ᠶᠢᠨ 〈 ᠳᠡᠪᠲᠡᠷ 〉 ᠤᠨ ᠰᠤᠳᠤᠯᠤᠯ (ᠦᠨᠳᠦᠰᠦᠲᠡᠨ ᠦ ᠬᠡᠪᠯᠡᠯ ᠦᠨ ᠬᠣᠷᠢᠶ᠎ᠠ) · 《 ᠮᠣᠩᠭᠣᠯ ᠤᠷᠠᠨ ᠵᠣᠬᠢᠶᠠᠯ

ᠤᠨ ᠲᠡᠦᠬᠡ 》 (ᠦᠨᠳᠦᠰᠦᠲᠡᠨ ᠦ ᠬᠡᠪᠯᠡᠯ ᠦᠨ ᠬᠣᠷᠢᠶ᠎ᠠ) · 《 ᠮᠣᠩᠭᠣᠯ ᠤᠷᠠᠨ ᠵᠣᠬᠢᠶᠠᠯ ᠤᠨ ᠲᠡᠦᠬᠡ ᠶᠢᠨ ᠰᠤᠳᠤᠯᠤᠯ ᠤᠨ ᠲᠣᠶᠢᠮ 》 (ᠥᠪᠥᠷ ᠮᠣᠩᠭᠣᠯ ᠤᠨ ᠠᠷᠠᠳ ᠤᠨ ᠬᠡᠪᠯᠡᠯ ᠦᠨ ᠬᠣᠷᠢᠶ᠎ᠠ) · 《 ᠮᠣᠩᠭᠣᠯ

ᠤᠷᠠᠨ ᠵᠣᠬᠢᠶᠠᠯ ᠤᠨ ᠰᠤᠳᠤᠯᠤᠯ ᠤᠨ ᠲᠣᠶᠢᠮ 》 (ᠦᠨᠳᠦᠰᠦᠲᠡᠨ ᠦ ᠬᠡᠪᠯᠡᠯ ᠦᠨ ᠬᠣᠷᠢᠶ᠎ᠠ) · 《 ᠮᠣᠩᠭᠣᠯ ᠤᠷᠠᠨ ᠵᠣᠬᠢᠶᠠᠯ ᠤᠨ 〈 ᠳᠡᠪᠲᠡᠷ 〉 ᠤᠨ ᠰᠤᠳᠤᠯᠤᠯ ᠤᠨ ᠲᠣᠶᠢᠮ 》 (ᠦᠨᠳᠦᠰᠦᠲᠡᠨ ᠦ ᠬᠡᠪᠯᠡᠯ ᠦᠨ ᠬᠣᠷᠢᠶ᠎ᠠ) · 《 ᠮᠣᠩᠭᠣᠯ

ᠤᠷᠠᠨ ᠵᠣᠬᠢᠶᠠᠯ ᠤᠨ ᠰᠤᠳᠤᠯᠤᠯ ᠤᠨ ᠬᠡᠯᠡᠯᠴᠡᠭᠡ 》 (ᠦᠨᠳᠦᠰᠦᠲᠡᠨ ᠦ ᠬᠡᠪᠯᠡᠯ ᠦᠨ ᠬᠣᠷᠢᠶ᠎ᠠ) · 《 ᠮᠣᠩᠭᠣᠯ ᠤᠷᠠᠨ ᠵᠣᠬᠢᠶᠠᠯ ᠤᠨ ᠰᠤᠳᠤᠯᠤᠯ ᠤᠨ ᠰᠤᠳᠤᠯᠭ᠎ᠠ 》 (ᠥᠪᠥᠷ ᠮᠣᠩᠭᠣᠯ ᠤᠨ ᠠᠷᠠᠳ ᠤᠨ ᠬᠡᠪᠯᠡᠯ ᠦᠨ ᠬᠣᠷᠢᠶ᠎ᠠ) · 《 ᠮᠣᠩᠭᠣᠯ

ᠤᠷᠠᠨ ᠵᠣᠬᠢᠶᠠᠯ ᠤᠨ ᠰᠤᠳᠤᠯᠤᠯ ᠤᠨ ᠲᠣᠶᠢᠮ 》 (ᠦᠨᠳᠦᠰᠦᠲᠡᠨ ᠦ ᠬᠡᠪᠯᠡᠯ ᠦᠨ ᠬᠣᠷᠢᠶ᠎ᠠ) · 《 ᠮᠣᠩᠭᠣᠯ ᠤᠷᠠᠨ ᠵᠣᠬᠢᠶᠠᠯ ᠤᠨ ᠲᠡᠦᠬᠡ 》 (ᠥᠪᠥᠷ ᠮᠣᠩᠭᠣᠯ ᠤᠨ ᠠᠷᠠᠳ ᠤᠨ ᠬᠡᠪᠯᠡᠯ ᠦᠨ ᠬᠣᠷᠢᠶ᠎ᠠ) · 《 ᠮᠣᠩᠭᠣᠯ ᠤᠷᠠᠨ ᠵᠣᠬᠢᠶᠠᠯ

ᠤᠨ ᠰᠤᠳᠤᠯᠤᠯ ᠤᠨ ᠲᠣᠶᠢᠮ 》 (ᠦᠨᠳᠦᠰᠦᠲᠡᠨ ᠦ ᠬᠡᠪᠯᠡᠯ ᠦᠨ ᠬᠣᠷᠢᠶ᠎ᠠ) ·· 《 ᠮᠣᠩᠭᠣᠯ ᠤᠷᠠᠨ ᠵᠣᠬᠢᠶᠠᠯ ᠤᠨ ᠰᠤᠳᠤᠯᠤᠯ ᠤᠨ ᠬᠡᠯᠡᠯᠴᠡᠭᠡ 》 (ᠦᠨᠳᠦᠰᠦᠲᠡᠨ ᠦ ᠬᠡᠪᠯᠡᠯ ᠦᠨ ᠬᠣᠷᠢᠶ᠎ᠠ) · 《 ᠮᠣᠩᠭᠣᠯ ᠤᠷᠠᠨ ᠵᠣᠬᠢᠶᠠᠯ ᠤᠨ 〈 ᠳᠡᠪᠲᠡᠷ 〉 ᠤᠨ

ᠰᠤᠳᠤᠯᠤᠯ 》 (ᠦᠨᠳᠦᠰᠦᠲᠡᠨ ᠦ ᠬᠡᠪᠯᠡᠯ ᠦᠨ ᠬᠣᠷᠢᠶ᠎ᠠ) · 《 ᠮᠣᠩᠭᠣᠯ ᠤᠷᠠᠨ ᠵᠣᠬᠢᠶᠠᠯ ᠤᠨ 〈 ᠳᠡᠪᠲᠡᠷ 〉 ᠤᠨ ᠰᠤᠳᠤᠯᠤᠯ ᠤᠨ ᠲᠣᠶᠢᠮ 》 (ᠦᠨᠳᠦᠰᠦᠲᠡᠨ ᠦ ᠬᠡᠪᠯᠡᠯ ᠦᠨ ᠬᠣᠷᠢᠶ᠎ᠠ) · 《 ᠮᠣᠩᠭᠣᠯ

ᠤᠷᠠᠨ ᠵᠣᠬᠢᠶᠠᠯ ᠤᠨ ᠰᠤᠳᠤᠯᠤᠯ ᠤᠨ ᠲᠣᠶᠢᠮ 》 (ᠥᠪᠥᠷ ᠮᠣᠩᠭᠣᠯ ᠤᠨ ᠠᠷᠠᠳ ᠤᠨ ᠬᠡᠪᠯᠡᠯ ᠦᠨ ᠬᠣᠷᠢᠶ᠎ᠠ) · 《 ᠮᠣᠩᠭᠣᠯ ᠤᠷᠠᠨ ᠵᠣᠬᠢᠶᠠᠯ ᠤᠨ ᠰᠤᠳᠤᠯᠤᠯ ᠤᠨ ᠲᠣᠶᠢᠮ 》 (ᠦᠨᠳᠦᠰᠦᠲᠡᠨ ᠦ ᠬᠡᠪᠯᠡᠯ ᠦᠨ ᠬᠣᠷᠢᠶ᠎ᠠ) · 《 ᠮᠣᠩᠭᠣᠯ

ᠤᠷᠠᠨ ᠵᠣᠬᠢᠶᠠᠯ ᠤᠨ ᠰᠤᠳᠤᠯᠤᠯ ᠤᠨ ᠰᠤᠳᠤᠯᠭ᠎ᠠ 》 (ᠦᠨᠳᠦᠰᠦᠲᠡᠨ ᠦ ᠬᠡᠪᠯᠡᠯ ᠦᠨ ᠬᠣᠷᠢᠶ᠎ᠠ) · 《 ᠮᠣᠩᠭᠣᠯ ᠤᠷᠠᠨ ᠵᠣᠬᠢᠶᠠᠯ ᠤᠨ ᠲᠡᠦᠬᠡ ᠶᠢᠨ ᠰᠤᠳᠤᠯᠤᠯ 》 (ᠥᠪᠥᠷ ᠮᠣᠩᠭᠣᠯ ᠤᠨ ᠠᠷᠠᠳ ᠤᠨ ᠬᠡᠪᠯᠡᠯ ᠦᠨ ᠬᠣᠷᠢᠶ᠎ᠠ) ·· 《 ᠮᠣᠩᠭᠣᠯ

ᠤᠷᠠᠨ ᠵᠣᠬᠢᠶᠠᠯ ᠤᠨ ᠰᠤᠳᠤᠯᠤᠯ ᠤᠨ ᠲᠣᠶᠢᠮ 》 (ᠥᠪᠥᠷ ᠮᠣᠩᠭᠣᠯ ᠤᠨ ᠪᠠᠭᠰᠢ ᠶᠢᠨ ᠶᠡᠬᠡ ᠰᠤᠷᠭᠠᠭᠤᠯᠢ ᠶᠢᠨ ᠬᠡᠪᠯᠡᠯ ᠦᠨ ᠬᠣᠷᠢᠶ᠎ᠠ · 2018 ᠣᠨ) · 《 20 ᠳᠤᠭᠠᠷ ᠵᠠᠭᠤᠨ ᠤ ᠮᠣᠩᠭᠣᠯ ᠤᠷᠠᠨ ᠵᠣᠬᠢᠶᠠᠯ

ᠤᠨ ᠰᠤᠳᠤᠯᠤᠯ 》 (ᠥᠪᠥᠷ ᠮᠣᠩᠭᠣᠯ ᠤᠨ ᠠᠷᠠᠳ ᠤᠨ ᠬᠡᠪᠯᠡᠯ ᠦᠨ ᠬᠣᠷᠢᠶ᠎ᠠ · 2018 ᠣᠨ) ·· 《 ᠮᠣᠩᠭᠣᠯ ᠤᠷᠠᠨ ᠵᠣᠬᠢᠶᠠᠯ ᠤᠨ ᠰᠤᠳᠤᠯᠤᠯ ᠤᠨ ᠲᠣᠶᠢᠮ 》 (ᠥᠪᠥᠷ ᠮᠣᠩᠭᠣᠯ ᠤᠨ ᠠᠷᠠᠳ ᠤᠨ ᠬᠡᠪᠯᠡᠯ ᠦᠨ ᠬᠣᠷᠢᠶ᠎ᠠ · 2018 ᠣᠨ) ·· 《 ᠮᠣᠩᠭᠣᠯ

ᠤᠷᠠᠨ ᠵᠣᠬᠢᠶᠠᠯ ᠤᠨ 〈 ᠳᠡᠪᠲᠡᠷ 〉 》 (ᠥᠪᠥᠷ ᠮᠣᠩᠭᠣᠯ ᠤᠨ ᠠᠷᠠᠳ ᠤᠨ ᠬᠡᠪᠯᠡᠯ ᠦᠨ ᠬᠣᠷᠢᠶ᠎ᠠ · 2015 ᠣᠨ) · 《 〈 ᠳᠡᠪᠲᠡᠷ 〉 ᠮᠣᠩᠭᠣᠯ ᠤᠷᠠᠨ ᠵᠣᠬᠢᠶᠠᠯ ᠤᠨ ᠰᠤᠳᠤᠯᠤᠯ 》 (ᠦᠨᠳᠦᠰᠦᠲᠡᠨ ᠦ ᠬᠡᠪᠯᠡᠯ ᠦᠨ ᠬᠣᠷᠢᠶ᠎ᠠ · 2015 ᠣᠨ) ·

《 ᠳᠡᠪᠲᠡᠷ 》 (ᠥᠪᠥᠷ ᠮᠣᠩᠭᠣᠯ ᠤᠨ ᠠᠷᠠᠳ ᠤᠨ ᠬᠡᠪᠯᠡᠯ ᠦᠨ ᠬᠣᠷᠢᠶ᠎ᠠ · 2009 ᠣᠨ) · 《 ᠮᠣᠩᠭᠣᠯ ᠤᠷᠠᠨ ᠵᠣᠬᠢᠶᠠᠯ ᠤᠨ 〈 ᠳᠡᠪᠲᠡᠷ 〉 ᠤᠨ ᠰᠤᠳᠤᠯᠤᠯ 》

ᠬᠡᠪᠯᠡᠭᠳᠡᠪᠡ :: 2019 ᠣᠨ ᠤ ᠬᠠᠪᠤᠷ ᠤᠨ ᠰᠤᠳᠤᠯᠤᠯ ᠤᠨ ᠬᠤᠷᠠᠯ ᠳᠤ ᠰᠤᠳᠤᠯᠤᠯ ᠤᠨ ᠢᠯᠡᠳᠬᠡᠯ ᠲᠠᠯᠪᠢᠭᠰᠠᠨ ::
ᠣᠨ ᠤ ᠰᠤᠳᠤᠯᠭᠠᠨ ᠤ ᠬᠡᠪᠯᠡᠯ ᠦᠨ ᠬᠣᠷᠢᠶ᠎ᠠ ᠳᠤ ᠬᠡᠪᠯᠡᠭᠳᠡᠪᠡ :: 《 ᠮᠣᠩᠭᠣᠯ ᠬᠡᠯᠡ ᠪᠢᠴᠢᠭ ᠦᠨ ᠰᠤᠳᠤᠯᠤᠯ 》(ᠪᠡᠭᠡᠵᠢᠩ) ᠳ᠋ᠤ 2018
ᠣᠨ ᠳᠤ ᠬᠡᠪᠯᠡᠭᠳᠡᠪᠡ :: 《 ᠪᠢᠴᠢᠭ ᠦᠨ ᠬᠡᠯᠡᠨ ᠦ ᠳᠦᠷᠢᠮ 》(ᠪᠡᠭᠡᠵᠢᠩ) ᠳ᠋ᠤ 2003 ᠣᠨ ᠤ ᠬᠡᠪᠯᠡᠯ ᠦᠨ ᠬᠣᠷᠢᠶ᠎ᠠ ᠳᠤ ᠬᠡᠪᠯᠡᠭᠳᠡᠪᠡ —
ᠥᠪᠥᠷ ᠮᠣᠩᠭᠣᠯ ᠤᠨ ᠠᠷᠠᠳ ᠤᠨ ᠬᠡᠪᠯᠡᠯ ᠦᠨ ᠬᠣᠷᠢᠶ᠎ᠠ ᠳᠤ ᠬᠡᠪᠯᠡᠭᠳᠡᠪᠡ :: 《 ᠮᠣᠩᠭᠣᠯ
ᠬᠡᠯᠡᠨ ᠦ 〈 ᠦᠭᠡ 〉 ᠶᠢᠨ ᠰᠤᠳᠤᠯᠤᠯ 》(ᠪᠡᠭᠡᠵᠢᠩ) ᠳ᠋ᠤ 2000 ᠣᠨ ᠤ ᠦᠨᠳᠦᠰᠦᠲᠡᠨ ᠦ ᠬᠡᠪᠯᠡᠯ ᠦᠨ ᠬᠣᠷᠢᠶ᠎ᠠ ᠳᠤ
ᠬᠡᠪᠯᠡᠭᠳᠡᠪᠡ :: 《 ᠮᠣᠩᠭᠣᠯ ᠬᠡᠯᠡ ᠪᠢᠴᠢᠭ ᠦᠨ ᠰᠤᠳᠤᠯᠤᠯ 》(ᠪᠡᠭᠡᠵᠢᠩ) ᠳ᠋ᠤ 1999 ᠣᠨ ᠤ ᠦᠨᠳᠦᠰᠦᠲᠡᠨ ᠦ ᠬᠡᠪᠯᠡᠯ ᠦᠨ ᠬᠣᠷᠢᠶ᠎ᠠ
ᠳᠤ ᠬᠡᠪᠯᠡᠭᠳᠡᠪᠡ :: 《 ᠮᠣᠩᠭᠣᠯ ᠬᠡᠯᠡᠨ ᠦ ᠬᠡᠯᠡᠯᠭᠡ ᠶᠢᠨ ᠰᠤᠳᠤᠯᠤᠯ 》(ᠪᠡᠭᠡᠵᠢᠩ) ᠳ᠋ᠤ 1999 ᠣᠨ ᠤ ᠦᠨᠳᠦᠰᠦᠲᠡᠨ ᠦ
ᠬᠡᠪᠯᠡᠯ ᠦᠨ ᠬᠣᠷᠢᠶ᠎ᠠ ᠳᠤ ᠬᠡᠪᠯᠡᠭᠳᠡᠪᠡ :: 《 ᠮᠣᠩᠭᠣᠯ ᠬᠡᠯᠡᠨ ᠦ ᠳᠦᠷᠢᠮ 》(ᠪᠡᠭᠡᠵᠢᠩ) ᠳ᠋ᠤ 1994 ᠣᠨ ᠤ ᠦᠨᠳᠦᠰᠦᠲᠡᠨ ᠦ ᠬᠡᠪᠯᠡᠯ ᠦᠨ ᠬᠣᠷᠢᠶ᠎ᠠ ᠳᠤ
ᠬᠡᠪᠯᠡᠭᠳᠡᠪᠡ ::
ᠮᠣᠩᠭᠣᠯ ᠬᠡᠯᠡᠨ ᠦ ᠰᠤᠳᠤᠯᠤᠯ ᠤᠨ ᠲᠡᠦᠬᠡᠨ ᠦ ᠲᠣᠶᠢᠮ (ᠳᠡᠭᠡᠳᠦ ᠳᠡᠪᠲᠡᠷ) ᠳᠤ ᠮᠣᠩᠭᠣᠯ ᠬᠡᠯᠡᠨ ᠦ ᠳᠦᠷᠢᠮ ᠤᠨ ᠰᠤᠳᠤᠯᠤᠯ ᠤᠨ
ᠣᠨᠴᠠᠯᠢᠭ 》(ᠪᠡᠭᠡᠵᠢᠩ ᠦᠨᠳᠦᠰᠦᠲᠡᠨ ᠦ ᠬᠡᠪᠯᠡᠯ ᠦᠨ ᠬᠣᠷᠢᠶ᠎ᠠ) · 《 ᠮᠣᠩᠭᠣᠯ ᠬᠡᠯᠡᠨ ᠦ 〈 ᠦᠭᠡ 〉 》(ᠪᠢᠴᠢᠭ ᠦᠨ ᠬᠡᠯᠡᠨ ᠦ ᠰᠤᠳᠤᠯᠤᠯ

ᠤᠯᠠᠭᠠᠨᠬᠠᠳᠠ ᠬᠣᠲᠠ ᠶᠢᠨ ᠪᠠᠭᠰᠢ ᠶᠢᠨ ᠳᠡᠭᠡᠳᠦ ᠰᠤᠷᠭᠠᠭᠤᠯᠢ ᠳᠤ ᠰᠤᠷᠤᠯᠴᠠᠭᠰᠠᠨ ᠃ 2007 ᠣᠨ ᠤ 9 ᠰᠠᠷ ᠠ ᠠᠴᠠ ᠪᠡᠨ ᠤᠯᠠᠭᠠᠨᠬᠠᠳᠠ ᠪᠠᠭᠰᠢ ᠶᠢᠨ ᠳᠡᠭᠡᠳᠦ ᠰᠤᠷᠭᠠᠭᠤᠯᠢ ᠶᠢᠨ ᠮᠣᠩᠭᠣᠯ ᠰᠤᠷᠭᠠᠨ ᠬᠦᠮᠦᠵᠢᠯ ᠦᠨ

ᠬᠡᠯᠡ ᠪᠢᠴᠢᠭ ᠤᠨ ᠰᠤᠷᠭᠠᠭᠤᠯᠢ ᠳᠤ ᠰᠤᠷᠭᠠᠨ ᠬᠦᠮᠦᠵᠢᠯ ᠦᠨ ᠠᠵᠢᠯ ᠢ ᠡᠷᠬᠢᠯᠡᠵᠦ ᠪᠠᠢᠭ᠎ᠠ ᠃ 2007 ᠣᠨ ᠤ 5 ᠰᠠᠷ ᠠ ᠳᠤ ᠲᠡᠲᠡᠭᠦᠮᠵᠢ ᠠᠪᠤᠭᠰᠠᠨ ᠴᠣᠯ ᠢ ᠣᠯᠵᠠᠭᠰᠠᠨ ᠃ ᠮᠣᠩᠭᠣᠯ ᠬᠡᠯᠡ ᠪᠢᠴᠢᠭ ᠦᠨ ᠰᠤᠷᠭᠠᠨ ᠬᠦᠮᠦᠵᠢᠯ ᠦᠨ ᠳᠡᠭᠡᠷᠡᠬᠢ ᠰᠢᠳᠠᠷ ᠤᠨ

ᠪᠠᠭᠰᠢ ᠶᠢᠨ ᠴᠣᠯ ᠢ 2003 ᠣᠨ ᠤ 12 ᠰᠠᠷ ᠠ ᠳᠤ ᠣᠯᠵᠠᠭᠰᠠᠨ ᠃ 2007 ᠣᠨ ᠤ 9 ᠰᠠᠷ ᠠ ᠳᠤ ᠪᠠᠢᠭᠤᠯᠤᠭᠳᠠᠭᠰᠠᠨ ᠪᠠᠢᠨ᠎ᠠ ᠃ ᠪᠠᠭᠰᠢ ᠶᠢᠨ ᠮᠡᠷᠭᠡᠵᠢᠯ ᠦᠨ 2000 ᠣᠨ ᠤ 1

ᠰᠠᠷ ᠠ ᠳᠤ ᠣᠯᠵᠠᠭᠰᠠᠨ ᠪᠠᠢᠨ᠎ᠠ ᠃ 1997 ᠣᠨ ᠤ 9 ᠰᠠᠷ ᠠ ᠳᠤ 1997 ᠣᠨ ᠤ 9 ᠰᠠᠷ ᠠ ᠳᠤ ᠮᠡᠷᠭᠡᠵᠢᠯ ᠦᠨ ᠪᠠᠭᠰᠢ ᠶᠢᠨ ᠪᠦᠯᠦᠭ ᠦᠨ ᠳᠠᠷᠤᠭ᠎ᠠ ᠪᠠᠷ ᠳᠤᠰᠢᠶᠠᠭᠳᠠᠭᠰᠠᠨ ᠪᠠᠢᠨ᠎ᠠ ᠃

ᠬᠠᠮᠲᠤ ᠶᠢᠨ ᠨᠠᠮ ᠤᠨ ᠭᠢᠰᠦᠨ ᠃ 1987 ᠣᠨ ᠤ 7 ᠰᠠᠷ ᠠ ᠳᠤ ᠪᠠᠭᠰᠢ ᠶᠢᠨ ᠳᠡᠭᠡᠳᠦ ᠰᠤᠷᠭᠠᠭᠤᠯᠢ ᠶᠢ ᠲᠡᠭᠦᠰᠭᠡᠭᠰᠡᠨ ᠲᠡᠭᠦᠨ ᠦ ᠳᠠᠷᠠᠭ᠎ᠠ 1986 ᠣᠨ ᠤ 7 ᠰᠠᠷ ᠠ ᠳᠤ ᠠᠵᠢᠯ ᠳᠤ ᠣᠷᠣᠭᠰᠠᠨ ᠪᠠᠢᠨ᠎ᠠ

ᠰᠤᠷᠭᠠᠭᠤᠯᠢ ᠳᠤ ᠰᠤᠷᠤᠯᠴᠠᠭᠰᠠᠨ ᠃ ᠲᠡᠭᠦᠨ ᠦ ᠳᠠᠷᠠᠭ᠎ᠠ ᠪᠠᠭᠰᠢ ᠶᠢᠨ ᠰᠤᠷᠭᠠᠭᠤᠯᠢ ᠶᠢᠨ ᠮᠡᠷᠭᠡᠵᠢᠯ ᠦᠨ ᠬᠤᠷᠠᠯ ᠳᠤ ᠣᠷᠣᠯᠴᠠᠵᠤ ᠃ 1985 ᠣᠨ ᠤ 9 ᠰᠠᠷ ᠠ ᠳᠤ 1987 ᠣᠨ ᠤ 7 ᠰᠠᠷ ᠠ ᠳᠤ

ᠪᠠᠭᠰᠢ ᠶᠢᠨ ᠮᠡᠷᠭᠡᠵᠢᠯ ᠦᠨ ᠰᠤᠷᠭᠠᠭᠤᠯᠢ ᠶᠢᠨ ᠪᠠᠭᠰᠢ ᠶᠢᠨ ᠰᠤᠷᠭᠠᠭᠤᠯᠢ ᠶᠢᠨ ᠠᠩᠭᠢ ᠳᠤ ᠰᠤᠷᠤᠯᠴᠠᠭᠰᠠᠨ ᠃ 1983 ᠣᠨ ᠤ 8 ᠰᠠᠷ ᠠ ᠳᠤ ᠪᠠᠭᠰᠢ ᠶᠢᠨ ᠮᠡᠷᠭᠡᠵᠢᠯ ᠦᠨ ᠪᠠᠭᠰᠢ ᠶᠢᠨ

ᠰᠤᠷᠭᠠᠭᠤᠯᠢ ᠶᠢᠨ ᠪᠠᠭᠰᠢ ᠶᠢᠨ ᠪᠦᠯᠦᠭ ᠦᠨ ᠰᠤᠷᠤᠯᠴᠠᠭᠰᠠᠨ ᠃ ᠦᠪᠦᠷ ᠮᠣᠩᠭᠣᠯ ᠤᠨ ᠪᠠᠭᠰᠢ ᠶᠢᠨ ᠶᠡᠬᠡ ᠰᠤᠷᠭᠠᠭᠤᠯᠢ ᠶᠢᠨ ᠮᠣᠩᠭᠣᠯ ᠬᠡᠯᠡ ᠪᠢᠴᠢᠭ ᠦᠨ ᠰᠤᠷᠭᠠᠭᠤᠯᠢ ᠳᠤ

ᠰᠠᠷ ᠠ ᠳᠤ ᠪᠠᠭᠰᠢ ᠶᠢᠨ ᠰᠤᠷᠭᠠᠭᠤᠯᠢ ᠶᠢᠨ ᠮᠣᠩᠭᠣᠯ ᠬᠡᠯᠡ ᠪᠢᠴᠢᠭ ᠦᠨ ᠮᠡᠷᠭᠡᠵᠢᠯ ᠦᠨ ᠰᠤᠷᠭᠠᠭᠤᠯᠢ ᠶᠢ ᠲᠡᠭᠦᠰᠭᠡᠭᠰᠡᠨ ᠃ 1981 ᠣᠨ ᠤ 7 ᠰᠠᠷ ᠠ ᠳᠤ 1983 ᠣᠨ ᠤ 8

1981 ᠣᠨ ᠤ 7 ᠰᠠᠷ ᠠ ᠳᠤ ᠪᠠᠭᠰᠢ ᠶᠢᠨ ᠰᠤᠷᠭᠠᠭᠤᠯᠢ ᠶᠢ ᠲᠡᠭᠦᠰᠭᠡᠭᠰᠡᠨ ᠃ 1979 ᠣᠨ ᠤ 9 ᠰᠠᠷ ᠠ ᠳᠤ

ᠰᠤᠷᠭᠠᠭᠤᠯᠢ ᠶᠢᠨ ᠰᠤᠷᠤᠯᠴᠠᠭᠰᠠᠨ ᠪᠠᠢᠨ᠎ᠠ ᠃ 1979 ᠣᠨ ᠤ 7 ᠰᠠᠷ ᠠ ᠳᠤ ᠲᠡᠭᠦᠰᠭᠡᠭᠰᠡᠨ

(1937 — 2023 ᠣᠨ ᠃ ᠮᠣᠩᠭᠣᠯ ᠦᠨᠳᠦᠰᠦᠲᠡᠨ ᠃ ᠬᠠᠷᠠᠴᠢᠨ ᠤ ᠬᠣᠰᠢᠭᠤ) ᠨᠢ ᠃ 1971 ᠣᠨ ᠤ 9 ᠰᠠᠷ ᠠ ᠳᠤ 1979 ᠣᠨ ᠤ 7 ᠰᠠᠷ ᠠ ᠳᠤ ᠲᠡᠭᠦᠰᠭᠡᠭᠰᠡᠨ

2013 ᠣᠨ ᠃ ᠬᠠᠷᠠᠴᠢᠨ ᠤ ᠬᠣᠰᠢᠭᠤ) ᠨᠢ ᠃ ᠮᠣᠩᠭᠣᠯ ᠦᠨᠳᠦᠰᠦᠲᠡᠨ ᠃ ᠪᠠᠭᠰᠢ ᠶᠢᠨ ᠰᠤᠷᠭᠠᠭᠤᠯᠢ ᠶᠢᠨ ᠪᠠᠭᠰᠢ ᠃ ᠳᠡᠭᠡᠳᠦ ᠪᠠᠭᠰᠢ ᠃ ᠪᠠᠭᠰᠢ ᠶᠢᠨ ᠮᠡᠷᠭᠡᠵᠢᠯ ᠦᠨ ᠪᠠᠭᠰᠢ ᠶᠢᠨ ᠡᠷᠳᠡᠮ ᠦᠨ ᠠᠵᠢᠯ (1935 —

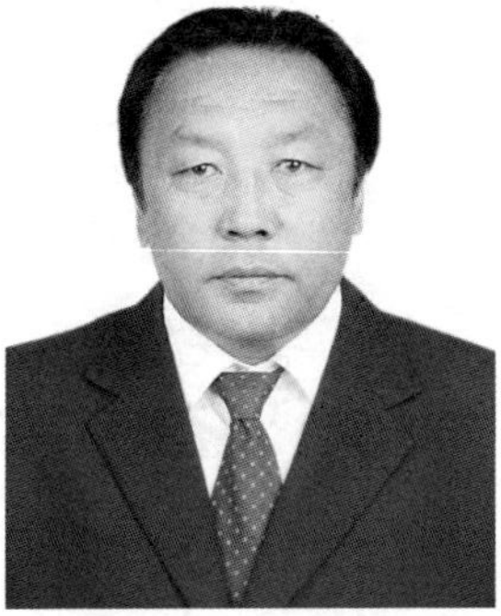

ᠪᠠᠭᠰᠢ ᠃ ᠪᠠᠭᠰᠢ ᠶᠢᠨ ᠮᠡᠷᠭᠡᠵᠢᠯ ᠦᠨ ᠠᠵᠢᠯ ᠳᠤ ᠣᠷᠣᠭᠰᠠᠨ ᠃ ᠪᠠᠭᠰᠢ ᠶᠢᠨ ᠮᠡᠷᠭᠡᠵᠢᠯ ᠦᠨ ᠪᠠᠭᠰᠢ ᠃ ᠪᠠᠭᠰᠢ ᠶᠢᠨ ᠮᠡᠷᠭᠡᠵᠢᠯ ᠦᠨ ᠪᠠᠭᠰᠢ ᠶᠢᠨ ᠬᠣᠰᠢᠭᠤ

ᠬᠦᠮᠦᠵᠢᠯ ᠦᠨ ᠬᠦᠮᠦᠨ ᠃ ᠡᠷᠳᠡᠮ ᠦᠨ ᠪᠠᠭᠰᠢ ᠃ ᠡᠷᠳᠡᠮ ᠦᠨ ᠪᠠᠭᠰᠢ ᠃ ᠶᠡᠬᠡ ᠰᠤᠷᠭᠠᠭᠤᠯᠢ ᠶᠢᠨ ᠪᠠᠭᠰᠢ ᠃ ᠣᠯᠠᠨ ᠤ ᠪᠠᠭᠰᠢ ᠃ ᠪᠠᠭᠰᠢ ᠶᠢᠨ ᠮᠡᠷᠭᠡᠵᠢᠯ ᠦᠨ

ᠪᠠᠭᠰᠢ ᠃ ᠪᠠᠭᠰᠢ ᠶᠢᠨ ᠮᠡᠷᠭᠡᠵᠢᠯ ᠦᠨ ᠪᠠᠭᠰᠢ ᠃ ᠮᠣᠩᠭᠣᠯ ᠬᠡᠯᠡ ᠪᠢᠴᠢᠭ ᠦᠨ ᠪᠠᠭᠰᠢ ᠃ ᠬᠣᠰᠢᠭᠤ ᠳᠤ ᠲᠡᠷᠢᠭᠦᠯᠡᠭᠰᠡᠨ ᠃ ᠪᠠᠭᠰᠢ ᠶᠢᠨ ᠮᠡᠷᠭᠡᠵᠢᠯ

ᠰᠤᠷᠭᠠᠨ ᠬᠦᠮᠦᠵᠢᠯ ᠦᠨ ᠪᠠᠭᠰᠢ ᠶᠢᠨ ᠰᠤᠷᠭᠠᠭᠤᠯᠢ ᠶᠢᠨ ᠪᠠᠭᠰᠢ ᠶᠢᠨ ᠮᠡᠷᠭᠡᠵᠢᠯ ᠦᠨ ᠰᠤᠷᠭᠠᠭᠤᠯᠢ ᠶᠢᠨ ᠪᠠᠭᠰᠢ ᠶᠢᠨ ᠬᠣᠰᠢᠭᠤ ᠶᠢᠨ

ᠰᠤᠷᠭᠠᠭᠤᠯᠢ ᠶᠢᠨ ᠪᠠᠭᠰᠢ ᠶᠢᠨ ᠰᠤᠷᠭᠠᠭᠤᠯᠢ ᠶᠢᠨ ᠮᠡᠷᠭᠡᠵᠢᠯ ᠦᠨ ᠪᠠᠭᠰᠢ ᠃ ᠬᠦᠮᠦᠵᠢᠯ ᠦᠨ ᠪᠠᠭᠰᠢ ᠶᠢᠨ ᠰᠤᠷᠭᠠᠭᠤᠯᠢ ᠶᠢᠨ ᠪᠠᠭᠰᠢ ᠶᠢᠨ

ᠰᠤᠷᠭᠠᠭᠤᠯᠢ ᠶᠢᠨ ᠪᠠᠭᠰᠢ ᠶᠢᠨ ᠰᠤᠷᠭᠠᠭᠤᠯᠢ ᠳᠤ ᠰᠤᠷᠤᠯᠴᠠᠭᠰᠠᠨ ᠃ 1963 ᠣᠨ ᠤ 5 ᠰᠠᠷ ᠠ ᠶᠢᠨ 20 ᠤ ᠡᠳᠦᠷ ᠲᠦᠷᠦ ᠶᠢᠨ ᠰᠠᠢᠨ

ᠬᠡᠯᠡᠨ ᠃ ᠮᠣᠩᠭᠣᠯ ᠬᠡᠯᠡ ᠪᠢᠴᠢᠭ ᠦᠨ ᠰᠤᠷᠭᠠᠨ ᠬᠦᠮᠦᠵᠢᠯ ᠦᠨ ᠳᠤ ᠪᠠᠭᠰᠢ

ᠰᠤ ᠃ ᠪᠠᠭᠰᠢ

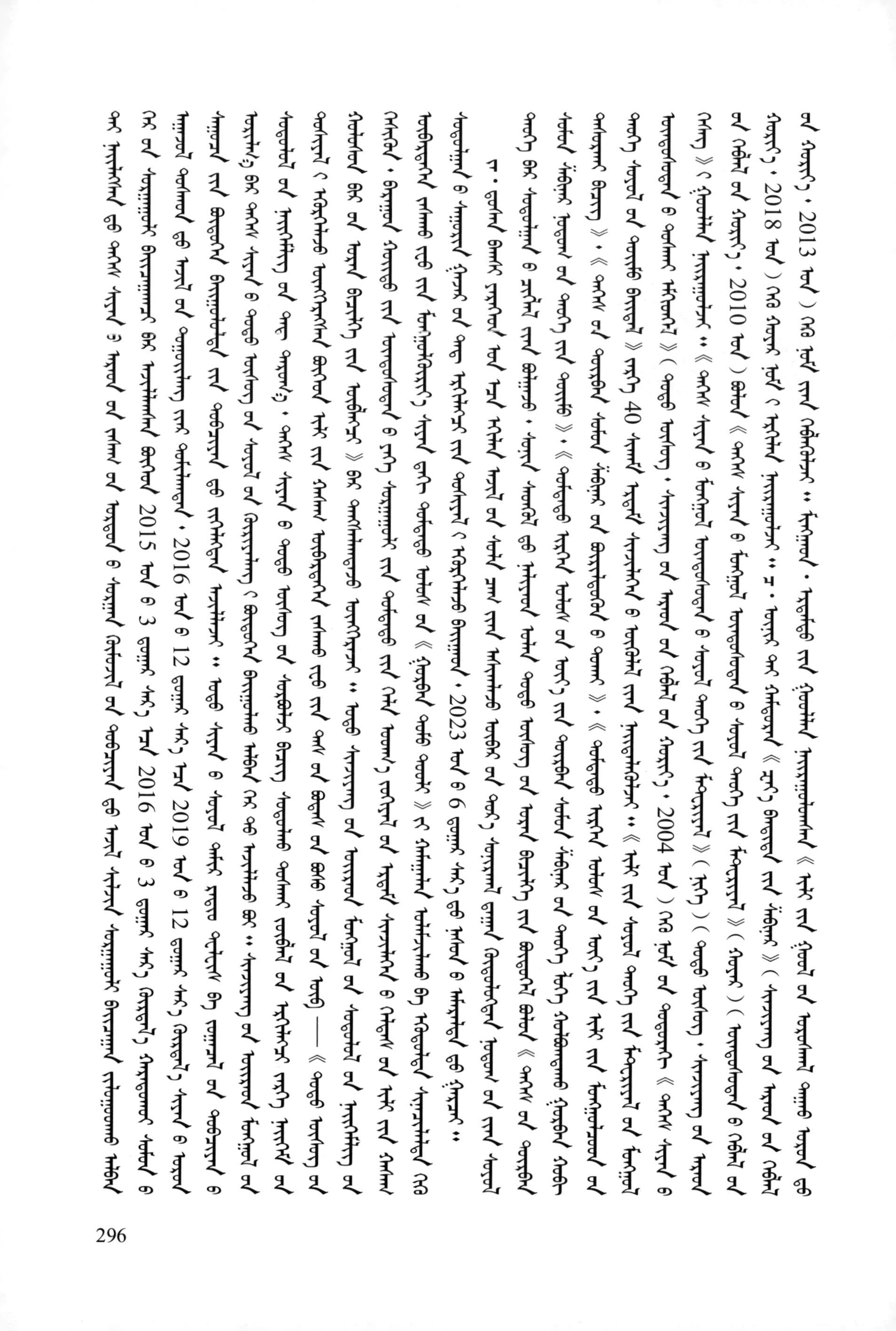

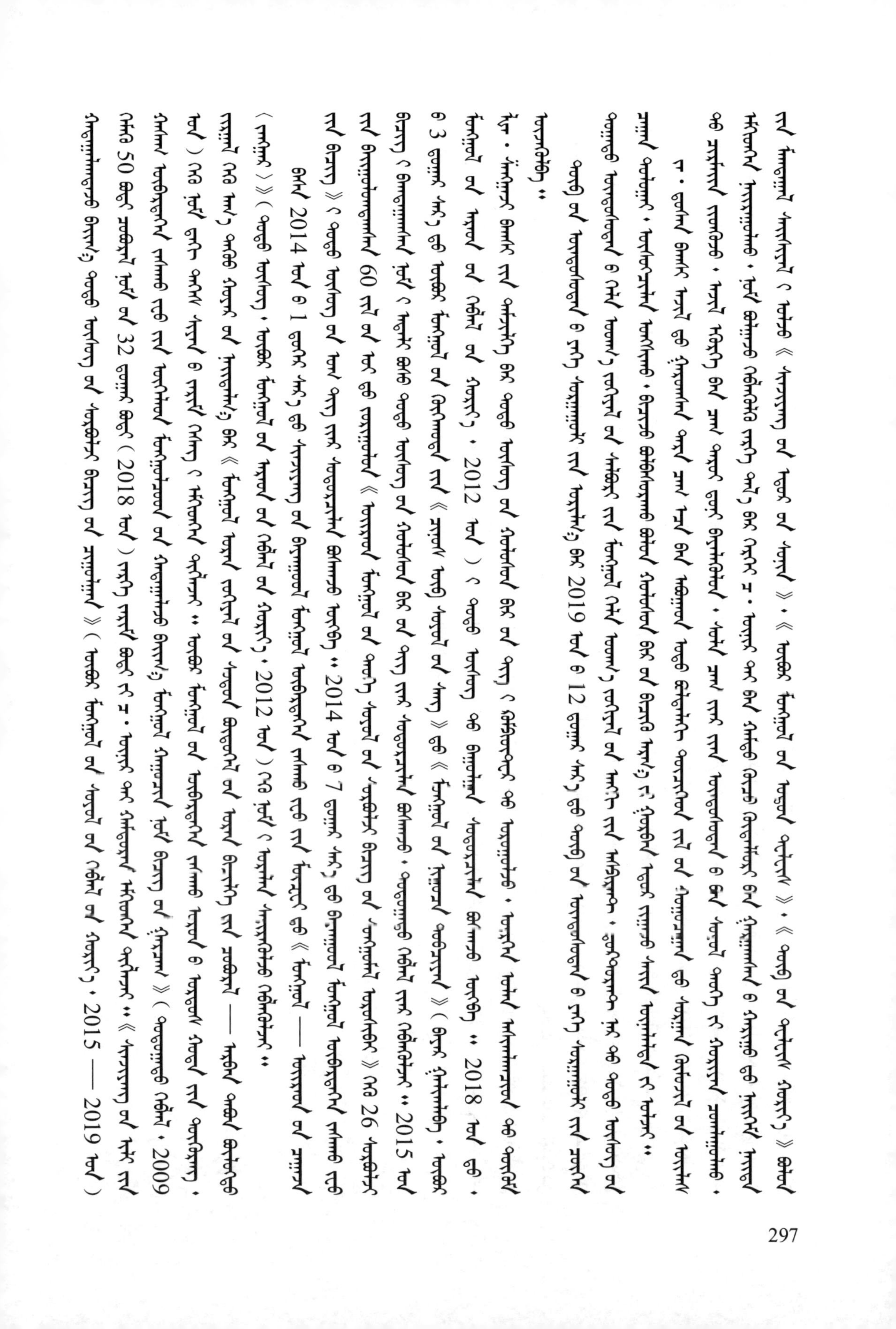

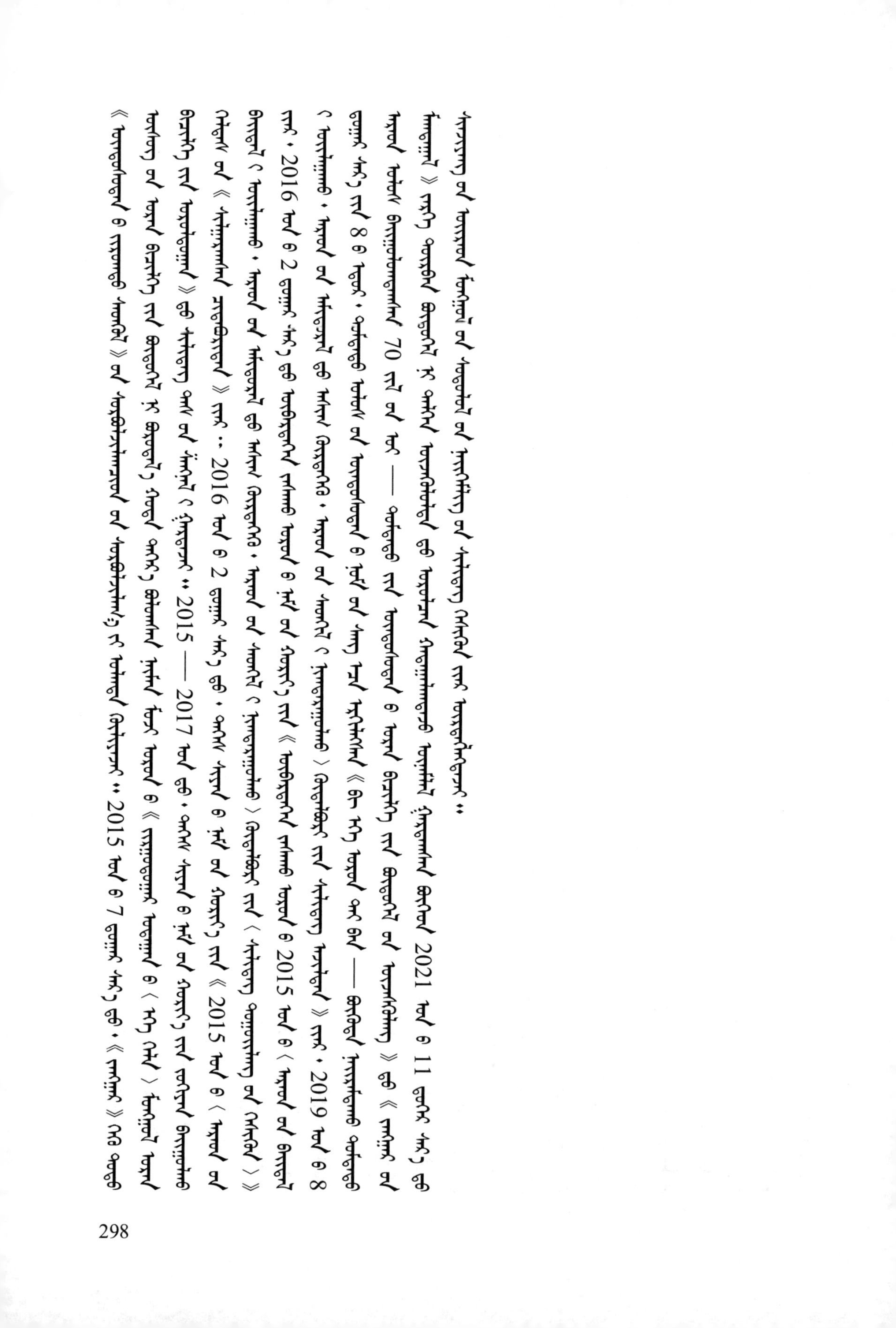

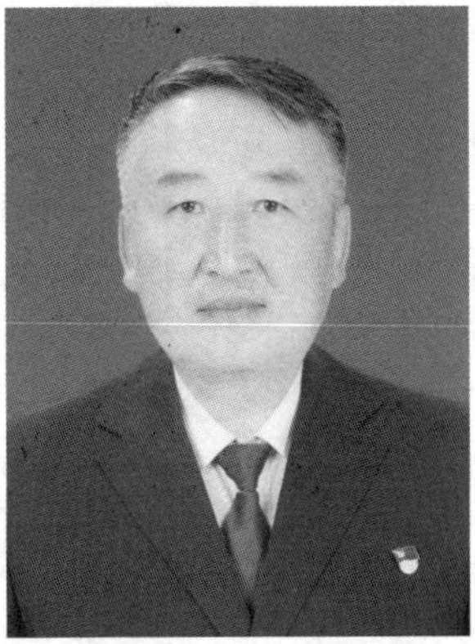

ᠪᠤ᠂ ᠪᠠᠭᠠᠲᠤᠷ ᠡᠷᠡ ᠮᠣᠩᠭᠣᠯ᠂ ᠬᠦᠷᠢᠶ᠎ᠡ ᠬᠣᠰᠢᠭᠤ ᠨ ᠬᠦᠮᠦᠨ :: 1963 ᠣᠨ ᠤ 6 ᠰᠠᠷ᠎ᠠ ᠶᠢᠨ 5 ᠦ ᠡᠳᠦᠷ ᠲᠥᠷᠥᠭᠰᠡᠨ :: 1971 ᠣᠨ ᠤ 9 ᠰᠠᠷ᠎ᠠ ᠠᠴᠠ 1976 ᠣᠨ ᠤ 7 ᠰᠠᠷ᠎ᠠ ᠬᠦᠷᠲᠡᠯ᠎ᠡ ᠪᠠᠭ᠎ᠠ ᠰᠤᠷᠭᠠᠭᠤᠯᠢ ᠳ᠋ᠤ ᠰᠤᠷᠤᠯᠴᠠᠭᠰᠠᠨ :: 1976 ᠣᠨ ᠤ 9 ᠰᠠᠷ᠎ᠠ ᠠᠴᠠ 1977 ᠣᠨ ᠤ 7 ᠰᠠᠷ᠎ᠠ ᠬᠦᠷᠲᠡᠯ᠎ᠡ ᠳᠤᠮᠳᠠ ᠰᠤᠷᠭᠠᠭᠤᠯᠢ ᠳ᠋ᠤ ᠰᠤᠷᠤᠯᠴᠠᠭᠰᠠᠨ :: 1977 ᠣᠨ ᠤ 9 ᠰᠠᠷ᠎ᠠ ᠠᠴᠠ 1981 ᠣᠨ ᠤ 7 ᠰᠠᠷ᠎ᠠ ᠬᠦᠷᠲᠡᠯ᠎ᠡ ᠦᠪᠦᠷ ᠮᠣᠩᠭᠣᠯ ᠤᠨ ᠪᠠᠭᠰᠢ ᠶᠢᠨ ᠶᠡᠬᠡ ᠰᠤᠷᠭᠠᠭᠤᠯᠢ ᠳ᠋ᠤ ᠰᠤᠷᠤᠯᠴᠠᠭᠰᠠᠨ :: 1981 ᠣᠨ ᠤ 9 ᠰᠠᠷ᠎ᠠ ᠠᠴᠠ 1983 ᠣᠨ ᠤ 7 ᠰᠠᠷ᠎ᠠ ᠬᠦᠷᠲᠡᠯ᠎ᠡ ᠦᠪᠦᠷ ᠮᠣᠩᠭᠣᠯ ᠤᠨ ᠶᠡᠬᠡ ᠰᠤᠷᠭᠠᠭᠤᠯᠢ ᠳ᠋ᠤ ᠰᠤᠷᠤᠯᠴᠠᠭᠰᠠᠨ :: 1986 ᠣᠨ ᠤ 9 ᠰᠠᠷ᠎ᠠ ᠠᠴᠠ 1988 ᠣᠨ ᠤ 7 ᠰᠠᠷ᠎ᠠ ᠬᠦᠷᠲᠡᠯ᠎ᠡ ᠦᠪᠦᠷ ᠮᠣᠩᠭᠣᠯ ᠤᠨ ᠶᠡᠬᠡ ᠰᠤᠷᠭᠠᠭᠤᠯᠢ ᠶᠢᠨ ᠮᠠᠭᠢᠰᠲ᠋ᠷ ᠤᠨ ᠠᠩᠭᠢ ᠳ᠋ᠤ ᠰᠤᠷᠤᠯᠴᠠᠭᠰᠠᠨ :: 1992 ᠣᠨ ᠤ 9 ᠰᠠᠷ᠎ᠠ ᠳ᠋ᠤ ᠮᠣᠩᠭᠣᠯ ᠤᠯᠤᠰ ᠤᠨ ᠰᠢᠨᠵᠢᠯᠡᠬᠦ ᠤᠬᠠᠭᠠᠨ ᠤ ᠠᠻᠠᠳᠧᠮᠢ ᠶᠢᠨ ᠬᠡᠯᠡ ᠵᠣᠬᠢᠶᠠᠯ ᠤᠨ ᠬᠦᠷᠢᠶᠡᠯᠡᠩ ᠳ᠋ᠤ 《ᠬᠡᠯᠡ —— ᠰᠡᠳᠬᠢᠯᠭᠡ ᠶᠢᠨ ᠬᠠᠷᠢᠴᠠᠯ᠎ᠠ ᠪᠠ ᠬᠡᠯᠡᠨ ᠦ ᠵᠦᠢ》 ᠶᠢᠨ ᠰᠡᠳᠦᠪ ᠢᠶᠡᠷ ᠡᠷᠳᠡᠮ ᠦᠨ ᠵᠡᠷᠭᠡ ᠬᠠᠮᠠᠭᠠᠯᠠᠭᠰᠠᠨ :: 2003 ᠣᠨ ᠳ᠋ᠤ ᠬᠢᠲᠠᠳ ᠤᠨ ᠨᠡᠶᠢᠭᠡᠮ ᠤᠨ ᠰᠢᠨᠵᠢᠯᠡᠬᠦ ᠤᠬᠠᠭᠠᠨ ᠤ ᠠᠻᠠᠳᠧᠮᠢ ᠶᠢᠨ ᠡᠷᠳᠡᠮ ᠰᠢᠨᠵᠢᠯᠡᠭᠡᠨ ᠦ ᠬᠦᠷᠢᠶᠡᠯᠡᠩ ᠳ᠋ᠤ ᠠᠵᠢᠯᠯᠠᠭᠰᠠᠨ :: 1983 ᠣᠨ ᠤ 7 ᠰᠠᠷ᠎ᠠ ᠠᠴᠠ 2006 ᠣᠨ ᠤ 7 ᠰᠠᠷ᠎ᠠ ᠬᠦᠷᠲᠡᠯ᠎ᠡ ᠦᠪᠦᠷ ᠮᠣᠩᠭᠣᠯ ᠤᠨ ᠪᠠᠭᠰᠢ ᠶᠢᠨ ᠶᠡᠬᠡ ᠰᠤᠷᠭᠠᠭᠤᠯᠢ (ᠤᠳᠤ ᠶᠢᠨ ᠦᠪᠦᠷ ᠮᠣᠩᠭᠣᠯ ᠤᠨ ᠪᠠᠭᠰᠢ ᠶᠢᠨ ᠶᠡᠬᠡ ᠰᠤᠷᠭᠠᠭᠤᠯᠢ) ᠳ᠋ᠤ ᠪᠠᠭᠰᠢᠯᠠᠭᠰᠠᠨ᠂ 2006 ᠣᠨ ᠠᠴᠠ ᠡᠬᠢᠯᠡᠨ ᠦᠪᠦᠷ ᠮᠣᠩᠭᠣᠯ ᠤᠨ ᠶᠡᠬᠡ ᠰᠤᠷᠭᠠᠭᠤᠯᠢ ᠶᠢᠨ ᠮᠣᠩᠭᠣᠯ ᠰᠤᠳᠤᠯᠤᠯ ᠤᠨ ᠬᠦᠷᠢᠶᠡᠯᠡᠩ ᠳ᠋ᠤ ᠪᠠᠭᠰᠢᠯᠠᠵᠤ᠂ 2023 ᠣᠨ ᠤ 5 ᠰᠠᠷ᠎ᠠ ᠳ᠋ᠤ ᠲᠡᠲᠦᠶ ᠶᠢᠨ ᠠᠮᠠᠷᠠᠯᠲᠠ ᠳ᠋ᠤ ᠭᠠᠷᠪᠠ ::

1987 ᠣᠨ ᠠᠴᠠ ᠡᠬᠢᠯᠡᠨ ᠣᠷᠴᠢᠭᠤᠯᠭ᠎ᠠ ᠶᠢᠨ ᠣᠨᠣᠯ ᠰᠤᠳᠤᠯᠭ᠎ᠠ᠂ ᠣᠷᠴᠢᠭᠤᠯᠭ᠎ᠠ ᠶᠢᠨ ᠠᠷᠭ᠎ᠠ ᠪᠠᠷᠢᠯ ᠤᠨ ᠰᠤᠳᠤᠯᠭ᠎ᠠ᠂ ᠮᠣᠩᠭᠣᠯ ᠬᠡᠯᠡ ᠶᠢᠨ ᠰᠤᠳᠤᠯᠭ᠎ᠠ ᠶᠢ ᠡᠷᠬᠢᠯᠡᠨ ᠬᠢᠭᠰᠡᠨ᠂ 《ᠮᠣᠩᠭᠣᠯ ᠬᠡᠯᠡᠨ ᠦ N—1 → y ᠬᠤᠪᠢᠷᠠᠯ ᠤᠨ ᠲᠤᠬᠠᠢ》 (ᠳᠤᠭᠤᠢᠯᠠᠩ)《〈ᠰᠢᠯᠢ〉 ᠶᠢᠨ ᠮᠣᠩᠭᠣᠯ ᠣᠷᠴᠢᠭᠤᠯᠭ᠎ᠠ ᠶᠢᠨ ᠲᠤᠬᠠᠢ ᠰᠤᠳᠤᠯᠤᠯ》 ᠵᠡᠷᠭᠡ ᠡᠷᠳᠡᠮ ᠰᠢᠨᠵᠢᠯᠡᠭᠡᠨ ᠦ ᠪᠦᠲᠦᠭᠡᠯ ᠦᠨ ᠨᠣᠮ ᠬᠡᠪᠯᠡᠭᠦᠯᠵᠡᠢ᠂《ᠮᠣᠩᠭᠣᠯ ᠬᠡᠯᠡᠨ ᠦ ᠣᠷᠴᠢᠭᠤᠯᠭ᠎ᠠ ᠶᠢᠨ ᠣᠨᠣᠯ ᠤᠨ ᠰᠤᠳᠤᠯᠭ᠎ᠠ》 (ᠬᠠᠮᠲᠤᠪᠠᠷ ᠵᠣᠬᠢᠶᠠᠭᠰᠠᠨ) ᠵᠡᠷᠭᠡ ᠨᠣᠮ ᠪᠣᠯᠤᠨ ᠣᠷᠴᠢᠭᠤᠯᠭ᠎ᠠ ᠶᠢᠨ ᠣᠨᠣᠯ ᠤᠨ ᠰᠤᠳᠤᠯᠭ᠎ᠠ ᠶᠢᠨ ᠵᠣᠬᠢᠶᠠᠯ 40 ᠭᠠᠷᠤᠨ ᠬᠡᠪᠯᠡᠭᠦᠯᠵᠡᠢ :: ᠡᠳᠦᠭᠡ ᠪᠠᠷ ᠣᠷᠴᠢᠭᠤᠯᠭ᠎ᠠ ᠶᠢᠨ ᠣᠨᠣᠯ ᠤᠨ ᠰᠤᠳᠤᠯᠭ᠎ᠠ ᠶᠢᠨ ᠠᠵᠢᠯ ᠢ ᠦᠷᠭᠦᠯᠵᠢᠯᠡᠨ ᠬᠢᠵᠦ ᠪᠠᠶᠢᠨ᠎ᠠ ::

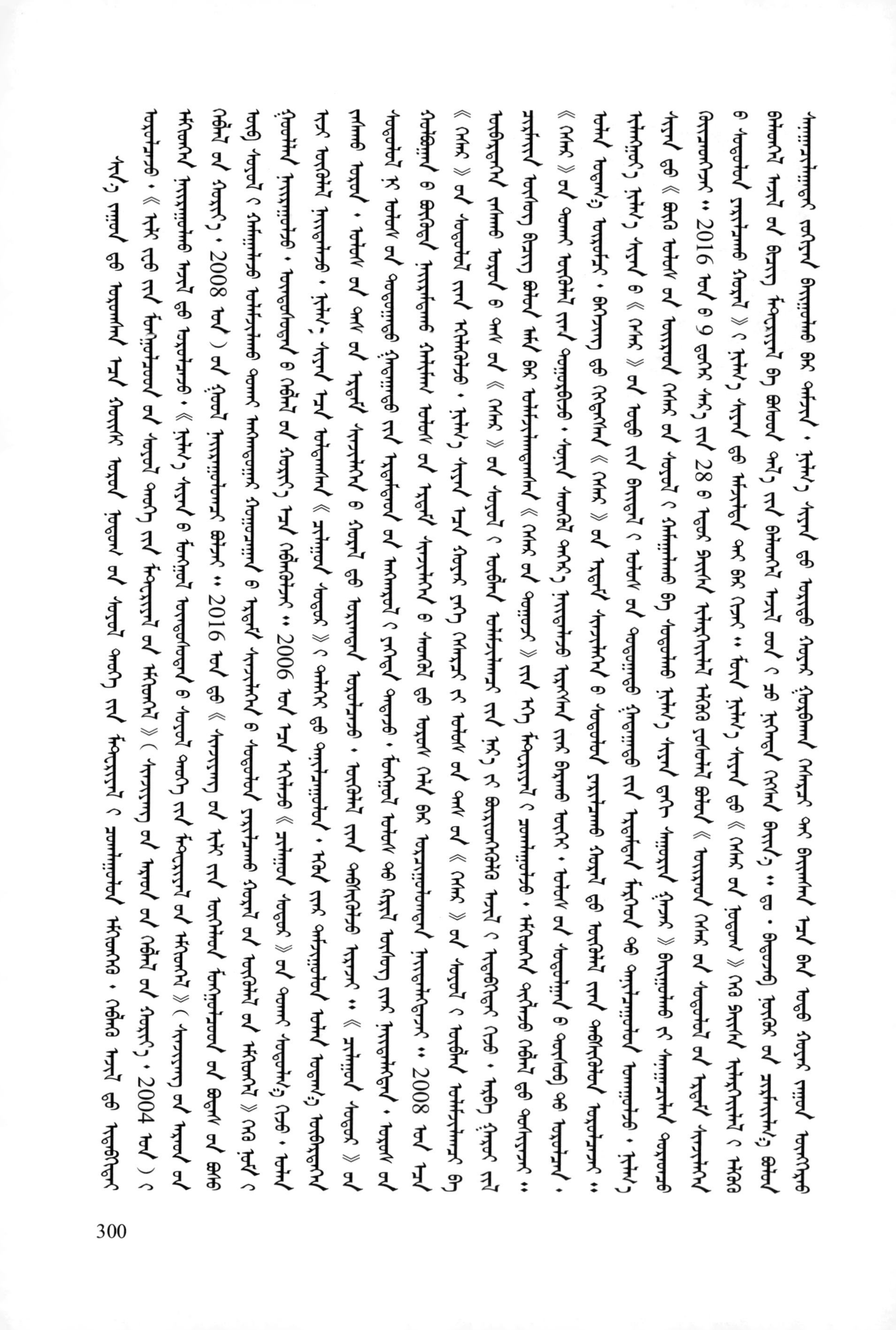

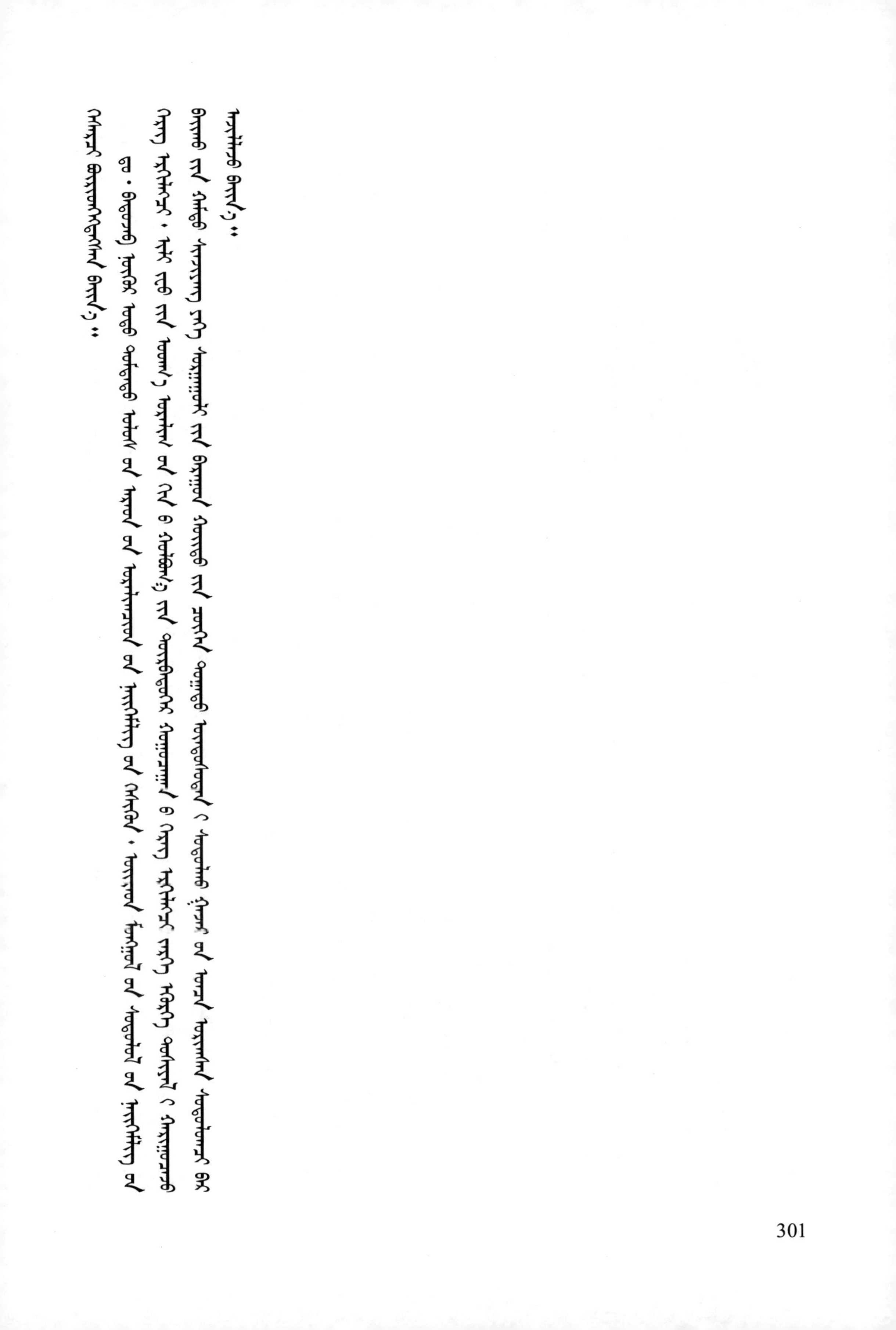

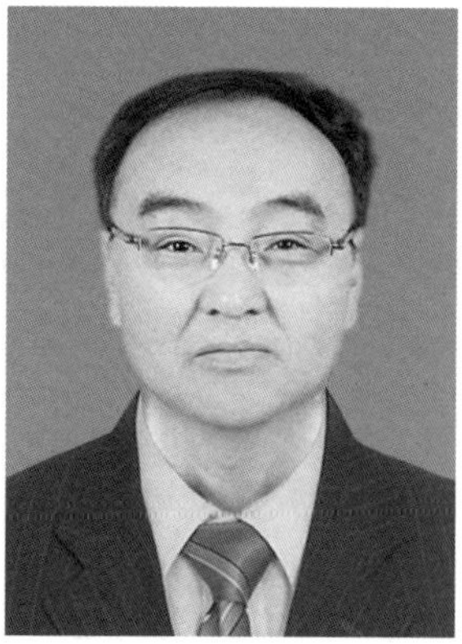

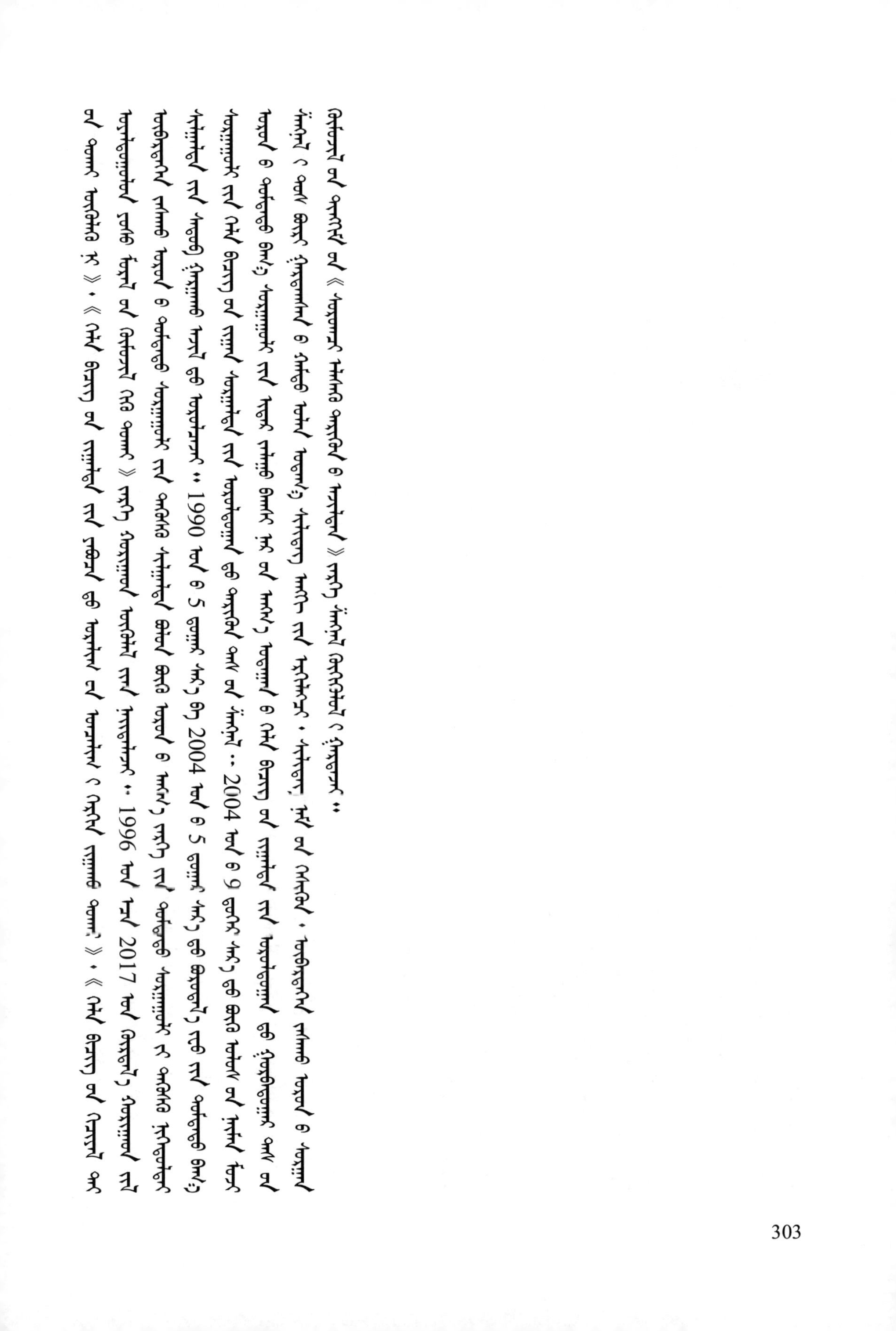

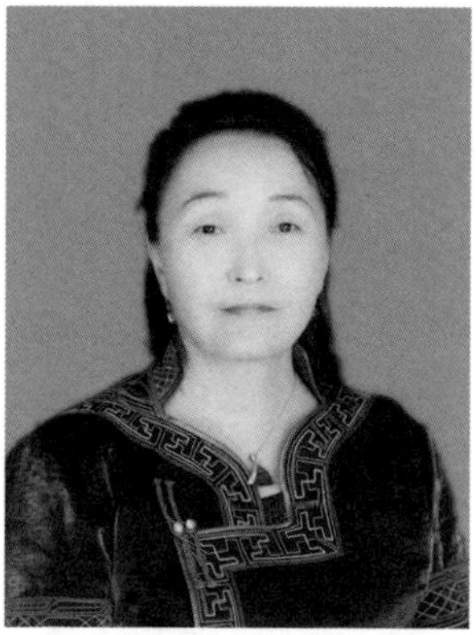

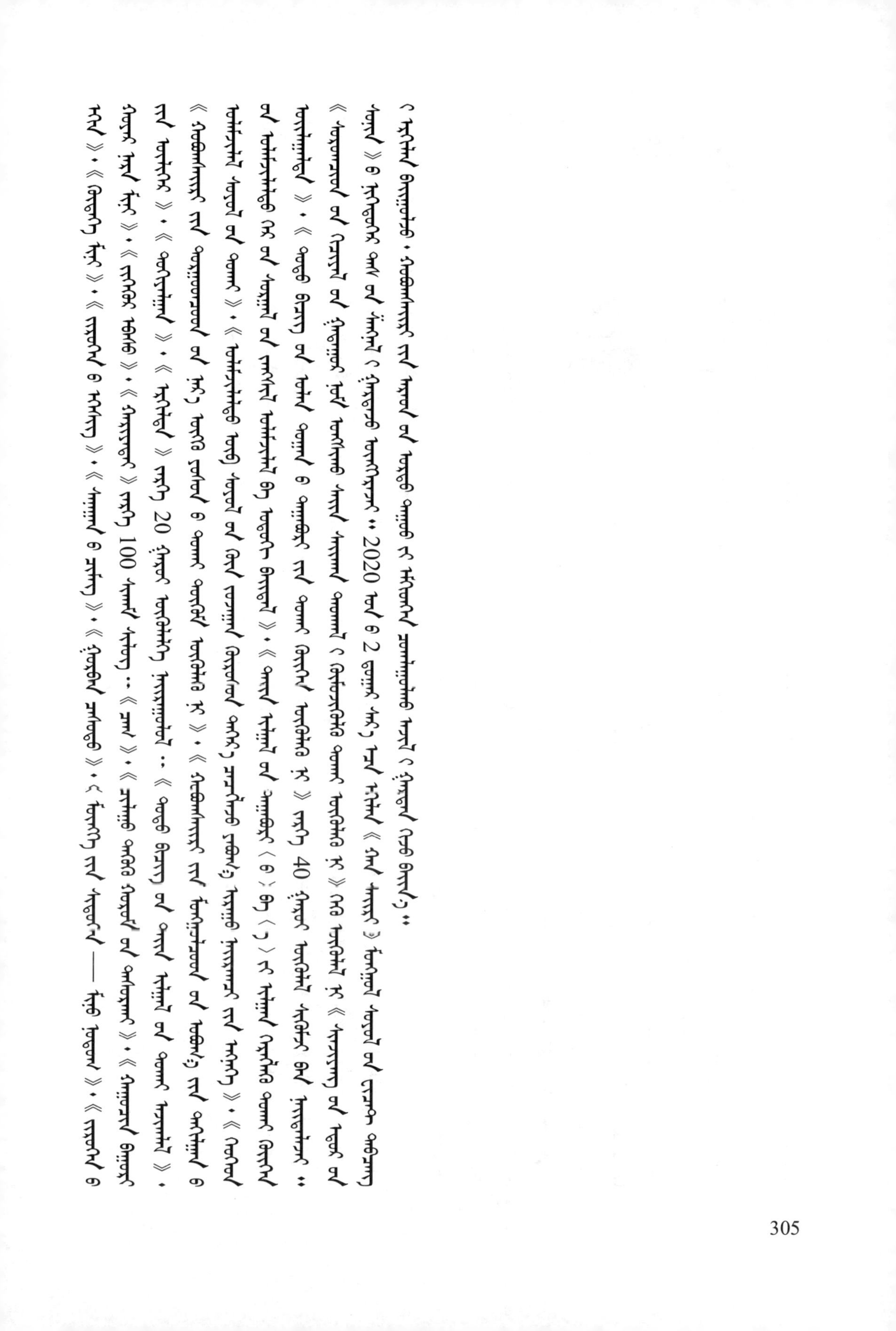

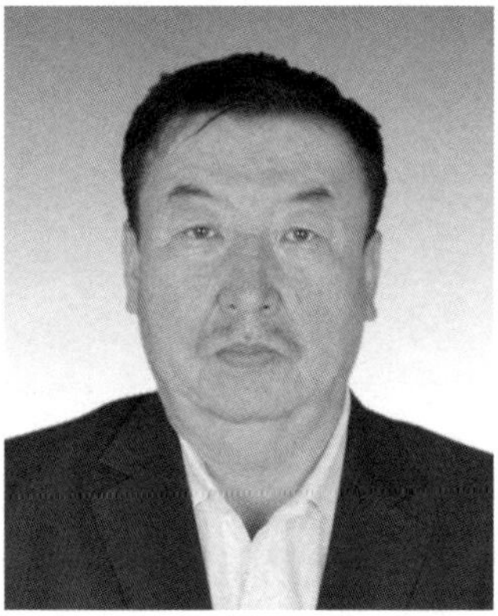

ᠭᠦᠯᠡᠩ

ᠡᠷᠡᠭᠲᠡᠢ · ᠮᠣᠩᠭᠣᠯ ᠦᠨᠳᠦᠰᠦᠲᠡᠨ · ᠳᠤᠮᠳᠠᠳᠤ ᠶᠢᠨ ᠺᠣᠮᠮᠦᠨᠢᠰᠲ ᠨᠠᠮ ᠤᠨ ᠭᠡᠰᠢᠭᠦᠨ ·· 1963 ᠣᠨ ᠤ 11 ᠰᠠᠷ᠎ᠠ ᠶᠢᠨ 5 ᠤ ᠡᠳᠦᠷ ᠲᠥᠷᠦᠭᠰᠡᠨ ·· 1971 ᠣᠨ ᠡᠴᠡ 1976 ᠣᠨ ᠬᠦᠷᠲᠡᠯ᠎ᠡ ᠰᠤᠷᠭᠠᠭᠤᠯᠢ ᠳᠤ ᠰᠤᠷᠤᠯᠴᠠᠭᠰᠠᠨ · 1976 ᠣᠨ ᠤ 9 ᠰᠠᠷ᠎ᠠ ᠡᠴᠡ 1981 ᠣᠨ ᠤ 7 ᠰᠠᠷ᠎ᠠ ᠬᠦᠷᠲᠡᠯ᠎ᠡ ᠰᠤᠷᠭᠠᠭᠤᠯᠢ ᠳᠤ ᠰᠤᠷᠤᠯᠴᠠᠭᠰᠠᠨ · 1981 ᠣᠨ ᠤ 9 ᠰᠠᠷ᠎ᠠ ᠡᠴᠡ ᠰᠤᠷᠭᠠᠭᠤᠯᠢ ᠳᠤ ᠪᠠᠭᠰᠢ ᠪᠣᠯᠵᠤ ·· 1985 ᠣᠨ ᠤ 7 ᠰᠠᠷ᠎ᠠ ᠡᠴᠡ ... 8 ᠰᠠᠷ᠎ᠠ ᠶᠢᠨ ... ·· 1995 ᠣᠨ ᠡᠴᠡ 2005 ᠣᠨ ᠬᠦᠷᠲᠡᠯ᠎ᠡ ... · 2005 ᠣᠨ ᠡᠴᠡ 2018 ᠣᠨ ᠬᠦᠷᠲᠡᠯ᠎ᠡ ... · 2018 ᠣᠨ ᠡᠴᠡ ᠬᠣᠢᠰᠢ ᠲᠡᠲᠡᠭᠦᠯᠡᠭᠰᠡᠨ ·· ᠪᠠᠢᠨ᠎ᠠ ··

1986 ᠣᠨ ᠡᠴᠡ ᠡᠬᠢᠯᠡᠨ ᠵᠣᠬᠢᠶᠠᠯ ᠨᠡᠢᠲᠡᠯᠡᠭᠦᠯᠵᠦ 《...》 · 《...》 · 《...》 · 《...》 · 《...》 · 《...》 · 《...》 · 《...》 · 1997 ᠣᠨ ᠤ 《...》 (...) ᠵᠡᠷᠭᠡ 300 ᠭᠠᠷᠤᠢ ᠪᠦᠲᠦᠭᠡᠯ ᠨᠡᠢᠲᠡᠯᠡᠭᠦᠯᠪᠡ · 2001 ᠣᠨ ᠤ 《...》 ... ᠨᠡᠢᠲᠡᠯᠡᠭᠦᠯᠪᠡ ··

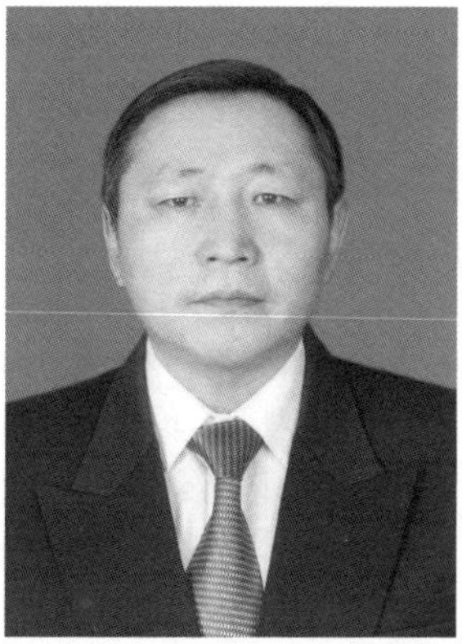

ᠪᠠ᠂ ᠭᠦᠶᠦᠴᠡ ᠡᠷᠡᠭᠲᠡᠢ᠂ ᠮᠣᠩᠭᠣᠯ ᠦᠨᠳᠦᠰᠦᠲᠡᠨ᠂ [illegible]᠂ [illegible]᠂ [illegible]᠂ [illegible] ᠤᠨ
[illegible] ᠤᠨ [illegible] ᠤᠨ [illegible] ᠬᠦᠮᠦᠨ ᠃ 1963 ᠣᠨ ᠤ 11 ᠰᠠᠷ᠎ᠠ ᠶᠢᠨ 15 ᠤ ᠡᠳᠦᠷ ᠲᠥᠷᠥᠭᠰᠡᠨ
[illegible] ᠶᠢᠨ ᠪᠠᠭᠰᠢ ᠶᠢᠨ [illegible] ᠮᠣᠩᠭᠣᠯ ᠬᠡᠯᠡ ᠪᠢᠴᠢᠭ ᠦᠨ [illegible] ᠶᠢᠨ ᠲᠡᠭᠦᠰᠦᠭᠰᠡᠨ ᠃ 1982 ᠣᠨ ᠤ 7 ᠰᠠᠷ᠎ᠠ
[illegible] ᠃ 1982 ᠣᠨ ᠤ 9 ᠰᠠᠷ᠎ᠠ ᠡᠴᠡ 1986
ᠣᠨ ᠤ 7 ᠰᠠᠷ᠎ᠠ ᠬᠦᠷᠲᠡᠯ᠎ᠡ [illegible]
[illegible] ᠃ ᠣᠳᠣ ᠳᠤ 7 ᠰᠠᠷ᠎ᠠ ᠳᠤ [illegible] ᠃
[illegible]

ᠬᠡᠪᠯᠡᠭᠰᠡᠨ [illegible] ᠃
1985 ᠣᠨ ᠡᠴᠡ ᠡᠬᠢᠯᠡᠨ «[illegible]» [illegible]
[illegible] » ᠂ « [illegible] » ᠂ 200 [illegible] ᠂ 60 [illegible] ᠂ « [illegible] » ᠂
« [illegible] » ᠂ « [illegible] » ᠂ « [illegible] » ᠂ « [illegible] »
([illegible]) [illegible] 30 [illegible] ᠃ [illegible] « 〈 [illegible] 〉 [illegible]
[illegible] » [illegible] 2005 [illegible]
[illegible] » [illegible] ᠃ 1991 ᠣᠨ ᠳᠤ « [illegible] »
[illegible] « [illegible] » [illegible]

ᠳᠤ [illegible] ᠃
[illegible] ᠂ 1993 ᠣᠨ ᠳᠤ « [illegible] » [illegible]
[illegible] « [illegible] » [illegible]
[illegible] » [illegible] ᠃
ᠪᠠ᠂ ᠭᠦᠶᠦᠴᠡ [illegible] ᠂ [illegible] ᠂ [illegible]

ᠤᠨ ᠠᠷᠠᠳ ᠤᠨ ᠬᠡᠪᠯᠡᠯ ᠦᠨ ᠬᠣᠷᠢᠶ᠎ᠠ᠂ 2016 ᠣᠨ） ᠵᠡᠷᠭᠡ ᠪᠦᠲᠦᠭᠡᠯ ᠦᠳ ᠢ ᠨᠡᠢᠲᠡ ᠨᠡᠢᠲᠡ ᠬᠡᠪᠯᠡᠭᠦᠯᠪᠡ᠃

ᠬᠠᠷᠢᠴᠠᠭᠤᠯᠤᠯ ᠰᠤᠳᠤᠯ ᠲᠠᠶᠢᠯᠪᠤᠷᠢ》（ᠰᠢᠨᠵᠢᠶᠠᠩ ᠤᠨ ᠠᠷᠠᠳ ᠤᠨ ᠬᠡᠪᠯᠡᠯ ᠦᠨ ᠬᠣᠷᠢᠶ᠎ᠠ᠂ 2015 ᠣᠨ）᠂《[illegible] ᠲᠠᠶᠢᠯᠪᠤᠷᠢ》（ᠰᠢᠨᠵᠢᠶᠠᠩ ᠤᠨ ᠠᠷᠠᠳ ᠤᠨ ᠬᠡᠪᠯᠡᠯ ᠦᠨ ᠬᠣᠷᠢᠶ᠎ᠠ᠂ 2014 ᠣᠨ）᠂《[illegible]》（ᠰᠢᠨᠵᠢᠶᠠᠩ ᠤᠨ ᠠᠷᠠᠳ ᠤᠨ ᠬᠡᠪᠯᠡᠯ ᠦᠨ ᠬᠣᠷᠢᠶ᠎ᠠ᠂ 2014 ᠣᠨ）᠂《[illegible] ᠲᠠᠶᠢᠯᠪᠤᠷᠢ》（ᠰᠢᠨᠵᠢᠶᠠᠩ ᠤᠨ ᠠᠷᠠᠳ ᠤᠨ ᠬᠡᠪᠯᠡᠯ ᠦᠨ ᠬᠣᠷᠢᠶ᠎ᠠ᠂ 2013 ᠣᠨ）᠂《[illegible]》（ᠰᠢᠨᠵᠢᠶᠠᠩ ᠤᠨ ᠠᠷᠠᠳ ᠤᠨ ᠬᠡᠪᠯᠡᠯ ᠦᠨ ᠬᠣᠷᠢᠶ᠎ᠠ᠂ 2013 ᠣᠨ）᠂《[illegible]》（[illegible]᠂ ᠰᠢᠨᠵᠢᠶᠠᠩ ᠤᠨ ᠠᠷᠠᠳ ᠤᠨ ᠬᠡᠪᠯᠡᠯ ᠦᠨ ᠬᠣᠷᠢᠶ᠎ᠠ᠂ 2004 ᠣᠨ）᠂《[illegible]》 [illegible]

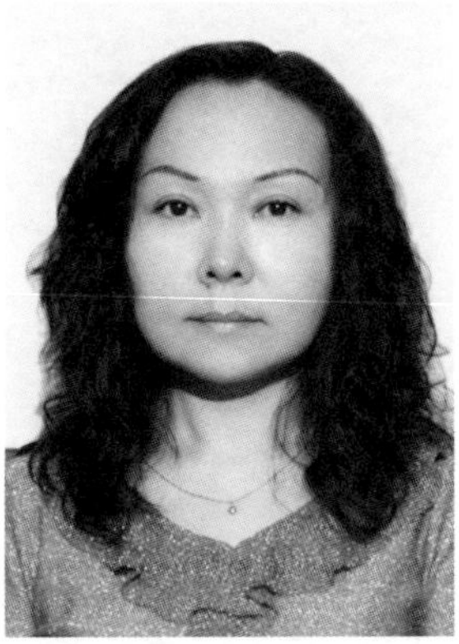

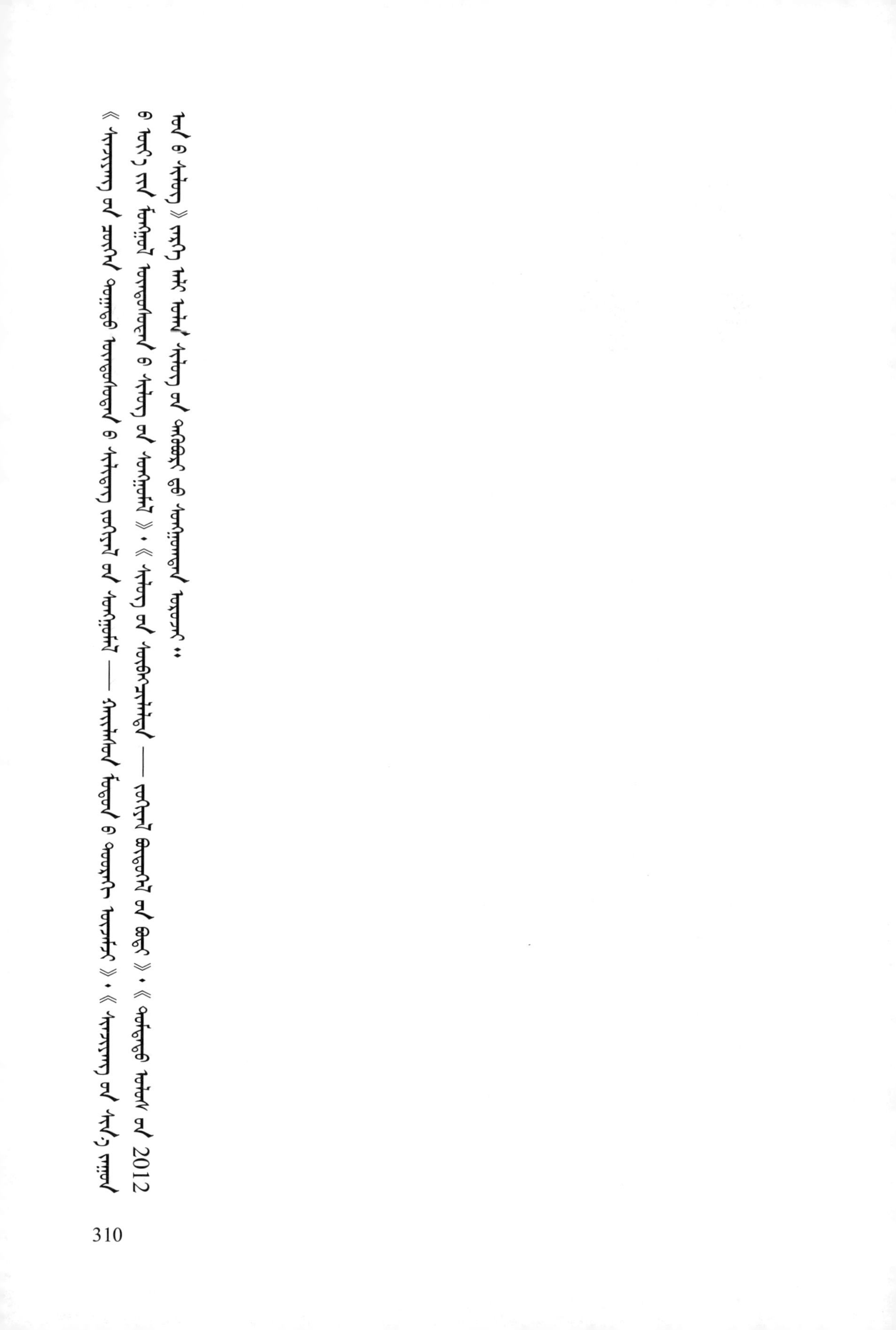

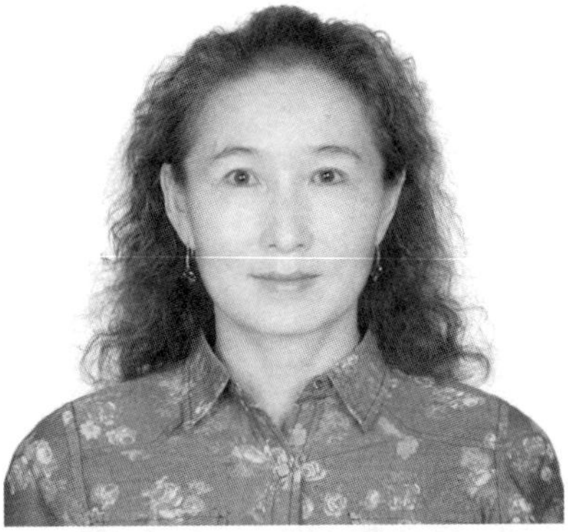

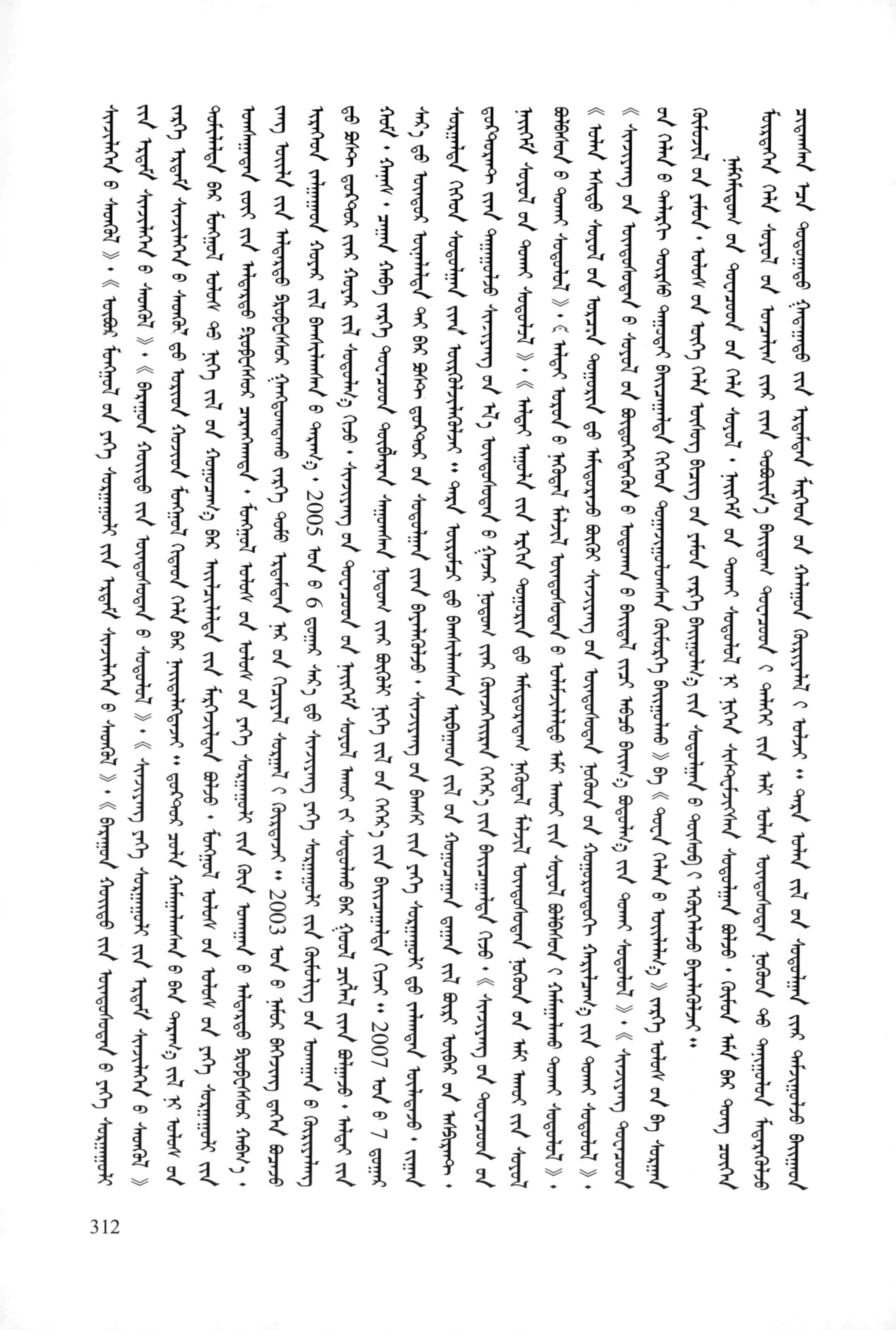

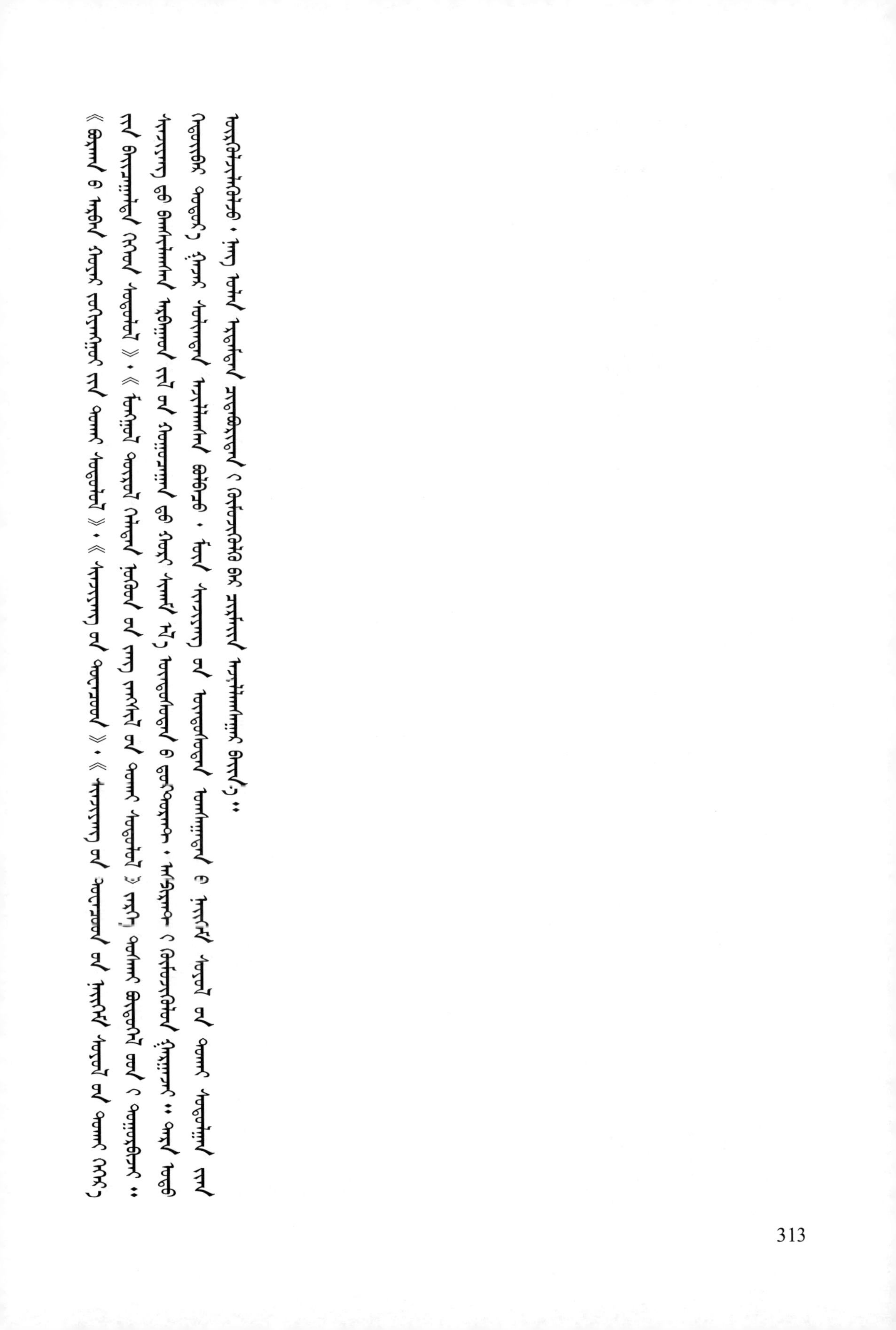

ᠮᠡᠷᠭᠡᠵᠢᠯᠲᠡᠨ ᠦ ᠳᠡᠭᠡᠳᠦ ᠰᠤᠷᠭᠠᠭᠤᠯᠢ ᠳᠤ ᠰᠤᠷᠤᠯᠴᠠᠭᠰᠠᠨ ᠪᠠᠶᠢᠨ᠎ᠠ᠃ 《ᠰᠤᠷᠭᠠᠭᠤᠯᠢ ᠶᠢᠨ ᠪᠠᠭᠰᠢ》 ᠶᠢ 1997 ᠣᠨ ᠳᠤ ᠬᠡᠪᠯᠡᠭᠦᠯᠦᠭᠰᠡᠨ᠃ 《ᠰᠤᠳᠤᠯᠭ᠎ᠠ ᠶᠢᠨ ᠲᠡᠦᠬᠡ》 ᠶᠢ 1996 ᠣᠨ ᠳᠤ ᠬᠡᠪᠯᠡᠭᠦᠯᠦᠭᠰᠡᠨ᠃ 1993 ᠣᠨ ᠳᠤ ᠬᠡᠪᠯᠡᠭᠦᠯᠦᠭᠰᠡᠨ᠃ 1991 ᠣᠨ ᠳᠤ ᠬᠡᠪᠯᠡᠭᠦᠯᠦᠭᠰᠡᠨ᠃ 《ᠮᠣᠩᠭᠣᠯ ᠤᠷᠠᠨ ᠵᠣᠬᠢᠶᠠᠯ》 ᠤᠨ ᠡᠷᠳᠡᠮ ᠰᠢᠨᠵᠢᠯᠡᠭᠡᠨ ᠦ ᠰᠢᠭᠤᠮᠵᠢᠯᠡᠯ 1989 ᠣᠨ ᠤ 《ᠮᠣᠩᠭᠣᠯ ᠪᠢᠴᠢᠭ》 ᠲᠤ ᠨᠡᠢᠲᠡᠯᠡᠭᠰᠡᠨ᠃ 500 ᠭᠠᠷᠤᠢ ᠵᠣᠬᠢᠶᠠᠯ ᠨᠡᠢᠲᠡᠯᠡᠭᠰᠡᠨ᠃

ᠣᠷᠤᠨ 1978 ᠣᠨ ᠤ 《ᠮᠣᠩᠭᠣᠯ ᠤᠷᠠᠨ ᠵᠣᠬᠢᠶᠠᠯ》 ᠤᠨ 8 ᠳᠤᠭᠠᠷ ᠰᠠᠷ᠎ᠠ ᠶᠢᠨ ᠳᠡᠭᠡᠷ᠎ᠡ ᠨᠡᠢᠲᠡᠯᠡᠭᠳᠡᠭᠰᠡᠨ᠃ ᠨᠠᠰᠤ ᠪᠠᠷᠠᠭᠰᠠᠨ᠂ 2016 ᠣᠨ ᠤ 5 ᠳᠤᠭᠠᠷ ᠰᠠᠷ᠎ᠠ ᠳᠤ ᠨᠠᠰᠤ ᠨᠡᠢᠯᠡᠭᠰᠡᠨ᠂ ᠲᠡᠷᠡ ᠦᠶ᠎ᠡ ᠳᠦ 52 ᠨᠠᠰᠤᠲᠠᠢ᠃

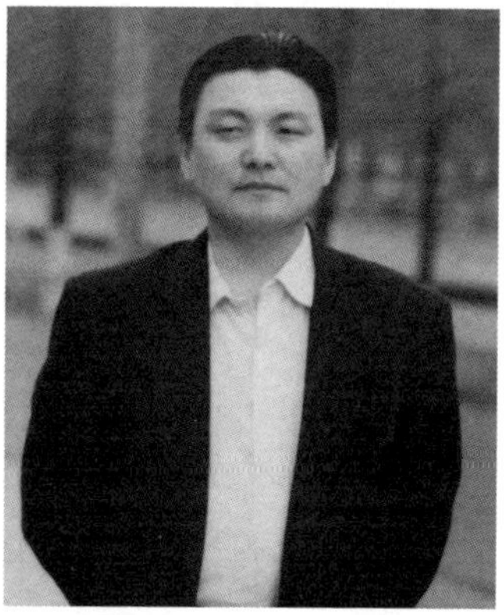

40 · ᠪᠠᠲᠤᠪᠠᠶᠠᠷ

ᠪᠠᠲᠤᠪᠠᠶᠠᠷ ᠤᠨ ᠨᠡᠷ᠎ᠡ ᠶᠢ ᠨᠠᠷᠠᠰᠤ ᠭᠡᠳᠡᠭ᠂ ᠮᠣᠩᠭᠣᠯ ᠦᠨᠳᠦᠰᠦᠲᠡᠨ᠃ 1964 ᠣᠨ ᠤ 3 ᠳᠤᠭᠠᠷ ᠰᠠᠷ᠎ᠠ ᠶᠢᠨ 15 ᠤ ᠡᠳᠦᠷ ᠲᠦᠷᠦᠭᠰᠡᠨ᠃ 1972 ᠣᠨ ᠡᠴᠡ 1982 ᠣᠨ ᠬᠦᠷᠲᠡᠯ᠎ᠡ ᠰᠤᠷᠭᠠᠭᠤᠯᠢ ᠳᠤ ᠰᠤᠷᠤᠯᠴᠠᠭᠰᠠᠨ᠂ 1982 ᠣᠨ ᠡᠴᠡ 1986 ᠣᠨ ᠬᠦᠷᠲᠡᠯ᠎ᠡ ᠶᠡᠬᠡ ᠰᠤᠷᠭᠠᠭᠤᠯᠢ ᠳᠤ ᠰᠤᠷᠤᠯᠴᠠᠭᠰᠠᠨ᠃ 1986 ᠣᠨ ᠡᠴᠡ 1989 ᠣᠨ ᠬᠦᠷᠲᠡᠯ᠎ᠡ ᠠᠵᠢᠯᠯᠠᠭᠰᠠᠨ᠂ 1989 ᠣᠨ ᠡᠴᠡ ᠡᠬᠢᠯᠡᠨ ᠠᠵᠢᠯᠯᠠᠵᠤ ᠪᠠᠢᠨ᠎ᠠ᠃

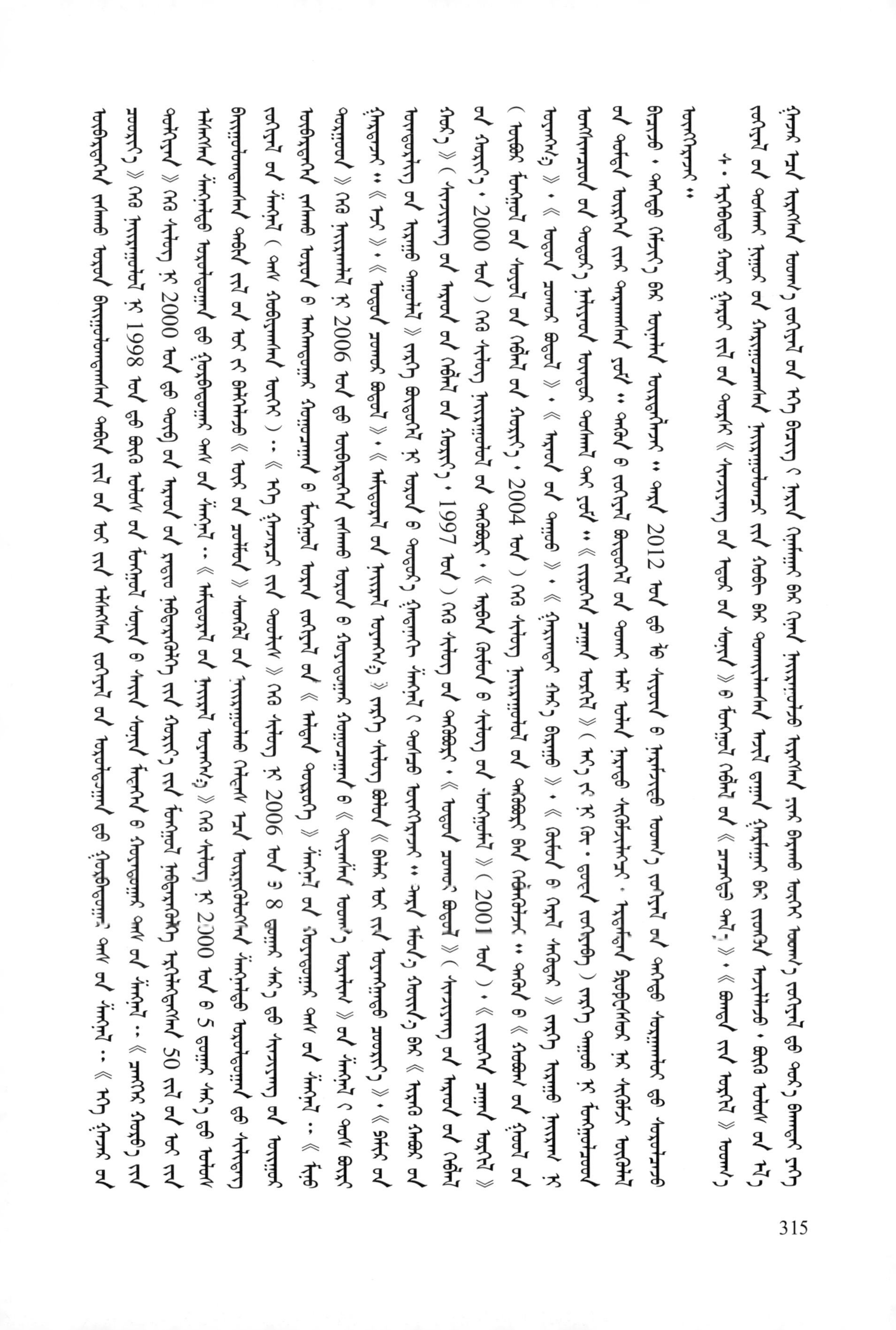

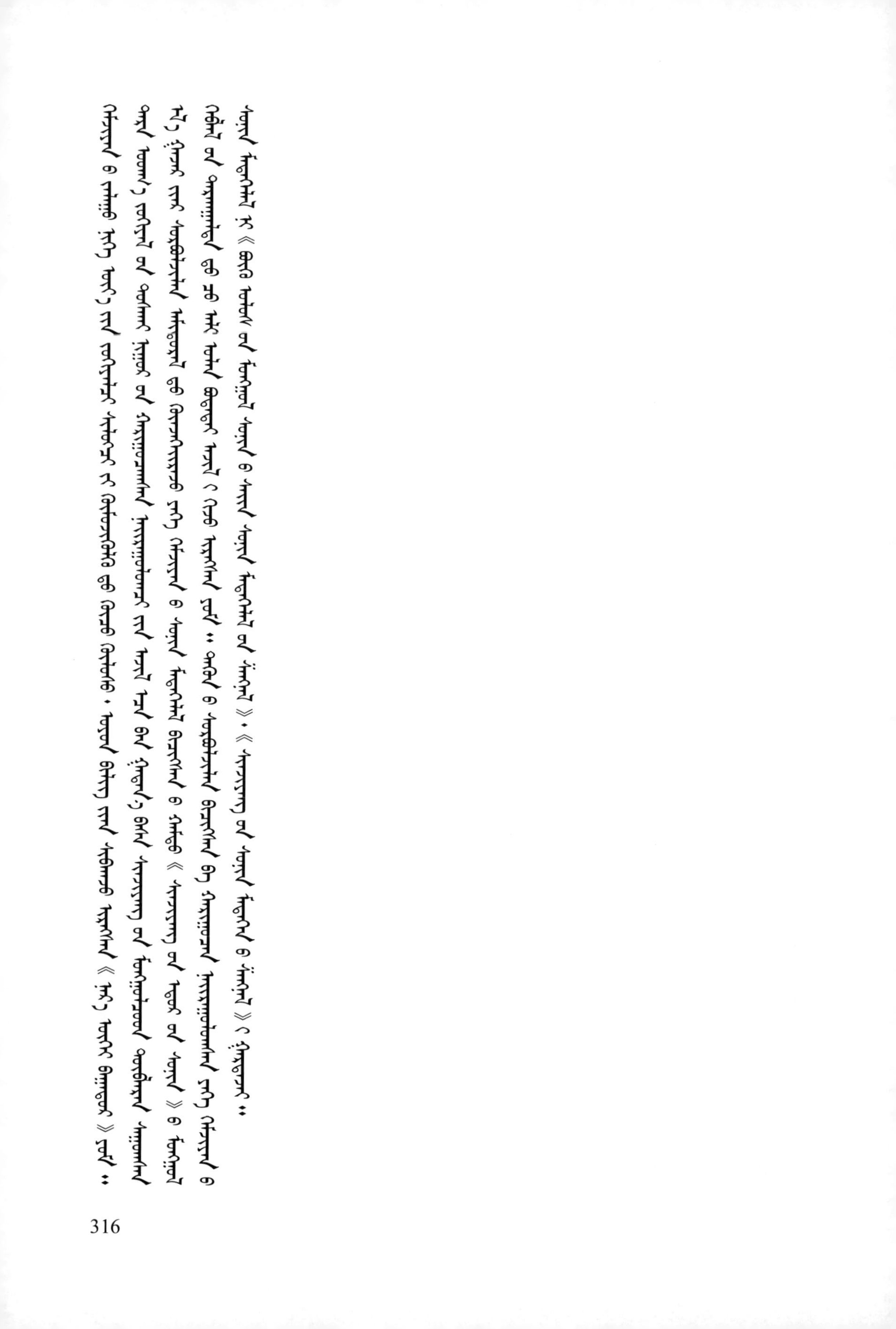

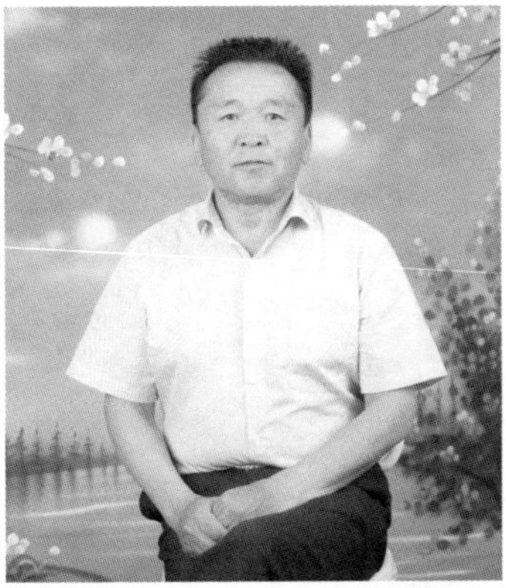

ᠮᠡᠳᠡᠭᠳᠡᠵᠡᠢ ᠃ 《ᠮᠣᠩᠭᠣᠯ》 ᠭᠡᠳᠡᠭ ᠨᠣᠮ ᠢ 2006 ᠣᠨ ᠳᠤ ᠦᠨᠳᠦᠰᠦᠲᠡᠨ ᠦ ᠬᠡᠪᠯᠡᠯ ᠦᠨ ᠬᠣᠷᠢᠶ᠎ᠠ ᠪᠠᠷ ᠬᠡᠪᠯᠡᠭᠦᠯᠦᠭᠰᠡᠨ ᠪᠠᠶᠢᠨ᠎ᠠ ᠪ ᠲᠣᠮᠣᠭᠠ ᠲᠡᠮᠳᠡᠭᠯᠡᠯ ᠦᠨ ᠪ 《ᠮᠣᠩᠭᠣᠯ ᠬᠡᠯᠡᠨ ᠦ》 ᠰᠤᠳᠤᠯᠤᠯ ᠤᠨ ᠦᠭᠦᠯᠡᠯ ᠂ 《ᠪᠢᠴᠢᠭ ᠪᠣᠯᠪᠠ》 ᠲᠡᠮᠳᠡᠭ ᠦᠨ ᠬᠡᠯᠡᠨ ᠦ ᠰᠤᠳᠤᠯᠤᠯ ᠤᠨ ᠡᠷᠳᠡᠮ ᠦᠨ ᠬᠡᠪᠯᠡᠯ ᠦᠨ ᠬᠣᠷᠢᠶ᠎ᠠ ᠶᠢᠨ ᠨᠣᠮ ᠤᠳ ᠃ ᠪ ᠭᠠᠳᠠᠭᠠᠳᠤ ᠪᠢᠴᠢᠭ ᠪᠣᠯᠤᠭᠰᠠᠨ ᠳᠤ ᠨᠢ ᠰᠣᠨᠢᠨ ᠵᠡᠷᠭᠡ ᠶᠢᠨ ᠮᠡᠳᠡᠭᠳᠡᠯ ᠦᠨ ᠬᠡᠯᠡᠨ ᠦ ᠬᠦᠷᠢᠶᠡᠯᠡᠩ ᠳᠦ ᠪᠠᠭᠲᠠᠭᠰᠠᠨ ᠮᠠᠲ᠋ᠧᠷᠢᠶᠠᠯ ᠢ ᠨᠡᠢᠲᠡᠯᠡᠭᠳᠡᠵᠡᠢ ᠃ 《ᠮᠣᠩᠭᠣᠯ》 ᠂ 《ᠬᠠᠷᠢ ᠬᠡᠯᠡᠨ ᠦ ᠲᠦᠷᠦᠯ ᠪ ᠬᠡᠯᠡ ᠰᠤᠳᠤᠯᠤᠯ》 (ᠦᠨᠳᠦᠰᠦᠲᠡᠨ) ᠂ 《ᠨᠣᠮ》 (ᠦᠨᠳᠦᠰᠦᠲᠡᠨ ᠦ) ᠵᠡᠷᠭᠡ ᠪᠦᠲᠦᠭᠡᠯ ᠢ ᠬᠡᠪᠯᠡᠭᠦᠯᠦᠭᠰᠡᠨ ᠦ ᠬᠠᠮᠲᠤ ᠪ ᠮᠣᠩᠭᠣᠯ ᠪᠢᠴᠢᠭ ᠦᠨ ᠠᠯᠪᠠᠨ ᠬᠡᠷᠡᠭᠯᠡᠯ ᠦᠨ ᠬᠡᠮᠵᠢᠶ᠎ᠡ ᠰᠤᠳᠤᠯᠬᠤ ᠬᠣᠷᠢᠶᠠᠨ ᠤ ᠨᠣᠮ ᠃ 《ᠣᠶᠤᠨ ᠤ ᠬᠡᠯᠡ ᠪ ᠮᠣᠩᠭᠣᠯ ᠬᠡᠯᠡ》 (ᠦᠨᠳᠦᠰᠦᠲᠡᠨ ᠦ ᠬᠡᠪᠯᠡᠯ ᠦᠨ ᠬᠣᠷᠢᠶ᠎ᠠ ᠂ 2004 ᠣᠨ) ᠂ 《ᠪᠢᠴᠢᠭ ᠦᠨ ᠬᠡᠯᠡᠨ ᠦ ᠦᠭᠡ ᠶᠢᠨ ᠰᠤᠳᠤᠯᠤᠯ》 (ᠦᠨᠳᠦᠰᠦᠲᠡᠨ ᠦ ᠬᠡᠪᠯᠡᠯ ᠦᠨ ᠬᠣᠷᠢᠶ᠎ᠠ ᠂ 2007 ᠣᠨ) ᠂ 《ᠮᠣᠩᠭᠣᠯ ᠬᠡᠯᠡᠨ ᠦ ᠲᠣᠯᠢ ᠪᠢᠴᠢᠭ ᠦᠨ ᠰᠤᠳᠤᠯᠤᠯ》 (ᠦᠨᠳᠦᠰᠦᠲᠡᠨ ᠦ ᠬᠡᠪᠯᠡᠯ ᠦᠨ ᠬᠣᠷᠢᠶ᠎ᠠ ᠂ 2016 ᠣᠨ) ᠵᠡᠷᠭᠡ ᠨᠣᠮ ᠤᠳ ᠨᠡᠢᠲᠡᠯᠡᠭᠳᠡᠵᠡᠢ ᠃

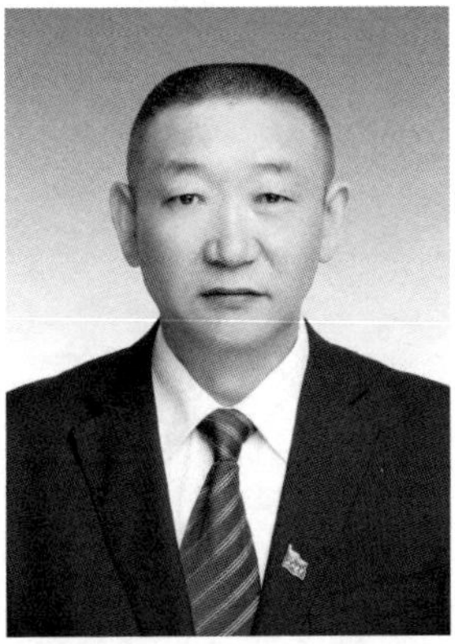

[illegible] **[illegible]**

[illegible] 1964 ᠣᠨ ᠤ 4 ᠰᠠᠷ᠎ᠠ ᠶᠢᠨ 17 ᠤ ᠡᠳᠦᠷ [illegible]

[illegible]

[illegible] 1972 ᠣᠨ ᠡᠴᠡ [illegible]

[illegible] 1981 ᠣᠨ ᠡᠴᠡ 1985 ᠣᠨ ᠬᠦᠷᠲᠡᠯ᠎ᠡ [illegible]

[illegible] 1985 ᠣᠨ ᠤ 8 ᠰᠠᠷ᠎ᠠ [illegible]

[illegible] 1994 ᠣᠨ ᠡᠴᠡ 1997 ᠣᠨ ᠬᠦᠷᠲᠡᠯ᠎ᠡ [illegible]

[illegible] 2008 ᠣᠨ ᠳᠤ [illegible]

[illegible]

[illegible] ::

1983 ᠣᠨ ᠳᠤ 《[illegible]》 [illegible]

[illegible] 《[illegible]》 · 《2020S》 · 《[illegible]》 · 《[illegible]》 [illegible] 300 [illegible]

[illegible] 《[illegible]》 ·

《[illegible]》 [illegible]

[illegible] 1994 ᠣᠨ [illegible]

[illegible]

[illegible] 2006 ᠣᠨ ᠳᠤ [illegible]

《2020S》 [illegible] 1999 ᠣᠨ ᠳᠤ 《[illegible]》 [illegible]

[illegible]

ᠪᠠᠢᠨ᠎ᠠ :: 1997 ᠣᠨ ᠳᠤ 《[illegible]》 ([illegible]) [illegible]

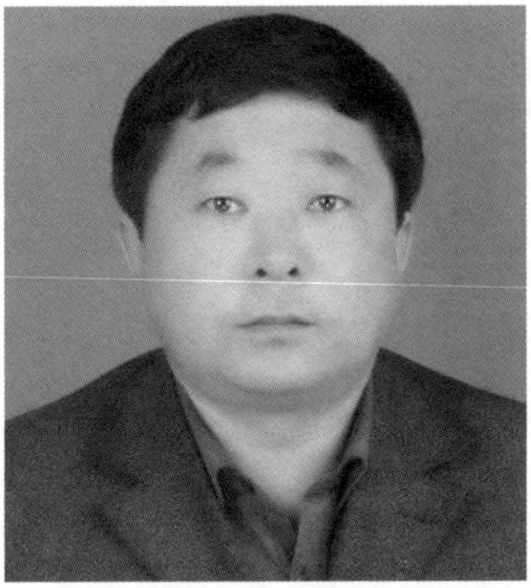

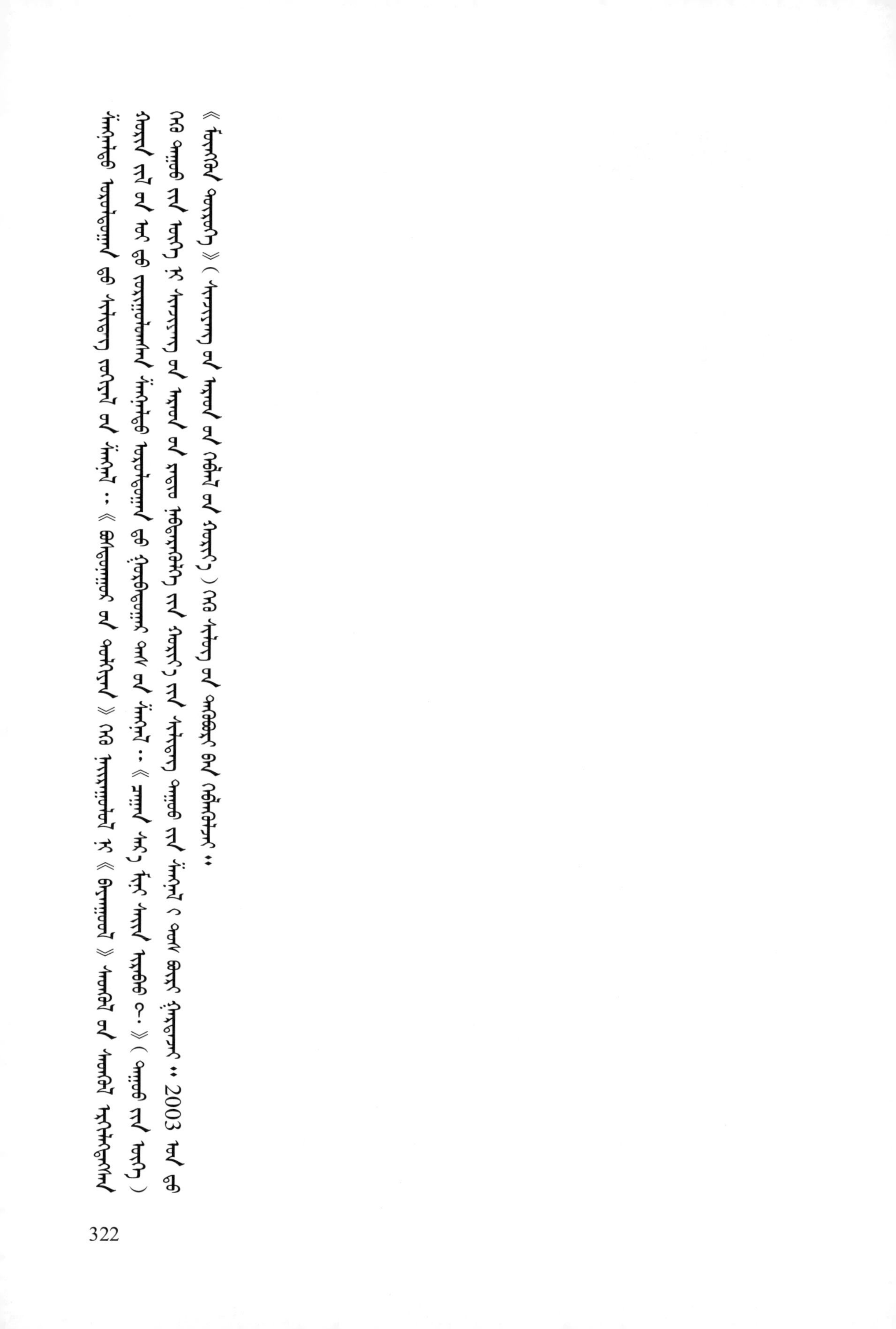

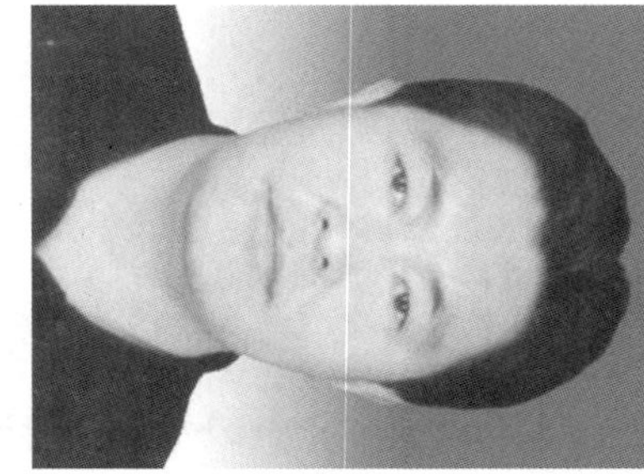

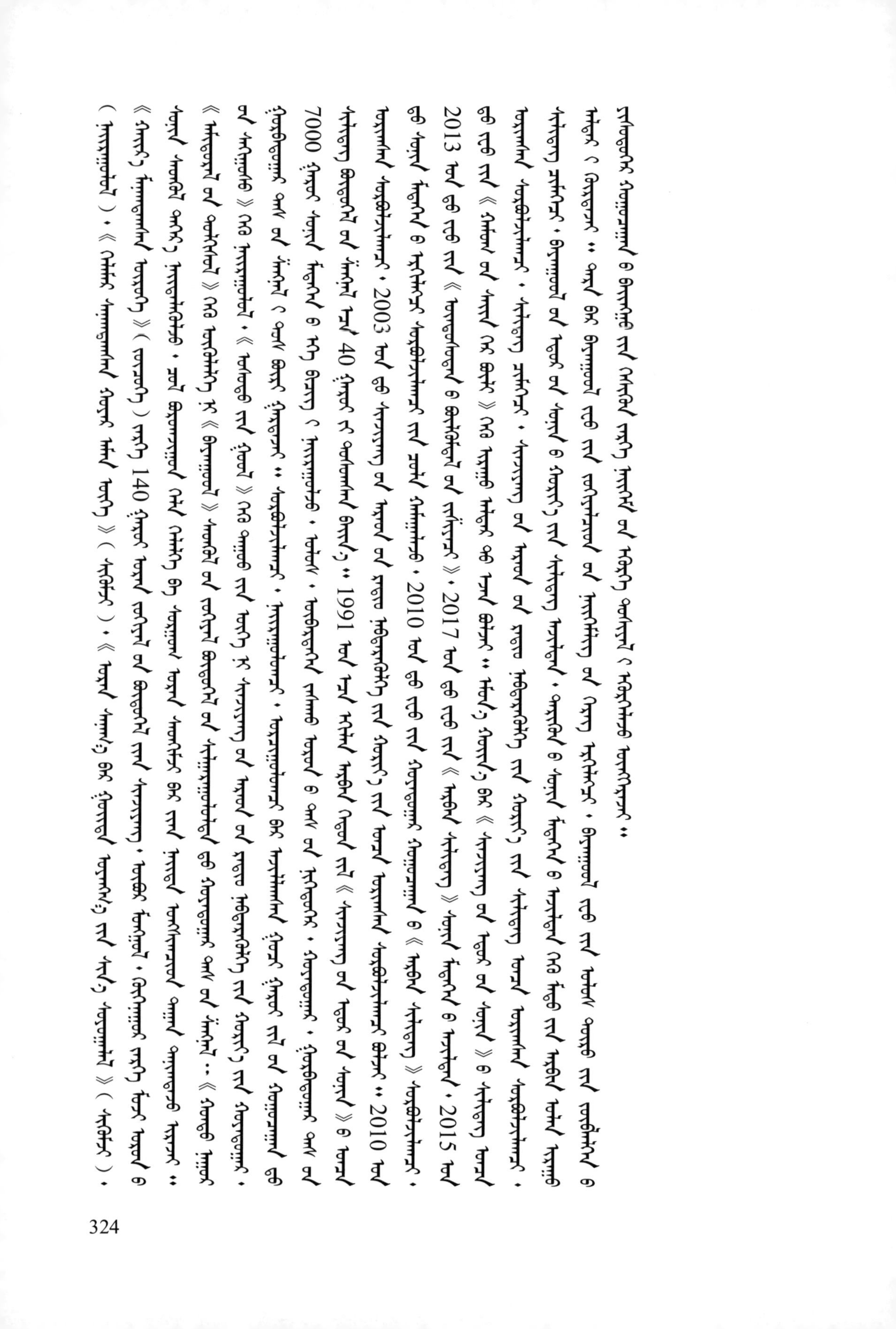

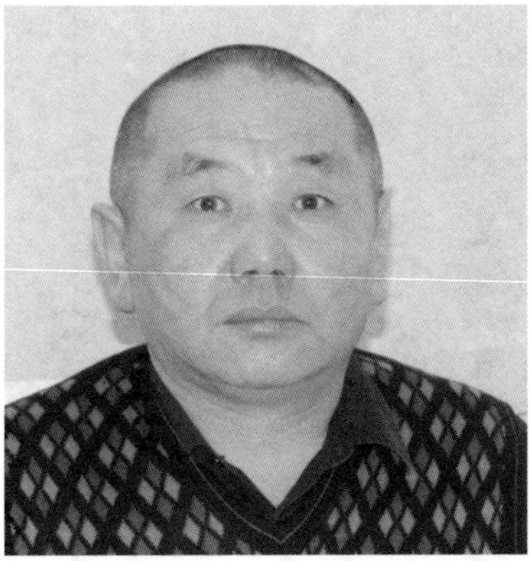

[illegible] · [illegible] [illegible] [illegible] · [illegible] ᠤᠨ [illegible] ᠤᠨ [illegible] ᠤᠨ [illegible] :: 1964 ᠣᠨ ᠤ 10 ᠳᠤᠭᠠᠷ ᠰᠠᠷ᠎ᠠ ᠶᠢᠨ 8 ᠤ [illegible] [illegible] [illegible] [illegible] [illegible] [illegible] ᠤᠨ [illegible] [illegible] [illegible] · [illegible] [illegible] ᠤ [illegible] [illegible] ᠤ [illegible] [illegible] ᠤ [illegible] [illegible] [illegible] ᠤᠨ [illegible] · [illegible] ᠤᠨ [illegible] [illegible] [illegible] ᠤ [illegible] [illegible] :: [illegible] [illegible] [illegible] [illegible] [illegible] ᠤᠨ 1982 ᠣᠨ ᠡᠴᠡ 1988 ᠣᠨ ᠬᠦᠷᠲᠡᠯ᠎ᠡ [illegible] [illegible] ᠤ [illegible] [illegible] [illegible] · 1988 ᠣᠨ ᠡᠴᠡ 1990 ᠣᠨ ᠬᠦᠷᠲᠡᠯ᠎ᠡ [illegible] [illegible] ᠤ [illegible] [illegible] [illegible] [illegible] :: 1990 ᠣᠨ ᠡᠴᠡ 2015 ᠣᠨ ᠤ 11 ᠳᠤᠭᠠᠷ ᠰᠠᠷ᠎ᠠ ᠬᠦᠷᠲᠡᠯ᠎ᠡ [illegible] [illegible] ᠤ [illegible] ᠤᠨ [illegible] ᠤᠨ [illegible] [illegible] [illegible] [illegible] · [illegible] [illegible] [illegible] [illegible] ᠤ [illegible] [illegible] ᠤ [illegible] [illegible] [illegible] :: 2015 ᠣᠨ ᠤ 11 ᠳᠤᠭᠠᠷ ᠰᠠᠷ᠎ᠠ ᠶᠢᠨ 15 ᠤ [illegible] ᠤᠨ [illegible] [illegible] [illegible] ᠤ [illegible] [illegible] [illegible] [illegible] :: [illegible] [illegible] 51 [illegible] [illegible] ::

1985 ᠣᠨ ᠳᠤ 《[illegible] [illegible] [illegible] [illegible] [illegible]》 [illegible] [illegible] [illegible] [illegible] [illegible] [illegible] [illegible] [illegible] [illegible] [illegible] [illegible] 《[illegible] [illegible] [illegible] [illegible]》 · 《[illegible] [illegible] [illegible]》 · 《[illegible]》 · 《[illegible] —》 · 《[illegible] [illegible] [illegible]》 · 《[illegible]》 [illegible] [illegible] 《[illegible] [illegible]》 ([illegible] [illegible]) [illegible] [illegible] [illegible] :: 2010 ᠣᠨ ᠳᠤ 《[illegible] [illegible]》 ([illegible] [illegible]) [illegible] [illegible] [illegible] [illegible] ᠤ [illegible] [illegible] [illegible] 300 [illegible] 《[illegible] [illegible]》 ([illegible] ᠤᠨ [illegible] ᠤᠨ [illegible] ᠤᠨ [illegible]) · 2015 ᠣᠨ ᠳᠤ 《[illegible] [illegible]》 ([illegible] ᠤᠨ [illegible] ᠤᠨ [illegible] ᠤᠨ [illegible]) [illegible] [illegible] [illegible] ᠤ [illegible] ᠤᠨ [illegible] ᠤᠨ [illegible] [illegible] ::

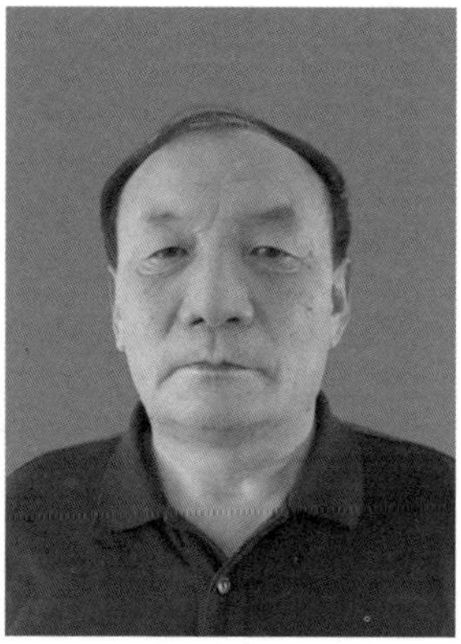

[illegible] ::
[illegible] 《[illegible]》 · 《[illegible]》 [illegible] :: 2018 [illegible] 《[illegible]》 [illegible]
[illegible] :: [illegible] 《[illegible]》 [illegible] :: [illegible]
[illegible] 《[illegible]》 [illegible]

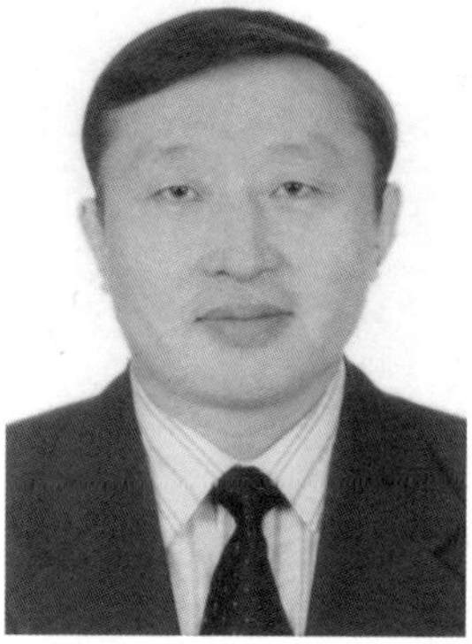

ᠪᠣ · [illegible] [illegible] · [illegible] :: 1964 ᠣᠨ ᠤ 12 ᠳᠤᠭᠠᠷ ᠰᠠᠷ᠎ᠠ ᠶᠢᠨ 3 ᠤ ᠡᠳᠦᠷ ᠲᠥᠷᠥᠭᠰᠡᠨ [illegible] ([illegible]) ᠤ [illegible] :: 1972 ᠣᠨ ᠤ 9 ᠳᠤᠭᠠᠷ ᠰᠠᠷ᠎ᠠ ᠡᠴᠡ 1977 ᠣᠨ ᠤ 7 ᠳᠤᠭᠠᠷ ᠰᠠᠷ᠎ᠠ ᠬᠦᠷᠲᠡᠯ᠎ᠡ [illegible] ([illegible]) ᠤ [illegible] · 1977 ᠣᠨ ᠤ 9 ᠳᠤᠭᠠᠷ ᠰᠠᠷ᠎ᠠ ᠡᠴᠡ 1980 ᠣᠨ ᠤ 7 ᠳᠤᠭᠠᠷ ᠰᠠᠷ᠎ᠠ ᠬᠦᠷᠲᠡᠯ᠎ᠡ [illegible] · 1980 ᠣᠨ ᠤ 9 ᠳᠤᠭᠠᠷ ᠰᠠᠷ᠎ᠠ ᠡᠴᠡ 1982 ᠣᠨ ᠤ 7 ᠳᠤᠭᠠᠷ ᠰᠠᠷ᠎ᠠ ᠬᠦᠷᠲᠡᠯ᠎ᠡ [illegible] :: 1982 ᠣᠨ ᠤ 9 ᠳᠤᠭᠠᠷ ᠰᠠᠷ᠎ᠠ ᠡᠴᠡ 1986 ᠣᠨ ᠤ 7 ᠳᠤᠭᠠᠷ ᠰᠠᠷ᠎ᠠ ᠬᠦᠷᠲᠡᠯ᠎ᠡ [illegible] ([illegible]) [illegible] · « [illegible] » ([illegible]) [illegible] :: [illegible] 2002 ᠣᠨ ᠤ 9 ᠳᠤᠭᠠᠷ ᠰᠠᠷ᠎ᠠ ᠡᠴᠡ 2003 ᠣᠨ ᠤ 9 ᠳᠤᠭᠠᠷ ᠰᠠᠷ᠎ᠠ ᠬᠦᠷᠲᠡᠯ᠎ᠡ [illegible] :: 1988 ᠣᠨ [illegible] · 1995 ᠣᠨ [illegible] :: 2002 ᠣᠨ ᠤ 3 ᠳᠤᠭᠠᠷ ᠰᠠᠷ᠎ᠠ ᠡᠴᠡ [illegible] · 2000 ᠣᠨ [illegible] · 2007 ᠣᠨ [illegible] :: 2019 ᠣᠨ ᠤ 9 ᠳᠤᠭᠠᠷ ᠰᠠᠷ᠎ᠠ [illegible] · 2019 ᠣᠨ ᠤ 9 ᠳᠤᠭᠠᠷ ᠰᠠᠷ᠎ᠠ ᠬᠦᠷᠲᠡᠯ᠎ᠡ « [illegible] » [illegible] ::

ᠪᠣ · [illegible] 1986 ᠣᠨ ᠡᠴᠡ 2018 ᠣᠨ ᠤ [illegible] « [illegible] » [illegible] 132 [illegible] · 3000 [illegible] « [illegible] » · « [illegible] » · « [illegible] 〈 [illegible] 〉 [illegible] » · [illegible] — [illegible] —

《ᠮᠣᠩᠭᠣᠯᠴᠤᠳ ᠤᠨ ᠤᠯᠠᠮᠵᠢᠯᠠᠯᠲᠤ ᠰᠣᠶᠤᠯ ᠤᠨ ᠬᠡᠯᠡ ᠶᠢᠨ ᠤᠬᠠᠭᠠᠨ ᠤ ᠲᠤᠰᠬᠠᠯ ᠤᠨ ᠰᠤᠳᠤᠯᠭ᠎ᠠ》 ᠪᠢᠴᠢᠭ 《ᠮᠣᠩᠭᠣᠯᠴᠤᠳ ᠤᠨ ᠬᠡᠯᠡ ᠶᠢᠨ ᠤᠬᠠᠭᠠᠨ ᠤ ᠤᠯᠠᠮᠵᠢᠯᠠᠯᠲᠤ ᠰᠣᠶᠤᠯ ᠤᠨ ᠰᠤᠳᠤᠯᠭᠠᠨ ᠤ ᠲᠣᠭᠤᠷᠢᠮ》᠂ ᠰᠤᠳᠤᠯᠭ᠎ᠠ ᠪᠢᠴᠢᠭ 《ᠰᠤᠳᠤᠯᠭᠠᠨ ᠤ ᠠᠷᠭ᠎ᠠ ᠪᠠᠷ ᠤᠨ ᠬᠤᠪᠢᠯᠤᠯ》 ᠵᠡᠷᠭᠡ ᠰᠤᠳᠤᠯᠤᠯ ᠪᠦᠲᠦᠭᠡᠯ᠂ ᠮᠣᠩᠭᠣᠯᠴᠤᠳ ᠤᠨ ᠬᠡᠯᠡ ᠶᠢᠨ ᠤᠬᠠᠭᠠᠨ ᠤ ᠤᠯᠠᠮᠵᠢᠯᠠᠯᠲᠤ ᠰᠣᠶᠤᠯ ᠤᠨ ᠰᠤᠳᠤᠯᠤᠯ ᠤᠨ ᠲᠦᠷᠦᠯ ᠬᠡᠯᠪᠡᠷᠢ ᠶᠢᠨ 《ᠮᠣᠩᠭᠣᠯ ᠤᠨ ᠤᠯᠠᠮᠵᠢᠯᠠᠯᠲᠤ ᠰᠣᠶᠤᠯ ᠤᠨ ᠦᠵᠡᠯ ᠰᠠᠨᠠᠭᠠᠨ ᠤ ᠰᠤᠳᠤᠯᠤᠯ》᠂ 《ᠮᠣᠩᠭᠣᠯ ᠤᠨ ᠤᠯᠠᠮᠵᠢᠯᠠᠯᠲᠤ ᠰᠣᠶᠤᠯ ᠤᠨ ᠰᠤᠳᠤᠯᠤᠯ ᠤᠨ ᠲᠣᠭᠤᠷᠢᠮ》 ᠵᠡᠷᠭᠡ ᠰᠤᠳᠤᠯᠤᠯ ᠦᠨ ᠪᠦᠲᠦᠭᠡᠯ ᠦᠨ ᠪᠢᠴᠢᠭ᠌᠂ ᠤᠯᠠᠮᠵᠢᠯᠠᠯᠲᠤ ᠰᠣᠶᠤᠯ ᠤᠨ ᠰᠤᠳᠤᠯᠤᠯ ᠤᠨ ᠲᠡᠭᠦᠬᠡᠨ ᠦ ᠰᠤᠷᠪᠤᠯᠵᠢ ᠶᠢᠨ ᠰᠤᠳᠤᠯᠤᠯ ᠤᠨ ᠪᠦᠲᠦᠭᠡᠯ᠂ ᠮᠣᠩᠭᠣᠯᠴᠤᠳ ᠤᠨ ᠤᠯᠠᠮᠵᠢᠯᠠᠯᠲᠤ ᠰᠣᠶᠤᠯ ᠤᠨ ᠰᠤᠳᠤᠯᠤᠯ ᠤᠨ ᠲᠠᠨᠢᠯᠴᠠᠭᠤᠯᠭ᠎ᠠ᠂ 2005 ᠣᠨ) ᠵᠡᠷᠭᠡ ᠪᠦᠲᠦᠭᠡᠯ ᠢ ᠨᠡᠢᠲᠡᠯᠡᠭᠦᠯᠦᠭᠰᠡᠨ᠃ ᠡᠳᠡᠭᠡᠷ ᠪᠦᠲᠦᠭᠡᠯ ᠦᠳ ᠮᠣᠩᠭᠣᠯᠴᠤᠳ ᠤᠨ ᠤᠯᠠᠮᠵᠢᠯᠠᠯᠲᠤ ᠰᠣᠶᠤᠯ ᠤᠨ ᠰᠤᠳᠤᠯᠤᠯ ᠤᠨ ᠦᠨᠳᠦᠰᠦᠨ ᠦ ᠣᠨᠣᠯ ᠤᠨ 《ᠪᠦᠷᠢᠯᠳᠦᠭᠦᠯᠦᠯ ᠳᠦ》 (ᠮᠣᠩᠭᠣᠯ ᠤᠨ ᠤᠯᠠᠮᠵᠢᠯᠠᠯᠲᠤ ᠰᠣᠶᠤᠯ ᠤᠨ ᠬᠡᠪᠯᠡᠯ ᠦᠨ ᠬᠣᠷᠢᠶ᠎ᠠ᠂ 2021 ᠣᠨ) 《ᠮᠣᠩᠭᠣᠯᠴᠤᠳ ᠤᠨ ᠤᠯᠠᠮᠵᠢᠯᠠᠯᠲᠤ ᠰᠣᠶᠤᠯ ᠤᠨ ᠰᠤᠳᠤᠯᠤᠯ ᠤᠨ ᠲᠣᠭᠤᠷᠢᠮ》 (ᠦᠪᠦᠷ ᠮᠣᠩᠭᠣᠯ ᠤᠨ ᠰᠤᠷᠭᠠᠨ ᠬᠦᠮᠦᠵᠢᠯ ᠦᠨ ᠬᠡᠪᠯᠡᠯ ᠦᠨ ᠬᠣᠷᠢᠶ᠎ᠠ᠂ 2016 ᠣᠨ)᠂ 《ᠮᠣᠩᠭᠣᠯᠴᠤᠳ ᠤᠨ ᠤᠯᠠᠮᠵᠢᠯᠠᠯᠲᠤ ᠰᠣᠶᠤᠯ ᠤᠨ ᠰᠤᠳᠤᠯᠤᠯ ᠤᠨ ᠲᠣᠭᠤᠷᠢᠮ》 (20 ᠳᠡᠪᠲᠡᠷ ᠪᠣᠯᠪᠠ᠂ ᠮᠣᠩᠭᠣᠯ ᠤᠨ ᠤᠯᠠᠮᠵᠢᠯᠠᠯᠲᠤ ᠰᠣᠶᠤᠯ ᠤᠨ ᠬᠡᠪᠯᠡᠯ ᠦᠨ ᠬᠣᠷᠢᠶ᠎ᠠ᠂ 2014 ᠣᠨ)᠂ 《ᠮᠣᠩᠭᠣᠯ ᠤᠨ ᠤᠯᠠᠮᠵᠢᠯᠠᠯᠲᠤ ᠰᠣᠶᠤᠯ ᠤᠨ ᠬᠡᠪᠯᠡᠯ ᠦᠨ ᠬᠣᠷᠢᠶ᠎ᠠ᠂ 2012 ᠣᠨ)᠂ 《ᠰᠣᠶᠤᠯ ᠤᠨ ᠰᠤᠳᠤᠯᠤᠯ》 (30 ᠳᠡᠪᠲᠡᠷ ᠪᠣᠯᠪᠠ᠂ ᠮᠣᠩᠭᠣᠯ ᠤᠨ ᠤᠯᠠᠮᠵᠢᠯᠠᠯᠲᠤ ᠰᠣᠶᠤᠯ ᠤᠨ ᠬᠡᠪᠯᠡᠯ ᠦᠨ ᠬᠣᠷᠢᠶ᠎ᠠ᠂ 2009 ᠣᠨ)᠂ ᠰᠤᠳᠤᠯᠤᠯ ᠤᠨ ᠪᠦᠲᠦᠭᠡᠯ 《ᠮᠣᠩᠭᠣᠯ ᠤᠨ ᠤᠯᠠᠮᠵᠢᠯᠠᠯᠲᠤ ᠰᠣᠶᠤᠯ ᠤᠨ ᠰᠤᠳᠤᠯᠤᠯ ᠤᠨ ᠴᠤᠪᠤᠷᠠᠯ》 (40 ᠳᠡᠪᠲᠡᠷ ᠪᠣᠯᠪᠠ᠂ ᠮᠣᠩᠭᠣᠯ ᠤᠨ ᠤᠯᠠᠮᠵᠢᠯᠠᠯᠲᠤ ᠰᠣᠶᠤᠯ ᠤᠨ ᠬᠡᠪᠯᠡᠯ ᠦᠨ ᠬᠣᠷᠢᠶ᠎ᠠ᠂ 2015 ᠣᠨ)᠃ ᠮᠣᠩᠭᠣᠯ ᠤᠨ ᠤᠯᠠᠮᠵᠢᠯᠠᠯᠲᠤ ᠰᠣᠶᠤᠯ ᠤᠨ ᠬᠡᠪᠯᠡᠯ ᠦᠨ ᠬᠣᠷᠢᠶ᠎ᠠ᠂ 2013 ᠣᠨ)᠂ 《ᠮᠣᠩᠭᠣᠯ ᠤᠨ ᠤᠯᠠᠮᠵᠢᠯᠠᠯᠲᠤ ᠰᠣᠶᠤᠯ ᠤᠨ ᠰᠤᠳᠤᠯᠤᠯ》 (84 ᠳᠡᠪᠲᠡᠷ ᠪᠣᠯᠪᠠ᠂ ᠮᠣᠩᠭᠣᠯ ᠤᠨ ᠤᠯᠠᠮᠵᠢᠯᠠᠯᠲᠤ ᠰᠣᠶᠤᠯ ᠤᠨ ᠬᠡᠪᠯᠡᠯ ᠦᠨ ᠬᠣᠷᠢᠶ᠎ᠠ᠂ 2009 ᠣᠨ)᠂ 《ᠮᠣᠩᠭᠣᠯ ᠤᠨ ᠤᠯᠠᠮᠵᠢᠯᠠᠯᠲᠤ ᠰᠣᠶᠤᠯ ᠤᠨ ᠰᠤᠳᠤᠯᠤᠯ》 (22 ᠳᠡᠪᠲᠡᠷ ᠪᠣᠯᠪᠠ᠂ ᠮᠣᠩᠭᠣᠯ ᠤᠨ ᠤᠯᠠᠮᠵᠢᠯᠠᠯᠲᠤ ᠰᠣᠶᠤᠯ ᠤᠨ ᠬᠡᠪᠯᠡᠯ ᠦᠨ ᠬᠣᠷᠢᠶ᠎ᠠ᠂ 2008 ᠣᠨ)᠂ 《ᠮᠣᠩᠭᠣᠯ ᠤᠨ ᠤᠯᠠᠮᠵᠢᠯᠠᠯᠲᠤ ᠰᠣᠶᠤᠯ ᠤᠨ ᠰᠤᠳᠤᠯᠤᠯ》 (84 ᠳᠡᠪᠲᠡᠷ ᠪᠣᠯᠪᠠ᠂ ᠮᠣᠩᠭᠣᠯ ᠤᠨ ᠤᠯᠠᠮᠵᠢᠯᠠᠯᠲᠤ ᠰᠣᠶᠤᠯ ᠤᠨ ᠬᠡᠪᠯᠡᠯ ᠦᠨ ᠬᠣᠷᠢᠶ᠎ᠠ᠂ 2007 ᠣᠨ)᠂ ᠪᠠᠰᠠ ᠤᠯᠠᠮᠵᠢᠯᠠᠯᠲᠤ ᠰᠣᠶᠤᠯ ᠤᠨ ᠰᠤᠳᠤᠯᠤᠯ 《ᠮᠣᠩᠭᠣᠯ ᠤᠨ ᠤᠯᠠᠮᠵᠢᠯᠠᠯᠲᠤ ᠰᠣᠶᠤᠯ ᠤᠨ ᠰᠤᠳᠤᠯᠤᠯ》 (21 ᠳᠡᠪᠲᠡᠷ ᠪᠣᠯᠪᠠ᠂ ᠮᠣᠩᠭᠣᠯ ᠤᠨ ᠤᠯᠠᠮᠵᠢᠯᠠᠯᠲᠤ ᠰᠣᠶᠤᠯ ᠤᠨ ᠬᠡᠪᠯᠡᠯ ᠦᠨ ᠬᠣᠷᠢᠶ᠎ᠠ᠂ 1998 ᠣᠨ)᠂ 《〈ᠮᠣᠩᠭᠣᠯ ᠤᠨ ᠨᠢᠭᠤᠴᠠ ᠲᠣᠪᠴᠢᠶᠠᠨ〉 ᠤ ᠰᠤᠳᠤᠯᠤᠯ》 — ᠮᠣᠩᠭᠣᠯ ᠤᠨ ᠤᠯᠠᠮᠵᠢᠯᠠᠯᠲᠤ ᠰᠣᠶᠤᠯ ᠤᠨ ᠰᠤᠳᠤᠯᠤᠯ ᠤᠨ ᠲᠡᠦᠬᠡ (ᠪᠦᠲᠦᠭᠡᠯ ᠦᠨ ᠨᠡᠢᠲᠡᠯᠡᠯ᠂ 14 ᠳᠡᠪᠲᠡᠷ ᠪᠣᠯᠪᠠ᠂ ᠮᠣᠩᠭᠣᠯ ᠤᠨ ᠤᠯᠠᠮᠵᠢᠯᠠᠯᠲᠤ ᠰᠣᠶᠤᠯ ᠤᠨ ᠬᠡᠪᠯᠡᠯ ᠦᠨ ᠬᠣᠷᠢᠶ᠎ᠠ ᠶᠢᠨ ᠰᠤᠳᠤᠯᠤᠯ ᠤᠨ ᠪᠦᠲᠦᠭᠡᠯ ᠦᠨ 《ᠮᠣᠩᠭᠣᠯ ᠤᠨ ᠰᠤᠳᠤᠯᠤᠯ》 ᠵᠡᠷᠭᠡ 80 ᠭᠠᠷᠤᠨ ᠪᠦᠲᠦᠭᠡᠯ ᠢ ᠨᠡᠢᠲᠡᠯᠡᠭᠦᠯᠦᠭᠰᠡᠨ᠂ 《ᠮᠣᠩᠭᠣᠯ ᠤᠨ ᠰᠤᠳᠤᠯᠤᠯ》 —

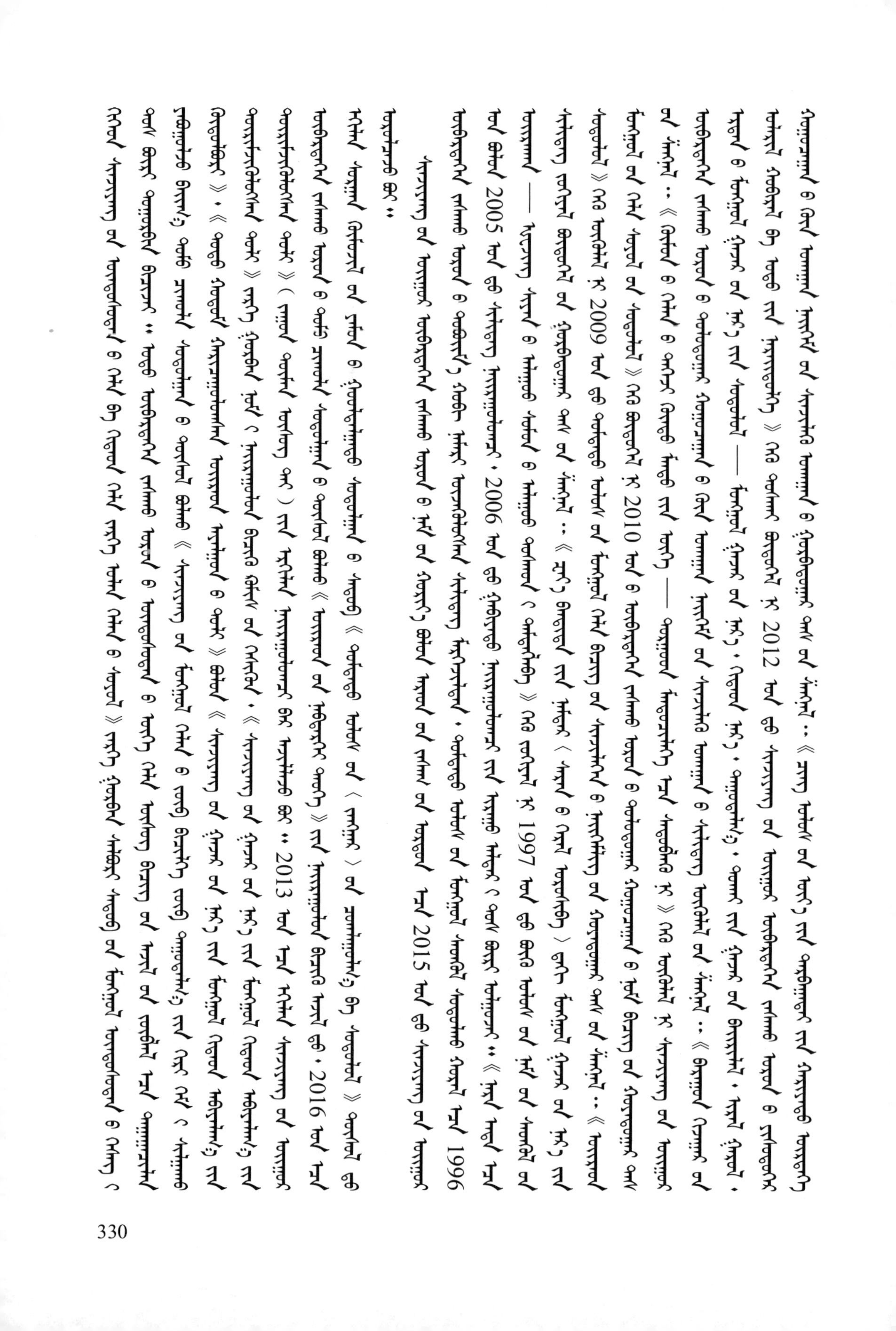

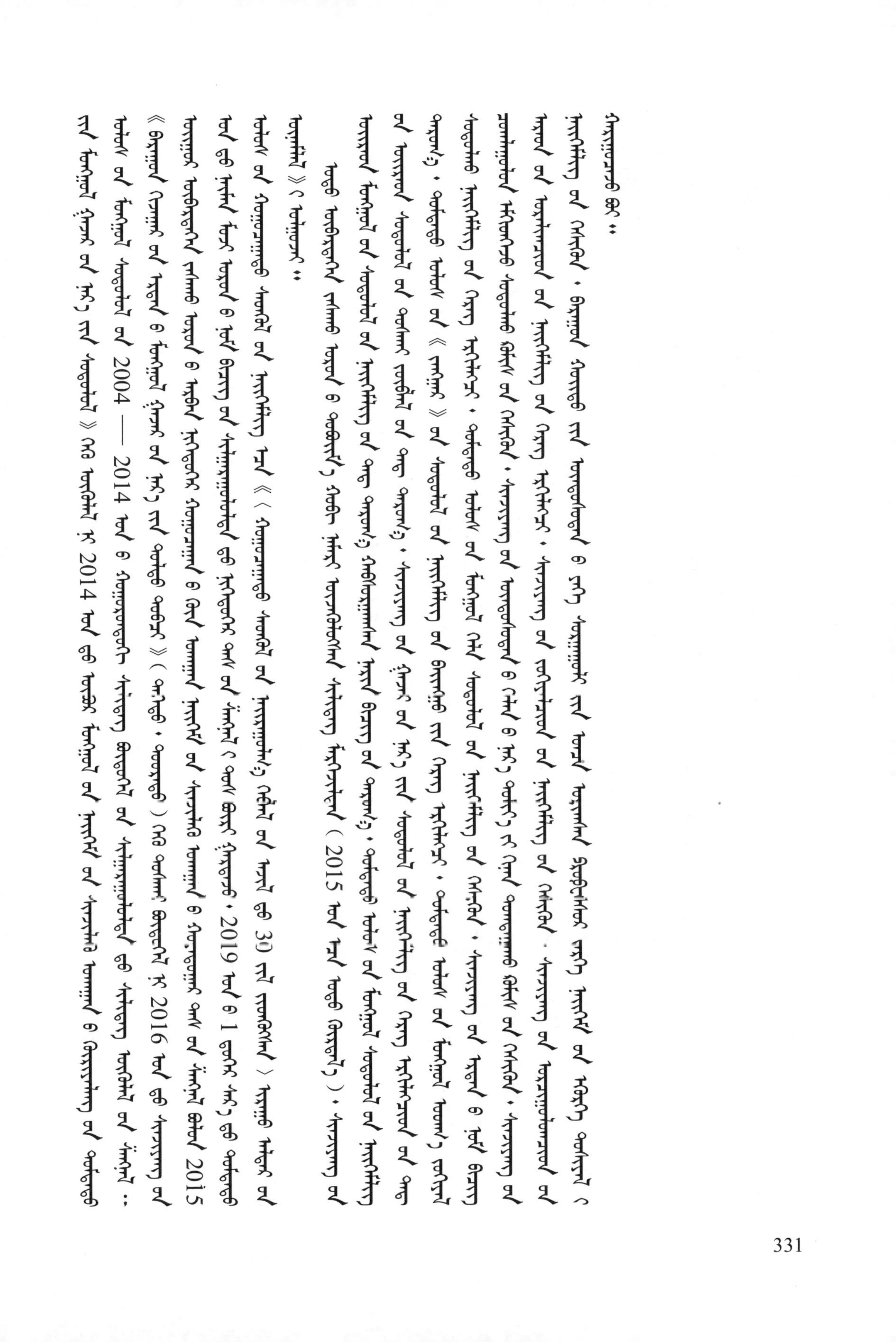

ᠪᠠᠲᠤᠪᠠᠶᠠᠷ ᠡᠷᠡᠭᠲᠡᠢ ᠂ ᠮᠣᠩᠭᠣᠯ ᠦᠨᠳᠦᠰᠦᠲᠡᠨ ᠂ ᠪᠠᠭᠰᠢ ᠶᠢᠨ ᠰᠤᠷᠭᠠᠨ ᠬᠦᠮᠦᠵᠢᠯ ᠦᠨ ᠡᠷᠳᠡᠮ ᠦᠨ

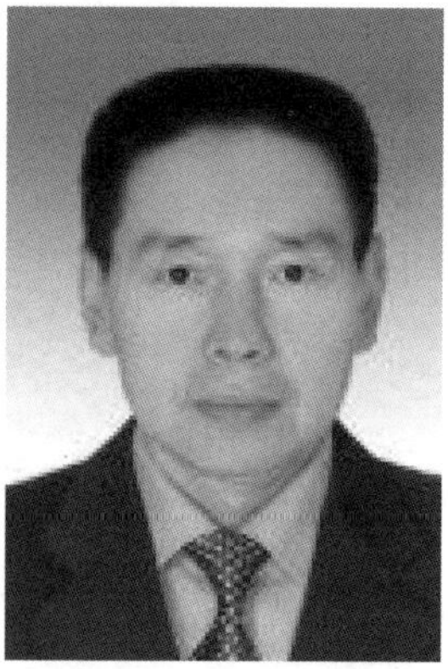

ᠲᠥᠷᠥᠭᠰᠡᠨ ᠃ 1965 ᠣᠨ ᠤ 1 ᠰᠠᠷ᠎ᠠ ᠶᠢᠨ 23 ᠤ ᠡᠳᠦᠷ ᠬᠦᠷᠢᠶᠡᠯᠡᠩ ᠬᠣᠲᠠ ᠶᠢᠨ ᠡᠷᠳᠡᠮ ᠦᠨ ᠲᠥᠷᠥᠭᠰᠡᠨ ᠤ ᠪᠠᠭᠰᠢ ᠶᠢᠨ ᠰᠤᠷᠭᠠᠭᠤᠯᠢ ᠶᠢᠨ ᠮᠣᠩᠭᠣᠯ ᠬᠡᠯᠡ ᠪᠢᠴᠢᠭ ᠦᠨ (ᠳᠡᠭᠡᠳᠦ ᠰᠤᠷᠭᠠᠭᠤᠯᠢ) ᠳᠤ ᠰᠤᠷᠤᠯᠴᠠᠭᠰᠠᠨ ᠃ 1973 ᠣᠨ ᠡᠴᠡ 1978 ᠣᠨ ᠤ ᠬᠣᠭᠣᠷᠣᠨᠳᠣ ᠰᠤᠷᠭᠠᠭᠤᠯᠢ ᠳᠤ ᠰᠤᠷᠤᠯᠴᠠᠭᠰᠠᠨ ᠃ 1978 ᠣᠨ ᠡᠴᠡ 1981 ᠣᠨ ᠬᠦᠷᠲᠡᠯᠡ ᠪᠠᠭᠰᠢ ᠶᠢᠨ ᠰᠤᠷᠭᠠᠭᠤᠯᠢ (ᠳᠡᠭᠡᠳᠦ ᠪᠠᠭᠰᠢ ᠶᠢᠨ ᠰᠤᠷᠭᠠᠭᠤᠯᠢ) ᠳᠤ ᠰᠤᠷᠤᠯᠴᠠᠭᠰᠠᠨ ᠂ 1981 ᠣᠨ ᠤ 9 ᠰᠠᠷ᠎ᠠ ᠡᠴᠡ 1983 ᠣᠨ ᠤ 7 ᠰᠠᠷ᠎ᠠ ᠬᠦᠷᠲᠡᠯᠡ ᠪᠠᠭᠰᠢ ᠶᠢᠨ ᠰᠤᠷᠭᠠᠭᠤᠯᠢ ᠳᠤ ᠰᠤᠷᠤᠯᠴᠠᠭᠰᠠᠨ ᠃ 1983 ᠣᠨ ᠤ 9 ᠰᠠᠷ᠎ᠠ ᠡᠴᠡ 1987 ᠣᠨ ᠤ 7 ᠰᠠᠷ᠎ᠠ ᠬᠦᠷᠲᠡᠯᠡ ᠡᠷᠳᠡᠮ ᠰᠢᠨᠵᠢᠯᠡᠭᠡᠨ ᠦ ᠠᠵᠢᠯ ᠬᠢᠵᠦ ᠂ ᠪᠠᠭᠰᠢ ᠶᠢᠨ ᠰᠤᠷᠭᠠᠨ ᠬᠦᠮᠦᠵᠢᠯ ᠦᠨ ᠣᠨᠣᠯ ᠤᠨ ᠰᠤᠳᠤᠯᠭ᠎ᠠ ᠬᠢᠭᠰᠡᠨ ᠃ 1987 ᠣᠨ ᠤ 7 ᠰᠠᠷ᠎ᠠ ᠡᠴᠡ ᠬᠣᠢᠰᠢ ᠮᠣᠩᠭᠣᠯ ᠬᠡᠯᠡ ᠪᠢᠴᠢᠭ ᠦᠨ ᠰᠤᠷᠭᠠᠨ ᠬᠦᠮᠦᠵᠢᠯ ᠦᠨ ᠰᠤᠳᠤᠯᠭ᠎ᠠ ᠶᠢᠨ ᠠᠵᠢᠯ ᠬᠢᠵᠦ ᠂ ᠬᠡᠯᠡᠲᠡᠰ ᠦᠨ ᠳᠠᠷᠤᠭ᠎ᠠ ᠂ 10 ᠰᠠᠷ᠎ᠠ ᠳᠤ ᠮᠣᠩᠭᠣᠯ ᠬᠡᠯᠡ ᠪᠢᠴᠢᠭ ᠦᠨ ᠰᠤᠷᠭᠠᠨ ᠬᠦᠮᠦᠵᠢᠯ ᠦᠨ ᠰᠤᠳᠤᠯᠭ᠎ᠠ ᠶᠢᠨ ᠲᠠᠰᠤᠭ ᠤᠨ ᠳᠠᠷᠤᠭ᠎ᠠ ᠪᠣᠯᠵᠤ ᠠᠵᠢᠯᠯᠠᠭᠰᠠᠨ ᠃ 1996 ᠣᠨ ᠤ 7 ᠰᠠᠷ᠎ᠠ ᠳᠤ ᠳᠡᠳ ᠰᠤᠷᠭᠠᠭᠤᠯᠢ ᠶᠢᠨ ᠪᠠᠭᠰᠢ ᠂ ᠡᠷᠳᠡᠮ ᠰᠢᠨᠵᠢᠯᠡᠭᠡᠨ ᠦ ᠠᠵᠢᠯ ᠤᠨ ᠡᠷᠬᠢᠯᠡᠭᠴᠢ ᠂ ᠰᠤᠷᠭᠠᠨ ᠬᠦᠮᠦᠵᠢᠯ ᠦᠨ ᠰᠤᠳᠤᠯᠭ᠎ᠠ ᠶᠢᠨ ᠲᠠᠰᠤᠭ ᠤᠨ ᠳᠠᠷᠤᠭ᠎ᠠ ᠪᠣᠯᠵᠤ ᠠᠵᠢᠯᠯᠠᠭᠰᠠᠨ ᠃ ᠮᠣᠩᠭᠣᠯ ᠬᠡᠯᠡ ᠪᠢᠴᠢᠭ ᠦᠨ ᠰᠤᠷᠭᠠᠨ ᠬᠦᠮᠦᠵᠢᠯ ᠦᠨ ᠣᠨᠣᠯ ᠤᠨ ᠰᠤᠳᠤᠯᠭ᠎ᠠ ᠳᠤ ᠲᠤᠰᠬᠠᠢ ᠶᠢᠨ ᠬᠦᠴᠦᠨ ᠭᠠᠷᠭᠠᠭᠰᠠᠨ ᠃ 1997 ᠣᠨ ᠤ 8 ᠰᠠᠷ᠎ᠠ ᠳᠤ ᠳᠡᠳ ᠬᠡᠯᠡᠲᠡᠰ ᠦᠨ ᠳᠠᠷᠤᠭ᠎ᠠ ᠂ 2006 ᠣᠨ ᠤ 11 ᠰᠠᠷ᠎ᠠ ᠳᠤ ᠬᠡᠯᠡᠲᠡᠰ ᠦᠨ ᠳᠠᠷᠤᠭ᠎ᠠ ᠪᠣᠯᠵᠤ ᠲᠣᠯᠠᠭᠠᠯᠠᠭᠰᠠᠨ ᠃ 20 ᠭᠠᠷᠤᠢ ᠡᠷᠳᠡᠮ ᠰᠢᠨᠵᠢᠯᠡᠭᠡᠨ ᠦ ᠥᠭᠦᠯᠡᠯ ᠢ ᠨᠡᠢᠲᠡᠯᠡᠭᠦᠯᠵᠦ ᠂ 4 ᠪᠦᠲᠦᠭᠡᠯ ᠢ ᠬᠠᠮᠲᠤᠷᠠᠨ ᠵᠣᠬᠢᠶᠠᠭᠰᠠᠨ ᠂ ᠨᠠᠢᠷᠠᠭᠤᠯᠤᠭᠰᠠᠨ ᠂ ᠣᠷᠴᠢᠭᠤᠯᠤᠭᠰᠠᠨ ᠪᠦᠲᠦᠭᠡᠯ ᠲᠠᠢ ᠃
ᠮᠣᠩᠭᠣᠯ ᠬᠡᠯᠡ ᠪᠢᠴᠢᠭ ᠦᠨ ᠰᠤᠷᠭᠠᠨ ᠬᠦᠮᠦᠵᠢᠯ ᠦᠨ ᠰᠤᠳᠤᠯᠭ᠎ᠠ ᠶᠢᠨ ᠪᠦᠲᠦᠭᠡᠯ ᠦᠳ ᠪᠣᠯ ᠨᠡᠢᠲᠡᠯᠡᠭᠦᠯᠦᠭᠰᠡᠨ ᠪᠦᠲᠦᠭᠡᠯ ᠦᠳ ᠲᠡᠢ ᠃
1983 ᠣᠨ ᠳᠤ 《 ᠮᠣᠩᠭᠣᠯ ᠬᠡᠯᠡ 》 ᠶᠢ ᠬᠠᠮᠲᠤᠷᠠᠨ ᠵᠣᠬᠢᠶᠠᠭᠰᠠᠨ ᠂ 1985 ᠣᠨ ᠳᠤ 《 ᠮᠣᠩᠭᠣᠯ ᠬᠡᠯᠡᠨ ᠦ ᠳᠦᠷᠢᠮ 》 ᠢ ᠬᠠᠮᠲᠤᠷᠠᠨ ᠵᠣᠬᠢᠶᠠᠭᠰᠠᠨ ᠪᠠᠢᠨ᠎ᠠ ᠃
《 ᠮᠣᠩᠭᠣᠯ ᠬᠡᠯᠡ ᠪᠢᠴᠢᠭ 》 ᠳᠤ ᠨᠡᠢᠲᠡᠯᠡᠭᠦᠯᠦᠭᠰᠡᠨ ᠂ ᠮᠣᠩᠭᠣᠯ ᠬᠡᠯᠡᠨ ᠦ ᠰᠤᠷᠭᠠᠨ ᠬᠦᠮᠦᠵᠢᠯ ᠦᠨ ᠰᠤᠳᠤᠯᠭ᠎ᠠ ᠶᠢᠨ ᠥᠭᠦᠯᠡᠯ ᠦᠳ 《 ᠮᠣᠩᠭᠣᠯ ᠬᠡᠯᠡ ᠪᠢᠴᠢᠭ 》 ᠳᠦ

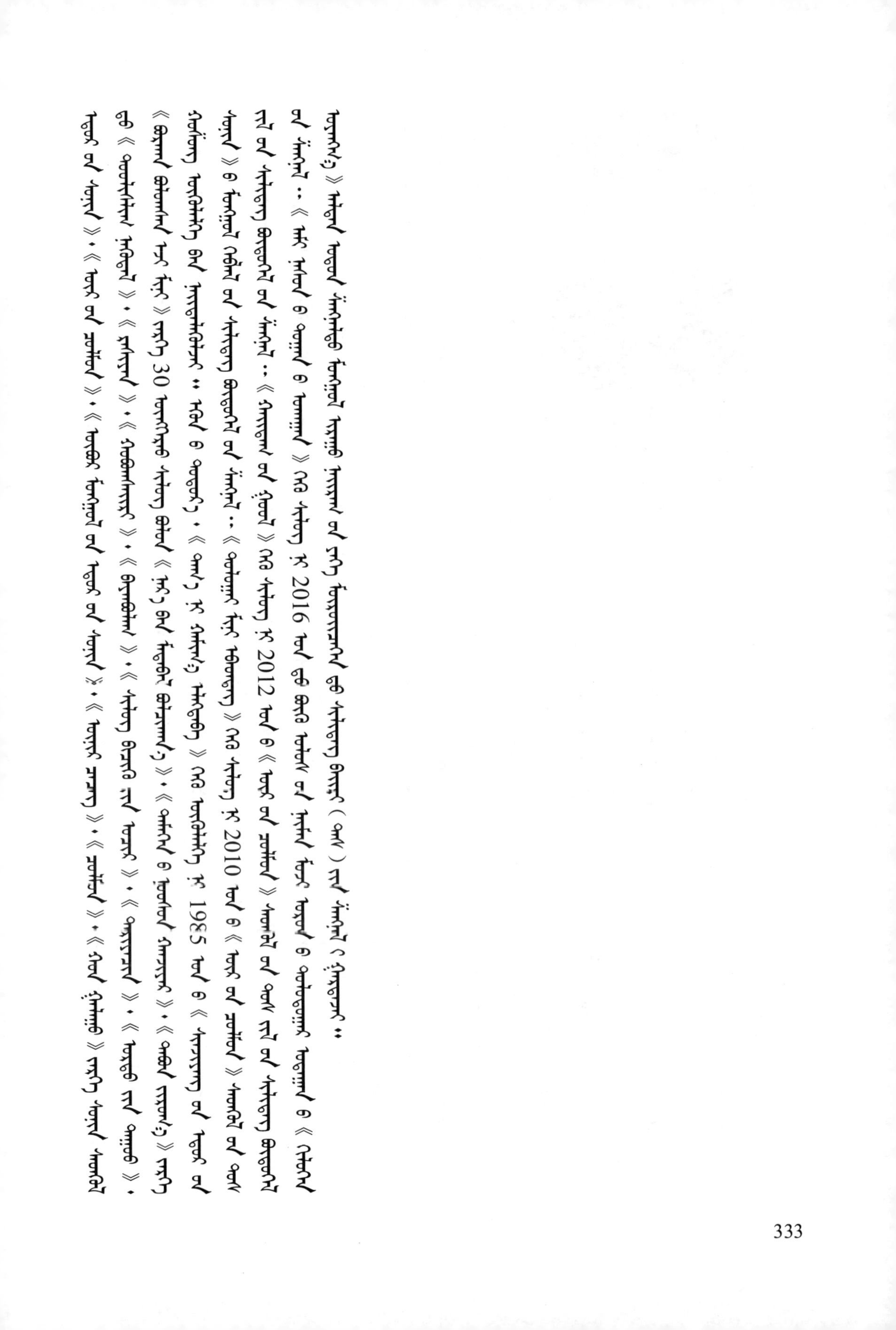

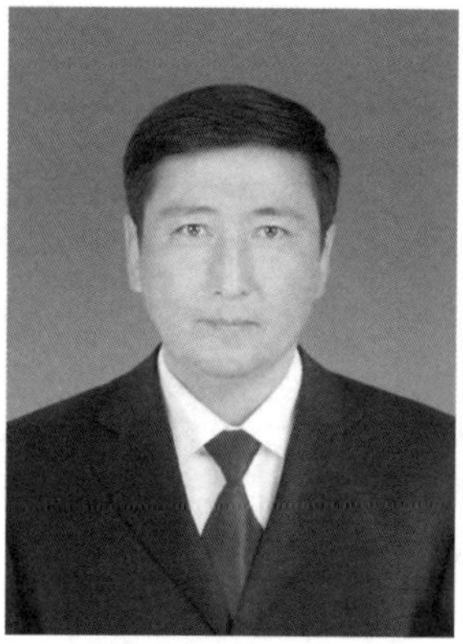

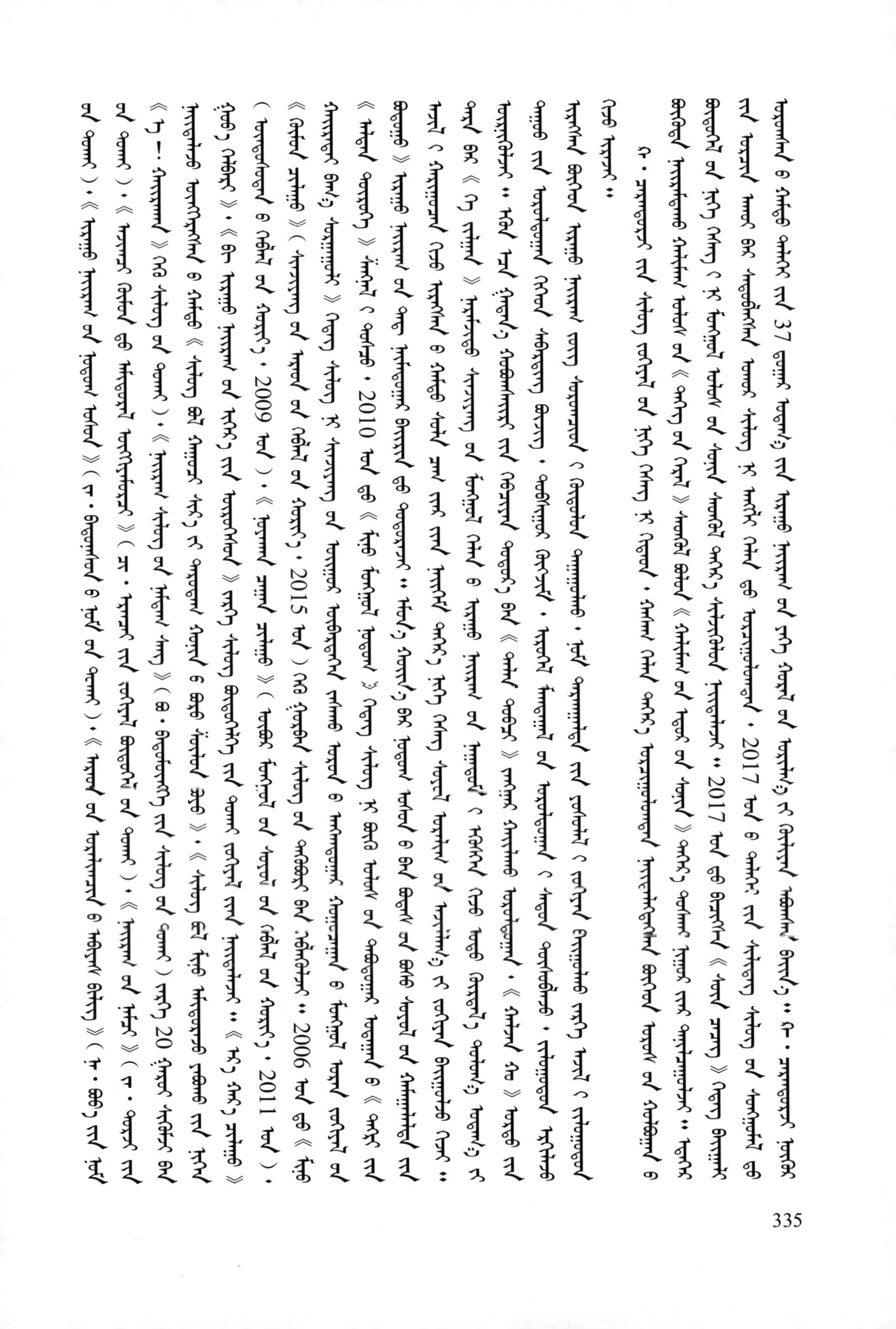

2018 ᠣᠨ ᠤ 6 ᠳᠤᠭᠠᠷ ᠰᠠᠷ᠎ᠠ ᠶᠢᠨ 《ᠮᠣᠩᠭᠣᠯ ᠰᠤᠷᠭᠠᠯ》 ᠰᠡᠳᠬᠦᠯ ᠳᠦ ᠨᠡᠶᠢᠲᠡᠯᠡᠭᠳᠡᠭᠰᠡᠨ ᠪᠣᠯᠤᠨ ᠤ ᠬᠡᠪᠯᠡᠯ ᠦᠨ ᠬᠠᠮᠲᠤ ᠶᠢᠨ ᠪᠣᠯᠪᠠᠰᠤᠷᠠᠯ ᠤᠨ ᠬᠥᠭᠵᠢᠯ
ᠪᠣᠯᠤᠨ ᠲᠡᠷ ᠣᠨ ᠤ 10 ᠳᠤᠭᠠᠷ ᠰᠠᠷ᠎ᠠ ᠶᠢᠨ ᠰᠤᠷᠭᠠᠯ ᠤᠨ ᠪᠣᠯᠪᠠᠰᠤᠷᠠᠯ ᠤᠨ 《ᠮᠣᠩᠭᠣᠯ ᠪᠢᠴᠢᠭ ᠰᠤᠷᠭᠠᠯ》 ᠰᠡᠳᠬᠦᠯ ᠦᠨ ᠬᠡᠪᠯᠡᠯ ᠤᠨ ᠰᠤᠷᠭᠠᠯ
ᠳᠡᠪᠰᠢᠭᠦᠯᠦᠯ ᠢ ᠪᠣᠯᠪᠠᠰᠤᠷᠠᠭᠤᠯᠬᠤ ᠠᠷᠭ᠎ᠠ ᠬᠡᠮᠵᠢᠶ᠎ᠡ ᠶᠢ ᠪᠡᠶᠡᠯᠡᠭᠦᠯᠬᠦ ᠬᠡᠷᠡᠭᠲᠡᠢ ::

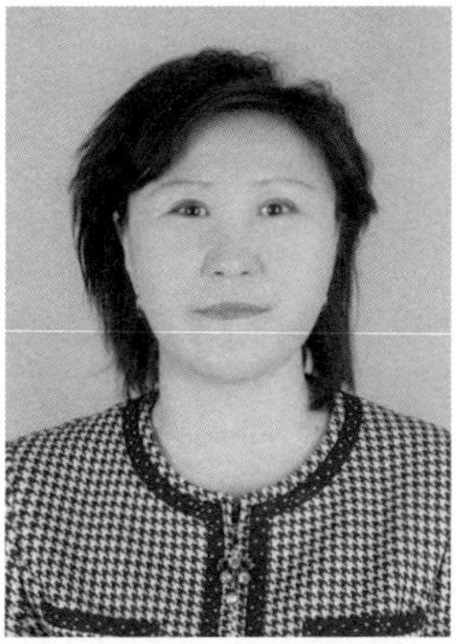

[illegible] 1965 [illegible] 5 [illegible]

[illegible] 3 [illegible]

[illegible] 1970 [illegible]

1974 [illegible] 1977 [illegible] 1978 [illegible]

[illegible] 3 [illegible] 7 [illegible]

[illegible] 1978 [illegible] 9 [illegible] 1980 [illegible] 7 [illegible]

[illegible] 1980 [illegible] 9 [illegible] 1985 [illegible] 7 [illegible]

[illegible] 1985 [illegible] 8 [illegible]

[illegible] 1990 [illegible] 11 [illegible]

[illegible] 1999 [illegible] 2000 [illegible]

[illegible] 2001 [illegible] 2011 [illegible]

[illegible]

[illegible] (2013 [illegible]) [illegible] 2019 [illegible] 11 [illegible]

1986 [illegible]

[illegible]

[illegible]

[illegible] 130 [illegible]

[illegible]

[illegible] 40 [illegible]

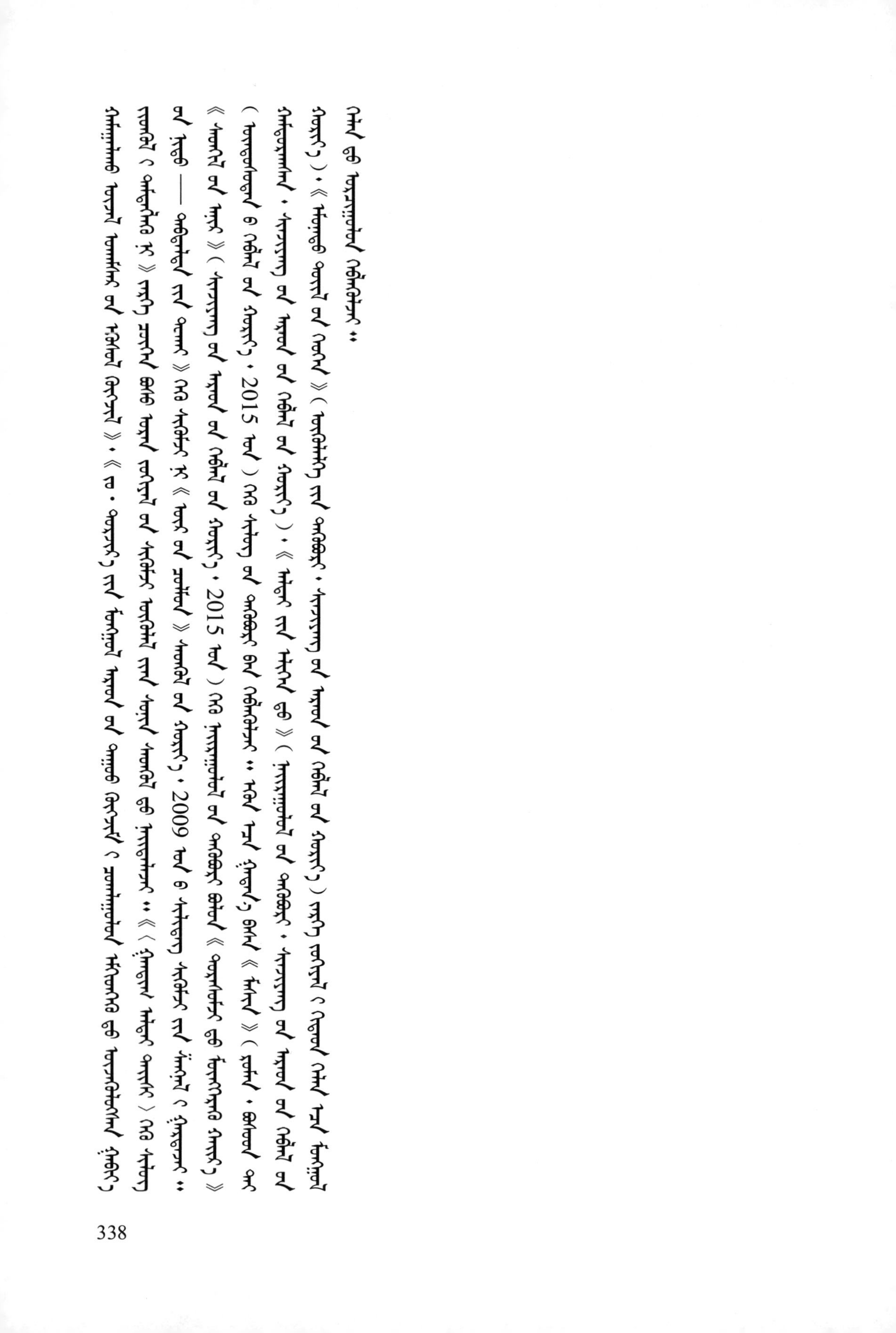

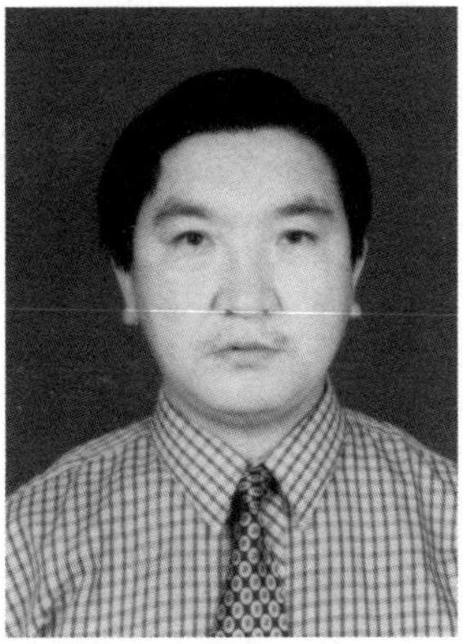

ᠳᠠ · ᠪᠠᠲᠤ ᠡᠷᠡᠭᠲᠡᠢ · ᠮᠣᠩᠭᠣᠯ ᠦᠨᠳᠦᠰᠦᠲᠡᠨ · ᠲᠡᠦᠬᠡ ᠶᠢᠨ ᠤᠬᠠᠭᠠᠨ ᠤ ᠳᠣᠻᠲ᠋ᠣᠷ (Ph.D) · ᠳᠡᠳ ᠵᠣᠬᠢᠶᠠᠯᠴᠢ ∶∶ 1965 ᠣᠨ ᠤ 5 ᠰᠠᠷ᠎ᠠ ᠶᠢᠨ 10 ᠤ ᠡᠳᠦᠷ ᠲᠥᠷᠥᠭᠰᠡᠨ · ᠬᠣᠰᠢᠭᠤᠨ ᠤ ᠨᠢᠭᠡᠳᠦᠭᠡᠷ ᠰᠤᠷᠭᠠᠭᠤᠯᠢ (ᠳᠤᠮᠳᠠ ᠰᠤᠷᠭᠠᠭᠤᠯᠢ) ᠤ ᠰᠤᠷᠤᠭᠴᠢ ᠪᠠᠶᠢᠵᠤ 1982 ᠣᠨ ᠤ 7 ᠰᠠᠷ᠎ᠠ ᠳᠤ ᠲᠡᠭᠦᠰᠦᠭᠰᠡᠨ ∶∶ 1982 ᠣᠨ ᠤ 9 ᠰᠠᠷ᠎ᠠ ᠳᠤ ᠥᠪᠥᠷ ᠮᠣᠩᠭᠣᠯ ᠤᠨ ᠪᠠᠭᠰᠢ ᠶᠢᠨ ᠶᠡᠬᠡ ᠰᠤᠷᠭᠠᠭᠤᠯᠢ ᠶᠢᠨ ᠲᠡᠦᠬᠡ ᠶᠢᠨ ᠰᠤᠷᠭᠠᠭᠤᠯᠢ ᠳᠤ ᠣᠷᠤᠵᠤ · 1986 ᠣᠨ ᠤ 7 ᠰᠠᠷ᠎ᠠ ᠳᠤ ᠲᠡᠭᠦᠰᠦᠭᠰᠡᠨ ∶∶ 1993 ᠣᠨ ᠳᠤ ᠦᠨᠳᠦᠰᠦᠲᠡᠨ ᠦ ᠶᠡᠬᠡ ᠰᠤᠷᠭᠠᠭᠤᠯᠢ ᠶᠢᠨ ᠲᠡᠦᠬᠡ ᠶᠢᠨ ᠮᠡᠷᠭᠡᠵᠢᠯ ᠦᠨ ᠮᠠᠭᠢᠰᠲ᠋ᠷ ᠤᠨ ᠡᠷᠳᠡᠮ ᠦᠨ ᠵᠡᠷᠭᠡ ᠣᠯᠵᠤ · ᠲᠡᠦᠬᠡ ᠶᠢᠨ ᠮᠡᠷᠭᠡᠵᠢᠯ ᠦᠨ ᠮᠠᠭᠢᠰᠲ᠋ᠷ ᠤᠨ ᠡᠷᠳᠡᠮ ᠦᠨ ᠵᠡᠷᠭᠡ ᠣᠯᠵᠤ ∶∶ 1999 ᠣᠨ ᠤ 7 ᠰᠠᠷ᠎ᠠ ᠳᠤ ᠦᠨᠳᠦᠰᠦᠲᠡᠨ ᠦ ᠶᠡᠬᠡ ᠰᠤᠷᠭᠠᠭᠤᠯᠢ ᠶᠢᠨ ᠲᠡᠦᠬᠡ ᠶᠢᠨ ᠮᠡᠷᠭᠡᠵᠢᠯ ᠦᠨ ᠮᠠᠭᠢᠰᠲ᠋ᠷ ᠤᠨ ᠡᠷᠳᠡᠮ ᠦᠨ ᠵᠡᠷᠭᠡ ᠣᠯᠵᠤ ∶∶ 2000 ᠣᠨ ᠤ 9 ᠰᠠᠷ᠎ᠠ ᠠᠴᠠ 2001 ᠣᠨ ᠤ 9 ᠰᠠᠷ᠎ᠠ ᠪᠣᠯᠲᠠᠯ᠎ᠠ ᠮᠣᠩᠭᠣᠯ ᠤᠯᠤᠰ ᠤᠨ ᠰᠢᠨᠵᠢᠯᠡᠬᠦ ᠤᠬᠠᠭᠠᠨ ᠤ ᠠᠺᠠᠳᠧᠮᠢ ᠶᠢᠨ ᠲᠡᠦᠬᠡ ᠶᠢᠨ ᠬᠦᠷᠢᠶᠡᠯᠡᠩ ᠳᠦ ᠰᠤᠷᠤᠯᠴᠠᠭᠰᠠᠨ · 2001 ᠣᠨ ᠤ 7 ᠰᠠᠷ᠎ᠠ ᠳᠤ ᠣᠯᠠᠨ ᠤᠯᠤᠰ ᠤᠨ ᠬᠠᠷᠢᠯᠴᠠᠭ᠎ᠠ ᠶᠢᠨ ᠲᠡᠦᠬᠡ ᠶᠢᠨ ᠮᠡᠷᠭᠡᠵᠢᠯ ᠦᠨ ᠳᠣᠻᠲ᠋ᠣᠷ ᠤᠨ ᠡᠷᠳᠡᠮ ᠦᠨ ᠵᠡᠷᠭᠡ ᠣᠯᠵᠤ ∶∶ ᠨᠡᠶᠢᠲᠡᠯᠡᠭᠰᠡᠨ ᠪᠦᠲᠦᠭᠡᠯ : 《〈ᠮᠣᠩᠭᠣᠯ ᠤᠨ ᠨᠢᠭᠤᠴᠠ ᠲᠣᠪᠴᠢᠶᠠᠨ〉 ᠤ ᠰᠤᠳᠤᠯᠤᠯ》 ᠵᠡᠷᠭᠡ ᠪᠦᠲᠦᠭᠡᠯ ᠦᠳ ᠪᠣᠢ ∶∶ 2005 ᠣᠨ ᠳᠤ 《ᠮᠣᠩᠭᠣᠯ ᠤᠨ ᠨᠢᠭᠤᠴᠠ ᠲᠣᠪᠴᠢᠶᠠᠨ ᠤ ᠰᠤᠳᠤᠯᠤᠯ》 ᠤᠨ ᠨᠢᠭᠤᠴᠠ ᠲᠣᠪᠴᠢᠶᠠᠨ ᠤ ᠰᠤᠳᠤᠯᠤᠯ ᠤᠨ ᠪᠦᠲᠦᠭᠡᠯ · ᠪᠣᠯ ᠲᠡᠦᠬᠡ ᠶᠢᠨ ᠰᠤᠳᠤᠯᠤᠯ ᠤᠨ ᠪᠦᠲᠦᠭᠡᠯ ᠦᠳ ᠪᠣᠢ ∶∶ 2006 ᠣᠨ ᠳᠤ ᠲᠡᠦᠬᠡ ᠶᠢᠨ ᠮᠡᠷᠭᠡᠵᠢᠯ ᠦᠨ ᠰᠤᠳᠤᠯᠤᠯ ᠤᠨ ᠪᠦᠲᠦᠭᠡᠯ ᠦᠳ ᠪᠣᠯᠤᠨ ᠮᠡᠷᠭᠡᠵᠢᠯ ᠦᠨ ᠰᠤᠳᠤᠯᠤᠯ ᠤᠨ ᠳᠡᠪᠲᠡᠷ ᠦᠳ ᠪᠣᠢ ∶∶ 《ᠮᠣᠩᠭᠣᠯ ᠤᠨ ᠲᠡᠦᠬᠡ ᠶᠢᠨ ᠰᠤᠳᠤᠯᠤᠯ》 · 《ᠮᠣᠩᠭᠣᠯ ᠤᠨ ᠲᠡᠦᠬᠡ》 · 《ᠰᠤᠳᠤᠯᠤᠯ ᠤᠨ ᠰᠠᠩ ᠰᠡᠳᠬᠦᠯ》 · 《ᠰᠤᠳᠤᠯᠤᠯ ᠤᠨ ᠲᠡᠦᠬᠡ》 ᠵᠡᠷᠭᠡ ᠰᠡᠳᠬᠦᠯ ᠳᠦ · 《ᠰᠤᠳᠤᠯᠤᠯ ᠤᠨ ᠰᠠᠩ ᠰᠡᠳᠬᠦᠯ ᠪᠣᠯ ᠲᠠᠯᠠᠷ》 ᠵᠡᠷᠭᠡ ᠶᠢ ᠨᠡᠶᠢᠲᠡᠯᠡᠭᠰᠡᠨ ∶∶ 2007 ᠣᠨ ᠤ 11 ᠰᠠᠷ᠎ᠠ ᠠᠴᠠ 2008 ᠣᠨ ᠤ 11 ᠰᠠᠷ᠎ᠠ ᠬᠦᠷᠲᠡᠯᠡ ᠶᠠᠫᠣᠨ ᠤᠯᠤᠰ ᠲᠤ ᠰᠤᠷᠤᠯᠴᠠᠭᠰᠠᠨ ∶∶

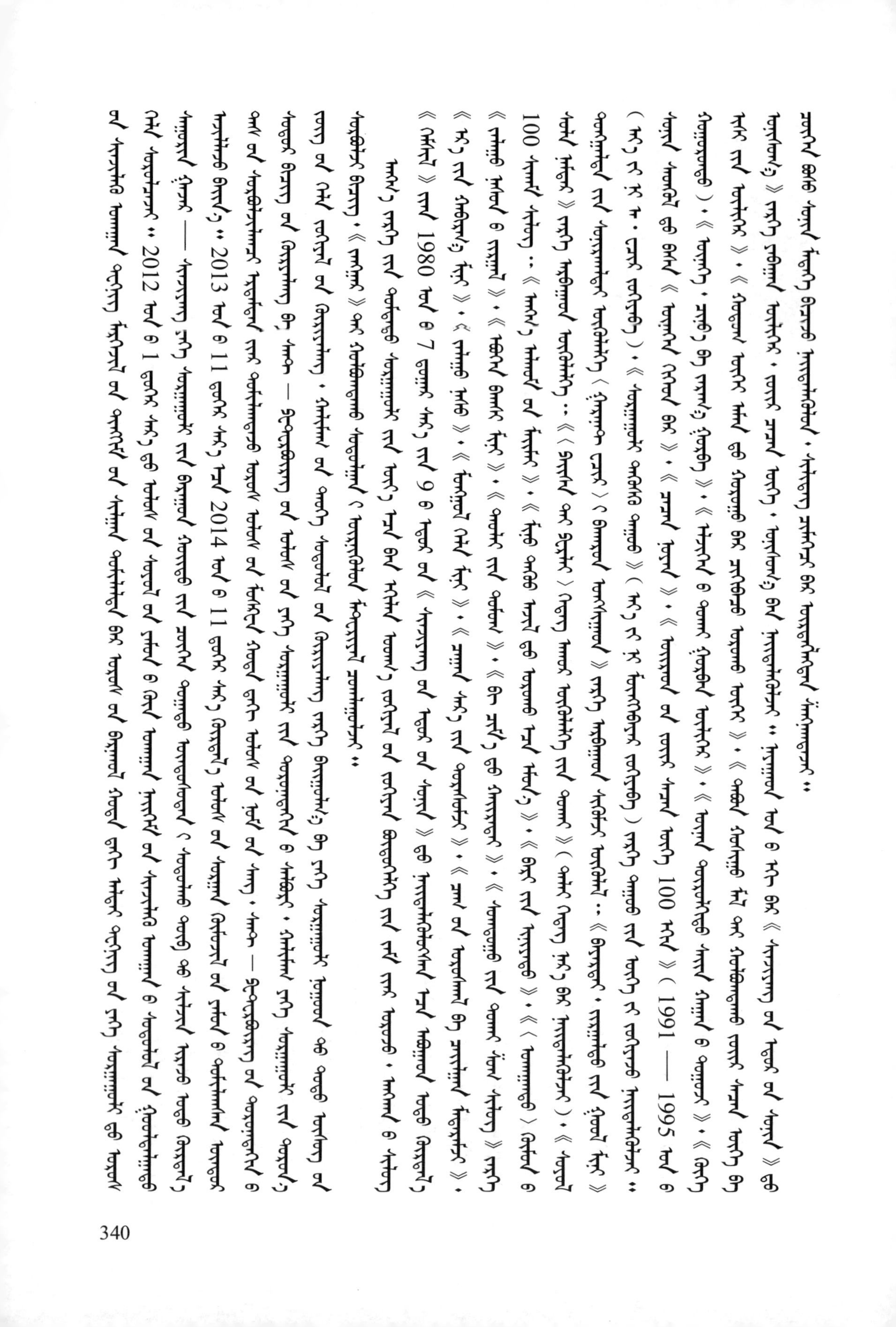

[illegible]

ᠨᠡᠢᠲᠡᠯᠡᠭᠰᠡᠨ (2014 ᠣᠨ) ᠤᠨ ᠦᠶ᠎ᠡ ᠶᠢᠨ ᠮᠣᠩᠭᠣᠯ ᠬᠡᠯᠡ ᠤᠬᠠᠭᠠᠨ ᠤ ᠰᠤᠳᠤᠯᠭᠠᠨ ᠤ ᠲᠣᠪᠴᠢᠶᠠᠨ ᠤ ᠡᠭᠦᠳᠦᠭᠰᠡᠨ ᠵᠢᠯ ᠦᠨ ᠬᠠᠷᠢᠶᠠᠲᠤ ᠨᠢᠭᠤᠷ ᠲᠠᠯ᠎ᠠ ᠨᠡᠢᠲᠡᠯᠡᠭᠰᠡᠨ · ᠰᠤᠷᠭᠠᠭᠤᠯᠢ ᠶᠢᠨ ᠰᠤᠳᠤᠯᠭᠠᠨ ᠤ ᠪᠦᠲᠦᠭᠡᠯ ᠦᠳ ᠦᠨ ᠬᠡᠮᠵᠢᠶ᠎ᠡ ᠪᠣᠯᠭᠠᠨ ᠨᠡᠢᠲᠡᠯᠡᠭᠰᠡᠨ (2002 ᠣᠨ) · ᠭᠠᠳᠠᠭᠠᠳᠤ ᠨᠡᠢᠲᠡᠯᠡᠭᠰᠡᠨ (2009 ᠣᠨ) · ᠬᠠᠮᠲᠤᠷᠠᠨ ᠰᠤᠳᠤᠯᠬᠤ ᠲᠥᠰᠥᠯ ᠦᠨ ᠠᠵᠢᠯ ᠢ ᠬᠦᠯᠢᠶᠡᠯᠭᠡᠨ ᠠᠪᠤᠭᠰᠠᠨ ᠰᠤᠳᠤᠯᠭᠠᠨ ᠤ ᠲᠥᠰᠥᠯ ᠦᠨ ᠬᠡᠷᠡᠭ (重大委托横向项目) ᠤᠨ ᠠᠵᠢᠯ ᠢ ᠨᠢᠭᠡ ᠪᠣᠳᠠᠲᠤ ᠵᠣᠬᠢᠶᠠᠨ ᠪᠠᠢᠭᠤᠯᠤᠭᠰᠠᠨ ᠪᠠ ᠭᠦᠢᠴᠡᠳᠬᠡᠭᠰᠡᠨ ᠦᠢᠯᠡᠳᠦᠯ ᠡᠴᠡ ᠪᠦᠷᠢᠯᠳᠦᠭᠰᠡᠨ ᠪᠢᠯᠡ ᠃ 2016 ᠣᠨ ᠳᠤ ᠰᠢᠨᠵᠢᠯᠡᠬᠦ ᠤᠬᠠᠭᠠᠨ ᠤ ᠮᠣᠩᠭᠣᠯ ᠰᠤᠳᠤᠯᠭᠠᠨ ᠤ ᠲᠥᠪ ᠦᠨ · 2019 ᠣᠨ ᠳᠤ ᠬᠡᠯᠡ ᠪᠢᠴᠢᠭ ᠦᠨ ᠠᠵᠢᠯ ᠤᠨ ᠵᠥᠪᠯᠡᠯ ᠦᠨ ᠬᠠᠮᠲᠤ ᠰᠤᠳᠤᠯᠬᠤ ᠲᠥᠰᠥᠯ ᠦᠨ ᠠᠵᠢᠯ ᠤᠨ ᠬᠡᠰᠡᠭ ᠦᠨ ᠪᠠᠢᠭᠤᠯᠤᠯᠲᠠ ᠶᠢᠨ ᠪᠠᠢᠳᠠᠯ ᠢ ᠳᠡᠭᠡᠭᠰᠢ ᠳᠤ ᠳᠠᠪᠰᠢᠭᠤᠯᠬᠤ ᠲᠠᠯ᠎ᠠ ᠪᠠᠷ ᠨᠢᠭᠡ ᠨᠢᠭᠡᠨ ᠢ ᠬᠢᠭᠰᠡᠨ (ᠮᠦᠨ ᠮᠣᠩᠭᠣᠯ ᠤᠯᠤᠰ ᠤᠨ ᠰᠢᠨᠵᠢᠯᠡᠬᠦ ᠤᠬᠠᠭᠠᠨ ᠤ ᠠᠺᠠᠳᠧᠮᠢ ᠪᠠᠷ 2004 · 2014 · 2017 · 2018 ᠣᠨ ᠳᠤ ᠬᠡᠯᠡᠯᠴᠡᠭᠰᠡᠨ ᠦᠵᠡᠭᠦᠯᠦᠯᠲᠡ ᠶᠢᠨ ᠲᠥᠰᠥᠯ ᠦᠨ ᠨᠢᠭᠡ ᠪᠠᠢᠭᠤᠯᠤᠯᠲᠠ ᠶᠢᠨ ᠠᠵᠢᠯ ᠢ ᠮᠠᠰᠢ ᠳᠡᠭᠡᠳᠦ ᠲᠦᠪᠰᠢᠨ ᠳᠦ ᠦᠷ᠎ᠡ ᠳ᠋ᠦᠩ ᠲᠠᠢ ᠭᠦᠢᠴᠡᠳᠬᠡᠭᠰᠡᠨ ᠃

ᠮᠣᠩᠭᠣᠯ ᠬᠡᠯᠡ ᠤᠬᠠᠭᠠᠨ ᠤ ᠰᠤᠳᠤᠯᠭᠠᠨ ᠤ ᠲᠥᠪ ᠦᠨ ᠰᠤᠷᠭᠠᠭᠤᠯᠢ ᠶᠢᠨ ᠠᠵᠢᠯ ᠤᠨ ᠬᠦᠮᠦᠵᠢᠯ ᠦᠨ ᠰᠤᠳᠤᠯᠭᠠᠨ ᠤ ᠵᠦᠢᠯ ᠦᠨ ᠬᠡᠷᠡᠭ (2007 ᠣᠨ) ᠢ ᠬᠠᠷᠢᠭᠤᠴᠠᠨ ᠰᠤᠳᠤᠯᠤᠭᠰᠠᠨ ᠪᠣᠯᠤᠨ ᠬᠠᠮᠲᠤᠷᠠᠨ ᠨᠡᠢᠲᠡᠯᠡᠭᠰᠡᠨ ᠃ ᠮᠣᠩᠭᠣᠯ ᠤᠨ ᠪᠦᠭᠦᠳᠡ ᠨᠠᠢᠷᠠᠮᠳᠠᠬᠤ ᠳᠤ ᠤᠯᠤᠰ ᠤᠨ ᠰᠤᠳᠤᠯᠭᠠᠨ ᠤ ᠵᠦᠢᠯ ᠦᠨ ᠬᠡᠷᠡᠭ (委托横向项目) ᠲᠠᠢ ᠬᠠᠮᠲᠤ ᠰᠤᠳᠤᠯᠤᠭᠰᠠᠨ ᠰᠤᠳᠤᠯᠭᠠᠨ ᠤ ᠵᠦᠢᠯ ᠦᠨ ᠬᠡᠷᠡᠭ (2014 ᠣᠨ) · ᠰᠤᠷᠬᠤ ᠲᠠᠢ ᠬᠠᠷᠢᠴᠠᠬᠤ · ᠰᠤᠷᠭᠠᠭᠤᠯᠢ ᠶᠢᠨ ᠮᠣᠩᠭᠣᠯ ᠤᠨ ᠰᠤᠷᠭᠠᠭᠤᠯᠢ ᠶᠢᠨ ᠰᠤᠳᠤᠯᠭᠠᠨ ᠤ ᠵᠦᠢᠯ ᠦᠨ ᠬᠡᠷᠡᠭ ᠲᠠᠢ ᠨᠡᠢᠯᠡᠭᠦᠯᠵᠦ · ᠪᠠᠢᠭᠤᠯᠤᠯᠲᠠ ᠶᠢᠨ ᠪᠠᠢᠳᠠᠯ

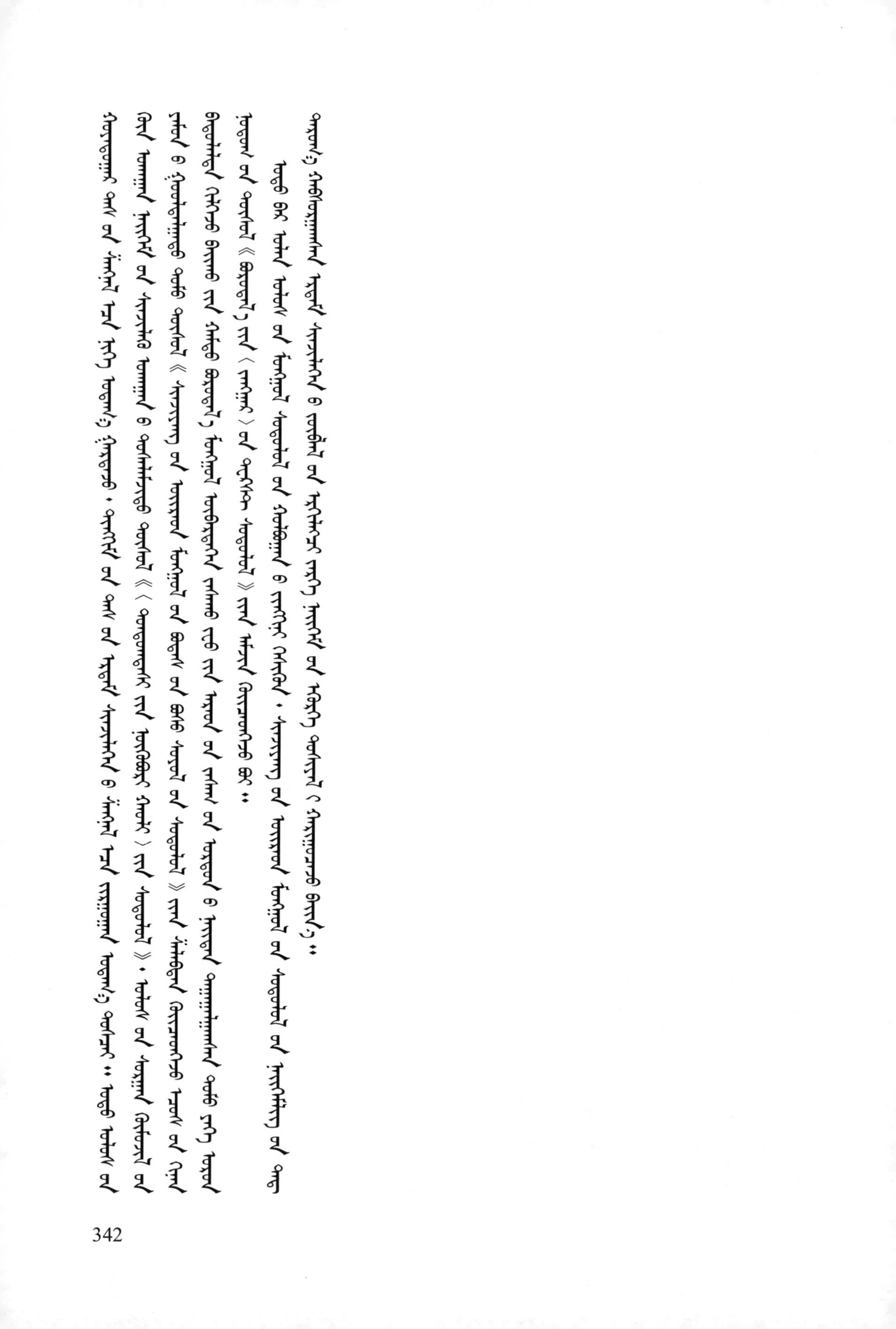

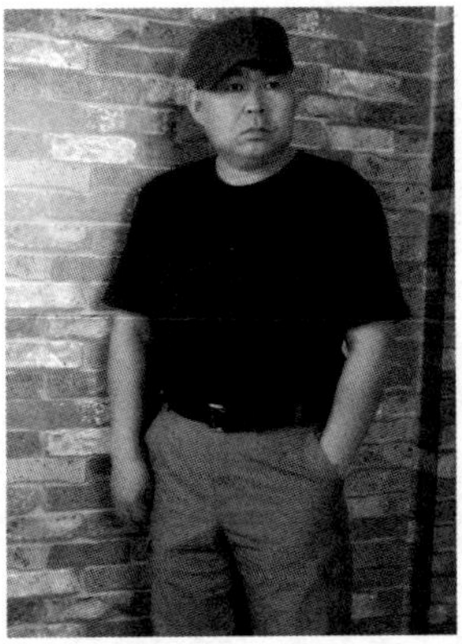

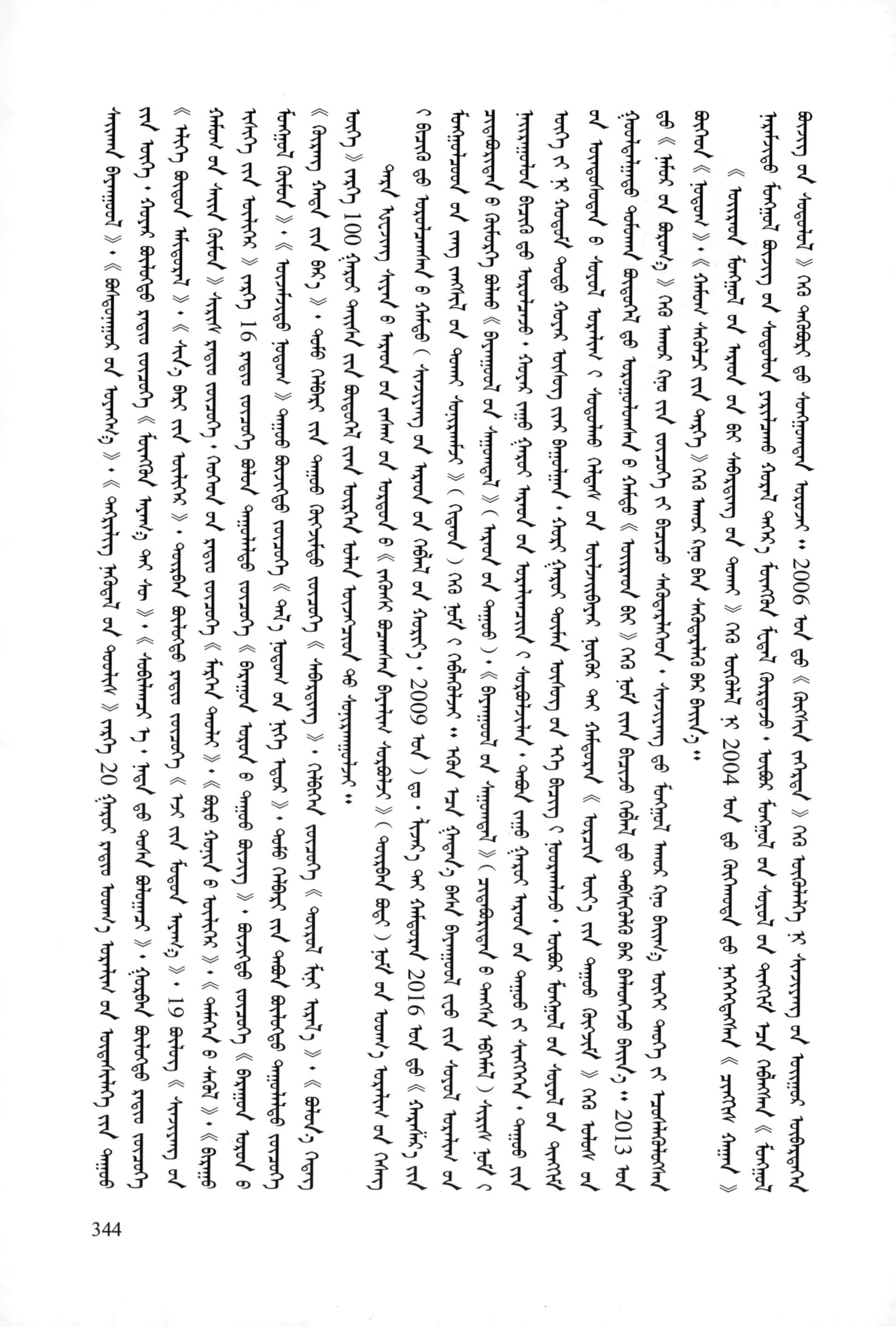

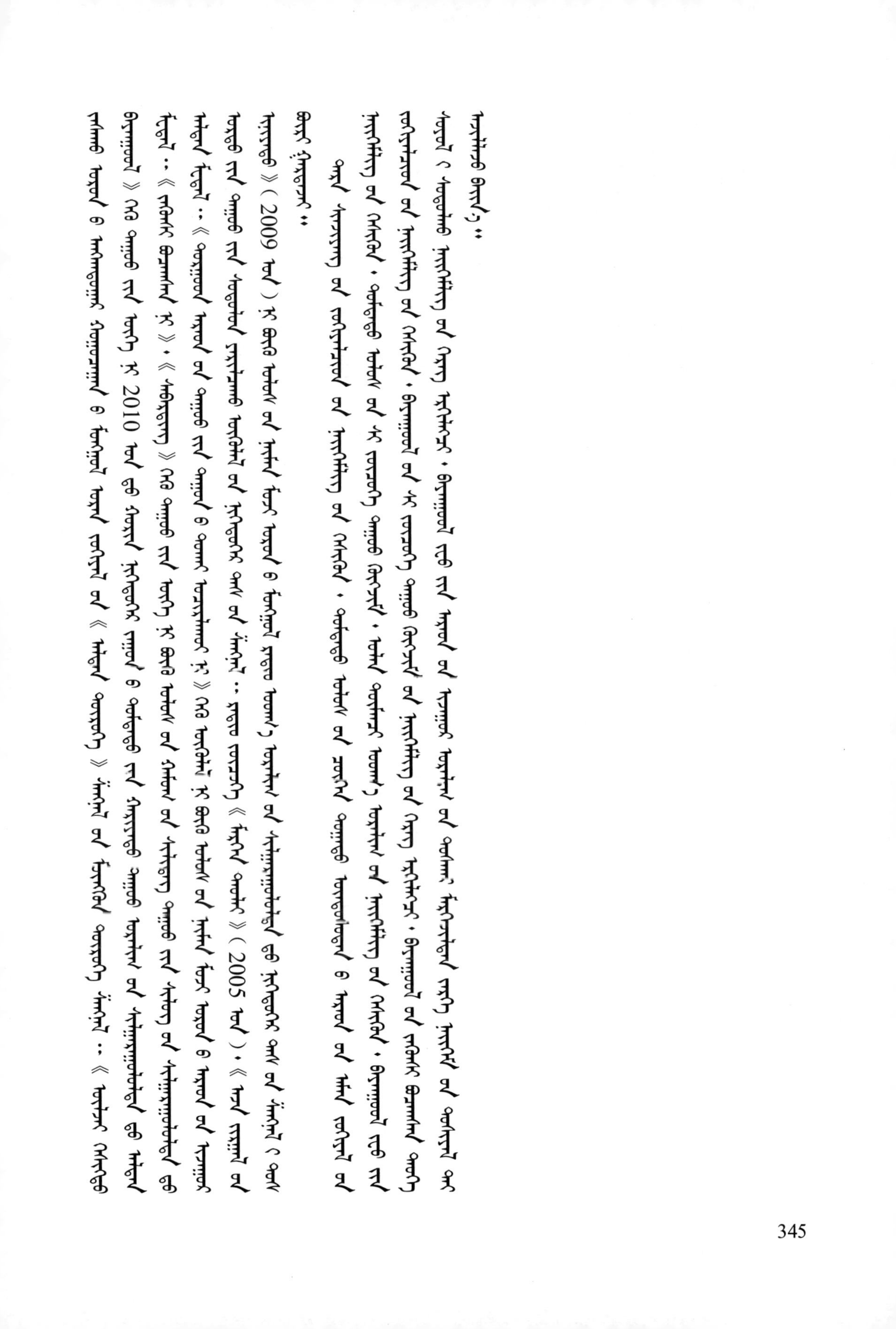

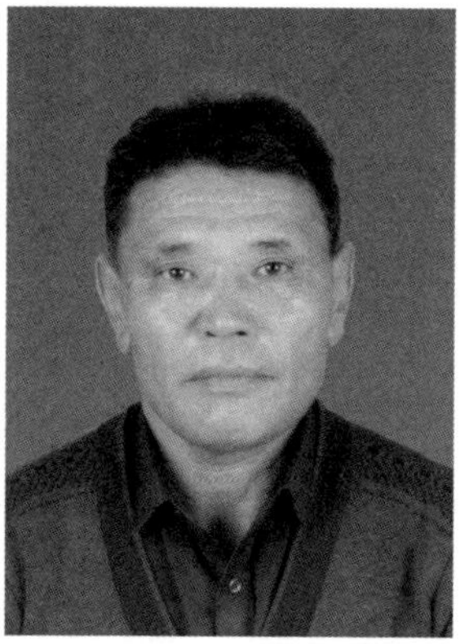

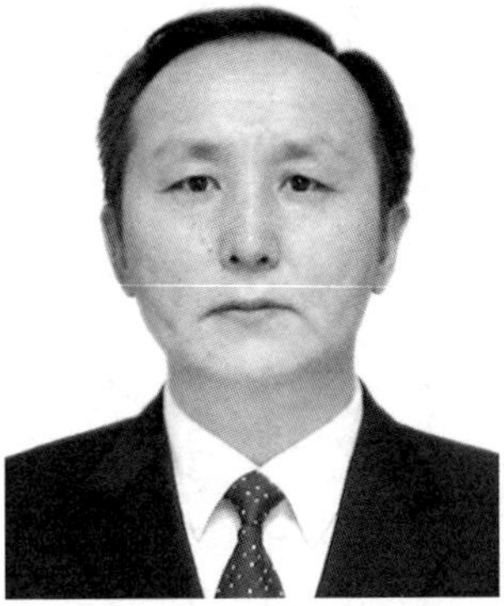

ᠳ᠋ᠣ᠂ ᠪᠠᠶᠠᠷ   ᠡᠷᠡᠭᠲᠡᠢ᠂ ᠮᠣᠩᠭᠣᠯ ᠦᠨᠳᠦᠰᠦᠲᠡᠨ᠂ ᠬᠦᠮᠦᠵᠢᠯ ᠦᠨ ᠬᠠᠮᠲᠤᠷᠠᠯ ᠬᠢᠭᠰᠡᠨ᠃ 1965 ᠣᠨ ᠤ 10 ᠰᠠᠷ᠎ᠠ ᠳᠤ
ᠬᠢᠩᠭᠠᠨ ᠠᠶᠢᠮᠠᠭ ᠤᠨ ᠬᠣᠷᠴᠢᠨ ᠪᠠᠷᠠᠭᠤᠨ ᠭᠠᠷ ᠤᠨ ᠡᠮᠦᠨᠡᠳᠦ ᠬᠣᠰᠢᠭᠤᠨ ᠤ ᠲᠤᠯᠠᠭᠠᠨ ᠤ ᠭᠠᠴᠠᠭ᠎ᠠ ᠳᠤ ᠲᠦᠷᠦᠭᠰᠡᠨ
ᠪᠠᠭ᠎ᠠ ᠰᠤᠷᠭᠠᠭᠤᠯᠢ ᠳᠤ ᠰᠤᠷᠤᠯᠴᠠᠭᠰᠠᠨ ᠤ ᠬᠣᠢᠨ᠎ᠠ ᠡᠮᠦᠨᠡᠳᠦ ᠬᠣᠰᠢᠭᠤᠨ ᠤ ᠨᠢᠭᠡᠳᠦᠭᠡᠷ ᠳᠤᠮᠳᠠ ᠰᠤᠷᠭᠠᠭᠤᠯᠢ ᠳᠤ
ᠰᠤᠷᠤᠯᠴᠠᠭᠰᠠᠨ ᠤ ᠬᠣᠢᠨ᠎ᠠ ᠪᠠᠭᠰᠢ ᠶᠢᠨ ᠰᠤᠷᠭᠠᠭᠤᠯᠢ ᠶᠢᠨ ᠮᠣᠩᠭᠣᠯ ᠬᠡᠯᠡ ᠦᠰᠦᠭ ᠦᠨ ᠮᠡᠷᠭᠡᠵᠢᠯ ᠢ ᠲᠡᠭᠦᠰᠬᠡᠭᠰᠡᠨ᠂
ᠪᠠᠭ᠎ᠠ ᠰᠤᠷᠭᠠᠭᠤᠯᠢ ᠶᠢᠨ ᠪᠠᠭᠰᠢ ᠪᠣᠯᠤᠭᠰᠠᠨ ᠃ 1974 ᠣᠨ ᠤ 9 ᠰᠠᠷ᠎ᠠ ᠠᠴᠠ
1979 ᠣᠨ ᠤ 7 ᠰᠠᠷ᠎ᠠ ᠬᠦᠷᠲᠡᠯ᠎ᠡ ᠳᠤᠮᠳᠠ ᠰᠤᠷᠭᠠᠭᠤᠯᠢ ᠳᠤ ᠰᠤᠷᠤᠯᠴᠠᠭᠰᠠᠨ ᠪᠠ ᠰᠤᠷᠭᠠᠨ ᠬᠦᠮᠦᠵᠢᠯ ᠦᠨ ᠠᠵᠢᠯ ᠳᠤ ᠣᠷᠣᠯᠴᠠᠭᠰᠠᠨ᠂
1979 ᠣᠨ ᠤ 9 ᠰᠠᠷ᠎ᠠ ᠠᠴᠠ 1982 ᠣᠨ ᠤ 7 ᠰᠠᠷ᠎ᠠ ᠬᠦᠷᠲᠡᠯ᠎ᠡ ᠵᠢᠷᠢᠮ ᠤᠨ ᠪᠠᠭᠰᠢ ᠶᠢᠨ ᠰᠤᠷᠭᠠᠭᠤᠯᠢ ᠶᠢᠨ ᠮᠣᠩᠭᠣᠯ ᠬᠡᠯᠡ ᠦᠰᠦᠭ ᠦᠨ ᠮᠡᠷᠭᠡᠵᠢᠯ ᠢ
ᠲᠡᠭᠦᠰᠬᠡᠭᠰᠡᠨ᠂ 1982 ᠣᠨ ᠤ 7 ᠰᠠᠷ᠎ᠠ ᠠᠴᠠ 1986 ᠣᠨ ᠤ 7 ᠰᠠᠷ᠎ᠠ ᠬᠦᠷᠲᠡᠯ᠎ᠡ ᠰᠤᠷᠭᠠᠭᠤᠯᠢ ᠳᠤ ᠪᠠᠭᠰᠢ ᠪᠣᠯᠤᠭᠰᠠᠨ᠂ 1986 ᠣᠨ ᠠᠴᠠ
1989 ᠣᠨ ᠬᠦᠷᠲᠡᠯ᠎ᠡ ᠥᠪᠥᠷ ᠮᠣᠩᠭᠣᠯ ᠤᠨ ᠪᠠᠭᠰᠢ ᠶᠢᠨ ᠶᠡᠬᠡ ᠰᠤᠷᠭᠠᠭᠤᠯᠢ ᠳᠤ ᠮᠡᠷᠭᠡᠵᠢᠯ ᠳᠡᠭᠡᠭᠰᠢᠯᠡᠭᠰᠡᠨ ᠃ 1989 ᠣᠨ ᠳᠤ ᠪᠣᠯᠪᠠᠰᠤᠷᠠᠯ ᠤᠨ
ᠬᠦᠮᠦᠵᠢᠯ ᠦᠨ ᠰᠤᠳᠤᠯᠭ᠎ᠠ ᠶᠢᠨ ᠠᠵᠢᠯ ᠳᠤ ᠣᠷᠣᠯᠴᠠᠵᠤ ᠂ 1993 ᠣᠨ ᠠᠴᠠ 1996 ᠣᠨ ᠬᠦᠷᠲᠡᠯ᠎ᠡ ᠰᠤᠳᠤᠯᠬᠤ ᠠᠵᠢᠯᠲᠠᠨ ᠤ ᠲᠤᠰᠠᠯᠠᠭᠴᠢ᠂ 1993 ᠣᠨ
ᠳᠤ ᠳᠡᠳ ᠰᠤᠳᠤᠯᠤᠭᠠᠴᠢ ᠪᠣᠯᠤᠭᠰᠠᠨ ᠃ 1993 ᠣᠨ ᠠᠴᠠ 1996 ᠣᠨ ᠬᠦᠷᠲᠡᠯ᠎ᠡ ᠰᠤᠳᠤᠯᠭ᠎ᠠ ᠶᠢᠨ ᠭᠠᠵᠠᠷ ᠤᠨ ᠡᠷᠬᠢᠯᠡᠭᠴᠢ᠂
ᠰᠤᠷᠭᠠᠨ ᠬᠦᠮᠦᠵᠢᠯ ᠦᠨ ᠰᠤᠳᠤᠯᠭ᠎ᠠ ᠶᠢᠨ ᠭᠠᠵᠠᠷ ᠤᠨ ᠳᠡᠳ ᠳᠠᠷᠤᠭ᠎ᠠ᠂ ᠰᠤᠷᠭᠠᠨ ᠬᠦᠮᠦᠵᠢᠯ ᠦᠨ ᠰᠤᠳᠤᠯᠭ᠎ᠠ ᠶᠢᠨ ᠲᠡᠭᠦᠰᠬᠡᠭᠰᠡᠨ᠂
《〈ᠰᠤᠷᠭᠠᠨ〉 ᠬᠦᠮᠦᠵᠢᠯ ᠦᠨ ᠰᠣᠨᠢᠨ》 ᠰᠡᠳᠬᠦᠯ ᠦᠨ ᠡᠷᠬᠢᠯᠡᠭᠴᠢ ᠪᠣᠯᠤᠭᠰᠠᠨ ᠃ 1997 ᠣᠨ ᠤ 3 ᠰᠠᠷ᠎ᠠ ᠠᠴᠠ 1999 ᠣᠨ ᠤ 7 ᠰᠠᠷ᠎ᠠ ᠬᠦᠷᠲᠡᠯ᠎ᠡ ᠰᠤᠷᠭᠠᠨ ᠬᠦᠮᠦᠵᠢᠯ ᠦᠨ
ᠰᠤᠳᠤᠯᠭ᠎ᠠ ᠶᠢᠨ ᠭᠠᠵᠠᠷ ᠤᠨ ᠳᠡᠳ ᠳᠠᠷᠤᠭ᠎ᠠ ᠪᠣᠯᠤᠭᠰᠠᠨ ᠃ 1997 ᠣᠨ ᠤ 3 ᠰᠠᠷ᠎ᠠ ᠠᠴᠠ 1999 ᠣᠨ ᠤ 7 ᠰᠠᠷ᠎ᠠ ᠬᠦᠷᠲᠡᠯ᠎ᠡ ᠡᠷᠳᠡᠮ ᠦᠨ ᠬᠦᠷᠢᠶᠡᠯᠡᠩ ᠦᠨ
ᠰᠤᠷᠭᠠᠨ ᠬᠦᠮᠦᠵᠢᠯ ᠦᠨ ᠰᠤᠳᠤᠯᠭ᠎ᠠ ᠶᠢᠨ ᠭᠠᠵᠠᠷ ᠤᠨ ᠳᠡᠳ ᠳᠠᠷᠤᠭ᠎ᠠ᠂ ᠮᠡᠷᠭᠡᠵᠢᠯ ᠦᠨ ᠬᠣᠷᠢᠶ᠎ᠠ ᠶᠢᠨ ᠭᠡᠰᠢᠭᠦᠨ᠂ 1997 ᠣᠨ ᠳᠤ ᠰᠤᠷᠭᠠᠨ ᠬᠦᠮᠦᠵᠢᠯ ᠦᠨ
ᠰᠤᠳᠤᠯᠭ᠎ᠠ ᠶᠢᠨ ᠭᠠᠵᠠᠷ ᠤᠨ ᠳᠡᠳ ᠰᠤᠳᠤᠯᠤᠭᠠᠴᠢ ᠪᠣᠯᠤᠭᠰᠠᠨ ᠃ 1997 ᠣᠨ ᠳᠤ ᠰᠤᠷᠭᠠᠨ ᠬᠦᠮᠦᠵᠢᠯ ᠦᠨ ᠮᠡᠷᠭᠡᠵᠢᠯ ᠦᠨ ᠬᠣᠷᠢᠶ᠎ᠠ ᠶᠢᠨ ᠭᠡᠰᠢᠭᠦᠨ᠂
ᠡᠷᠳᠡᠮ ᠦᠨ ᠬᠣᠷᠢᠶ᠎ᠠ ᠶᠢᠨ ᠲᠤᠰᠠᠯᠠᠭᠴᠢ ᠬᠣᠷᠢᠶᠠᠨ ᠤ ᠭᠡᠰᠢᠭᠦᠨ᠂ 1999 ᠣᠨ ᠳᠤ ᠪᠠᠶᠢᠩᠭᠠ ᠰᠤᠳᠤᠯᠤᠭᠠᠴᠢ ᠪᠣᠯᠤᠭᠰᠠᠨ ᠃ 2001 ᠳᠤ 《ᠰᠤᠷᠭᠠᠨ ᠬᠦᠮᠦᠵᠢᠯ ᠦᠨ ᠰᠣᠨᠢᠨ》 ᠰᠡᠳᠬᠦᠯ ᠦᠨ
ᠡᠷᠬᠢᠯᠡᠭᠴᠢ ᠪᠣᠯᠤᠭᠰᠠᠨ᠂ 2001 ᠣᠨ ᠠᠴᠠ 2002
ᠣᠨ ᠬᠦᠷᠲᠡᠯ᠎ᠡ ᠰᠤᠷᠭᠠᠨ ᠬᠦᠮᠦᠵᠢᠯ ᠦᠨ ᠰᠤᠳᠤᠯᠭ᠎ᠠ ᠶᠢᠨ ᠭᠠᠵᠠᠷ ᠤᠨ ᠳᠡᠳ ᠳᠠᠷᠤᠭ᠎ᠠ ᠂ ᠰᠤᠷᠭᠠᠨ ᠬᠦᠮᠦᠵᠢᠯ ᠦᠨ ᠡᠷᠳᠡᠮ ᠰᠤᠳᠤᠯᠭ᠎ᠠ ᠶᠢᠨ ᠪᠦᠷᠳᠦᠭᠡᠯ (PSIS) ᠤᠨ ᠡᠷᠬᠢᠯᠡᠭᠴᠢ ᠪᠡᠷ ᠠᠵᠢᠯᠯᠠᠭᠰᠠᠨ ᠃
ᠣᠨ ᠳᠤ ᠪᠣᠯᠪᠠᠰᠤᠷᠠᠯ ᠤᠨ ᠳᠡᠭᠡᠳᠦ ᠰᠤᠷᠭᠠᠭᠤᠯᠢ ᠶᠢᠨ ᠰᠤᠷᠭᠠᠨ ᠬᠦᠮᠦᠵᠢᠯ ᠦᠨ ᠡᠷᠬᠢᠯᠡᠭᠴᠢ᠂ 2003 ᠣᠨ ᠳᠤ ᠡᠷᠳᠡᠮ ᠰᠤᠳᠤᠯᠭ᠎ᠠ ᠶᠢᠨ ᠭᠠᠵᠠᠷ ᠤᠨ ᠳᠡᠳ ᠳᠠᠷᠤᠭ᠎ᠠ᠂ 2003 ᠣᠨ ᠠᠴᠠ 2021 ᠣᠨ ᠬᠦᠷᠲᠡᠯ᠎ᠡ
ᠰᠤᠷᠭᠠᠨ ᠬᠦᠮᠦᠵᠢᠯ ᠦᠨ ᠬᠣᠷᠢᠶᠠᠨ ᠤ ᠭᠡᠰᠢᠭᠦᠨ ᠪᠡᠷ ᠠᠵᠢᠯᠯᠠᠭᠰᠠᠨ ᠃ 2004 ᠣᠨ ᠳᠤ ᠮᠡᠷᠭᠡᠵᠢᠯ ᠦᠨ ᠪᠠᠶᠢᠩᠭ᠎ᠠ ᠬᠣᠷᠢᠶᠠᠨ ᠤ ᠭᠡᠰᠢᠭᠦᠨ ᠪᠣᠯᠤᠭᠰᠠᠨ ᠃

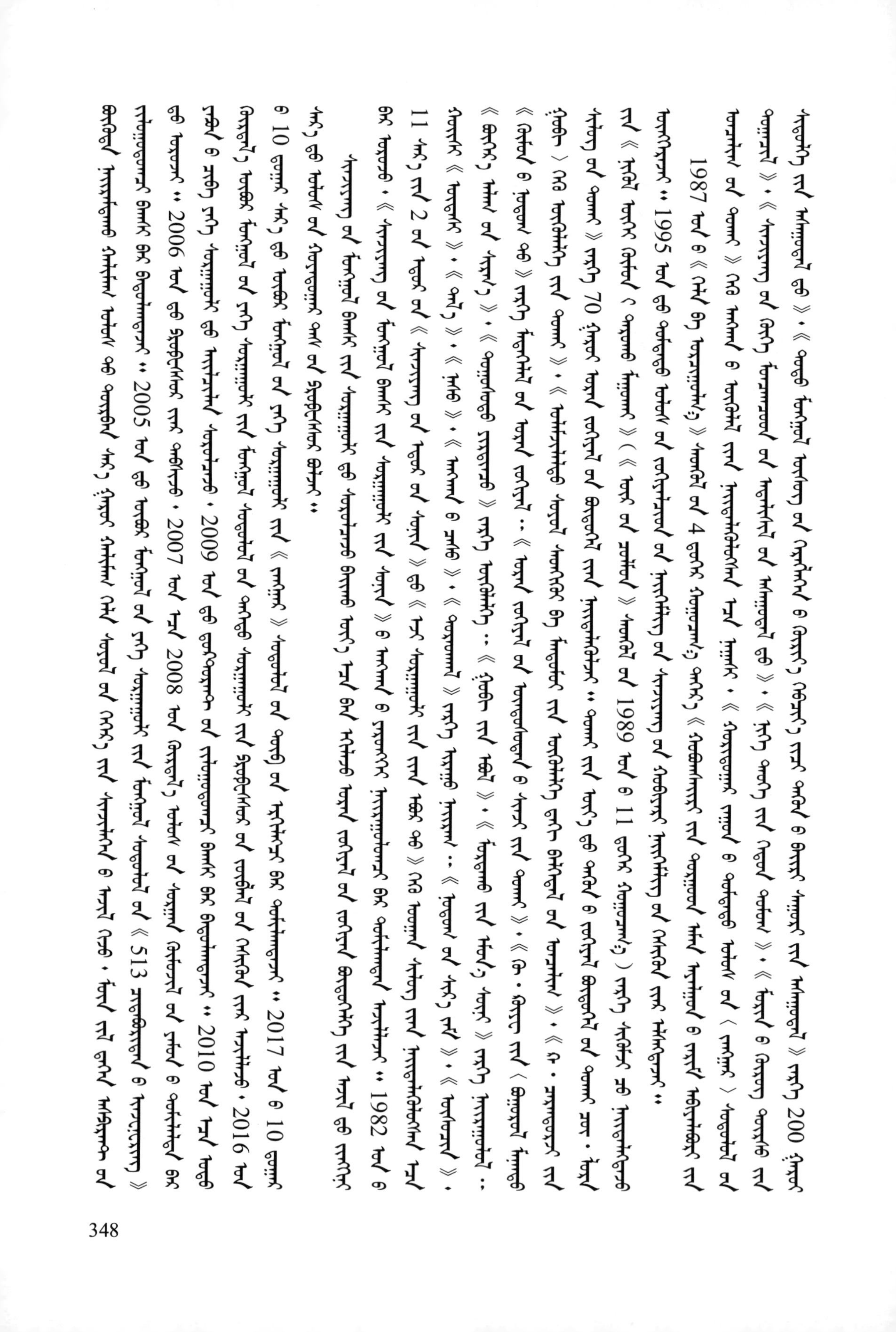

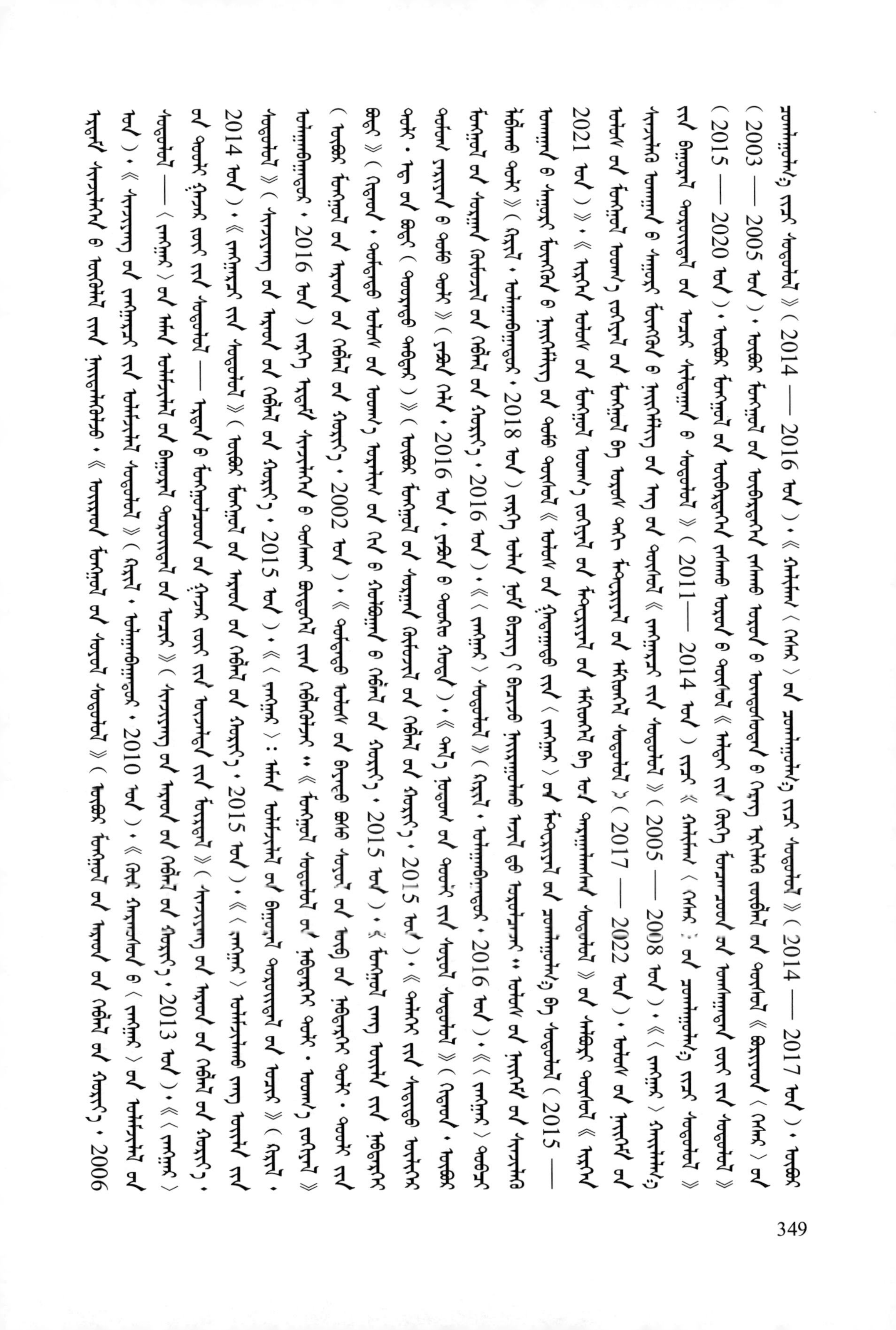

[illegible] 》（2014 — 2016 [illegible]），《 [illegible] 〈 [illegible] 〉 [illegible] 》（2014 — 2017 [illegible]），[illegible]
（2003 — 2005 [illegible]），[illegible] 《 [illegible] 〈 [illegible] 〉 [illegible]
（2015 — 2020 [illegible]），[illegible] 《 [illegible] 》
[illegible] 》（2011 — 2014 [illegible]）[illegible] 《 [illegible] 〈 [illegible] 〉 [illegible] 》
[illegible] 《 [illegible] 》（2005 — 2008 [illegible]），《〈 [illegible] 〉 [illegible]
[illegible] 》（2017 — 2022 [illegible]），[illegible]
2021 [illegible]）》，《 [illegible] 》 [illegible] 《 [illegible]
[illegible] 《 [illegible] 〈 [illegible] 〉 [illegible] 》（2015 —
[illegible] 》（[illegible]，[illegible]，2018 [illegible]）[illegible]
[illegible] 2016 [illegible]），《〈 [illegible] 〉 [illegible] 》（[illegible]，[illegible]，2016 [illegible]），《〈 [illegible] 〉 [illegible]
[illegible] 》（[illegible]，2016 [illegible]，[illegible]），《 [illegible] 》（[illegible]，[illegible]
[illegible] 》（[illegible]），[illegible] 2015 [illegible]），《 [illegible]
[illegible] 》（[illegible]，[illegible] 2015 [illegible]），《 [illegible]
（[illegible] 2002 [illegible]），《 [illegible]
[illegible]，2016 [illegible]）[illegible] 《 [illegible] 》
[illegible] 》（[illegible] 2015 [illegible]），《〈 [illegible] 〉：[illegible] 》（[illegible]，
2014 [illegible]），《 [illegible] 》（[illegible] 2015 [illegible]），《〈 [illegible] 〉 [illegible]
[illegible] — [illegible] 》（[illegible]，
[illegible] — 〈 [illegible] 〉 [illegible] 》（[illegible] 2013 [illegible]），《〈 [illegible] 〉
[illegible]），《 [illegible] 》（[illegible]，[illegible]，2010 [illegible]），《 [illegible] 〈 [illegible] 〉 [illegible]
[illegible]，《 [illegible] 》（[illegible]，2006

(ᠬᠤ · ᠪᠠᠳᠤᠮᠡᠩᠭᠡ ᠨᠠᠷ ᠰᠣᠩᠭᠣᠨ ᠪᠠᠶᠢᠭᠤᠯᠤᠨ ᠨᠠᠶᠢᠷᠠᠭᠤᠯᠪᠠ · ᠥᠪᠥᠷ ᠮᠣᠩᠭᠣᠯ ᠤᠨ ᠠᠷᠠᠳ ᠤᠨ ᠬᠡᠪᠯᠡᠯ ᠦᠨ ᠬᠣᠷᠢᠶ᠎ᠠ · 2013 ᠣᠨ) · 《 ᠰᠤᠳᠤᠯᠤᠯᠲᠠ ᠶᠢᠨ ᠲᠣᠭᠠᠨ ᠲᠠᠯ᠎ᠠ (ᠲᠣᠮᠢᠶᠠᠯᠠᠨ ᠪᠠᠶᠢᠭᠤᠯᠤᠭᠰᠠᠳ ᠨᠠᠶᠢᠷᠠᠭᠤᠯᠪᠠ · ᠥᠪᠥᠷ ᠮᠣᠩᠭᠣᠯ ᠤᠨ ᠠᠷᠠᠳ ᠤᠨ ᠬᠡᠪᠯᠡᠯ ᠦᠨ ᠬᠣᠷᠢᠶ᠎ᠠ · 2013 ᠣᠨ) · 《 ᠰᠤᠳᠤᠯᠤᠯᠲᠠ ᠶᠢᠨ ᠮᠥᠷ ᠲᠣᠭᠠᠴᠠᠯ ᠤᠨ ᠲᠣᠪᠴᠢᠶᠠᠨ 》 ᠰᠣᠩᠭᠣᠨ ᠪᠠᠶᠢᠭᠤᠯᠤᠨ ᠨᠠᠶᠢᠷᠠᠭᠤᠯᠪᠠ · ᠥᠪᠥᠷ ᠮᠣᠩᠭᠣᠯ ᠤᠨ ᠠᠷᠠᠳ ᠤᠨ ᠬᠡᠪᠯᠡᠯ ᠦᠨ ᠬᠣᠷᠢᠶ᠎ᠠ · 2012 ᠣᠨ) · 《 ᠮᠣᠩᠭᠣᠯᠴᠤᠳ ᠤᠨ 〈 ᠵᠠᠩᠭᠠᠷ 〉 ᠤᠨ ᠰᠤᠳᠤᠯ ᠰᠣᠩᠭᠣᠮᠠᠯ ᠡᠮᠬᠢᠲᠬᠡᠯ 》 ᠪᠠᠶᠢᠭᠤᠯᠤᠨ ᠨᠠᠶᠢᠷᠠᠭᠤᠯᠪᠠ · ᠥᠪᠥᠷ ᠮᠣᠩᠭᠣᠯ ᠤᠨ ᠠᠷᠠᠳ ᠤᠨ ᠬᠡᠪᠯᠡᠯ ᠦᠨ ᠬᠣᠷᠢᠶ᠎ᠠ · 2011 ᠣᠨ) · 《 ᠮᠣᠩᠭᠣᠯ ᠤᠨ 〈 ᠵᠠᠩᠭᠠᠷ 〉 ᠰᠤᠳᠤᠯ ᠡᠮᠬᠢᠲᠬᠡᠯ 》 (ᠬᠤ · ᠪᠠᠳᠤᠮᠡᠩᠭᠡ ᠨᠠᠷ ᠰᠣᠩᠭᠣᠨ ᠲᠠᠶᠢᠯᠪᠤᠷᠢᠯᠠᠨ ᠪᠠᠶᠢᠭᠤᠯᠪᠠ · ᠥᠪᠥᠷ ᠮᠣᠩᠭᠣᠯ ᠤᠨ ᠠᠷᠠᠳ ᠤᠨ ᠬᠡᠪᠯᠡᠯ ᠦᠨ ᠬᠣᠷᠢᠶ᠎ᠠ · 2010 ᠣᠨ) · 《 ᠡᠷᠲᠡᠨ ᠰᠤᠶᠤᠯ ᠤᠨ ᠥᠪ ᠰᠤᠷᠲᠠᠯ 〈 ᠵᠠᠩᠭᠠᠷ 〉 》 (ᠲᠣᠮᠢᠶᠠᠯᠠᠨ ᠥᠪᠥᠷ ᠮᠣᠩᠭᠣᠯ ᠤᠨ ᠠᠷᠠᠳ ᠤᠨ ᠬᠡᠪᠯᠡᠯ ᠦᠨ ᠬᠣᠷᠢᠶ᠎ᠠ · 2006 ᠣᠨ) · 《 ᠮᠣᠩᠭᠣᠯ ᠪᠠᠭᠠᠲᠤᠷ ᠲᠤᠤᠯᠢ ᠶᠢᠨ ᠳᠡᠭᠡᠵᠢ 6 〈 ᠵᠠᠩᠭᠠᠷ 〉 ᠤᠨ ᠪᠦᠯᠦᠭ 》 (ᠵᠠ · ᠮᠠᠨᠳᠤᠬᠤ ᠨᠠᠷ (ᠲᠣᠮᠢᠶᠠᠯᠠᠨ ᠨᠠᠶᠢᠷᠠᠭᠤᠯᠪᠠ · ᠱᠢᠨᠵᠢᠶᠠᠩ ᠠᠷᠠᠳ ᠤᠨ ᠵᠠᠯᠠᠭᠤ ᠬᠡᠦᠬᠡᠳ ᠦᠨ ᠬᠣᠷᠢᠶ᠎ᠠ · 1999 ᠣᠨ) · 《 ᠡᠷᠢᠨ ᠦ ᠰᠢᠨ᠎ᠡ ᠪᠠᠭᠠᠲᠤᠷ 〈 ᠵᠠᠩᠭᠠᠷ 〉 》 (ᠪᠠᠶᠢᠭᠤᠯᠤᠨ ᠣᠷᠴᠢᠭᠤᠯᠪᠠ · ᠦᠨᠳᠦᠰᠦᠲᠡᠨ ᠦ ᠬᠡᠪᠯᠡᠯ ᠦᠨ ᠬᠣᠷᠢᠶ᠎ᠠ ᠶᠢᠨ ᠬᠡᠪᠯᠡᠯ · ᠮᠣᠩᠭᠣᠯ ᠤᠨ ᠪᠠᠭᠠᠲᠤᠷᠯᠢᠭ ᠲᠤᠤᠯᠢ ᠪᠠᠷ 《 ᠮᠣᠩᠭᠣᠯ ᠤᠨ 〈 ᠵᠠᠩᠭᠠᠷ 〉 — ᠬᠠᠯᠢᠮᠠᠭ ᠮᠣᠩᠭᠣᠯ ᠤᠨ ᠪᠠᠭᠠᠲᠤᠷᠯᠢᠭ ᠲᠤᠤᠯᠢ 》 ᠬᠡᠮᠡᠨ ᠪᠦᠯᠦᠭ 《 ᠵᠠᠩᠭᠠᠷ 》 ᠤᠨ ᠪᠦᠲᠦᠨ ᠪᠦᠯᠦᠭ · 30 ᠬᠡᠮᠡᠨ ᠰᠢᠨ᠎ᠡ ᠪᠦᠯᠦᠭ · 10 ᠬᠡᠮᠡᠨ 《 ᠵᠠᠩᠭᠠᠷ 》 ᠤᠨ ᠰᠤᠳᠤᠯᠤᠭᠳᠠᠭᠤ ᠮᠣᠩᠭᠣᠯ ᠤᠨ ᠪᠦᠲᠦᠨ ᠬᠠᠮᠤᠭ ᠢ ᠣᠷᠤᠭᠤᠯᠤᠭᠰᠠᠨ ·· ᠬᠡᠮᠡᠭᠰᠡᠨ ᠪᠦᠲᠦᠭᠡ 12 ᠬᠡᠮᠡᠨ (ᠰᠤᠳᠤᠯ) ᠲᠠᠢ ᠰᠢᠨᠵᠢᠯᠡᠭᠡ 《 ᠵᠠᠩᠭᠠᠷ 》 ᠤᠨ ᠪᠠᠶᠢᠭᠤᠯᠤᠯᠲᠠ ᠶᠢᠨ ᠨᠢᠭᠡᠨ ᠶᠢᠨ ᠬᠡᠮᠵᠢᠶᠡᠨ ᠳᠦ · 40 ᠰᠢᠭᠤᠳ ᠵᠠᠩᠭᠠᠷᠴᠢ ᠶᠢᠨ ᠬᠡᠯᠡᠭᠰᠡᠨ 90 ᠭᠠᠷᠤᠢ ᠳᠠᠭᠤᠯᠠᠯ ᠢ ᠣᠷᠤᠭᠤᠯᠵᠤᠢ ·· ᠬᠡᠪᠯᠡᠭᠳᠡᠭᠰᠡᠨ 1999 ᠣᠨ ᠤ 6 ᠰᠠᠷ᠎ᠠ ᠠᠴᠠ ᠬᠣᠶᠢᠰᠢ 11 ᠰᠠᠷ᠎ᠠ ᠠᠴᠠ ᠡᠬᠢᠯᠡᠨ ᠬᠡᠮᠡᠭᠰᠡᠨ ᠤ ᠮᠣᠩᠭᠣᠯᠴᠤᠳ ᠤᠨ ᠪᠠᠶᠢᠭᠤᠯᠤᠯ ᠤᠨ ᠬᠣᠷᠢᠶᠠᠨ ᠰᠤᠳᠤᠯᠤᠭᠰᠠᠨ ᠤ ᠬᠣᠷᠢᠶᠠᠨ ᠰᠤᠳᠤᠯᠤᠯ ᠬᠡᠮᠡᠭᠰᠡᠨ ᠳᠤ · 《 ᠵᠠᠩᠭᠠᠷ 》 · ᠮᠣᠩᠭᠣᠯ ᠪᠠᠭᠠᠲᠤᠷᠯᠢᠭ ᠲᠤᠤᠯᠢ ᠶᠢᠨ ᠡᠷᠳᠡᠮ ᠮᠣᠩᠭᠣᠯ ᠰᠤᠳᠤᠯᠤᠯ ᠲᠠᠢ ᠰᠤᠳᠤᠯᠤᠭᠳᠠᠭᠤ ᠮᠠᠲᠠᠷ ᠬᠡᠯᠡ ᠮᠣᠩᠭᠣᠯ

ᠬᠡᠪᠯᠡᠯ ᠰᠤᠳᠤᠯᠤᠨ ᠪᠠᠶᠢᠭᠤᠯᠤᠭ ᠬᠡᠯᠡ ᠶᠢᠨ ᠬᠡᠮᠡᠭᠰᠡᠨ · ᠬᠡᠪᠯᠡᠯ ᠤᠨ ᠰᠤᠳᠤᠯᠤᠯ ᠤᠨ ᠡᠷᠳᠡᠮ ᠰᠢᠨᠵᠢᠯᠡᠭᠡᠨ ᠰᠤᠷᠠᠭᠤᠯᠢ ᠬᠡᠯᠡ · ᠮᠣᠩᠭᠣᠯ ᠬᠡᠯᠡ ᠶᠢᠨ ᠪᠠᠶᠢᠭᠤᠯᠤᠯ ᠰᠢᠨᠵᠢᠯᠡᠭᠡ ᠬᠡᠪᠯᠡᠯ ᠲᠠᠢ ᠪᠣᠯᠤᠨ᠎ᠠ ··
ᠬᠡᠪᠯᠡᠭᠳᠡᠪᠡ ·· 2017 ᠣᠨ ᠳᠤ ᠥᠪᠥᠷ ᠮᠣᠩᠭᠣᠯ ᠤᠨ ᠰᠣᠶᠣᠯ ᠬᠡᠪᠯᠡᠯ ᠲᠠᠢ 《 ᠵᠠᠩᠭᠠᠷ 》 ᠤᠨ ᠬᠡᠪᠯᠡᠯ ᠪᠦᠲᠦᠭᠡ ᠪᠠᠶᠢᠭᠤᠯᠬᠤ ᠶᠢᠨ ᠪᠠᠶᠢᠭ᠎ᠠ ᠲᠣᠭᠠᠨ ᠡᠬᠢᠯᠡᠭᠰᠡᠨ ᠢ ᠡᠮᠬᠢᠳᠬᠡᠯ ᠰᠤᠳᠤᠯᠤᠯᠲᠠ ᠮᠣᠩᠭᠣᠯ ᠬᠡᠪᠯᠡᠭᠳᠡᠭᠰᠡᠨ ᠪᠠᠶᠢᠭᠤᠯᠤᠯ ᠬᠡᠮᠡᠨ ᠲᠠᠢ ᠵᠠᠩᠭᠠᠷ ᠤᠨ ᠬᠡᠯᠡᠨ ᠬᠡᠪᠯᠡᠯᠲᠡ ᠬᠡᠮᠵᠢᠶᠡᠨ ᠰᠢᠨᠵᠢ ᠢ ᠪᠣᠯ ᠪᠣᠯ ᠲᠣᠭᠠᠴᠠᠨ ᠪᠠᠶᠢᠭᠤᠯᠤᠯ ᠬᠡᠯᠡ ᠲᠠᠢ ᠰᠢᠨᠵᠢᠯᠡᠭᠡ ᠮᠣᠩᠭᠣᠯ ᠤᠨ ᠰᠣᠶᠣᠯ ᠬᠡᠪᠯᠡᠯ ᠦᠨ ᠮᠣᠩᠭᠣᠯ ᠬᠡᠪᠯᠡᠯᠲᠡ ᠤᠨ ᠪᠠᠶᠢᠭ᠎ᠠ ᠬᠡᠪᠯᠡᠯ ᠦᠨ ᠰᠤᠳᠤᠯᠤᠯ ᠰᠤᠳᠤᠯ ᠪᠣᠯ ᠵᠠᠩᠭᠠᠷ ᠤᠨ ᠬᠡᠯᠡᠨ ᠬᠡᠪᠯᠡᠯᠲᠡ ᠬᠡᠮᠵᠢᠶᠡᠨ ᠰᠢᠨᠵᠢ · ᠬᠡᠮᠡᠨ ᠤᠨ ᠬᠡᠮᠵᠢᠶ᠎ᠡ ᠬᠡᠯᠡᠭᠰᠡᠨ ᠤ ᠰᠤᠳᠤᠯ ᠢ 7 ᠬᠡᠮᠵᠢᠶᠡᠨ · ᠬᠡᠮᠡᠨ ᠬᠡᠮᠡᠨ ᠤᠨ ᠬᠡᠮᠵᠢᠶ᠎ᠡ ᠬᠡᠯᠡᠭᠰᠡᠨ ᠤ ᠰᠤᠳᠤᠯ ᠢ 3 ᠬᠡᠮᠵᠢᠶᠡᠨ ᠪᠣᠯ ᠪᠣᠯ ᠲᠣᠭᠠᠴᠠᠨ ᠪᠠᠶᠢᠭᠤᠯᠤᠭᠰᠠᠨ ·· ᠥᠪᠥᠷ ᠪᠦᠯᠦᠭ 》 (2002 — 2006 ᠣᠨ) ᠬᠡᠮᠡᠭ ᠢ ᠪᠦᠲᠦᠭᠡᠭᠰᠡᠨ ᠪᠠᠶᠢᠭᠤᠯᠤᠯᠲᠠ ᠪᠦᠬᠦ ᠪᠦᠲᠦᠭᠡᠭᠰᠡᠨ ᠪᠠ ·· 2013 ᠣᠨ ᠳᠤ ᠰᠢᠨ᠎ᠡ 《 ᠵᠠᠩᠭᠠᠷ 》 ᠰᠤᠳᠤᠯᠤᠯ ᠤᠨ ᠪᠦᠲᠦ 2006 ᠣᠨ) · 《 〈 ᠵᠠᠩᠭᠠᠷ 〉 ᠰᠤᠳᠤᠯᠤᠯᠲᠠ ᠶᠢᠨ ᠰᠤᠳᠤᠯᠤᠯ 》 (2005 — 2008 ᠣᠨ) ᠬᠡᠭᠡᠳ 《 ᠮᠣᠩᠭᠣᠯ ᠬᠡᠯᠡᠨ ᠰᠣᠶᠣᠯ ᠤᠨ ᠲᠠᠯᠠᠪᠠᠷ — 〈 ᠵᠠᠩᠭᠠᠷ 〉 ᠤᠨ ᠥᠪᠥᠷ ᠮᠣᠩᠭᠣᠯ ᠤᠨ ᠰᠣᠶᠣᠯ ᠬᠡᠪᠯᠡᠯ ᠦᠨ ᠬᠣᠷᠢᠶ᠎ᠠ 《 ᠮᠣᠩᠭᠣᠯ ᠤᠨ ᠪᠠᠶᠢᠭ᠎ᠠ ᠮᠠᠲᠠᠷᠢᠶᠠᠯ ᠤᠨ ᠬᠡᠯᠡᠨ ᠪᠦᠬᠦ ᠮᠣᠩᠭᠣᠯ ᠬᠡᠯᠡᠨ ᠤᠨ ᠰᠤᠳᠤᠯᠤᠨ ᠪᠠᠶᠢᠭᠤᠯᠤᠭᠰᠠᠨ ᠰᠤᠳᠤᠯᠤᠯ 》 (2002 —

[illegible] ᠣᠨ ᠤ 12 ᠳᠤᠭᠠᠷ ᠰᠠᠷ᠎ᠠ ᠳᠤ 《[illegible] 〈ᠵᠠᠩᠭᠠᠷ〉 [illegible] 〈ᠵᠠᠩᠭᠠᠷ〉 [illegible] —— 〈ᠵᠠᠩᠭᠠᠷ〉 [illegible]》 [illegible] ·· 2016 [illegible] ·· 2012 ᠣᠨ ᠤ 12 ᠳᠤᠭᠠᠷ ᠰᠠᠷ᠎ᠠ ᠳᠤ 《[illegible]》 [illegible] —— [illegible] ·· 2008 ᠣᠨ ᠤ 9 ᠳᠦᠭᠡᠷ ᠰᠠᠷ᠎ᠠ ᠳᠤ 《[illegible]》 [illegible] 〈ᠵᠠᠩᠭᠠᠷ〉 —— [illegible]》 [illegible] 《[illegible]》 [illegible] ·· 2004 ᠣᠨ ᠳᠤ 《[illegible]》 [illegible] ·· 1997 ᠣᠨ ᠳᠤ 《〈ᠵᠠᠩᠭᠠᠷ〉 [illegible]》 [illegible]

1996 ᠣᠨ ᠤ 5 ᠳᠤᠭᠠᠷ ᠰᠠᠷ᠎ᠠ ᠳᠤ [illegible] 《〈ᠵᠠᠩᠭᠠᠷ〉》 [illegible] 2022) [illegible] ::

[illegible] · 2022 ᠣᠨ) · 《[illegible] 〈ᠵᠠᠩᠭᠠᠷ〉 [illegible]》 ([illegible] · 〈ᠵᠠᠩᠭᠠᠷ〉》 ([illegible] · 2021 ᠣᠨ) · 《[illegible] 〈[illegible]〉 [illegible]》 ([illegible] 〈ᠵᠠᠩᠭᠠᠷ〉》 ([illegible] · 2021 ᠣᠨ) · 《[illegible]》 ([illegible] 《ᠵᠠᠩᠭᠠᠷ》 [illegible] · 2018 ᠣᠨ) · 《[illegible]》 ([illegible] · 2015 ᠣᠨ) · 《[illegible] 95 [illegible]》 ([illegible] · 2014 ᠣᠨ · [illegible]) · 《[illegible]》 ([illegible] (III) ([illegible] · 2015 ᠣᠨ) · 《[illegible]》 ([illegible] · 2013 ᠣᠨ) · 《[illegible] 〈ᠵᠠᠩᠭᠠᠷ〉 [illegible]》 ([illegible] · 2013 ᠣᠨ) · 《[illegible]

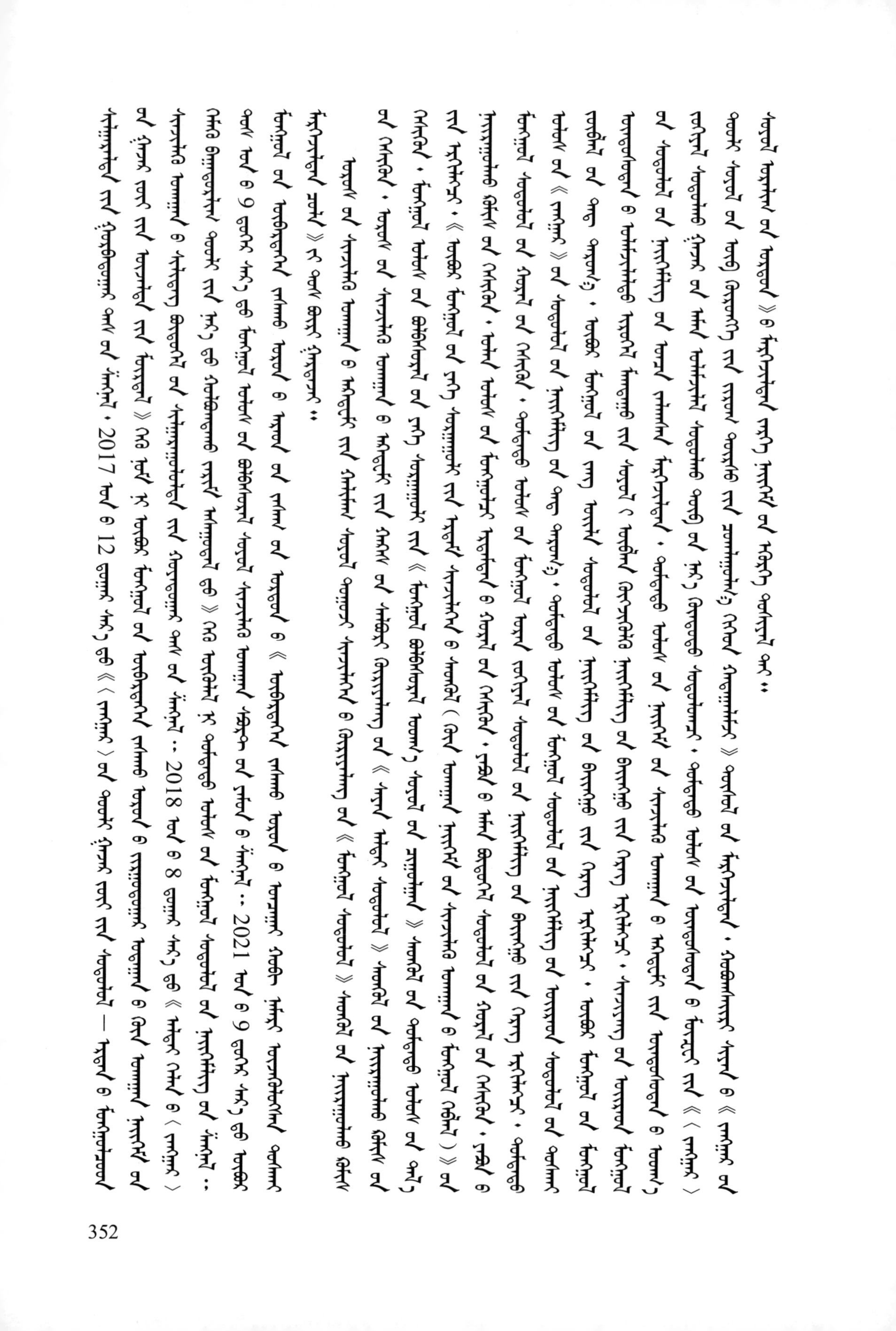

[illegible] 2021 [illegible] 9 [illegible] 2018 [illegible] 8 [illegible] 2017 [illegible] 12 [illegible]

ᠦᠢᠯᠡᠳᠦᠯ ᠦᠨ ᠳᠡᠭᠡᠵᠢ ᠪᠣᠯᠪᠠ ᠃ ᠮᠣᠩᠭᠣᠯ ᠬᠡᠯᠡ ᠪᠢᠴᠢᠭ ᠦᠨ ᠠᠵᠢᠯ ᠳᠤ 50 ᠭᠠᠷᠤᠢ ᠵᠢᠯ ᠠᠵᠢᠯᠯᠠᠭᠰᠠᠨ ᠃

ᠪᠢ · ᠴᠢᠮᠡᠳ ᠨᠢ 1985 ᠣᠨ ᠤ 11 ᠰᠠᠷ᠎ᠠ ᠶᠢᠨ ...

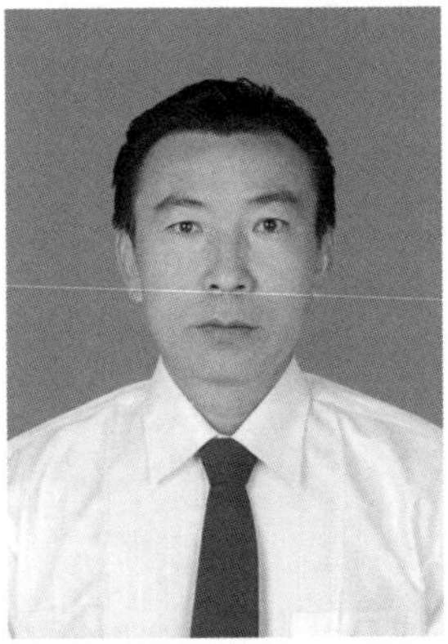

ᠪᠠᠢ · ᠴᠢᠮᠡᠳ ᠬᠠᠷᠴᠢᠨ ᠬᠣᠰᠢᠭᠤᠨ ᠤ ᠬᠦᠮᠦᠨ᠂ ᠮᠣᠩᠭᠣᠯ ᠦᠨᠳᠦᠰᠦᠲᠡᠨ᠂ ᠺᠣᠮᠮᠤᠨᠢᠰᠲ ᠨᠠᠮ ᠳᠤ ᠣᠷᠣᠭᠰᠠᠨ ᠃ 1965 ᠣᠨ ᠤ 10 ᠰᠠᠷ᠎ᠠ ᠶᠢᠨ 10 ᠤ ᠡᠳᠦᠷ ᠲᠥᠷᠥᠭᠰᠡᠨ ᠃ 1972 ᠣᠨ ᠤ 9 ᠰᠠᠷ᠎ᠠ ᠡᠴᠡ 1979 ᠣᠨ ᠤ 7 ᠰᠠᠷ᠎ᠠ ᠬᠦᠷᠲᠡᠯ᠎ᠡ ᠰᠤᠷᠭᠠᠭᠤᠯᠢ ᠳᠤ ᠰᠤᠷᠤᠯᠴᠠᠭᠰᠠᠨ᠂ 1979 ᠣᠨ ᠤ 9 ᠰᠠᠷ᠎ᠠ ᠡᠴᠡ 1980 ᠣᠨ ᠤ 7 ᠰᠠᠷ᠎ᠠ ᠬᠦᠷᠲᠡᠯ᠎ᠡ 《5·7》 ᠰᠤᠷᠭᠠᠭᠤᠯᠢ ᠳᠤ ᠰᠤᠷᠤᠯᠴᠠᠭᠰᠠᠨ᠂ 1980 ᠣᠨ ᠤ 9 ᠰᠠᠷ᠎ᠠ ᠡᠴᠡ 1982 ᠣᠨ ᠤ 7 ᠰᠠᠷ᠎ᠠ ᠬᠦᠷᠲᠡᠯ᠎ᠡ ᠰᠤᠷᠤᠯᠴᠠᠭᠰᠠᠨ ᠃ 1982 ᠣᠨ ᠤ 9 ᠰᠠᠷ᠎ᠠ ᠡᠴᠡ 1986 ᠣᠨ ᠤ 7 ᠰᠠᠷ᠎ᠠ ᠬᠦᠷᠲᠡᠯ᠎ᠡ ᠪᠠᠭᠰᠢ ᠶᠢᠨ ᠰᠤᠷᠭᠠᠭᠤᠯᠢ ᠳᠤ ᠰᠤᠷᠤᠯᠴᠠᠭᠰᠠᠨ ᠃ 1986 ᠣᠨ ᠤ 9 ᠰᠠᠷ᠎ᠠ ᠡᠴᠡ 1992 ᠣᠨ ᠤ 7 ᠰᠠᠷ᠎ᠠ ᠬᠦᠷᠲᠡᠯ᠎ᠡ ᠰᠤᠷᠭᠠᠭᠤᠯᠢ ᠳᠤ ᠪᠠᠭᠰᠢ ᠬᠢᠭᠰᠡᠨ ᠃ 1989 ᠣᠨ ᠡᠴᠡ 1992 ᠣᠨ ᠬᠦᠷᠲᠡᠯ᠎ᠡ ᠰᠤᠷᠤᠯᠴᠠᠭᠰᠠᠨ ᠃ 1992 ᠣᠨ ᠤ 9 ᠰᠠᠷ᠎ᠠ ᠡᠴᠡ 2015 ᠣᠨ ᠤ 4 ᠰᠠᠷ᠎ᠠ ᠬᠦᠷᠲᠡᠯ᠎ᠡ ᠠᠵᠢᠯᠯᠠᠭᠰᠠᠨ ᠃ 1992 ᠣᠨ ᠤ 8 ᠰᠠᠷ᠎ᠠ ᠡᠴᠡ 1992 ᠣᠨ ᠤ 12 ᠰᠠᠷ᠎ᠠ ᠬᠦᠷᠲᠡᠯ᠎ᠡ ... ᠃ 1998 ᠣᠨ ᠤ 7 ᠰᠠᠷ᠎ᠠ ᠳᠤ ... ᠃ 2015 ᠣᠨ ᠤ 12 ᠰᠠᠷ᠎ᠠ ᠶᠢᠨ 19 ᠤ ᠡᠳᠦᠷ ... ᠃

ᠪᠢ · ᠴᠢᠮᠡᠳ ... 1985 ᠣᠨ ᠤ 11 ᠰᠠᠷ᠎ᠠ ... 《...》 ... 1987 ᠣᠨ ᠳᠤ 《...》 ... 《...》 ... 100 ... 《...》 ... ᠃

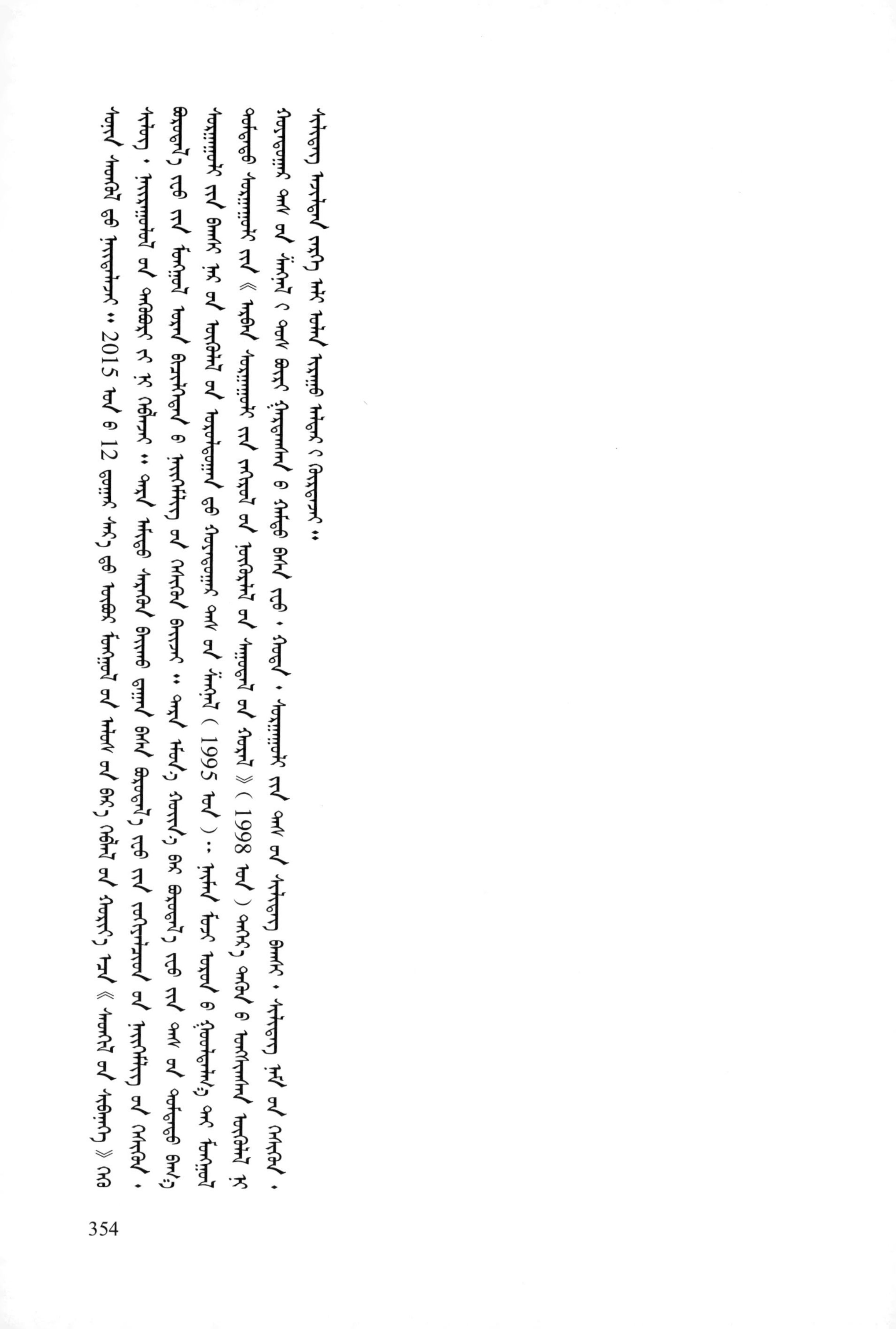

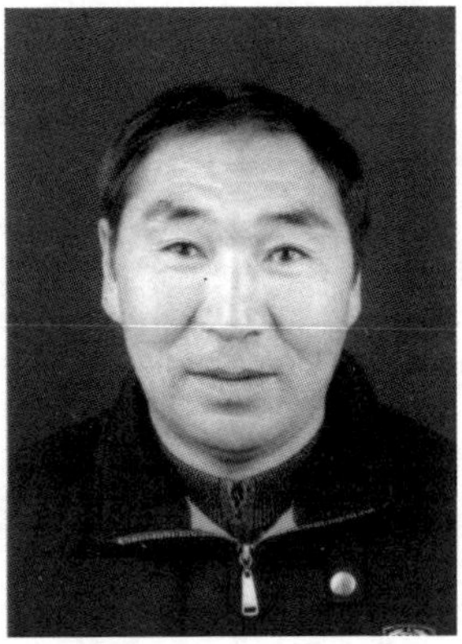

《[illegible]》·《[illegible]》[illegible]

[illegible]

《[illegible]》[illegible]《[illegible]》[illegible]《[illegible]（拔尖人才）》[illegible] 2006 [illegible] 2009 [illegible]

[illegible] 2007 [illegible] 9 [illegible] 2014 [illegible] 12 [illegible] 2000 [illegible] 1 [illegible] 2003 [illegible] 12 [illegible] 1992 [illegible] 7 [illegible] 1995 [illegible] 8 [illegible] 1986 [illegible] 9 [illegible] 2007 [illegible] 9 [illegible] 1982 [illegible] 9 [illegible] 1986 [illegible] 7 [illegible] 1974 [illegible] 9 [illegible] 1982 [illegible] 7 [illegible]

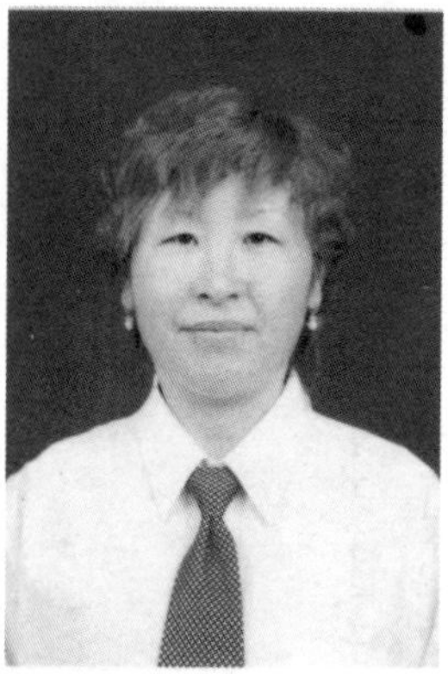

[illegible]（1944 — ）[illegible]（1942 — 1994 [illegible]）[illegible] 22 [illegible] 1966 [illegible] 2 [illegible]

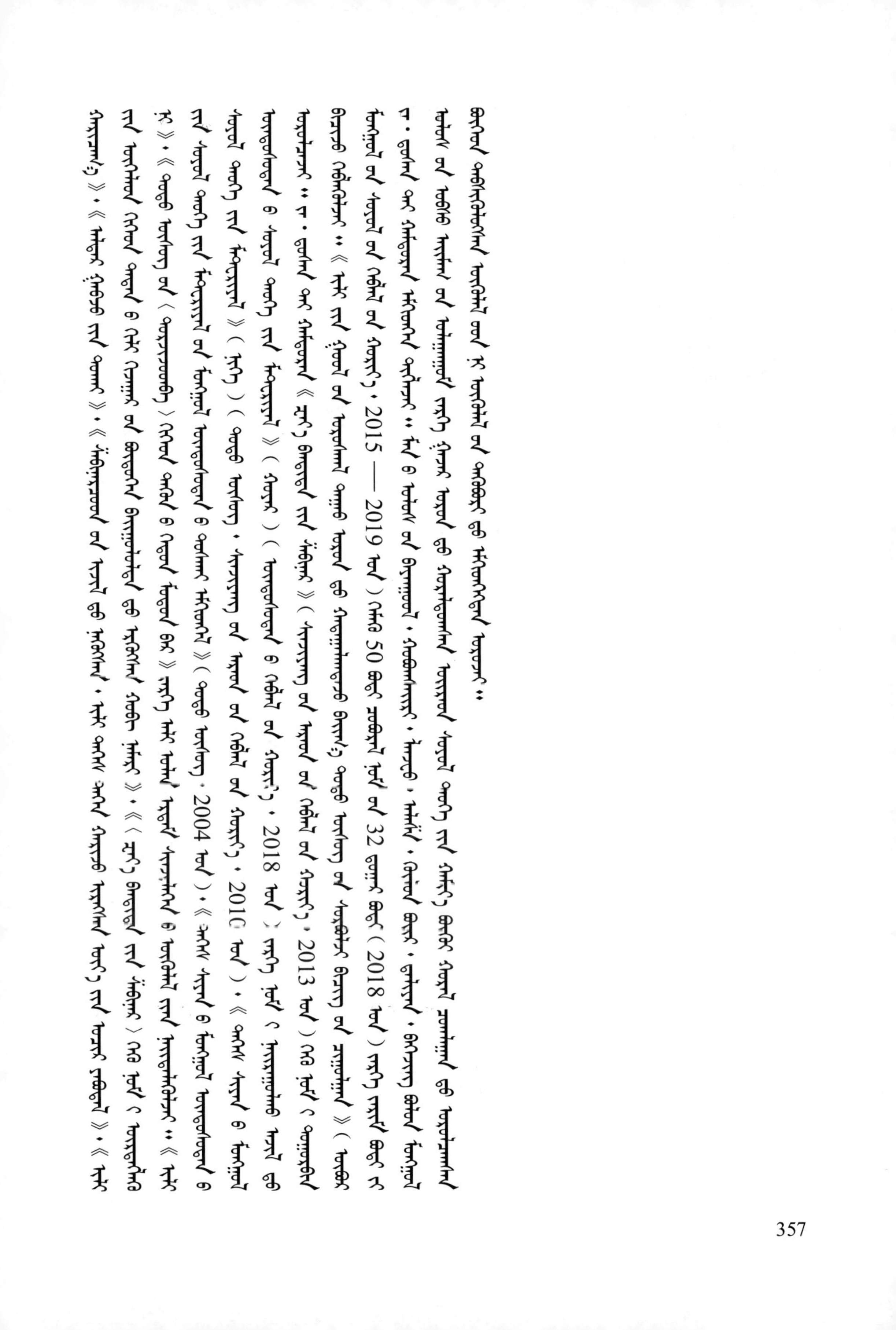

ᠪᠠ · ᠬᠤᠷᠴᠠ ᠡᠷ᠎ᠡ ᠂ ᠮᠣᠩᠭᠣᠯ ᠦᠨᠳᠦᠰᠦᠲᠡᠨ ᠂ ᠶᠡᠬᠡ ᠰᠤᠷᠭᠠᠭᠤᠯᠢ ᠶᠢᠨ ᠰᠤᠷᠤᠯᠴᠠ ᠲᠠᠢ ᠂ ᠳᠡᠭᠡᠳᠦ ᠰᠤᠷᠭᠠᠭᠤᠯᠢ ᠲᠡᠭᠦᠰᠦᠭᠰᠡᠨ ᠲᠥᠷᠥᠭᠰᠡᠨ ᠃ 1966 ᠣᠨ ᠤ 5 ᠰᠠᠷ᠎ᠠ ᠶᠢᠨ 1 ᠦ ᠡᠳᠦᠷ ᠲᠥᠷᠥᠭᠰᠡᠨ ᠂ ᠬᠣᠰᠢᠭᠤᠨ ᠤ ᠰᠤᠮᠤ ᠶᠢᠨ ᠰᠤᠷᠭᠠᠭᠤᠯᠢ ᠳᠤ ᠰᠤᠷᠤᠯᠴᠠᠭᠰᠠᠨ ᠪᠠᠭᠰᠢ ᠰᠤᠷᠤᠭᠰᠠᠨ ᠃ 1972 ᠣᠨ ᠤ 9 ᠰᠠᠷ᠎ᠠ ᠠᠴᠠ 1978 ᠣᠨ ᠤ 7 ᠰᠠᠷ᠎ᠠ ᠬᠦᠷᠲᠡᠯ᠎ᠡ ᠰᠤᠷᠤᠯᠴᠠᠭᠰᠠᠨ ᠪᠠᠭᠰᠢ ᠶᠢᠨ ᠰᠤᠷᠭᠠᠭᠤᠯᠢ ᠳᠤ ᠰᠤᠷᠤᠯᠴᠠᠭᠰᠠᠨ ᠂ 1978 ᠣᠨ ᠤ 9 ᠰᠠᠷ᠎ᠠ ᠠᠴᠠ 1982 ᠣᠨ ᠤ 7 ᠰᠠᠷ᠎ᠠ ᠬᠦᠷᠲᠡᠯ᠎ᠡ ᠰᠤᠷᠭᠠᠭᠤᠯᠢ ᠶᠢᠨ ᠪᠠᠭᠰᠢ ᠬᠢᠭᠰᠡᠨ ᠂ 1982 ᠣᠨ ᠤ 9 ᠰᠠᠷ᠎ᠠ ᠠᠴᠠ 1983 ᠣᠨ ᠤ 7 ᠰᠠᠷ᠎ᠠ ᠬᠦᠷᠲᠡᠯ᠎ᠡ ᠰᠤᠷᠭᠠᠭᠤᠯᠢ ᠳᠤ ᠪᠠᠭᠰᠢ ᠬᠢᠭᠰᠡᠨ ᠂ 1983 ᠣᠨ ᠤ 9 ᠰᠠᠷ᠎ᠠ ᠠᠴᠠ 1987 ᠣᠨ ᠤ 7 ᠰᠠᠷ᠎ᠠ ᠬᠦᠷᠲᠡᠯ᠎ᠡ ᠰᠤᠷᠭᠠᠭᠤᠯᠢ ᠳᠤ ᠰᠤᠷᠤᠯᠴᠠᠭᠰᠠᠨ ᠃ 1987 ᠣᠨ ᠤ 9 ᠰᠠᠷ᠎ᠠ ᠠᠴᠠ 1988 ᠣᠨ ᠤ 9 ᠰᠠᠷ᠎ᠠ ᠬᠦᠷᠲᠡᠯ᠎ᠡ ᠰᠤᠷᠭᠠᠭᠤᠯᠢ ᠳᠤ ᠪᠠᠭᠰᠢ ᠬᠢᠭᠰᠡᠨ ᠂ 1988 ᠣᠨ ᠤ 9 ᠰᠠᠷ᠎ᠠ ᠠᠴᠠ 1990 ᠣᠨ ᠤ 9 ᠰᠠᠷ᠎ᠠ ᠬᠦᠷᠲᠡᠯ᠎ᠡ ᠰᠤᠷᠤᠯᠴᠠᠭᠰᠠᠨ ᠃ 1990 ᠣᠨ ᠤ 9 ᠰᠠᠷ᠎ᠠ ᠠᠴᠠ 1992 ᠣᠨ ᠤ 3 ᠰᠠᠷ᠎ᠠ ᠬᠦᠷᠲᠡᠯ᠎ᠡ 《ᠬᠠᠷᠢ ᠶᠢᠨ ᠶᠠᠰᠤ》 ᠰᠤᠨᠢᠨ ᠤ ᠬᠡᠪᠯᠡᠯ ᠦᠨ ᠠᠵᠢᠯ ᠬᠢᠭᠰᠡᠨ ᠃ 1992 ᠣᠨ ᠤ 5 ᠰᠠᠷ᠎ᠠ ᠶᠢᠨ ᠡᠴᠡ ᠵᠠᠷᠯᠠᠭᠳᠠᠭᠰᠠᠨ ᠂ 1996 ᠣᠨ ᠤ 6 ᠰᠠᠷ᠎ᠠ ᠶᠢᠨ ᠡᠴᠡ ᠵᠠᠷᠯᠠᠭᠳᠠᠭᠰᠠᠨ ᠂ 2006 ᠣᠨ ᠤ 10 ᠰᠠᠷ᠎ᠠ ᠶᠢᠨ ᠡᠴᠡ ᠵᠠᠷᠯᠠᠭᠳᠠᠭᠰᠠᠨ ᠂ 2019 ᠣᠨ ᠤ 12 ᠰᠠᠷ᠎ᠠ ᠶᠢᠨ ᠡᠴᠡ ᠵᠠᠷᠯᠠᠭᠳᠠᠭᠰᠠᠨ ᠪᠠ ᠃ 2006 ᠣᠨ ᠤ 11 ᠰᠠᠷ᠎ᠠ ᠶᠢᠨ ᠡᠴᠡ ᠬᠠᠷᠢᠭᠤᠴᠠᠭᠰᠠᠨ ᠃ 2010 ᠣᠨ ᠤ 1 ᠰᠠᠷ᠎ᠠ ᠶᠢᠨ ᠡᠴᠡ 《ᠬᠠᠷᠢ ᠶᠢᠨ ᠶᠠᠰᠤ》 ᠰᠤᠨᠢᠨ ᠤ ᠬᠠᠮᠲᠤ ᠬᠡᠪᠯᠡᠯ (2019 ᠣᠨ ᠤ 12 ᠰᠠᠷ᠎ᠠ ᠶᠢᠨ ᠬᠣᠷᠢᠶᠠᠭᠳᠠᠪᠠ) ᠃ 2015 ᠣᠨ ᠤ 1 ᠰᠠᠷ᠎ᠠ ᠠᠴᠠ 2017 ᠣᠨ ᠤ 1 ᠰᠠᠷ᠎ᠠ ᠬᠦᠷᠲᠡᠯ᠎ᠡ ᠬᠠᠷᠢᠭᠤᠴᠠᠭᠰᠠᠨ ᠃ 2016 ᠣᠨ ᠤ 6 ᠰᠠᠷ᠎ᠠ ᠶᠢᠨ 14 ᠳᠦ 《ᠬᠠᠷᠢ ᠶᠢᠨ ᠶᠠᠰᠤ》 ᠰᠤᠨᠢᠨ ᠤ ᠠᠵᠢᠯ ᠢ ᠬᠠᠷᠢᠭᠤᠴᠠᠭᠰᠠᠨ ᠃ 2020 ᠣᠨ ᠤ 11 ᠰᠠᠷ᠎ᠠ ᠶᠢᠨ ᠡᠴᠡ 《ᠬᠠᠷᠢ ᠶᠢᠨ ᠶᠠᠰᠤ》 ᠰᠤᠨᠢᠨ ᠤ ᠬᠠᠷᠢᠭᠤᠴᠠᠭᠰᠠᠨ ᠃ 2016 ᠣᠨ ᠳᠤ ᠃ 2019 ᠣᠨ ᠤ 10 ᠰᠠᠷ᠎ᠠ ᠶᠢᠨ ᠡᠴᠡ ᠬᠠᠷᠢᠭᠤᠴᠠᠭᠰᠠᠨ ᠃ 2022 ᠣᠨ ᠤ 7 ᠰᠠᠷ᠎ᠠ ᠶᠢᠨ ᠡᠴᠡ

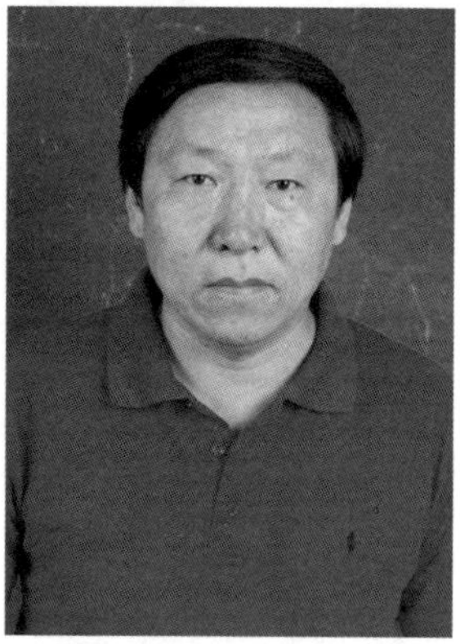

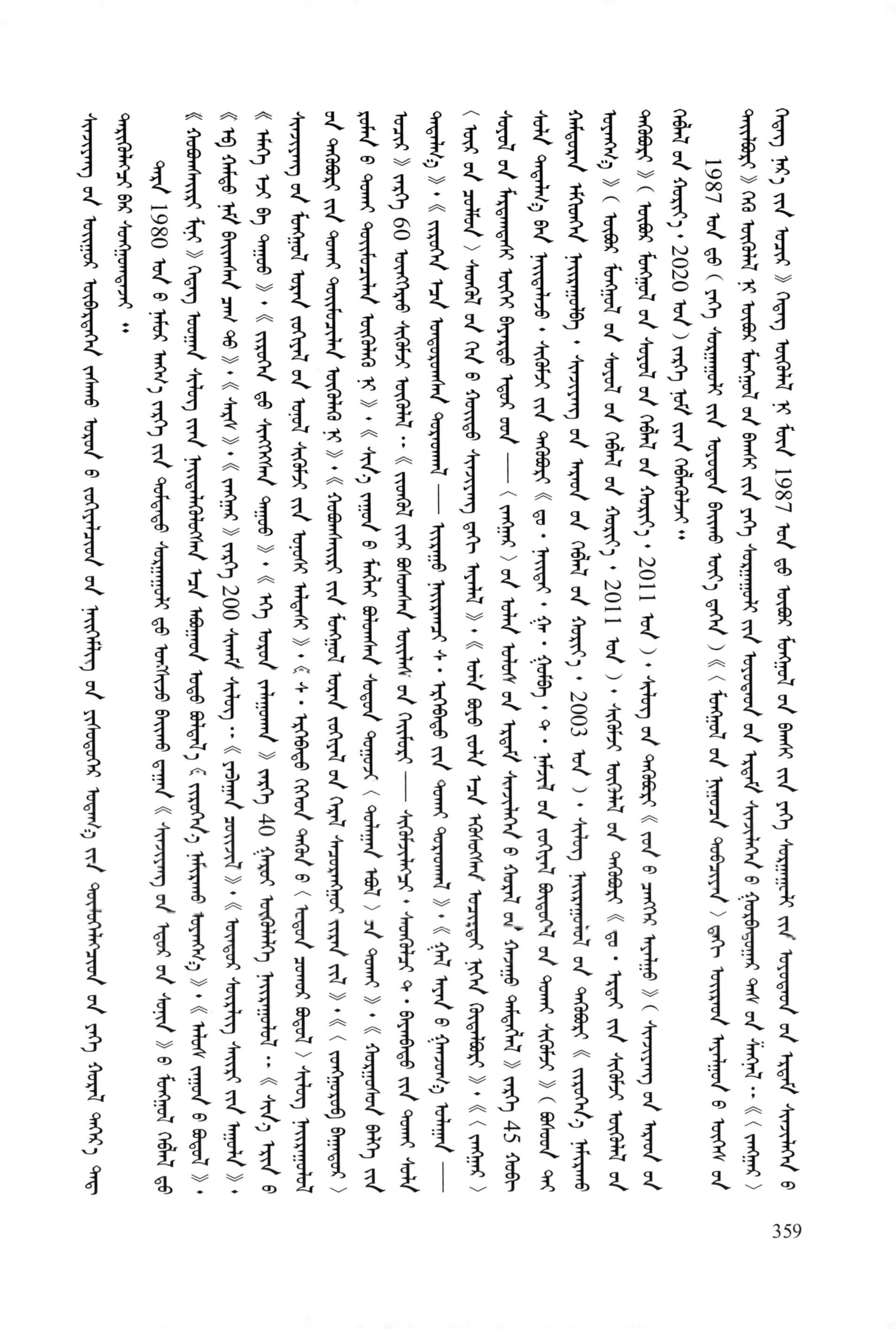

[illegible] ::
[illegible]
[illegible]
[illegible]
[illegible]
[illegible] · [illegible]
[illegible] ::
[illegible] 2022 ᠣᠨ ᠤ 12 [illegible]
[illegible] 2011 ᠣᠨ ᠤ 10 [illegible]
[illegible] 2007 ᠣᠨ [illegible]
[illegible]
[illegible] 2002 ᠣᠨ ᠤ 12 [illegible]
[illegible] 2001 ᠣᠨ ᠤ 9 [illegible]
[illegible] 2010 ᠣᠨ [illegible]
[illegible] 2000 ᠣᠨ · 2003 ᠣᠨ ᠤ [illegible]
[illegible]
[illegible] 2003 ᠣᠨ ᠤ 12 [illegible]

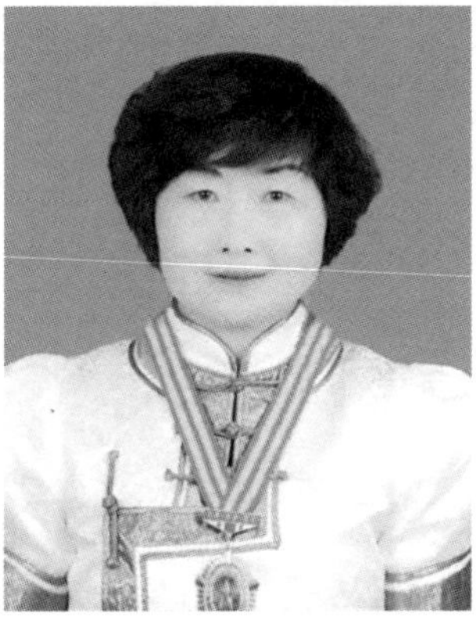

ᠮᠡᠳᠡᠯ ᠦᠨ ᠲᠠᠯᠠᠪᠤᠷ ᠤᠨ ᠬᠥᠭᠵᠢᠯ ᠳᠦ ᠣᠷᠣᠯᠴᠠᠭᠰᠠᠨ ᠪᠠᠢᠳᠠᠯ ᠢ ᠲᠡᠮᠳᠡᠭᠯᠡᠬᠦ 《 ᠪᠡᠯᠭᠡ ᠲᠡᠮᠳᠡᠭ ᠤᠨ 》 ᠰᠢᠯᠢᠳᠡᠭ ᠪᠦᠲᠦᠭᠡᠯ ᠦᠨ ᠱᠠᠩᠨᠠᠯ ᠢ ᠬᠦᠷᠲᠡᠭᠰᠡᠨ ᠶᠤᠮ ᠃ 2012 ᠣᠨ ᠤ 12 ᠰᠠᠷ᠎ᠠ ᠳᠤ ᠦᠨᠳᠦᠰᠦᠲᠡᠨ ᠦ ᠪᠢᠴᠢᠭ ᠦᠨ ᠰᠤᠷᠭᠠᠯ ᠦᠨ ᠬᠥᠲᠡᠯᠪᠦᠷᠢ ᠵᠢᠨ ᠬᠣᠷᠢᠶ᠎ᠠ ᠪᠣᠯᠤᠨ ᠪᠦᠬᠦ ᠤᠯᠤᠰ ᠤᠨ ᠪᠠᠢᠭᠤᠯᠤᠯᠭ᠎ᠠ ᠶᠢᠨ ᠬᠥᠭᠵᠢᠯ ᠦᠨ ᠡᠷᠬᠢᠯᠡᠯ ᠤᠨ ᠵᠢᠷᠭᠤᠳᠤᠭᠠᠷ ᠤᠨ ᠶᠡᠬᠡ ᠬᠤᠷᠠᠯ ᠤᠨ 60 ᠵᠢᠯ ᠦᠨ ᠣᠢ ᠶᠢᠨ ᠰᠢᠯᠢᠳᠡᠭ ᠪᠦᠲᠦᠭᠡᠯ ᠦᠨ ᠱᠠᠩᠨᠠᠯ ᠢ ᠬᠦᠷᠲᠡᠭᠰᠡᠨ ᠶᠤᠮ ᠃

2002 ᠣᠨ ᠤ 5 ᠰᠠᠷ᠎ᠠ ᠳᠤ ᠥᠪᠦᠷ ᠮᠣᠩᠭᠣᠯ ᠤᠨ ᠪᠠᠭᠰᠢ ᠶᠢᠨ ᠶᠡᠬᠡ ᠰᠤᠷᠭᠠᠭᠤᠯᠢ ᠶᠢᠨ 《 ᠰᠢᠯᠢᠳᠡᠭ ᠪᠠᠭᠰᠢ 》 ᠪᠣᠯᠵᠤ ᠰᠢᠯᠭᠠᠭᠳᠠᠭᠰᠠᠨ ᠢ ᠦᠨᠳᠦᠰᠦᠯᠡᠨ ᠂ ᠦᠨᠳᠦᠰᠦᠲᠡᠨ ᠦ ᠪᠢᠴᠢᠭ ᠦᠨ ᠰᠤᠷᠭᠠᠯ ᠦᠨ ᠬᠥᠲᠡᠯᠪᠦᠷᠢ ᠶᠢᠨ ᠬᠣᠷᠢᠶ᠎ᠠ ᠪᠣᠯᠤᠨ ᠪᠦᠬᠦ ᠤᠯᠤᠰ ᠤᠨ ᠪᠠᠢᠭᠤᠯᠤᠯᠭ᠎ᠠ ᠶᠢᠨ ᠬᠥᠭᠵᠢᠯ ᠦᠨ ᠡᠷᠬᠢᠯᠡᠯ ᠤᠨ 《 ᠰᠢᠯᠢᠳᠡᠭ ᠪᠦᠲᠦᠭᠡᠯ 》 ᠦᠨ ᠱᠠᠩᠨᠠᠯ ᠢ ᠬᠦᠷᠲᠡᠭᠰᠡᠨ ᠶᠤᠮ ᠃ 2013 ᠣᠨ ᠤ 1 ᠰᠠᠷ᠎ᠠ ᠳᠤ ᠦᠨᠳᠦᠰᠦᠲᠡᠨ ᠦ ᠪᠢᠴᠢᠭ ᠦᠨ ᠰᠤᠷᠭᠠᠯ ᠦᠨ ᠬᠥᠲᠡᠯᠪᠦᠷᠢ ᠶᠢᠨ ᠬᠣᠷᠢᠶ᠎ᠠ ᠪᠣᠯᠤᠨ ᠪᠦᠬᠦ ᠤᠯᠤᠰ ᠤᠨ ᠪᠠᠢᠭᠤᠯᠤᠯᠭ᠎ᠠ ᠶᠢᠨ 《 ᠰᠠᠨᠠᠭᠠᠨ ᠤ 》 ᠰᠢᠯᠢᠳᠡᠭ ᠪᠦᠲᠦᠭᠡᠯ ᠦᠨ ᠱᠠᠩᠨᠠᠯ ᠢ ᠬᠦᠷᠲᠡᠭᠰᠡᠨ ᠪᠥᠭᠡᠳ ᠂ 2013 ᠣᠨ ᠤ 3 ᠰᠠᠷ᠎ᠠ ᠳᠤ ᠦᠨᠳᠦᠰᠦᠲᠡᠨ ᠦ ᠪᠢᠴᠢᠭ ᠦᠨ ᠰᠤᠷᠭᠠᠯ ᠦᠨ ᠬᠥᠲᠡᠯᠪᠦᠷᠢ ᠶᠢᠨ ᠬᠣᠷᠢᠶ᠎ᠠ ᠪᠣᠯᠤᠨ ᠪᠦᠬᠦ ᠤᠯᠤᠰ ᠤᠨ ᠪᠠᠢᠭᠤᠯᠤᠯᠭ᠎ᠠ ᠶᠢᠨ ᠬᠥᠭᠵᠢᠯ ᠦᠨ ᠡᠷᠬᠢᠯᠡᠯ ᠤᠨ 《 ᠮᠣᠩᠭᠣᠯ ᠬᠡᠯᠡ 》 ᠰᠢᠯᠢᠳᠡᠭ ᠪᠦᠲᠦᠭᠡᠯ ᠦᠨ ᠱᠠᠩᠨᠠᠯ ᠢ ᠬᠦᠷᠲᠡᠭᠰᠡᠨ ᠶᠤᠮ ᠃ ᠰᠤᠷᠭᠠᠭᠤᠯᠢ ᠶᠢᠨ ᠬᠤᠷᠠᠯ ᠂ ᠰᠤᠷᠭᠠᠭᠤᠯᠢ ᠶᠢᠨ ᠡᠷᠳᠡᠮ ᠰᠢᠨᠵᠢᠯᠡᠬᠦ ᠬᠤᠷᠠᠯ ᠤᠨ ᠭᠡᠰᠢᠭᠦᠨ ᠢ ᠬᠠᠷᠢᠭᠤᠴᠠᠵᠤ ᠪᠠᠢᠭ᠎ᠠ ᠃

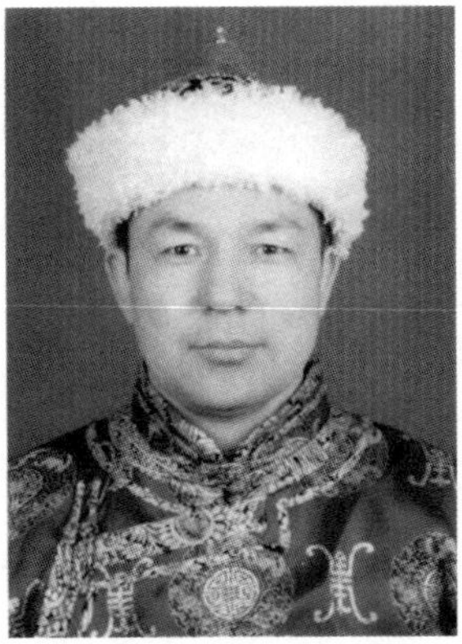

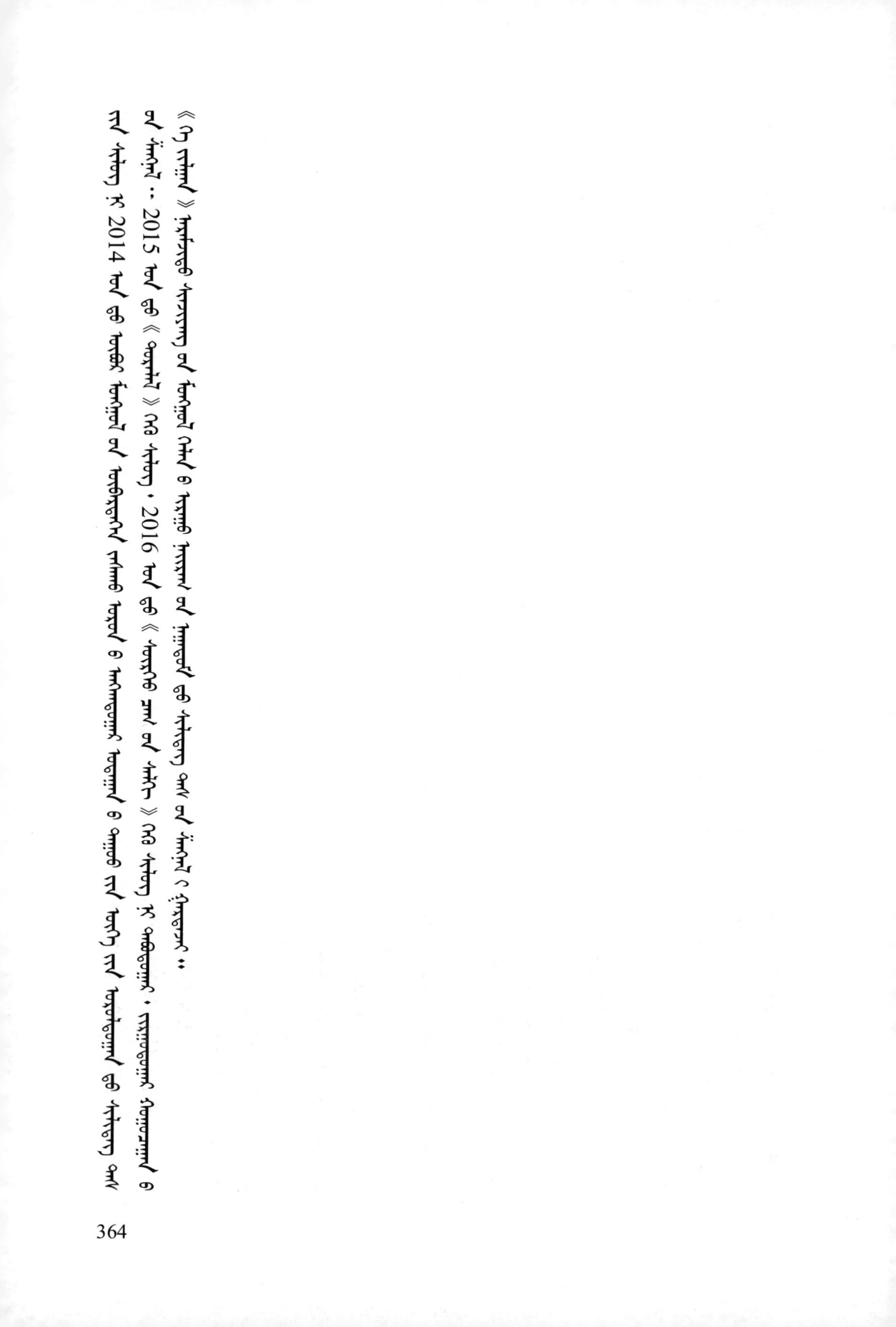

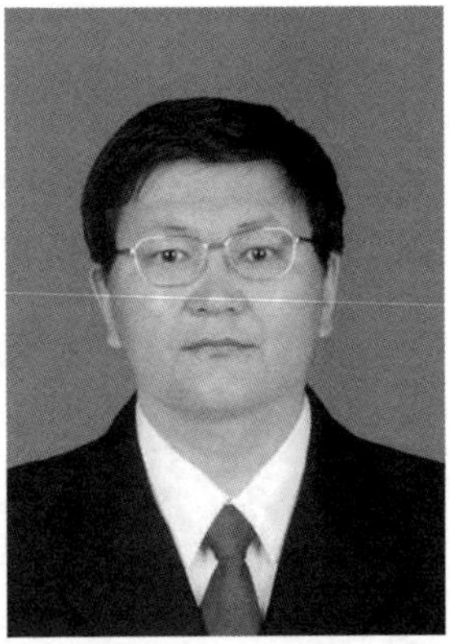

[illegible] ᠃

[illegible] 《 [illegible] 》 [illegible] ᠄ 《 [illegible] 》 [illegible] 2005 ᠣᠨ [illegible] 《 [illegible] 》 [illegible] 2002 ᠣᠨ [illegible] 《 [illegible] 》 (1986 —1996 ᠣᠨ [illegible]) [illegible] ᠄ 《 [illegible]

《 [illegible] 》 [illegible] 1996 ᠣᠨ [illegible] 《 [illegible] ᠃

[illegible] 《 [illegible] 》 [illegible] 《 [illegible] 》 [illegible] 《 [illegible] 》 [illegible] 《 [illegible] 》 [illegible] 》 ([illegible] 2016 ᠣᠨ) [illegible] ᠃ ([illegible] 2014 ᠣᠨ) ᠂ 《 [illegible] 2009 ᠣᠨ) ᠂ 《 [illegible] 》 ([illegible]) [illegible] 2009 ᠣᠨ) ᠂ 《 [illegible] 》 ([illegible] 2008 ᠣᠨ) ᠂ 《 [illegible] 》 ([illegible] 》 ([illegible]) ([illegible] 2002 ᠣᠨ) ᠂ 《 [illegible] 》 ([illegible] 2008 ᠣᠨ) ᠂ 《 [illegible] 2000 ᠣᠨ) ᠂ 《 [illegible] 》 ([illegible]

ᠨᠢᠭᠡᠳᠦᠭᠡᠷ ᠄ ᠬᠣᠶᠠᠷ ᠤ ᠣᠳᠣᠬᠠᠨ ᠨᠢᠭᠡᠨ ᠲᠡᠭᠰᠢ ᠶᠢ ᠣᠷᠣᠯᠴᠠᠨ ᠪᠠᠶᠢᠭᠤᠯᠤᠯᠲᠠ ᠳᠤ ᠪᠡᠨ ᠳᠡᠭᠡᠭᠰᠢᠯᠡᠭᠦᠯᠬᠦ ᠢ ᠮᠠᠰᠢ ᠶᠢᠨ ᠰᠠᠶᠢᠨ ᠬᠢᠬᠦ ᠪᠣᠯᠤᠨ᠎ᠠ ᠄ ᠮᠠᠰᠢ ᠶᠢᠨ ᠰᠠᠶᠢᠨ ᠬᠦᠮᠦᠨ

ᠪᠠᠶᠢᠭᠤᠯᠬᠤ ᠳᠤ ᠰᠤᠷᠭᠠᠭᠤᠯᠢ ᠶᠢᠨ ᠣᠳᠣ ᠶᠢᠨ ᠮᠡᠷᠭᠡᠵᠢᠯ ᠬᠦᠮᠦᠵᠢᠯ ᠦᠨ ᠬᠠᠮᠤᠭ ᠰᠠᠶᠢᠨ ᠰᠤᠷᠭᠠᠯᠲᠠ ᠪᠠᠷ ᠂ ᠣᠯᠠᠨ ᠤ ᠨᠡᠶᠢᠭᠡᠮ ᠦᠨ ᠮᠡᠳᠡᠯᠭᠡ ᠶᠢ

ᠪᠠᠶᠢᠭᠤᠯᠬᠤ ᠶᠢ ᠬᠤᠪᠢᠶᠠᠯᠴᠠᠬᠤ ᠬᠡᠷᠡᠭᠲᠡᠢ ᠄

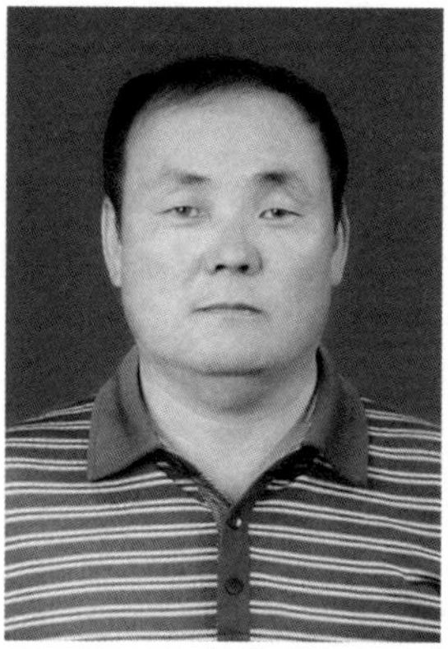

ᠦᠨᠳᠦᠰᠦᠲᠡᠨ ᠦ ᠬᠡᠪᠯᠡᠯ ᠦᠨ ᠬᠣᠷᠢᠶ᠎ᠠ ᠪᠠᠷ 《ᠮᠣᠩᠭᠣᠯ ᠬᠡᠯᠡ ᠪᠢᠴᠢᠭ ᠤᠨ ᠰᠤᠳᠤᠯᠭ᠎ᠠ》 ᠶᠢ ᠬᠡᠪᠯᠡᠨ ᠨᠡᠢᠲᠡᠯᠡᠭᠦᠯᠦᠭᠰᠡᠨ ᠪᠠᠢᠨ᠎ᠠ᠃ 2007 ᠣᠨ ᠤ 1 ᠳᠦᠭᠡᠷ ᠰᠠᠷ᠎ᠠ ᠳᠤ 《ᠮᠣᠩᠭᠣᠯ ᠬᠡᠯᠡ ᠶᠢᠨ ᠳᠦᠷᠢᠮ》 ᠬᠡᠮᠡᠬᠦ ᠨᠣᠮ ᠢ ᠦᠨᠳᠦᠰᠦᠲᠡᠨ ᠦ ᠬᠡᠪᠯᠡᠯ ᠦᠨ ᠬᠣᠷᠢᠶ᠎ᠠ ᠪᠠᠷ ᠬᠡᠪᠯᠡᠨ ᠨᠡᠢᠲᠡᠯᠡᠭᠦᠯᠦᠭᠰᠡᠨ ᠪᠠᠢᠨ᠎ᠠ᠃ 《ᠮᠣᠩᠭᠣᠯ ᠬᠡᠯᠡᠨ ᠦ ᠦᠭᠡ ᠵᠦᠢ》 ᠬᠡᠮᠡᠬᠦ ᠨᠣᠮ ᠢ 1992 ᠣᠨ ᠳᠤ ᠬᠡᠪᠯᠡᠨ ᠨᠡᠢᠲᠡᠯᠡᠭᠦᠯᠦᠭᠰᠡᠨ ᠪᠠᠢᠨ᠎ᠠ᠃ 2004 ᠣᠨ ᠤ 3 ᠳᠤᠭᠠᠷ ᠰᠠᠷ᠎ᠠ ᠳᠤ 《ᠮᠣᠩᠭᠣᠯ ᠬᠡᠯᠡᠨ ᠦ ᠬᠡᠯᠡᠯᠭᠡ ᠵᠦᠢ》 ᠬᠡᠮᠡᠬᠦ ᠨᠣᠮ ᠢ ᠦᠪᠦᠷ ᠮᠣᠩᠭᠣᠯ ᠤᠨ ᠰᠤᠷᠭᠠᠨ ᠬᠦᠮᠦᠵᠢᠯ ᠦᠨ ᠬᠡᠪᠯᠡᠯ ᠦᠨ ᠬᠣᠷᠢᠶ᠎ᠠ ᠪᠠᠷ ᠬᠡᠪᠯᠡᠨ ᠨᠡᠢᠲᠡᠯᠡᠭᠦᠯᠦᠭᠰᠡᠨ᠃ 《ᠮᠣᠩᠭᠣᠯ ᠬᠡᠯᠡᠨ ᠦ ᠰᠤᠳᠤᠯᠭ᠎ᠠ ᠶᠢᠨ 80 ᠵᠢᠯ》 ᠬᠡᠮᠡᠬᠦ ᠨᠣᠮ ᠢ 2004 ᠣᠨ ᠳᠤ ᠬᠡᠪᠯᠡᠨ ᠨᠡᠢᠲᠡᠯᠡᠭᠦᠯᠦᠭᠰᠡᠨ᠃ 《ᠮᠣᠩᠭᠣᠯ ᠬᠡᠯᠡᠨ ᠦ ᠰᠤᠳᠤᠯᠭ᠎ᠠ》 ᠬᠡᠮᠡᠬᠦ ᠨᠣᠮ ᠢ 2006 ᠣᠨ ᠳᠤ ᠦᠪᠦᠷ ᠮᠣᠩᠭᠣᠯ ᠤᠨ ᠰᠤᠷᠭᠠᠨ ᠬᠦᠮᠦᠵᠢᠯ ᠦᠨ ᠬᠡᠪᠯᠡᠯ ᠦᠨ ᠬᠣᠷᠢᠶ᠎ᠠ ᠪᠠᠷ ᠬᠡᠪᠯᠡᠨ ᠨᠡᠢᠲᠡᠯᠡᠭᠦᠯᠦᠭᠰᠡᠨ᠃ 《ᠮᠣᠩᠭᠣᠯ ᠬᠡᠯᠡ ᠵᠦᠢ》 ᠬᠡᠮᠡᠬᠦ ᠨᠣᠮ ᠢ 2010 ᠣᠨ ᠳᠤ ᠦᠨᠳᠦᠰᠦᠲᠡᠨ ᠦ ᠬᠡᠪᠯᠡᠯ ᠦᠨ ᠬᠣᠷᠢᠶ᠎ᠠ ᠪᠠᠷ ᠬᠡᠪᠯᠡᠨ ᠨᠡᠢᠲᠡᠯᠡᠭᠦᠯᠦᠭᠰᠡᠨ ᠶᠢᠨ 《ᠮᠣᠩᠭᠣᠯ ᠬᠡᠯᠡ ᠵᠦᠢ》 ᠨᠣᠮ ᠤᠨ ᠨᠢᠭᠡ ᠬᠡᠰᠡᠭ ᠪᠣᠯᠤᠨ᠎ᠠ᠃

ᠲᠡᠷᠡ 1989 ᠣᠨ ᠳᠤ ᠮᠣᠩᠭᠣᠯ ᠬᠡᠯᠡᠨ ᠦ ᠰᠤᠳᠤᠯᠭ᠎ᠠ ᠶᠢᠨ ᠲᠠᠯ᠎ᠠ ᠪᠠᠷ ᠡᠷᠳᠡᠮ ᠰᠢᠨᠵᠢᠯᠡᠭᠡᠨ ᠦ ᠥᠭᠦᠯᠡᠯ 120 ᠭᠠᠷᠤᠢ ᠶᠢ ᠨᠡᠢᠲᠡᠯᠡᠭᠦᠯᠦᠭᠰᠡᠨ᠃ ᠡᠳᠡᠭᠡᠷ ᠡᠷᠳᠡᠮ ᠰᠢᠨᠵᠢᠯᠡᠭᠡᠨ ᠦ ᠥᠭᠦᠯᠡᠯ ᠨᠢ 2006 ᠣᠨ ᠳᠤ ᠮᠣᠩᠭᠣᠯ ᠬᠡᠯᠡᠨ ᠦ ᠳᠠᠭᠤ ᠠᠪᠢᠶ᠎ᠠ᠂ ᠦᠭᠡ ᠵᠦᠢ᠂ ᠦᠭᠡ ᠬᠡᠯᠡᠯᠭᠡ᠂ 《ᠮᠣᠩᠭᠣᠯ ᠬᠡᠯᠡ》 ᠶᠢᠨ ᠰᠤᠳᠤᠯᠭ᠎ᠠ ᠵᠡᠷᠭᠡ ᠠᠭᠤᠯᠭ᠎ᠠ ᠲᠠᠢ ᠪᠣᠯᠤᠨ᠎ᠠ᠃ 2017 ᠣᠨ ᠤ 7 ᠳᠤᠭᠠᠷ ᠰᠠᠷ᠎ᠠ ᠳᠤ ᠦᠨᠳᠦᠰᠦᠲᠡᠨ ᠦ ᠬᠡᠪᠯᠡᠯ ᠦᠨ ᠬᠣᠷᠢᠶ᠎ᠠ ᠪᠠᠷ 《ᠮᠣᠩᠭᠣᠯ ᠬᠡᠯᠡᠨ ᠦ ᠰᠤᠳᠤᠯᠭ᠎ᠠ ᠶᠢᠨ ᠲᠡᠭᠦᠪᠦᠷᠢ》 ᠬᠡᠮᠡᠨ ᠨᠡᠢᠲᠡᠯᠡᠭᠦᠯᠬᠦ ᠪᠡᠷ ᠮᠣᠩᠭᠣᠯ ᠬᠡᠯᠡ ᠪᠢᠴᠢᠭ ᠦᠨ ᠰᠤᠳᠤᠯᠭ᠎ᠠ ᠶᠢᠨ ᠳᠡᠪᠰᠢᠯ ᠳᠦ ᠬᠤᠪᠢ ᠨᠡᠮᠡᠷ ᠣᠷᠣᠭᠤᠯᠤᠭᠰᠠᠨ ᠪᠠᠢᠨ᠎ᠠ᠃

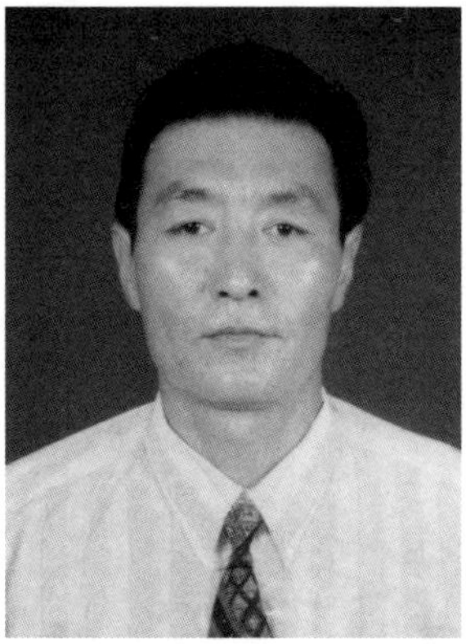

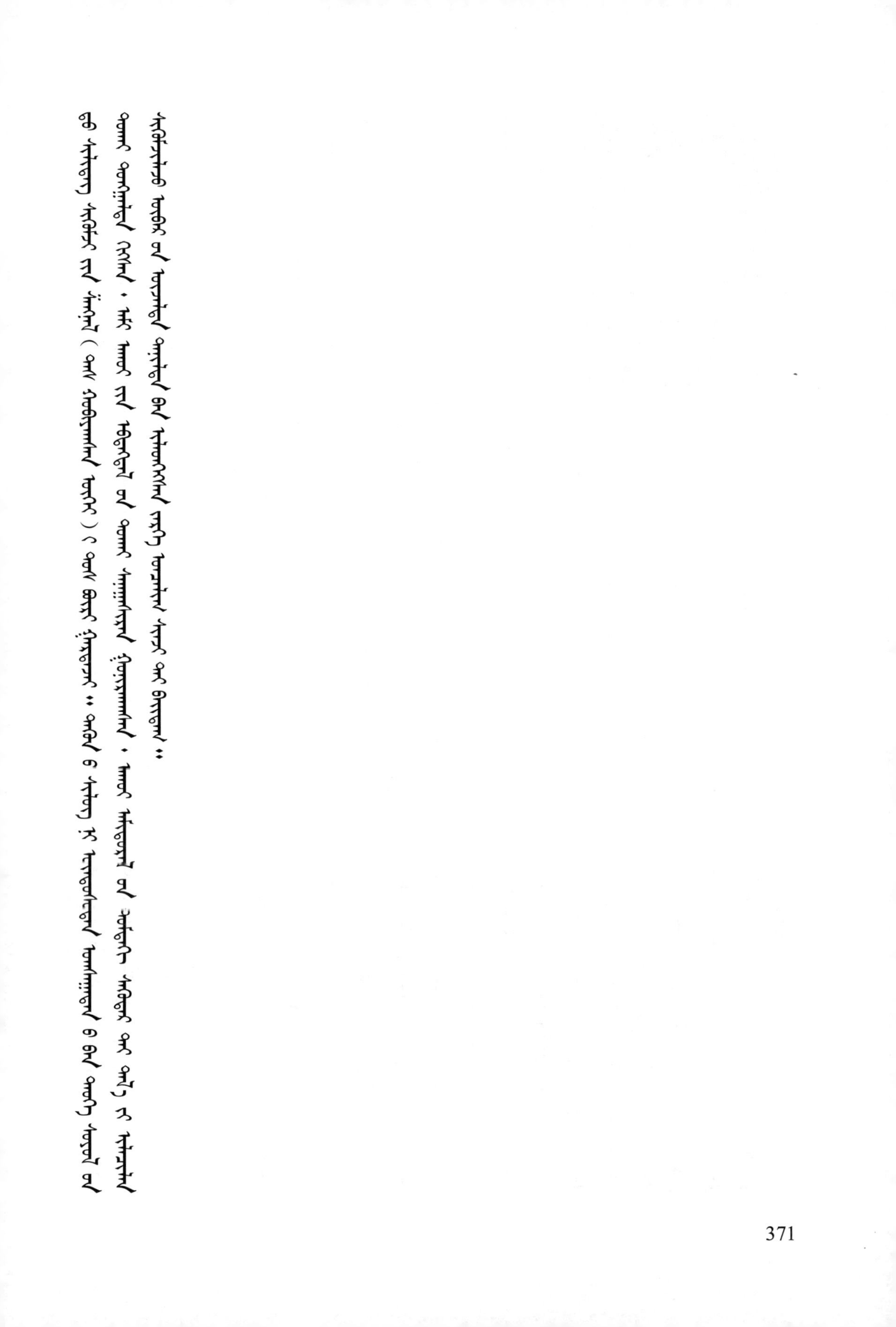

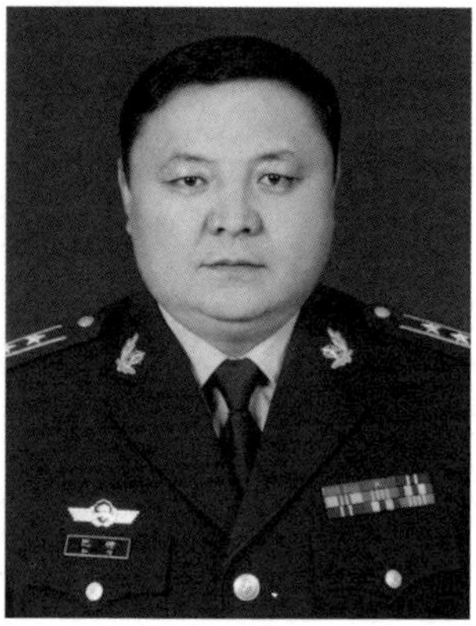

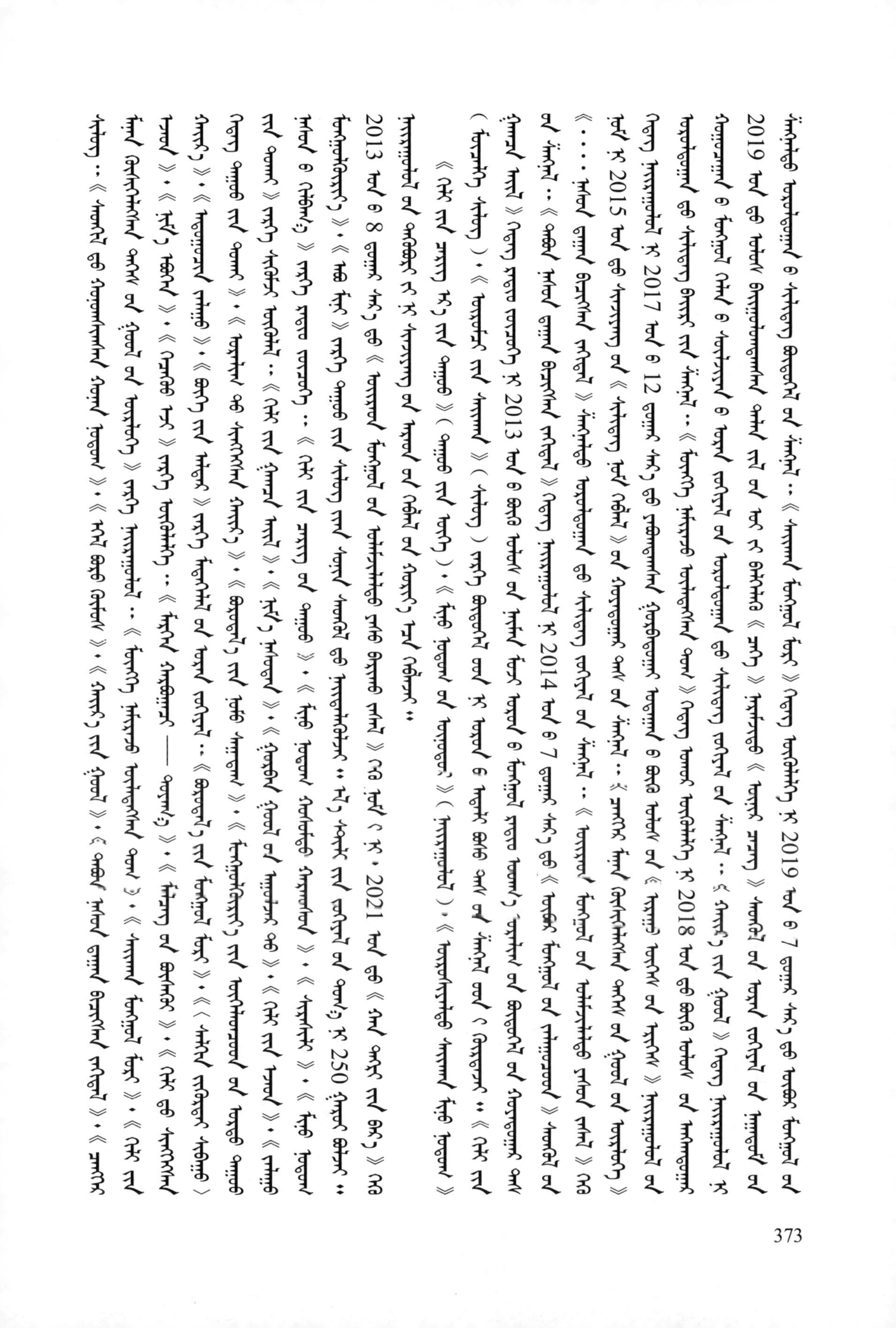

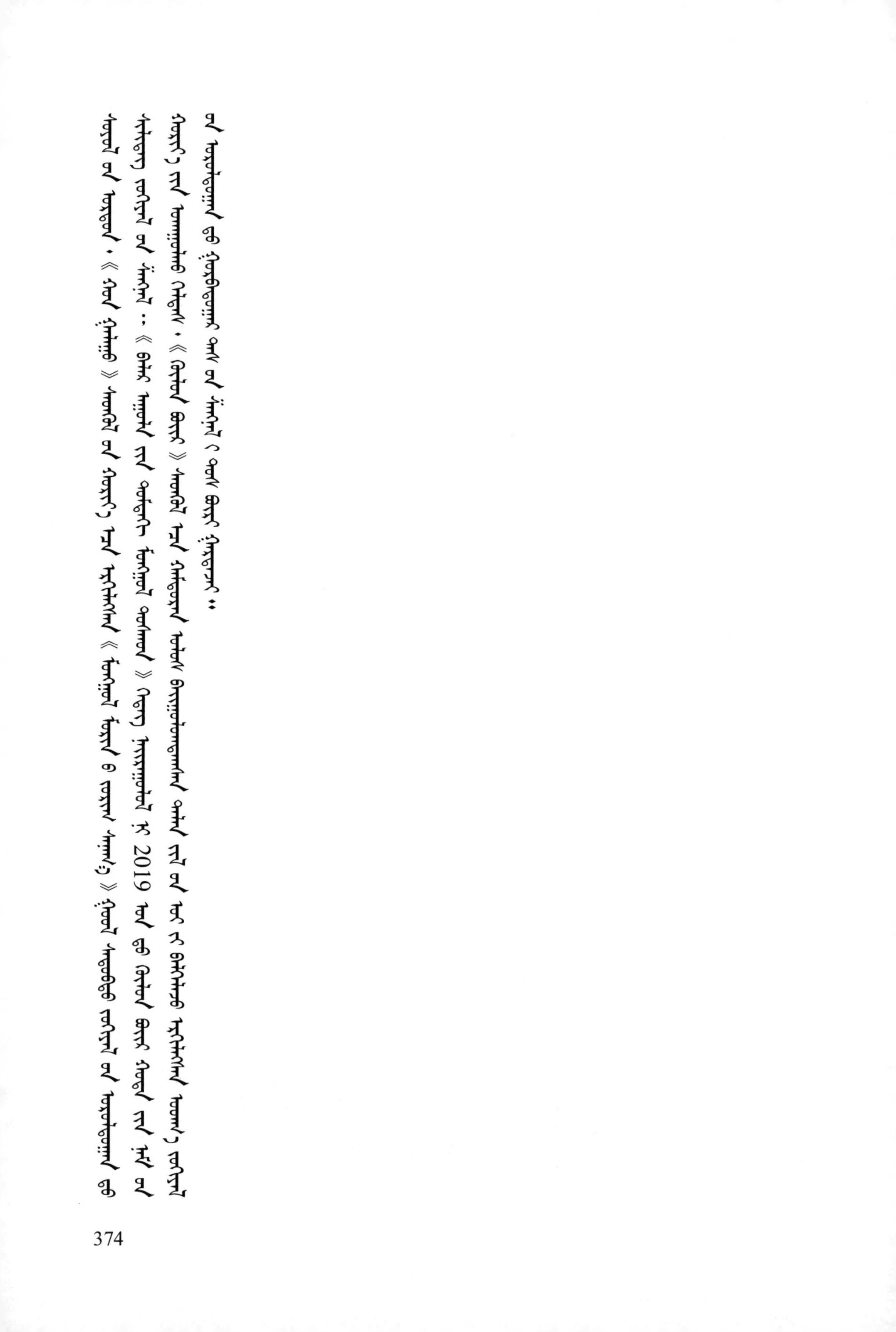

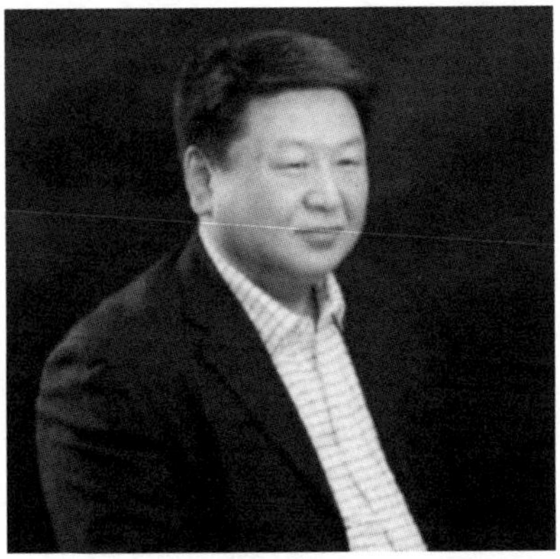

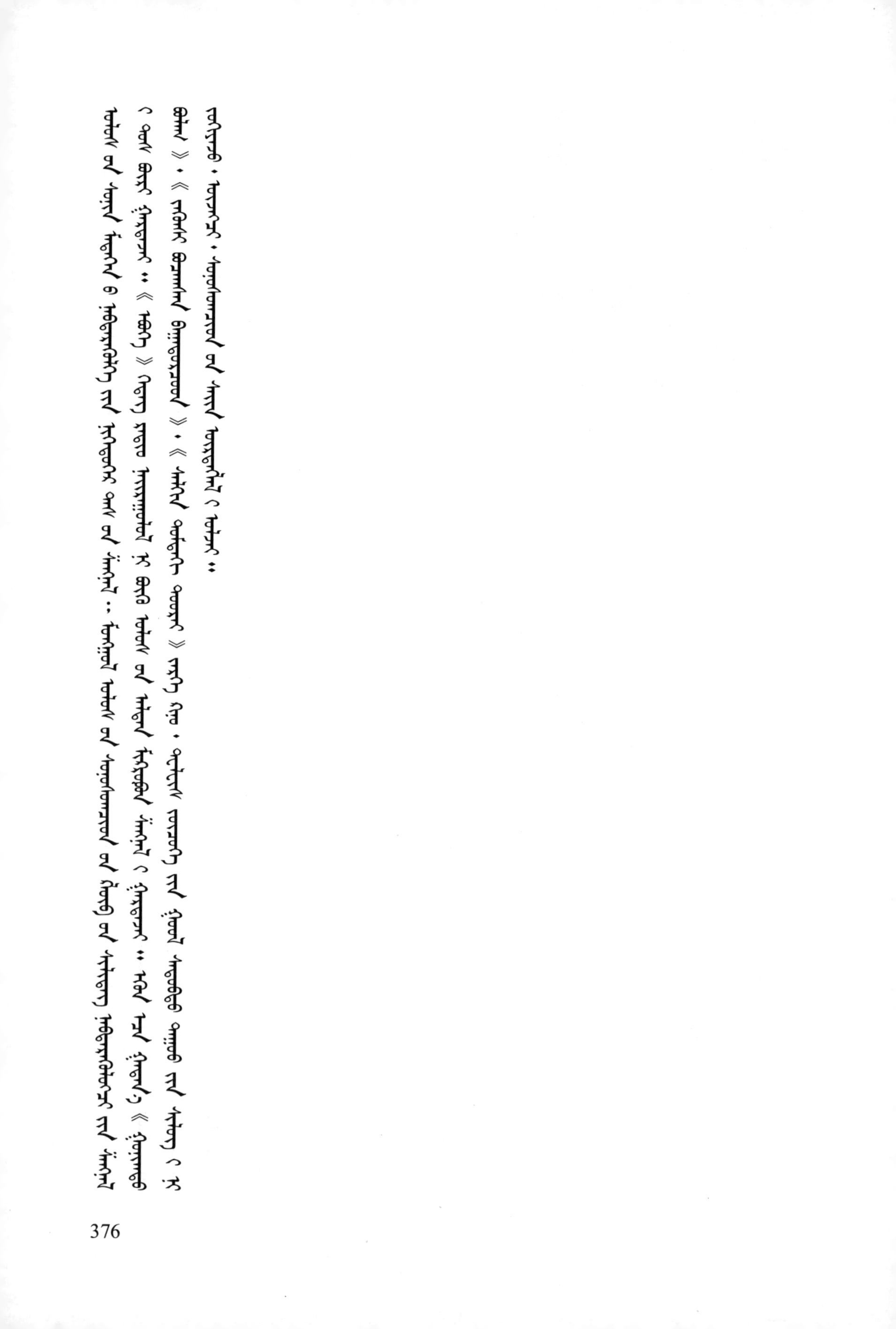

ᠪᠠᠶᠢᠨ᠎ᠠ ᠄ 《 ᠬᠠᠯᠠᠭᠤᠨ ᠨᠢᠭᠤᠷ ᠤᠨ ᠳᠠᠷᠤᠭᠤᠯ ᠤᠨ ᠪᠢᠴᠢᠭ ᠢ 》 ᠬᠡᠮᠡᠨ ᠨᠡᠷᠡᠳᠦᠯᠡᠬᠦ 《 ᠮᠣᠩᠭᠣᠯ ᠤᠨ ᠤᠷᠠᠨ ᠵᠣᠬᠢᠶᠠᠯ ᠤᠨ ᠨᠣᠮ 》 ᠂ 《 ᠬᠠᠯᠠᠭᠤᠨ 》 ᠂

《 ᠬᠠᠷᠢᠭᠤ ᠬᠡᠯᠡᠬᠦ 》 ᠂ 《 ᠵᠢᠷᠦᠬᠡᠨ ᠦ ᠳᠠᠭᠤ 》 ᠂ 《 ᠮᠣᠷᠢᠨ ᠬᠤᠭᠤᠷ ᠤᠨ ᠨᠣᠮ 》 ᠂ 《 ᠰᠠᠷᠠᠨ ᠳᠤᠨ ᠤ ᠨᠢᠭᠤᠷ 》 ᠂ 《 ᠨᠡᠷ᠎ᠡ ᠶᠢᠨ ᠳᠠᠭᠤ 》 ᠂ 《 ᠡᠵᠢ ᠶᠢᠨ ᠰᠡᠳᠬᠢᠯ 》 ᠂ 《 ᠬᠦᠰᠡᠯ ᠦᠨ ᠬᠡᠯᠡᠯᠴᠡᠭᠡ 》 ᠂ 《 ᠨᠤᠲᠤᠭ ᠤᠨ ᠬᠠᠢᠷ᠎ᠠ 》 ᠄ 2020 ᠣᠨ ᠤ ᠬᠠᠪᠤᠷ ᠠᠴᠠ ᠡᠬᠢᠯᠡᠨ ᠬᠠᠯᠠᠭᠤᠨ ᠨᠢᠭᠤᠷ ᠤᠨ ᠳᠠᠷᠤᠭᠤᠯ ᠢ ᠲᠤᠷᠰᠢᠵᠤ ᠪᠠᠶᠢᠨ᠎ᠠ ᠄ ᠮᠦᠨ 《 ᠡᠷᠳᠡᠮ ᠦᠨ ᠳᠠᠭᠤ 》 ᠬᠡᠮᠡᠬᠦ ᠨᠣᠮ ᠤᠨ ᠬᠡᠪᠯᠡᠯ ᠦᠨ ᠰᠢᠷᠢᠭᠰᠠᠨ ᠪᠠᠶᠢᠨ᠎ᠠ ᠄

ᠮᠦᠨ ᠲᠡᠷᠡ ᠨᠢ ᠮᠣᠩᠭᠣᠯ ᠤᠨ ᠪᠢᠴᠢᠭ ᠦᠨ ᠵᠣᠬᠢᠶᠠᠯᠴᠢ ᠶᠢᠨ ᠨᠡᠶᠢᠭᠡᠮᠯᠡᠯ ᠦᠨ ᠭᠡᠰᠢᠭᠦᠨ ᠪᠣᠯᠤᠨ ᠮᠣᠩᠭᠣᠯ ᠤᠨ ᠶᠡᠭᠡ ᠬᠦᠷᠢᠶᠡᠯᠡᠩ ᠦᠨ ᠭᠡᠰᠢᠭᠦᠨ ᠪᠠᠶᠢᠨ᠎ᠠ ᠄

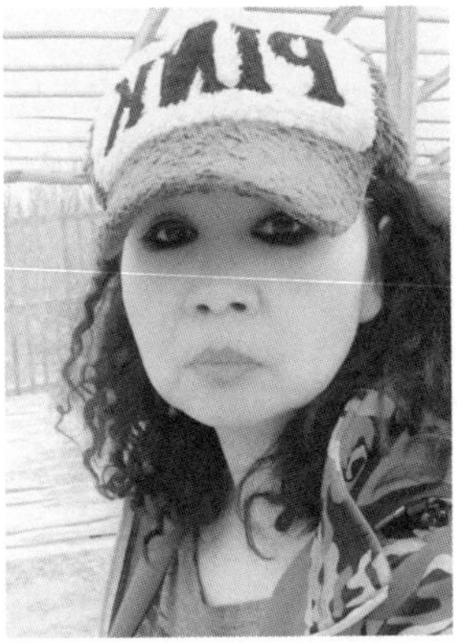

ᠡᠷᠳᠡᠮ (ᠪᠢᠴᠢᠭ ᠦᠨ ᠨᠡᠷ᠎ᠡ) ᠡᠮ᠎ᠡ ᠂ ᠮᠣᠩᠭᠣᠯ ᠦᠨᠳᠦᠰᠦᠲᠡᠨ ᠂ ᠬᠣᠷᠴᠢᠨ ᠂ ᠵᠠᠷᠤᠳ ᠬᠣᠰᠢᠭᠤᠨ ᠤ ᠬᠦᠮᠦᠨ ᠂ ᠪᠢᠴᠢᠭ ᠦᠨ ᠵᠣᠬᠢᠶᠠᠯᠴᠢ ᠂ 1966 ᠣᠨ ᠤ 11 ᠰᠠᠷ᠎ᠠ ᠳᠤ ᠲᠦᠷᠦᠭᠰᠡᠨ ᠂ 1973 ᠣᠨ ᠠᠴᠠ 1976 ᠣᠨ ᠬᠦᠷᠲᠡᠯ᠎ᠡ ᠭᠠᠴᠠᠭ᠎ᠠ ᠶᠢᠨ ᠪᠠᠭ᠎ᠠ ᠰᠤᠷᠭᠠᠭᠤᠯᠢ ᠳᠤ ᠰᠤᠷᠤᠯᠴᠠᠭᠰᠠᠨ ᠂ 1976 ᠣᠨ ᠠᠴᠠ 1983 ᠣᠨ ᠬᠦᠷᠲᠡᠯ᠎ᠡ ᠳᠤᠮᠳᠠ ᠰᠤᠷᠭᠠᠭᠤᠯᠢ ᠳᠤ ᠰᠤᠷᠤᠯᠴᠠᠭᠰᠠᠨ ᠂ 1983 ᠣᠨ ᠠᠴᠠ 1985 ᠣᠨ ᠬᠦᠷᠲᠡᠯ᠎ᠡ ᠪᠠᠭᠰᠢ ᠶᠢᠨ ᠰᠤᠷᠭᠠᠭᠤᠯᠢ ᠳᠤ ᠰᠤᠷᠤᠯᠴᠠᠭᠰᠠᠨ ᠂ ᠡᠭᠦᠨ ᠦ ᠳᠠᠷᠠᠭ᠎ᠠ ᠭᠠᠴᠠᠭ᠎ᠠ ᠶᠢᠨ ᠪᠠᠭ᠎ᠠ ᠰᠤᠷᠭᠠᠭᠤᠯᠢ ᠳᠤ ᠪᠠᠭᠰᠢ ᠪᠣᠯᠵᠤ ᠂ 1988 ᠣᠨ ᠠᠴᠠ 1990 ᠣᠨ ᠬᠦᠷᠲᠡᠯ᠎ᠡ ᠥᠪᠥᠷ ᠮᠣᠩᠭᠣᠯ ᠤᠨ ᠪᠠᠭᠰᠢ ᠶᠢᠨ ᠶᠡᠬᠡ ᠰᠤᠷᠭᠠᠭᠤᠯᠢ (ᠬᠠᠯᠠᠭᠤᠨ ᠨᠢᠭᠤᠷ ᠤᠨ ᠰᠠᠯᠪᠤᠷᠢ) ᠳᠤ ᠰᠤᠷᠤᠯᠴᠠᠭᠰᠠᠨ ᠂ 1993 ᠣᠨ ᠤ 4 ᠰᠠᠷ᠎ᠠ ᠠᠴᠠ ᠡᠬᠢᠯᠡᠨ ᠬᠣᠲᠠ ᠶᠢᠨ ᠰᠤᠷᠭᠠᠭᠤᠯᠢ ᠳᠤ ᠠᠵᠢᠯᠯᠠᠭᠰᠠᠨ ᠂ 1990 ᠣᠨ ᠤ 9 ᠰᠠᠷ᠎ᠠ ᠠᠴᠠ 1992 ᠣᠨ ᠤ 7 ᠰᠠᠷ᠎ᠠ ᠬᠦᠷᠲᠡᠯ᠎ᠡ ᠮᠣᠩᠭᠣᠯ ᠬᠡᠯᠡ ᠪᠢᠴᠢᠭ ᠦᠨ ᠪᠠᠭᠰᠢ ᠪᠠᠶᠢᠭᠰᠠᠨ ᠂ 2013 ᠣᠨ ᠠᠴᠠ 2015 ᠣᠨ ᠬᠦᠷᠲᠡᠯ᠎ᠡ ᠪᠡᠭᠡᠵᠢᠩ ᠳᠦ ᠰᠤᠷᠤᠯᠴᠠᠭᠰᠠᠨ ᠂ ᠣᠳᠣ ᠲᠡᠳᠬᠡᠪᠦᠷᠢ ᠳᠦ ᠠᠵᠢᠯᠯᠠᠵᠤ ᠪᠠᠶᠢᠨ᠎ᠠ ᠄

ᠵᠣᠬᠢᠶᠠᠯ ᠤᠨ ᠪᠦᠲᠦᠭᠡᠯ ᠨᠢ ᠰᠣᠨᠢᠨ ᠬᠡᠪᠯᠡᠯ ᠳᠦ ᠨᠡᠶᠢᠲᠡᠯᠡᠭᠳᠡᠵᠦ ᠂ ᠶᠡᠬᠡ ᠪᠠᠭ᠎ᠠ ᠰᠢᠯᠭᠠᠯᠲᠠ ᠳᠤ ᠰᠢᠯᠭᠠᠷᠠᠭᠰᠠᠨ ᠪᠠᠶᠢᠨ᠎ᠠ ᠄

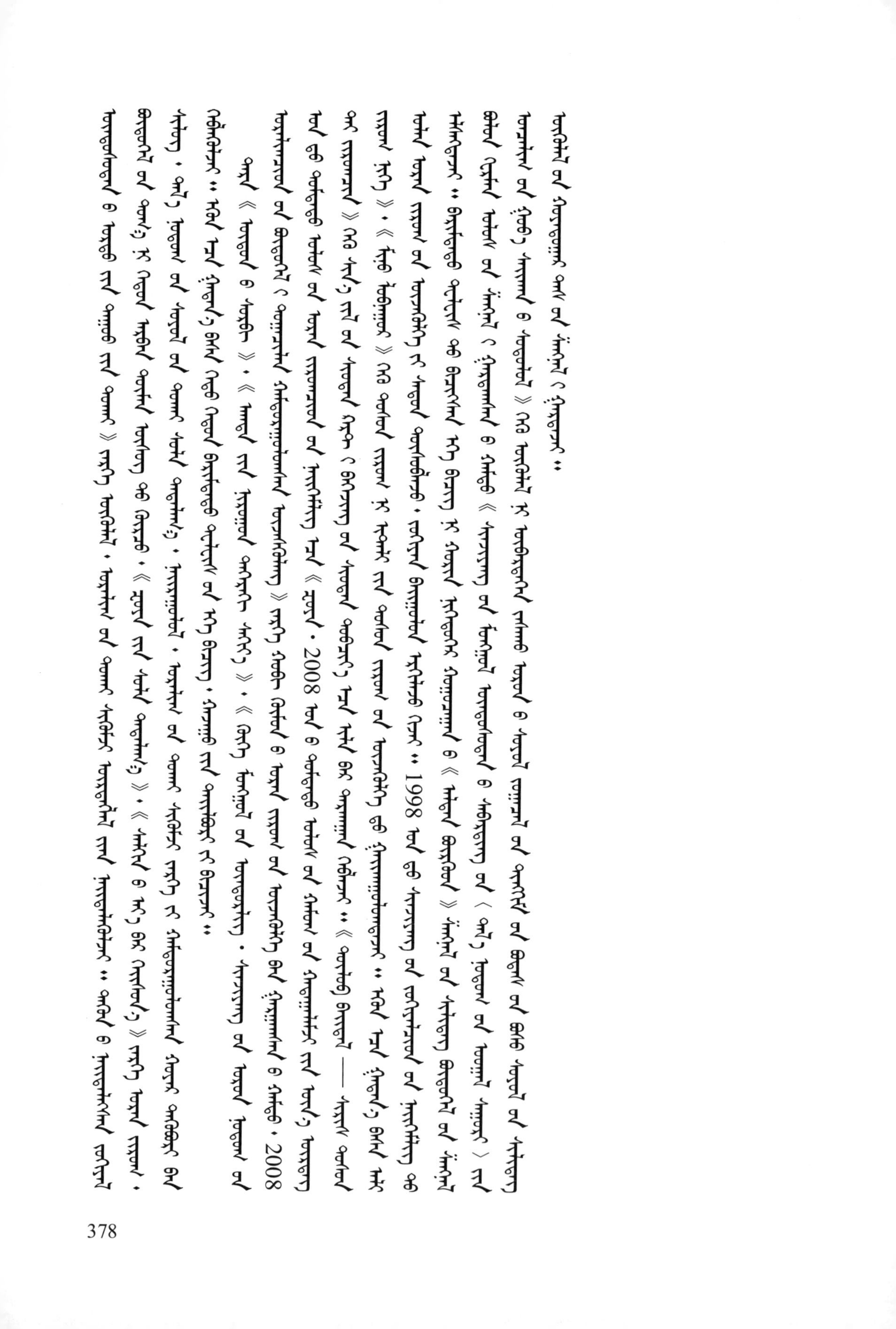

[illegible]

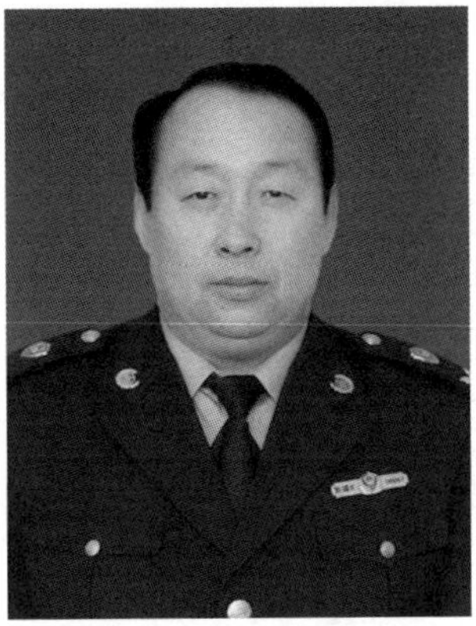

ᠪᠠ · ᠪᠠᠶᠠᠷᠮᠠᠭᠨᠠᠢ ᠮᠣᠩᠭᠣᠯ ᠦᠨᠳᠦᠰᠦᠲᠡᠨ · ᠡᠷᠡᠭᠲᠡᠢ ᠪᠣᠯᠪᠠᠰᠤᠷᠠᠯ ᠄ 1966 ᠣᠨ ᠤ 11 ᠰᠠᠷ᠎ᠠ ᠶᠢᠨ 26 ᠤ ᠡᠳᠦᠷ ᠬᠥᠪᠡᠭᠦᠨ ᠬᠤᠰᠢᠭᠤ ᠶᠢᠨ ᠠᠮᠤᠷᠯᠢᠩᠭᠤᠢ ᠰᠤᠮᠤ ᠶᠢᠨ ᠭᠠᠴᠠᠭ᠎ᠠ ᠳᠤ ᠲᠥᠷᠦᠭᠰᠡᠨ ᠄ ᠪᠠᠭ᠎ᠠ ᠨᠠᠰᠤᠨ ᠳᠤ ᠰᠤᠷᠭᠠᠭᠤᠯᠢ ᠳᠤ ᠣᠷᠣᠵᠤ ᠰᠤᠷᠤᠭᠠᠳ ᠄ 1982 ᠣᠨ ᠳᠤ ᠳᠡᠭᠡᠳᠦ ᠰᠤᠷᠭᠠᠭᠤᠯᠢ ᠶᠢ ᠲᠡᠭᠦᠰᠦᠭᠡᠳ ᠄ 1980 ᠣᠨ ᠳᠤ ᠬᠣᠲᠠ ᠶᠢᠨ ᠪᠠᠭ᠎ᠠ ᠰᠤᠷᠭᠠᠭᠤᠯᠢ ᠳᠤ ᠠᠵᠢᠯᠯᠠᠵᠤ ᠄ 1983 ᠣᠨ ᠳᠤ ᠪᠠᠭᠰᠢ ᠶᠢᠨ ᠰᠤᠷᠭᠠᠭᠤᠯᠢ ᠶᠢ ᠲᠡᠭᠦᠰᠦᠭᠡᠳ ᠪᠠᠭᠰᠢ ᠶᠢᠨ ᠠᠵᠢᠯ ᠬᠢᠵᠦ ᠄ ᠠᠵᠤ ᠠᠬᠤᠢ ᠶᠢᠨ ᠵᠠᠬᠢᠷᠭᠠᠨ ᠤ ᠲᠣᠪᠴᠢᠶ᠎ᠠ ᠳᠤ ᠰᠢᠯᠵᠢᠨ ᠠᠵᠢᠯᠯᠠᠭᠰᠠᠨ ᠄ 1987 ᠣᠨ ᠳᠤ ᠰᠢᠯᠢ ᠶᠢᠨ ᠬᠣᠲᠠ ᠶᠢᠨ ᠠᠵᠤ ᠠᠬᠤᠢ ᠶᠢᠨ ᠵᠠᠬᠢᠷᠭᠠᠨ ᠤ ᠲᠣᠪᠴᠢᠶ᠎ᠠ ᠳᠤ ᠠᠵᠢᠯᠯᠠᠵᠤ ᠄ ᠲᠤᠰ ᠲᠣᠪᠴᠢᠶ᠎ᠠ ᠶᠢᠨ 9 ᠰᠠᠷ᠎ᠠ ᠠᠴᠠ 1991 ᠣᠨ ᠤ 5 ᠰᠠᠷ᠎ᠠ ᠬᠦᠷᠲᠡᠯᠡ ᠰᠠᠯᠠᠭ᠎ᠠ ᠲᠣᠪᠴᠢᠶ᠎ᠠ ᠳᠤ ᠠᠵᠢᠯᠯᠠᠭᠰᠠᠨ ᠄ 1991 ᠣᠨ ᠤ 5 ᠰᠠᠷ᠎ᠠ ᠠᠴᠠ 1994 ᠣᠨ ᠤ 1 ᠰᠠᠷ᠎ᠠ ᠬᠦᠷᠲᠡᠯᠡ ᠰᠠᠯᠠᠭ᠎ᠠ ᠲᠣᠪᠴᠢᠶ᠎ᠠ ᠶᠢᠨ ᠳᠠᠷᠤᠭ᠎ᠠ ᠪᠣᠯᠵᠤ ᠄ 1994 ᠣᠨ ᠤ 2 ᠰᠠᠷ᠎ᠠ ᠠᠴᠠ 1997 ᠣᠨ ᠤ 1 ᠰᠠᠷ᠎ᠠ ᠬᠦᠷᠲᠡᠯᠡ ᠰᠠᠯᠠᠭ᠎ᠠ ᠲᠣᠪᠴᠢᠶ᠎ᠠ ᠶᠢᠨ ᠳᠠᠷᠤᠭ᠎ᠠ ᠪᠣᠯᠵᠤ ᠄ 1997 ᠣᠨ ᠤ 2 ᠰᠠᠷ᠎ᠠ ᠠᠴᠠ 2000 ᠣᠨ ᠤ 4 ᠰᠠᠷ᠎ᠠ ᠬᠦᠷᠲᠡᠯᠡ ᠠᠵᠤ ᠠᠬᠤᠢ ᠶᠢᠨ ᠵᠠᠬᠢᠷᠭᠠᠨ ᠤ ᠲᠣᠪᠴᠢᠶ᠎ᠠ ᠶᠢᠨ ᠲᠠᠰᠤᠭ ᠤᠨ ᠳᠠᠷᠤᠭ᠎ᠠ ᠪᠣᠯᠵᠤ ᠄ 2000 ᠣᠨ ᠤ 5 ᠰᠠᠷ᠎ᠠ ᠠᠴᠠ 2002 ᠣᠨ ᠤ 1 ᠰᠠᠷ᠎ᠠ ᠬᠦᠷᠲᠡᠯᠡ ᠲᠤᠰ ᠲᠣᠪᠴᠢᠶ᠎ᠠ ᠶᠢᠨ ᠳᠡᠳ ᠳᠠᠷᠤᠭ᠎ᠠ ᠪᠣᠯᠵᠤ ᠄ 2002 ᠣᠨ ᠤ 1 ᠰᠠᠷ᠎ᠠ ᠠᠴᠠ 2007 ᠣᠨ ᠤ 4 ᠰᠠᠷ᠎ᠠ ᠬᠦᠷᠲᠡᠯᠡ ᠠᠵᠤ ᠠᠬᠤᠢ ᠶᠢᠨ ᠵᠠᠬᠢᠷᠭᠠᠨ ᠤ ᠲᠣᠪᠴᠢᠶ᠎ᠠ ᠶᠢᠨ ᠳᠠᠷᠤᠭ᠎ᠠ ᠪᠣᠯᠵᠤ ᠄ 2007 ᠣᠨ ᠤ 4 ᠰᠠᠷ᠎ᠠ ᠠᠴᠠ 2012 ᠣᠨ ᠤ 3 ᠰᠠᠷ᠎ᠠ ᠬᠦᠷᠲᠡᠯᠡ ᠠᠵᠤ ᠠᠬᠤᠢ ᠶᠢᠨ ᠵᠠᠬᠢᠷᠭᠠᠨ ᠤ ᠲᠣᠪᠴᠢᠶ᠎ᠠ ᠶᠢᠨ ᠳᠠᠷᠤᠭ᠎ᠠ ᠪᠣᠯᠵᠤ ᠄ 2012 ᠣᠨ ᠤ 3 ᠰᠠᠷ᠎ᠠ ᠠᠴᠠ 2016 ᠣᠨ ᠤ 3 ᠰᠠᠷ᠎ᠠ ᠬᠦᠷᠲᠡᠯᠡ ᠠᠵᠤ ᠠᠬᠤᠢ ᠶᠢᠨ ᠵᠠᠬᠢᠷᠭᠠᠨ ᠤ ᠲᠣᠪᠴᠢᠶ᠎ᠠ ᠶᠢᠨ ᠳᠠᠷᠤᠭ᠎ᠠ ᠪᠣᠯᠵᠤ ᠄ 2016 ᠣᠨ ᠤ 3 ᠰᠠᠷ᠎ᠠ ᠠᠴᠠ 2016 ᠣᠨ ᠤ 4 ᠰᠠᠷ᠎ᠠ ᠬᠦᠷᠲᠡᠯᠡ ᠲᠤᠰ ᠲᠣᠪᠴᠢᠶ᠎ᠠ ᠶᠢᠨ ᠳᠠᠷᠤᠭ᠎ᠠ (ᠬᠣᠲᠠ ᠶᠢᠨ ᠵᠠᠰᠠᠭ) ᠪᠣᠯᠵᠤ ᠄ 2016 ᠣᠨ ᠤ 4 ᠰᠠᠷ᠎ᠠ ᠠᠴᠠ 2019 ᠣᠨ ᠤ 8 ᠰᠠᠷ᠎ᠠ ᠬᠦᠷᠲᠡᠯᠡ ᠠᠵᠤ ᠠᠬᠤᠢ ᠶᠢᠨ ᠵᠠᠬᠢᠷᠭᠠᠨ ᠤ ᠲᠣᠪᠴᠢᠶ᠎ᠠ ᠶᠢᠨ ᠳᠠᠷᠤᠭ᠎ᠠ ᠪᠣᠯᠵᠤ ᠄ 2019 ᠣᠨ ᠤ 8 ᠰᠠᠷ᠎ᠠ ᠠᠴᠠ ᠡᠳᠦᠭᠡ ᠬᠦᠷᠲᠡᠯᠡ ᠠᠵᠤ ᠠᠬᠤᠢ ᠶᠢᠨ ᠵᠠᠬᠢᠷᠭᠠᠨ ᠤ ᠲᠣᠪᠴᠢᠶ᠎ᠠ ᠶᠢᠨ ᠰᠢᠯᠭᠠᠨ ᠪᠠᠶᠢᠴᠠᠭᠠᠭᠴᠢ ᠪᠣᠯᠵᠤ ᠪᠠᠶᠢᠨ᠎ᠠ ᠄

ᠳ ᠬᠡᠪᠯᠡᠯ ᠪᠣᠯᠤᠨ ᠨᠡᠢᠲᠡᠯᠡᠭᠳᠡᠭᠰᠡᠨ ::

ᠤᠨ ᠶᠣᠰᠣᠭᠠᠷ 》 ᠭᠡᠬᠦ ᠨᠣᠮ ᠪᠢᠴᠢᠭ ᠢ 2014 ᠣᠨ ᠤ ᠦᠨᠳᠦᠰᠦᠨ ᠦ ᠨᠣᠮ ᠤᠨ 《 ᠠᠷᠠᠳ ᠤᠨ 》 ᠰᠣᠶᠣᠯ ᠨᠣᠮ ᠪᠢᠴᠢᠭ ᠤᠨ ᠬᠡᠪᠯᠡᠯ ᠦᠨ ᠬᠣᠷᠢᠶ᠎ᠠ ᠳᠤ ᠰᠢᠯᠢᠳᠡᠭ ᠰᠢᠭᠨᠠᠯ ᠲᠤ ᠰᠢᠭᠨᠠᠭᠳᠠᠪᠠ ·· 《 ᠨᠣᠮ ᠪᠢᠴᠢᠭ ᠢ 2013 ᠣᠨ ᠤ ᠦᠨᠳᠦᠰᠦᠨ ᠦ ᠨᠣᠮ ᠤᠨ 《 ᠠᠷᠠᠳ ᠤᠨ 》 ᠰᠣᠶᠣᠯ ᠨᠣᠮ ᠪᠢᠴᠢᠭ ᠤᠨ ᠬᠡᠪᠯᠡᠯ ᠦᠨ ᠬᠣᠷᠢᠶ᠎ᠠ ᠳᠤ ᠰᠢᠯᠢᠳᠡᠭ ᠰᠢᠭᠨᠠᠯ ᠲᠤ ᠰᠢᠭᠨᠠᠭᠳᠠᠪᠠ ·· 《 ᠪᠢᠴᠢᠭ ᠢ 2012 ᠣᠨ ᠤ ᠦᠨᠳᠦᠰᠦᠨ ᠦ ᠨᠣᠮ ᠤᠨ 《 ᠠᠷᠠᠳ ᠤᠨ 》 ᠰᠣᠶᠣᠯ ᠨᠣᠮ ᠪᠢᠴᠢᠭ ᠤᠨ ᠬᠡᠪᠯᠡᠯ ᠦᠨ ᠬᠣᠷᠢᠶ᠎ᠠ ᠳᠤ ᠰᠢᠭᠨᠠᠭᠳᠠᠪᠠ ·· 《 ᠮᠣᠩᠭᠣᠯ ᠤᠨ ᠨᠣᠮ 》 ᠭᠡᠬᠦ ᠨᠣᠮ ᠪᠢᠴᠢᠭ ᠢ 2010 ᠣᠨ ᠤ ᠦᠨᠳᠦᠰᠦᠨ ᠦ ᠨᠣᠮ ᠤᠨ ᠰᠢᠯᠢᠳᠡᠭ ᠬᠡᠪᠯᠡᠯ ᠦᠨ ᠰᠢᠭᠨᠠᠯ ᠲᠤ ᠰᠢᠭᠨᠠᠭᠳᠠᠪᠠ • 2017 ᠣᠨ ᠤ ᠦᠨᠳᠦᠰᠦᠨ ᠰᠣᠶᠣᠯ ᠤᠨ ᠬᠡᠪᠯᠡᠯ ᠦᠨ 》 (ᠬᠣᠶᠠᠷ) ᠭᠡᠬᠦ 2 ᠪᠣᠳᠢ ᠨᠣᠮ ᠪᠢᠴᠢᠭ ᠢ ᠦᠨᠳᠦᠰᠦᠨ ᠰᠣᠶᠣᠯ ᠤᠨ ᠬᠡᠪᠯᠡᠯ ᠦᠨ ᠬᠣᠷᠢᠶ᠎ᠠ ᠳᠤ ᠬᠡᠪᠯᠡᠭᠦᠯᠦᠨ ᠨᠡᠢᠲᠡᠯᠡᠭᠦᠯᠪᠡ ::

ᠡᠳᠡᠭᠡᠷ ᠨᠣᠮ ᠪᠢᠴᠢᠭ ᠤᠳ ᠨᠢ ᠮᠣᠩᠭᠣᠯ ᠤᠨ ᠠᠮᠢᠳᠤ ᠪᠢᠴᠢᠭ ᠦᠨ ᠰᠤᠳᠤᠯᠤᠯ ᠳᠤ ᠴᠢᠬᠤᠯᠠ ᠨᠥᠯᠦᠭᠡ ᠦᠵᠡᠭᠦᠯᠵᠡᠢ • 《 ᠮᠣᠩᠭᠣᠯ ᠰᠣᠶᠣᠯ ᠤᠨ ᠲᠡᠦᠬᠡ 》 ᠳᠤ ᠬᠠᠮᠢᠶᠠᠷᠠᠭᠤᠯᠤᠨ ᠣᠷᠣᠭᠤᠯᠵᠠᠢ ::

ᠤᠤ 《 ᠮᠣᠩᠭᠣᠯ ᠤᠨ ᠰᠣᠶᠣᠯ 》 (ᠲᠡᠦᠬᠡ ᠶᠢᠨ ᠰᠤᠳᠤᠯᠭ᠎ᠠ ᠶᠢᠨ ᠲᠣᠮᠢᠶ᠎ᠠ ᠶᠢ ᠬᠠᠮᠲᠤ ᠪᠡᠷ ᠨᠠᠢ᠌ᠷᠠᠭᠤᠯᠵᠤ) ᠭᠡᠬᠦ ᠪᠦᠲᠦᠭᠡᠯ ᠦᠨ ᠲᠣᠭᠠᠴᠠᠯ ᠤᠨ ᠲᠦᠷᠦᠯ ᠦᠨ ᠬᠠᠮᠤᠭ 《 ᠪᠦᠲᠦᠭᠡᠯ ᠦᠨ 》 • 《 ᠠᠷᠠᠳ ᠤᠨ 》 • 《 ᠲᠡᠦᠬᠡ ᠶᠢᠨ ᠰᠣᠶᠣᠯ 》 ᠵᠡᠷᠭᠡ ᠨᠢᠭᠡᠳᠦᠭᠡᠷ ᠨᠣᠮ ᠤᠨ ᠳᠡᠭᠡᠷ᠎ᠡ (ᠪᠦᠬᠦ ᠳᠠᠭᠠᠨ 78 ᠪᠦᠲᠦᠭᠡᠯ) ᠢ ᠨᠠᠢ᠌ᠷᠠᠭᠤᠯᠵᠤ • 2013 ᠣᠨ ᠳᠤ ᠬᠡᠪᠯᠡᠭᠦᠯᠵᠡᠢ ·· 《 ᠵᠢ • ᠮᠣᠩᠭᠣᠯ ᠤᠨ ᠲᠡᠦᠬᠡ ᠶᠢᠨ ᠬᠠᠮᠤᠭ ᠰᠣᠶᠣᠯ ᠤᠨ ᠳᠤᠷᠠᠰᠬᠠᠯ 》 • 《 ᠮᠣᠩᠭᠣᠯ ᠤᠨ ᠪᠢᠴᠢᠭ 》 • 《 ᠠᠷᠠᠳ ᠤᠨ ᠰᠣᠶᠣᠯ 》 • 《 ᠨᠣᠮ ᠤᠨ ᠲᠡᠦᠬᠡ 》 ᠵᠡᠷᠭᠡ ᠨᠣᠮ ·· 《 ᠮᠣᠩᠭᠣᠯ ᠤᠨ ᠪᠢᠴᠢᠭ ᠤᠨ 》 ᠤᠤ 《 ᠲᠡᠦᠬᠡ ᠶᠢᠨ 》 • 《 ᠰᠣᠶᠣᠯ ᠤᠨ ᠪᠦᠲᠦᠭᠡᠯ 》 ᠵᠡᠷᠭᠡ ᠨᠣᠮ ᠤᠨ ᠨᠠᠢ᠌ᠷᠠᠭᠤᠯᠤᠯᠲᠠ ᠶᠢ ᠬᠡᠷᠡᠭᠵᠢᠭᠦᠯᠵᠡᠢ • ᠮᠣᠩᠭᠣᠯ ᠬᠡᠯᠡ ᠪᠢᠴᠢᠭ ᠦᠨ ᠰᠤᠳᠤᠯᠤᠯ ᠤᠨ ᠠᠵᠢᠯ ᠳᠤ ᠬᠤᠪᠢ ᠨᠡᠮᠡᠷ ᠣᠷᠤᠭᠤᠯᠵᠠᠢ • 1982

ᠪᠡᠷ • ᠮᠣᠩᠭᠣᠯ ᠬᠡᠯᠡ ᠪᠢᠴᠢᠭ ᠦᠨ ᠰᠤᠳᠤᠯᠤᠯ ᠤᠨ ᠨᠡᠢᠭᠡᠮ ᠦᠨ ᠭᠡᠰᠢᠭᠦᠨ • ᠬᠣᠷᠢᠶ᠎ᠠ ᠶᠢᠨ ᠭᠡᠰᠢᠭᠦᠨ (ᠲᠡᠷᠢᠭᠦᠯᠡᠭᠴᠢ) ᠢᠶᠠᠷ ᠰᠣᠩᠭᠣᠭᠳᠠᠪᠠ ::

ᠪᠡᠷ • 2019 ᠣᠨ ᠤ 3 ᠰᠠᠷ᠎ᠠ ᠳᠤ ᠦᠨᠳᠦᠰᠦᠨ ᠦ ᠶᠡᠬᠡ ᠬᠤᠷᠠᠯ ᠤᠨ ᠲᠥᠯᠦᠭᠡᠯᠡᠭᠴᠢ ᠪᠡᠷ ᠰᠣᠩᠭᠣᠭᠳᠠᠪᠠ ::
ᠪᠡᠷ ·· 2016 ᠣᠨ ᠤ 12 ᠰᠠᠷ᠎ᠠ ᠳᠤ ᠦᠨᠳᠦᠰᠦᠨ ᠦ ᠬᠤᠷᠠᠯ ᠤᠨ ᠲᠥᠯᠦᠭᠡᠯᠡᠭᠴᠢ ᠪᠡᠷ ᠰᠣᠩᠭᠣᠭᠳᠠᠵᠤ • ᠦᠨᠳᠦᠰᠦᠨ ᠦ ᠶᠡᠬᠡ ᠬᠤᠷᠠᠯ ᠤᠨ ᠲᠡᠦᠬᠡ ᠶᠢᠨ ᠰᠤᠳᠤᠯᠭ᠎ᠠ ᠶᠢᠨ ᠲᠣᠮᠢᠶ᠎ᠠ ᠶᠢᠨ ᠬᠠᠮᠲᠤ ᠠᠵᠢᠯᠯᠠᠵᠤ ᠪᠠᠢ᠌ᠨ᠎ᠠ ::

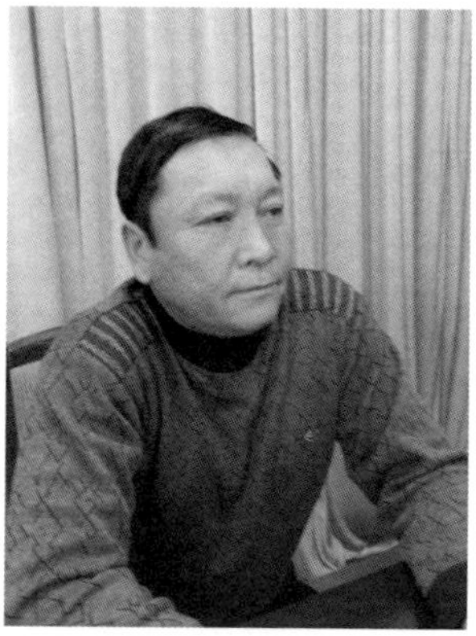

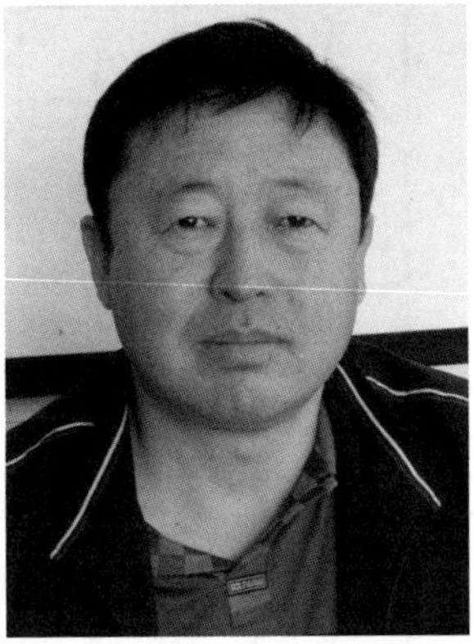

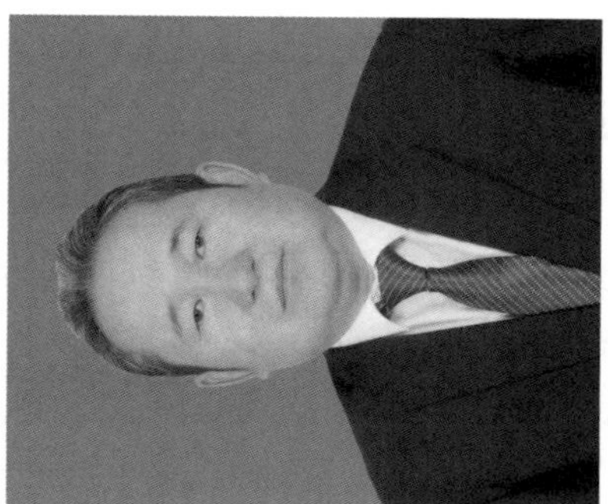

ᠮᠡ᠂ **ᠪᠠᠶᠠᠷᠮᠠᠭᠨᠠᠢ** ᠮᠣᠩᠭᠣᠯ ᠦᠨᠳᠦᠰᠦᠲᠡᠨ᠂ ᠡᠷᠡᠭᠲᠡᠢ ᠪᠠᠭᠰᠢ ᠮᠡᠷᠭᠡᠵᠢᠯᠲᠡᠨ ᠃ 1967 ᠣᠨ ᠤ 4 ᠳᠦᠭᠡᠷ ᠰᠠᠷ᠎ᠠ ᠶᠢᠨ 22 ᠨ ᠳᠤ ᠰᠢᠯᠢᠨ ᠭᠣᠣᠯ ᠠᠶᠢᠮᠠᠭ ᠤᠨ ᠪᠠᠷᠠᠭᠤᠨ ᠦᠵᠦᠮᠦᠴᠢᠨ ᠬᠣᠰᠢᠭᠤᠨ ᠤ ᠪᠠᠭ᠎ᠠ ᠰᠤᠷᠭᠠᠭᠤᠯᠢ ᠶᠢᠨ ᠪᠠᠭᠰᠢ ᠶᠢᠨ ᠭᠡᠷ ᠪᠦᠯᠢ ᠳᠦ ᠲᠥᠷᠥᠭᠰᠡᠨ ᠃ 1974 ᠣᠨ ᠤ 9 ᠳᠦᠭᠡᠷ ᠰᠠᠷ᠎ᠠ ᠠᠴᠠ 1979 ᠣᠨ ᠤ 7 ᠳᠤᠭᠠᠷ ᠰᠠᠷ᠎ᠠ ᠬᠦᠷᠲᠡᠯ᠎ᠡ ᠮᠣᠩᠭᠣᠯ ᠬᠣᠰᠢᠭᠤᠨ ᠤ ᠪᠠᠭ᠎ᠠ ᠰᠤᠷᠭᠠᠭᠤᠯᠢ ᠳᠤ ᠰᠤᠷᠤᠯᠴᠠᠭᠰᠠᠨ᠂ 1979 ᠣᠨ ᠤ 9 ᠳᠦᠭᠡᠷ ᠰᠠᠷ᠎ᠠ ᠠᠴᠠ 1982 ᠣᠨ ᠤ 7 ᠳᠤᠭᠠᠷ ᠰᠠᠷ᠎ᠠ ᠬᠦᠷᠲᠡᠯ᠎ᠡ ᠮᠣᠩᠭᠣᠯ ᠳᠤᠮᠳᠠᠳᠤ ᠰᠤᠷᠭᠠᠭᠤᠯᠢ ᠳᠤ᠂ 1982 ᠣᠨ ᠤ 9 ᠳᠦᠭᠡᠷ ᠰᠠᠷ᠎ᠠ ᠠᠴᠠ 1986 ᠣᠨ ᠤ 7 ᠳᠤᠭᠠᠷ ᠰᠠᠷ᠎ᠠ ᠬᠦᠷᠲᠡᠯ᠎ᠡ ᠰᠢᠯᠢᠶᠢᠨᠭᠣᠣᠯ ᠤᠨ ᠮᠣᠩᠭᠣᠯ ᠪᠠᠭᠰᠢ ᠶᠢᠨ ᠰᠤᠷᠭᠠᠭᠤᠯᠢ ᠳᠤ ᠰᠤᠷᠤᠯᠴᠠᠭᠰᠠᠨ ᠃ 1986 ᠣᠨ ᠤ 7 ᠳᠤᠭᠠᠷ ᠰᠠᠷ᠎ᠠ ᠠᠴᠠ 2000 ᠣᠨ ᠤ 9 ᠳᠦᠭᠡᠷ ᠰᠠᠷ᠎ᠠ ᠬᠦᠷᠲᠡᠯ᠎ᠡ ᠮᠣᠩᠭᠣᠯ ᠬᠡᠯᠡ ᠵᠢᠨ ᠰᠢᠯᠢᠶᠢᠨᠭᠣᠣᠯ ᠪᠠᠭᠰᠢ ᠶᠢᠨ ᠰᠤᠷᠭᠠᠭᠤᠯᠢ ᠳᠤ ᠪᠠᠭᠰᠢ᠂ 2000 ᠣᠨ ᠤ 9 ᠳᠦᠭᠡᠷ ᠰᠠᠷ᠎ᠠ ᠠᠴᠠ 2016 ᠣᠨ ᠤ 10 ᠳᠤᠭᠠᠷ ᠰᠠᠷ᠎ᠠ ᠬᠦᠷᠲᠡᠯ᠎ᠡ ᠮᠣᠩᠭᠣᠯ ᠬᠡᠯᠡ ᠵᠢᠨ ᠰᠤᠷᠭᠠᠭᠤᠯᠢ ᠶᠢᠨ ᠰᠤᠷᠭᠠᠨ ᠬᠦᠮᠦᠵᠢᠯ ᠦᠨ ᠬᠡᠯᠲᠡᠰ ᠦᠨ ᠳᠠᠷᠤᠭ᠎ᠠ᠂ 2016 ᠣᠨ ᠤ 10 ᠳᠤᠭᠠᠷ ᠰᠠᠷ᠎ᠠ ᠠᠴᠠ 2020 ᠣᠨ ᠤ 4 ᠳᠦᠭᠡᠷ ᠰᠠᠷ᠎ᠠ ᠬᠦᠷᠲᠡᠯ᠎ᠡ ᠮᠣᠩᠭᠣᠯ ᠬᠡᠯᠡ ᠵᠢᠨ ᠰᠤᠷᠭᠠᠭᠤᠯᠢ ᠶᠢᠨ ᠳᠡᠳ ᠳᠠᠷᠤᠭ᠎ᠠ᠂ 2020 ᠣᠨ ᠤ 4 ᠳᠦᠭᠡᠷ ᠰᠠᠷ᠎ᠠ ᠠᠴᠠ ᠡᠬᠢᠯᠡᠨ ᠳᠤᠮᠳᠠᠳᠤ ᠰᠤᠷᠭᠠᠭᠤᠯᠢ ᠶᠢᠨ ᠬᠡᠯᠡ ᠵᠢᠨ ᠪᠠᠭᠰᠢ ᠪᠠᠷ ᠠᠵᠢᠯᠯᠠᠵᠤ ᠪᠤᠢ ᠃ 1991 ᠣᠨ ᠤ 8 ᠳᠤᠭᠠᠷ ᠰᠠᠷ᠎ᠠ ᠠᠴᠠ 1994 ᠣᠨ ᠤ 8 ᠳᠤᠭᠠᠷ ᠰᠠᠷ᠎ᠠ ᠬᠦᠷᠲᠡᠯ᠎ᠡ ᠥᠪᠥᠷ ᠮᠣᠩᠭᠣᠯ ᠤᠨ ᠪᠠᠭᠰᠢ ᠶᠢᠨ ᠶᠡᠬᠡ ᠰᠤᠷᠭᠠᠭᠤᠯᠢ ᠶᠢᠨ ᠮᠣᠩᠭᠣᠯ ᠬᠡᠯᠡ ᠤᠷᠠᠨ ᠵᠣᠬᠢᠶᠠᠯ ᠤᠨ ᠮᠡᠷᠭᠡᠵᠢᠯ (ᠮᠣᠩᠭᠣᠯ ᠬᠡᠯᠡ ᠰᠤᠳᠤᠯᠭ᠎ᠠ) ᠢ ᠳᠠᠭᠠᠵᠤ ᠳᠡᠭᠡᠳᠦ ᠰᠤᠷᠭᠠᠭᠤᠯᠢ ᠳᠤ ᠰᠤᠷᠤᠯᠴᠠᠭᠰᠠᠨ᠂ 2002 ᠣᠨ ᠤ 10 ᠳᠤᠭᠠᠷ ᠰᠠᠷ᠎ᠠ ᠳᠤ ᠮᠣᠩᠭᠣᠯ ᠬᠡᠯᠡ ᠤᠷᠠᠨ ᠵᠣᠬᠢᠶᠠᠯ ᠤᠨ ᠮᠡᠷᠭᠡᠵᠢᠯ (ᠮᠣᠩᠭᠣᠯ ᠬᠡᠯᠡ ᠵᠢᠨ ᠰᠤᠷᠭᠠᠨ ᠬᠦᠮᠦᠵᠢᠯ) ᠢ ᠳᠠᠭᠠᠵᠤ ᠡᠷᠳᠡᠮ ᠦᠨ ᠮᠡᠷᠭᠡᠵᠢᠯ ᠦᠨ ᠵᠡᠷᠭᠡ ᠣᠯᠤᠭᠰᠠᠨ ᠃ 2006 ᠣᠨ ᠤ 6 ᠳᠤᠭᠠᠷ ᠰᠠᠷ᠎ᠠ ᠳᠤ ᠪᠠᠭᠰᠢ ᠶᠢᠨ ᠠᠬᠠ ᠵᠡᠷᠭᠡ ᠶᠢᠨ ᠴᠣᠯᠠ ᠬᠦᠷᠲᠡᠭᠰᠡᠨ ᠃ ᠬᠡᠯᠡ ᠪᠢᠴᠢᠭ ᠦᠨ ᠡᠷᠳᠡᠮ ᠦᠨ ᠬᠤᠷᠠᠯ ᠤᠨ ᠭᠡᠰᠢᠭᠦᠨ᠂ ᠪᠠᠭᠰᠢ ᠶᠢᠨ ᠰᠤᠷᠭᠠᠨ ᠬᠦᠮᠦᠵᠢᠯ ᠦᠨ 《 ᠰᠤᠷᠭᠠᠭᠤᠯᠢ 》 ᠶᠢᠨ ᠭᠡᠰᠢᠭᠦᠨ᠂ ᠪᠠᠭᠰᠢ ᠶᠢᠨ ᠰᠤᠷᠭᠠᠨ ᠬᠦᠮᠦᠵᠢᠯ ᠦᠨ ᠨᠡᠶᠢᠭᠡᠮ ᠦᠨ ᠭᠡᠰᠢᠭᠦᠨ ᠪᠣᠯᠤᠨ᠎ᠠ ᠃ ᠮᠣᠩᠭᠣᠯ ᠬᠡᠯᠡ ᠵᠢᠨ ᠡᠷᠳᠡᠮ ᠰᠢᠨᠵᠢᠯᠡᠭᠡ ᠶᠢᠨ ᠬᠡᠪᠯᠡᠯ ᠦᠨ ᠭᠠᠵᠠᠷ ᠲᠤ ᠪᠤᠢ ᠃

ᠮᠡ᠂ ᠪᠠᠶᠠᠷᠮᠠᠭᠨᠠᠢ ᠶᠢᠨ 《 ᠮᠣᠩᠭᠣᠯ ᠬᠡᠯᠡ ᠵᠢᠨ ᠰᠤᠷᠭᠠᠨ ᠬᠦᠮᠦᠵᠢᠯ 》 ᠰᠡᠳᠬᠦᠯ ᠳᠦ 1985 ᠣᠨ ᠤ 9 ᠳᠦᠭᠡᠷ ᠰᠠᠷ᠎ᠠ ᠳᠤ ᠨᠡᠢᠲᠡᠯᠡᠭᠳᠡᠭᠰᠡᠨ 《 ᠮᠣᠩᠭᠣᠯ ᠪᠢᠴᠢᠭ ᠦᠨ ᠳᠦᠷᠢᠮ ᠦᠨ 〈 ᠬᠡᠯᠡᠯᠭᠡ ᠶᠢᠨ ᠬᠡᠯᠪᠡᠷᠢ 〉 ᠶᠢᠨ ᠲᠤᠬᠠᠢ 》 ᠡᠴᠡ ᠡᠬᠢᠯᠡᠨ ᠮᠣᠩᠭᠣᠯ ᠬᠡᠯᠡ ᠵᠢᠨ ᠰᠤᠷᠭᠠᠨ ᠬᠦᠮᠦᠵᠢᠯ ᠦᠨ ᠲᠤᠬᠠᠢ ᠡᠷᠳᠡᠮ ᠦᠨ ᠥᠭᠦᠯᠡᠯ 《 ᠮᠣᠩᠭᠣᠯ ᠬᠡᠯᠡ ᠵᠢᠨ ᠰᠤᠷᠭᠠᠨ ᠬᠦᠮᠦᠵᠢᠯ ᠦᠨ ᠰᠤᠳᠤᠯᠭ᠎ᠠ 》᠂《 ᠰᠤᠷᠭᠠᠭᠤᠯᠢ ᠶᠢᠨ ᠮᠣᠩᠭᠣᠯ ᠬᠡᠯᠡ ᠤᠷᠠᠨ ᠵᠣᠬᠢᠶᠠᠯ ᠤᠨ ᠰᠤᠷᠭᠠᠨ ᠬᠦᠮᠦᠵᠢᠯ 》᠂《 〈 ᠮᠣᠩᠭᠣᠯ ᠬᠡᠯᠡ 〉 ᠶᠢᠨ ᠬᠢᠴᠢᠶᠡᠯ ᠤᠨ ᠲᠥᠯᠥᠪᠯᠡᠭᠡ 》᠂《 〈 ᠰᠤᠷᠭᠠᠭᠤᠯᠢ 〉 ᠶᠢᠨ ᠰᠤᠷᠭᠠᠨ ᠬᠦᠮᠦᠵᠢᠯ ᠦᠨ ᠠᠷᠭ᠎ᠠ ᠪᠠᠷᠢᠯ 》 ᠵᠡᠷᠭᠡ ᠡᠷᠳᠡᠮ ᠦᠨ ᠥᠭᠦᠯᠡᠯ ᠨᠡᠢᠲᠡᠯᠡᠭᠦᠯᠦᠭᠰᠡᠨ ᠃

ᠤ 4 ᠳᠦᠭᠡᠷ ᠰᠠᠷ᠎ᠠ ᠶᠢᠨ 1 ᠦ ᠡᠳᠦᠷ ᠡᠴᠡ ᠬᠡᠷᠡᠭᠵᠢᠭᠦᠯᠦᠭᠰᠡᠨ ::

ᠬᠡᠯᠡ ᠶᠢᠨ ᠰᠢᠨᠵᠢᠯᠡᠯ ᠦᠨ ᠰᠡᠳᠬᠦᠯ 》 ᠰᠡᠳᠬᠦᠯ ᠳᠦ ᠨᠡᠢᠲᠡᠯᠡᠭᠰᠡᠨ᠂ ᠣᠨ ᠤ ᠰᠡᠳᠬᠦᠯ 2018 ᠣᠨ ᠤ 9 ᠳᠦᠭᠡᠷ ᠰᠠᠷ᠎ᠠ ᠶᠢᠨ 17 ᠦ ᠡᠳᠦᠷ ᠨᠡᠢᠲᠡᠯᠡᠭᠰᠡᠨ᠂ 2019 ᠣᠨ ᠮᠣᠩᠭᠣᠯ ᠤᠨ ᠤᠯᠤᠰ ᠤᠨ ᠬᠡᠯᠡ ᠶᠢᠨ ᠰᠢᠨᠵᠢᠯᠡᠯ᠂ 2019 ᠣᠨ) ᠨᠢ ᠪᠠᠷ ᠤᠨ ᠪᠣᠯᠤᠨ ᠶᠡᠬᠡ ᠰᠤᠷᠭᠠᠭᠤᠯᠢ ᠶᠢᠨ ᠬᠡᠪᠯᠡᠯ ᠦᠨ ᠬᠣᠷᠢᠶ᠎ᠠ :: ᠮᠣᠩᠭᠣᠯ ᠬᠡᠯᠡ ᠪᠢᠴᠢᠭ 《 ᠮᠣᠩᠭᠣᠯ ᠬᠡᠯᠡ ᠶᠢᠨ ᠰᠢᠨᠵᠢᠯᠡᠯ ᠦᠨ ᠰᠡᠳᠬᠦᠯ ᠦᠨ ᠲᠣᠪᠴᠢ ᠪᠢᠴᠢᠭ ᠦᠨ ᠰᠤᠳᠤᠯᠭ᠎ᠠ 》 (50 ᠪᠠᠭᠴᠠ) ᠮᠣᠩᠭᠣᠯ ᠬᠡᠯᠡ ᠪᠢᠴᠢᠭ᠂ 《 ᠮᠣᠩᠭᠣᠯ ᠤᠨ ᠲᠦᠷᠦ ᠶᠢᠨ ᠬᠡᠯᠡ ᠶᠢᠨ ᠬᠡᠪ ᠤᠨ ᠬᠦᠷᠢᠶᠡᠯᠡᠩ ᠦᠨ ᠪᠣᠯᠪᠠᠰᠤᠷᠠᠯ ᠪᠢᠴᠢᠭ ᠦᠨ ᠮᠣᠩᠭᠣᠯ ᠬᠡᠯᠡ ᠶᠢᠨ ᠰᠢᠨᠵᠢᠯᠡᠯ ᠦᠨ ᠰᠡᠳᠬᠦᠯ 》 ᠨᠢ ᠪᠠᠷ ᠤᠨ ᠪᠢᠴᠢᠭ :: 2014 ᠣᠨ ᠤ 7 ᠳᠦᠭᠡᠷ ᠰᠠᠷ᠎ᠠ ᠳᠤ ᠬᠡᠪᠯᠡᠭᠰᠡᠨ ᠮᠣᠩᠭᠣᠯ ᠤᠨ ᠤᠯᠤᠰ ᠤᠨ ᠶᠡᠬᠡ ᠰᠤᠷᠭᠠᠭᠤᠯᠢ ᠶᠢᠨ ᠬᠡᠪᠯᠡᠯ ᠦᠨ ᠬᠣᠷᠢᠶ᠎ᠠ 《 ᠮᠣᠩᠭᠣᠯ ᠤᠯᠤᠰ ᠤᠨ ᠶᠡᠬᠡ ᠰᠤᠷᠭᠠᠭᠤᠯᠢ ᠶᠢᠨ ᠡᠷᠳᠡᠮ ᠰᠢᠨᠵᠢᠯᠡᠬᠦ ᠪᠢᠴᠢᠭ 》 ᠨᠢ ᠪᠠᠷ ᠤᠨ ᠮᠣᠩᠭᠣᠯ ᠬᠡᠯᠡ ᠪᠢᠴᠢᠭ :: 《 ᠮᠣᠩᠭᠣᠯ ᠬᠡᠯᠡ ᠶᠢᠨ ᠬᠡᠯᠡᠯᠭᠡ ᠶᠢᠨ ᠰᠤᠳᠤᠯᠭ᠎ᠠ ᠶᠢᠨ ᠦᠨᠳᠦᠰᠦᠨ ᠠᠰᠠᠭᠤᠳᠠᠯ 》 (2) (ᠮᠣᠩᠭᠣᠯ ᠬᠡᠯᠡ ᠶᠢᠨ ᠰᠢᠨᠵᠢᠯᠡᠯ᠂ 2014 ᠣᠨ) ᠨᠢ ᠪᠠᠷ ᠤᠨ ᠮᠣᠩᠭᠣᠯ ᠬᠡᠯᠡ ᠶᠢᠨ ᠰᠢᠨᠵᠢᠯᠡᠯ᠂ 2011 ᠣᠨ) ᠨᠢ ᠪᠠᠷ (ᠬᠡᠪᠯᠡᠯ ᠦᠨ ᠬᠣᠷᠢᠶ᠎ᠠ ᠳᠤ ᠨᠡᠢᠲᠡᠯᠡᠭᠰᠡᠨ᠂ 《 ᠮᠣᠩᠭᠣᠯ ᠬᠡᠯᠡ ᠪᠢᠴᠢᠭ ᠦᠨ ᠲᠣᠪᠴᠢ 》 ᠰᠡᠳᠬᠦᠯ ᠦᠨ ᠰᠤᠳᠤᠯᠭ᠎ᠠ ᠶᠢᠨ ᠬᠡᠯᠡᠯᠭᠡ 》 ᠰᠡᠳᠬᠦᠯ ᠮᠣᠩᠭᠣᠯ ᠬᠡᠯᠡ ᠪᠢᠴᠢᠭ ᠦᠨ ᠨᠡᠢᠲᠡᠯᠡᠭᠰᠡᠨ᠂ 《 ᠮᠣᠩᠭᠣᠯ ᠬᠡᠯᠡ ᠶᠢᠨ ᠰᠢᠨᠵᠢᠯᠡᠯ ᠦᠨ ᠠᠰᠠᠭᠤᠳᠠᠯ 》 (ᠮᠣᠩᠭᠣᠯ ᠬᠡᠯᠡ ᠶᠢᠨ ᠲᠣᠯᠢ ᠪᠢᠴᠢᠭ ᠦᠨ ᠰᠤᠳᠤᠯᠭ᠎ᠠ ᠶᠢᠨ ᠪᠣᠳᠤᠯᠭ᠎ᠠ ᠪᠠ ᠨᠢ ᠪᠠᠷ ᠤᠨ 《 ᠮᠣᠩᠭᠣᠯ ᠬᠡᠯᠡ ᠶᠢᠨ ᠪᠦᠲᠦᠴᠡ ᠪᠢᠴᠢᠭ 》᠂ 《 ᠮᠣᠩᠭᠣᠯ ᠬᠡᠯᠡ ᠶᠢᠨ ᠠᠶᠠᠯᠭᠤ ᠪᠢᠴᠢᠭ 》᠂ 《 ᠨᠢ ᠪᠡᠷ ᠮᠣᠩᠭᠣᠯᠴᠤᠳ ᠤᠨ 》᠂ 《 ᠮᠣᠩᠭᠣᠯ ᠬᠡᠯᠡ ᠶᠢᠨ ᠠᠶᠠᠯᠭᠤ 》᠂ 《 ᠮᠣᠩᠭᠣᠯ ᠬᠡᠯᠡ ᠶᠢᠨ ᠲᠣᠯᠢ ᠶᠢᠨ ᠠᠶᠠᠯᠭᠤ 》᠂ 《 ᠨᠣᠮ ᠪᠢᠴᠢᠭ ᠦᠨ ᠨᠢ ᠪᠠᠷ ᠤᠨ ᠪᠢᠴᠢᠭ ᠦᠨ ᠰᠤᠳᠤᠯᠤᠯ ᠤᠨ ᠬᠡᠯᠡᠯᠭᠡ 》 ᠰᠡᠳᠬᠦᠯ 20 ᠵᠢᠷᠢᠭᠡᠨ ᠵᠠᠭᠤ ᠶᠢᠨ ᠡᠬᠡᠨ 《 ᠮᠣᠩᠭᠣᠯ 》᠂ 《 ᠮᠣᠩᠭᠣᠯ ᠬᠡᠯᠡ ᠪᠢᠴᠢᠭ ᠦᠨ ᠨᠢ ᠪᠠᠷ ᠤᠨ ᠨᠣᠮ ᠤᠨ ᠬᠡᠯᠡ ᠶᠢᠨ ᠰᠤᠳᠤᠯᠭ᠎ᠠ ᠶᠢᠨ ᠦᠭᠡᠰ ᠤᠨ ᠰᠤᠳᠤᠯᠭ᠎ᠠ ᠳᠤ ᠪᠠᠢᠭ᠎ᠠ ᠶᠢᠨ 〈 ᠰᠠᠷ —sar \ —ser 〉 ᠤᠨ ᠮᠣᠩᠭᠣᠯ 》᠂ 《 〈 ᠮᠣᠩᠭᠣᠯ ᠨᠢ ᠪᠠᠷ ᠤᠨ ᠵᠤᠯᠠ 〉 ᠵᠤᠯᠠ 〈 yula [jula] 〉 ᠭᠡᠳᠡᠭ ᠦᠭᠡ ᠶᠢᠨ ᠪᠣᠳᠣᠯᠭ᠎ᠠ ᠶᠢᠨ ᠰᠤᠳᠤᠯᠭ᠎ᠠ ᠪᠠ ᠮᠣᠩᠭᠣᠯ ᠬᠡᠯᠡ ᠶᠢᠨ ᠰᠤᠳᠤᠯᠭ᠎ᠠ ᠶᠢᠨ ᠣᠨᠣᠯ ᠤᠨ ᠰᠢᠨᠵᠢᠯᠡᠯ ᠦᠨ ᠮᠣᠩᠭᠣᠯ 》᠂ 《 ᠮᠣᠩᠭᠣᠯ ᠬᠡᠯᠡ ᠶᠢᠨ ᠰᠤᠳᠤᠯᠤᠯ ᠤᠨ ᠪᠣᠳᠤᠯᠭ᠎ᠠ

ᠨᠢᠭᠡᠨ ᠵᠦᠢᠯ᠂ ᠵᠣᠬᠢᠶᠠᠯ ᠢ 《ᠮᠣᠩᠭᠣᠯ ᠤᠨ ᠤᠯᠠᠭᠠᠨ ᠤ ᠳᠡᠭᠡᠳᠦ》 ᠪᠡᠷ ᠮᠣᠩᠭᠣᠯ ᠤᠨ ᠬᠡᠯᠡ ᠤᠨ ᠤᠯᠠᠭᠠᠨ ᠤ ᠰᠤᠷᠭᠠᠭᠤᠯᠢ ᠳᠤ ᠬᠡᠪᠯᠡᠭᠦᠯᠦᠭᠰᠡᠨ᠂ ᠬᠡᠪᠯᠡᠯ ᠦᠨ ᠬᠤᠪᠢ 3000 ᠭᠠᠷᠤᠨ ᠪᠣᠯᠪᠠ᠃ 2016 ᠣᠨ ᠤ 《ᠮᠣᠩᠭᠣᠯ ᠬᠡᠯᠡ —— ᠤᠯᠠᠮᠵᠢᠯᠠᠯ》 ᠤᠨ 100 ᠬᠡᠪᠯᠡᠯ ᠢ ᠡᠮᠬᠢᠳᠭᠡᠭᠰᠡᠨ ᠪᠤᠶᠤ᠃ 《ᠮᠣᠩᠭᠣᠯ ᠬᠡᠯᠡ —— ᠤᠯᠠᠮᠵᠢᠯᠠᠯ》᠂ 《ᠰᠣᠶᠣᠯ ᠤᠨ ᠥᠪ ᠤᠯᠠᠮᠵᠢᠯᠠᠯ》 ᠵᠡᠷᠭᠡ ᠨᠣᠮ ᠢ ᠡᠮᠬᠢᠳᠭᠡᠭᠰᠡᠨ᠃

ᠪᠣ᠂ ᠪᠠᠶᠠᠷ 1984 ᠣᠨ ᠤ 6 ᠰᠠᠷ ᠠ ᠶᠢᠨ 23 ᠤ ᠡᠳᠦᠷ 《ᠮᠣᠩᠭᠣᠯ ᠬᠡᠯᠡ》 ᠰᠡᠳᠬᠦᠯ ᠦᠨ ᠳ᠋ᠤ ᠣᠷᠣᠯᠴᠠᠭᠰᠠᠨ᠂ 2017 ᠣᠨ ᠤ 10 ᠰᠠᠷ ᠠ ᠶᠢᠨ 12 ᠳ᠋ᠤ᠂ 2020 ᠣᠨ ᠤ 6 ᠰᠠᠷ ᠠ ᠶᠢᠨ 1 ᠦ ᠡᠳᠦᠷ ᠦᠨ ᠳ᠋ᠤ ᠪᠡᠶ᠎ᠡ ᠪᠠᠷᠠᠭᠰᠠᠨ᠃

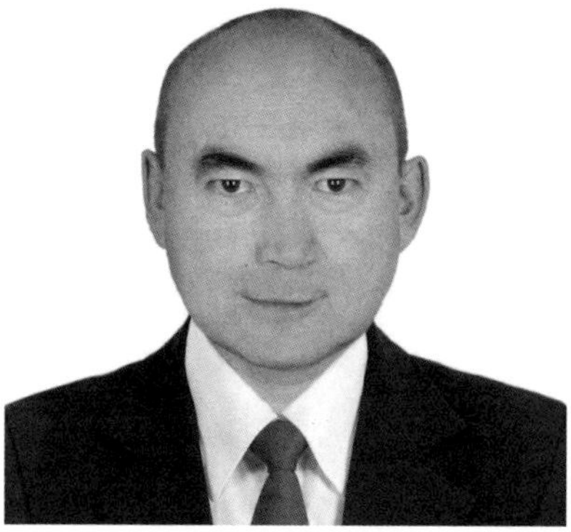

ᠪᠣ᠂ ᠪᠠᠶᠠᠷ ᠮᠣᠩᠭᠣᠯ ᠦᠨᠳᠦᠰᠦᠲᠡᠨ᠂ ᠬᠢᠲᠠᠳ ᠤᠨ ᠡᠷᠳᠡᠮᠲᠡᠨ ᠤ ᠰᠡᠳᠬᠦᠯᠴᠢ᠃ 1967 ᠣᠨ ᠤ 6 ᠰᠠᠷ ᠠ ᠶᠢᠨ 25 ᠤ ᠡᠳᠦᠷ ᠲᠥᠷᠥᠭᠰᠡᠨ᠃ 1975 ᠣᠨ ᠳ᠋ᠤ ᠰᠤᠷᠭᠠᠭᠤᠯᠢ ᠳ᠋ᠤ ᠣᠷᠣᠭᠰᠠᠨ᠃ 1980 ᠣᠨ ᠳ᠋ᠤ᠂ 1980 ᠣᠨ ᠠᠴᠠ 1983 ᠣᠨ ᠳ᠋ᠤ᠂ 1984 ᠣᠨ ᠠᠴᠠ 1988 ᠣᠨ ᠳ᠋ᠤ ᠰᠤᠷᠤᠯᠴᠠᠭᠰᠠᠨ᠃ 1988 ᠣᠨ ᠤ 12 ᠰᠠᠷ ᠠ ᠶᠢᠨ 12 ᠳ᠋ᠤ ᠠᠵᠢᠯ ᠳ᠋ᠤ ᠣᠷᠣᠭᠰᠠᠨ᠃

[illegible] 2008 ᠣᠨ ᠳᠤ [illegible] ᠦᠨᠳᠦᠰᠦᠲᠡᠨ ᠦ [illegible]

《 [illegible] 》 [illegible] ::

2015 ᠣᠨ ᠤ 7 ᠳᠦᠭᠡᠷ ᠰᠠᠷ᠎ᠠ ᠶᠢᠨ 31 ᠦ ᠡᠳᠦᠷ [illegible] 《 [illegible] 》 [illegible]

[illegible] :: 2017 ᠣᠨ ᠤ [illegible] 《 [illegible] 》 [illegible] ::

[illegible] ::

[illegible] ::

387

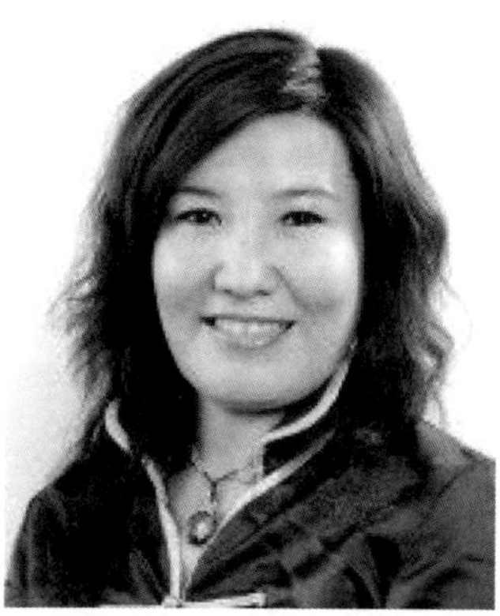

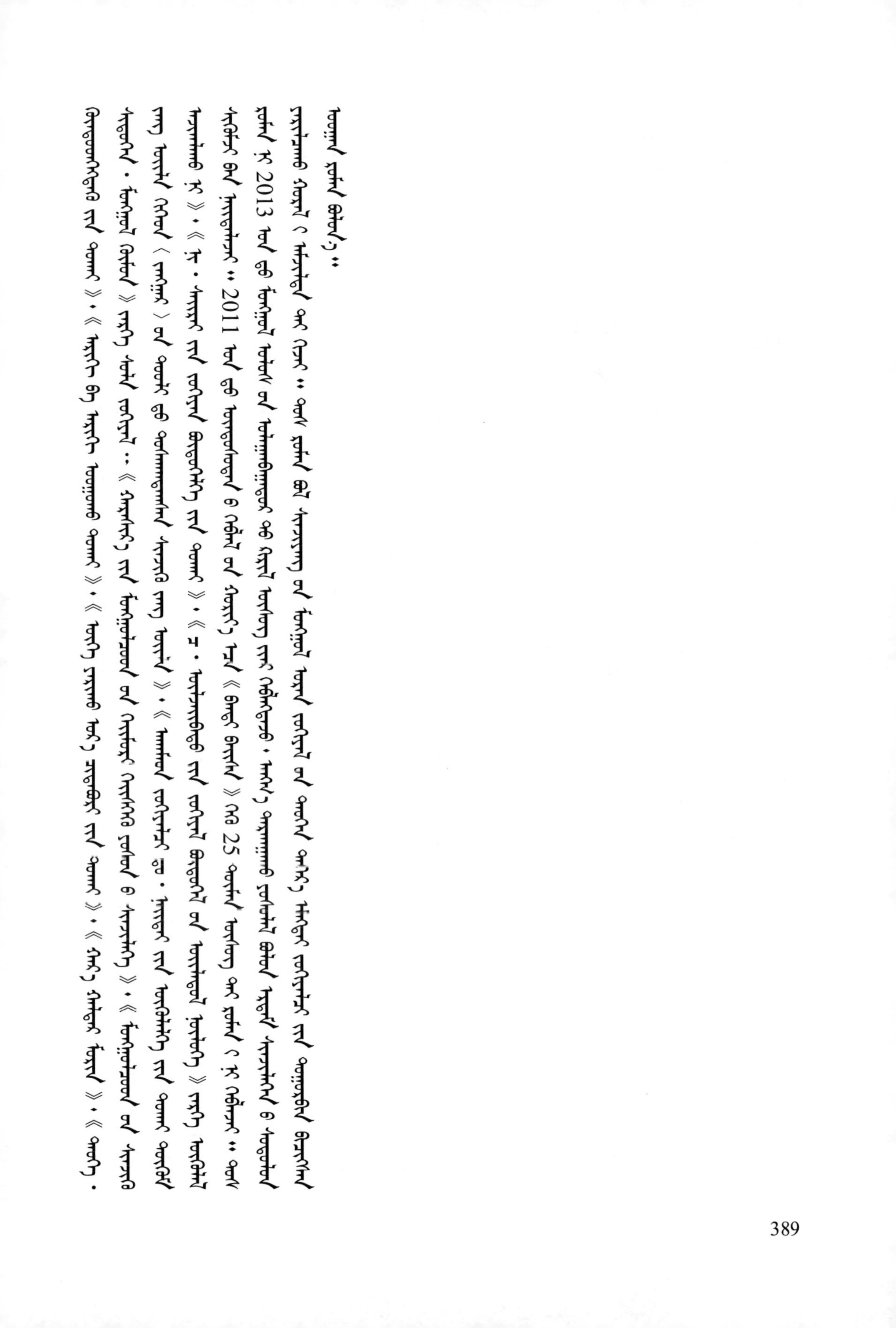

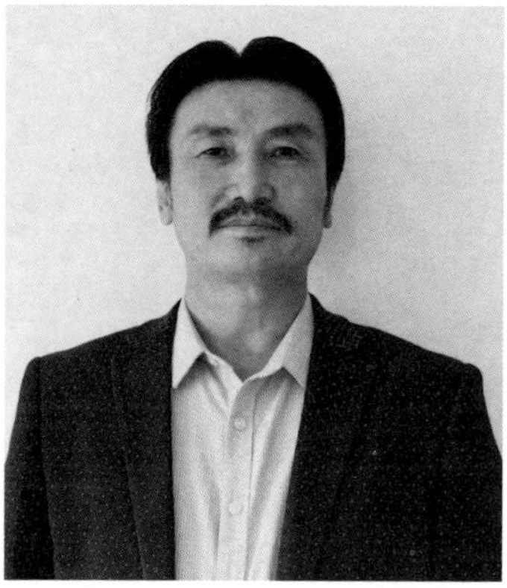

[illegible]

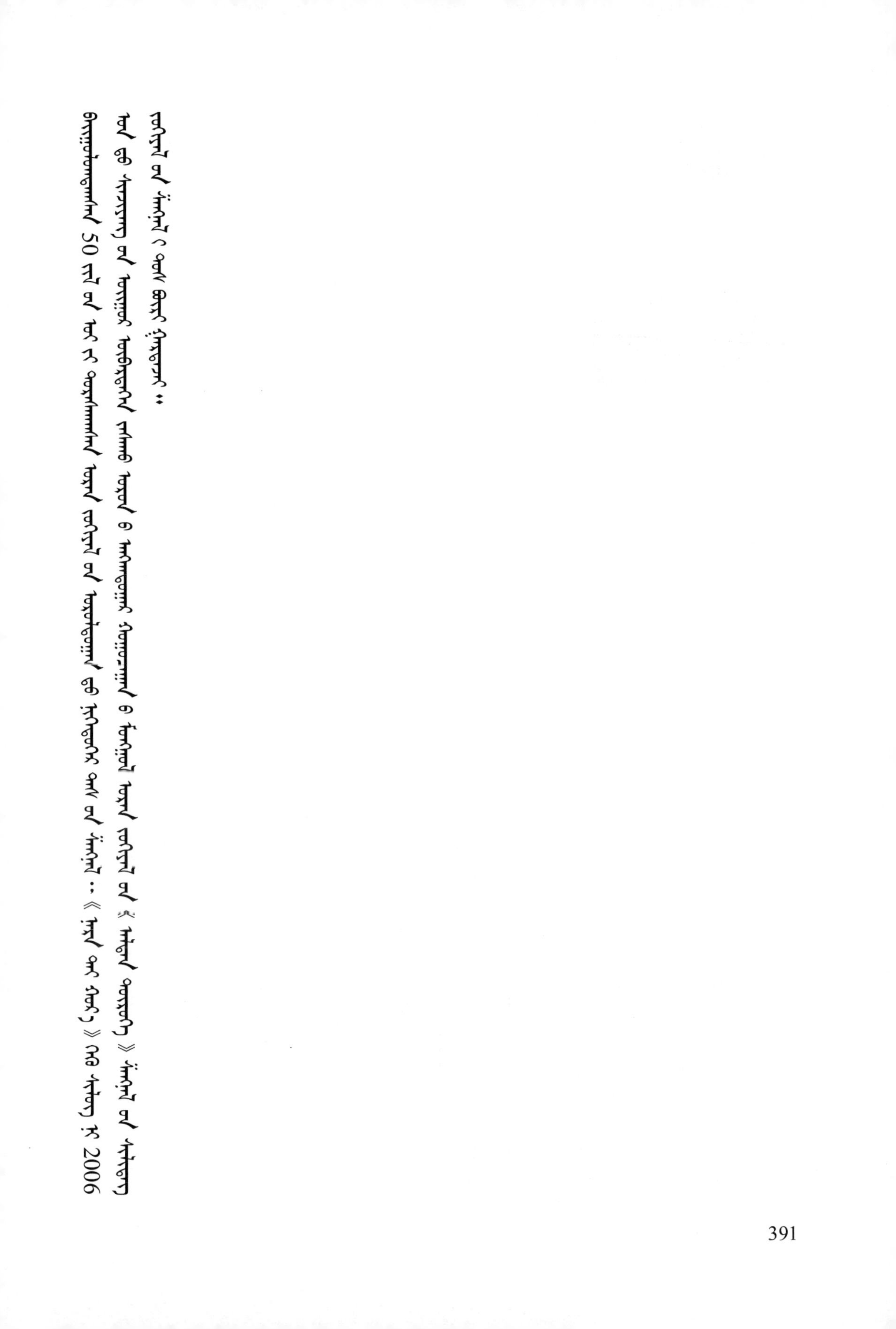

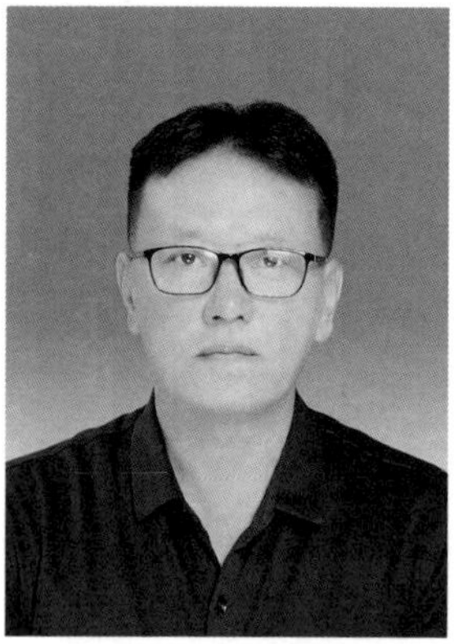

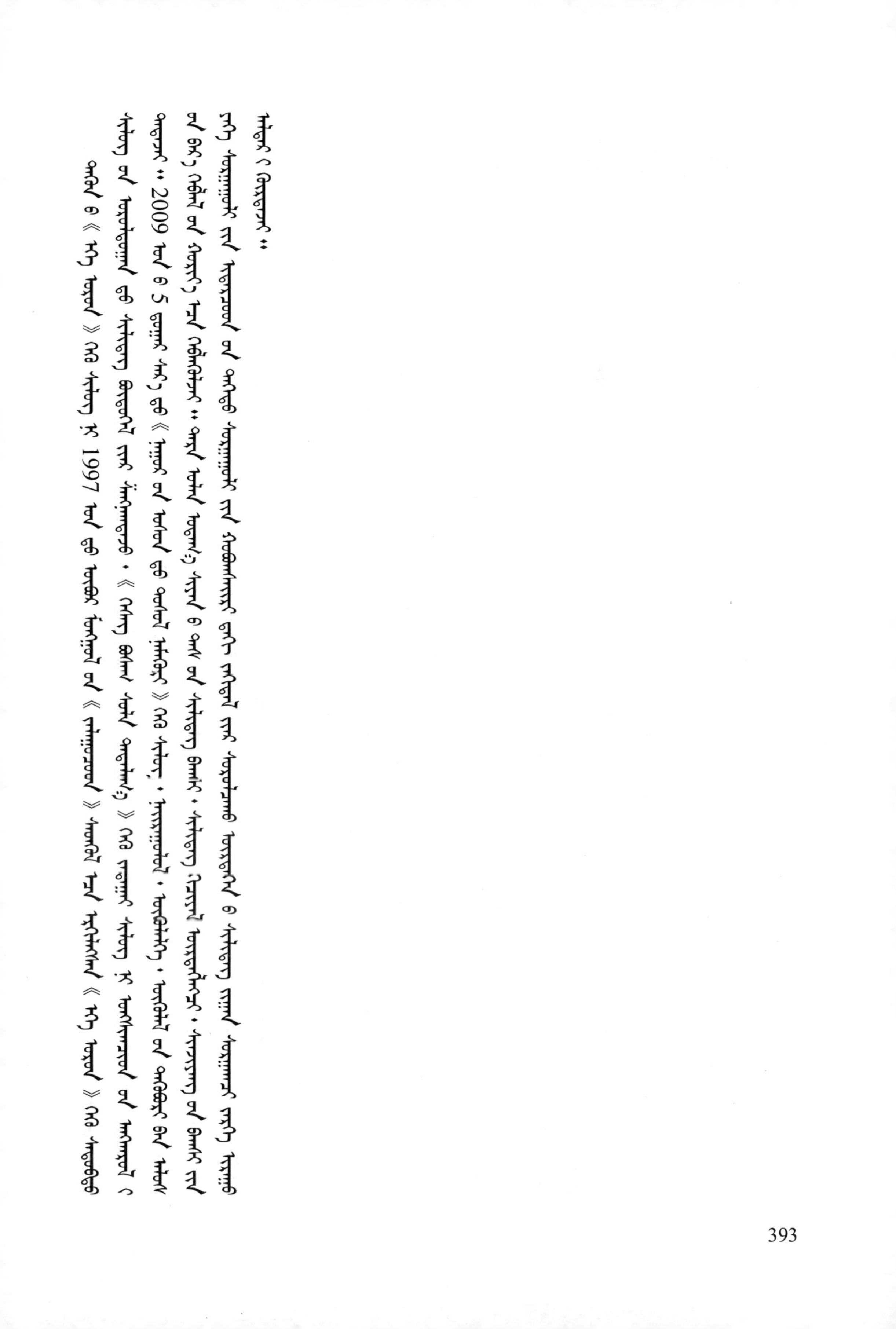

ᠪ᠂ ᠲᠣᠭᠲᠠᠬᠤ ᠮᠣᠩᠭᠣᠯ ᠦᠨᠳᠦᠰᠦᠲᠡᠨ᠂ ᠬᠢᠩᠭᠠᠨ ᠤ ᠬᠣᠷᠴᠢᠨ ᠤ ᠬᠣᠰᠢᠭᠤᠨ ᠤ ᠬᠦᠮᠦᠨ᠃ 1968 ᠣᠨ ᠤ 2 ᠰᠠᠷ᠎ᠠ ᠶᠢᠨ 11 ᠦ ᠡᠳᠦᠷ ᠲᠥᠷᠥᠭᠰᠡᠨ ᠶᠢᠨ ᠰᠤᠷᠭᠠᠭᠤᠯᠢ᠃ 1975 ᠣᠨ ᠤ 9 ᠰᠠᠷ᠎ᠠ ᠳᠤ ᠰᠤᠷᠭᠠᠭᠤᠯᠢ ᠳᠤ ᠣᠷᠣᠵᠤ᠂ 1980 ᠣᠨ ᠤ 7 ᠰᠠᠷ᠎ᠠ ᠳᠤ ᠪᠠᠭ᠎ᠠ ᠰᠤᠷᠭᠠᠭᠤᠯᠢ ᠶᠢ ᠲᠡᠭᠦᠰᠴᠦ᠂ 1985 ᠣᠨ ᠤ 7 ᠰᠠᠷ᠎ᠠ ᠳᠤ ᠳᠤᠮᠳᠠᠳᠤ ᠰᠤᠷᠭᠠᠭᠤᠯᠢ ᠶᠢ ᠲᠡᠭᠦᠰᠴᠦ᠂ ᠮᠣᠩᠭᠣᠯ ᠬᠡᠯᠡ ᠪᠢᠴᠢᠭ ᠦᠨ 9 ᠰᠠᠷ᠎ᠠ ᠳᠤ ᠮᠣᠩᠭᠣᠯ ᠬᠡᠯᠡ ᠪᠢᠴᠢᠭ ᠦᠨ ᠮᠡᠷᠭᠡᠵᠢᠯ ᠦᠨ ᠬᠦᠮᠦᠨ ᠤ ᠬᠤᠪᠢ ᠪᠡᠷ ᠰᠤᠷᠤᠯᠴᠠᠭᠰᠠᠨ᠃ 1989 ᠣᠨ ᠤ 7 ᠰᠠᠷ᠎ᠠ ᠳᠤ ᠰᠤᠷᠭᠠᠭᠤᠯᠢ ᠶᠢ ᠲᠡᠭᠦᠰᠴᠦ ᠬᠣᠰᠢᠭᠤᠨ ᠤ ᠰᠣᠶᠣᠯ ᠤᠨ ᠲᠣᠪᠴᠢᠶ᠎ᠠ ᠳᠤ ᠠᠵᠢᠯ ᠳᠤ ᠣᠷᠣᠭᠰᠠᠨ᠃ 1989 ᠣᠨ ᠤ 8 ᠰᠠᠷ᠎ᠠ ᠳᠤ ᠰᠤᠷᠭᠠᠭᠤᠯᠢ ᠶᠢᠨ ᠪᠠᠭᠰᠢ᠂ ᠬᠣᠰᠢᠭᠤᠨ ᠤ ᠰᠣᠶᠣᠯ ᠤᠨ ᠲᠣᠪᠴᠢᠶ᠎ᠠ ᠶᠢᠨ ᠠᠵᠢᠯᠲᠠᠨ᠂ ᠮᠣᠩᠭᠣᠯ ᠤᠨ ᠤᠷᠠᠨ ᠵᠣᠬᠢᠶᠠᠯ ᠤᠨ ᠨᠡᠢᠭᠡᠮᠯᠢᠭ ᠦᠨ ᠭᠡᠰᠢᠭᠦᠨ ᠪᠣᠯᠵᠠᠢ᠃ ᠮᠣᠩᠭᠣᠯ ᠤᠨ ᠤᠷᠠᠨ ᠵᠣᠬᠢᠶᠠᠯᠴᠢᠳ ᠤᠨ ᠨᠡᠢᠭᠡᠮᠯᠢᠭ ᠦᠨ ᠭᠡᠰᠢᠭᠦᠨ᠂ 2015 — 2016 ᠣᠨ ᠤ (ᠮᠣᠩᠭᠣᠯ ᠤᠷᠠᠨ ᠵᠣᠬᠢᠶᠠᠯ) ᠰᠣᠶᠣᠯ ᠤᠨ ᠰᠤᠷᠭᠠᠭᠤᠯᠢ ᠶᠢᠨ ᠰᠤᠷᠤᠯᠴᠠᠭᠴᠢ ᠪᠣᠯᠵᠠᠢ᠃

1987 ᠣᠨ ᠳᠤ 《 ᠤᠷᠠᠨ ᠵᠣᠬᠢᠶᠠᠯ ᠤᠨ ᠰᠤᠳᠤᠯᠤᠯ 》 ᠰᠡᠳᠬᠦᠯ ᠳᠦ ᠨᠡᠶᠢᠲᠡᠯᠡᠭᠰᠡᠨ 《 ᠮᠣᠩᠭᠣᠯ ᠤᠨ ᠤᠷᠠᠨ ᠤᠨ ᠵᠣᠬᠢᠶᠠᠯ 》 ᠢ ᠡᠬᠢᠯᠡᠯ ᠪᠣᠯᠭᠠᠨ᠂ ᠤᠷᠠᠨ ᠵᠣᠬᠢᠶᠠᠯ ᠤᠨ ᠡᠷᠳᠡᠮ ᠰᠤᠳᠤᠯᠭ᠎ᠠ ᠶᠢᠨ ᠵᠣᠬᠢᠶᠠᠯ 《 ᠬᠦᠮᠦᠨ᠂ ᠪᠠᠶᠢᠭᠠᠯᠢ ᠶᠢᠨ ᠪᠣᠳᠤᠯ 》᠂ 《 ᠣᠨ ᠵᠢᠯ᠂ ᠬᠦᠮᠦᠨ ᠪᠣᠯ 》 ᠵᠡᠷᠭᠡ ᠶᠢ ᠬᠡᠪᠯᠡᠭᠦᠯᠦᠭᠰᠡᠨ᠃ 《 ᠮᠣᠩᠭᠣᠯ ᠤᠨ ᠤᠷᠠᠨ ᠵᠣᠬᠢᠶᠠᠯ 》᠂ 《 ᠡᠷᠳᠡᠮ ᠰᠤᠳᠤᠯᠭ᠎ᠠ 》 ᠵᠡᠷᠭᠡ ᠰᠣᠨᠢᠨ ᠰᠡᠳᠬᠦᠯ ᠳᠦ 《 ᠦᠭᠡ ᠶᠢᠨ ᠰᠢᠨᠵᠢᠯᠡᠯ — 》᠂ 《 ᠬᠠᠷᠢᠴᠠᠯᠲᠠ ᠶᠢᠨ ᠪᠤᠳᠤᠯ 》᠂ 《 ᠬᠡᠯᠡ 》᠂ 《 ᠬᠦᠮᠦᠨ 》᠂ 《 ᠰᠡᠳᠬᠢᠯ 》᠂ 《 ᠪᠢᠴᠢᠭ ᠦᠨ ᠬᠡᠯᠡᠯᠴᠡᠭᠡᠨ 》᠂ 《 ᠰᠣᠶᠣᠯ ᠪᠣᠯᠪᠠᠰᠤᠷᠠᠯ 》᠂ 《 ᠤᠷᠠᠨ ᠵᠣᠬᠢᠶᠠᠯ ᠤᠨ ᠦᠭᠡ 》 ᠵᠡᠷᠭᠡ 300 ᠭᠠᠷᠤᠢ ᠡᠷᠳᠡᠮ ᠰᠤᠳᠤᠯᠭ᠎ᠠ ᠶᠢᠨ ᠵᠣᠬᠢᠶᠠᠯ 《 ᠮᠣᠩᠭᠣᠯ ᠤᠨ ᠤᠷᠠᠨ ᠵᠣᠬᠢᠶᠠᠯ 》᠂ 《 ᠣᠷᠴᠢᠨ ᠦᠶ᠎ᠡ 》᠂ 《 ᠬᠡᠯᠡ ᠪᠢᠴᠢᠭ 》᠂ 《 ᠮᠣᠩᠭᠣᠯ ᠤᠨ ᠰᠤᠷᠭᠠᠯ 》 ᠵᠡᠷᠭᠡ ᠰᠡᠳᠬᠦᠯ ᠳᠦ ᠨᠡᠶᠢᠲᠡᠯᠡᠭᠰᠡᠨ᠂ ᠲᠡᠳᠡᠭᠡᠷ ᠤᠨ ᠵᠣᠬᠢᠶᠠᠯ ᠨᠢ ᠣᠯᠠᠨ ᠤᠳᠠᠭ᠎ᠠ ᠱᠠᠩᠨᠠᠯ ᠬᠦᠷᠲᠡᠵᠡᠢ᠃ 《 ᠮᠣᠩᠭᠣᠯ ᠤᠷᠠᠨ ᠵᠣᠬᠢᠶᠠᠯ 》 ᠰᠡᠳᠬᠦᠯ ᠦᠨ (ᠮᠣᠩᠭᠣᠯ ᠬᠡᠯᠡ ᠪᠢᠴᠢᠭ) ᠦᠨ ᠨᠠᠶᠢᠷᠠᠭᠤᠯᠤᠭᠴᠢ ᠪᠠᠷ ᠠᠵᠢᠯᠯᠠᠵᠤ ᠪᠠᠢᠨ᠎ᠠ᠃ 《 ᠣᠷᠴᠢᠨ ᠦᠶ᠎ᠡ ᠶᠢᠨ ᠮᠣᠩᠭᠣᠯ ᠤᠷᠠᠨ ᠵᠣᠬᠢᠶᠠᠯ ᠤᠨ ᠰᠤᠳᠤᠯᠭ᠎ᠠ 》᠂ ᠲᠣᠭᠤᠷᠢᠨ ᠬᠡᠪᠯᠡᠯ᠂ ᠬᠦᠮᠦᠨ ᠤ ᠵᠣᠬᠢᠶᠠᠯ᠂ ᠪᠠᠢᠭᠠᠯᠢ ᠬᠦᠮᠦᠨ ᠤ ᠰᠤᠳᠤᠯᠭ᠎ᠠ ᠵᠡᠷᠭᠡ ᠨᠣᠮ ᠢ ᠣᠷᠴᠢᠨ

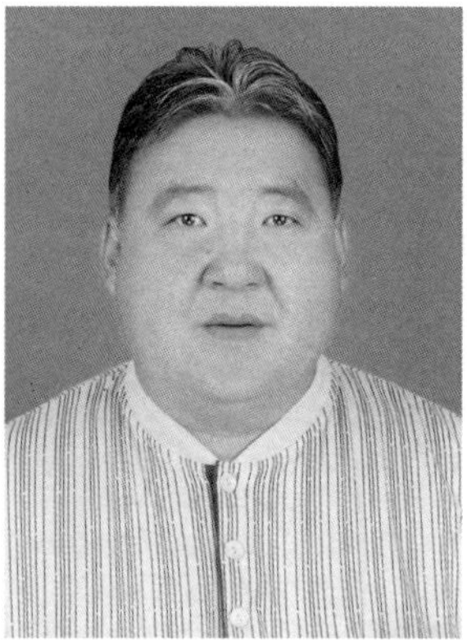

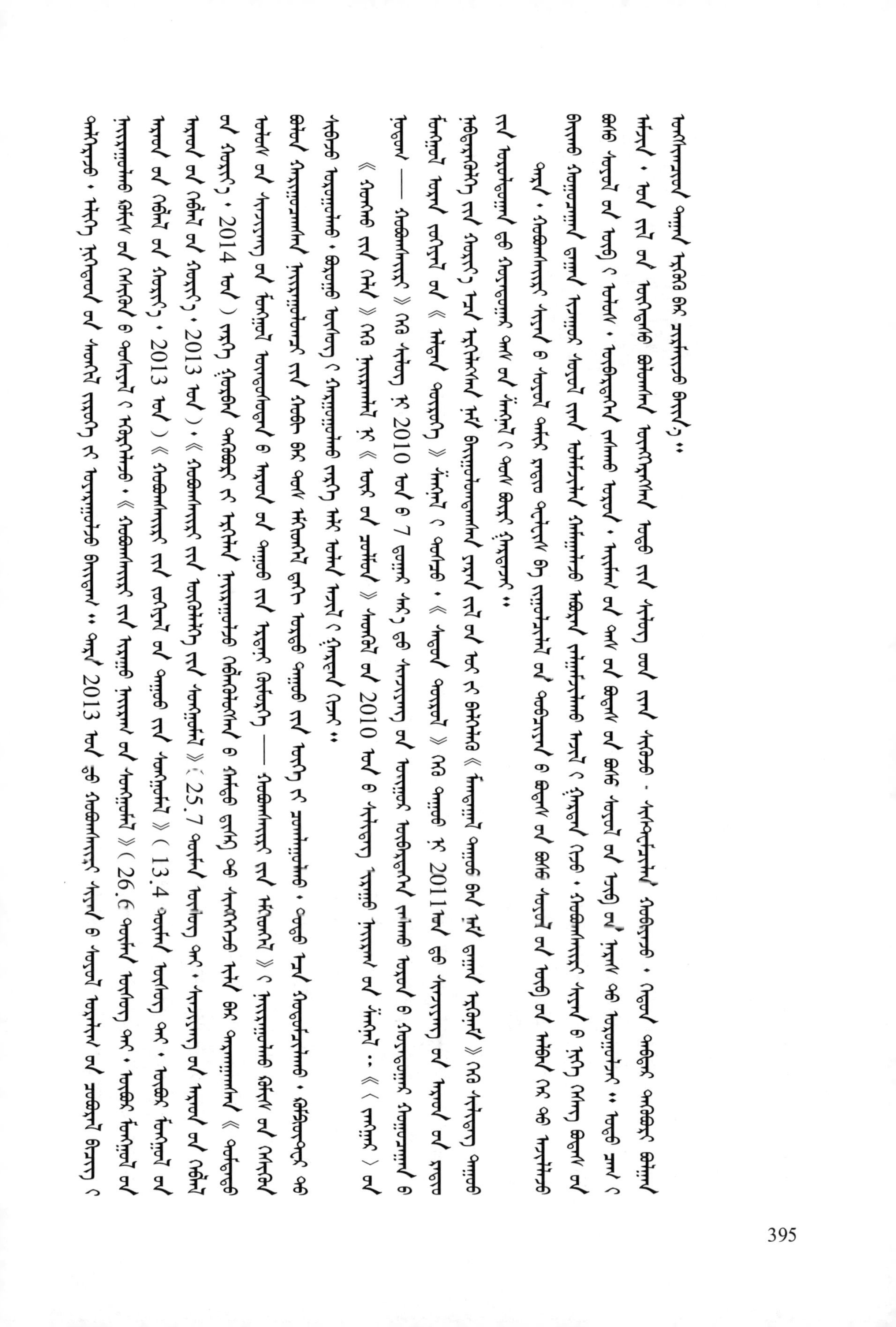

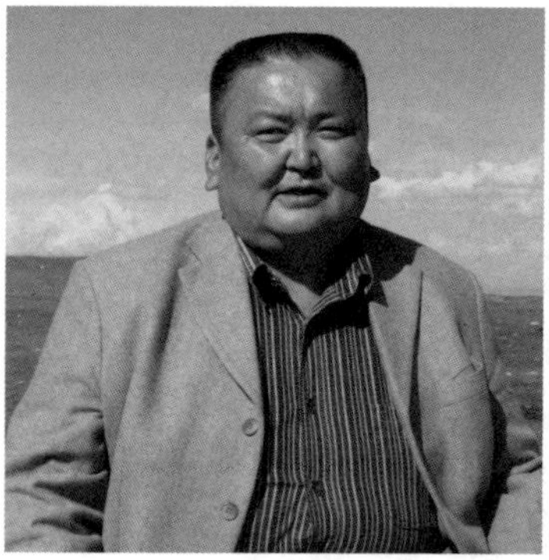

[illegible]

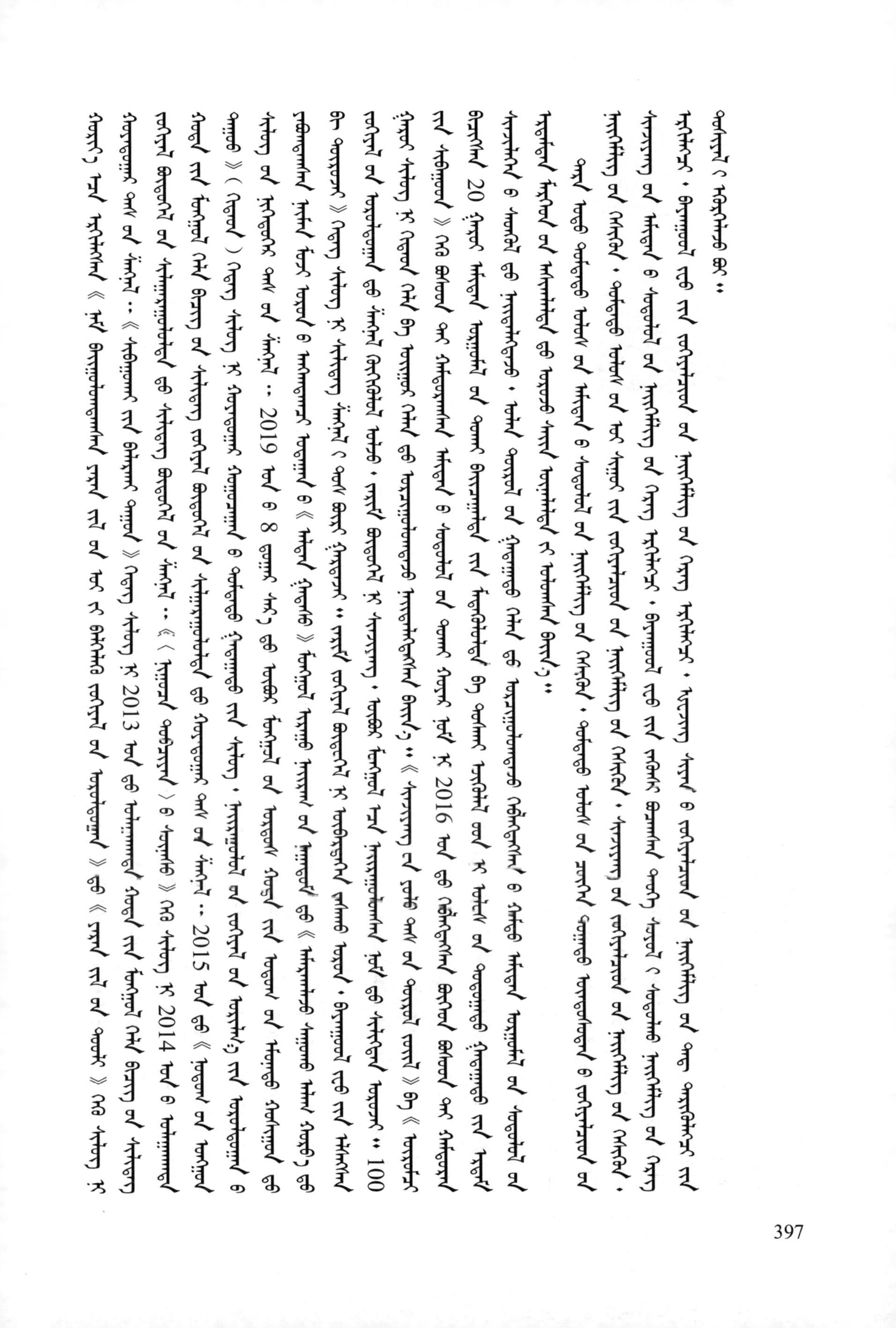

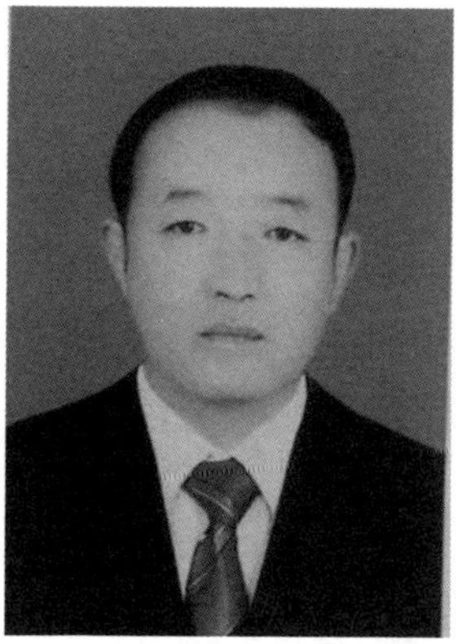

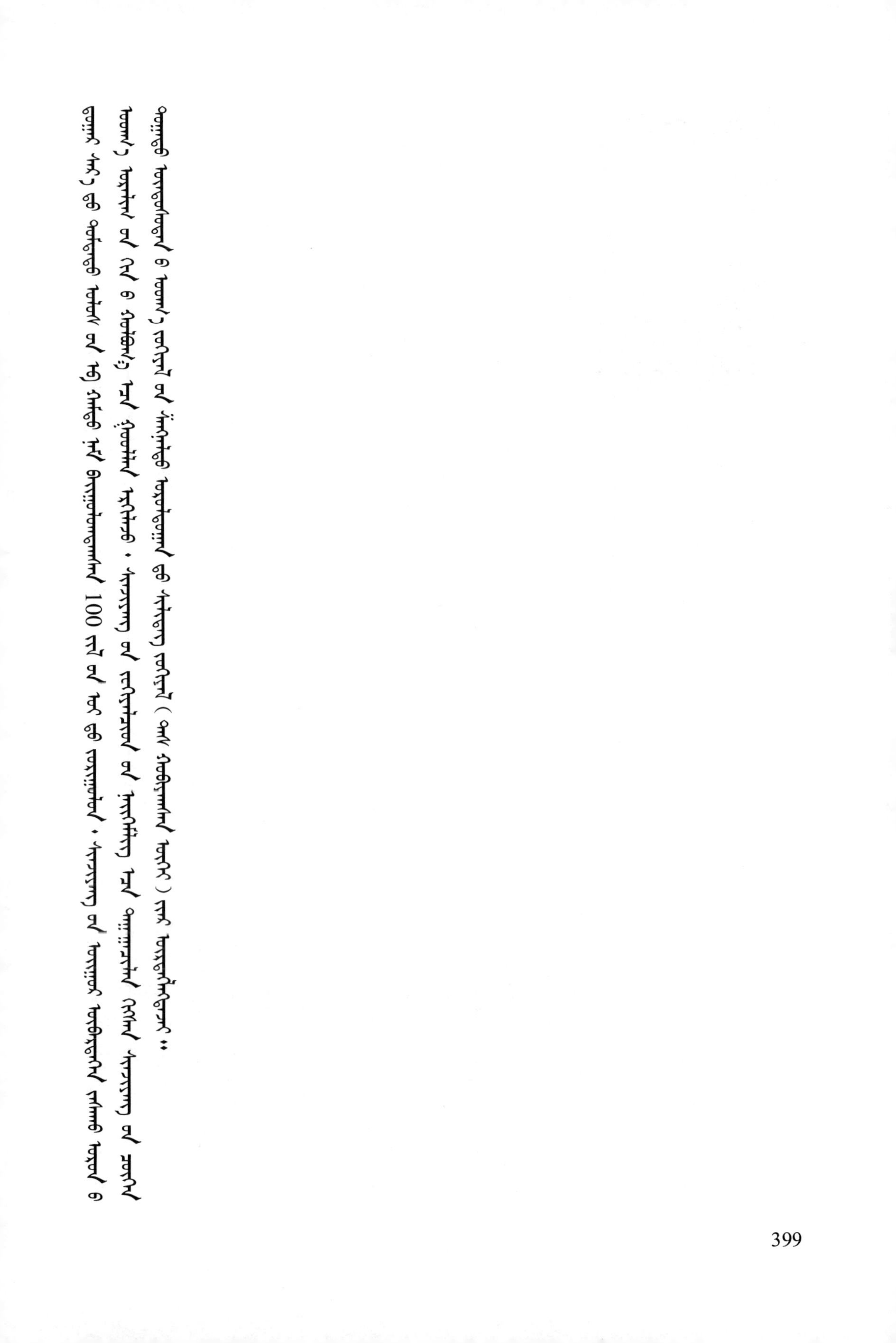

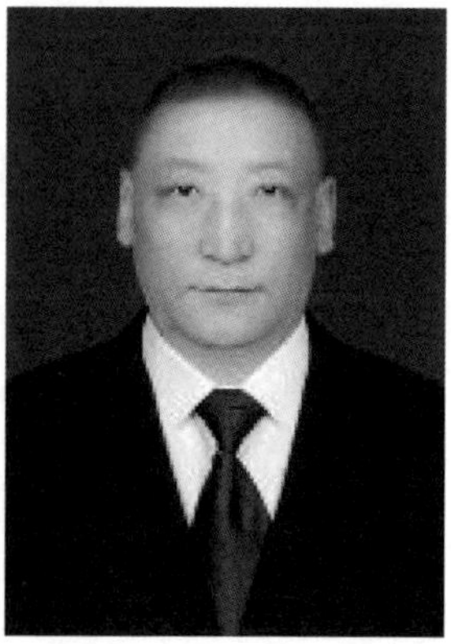

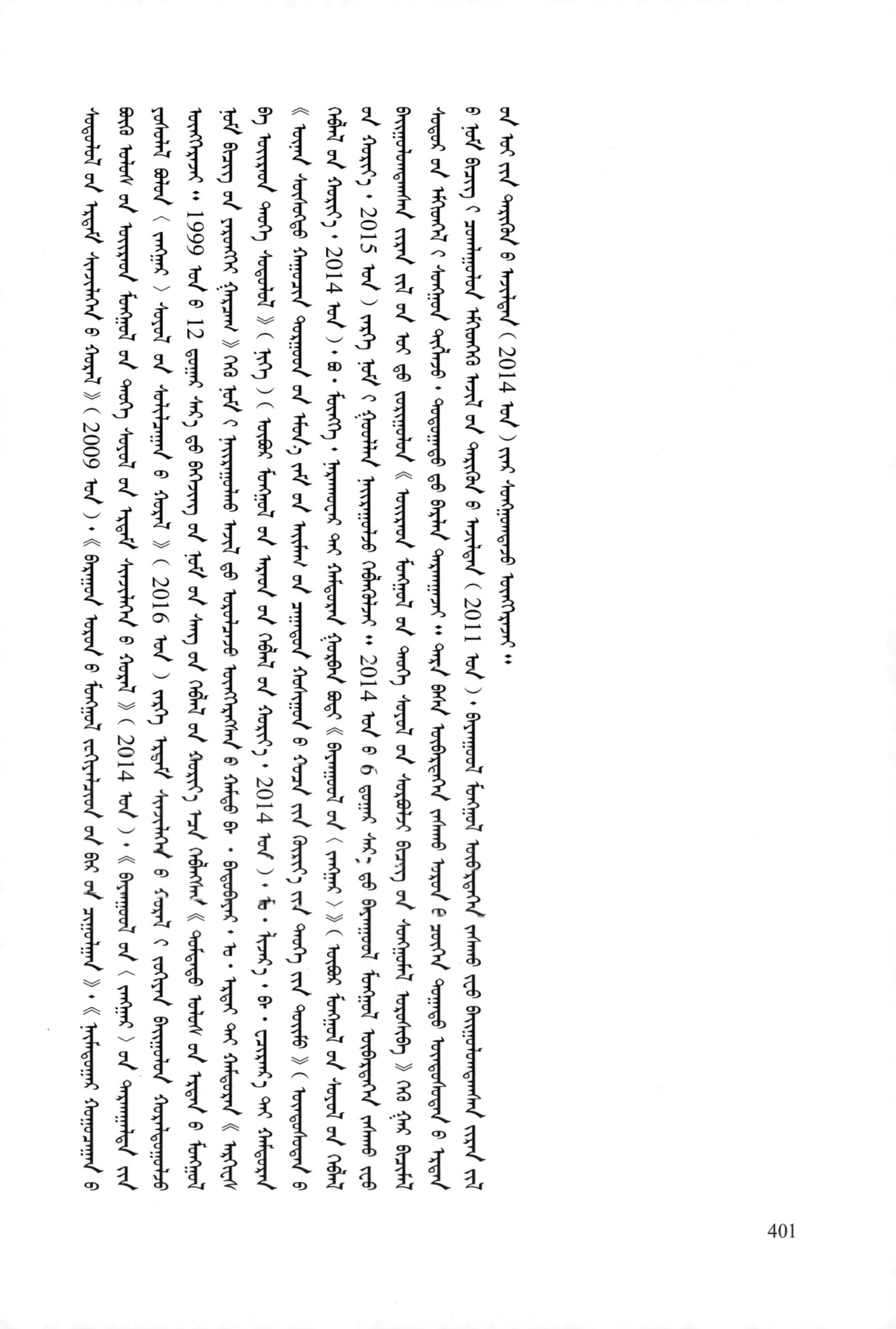

[illegible] (2014 [illegible]) [illegible] ::
[illegible] (2011 [illegible]) · [illegible]
[illegible] · [illegible] :: [illegible]
[illegible] 《 [illegible] 》 [illegible]
[illegible] · 2015 [illegible]) [illegible] :: 2014 [illegible] 6 [illegible]
[illegible] · 2014 [illegible]) · [illegible] · [illegible] · [illegible] 《 [illegible] 〈 [illegible] 〉 》 ([illegible]
《 [illegible] 》 ([illegible]
[illegible] 》 ([illegible]) ([illegible] · 2014 [illegible]) · [illegible] · [illegible] · [illegible]
[illegible] 》 [illegible] · [illegible] · [illegible] 《 [illegible]
[illegible] :: 1999 [illegible] 12 [illegible] 《 [illegible]
[illegible] 〈 [illegible] 〉 [illegible] 》 (2016 [illegible]) [illegible]
[illegible] 》 (2014 [illegible]) · 《 [illegible] 〈 [illegible] 〉 [illegible]
[illegible] 》 (2009 [illegible]) · 《 [illegible] 》 · 《 [illegible]

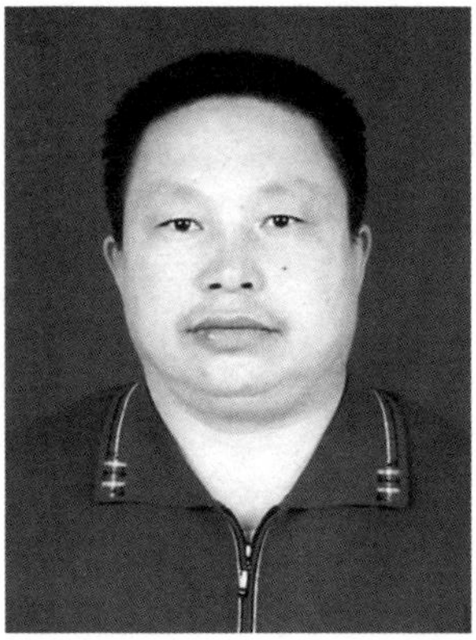

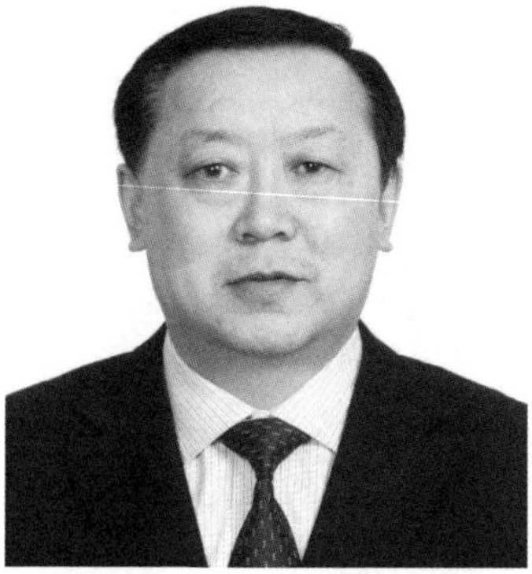

ᠨᠠ · ᠪᠠᠶᠠᠷᠮᠠᠭᠨᠠᠢ ᠡᠷᠡᠭᠲᠡᠢ · ᠮᠣᠩᠭᠣᠯ ᠦᠨᠳᠦᠰᠦᠲᠡᠨ · ᠵᠠᠷᠤᠳ ᠬᠣᠰᠢᠭᠤᠨ ᠤ ᠬᠦᠮᠦᠨ :: 1968 ᠣᠨ ᠤ 12 ᠰᠠᠷ᠎ᠠ ᠶᠢᠨ 26 ᠤ ᠡᠳᠦᠷ ᠲᠥᠷᠥᠭᠰᠡᠨ :: 1976 ᠣᠨ ᠠᠴᠠ 1984 ᠣᠨ ᠬᠦᠷᠲᠡᠯ᠎ᠡ ᠨᠤᠲᠤᠭ ᠲᠤ ᠪᠠᠭ᠎ᠠ ᠳᠤᠮᠳᠠ ᠰᠤᠷᠭᠠᠭᠤᠯᠢ ᠳᠤ ᠰᠤᠷᠤᠯᠴᠠᠭᠰᠠᠨ · 1984 ᠣᠨ ᠠᠴᠠ 1987 ᠣᠨ ᠬᠦᠷᠲᠡᠯ᠎ᠡ ᠥᠪᠥᠷ ᠮᠣᠩᠭᠣᠯ ᠤᠨ ᠪᠠᠭᠰᠢ ᠶᠢᠨ ᠶᠡᠬᠡ ᠰᠤᠷᠭᠠᠭᠤᠯᠢ ᠳᠤ ᠰᠤᠷᠤᠯᠴᠠᠭᠰᠠᠨ · 1987 ᠣᠨ ᠤ 9 ᠰᠠᠷ᠎ᠠ ᠠᠴᠠ 1991 ᠣᠨ ᠤ 7 ᠰᠠᠷ᠎ᠠ ᠬᠦᠷᠲᠡᠯ᠎ᠡ ᠬᠣᠰᠢᠭᠤᠨ ᠤ ᠰᠤᠷᠭᠠᠭᠤᠯᠢ ᠳᠤ ᠪᠠᠭᠰᠢ ᠬᠢᠵᠦ ᠪᠠᠢᠭᠰᠠᠨ :: 1991 ᠣᠨ ᠤ 7 ᠰᠠᠷ᠎ᠠ ᠶᠢᠨ ᠡᠴᠡ ᠬᠣᠰᠢᠭᠤᠨ ᠤ ᠨᠠᠮ ᠤᠨ ᠬᠣᠷᠢᠶ᠎ᠠ ᠳᠤ ᠠᠵᠢᠯᠯᠠᠵᠤ · 2000 ᠣᠨ ᠳᠤ ᠬᠣᠰᠢᠭᠤᠨ ᠤ ᠰᠤᠷᠭᠠᠨ ᠬᠦᠮᠦᠵᠢᠯ ᠦᠨ ᠲᠣᠪᠴᠢᠶ᠎ᠠ ᠶᠢᠨ ᠳᠠᠷᠤᠭ᠎ᠠ ᠪᠣᠯᠵᠤ · 2003 ᠣᠨ ᠠᠴᠠ 2005 ᠣᠨ ᠬᠦᠷᠲᠡᠯ᠎ᠡ ᠬᠦᠮᠦᠵᠢᠯ ᠦᠨ ᠬᠠᠷᠢᠶᠠᠯᠠᠯ ᠤᠨ ᠲᠣᠭᠤᠷᠢᠭ ᠤᠨ ᠳᠠᠷᠤᠭ᠎ᠠ · 2005 ᠣᠨ ᠠᠴᠠ 2009 ᠣᠨ ᠬᠦᠷᠲᠡᠯ᠎ᠡ ᠰᠤᠶᠤᠯ ᠤᠨ ᠲᠣᠪᠴᠢᠶ᠎ᠠ ᠶᠢᠨ ᠳᠠᠷᠤᠭ᠎ᠠ · 2009 ᠣᠨ ᠠᠴᠠ 2011 ᠣᠨ ᠬᠦᠷᠲᠡᠯ᠎ᠡ ᠰᠤᠷᠭᠠᠨ ᠬᠦᠮᠦᠵᠢᠯ ᠦᠨ ᠲᠣᠪᠴᠢᠶ᠎ᠠ ᠶᠢᠨ ᠳᠠᠷᠤᠭ᠎ᠠ · 2011 ᠣᠨ ᠳᠤ ᠬᠣᠰᠢᠭᠤᠨ ᠤ ᠨᠠᠮ ᠤᠨ ᠬᠣᠷᠢᠶ᠎ᠠ ᠶᠢᠨ ᠰᠢᠭᠤᠷᠭᠠᠬᠤ ᠬᠣᠷᠢᠶ᠎ᠠ ᠶᠢᠨ ᠳᠠᠷᠤᠭ᠎ᠠ :: 2011 ᠣᠨ ᠤ 9 ᠰᠠᠷ᠎ᠠ ᠠᠴᠠ 12 ᠰᠠᠷ᠎ᠠ ᠬᠦᠷᠲᠡᠯ᠎ᠡ ... :: 2014 ᠣᠨ ᠤ 10 ᠰᠠᠷ᠎ᠠ ᠳᠤ ... :: 2015 ᠣᠨ ᠤ 3 ᠰᠠᠷ᠎ᠠ ᠠᠴᠠ 7 ᠰᠠᠷ᠎ᠠ ᠬᠦᠷᠲᠡᠯ᠎ᠡ ... ᠰᠤᠷᠭᠠᠭᠤᠯᠢ ᠳᠤ ᠰᠤᠷᠤᠯᠴᠠᠭᠰᠠᠨ :: 2017 ᠣᠨ ᠤ 8 ᠰᠠᠷ᠎ᠠ ᠳᠤ ... 30 ᠰᠠᠷ᠎ᠠ ᠶᠢᠨ ... 74 ᠳᠦᠭᠡᠷ ... ᠳᠤ ... :: 2019 ᠣᠨ ᠤ 5 ᠰᠠᠷ᠎ᠠ ᠶᠢᠨ 25 ᠤ ᠡᠳᠦᠷ ... 《 ... 》 ... 《2019 ᠣᠨ ᠤ 4 ᠳᠦᠭᠡᠷ ... (... 126 ᠳᠤᠭᠠᠷ ...) ...

ᠣᠯᠵᠠᠢ 1990 ᠣᠨ ᠳᠤ 《 ... 》 ... 《 ... 》 ... ᠳᠤ ᠨᠡᠢᠲᠡᠯᠡᠭᠳᠡᠪᠡ :: ... 《 ... 》 · 《 ... 》 ... ᠪᠣᠯᠪᠠ ·

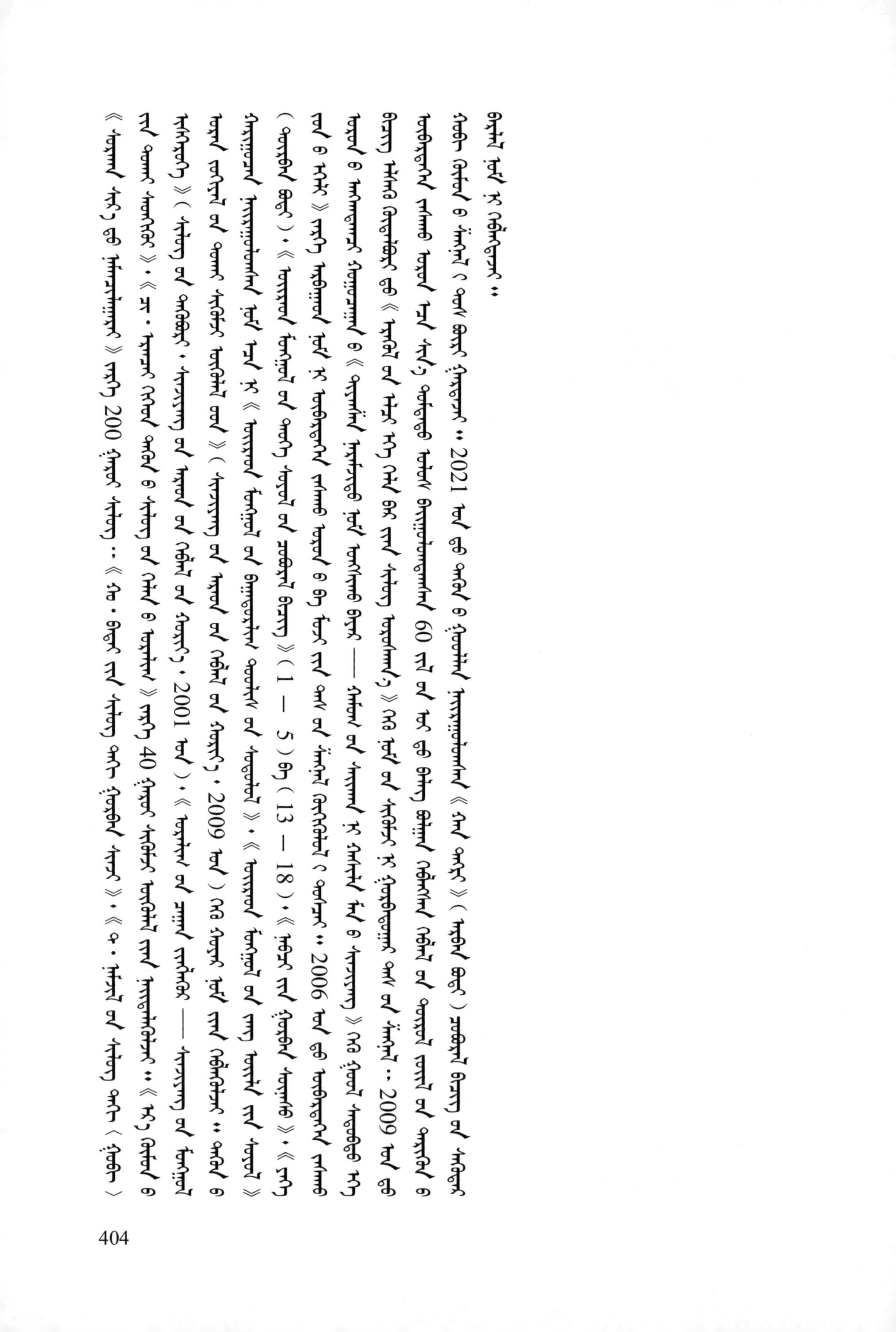

ᠫᠦ᠋ · [illegible] [illegible] · [illegible] · [illegible] · [illegible] [illegible] [illegible] [illegible] ::

1969 ᠣᠨ ᠤ 5 [illegible] [illegible] 12 [illegible] :: 1977 ᠣᠨ ᠡᠴᠡ 1983 ᠣᠨ ᠬᠦᠷᠲᠡᠯ᠎ᠡ [illegible] [illegible] [illegible] [illegible] [illegible] · 1983 ᠣᠨ ᠡᠴᠡ 1988 ᠣᠨ ᠬᠦᠷᠲᠡᠯ᠎ᠡ [illegible] [illegible] [illegible] [illegible] [illegible] [illegible] [illegible] [illegible] [illegible] [illegible] · 1989 ᠣᠨ ᠡᠴᠡ 1993 ᠣᠨ ᠬᠦᠷᠲᠡᠯ᠎ᠡ [illegible] :: 1993 ᠣᠨ ᠤ 8 [illegible] [illegible] [illegible] [illegible] [illegible] [illegible] [illegible] [illegible] [illegible] [illegible] [illegible] [illegible] [illegible] [illegible] [illegible] 《 [illegible] [illegible] 》 [illegible] [illegible] [illegible] [illegible] [illegible] [illegible] [illegible] :: 2008 ᠣᠨ [illegible] [illegible] [illegible] [illegible] · 2017 ᠣᠨ [illegible] [illegible] [illegible] [illegible] [illegible] [illegible] ::

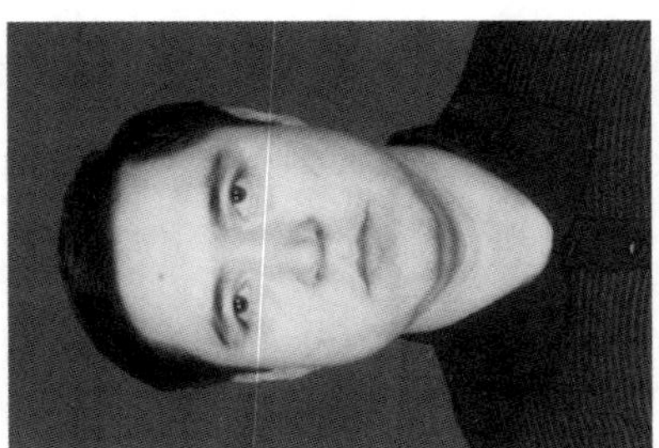

ᠫᠦ᠋ · [illegible] 1987 ᠣᠨ [illegible] [illegible] [illegible] [illegible] [illegible] [illegible] 《 [illegible] [illegible] 》 [illegible] [illegible] [illegible] [illegible] 《 [illegible] [illegible] [illegible] 》 [illegible] [illegible] [illegible] [illegible] [illegible] [illegible] [illegible] [illegible] [illegible] 《 [illegible] [illegible] 》 · 《 [illegible] [illegible] [illegible] [illegible] 》 · 《 [illegible] [illegible] [illegible] 》 · 《 [illegible] [illegible] [illegible] 》 ([illegible]) · 《 [illegible] [illegible] [illegible] 》 ([illegible]) · 《 [illegible] [illegible] [illegible] [illegible] 》 · 《 [illegible] [illegible] [illegible] [illegible] 》 · 《 [illegible] [illegible] [illegible] 》 · 《 [illegible] [illegible] 》 · 《 [illegible] [illegible] [illegible] 》 · [illegible] 20 [illegible] · [illegible] · [illegible] 50 [illegible] 《 [illegible] 》 · 《 [illegible] [illegible] 》 · 《 [illegible] [illegible] [illegible] 》 · 《 [illegible] [illegible] 》 · 《 [illegible] [illegible] [illegible] 》 · 《 [illegible] [illegible] [illegible] 》 [illegible] [illegible] [illegible] [illegible] [illegible] :: 《 [illegible] [illegible] 》 [illegible] [illegible] 2006 ᠣᠨ [illegible] 《 [illegible] [illegible] 》 [illegible] [illegible] [illegible] :: 2007 ᠣᠨ [illegible] 《 [illegible] [illegible] [illegible] 》 [illegible] [illegible] [illegible] [illegible] [illegible] :: 2007 ᠣᠨ [illegible] [illegible] [illegible] [illegible] 《 [illegible] [illegible] [illegible] 》 [illegible] [illegible] [illegible] [illegible] :: 《 [illegible] [illegible] [illegible] [illegible] 》 [illegible] [illegible] [illegible] [illegible] :: 《 [illegible] [illegible] 》 [illegible] [illegible] 2009 ᠣᠨ [illegible] [illegible] [illegible] [illegible] [illegible] :: 《 [illegible] [illegible] 》 [illegible] [illegible] 2010 ᠣᠨ ᠳᠤ

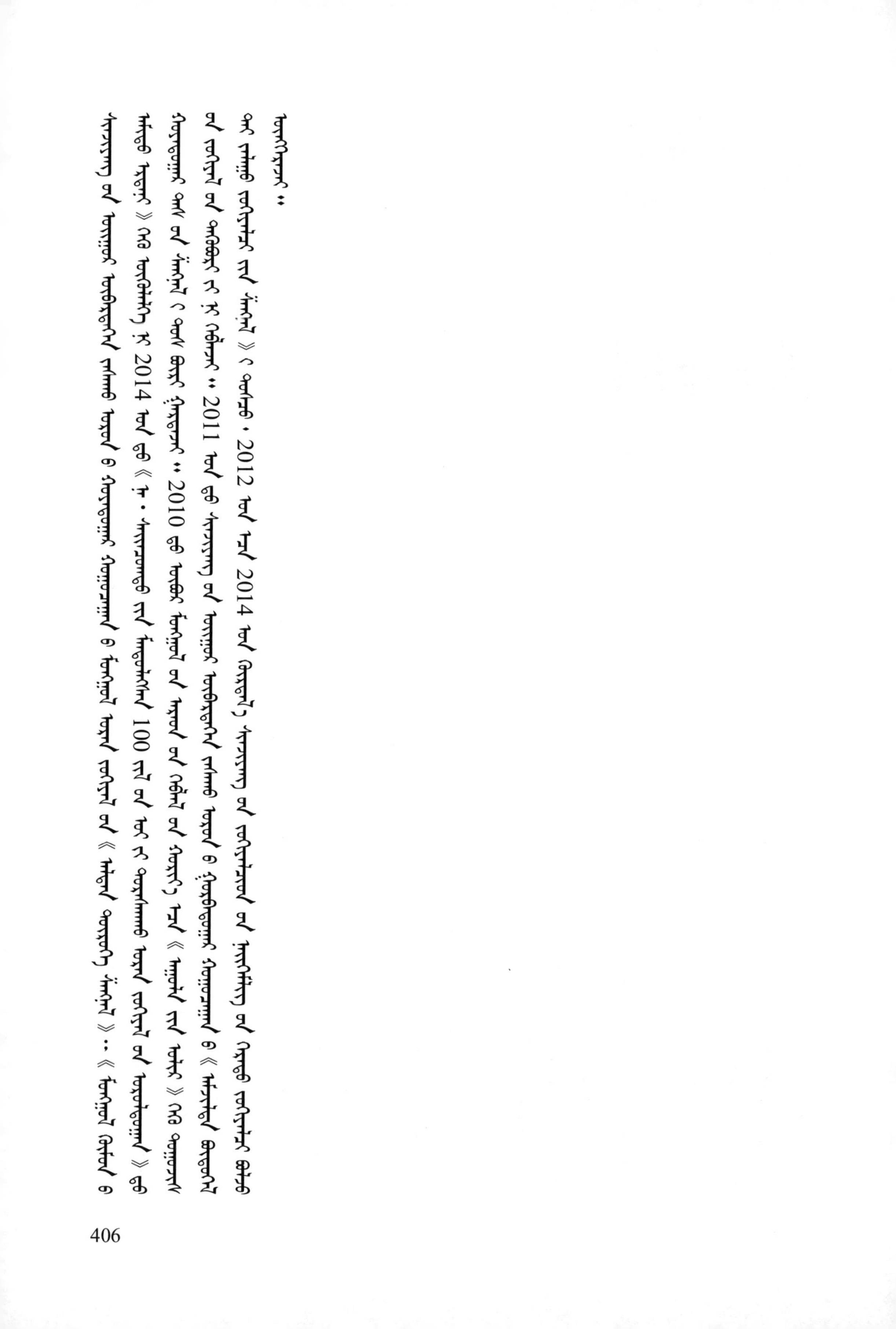

ᠣᠨ ᠤ 3 ᠰᠠᠷ᠎ᠠ ᠠᠴᠠ ᠡᠬᠢᠯᠡᠨ ᠬᠣᠲᠠ ᠶᠢᠨ ᠠᠷᠠᠳ ᠤᠨ ᠲᠥᠯᠦᠭᠡᠯᠡᠭᠴᠢ ᠶᠢᠨ ᠬᠤᠷᠠᠯ ᠤᠨ ᠪᠠᠢᠩᠭᠤ ᠬᠣᠷᠢᠶ᠎ᠠ ᠶᠢᠨ ᠭᠡᠰᠢᠭᠦᠨ ᠪᠣᠯᠵᠤ ᠠᠵᠢᠯᠯᠠᠪᠠ ᠄ 2015 ᠣᠨ ᠤ 10 ᠰᠠᠷ᠎ᠠ ᠠᠴᠠ ᠡᠬᠢᠯᠡᠨ ᠬᠣᠲᠠ ᠶᠢᠨ ᠠᠷᠠᠳ ᠤᠨ ᠲᠥᠯᠦᠭᠡᠯᠡᠭᠴᠢ ᠶᠢᠨ ᠬᠤᠷᠠᠯ ᠤᠨ ᠪᠠᠢᠩᠭᠤ ᠬᠣᠷᠢᠶ᠎ᠠ ᠶᠢᠨ ᠭᠡᠰᠢᠭᠦᠨ ᠪᠠ ᠂ 2015 ᠣᠨ ᠤ 11 ᠰᠠᠷ᠎ᠠ ᠠᠴᠠ 2017 ᠣᠨ ᠤ ᠳᠠᠷᠤᠭ᠎ᠠ ᠶᠢᠨ ᠠᠵᠢᠯ ᠬᠠᠷᠢᠭᠤᠴᠠᠭᠰᠠᠨ ᠣᠷᠣᠯᠠᠭᠴᠢ ᠳᠠᠷᠤᠭ᠎ᠠ ᠶᠢᠨ ᠬᠡᠷᠡᠭ ᠪᠡᠷ ᠬᠥᠳᠡᠯᠮᠡᠷᠢᠯᠡᠪᠡ ᠄ 2001 ᠣᠨ ᠤ 9 ᠰᠠᠷ᠎ᠠ ᠠᠴᠠ 2003 ᠣᠨ ᠤ 12 ᠰᠠᠷ᠎ᠠ ᠬᠦᠷᠲᠡᠯ᠎ᠡ ᠮᠠᠨ ᠤ ᠲᠠᠯ᠎ᠠ ᠶᠢᠨ ᠨᠠᠮ ᠤᠨ ᠬᠣᠷᠢᠶ᠎ᠠ ᠶᠢᠨ ᠰᠤᠷᠭᠠᠭᠤᠯᠢ ᠳᠤ ᠰᠤᠷᠤᠯᠴᠠᠪᠠ ᠄ 2009 ᠣᠨ ᠤ 4 ᠰᠠᠷ᠎ᠠ ᠠᠴᠠ ᠬᠣᠲᠠ ᠶᠢᠨ ᠬᠡᠯᠲᠡᠰ ᠦᠨ ᠳᠠᠷᠤᠭ᠎ᠠ ᠂ ᠨᠠᠮ ᠤᠨ ᠪᠦᠯᠦᠭ ᠦᠨ ᠳᠠᠷᠤᠭ᠎ᠠ ᠪᠣᠯᠤᠨ ᠬᠠᠮᠢᠶᠠᠷᠤᠭᠴᠢ ᠄ 2003 ᠣᠨ ᠤ 1 ᠰᠠᠷ᠎ᠠ ᠠᠴᠠ 2009 ᠣᠨ ᠤ 3 ᠰᠠᠷ᠎ᠠ ᠬᠦᠷᠲᠡᠯ᠎ᠡ ᠵᠠᠰᠠᠭ ᠤᠨ ᠭᠠᠵᠠᠷ ᠤᠨ ᠨᠠᠮ ᠤᠨ ᠬᠣᠷᠢᠶ᠎ᠠ ᠶᠢᠨ ᠭᠡᠰᠢᠭᠦᠨ ᠂ ᠨᠠᠮ ᠤᠨ ᠬᠣᠲᠠ ᠶᠢᠨ ᠪᠦᠰᠡ ᠶᠢᠨ ᠳᠠᠷᠤᠭ᠎ᠠ ᠪᠤᠶᠤ ᠪᠣᠯᠵᠤ ᠬᠥᠳᠡᠯᠮᠡᠷᠢᠯᠡᠪᠡ ᠄ 2002 ᠣᠨ ᠤ 12 ᠰᠠᠷ᠎ᠠ ᠠᠴᠠ ᠪᠡᠨ ᠪᠤᠰᠤᠳ ᠤᠨ ᠳ᠋ᠢᠶᠠᠩᠮᠢᠶᠠᠨ ᠠᠮᠢᠷᠠᠯ ᠤᠨ ᠲᠥᠪ ᠪᠤᠰᠤᠳ ᠄ 1996 ᠣᠨ ᠤ 6 ᠰᠠᠷ᠎ᠠ ᠶᠢᠨ 28 ᠤ ᠡᠳᠦᠷ ᠨᠠᠮ ᠳᠤ ᠣᠷᠣᠯᠠᠭᠰᠠᠨ ᠪᠡᠷ ᠰᠤᠷᠠᠭᠴᠢᠳ ᠤᠨ ᠠᠮᠢᠳᠤᠷᠠᠯ ᠤᠨ ᠠᠵᠢᠯ ᠳᠤ ᠣᠷᠣᠯᠴᠠᠭᠰᠠᠨ ᠄ 1998 ᠣᠨ ᠤ 2 ᠰᠠᠷ᠎ᠠ ᠶᠢᠨ ᠬᠠᠷᠢᠶᠠᠲᠤ ᠂ ᠬᠣᠰᠢᠭᠤᠨ ᠤ ᠵᠠᠰᠠᠭ ᠤᠨ ᠣᠷᠣᠨ ᠲᠣᠬᠢᠷᠠᠯ ᠤᠨ ᠲᠣᠪᠴᠢᠶ᠎ᠠ (ᠬᠣᠲᠠ ᠶᠢᠨ ᠵᠠᠰᠠᠭ ᠤ) ᠳᠤ ᠠᠵᠢᠯᠯᠠᠪᠠ ᠂ ᠣᠷᠣᠯᠠᠭᠴᠢ ᠨᠠᠮ ᠤᠨ ᠣᠷᠣᠨ ᠲᠣᠬᠢᠷᠠᠯ ᠤᠨ ᠬᠡᠯᠲᠡᠰ ᠦᠨ ᠠᠵᠢᠯᠲᠠᠨ ᠄ 1991 ᠣᠨ ᠤ 9 ᠰᠠᠷ᠎ᠠ ᠠᠴᠠ 1994 ᠣᠨ ᠤ 8 ᠰᠠᠷ᠎ᠠ ᠬᠦᠷᠲᠡᠯ᠎ᠡ ᠰᠤᠷᠤᠭᠤᠯᠢ ᠳᠤ ᠰᠤᠷᠤᠯᠴᠠᠭᠰᠠᠨ ᠪᠣᠯᠤᠨ ᠬᠠᠷᠢᠭᠤᠴᠠᠭᠰᠠᠨ ᠳᠤ ᠄ 1995 ᠣᠨ ᠤ 8 ᠰᠠᠷ᠎ᠠ ᠠᠴᠠ 1998 ᠣᠨ ᠤ 1 ᠰᠠᠷ᠎ᠠ ᠬᠦᠷᠲᠡᠯ᠎ᠡ ᠰᠤᠷᠭᠠᠭᠤᠯᠢ ᠶᠢᠨ ᠰᠤᠷᠤᠭᠴᠢ ᠪᠠᠭᠰᠢ ᠶᠢᠨ ᠠᠵᠢᠯ ᠬᠠᠷᠢᠭᠤᠴᠠᠭᠰᠠᠨ ᠤ ᠳᠤ ᠪᠠᠶᠢᠭᠤᠯᠤᠭᠰᠠᠨ ᠂ 1995 ᠣᠨ ᠤ 4 ᠰᠠᠷ᠎ᠠ ᠠᠴᠠ 1995 ᠣᠨ ᠤ 7 ᠰᠠᠷ᠎ᠠ ᠬᠦᠷᠲᠡᠯ᠎ᠡ ᠬᠣᠲᠠ ᠶᠢᠨ ᠬᠠᠷᠢᠭᠤᠴᠠᠭᠰᠠᠨ ᠤ ᠨᠢᠭᠤᠷ ᠤᠨ ᠪᠠᠶᠢᠭᠤᠯᠤᠭᠰᠠᠨ ᠂ 1992 ᠣᠨ ᠤ 8 ᠰᠠᠷ᠎ᠠ ᠠᠴᠠ 1995 ᠣᠨ ᠤ 3 ᠰᠠᠷ᠎ᠠ ᠬᠦᠷᠲᠡᠯ᠎ᠡ ᠰᠤᠷᠭᠠᠭᠤᠯᠢ ᠶᠢᠨ ᠰᠤᠷᠤᠭᠴᠢ ᠪᠠᠭᠰᠢ ᠶᠢᠨ ᠠᠵᠢᠯ ᠬᠠᠷᠢᠭᠤᠴᠠᠭᠰᠠᠨ ᠤ ᠳᠤ ᠪᠠᠶᠢᠭᠤᠯᠤᠭᠰᠠᠨ ᠂ 1991 ᠣᠨ ᠠᠴᠠ 1992 ᠣᠨ ᠤ 7 ᠰᠠᠷ᠎ᠠ ᠬᠦᠷᠲᠡᠯ᠎ᠡ ᠰᠤᠷᠭᠠᠭᠤᠯᠢ ᠶᠢᠨ ᠰᠤᠷᠤᠭᠴᠢ ᠪᠠᠭᠰᠢ ᠶᠢᠨ ᠪᠠᠶᠢᠭᠤᠯᠤᠭᠰᠠᠨ ᠬᠠᠷᠢᠭᠤᠴᠠᠭᠰᠠᠨ ᠳᠤ ᠪᠠᠶᠢᠭᠤᠯᠤᠭᠰᠠᠨ ᠄ 1987 ᠣᠨ ᠤ 8 ᠰᠠᠷ᠎ᠠ ᠠᠴᠠ ᠳᠤ ᠰᠤᠷᠤᠭᠤᠯᠢ ᠶᠢᠨ ᠡᠮᠨᠡᠯᠭᠡ ᠶᠢᠨ ᠰᠤᠷᠭᠠᠭᠤᠯᠢ ᠳᠤ ᠰᠤᠷᠤᠯᠴᠠᠭᠰᠠᠨ ᠪᠠᠶᠢᠭᠤᠯᠤᠭᠰᠠᠨ ᠳᠤ ᠂ 1983 ᠣᠨ ᠤ 9 ᠰᠠᠷ᠎ᠠ ᠠᠴᠠ 1987 ᠣᠨ ᠤ 7 ᠰᠠᠷ᠎ᠠ ᠬᠦᠷᠲᠡᠯ᠎ᠡ ᠰᠤᠷᠭᠠᠭᠤᠯᠢ ᠶᠢᠨ ᠰᠤᠷᠤᠭᠴᠢ ᠪᠠᠭᠰᠢ ᠶᠢᠨ ᠬᠠᠷᠢᠭᠤᠴᠠᠭᠰᠠᠨ ᠤ ᠨᠢᠭᠤᠷ ᠤᠨ ᠰᠤᠷᠤᠭᠤᠯᠢ ᠳᠤ ᠰᠤᠷᠤᠯᠴᠠᠪᠠ ᠂ 1980 ᠣᠨ ᠤ 9 ᠰᠠᠷ᠎ᠠ ᠠᠴᠠ 1983 ᠣᠨ ᠤ 7 ᠰᠠᠷ᠎ᠠ ᠬᠦᠷᠲᠡᠯ᠎ᠡ ᠳᠤᠮᠳᠠ ᠰᠤᠷᠭᠠᠭᠤᠯᠢ ᠳᠤ ᠰᠤᠷᠤᠯᠴᠠᠭᠰᠠᠨ ᠳᠤ ᠂ 1980 ᠣᠨ ᠤ 7 ᠰᠠᠷ᠎ᠠ ᠬᠦᠷᠲᠡᠯ᠎ᠡ ᠪᠠᠭ᠎ᠠ ᠰᠤᠷᠭᠠᠭᠤᠯᠢ ᠳᠤ ᠰᠤᠷᠤᠯᠴᠠᠪᠠ ᠄ 1975 ᠣᠨ ᠤ 9 ᠰᠠᠷ᠎ᠠ ᠠᠴᠠ ᠬᠣᠲᠠ ᠶᠢᠨ ᠮᠣᠩᠭᠣᠯ ᠬᠡᠯᠡ ᠪᠢᠴᠢᠭ ᠦᠨ ᠬᠣᠷᠢᠶ᠎ᠠ ᠶᠢᠨ ᠲᠣᠭᠣᠷᠢᠭᠳᠠᠭᠰᠠᠨ ᠂ ᠵᠠᠰᠠᠭ ᠤᠨ ᠣᠷᠣᠨ ᠲᠣᠬᠢᠷᠠᠯ ᠤᠨ ᠬᠣᠷᠢᠶ᠎ᠠ ᠶᠢᠨ ᠭᠡᠰᠢᠭᠦᠨ ᠤ ᠠᠵᠢᠯ ᠬᠠᠷᠢᠭᠤᠴᠠᠭᠰᠠᠨ ᠤ ᠰᠤᠷᠭᠠᠭᠤᠯᠢ ᠶᠢᠨ ᠬᠣᠰᠢᠭᠤᠨ ᠤ ᠡᠷᠬᠢᠯᠡᠭᠴᠢ ᠪᠣᠯᠤᠭᠰᠠᠨ ᠂ ᠪᠠᠶᠢᠭᠤᠯᠤᠭᠳᠠᠭᠰᠠᠨ ᠄ 1969 ᠣᠨ ᠤ 5 ᠰᠠᠷ᠎ᠠ ᠶᠢᠨ 20

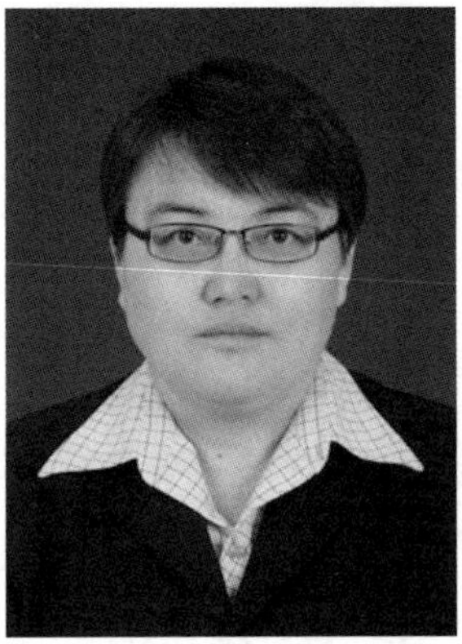

ᠳ᠋ᠠ · ᠰᠤᠷᠤᠩ

[illegible] ::

[illegible] · [illegible] · [illegible] · [illegible] · [illegible] ...

[illegible] · [illegible] ::

[illegible] 《[illegible]》 [illegible] :: 2009 ᠣᠨ ᠳᠤ 《[illegible]》 [illegible] :: 1990 ᠣᠨ ᠳᠤ 《[illegible]》 [illegible] 《[illegible]》 [illegible] 《[illegible]》 · 《[illegible]》 · 《[illegible]》 [illegible] · [illegible] 《[illegible]》 [illegible] 30 [illegible] ·· 《[illegible]》 · 《[illegible]》 [illegible] 100 [illegible] ·· 《[illegible]》 · 《[illegible]》 · 《[illegible]》 · 《[illegible]》 · [illegible] 《[illegible]》 · 《[illegible]》 · 《[illegible]》 · 《[illegible]》

1987 ᠣᠨ [illegible] 《[illegible]》 [illegible] 《[illegible]》 [illegible] :: [illegible] :: 2017 ᠣᠨ ᠤ 9 [illegible] 2019 ᠣᠨ ᠤ 10 [illegible] · 2019 ᠣᠨ ᠤ 3 [illegible] ([illegible]) [illegible] · 2017 ᠣᠨ ᠤ 4 [illegible] 2019 ᠣᠨ ᠤ 2 [illegible]

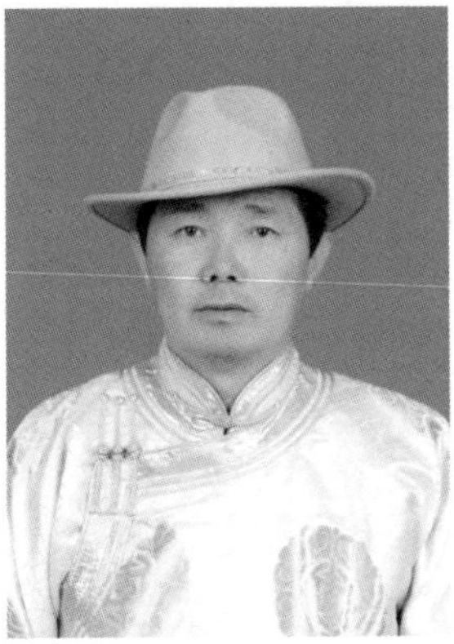

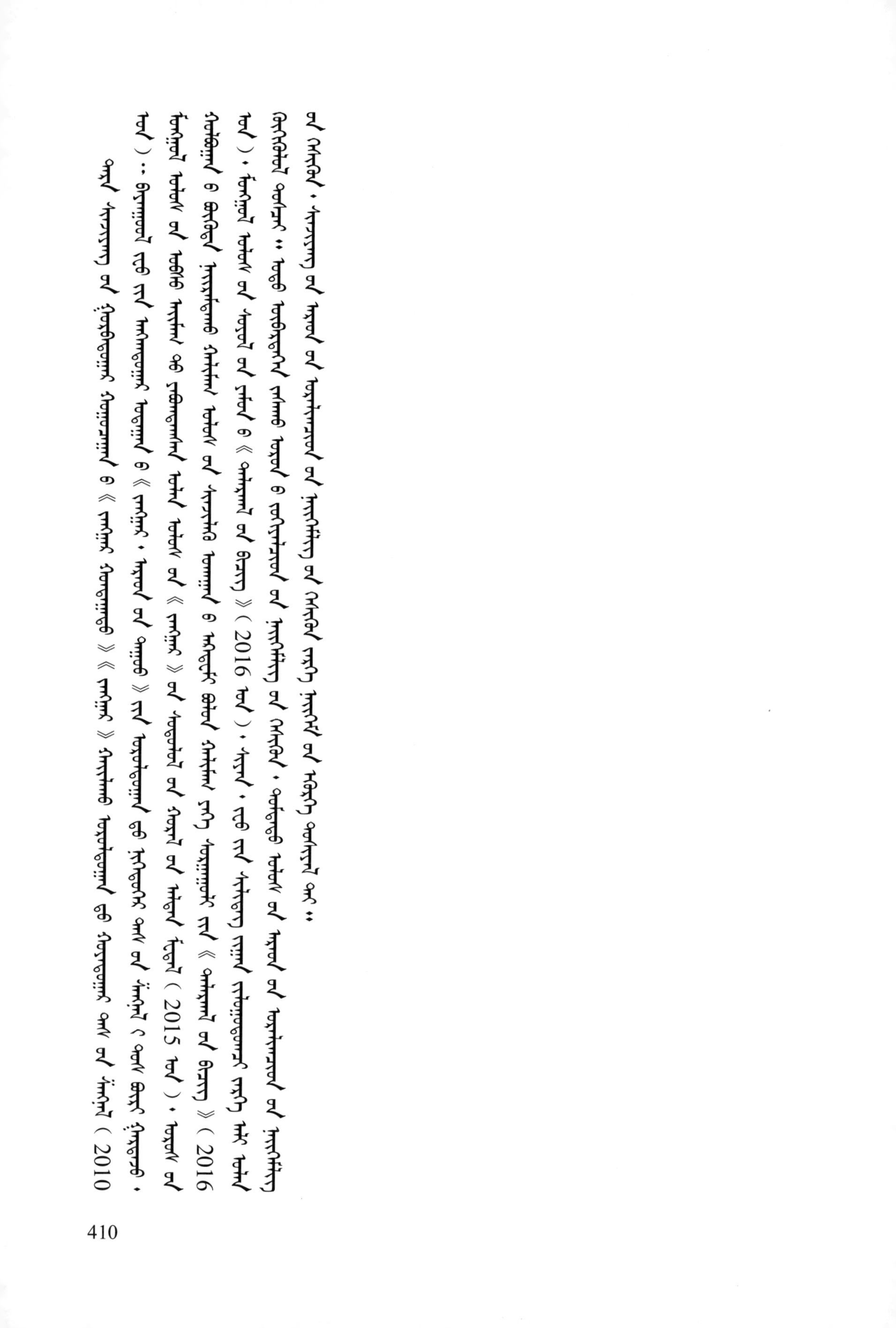

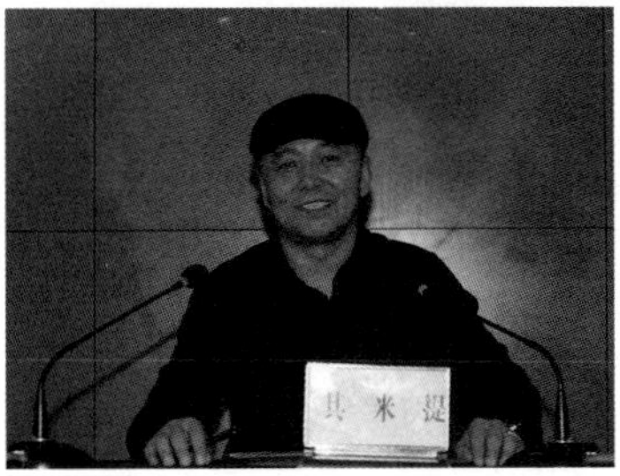

具米提

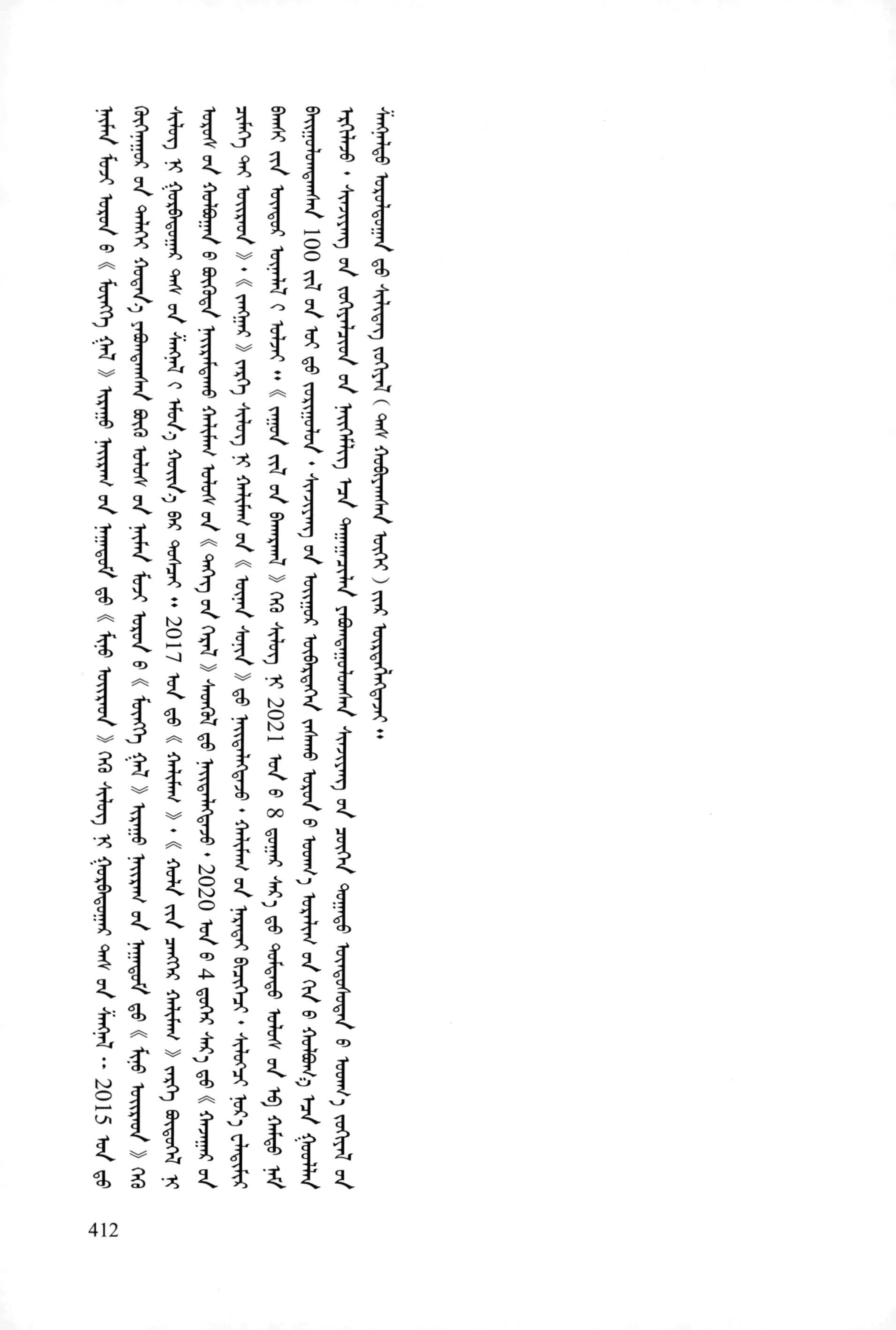

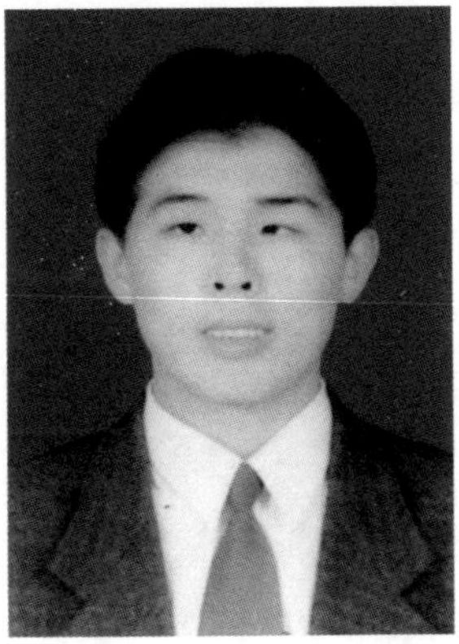

ᠪᠤ · [illegible] [illegible] ᠃ 1969 ᠣᠨ ᠤ 11 ᠰᠠᠷ᠎ᠠ ᠳᠤ [illegible] 20 [illegible] ([illegible]) [illegible] ᠃ 1977 [illegible] ᠃ [illegible] 1982 ᠣᠨ ᠤ 7 ᠰᠠᠷ᠎ᠠ [illegible] 1982 ᠣᠨ ᠤ 9 ᠰᠠᠷ᠎ᠠ ᠡᠴᠡ 1983 ᠣᠨ ᠤ 7 ᠰᠠᠷ᠎ᠠ [illegible] · 1983 ᠣᠨ ᠤ 9 ᠰᠠᠷ᠎ᠠ ᠡᠴᠡ 1984 ᠣᠨ ᠤ 7 ᠰᠠᠷ᠎ᠠ [illegible] · 1984 ᠣᠨ ᠤ 9 ᠰᠠᠷ᠎ᠠ ᠡᠴᠡ 1985 ᠣᠨ ᠤ 7 ᠰᠠᠷ᠎ᠠ [illegible] · 1985 ᠣᠨ ᠤ 9 ᠰᠠᠷ᠎ᠠ ᠡᠴᠡ 1988 ᠣᠨ ᠤ 7 ᠰᠠᠷ᠎ᠠ [illegible] · 1989 ᠣᠨ ᠤ 9 ᠰᠠᠷ᠎ᠠ ᠡᠴᠡ 1991 ᠣᠨ ᠤ 7 ᠰᠠᠷ᠎ᠠ [illegible] ᠃ 1996 ᠣᠨ ᠡᠴᠡ 1999 ᠣᠨ [illegible] ᠃ [illegible] 《 [illegible] 》 [illegible] 《 [illegible] 》 [illegible] 《 [illegible] 》 [illegible] · 2000 ᠣᠨ ᠤ 3 ᠰᠠᠷ᠎ᠠ [illegible] ᠃ 1995 ᠣᠨ ᠤ 5 ᠰᠠᠷ᠎ᠠ [illegible] ᠃ [illegible] 2001 ᠣᠨ ᠡᠴᠡ [illegible] ᠃

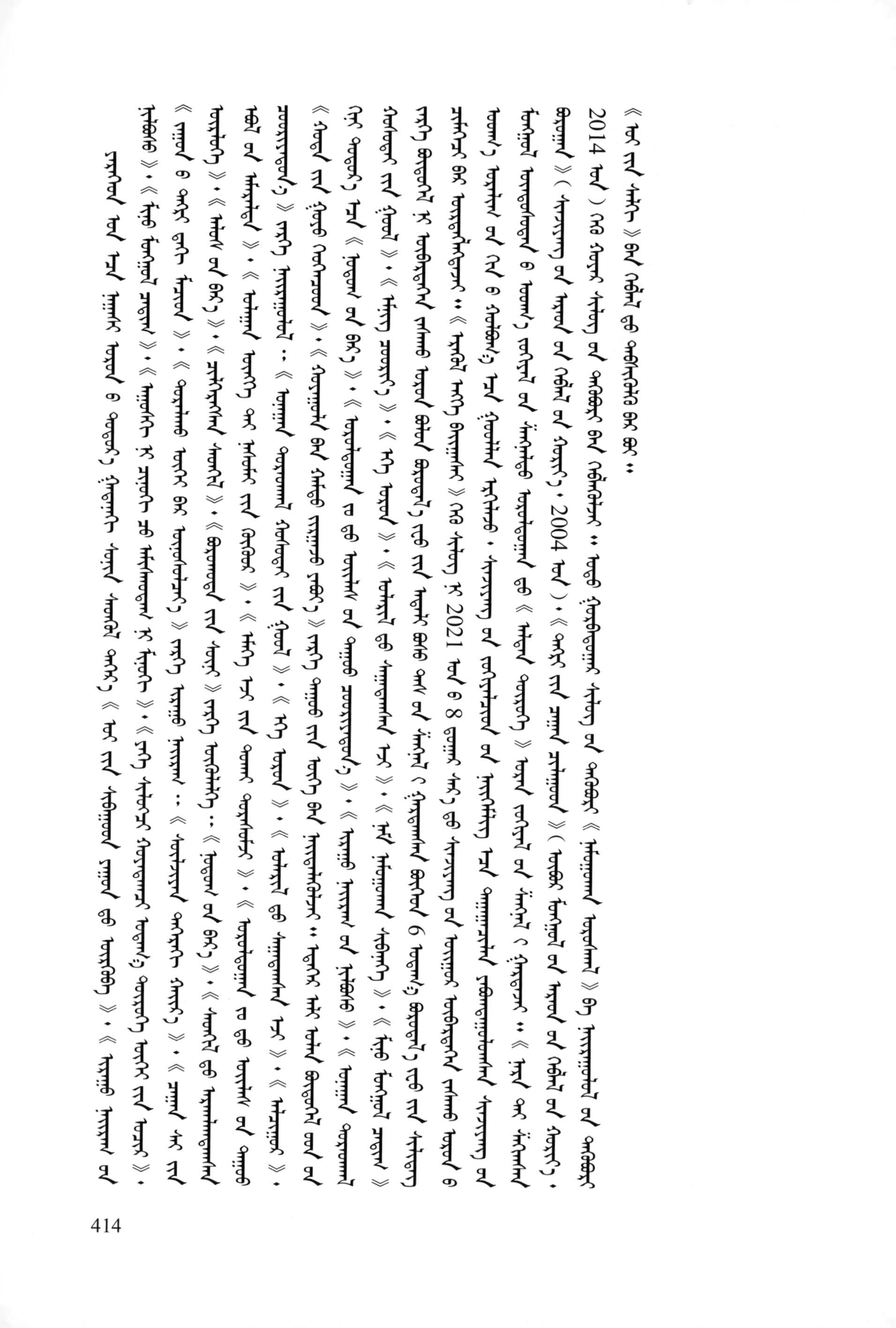

《ᠬᠠᠰᠠᠯᠠᠩ ᠮᠣᠩᠭᠣᠯ ᠨᠤᠲᠤᠭ》·《ᠪᠣᠯᠵᠣᠭᠠᠳ ᠬᠤᠷᠢᠮ ᠤᠨ ᠮᠣᠩᠭᠣᠯ ᠳᠠᠭᠤᠤ ᠳᠠᠭᠤᠯᠠᠯ》·《ᠪᠣᠭᠳᠠ ᠶᠢᠨ ᠬᠤᠷᠢᠮ ᠤᠨ ᠳᠠᠭᠤᠤ ᠪᠠᠶᠢᠭᠤᠯᠤᠯᠭ᠎ᠠ ᠶᠢᠨ ᠰᠤᠳᠤᠯᠤᠯ ᠤᠨ ᠮᠣᠩᠭᠣᠯ ᠳᠡᠭᠡᠯ ᠦᠨ ᠰᠣᠶᠣᠯ ᠤᠨ ᠨᠡᠶᠢᠲᠡ ᠶᠢᠨ ᠰᠤᠳᠤᠯᠤᠯ ᠤᠨ 500 ᠳᠠᠭᠤᠤ》·《ᠪᠣᠭᠳᠠ ᠶᠢᠨ ᠬᠤᠷᠢᠮ ᠤᠨ ᠳᠠᠭᠤᠤ》·《ᠪᠣᠭᠳᠠ ᠬᠤᠷᠢᠮ ᠤᠨ ᠮᠣᠩᠭᠣᠯ ᠳᠠᠭᠤᠤ》·《ᠮᠣᠩᠭᠣᠯ ᠬᠤᠪᠴᠠᠰᠤ ᠶᠢᠨ ᠰᠣᠶᠣᠯ》·《ᠬᠦᠮᠦᠨ ᠬᠡᠯᠡᠨ ᠦ ᠰᠣᠶᠣᠯ ᠤᠨ ᠪᠦᠲᠦᠭᠡᠯ ᠦᠨ ᠰᠤᠳᠤᠯᠤᠯ》 ᠵᠡᠷᠭᠡ ᠨᠣᠮ ᠤᠳ ᠢ ᠬᠡᠪᠯᠡᠭᠰᠡᠨ ᠪᠠᠶᠢᠨ᠎ᠠ᠃《ᠮᠣᠩᠭᠣᠯ ᠬᠤᠪᠴᠠᠰᠤ ᠶᠢᠨ ᠰᠣᠶᠣᠯ ᠤᠨ ᠰᠤᠳᠤᠯᠤᠯ》·《ᠰᠣᠶᠣᠯ ᠤᠨ ᠰᠤᠳᠤᠯᠤᠯ》·《ᠮᠣᠩᠭᠣᠯ ᠪᠢᠴᠢᠭ᠌ ᠦᠨ ᠲᠡᠦᠬᠡ》 ᠵᠡᠷᠭᠡ ᠪᠦᠲᠦᠭᠡᠯ ᠦᠳ ᠢ ᠨᠡᠶᠢᠲᠡᠯᠡᠭᠦᠯᠦᠭᠰᠡᠨ᠃

2008 ᠣᠨ ᠤ 11 ᠰᠠᠷ᠎ᠠ ᠶᠢᠨ 27 ᠤ ᠡᠳᠦᠷ·《ᠮᠣᠩᠭᠣᠯ ᠤᠨ ᠬᠤᠷᠢᠮ ᠤᠨ ᠳᠠᠭᠤᠤ》 ᠪᠣᠯᠣᠨ 《ᠪᠣᠭᠳᠠ ᠶᠢᠨ ᠬᠤᠷᠢᠮ》 ᠨᠣᠮ ᠢ ᠨᠡᠶᠢᠲᠡᠯᠡᠭᠦᠯᠦᠭᠰᠡᠨ ᠪᠠᠶᠢᠨ᠎ᠠ᠃

ᠬᠤᠲᠠ ᠶᠢᠨ ᠰᠣᠶᠣᠯ ᠤᠨ ᠬᠣᠷᠢᠶ᠎ᠠ ᠪᠠ ᠭᠢᠰᠢᠭᠦᠨ᠂ 2018 ᠣᠨ ᠤ 1 ᠰᠠᠷ᠎ᠠ ᠳᠤ ᠲᠣᠳᠤᠷᠬᠠᠢᠯᠠᠭᠰᠠᠨ ᠬᠣᠲᠠ ᠶᠢᠨ ᠮᠣᠩᠭᠣᠯ ᠬᠡᠯᠡ ᠪᠢᠴᠢᠭ᠌ ᠦᠨ ᠰᠤᠷᠭᠠᠭᠤᠯᠢ ᠶᠢᠨ ᠪᠠᠭᠰᠢ᠂ 2017 ᠣᠨ ᠳᠤ ᠬᠣᠲᠠ ᠶᠢᠨ ᠰᠤᠷᠭᠠᠭᠤᠯᠢ ᠶᠢᠨ ᠵᠠᠰᠠᠭ ᠤᠨ ᠭᠠᠵᠠᠷ ᠤᠨ ᠭᠢᠰᠢᠭᠦᠨ ᠪᠣᠯᠣᠭᠰᠠᠨ᠂ 2008 ᠣᠨ ᠤ 3 ᠰᠠᠷ᠎ᠠ ᠡᠴᠡ 2011 ᠣᠨ ᠤ 1 ᠰᠠᠷ᠎ᠠ ᠬᠦᠷᠲᠡᠯ᠎ᠡ ᠬᠣᠲᠠ ᠶᠢᠨ ᠰᠣᠶᠣᠯ ᠤᠨ ᠲᠣᠪᠴᠢᠶ᠎ᠠ ᠶᠢᠨ ᠳᠡᠳ ᠳᠠᠷᠤᠭ᠎ᠠ ᠪᠠᠷ ᠠᠵᠢᠯᠯᠠᠭᠰᠠᠨ᠃ 1995 ᠣᠨ ᠡᠴᠡ 1997 ᠣᠨ ᠬᠦᠷᠲᠡᠯ᠎ᠡ ᠮᠣᠩᠭᠣᠯ ᠳᠠᠭᠤᠤ ᠪᠦᠵᠢᠭ ᠦᠨ ᠴᠢᠭᠤᠯᠭᠠᠨ ᠤ ᠠᠵᠢᠯ ᠢ ᠡᠷᠬᠢᠯᠡᠵᠦ᠂ 1992 ᠣᠨ ᠤ 12 ᠰᠠᠷ᠎ᠠ ᠳᠤ ᠬᠣᠲᠠ ᠶᠢᠨ ᠰᠣᠶᠣᠯ ᠤᠨ ᠲᠣᠪᠴᠢᠶ᠎ᠠ ᠳᠤ ᠰᠢᠯᠵᠢᠨ ᠠᠵᠢᠯᠯᠠᠭᠰᠠᠨ᠃ 1990 ᠣᠨ ᠤ 9 ᠰᠠᠷ᠎ᠠ ᠡᠴᠡ 1992 ᠣᠨ ᠤ 7 ᠰᠠᠷ᠎ᠠ ᠬᠦᠷᠲᠡᠯ᠎ᠡ ᠰᠤᠷᠤᠯᠴᠠᠭᠰᠠᠨ᠃

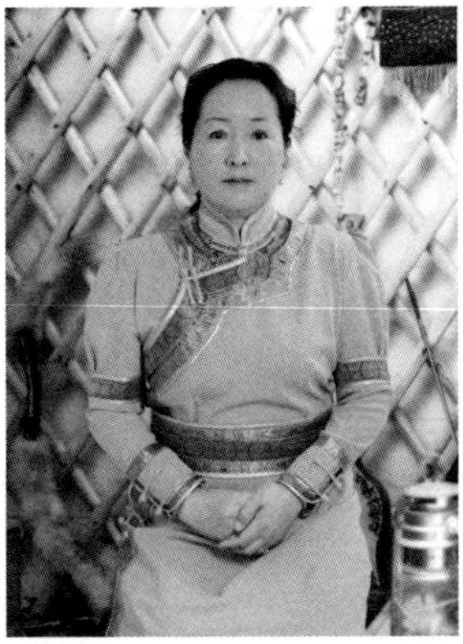

9 ᠰᠠᠷ᠎ᠠ ᠡᠴᠡ 1990 ᠣᠨ ᠤ 7 ᠰᠠᠷ᠎ᠠ ᠬᠦᠷᠲᠡᠯ᠎ᠡ ᠮᠣᠩᠭᠣᠯ ᠬᠡᠯᠡ ᠪᠢᠴᠢᠭ᠌ ᠦᠨ ᠰᠤᠷᠭᠠᠭᠤᠯᠢ ᠳᠤ᠂ 1988 ᠣᠨ ᠤ 7 ᠰᠠᠷ᠎ᠠ ᠬᠦᠷᠲᠡᠯ᠎ᠡ ᠰᠤᠷᠤᠯᠴᠠᠭᠰᠠᠨ ᠬᠣᠲᠠ ᠶᠢᠨ ᠰᠣᠶᠣᠯ ᠤᠨ ᠲᠣᠪᠴᠢᠶ᠎ᠠ ᠳᠤ᠂ 1988 ᠣᠨ ᠡᠴᠡ 1982 ᠣᠨ ᠬᠦᠷᠲᠡᠯ᠎ᠡ ᠰᠤᠷᠤᠯᠴᠠᠭᠰᠠᠨ ᠬᠣᠲᠠ ᠶᠢᠨ ᠪᠠᠭᠰᠢ ᠶᠢᠨ ᠰᠤᠷᠭᠠᠭᠤᠯᠢ ᠳᠤ · 1982 ᠣᠨ ᠤ 9 ᠰᠠᠷ᠎ᠠ ᠡᠴᠡ ᠬᠣᠷᠴᠢᠨ ᠪᠠᠷᠠᠭᠤᠨ ᠬᠣᠰᠢᠭᠤ ᠶᠢᠨ ᠨᠡᠭᠡᠳᠦᠭᠡᠷ ᠳᠤᠮᠳᠠ ᠰᠤᠷᠭᠠᠭᠤᠯᠢ ᠳᠤ ᠰᠤᠷᠤᠯᠴᠠᠭᠰᠠᠨ᠃ 1977 ᠣᠨ ᠳᠤ ᠬᠣᠷᠴᠢᠨ ᠪᠠᠷᠠᠭᠤᠨ ᠬᠣᠰᠢᠭᠤ ᠶᠢᠨ ᠰᠤᠷᠭᠠᠭᠤᠯᠢ ᠳᠤ ᠰᠤᠷᠤᠯᠴᠠᠭᠰᠠᠨ᠃ 1970 ᠣᠨ ᠤ 3 ᠰᠠᠷ᠎ᠠ ᠶᠢᠨ 27 ᠤ ᠡᠳᠦᠷ ᠲᠦᠷᠦᠭᠰᠡᠨ᠂

ᠬᠠ · ᠪᠠᠶᠠᠷᠮᠠ ᠡᠮᠡᠭᠲᠡᠢ · ᠮᠣᠩᠭᠣᠯ ᠦᠨᠳᠦᠰᠦᠲᠡᠨ · ᠬᠤᠷᠢᠮ ᠤᠨ ᠳᠠᠭᠤᠴᠢ · ᠨᠡᠶᠢᠲᠡᠯᠡᠭᠦᠯᠦᠭᠴᠢ ·

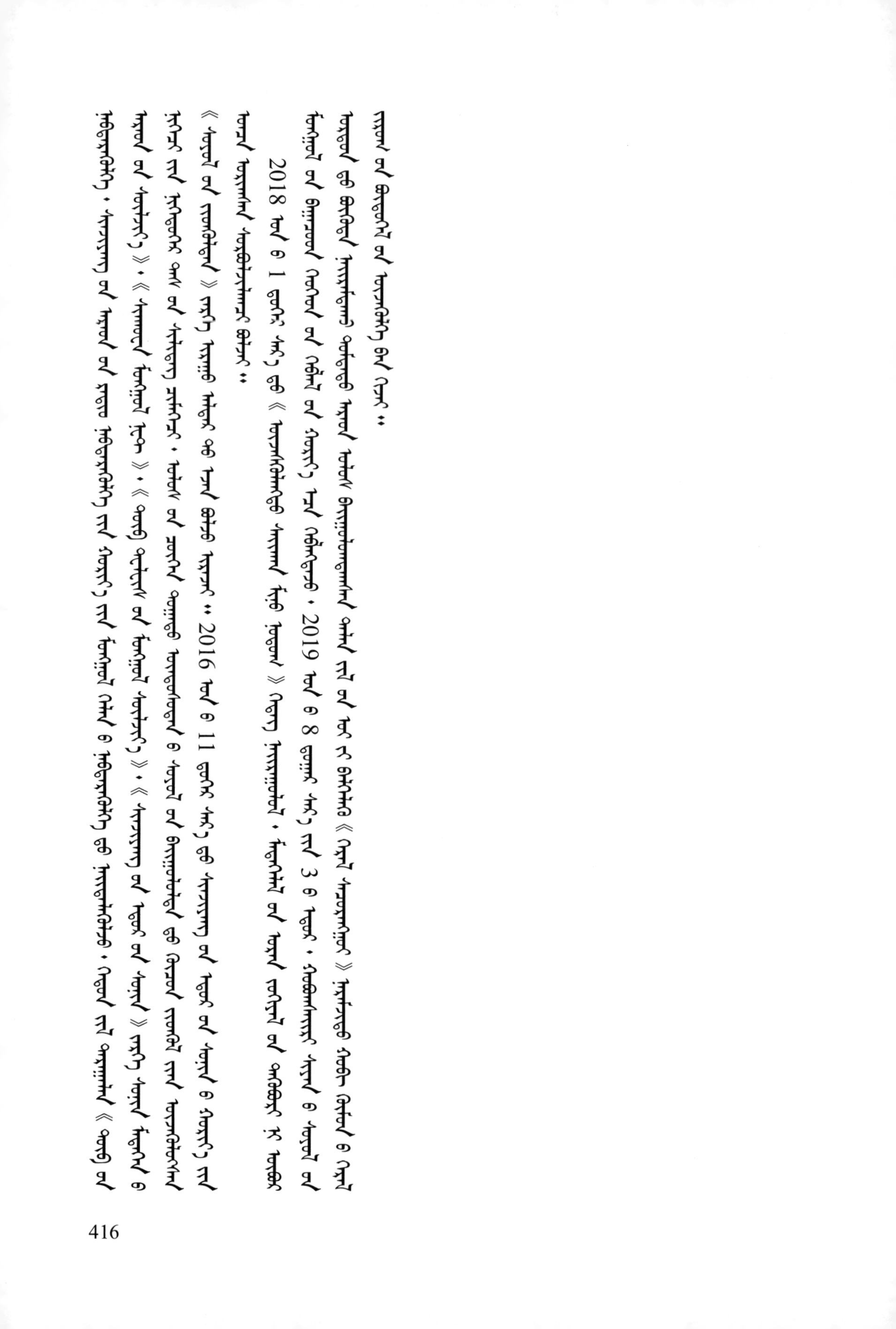

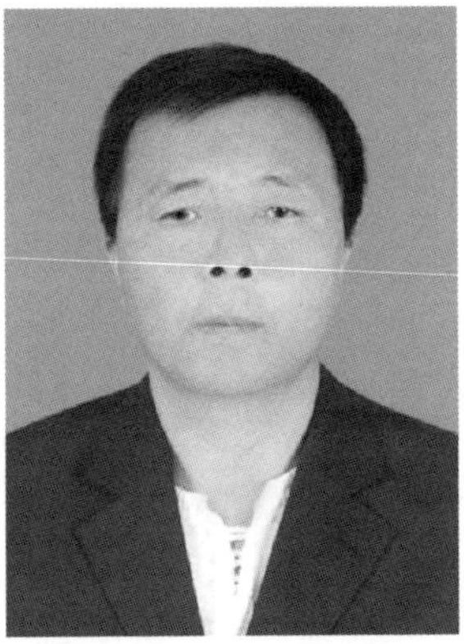

ᠪᠣ · ᠰᠣᠶᠣᠯᠲᠤ ᠡᠷᠡᠭᠲᠡᠢ ᠂ ᠮᠣᠩᠭᠣᠯ ᠦᠨᠳᠦᠰᠦᠲᠡᠨ ᠂ ᠬᠢᠩᠭᠠᠨ ᠠᠶᠢᠮᠠᠭ ᠤᠨ ᠬᠣᠷᠴᠢᠨ ᠤᠨ ᠪᠠᠷᠠᠭᠤᠨ ᠭᠠᠷᠤᠨ ᠤ ᠬᠦᠮᠦᠨ ᠃ 1970 ᠣᠨ ᠤ 11 ᠰᠠᠷ᠎ᠠ ᠶᠢᠨ 25 ᠤ ᠡᠳᠦᠷ ᠲᠦ ᠲᠥᠷᠥᠭᠰᠡᠨ ᠂ ᠪᠢᠴᠢᠭᠯᠡᠯ ᠦᠨ ᠨᠡᠶᠢᠲᠡ ᠳᠦ ᠵᠣᠬᠢᠶᠠᠯ ᠢᠶᠠᠨ ᠨᠡᠶᠢᠲᠡᠯᠡᠭᠦᠯᠦᠭᠰᠡᠨ ᠪᠢᠯᠡ ᠃ ᠬᠣᠷᠴᠢᠨ ᠤ ᠪᠠᠭᠰᠢ ᠶᠢᠨ ᠰᠤᠷᠭᠠᠭᠤᠯᠢ ᠳᠤ ᠰᠤᠷᠤᠯᠴᠠᠭᠰᠠᠨ ᠂ ᠪᠠᠭᠰᠢ ᠶᠢᠨ ᠰᠤᠷᠭᠠᠭᠤᠯᠢ ᠶᠢᠨ ᠮᠣᠩᠭᠣᠯ ᠬᠡᠯᠡ ᠤᠳᠬ᠎ᠠ ᠵᠣᠬᠢᠶᠠᠯ ᠤᠨ ᠮᠡᠷᠭᠡᠵᠢᠯ ᠢ ᠲᠡᠭᠦᠰᠦᠭᠰᠡᠨ ᠪᠠᠭᠰᠢ ᠃ 1979 ᠣᠨ ᠤ 9 ᠰᠠᠷ᠎ᠠ ᠠᠴᠠ 1983 ᠣᠨ ᠤ 7 ᠰᠠᠷ᠎ᠠ ᠬᠦᠷᠲᠡᠯ᠎ᠡ ᠰᠤᠷᠭᠠᠭᠤᠯᠢ ᠶᠢᠨ ᠰᠤᠷᠤᠭᠴᠢ ᠂ 1983 ᠣᠨ ᠤ 9 ᠰᠠᠷ᠎ᠠ ᠠᠴᠠ 1986 ᠣᠨ ᠤ 7 ᠰᠠᠷ᠎ᠠ ᠬᠦᠷᠲᠡᠯ᠎ᠡ ᠪᠠᠭᠰᠢ ᠶᠢᠨ ᠰᠤᠷᠭᠠᠭᠤᠯᠢ ᠳᠤ ᠰᠤᠷᠤᠯᠴᠠᠭᠰᠠᠨ ᠂ 1986 ᠣᠨ ᠤ 9 ᠰᠠᠷ᠎ᠠ ᠠᠴᠠ 1989 ᠣᠨ ᠤ 7 ᠰᠠᠷ᠎ᠠ ᠬᠦᠷᠲᠡᠯ᠎ᠡ ᠰᠤᠷᠭᠠᠭᠤᠯᠢ ᠶᠢᠨ ᠪᠠᠭᠰᠢ ᠂ 1989 ᠣᠨ ᠤ 9 ᠰᠠᠷ᠎ᠠ ᠠᠴᠠ 2000 ᠣᠨ ᠤ 1 ᠰᠠᠷ᠎ᠠ ᠬᠦᠷᠲᠡᠯ᠎ᠡ ᠰᠤᠷᠭᠠᠭᠤᠯᠢ ᠶᠢᠨ ᠬᠠᠷᠢᠭᠤᠴᠠᠭᠴᠢ ᠪᠠᠭᠰᠢ ᠪᠠᠷ ᠠᠵᠢᠯᠯᠠᠭᠰᠠᠨ ᠃ 1993 ᠣᠨ ᠤ 9 ᠰᠠᠷ᠎ᠠ ᠠᠴᠠ 1995 ᠣᠨ ᠤ 7 ᠰᠠᠷ᠎ᠠ ᠬᠦᠷᠲᠡᠯ᠎ᠡ ᠪᠦᠭᠦᠳᠡ ᠨᠠᠶᠢᠷᠠᠮᠳᠠᠬᠤ ᠮᠣᠩᠭᠣᠯ ᠤᠨ ᠪᠠᠭᠰᠢ ᠶᠢᠨ ᠶᠡᠬᠡ ᠰᠤᠷᠭᠠᠭᠤᠯᠢ ᠳᠤ ᠰᠤᠷᠤᠯᠴᠠᠭᠰᠠᠨ ᠃ 1993 ᠣᠨ ᠤ 9 ᠰᠠᠷ᠎ᠠ ᠠᠴᠠ 1996 ᠣᠨ ᠤ 8 ᠰᠠᠷ᠎ᠠ ᠬᠦᠷᠲᠡᠯ᠎ᠡ ᠰᠤᠷᠭᠠᠭᠤᠯᠢ ᠶᠢᠨ ᠬᠡᠪᠯᠡᠯ ᠦᠨ ᠬᠡᠯᠲᠡᠰ ᠦᠨ ᠳᠠᠷᠤᠭ᠎ᠠ ᠪᠠᠷ ᠠᠵᠢᠯᠯᠠᠭᠰᠠᠨ ᠃ 2000 ᠣᠨ ᠤ 7 ᠰᠠᠷ᠎ᠠ ᠠᠴᠠ ᠡᠶᠡ ᠶᠢᠨ ᠰᠤᠷᠭᠠᠭᠤᠯᠢ ᠶᠢᠨ ᠪᠠᠭᠰᠢ ᠂ ᠬᠣᠰᠢᠭᠤ ᠶᠢᠨ ᠮᠣᠩᠭᠣᠯ ᠤᠨ ᠳᠤᠮᠳᠠᠳᠤ ᠰᠤᠷᠭᠠᠭᠤᠯᠢ ᠶᠢᠨ ᠮᠣᠩᠭᠣᠯ ᠬᠡᠯᠡ ᠤᠳᠬ᠎ᠠ ᠵᠣᠬᠢᠶᠠᠯ ᠤᠨ ᠪᠠᠭᠰᠢ ᠂ ᠬᠣᠰᠢᠭᠤ ᠶᠢᠨ ᠪᠣᠯᠪᠠᠰᠤᠷᠠᠯ ᠤᠨ ᠲᠣᠪᠴᠢᠶ᠎ᠠ ᠶᠢᠨ ᠰᠤᠷᠭᠠᠨ ᠬᠦᠮᠦᠵᠢᠯ ᠦᠨ ᠡᠷᠳᠡᠮ ᠰᠢᠨᠵᠢᠯᠡᠭᠡᠨ ᠦ ᠬᠡᠯᠲᠡᠰ ᠦᠨ ᠳᠠᠷᠤᠭ᠎ᠠ ᠪᠠᠷ ᠠᠵᠢᠯᠯᠠᠵᠤ ᠪᠠᠢᠨ᠎ᠠ ᠃ 2017 ᠣᠨ ᠤ ᠡᠴᠡᠰ ᠲᠦ ᠪᠦᠬᠦ ᠤᠯᠤᠰ ᠤᠨ ᠮᠣᠩᠭᠣᠯ ᠤᠨ 《 ᠰᠤᠷᠭᠠᠨ ᠬᠦᠮᠦᠵᠢᠯ ᠦᠨ ᠰᠢᠨᠵᠢᠯᠡᠭᠡ 》 ᠰᠡᠳᠬᠦᠯ ᠦᠨ ᠬᠠᠷᠢᠭᠤᠴᠠᠭᠴᠢ ᠨᠠᠶᠢᠷᠠᠭᠤᠯᠤᠭᠴᠢ ᠪᠣᠯᠵᠤ ᠂ ᠡᠷᠳᠡᠮ ᠰᠢᠨᠵᠢᠯᠡᠭᠡᠨ ᠦ ᠵᠣᠬᠢᠶᠠᠯ ᠢᠶᠠᠨ ᠬᠡᠪᠯᠡᠭᠦᠯᠦᠭᠰᠡᠨ ᠃

1989 ᠣᠨ ᠡᠴᠡ ᠡᠬᠢᠯᠡᠨ ᠵᠣᠬᠢᠶᠠᠯ ᠪᠢᠴᠢᠬᠦ ᠳᠤ ᠰᠣᠨᠢᠷᠬᠠᠵᠤ ᠂ 《 ᠮᠣᠩᠭᠣᠯ ᠤᠨ ᠤᠷᠠᠨ ᠵᠣᠬᠢᠶᠠᠯ 》 ᠵᠡᠷᠭᠡ ᠰᠣᠨᠢᠨ ᠰᠡᠳᠬᠦᠯ ᠳᠦ ᠵᠣᠬᠢᠶᠠᠯ ᠢᠶᠠᠨ ᠨᠡᠶᠢᠲᠡᠯᠡᠭᠦᠯᠦᠭᠰᠡᠨ ᠂ 《 ᠬᠠᠪᠤᠷ ᠤᠨ ᠨᠠᠭᠤᠷ ᠤᠨ ᠳᠡᠭᠡᠷ᠎ᠡ 》 ᠂ 《 ᠮᠥᠷᠥᠳᠡᠯ 》 ᠵᠡᠷᠭᠡ ᠣᠯᠠᠨ ᠰᠢᠯᠦᠭ ᠢ ᠨᠡᠶᠢᠲᠡᠯᠡᠭᠦᠯᠦᠭᠰᠡᠨ ᠂ 《 ᠮᠣᠩᠭᠣᠯ ᠬᠡᠯᠡ ᠤᠳᠬ᠎ᠠ ᠵᠣᠬᠢᠶᠠᠯ ᠤᠨ ᠰᠤᠷᠭᠠᠨ ᠬᠦᠮᠦᠵᠢᠯ 》 (ᠬᠠᠮᠲᠤ ᠪᠢᠴᠢᠭᠰᠡᠨ) ᠂ 《 ᠰᠤᠷᠭᠠᠨ ᠬᠦᠮᠦᠵᠢᠯ ᠦᠨ ᠰᠢᠨᠵᠢᠯᠡᠭᠡ 》 (ᠬᠠᠮᠲᠤ ᠪᠢᠴᠢᠭᠰᠡᠨ) ᠂ 《 ᠰᠡᠳᠬᠢᠯ ᠦᠨ ᠣᠶᠣᠳᠠᠯ 》 ᠂ 《 ᠬᠥᠬᠡ ᠮᠣᠩᠭᠣᠯ ᠤᠨ ᠳᠠᠭᠤᠤ 》 ᠂ 《 ᠲᠠᠯ᠎ᠠ ᠶᠢᠨ ᠬᠥᠬᠡ ᠳᠡᠭᠡᠷ᠎ᠡ 》 ᠂ 《 ᠨᠤᠲᠤᠭ ᠤᠨ ᠰᠡᠳᠬᠢᠯ 》 ᠵᠡᠷᠭᠡ 30 ᠭᠠᠷᠤᠢ ᠵᠣᠬᠢᠶᠠᠯ ᠢ ᠬᠡᠪᠯᠡᠭᠦᠯᠦᠭᠰᠡᠨ ᠂ ᠨᠡᠶᠢᠲᠡ ᠳᠡᠭᠡᠨ 200 ᠭᠠᠷᠤᠢ ᠵᠣᠬᠢᠶᠠᠯ ᠨᠡᠶᠢᠲᠡᠯᠡᠭᠦᠯᠦᠭᠰᠡᠨ ᠃ 《 ᠪᠠᠭᠰᠢ ᠶᠢᠨ ᠰᠡᠳᠬᠢᠯ 》 ᠂ 《 ᠬᠥᠬᠡ ᠮᠣᠩᠭᠣᠯ ᠤᠨ ᠰᠢᠯᠦᠭ 》 ᠂ 《 ᠰᠤᠷᠭᠠᠭᠤᠯᠢ ᠶᠢᠨ ᠬᠦᠮᠦᠵᠢᠯ ᠦᠨ ᠰᠢᠨᠵᠢᠯᠡᠭᠡ 》 ᠵᠡᠷᠭᠡ 50 ᠭᠠᠷᠤᠢ ᠡᠷᠳᠡᠮ ᠰᠢᠨᠵᠢᠯᠡᠭᠡᠨ ᠦ ᠵᠣᠬᠢᠶᠠᠯ ᠪᠠ 50 ᠭᠠᠷᠤᠢ ᠠᠷᠪᠠᠨ

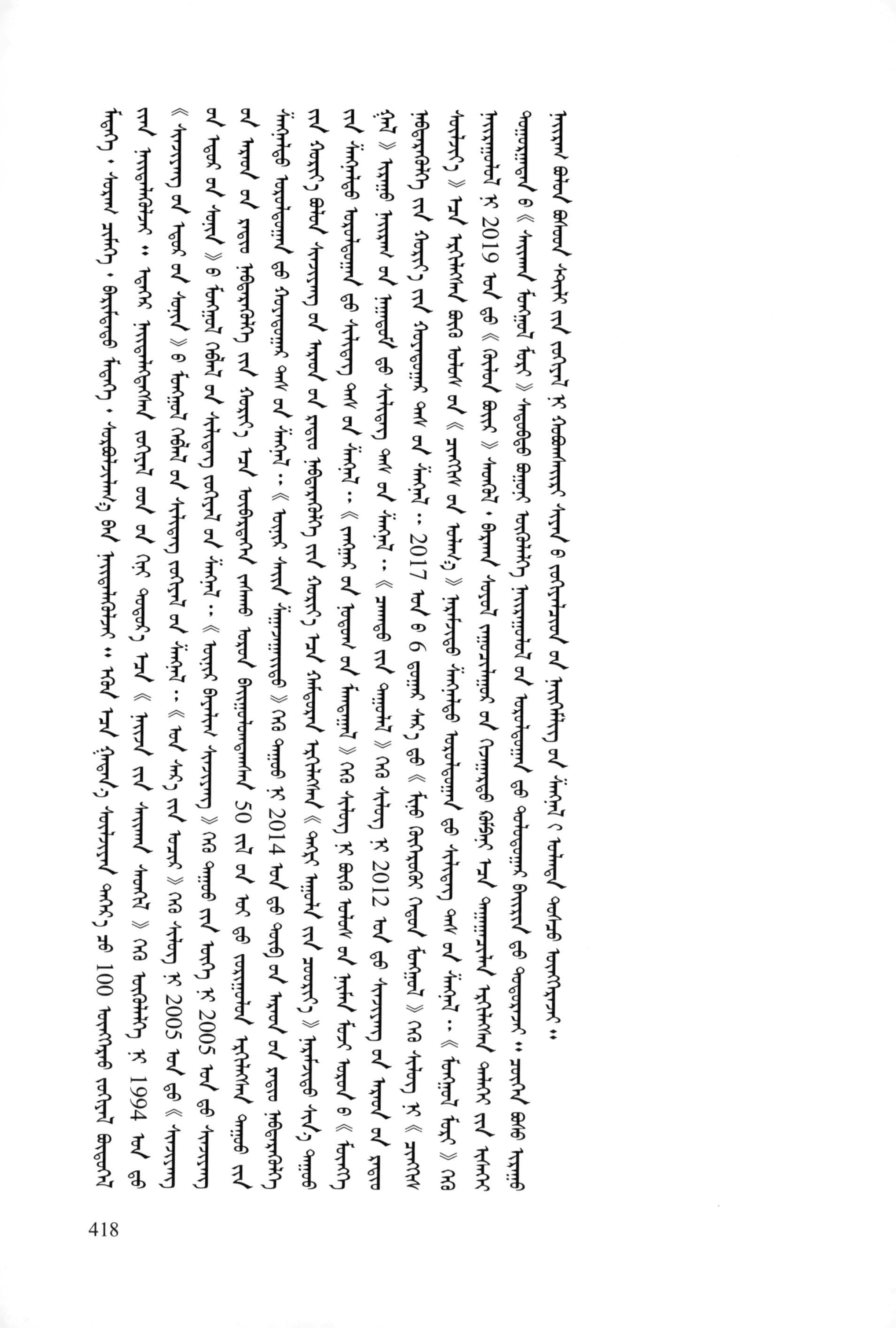

ᠬᠠᠪᠰᠤᠷᠤᠯ ᠪᠢᠴᠢᠭ ᠤ ᠬᠡᠪᠯᠡᠭᠳᠡᠪᠡ ᠬᠠᠮᠲᠤ ᠺᠢ 》 ᠵᠡᠷᠭᠡ 10 ᠭᠠᠷᠤᠢ ᠲᠡᠭᠦᠯᠲᠡ ᠨᠣᠮ ᠬᠡᠪᠯᠡᠭᠰᠡᠨ ᠦ ᠬᠡᠪᠯᠡᠭᠳᠡᠪᠡ ::

ᠪ · ᠪᠠᠶᠠᠷᠮᠠᠭᠨᠠᠢ (ᠬᠥᠭᠵᠢᠮ ᠦᠨ ᠪᠠᠭᠰᠢ) ᠪᠣᠯᠤᠨ ᠣᠳᠣ ᠨᠢ 1990 ᠣᠨ ᠤ 5 ᠰᠠᠷ ᠠ ᠳᠤ ᠬᠥᠭᠵᠢᠮ ᠦᠨ ᠳᠡᠭᠡᠳᠦ ᠰᠤᠷᠭᠠᠭᠤᠯᠢ ᠳᠤ ᠰᠤᠷᠤᠯᠴᠠᠵᠤ ᠪᠠᠢᠭᠰᠠᠨ ::

2010 ᠣᠨ ᠳᠤ 《 ᠬᠥᠭᠵᠢᠮ ᠦᠨ ᠤᠷᠤᠯᠳᠤᠭᠠᠨ 》 ᠳᠤ ᠣᠷᠤᠯᠴᠠᠵᠤ ᠰᠢᠯᠳᠡᠭ ᠰᠢᠭᠠᠩᠨᠠᠯ ᠬᠦᠷᠲᠡᠭᠰᠡᠨ ::

1990 ᠣᠨ ᠤ 9 ᠰᠠᠷ ᠠ ᠳᠤ 1995 ᠣᠨ ᠤ 7 ᠰᠠᠷ ᠠ ᠬᠦᠷᠲᠡᠯᠡ ᠬᠥᠭᠵᠢᠮ ᠦᠨ ᠰᠤᠷᠭᠠᠭᠤᠯᠢ ᠳᠤ ᠰᠤᠷᠤᠯᠴᠠᠭᠰᠠᠨ :: 1995 ᠣᠨ ᠤ 8 ᠰᠠᠷ ᠠ ᠳᠤ ᠠᠵᠢᠯ ᠳᠤ ᠣᠷᠣᠵᠤ ᠂ 1999 ᠣᠨ ᠡᠴᠡ 2010 ᠣᠨ ᠬᠦᠷᠲᠡᠯᠡ ᠤᠷᠤᠯᠳᠤᠭᠠᠨ ᠳᠤ ᠣᠷᠤᠯᠴᠠᠭᠰᠠᠨ ::

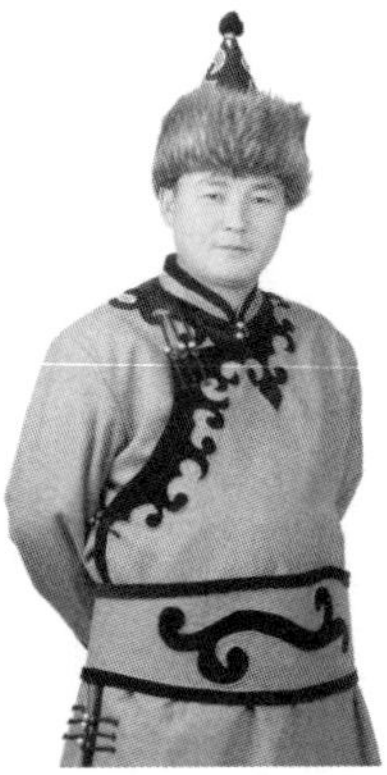

ᠪ · ᠪᠠᠶᠠᠷᠮᠠᠭᠨᠠᠢ ᠬᠥᠭᠵᠢᠮ ᠦᠨ ᠪᠠᠭᠰᠢ ᠂ ᠥᠪᠥᠷ ᠮᠣᠩᠭᠣᠯ ᠤᠨ ᠬᠥᠭᠵᠢᠮ ᠦᠨ ᠳᠡᠭᠡᠳᠦ ᠰᠤᠷᠭᠠᠭᠤᠯᠢ ᠳᠤ ᠲᠣᠮᠢᠯᠠᠭᠳᠠᠪᠠ :: 1971 ᠣᠨ ᠤ 1 ᠰᠠᠷ ᠠ ᠶᠢᠨ 6 ᠤ ᠡᠳᠦᠷ ᠲᠥᠷᠦᠭᠰᠡᠨ :: 1978 ᠣᠨ ᠡᠴᠡ ᠰᠤᠷᠭᠠᠭᠤᠯᠢ ᠳᠤ ᠣᠷᠣᠵᠤ ᠂ 1986 ᠣᠨ ᠤ 7 ᠰᠠᠷ ᠠ ᠳᠤ ᠲᠡᠭᠦᠰᠦᠭᠰᠡᠨ ᠂ 1986 ᠣᠨ ᠡᠴᠡ 1990 ᠣᠨ ᠬᠦᠷᠲᠡᠯᠡ ᠰᠤᠷᠭᠠᠭᠤᠯᠢ ᠳᠤ ᠰᠤᠷᠤᠯᠴᠠᠭᠰᠠᠨ :: 1990 ᠣᠨ ᠤ 9 ᠰᠠᠷ ᠠ ᠳᠤ ᠠᠵᠢᠯ ᠳᠤ ᠣᠷᠣᠭᠰᠠᠨ ᠪᠠ ᠬᠥᠭᠵᠢᠮ ᠦᠨ ᠤᠷᠤᠯᠳᠤᠭᠠᠨ ᠳᠤ ᠣᠷᠤᠯᠴᠠᠭᠰᠠᠨ :: ᠣᠳᠣ ᠨᠢ ᠰᠤᠷᠭᠠᠭᠤᠯᠢ ᠳᠤ ᠲᠣᠮᠢᠯᠠᠭᠳᠠᠪᠠ :: 1971 ᠣᠨ

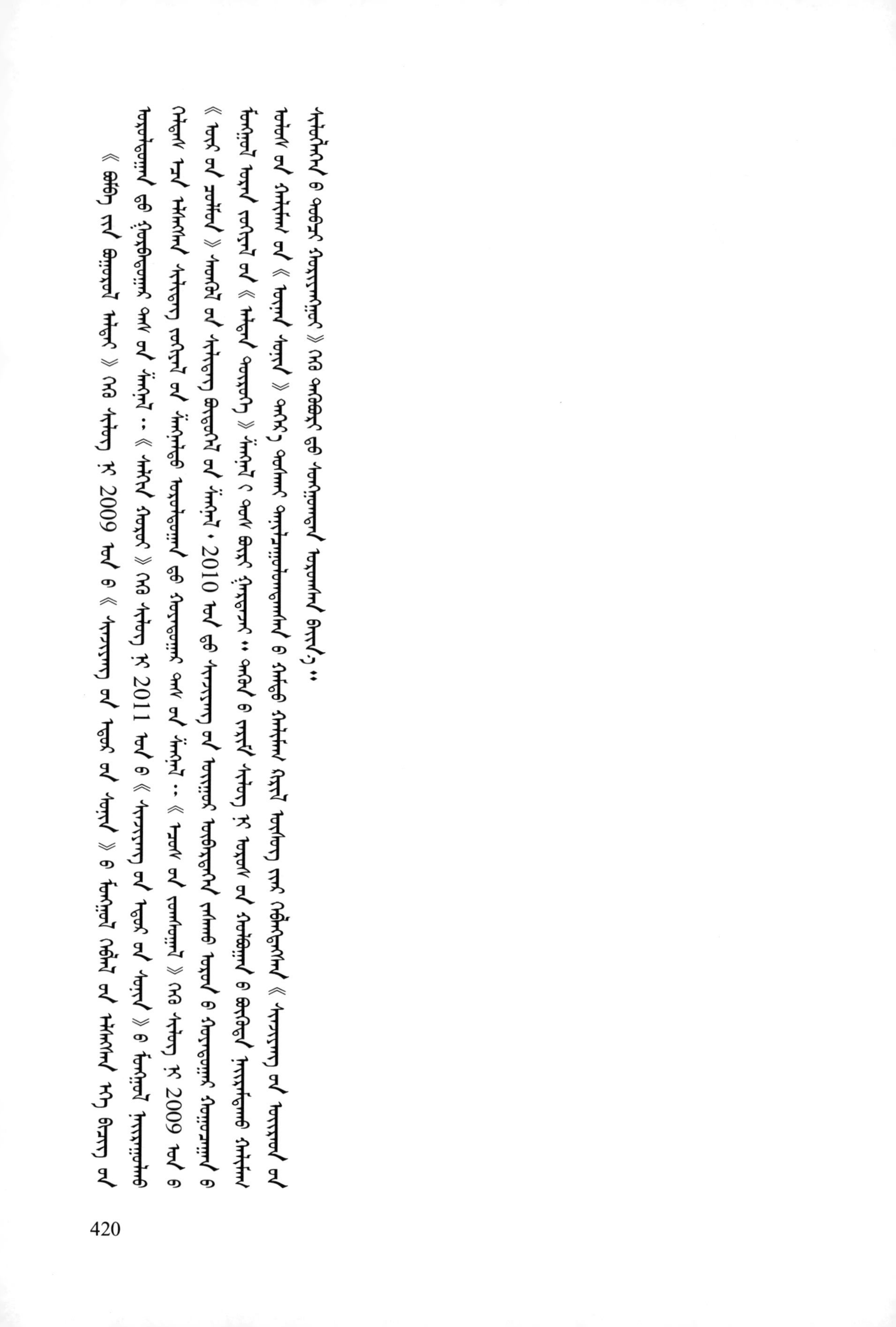

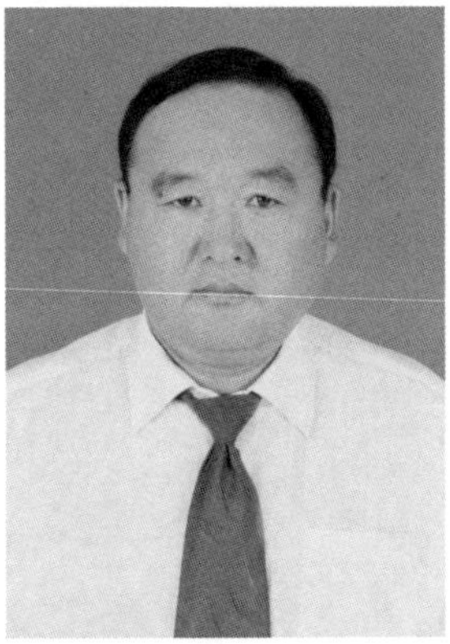

《ᠮᠣᠩᠭᠣᠯ ᠬᠡᠯᠡᠨ ᠦ ᠲᠣᠯᠢ》·《ᠮᠣᠩᠭᠣᠯ ᠪᠢᠴᠢᠭ ᠦᠨ ᠰᠤᠳᠤᠯᠭ᠎ᠠ》·《ᠪᠢᠴᠢᠭ ᠦᠨ ᠬᠡᠯᠡ》 ᠵᠡᠷᠭᠡ 100 ᠭᠠᠷᠤᠨ ᠪᠦᠲᠦᠭᠡᠯ ᠢ ᠬᠡᠪᠯᠡᠭᠦᠯᠦᠭᠰᠡᠨ ᠪᠠᠢᠨ᠎ᠠ ᠃ 1988 ᠣᠨ ᠳᠤ 《ᠬᠡᠪᠯᠡᠯ ᠦᠨ ᠬᠡᠷᠡᠭ》 ᠢ ᠡᠷᠬᠢᠯᠡᠨ ᠨᠡᠢᠲᠡᠯᠡᠭᠦᠯᠦᠭᠰᠡᠨ ᠪᠠᠢᠨ᠎ᠠ ᠃

ᠲᠦᠷᠦ ᠶᠢᠨ ᠰᠢᠩᠭᠠᠯᠠ ᠪᠣᠯᠤᠨ ᠬᠣᠰᠢᠭᠤᠨ ᠤ ᠪᠦᠲᠦᠭᠡᠯ ᠦᠨ ᠰᠢᠯᠢᠳᠡᠭ ᠰᠢᠩᠭᠠᠯ ᠢ ᠬᠦᠷᠲᠡᠭᠰᠡᠨ ᠪᠠᠢᠨ᠎ᠠ ᠃

ᠪᠠᠢᠭᠤᠯᠤᠯᠭ᠎ᠠ · ᠰᠤᠮᠤ ᠤᠳᠤᠷᠢᠳᠤᠯᠭ᠎ᠠ ᠶᠢᠨ ᠭᠠᠵᠠᠷ · 2019 ᠣᠨ ᠤ 2 ᠰᠠᠷ᠎ᠠ ᠠᠴᠠ ᠬᠣᠢᠰᠢ ᠬᠣᠰᠢᠭᠤᠨ ᠤ ᠰᠤᠷᠭᠠᠭᠤᠯᠢ ᠳᠤ ᠠᠵᠢᠯᠯᠠᠵᠤ ᠪᠠᠢᠨ᠎ᠠ ᠃ 2015 ᠣᠨ ᠤ 4 ᠰᠠᠷ᠎ᠠ ᠠᠴᠠ 2019 ᠣᠨ ᠤ 2 ᠰᠠᠷ᠎ᠠ ᠬᠦᠷᠲᠡᠯᠡ ᠬᠣᠰᠢᠭᠤᠨ ᠤ ᠰᠤᠷᠭᠠᠨ ᠬᠦᠮᠦᠵᠢᠯ ᠦᠨ ᠲᠣᠪᠴᠢᠶ᠎ᠠ ᠶᠢᠨ ᠰᠤᠮᠤ ᠶᠢᠨ ᠳᠠᠷᠤᠭ᠎ᠠ · 2011 ᠣᠨ ᠤ 1 ᠰᠠᠷ᠎ᠠ ᠠᠴᠠ 2015 ᠣᠨ ᠤ 4 ᠰᠠᠷ᠎ᠠ ᠬᠦᠷᠲᠡᠯᠡ ᠬᠣᠰᠢᠭᠤᠨ ᠤ ᠰᠤᠷᠭᠠᠨ ᠬᠦᠮᠦᠵᠢᠯ ᠦᠨ ᠲᠣᠪᠴᠢᠶ᠎ᠠ ᠶᠢᠨ ᠳ᠋ᠠᠷᠤᠭ᠎ᠠ · 2007 ᠣᠨ ᠤ 3 ᠰᠠᠷ᠎ᠠ ᠠᠴᠠ 2011 ᠣᠨ ᠤ 1 ᠰᠠᠷ᠎ᠠ ᠬᠦᠷᠲᠡᠯᠡ ᠰᠤᠮᠤ ᠶᠢᠨ ᠰᠤᠷᠭᠠᠭᠤᠯᠢ ᠶᠢᠨ ᠰᠤᠷᠭᠠᠯ ᠬᠦᠮᠦᠵᠢᠯ ᠦᠨ ᠬᠡᠷᠡᠭ ᠢ ᠡᠷᠬᠢᠯᠡᠵᠡᠢ ᠃ 2001 ᠣᠨ ᠤ 9 ᠰᠠᠷ᠎ᠠ ᠠᠴᠠ 2003 ᠣᠨ ᠤ 7 ᠰᠠᠷ᠎ᠠ ᠬᠦᠷᠲᠡᠯᠡ ᠰᠤᠷᠭᠠᠭᠤᠯᠢ ᠶᠢᠨ ᠪᠠᠭᠰᠢ · 2001 ᠣᠨ ᠤ 3 ᠰᠠᠷ᠎ᠠ ᠠᠴᠠ 2007 ᠣᠨ ᠤ 3 ᠰᠠᠷ᠎ᠠ ᠬᠦᠷᠲᠡᠯᠡ ᠰᠤᠮᠤ ᠶᠢᠨ ᠰᠤᠷᠭᠠᠭᠤᠯᠢ ᠶᠢᠨ ᠳᠡᠳ ᠰᠤᠷᠭᠠᠭᠤᠯᠢ ᠶᠢᠨ ᠳᠠᠷᠤᠭ᠎ᠠ ᠪᠡᠷ ᠠᠵᠢᠯᠯᠠᠵᠠᠢ ᠃ 1995 ᠣᠨ ᠤ 10 ᠰᠠᠷ᠎ᠠ ᠠᠴᠠ 2001 ᠣᠨ ᠤ 3 ᠰᠠᠷ᠎ᠠ ᠬᠦᠷᠲᠡᠯᠡ ᠰᠤᠷᠭᠠᠭᠤᠯᠢ ᠶᠢᠨ ᠪᠠᠭᠰᠢ · 1991 ᠣᠨ ᠤ 7 ᠰᠠᠷ᠎ᠠ ᠠᠴᠠ 1995 ᠣᠨ ᠤ 10 ᠰᠠᠷ᠎ᠠ ᠬᠦᠷᠲᠡᠯᠡ ᠰᠤᠮᠤ ᠶᠢᠨ ᠰᠤᠷᠭᠠᠭᠤᠯᠢ ᠳᠤ ᠪᠠᠭᠰᠢ ᠪᠣᠯᠵᠤ ᠠᠵᠢᠯᠯᠠᠵᠠᠢ ᠃ 1989 ᠣᠨ ᠤ 9 ᠰᠠᠷ᠎ᠠ ᠠᠴᠠ 1991 ᠣᠨ ᠤ 7 ᠰᠠᠷ᠎ᠠ ᠬᠦᠷᠲᠡᠯᠡ ᠰᠤᠷᠭᠠᠭᠤᠯᠢ ᠳᠤ ᠰᠤᠷᠤᠯᠴᠠᠭᠰᠠᠨ ᠃ 1984 ᠣᠨ ᠤ 9 ᠰᠠᠷ᠎ᠠ ᠠᠴᠠ 1989 ᠣᠨ ᠤ 9 ᠰᠠᠷ᠎ᠠ ᠬᠦᠷᠲᠡᠯᠡ ᠰᠤᠷᠭᠠᠭᠤᠯᠢ ᠳᠤ ᠪᠠᠭᠰᠢ · 1979 ᠣᠨ ᠤ 9 ᠰᠠᠷ᠎ᠠ ᠠᠴᠠ 1984 ᠣᠨ ᠤ 7 ᠰᠠᠷ᠎ᠠ ᠬᠦᠷᠲᠡᠯᠡ ᠰᠤᠷᠭᠠᠭᠤᠯᠢ ᠳᠤ ᠰᠤᠷᠤᠯᠴᠠᠭᠰᠠᠨ ᠃ 1971 ᠣᠨ ᠤ 3 ᠰᠠᠷ᠎ᠠ ᠳᠤ ᠲᠥᠷᠥᠭᠰᠡᠨ ᠃

ᠳᠥᠷᠪᠡ · ᠪᠦᠯᠦᠭ

《ᠰᠣᠶᠣᠯ》·《ᠬᠦᠮᠦᠨ ᠤ ᠰᠤᠷᠭᠠᠯ》·《ᠪᠢᠴᠢᠭ ᠦᠨ ᠴᠢᠮᠡᠭ ᠪᠠ》·《ᠣᠶᠤᠨ ᠪᠢᠯᠢᠭ》·《ᠰᠣᠶᠣᠯ ᠤᠨ ᠰᠤᠷᠭᠠᠭᠤᠯᠢ》ᠶᠢᠨ ᠬᠡᠪᠯᠡᠯ ᠦᠨ·《ᠰᠤᠷᠭᠠᠯ

ᠶᠢᠨ ᠰᠤᠷᠭᠠᠯ》·《ᠪᠢᠴᠢᠭ ᠦᠨ ᠬᠡᠪᠯᠡᠯ ᠦᠨ》·《ᠰᠤᠷᠭᠠᠯ ᠤᠨ ᠳᠡᠭᠡᠳᠦ》ᠶᠢᠨ ᠬᠡᠪᠯᠡᠯ ᠦᠨ ᠬᠠᠷᠢᠶᠠᠯᠠᠭᠳᠠᠬᠤ::《ᠰᠤᠷᠭᠠᠯ ᠤᠨ ᠳᠡᠭᠡᠳᠦ》ᠶᠢᠨ ᠬᠡᠪᠯᠡᠯ ᠵᠢ

2021 ᠣᠨ ᠤ 8 ᠰᠠᠷ᠎ᠠ ᠳᠤ ᠰᠣᠶᠣᠯ ᠤᠨ ᠬᠡᠪᠯᠡᠯ ᠦᠨ ᠬᠣᠷᠢᠶ᠎ᠠ ᠬᠡᠪᠯᠡᠨ ᠨᠡᠢᠲᠡᠯᠡᠭᠰᠡᠨ ᠪᠠᠢᠨ᠎ᠠ᠃ ᠲᠤᠰ ᠨᠣᠮ ᠤᠨ ᠬᠡᠪᠯᠡᠯ ᠵᠢᠨ ᠬᠤᠪᠢ ᠳᠤ ᠰᠤᠷᠭᠠᠭᠤᠯᠢ ᠶᠢᠨ

ᠰᠣᠶᠣᠯ ᠤᠨ ᠬᠡᠪᠯᠡᠯ ᠦᠨ ᠬᠣᠷᠢᠶ᠎ᠠ ᠬᠡᠪᠯᠡᠨ ᠨᠡᠢᠲᠡᠯᠡᠭᠰᠡᠨ ᠦ 2021 ᠣᠨ ᠤ ᠬᠡᠪᠯᠡᠯ ᠦᠨ ᠬᠡᠪᠯᠡᠯ ᠦᠨ《ᠰᠤᠷᠭᠠᠯ ᠤᠨ ᠳᠡᠭᠡᠳᠦ》ᠶᠢᠨ ᠬᠡᠪᠯᠡᠯ ᠢ ᠰᠤᠷᠭᠠᠯ::

2023 ᠣᠨ ᠳᠤ《ᠰᠤᠷᠭᠠᠯ ᠤᠨ ᠰᠤᠷᠭᠠᠭᠤᠯᠢ》ᠬᠡᠪᠯᠡᠭᠰᠡᠨ ᠰᠤᠷᠭᠠᠭᠤᠯᠢ ᠶᠢᠨ ᠬᠡᠪᠯᠡᠯ ᠦᠨ ᠬᠣᠷᠢᠶ᠎ᠠ ᠶᠢᠨ ᠨᠡᠢᠲᠡᠯᠡᠭᠰᠡᠨ ᠪᠣᠯᠤᠨ ᠬᠡᠪᠯᠡᠯ ᠪᠣᠯᠭᠠᠵᠠᠢ::

ᠪᠣᠯᠤᠨ ᠬᠡᠪᠯᠡᠯ ᠰᠤᠷᠭᠠᠭᠤᠯᠢ ᠶᠢᠨ ᠬᠡᠪᠯᠡᠯ ᠦᠨ ᠬᠣᠷᠢᠶ᠎ᠠ ᠶᠢᠨ ᠰᠤᠷᠭᠠᠯ·ᠰᠤᠷᠭᠠᠭᠤᠯᠢ ᠶᠢᠨ ᠬᠡᠪᠯᠡᠯ ᠦᠨ ᠪᠣᠯᠤᠨ ᠬᠡᠪᠯᠡᠯ ᠦᠨ ᠰᠤᠷᠭᠠᠯ·ᠰᠤᠷᠭᠠᠭᠤᠯᠢ ᠶᠢᠨ

ᠪᠠᠢ ᠬᠠᠮᠲᠤ ᠵᠢᠷᠤᠮ ᠤᠨ ᠰᠤᠷᠭᠠᠭᠤᠯᠢ ᠶᠢᠨ ᠬᠡᠪᠯᠡᠯ ᠦᠨ ᠬᠣᠷᠢᠶ᠎ᠠ ᠶᠢᠨ ᠪᠤᠷᠤᠩᠭᠤᠢ ᠶᠢᠨ ᠬᠡᠪᠯᠡᠯ ᠦᠨ ᠰᠤᠷᠭᠠᠭᠤᠯᠢ ᠶᠢᠨ ᠬᠣᠷᠢᠶ᠎ᠠ ᠪᠠᠢᠭᠤᠯᠤᠭᠳᠠᠪᠠ::

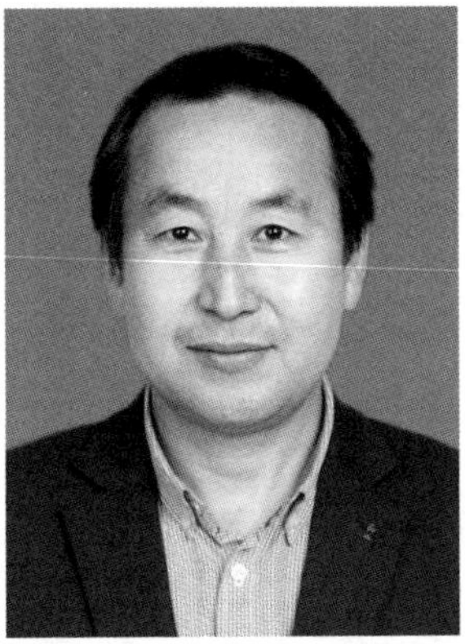

ᠲᠣ · ᠪᠠᠶᠠᠷᠮᠠᠭᠨᠠᠢ ᠨᠠᠢᠮᠠᠨ ᠰᠦᠮᠡᠯᠡᠨ · ᠬᠠᠷᠠᠴᠢᠨ ᠤ ᠪᠠᠷᠠᠭᠤᠨ ᠬᠣᠰᠢᠭᠤᠨ ᠤ ᠬᠦᠮᠦᠨ ᠃ ᠮᠣᠩᠭᠣᠯ ᠦᠨᠳᠦᠰᠦᠲᠡᠨ ᠃ ᠬᠣᠰᠢᠭᠤᠨ ᠤ ᠨᠢᠭᠡᠳᠦᠭᠡᠷ ᠳᠤᠮᠳᠠᠳᠤ ᠰᠤᠷᠭᠠᠭᠤᠯᠢ ᠶᠢᠨ ᠪᠠᠭᠰᠢ ᠪᠣᠯᠪᠠ ᠄ 1972 ᠣᠨ ᠤ 3 ᠰᠠᠷ᠎ᠠ ᠠᠴᠠ ᠪᠠᠭ᠎ᠠ ᠶᠢᠨ ᠰᠤᠷᠭᠠᠭᠤᠯᠢ ᠶᠢᠨ ᠪᠠᠭᠰᠢ ᠪᠣᠯᠵᠤ ᠠᠵᠢᠯᠯᠠᠭᠰᠠᠨ ᠰᠤᠷᠤᠯᠴᠠᠭᠰᠠᠨ ᠰᠤᠷᠤᠯ (ᠰᠤᠷᠤᠯᠴᠠᠭᠰᠠᠨ ᠰᠤᠷᠤᠯ) ᠤ ᠰᠤᠷᠤᠯᠴᠠᠭᠴᠢ ᠪᠣᠯᠵᠤ ᠰᠤᠷᠤᠯᠴᠠᠭᠰᠠᠨ ᠄ ᠪᠠᠭᠰᠢ ᠶᠢᠨ ᠰᠤᠷᠭᠠᠭᠤᠯᠢ ᠳ᠋ᠤ ᠰᠤᠷᠤᠯᠴᠠᠭᠰᠠᠨ ᠄ ᠲᠡᠭᠦᠰᠦᠭᠰᠡᠨ ᠤ ᠳᠠᠷᠠᠭ᠎ᠠ ᠪᠠᠭᠰᠢ ᠪᠣᠯᠵᠤ ᠭᠠᠷᠤᠭᠰᠠᠨ ᠄ 1978 ᠣᠨ ᠤ 9 ᠰᠠᠷ᠎ᠠ ᠠᠴᠠ 1983 ᠣᠨ ᠤ 7 ᠰᠠᠷ᠎ᠠ ᠬᠦᠷᠲᠡᠯ᠎ᠡ ᠰᠤᠷᠭᠠᠭᠤᠯᠢ ᠶᠢᠨ ᠪᠠᠭᠰᠢ ᠪᠠᠢᠭᠰᠠᠨ ᠄ 1983 ᠣᠨ ᠤ 9 ᠰᠠᠷ᠎ᠠ ᠠᠴᠠ 1986 ᠣᠨ ᠤ 7 ᠰᠠᠷ᠎ᠠ ᠬᠦᠷᠲᠡᠯ᠎ᠡ ᠰᠤᠷᠤᠯᠴᠠᠭᠰᠠᠨ ᠄ 1986 ᠣᠨ ᠤ 9 ᠰᠠᠷ᠎ᠠ ᠠᠴᠠ 1989 ᠣᠨ ᠤ 7 ᠰᠠᠷ᠎ᠠ ᠬᠦᠷᠲᠡᠯ᠎ᠡ ᠰᠤᠷᠤᠯᠴᠠᠭᠰᠠᠨ ᠂ 1989 ᠣᠨ ᠤ 10 ᠰᠠᠷ᠎ᠠ ᠠᠴᠠ 1991 ᠣᠨ ᠤ 4 ᠰᠠᠷ᠎ᠠ ᠬᠦᠷᠲᠡᠯ᠎ᠡ ᠪᠠᠭᠰᠢ ᠪᠠᠢᠭᠰᠠᠨ ᠄ 1991 ᠣᠨ ᠤ 4 ᠰᠠᠷ᠎ᠠ ᠠᠴᠠ 1994 ᠣᠨ ᠤ 10 ᠰᠠᠷ᠎ᠠ ᠬᠦᠷᠲᠡᠯ᠎ᠡ ᠬᠣᠰᠢᠭᠤᠨ ᠤ ᠰᠤᠷᠭᠠᠨ ᠬᠦᠮᠦᠵᠢᠯ ᠦᠨ ᠲᠣᠪᠴᠢᠶ᠎ᠠ ᠳ᠋ᠤ ᠠᠵᠢᠯᠯᠠᠭᠰᠠᠨ ᠄ 1994 ᠣᠨ ᠤ 7 ᠰᠠᠷ᠎ᠠ ᠠᠴᠠ 1995 ᠣᠨ ᠤ 10 ᠰᠠᠷ᠎ᠠ ᠬᠦᠷᠲᠡᠯ᠎ᠡ ᠠᠵᠢᠯᠯᠠᠭᠰᠠᠨ ᠄ 1995 ᠣᠨ ᠤ 10 ᠰᠠᠷ᠎ᠠ ᠠᠴᠠ 1999 ᠣᠨ ᠤ 7 ᠰᠠᠷ᠎ᠠ ᠬᠦᠷᠲᠡᠯ᠎ᠡ ᠬᠣᠰᠢᠭᠤᠨ ᠤ ᠰᠤᠷᠭᠠᠨ ᠬᠦᠮᠦᠵᠢᠯ ᠦᠨ ᠲᠣᠪᠴᠢᠶ᠎ᠠ ᠳ᠋ᠤ ᠠᠵᠢᠯᠯᠠᠭᠰᠠᠨ ᠄ 1999 ᠣᠨ ᠤ 9 ᠰᠠᠷ᠎ᠠ ᠠᠴᠠ 2002 ᠣᠨ ᠤ 7 ᠰᠠᠷ᠎ᠠ ᠬᠦᠷᠲᠡᠯ᠎ᠡ ᠰᠤᠷᠭᠠᠭᠤᠯᠢ ᠶᠢᠨ ᠡᠷᠬᠢᠯᠡᠭᠴᠢ ᠪᠠᠢᠭᠰᠠᠨ ᠄ 2005 ᠣᠨ ᠤ 9 ᠰᠠᠷ᠎ᠠ ᠠᠴᠠ 2007 ᠣᠨ ᠤ 7 ᠰᠠᠷ᠎ᠠ ᠬᠦᠷᠲᠡᠯ᠎ᠡ ᠰᠤᠷᠭᠠᠭᠤᠯᠢ ᠶᠢᠨ ᠡᠷᠬᠢᠯᠡᠭᠴᠢ ᠪᠠᠢᠭᠰᠠᠨ ᠄ 2020 ᠣᠨ ᠤ 9 ᠰᠠᠷ᠎ᠠ ᠠᠴᠠ 2021 ᠣᠨ ᠤ 7 ᠰᠠᠷ᠎ᠠ ᠬᠦᠷᠲᠡᠯ᠎ᠡ ᠰᠤᠷᠭᠠᠭᠤᠯᠢ ᠶᠢᠨ ᠠᠵᠢᠯ ᠢ ᠡᠷᠬᠢᠯᠡᠵᠦ ᠄ ᠮᠣᠩᠭᠣᠯ ᠬᠡᠯᠡ ᠪᠢᠴᠢᠭ᠌ ᠦᠨ ᠰᠤᠷᠭᠠᠯᠲᠠ ᠶᠢᠨ ᠰᠤᠳᠤᠯᠭ᠎ᠠ ᠳ᠋ᠤ ᠬᠦᠴᠦ ᠣᠷᠣᠭᠤᠯᠵᠤ ᠄ 《 ᠰᠤᠷᠭᠠᠨ ᠬᠦᠮᠦᠵᠢᠯ 》 ᠂ 《 ᠮᠣᠩᠭᠣᠯ ᠬᠡᠯᠡ ᠪᠢᠴᠢᠭ᠌ 》 ᠂ 《 ᠰᠤᠷᠭᠠᠨ ᠬᠦᠮᠦᠵᠢᠯ ᠦᠨ ᠰᠤᠳᠤᠯᠭ᠎ᠠ 》 ᠵᠡᠷᠭᠡ ᠰᠡᠳᠬᠦᠯ ᠳ᠋ᠦ ᠡᠷᠳᠡᠮ ᠰᠢᠨᠵᠢᠯᠡᠭᠡᠨ ᠦ ᠥᠭᠦᠯᠡᠯ ᠨᠡᠢᠲᠡᠯᠡᠭᠦᠯᠵᠦ ᠄ ᠣᠯᠠᠨ ᠤᠳᠠᠭ᠎ᠠ ᠱᠠᠩᠨᠠᠭᠳᠠᠭᠰᠠᠨ ᠄

ᠢ ᠨᠡᠶᠢᠲᠡᠯᠡᠪᠡ᠂《ᠰᠢᠨᠵᠢᠯᠡᠬᠦ ᠤᠬᠠᠭᠠᠨ ᠤ ᠮᠣᠩᠭᠣᠯᠴᠤᠳ ᠤᠨ ᠲᠡᠦᠬᠡ ᠶᠢᠨ ᠰᠤᠳᠤᠯᠤᠯ》(ᠮᠣᠩᠭᠣᠯᠵᠢᠯᠠᠯ ᠤ ᠰᠤᠷᠭᠠᠯ ᠤᠨ ᠬᠡᠪᠯᠡᠯ ᠦᠨ ᠬᠣᠷᠢᠶ᠎ᠠ᠂ 2012 ᠣᠨ)᠂《ᠮᠣᠩᠭᠣᠯ ᠤᠨ ᠲᠡᠦᠬᠡ ᠮᠣᠩᠭᠣᠯᠴᠤᠳ ᠤᠨ ᠰᠤᠳᠤᠯᠤᠯ ᠤ ᠲᠡᠦᠬᠡᠨ ᠦ ᠰᠤᠳᠤᠯᠤᠯ》(ᠦᠨᠳᠦᠰᠦᠲᠡᠨ ᠦ ᠬᠡᠪᠯᠡᠯ ᠦᠨ ᠬᠣᠷᠢᠶ᠎ᠠ᠂ 2015 ᠣᠨ)᠂ ᠶᠡᠬᠡ ᠰᠣᠶᠣᠯ ᠤᠨ ᠮᠣᠩᠭᠣᠯ ᠤᠨ ᠲᠡᠦᠬᠡ ᠶᠢᠨ ᠰᠤᠳᠤᠯᠤᠯ》(ᠦᠨᠳᠦᠰᠦᠲᠡᠨ ᠦ ᠬᠡᠪᠯᠡᠯ ᠦᠨ ᠬᠣᠷᠢᠶ᠎ᠠ᠂ 2009 ᠣᠨ)᠂《ᠴᠢᠩ ᠤᠯᠤᠰ ᠤᠨ ᠮᠣᠩᠭᠣᠯ ᠤᠨ ᠲᠡᠦᠬᠡ ᠶᠢᠨ ᠰᠤᠳᠤᠯᠤᠯ》(ᠦᠨᠳᠦᠰᠦᠲᠡᠨ ᠦ ᠬᠡᠪᠯᠡᠯ ᠦᠨ ᠬᠣᠷᠢᠶ᠎ᠠ᠂ 2013 ᠣᠨ)᠂《ᠲᠡᠦᠬᠡᠨ ᠦ ᠰᠤᠳᠤᠯᠤᠯ ᠤᠨ ᠬᠡᠪᠯᠡᠯ ᠦᠨ ᠬᠣᠷᠢᠶ᠎ᠠ᠂ ᠮᠣᠩᠭᠣᠯ ᠤᠨ ᠲᠡᠦᠬᠡ ᠶᠢᠨ ᠰᠤᠳᠤᠯᠤᠯ》(ᠪᠡᠶᠢᠵᠢᠩ ᠬᠣᠲᠠ᠂ ᠦᠨᠳᠦᠰᠦᠲᠡᠨ ᠦ ᠬᠡᠪᠯᠡᠯ ᠦᠨ ᠬᠣᠷᠢᠶ᠎ᠠ᠂ 2022 ᠣᠨ) ᠵᠡᠷᠭᠡ ᠵᠣᠬᠢᠶᠠᠯ ᠪᠦᠲᠦᠭᠡᠯ ᠢ ᠨᠡᠶᠢᠲᠡᠯᠡᠪᠡ᠃ ᠮᠠᠨ ᠤ 《ᠮᠣᠩᠭᠣᠯ ᠤᠨ ᠨᠢᠭᠤᠴᠠ ᠲᠣᠪᠴᠢᠶᠠᠨ ᠤ ᠰᠤᠳᠤᠯᠤᠯ》(2022 ᠣᠨ ᠤ ᠮᠣᠩᠭᠣᠯ ᠤᠨ ᠲᠡᠦᠬᠡ ᠶᠢᠨ ᠰᠤᠳᠤᠯᠤᠯ ᠤᠨ ᠵᠢᠷᠤᠭ ᠤᠨ 9 ᠳᠦᠭᠡᠷ ᠳᠡᠪᠲᠡᠷ ᠲᠦ ᠨᠡᠶᠢᠲᠡᠯᠡᠭᠳᠡᠪᠡ᠃ ᠮᠠᠨ ᠤ 《ᠮᠣᠩᠭᠣᠯ ᠤᠨ ᠨᠢᠭᠤᠴᠠ ᠲᠣᠪᠴᠢᠶᠠᠨ ᠤ ᠰᠤᠳᠤᠯᠤᠯ》(2015 ᠣᠨ ᠤ ᠮᠣᠩᠭᠣᠯ ᠤᠨ ᠲᠡᠦᠬᠡ ᠶᠢᠨ ᠰᠤᠳᠤᠯᠤᠯ ᠤᠨ ᠳᠡᠪᠲᠡᠷ)᠂ ᠮᠣᠩᠭᠣᠯ ᠤᠨ ᠲᠡᠦᠬᠡ ᠶᠢᠨ ᠰᠤᠳᠤᠯᠤᠯ ᠢ ᠨᠡᠶᠢᠲᠡᠯᠡᠵᠡᠢ (2014 ᠣᠨ ᠤ ᠮᠣᠩᠭᠣᠯ ᠤᠨ ᠲᠡᠦᠬᠡ ᠶᠢᠨ ᠰᠤᠳᠤᠯᠤᠯ ᠤᠨ ᠳᠡᠪᠲᠡᠷ)᠂《ᠮᠣᠩᠭᠣᠯ ᠤᠨ ᠲᠡᠦᠬᠡ ᠶᠢᠨ ᠰᠤᠳᠤᠯᠤᠯ ᠤᠨ ᠳᠡᠪᠲᠡᠷ》《ᠮᠣᠩᠭᠣᠯ ᠤᠨ ᠲᠡᠦᠬᠡ ᠶᠢᠨ ᠰᠤᠳᠤᠯᠤᠯ》(2007 ᠣᠨ ᠤ ᠮᠣᠩᠭᠣᠯ ᠤᠨ ᠲᠡᠦᠬᠡ ᠶᠢᠨ ᠰᠤᠳᠤᠯᠤᠯ ᠤᠨ ᠳᠡᠪᠲᠡᠷ)᠂《ᠮᠣᠩᠭᠣᠯ ᠤᠨ ᠲᠡᠦᠬᠡ ᠶᠢᠨ ᠰᠤᠳᠤᠯᠤᠯ 70 ᠵᠢᠯ》᠂《ᠮᠣᠩᠭᠣᠯ〈ᠨᠢᠭᠤᠴᠠ ᠲᠣᠪᠴᠢᠶᠠᠨ〉ᠤ ᠰᠤᠳᠤᠯᠤᠯ》᠂《ᠮᠣᠩᠭᠣᠯ ᠤᠨ ᠲᠡᠦᠬᠡ ᠶᠢᠨ ᠰᠤᠳᠤᠯᠤᠯ ᠳᠤ ᠬᠠᠮᠢᠶ᠎ᠠ ᠪᠦᠬᠦᠢ》(《元史及民族与边疆研究》) ᠵᠡᠷᠭᠡ ᠳᠦ ᠨᠡᠶᠢᠲᠡᠯᠡᠭᠳᠡᠭᠰᠡᠨ ᠮᠣᠩᠭᠣᠯ ᠤᠨ ᠲᠡᠦᠬᠡ ᠶᠢᠨ ᠰᠤᠳᠤᠯᠤᠯ》(《清史研究》)᠂《ᠮᠣᠩᠭᠣᠯ ᠤᠨ ᠲᠡᠦᠬᠡ ᠶᠢᠨ ᠰᠤᠳᠤᠯᠤᠯ》(《西北民族研究》)᠂《ᠮᠣᠩᠭᠣᠯ ᠤᠨ ᠲᠡᠦᠬᠡ ᠶᠢᠨ ᠰᠤᠳᠤᠯᠤᠯ ᠤᠨ ᠳᠡᠪᠲᠡᠷ》 ᠵᠡᠷᠭᠡ ᠡᠷᠳᠡᠮ ᠰᠢᠨᠵᠢᠯᠡᠬᠦ ᠵᠣᠬᠢᠶᠠᠯ ᠢ ᠨᠡᠶᠢᠲᠡᠯᠡᠭᠦᠯᠦᠭᠰᠡᠨ ᠪᠠᠶᠢᠨ᠎ᠠ᠃

1993 ᠣᠨ ᠳᠤ 《ᠮᠣᠩᠭᠣᠯ ᠤᠨ ᠲᠡᠦᠬᠡ》 ᠰᠡᠳᠬᠦᠯ ᠦᠨ 3 ᠳᠤᠭᠠᠷ ᠳᠡᠪᠲᠡᠷ ᠲᠦ ᠨᠡᠶᠢᠲᠡᠯᠡᠭᠳᠡᠭᠰᠡᠨ 《ᠮᠣᠩᠭᠣᠯ ᠤᠨ ᠲᠡᠦᠬᠡ ᠶᠢᠨ ᠰᠤᠳᠤᠯᠤᠯ》 ᠵᠡᠷᠭᠡ ᠡᠷᠳᠡᠮ ᠰᠢᠨᠵᠢᠯᠡᠬᠦ ᠵᠣᠬᠢᠶᠠᠯ ᠢ ᠨᠡᠶᠢᠲᠡᠯᠡᠪᠡ᠃

ᠮᠣᠩᠭᠣᠯ ᠤᠨ ᠲᠡᠦᠬᠡ》᠂《ᠮᠣᠩᠭᠣᠯ ᠤᠨ ᠲᠡᠦᠬᠡ ᠶᠢᠨ ᠰᠤᠳᠤᠯᠤᠯ》᠂《ᠮᠣᠩᠭᠣᠯ ᠤᠨ ᠲᠡᠦᠬᠡ》᠂《ᠮᠣᠩᠭᠣᠯ ᠤᠨ ᠨᠢᠭᠤᠴᠠ ᠲᠣᠪᠴᠢᠶᠠᠨ ᠤ ᠰᠤᠳᠤᠯᠤᠯ》᠂《ᠮᠣᠩᠭᠣᠯ ᠤᠨ ᠲᠡᠦᠬᠡ ᠶᠢᠨ ᠰᠤᠳᠤᠯᠤᠯ》᠂《ᠮᠣᠩᠭᠣᠯ ᠤᠨ ᠲᠡᠦᠬᠡ ᠶᠢᠨ ᠰᠤᠳᠤᠯᠤᠯ ᠤᠨ ᠳᠡᠪᠲᠡᠷ》 ᠵᠡᠷᠭᠡ ᠡᠷᠳᠡᠮ ᠰᠢᠨᠵᠢᠯᠡᠬᠦ ᠵᠣᠬᠢᠶᠠᠯ ᠤᠨ ᠨᠠᠢᠷᠠᠭᠤᠯᠤᠭᠴᠢ》᠂《ᠮᠣᠩᠭᠣᠯ ᠤᠨ ᠲᠡᠦᠬᠡ ᠶᠢᠨ ᠰᠤᠳᠤᠯᠤᠯ ᠤᠨ ᠬᠡᠪᠯᠡᠯ》 2010 ᠣᠨ ᠤ ᠮᠣᠩᠭᠣᠯ ᠤᠨ ᠲᠡᠦᠬᠡ ᠶᠢᠨ ᠰᠤᠳᠤᠯᠤᠯ ᠤᠨ ᠳᠡᠪᠲᠡᠷ ᠲᠦ ᠨᠡᠶᠢᠲᠡᠯᠡᠭᠳᠡᠪᠡ᠂《ᠮᠣᠩᠭᠣᠯ ᠤᠨ ᠲᠡᠦᠬᠡ》᠂《ᠮᠣᠩᠭᠣᠯ ᠤᠨ ᠲᠡᠦᠬᠡ ᠶᠢᠨ ᠰᠤᠳᠤᠯᠤᠯ ᠤᠨ ᠨᠡᠶᠢᠲᠡᠯᠡᠯ ᠤᠨ ᠰᠤᠳᠤᠯᠤᠯ ᠤᠨ ᠬᠣᠷᠢᠶ᠎ᠠ

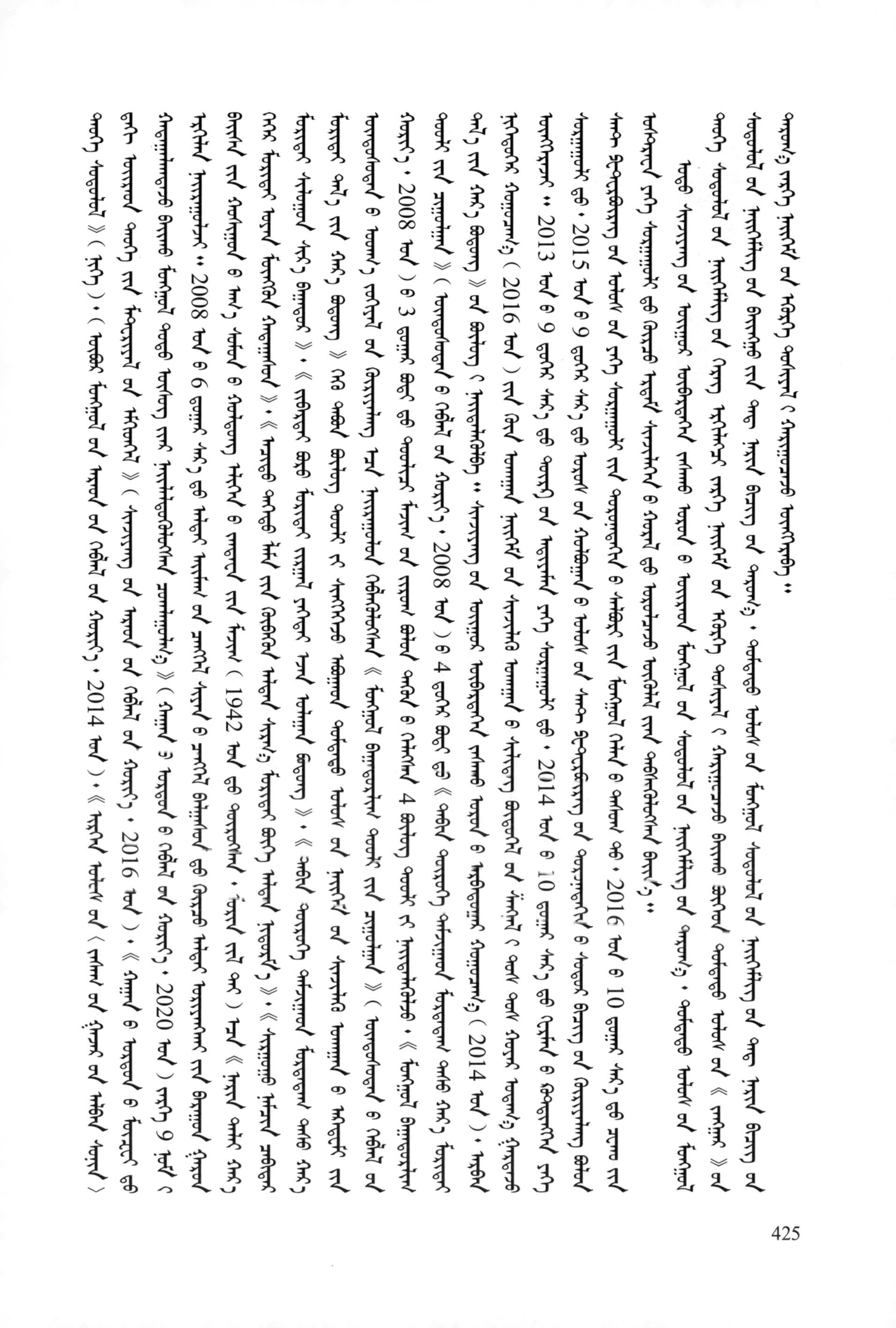

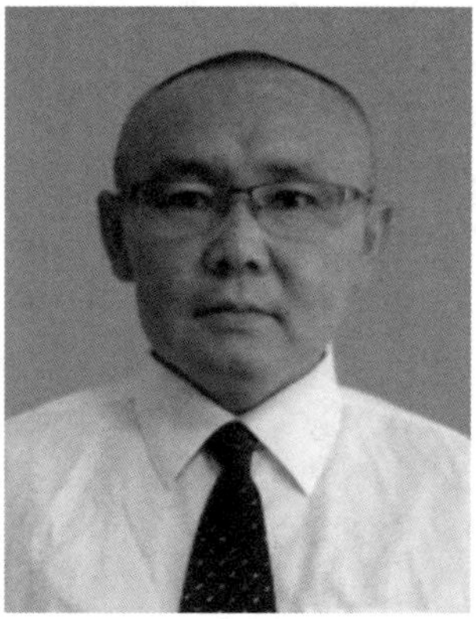

ᠪᠠ · ᠪᠠᠶᠠᠰᠬᠤᠯᠠᠩ

ᠬᠡᠪᠯᠡᠯ ᠲᠡᠢ ᠃

ᠣᠷᠣᠯ ᠪᠣᠯᠭ᠎ᠠ ᠬᠡᠮᠵᠢᠶᠡᠯᠡᠭᠳᠡᠬᠦᠨ ᠨᠡᠷ᠎ᠡ ᠶᠢᠨ ᠬᠡᠯᠡᠨ ᠦ ᠰᠣᠶᠣᠯ ᠤᠨ ᠰᠤᠳᠤᠯᠤᠯ ᠤᠨ ᠬᠡᠪᠯᠡᠯ ᠂ ᠦᠨᠳᠦᠰᠦᠲᠡᠨ ᠦ ᠬᠡᠪᠯᠡᠯ ᠦᠨ ᠬᠣᠷᠢᠶ᠎ᠠ ᠬᠣᠶᠠᠷ ᠳᠤᠭᠠᠷ ᠬᠡᠪᠯᠡᠯ ᠤᠨ ᠰᠤᠳᠤᠯᠤᠯ ᠤᠨ ᠬᠣᠷᠢᠶ᠎ᠠ ᠂ 2022 ᠣᠨ) ᠵᠡᠷᠭᠡ ᠪᠦᠲᠦᠭᠡᠯ ᠢ ᠨᠡᠢᠲᠡᠯᠡᠭᠰᠡᠨ ᠃ ᠬᠣᠷᠢᠶ᠎ᠠ ᠂ 2016 ᠣᠨ) ᠂ 《〈 ᠵᠠᠩᠭᠠᠷ ᠤᠨ ᠲᠤᠭᠤᠵᠢ 〉 ᠶᠢᠨ ᠬᠡᠯᠡᠨ ᠦ ᠰᠣᠶᠣᠯ ᠤᠨ ᠰᠤᠳᠤᠯᠤᠯ 》 (ᠦᠨᠳᠦᠰᠦᠲᠡᠨ ᠦ ᠬᠡᠪᠯᠡᠯ ᠦᠨ ᠬᠣᠷᠢᠶ᠎ᠠ ᠂ 2013 ᠣᠨ) ᠂ 《 ᠮᠣᠩᠭᠣᠯ ᠤᠨ ᠠᠷᠠᠳ ᠤᠨ ᠰᠣᠶᠣᠯ ᠤᠨ ᠰᠤᠳᠤᠯᠤᠯ 》 (ᠥᠪᠥᠷ ᠮᠣᠩᠭᠣᠯ ᠤᠨ ᠰᠤᠷᠭᠠᠨ ᠬᠦᠮᠦᠵᠢᠯ ᠦᠨ ᠬᠡᠪᠯᠡᠯ ᠦᠨ ᠬᠣᠷᠢᠶ᠎ᠠ ᠂ 2013 ᠣᠨ) ᠂ 《〈 ᠮᠣᠩᠭᠣᠯ ᠤᠨ ᠨᠢᠭᠤᠴᠠ ᠲᠣᠪᠴᠢᠶᠠᠨ 〉 ᠤ ᠬᠡᠯᠡᠨ ᠦ ᠰᠣᠶᠣᠯ ᠤᠨ ᠰᠤᠳᠤᠯᠤᠯ 》 (ᠦᠨᠳᠦᠰᠦᠲᠡᠨ ᠦ ᠬᠡᠪᠯᠡᠯ ᠦᠨ ᠬᠣᠷᠢᠶ᠎ᠠ ᠂ 2010 ᠣᠨ) ᠂ 《〈 ᠮᠣᠩᠭᠣᠯ ᠤᠨ ᠨᠢᠭᠤᠴᠠ ᠲᠣᠪᠴᠢᠶᠠᠨ 〉 ᠤ ᠬᠡᠯᠡᠨ ᠦ ᠰᠣᠶᠣᠯ ᠤᠨ ᠲᠠᠢᠯᠪᠤᠷᠢ ᠲᠣᠯᠢ 》 (1) (ᠪᠡ · ᠪᠠᠶᠠᠷᠮᠠᠭᠨᠠᠢ · ᠴᠣ · ᠪᠠᠭᠠᠲᠤᠷ ᠤᠨ ᠬᠠᠮᠲᠤ ᠵᠣᠬᠢᠶᠠᠭᠰᠠᠨ ᠂ ᠦᠨᠳᠦᠰᠦᠲᠡᠨ ᠦ ᠬᠡᠪᠯᠡᠯ ᠦᠨ ᠬᠣᠷᠢᠶ᠎ᠠ ᠂ 2013 ᠣᠨ) ᠵᠡᠷᠭᠡ ᠪᠦᠲᠦᠭᠡᠯ ᠢ ᠨᠡᠢᠲᠡᠯᠡᠭᠰᠡᠨ ᠃ 《 ᠮᠣᠩᠭᠣᠯ ᠤᠨ ᠨᠢᠭᠤᠴᠠ ᠲᠣᠪᠴᠢᠶᠠᠨ 》 ᠤ ᠰᠤᠳᠤᠯᠤᠯ ᠤᠨ ᠴᠢᠭᠤᠯᠭᠠᠨ ᠤ ᠭᠡᠰᠢᠭᠦᠨ ᠂ ᠪᠦᠬᠦ ᠤᠯᠤᠰ ᠤᠨ ᠮᠣᠩᠭᠣᠯ ᠬᠡᠯᠡ ᠪᠢᠴᠢᠭ ᠦᠨ ᠰᠤᠳᠤᠯᠤᠯ ᠤᠨ ᠨᠡᠢᠭᠡᠮᠯᠢᠭ ᠦᠨ ᠭᠡᠰᠢᠭᠦᠨ ᠵᠡᠷᠭᠡ ᠪᠣᠯᠤᠨ᠎ᠠ ᠃ 2014 ᠣᠨ ᠳᠤ 《 ᠮᠣᠩᠭᠣᠯ ᠤᠨ ᠨᠢᠭᠤᠴᠠ ᠲᠣᠪᠴᠢᠶᠠᠨ 》 ᠤ ᠬᠡᠯᠡᠨ ᠦ ᠰᠣᠶᠣᠯ ᠤᠨ ᠰᠤᠳᠤᠯᠤᠯ 》 ᠭᠡᠬᠦ ᠪᠦᠲᠦᠭᠡᠯ ᠢᠶᠡᠷ 2019 ᠣᠨ ᠤ 9 ᠳᠦᠭᠡᠷ ᠰᠠᠷ᠎ᠠ ᠳᠤ ᠪᠦᠬᠦ ᠤᠯᠤᠰ ᠤᠨ ᠦᠨᠳᠦᠰᠦᠲᠡᠨ ᠦ ᠬᠡᠪᠯᠡᠯ ᠦᠨ ᠰᠠᠢᠨ ᠪᠦᠲᠦᠭᠡᠯ ᠦᠨ ᠱᠠᠩᠨᠠᠯ ᠢ ᠬᠦᠷᠲᠡᠭᠰᠡᠨ ᠂ 《 ᠮᠣᠩᠭᠣᠯ ᠤᠨ ᠨᠢᠭᠤᠴᠠ ᠲᠣᠪᠴᠢᠶᠠᠨ 》 ᠤ ᠬᠡᠯᠡᠨ ᠦ ᠰᠣᠶᠣᠯ ᠤᠨ ᠲᠠᠢᠯᠪᠤᠷᠢ ᠲᠣᠯᠢ 》 ᠭᠡᠬᠦ ᠪᠦᠲᠦᠭᠡᠯ ᠢᠶᠡᠷ 2013 ᠣᠨ ᠤ 8 ᠳᠤᠭᠠᠷ ᠰᠠᠷ᠎ᠠ ᠳᠤ ᠬᠣᠲᠠ ᠰᠢᠨᠵᠢᠯᠡᠬᠦ ᠤᠬᠠᠭᠠᠨ ᠤ 《 ᠮᠣᠩᠭᠣᠯ ᠬᠡᠯᠡ ᠪᠢᠴᠢᠭ ᠦᠨ ᠰᠤᠳᠤᠯᠤᠯ ᠤᠨ ᠰᠠᠢᠨ ᠪᠦᠲᠦᠭᠡᠯ ᠦᠨ ᠱᠠᠩᠨᠠᠯ 》 ᠢ ᠬᠦᠷᠲᠡᠭᠰᠡᠨ ᠂ ᠦᠨᠳᠦᠰᠦᠲᠡᠨ ᠦ ᠪᠢᠴᠢᠭ ᠦᠨ ᠬᠡᠯᠡᠨ ᠦ ᠰᠤᠳᠤᠯᠤᠯ ᠤᠨ ᠲᠥᠪ ᠦᠨ 《 ᠣᠳᠣ ᠦᠶ᠎ᠡ ᠶᠢᠨ ᠮᠣᠩᠭᠣᠯ ᠬᠡᠯᠡ 》 ᠭᠡᠬᠦ ᠪᠦᠲᠦᠭᠡᠯ ᠢᠶᠡᠷ 2014 ᠣᠨ ᠤ ᠬᠣᠲᠠ ᠶᠢᠨ ᠨᠡᠢᠭᠡᠮ ᠦᠨ ᠰᠢᠨᠵᠢᠯᠡᠬᠦ ᠤᠬᠠᠭᠠᠨ ᠤ ᠰᠠᠢᠨ ᠪᠦᠲᠦᠭᠡᠯ ᠦᠨ ᠱᠠᠩᠨᠠᠯ 》 ᠂ 《 ᠪᠡ · ᠳᠠᠷᠢᠮᠠ ᠶᠢᠨ 〈 ᠳᠠᠭᠤᠤ ᠬᠣᠭᠤᠯᠠᠢ ᠶᠢᠨ ᠬᠡᠯᠡ 〉 ᠭᠡᠬᠦ ᠪᠦᠲᠦᠭᠡᠯ 〈 ᠪᠦᠲᠦᠭᠡᠯ 〉 ᠤᠨ ᠲᠣᠬᠠᠢ ᠳᠤ 》 ᠂ 《 ᠦᠨᠳᠦᠰᠦᠲᠡᠨ ᠦ ᠬᠡᠯᠡ ᠪᠢᠴᠢᠭ ᠦᠨ ᠠᠵᠢᠯ ᠤᠨ ᠬᠣᠭᠤᠷᠤᠨᠳᠤ ᠪᠠᠷᠢᠮᠲᠠᠯᠠᠬᠤ ᠤᠨ ᠠᠰᠠᠭᠤᠳᠠᠯ ᠂ ᠮᠣᠩᠭᠣᠯ ᠬᠡᠯᠡᠨ ᠦ ᠪᠣᠯᠤᠨ ᠲᠡᠭᠦᠨ ᠦ ᠬᠡᠷᠡᠭᠯᠡᠭᠡᠨ ᠡᠴᠡ 》 (ᠲᠣᠭᠤ) ᠂ 《〈 ᠮᠣᠩᠭᠣᠯ ᠤᠨ ᠨᠢᠭᠤᠴᠠ ᠲᠣᠪᠴᠢᠶᠠᠨ 〉 ᠤ

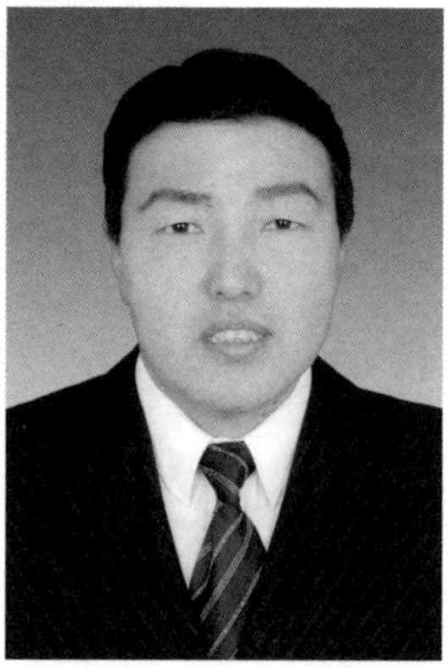

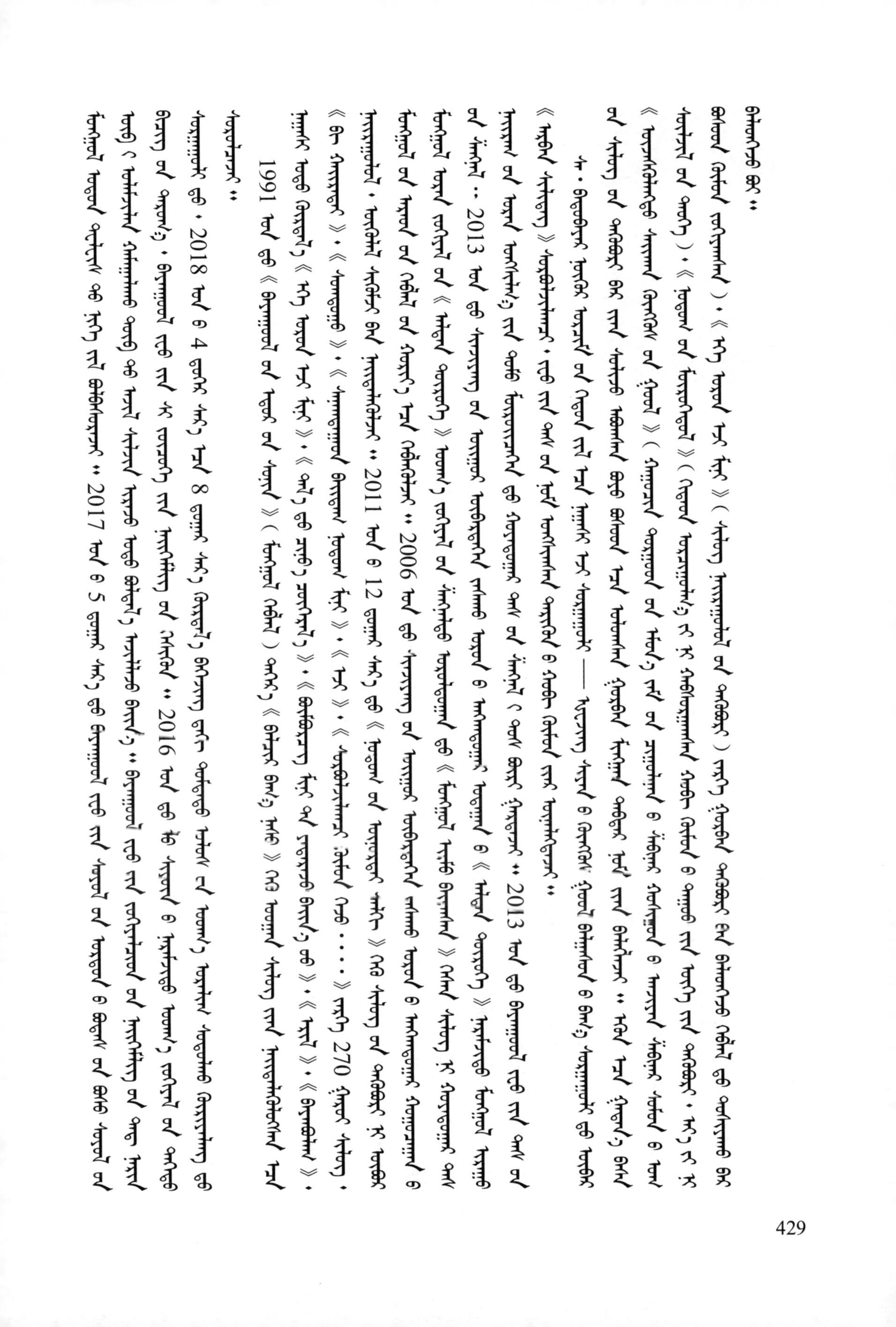

ᠬᠠ᠂ ᠪᠠᠲᠤ ᠮᠣᠩᠭᠣᠯ ᠦᠨᠳᠦᠰᠦᠲᠡᠨ ᠃ 1974 ᠣᠨ ᠤ 5 ᠰᠠᠷ᠎ᠠ ᠶᠢᠨ 17 ᠤ ᠡᠳᠦᠷ ᠬᠣᠷᠴᠢᠨ ᠬᠣᠰᠢᠭᠤᠨ ᠤ ᠲᠥᠷᠥᠭᠰᠡᠨ ᠃ 1982 ᠣᠨ ᠠᠴᠠ 1995 ᠣᠨ ᠬᠦᠷᠲᠡᠯ᠎ᠡ ᠰᠤᠷᠭᠠᠭᠤᠯᠢ ᠳᠤ ᠰᠤᠷᠤᠯᠴᠠᠭᠰᠠᠨ ᠃ 1995 ᠣᠨ ᠠᠴᠠ ᠡᠬᠢᠯᠡᠨ ᠠᠵᠢᠯᠯᠠᠵᠤ ᠪᠠᠢᠨ᠎ᠠ ᠃ 1993 ᠣᠨ ᠠᠴᠠ ᠡᠬᠢᠯᠡᠨ ᠵᠣᠬᠢᠶᠠᠯ ᠪᠢᠴᠢᠵᠦ ᠡᠬᠢᠯᠡᠭᠰᠡᠨ ᠃

2002 ᠣᠨ ᠳᠤ 《ᠵᠠᠯᠠᠭᠤᠰ》 ᠰᠡᠳᠬᠦᠯ ᠳᠦ ᠨᠡᠢᠲᠡᠯᠡᠭᠳᠡᠭᠰᠡᠨ 《ᠬᠠᠪᠤᠷ》 ᠵᠡᠷᠭᠡ 100 ᠭᠠᠷᠤᠢ ᠵᠣᠬᠢᠶᠠᠯ ᠨᠡᠢᠲᠡᠯᠡᠭᠳᠡᠭᠰᠡᠨ ᠃ 2004 ᠣᠨ ᠳᠤ 《ᠰᠠᠷᠠᠨ ᠤ ᠭᠡᠷᠡᠯ》 ᠵᠡᠷᠭᠡ ᠵᠣᠬᠢᠶᠠᠯ ᠢ 《ᠮᠣᠩᠭᠣᠯ ᠤᠨ ᠤᠷᠠᠨ ᠵᠣᠬᠢᠶᠠᠯ》 ᠳᠤ ᠨᠡᠢᠲᠡᠯᠡᠭᠦᠯᠦᠭᠰᠡᠨ ᠃ 2007 ᠣᠨ ᠳᠤ 《ᠬᠦᠮᠦᠨ ᠦ ᠵᠠᠮ》 ᠵᠣᠬᠢᠶᠠᠯ ᠢᠶᠠᠷ ᠰᠢᠭᠠᠩᠨᠠᠯ ᠬᠦᠷᠲᠡᠭᠰᠡᠨ ᠃

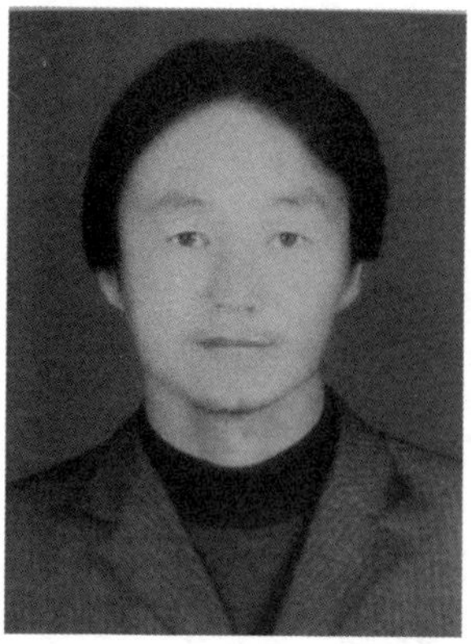

[illegible]

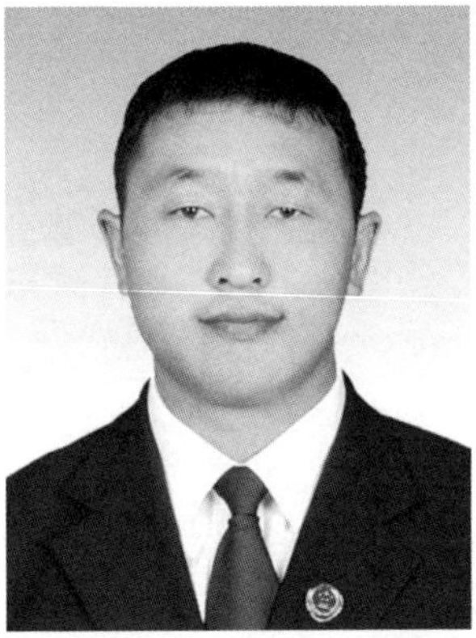

[illegible]

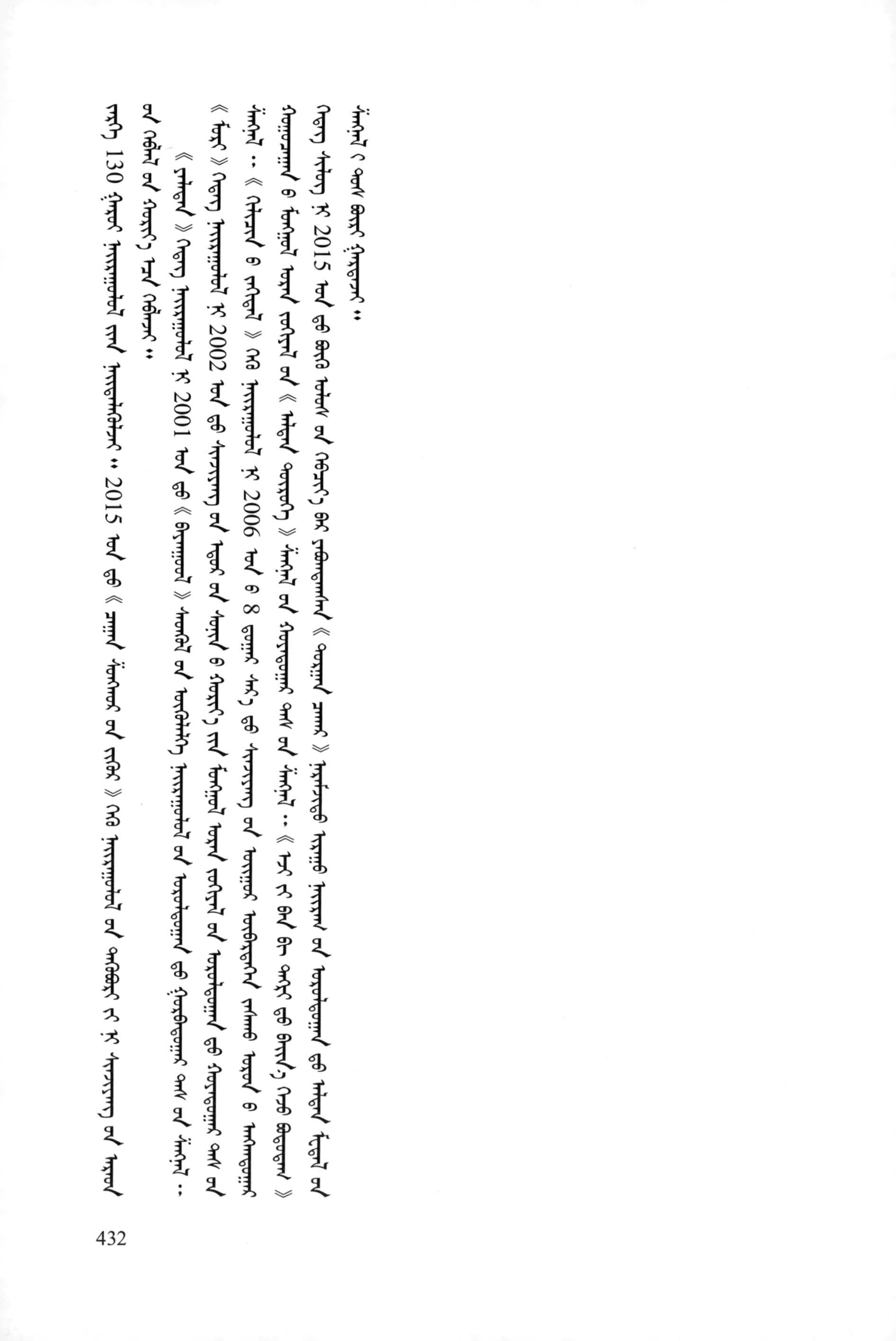

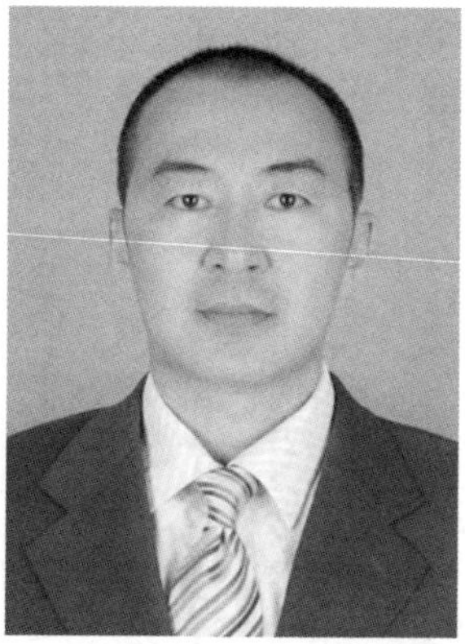

ᠪᠣ᠂ ᠰᠢᠷᠠᠨ ᠮᠣᠩᠭᠣᠯ᠂ ᠨᠡᠢᠲᠡ ᠶᠢᠨ ᠣᠷᠴᠢᠭᠤᠯᠤᠭᠴᠢ᠂ ᠵᠣᠬᠢᠶᠠᠯ ᠣᠷᠴᠢᠭᠤᠯᠤᠭᠴᠢ᠂ ᠬᠣᠷᠴᠢᠨ ᠤ ᠰᠤᠷᠭᠠᠭᠤᠯᠢ᠂ ᠵᠡᠭᠦᠨ ᠭᠠᠷ ᠤᠨ ᠬᠣᠰᠢᠭᠤᠨ ᠤ ᠬᠦᠮᠦᠨ᠃ 1976 ᠣᠨ ᠤ 2 ᠰᠠᠷ᠎ᠠ ᠶᠢᠨ 13 ᠤ ᠡᠳᠦᠷ ᠲᠥᠷᠥᠭᠰᠡᠨ ᠶᠢᠨ ᠬᠣᠰᠢᠭᠤᠨ ᠤ ᠮᠣᠩᠭᠣᠯ ᠳᠤᠮᠳᠠᠳᠤ ᠰᠤᠷᠭᠠᠭᠤᠯᠢ ᠳᠤ ᠰᠤᠷᠤᠯᠴᠠᠭᠰᠠᠨ ᠪᠠ ᠥᠪᠥᠷ ᠮᠣᠩᠭᠣᠯ ᠤᠨ ᠪᠠᠭᠰᠢ ᠶᠢᠨ ᠶᠡᠬᠡ ᠰᠤᠷᠭᠠᠭᠤᠯᠢ ᠶᠢᠨ ᠮᠣᠩᠭᠣᠯ ᠬᠡᠯᠡ ᠪᠢᠴᠢᠭ ᠦᠨ ᠰᠤᠷᠭᠠᠭᠤᠯᠢ ᠳᠤ ᠰᠤᠷᠤᠯᠴᠠᠭᠰᠠᠨ᠃ ᠡᠬᠢ ᠦᠷᠡ ᠶᠢᠨ ᠭᠠᠵᠠᠷ ᠤᠨ ᠪᠠᠭ᠎ᠠ ᠰᠤᠷᠭᠠᠭᠤᠯᠢ ᠳᠤ ᠰᠤᠷᠤᠯᠴᠠᠭᠰᠠᠨ᠃ 1983 ᠣᠨ ᠤ 9 ᠰᠠᠷ᠎ᠠ ᠠᠴᠠ 1988 ᠣᠨ ᠤ 7 ᠰᠠᠷ᠎ᠠ ᠬᠦᠷᠲᠡᠯ᠎ᠡ ᠰᠤᠮᠤ ᠶᠢᠨ ᠪᠠᠭ᠎ᠠ ᠰᠤᠷᠭᠠᠭᠤᠯᠢ ᠳᠤ᠂ 1988 ᠣᠨ ᠤ 9 ᠰᠠᠷ᠎ᠠ ᠠᠴᠠ 1994 ᠣᠨ ᠤ 7 ᠰᠠᠷ᠎ᠠ ᠬᠦᠷᠲᠡᠯ᠎ᠡ ᠬᠣᠰᠢᠭᠤᠨ ᠤ ᠮᠣᠩᠭᠣᠯ ᠳᠤᠮᠳᠠᠳᠤ ᠰᠤᠷᠭᠠᠭᠤᠯᠢ ᠳᠤ᠂ 1995 ᠣᠨ ᠤ 9 ᠰᠠᠷ᠎ᠠ ᠠᠴᠠ 1999 ᠣᠨ ᠤ 7 ᠰᠠᠷ᠎ᠠ ᠬᠦᠷᠲᠡᠯ᠎ᠡ ᠥᠪᠥᠷ ᠮᠣᠩᠭᠣᠯ ᠤᠨ ᠪᠠᠭᠰᠢ ᠶᠢᠨ ᠶᠡᠬᠡ ᠰᠤᠷᠭᠠᠭᠤᠯᠢ ᠳᠤ ᠰᠤᠷᠤᠯᠴᠠᠭᠰᠠᠨ᠃ 1999 ᠣᠨ ᠤ 7 ᠰᠠᠷ᠎ᠠ ᠳᠤ ᠬᠣᠷᠴᠢᠨ ᠤ ᠰᠤᠷᠭᠠᠭᠤᠯᠢ ᠳᠤ ᠠᠵᠢᠯ ᠳᠤ ᠣᠷᠣᠭᠰᠠᠨ᠃ 2020 ᠣᠨ ᠤ 1 ᠰᠠᠷ᠎ᠠ ᠠᠴᠠ ᠡᠬᠢᠯᠡᠨ 《ᠬᠣᠷᠴᠢᠨ ᠤ ᠰᠤᠷᠭᠠᠭᠤᠯᠢ》 ᠰᠡᠳᠬᠦᠯ ᠦᠨ ᠡᠷᠬᠢᠯᠡᠭᠴᠢ ᠪᠡᠷ ᠠᠵᠢᠯᠯᠠᠵᠤ ᠪᠠᠢᠨ᠎ᠠ᠃ 2023 ᠣᠨ ᠤ 1 ᠰᠠᠷ᠎ᠠ ᠠᠴᠠ ᠡᠬᠢᠯᠡᠨ 《ᠬᠣᠷᠴᠢᠨ ᠤ ᠰᠤᠷᠭᠠᠭᠤᠯᠢ》 ᠰᠡᠳᠬᠦᠯ ᠦᠨ ᠭᠣᠣᠯ ᠡᠷᠬᠢᠯᠡᠭᠴᠢ ᠪᠡᠷ ᠠᠵᠢᠯᠯᠠᠵᠤ ᠪᠠᠢᠨ᠎ᠠ᠃ 2005 ᠣᠨ ᠳᠤ ᠤᠯᠤᠰ ᠤᠨ ᠮᠣᠩᠭᠣᠯ ᠣᠷᠴᠢᠭᠤᠯᠤᠭᠴᠢᠳ ᠤᠨ ᠨᠡᠢᠭᠡᠮᠯᠢᠭ ᠦᠨ ᠭᠡᠰᠢᠭᠦᠨ ᠳᠤ ᠡᠯᠰᠡᠭᠰᠡᠨ᠃ 2014 ᠣᠨ ᠳᠤ ᠥᠪᠥᠷ ᠮᠣᠩᠭᠣᠯ ᠤᠨ ᠵᠣᠬᠢᠶᠠᠯᠴᠢᠳ ᠤᠨ ᠬᠣᠯᠪᠣᠭ᠎ᠠ ᠶᠢᠨ ᠭᠡᠰᠢᠭᠦᠨ ᠳᠤ ᠡᠯᠰᠡᠭᠰᠡᠨ᠃ 2019 ᠣᠨ ᠳᠤ ᠪᠦᠬᠦ ᠤᠯᠤᠰ ᠤᠨ ᠣᠷᠴᠢᠭᠤᠯᠤᠭᠴᠢᠳ ᠤᠨ ᠨᠡᠢᠭᠡᠮᠯᠢᠭ ᠦᠨ ᠭᠡᠰᠢᠭᠦᠨ ᠳᠤ ᠡᠯᠰᠡᠭᠰᠡᠨ᠃ ᠮᠣᠩᠭᠣᠯ ᠬᠡᠯᠡ ᠪᠢᠴᠢᠭ ᠦᠨ ᠰᠤᠷᠭᠠᠨ ᠬᠦᠮᠦᠵᠢᠯ ᠦᠨ ᠠᠵᠢᠯ ᠢ ᠡᠷᠬᠢᠯᠡᠵᠦ ᠪᠠᠢᠭ᠎ᠠ ᠪᠠ ᠡᠭᠦᠷᠭᠡ ᠶᠢᠨ ᠵᠡᠷᠭᠡ ᠨᠢ ᠳᠡᠳ ᠡᠷᠳᠡᠮ ᠲᠡᠨ ᠪᠠᠭᠰᠢ᠃ 2015 ᠣᠨ ᠳᠤ ᠬᠣᠷᠴᠢᠨ ᠤ ᠰᠤᠷᠭᠠᠭᠤᠯᠢ ᠶᠢᠨ ᠰᠤᠷᠭᠠᠨ ᠬᠦᠮᠦᠵᠢᠯ ᠦᠨ ᠰᠢᠯᠢᠳᠡᠭ ᠪᠠᠭᠰᠢ ᠪᠣᠯᠵᠤ᠂ ᠣᠷᠴᠢᠭᠤᠯᠭ᠎ᠠ ᠶᠢᠨ ᠰᠢᠯᠢᠳᠡᠭ ᠪᠦᠲᠦᠭᠡᠯ ᠤᠨ 《ᠣᠷᠴᠢᠭᠤᠯᠭ᠎ᠠ ᠶᠢᠨ ᠰᠠᠩ》 ᠰᠢᠩᠭᠡᠷᠡᠯ ᠢ ᠬᠦᠷᠲᠡᠭᠰᠡᠨ᠃

ᠪᠣ᠂ ᠰᠢᠷᠠᠨ 1999 ᠣᠨ ᠡᠴᠡ 《ᠬᠣᠷᠴᠢᠨ ᠤ ᠰᠤᠷᠭᠠᠭᠤᠯᠢ》 ᠵᠡᠷᠭᠡ ᠰᠡᠳᠬᠦᠯ ᠳᠦ ᠣᠷᠴᠢᠭᠤᠯᠭ᠎ᠠ ᠶᠢᠨ 《ᠬᠠᠷᠠᠴᠠᠭᠠᠢ ᠶᠢᠨ ᠰᠡᠳᠬᠢᠯ ᠦᠨ ᠬᠠᠶᠠᠭ》 ᠢ ᠣᠷᠴᠢᠭᠤᠯᠵᠤ ᠨᠡᠢᠲᠡᠯᠡᠭᠦᠯᠦᠭᠰᠡᠨ ᠪᠥᠭᠡᠳ 《ᠮᠣᠩᠭᠣᠯ ᠤᠨ ᠠᠷᠠᠳ ᠤᠨ ᠦᠯᠢᠭᠡᠷ》᠂《ᠬᠦᠶᠢᠰᠦ ᠪᠡᠶ᠎ᠡ》᠂《ᠪᠤᠷᠬᠠᠨ》᠂〈ᠰᠠᠷᠠᠨ ᠤ ᠬᠦᠮᠦᠵᠢᠯ〉᠂《ᠬᠠᠶᠠᠭ ᠪᠢᠴᠢᠭ》 ᠵᠡᠷᠭᠡ ᠣᠷᠴᠢᠭᠤᠯᠭ᠎ᠠ ᠶᠢᠨ ᠦᠭᠦᠯᠡᠯ ᠳᠦ᠂《ᠨᠠᠷᠠᠨ ᠤ ᠭᠡᠷᠡᠯ》 ᠵᠡᠷᠭᠡ ᠨᠣᠮ ᠢ ᠣᠷᠴᠢᠭᠤᠯᠵᠤ ᠬᠡᠪᠯᠡᠭᠦᠯᠦᠭᠰᠡᠨ᠃《ᠭᠠᠯ ᠤᠨ ᠣᠳᠣᠨ ᠤ ᠳᠠᠭᠤᠤ》᠂《ᠬᠦᠷᠡᠯ ᠦᠨ ᠬᠠᠭᠠᠯᠭ᠎ᠠ》 ᠵᠡᠷᠭᠡ ᠵᠣᠬᠢᠶᠠᠯ ᠢ ᠣᠷᠴᠢᠭᠤᠯᠵᠤ᠂ ᠣᠷᠴᠢᠭᠤᠯᠭ᠎ᠠ ᠶᠢᠨ ᠨᠠᠶᠢᠷᠠᠭᠤᠯᠤᠭᠴᠢ ᠪᠡᠷ 《ᠨᠠᠷᠠᠨ ᠤ ᠭᠡᠷᠡᠯ ᠦᠨ ᠦᠯᠢᠭᠡᠷ》 (2013 ᠣᠨ)᠂《ᠮᠣᠩᠭᠣᠯ ᠤᠨ ᠠᠷᠠᠳ ᠤᠨ ᠦᠯᠢᠭᠡᠷ ᠤᠨ ᠰᠣᠩᠭᠣᠮᠣᠯ》 ᠵᠡᠷᠭᠡ ᠨᠣᠮ ᠢ (ᠲᠣᠮᠣ ᠪᠠᠭ᠎ᠠ ᠵᠢᠷᠤᠭ ᠤᠨ ᠨᠣᠮ ᠤᠨ ᠬᠣᠷᠢᠶᠠᠨ ᠳᠤ᠂ 2013 ᠣᠨ) ᠨᠡᠢᠲᠡᠯᠡᠭᠦᠯᠵᠦ ᠣᠷᠴᠢᠭᠤᠯᠤᠭᠰᠠᠨ ᠪᠣᠯᠠᠢ᠃

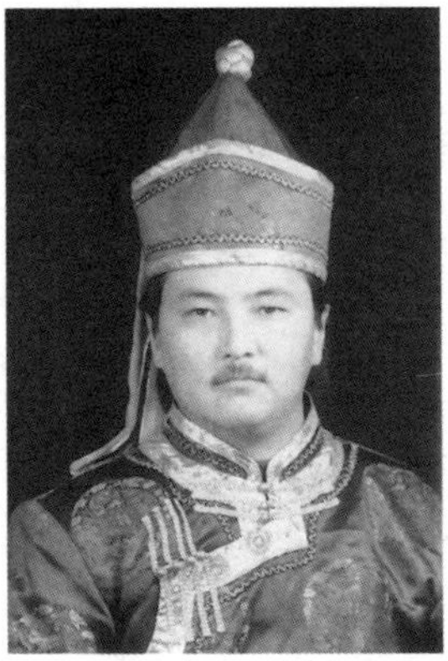

ᠳᠠ᠂ ᠰᠠᠷᠠᠨᠲᠣᠭᠲᠠᠬᠤ ᠮᠣᠩᠭᠣᠯ ᠦᠨᠳᠦᠰᠦᠲᠡᠨ᠃ 1976 ᠣᠨ ᠤ 10 ᠰᠠᠷ᠎ᠠ ᠶᠢᠨ 2 ᠨ ᠤ ᠡᠳᠦᠷ ᠲᠥᠷᠦᠭᠰᠡᠨ ᠥᠪᠦᠷ ᠮᠣᠩᠭᠣᠯ ᠤᠨ ᠬᠠᠯᠬᠠ ᠶᠢᠨ ᠪᠠᠷᠠᠭᠤᠨ ᠬᠣᠰᠢᠭᠤᠨ ᠤ ᠪᠠᠶᠠᠨ ᠰᠤᠮᠤ ᠶᠢᠨ ᠬᠦᠮᠦᠨ᠃ 1984 ᠣᠨ ᠡᠴᠡ ᠡᠬᠢᠯᠡᠨ ᠰᠤᠷᠭᠠᠭᠤᠯᠢ ᠳᠤ ᠰᠤᠷᠤᠯᠴᠠᠭᠰᠠᠨ᠃ 1997 ᠣᠨ ᠳᠤ ᠥᠪᠦᠷ ᠮᠣᠩᠭᠣᠯ ᠤᠨ ᠤᠷᠠᠨ ᠵᠢᠷᠤᠭ ᠤᠨ ᠳᠡᠭᠡᠳᠦ ᠰᠤᠷᠭᠠᠭᠤᠯᠢ ᠶᠢ ᠲᠡᠭᠦᠰᠬᠡᠭᠰᠡᠨ᠂ 1998 ᠣᠨ ᠳᠤ ᠮᠣᠩᠭᠣᠯ ᠤᠯᠤᠰ ᠤᠨ ᠤᠷᠠᠨ ᠰᠠᠶᠢᠬᠠᠨ ᠤ ᠶᠡᠬᠡ ᠰᠤᠷᠭᠠᠭᠤᠯᠢ ᠳᠤ ᠰᠤᠷᠤᠯᠴᠠᠭᠰᠠᠨ᠃ ᠪᠦᠰᠡ ᠨᠤᠲᠤᠭ ᠤᠨ ᠳᠠᠭᠤᠤᠴᠢᠨ ᠤ ᠲᠡᠮᠡᠴᠡᠭᠡᠨ ᠳᠦ ᠣᠯᠠᠨ ᠤᠳᠠᠭ᠎ᠠ ᠱᠠᠩ ᠬᠦᠷᠲᠡᠭᠰᠡᠨ᠂ 2018 ᠣᠨ ᠤ 10 ᠰᠠᠷ᠎ᠠ ᠶᠢᠨ ᠨᠢ 3 ᠤ ᠡᠳᠦᠷ ᠡᠭᠡᠨ ᠡᠴᠡ ᠨᠠᠰᠤ ᠬᠠᠳᠠᠭᠤᠯᠤᠭᠰᠠᠨ ᠪᠠᠢᠭᠤᠯᠤᠭᠰᠠᠨ᠃ ᠲᠡᠷᠡ ᠨᠢ 42 ᠨᠠᠰᠤᠲᠠᠢ᠃

ᠲᠡᠭᠦᠨ ᠦ ᠳᠠᠭᠤᠯᠠᠭᠰᠠᠨ ᠳᠠᠭᠤᠤ ᠨᠢ ᠣᠯᠠᠨ᠂ ᠪᠢᠴᠢᠭᠰᠡᠨ ᠳᠠᠭᠤᠤ ᠨᠢ «ᠲᠠᠯ᠎ᠠ ᠶᠢᠨ ᠠᠶᠠᠯᠭᠤ» ᠵᠡᠷᠭᠡ ᠪᠣᠢ᠃ 1992 ᠣᠨ ᠳᠤ «ᠮᠣᠩᠭᠣᠯ ᠬᠡᠯᠡ» ᠶᠢ ᠳᠠᠭᠤᠯᠠᠭᠰᠠᠨ᠂ 1993 ᠣᠨ ᠳᠤ «ᠮᠣᠩᠭᠣᠯ ᠮᠣᠷᠢ» ᠵᠡᠷᠭᠡ ᠳᠠᠭᠤᠤ ᠶᠢ ᠳᠠᠭᠤᠯᠠᠭᠰᠠᠨ᠃ «ᠬᠠᠷ᠎ᠠ ᠶᠢᠨ ᠰᠠᠷᠠ»᠂ «ᠬᠦᠷᠡᠩ ᠮᠣᠷᠢ»᠂ «ᠮᠣᠩᠭᠣᠯ ᠬᠦᠮᠦᠨ»᠂ «ᠲᠠᠯ᠎ᠠ ᠶᠢᠨ ᠰᠠᠷᠠ»᠂ «ᠬᠠᠩᠭᠠᠢ ᠶᠢᠨ ᠮᠢᠨᠢ᠃᠃»᠂ «ᠡᠵᠢ ᠶᠢᠨ ᠬᠣᠭᠤᠯᠠᠢ»᠂ «ᠮᠣᠩᠭᠣᠯ ᠪᠢᠳᠡ ᠬᠦᠮᠦᠨ ᠤ ᠳᠠᠭᠤᠤ» ᠵᠡᠷᠭᠡ ᠳᠠᠭᠤᠤ ᠶᠢ ᠳᠠᠭᠤᠯᠠᠭᠰᠠᠨ᠃ «ᠡᠵᠢ ᠶᠢᠨ ᠰᠠᠷᠠ»᠂ «ᠬᠥᠬᠡ ᠲᠩᠭᠠᠷᠢ»᠂ «‹ᠮᠣᠩᠭᠣᠯ› ᠤᠨ ᠳᠠᠭᠤᠤ»᠂ «‹ᠲᠠᠯ᠎ᠠ› ᠶᠢᠨ ᠬᠠᠩᠭᠠᠢ ᠬᠦᠷᠢᠶ᠎ᠡ»᠂ «ᠪᠣᠷᠵᠢᠭᠢᠨ ᠤ ᠬᠦᠮᠦᠨ» ᠵᠡᠷᠭᠡ ᠳᠠᠭᠤᠤ ᠶᠢ ᠳᠠᠭᠤᠯᠠᠭᠰᠠᠨ᠃ 2000 ᠣᠨ ᠤ 6 ᠰᠠᠷ᠎ᠠ ᠳᠤ ᠮᠣᠩᠭᠣᠯ ᠤᠯᠤᠰ ᠤᠨ ᠤᠷᠠᠨ ᠰᠠᠶᠢᠬᠠᠨ ᠤ ᠨᠡᠷ᠎ᠡ ᠬᠦᠷᠲᠡᠭᠰᠡᠨ᠃ 2002 ᠣᠨ ᠳᠤ ᠥᠪᠦᠷ ᠮᠣᠩᠭᠣᠯ ᠤᠨ ᠲᠡᠯᠡᠸᠢᠰ ᠦᠨ ᠢᠲᠠᠭᠠᠳ ᠤᠨ ᠳᠠᠭᠤᠤᠴᠢᠨ ᠤ ᠲᠡᠮᠡᠴᠡᠭᠡᠨ «ᠮᠣᠩᠭᠣᠯ ᠳᠠᠭᠤᠤ» ᠳᠤ ᠨᠢᠭᠡᠳᠦᠭᠡᠷ ᠱᠠᠩ ᠢ ᠬᠦᠷᠲᠡᠭᠰᠡᠨ᠃ 2004 ᠣᠨ ᠳᠤ ᠮᠣᠩᠭᠣᠯ ᠤᠯᠤᠰ ᠤᠨ ᠤᠷᠠᠨ ᠰᠠᠶᠢᠬᠠᠨ ᠤ ᠶᠡᠬᠡ ᠰᠤᠷᠭᠠᠭᠤᠯᠢ ᠶᠢ ᠲᠡᠭᠦᠰᠬᠡᠭᠰᠡᠨ ᠪᠠ ᠥᠪᠦᠷ ᠮᠣᠩᠭᠣᠯ ᠤᠨ ᠳᠠᠭᠤᠤᠴᠢᠨ ᠤ ᠲᠡᠮᠡᠴᠡᠭᠡᠨ «ᠮᠣᠩᠭᠣᠯ ᠳᠠᠭᠤᠤ ᠶᠢᠨ ᠡᠷᠬᠢᠮ ᠳᠠᠭᠤᠤᠴᠢᠨ» ᠤ ᠴᠣᠯᠠ ᠬᠦᠷᠲᠡᠭᠰᠡᠨ᠃ 2014 ᠣᠨ ᠤ 5 ᠰᠠᠷ᠎ᠠ ᠳᠤ ᠥᠪᠦᠷ ᠮᠣᠩᠭᠣᠯ ᠤᠨ ᠲᠡᠯᠡᠸᠢᠰ ᠦᠨ ᠢᠲᠠᠭᠠᠳ ᠤᠨ ᠳᠠᠭᠤᠤᠴᠢᠨ ᠤ ᠲᠡᠮᠡᠴᠡᠭᠡᠨ «ᠮᠣᠩᠭᠣᠯ ᠳᠠᠭᠤᠤ» ᠳᠤ ᠨᠢᠭᠡᠳᠦᠭᠡᠷ ᠱᠠᠩ ᠢ ᠬᠦᠷᠲᠡᠭᠰᠡᠨ᠃ 2006 ᠣᠨ ᠳᠤ ᠮᠣᠩᠭᠣᠯ ᠤᠯᠤᠰ ᠤᠨ ᠰᠣᠶᠣᠯ ᠤᠨ ᠭᠠᠪᠢᠶᠠᠲᠤ ᠵᠦᠢᠯᠴᠢᠨ᠂ ᠤᠷᠠᠨ ᠰᠠᠶᠢᠬᠠᠨ ᠤ ᠨᠡᠷ᠎ᠡ᠂ ᠳᠡᠭᠡᠳᠦ ᠵᠡᠷᠭᠡ ᠶᠢ ᠬᠦᠷᠲᠡᠭᠰᠡᠨ᠃

ᠳᠠᠭᠤᠯᠠᠵᠤ ᠪᠠᠢᠨ᠎ᠠ ᠃

ᠵᠠ ᠂ ᠰᠠᠷᠠᠨᠭᠡᠷᠡᠯ ᠦᠨ «ᠰᠠᠨᠠᠭᠠᠨ ᠦ ᠮᠥᠷᠦᠢ» ᠭᠡᠳᠡᠭ ᠳᠠᠭᠤᠤ ᠶᠢᠨ ᠠᠶ ᠢ ᠵᠣᠬᠢᠶᠠᠵᠤ ᠂ MTW ᠪᠦᠯᠬᠦᠮ ᠬᠠᠮᠲᠤ ᠳᠠᠭᠤᠯᠠᠭᠰᠠᠨ ᠪᠠᠢᠨ᠎ᠠ ᠂ ᠳᠠᠭᠤᠯᠠᠭᠰᠠᠨ ᠪᠠᠢᠨ᠎ᠠ ᠃ 2013 ᠣᠨ ᠤ 6 ᠰᠠᠷ᠎ᠠ ᠳᠤ ᠭᠠᠷᠭᠠᠭᠰᠠᠨ ᠂ ᠮᠣᠩᠭᠣᠯ ᠬᠥᠭᠵᠢᠮ ᠦᠨ ᠪᠦᠲᠦᠭᠡᠯ ᠦᠨ ᠴᠤᠮᠢᠷᠠᠯᠲᠠ ᠪᠠᠢᠳᠠᠯ — 〈 ᠬᠦᠰᠡᠯ 〉» ᠭᠡᠳᠡᠭ CD ᠪᠦᠲᠦᠭᠡᠯ ᠳᠦ «ᠰᠠᠨᠠᠭᠠᠨ» ᠭᠡᠳᠡᠭ ᠳᠠᠭᠤᠤ ᠶᠢᠨ ᠠᠶ ᠢ ᠵᠣᠬᠢᠶᠠᠭᠰᠠᠨ ᠪᠠᠢᠨ᠎ᠠ ᠂ ᠬᠣᠯᠪᠤᠭᠠᠲᠤ ᠬᠥᠭᠵᠢᠮ ᠦᠨ ᠪᠦᠲᠦᠭᠡᠯ ᠦᠨ ᠳᠡᠯᠭᠡᠷᠡᠩᠭᠦᠢ ᠪᠠᠢᠳᠠᠯ — ᠪᠠᠷᠠᠭ ᠤ ᠪᠦᠲᠦᠭᠡᠯ ᠦᠨ ᠰᠣᠩᠭᠣᠯᠲᠠ ᠳᠠᠭᠤᠤ ᠳᠤ ᠰᠣᠩᠭᠣᠭᠳᠠᠵᠠᠢ ᠳᠠᠭᠤᠤ ᠶᠢᠨ ᠠᠶ ᠢ ᠵᠣᠬᠢᠶᠠᠭᠰᠠᠨ «ᠮᠣᠩᠭᠣᠯ ᠪᠦᠰᠡᠭᠦᠢ ᠂ ᠰᠠᠶᠢᠬᠠᠨ ᠦ ᠪᠦᠰᠡᠭᠦᠢ — ᠪᠠᠷᠠᠨ ᠤ ᠪᠦᠰᠡᠭᠦᠢ ᠶᠢᠨ ᠰᠠᠶᠢᠬᠠᠨ» ᠭᠡᠳᠡᠭ ᠳᠠᠭᠤᠤ ᠶᠢ ᠵᠣᠬᠢᠶᠠᠭᠰᠠᠨ ᠪᠠᠢᠨ᠎ᠠ ᠂ ᠳᠤᠭᠤᠯᠠᠭᠰᠠᠨ ᠨᠢ ᠴᠢᠩᠭᠢᠰ ᠪᠠᠢᠨ᠎ᠠ ᠃ 2009 ᠣᠨ ᠤ 10 ᠰᠠᠷ᠎ᠠ ᠳᠤ ᠳᠠᠭᠤᠯᠠᠭᠰᠠᠨ ᠬᠥᠭᠵᠢᠮ ᠂ ᠮᠣᠩᠭᠣᠯ ᠬᠥᠭᠵᠢᠮ ᠂ ᠪᠠᠶᠠᠷ ᠤᠨ ᠳᠠᠭᠤᠤ ᠬᠥᠭᠵᠢᠮ ᠦᠨ ᠪᠦᠯᠦᠭ ᠦᠨ ᠲᠣᠭᠯᠠᠭᠴᠢ ᠴᠢᠩᠭᠢᠰ ᠦᠨ ᠳᠠᠭᠤᠯᠠᠭᠰᠠᠨ «ᠬᠠᠶᠢᠷᠠᠲᠤ ᠡᠵᠢ ᠶᠢᠨ ᠪᠠᠶᠠᠷ» ᠭᠡᠳᠡᠭ ᠳᠠᠭᠤᠤ ᠶᠢᠨ ᠠᠶ ᠢ ᠵᠣᠬᠢᠶᠠᠭᠰᠠᠨ ᠳᠤ «ᠰᠠᠶᠢᠬᠠᠨ ᠨᠤᠲᠤᠭ ᠮᠢᠨᠢ ᠪᠠᠷᠠᠭᠤᠨ ᠪᠡᠯᠡᠴᠢᠷ» ᠭᠡᠳᠡᠭ ᠳᠠᠭᠤᠤ ᠪᠠᠢᠨ᠎ᠠ ᠃ ᠲᠡᠷᠡ ᠨᠢ ᠳᠠᠭᠤᠤ ᠶᠢᠨ ᠡᠬᠡᠨ ᠤ ᠴᠢᠩᠭᠢᠰ ᠪᠠᠢᠨ᠎ᠠ ᠃ 2012 ᠣᠨ ᠤ 11 ᠰᠠᠷ᠎ᠠ ᠳᠤ ᠭᠠᠷᠭᠠᠭᠰᠠᠨ ᠨᠤ ᠮᠣᠩᠭᠣᠯ ᠬᠥᠭᠵᠢᠮ ᠦᠨ ᠪᠦᠯᠦᠭ ᠦᠨ ᠲᠣᠭᠯᠠᠭᠴᠢ ᠴᠢᠩᠭᠢᠰ ᠦᠨ ᠳᠠᠭᠤᠯᠠᠭᠰᠠᠨ ᠳᠤ «ᠮᠣᠩᠭᠣᠯ ᠬᠥᠭᠵᠢᠮ ᠦᠨ ᠬᠠᠷᠠ ᠬᠦᠬᠡ» ᠭᠡᠳᠡᠭ ᠳᠠᠭᠤᠤ ᠪᠠᠢᠨ᠎ᠠ «ᠮᠣᠩᠭᠣᠯ 2009 ᠣᠨ ᠤ 9 ᠰᠠᠷ᠎ᠠ ᠳᠤ ᠭᠠᠷᠭᠠᠭᠰᠠᠨ ᠮᠣᠩᠭᠣᠯ ᠬᠥᠭᠵᠢᠮ ᠦᠨ ᠬᠠᠷᠠ ᠬᠦᠬᠡ ᠳᠤ ᠮᠣᠩᠭᠣᠯ ᠬᠥᠭᠵᠢᠮ ᠦᠨ ᠪᠦᠯᠦᠭ ᠦᠨ ᠲᠣᠭᠯᠠᠭᠴᠢ ᠪᠠᠢᠨ᠎ᠠ «ᠮᠣᠩᠭᠣᠯ ᠰᠠᠶᠢᠬᠠᠨ ᠪᠣᠯᠤᠭᠰᠠᠨ ᠮᠣᠩᠭᠣᠯ ᠨᠤᠲᠤᠭ ᠤᠨ ᠮᠢᠨᠢ» ᠭᠡᠳᠡᠭ ᠳᠠᠭᠤᠤ ᠶᠢᠨ ᠠᠶ ᠢ ᠵᠣᠬᠢᠶᠠᠭᠰᠠᠨ ᠳᠤ ᠬᠠᠮᠲᠤ ᠳᠠᠭᠤᠯᠠᠭᠰᠠᠨ ᠪᠠᠢᠨ᠎ᠠ ᠃

ᠬᠣᠲᠠ ᠶᠢᠨ ᠭᠦᠩ ᠠᠨ ᠲᠣᠪᠴᠢᠶ᠎ᠠ ᠶᠢᠨ ᠬᠡᠯᠲᠡᠰ ᠦᠨ ᠬᠠᠷᠢᠶᠠᠯᠠᠭᠰᠠᠨ ᠤ ᠵᠠᠰᠠᠭ ᠤᠨ ᠬᠦᠷᠢᠶᠡᠯᠡᠩ ᠦ ᠰᠤᠷᠭᠠᠭᠤᠯᠢ ᠶᠢᠨ ᠬᠠᠷᠢᠶᠠᠯᠠᠭᠰᠠᠨ ᠤ ᠣᠷᠣᠯᠭᠠᠭᠴᠢ ᠶᠢᠨ ᠠᠵᠢᠯ ᠢ ᠬᠠᠷᠢᠭᠤᠴᠠᠨ ᠠ ᠃ 2014 ᠣᠨ ᠤ 9 ᠰᠠᠷ᠎ᠠ ᠳᠤ ᠬᠠᠷᠢᠶᠠᠯᠠᠭᠰᠠᠨ ᠤ ᠬᠡᠯᠲᠡᠰ ᠦᠨ ᠬᠣᠲᠠ ᠶᠢᠨ ᠭᠦᠩ ᠠᠨ ᠲᠣᠪᠴᠢᠶ᠎ᠠ ᠶᠢᠨ ᠬᠡᠯᠲᠡᠰ ᠦᠨ ᠳᠠᠷᠤᠭ᠎ᠠ ᠪᠣᠯᠵᠤ ᠂ 2001 ᠣᠨ ᠤ 10 ᠰᠠᠷ᠎ᠠ ᠡᠴᠡ 2003 ᠣᠨ ᠤ 7 ᠰᠠᠷ᠎ᠠ ᠬᠦᠷᠲᠡᠯ᠎ᠡ ᠪᠡᠢᠵᠢᠩ ᠦᠨ ᠨᠡᠶᠢᠰᠯᠡᠯ ᠦᠨ ᠶᠡᠬᠡ ᠰᠤᠷᠭᠠᠭᠤᠯᠢ ᠳᠤ ᠰᠤᠷᠤᠯᠴᠠᠭᠰᠠᠨ ᠃ 2001 ᠣᠨ ᠤ 9 ᠰᠠᠷ᠎ᠠ ᠡᠴᠡ 2003 ᠣᠨ ᠤ 7 ᠰᠠᠷ᠎ᠠ ᠬᠦᠷᠲᠡᠯ᠎ᠡ ᠂ ᠬᠣᠲᠠ ᠶᠢᠨ ᠬᠣᠲᠠ ᠶᠢᠨ ᠵᠠᠰᠠᠭ ᠤᠨ ᠭᠠᠵᠠᠷ ᠤᠨ ᠣᠷᠣᠯᠭᠠᠭᠴᠢ ᠳᠠᠷᠤᠭ᠎ᠠ ᠪᠣᠯᠵᠤ ᠃ 2016 ᠣᠨ ᠤ 4 ᠰᠠᠷ᠎ᠠ ᠡᠴᠡ ᠬᠣᠲᠠ ᠶᠢᠨ ᠬᠣᠷᠢᠶ᠎ᠠ ᠶᠢᠨ ᠣᠷᠣᠯᠭᠠᠭᠴᠢ ᠪᠣᠯᠵᠤ ᠂ ᠬᠣᠲᠠ ᠶᠢᠨ ᠬᠣᠷᠢᠶ᠎ᠠ ᠶᠢᠨ ᠭᠡᠰᠢᠭᠦᠨ ᠪᠣᠯᠤᠨ ᠠ ᠃ 2012 ᠣᠨ ᠤ 5 ᠰᠠᠷ᠎ᠠ ᠡᠴᠡ ᠬᠣᠲᠠ ᠶᠢᠨ ᠬᠣᠷᠢᠶ᠎ᠠ ᠶᠢᠨ ᠣᠷᠣᠯᠭᠠᠭᠴᠢ ᠪᠣᠯᠵᠤ ᠂ 2011 ᠣᠨ ᠤ 4 ᠰᠠᠷ᠎ᠠ ᠡᠴᠡ 2012 ᠣᠨ ᠤ 5 ᠰᠠᠷ᠎ᠠ ᠬᠦᠷᠲᠡᠯ᠎ᠡ ᠬᠣᠲᠠ ᠶᠢᠨ ᠬᠣᠷᠢᠶ᠎ᠠ ᠶᠢᠨ ᠭᠡᠰᠢᠭᠦᠨ ᠪᠣᠯᠵᠤ ᠂ ᠬᠣᠲᠠ ᠶᠢᠨ ᠵᠠᠰᠠᠭ ᠤᠨ ᠭᠠᠵᠠᠷ ᠤᠨ ᠳᠠᠷᠤᠭ᠎ᠠ ᠪᠣᠯᠵᠤ ᠂ 2002 ᠣᠨ ᠤ 8 ᠰᠠᠷ᠎ᠠ ᠡᠴᠡ 2011 ᠣᠨ ᠤ 4 ᠰᠠᠷ᠎ᠠ ᠬᠦᠷᠲᠡᠯ᠎ᠡ ᠂ 2002 ᠣᠨ ᠤ 8 ᠰᠠᠷ᠎ᠠ ᠡᠴᠡ ᠬᠣᠲᠠ ᠶᠢᠨ ᠭᠦᠩ ᠠᠨ ᠲᠣᠪᠴᠢᠶ᠎ᠠ ᠶᠢᠨ ᠣᠷᠣᠯᠭᠠᠭᠴᠢ ᠳᠠᠷᠤᠭ᠎ᠠ ᠪᠣᠯᠵᠤ ᠂ 2001 ᠣᠨ ᠤ 8 ᠰᠠᠷ᠎ᠠ ᠡᠴᠡ 2002 ᠣᠨ ᠤ 8 ᠰᠠᠷ᠎ᠠ ᠬᠦᠷᠲᠡᠯ᠎ᠡ ᠬᠣᠲᠠ ᠶᠢᠨ ᠭᠦᠩ ᠠᠨ ᠲᠣᠪᠴᠢᠶ᠎ᠠ ᠶᠢᠨ ᠬᠡᠯᠲᠡᠰ ᠦᠨ ᠣᠷᠣᠯᠭᠠᠭᠴᠢ ᠪᠣᠯᠵᠤ ᠂ 1999 ᠣᠨ ᠤ 10 ᠰᠠᠷ᠎ᠠ ᠡᠴᠡ 2001 ᠣᠨ ᠤ 8 ᠰᠠᠷ᠎ᠠ ᠬᠦᠷᠲᠡᠯ᠎ᠡ ᠂ 1998 ᠣᠨ ᠤ 3 ᠰᠠᠷ᠎ᠠ ᠡᠴᠡ ᠬᠣᠲᠠ ᠶᠢᠨ ᠭᠦᠩ ᠠᠨ ᠲᠣᠪᠴᠢᠶ᠎ᠠ ᠶᠢᠨ ᠬᠡᠯᠲᠡᠰ ᠦᠨ ᠠᠵᠢᠯᠲᠠᠨ ᠪᠣᠯᠵᠤ ᠃

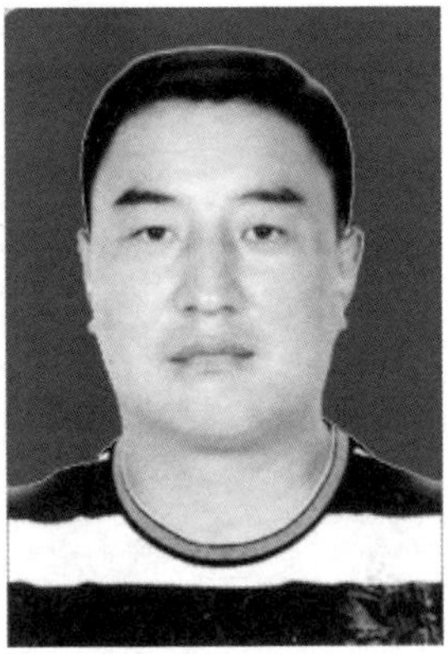

ᠳ᠂ ᠪᠠᠶᠠᠷ ᠡᠷ᠎ᠡ ᠂ ᠮᠣᠩᠭᠣᠯ ᠦᠨᠳᠦᠰᠦᠲᠡᠨ ᠃ 1976 ᠣᠨ ᠤ 12 ᠰᠠᠷ᠎ᠠ ᠳᠤ ᠲᠥᠷᠥᠭᠰᠡᠨ ᠂ 10 ᠤ ᠵᠢᠯ ᠪᠠᠶᠢᠭᠤᠯᠤᠭᠰᠠᠨ ᠬᠣᠷᠢᠶ᠎ᠠ ᠶᠢᠨ ᠰᠤᠷᠭᠠᠭᠤᠯᠢ ᠶᠢᠨ ᠪᠠᠭᠰᠢ ᠶᠢᠨ ᠰᠤᠷᠭᠠᠭᠤᠯᠢ (ᠣᠨ ᠤ 8 · 1 ᠰᠤᠷᠭᠠᠭᠤᠯᠢ) ᠶᠢᠨ ᠲᠡᠭᠦᠰᠴᠦ ᠂ 1995 ᠣᠨ ᠤ 7 ᠰᠠᠷ᠎ᠠ ᠡᠴᠡ ᠬᠣᠲᠠ ᠶᠢᠨ ᠰᠤᠷᠭᠠᠭᠤᠯᠢ ᠳᠤ ᠰᠤᠷᠤᠯᠴᠠᠭᠰᠠᠨ ᠃ 1985 ᠣᠨ ᠤ 9 ᠰᠠᠷ᠎ᠠ ᠡᠴᠡ ᠬᠣᠲᠠ ᠶᠢᠨ ᠬᠣᠲᠠ ᠶᠢᠨ ᠰᠤᠷᠭᠠᠭᠤᠯᠢ ᠳᠤ ᠰᠤᠷᠤᠯᠴᠠᠭᠰᠠᠨ ᠂ ᠬᠣᠲᠠ ᠶᠢᠨ ᠬᠣᠲᠠ ᠶᠢᠨ ᠰᠤᠷᠭᠠᠭᠤᠯᠢ ᠶᠢᠨ ᠰᠤᠷᠤᠯᠴᠠᠭᠰᠠᠨ ᠃

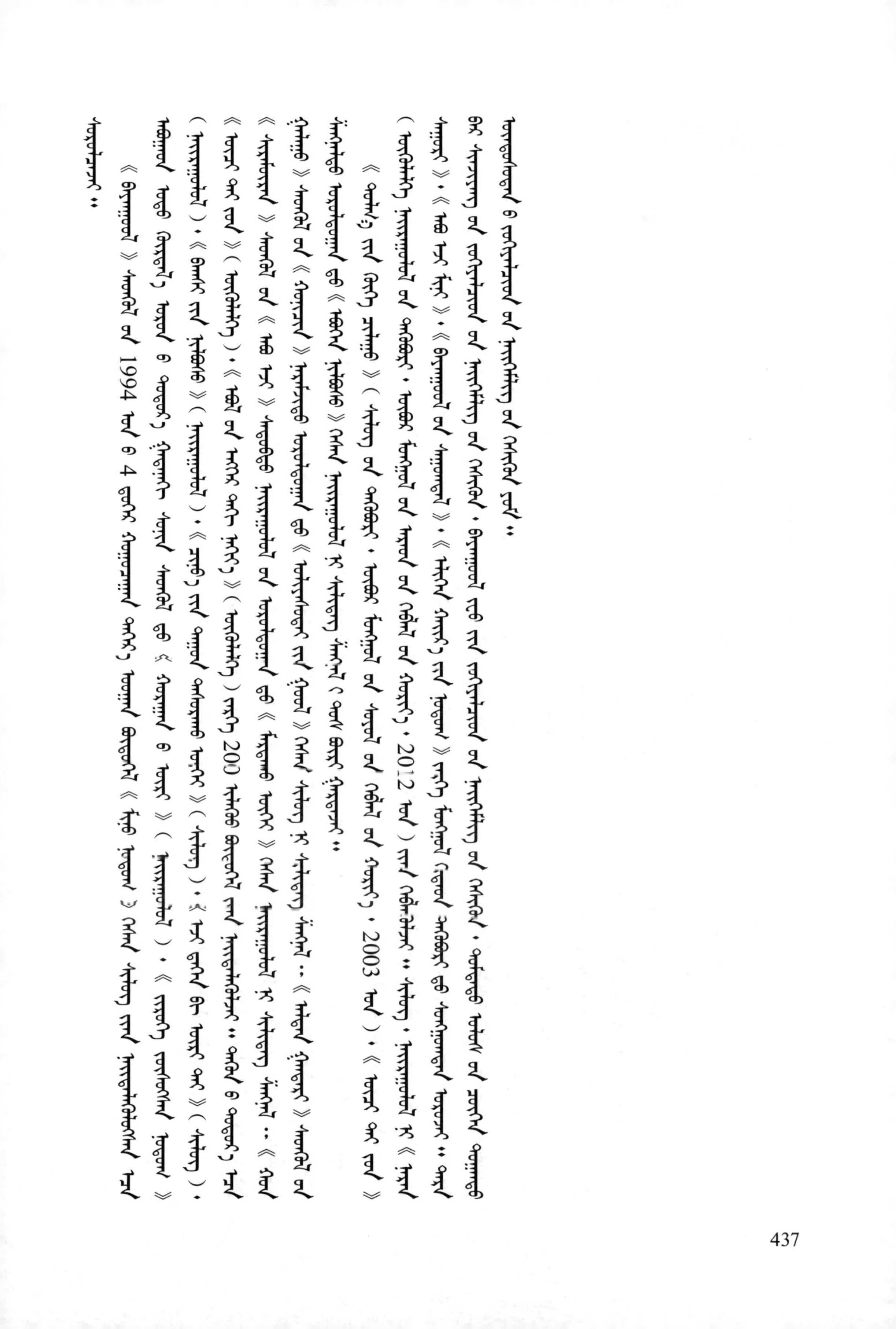

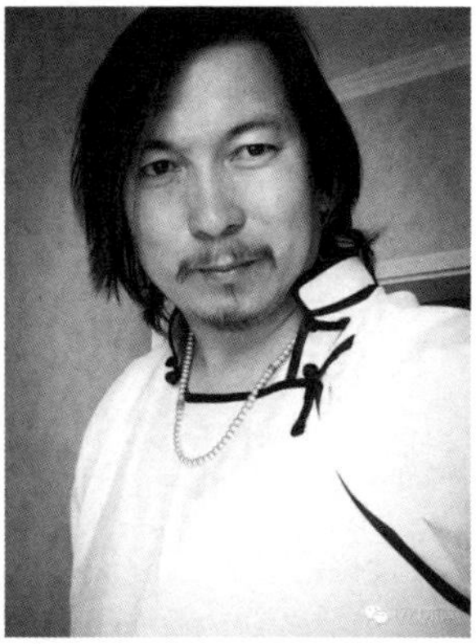

ᠳ᠋ · ᠪᠠᠲᠤᠮᠥᠩᠬᠡ ᠬᠠᠷᠠᠴᠢᠨ · ᠮᠣᠩᠭᠣᠯᠵᠢᠨ ᠤ ᠲᠣᠷᠭᠤᠭᠤᠳ ᠤᠨ ᠬᠦᠮᠦᠨ ᠃ 1977 ᠣᠨ ᠤ 12 ᠰᠠᠷ᠎ᠠ ᠶᠢᠨ 19 ᠤ ᠡᠳᠦᠷ ᠪᠠᠭᠤᠲᠤ ᠬᠣᠲᠠ ᠶᠢᠨ ᠬᠦᠨᠳᠦᠯᠡᠩ ᠲᠣᠭᠣᠷᠢᠭ ᠲᠤ ᠲᠥᠷᠥᠭᠰᠡᠨ ᠃ ᠪᠠᠭᠰᠢ ᠶᠢᠨ ᠰᠤᠷᠭᠠᠭᠤᠯᠢ ᠶᠢᠨ ᠬᠠᠪᠰᠤᠷᠤᠭ᠎ᠠ ᠪᠠᠭ᠎ᠠ ᠰᠤᠷᠭᠠᠭᠤᠯᠢ ᠳᠤ ᠳ᠋ · ᠪᠠᠲᠤᠮᠥᠩᠬᠡ ᠪᠠᠭᠰᠢ ᠶᠢᠨ ᠰᠤᠷᠭᠠᠯ ᠢ ᠰᠤᠷᠤᠯᠴᠠᠭᠰᠠᠨ ᠃ 1984 ᠣᠨ ᠡᠴᠡ 1987 ᠣᠨ ᠬᠦᠷᠲᠡᠯ᠎ᠡ ᠰᠤᠷᠤᠯᠴᠠᠭᠰᠠᠨ ᠪᠠ · 1987 ᠣᠨ ᠡᠴᠡ 1990 ᠣᠨ ᠬᠦᠷᠲᠡᠯ᠎ᠡ ᠪᠠᠭᠠᠷᠢᠨ ᠬᠣᠰᠢᠭᠤᠨ ᠤ ᠰᠤᠮᠤ ᠶᠢᠨ ᠳᠤᠮᠳᠠᠳᠤ ᠰᠤᠷᠭᠠᠭᠤᠯᠢ ᠳᠤ · 1990 ᠣᠨ ᠡᠴᠡ 1992 ᠣᠨ ᠬᠦᠷᠲᠡᠯ᠎ᠡ ᠬᠠᠷᠠᠴᠢᠨ ᠬᠣᠰᠢᠭᠤᠨ ᠤ ᠮᠣᠩᠭᠣᠯ ᠳᠤᠮᠳᠠᠳᠤ ᠰᠤᠷᠭᠠᠭᠤᠯᠢ ᠳᠤ · 1992 ᠣᠨ ᠡᠴᠡ 1995 ᠣᠨ ᠬᠦᠷᠲᠡᠯ᠎ᠡ ᠪᠠᠭᠤᠲᠤ ᠬᠣᠲᠠ ᠶᠢᠨ ᠮᠣᠩᠭᠣᠯ ᠰᠤᠷᠭᠠᠭᠤᠯᠢ ᠳᠤ ᠰᠤᠷᠤᠯᠴᠠᠭᠰᠠᠨ ᠪᠠ · 1995 ᠣᠨ ᠡᠴᠡ 1997 ᠣᠨ ᠬᠦᠷᠲᠡᠯ᠎ᠡ ᠪᠠᠭᠤᠲᠤ ᠬᠣᠲᠠ ᠶᠢᠨ ᠪᠠᠭᠰᠢ ᠶᠢᠨ ᠰᠤᠷᠭᠠᠭᠤᠯᠢ ᠳᠤ ᠰᠤᠷᠤᠯᠴᠠᠭᠰᠠᠨ ᠃ 1998 ᠣᠨ ᠡᠴᠡ 1999 ᠣᠨ ᠬᠦᠷᠲᠡᠯ᠎ᠡ ᠪᠠᠭᠤᠲᠤ ᠬᠣᠲᠠ ᠶᠢᠨ ᠳᠠᠭᠤᠤ ᠪᠦᠵᠢᠭ ᠤᠨ ᠬᠠᠮᠲᠤᠯᠢᠭ ᠲᠤ ᠠᠵᠢᠯᠯᠠᠭᠰᠠᠨ ᠃ 1999 ᠣᠨ ᠡᠴᠡ 2003 ᠣᠨ ᠬᠦᠷᠲᠡᠯ᠎ᠡ ᠪᠡᠭᠡᠵᠢᠩ ᠳᠤ ᠠᠵᠢᠯᠯᠠᠭᠰᠠᠨ ᠃ 2007 ᠣᠨ ᠡᠴᠡ ᠡᠬᠢᠯᠡᠨ ᠪᠡᠭᠡᠵᠢᠩ ᠳᠤ ᠰᠠᠭᠤᠵᠤ ᠳᠠᠭᠤᠤ ᠵᠣᠬᠢᠶᠠᠨ ᠪᠦᠲᠦᠭᠡᠯ ᠦᠨ ᠠᠵᠢᠯ ᠬᠢᠵᠦ ᠪᠠᠢᠨ᠎ᠠ ᠃ 2007 ᠣᠨ ᠳᠤ 《 ᠬᠥᠬᠡ ᠮᠣᠩᠭᠣᠯ 》 ᠬᠡᠮᠡᠬᠦ ᠳᠠᠭᠤᠤ ᠶᠢᠨ ᠴᠤᠮᠤᠭ ᠢ ᠬᠡᠪᠯᠡᠭᠦᠯᠦᠭᠰᠡᠨ · 《 ᠮᠣᠩᠭᠣᠯ 》 · 《 ᠡᠵᠢ ᠶᠢᠨ ᠳᠠᠭᠤᠤ 》 · 《 ᠬᠠᠢᠷ᠎ᠠ ᠶᠢᠨ ᠳᠠᠭᠤᠤ 》 ᠵᠡᠷᠭᠡ 100 ᠭᠠᠷᠤᠢ ᠳᠠᠭᠤᠤ ᠵᠣᠬᠢᠶᠠᠭᠰᠠᠨ ᠃ 2009 ᠣᠨ ᠳᠤ ᠮᠣᠩᠭᠣᠯ ᠤᠨ ᠳᠠᠭᠤᠤ ᠶᠢᠨ ᠰᠠᠶᠢᠨ ᠵᠣᠬᠢᠶᠠᠯ ᠤᠨ ᠰᠢᠯᠭᠠᠷᠠᠯ ᠳᠤ 《 ᠮᠣᠩᠭᠣᠯ ᠤᠨ ᠡᠬᠡ ᠣᠷᠣᠨ 》 ᠬᠡᠮᠡᠬᠦ ᠳᠠᠭᠤᠤ ᠪᠡᠨ ᠰᠢᠯᠭᠠᠷᠠᠭᠤᠯᠵᠤ · 《 ᠬᠥᠬᠡ ᠲᠩᠭᠠᠷᠢ 》 ᠳᠤ ᠵᠣᠬᠢᠶᠠᠯ ᠢ ᠪᠢᠴᠢᠵᠡᠢ ᠃ 2014 ᠣᠨ ᠳᠤ 《 ᠰᠡᠳᠬᠢᠯ ᠦᠨ 》 ᠳᠠᠭᠤᠤ ᠶᠢᠨ ᠴᠤᠮᠤᠭ ᠢ ᠬᠡᠪᠯᠡᠭᠦᠯᠦᠭᠰᠡᠨ ᠃

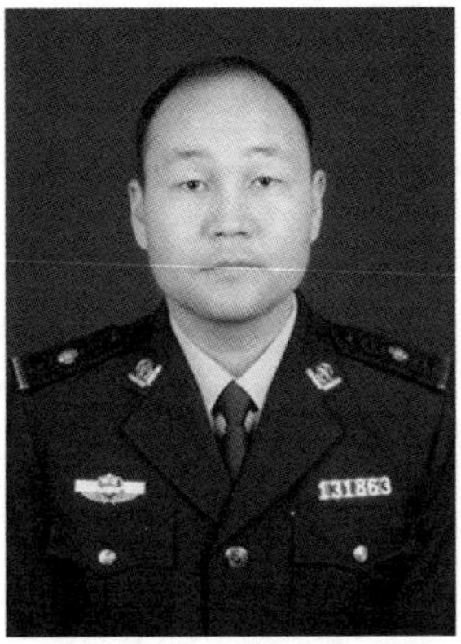

[illegible]

[illegible] (和田地区皮山县) [illegible]

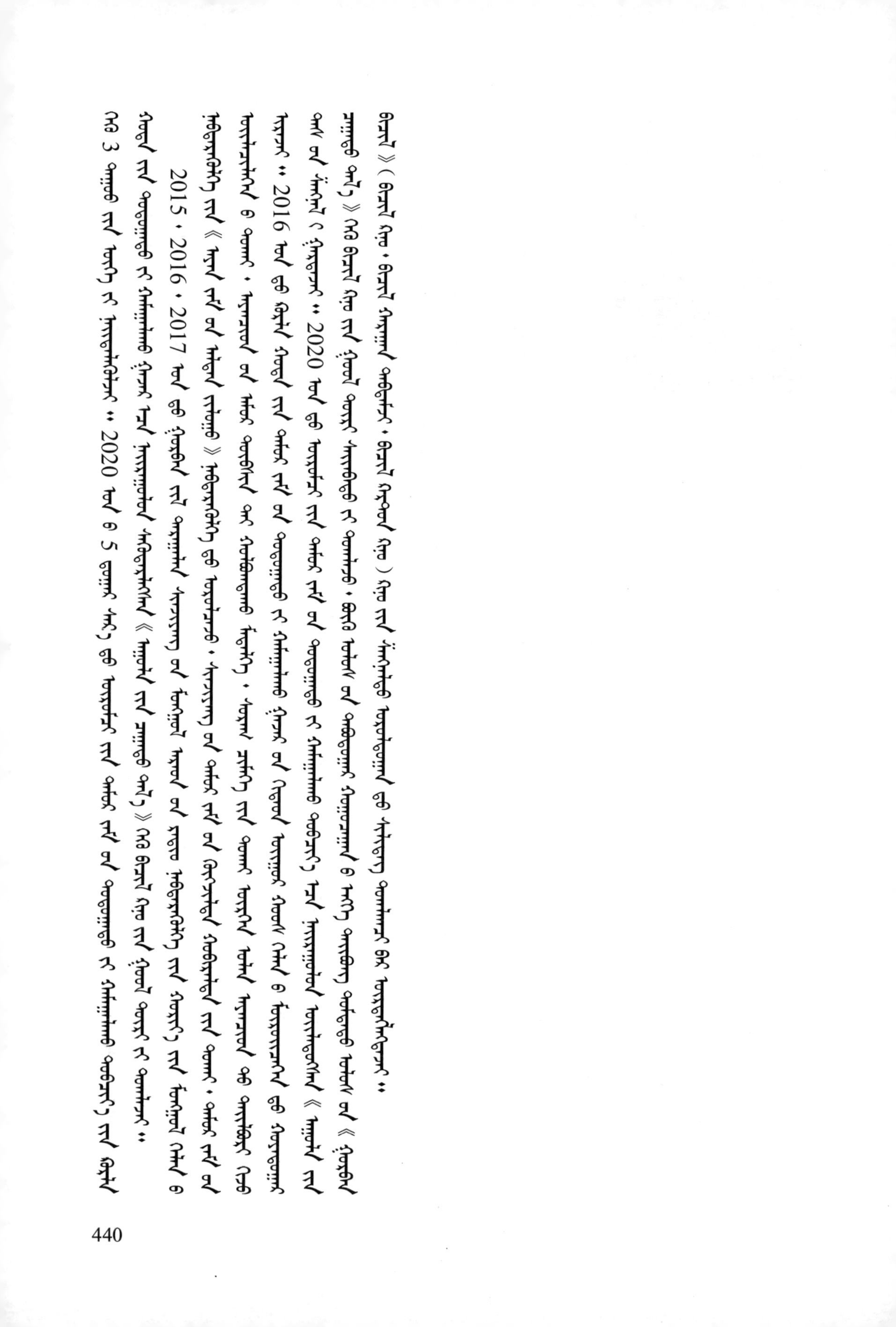

[illegible] 》([illegible] · [illegible] · [illegible]) [illegible] ::

[illegible] 》[illegible] ::

[illegible] :: 2020 [illegible] :: 2016 [illegible] · [illegible] · [illegible] 《 [illegible] 》[illegible] · [illegible] · [illegible]

2015 · 2016 · 2017 [illegible] 《 [illegible] 》[illegible] ::

[illegible] 3 [illegible] :: 2020 [illegible] 5 [illegible]

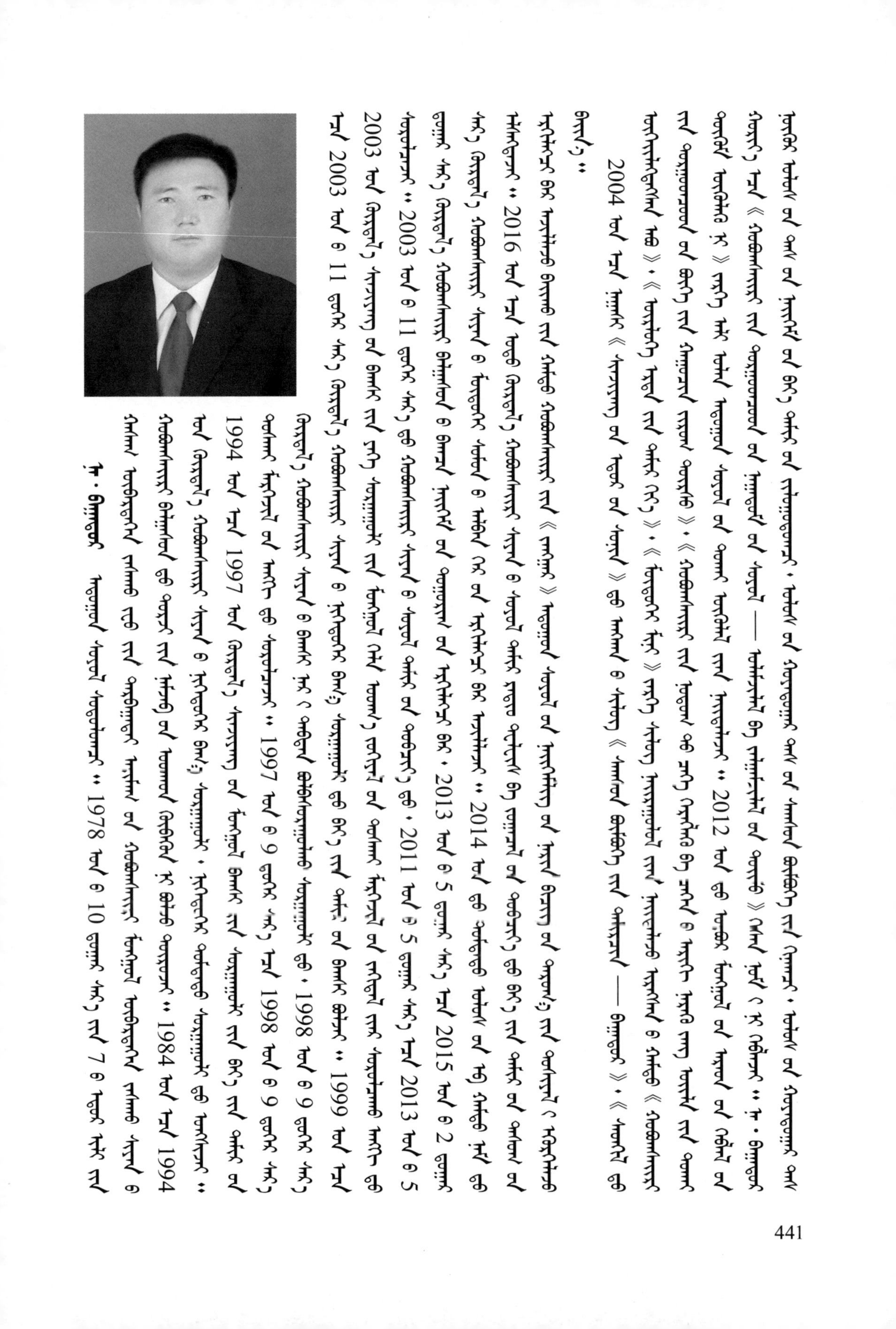

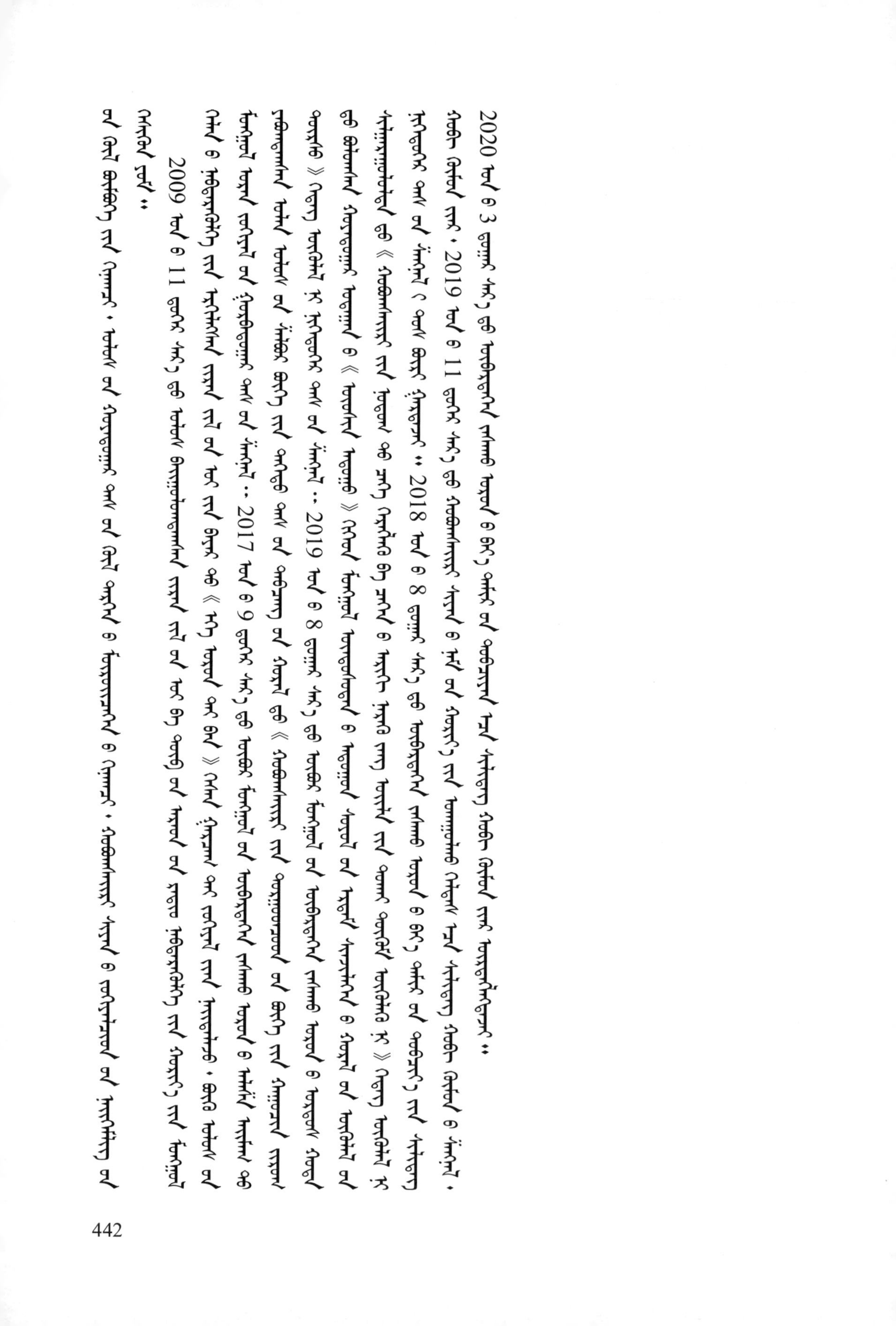

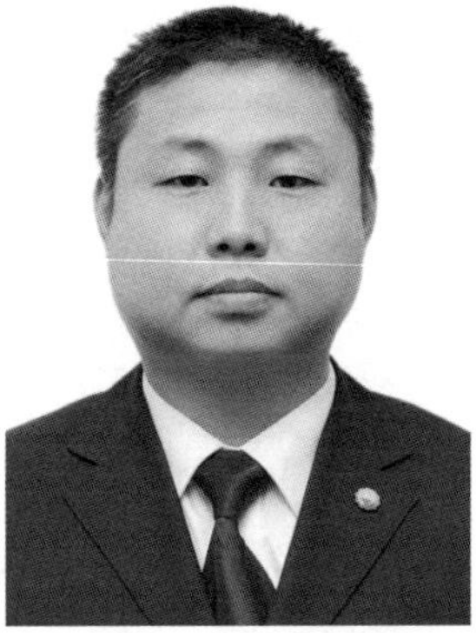

ᠮᠣᠩᠭᠣᠯ ᠤᠨ ᠤᠷᠠᠨ ᠵᠣᠬᠢᠶᠠᠯ ᠤᠨ ᠨᠡᠶᠢᠭᠡᠮᠯᠢᠭ ᠦᠨ ᠭᠡᠰᠢᠭᠦᠨ ᠃ 《 ᠮᠣᠩᠭᠣᠯ ᠤᠨ ᠤᠷᠠᠨ ᠵᠣᠬᠢᠶᠠᠯ 》 ᠰᠡᠳᠭᠦᠯ ᠦᠨ ᠨᠠᠶᠢᠷᠠᠭᠤᠯᠤᠭᠴᠢ ᠃ 《 ᠦᠢᠯᠡ ᠬᠡᠷᠡᠭ ᠦᠨ ᠲᠠᠨᠢᠯᠴᠠᠭᠤᠯᠭ᠎ᠠ 》 ᠰᠡᠳᠭᠦᠯ ᠦᠨ ᠨᠠᠶᠢᠷᠠᠭᠤᠯᠤᠭᠴᠢ ᠶᠢᠨ ᠠᠵᠢᠯ ᠢ ᠬᠠᠷᠢᠭᠤᠴᠠᠨ ᠃ 《 ᠲᠠᠯ᠎ᠠ ᠶᠢᠨ ᠰᠡᠳᠬᠢᠯ 》 ᠃ 《 ᠬᠦᠮᠦᠨ ᠪᠠ ᠪᠠᠶᠢᠭᠠᠯᠢ 》 ᠵᠡᠷᠭᠡ 400 ᠭᠠᠷᠤᠶ ᠥᠭᠦᠯᠡᠯ ᠃ ᠨᠠᠶᠢᠷᠠᠭᠤᠯᠤᠯ ᠃ ᠲᠣᠶᠢᠮ ᠨᠡᠶᠢᠲᠡᠯᠡᠭᠰᠡᠨ ᠪᠥᠭᠡᠳ 《 ᠬᠠᠷᠠ ᠨᠢᠭᠤᠳᠠᠯ ᠦᠨ ᠬᠠᠷᠢᠭᠤ 》 ᠃ 《 ᠰᠣᠶᠣᠯ ᠤᠨ ᠲᠡᠦᠬᠡ 》 ᠃ 《 ᠲᠡᠭᠡ ᠶᠢᠨ ᠪᠣᠳᠤᠯ 》 ᠃ 《 ᠲᠠᠯ᠎ᠠ ᠶᠢᠨ ᠰᠡᠳᠬᠢᠯ 》 ᠃ 《 ᠪᠣᠳᠤᠯ ᠤᠨ ᠭᠡᠷᠡᠯ 》 (ᠬᠠᠮᠲᠤ) ᠃ 《 ᠨᠡᠶᠢᠭᠡᠮ ᠦᠨ ᠰᠣᠶᠣᠯ ᠤᠨ ᠰᠡᠳᠬᠢᠯ 》 (ᠬᠠᠮᠲᠤ) ᠃ 《 ᠲᠠᠯ᠎ᠠ ᠶᠢᠨ ᠰᠡᠳᠬᠢᠯ 》 ᠃ 《 ᠨᠡᠶᠢᠲᠡᠯᠡᠯ 》 ᠵᠡᠷᠭᠡ ᠨᠣᠮ ᠨᠡᠶᠢᠲᠡᠯᠡᠭᠰᠡᠨ ᠪᠥᠭᠡᠳ ᠃ 1995 ᠣᠨ ᠳᠤ 《 ᠰᠠᠶᠢᠨ ᠨᠣᠮ 》 ᠰᠡᠳᠭᠦᠯ ᠦᠨ ᠰᠢᠯᠢᠳᠡᠭ ᠵᠣᠬᠢᠶᠠᠯ ᠤᠨ ᠱᠠᠩᠨᠠᠯ ᠢ ᠬᠦᠷᠲᠡᠭᠰᠡᠨ ᠪᠥᠭᠡᠳ 《 ᠲᠠᠯ᠎ᠠ 》 ᠃ 《 ᠬᠦᠮᠦᠨ 》 ᠵᠡᠷᠭᠡ ᠨᠣᠮ ᠤᠨ ᠰᠡᠳᠬᠢᠯ ᠳᠦ ᠣᠯᠠᠨ ᠪᠠᠶᠢᠭᠤᠯᠭ᠎ᠠ ᠃ ᠬᠣᠰᠢᠭᠤ ᠰᠢᠯᠢᠳᠡᠭ ᠰᠢᠩᠭᠡᠨ ᠣᠨ ᠪᠠ ᠪᠣᠯᠤᠨ ᠃ 2013 ᠣᠨ ᠳᠤ ᠮᠣᠩᠭᠣᠯ ᠤᠨ ᠵᠣᠬᠢᠶᠠᠯ ᠤᠨ ᠨᠡᠶᠢᠭᠡᠮᠯᠢᠭ ᠦᠨ ᠭᠡᠰᠢᠭᠦᠨ ᠪᠣᠯᠤᠭᠰᠠᠨ ᠃

ᠪᠠᠶᠠᠷ ᠲᠣᠭᠲᠠᠭᠤᠯᠤᠭᠰᠠᠨ ᠃ ᠮᠣᠩᠭᠣᠯ ᠤᠨ ᠤᠷᠠᠨ ᠵᠣᠬᠢᠶᠠᠯ ᠤᠨ ᠨᠡᠶᠢᠭᠡᠮᠯᠢᠭ ᠦᠨ ᠭᠡᠰᠢᠭᠦᠨ ᠃ ᠮᠣᠩᠭᠣᠯ ᠤᠨ ᠵᠣᠬᠢᠶᠠᠯ ᠤᠨ ᠨᠡᠶᠢᠭᠡᠮᠯᠢᠭ ᠦᠨ ᠭᠡᠰᠢᠭᠦᠨ ᠃ ᠥᠪᠥᠷ ᠮᠣᠩᠭᠣᠯ ᠤᠨ ᠤᠷᠠᠨ ᠵᠣᠬᠢᠶᠠᠯ ᠤᠨ ᠨᠡᠶᠢᠭᠡᠮᠯᠢᠭ ᠦᠨ ᠭᠡᠰᠢᠭᠦᠨ ᠃ 2010 ᠣᠨ ᠳᠤ ᠮᠣᠩᠭᠣᠯ ᠤᠨ ᠤᠷᠠᠨ ᠵᠣᠬᠢᠶᠠᠯ ᠤᠨ ᠨᠡᠶᠢᠭᠡᠮᠯᠢᠭ ᠦᠨ ᠭᠡᠰᠢᠭᠦᠨ ᠃ ᠥᠪᠥᠷ ᠮᠣᠩᠭᠣᠯ ᠤᠨ ᠪᠠᠭᠰᠢ ᠨᠠᠷ ᠤᠨ ᠶᠡᠬᠡ ᠰᠤᠷᠭᠠᠭᠤᠯᠢ ᠶᠢᠨ ᠮᠣᠩᠭᠣᠯ ᠬᠡᠯᠡ ᠪᠢᠴᠢᠭ ᠦᠨ ᠰᠤᠷᠭᠠᠭᠤᠯᠢ ᠳᠤ ᠰᠤᠷᠤᠯᠴᠠᠭᠰᠠᠨ ᠪᠥᠭᠡᠳ 2002 ᠣᠨ ᠡᠴᠡ 1996 ᠣᠨ ᠪᠠ 2002 ᠣᠨ ᠬᠦᠷᠲᠡᠯ᠎ᠡ ᠮᠣᠩᠭᠣᠯ ᠤᠨ ᠤᠷᠠᠨ ᠵᠣᠬᠢᠶᠠᠯ ᠤᠨ ᠰᠡᠳᠭᠦᠯ ᠦᠨ ᠨᠠᠶᠢᠷᠠᠭᠤᠯᠤᠭᠴᠢ ᠪᠣᠯᠤᠭᠰᠠᠨ ᠃ 1993 ᠣᠨ ᠡᠴᠡ 1996 ᠣᠨ ᠬᠦᠷᠲᠡᠯ᠎ᠡ (ᠰᠤᠷᠭᠠᠭᠤᠯᠢ ᠶᠢᠨ ᠪᠠᠭᠰᠢ) ᠪᠣᠯᠤᠭᠰᠠᠨ ᠃ 1985 ᠣᠨ ᠡᠴᠡ 1993 ᠣᠨ ᠬᠦᠷᠲᠡᠯ᠎ᠡ ᠰᠤᠷᠤᠯᠴᠠᠭᠰᠠᠨ ᠃ 1978 ᠣᠨ ᠤ 12 ᠰᠠᠷ᠎ᠠ ᠶᠢᠨ 5 ᠤ ᠡᠳᠦᠷ ᠲᠥᠷᠥᠭᠰᠡᠨ ᠃ ᠮᠣᠩᠭᠣᠯ ᠤᠨ ᠤᠷᠠᠨ ᠵᠣᠬᠢᠶᠠᠯ ᠤᠨ ᠨᠡᠶᠢᠭᠡᠮᠯᠢᠭ ᠦᠨ ᠭᠡᠰᠢᠭᠦᠨ ᠃

ᠪᠠᠷᠠ · ᠪᠠᠶᠠᠷ

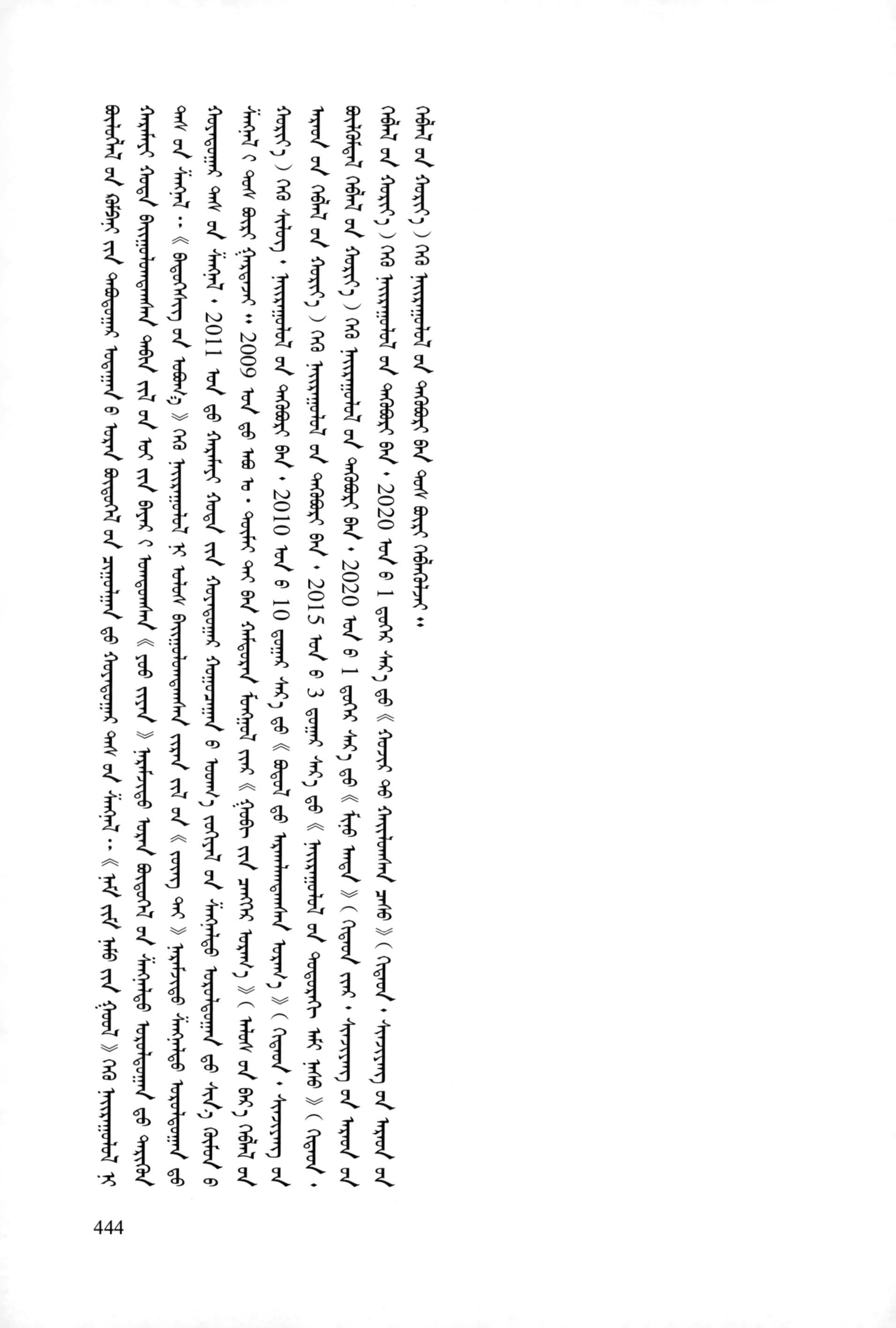

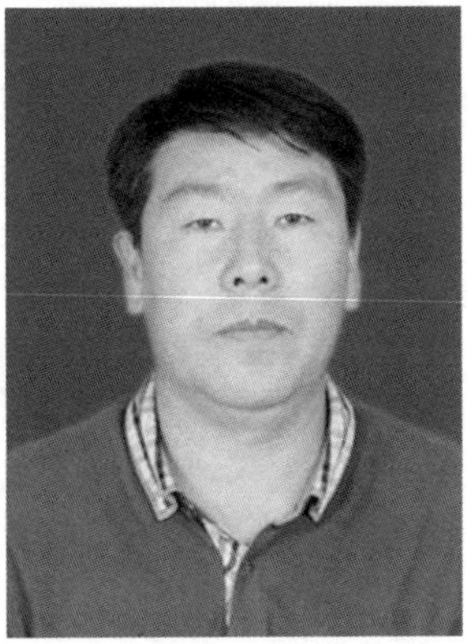

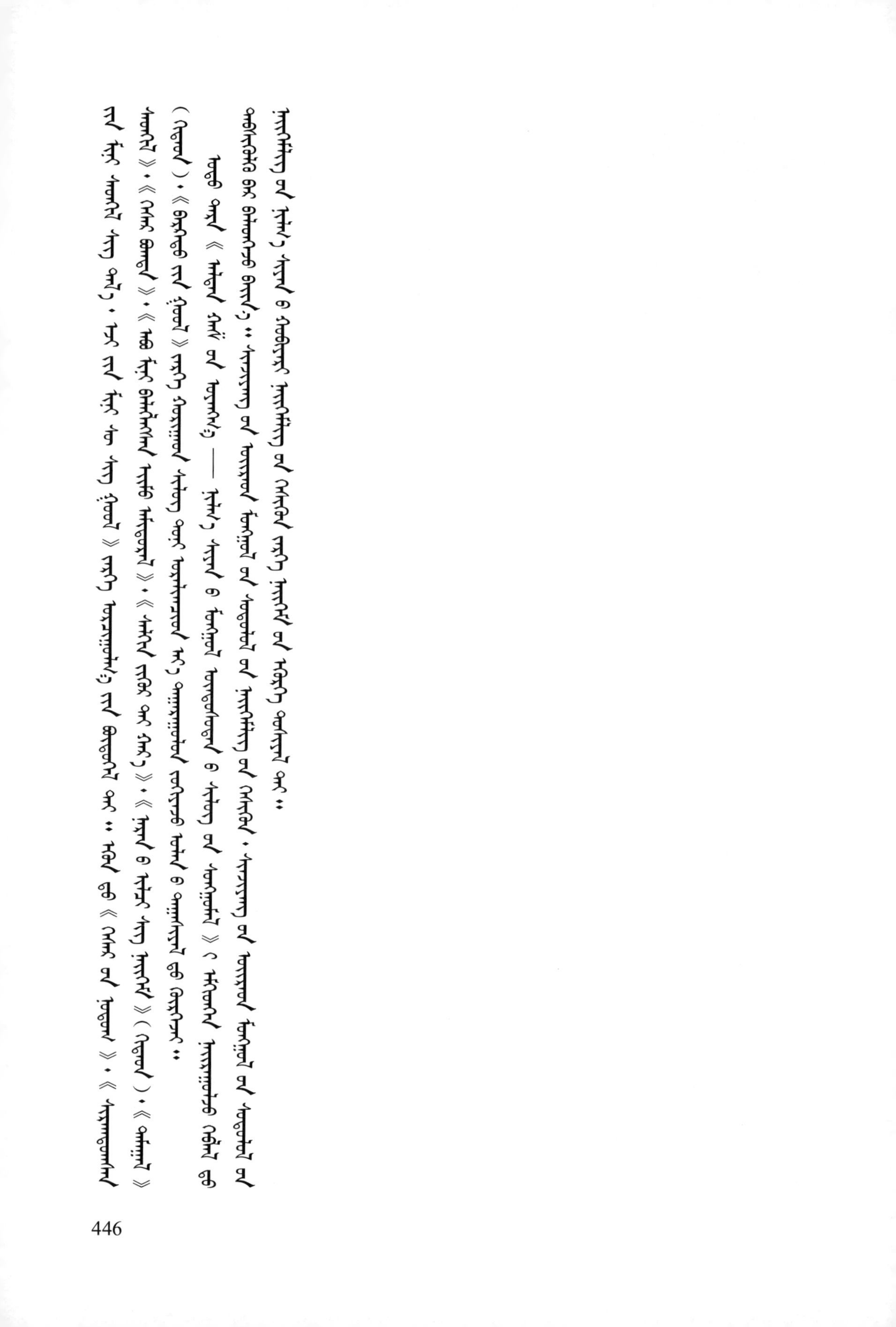

ᠶᠣᠰᠣᠯ ᠪᠠᠶᠢᠭᠤᠯᠭ᠎ᠠ》·《ᠭᠠᠳᠠᠭᠠᠳᠤ ᠬᠡᠷᠡᠭ —— ᠳᠣᠲᠣᠭᠠᠳᠤ ᠬᠡᠷᠡᠭ ᠤᠨ ᠰᠢᠯᠵᠢᠯᠲᠡ》·《ᠰᠣᠶᠣᠯ ᠤᠨ ᠪᠣᠳᠣᠯᠭ᠎ᠠ》·《ᠳᠠᠭᠤ ᠪᠢᠴᠢᠭ ᠤᠨ ᠰᠣᠶᠣᠯ》·《ᠮᠣᠩᠭᠣᠯ ᠬᠡᠯᠡ ᠪᠢᠴᠢᠭ》·《ᠪᠤᠯᠤᠩ ᠬᠢᠵᠠᠭᠠᠷ ᠤᠨ ᠬᠦᠮᠦᠨ》·《ᠮᠠᠨ ᠤ ᠨᠤᠲᠤᠭ》 ᠵᠡᠷᠭᠡ ᠵᠣᠬᠢᠶᠠᠯ ᠦᠳ ᠨᠢ ᠨᠡᠢᠲᠡ ᠶᠢᠨ ᠬᠡᠪᠯᠡᠯ ᠳᠦ ᠨᠡᠢᠲᠡᠯᠡᠭᠳᠡᠭ᠌ᠰᠡᠨ ᠪᠠᠶᠢᠨ᠎ᠠ ᠃ ᠮᠣᠩᠭᠣᠯ ᠤᠨ ᠠᠭᠤᠯᠭ᠎ᠠ ᠶᠢᠨ ᠪᠤᠰᠤᠳ ᠪᠦᠲᠦᠭᠡᠯ ᠨᠢ 2000 ᠣᠨ ᠤ 2 ᠰᠠᠷ᠎ᠠ ᠳᠤ《ᠮᠣᠩᠭᠣᠯ ᠤᠨ ᠤᠷᠠᠨ ᠵᠣᠬᠢᠶᠠᠯ ᠤᠨ ᠰᠢᠭᠤᠮᠵᠢᠯᠡᠯ》 ᠤᠨ ᠰᠣᠩᠭᠣᠯᠲᠠ ᠳᠤ ᠬᠠᠮᠤᠷᠤᠭᠳᠠᠭ᠌ᠰᠠᠨ ᠶᠤᠮ ᠃

ᠮᠣᠩᠭᠣᠯ ᠤᠨ ᠦᠨᠳᠦᠰᠦᠲᠡᠨ ᠦ ᠤᠷᠠᠨ ᠵᠣᠬᠢᠶᠠᠯ ᠤᠨ ᠲᠣᠭᠤᠷᠢᠭ ᠳᠤ《ᠰᠢᠯᠢᠳᠡᠭ ᠵᠣᠬᠢᠶᠠᠯ ᠤᠨ ᠰᠢᠭᠠᠩᠬᠤᠷᠠᠯ》 ᠢ ᠬᠦᠷᠲᠡᠭᠡᠵᠦ ᠪᠠᠶᠢᠭᠰᠠᠨ ᠶᠤᠮ ᠃

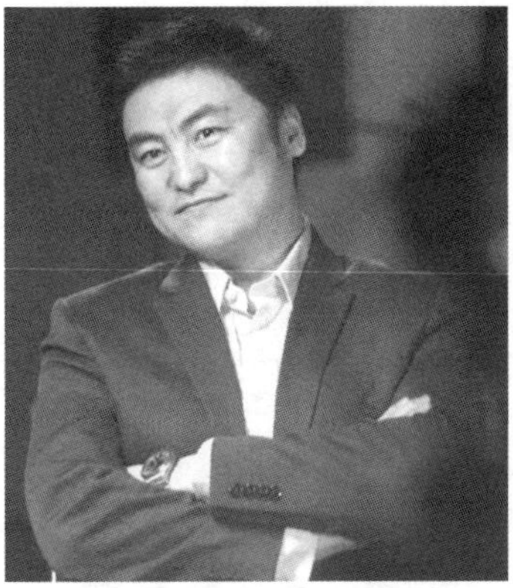

ᠮᠠ · ᠪᠠᠲᠤᠪᠠᠶᠠᠷ ᠮᠣᠩᠭᠣᠯ ᠦᠨᠳᠦᠰᠦᠲᠡᠨ ᠂ ᠬᠣᠷᠴᠢᠨ ᠬᠣᠰᠢᠭᠤ ᠶᠢᠨ ᠬᠦᠮᠦᠨ ᠃ 1980 ᠣᠨ ᠤ 6 ᠰᠠᠷ᠎ᠠ ᠶᠢᠨ 12 ᠳᠤ ᠲᠥᠷᠦᠭᠰᠡᠨ ᠃ 1986 ᠣᠨ ᠤ 9 ᠰᠠᠷ᠎ᠠ ᠠᠴᠠ 1990 ᠣᠨ ᠤ 7 ᠰᠠᠷ᠎ᠠ ᠬᠦᠷᠲᠡᠯ᠎ᠡ ᠪᠠᠭ᠎ᠠ ᠰᠤᠷᠭᠠᠭᠤᠯᠢ ᠳᠤ ᠰᠤᠷᠤᠯᠴᠠᠭᠰᠠᠨ ᠂ 1991 ᠣᠨ ᠤ 9 ᠰᠠᠷ᠎ᠠ ᠠᠴᠠ 1994 ᠣᠨ ᠤ 7 ᠰᠠᠷ᠎ᠠ ᠬᠦᠷᠲᠡᠯ᠎ᠡ ᠳᠤᠮᠳᠠ ᠰᠤᠷᠭᠠᠭᠤᠯᠢ ᠳᠤ ᠰᠤᠷᠤᠯᠴᠠᠭᠰᠠᠨ ᠂ 1994 ᠣᠨ ᠤ 9 ᠰᠠᠷ᠎ᠠ ᠠᠴᠠ 1997 ᠣᠨ ᠤ 7 ᠰᠠᠷ᠎ᠠ ᠬᠦᠷᠲᠡᠯ᠎ᠡ ᠰᠤᠷᠤᠯᠴᠠᠭᠰᠠᠨ ᠂ 1997 ᠣᠨ ᠤ 9 ᠰᠠᠷ᠎ᠠ ᠠᠴᠠ 2001 ᠣᠨ ᠤ 7 ᠰᠠᠷ᠎ᠠ ᠬᠦᠷᠲᠡᠯ᠎ᠡ ᠶᠡᠭᠡ ᠰᠤᠷᠭᠠᠭᠤᠯᠢ ᠶᠢᠨ ᠮᠣᠩᠭᠣᠯ ᠬᠡᠯᠡ ᠪᠢᠴᠢᠭ ᠤᠨ ᠮᠡᠷᠭᠡᠵᠢᠯ ᠳᠦ ᠰᠤᠷᠤᠯᠴᠠᠭᠰᠠᠨ ᠃ 2001 ᠣᠨ ᠤ 7 ᠰᠠᠷ᠎ᠠ ᠠᠴᠠ ᠡᠬᠢᠯᠡᠨ ᠠᠵᠢᠯ ᠳᠤ ᠣᠷᠣᠭᠰᠠᠨ ᠃ 2007 ᠣᠨ ᠠᠴᠠ 2008 ᠣᠨ ᠬᠦᠷᠲᠡᠯ᠎ᠡ ᠰᠤᠷᠤᠯᠴᠠᠭᠰᠠᠨ ᠃ 《ᠮᠣᠩᠭᠣᠯ ᠤᠨ ᠤᠷᠠᠨ ᠵᠣᠬᠢᠶᠠᠯ》 ᠳᠤ ᠵᠣᠬᠢᠶᠠᠯ ᠨᠡᠢᠲᠡᠯᠡᠭᠳᠡᠭ᠌ᠰᠡᠨ ᠶᠤᠮ ᠃

447

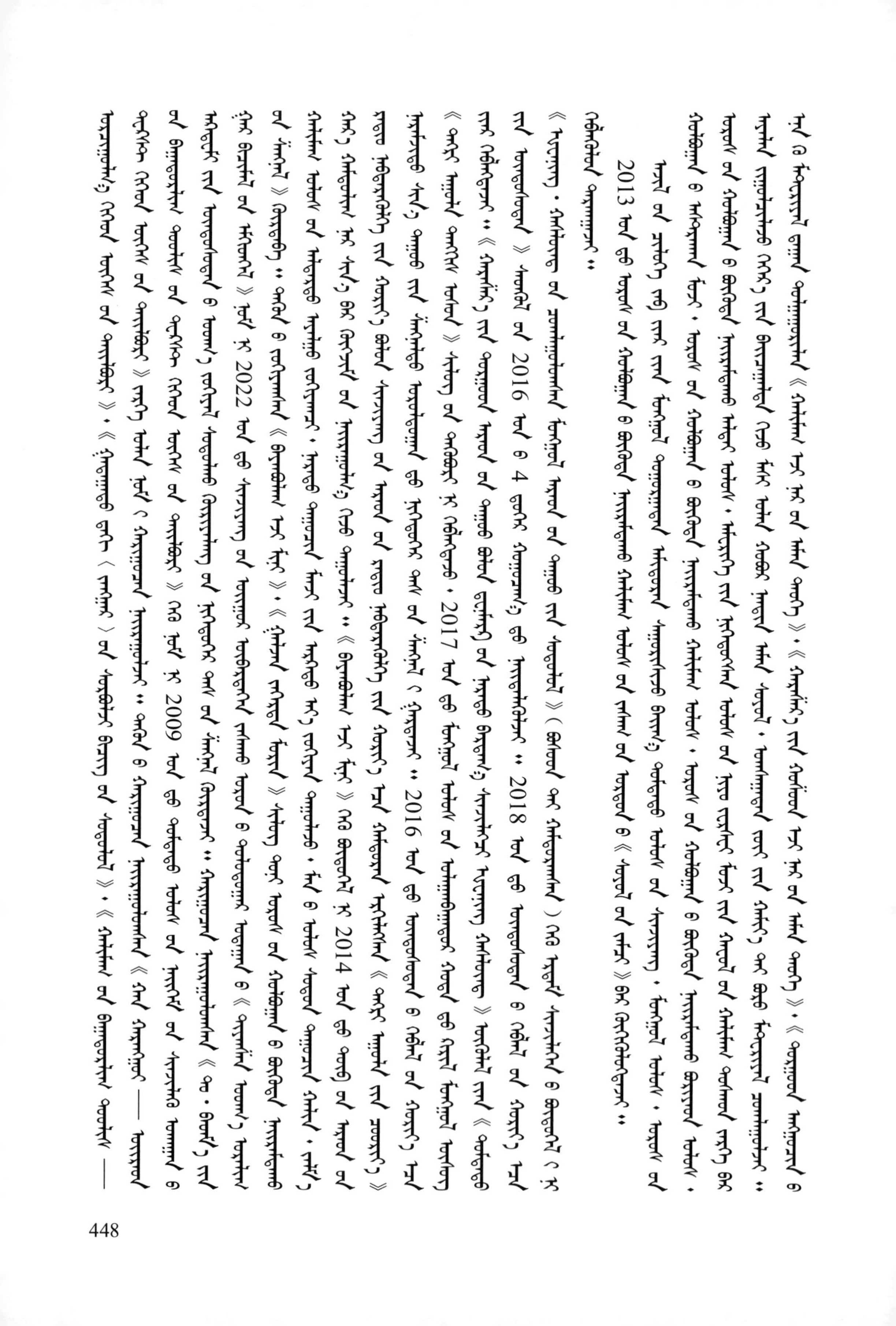

[illegible] 2022 [illegible] 2009 [illegible] —

[illegible] 2014 [illegible] 2016 [illegible] 2017 [illegible] 2016 [illegible] 4 [illegible] 2018 [illegible] ::

2013 [illegible] ::

[illegible]

ᠰᠤᠳᠤᠯᠤᠯ ᠤᠨ ᠨᠡᠢᠲᠡᠯᠡᠭᠰᠡᠨ ᠦ ᠳᠤᠮᠳᠠ ᠬᠡᠪᠯᠡᠭᠰᠡᠨ ᠨᠢᠭᠡᠨ ᠪᠦᠲᠦᠭᠡᠯ ᠪᠣᠯᠤᠨ᠎ᠠ ::

ᠰᠤᠳᠤ ᠪᠢᠴᠢᠭ ᠪᠠ ᠰᠤᠳᠤᠯᠤᠯ ᠤᠨ ᠭᠠᠵᠠᠷ ᠤᠨ ᠲᠡᠦᠬᠡ ᠶᠢᠨ ᠰᠤᠳᠤᠯᠤᠯ ᠨᠡᠢᠲᠡᠯᠡᠯ ᠬᠡᠪᠯᠡᠯ ᠦᠨ ᠭᠠᠵᠠᠷ ᠤᠨ ᠲᠤᠰᠬᠠᠢ ᠨᠡᠢᠲᠡᠯᠡᠭᠰᠡᠨ᠂ ᠬᠡᠪᠯᠡᠯ ᠦᠨ ᠬᠣᠷᠢᠶ᠎ᠠ ᠤᠨ 《ᠮᠣᠩᠭᠣᠯ ᠦᠨᠳᠦᠰᠦᠲᠡᠨ》 ᠨᠢᠭᠡᠨ ᠰᠤᠳᠤᠯᠤᠯ ᠤᠨ ᠪᠦᠲᠦᠭᠡᠯ ᠦᠨ ᠴᠤᠪᠤᠷᠠᠯ ᠢ ᠪᠦᠷᠢᠳᠬᠡᠨ ᠪᠣᠯᠤᠨ᠎ᠠ ::

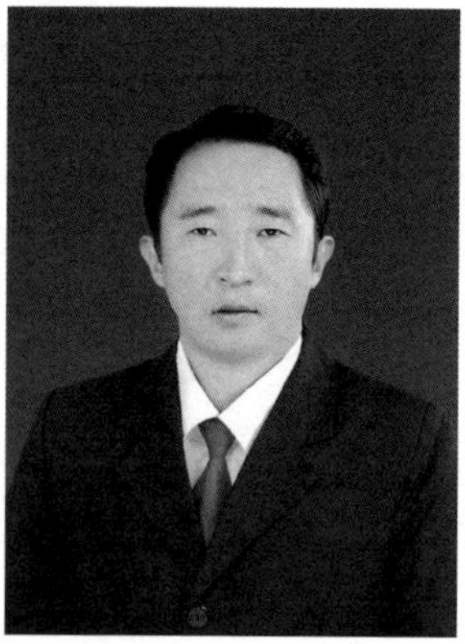

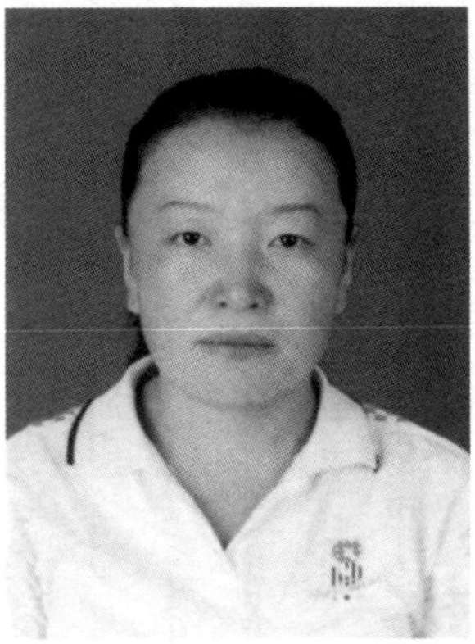

[illegible] 60 [illegible] 50 [illegible]

1996 [illegible] 6 [illegible]

[illegible] 2010 [illegible] 12 [illegible] 2011 [illegible] 1 [illegible] 7 [illegible] 2009 [illegible] 7 [illegible] 2010 [illegible] 3 [illegible] 2006 [illegible] 9 [illegible] 2007 [illegible] 8 [illegible] 2008 [illegible] 7 [illegible] 2002 [illegible] 9 [illegible] 2006 [illegible] 1998 [illegible] 9 [illegible] 2001 [illegible] 7 [illegible] 1995 [illegible] 1998 [illegible] 1989 [illegible] 1995 [illegible] 9 [illegible] 21 [illegible] 1982 [illegible]

ᠪᠣ᠂ ᠮᠣᠩᠭᠣᠯᠵᠢᠨ ᠮᠣᠩᠭᠣᠯ ᠦᠨᠳᠦᠰᠦᠲᠡᠨ᠂ ᠪᠠᠭᠰᠢ ᠮᠡᠷᠭᠡᠵᠢᠯ᠂ ᠬᠠᠷᠴᠢᠨ ᠤ ᠪᠠᠷᠠᠭᠤᠨ ᠬᠣᠰᠢᠭᠤ ᠶᠢᠨ ᠬᠦᠮᠦᠨ᠃ 1987 ᠣᠨ ᠤ 8 ᠰᠠᠷ᠎ᠠ ᠶᠢᠨ 11 ᠦ ᠡᠳᠦᠷ ᠲᠦ ᠲᠥᠷᠥᠭᠰᠡᠨ᠃ ᠵᠠᠩ ᠤᠳᠠ ᠶᠢᠨ ᠮᠣᠩᠭᠣᠯ ᠪᠠᠭᠰᠢ ᠶᠢᠨ ᠰᠤᠷᠭᠠᠭᠤᠯᠢ ᠶᠢᠨ ᠮᠣᠩᠭᠣᠯ ᠬᠡᠯᠡ ᠪᠢᠴᠢᠭ ᠦᠨ ᠮᠡᠷᠭᠡᠵᠢᠯ ᠢ ᠲᠡᠭᠦᠰᠬᠡᠭᠰᠡᠨ᠃ 1994 ᠣᠨ ᠤ 9 ᠰᠠᠷ᠎ᠠ ᠠᠴᠠ 2000 ᠣᠨ ᠤ 7 ᠰᠠᠷ᠎ᠠ ᠬᠦᠷᠲᠡᠯ᠎ᠡ ᠨᠤᠲᠤᠭ ᠤᠨ ᠪᠠᠭ᠎ᠠ ᠰᠤᠷᠭᠠᠭᠤᠯᠢ ᠳᠤ ᠰᠤᠷᠤᠯᠴᠠᠭᠰᠠᠨ᠂ 2000 ᠣᠨ ᠤ 9 ᠰᠠᠷ᠎ᠠ ᠠᠴᠠ 2006 ᠣᠨ ᠤ 7 ᠰᠠᠷ᠎ᠠ ᠬᠦᠷᠲᠡᠯ᠎ᠡ ᠬᠣᠰᠢᠭᠤ ᠶᠢᠨ ᠮᠣᠩᠭᠣᠯ ᠳᠤᠮᠳᠠ ᠰᠤᠷᠭᠠᠭᠤᠯᠢ ᠳᠤ ᠰᠤᠷᠤᠯᠴᠠᠭᠰᠠᠨ᠂ 2006 ᠣᠨ ᠤ 9 ᠰᠠᠷ᠎ᠠ ᠠᠴᠠ 2010 ᠣᠨ ᠤ 7 ᠰᠠᠷ᠎ᠠ ᠬᠦᠷᠲᠡᠯ᠎ᠡ ᠮᠣᠩᠭᠣᠯ ᠪᠠᠭᠰᠢ ᠶᠢᠨ ᠰᠤᠷᠭᠠᠭᠤᠯᠢ ᠶᠢᠨ ᠮᠣᠩᠭᠣᠯ ᠬᠡᠯᠡ ᠪᠢᠴᠢᠭ ᠦᠨ ᠮᠡᠷᠭᠡᠵᠢᠯ ᠳᠦ ᠰᠤᠷᠤᠯᠴᠠᠭᠰᠠᠨ᠃ 2012 ᠣᠨ ᠤ 9 ᠰᠠᠷ᠎ᠠ ᠳᠤ ᠮᠣᠩᠭᠣᠯ ᠬᠡᠯᠡ ᠪᠢᠴᠢᠭ ᠦᠨ ᠮᠡᠷᠭᠡᠵᠢᠯ ᠦᠨ ᠮᠠᠭᠢᠰᠲ᠋ᠧᠷ ᠤᠨ ᠰᠤᠷᠤᠯᠴᠠᠭᠴᠢ ᠪᠣᠯᠵᠤ᠂ 2015 ᠣᠨ ᠳᠤ ᠲᠡᠭᠦᠰᠦᠭᠡᠳ ᠮᠣᠩᠭᠣᠯ ᠬᠡᠯᠡ ᠪᠢᠴᠢᠭ ᠦᠨ ᠲᠣᠭᠣᠷᠢᠭᠤᠯᠤᠯ ᠤᠨ ᠰᠤᠷᠭᠠᠭᠤᠯᠢ ᠳᠤ ᠪᠠᠭᠰᠢ ᠪᠣᠯᠵᠤ ᠮᠣᠩᠭᠣᠯ ᠬᠡᠯᠡ ᠪᠢᠴᠢᠭ ᠦᠨ ᠬᠢᠴᠢᠶᠡᠯ ᠵᠠᠭᠠᠵᠤ ᠢᠷᠡᠭᠰᠡᠨ᠃ ᠣᠳᠣ ᠪᠠᠷ ᠣᠷᠳᠣᠰ ᠤᠨ ᠳᠣᠣᠷᠠᠬᠢ ᠰᠤᠷᠭᠠᠭᠤᠯᠢ ᠳᠤ ᠠᠵᠢᠯᠯᠠᠵᠤ ᠪᠠᠢᠨ᠎ᠠ᠃ 2020 ᠣᠨ ᠤ 9 ᠰᠠᠷ᠎ᠠ ᠳᠤ ᠪᠣᠯᠪᠠᠰᠤᠷᠠᠯ ᠤᠨ ᠬᠠᠮᠲᠤ ᠬᠣᠷᠢᠶ᠎ᠠ ᠳᠤ ᠡᠯᠰᠡᠭᠰᠡᠨ ᠳᠤ 《 ᠰᠣᠨᠢᠨ 》 ᠰᠡᠳᠬᠦᠯ ᠳᠦ

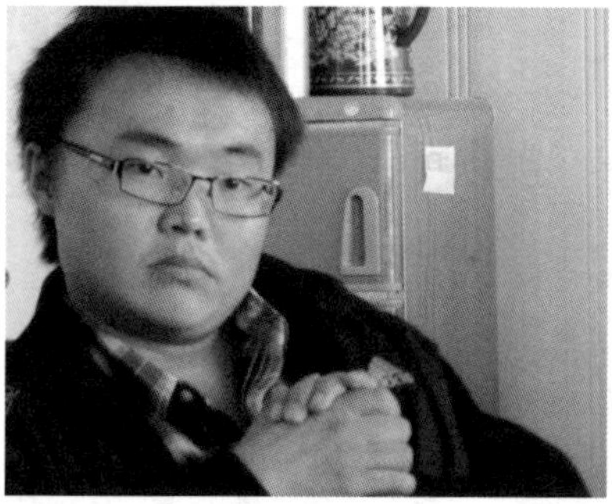

ᠵᠣᠬᠢᠶᠠᠯ ᠨᠡᠢᠲᠡᠯᠡᠭᠦᠯᠵᠦ ᠡᠬᠢᠯᠡᠭᠰᠡᠨ᠃

1999 ᠣᠨ ᠤ 6 ᠰᠠᠷ᠎ᠠ ᠳᠤ ᠠᠩᠬᠠᠨ ᠤ ᠵᠣᠬᠢᠶᠠᠯ 《 ᠪᠠᠭ᠎ᠠ ᠨᠠᠰᠤᠨ ᠤ ᠳᠤᠷᠠᠰᠬᠠᠯ 》 ᠢᠶᠡᠨ 《 ᠰᠤᠷᠭᠠᠭᠤᠯᠢ ᠶᠢᠨ ᠮᠣᠩᠭᠣᠯ ᠬᠡᠯᠡ 》 ᠳᠦ ᠨᠡᠢᠲᠡᠯᠡᠭᠦᠯᠦᠭᠰᠡᠨ ᠡᠴᠡ ᠬᠣᠢᠰᠢ 《 ᠦᠨᠳᠦᠰᠦᠲᠡᠨ ᠦ ᠤᠷᠠᠨ ᠵᠣᠬᠢᠶᠠᠯ 》᠂ 《 ᠪᠢᠴᠢᠬᠠᠨ ᠬᠡᠯᠡ 》᠂ 《 ᠠᠷᠤᠨ ᠰᠠᠯᠬᠢ 》᠂ 《 ᠬᠤᠪᠢ ᠬᠦᠮᠦᠨ ᠮᠣᠩᠭᠣᠯ ᠦᠨ ᠬᠡᠯᠡ 》 ᠵᠡᠷᠭᠡ ᠰᠡᠳᠬᠦᠯ ᠳᠦ 《 ᠰᠠᠷ᠎ᠠ ᠶᠢᠨ ᠭᠡᠷᠡᠯ 》᠂ 《 ᠬᠠᠪᠤᠷ ᠤᠨ ᠰᠠᠯᠬᠢ 》᠂ 《 ᠭᠡᠷ ᠦᠨ ᠵᠦᠭ 》 ᠵᠡᠷᠭᠡ ᠵᠣᠬᠢᠶᠠᠯ ᠨᠡᠢᠲᠡᠯᠡᠭᠦᠯᠦᠭᠰᠡᠨ᠃ 《 ᠮᠣᠩᠭᠣᠯ ᠤᠨ ᠤᠷᠠᠨ ᠵᠣᠬᠢᠶᠠᠯ 》᠂ 《 ᠰᠢᠨ᠎ᠡ ᠬᠦᠮᠦᠨ 》 ᠵᠡᠷᠭᠡ ᠰᠡᠳᠬᠦᠯ ᠳᠦ 《 ᠮᠣᠷᠢᠨ ᠤ ᠬᠣᠶᠠᠷ ᠨᠢᠳᠦ 》᠂ 《 ᠲᠠᠯ᠎ᠠ ᠶᠢᠨ ᠰᠠᠷ᠎ᠠ 》 ᠵᠡᠷᠭᠡ ᠵᠣᠬᠢᠶᠠᠯ ᠨᠡᠢᠲᠡᠯᠡᠭᠦᠯᠦᠭᠰᠡᠨ᠃ ᠮᠡᠳᠦ ᠤᠷᠠᠨ ᠵᠣᠬᠢᠶᠠᠯ ᠤᠨ ᠬᠤᠷᠢᠶᠠᠩᠭᠤᠢ 《 ᠰᠣᠨᠢᠨ ᠬᠣᠣᠰᠤᠨ ᠬᠡᠯᠡ 》᠂ 《 ᠨᠣᠮ ᠤᠨ ᠭᠡᠷ ᠲᠦ ᠬᠦᠮᠦᠨ ᠦ ᠰᠡᠳᠬᠢᠯ 》 ᠵᠡᠷᠭᠡ ᠵᠣᠬᠢᠶᠠᠯ ᠪᠠᠷ ᠰᠢᠭᠠᠩᠭᠠᠷᠯᠠᠭᠳᠠᠭᠰᠠᠨ᠃ 《 ᠬᠠᠪᠤᠷ ᠤᠨ ᠪᠣᠷᠤᠭᠠ 》᠂ 《 (ᠰᠣᠨᠢᠨ ᠰᠡᠳᠬᠢᠯ) 》 ᠵᠡᠷᠭᠡ ᠪᠦᠲᠦᠭᠡᠯ ᠢ ᠣᠯᠠᠨ ᠨᠡᠢᠲᠡ ᠳᠦ ᠬᠦᠷᠭᠡᠭᠰᠡᠨ᠃ 2009 ᠂ ᠣᠨ ᠳᠤ

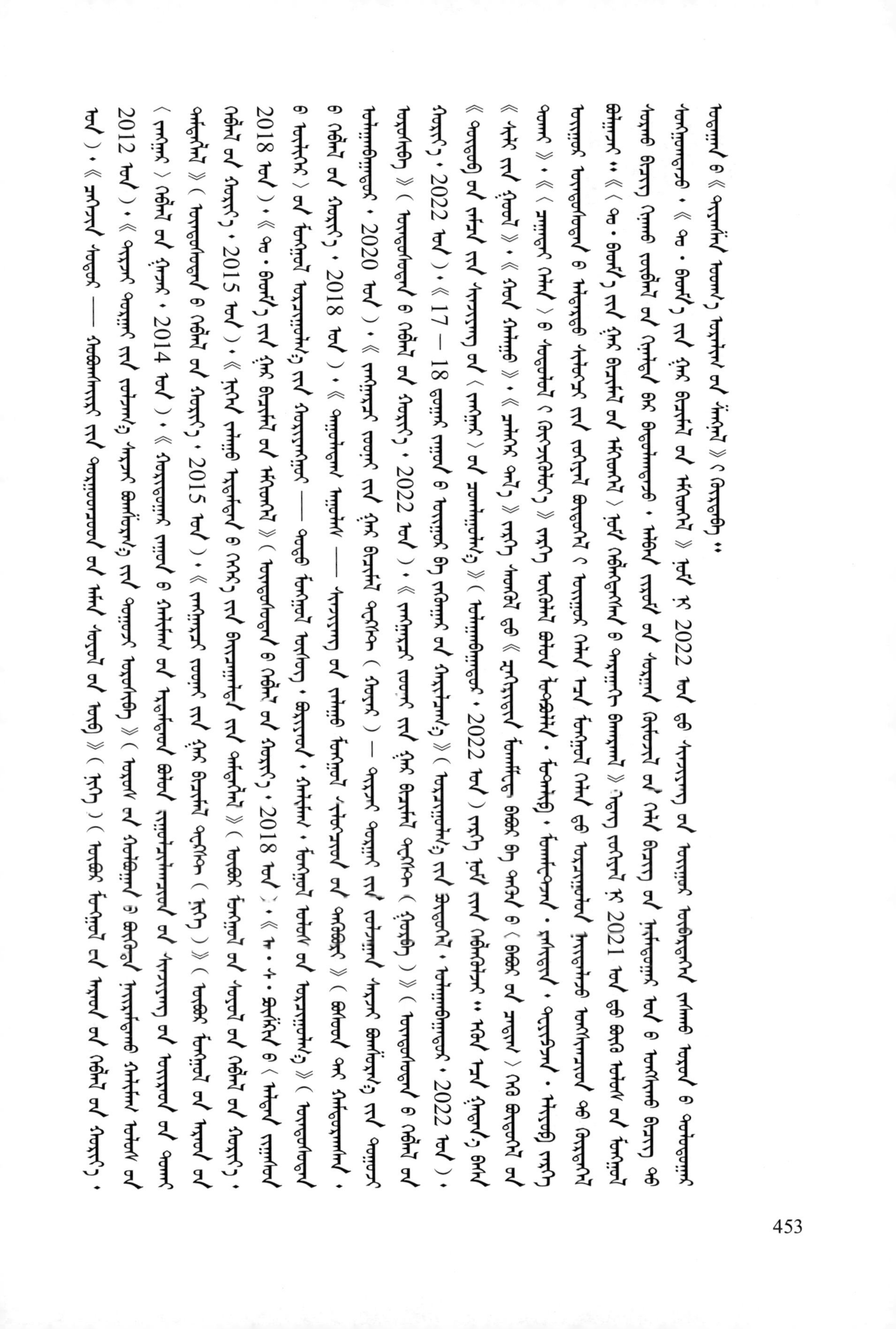

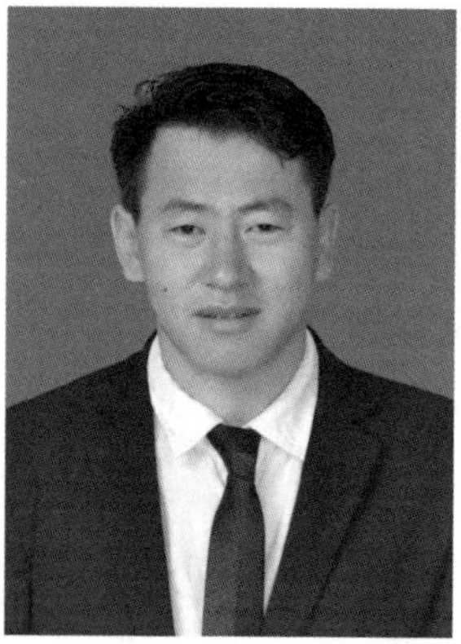

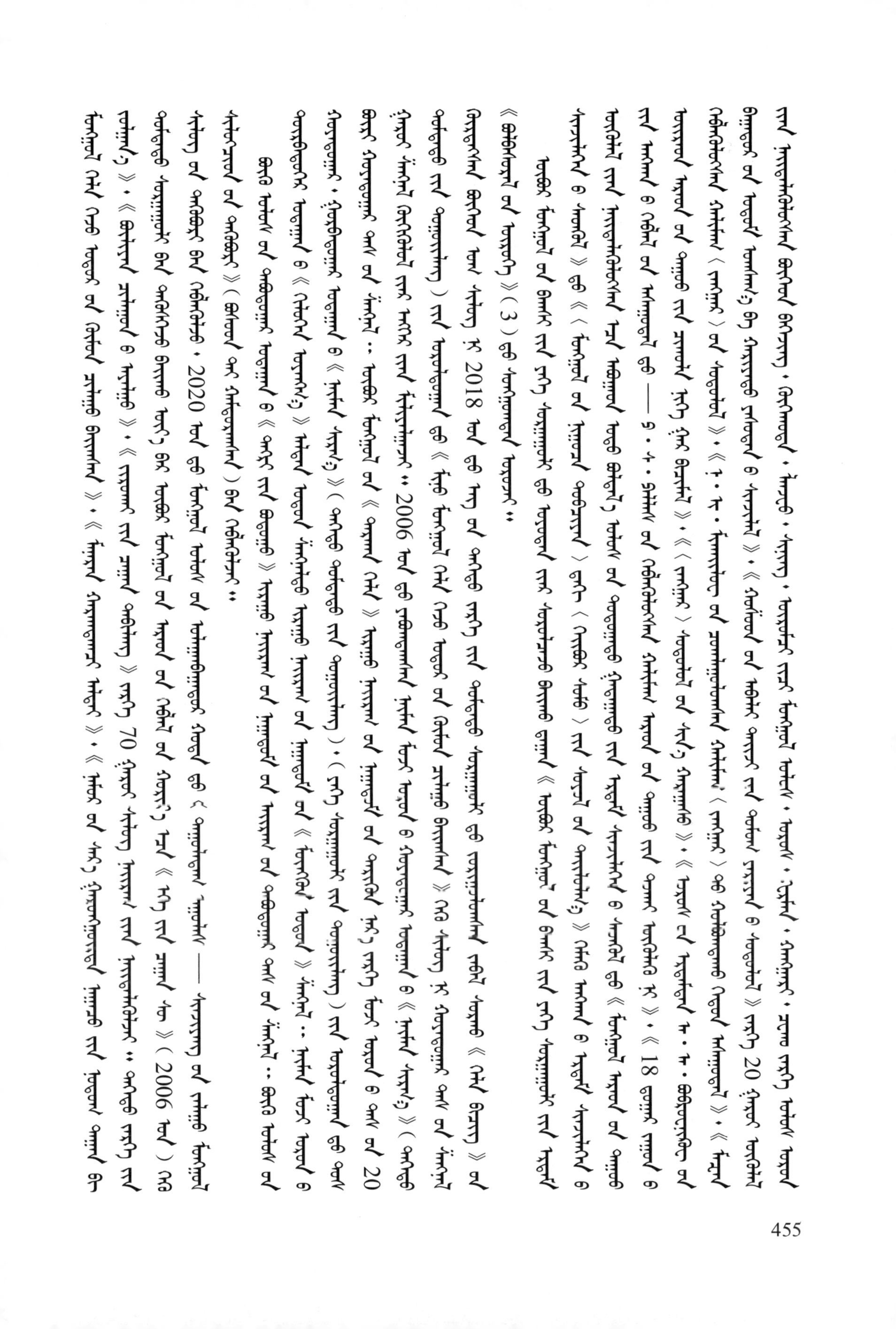

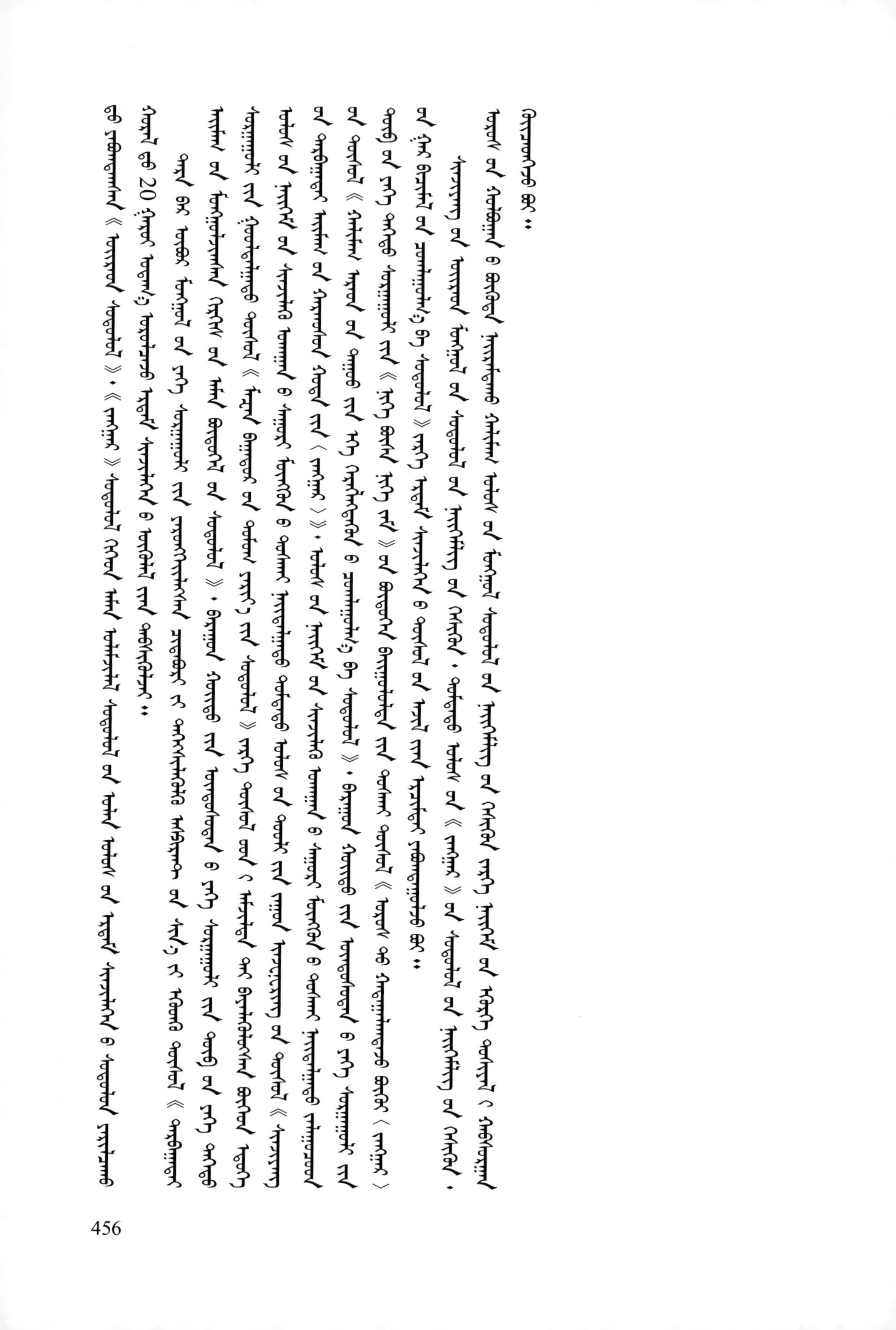

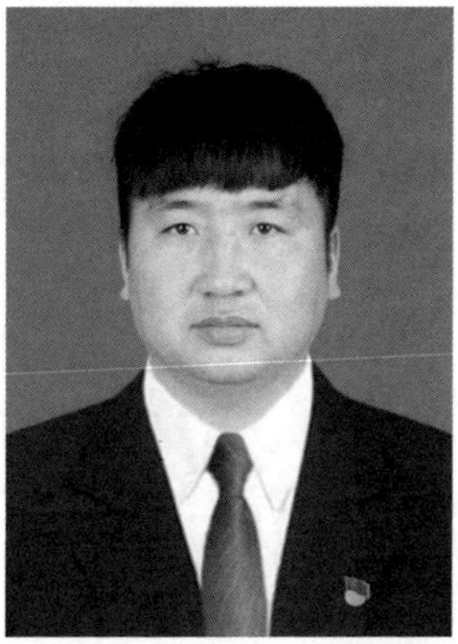

[illegible] 2020 [illegible]

[illegible] 150 [illegible] 2009 [illegible]

2005 [illegible]

[illegible] 2020 [illegible] 10 [illegible] 2014 [illegible] 8 [illegible] 2020 [illegible] 10 [illegible] 7 [illegible] 2008 [illegible] 7 [illegible] 2008 [illegible] 9 [illegible] 2012 [illegible] 2005 [illegible] 9 [illegible]

[illegible] 2005 [illegible] 7 [illegible] 1996 [illegible] 9 [illegible] 1988 [illegible] 12 [illegible] 27 [illegible]

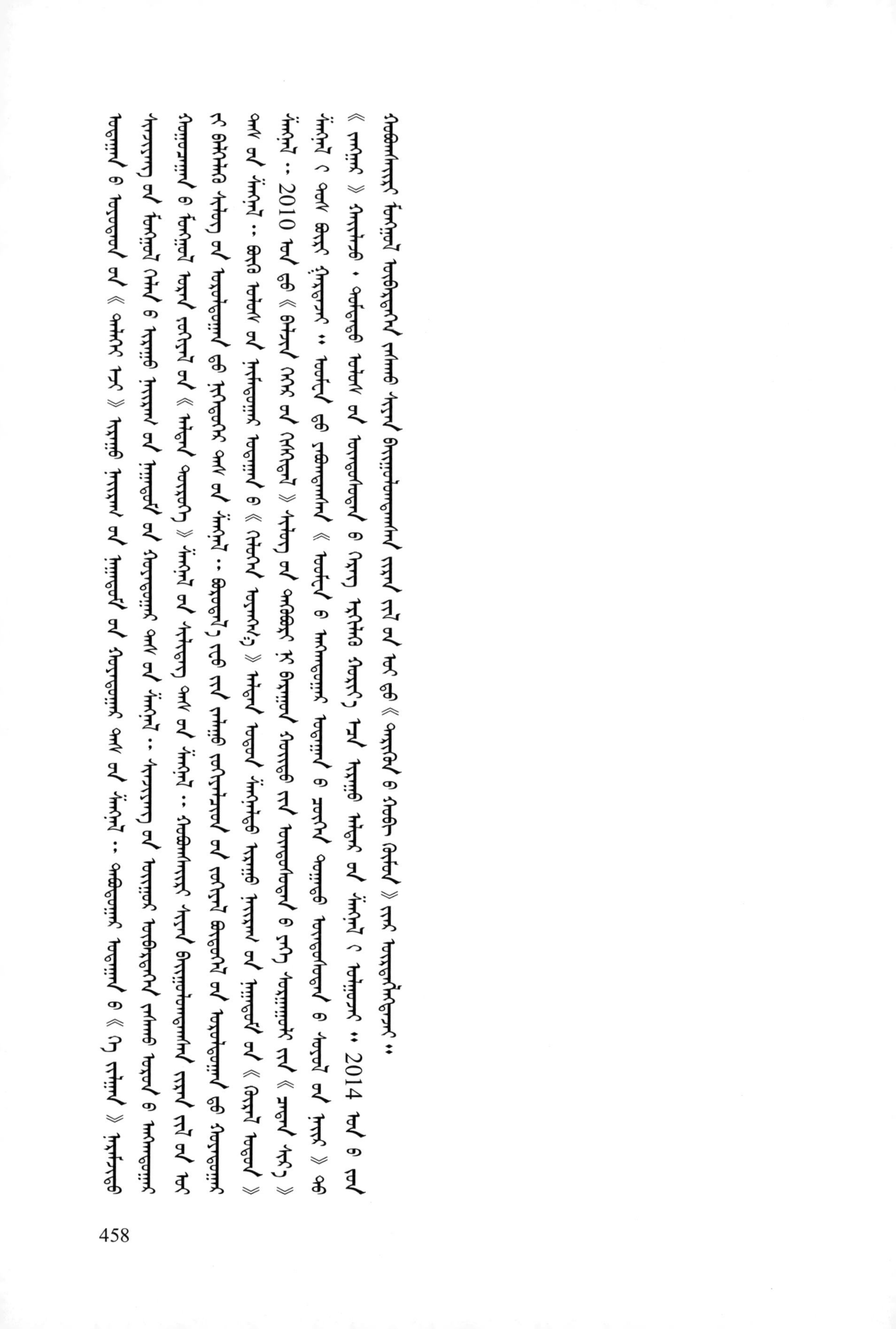

ᠰᠤᠷᠪᠤᠯᠵᠢ ᠄

ᠮᠣᠩᠭᠣᠯᠴᠤᠳ ᠤᠨ ᠳᠠᠭᠤᠤᠯᠢ ᠬᠥᠭᠵᠢᠮ᠂ ᠬᠠᠷᠢᠯᠴᠠᠭ᠎ᠠ᠂ ᠰᠢᠯᠦᠭᠯᠡᠯ ᠦᠨ ᠳᠠᠭᠤᠤᠯᠠᠯ ᠪᠢᠴᠢᠭ ᠦᠨ ᠵᠢᠭᠰᠠᠭᠠᠯᠲᠠ

(ᠪᠦᠲᠦᠭᠡᠯ ᠪᠠᠷᠢᠮᠲᠠ ᠵᠢᠭᠰᠠᠭᠠᠯᠲᠠ)

(ᠳᠣᠣᠷ᠎ᠠ) ᠨᠢᠭᠡᠳᠦᠭᠡᠷ ᠪᠦᠯᠦᠭ ᠦᠨ ᠦᠷᠭᠦᠯᠵᠢᠯᠡᠯ

★ ᠮᠣᠩᠭᠣᠯᠴᠤᠳ ᠤᠨ ᠤᠯᠤᠰ ᠤᠨ ᠬᠡᠪᠯᠡᠯ ᠦᠨ ᠬᠣᠷᠢᠶᠠᠨ ᠳᠤ ᠬᠡᠪᠯᠡᠭᠳᠡᠭᠰᠡᠨ ᠳᠡᠪᠲᠡᠷ ᠄《 ᠰᠢᠯᠦᠭ ᠦᠨ ᠲᠦᠭᠦᠪᠦᠷᠢ 》(ᠨᠢᠭᠡᠳᠦᠭᠡᠷ ᠳᠡᠪᠲᠡᠷ) ᠂ 1954 ᠣᠨ ᠤ 7 ᠰᠠᠷ᠎ᠠ ᠶᠢᠨ ᠃

★ ᠮᠣᠩᠭᠣᠯᠴᠤᠳ ᠤᠨ ᠤᠯᠤᠰ ᠤᠨ ᠬᠡᠪᠯᠡᠯ ᠦᠨ ᠬᠣᠷᠢᠶᠠᠨ ᠳᠤ ᠬᠡᠪᠯᠡᠭᠳᠡᠭᠰᠡᠨ ᠳᠡᠪᠲᠡᠷ ᠄《 ᠰᠢᠯᠦᠭ ᠦᠨ ᠲᠦᠭᠦᠪᠦᠷᠢ 》(ᠬᠣᠶᠠᠳᠤᠭᠠᠷ ᠳᠡᠪᠲᠡᠷ) ᠂ 1954 ᠣᠨ ᠤ 8 ᠰᠠᠷ᠎ᠠ ᠶᠢᠨ ᠃

★ ᠮᠣᠩᠭᠣᠯᠴᠤᠳ ᠤᠨ ᠤᠯᠤᠰ ᠤᠨ ᠬᠡᠪᠯᠡᠯ ᠦᠨ ᠬᠣᠷᠢᠶᠠᠨ ᠳᠤ ᠬᠡᠪᠯᠡᠭᠳᠡᠭᠰᠡᠨ ᠳᠡᠪᠲᠡᠷ ᠄《 ᠰᠢᠯᠦᠭ ᠦᠨ ᠲᠦᠭᠦᠪᠦᠷᠢ 》(ᠭᠤᠷᠪᠠᠳᠤᠭᠠᠷ ᠳᠡᠪᠲᠡᠷ) ᠂ 1956 ᠣᠨ ᠃

★ ᠮᠣᠩᠭᠣᠯᠴᠤᠳ ᠤᠨ ᠤᠷᠠᠨ ᠵᠣᠬᠢᠶᠠᠯᠴᠢᠳ ᠤᠨ ᠡᠪᠯᠡᠯ ᠦᠨ ᠬᠣᠷᠢᠶ᠎ᠠ ᠪᠠ ᠰᠤᠷᠭᠠᠭᠤᠯᠢ ᠶᠢᠨ ᠰᠤᠷᠤᠭᠴᠢᠳ ᠤᠨ ᠲᠣᠭᠤᠷᠢᠯᠠᠭ᠎ᠠ ᠄《 ᠰᠢᠯᠦᠭ ᠦᠨ ᠲᠦᠭᠦᠪᠦᠷᠢ ᠶᠢᠨ ᠵᠢᠭᠰᠠᠭᠠᠯᠲᠠ 》᠂ ᠮᠣᠩᠭᠣᠯᠴᠤᠳ ᠤᠨ ᠤᠯᠤᠰ ᠤᠨ ᠬᠡᠪᠯᠡᠯ ᠦᠨ ᠬᠣᠷᠢᠶ᠎ᠠ᠂ 1956 ᠣᠨ ᠤ 12 ᠰᠠᠷ᠎ᠠ ᠶᠢᠨ ᠃

★ ᠮᠣᠩᠭᠣᠯᠴᠤᠳ ᠤᠨ ᠤᠯᠤᠰ ᠤᠨ ᠬᠡᠪᠯᠡᠯ ᠦᠨ ᠬᠣᠷᠢᠶᠠᠨ ᠳᠤ ᠬᠡᠪᠯᠡᠭᠳᠡᠭᠰᠡᠨ ᠳᠡᠪᠲᠡᠷ ᠄《 ᠰᠢᠯᠦᠭ ᠦᠨ ᠲᠦᠭᠦᠪᠦᠷᠢ 》᠂ 1958 ᠣᠨ ᠤ 1 ᠰᠠᠷ᠎ᠠ ᠶᠢᠨ ᠃

★ ᠮᠣᠩᠭᠣᠯᠴᠤᠳ ᠤᠨ ᠤᠷᠠᠨ ᠵᠣᠬᠢᠶᠠᠯᠴᠢᠳ ᠤᠨ ᠡᠪᠯᠡᠯ ᠦᠨ ᠬᠣᠷᠢᠶ᠎ᠠ ᠪᠠ ᠰᠤᠷᠭᠠᠭᠤᠯᠢ ᠶᠢᠨ ᠰᠤᠷᠤᠭᠴᠢᠳ ᠤᠨ ᠲᠣᠭᠤᠷᠢᠯᠠᠭ᠎ᠠ ᠄《 ᠰᠢᠯᠦᠭᠯᠡᠯ ᠦᠨ ᠳᠡᠪᠲᠡᠷ 》᠂ ᠮᠣᠩᠭᠣᠯᠴᠤᠳ ᠤᠨ ᠤᠯᠤᠰ ᠤᠨ ᠬᠡᠪᠯᠡᠯ ᠦᠨ ᠬᠣᠷᠢᠶ᠎ᠠ᠂ 1959 ᠣᠨ ᠤ 9 ᠰᠠᠷ᠎ᠠ ᠶᠢᠨ ᠃

★ ᠮᠣᠩᠭᠣᠯᠴᠤᠳ ᠤᠨ ᠤᠷᠠᠨ ᠵᠣᠬᠢᠶᠠᠯᠴᠢᠳ ᠤᠨ ᠡᠪᠯᠡᠯ ᠦᠨ ᠬᠣᠷᠢᠶ᠎ᠠ ᠪᠠ ᠰᠤᠷᠭᠠᠭᠤᠯᠢ ᠶᠢᠨ ᠰᠤᠷᠤᠭᠴᠢᠳ ᠤᠨ ᠲᠣᠭᠤᠷᠢᠯᠠᠭ᠎ᠠ ᠄《 ᠪᠠᠶᠠᠷ ᠤᠨ ᠳᠠᠭᠤᠤ ᠶᠢᠨ ᠵᠢᠭᠰᠠᠭᠠᠯᠲᠠ 》᠂ ᠮᠣᠩᠭᠣᠯᠴᠤᠳ ᠤᠨ ᠤᠯᠤᠰ ᠤᠨ ᠬᠡᠪᠯᠡᠯ ᠦᠨ ᠬᠣᠷᠢᠶ᠎ᠠ᠂ 1961 ᠣᠨ ᠤ 8 ᠰᠠᠷ᠎ᠠ ᠶᠢᠨ ᠃

★ ᠮᠣᠩᠭᠣᠯᠴᠤᠳ ᠤᠨ ᠤᠯᠤᠰ ᠤᠨ ᠬᠡᠪᠯᠡᠯ ᠦᠨ ᠬᠣᠷᠢᠶᠠᠨ ᠳᠤ ᠬᠡᠪᠯᠡᠭᠳᠡᠭᠰᠡᠨ ᠳᠡᠪᠲᠡᠷ ᠄《 ᠳᠠᠭᠤᠤᠯᠢ ᠶᠢᠨ ᠰᠣᠩᠭᠣᠯᠲᠠ 》᠂ 1962 ᠣᠨ ᠤ 6 ᠰᠠᠷ᠎ᠠ ᠶᠢᠨ ᠃

★ ᠪᠠ · ᠬᠠᠰᠡᠷᠳᠡᠨᠢ · ᠲᠣᠭᠲᠠᠬᠤ ᠨᠠᠢᠷᠠᠭᠤᠯᠪᠠ : 《ᠮᠣᠩᠭᠣᠯ ᠤᠨ ᠠᠷᠠᠳ ᠤᠨ ᠬᠡᠯᠡᠨ ᠦ ᠰᠤᠳᠤᠯᠤᠯ》· ᠥᠪᠦᠷ ᠮᠣᠩᠭᠣᠯ ᠤᠨ ᠠᠷᠠᠳ ᠤᠨ ᠬᠡᠪᠯᠡᠯ ᠦᠨ ᠬᠣᠷᠢᠶ᠎ᠠ (ᠬᠥᠬᠡᠬᠣᠲᠠ) · ᠪᠢᠴᠢᠭᠳᠡᠯ ᠦᠨ ᠬᠣᠷᠢᠶ᠎ᠠ ᠪᠠ ᠰᠤᠷᠭᠠᠭᠤᠯᠢ ᠶᠢᠨ ᠬᠡᠪᠯᠡᠯ · 1990 ᠣᠨ ᠤ 10 ᠳᠤᠭᠠᠷ ᠰᠠᠷ᠎ᠠ ::

★ ᠪᠢᠴᠢᠭᠳᠡᠯ ᠦᠨ ᠬᠣᠷᠢᠶ᠎ᠠ ᠶᠢᠨ ᠬᠡᠪᠯᠡᠯ ᠦᠨ ᠰᠤᠷᠭᠠᠭᠤᠯᠢ ᠨᠠᠢᠷᠠᠭᠤᠯᠪᠠ : 《ᠲᠠᠯ᠎ᠠ ᠨᠤᠲᠤᠭ ᠤᠨ ᠪᠢᠴᠢᠭ》(ᠬᠥᠬᠡᠬᠣᠲᠠ ᠬᠣᠲᠠ) · ᠥᠪᠦᠷ ᠮᠣᠩᠭᠣᠯ ᠤᠨ ᠠᠷᠠᠳ ᠤᠨ ᠬᠡᠪᠯᠡᠯ ᠦᠨ ᠬᠣᠷᠢᠶ᠎ᠠ · 1986 ᠣᠨ ᠤ 9 ᠰᠠᠷ᠎ᠠ ::

★ ᠥᠪᠦᠷ ᠮᠣᠩᠭᠣᠯ ᠤᠨ ᠰᠤᠷᠭᠠᠨ ᠬᠦᠮᠦᠵᠢᠯ ᠤᠨ ᠬᠡᠪᠯᠡᠯ ᠦᠨ ᠬᠣᠷᠢᠶ᠎ᠠ ᠨᠠᠢᠷᠠᠭᠤᠯᠪᠠ : 《ᠪᠠᠭᠰᠢ ᠶᠢᠨ ᠭᠠᠷ ᠳᠡᠪᠲᠡᠷ》· ᠥᠪᠦᠷ ᠮᠣᠩᠭᠣᠯ ᠤᠨ ᠠᠷᠠᠳ ᠤᠨ ᠬᠡᠪᠯᠡᠯ ᠦᠨ ᠬᠣᠷᠢᠶ᠎ᠠ · 1985 ᠣᠨ ᠤ 9 ᠳᠤᠭᠠᠷ ᠰᠠᠷ᠎ᠠ ::

★ ᠪᠢᠴᠢᠭᠳᠡᠯ ᠦᠨ ᠬᠣᠷᠢᠶ᠎ᠠ ᠶᠢᠨ ᠬᠡᠪᠯᠡᠯ ᠦᠨ ᠰᠤᠷᠭᠠᠭᠤᠯᠢ ᠨᠠᠢᠷᠠᠭᠤᠯᠪᠠ : 《ᠪᠠᠭᠰᠢ ᠶᠢᠨ ᠭᠠᠷ ᠳᠡᠪᠲᠡᠷ》(ᠬᠥᠬᠡ ᠬᠣᠲᠠ) · ᠥᠪᠦᠷ ᠮᠣᠩᠭᠣᠯ ᠤᠨ ᠠᠷᠠᠳ ᠤᠨ ᠬᠡᠪᠯᠡᠯ ᠦᠨ ᠬᠣᠷᠢᠶ᠎ᠠ · 1984 ᠣᠨ ᠤ 6 ᠳᠤᠭᠠᠷ ᠰᠠᠷ᠎ᠠ ::

★ ᠪᠢᠴᠢᠭᠳᠡᠯ ᠦᠨ ᠬᠣᠷᠢᠶ᠎ᠠ ᠶᠢᠨ ᠬᠡᠪᠯᠡᠯ ᠦᠨ ᠰᠤᠷᠭᠠᠭᠤᠯᠢ ᠨᠠᠢᠷᠠᠭᠤᠯᠪᠠ : 《ᠪᠠᠭᠰᠢ ᠶᠢᠨ ᠭᠠᠷ ᠳᠡᠪᠲᠡᠷ》(ᠬᠥᠬᠡ ᠬᠣᠲᠠ) · ᠥᠪᠦᠷ ᠮᠣᠩᠭᠣᠯ ᠤᠨ ᠠᠷᠠᠳ ᠤᠨ ᠬᠡᠪᠯᠡᠯ ᠦᠨ ᠬᠣᠷᠢᠶ᠎ᠠ · 1984 ᠣᠨ ᠤ 6 ᠳᠤᠭᠠᠷ ᠰᠠᠷ᠎ᠠ ::

★ ᠪᠢᠴᠢᠭᠳᠡᠯ ᠦᠨ ᠬᠣᠷᠢᠶ᠎ᠠ ᠶᠢᠨ ᠬᠡᠪᠯᠡᠯ ᠦᠨ ᠰᠤᠷᠭᠠᠭᠤᠯᠢ ᠨᠠᠢᠷᠠᠭᠤᠯᠪᠠ : 《ᠪᠠᠭᠰᠢ ᠶᠢᠨ ᠭᠠᠷ ᠳᠡᠪᠲᠡᠷ》(ᠬᠥᠬᠡ ᠬᠣᠲᠠ) · ᠥᠪᠦᠷ ᠮᠣᠩᠭᠣᠯ ᠤᠨ ᠠᠷᠠᠳ ᠤᠨ ᠬᠡᠪᠯᠡᠯ ᠦᠨ ᠬᠣᠷᠢᠶ᠎ᠠ · 1984 ᠣᠨ ᠤ 5 ᠳᠤᠭᠠᠷ ᠰᠠᠷ᠎ᠠ ::

★ ᠰᠤᠷᠭᠠᠨ ᠬᠦᠮᠦᠵᠢᠯ ᠦᠨ ᠬᠣᠷᠢᠶ᠎ᠠ ᠶᠢᠨ ᠬᠡᠪᠯᠡᠯ ᠦᠨ ᠰᠤᠷᠭᠠᠭᠤᠯᠢ ᠨᠠᠢᠷᠠᠭᠤᠯᠪᠠ : 《ᠰᠤᠷᠤᠭᠴᠢ ᠶᠢᠨ ᠪᠢᠴᠢᠭ》· 1979 ᠣᠨ ᠤ 8 ᠳᠤᠭᠠᠷ ᠰᠠᠷ᠎ᠠ ::

★ ᠥᠪᠦᠷ ᠮᠣᠩᠭᠣᠯ ᠤᠨ ᠠᠷᠠᠳ ᠤᠨ ᠬᠡᠪᠯᠡᠯ ᠦᠨ ᠬᠣᠷᠢᠶ᠎ᠠ · 《ᠥᠪᠦᠷ ᠮᠣᠩᠭᠣᠯ ᠤᠨ ᠪᠠᠭᠠᠴᠤᠳ》 ᠮᠣᠩᠭᠣᠯ ᠬᠡᠯᠡ ᠪᠢᠴᠢᠭ ᠦᠨ ᠰᠤᠷᠭᠠᠯᠲᠠ ᠶᠢᠨ ᠨᠠᠢᠷᠠᠭᠤᠯᠪᠠ : 《ᠪᠠᠭᠰᠢ ᠪᠠᠢᠭᠤᠯᠤᠯᠭ᠎ᠠ ᠶᠢᠨ ᠪᠢᠴᠢᠭ》· 1977 ᠣᠨ ᠤ 8 ᠳᠤᠭᠠᠷ ᠰᠠᠷ᠎ᠠ ::

★ ᠥᠪᠦᠷ ᠮᠣᠩᠭᠣᠯ ᠤᠨ ᠠᠷᠠᠳ ᠤᠨ ᠬᠡᠪᠯᠡᠯ ᠦᠨ ᠬᠣᠷᠢᠶ᠎ᠠ ᠶᠢᠨ ᠨᠠᠢᠷᠠᠭᠤᠯᠤᠯ ᠤᠨ ᠲᠠᠰᠤᠭ : 《ᠰᠤᠷᠭᠠᠭᠤᠯᠢ ᠶᠢᠨ ᠬᠦᠮᠦᠵᠢᠯ ᠤᠨ ᠪᠢᠴᠢᠭ》· 1977 ᠣᠨ ᠤ 8 ᠳᠤᠭᠠᠷ ᠰᠠᠷ᠎ᠠ ::

★ ᠥᠪᠦᠷ ᠮᠣᠩᠭᠣᠯ ᠤᠨ ᠠᠷᠠᠳ ᠤᠨ ᠬᠡᠪᠯᠡᠯ ᠦᠨ ᠬᠣᠷᠢᠶ᠎ᠠ ᠶᠢᠨ ᠨᠠᠢᠷᠠᠭᠤᠯᠤᠯ ᠤᠨ ᠲᠠᠰᠤᠭ : 《ᠪᠠᠭᠠᠴᠤᠳ ᠤᠨ ᠤᠩᠰᠢᠯᠭ᠎ᠠ》· 1975 ᠣᠨ ᠤ 6 ᠳᠤᠭᠠᠷ ᠰᠠᠷ᠎ᠠ ::

★ ᠥᠪᠦᠷ ᠮᠣᠩᠭᠣᠯ ᠤᠨ ᠠᠷᠠᠳ ᠤᠨ ᠬᠡᠪᠯᠡᠯ ᠦᠨ ᠬᠣᠷᠢᠶ᠎ᠠ ᠶᠢᠨ ᠨᠠᠢᠷᠠᠭᠤᠯᠤᠯ ᠤᠨ ᠲᠠᠰᠤᠭ : 《ᠤᠯᠠᠭᠠᠨ ᠪᠠᠭᠠᠴᠤᠳ》· 1975 ᠣᠨ ᠤ 6 ᠳᠤᠭᠠᠷ ᠰᠠᠷ᠎ᠠ ::

★ ᠥᠪᠦᠷ ᠮᠣᠩᠭᠣᠯ ᠤᠨ ᠠᠷᠠᠳ ᠤᠨ ᠬᠡᠪᠯᠡᠯ ᠦᠨ ᠬᠣᠷᠢᠶ᠎ᠠ ᠶᠢᠨ ᠨᠠᠢᠷᠠᠭᠤᠯᠤᠯ ᠤᠨ ᠲᠠᠰᠤᠭ : 《ᠣᠨᠤᠰᠤ ᠤᠯᠠᠭᠠᠨ ᠤ ᠪᠠᠭᠠᠴᠤᠳ》· 1965 ᠣᠨ ᠤ 9 ᠰᠠᠷ᠎ᠠ ::

1979 ᠣᠨ ᠤ 8 ᠰᠠᠷ᠎ᠠ ᠳᠤ ᠭᠠᠷᠪᠠ ᠃

★ [illegible] : 《[illegible]》᠂ [illegible] ᠂ [illegible] ᠃

★ [illegible] : 《[illegible]》᠂ 1959 ᠣᠨ ᠤ 10 ᠰᠠᠷ᠎ᠠ ᠳᠤ ᠭᠠᠷᠪᠠ ᠃

(ᠬᠣᠶᠠᠷ) [illegible]

★ [illegible] : 《[illegible]》᠂ [illegible] ᠂ 2013 ᠣᠨ ᠤ 1 ᠰᠠᠷ᠎ᠠ ᠳᠤ ᠭᠠᠷᠪᠠ ᠃

★ [illegible] : 《[illegible]》᠂ [illegible] ᠂ 2015 ᠣᠨ ᠤ 8 ᠰᠠᠷ᠎ᠠ ᠳᠤ ᠭᠠᠷᠪᠠ ᠃

★ [illegible] : 《[illegible] —— [illegible]》᠂ [illegible] ᠂ 2012 ᠣᠨ ᠤ 4 ᠰᠠᠷ᠎ᠠ ᠳᠤ ᠭᠠᠷᠪᠠ ᠃

★ [illegible] : 《[illegible]》([illegible]) ᠂ [illegible] ᠂ 2015 ᠣᠨ ᠤ 11 ᠰᠠᠷ᠎ᠠ ᠳᠤ ᠭᠠᠷᠪᠠ ᠃

★ 《[illegible]》[illegible] ([illegible]) : 《[illegible]》᠂ [illegible] ᠂ 2013 ᠣᠨ ᠤ 8 ᠰᠠᠷ᠎ᠠ ᠳᠤ ᠭᠠᠷᠪᠠ ᠃

★ [illegible] : 《[illegible] —— [illegible]》᠂ [illegible] ᠂ 2010 ᠣᠨ ᠤ 6 ᠰᠠᠷ᠎ᠠ ᠳᠤ ᠭᠠᠷᠪᠠ ᠃

★ [illegible] : 《[illegible]》᠂ [illegible] ᠂ 2004 ᠣᠨ ᠤ 6 ᠰᠠᠷ᠎ᠠ ᠳᠤ ᠭᠠᠷᠪᠠ ᠃

★ [illegible] : 《[illegible]》᠂ [illegible] ᠂ 1995 ᠣᠨ ᠤ 11 ᠰᠠᠷ᠎ᠠ ᠳᠤ ᠭᠠᠷᠪᠠ ᠃

★ ᠪ · ᠰᠡᠩᠭᠡ : 《 ᠰᠤᠯᠠ ᠶᠢᠨ ᠬᠡᠯᠡᠬᠦ ᠶᠢᠨ ᠬᠡᠪᠯᠡᠯ 》 · ᠦᠨᠳᠦᠰᠦᠲᠡᠨ ᠦ ᠬᠡᠪᠯᠡᠯ ᠦᠨ ᠬᠣᠷᠢᠶ᠎ᠠ ᠳᠤ ᠬᠡᠪᠯᠡᠭᠳᠡᠪᠡ · 1959 ᠣᠨ ᠤ 5 ᠳᠤᠭᠠᠷ ᠰᠠᠷ᠎ᠠ ᠬᠡᠪᠯᠡᠪᠡ ᠃
(ᠬᠠᠮᠲᠤ) ᠰᠣᠶᠣᠯ ᠤᠨ ᠪᠦᠲᠦᠭᠡᠯ ᠦ ᠰᠢᠯᠢᠳᠡᠭ ᠦᠨ ᠰᠣᠩᠭᠣᠮᠠᠯ

★ ᠭᠠ · ᠰᠡᠴᠡᠨ · ᠬᠤ · ᠬᠠᠰᠪᠠᠭᠠᠲᠤ · ᠪᠤ · ᠲᠠᠯᠠᠰᠢ : 《 ᠰᠤᠳᠤᠷ ᠤᠨ ᠳᠡᠭᠡᠵᠢ 》 · ᠦᠨᠳᠦᠰᠦᠲᠡᠨ ᠦ ᠬᠡᠪᠯᠡᠯ ᠦᠨ ᠬᠣᠷᠢᠶ᠎ᠠ ᠳᠤ ᠬᠡᠪᠯᠡᠭᠳᠡᠪᠡ · 2015 ᠣᠨ ᠤ 8 ᠳᠤᠭᠠᠷ ᠰᠠᠷ᠎ᠠ ᠬᠡᠪᠯᠡᠪᠡ ᠃
2013 ᠣᠨ ᠤ 12 ᠳᠤᠭᠠᠷ ᠰᠠᠷ᠎ᠠ ᠬᠡᠪᠯᠡᠪᠡ ᠃

★ ᠰᠢ · ᠲᠡᠮᠦᠷ ᠪᠠ · ᠰᠤᠷᠭᠠᠭᠤᠯᠢ ᠶᠢᠨ ᠨᠠᠢᠷᠠᠭᠤᠯᠤᠭᠴᠢ : 《 ᠦᠨᠳᠦᠰᠦᠲᠡᠨ ᠦ ᠮᠣᠩᠭᠣᠯ ᠬᠡᠯᠡ ᠪᠢᠴᠢᠭ ᠦᠨ ᠲᠡᠦᠬᠡ ᠶᠢᠨ ᠰᠤᠳᠤᠯᠭ᠎ᠠ 》 (ᠮᠣᠩᠭᠣᠯ) · ᠦᠨᠳᠦᠰᠦᠲᠡᠨ ᠦ ᠬᠡᠪᠯᠡᠯ ᠦᠨ ᠬᠣᠷᠢᠶ᠎ᠠ ᠳᠤ ᠬᠡᠪᠯᠡᠭᠳᠡᠪᠡ · 2012 ᠣᠨ ᠤ 5 ᠳᠤᠭᠠᠷ ᠰᠠᠷ᠎ᠠ ᠬᠡᠪᠯᠡᠪᠡ ᠃

★ ᠪᠤ · ᠪᠠᠶᠠᠷᠮᠠᠭᠨᠠᠢ ᠨᠠᠢᠷᠠᠭᠤᠯᠤᠭᠴᠢ : 《 ᠮᠣᠩᠭᠣᠯ ᠬᠡᠯᠡ — ᠬᠡᠯᠡ ᠰᠤᠳᠤᠯᠬᠤ ᠶᠢᠨ ᠦᠨᠳᠦᠰᠦᠲᠡᠨ ᠦ ᠮᠣᠩᠭᠣᠯ ᠬᠡᠯᠡ 》 · ᠦᠨᠳᠦᠰᠦᠲᠡᠨ ᠦ ᠬᠡᠪᠯᠡᠯ ᠦᠨ ᠬᠣᠷᠢᠶ᠎ᠠ ᠳᠤ ᠬᠡᠪᠯᠡᠭᠳᠡᠪᠡ · 2010 ᠣᠨ ᠤ 6 ᠳᠤᠭᠠᠷ ᠰᠠᠷ᠎ᠠ ᠬᠡᠪᠯᠡᠪᠡ ᠃

★ ᠪᠤ · ᠪᠠᠶᠠᠷᠮᠠᠭᠨᠠᠢ ᠨᠠᠢᠷᠠᠭᠤᠯᠤᠭᠴᠢ : 《 ᠬᠡᠯᠡ ᠶᠢᠨ ᠰᠤᠳᠤᠯᠭ᠎ᠠ — ᠮᠣᠩᠭᠣᠯ ᠬᠡᠯᠡ ᠶᠢᠨ ᠦᠨᠳᠦᠰᠦᠲᠡᠨ ᠦ ᠮᠣᠩᠭᠣᠯ ᠬᠡᠯᠡ 》 · ᠦᠨᠳᠦᠰᠦᠲᠡᠨ ᠦ ᠬᠡᠪᠯᠡᠯ ᠦᠨ ᠬᠣᠷᠢᠶ᠎ᠠ ᠳᠤ ᠬᠡᠪᠯᠡᠭᠳᠡᠪᠡ ᠃

★ ᠮᠣᠩᠭᠣᠯ ᠬᠡᠯᠡ ᠪᠢᠴᠢᠭ ᠦᠨ ᠰᠤᠷᠭᠠᠭᠤᠯᠢ ᠶᠢᠨ ᠨᠠᠢᠷᠠᠭᠤᠯᠤᠭᠴᠢ : 《 ᠮᠣᠩᠭᠣᠯ ᠬᠡᠯᠡ 》 · ᠥᠪᠥᠷ ᠮᠣᠩᠭᠣᠯ ᠤᠨ ᠠᠷᠠᠳ ᠤᠨ ᠬᠡᠪᠯᠡᠯ ᠦᠨ ᠬᠣᠷᠢᠶ᠎ᠠ · 2004 ᠣᠨ ᠤ 6
ᠳᠤ ᠬᠡᠪᠯᠡᠭᠳᠡᠪᠡ · 1997 ᠣᠨ ᠤ 7 ᠳᠤᠭᠠᠷ ᠰᠠᠷ᠎ᠠ ᠬᠡᠪᠯᠡᠪᠡ ᠃

★ ᠪᠠᠶᠠᠨᠮᠣᠩᠬᠡ · ᠪᠠ · ᠲᠡᠮᠦᠷ ᠨᠠᠢᠷᠠᠭᠤᠯᠤᠭᠴᠢ : 《 ᠮᠣᠩᠭᠣᠯ ᠬᠡᠯᠡ ᠶᠢᠨ ᠦᠭᠡ ᠶᠢᠨ ᠰᠤᠳᠤᠯᠭ᠎ᠠ ᠶᠢᠨ ᠦᠨᠳᠦᠰᠦᠲᠡᠨ ᠦ ᠮᠣᠩᠭᠣᠯ ᠬᠡᠯᠡ 》 · ᠦᠨᠳᠦᠰᠦᠲᠡᠨ ᠦ ᠬᠡᠪᠯᠡᠯ ᠦᠨ ᠬᠣᠷᠢᠶ᠎ᠠ
ᠬᠡᠪᠯᠡᠪᠡ ᠃

★ ᠰᠠᠩᠭᠠᠵᠢᠪ · ᠰᠡᠩᠭᠡ ᠨᠠᠢᠷᠠᠭᠤᠯᠤᠭᠴᠢ : 《 ᠮᠣᠩᠭᠣᠯ ᠬᠡᠯᠡ 》 · ᠥᠪᠥᠷ ᠮᠣᠩᠭᠣᠯ ᠤᠨ ᠠᠷᠠᠳ ᠤᠨ ᠬᠡᠪᠯᠡᠯ ᠦᠨ ᠬᠣᠷᠢᠶ᠎ᠠ ᠳᠤ ᠬᠡᠪᠯᠡᠭᠳᠡᠪᠡ · 1985 ᠣᠨ ᠤ 9 ᠳᠤᠭᠠᠷ
1985 ᠣᠨ ᠤ 6 ᠳᠤᠭᠠᠷ ᠰᠠᠷ᠎ᠠ ᠬᠡᠪᠯᠡᠪᠡ ᠃

★ 《 ᠮᠣᠩᠭᠣᠯ 》 (ᠦᠨᠳᠦᠰᠦᠲᠡᠨ ᠦ ᠬᠡᠯᠡ ᠰᠤᠳᠤᠯᠬᠤ ᠶᠢᠨ ᠰᠤᠷᠭᠠᠭᠤᠯᠢ ᠶᠢᠨ ᠰᠣᠩᠭᠣᠮᠠᠯ ᠦᠨ ᠨᠠᠢᠷᠠᠭᠤᠯᠤᠭᠴᠢ) · ᠦᠨᠳᠦᠰᠦᠲᠡᠨ ᠦ ᠬᠡᠪᠯᠡᠯ ᠦᠨ ᠬᠣᠷᠢᠶ᠎ᠠ ᠳᠤ ᠬᠡᠪᠯᠡᠭᠳᠡᠪᠡ ·
ᠬᠡᠪᠯᠡᠭᠳᠡᠪᠡ · 1984 ᠣᠨ ᠤ 7 ᠳᠤᠭᠠᠷ ᠰᠠᠷ᠎ᠠ ᠬᠡᠪᠯᠡᠪᠡ ᠃

★ ᠮᠣᠩᠭᠣᠯ ᠬᠡᠯᠡ ᠶᠢᠨ ᠰᠤᠷᠭᠠᠭᠤᠯᠢ ᠶᠢᠨ ᠨᠠᠢᠷᠠᠭᠤᠯᠤᠭᠴᠢ : 《 ᠮᠣᠩᠭᠣᠯ ᠬᠡᠯᠡ ᠶᠢᠨ ᠳᠦᠷᠢᠮ 》 · ᠦᠨᠳᠦᠰᠦᠲᠡᠨ ᠦ ᠬᠡᠪᠯᠡᠯ ᠦᠨ ᠬᠣᠷᠢᠶ᠎ᠠ ᠳᠤ

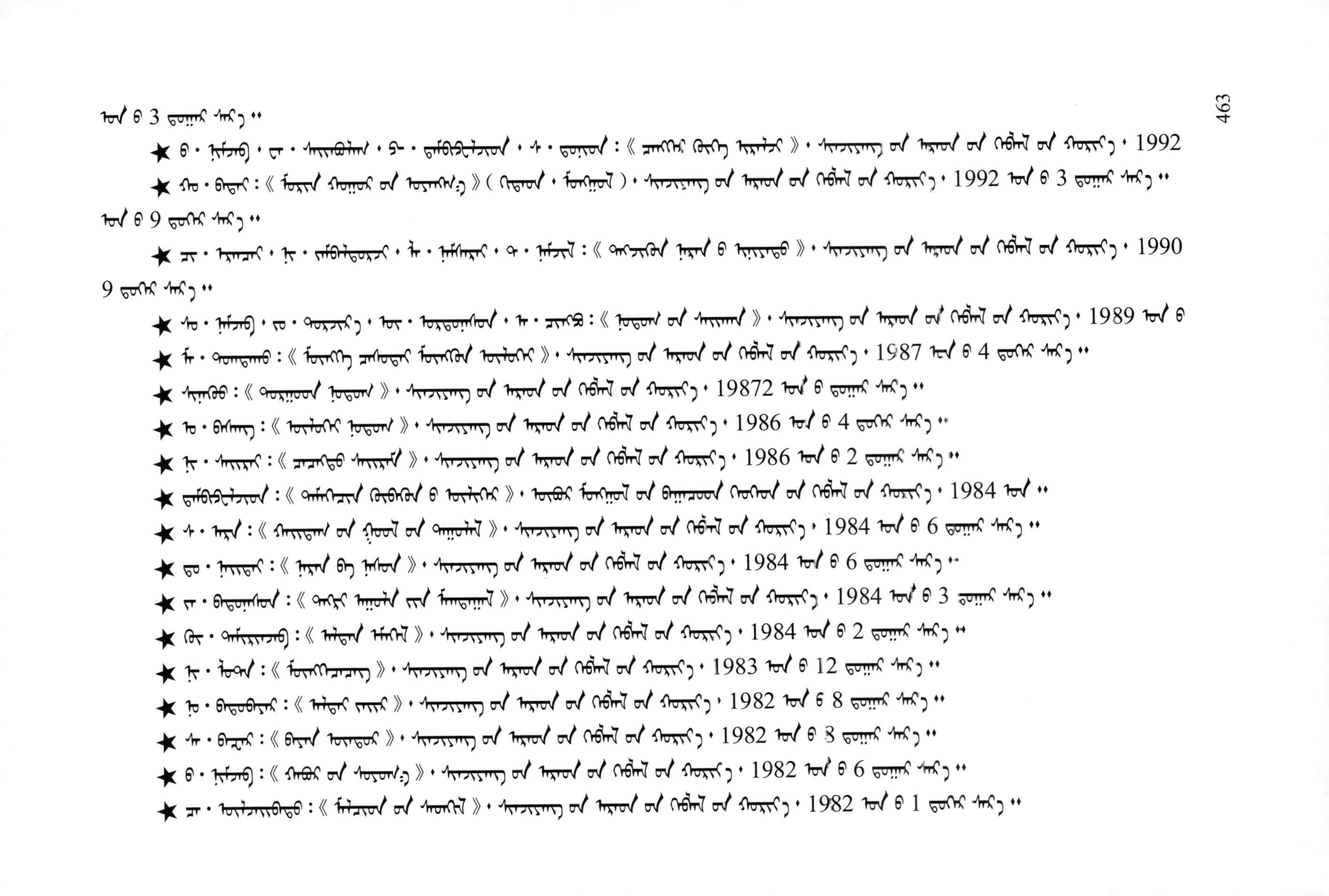

[illegible] 3 [illegible]

★ [illegible] : 《 [illegible] 》 · [illegible] · 1992

★ [illegible] : 《 [illegible] 》 ([illegible]) · [illegible] · 1992 [illegible] 3 [illegible]

[illegible] 9 [illegible]

★ [illegible] : 《 [illegible] 》 · [illegible] · 1990 [illegible] 9 [illegible]

★ [illegible] : 《 [illegible] 》 · [illegible] · 1989 [illegible]

★ [illegible] : 《 [illegible] 》 · [illegible] · 1987 [illegible] 4 [illegible]

★ [illegible] : 《 [illegible] 》 · [illegible] · 19872 [illegible]

★ [illegible] : 《 [illegible] 》 · [illegible] · 1986 [illegible] 4 [illegible]

★ [illegible] : 《 [illegible] 》 · [illegible] · 1986 [illegible] 2 [illegible]

★ [illegible] : 《 [illegible] 》 · [illegible] · 1984 [illegible]

★ [illegible] : 《 [illegible] 》 · [illegible] · 1984 [illegible] 6 [illegible]

★ [illegible] : 《 [illegible] 》 · [illegible] · 1984 [illegible] 6 [illegible]

★ [illegible] : 《 [illegible] 》 · [illegible] · 1984 [illegible] 3 [illegible]

★ [illegible] : 《 [illegible] 》 · [illegible] · 1984 [illegible] 2 [illegible]

★ [illegible] : 《 [illegible] 》 · [illegible] · 1983 [illegible] 12 [illegible]

★ [illegible] : 《 [illegible] 》 · [illegible] · 1982 [illegible] 8 [illegible]

★ [illegible] : 《 [illegible] 》 · [illegible] · 1982 [illegible] 3 [illegible]

★ [illegible] : 《 [illegible] 》 · [illegible] · 1982 [illegible] 6 [illegible]

★ [illegible] : 《 [illegible] 》 · [illegible] · 1982 [illegible] 1 [illegible]

★ [illegible] : 《[illegible]》 · ᠥᠪᠦᠷ ᠮᠣᠩᠭᠣᠯ ᠤᠨ ᠠᠷᠠᠳ ᠤᠨ ᠬᠡᠪᠯᠡᠯ ᠦᠨ ᠬᠣᠷᠢᠶ᠎ᠠ · 2001 ᠣᠨ ᠤ 11 ᠳᠦᠭᠡᠷ ᠰᠠᠷ᠎ᠠ ᠃

★ [illegible] : 《[illegible]》 · ᠦᠨᠳᠦᠰᠦᠲᠡᠨ ᠦ ᠬᠡᠪᠯᠡᠯ ᠦᠨ ᠬᠣᠷᠢᠶ᠎ᠠ · 2001 ᠣᠨ ᠤ 10 ᠳᠤᠭᠠᠷ ᠰᠠᠷ᠎ᠠ ᠃

★ [illegible] : 《[illegible]》 · ᠦᠨᠳᠦᠰᠦᠲᠡᠨ ᠦ ᠬᠡᠪᠯᠡᠯ ᠦᠨ ᠬᠣᠷᠢᠶ᠎ᠠ · 2001 ᠣᠨ ᠤ 6 ᠳᠤᠭᠠᠷ ᠰᠠᠷ᠎ᠠ ᠃

★ [illegible] : 《[illegible]》 · ᠦᠨᠳᠦᠰᠦᠲᠡᠨ ᠦ ᠬᠡᠪᠯᠡᠯ ᠦᠨ ᠬᠣᠷᠢᠶ᠎ᠠ · 2001 ᠣᠨ ᠤ 7 ᠳᠤᠭᠠᠷ ᠰᠠᠷ᠎ᠠ ᠃

★ [illegible] : 《[illegible]》 · ᠦᠨᠳᠦᠰᠦᠲᠡᠨ ᠦ ᠬᠡᠪᠯᠡᠯ ᠦᠨ ᠬᠣᠷᠢᠶ᠎ᠠ · 2001 ᠣᠨ ᠤ 8 ᠳᠤᠭᠠᠷ ᠰᠠᠷ᠎ᠠ ᠃

★ [illegible] : 《[illegible]》 · ᠦᠨᠳᠦᠰᠦᠲᠡᠨ ᠦ ᠬᠡᠪᠯᠡᠯ ᠦᠨ ᠬᠣᠷᠢᠶ᠎ᠠ · 2001 ᠣᠨ ᠤ 5 ᠳᠤᠭᠠᠷ ᠰᠠᠷ᠎ᠠ ᠃

★ [illegible] : 《[illegible]》 · [illegible] · 2000 ᠣᠨ ᠤ 11 ᠳᠦᠭᠡᠷ ᠰᠠᠷ᠎ᠠ ᠃

★ [illegible] : 《[illegible]》 ([illegible]) · ᠦᠨᠳᠦᠰᠦᠲᠡᠨ ᠦ ᠬᠡᠪᠯᠡᠯ ᠦᠨ ᠬᠣᠷᠢᠶ᠎ᠠ · 2000 ᠣᠨ ᠤ 9 ᠳᠦᠭᠡᠷ ᠰᠠᠷ᠎ᠠ ᠃

★ [illegible] : 《[illegible]》 · ᠦᠨᠳᠦᠰᠦᠲᠡᠨ ᠦ ᠬᠡᠪᠯᠡᠯ ᠦᠨ ᠬᠣᠷᠢᠶ᠎ᠠ · 2000 ᠣᠨ ᠤ 7 ᠳᠤᠭᠠᠷ ᠰᠠᠷ᠎ᠠ ᠃

★ [illegible] : 《[illegible]》 · ᠦᠨᠳᠦᠰᠦᠲᠡᠨ ᠦ ᠬᠡᠪᠯᠡᠯ ᠦᠨ ᠬᠣᠷᠢᠶ᠎ᠠ · 2000 ᠣᠨ ᠤ 6 ᠳᠤᠭᠠᠷ ᠰᠠᠷ᠎ᠠ ᠃

★ [illegible] : 《[illegible]》 · [illegible] · 2000 ᠣᠨ ᠤ 12 ᠳᠤᠭᠠᠷ ᠰᠠᠷ᠎ᠠ ᠃

★ [illegible] : 《[illegible] — [illegible]》 · [illegible] · 1999 ᠣᠨ ᠤ 1 ᠳᠦᠭᠡᠷ ᠰᠠᠷ᠎ᠠ ᠃

★ [illegible] : 《[illegible]》 · [illegible] · 1998 ᠣᠨ ᠤ 1 ᠳᠦᠭᠡᠷ ᠰᠠᠷ᠎ᠠ ᠃

★ [illegible] : 《[illegible]》 · ᠦᠨᠳᠦᠰᠦᠲᠡᠨ ᠦ ᠬᠡᠪᠯᠡᠯ ᠦᠨ ᠬᠣᠷᠢᠶ᠎ᠠ · 1998 ᠣᠨ ᠤ 1 ᠳᠦᠭᠡᠷ ᠰᠠᠷ᠎ᠠ ᠃

★ [illegible] : 《[illegible]》 · ᠦᠨᠳᠦᠰᠦᠲᠡᠨ ᠦ ᠬᠡᠪᠯᠡᠯ ᠦᠨ ᠬᠣᠷᠢᠶ᠎ᠠ · 1997 ᠣᠨ ᠤ 12 ᠳᠤᠭᠠᠷ ᠰᠠᠷ᠎ᠠ ᠃

★ [illegible] : 《[illegible]》 · ᠦᠨᠳᠦᠰᠦᠲᠡᠨ ᠦ ᠬᠡᠪᠯᠡᠯ ᠦᠨ ᠬᠣᠷᠢᠶ᠎ᠠ · 1997 ᠣᠨ ᠤ 10 ᠳᠤᠭᠠᠷ ᠰᠠᠷ᠎ᠠ ᠃

★ [illegible] : 《[illegible]》 · ᠦᠨᠳᠦᠰᠦᠲᠡᠨ ᠦ ᠬᠡᠪᠯᠡᠯ ᠦᠨ ᠬᠣᠷᠢᠶ᠎ᠠ · 1993 ᠣᠨ ᠤ 7 ᠳᠤᠭᠠᠷ ᠰᠠᠷ᠎ᠠ ᠃

★ [illegible] : 《[illegible]》, [illegible], 2001 ᠣᠨ ᠤ 12 ᠳᠤᠭᠠᠷ ᠰᠠᠷ᠎ᠠ ::

★ [illegible] : 《[illegible]》, [illegible], 2003 ᠣᠨ ᠤ 9 ᠳᠤᠭᠠᠷ ᠰᠠᠷ᠎ᠠ ::

★ [illegible] : 《[illegible]》, [illegible], 2003 ᠣᠨ ᠤ 9 ᠳᠤᠭᠠᠷ ᠰᠠᠷ᠎ᠠ ::

★ [illegible] : 《[illegible]》, [illegible], 2003 ᠣᠨ ᠤ 9 ᠳᠤᠭᠠᠷ ᠰᠠᠷ᠎ᠠ ::

★ [illegible] : 《[illegible]》, [illegible], 2003 ᠣᠨ ᠤ 11 ᠳᠤᠭᠠᠷ ᠰᠠᠷ᠎ᠠ ::

★ [illegible] : 《[illegible]》 ([illegible]), [illegible], 2004 ᠣᠨ ᠤ 8 ᠳᠤᠭᠠᠷ ᠰᠠᠷ᠎ᠠ ::

★ [illegible] : 《[illegible]》, [illegible], 2004 ᠣᠨ ᠤ 6 ᠳᠤᠭᠠᠷ ᠰᠠᠷ᠎ᠠ ::

★ [illegible] : 《[illegible]》, [illegible], 2003 ᠣᠨ ᠤ 12 ᠳᠤᠭᠠᠷ ᠰᠠᠷ᠎ᠠ ::

★ [illegible] : 《[illegible]》, [illegible], 2004 ᠣᠨ ᠤ 6 ᠳᠤᠭᠠᠷ ᠰᠠᠷ᠎ᠠ ::

★ [illegible] : 《[illegible]》, [illegible], 2004 ᠣᠨ ᠤ 6 ᠳᠤᠭᠠᠷ ᠰᠠᠷ᠎ᠠ ::

★ [illegible] : 《[illegible]》, [illegible], 2004 ᠣᠨ ᠤ 12 ᠳᠤᠭᠠᠷ ᠰᠠᠷ᠎ᠠ ::

★ [illegible] : 《[illegible]》, [illegible], 2005 ᠣᠨ ᠤ 8 ᠳᠤᠭᠠᠷ ᠰᠠᠷ᠎ᠠ ::

★ [illegible] : 《[illegible]》, [illegible], 2006 ᠣᠨ ᠤ 4 ᠳᠤᠭᠠᠷ ᠰᠠᠷ᠎ᠠ ::

★ [illegible] : 《[illegible]》, [illegible], 2006 ᠣᠨ ᠤ 10 ᠳᠤᠭᠠᠷ ᠰᠠᠷ᠎ᠠ ::

★ [illegible] : 《[illegible]》, [illegible], 2007 ᠣᠨ ᠤ 1 ᠳᠤᠭᠠᠷ ᠰᠠᠷ᠎ᠠ ::

★ [illegible] : 《[illegible]》, [illegible], 2007 ᠣᠨ ᠤ 1 ᠳᠤᠭᠠᠷ ᠰᠠᠷ᠎ᠠ ::

★ [illegible] : 《[illegible]》, [illegible], 2007 ᠣᠨ ᠤ 12 ᠳᠤᠭᠠᠷ ᠰᠠᠷ᠎ᠠ ::

★ [illegible] : 《[illegible]》, [illegible], 2009 ᠣᠨ ᠤ 5 ᠳᠤᠭᠠᠷ ᠰᠠᠷ᠎ᠠ ::

★ ᠳᠠ · ᠪᠠᠳᠤᠮᠠᠢ : 《ᠪᠢᠳᠡ ᠪᠦᠷ ᠰᠢᠨᠵᠢᠯᠡᠭᠡ》 · ᠥᠪᠥᠷ ᠮᠣᠩᠭᠣᠯ ᠤᠨ ᠥᠳᠥᠷ ᠦᠨ ᠰᠣᠨᠢᠨ ᠤ ᠭᠤᠷᠪᠠᠳᠤᠭᠠᠷ ᠨᠢᠭᠤᠷ ᠲᠤ · 2009 ᠣᠨ ᠤ 7 ᠰᠠᠷ᠎ᠠ ᠳᠤ ᠭᠠᠷᠪᠠ ᠃

★ ᠪᠠ · ᠪᠠᠶᠠᠷᠮᠠᠭᠨᠠᠢ : 《ᠪᠠᠭᠰᠢ ᠶᠢᠨ ᠰᠡᠳᠬᠢᠯ》 · ᠰᠢᠯᠢ ᠶᠢᠨ ᠭᠣᠣᠯ ᠰᠣᠨᠢᠨ ᠤ ᠭᠤᠷᠪᠠᠳᠤᠭᠠᠷ ᠨᠢᠭᠤᠷ ᠲᠤ · 2009 ᠣᠨ ᠤ 10 ᠰᠠᠷ᠎ᠠ ᠳᠤ ᠭᠠᠷᠪᠠ ᠃

★ ᠪᠠ · ᠪᠠᠶᠠᠷᠮᠠᠭᠨᠠᠢ : 《ᠮᠠᠯᠴᠢᠨ ᠤ ᠪᠠᠶᠠᠰᠬᠤᠯᠠᠩ ᠲᠤ ᠬᠦᠷᠬᠡᠭᠡᠷᠡᠢ》 (ᠬᠠᠮᠲᠤ · ᠮᠠᠯᠴᠢᠨ · ᠬᠦᠮᠦᠨ ᠦ ᠬᠥᠭᠵᠢᠯ · ᠰᠠᠶᠢᠬᠠᠨ ᠤ ᠳᠠᠭᠤᠯᠠᠯ) · ᠰᠢᠯᠢ ᠶᠢᠨ ᠭᠣᠣᠯ ᠰᠣᠨᠢᠨ ᠤ ᠭᠤᠷᠪᠠᠳᠤᠭᠠᠷ ᠨᠢᠭᠤᠷ ᠲᠤ · 2009 ᠣᠨ ᠤ 5 ᠰᠠᠷ᠎ᠠ ᠳᠤ ᠭᠠᠷᠪᠠ ᠃

★ ᠪᠠᠳ · ᠲᠣᠭᠲᠠᠬᠤ : 《ᠰᠠᠶᠢᠨ ᠤ ᠰᠡᠳᠬᠢᠯ ᠤᠨ ᠮᠣᠷᠢ》 · ᠰᠢᠯᠢ ᠶᠢᠨ ᠭᠣᠣᠯ ᠰᠣᠨᠢᠨ ᠤ ᠭᠤᠷᠪᠠᠳᠤᠭᠠᠷ ᠨᠢᠭᠤᠷ ᠲᠤ · 2009 ᠣᠨ ᠤ 10 ᠰᠠᠷ᠎ᠠ ᠳᠤ ᠭᠠᠷᠪᠠ ᠃

★ ᠪᠠ · ᠪᠠᠶᠠᠷ : 《ᠰᠠᠶᠢᠬᠠᠨ ᠨᠤᠲᠤᠭ ᠤᠨ ᠳᠠᠭᠤᠤ》 · ᠰᠢᠯᠢ ᠶᠢᠨ ᠭᠣᠣᠯ ᠰᠣᠨᠢᠨ ᠤ ᠬᠣᠶᠠᠳᠤᠭᠠᠷ ᠨᠢᠭᠤᠷ ᠲᠤ · 2010 ᠣᠨ ᠤ 10 ᠰᠠᠷ᠎ᠠ ᠳᠤ ᠭᠠᠷᠪᠠ ᠃

★ ᠪᠠ · ᠪᠠᠶᠠᠷᠰᠠᠢᠬᠠᠨ : 《ᠰᠠᠶᠢᠬᠠᠨ ᠰᠡᠳᠬᠢᠯ ᠦᠨ ᠮᠠᠯᠴᠢᠨ》 · ᠰᠢᠯᠢ ᠶᠢᠨ ᠭᠣᠣᠯ ᠰᠣᠨᠢᠨ ᠤ ᠭᠤᠷᠪᠠᠳᠤᠭᠠᠷ ᠨᠢᠭᠤᠷ ᠲᠤ · 2009 ᠣᠨ ᠤ 10 ᠰᠠᠷ᠎ᠠ ᠳᠤ ᠭᠠᠷᠪᠠ ᠃

★ ᠲᠠ · ᠰᠤᠷᠭᠠᠭᠴᠢ : 《ᠰᠠᠷᠠ ᠶᠢᠨ ᠳᠠᠭᠤᠤ · ᠰᠠᠷᠠᠯ ᠮᠣᠷᠢ》 · ᠰᠢᠯᠢ ᠶᠢᠨ ᠭᠣᠣᠯ ᠰᠣᠨᠢᠨ ᠤ ᠭᠤᠷᠪᠠᠳᠤᠭᠠᠷ ᠨᠢᠭᠤᠷ ᠲᠤ · 2009 ᠣᠨ ᠤ 10 ᠰᠠᠷ᠎ᠠ ᠳᠤ ᠭᠠᠷᠪᠠ ᠃

★ ᠪᠠ · ᠰᠠᠷᠠᠨᠭᠤᠢ · ᠰᠠᠷ · ᠲᠣᠭᠲᠠᠬᠤ : 《ᠰᠠᠶᠢᠬᠠᠨ ᠨᠤᠲᠤᠭ ᠤᠨ ᠳᠠᠭᠤᠤ》 · ᠰᠢᠯᠢ ᠶᠢᠨ ᠭᠣᠣᠯ ᠰᠣᠨᠢᠨ ᠤ ᠭᠤᠷᠪᠠᠳᠤᠭᠠᠷ ᠨᠢᠭᠤᠷ ᠲᠤ · 2010 ᠣᠨ ᠤ 10 ᠰᠠᠷ᠎ᠠ ᠳᠤ ᠭᠠᠷᠪᠠ ᠃

★ ᠪᠠ · ᠮᠣᠩᠭᠣ : 《ᠬᠠᠷᠠᠭᠠᠨ ᠤ ᠬᠦᠰᠡᠯ ᠦᠨ ᠰᠡᠳᠬᠢᠯ》 · ᠦᠨᠳᠦᠰᠦᠲᠡᠨ ᠦ ᠰᠣᠨᠢᠨ ᠤ ᠳᠥᠷᠪᠡᠳᠦᠭᠡᠷ ᠨᠢᠭᠤᠷ ᠲᠤ · 2009 ᠣᠨ ᠤ 11 ᠰᠠᠷ᠎ᠠ ᠳᠤ ᠭᠠᠷᠪᠠ ᠃

★ ᠪᠠ · ᠪᠠ · ᠰᠠᠷᠠᠭᠤᠯ : 《ᠪᠣᠯᠤᠭᠰᠠᠨ ᠤᠨᠤᠭᠠ ᠶᠢᠨ ᠬᠦᠮᠦᠵᠢᠯ》 · ᠦᠨᠳᠦᠰᠦᠲᠡᠨ ᠦ ᠰᠣᠨᠢᠨ ᠤ ᠳᠥᠷᠪᠡᠳᠦᠭᠡᠷ ᠨᠢᠭᠤᠷ ᠲᠤ · 2009 ᠣᠨ ᠤ 12 ᠰᠠᠷ᠎ᠠ ᠳᠤ ᠭᠠᠷᠪᠠ ᠃

★ ᠰᠠ · ᠰᠠᠷᠠᠨ : 《ᠮᠣᠷᠢ ᠰᠠᠶᠢᠬᠠᠨ》 · ᠦᠨᠳᠦᠰᠦᠲᠡᠨ ᠦ ᠰᠣᠨᠢᠨ ᠤ ᠬᠣᠶᠠᠳᠤᠭᠠᠷ ᠨᠢᠭᠤᠷ ᠲᠤ · 2010 ᠣᠨ ᠤ 9 ᠰᠠᠷ᠎ᠠ ᠳᠤ ᠭᠠᠷᠪᠠ ᠃

★ ᠪᠠ · ᠪᠠᠶᠠᠷᠰᠠᠶᠢᠬᠠᠨ : 《ᠮᠣᠷᠢᠨ ᠤ ᠮᠣᠩᠭᠣᠯ ᠬᠦᠮᠦᠨ》 · ᠦᠨᠳᠦᠰᠦᠲᠡᠨ ᠦ ᠰᠣᠨᠢᠨ ᠤ ᠬᠡᠪᠯᠡᠯ ᠦᠨ ᠨᠡᠮᠡᠯᠲᠡ ᠶᠢᠨ ᠬᠣᠶᠠᠳᠤᠭᠠᠷ ᠨᠢᠭᠤᠷ ᠲᠤ · 2010 ᠣᠨ ᠤ 10 ᠰᠠᠷ᠎ᠠ ᠳᠤ ᠭᠠᠷᠪᠠ ᠃

★ ᠲᠠ · ᠰᠤᠷᠭᠠᠭᠴᠢ : 《ᠮᠠᠯᠴᠢᠨ ᠰᠠᠶᠢᠬᠠᠨ ᠤ ᠰᠡᠳᠬᠢᠯ》 · ᠮᠣᠩᠭᠣᠯᠴᠤᠳ ᠤᠨ ᠲᠥᠯᠦᠭᠡᠯᠡᠭᠴᠢ ᠶᠢᠨ ᠬᠣᠶᠠᠳᠤᠭᠠᠷ ᠨᠢᠭᠤᠷ ᠲᠤ · 2010 ᠣᠨ ᠤ 11 ᠰᠠᠷ᠎ᠠ ᠳᠤ ᠭᠠᠷᠪᠠ ᠃

★ ᠳᠠ · ᠰᠠᠷᠠᠨᠭᠤᠢ : 《ᠰᠤᠷᠭᠠᠭᠤᠯᠢ ᠶᠢᠨ ᠪᠠᠭᠰᠢ ᠨᠠᠷ》 · ᠰᠢᠯᠢ ᠶᠢᠨ ᠭᠣᠣᠯ ᠰᠣᠨᠢᠨ ᠤ ᠭᠤᠷᠪᠠᠳᠤᠭᠠᠷ ᠨᠢᠭᠤᠷ ᠲᠤ · 2011 ᠣᠨ ᠤ 5 ᠰᠠᠷ᠎ᠠ ᠳᠤ ᠭᠠᠷᠪᠠ ᠃

★ ᠵᠠ · ᠰᠢᠷᠠᠭᠤᠯ : 《ᠲᠠᠯ᠎ᠠ ᠶᠢᠨ ᠰᠡᠳᠬᠢᠯ ᠬᠥᠭᠵᠢᠮ》 · ᠰᠢᠯᠢ ᠶᠢᠨ ᠭᠣᠣᠯ ᠰᠣᠨᠢᠨ ᠤ ᠭᠤᠷᠪᠠᠳᠤᠭᠠᠷ ᠨᠢᠭᠤᠷ ᠲᠤ · 2011 ᠣᠨ ᠤ 5 ᠰᠠᠷ᠎ᠠ ᠳᠤ ᠭᠠᠷᠪᠠ ᠃

★ ᠨᠠ · ᠰᠠᠷᠠᠨ : 《ᠮᠣᠷᠢ ᠶᠢᠨ ᠪᠠ ᠮᠠᠯᠴᠢᠨ》 · ᠮᠣᠩᠭᠣᠯᠴᠤᠳ ᠤᠨ ᠲᠥᠯᠦᠭᠡᠯᠡᠭᠴᠢ ᠶᠢᠨ ᠭᠤᠷᠪᠠᠳᠤᠭᠠᠷ ᠨᠢᠭᠤᠷ ᠲᠤ · 2011 ᠣᠨ ᠤ 6 ᠰᠠᠷ᠎ᠠ ᠳᠤ ᠭᠠᠷᠪᠠ ᠃

★ ᠲᠠ · ᠪᠠᠶᠠᠷᠮᠠᠭᠨᠠᠢ : 《ᠰᠠᠶᠢᠨ ᠤ ᠰᠠᠶᠢᠬᠠᠨ》 · ᠦᠨᠳᠦᠰᠦᠲᠡᠨ ᠦ ᠰᠣᠨᠢᠨ ᠤ ᠲᠥᠷᠥ ᠶᠢᠨ ᠭᠤᠷᠪᠠᠳᠤᠭᠠᠷ ᠨᠢᠭᠤᠷ ᠲᠤ · 2011 ᠣᠨ ᠤ 8 ᠰᠠᠷ᠎ᠠ ᠳᠤ ᠭᠠᠷᠪᠠ ᠃

★ ᠰᠠ · ᠰᠠᠷᠠᠨᠲᠤᠶ᠎ᠠ : 《ᠰᠠᠶᠢᠬᠠᠨ ᠪᠠᠶᠠᠰᠬᠤᠯᠠᠩ》 · ᠦᠨᠳᠦᠰᠦᠲᠡᠨ ᠦ ᠰᠣᠨᠢᠨ ᠤ ᠮᠣᠩᠭᠣᠯ ᠤᠨ ᠬᠣᠶᠠᠳᠤᠭᠠᠷ ᠨᠢᠭᠤᠷ ᠲᠤ · 2011 ᠣᠨ ᠤ 9 ᠰᠠᠷ᠎ᠠ ᠳᠤ ᠭᠠᠷᠪᠠ ᠃

★ ᠳᠠ · ᠰᠠᠷᠠᠨᠭᠡᠷᠡᠯ : 《ᠮᠣᠩᠭᠣᠯ ᠰᠤᠷᠭᠠᠭᠤᠯᠢ ᠶᠢᠨ ᠬᠦᠮᠦᠵᠢᠯ》 · ᠦᠨᠳᠦᠰᠦᠲᠡᠨ ᠦ ᠰᠣᠨᠢᠨ ᠤ ᠲᠥᠷᠥ ᠶᠢᠨ ᠬᠣᠶᠠᠳᠤᠭᠠᠷ ᠨᠢᠭᠤᠷ ᠲᠤ · 2011 ᠣᠨ ᠤ 9 ᠰᠠᠷ᠎ᠠ ᠳᠤ ᠭᠠᠷᠪᠠ ᠃

★ ᠲᠠ · ᠪᠠᠳᠤᠮᠠᠢᠮᠠᠭ : 《ᠣᠨ ᠵᠢᠯ ᠤᠨ ᠬᠡᠯᠡᠮᠡᠷᠦᠪᠡ》 · ᠦᠨᠳᠦᠰᠦᠲᠡᠨ ᠦ ᠰᠣᠨᠢᠨ ᠤ ᠲᠥᠷᠥ ᠶᠢᠨ ᠭᠤᠷᠪᠠᠳᠤᠭᠠᠷ ᠨᠢᠭᠤᠷ ᠲᠤ · 2011 ᠣᠨ ᠤ 10 ᠰᠠᠷ᠎ᠠ ᠳᠤ ᠭᠠᠷᠪᠠ ᠃

★ [illegible] · [illegible] : 《 [illegible] 》 · ᠥᠪᠥᠷ ᠮᠣᠩᠭᠣᠯ ᠤᠨ ᠰᠣᠶᠣᠯ ᠤᠨ ᠬᠡᠪᠯᠡᠯ ᠦᠨ ᠬᠣᠷᠢᠶ᠎ᠠ · 2011 ᠣᠨ ᠤ 11 ᠳᠦᠭᠡᠷ ᠰᠠᠷ᠎ᠠ ::

★ [illegible] · [illegible] : 《 [illegible] 》 · ᠥᠪᠥᠷ ᠮᠣᠩᠭᠣᠯ ᠤᠨ ᠠᠷᠠᠳ ᠤᠨ ᠬᠡᠪᠯᠡᠯ ᠦᠨ ᠬᠣᠷᠢᠶ᠎ᠠ · 2011 ᠣᠨ ᠤ 11 ᠳᠦᠭᠡᠷ ᠰᠠᠷ᠎ᠠ ::

★ [illegible] · [illegible] : 《 [illegible] 》 · ᠥᠪᠥᠷ ᠮᠣᠩᠭᠣᠯ ᠤᠨ ᠠᠷᠠᠳ ᠤᠨ ᠬᠡᠪᠯᠡᠯ ᠦᠨ ᠬᠣᠷᠢᠶ᠎ᠠ · 2012 ᠣᠨ ᠤ 4 ᠳᠦᠭᠡᠷ ᠰᠠᠷ᠎ᠠ ::

★ [illegible] · [illegible] : 《 [illegible] 》 · ᠥᠪᠥᠷ ᠮᠣᠩᠭᠣᠯ ᠤᠨ ᠰᠣᠶᠣᠯ ᠤᠨ ᠬᠡᠪᠯᠡᠯ ᠦᠨ ᠬᠣᠷᠢᠶ᠎ᠠ · 2012 ᠣᠨ ᠤ 10 ᠳᠤᠭᠠᠷ ᠰᠠᠷ᠎ᠠ ::

★ [illegible] · [illegible] : 《 [illegible] 》 · ᠥᠪᠥᠷ ᠮᠣᠩᠭᠣᠯ ᠤᠨ ᠰᠣᠶᠣᠯ ᠤᠨ ᠬᠡᠪᠯᠡᠯ ᠦᠨ ᠬᠣᠷᠢᠶ᠎ᠠ · 2012 ᠣᠨ ᠤ 11 ᠳᠦᠭᠡᠷ ᠰᠠᠷ᠎ᠠ ::

★ [illegible] · [illegible] : 《 [illegible] 》 · ᠰᠢᠨᠵᠢᠶᠠᠩ ᠤᠨ ᠠᠷᠠᠳ ᠤᠨ ᠬᠡᠪᠯᠡᠯ ᠦᠨ ᠬᠣᠷᠢᠶ᠎ᠠ · 2012 ᠣᠨ ᠤ 12 ᠳᠤᠭᠠᠷ ᠰᠠᠷ᠎ᠠ ::

★ [illegible] · [illegible] : 《 [illegible] 》 · ᠥᠪᠥᠷ ᠮᠣᠩᠭᠣᠯ ᠤᠨ ᠰᠣᠶᠣᠯ ᠤᠨ ᠬᠡᠪᠯᠡᠯ ᠦᠨ ᠬᠣᠷᠢᠶ᠎ᠠ · 2012 ᠣᠨ ᠤ 12 ᠳᠤᠭᠠᠷ ᠰᠠᠷ᠎ᠠ ::

★ [illegible] · [illegible] : 《 [illegible] 》 · ᠰᠢᠨᠵᠢᠶᠠᠩ ᠤᠨ ᠠᠷᠠᠳ ᠤᠨ ᠬᠡᠪᠯᠡᠯ ᠦᠨ ᠬᠣᠷᠢᠶ᠎ᠠ · 2013 ᠣᠨ ᠤ 5 ᠳᠤᠭᠠᠷ ᠰᠠᠷ᠎ᠠ ::

★ [illegible] · [illegible] : 《 [illegible] 》 · ᠥᠪᠥᠷ ᠮᠣᠩᠭᠣᠯ ᠤᠨ ᠰᠣᠶᠣᠯ ᠤᠨ ᠬᠡᠪᠯᠡᠯ ᠦᠨ ᠬᠣᠷᠢᠶ᠎ᠠ · 2013 ᠣᠨ ᠤ 10 ᠳᠤᠭᠠᠷ ᠰᠠᠷ᠎ᠠ ::

★ [illegible] · [illegible] : 《 [illegible] 》 · ᠰᠢᠨᠵᠢᠶᠠᠩ ᠤᠨ ᠠᠷᠠᠳ ᠤᠨ ᠬᠡᠪᠯᠡᠯ ᠦᠨ ᠬᠣᠷᠢᠶ᠎ᠠ · 2014 ᠣᠨ ᠤ 1 ᠳᠦᠭᠡᠷ ᠰᠠᠷ᠎ᠠ ::

★ [illegible] · [illegible] : 《 [illegible] 》 · ᠰᠢᠨᠵᠢᠶᠠᠩ ᠤᠨ ᠠᠷᠠᠳ ᠤᠨ ᠬᠡᠪᠯᠡᠯ ᠦᠨ ᠬᠣᠷᠢᠶ᠎ᠠ · 2014 ᠣᠨ ᠤ 4 ᠳᠦᠭᠡᠷ ᠰᠠᠷ᠎ᠠ ::

★ [illegible] · [illegible] : 《 [illegible] 》 · ᠥᠪᠥᠷ ᠮᠣᠩᠭᠣᠯ ᠤᠨ ᠰᠣᠶᠣᠯ ᠤᠨ ᠬᠡᠪᠯᠡᠯ ᠦᠨ ᠬᠣᠷᠢᠶ᠎ᠠ · 2014 ᠣᠨ ᠤ 5 ᠳᠤᠭᠠᠷ ᠰᠠᠷ᠎ᠠ ::

★ [illegible] · [illegible] : 《 [illegible] 》 ([illegible] · [illegible]) · ᠰᠢᠨᠵᠢᠶᠠᠩ ᠤᠨ ᠰᠤᠷᠭᠠᠨ ᠬᠦᠮᠦᠵᠢᠯ ᠦᠨ ᠬᠡᠪᠯᠡᠯ ᠦᠨ ᠬᠣᠷᠢᠶ᠎ᠠ · 2014 ᠣᠨ ᠤ 6 ᠳᠤᠭᠠᠷ ᠰᠠᠷ᠎ᠠ ::

★ [illegible] · [illegible] : 《 [illegible] 》 · ᠥᠪᠥᠷ ᠮᠣᠩᠭᠣᠯ ᠤᠨ ᠠᠷᠠᠳ ᠤᠨ ᠬᠡᠪᠯᠡᠯ ᠦᠨ ᠬᠣᠷᠢᠶ᠎ᠠ · 2014 ᠣᠨ ᠤ 7 ᠳᠤᠭᠠᠷ ᠰᠠᠷ᠎ᠠ ::

★ [illegible] · [illegible] : 《 [illegible] 》 · ᠰᠢᠨᠵᠢᠶᠠᠩ ᠤᠨ ᠠᠷᠠᠳ ᠤᠨ ᠬᠡᠪᠯᠡᠯ ᠦᠨ ᠬᠣᠷᠢᠶ᠎ᠠ · 2015 ᠣᠨ ᠤ 1 ᠳᠦᠭᠡᠷ ᠰᠠᠷ᠎ᠠ ::

★ [illegible] · [illegible] : 《 [illegible] 》 · ᠰᠢᠨᠵᠢᠶᠠᠩ ᠤᠨ ᠠᠷᠠᠳ ᠤᠨ ᠬᠡᠪᠯᠡᠯ ᠦᠨ ᠬᠣᠷᠢᠶ᠎ᠠ · 2015 ᠣᠨ ᠤ 7 ᠳᠤᠭᠠᠷ ᠰᠠᠷ᠎ᠠ ::

★ [illegible] · [illegible] : 《 [illegible] 》 · ᠰᠢᠨᠵᠢᠶᠠᠩ ᠤᠨ ᠠᠷᠠᠳ ᠤᠨ ᠬᠡᠪᠯᠡᠯ ᠦᠨ ᠬᠣᠷᠢᠶ᠎ᠠ · 2015 ᠣᠨ ᠤ 8 ᠳᠤᠭᠠᠷ ᠰᠠᠷ᠎ᠠ ::

★ [illegible] · [illegible] : 《 [illegible] 》 · ᠦᠨᠳᠦᠰᠦᠲᠡᠨ ᠦ ᠬᠡᠪᠯᠡᠯ ᠦᠨ ᠬᠣᠷᠢᠶ᠎ᠠ · 2015 ᠣᠨ ᠤ 11 ᠳᠦᠭᠡᠷ ᠰᠠᠷ᠎ᠠ ::

★ [illegible] · [illegible] : 《 [illegible] 》 · ᠰᠢᠨᠵᠢᠶᠠᠩ ᠤᠨ ᠠᠷᠠᠳ ᠤᠨ ᠬᠡᠪᠯᠡᠯ ᠦᠨ ᠬᠣᠷᠢᠶ᠎ᠠ · 2016 ᠣᠨ ᠤ 3 ᠳᠤᠭᠠᠷ ᠰᠠᠷ᠎ᠠ ::

★ [illegible] : 《 [illegible] 》 · ᠦᠨᠳᠦᠰᠦᠲᠡᠨ ᠦ ᠬᠡᠪᠯᠡᠯ ᠦᠨ ᠬᠣᠷᠢᠶ᠎ᠠ · 2016 ᠣᠨ ᠤ 4 ᠳᠦᠭᠡᠷ ᠰᠠᠷ᠎ᠠ ::

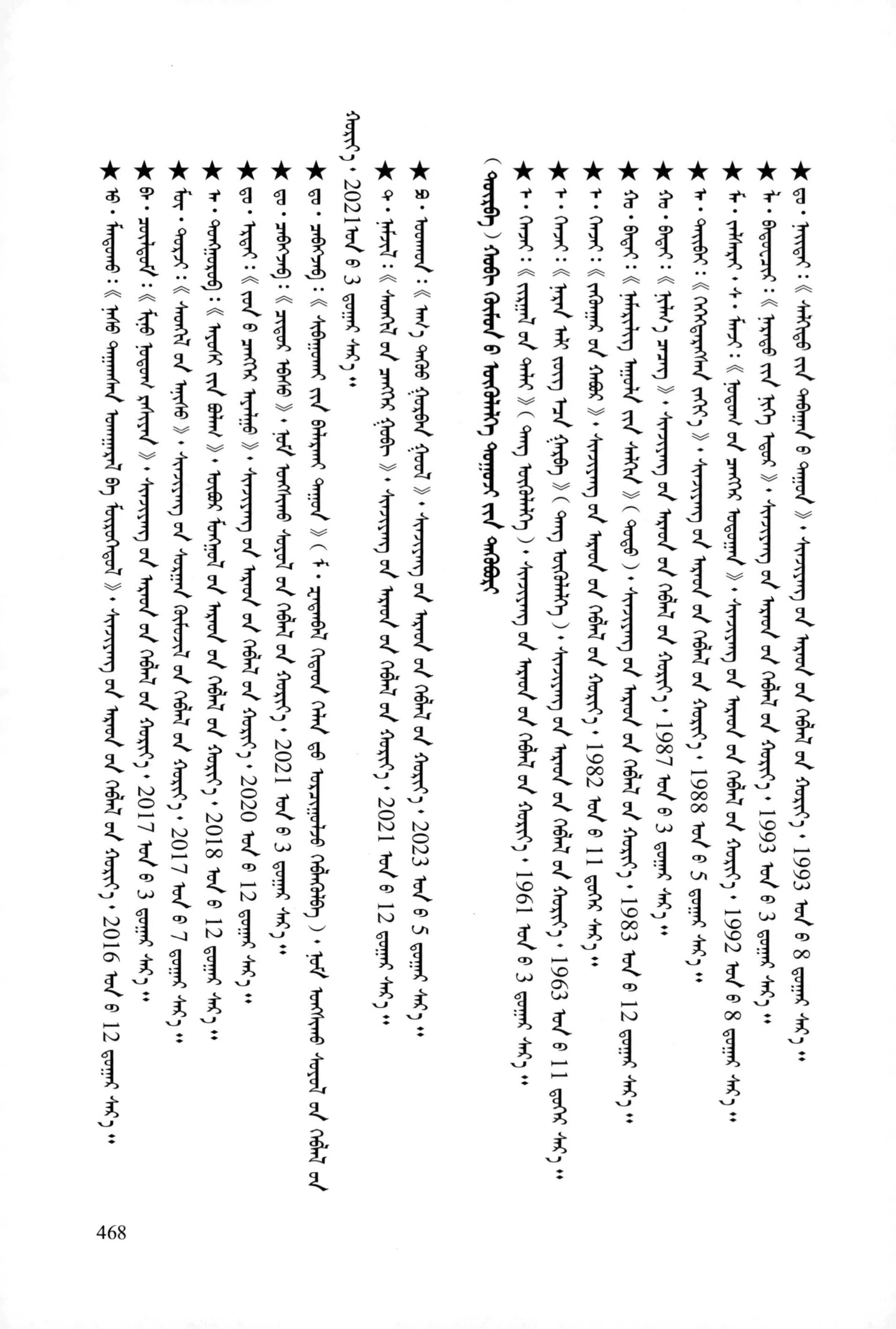

★ [illegible]: 《[illegible]》, [illegible], 2016 [illegible] 12 [illegible].

★ [illegible]: 《[illegible]》, [illegible], 2017 [illegible] 3 [illegible].

★ [illegible]: 《[illegible]》, [illegible], 2017 [illegible] 7 [illegible].

★ [illegible]: 《[illegible]》, [illegible], 2018 [illegible] 12 [illegible].

★ [illegible]: 《[illegible]》, [illegible], 2020 [illegible] 12 [illegible].

★ [illegible]: 《[illegible]》, [illegible], 2021 [illegible] 3 [illegible].

★ [illegible]: 《[illegible]》 ([illegible]), [illegible], 2021 [illegible] 3 [illegible].

★ [illegible]: 《[illegible]》, [illegible], 2021 [illegible] 12 [illegible].

★ [illegible]: 《[illegible]》, [illegible], 2023 [illegible] 5 [illegible].

[illegible] ([illegible])

★ [illegible]: 《[illegible]》 ([illegible]), [illegible], 1961 [illegible] 3 [illegible].

★ [illegible]: 《[illegible]》 ([illegible]), [illegible], 1963 [illegible] 11 [illegible].

★ [illegible]: 《[illegible]》, [illegible], 1982 [illegible] 11 [illegible].

★ [illegible]: 《[illegible]》 ([illegible]), [illegible], 1983 [illegible] 12 [illegible].

★ [illegible]: 《[illegible]》, [illegible], 1987 [illegible] 3 [illegible].

★ [illegible]: 《[illegible]》, [illegible], 1988 [illegible] 5 [illegible].

★ [illegible]: 《[illegible]》, [illegible], 1992 [illegible] 8 [illegible].

★ [illegible]: 《[illegible]》, [illegible], 1993 [illegible] 3 [illegible].

★ [illegible]: 《[illegible]》, [illegible], 1993 [illegible] 8 [illegible].

★ ᠬᠠ · ᠪᠠᠶᠠᠷ · ᠰᠡᠷ · ᠰᠣᠶᠣᠯᠮᠠ · ᠲᠠ · ᠳᠠᠮᠳᠢᠨᠰᠦᠷᠦᠩ : 《 ᠳᠡᠭᠡᠳᠦ ᠰᠤᠷᠭᠠᠭᠤᠯᠢ ᠶᠢᠨ ᠮᠣᠩᠭᠣᠯ ᠬᠡᠯᠡ 》· 《 ᠪᠢᠴᠢᠭ ᠤᠨ ᠬᠡᠯᠡ 》 ᠬᠡᠪᠯᠡᠯ ᠦᠨ ᠬᠣᠷᠢᠶ᠎ᠠ ᠦᠨᠳᠦᠰᠦᠲᠡᠨ ᠦ · ᠪᠡᠭᠡᠵᠢᠩ ᠤᠨ ᠬᠡᠪᠯᠡᠯ ᠦᠨ ᠬᠣᠷᠢᠶ᠎ᠠ · 1994 ᠣᠨ ᠤ 9 ᠳᠤᠭᠠᠷ ᠰᠠᠷ᠎ᠠ ::

★ ᠪᠠ · ᠪᠠᠶᠠᠷ : 《 ᠰᠣᠶᠣᠯ ᠤᠨ ᠰᠤᠳᠤᠯᠤᠯ ᠤᠨ ᠲᠣᠭᠤᠮᠠᠯ 》(ᠳᠡᠭᠡᠳᠦ ᠳᠡᠪᠲᠡᠷ) · ᠥᠪᠥᠷ ᠮᠣᠩᠭᠣᠯ ᠤᠨ ᠠᠷᠠᠳ ᠤᠨ ᠬᠡᠪᠯᠡᠯ ᠦᠨ ᠬᠣᠷᠢᠶ᠎ᠠ · 1997 ᠣᠨ ᠤ 12 ᠳᠤᠭᠠᠷ ᠰᠠᠷ᠎ᠠ ::

★ ᠳ᠋ᠠ · ᠰᠠᠷ᠎ᠠ : 《 ᠰᠤᠳᠤᠯᠬᠤ ᠠᠷᠭ᠎ᠠ ᠶᠢᠨ ᠲᠣᠭᠤᠮᠠᠯ 》(ᠮᠣᠩᠭᠣᠯ ᠦᠨᠳᠦᠰᠦᠲᠡᠨ ᠦ ᠰᠤᠷᠭᠠᠯ) · ᠥᠪᠥᠷ ᠮᠣᠩᠭᠣᠯ ᠤᠨ ᠠᠷᠠᠳ ᠤᠨ ᠬᠡᠪᠯᠡᠯ ᠦᠨ ᠬᠣᠷᠢᠶ᠎ᠠ · 1991 ᠣᠨ ᠤ 8 ᠳᠤᠭᠠᠷ ᠰᠠᠷ᠎ᠠ ::

★ ᠨᠠ · ᠪᠠᠶᠠᠷ : 《 ᠨᠠ · ᠪᠠᠶᠠᠷ ᠤᠨ ᠵᠣᠬᠢᠶᠠᠯ ᠤᠨ 》· ᠦᠨᠳᠦᠰᠦᠲᠡᠨ ᠦ ᠬᠡᠪᠯᠡᠯ ᠦᠨ ᠬᠣᠷᠢᠶ᠎ᠠ · 1993 ᠣᠨ ᠤ 12 ᠳᠤᠭᠠᠷ ᠰᠠᠷ᠎ᠠ ::

★ ᠰᠠ · ᠲᠣᠭᠲᠠᠬᠤᠪᠠᠶᠠᠷ : 《 ᠮᠣᠩᠭᠣᠯ ᠤᠨ ᠰᠤᠳᠤᠯᠤᠯ 》· ᠥᠪᠥᠷ ᠮᠣᠩᠭᠣᠯ ᠤᠨ ᠠᠷᠠᠳ ᠤᠨ ᠬᠡᠪᠯᠡᠯ ᠦᠨ ᠬᠣᠷᠢᠶ᠎ᠠ · 1999 ᠣᠨ ᠤ 5 ᠳᠤᠭᠠᠷ ᠰᠠᠷ᠎ᠠ ::

ᠲᠠᠯᠠᠰᠤ : 《 ᠮᠣᠩᠭᠣᠯ ᠤᠨ ᠬᠡᠯᠡᠨ ᠵᠢᠷᠤᠮ 》· ᠥᠪᠥᠷ ᠮᠣᠩᠭᠣᠯ ᠤᠨ ᠠᠷᠠᠳ ᠤᠨ ᠬᠡᠪᠯᠡᠯ ᠦᠨ ᠬᠣᠷᠢᠶ᠎ᠠ · 2000 ᠣᠨ ᠤ 8 ᠳᠤᠭᠠᠷ ᠰᠠᠷ᠎ᠠ ::

★ ᠪᠠ · ᠪᠠᠲᠤᠮᠥᠩᠬᠡ : 《 ᠬᠡᠯᠡ ᠶᠢᠨ ᠰᠣᠶᠣᠯ ᠤᠨ ᠰᠤᠳᠤᠯᠤᠯ 》· ᠥᠪᠥᠷ ᠮᠣᠩᠭᠣᠯ ᠤᠨ ᠠᠷᠠᠳ ᠤᠨ ᠬᠡᠪᠯᠡᠯ ᠦᠨ ᠬᠣᠷᠢᠶ᠎ᠠ · 2001 ᠣᠨ ᠤ 1 ᠳᠤᠭᠠᠷ ᠰᠠᠷ᠎ᠠ ::

★ ᠲᠠ · ᠰᠡᠴᠡᠨᠮᠥᠩᠬᠡ : 《 ᠦᠭᠡ ᠶᠢᠨ ᠰᠤᠳᠤᠯᠤᠯ 》· ᠥᠪᠥᠷ ᠮᠣᠩᠭᠣᠯ ᠤᠨ ᠠᠷᠠᠳ ᠤᠨ ᠬᠡᠪᠯᠡᠯ ᠦᠨ ᠬᠣᠷᠢᠶ᠎ᠠ · 2001 ᠣᠨ ᠤ 11 ᠳᠤᠭᠠᠷ ᠰᠠᠷ᠎ᠠ ::

★ ᠮᠠ · ᠮᠡᠷᠭᠡᠨᠪᠠᠭᠠᠲᠤᠷ : 《 ᠮᠣᠩᠭᠣᠯ ᠪᠢᠴᠢᠭ ᠦᠨ ᠰᠣᠶᠣᠯ ᠤᠨ ᠲᠡᠦᠬᠡ 》· ᠦᠨᠳᠦᠰᠦᠲᠡᠨ ᠦ ᠬᠡᠪᠯᠡᠯ ᠦᠨ ᠬᠣᠷᠢᠶ᠎ᠠ · 2004 ᠣᠨ ᠤ 4 ᠳᠤᠭᠠᠷ ᠰᠠᠷ᠎ᠠ ::

★ ᠮᠠ · ᠲᠡᠮᠦᠭᠡ : 《 ᠰᠣᠶᠣᠯ ᠤᠨ ᠲᠣᠢᠮ 》· ᠥᠪᠥᠷ ᠮᠣᠩᠭᠣᠯ ᠤᠨ ᠠᠷᠠᠳ ᠤᠨ ᠬᠡᠪᠯᠡᠯ ᠦᠨ ᠬᠣᠷᠢᠶ᠎ᠠ · 2004 ᠣᠨ ᠤ 10 ᠳᠤᠭᠠᠷ ᠰᠠᠷ᠎ᠠ ::

★ ᠠ · ᠠᠮᠤᠷ : 《 ᠮᠣᠩᠭᠣᠯ ᠪᠠ ᠲᠥᠪᠡᠳ ᠰᠣᠶᠣᠯ 》· ᠥᠪᠥᠷ ᠮᠣᠩᠭᠣᠯ ᠤᠨ ᠠᠷᠠᠳ ᠤᠨ ᠬᠡᠪᠯᠡᠯ ᠦᠨ ᠬᠣᠷᠢᠶ᠎ᠠ · 2005 ᠣᠨ ᠤ 8 ᠳᠤᠭᠠᠷ ᠰᠠᠷ᠎ᠠ ::

★ ᠮᠠ · ᠮᠡᠷᠭᠡᠨᠪᠠᠭᠠᠲᠤᠷ : 《 ᠪᠢᠴᠢᠭ ᠦᠨ ᠰᠣᠶᠣᠯ ᠤᠨ ᠲᠡᠦᠬᠡ 》· ᠦᠨᠳᠦᠰᠦᠲᠡᠨ ᠦ ᠬᠡᠪᠯᠡᠯ ᠦᠨ ᠬᠣᠷᠢᠶ᠎ᠠ · 2007 ᠣᠨ ᠤ 10 ᠳᠤᠭᠠᠷ ᠰᠠᠷ᠎ᠠ ::

★ ᠨᠠ · ᠪᠠᠶᠠᠷ : 《 ᠨᠠ · ᠪᠠᠶᠠᠷ ᠤᠨ ᠵᠣᠬᠢᠶᠠᠯ ᠤᠨ ᠴᠤᠭᠯᠠᠪᠤᠷᠢ 》(ᠳᠡᠭᠡᠳᠦ ᠳᠣᠣᠷᠠᠳᠤ ᠳᠡᠪᠲᠡᠷ · ᠬᠣᠶᠠᠳᠤᠭᠠᠷ ᠳᠡᠪᠲᠡᠷ ·· ᠨᠡᠢᠲᠡ ᠳᠦᠨ ᠬᠣᠶᠠᠷ ᠳᠡᠪᠲᠡᠷ · 1082 ᠨᠢᠭᠤᠷ) · ᠦᠨᠳᠦᠰᠦᠲᠡᠨ ᠦ ᠬᠡᠪᠯᠡᠯ ᠦᠨ ᠬᠣᠷᠢᠶ᠎ᠠ · 2009 ᠣᠨ ᠤ 3 ᠳᠤᠭᠠᠷ ᠰᠠᠷ᠎ᠠ ::

★ ᠪᠠ · ᠪᠠᠶᠠᠷ : 《 ᠰᠣᠶᠣᠯ ᠤᠨ ᠰᠤᠳᠤᠯᠤᠯ 》· ᠥᠪᠥᠷ ᠮᠣᠩᠭᠣᠯ ᠤᠨ ᠠᠷᠠᠳ ᠤᠨ ᠬᠡᠪᠯᠡᠯ ᠦᠨ ᠬᠣᠷᠢᠶ᠎ᠠ · 2009 ᠣᠨ ᠤ 10 ᠳᠤᠭᠠᠷ ᠰᠠᠷ᠎ᠠ ::

★ ᠨᠠ · ᠴᠣᠭᠲᠤ : 《 ᠰᠣᠶᠣᠯ ᠤᠨ ᠰᠤᠳᠤᠯᠤᠯ 》· ᠥᠪᠥᠷ ᠮᠣᠩᠭᠣᠯ ᠤᠨ ᠠᠷᠠᠳ ᠤᠨ ᠬᠡᠪᠯᠡᠯ ᠦᠨ ᠬᠣᠷᠢᠶ᠎ᠠ · 2010 ᠣᠨ ᠤ 8 ᠳᠤᠭᠠᠷ ᠰᠠᠷ᠎ᠠ ::

★ ᠳ᠋ᠠ · ᠲᠡᠮᠦᠷ : 《 ᠬᠠᠷ᠎ᠠ ᠬᠡᠴᠡ ᠶᠢᠨ 》(ᠦᠨᠳᠦᠰᠦᠲᠡᠨ ᠦ ᠰᠤᠷᠭᠠᠯ) · ᠥᠪᠥᠷ ᠮᠣᠩᠭᠣᠯ ᠤᠨ ᠠᠷᠠᠳ ᠤᠨ ᠬᠡᠪᠯᠡᠯ ᠦᠨ ᠬᠣᠷᠢᠶ᠎ᠠ · 2012 ᠣᠨ ᠤ 11 ᠳᠤᠭᠠᠷ ᠰᠠᠷ᠎ᠠ ::

★ [illegible] : 《[illegible]》([illegible]) · ᠥᠪᠥᠷ ᠮᠣᠩᠭᠣᠯ ᠤᠨ ᠠᠷᠠᠳ ᠤᠨ ᠬᠡᠪᠯᠡᠯ ᠦᠨ ᠬᠣᠷᠢᠶ᠎ᠠ · [illegible] 1995 ᠣᠨ · [illegible] ::

★ [illegible] : 《[illegible]》 · 《[illegible]》 · 1992 ᠣᠨ ᠤ 11 — 12 ᠳᠤᠭᠠᠷ [illegible] ·· 1993 ᠣᠨ ᠤ 1 — 6

★ [illegible] : 《[illegible]》 · ᠥᠪᠥᠷ ᠮᠣᠩᠭᠣᠯ ᠤᠨ ᠠᠷᠠᠳ ᠤᠨ ᠬᠡᠪᠯᠡᠯ ᠦᠨ ᠬᠣᠷᠢᠶ᠎ᠠ · 1994 ᠣᠨ ᠤ 3 ᠳᠤᠭᠠᠷ ᠰᠠᠷ᠎ᠠ ::

★ [illegible] : 《[illegible]》 · ᠥᠪᠥᠷ ᠮᠣᠩᠭᠣᠯ ᠤᠨ ᠠᠷᠠᠳ ᠤᠨ ᠬᠡᠪᠯᠡᠯ ᠦᠨ ᠬᠣᠷᠢᠶ᠎ᠠ · 1983 ᠣᠨ ᠤ 1 ᠳᠦᠭᠡᠷ ᠰᠠᠷ᠎ᠠ ::

([illegible]) [illegible]

★ [illegible] : 《[illegible]》 · ᠥᠪᠥᠷ ᠮᠣᠩᠭᠣᠯ ᠤᠨ ᠠᠷᠠᠳ ᠤᠨ ᠬᠡᠪᠯᠡᠯ ᠦᠨ ᠬᠣᠷᠢᠶ᠎ᠠ · 2023 ᠣᠨ ᠤ 5 ᠳᠤᠭᠠᠷ ᠰᠠᠷ᠎ᠠ ::

★ [illegible] : 《[illegible]》 · ᠥᠪᠥᠷ ᠮᠣᠩᠭᠣᠯ ᠤᠨ ᠠᠷᠠᠳ ᠤᠨ ᠬᠡᠪᠯᠡᠯ ᠦᠨ ᠬᠣᠷᠢᠶ᠎ᠠ · 2020 ᠣᠨ ᠤ 12 ᠳᠤᠭᠠᠷ ᠰᠠᠷ᠎ᠠ ::

★ [illegible] : 《[illegible]》([illegible]) · [illegible] ᠬᠡᠪᠯᠡᠯ ᠦᠨ ᠬᠣᠷᠢᠶ᠎ᠠ · 2019 ᠣᠨ ᠤ 12 ᠳᠤᠭᠠᠷ ᠰᠠᠷ᠎ᠠ ::

★ [illegible] : 《[illegible]》([illegible]) · ᠥᠪᠥᠷ ᠮᠣᠩᠭᠣᠯ ᠤᠨ ᠠᠷᠠᠳ ᠤᠨ ᠬᠡᠪᠯᠡᠯ ᠦᠨ ᠬᠣᠷᠢᠶ᠎ᠠ · 2018 ᠣᠨ ᠤ 12 ᠳᠤᠭᠠᠷ ᠰᠠᠷ᠎ᠠ ::

★ [illegible] : 《[illegible]》 · [illegible] ᠬᠡᠪᠯᠡᠯ ᠦᠨ ᠬᠣᠷᠢᠶ᠎ᠠ · 2016 ᠣᠨ ᠤ 12 ᠳᠤᠭᠠᠷ ᠰᠠᠷ᠎ᠠ ::

★ [illegible] : 《[illegible]》([illegible]) · ᠥᠪᠥᠷ ᠮᠣᠩᠭᠣᠯ ᠤᠨ ᠠᠷᠠᠳ ᠤᠨ ᠬᠡᠪᠯᠡᠯ ᠦᠨ ᠬᠣᠷᠢᠶ᠎ᠠ · 2016 ᠣᠨ ᠤ 12 ᠳᠤᠭᠠᠷ ᠰᠠᠷ᠎ᠠ ::

★ [illegible] : 《[illegible]》 · [illegible] ᠬᠡᠪᠯᠡᠯ ᠦᠨ ᠬᠣᠷᠢᠶ᠎ᠠ · 2016 ᠣᠨ ᠤ 12 ᠳᠤᠭᠠᠷ ᠰᠠᠷ᠎ᠠ ::

★ [illegible] : 《[illegible]》([illegible]) · ᠥᠪᠥᠷ ᠮᠣᠩᠭᠣᠯ ᠤᠨ ᠠᠷᠠᠳ ᠤᠨ ᠬᠡᠪᠯᠡᠯ ᠦᠨ ᠬᠣᠷᠢᠶ᠎ᠠ · 2015 ᠣᠨ ᠤ 8 ᠳᠤᠭᠠᠷ ᠰᠠᠷ᠎ᠠ ::

★ [illegible] : 《[illegible]》([illegible]) · ᠥᠪᠥᠷ ᠮᠣᠩᠭᠣᠯ ᠤᠨ ᠠᠷᠠᠳ ᠤᠨ ᠬᠡᠪᠯᠡᠯ ᠦᠨ ᠬᠣᠷᠢᠶ᠎ᠠ · 2013 ᠣᠨ ᠤ 1 ᠳᠦᠭᠡᠷ ᠰᠠᠷ᠎ᠠ ::

★ [illegible] : 《[illegible]》 · [illegible] ᠬᠡᠪᠯᠡᠯ ᠦᠨ ᠬᠣᠷᠢᠶ᠎ᠠ · 2012 ᠣᠨ ᠤ 12 ᠳᠤᠭᠠᠷ ᠰᠠᠷ᠎ᠠ ::

[illegible] 1997 ᠣᠨ, [illegible] 1997 ᠣᠨ,
[illegible]::

★ [illegible]: 《[illegible]》 ([illegible]), [illegible], 1999 ᠣᠨ ᠤ 5 ᠳᠤᠭᠠᠷ ᠰᠠᠷ᠎ᠠ::

★ [illegible]: 《[illegible]》, 《[illegible]》, 2001 ᠣᠨ ᠤ 1 — 6 ᠳᠤᠭᠠᠷ [illegible]::

★ [illegible]: 《[illegible]》 ([illegible]), [illegible], 2004 ᠣᠨ ᠤ 6 ᠳᠤᠭᠠᠷ ᠰᠠᠷ᠎ᠠ::

★ [illegible]: 《[illegible]》, [illegible], 2004 ᠣᠨ ᠤ 7 ᠳᠤᠭᠠᠷ ᠰᠠᠷ᠎ᠠ::

★ [illegible]: 《[illegible]》, 《[illegible]》, 2005 ᠣᠨ ᠤ 2 — 5 ᠳᠤᠭᠠᠷ [illegible]:: [illegible]
[illegible], 2009 ᠣᠨ::

★ [illegible]: 《[illegible]》, [illegible], 2005 ᠣᠨ ᠤ 6 ᠳᠤᠭᠠᠷ ᠰᠠᠷ᠎ᠠ::

★ [illegible]: 《[illegible]》, 《[illegible]》, 2003 ᠣᠨ ᠤ 3 — 6 ᠳᠤᠭᠠᠷ [illegible]:: [illegible]
[illegible], 2004 ᠣᠨ::

★ [illegible]: 《[illegible]》, [illegible], 2011 ᠣᠨ::

★ [illegible]: 《[illegible]》, [illegible], 2008 ᠣᠨ ᠤ 5 ᠳᠤᠭᠠᠷ ᠰᠠᠷ᠎ᠠ::

★ [illegible]: 《[illegible]》, 《[illegible]》, 2009 ᠣᠨ ᠤ 1 — 6 ᠳᠤᠭᠠᠷ [illegible], 2010 ᠣᠨ ᠤ 1 — 6 ᠳᠤᠭᠠᠷ [illegible]::

★ [illegible]: 《[illegible]》, 《[illegible]》, 2015 ᠣᠨ ᠤ 1 — 6 ᠳᠤᠭᠠᠷ [illegible], 2016 ᠣᠨ ᠤ 1 — 6 ᠳᠤᠭᠠᠷ
[illegible]::

★ [illegible]: 《[illegible]》, 《[illegible]》, 2019 ᠣᠨ ᠤ 5 — 6 ᠳᠤᠭᠠᠷ [illegible], 2020 ᠣᠨ ᠤ 1 — 5 ᠳᠤᠭᠠᠷ
[illegible] ([illegible])::

★ [illegible]: 《[illegible]》, 《[illegible]》, 2021 ᠣᠨ ᠤ 1 — 6 ᠳᠤᠭᠠᠷ [illegible], 2022 ᠣᠨ ᠤ 1 — 6 ᠳᠤᠭᠠᠷ
[illegible]::

★ ᠰᠦᠩ᠂ ᠬᠤᠸᠠᠩ:《ᠬᠦᠢᠬᠦ ᠮᠣᠷᠢ》(ᠷᠤᠮᠠᠨ᠂ ᠣᠷᠴᠢᠭᠤᠯᠤᠭᠰᠠᠨ ᠤ ᠵᠢᠭᠰᠠᠭᠠᠯᠲᠠ)᠂ ᠦᠨᠳᠦᠰᠦᠲᠡᠨ ᠦ ᠬᠡᠪᠯᠡᠯ ᠦᠨ ᠬᠣᠷᠢᠶ᠎ᠠ ᠶᠢᠨ ᠬᠡᠪᠯᠡᠯ᠂ 2020 ᠣᠨ ᠤ 1 ᠰᠠᠷ᠎ᠠ ᠳᠤ᠃

★ ᠬᠠ᠂ ᠪᠠᠶᠠᠨᠳᠡᠯᠭᠡᠷ:《ᠬᠠᠷᠠᠩᠭᠤᠢ ᠰᠢᠨᠵᠢᠯᠡᠬᠦ ᠬᠥᠲᠦᠯ ᠪᠦᠯᠦᠭ》᠂ ᠦᠪᠦᠷ ᠮᠣᠩᠭᠣᠯ ᠤᠨ ᠪᠠᠭᠠᠴᠤᠳ ᠬᠦᠦᠬᠡᠳ ᠦᠨ ᠬᠡᠪᠯᠡᠯ ᠦᠨ ᠬᠣᠷᠢᠶ᠎ᠠ ᠶᠢᠨ ᠬᠡᠪᠯᠡᠯ᠂ 2018 ᠣᠨ ᠤ 1 ᠰᠠᠷ᠎ᠠ ᠳᠤ᠃

★ ᠵᠢᠶ᠎ᠠ᠂ ᠬᠤᠸᠠᠩ:《ᠪᠠᠯᠠᠷ ᠬᠠᠷᠠᠩᠭᠤᠢ ᠶᠢᠨ ᠭᠡᠷ》᠂ ᠦᠪᠦᠷ ᠮᠣᠩᠭᠣᠯ ᠤᠨ ᠪᠠᠭᠠᠴᠤᠳ ᠬᠦᠦᠬᠡᠳ ᠦᠨ ᠬᠡᠪᠯᠡᠯ ᠦᠨ ᠬᠣᠷᠢᠶ᠎ᠠ ᠶᠢᠨ ᠬᠡᠪᠯᠡᠯ᠂ 2016 ᠣᠨ ᠤ 11 ᠰᠠᠷ᠎ᠠ ᠳᠤ᠃

★ ᠵᠠᠩ᠂ ᠪᠠᠶᠠᠨᠳᠡᠯᠭᠡᠷ:《ᠰᠢᠪᠠᠭᠤ ᠶᠢᠨ ᠬᠡᠯᠡ ᠶᠢ ᠣᠶᠢᠯᠠᠭᠴᠢ ᠬᠦᠦ》᠂ ᠦᠪᠦᠷ ᠮᠣᠩᠭᠣᠯ ᠤᠨ ᠪᠠᠭᠠᠴᠤᠳ ᠬᠦᠦᠬᠡᠳ ᠦᠨ ᠬᠡᠪᠯᠡᠯ ᠦᠨ ᠬᠣᠷᠢᠶ᠎ᠠ ᠶᠢᠨ ᠬᠡᠪᠯᠡᠯ᠂ 2016 ᠣᠨ ᠤ 1 ᠰᠠᠷ᠎ᠠ ᠳᠤ᠃

★ ᠳᠠ᠂ ᠨᠠᠰᠤᠨᠪᠠᠶᠠᠷ:《ᠠᠯᠲᠠᠨ ᠰᠢᠪᠠᠭᠤ ᠶᠢᠨ ᠳᠠᠭᠤ》᠂ ᠦᠪᠦᠷ ᠮᠣᠩᠭᠣᠯ ᠤᠨ ᠠᠷᠠᠳ ᠤᠨ ᠬᠡᠪᠯᠡᠯ ᠦᠨ ᠬᠣᠷᠢᠶ᠎ᠠ ᠶᠢᠨ ᠬᠡᠪᠯᠡᠯ᠂ 2015 ᠣᠨ ᠤ 8 ᠰᠠᠷ᠎ᠠ ᠳᠤ᠃

★ ᠬᠤ᠂ ᠪᠠᠲᠤ:《ᠰᠠᠷᠠ ᠶᠢᠨ ᠬᠦᠦ》᠂ ᠦᠪᠦᠷ ᠮᠣᠩᠭᠣᠯ ᠤᠨ ᠠᠷᠠᠳ ᠤᠨ ᠬᠡᠪᠯᠡᠯ ᠦᠨ ᠬᠣᠷᠢᠶ᠎ᠠ ᠶᠢᠨ ᠬᠡᠪᠯᠡᠯ᠂ 2015 ᠣᠨ ᠤ 7 ᠰᠠᠷ᠎ᠠ ᠳᠤ᠃

★ ᠰᠦᠩ᠂ ᠬᠤᠸᠠᠩ:《ᠣᠷᠴᠢᠭᠤᠯᠤᠭᠰᠠᠨ ᠤ ᠰᠣᠯᠣᠩᠭ᠎ᠠ ᠶᠢᠨ ᠬᠡᠯᠡ》(ᠷᠤᠮᠠᠨ᠂ ᠣᠷᠴᠢᠭᠤᠯᠤᠭᠰᠠᠨ ᠤ ᠵᠢᠭᠰᠠᠭᠠᠯᠲᠠ)᠂ ᠪᠡᠶᠢᠵᠢᠩ ᠬᠣᠲᠠ ᠶᠢᠨ ᠬᠡᠪᠯᠡᠯ ᠦᠨ ᠬᠣᠷᠢᠶ᠎ᠠ ᠶᠢᠨ ᠬᠡᠪᠯᠡᠯ᠂ 2015 ᠣᠨ ᠤ 3 ᠰᠠᠷ᠎ᠠ ᠳᠤ᠃

★ ᠲᠡ᠂ ᠴᠡᠷᠡᠩᠳᠣᠷᠵᠢ:《ᠰᠢᠨᠵᠢᠯᠡᠬᠦ ᠤᠬᠠᠭᠠᠨ ᠤ ᠲᠦᠯᠬᠢᠭᠦᠷ》(ᠣᠷᠴᠢᠭᠤᠯᠤᠭᠰᠠᠨ ᠤ᠂ ᠰᠢᠨᠵᠢᠯᠡᠭᠡᠴᠢ᠂ ᠰᠦᠷ ᠲᠡᠭᠦᠯᠳᠡᠷ᠂ ᠰᠣᠶᠣᠯ ᠲᠡᠭᠦᠯᠳᠡᠷ᠂ ᠰᠢᠨᠵᠢᠯᠡᠭᠡᠨ᠂ ᠰᠢᠨᠵᠢᠯᠡᠯᠲᠡ ᠶᠢᠨ ᠵᠢᠭᠰᠠᠭᠠᠯᠲᠠ)᠂ ᠦᠨᠳᠦᠰᠦᠲᠡᠨ ᠦ ᠬᠡᠪᠯᠡᠯ ᠦᠨ ᠬᠣᠷᠢᠶ᠎ᠠ ᠶᠢᠨ ᠬᠡᠪᠯᠡᠯ᠂ 2010 ᠣᠨ ᠤ 12 ᠰᠠᠷ᠎ᠠ ᠳᠤ᠃

★ ᠵᠢᠶ᠎ᠠ᠂ ᠠᠮᠤᠷ:《ᠳᠠᠯᠠᠢ ᠰᠢᠭ ᠬᠠᠶᠠᠯᠭ᠎ᠠ》(ᠣᠷᠴᠢᠭᠤᠯᠤᠭᠰᠠᠨ ᠤ᠂ ᠰᠢᠨᠵᠢᠯᠡᠭᠡ᠂ ᠰᠢᠨᠵᠢᠯᠡᠯᠲᠡ ᠶᠢᠨ ᠵᠢᠭᠰᠠᠭᠠᠯᠲᠠ)᠂ ᠰᠢᠨᠵᠢᠯᠡᠬᠦ ᠤᠬᠠᠭᠠᠨ ᠤ ᠪᠢᠴᠢᠭ ᠰᠤᠷᠭᠠᠭᠤᠯᠢ ᠶᠢᠨ ᠬᠡᠪᠯᠡᠯ ᠦᠨ ᠬᠣᠷᠢᠶ᠎ᠠ ᠶᠢᠨ ᠬᠡᠪᠯᠡᠯ᠂ 2010 ᠣᠨ ᠤ 10 ᠰᠠᠷ᠎ᠠ ᠳᠤ᠃

★ ᠰᠦᠩ᠂ ᠬᠤᠸᠠᠩ:《ᠪᠢᠴᠢᠭ ᠦᠨ ᠬᠦᠮᠦᠵᠢᠯ ᠬᠠᠷᠢᠯᠴᠠᠭ᠎ᠠ》(ᠷᠤᠮᠠᠨ᠂ ᠣᠷᠴᠢᠭᠤᠯᠤᠭᠰᠠᠨ ᠤ ᠵᠢᠭᠰᠠᠭᠠᠯᠲᠠ)᠂ ᠰᠢᠨᠵᠢᠯᠡᠬᠦ ᠶᠢᠨ ᠡᠷᠳᠡᠮ ᠦᠨ ᠬᠡᠪᠯᠡᠯ ᠦᠨ ᠬᠣᠷᠢᠶ᠎ᠠ ᠶᠢᠨ ᠬᠡᠪᠯᠡᠯ᠂ 2 ᠰᠠᠷ᠎ᠠ ᠳᠤ᠃

★ ᠰᠠᠷ᠂ ᠰᠠᠷᠠᠨ:《ᠭᠡᠷᠡᠯ ᠦᠨ ᠳᠠᠭᠤ》(ᠣᠷᠴᠢᠭᠤᠯᠤᠭᠰᠠᠨ ᠤ᠂ ᠰᠣᠶᠣᠯ ᠤᠨ ᠬᠡᠪᠯᠡᠯ ᠦᠨ ᠵᠢᠭᠰᠠᠭᠠᠯᠲᠠ)᠂ ᠦᠨᠳᠦᠰᠦᠲᠡᠨ ᠦ ᠬᠡᠪᠯᠡᠯ ᠦᠨ ᠬᠣᠷᠢᠶ᠎ᠠ ᠶᠢᠨ ᠬᠡᠪᠯᠡᠯ᠂ 2008 ᠣᠨ ᠤ

★ ᠪᠠ᠂ ᠮᠥᠩᠬᠡ:《ᠰᠢᠪᠠᠭᠤ ᠶᠢᠨ ᠦᠷᠳᠡᠭᠡᠷ ᠭᠡᠷᠡᠯ》᠂ ᠦᠪᠦᠷ ᠮᠣᠩᠭᠣᠯ ᠤᠨ ᠠᠷᠠᠳ ᠤᠨ ᠬᠡᠪᠯᠡᠯ ᠦᠨ ᠬᠣᠷᠢᠶ᠎ᠠ ᠶᠢᠨ ᠬᠡᠪᠯᠡᠯ᠂ 2005 ᠣᠨ ᠤ 6 ᠰᠠᠷ᠎ᠠ ᠳᠤ᠃

★ ᠦᠪᠦᠷ ᠮᠣᠩᠭᠣᠯ ᠤᠨ ᠪᠠᠭᠰᠢ ᠨᠠᠷ ᠤᠨ ᠶᠡᠬᠡ ᠰᠤᠷᠭᠠᠭᠤᠯᠢ ᠶᠢᠨ ᠮᠣᠩᠭᠣᠯ ᠬᠡᠯᠡ ᠤᠷᠠᠨ ᠵᠣᠬᠢᠶᠠᠯ ᠤᠨ ᠰᠤᠷᠭᠠᠭᠤᠯᠢ ᠶᠢᠨ ᠣᠷᠴᠢᠭᠤᠯᠤᠭᠴᠢᠳ:《ᠬᠡᠯᠡ ᠶᠢᠨ ᠪᠠᠶᠢᠭᠤᠯᠤᠯᠲᠠ》(ᠣᠷᠴᠢᠭᠤᠯᠤᠭᠰᠠᠨ ᠤ᠂ ᠬᠡᠯᠡ ᠶᠢᠨ ᠰᠤᠳᠤᠯᠭ᠎ᠠ ᠶᠢᠨ ᠵᠢᠭᠰᠠᠭᠠᠯᠲᠠ)᠂ ᠦᠪᠦᠷ ᠮᠣᠩᠭᠣᠯ ᠤᠨ ᠠᠷᠠᠳ ᠤᠨ ᠬᠡᠪᠯᠡᠯ ᠦᠨ ᠬᠣᠷᠢᠶ᠎ᠠ ᠶᠢᠨ ᠬᠡᠪᠯᠡᠯ᠂ 1985 ᠣᠨ ᠤ 6 ᠰᠠᠷ᠎ᠠ ᠳᠤ᠃

★ ᠥᠪᠥᠷ ᠮᠣᠩᠭᠣᠯ ᠤᠨ ᠠᠷᠠᠳ ᠤᠨ ᠬᠡᠪᠯᠡᠯ ᠦᠨ ᠬᠣᠷᠢᠶ᠎ᠠ ᠶᠢᠨ ᠮᠣᠩᠭᠣᠯ ᠨᠠᠶᠢᠷᠠᠭᠤᠯᠤᠯ ᠤᠨ ᠨᠠᠶᠢᠷᠠᠭᠤᠯᠪᠠ：《ᠵᠠᠩᠭᠠᠷ ᠤᠨ ᠬᠣᠶᠠᠷ ᠮᠣᠷᠢ ᠲᠠᠢ ᠪᠠᠭᠠᠲᠤᠷ》（ᠳᠠᠭᠤᠤᠯᠢ），ᠥᠪᠥᠷ ᠮᠣᠩᠭᠣᠯ ᠤᠨ ᠠᠷᠠᠳ ᠤᠨ ᠬᠡᠪᠯᠡᠯ ᠦᠨ ᠬᠣᠷᠢᠶ᠎ᠠ，1980 ᠣᠨ ᠤ 2 ᠰᠠᠷ᠎ᠠ ᠳᠤ ᠭᠠᠷᠪᠠ᠃

★ ᠪᠠ · ᠪᠠᠭᠠᠲᠤᠷ，ᠪᠠᠶᠠᠨᠳᠠᠯᠠᠢ ᠨᠠᠷ ᠲᠣᠭᠲᠠᠭᠠᠨ ᠨᠠᠶᠢᠷᠠᠭᠤᠯᠪᠠ：《ᠵᠠᠩᠭᠠᠷ》（ᠲᠣᠳᠣ ᠪᠢᠴᠢᠭ ᠪᠡᠷ ᠪᠢᠴᠢᠪᠡ），ᠥᠪᠥᠷ ᠮᠣᠩᠭᠣᠯ ᠤᠨ ᠠᠷᠠᠳ ᠤᠨ ᠬᠡᠪᠯᠡᠯ ᠦᠨ ᠬᠣᠷᠢᠶ᠎ᠠ，1980 （**ᠳᠠᠭᠤᠤᠯᠢ**）**ᠮᠣᠩᠭᠣᠯ ᠤᠨ ᠪᠠᠭᠠᠲᠤᠷ ᠲᠤᠤᠯᠢ ᠶᠢᠨ ᠲᠣᠭᠲᠠᠭᠠᠯ**

2013 ᠣᠨ ᠤ 6 ᠰᠠᠷ᠎ᠠ ᠳᠤ ᠭᠠᠷᠪᠠ᠃

★ ᠵᠠ · ᠲᠡᠭᠦᠰᠪᠢᠯᠢᠭ ᠨᠠᠶᠢᠷᠠᠭᠤᠯᠤᠨ ᠲᠠᠶᠢᠯᠪᠤᠷᠢᠯᠠᠪᠠ：《ᠪᠠᠷᠤᠨ ᠬᠡᠶᠢᠰᠢ ᠶᠢᠨ ᠬᠠᠭᠠᠨ ᠤᠷᠤᠭ ᠲᠦᠷᠦᠯ ᠦᠨ ᠰᠤᠳᠤᠯᠤᠯ》，ᠦᠨᠳᠦᠰᠦᠲᠡᠨ ᠦ ᠲᠡᠭᠦᠷᠡᠮ ᠦᠨ ᠬᠡᠪᠯᠡᠯ ᠦᠨ ᠬᠣᠷᠢᠶ᠎ᠠ，2012 ᠣᠨ ᠤ 11 ᠰᠠᠷ᠎ᠠ ᠳᠤ ᠭᠠᠷᠪᠠ᠃

★ ᠵᠠ · ᠪᠠᠭᠠᠪᠤ：《ᠵᠠᠩᠭᠠᠷ ᠲᠤᠤᠯᠢ ᠶᠢᠨ ᠲᠡᠦᠬᠡ ᠲᠤᠷᠢᠯᠳᠠ —— ᠰᠢᠨᠵᠢᠯᠡᠬᠦ ᠤᠬᠠᠭᠠᠨ ᠤ ᠤᠨᠤᠯ ᠪᠤᠳᠤᠯ，ᠤᠨᠤᠯ ᠠᠷᠭ᠎ᠠ ᠪᠠᠷ》，ᠦᠨᠳᠦᠰᠦᠲᠡᠨ ᠦ ᠲᠡᠭᠦᠷᠡᠮ ᠦᠨ ᠬᠡᠪᠯᠡᠯ ᠦᠨ ᠬᠣᠷᠢᠶ᠎ᠠ

ᠤᠯᠠᠭᠠᠨᠪᠠᠭᠠᠲᠤᠷ：《ᠵᠠᠩᠭᠠᠷ ᠰᠤᠳᠤᠯᠤᠯ ᠤᠨ ᠲᠡᠦᠬᠡ ᠶᠢᠨ ᠲᠣᠪᠴᠢ》，ᠥᠪᠥᠷ ᠮᠣᠩᠭᠣᠯ ᠤᠨ ᠠᠷᠠᠳ ᠤᠨ ᠬᠡᠪᠯᠡᠯ ᠦᠨ ᠬᠣᠷᠢᠶ᠎ᠠ，2001 ᠣᠨ ᠤ 11 ᠰᠠᠷ᠎ᠠ ᠳᠤ ᠭᠠᠷᠪᠠ᠃

★ ᠰᠢ · ᠪᠠᠭᠠᠨ：《ᠵᠠᠩᠭᠠᠷ ᠤᠨ ᠤᠷᠤᠯ ᠲᠤᠬᠠᠢ —— ᠰᠢ · ᠪᠠᠭᠠᠨ ᠤ ᠤᠬᠠᠭᠠᠨ ᠤ ᠦᠭᠦᠯᠡᠯ》，ᠥᠪᠥᠷ ᠮᠣᠩᠭᠣᠯ ᠤᠨ ᠠᠷᠠᠳ ᠤᠨ ᠬᠡᠪᠯᠡᠯ ᠦᠨ ᠬᠣᠷᠢᠶ᠎ᠠ，2000 ᠣᠨ ᠤ 5 ᠰᠠᠷ᠎ᠠ ᠳᠤ ᠭᠠᠷᠪᠠ᠃

（**ᠳᠡᠭᠡᠳᠦ**）**ᠮᠣᠩᠭᠣᠯ ᠤᠯᠤᠰ ᠤᠨ ᠣᠯᠠᠨ ᠤ ᠤᠷᠢᠨ**

★ ᠵᠠᠩ · ᠴᠢᠭᠡᠭᠡ：《ᠪᠣᠷᠤ ᠵᠢ ᠲᠡᠦᠬᠡᠨ ᠦ ᠴᠠᠭᠠᠨ》，ᠥᠪᠥᠷ ᠮᠣᠩᠭᠣᠯ ᠤᠨ ᠠᠷᠠᠳ ᠤᠨ ᠬᠡᠪᠯᠡᠯ ᠦᠨ ᠬᠣᠷᠢᠶ᠎ᠠ，1999 ᠣᠨ ᠤ 6 ᠰᠠᠷ᠎ᠠ ᠳᠤ ᠭᠠᠷᠪᠠ᠃

（**ᠪᠣᠯᠪᠠᠰᠤᠷᠠᠯ**）**ᠮᠣᠩᠭᠣᠯ ᠤᠨ ᠤᠷᠠᠨ ᠵᠣᠬᠢᠶᠠᠯ ᠤᠨ ᠲᠣᠭᠲᠠᠭᠠᠯ**

★ ᠶᠠ · ᠪᠠᠭᠠᠲᠤᠷ：《ᠰᠢᠨ᠎ᠡ ᠪᠣᠯᠪᠠᠯ ᠤᠨ ᠪᠠᠢᠷ》，ᠥᠪᠥᠷ ᠮᠣᠩᠭᠣᠯ ᠤᠨ ᠠᠷᠠᠳ ᠤᠨ ᠬᠡᠪᠯᠡᠯ ᠦᠨ ᠬᠣᠷᠢᠶ᠎ᠠ，2021 ᠣᠨ ᠤ 12 ᠰᠠᠷ᠎ᠠ ᠳᠤ ᠭᠠᠷᠪᠠ᠃

1 ᠰᠠᠷ᠎ᠠ ᠳᠤ ᠭᠠᠷᠪᠠ᠃

★ ᠪᠠᠶ᠋ · ᠮᠣᠩᠭᠣᠯ：《ᠰᠤᠳᠤᠯᠤᠯ ᠤᠨ ᠰᠢᠯᠢᠳᠡᠭ ᠵᠣᠬᠢᠶᠠᠯ》（ᠰᠤᠳᠤᠯᠤᠯ，ᠨᠠᠶᠢᠷᠠᠭᠤᠯᠤᠯ ᠤᠨ ᠪᠣᠯᠪᠠᠰᠤᠷᠠᠯ），ᠥᠪᠥᠷ ᠮᠣᠩᠭᠣᠯ ᠤᠨ ᠠᠷᠠᠳ ᠤᠨ ᠬᠡᠪᠯᠡᠯ ᠦᠨ ᠬᠣᠷᠢᠶ᠎ᠠ，2020 ᠣᠨ ᠤ

ᠭᠠᠷᠪᠠ᠃

★ ᠪᠠᠶᠠᠷᠮᠠᠭᠨᠠᠢ᠂ ᠰᠦᠷᠬᠡᠢ ᠪᠠᠭᠰᠢ ᠰᠣᠶᠣᠯ ᠤᠨ ᠪᠦᠲᠦᠭᠡᠯ ᠵᠢᠷᠣᠯᠢᠭ᠄ 《ᠰᠣᠶᠣᠯ ᠰᠣᠷᠭᠠᠭᠤᠯᠢ ᠶᠢᠨ ᠰᠤᠷᠤᠯᠴᠠᠬᠤ ᠪᠠᠭᠰᠢ》᠂ ᠰᠣᠶᠣᠯ ᠤᠨ ᠶᠠᠮᠤᠨ ᠤ ᠬᠠᠮᠲᠤ ᠶᠢᠨ ᠬᠣᠷᠢᠶ᠎ᠠ᠂ ᠤᠯᠤᠰ ᠤᠨ ᠬᠠᠮᠲᠤ ᠶᠢᠨ ᠬᠣᠷᠢᠶ᠎ᠠ᠂ 1991 ᠣᠨ ᠤ 8 ᠰᠠᠷ᠎ᠠ ᠳᠤ ᠠᠪᠤᠪᠠ᠃

★ ᠰᠣᠶᠣᠯᠵᠢᠭᠤᠯᠤᠯ ᠬᠠᠮᠲᠤ ᠤᠯᠤᠰ ᠤᠨ ᠰᠤᠷᠭᠠᠭᠤᠯᠢ ᠶᠢᠨ ᠪᠠᠭᠰᠢ ᠨᠠᠷ ᠤ ᠰᠤᠷᠭᠠᠨ ᠬᠦᠮᠦᠵᠢᠯ ᠵᠢᠷᠣᠯᠢᠭ ᠪᠣᠯᠤᠨ ᠪᠦᠲᠦᠭᠡᠯ ᠵᠢᠷᠣᠯᠢᠭ᠄ 《ᠰᠡᠷᠭᠦ ᠰᠠᠷᠠ ᠶᠢᠨ ᠭᠡᠷᠡᠯ》᠂ ᠦᠨᠳᠦᠰᠦᠲᠡᠨ ᠦ ᠠᠪᠤᠪᠠ᠃

★ ᠰᠣᠶᠣᠯ 《ᠬᠠᠷᠢ ᠶᠢᠨ ᠭᠡᠷᠡᠯ》 ᠳᠤ ᠪᠣᠯᠪᠠ ᠱᠠᠩᠨᠠᠯ᠄ 《ᠰᠣᠶᠣᠯ ᠬᠠᠷᠢ》᠂ ᠦᠨᠳᠦᠰᠦᠲᠡᠨ ᠦ ᠤᠯᠤᠰ ᠤᠨ ᠬᠠᠮᠲᠤ ᠶᠢᠨ ᠬᠣᠷᠢᠶ᠎ᠠ᠂ 1991 ᠣᠨ ᠤ 8 ᠰᠠᠷ᠎ᠠ ᠶᠢᠨ ᠬᠠᠮᠲᠤ ᠶᠢᠨ ᠬᠣᠷᠢᠶ᠎ᠠ᠂ 1983 ᠣᠨ ᠤ 12 ᠰᠠᠷ᠎ᠠ ᠠᠪᠤᠪᠠ᠃

★ ᠦᠨᠳᠦᠰᠦᠲᠡᠨ ᠦ ᠤᠯᠤᠰ ᠤᠨ ᠬᠠᠮᠲᠤ ᠶᠢᠨ ᠬᠣᠷᠢᠶ᠎ᠠ ᠳᠤ ᠰᠣᠶᠣᠯ ᠤᠷᠠᠯᠢᠭ ᠤᠨ ᠪᠦᠲᠦᠭᠡᠯ ᠱᠠᠩᠨᠠᠯ᠄ 《ᠲᠡᠩᠭᠡᠷ ᠭᠡᠷᠡᠯ》 (ᠬᠣᠲᠠ) ᠂ ᠦᠨᠳᠦᠰᠦᠲᠡᠨ ᠦ ᠤᠯᠤᠰ 1987 ᠣᠨ ᠤ 5᠂ 2000 ᠣᠨ ᠤ 7 ᠰᠠᠷ᠎ᠠ ᠠᠪᠤᠪᠠ᠃

★ ᠴᠣ᠂ ᠪᠠᠲᠦ᠄ 《ᠭᠡᠷᠡᠯ》 (ᠭᠠᠷᠤᠭ ᠪᠢᠴᠢᠭ᠂ ᠰᠣᠶᠣᠯ ᠭᠡᠷᠡᠯ᠂ ᠰᠣᠶᠣᠯ ᠤᠷᠠᠯᠢᠭ) ᠂ ᠦᠨᠳᠦᠰᠦᠲᠡᠨ ᠦ ᠤᠯᠤᠰ ᠤᠨ ᠬᠠᠮᠲᠤ ᠶᠢᠨ ᠬᠣᠷᠢᠶ᠎ᠠ᠂ 1985.1᠂ ᠰᠣᠶᠣᠯ) ᠂ ᠦᠨᠳᠦᠰᠦᠲᠡᠨ ᠦ ᠤᠯᠤᠰ ᠤᠨ ᠬᠠᠮᠲᠤ ᠶᠢᠨ ᠬᠣᠷᠢᠶ᠎ᠠ᠂ 19845 ᠰᠠᠷ᠎ᠠ ᠠᠪᠤᠪᠠ᠃

★ ᠦᠨᠳᠦᠰᠦᠲᠡᠨ ᠦ ᠤᠯᠤᠰ ᠤᠨ ᠬᠠᠮᠲᠤ ᠶᠢᠨ ᠬᠣᠷᠢᠶ᠎ᠠ ᠳᠤ ᠰᠣᠶᠣᠯ ᠤᠷᠠᠯᠢᠭ ᠤᠨ ᠪᠦᠲᠦᠭᠡᠯ ᠱᠠᠩᠨᠠᠯ᠄ 《ᠰᠣᠶᠣᠯ ᠰᠤᠷᠤᠭ ᠭᠡᠷᠡᠯ ᠳᠤ ᠰᠣᠷᠢ》 (ᠬᠣᠲᠠ) (ᠭᠡᠷᠡᠯ ᠤ 6 ᠰᠠᠷ᠎ᠠ ᠠᠪᠤᠪᠠ᠃

★ ᠴᠣ᠂ ᠪᠠᠲᠦ ᠭᠡᠷᠡᠯᠲᠦ᠄ 《ᠰᠠᠷᠠᠨ ᠰᠠᠷᠠ ᠶᠢᠨ ᠤᠯᠤᠰ ᠬᠠᠷᠢ ᠬᠣᠲᠠ ᠶᠢᠨ ᠭᠡᠷᠡᠯ ᠰᠣᠶᠣᠯᠲᠤ》᠂ ᠦᠨᠳᠦᠰᠦᠲᠡᠨ ᠦ ᠤᠯᠤᠰ ᠤᠨ ᠬᠠᠮᠲᠤ ᠶᠢᠨ ᠬᠣᠷᠢᠶ᠎ᠠ᠂ 1983ᠣᠨ ᠤᠯᠤᠰ ᠤᠨ ᠬᠠᠮᠲᠤ ᠶᠢᠨ ᠬᠣᠷᠢᠶ᠎ᠠ᠂ 1983 ᠣᠨ ᠤ 6 ᠰᠠᠷ᠎ᠠ ᠠᠪᠤᠪᠠ᠃

★ ᠦᠨᠳᠦᠰᠦᠲᠡᠨ ᠦ ᠤᠯᠤᠰ ᠤᠨ ᠬᠠᠮᠲᠤ ᠶᠢᠨ ᠬᠣᠷᠢᠶ᠎ᠠ ᠳᠤ ᠰᠣᠶᠣᠯ ᠤᠷᠠᠯᠢᠭ ᠤᠨ ᠪᠦᠲᠦᠭᠡᠯ ᠱᠠᠩᠨᠠᠯ᠄ 《ᠰᠠᠷᠠᠯ ᠰᠣᠶᠣᠯ》 (ᠭᠡᠷᠡᠯ ᠰᠣᠶᠣᠯ) ᠂ ᠦᠨᠳᠦᠰᠦᠲᠡᠨ ᠦ ᠬᠠᠮᠲᠤ ᠶᠢᠨ ᠬᠣᠷᠢᠶ᠎ᠠ᠂ 1982 ᠣᠨ ᠤ 5 ᠰᠠᠷ᠎ᠠ ᠠᠪᠤᠪᠠ᠃

★ ᠬᠣ᠂ ᠭᠡᠷᠡᠯ ᠵᠢᠷᠣᠯᠢᠭ᠄ 《ᠰᠠᠷᠠᠨ ᠦᠨᠳᠦᠰᠦ ᠰᠣᠷᠢ ᠬᠠᠷ ᠰᠠᠷᠠ ᠰᠣᠷᠢ ᠤᠯᠤᠰ》᠂ ᠰᠣᠶᠣᠯᠵᠢᠭᠤᠯᠤᠯ ᠤ ᠬᠠᠮᠲᠤ ᠶᠢᠨ ᠬᠣᠷᠢᠶ᠎ᠠ᠂ 1982 ᠣᠨ ᠤ 11 ᠰᠠᠷ᠎ᠠ ᠠᠪᠤᠪᠠ᠃

★ ᠦᠨᠳᠦᠰᠦᠲᠡᠨ ᠦ ᠤᠯᠤᠰ ᠤᠨ ᠬᠠᠮᠲᠤ ᠶᠢᠨ ᠬᠣᠷᠢᠶ᠎ᠠ ᠳᠤ ᠰᠣᠶᠣᠯ ᠤᠷᠠᠯᠢᠭ ᠤᠨ ᠪᠦᠲᠦᠭᠡᠯ ᠱᠠᠩᠨᠠᠯ᠄ 《ᠰᠣᠶᠣᠯᠲᠤ》᠂ ᠦᠨᠳᠦᠰᠦᠲᠡᠨ ᠦ ᠤᠯᠤᠰ ᠤᠨ ᠬᠠᠮᠲᠤ ᠶᠢᠨ ᠰᠣᠶᠣᠯ) ᠂ ᠦᠨᠳᠦᠰᠦᠲᠡᠨ ᠦ ᠤᠯᠤᠰ ᠤᠨ ᠬᠠᠮᠲᠤ ᠶᠢᠨ ᠬᠣᠷᠢᠶ᠎ᠠ᠂ 1981 ᠣᠨ ᠤ 1 ᠰᠠᠷ᠎ᠠ ᠠᠪᠤᠪᠠ᠃

★ ᠦᠨᠳᠦᠰᠦᠲᠡᠨ ᠦ ᠤᠯᠤᠰ ᠤᠨ ᠬᠠᠮᠲᠤ ᠶᠢᠨ ᠬᠣᠷᠢᠶ᠎ᠠ ᠳᠤ ᠰᠣᠶᠣᠯ ᠤᠷᠠᠯᠢᠭ ᠤᠨ ᠪᠦᠲᠦᠭᠡᠯ ᠱᠠᠩᠨᠠᠯ᠄ 《ᠰᠣᠶᠣᠯ ᠰᠤᠷᠤᠭ ᠭᠡᠷᠡᠯ ᠳᠤ ᠰᠣᠷᠢ》 (ᠬᠣᠲᠠ) (ᠭᠡᠷᠡᠯ ᠰᠣᠶᠣᠯ) ᠂ ᠦᠨᠳᠦᠰᠦᠲᠡᠨ ᠦ ᠤᠯᠤᠰ ᠤᠨ ᠬᠠᠮᠲᠤ ᠶᠢᠨ ᠬᠣᠷᠢᠶ᠎ᠠ᠂ 1981 ᠣᠨ ᠤ 1 ᠰᠠᠷ᠎ᠠ ᠠᠪᠤᠪᠠ᠃

★ ᠮᠣᠩᠭᠣᠯ ᠤᠨ ᠬᠡᠯᠡ ᠤᠨ ᠰᠤᠳᠤᠯᠤᠯ ᠤᠨ ᠨᠡᠢᠭᠡᠮᠯᠢᠭ ᠨᠠᠶᠢᠷᠠᠭᠤᠯᠪᠠ : 《ᠣᠷᠴᠢᠭᠤᠯᠤᠭ ᠪᠢᠴᠢᠭ ᠤᠨ ᠮᠣᠩᠭᠣᠯ ᠬᠡᠯᠡ ᠤᠨ ᠲᠣᠯᠢ ᠪᠢᠴᠢᠭ ᠤᠨ ᠬᠣᠪᠢ ᠳᠡᠪᠲᠡᠷ》, ᠮᠣᠩᠭᠣᠯ ᠤᠨ ᠬᠡᠯᠡ ᠤᠨ ᠬᠡᠪᠯᠡᠯ ᠦᠨ ᠬᠣᠷᠢᠶ᠎ᠠ, 1983 ᠣᠨ ᠤ 10 ᠳᠤᠭᠠᠷ ᠰᠠᠷ᠎ᠠ ::

★ ᠳᠠ · ᠪᠠᠶᠠᠷ ᠨᠠᠶᠢᠷᠠᠭᠤᠯᠪᠠ : 《ᠲᠣᠪᠴᠢᠶᠠᠨ ᠤ ᠵᠣᠬᠢᠶᠠᠯ ᠪᠢᠴᠢᠯᠭᠡ ᠶᠢᠨ ᠬᠠᠪᠰᠤᠷᠭ᠎ᠠ》, ᠮᠣᠩᠭᠣᠯ ᠤᠨ ᠰᠤᠷᠭᠠᠨ ᠬᠦᠮᠦᠵᠢᠯ ᠦᠨ ᠬᠡᠪᠯᠡᠯ ᠦᠨ ᠬᠣᠷᠢᠶ᠎ᠠ, 2010 ᠣᠨ ᠤ 4 ᠳᠤᠭᠠᠷ ᠰᠠᠷ᠎ᠠ ::

★ ᠰᠣᠶᠣᠯᠮᠠᠯ ᠤᠨ ᠬᠡᠯᠡᠨ ᠦ 《ᠮᠣᠩᠭᠣᠯ ᠬᠡᠯᠡᠨ ᠦ ᠲᠣᠯᠢ ᠪᠢᠴᠢᠭ》 ᠤᠨ ᠨᠠᠶᠢᠷᠠᠭᠤᠯᠬᠤ ᠬᠣᠷᠢᠶ᠎ᠠ ᠨᠠᠶᠢᠷᠠᠭᠤᠯᠪᠠ : 《ᠰᠣᠶᠣᠯᠮᠠᠯ ᠤᠨ ᠲᠣᠪᠴᠢᠶ᠎ᠠ ᠲᠣᠯᠢ ᠪᠢᠴᠢᠭ ᠦᠨ (ᠳᠡᠪᠲᠡᠷ)》, ᠮᠣᠩᠭᠣᠯ ᠤᠨ ᠬᠡᠯᠡ ᠤᠨ ᠬᠡᠪᠯᠡᠯ ᠦᠨ ᠬᠣᠷᠢᠶ᠎ᠠ, 2007 ᠣᠨ ᠤ 5 ᠳᠤᠭᠠᠷ ᠰᠠᠷ᠎ᠠ ::

★ ᠮᠣᠩᠭᠣᠯ ᠤᠨ ᠬᠡᠯᠡ ᠤᠨ ᠰᠤᠳᠤᠯᠤᠯ ᠤᠨ ᠨᠡᠢᠭᠡᠮᠯᠢᠭ ᠨᠠᠶᠢᠷᠠᠭᠤᠯᠪᠠ : 《ᠣᠷᠴᠢᠭᠤᠯᠤᠭ ᠪᠢᠴᠢᠭ ᠤᠨ ᠮᠣᠩᠭᠣᠯ ᠬᠡᠯᠡ ᠤᠨ ᠬᠡᠯᠡᠯᠭᠡ ᠶᠢᠨ ᠬᠠᠪᠰᠤᠷᠭ᠎ᠠ (ᠳᠡᠭᠡᠳᠦ ᠳᠡᠪᠲᠡᠷ)》, ᠮᠣᠩᠭᠣᠯ ᠤᠨ ᠬᠡᠯᠡ ᠤᠨ ᠬᠡᠪᠯᠡᠯ ᠦᠨ ᠬᠣᠷᠢᠶ᠎ᠠ, 2006 ᠣᠨ ᠤ 12 ᠳᠤᠭᠠᠷ ᠰᠠᠷ᠎ᠠ ::

★ ᠮᠣᠩᠭᠣᠯ ᠤᠨ ᠬᠡᠯᠡ ᠤᠨ ᠰᠤᠳᠤᠯᠤᠯ ᠤᠨ ᠨᠡᠢᠭᠡᠮᠯᠢᠭ ᠨᠠᠶᠢᠷᠠᠭᠤᠯᠪᠠ : 《ᠣᠷᠴᠢᠭᠤᠯᠤᠭ ᠪᠢᠴᠢᠭ ᠤᠨ ᠮᠣᠩᠭᠣᠯ ᠬᠡᠯᠡ ᠤᠨ ᠨᠡᠷ᠎ᠡ ᠲᠣᠮᠢᠶ᠎ᠠ ᠶᠢᠨ ᠬᠠᠪᠰᠤᠷᠭ᠎ᠠ (ᠳᠣᠣᠳᠤ ᠳᠡᠪᠲᠡᠷ)》, ᠮᠣᠩᠭᠣᠯ ᠤᠨ ᠬᠡᠯᠡ ᠤᠨ ᠬᠡᠪᠯᠡᠯ ᠦᠨ ᠬᠣᠷᠢᠶ᠎ᠠ, 2006 ᠣᠨ ᠤ 12 ᠳᠤᠭᠠᠷ ᠰᠠᠷ᠎ᠠ ::

★ ᠮᠣᠩᠭᠣᠯ ᠤᠨ ᠬᠡᠯᠡ ᠤᠨ ᠰᠤᠳᠤᠯᠤᠯ ᠤᠨ ᠨᠡᠢᠭᠡᠮᠯᠢᠭ ᠨᠠᠶᠢᠷᠠᠭᠤᠯᠪᠠ : 《ᠣᠷᠴᠢᠭᠤᠯᠤᠭ ᠪᠢᠴᠢᠭ ᠤᠨ ᠮᠣᠩᠭᠣᠯ ᠬᠡᠯᠡ ᠤᠨ ᠲᠣᠯᠢ ᠪᠢᠴᠢᠭ》, ᠮᠣᠩᠭᠣᠯ ᠤᠨ ᠬᠡᠯᠡ ᠤᠨ ᠬᠡᠪᠯᠡᠯ ᠦᠨ ᠬᠣᠷᠢᠶ᠎ᠠ, 2006 ᠣᠨ ᠤ 3 ᠳᠤᠭᠠᠷ ᠰᠠᠷ᠎ᠠ ::

★ ᠵᠠ · ᠪᠠᠳᠤᠷᠠᠭᠤ ᠨᠠᠶᠢᠷᠠᠭᠤᠯᠪᠠ : 《ᠮᠣᠩᠭᠣᠯ ᠤᠷᠤᠭ ᠪᠢᠴᠢᠭ ᠲᠣᠯᠢ》, ᠮᠣᠩᠭᠣᠯ ᠤᠨ ᠬᠡᠯᠡ ᠤᠨ ᠬᠡᠪᠯᠡᠯ ᠦᠨ ᠬᠣᠷᠢᠶ᠎ᠠ, 2004 ᠣᠨ ᠤ 6 ᠳᠤᠭᠠᠷ ᠰᠠᠷ᠎ᠠ ::

★ ᠪᠠᠷ · ᠳᠠᠷᠤᠭᠠᠳᠤ ᠨᠠᠶᠢᠷᠠᠭᠤᠯᠵᠤ ᠨᠠᠶᠢᠷᠠᠭᠤᠯᠪᠠ : 《ᠰᠣᠶᠣᠯᠮᠠᠯ ᠲᠣᠪᠴᠢᠶ᠎ᠠ ᠮᠣᠩᠭᠣᠯ ᠬᠡᠯᠡ ᠤᠨ ᠲᠣᠯᠢ ᠪᠢᠴᠢᠭ ᠤᠨ ᠡᠮᠬᠢᠳᠬᠡᠯ》, ᠮᠣᠩᠭᠣᠯ ᠤᠨ ᠬᠡᠯᠡ ᠤᠨ ᠬᠡᠪᠯᠡᠯ ᠦᠨ ᠬᠣᠷᠢᠶ᠎ᠠ, 1991 ᠣᠨ ᠤ 8 ᠳᠤᠭᠠᠷ ᠰᠠᠷ᠎ᠠ ::

★ ᠲᠣᠮᠣᠲᠠᠢ 《ᠨᠠᠷᠠᠨ ᠤ ᠣᠷᠣᠨ》 ᠬᠡᠮᠡᠬᠦ ᠳᠠᠭᠤᠤᠯᠢᠶ᠎ᠠ ᠶᠢᠨ ᠨᠠᠶᠢᠷᠠᠭᠤᠯᠬᠤ ᠲᠣᠪᠴᠢᠶ᠎ᠠ ᠨᠠᠶᠢᠷᠠᠭᠤᠯᠪᠠ : 《ᠲᠣᠪᠴᠢᠶᠠᠨ ᠨᠠᠷᠠᠨ》 (ᠳᠡᠭᠡᠳᠦ ᠪᠣᠳᠢ ᠶᠢᠨ ᠮᠣᠩᠭᠣᠯ ᠬᠡᠯᠡ ᠤᠨ ᠪᠠᠶᠢᠭᠤᠯᠤᠯᠲᠠ ᠶᠢᠨ ᠵᠠᠭᠠᠭ ᠪᠢᠴᠢᠭ ᠡᠴᠡ ᠰᠣᠩᠭᠣᠨ ᠨᠠᠶᠢᠷᠠᠭᠤᠯᠤᠭᠰᠠᠨ), ᠮᠣᠩᠭᠣᠯ ᠤᠨ ᠬᠡᠯᠡ ᠤᠨ ᠬᠡᠪᠯᠡᠯ ᠦᠨ ᠬᠣᠷᠢᠶ᠎ᠠ ᠪᠠ 1989 ᠣᠨ ᠤ 8 ᠳᠤᠭᠠᠷ ᠰᠠᠷ᠎ᠠ ::

★ ᠰᠠ · ᠨᠠᠰᠤᠨᠪᠠᠶᠠᠷ ᠨᠠᠶᠢᠷᠠᠭᠤᠯᠪᠠ : 《ᠮᠣᠩᠭᠣᠯ ᠪᠢᠴᠢᠭ》, ᠮᠣᠩᠭᠣᠯ ᠤᠨ ᠬᠡᠯᠡ ᠤᠨ ᠬᠡᠪᠯᠡᠯ ᠦᠨ ᠬᠣᠷᠢᠶ᠎ᠠ, 1990 ᠣᠨ ᠤ 3 ᠳᠤᠭᠠᠷ ᠰᠠᠷ᠎ᠠ ::

★ ᠮᠣᠩᠭᠣᠯ ᠤᠨ ᠬᠡᠯᠡ ᠤᠨ ᠬᠡᠪᠯᠡᠯ ᠦᠨ ᠬᠣᠷᠢᠶ᠎ᠠ ᠶᠢᠨ ᠨᠠᠶᠢᠷᠠᠭᠤᠯᠤᠭᠴᠢ ᠨᠠᠶᠢᠷᠠᠭᠤᠯᠪᠠ : 《ᠮᠣᠩᠭᠣᠯ ᠤᠷᠤᠭ》 (ᠲᠣᠪᠴᠢᠶᠠᠨ ᠪᠢᠴᠢᠭ 1 — 51 ᠳᠡᠪᠲᠡᠷ), 1981 — 1987 ᠣᠨ ᠤ 8 ᠳᠤᠭᠠᠷ ᠰᠠᠷ᠎ᠠ ::

★ [illegible] : 《[illegible]》([illegible]) · 1979 ᠣᠨ ᠤ 2 ᠳᠤᠭᠠᠷ ᠬᠡᠪᠯᠡᠯ ::
([illegible]) [illegible]

[illegible] · 2016 ᠣᠨ ᠤ 1 ᠳᠦᠭᠡᠷ ᠬᠡᠪᠯᠡᠯ ::

★ [illegible] : 《[illegible] — [illegible]》([illegible]) · [illegible] · 2015 ᠣᠨ ᠤ 10 ᠳᠤᠭᠠᠷ ᠬᠡᠪᠯᠡᠯ ::

★ [illegible] : 《[illegible] 〈 [illegible] 〉》([illegible]) · [illegible]

★ [illegible] : 《[illegible]》· [illegible] · 2015 ᠣᠨ ᠤ 1 ᠳᠦᠭᠡᠷ ᠬᠡᠪᠯᠡᠯ ::
[illegible]》· [illegible] · 2013 ᠣᠨ ᠤ 11 ᠳᠦᠭᠡᠷ ᠬᠡᠪᠯᠡᠯ ::

★ [illegible] 〔 [illegible] 〕 [illegible] 〔 [illegible] 〕 [illegible] : 《[illegible] · 2013 ᠣᠨ ᠤ 1 ᠳᠦᠭᠡᠷ ᠬᠡᠪᠯᠡᠯ ::

★ [illegible] : 《[illegible]》· [illegible] · 2013 ᠣᠨ ᠤ 1 ᠳᠦᠭᠡᠷ ᠬᠡᠪᠯᠡᠯ ::

★ [illegible] : 《[illegible]》· [illegible]) · [illegible] · 2012 ᠣᠨ ᠤ 11 ᠳᠦᠭᠡᠷ ᠬᠡᠪᠯᠡᠯ ::

★ [illegible] : 《[illegible]》([illegible] 》· [illegible] · 2011 ᠣᠨ ᠤ 12 ᠳᠤᠭᠠᠷ ᠬᠡᠪᠯᠡᠯ ::

★ [illegible] : 《[illegible] · 2011 ᠣᠨ ᠤ 12 ᠳᠤᠭᠠᠷ ᠬᠡᠪᠯᠡᠯ ::

★ [illegible] : 《[illegible]》· [illegible]》· [illegible] · 2011 ᠣᠨ ᠤ 12 ᠳᠤᠭᠠᠷ ᠬᠡᠪᠯᠡᠯ ::

ᠬᠡᠪᠯᠡᠯ ᠦᠨ ᠬᠣᠷᠢᠶ᠎ᠠ᠂ 1999 ᠣᠨ ::

★ ᠨ᠂ ᠪᠠᠶᠠᠷ ᠮᠣᠩᠭᠣᠯᠵᠢᠨ ᠨᠠᠶᠢᠷᠠᠭᠤᠯᠤᠭᠰᠠᠨ: 《ᠦᠨᠳᠦᠰᠦᠲᠡᠨ ᠦ ᠪᠢᠴᠢᠭ ᠦᠨ ᠠᠷᠪᠠᠨ ᠨᠢᠭᠡ ᠰᠣᠶᠣᠯ ᠤᠨ ᠦᠨᠳᠦᠰᠦᠲᠡᠨ ᠦ ᠬᠡᠪᠯᠡᠯ ᠦᠨ ᠬᠣᠷᠢᠶ᠎ᠠ᠂ 1987 ᠣᠨ ᠤ 3 ᠰᠠᠷ᠎ᠠ ᠬᠡᠪᠯᠡᠪᠡ ::

★ ᠴᠣᠭᠲᠣ᠂ ᠰᠣᠶᠣᠯᠮᠠ᠂ ᠬᠠᠰᠠᠭ: 《ᠰᠣᠶᠣᠯ ᠰᠣᠶᠣᠯᠮᠠ ᠶᠢᠨ ᠰᠣᠶᠣᠯ》᠂ ᠦᠨᠳᠦᠰᠦᠲᠡᠨ ᠦ ᠬᠡᠪᠯᠡᠯ ᠦᠨ ᠬᠣᠷᠢᠶ᠎ᠠ᠂ 1987 ᠣᠨ ᠤ 3 ᠰᠠᠷ᠎ᠠ ᠬᠡᠪᠯᠡᠪᠡ ::

★ ᠨ᠂ ᠪᠠᠭᠠ: 《ᠮᠣᠩᠭᠣᠯᠴᠤᠳ ᠤᠨ ᠰᠣᠶᠣᠯ》᠂ ᠦᠨᠳᠦᠰᠦᠲᠡᠨ ᠦ ᠬᠡᠪᠯᠡᠯ ᠦᠨ ᠬᠣᠷᠢᠶ᠎ᠠ᠂ 1986 ᠣᠨ ᠤ 7 ᠰᠠᠷ᠎ᠠ ᠬᠡᠪᠯᠡᠪᠡ ::

★ ᠪᠠᠶᠠᠷᠲᠤ ᠰᠣᠶᠣᠯ ᠨᠠᠶᠢᠷᠠᠭᠤᠯᠤᠭᠰᠠᠨ ᠨᠢᠭᠡ ᠪᠣᠯ ᠪᠠᠭᠠ ᠰᠤᠷᠤᠭᠴᠢᠳ ᠤᠨ ᠲᠤᠯᠠ ᠶᠢᠨ ᠰᠤᠷᠬᠤ ᠤᠳᠬ᠎ᠠ ᠠᠷᠢᠯᠭᠠᠬᠤ ᠨᠠᠶᠢᠷᠠᠭᠤᠯᠤᠭᠰᠠᠨ: 《ᠪᠠᠶᠠᠷᠲᠤ ᠪᠠᠭᠠ ᠰᠣᠶᠣᠯ ᠪᠠᠭᠠ ᠰᠤᠷᠤᠭᠴᠢᠳ》᠂ ᠦᠨᠳᠦᠰᠦᠲᠡᠨ ᠦ ᠬᠡᠪᠯᠡᠯ ᠦᠨ ᠬᠣᠷᠢᠶ᠎ᠠ᠂ 1992 ᠣᠨ ᠤ 5 ᠰᠠᠷ᠎ᠠ ᠬᠡᠪᠯᠡᠪᠡ ::

★ ᠳ᠂ ᠰᠡᠴᠡᠨ᠂ ᠪᠤ ᠨᠠᠷᠠ ᠨᠠᠶᠢᠷᠠᠭᠤᠯᠤᠭᠰᠠᠨ: 《ᠰᠣᠶᠣᠯ ᠰᠣᠶᠣᠯᠮᠠ ᠪᠤᠶᠤ ᠰᠣᠶᠣᠯ ᠤᠨ ᠮᠡᠳᠡᠯᠭᠡ》᠂ ᠦᠨᠳᠦᠰᠦᠲᠡᠨ ᠦ ᠬᠡᠪᠯᠡᠯ ᠦᠨ ᠬᠣᠷᠢᠶ᠎ᠠ᠂ 1985 ᠣᠨ ᠤ 8 ᠰᠠᠷ᠎ᠠ ᠬᠡᠪᠯᠡᠪᠡ ::

《ᠰᠣᠶᠣᠯᠮᠠᠵᠢᠯᠲᠠ ᠶᠢᠨ ᠰᠣᠶᠣᠯ ᠤᠨ ᠪᠠᠭᠠ ᠰᠤᠷᠤᠭ》᠂ ᠦᠨᠳᠦᠰᠦᠲᠡᠨ ᠦ ᠬᠡᠪᠯᠡᠯ ᠦᠨ ᠬᠣᠷᠢᠶ᠎ᠠ᠂ 1984 ᠣᠨ ᠤ 6 ᠰᠠᠷ᠎ᠠ ᠬᠡᠪᠯᠡᠪᠡ ::

★ ᠰᠣᠶᠣᠯᠮᠠᠵᠢᠯᠲᠠ ᠰᠣᠶᠣᠯ ᠨᠠᠶᠢᠷᠠᠭᠤᠯᠤᠭᠰᠠᠨ ᠨᠢᠭᠡ ᠰᠤᠷᠬᠤ ᠤᠳᠬ᠎ᠠ ᠶᠢᠨ ᠰᠤᠷᠭᠠᠯᠲᠠ ᠶᠢᠨ ᠨᠠᠶᠢᠷᠠᠭᠤᠯᠬᠤ ᠰᠣᠶᠣᠯ ᠤᠨ ᠠᠩᠭᠢ ᠶᠢᠨ ᠬᠡᠯᠡ ᠨᠢᠭᠡ ᠪᠠᠭᠠ ᠨᠠᠶᠢᠷᠠᠭᠤᠯᠤᠭᠰᠠᠨ:

ᠬᠡᠪᠯᠡᠯ ᠦᠨ ᠬᠣᠷᠢᠶ᠎ᠠ᠂ 1984 ᠣᠨ ᠤ 6 ᠰᠠᠷ᠎ᠠ ᠬᠡᠪᠯᠡᠪᠡ ::

★ ᠪᠠᠶᠠᠷᠲᠤ ᠨᠠᠷᠠ ᠪᠤᠶᠤ ᠦᠨᠳᠦᠰᠦᠲᠡᠨ ᠦ ᠬᠡᠪᠯᠡᠯ ᠦᠨ ᠰᠣᠶᠣᠯ ᠰᠣᠶᠣᠯᠮᠠ ᠨᠠᠶᠢᠷᠠᠭᠤᠯᠤᠭᠰᠠᠨ ᠪᠠᠭ᠎ᠠ ᠨᠠᠶᠢᠷᠠᠭᠤᠯᠤᠭᠰᠠᠨ: 《ᠪᠠᠶᠠᠷᠲᠤ ᠨᠠᠷᠠ ᠰᠣᠶᠣᠯ ᠰᠣᠶᠣᠯ》᠂ ᠦᠨᠳᠦᠰᠦᠲᠡᠨ ᠦ ᠬᠡᠪᠯᠡᠯ ᠦᠨ ᠬᠣᠷᠢᠶ᠎ᠠ ᠶᠢᠨ ᠨᠠᠶᠢᠷᠠᠭᠤᠯᠤᠭᠰᠠᠨ ᠬᠡᠪᠯᠡᠯ᠂ 1983 ᠣᠨ ᠤ 5 ᠰᠠᠷ᠎ᠠ ᠬᠡᠪᠯᠡᠪᠡ ::

★ ᠦᠨᠳᠦᠰᠦᠲᠡᠨ ᠦ ᠬᠡᠪᠯᠡᠯ ᠦᠨ ᠬᠣᠷᠢᠶ᠎ᠠ ᠶᠢᠨ ᠨᠠᠶᠢᠷᠠᠭᠤᠯᠤᠭᠰᠠᠨ ᠬᠡᠪᠯᠡᠯ: 《ᠰᠣᠶᠣᠯ ᠰᠣᠶᠣᠯ》 (ᠰᠣᠶᠣᠯ ᠨᠠᠷᠠ) ᠂ ᠦᠨᠳᠦᠰᠦᠲᠡᠨ ᠦ ᠬᠡᠪᠯᠡᠯ ᠦᠨ ᠬᠣᠷᠢᠶ᠎ᠠ᠂ 1983.12 ᠰᠠᠷ᠎ᠠ ᠬᠡᠪᠯᠡᠪᠡ᠂ 1987 ᠣᠨ ᠤ 8 ᠰᠠᠷ᠎ᠠ ᠬᠡᠪᠯᠡᠪᠡ ::

★ ᠦᠨᠳᠦᠰᠦᠲᠡᠨ ᠦ ᠬᠡᠪᠯᠡᠯ ᠦᠨ ᠬᠣᠷᠢᠶ᠎ᠠ ᠶᠢᠨ ᠨᠠᠶᠢᠷᠠᠭᠤᠯᠤᠭᠰᠠᠨ ᠬᠡᠪᠯᠡᠯ: 《ᠰᠣᠶᠣᠯ ᠰᠣᠶᠣᠯ》 (ᠨᠢᠭᠡ᠂ ᠬᠣᠶᠠᠷ᠂ ᠭᠤᠷᠪᠠ) ᠂ 1982 ᠣᠨ ᠤ 11 ᠰᠠᠷ᠎ᠠ ᠶᠢᠨ ᠬᠡᠪᠯᠡᠯ) ᠂ 1982 ᠣᠨ ::

★ ᠪᠠᠶᠠᠷᠲᠤ ᠰᠣᠶᠣᠯ ᠨᠠᠶᠢᠷᠠᠭᠤᠯᠤᠭᠰᠠᠨ ᠨᠢᠭᠡ ᠪᠣᠯ ᠪᠠᠭ᠎ᠠ ᠰᠣᠶᠣᠯ ᠤᠨ ᠰᠣᠶᠣᠯᠮᠠ ᠶᠢᠨ ᠨᠠᠶᠢᠷᠠᠭᠤᠯᠤᠭᠰᠠᠨ: 《ᠰᠣᠶᠣᠯ ᠬᠡᠪᠯᠡᠯ ᠦᠨ ᠰᠣᠶᠣᠯ》 (ᠰᠣᠶᠣᠯᠮᠠ ᠶᠢᠨ ᠬᠡᠪᠯᠡᠯ ᠦᠨ ᠬᠣᠷᠢᠶ᠎ᠠ ᠶᠢᠨ ᠨᠠᠶᠢᠷᠠᠭᠤᠯᠤᠭᠰᠠᠨ ᠬᠡᠪᠯᠡᠯ᠂ 1981 ᠣᠨ ᠤ 1 ᠰᠠᠷ᠎ᠠ ᠬᠡᠪᠯᠡᠪᠡ᠂ 1984 ᠣᠨ ᠤ 3 ᠰᠠᠷ᠎ᠠ ᠬᠡᠪᠯᠡᠪᠡ ::

★ ᠦᠨᠳᠦᠰᠦᠲᠡᠨ ᠦ ᠬᠡᠪᠯᠡᠯ ᠦᠨ ᠬᠣᠷᠢᠶ᠎ᠠ ᠶᠢᠨ ᠨᠠᠶᠢᠷᠠᠭᠤᠯᠤᠭᠰᠠᠨ ᠬᠡᠪᠯᠡᠯ: 《ᠰᠣᠶᠣᠯ ᠰᠣᠶᠣᠯ ᠤᠨ ᠪᠠᠭ᠎ᠠ》 (ᠨᠢᠭᠡ᠂ ᠬᠣᠶᠠᠷ) ᠂ ᠦᠨᠳᠦᠰᠦᠲᠡᠨ ᠦ

★ ᠦᠨᠳᠦᠰᠦᠲᠡᠨ ᠦ ᠬᠡᠪᠯᠡᠯ ᠦᠨ ᠬᠣᠷᠢᠶ᠎ᠠ ᠶᠢᠨ ᠨᠠᠶᠢᠷᠠᠭᠤᠯᠤᠭᠰᠠᠨ ᠬᠡᠪᠯᠡᠯ: 《ᠰᠣᠶᠣᠯ ᠰᠣᠶᠣᠯ》 (ᠰᠣᠶᠣᠯ ᠨᠠᠷᠠ) ᠂ 1979 ᠣᠨ ᠤ 2 ᠰᠠᠷ᠎ᠠ ᠬᠡᠪᠯᠡᠪᠡ ::

ᠬᠡᠪᠯᠡᠯ᠂ 2008 ᠣᠨ ᠤ 10 ᠰᠠᠷ᠎ᠠ ᠳᠤ᠃

★ ᠪᠠ · ᠪᠠᠲᠤ᠂ ᠶᠠ · ᠮᠥᠩᠭᠡᠪᠠᠶᠠᠷ ᠬᠠᠮᠲᠤᠷ ᠨᠠᠢᠷᠠᠭᠤᠯᠪᠠ : 《ᠮᠣᠩᠭᠣᠯ ᠳᠠᠭᠤᠨ ᠴᠣᠮᠣᠭ》᠂ ᠦᠨᠳᠦᠰᠦᠲᠡᠨ ᠦ ᠦᠨᠳᠦᠰᠦᠯᠡᠯ ᠲᠥᠪ ᠬᠣᠷᠢᠶ᠎ᠠ ᠬᠡᠪᠯᠡᠯ ᠦᠨ ᠬᠣᠷᠢᠶ᠎ᠠ ᠶᠢᠨ
ᠬᠡᠪᠯᠡᠯ᠂ 2007 ᠣᠨ ᠤ 7 ᠰᠠᠷ᠎ᠠ ᠳᠤ᠃

★ ᠶᠠ · ᠮᠥᠩᠭᠡᠪᠠᠶᠠᠷ : 《ᠮᠣᠩᠭᠣᠯ ᠰᠢᠯᠢᠳᠡᠭ ᠳᠠᠭᠤᠤᠳ》 (ᠦᠨᠳᠦᠰᠦᠯᠡᠯ ᠲᠥᠪᠯᠡᠷᠡᠭᠰᠡᠨ ᠪᠠᠢᠭᠤᠯᠤᠯᠲᠠ ᠶᠢᠨ ᠮᠡᠳᠡᠯᠭᠡ ᠶᠢᠨ ᠴᠤᠪᠤᠷᠠᠯ) ᠂ ᠦᠨᠳᠦᠰᠦᠲᠡᠨ ᠦ ᠦᠨᠳᠦᠰᠦᠯᠡᠯ ᠲᠥᠪ
(ᠳᠡᠭᠡᠳᠦ ᠪᠦᠯᠦᠭ) ᠰᠤᠷᠤᠯ ᠮᠡᠳᠡᠯᠭᠡ ᠶᠢᠨ ᠴᠤᠪᠤᠷᠠᠯ

ᠤ 8 ᠰᠠᠷ᠎ᠠ ᠳᠤ᠃

★ ᠰᠣᠶᠤᠯ ᠨᠠᠢᠷᠠᠭᠤᠯᠪᠠ : 《ᠦᠨᠳᠦᠰᠦᠲᠡᠨ ᠦ ᠰᠤᠷᠭᠠᠨ ᠬᠦᠮᠦᠵᠢᠯ ᠦᠨ ᠰᠣᠶᠤᠯ ᠤᠨ ᠪᠠᠶᠠᠯᠢᠭ ᠤᠨ ᠳᠡᠭᠵᠢ》᠂ ᠦᠨᠳᠦᠰᠦᠲᠡᠨ ᠦ ᠠᠷᠠᠳ ᠤᠨ ᠬᠡᠪᠯᠡᠯ ᠦᠨ ᠬᠣᠷᠢᠶ᠎ᠠ᠂ 2022 ᠣᠨ
ᠤ ᠰᠣᠶᠤᠯ ᠪᠠᠶᠠᠯᠢᠭ ᠰᠣᠳᠤᠯᠬᠤ ᠦᠨᠳᠦᠰᠦᠯᠡᠯ ᠦᠨ ᠬᠡᠪᠯᠡᠯ ᠦᠨ ᠬᠣᠷᠢᠶ᠎ᠠ᠂ 2020 ᠣᠨ ᠤ 6 ᠰᠠᠷ᠎ᠠ ᠳᠤ᠃

★ ᠨᠠᠨ · ᠪᠠᠶᠠᠷ : 《ᠨᠠᠭᠠᠳᠤᠮ ᠤ ᠲᠦᠦᠬᠡᠨ ᠲᠣᠪᠴᠢᠶᠠᠨ》 (ᠰᠣᠶᠤᠯ ᠤᠨ ᠦᠨᠳᠦᠰᠦ ᠶᠢᠨ ᠴᠤᠪᠤᠷᠠᠯ ᠂ ᠳᠤᠭᠠᠷ ᠤᠨ ᠪᠦᠯᠦᠭ ᠪᠠᠶᠠᠯᠢᠭ ᠳᠡᠪᠲᠡᠷ) ᠂ ᠥᠪᠥᠷ ᠮᠣᠩᠭᠣᠯ ᠤᠨ ᠠᠷᠠᠳ ᠤᠨ
ᠬᠡᠪᠯᠡᠯ ᠦᠨ ᠬᠣᠷᠢᠶ᠎ᠠ᠂ 2016 ᠣᠨ ᠤ 9 ᠰᠠᠷ᠎ᠠ ᠳᠤ᠃

★ 《ᠮᠣᠩᠭᠣᠯ ᠰᠢᠯᠢᠳᠡᠭ ᠳᠠᠭᠤᠤᠳ ᠤᠨ ᠰᠢᠨ》 (ᠪᠠ · ᠲᠠᠯ᠎ᠠ ᠳᠤᠭᠠᠷ ᠤᠨ ᠳᠡᠪᠲᠡᠷ ᠂ ᠰᠣᠶᠤᠯ ᠲᠡᠭᠦᠪᠦᠷᠢ ᠂ ᠬᠡᠯᠡᠨ ᠮᠣᠩᠭᠣᠯ ᠬᠡᠪᠯᠡᠯ ᠦᠨ ᠴᠤᠪᠤᠷᠠᠯ) ᠂ ᠦᠨᠳᠦᠰᠦᠲᠡᠨ ᠦ ᠠᠷᠠᠳ ᠤᠨ
1 ᠰᠠᠷ᠎ᠠ ᠳᠤ᠃

★ ᠮᠣᠩᠭᠣᠯᠴᠤᠳ ᠨᠠᠢᠷᠠᠭᠤᠯᠪᠠ : 《ᠬᠡᠪᠯᠡᠯᠲᠡᠢ ᠶᠢᠨ ᠳᠤᠭᠠᠷ ᠤᠨ ᠰᠣᠶᠤᠯ ᠤᠨ ᠪᠠᠶᠠᠯᠢᠭ》᠂ ᠥᠪᠥᠷ ᠮᠣᠩᠭᠣᠯ ᠤᠨ ᠠᠷᠠᠳ ᠤᠨ ᠬᠡᠪᠯᠡᠯ ᠦᠨ ᠬᠣᠷᠢᠶ᠎ᠠ᠂ 2013 ᠣᠨ ᠤ

★ ᠶᠠ · ᠪᠠᠲᠤ : 《ᠨᠡᠭᠡᠨ ᠮᠢᠩᠭᠠᠨ ᠬᠡᠪᠯᠡᠯᠲᠡᠢ》᠂ ᠥᠪᠥᠷ ᠮᠣᠩᠭᠣᠯ ᠤᠨ ᠰᠤᠷᠭᠠᠨ ᠬᠦᠮᠦᠵᠢᠯ ᠦᠨ ᠬᠡᠪᠯᠡᠯ ᠦᠨ ᠬᠣᠷᠢᠶ᠎ᠠ᠂ 2012 ᠣᠨ ᠤ 10 ᠰᠠᠷ᠎ᠠ ᠳᠤ᠃
ᠨᠠᠢᠷᠠᠭᠤᠯ》᠂ ᠦᠨᠳᠦᠰᠦᠲᠡᠨ ᠦ ᠰᠤᠷᠭᠠᠨ ᠬᠦᠮᠦᠵᠢᠯ ᠦᠨ ᠬᠡᠪᠯᠡᠯ ᠦᠨ ᠬᠣᠷᠢᠶ᠎ᠠ᠂ 2010 ᠣᠨ ᠤ 4 ᠰᠠᠷ᠎ᠠ ᠳᠤ᠃

★ ᠬᠡᠪᠯᠡᠯᠲᠡᠢ ᠰᠤᠷᠤᠯ ᠤ 《ᠰᠤᠷᠭᠠᠨ ᠨᠠᠢᠷᠠᠭᠤᠯ ᠤᠨ ᠲᠣᠪᠴᠢ ᠪᠢᠴᠢᠭ》 ᠬᠡᠮᠡᠨ ᠰᠣᠶᠤᠯᠴᠢᠨ ᠪᠠᠭᠰᠢ ᠨᠠᠢᠷᠠᠭᠤᠯᠪᠠ : 《ᠬᠡᠪᠯᠡᠯᠲᠡᠢ ᠶᠢᠨ ᠠᠷᠠᠳ ᠤᠨ ᠰᠣᠶᠤᠯ ᠤᠨ
ᠦᠨᠳᠦᠰᠦᠲᠡᠨ ᠦ ᠰᠤᠷᠭᠠᠯᠲᠠ ᠪᠢᠴᠢᠭ ᠤᠨ ᠨᠠᠢᠷᠠᠭᠤᠯᠤᠯ ᠪᠢᠴᠢᠭ᠂ 2005 ᠣᠨ ᠤ 9 ᠰᠠᠷ᠎ᠠ ᠳᠤ᠃

★ 《ᠬᠠᠷᠠᠴᠢᠨ ᠰᠤᠷᠤᠯ ᠤ ᠮᠣᠩᠭᠣᠯ ᠨᠠᠢᠷᠠᠮᠳᠠᠯ ᠤ ᠳᠤᠭᠠᠷᠯᠠᠯ ᠰᠣᠶᠤᠯ ᠤᠨ ᠦᠨᠳᠦᠰᠦᠯᠡᠯ : ᠬᠠᠷᠠᠴᠢᠨ ᠬᠣᠰᠢᠭᠤ ᠶᠢᠨ ᠰᠣᠶᠤᠯ》 (ᠰᠣᠶᠤᠯᠴᠢᠳ ᠤᠨ ᠬᠤᠷᠠᠯᠲᠠ) ᠂
ᠨᠠᠢᠷᠠᠮᠳᠠᠯ᠂ 2005 ᠣᠨ ᠤ 9 ᠰᠠᠷ᠎ᠠ ᠳᠤ᠃

★ 《ᠬᠠᠷᠠᠴᠢᠨ ᠰᠤᠷᠤᠯ ᠤ ᠮᠣᠩᠭᠣᠯ ᠠᠷᠠᠳ ᠤᠨ ᠰᠣᠶᠤᠯ ᠤᠨ ᠦᠨᠳᠦᠰᠦᠯᠡᠯ》 (ᠳᠡᠭᠡᠳᠦ) (ᠰᠣᠶᠤᠯᠴᠢᠳ ᠤᠨ ᠬᠤᠷᠠᠯᠲᠠ) ᠦᠨᠳᠦᠰᠦᠲᠡᠨ ᠦ ᠰᠤᠷᠭᠠᠯᠲᠠ ᠪᠢᠴᠢᠭ ᠤᠨ

★ ᠭᠠ᠂ ᠮᠥᠩᠬᠡ ᠪᠣᠶᠠᠨ ᠰᠢᠨᠵᠢᠯᠡᠨ ᠲᠠᠶᠢᠯᠪᠤᠷᠢᠯᠠᠭᠰᠠᠨ: «ᠵᠠᠩᠭᠠᠷ ᠪᠦᠯᠦᠭ»᠂ ᠥᠪᠥᠷ ᠮᠣᠩᠭᠣᠯ ᠤᠨ ᠠᠷᠠᠳ ᠤᠨ ᠬᠡᠪᠯᠡᠯ ᠦᠨ ᠬᠣᠷᠢᠶ᠎ᠠ᠂ 1990 ᠣᠨ ᠤ 5 ᠳᠤᠭᠠᠷ

ᠠᠷᠠᠳ ᠤᠨ ᠬᠡᠪᠯᠡᠯ ᠦᠨ ᠬᠣᠷᠢᠶ᠎ᠠ᠂ 1986᠂ 1994᠂ 1995 ᠣᠨ᠃

★ ᠰᠢᠨᠵᠢᠶᠠᠩ ᠤᠨ ᠠᠷᠠᠳ ᠤᠨ ᠬᠡᠪᠯᠡᠯ ᠦᠨ ᠬᠣᠷᠢᠶ᠎ᠠ ᠨᠠᠶᠢᠷᠠᠭᠤᠯᠤᠭᠰᠠᠨ ᠬᠡᠪᠯᠡᠪᠡ: «〈ᠵᠠᠩᠭᠠᠷ〉 ᠤᠨ ᠪᠣᠯᠣᠷ ᠲᠣᠯᠢ ᠵᠢ» (1 —— 5 ᠳᠡᠪᠲᠡᠷ)᠂ ᠰᠢᠨᠵᠢᠶᠠᠩ ᠤᠨ

★ ᠪᠠᠳᠤᠪᠠᠶᠠᠷ: «ᠰᠢᠨᠵᠢᠶᠠᠩ ᠤᠨ ᠣᠷᠣᠨ ᠮᠣᠷᠢ ᠮᠠᠯ»᠂ ᠰᠢᠨᠵᠢᠶᠠᠩ ᠤᠨ ᠠᠷᠠᠳ ᠤᠨ ᠬᠡᠪᠯᠡᠯ ᠦᠨ ᠬᠣᠷᠢᠶ᠎ᠠ᠂ 1985 ᠣᠨ᠃

ᠬᠣᠷᠢᠶ᠎ᠠ᠂ 1985 ᠣᠨ ᠤ 9 ᠳᠦᠭᠡᠷ ᠰᠠᠷ᠎ᠠ᠃

★ ᠰᠤ᠂ ᠪᠠᠳᠤ᠂ ᠨᠠᠮᠵᠢᠯᠳᠣᠷᠵᠢ᠂ ᠮᠥᠩᠬᠡ ᠴᠢᠮᠡᠳ ᠲᠠᠶᠢᠯᠪᠤᠷᠢᠯᠠᠭᠰᠠᠨ: «ᠮᠣᠩᠭᠣᠯ ᠰᠣᠶᠣᠯ ᠤᠨ ᠲᠦᠭᠦᠬᠡᠨ ᠪᠢᠴᠢᠭ»᠂ ᠥᠪᠥᠷ ᠮᠣᠩᠭᠣᠯ ᠤᠨ ᠰᠣᠶᠣᠯ ᠤᠨ ᠬᠡᠪᠯᠡᠯ ᠦᠨ

★ ᠳᠠ᠂ ᠲᠣᠭᠲᠠᠬᠤ ᠨᠠᠶᠢᠷᠠᠭᠤᠯᠤᠭᠰᠠᠨ: «ᠬᠠᠷᠢᠯᠴᠠᠨ ᠤ ᠪᠢᠴᠢᠭ»᠂ ᠰᠢᠨᠵᠢᠶᠠᠩ ᠤᠨ ᠠᠷᠠᠳ ᠤᠨ ᠬᠡᠪᠯᠡᠯ ᠦᠨ ᠬᠣᠷᠢᠶ᠎ᠠ᠂ 1984 ᠣᠨ ᠤ 12 ᠳᠤᠭᠠᠷ ᠰᠠᠷ᠎ᠠ᠃

ᠬᠡᠪᠯᠡᠯ ᠦᠨ ᠬᠣᠷᠢᠶ᠎ᠠ᠂ 1979 ᠣᠨ ᠤ 9 ᠳᠦᠭᠡᠷ ᠰᠠᠷ᠎ᠠ᠃

★ ᠪᠠ᠂ ᠪᠠᠲᠤ᠂ ᠵᠠᠷᠭᠤᠴᠢᠨᠰᠠᠢ ᠨᠠᠶᠢᠷᠠᠭᠤᠯᠤᠭᠰᠠᠨ ᠲᠠᠶᠢᠯᠪᠤᠷᠢ: «ᠰᠤᠷᠤᠯᠴᠠ —— ᠲᠣᠳᠣ ᠶᠢᠨ ᠰᠢᠯᠢᠭᠳᠡᠮᠡᠯ ᠮᠣᠩᠭᠣᠯ ᠪᠢᠴᠢᠭ ᠤ ᠪᠤᠯᠠᠭ»᠂ ᠰᠢᠨᠵᠢᠶᠠᠩ ᠤᠨ ᠠᠷᠠᠳ ᠤᠨ

ᠬᠣᠷᠢᠶ᠎ᠠ᠂ 1976 ᠣᠨ ᠤ 12 ᠳᠤᠭᠠᠷ ᠰᠠᠷ᠎ᠠ᠃

★ ᠰᠢᠨᠵᠢᠶᠠᠩ ᠤᠢᠭᠤᠷ ᠤᠨ ᠤ ᠥᠪᠡᠷᠲᠡᠭᠡᠨ ᠵᠠᠰᠠᠬᠤ ᠣᠷᠤᠨ ᠨᠠᠶᠢᠷᠠᠭᠤᠯᠤᠭᠰᠠᠨ: «ᠮᠣᠩᠭᠣᠯ ᠪᠢᠴᠢᠭ ᠪᠠ ᠲᠣᠳᠣ ᠮᠣᠩᠭᠣᠯ ᠪᠢᠴᠢᠭ»᠂ ᠰᠢᠨᠵᠢᠶᠠᠩ ᠤᠨ ᠠᠷᠠᠳ ᠤᠨ ᠬᠡᠪᠯᠡᠯ ᠦᠨ

1964 . 1965 . 1966 ᠣᠨ᠃

★ ᠪᠠ᠂ ᠪᠠᠲᠤ: «ᠮᠣᠩᠭᠣᠯ ᠬᠡᠯᠡᠨ ᠦ ᠳᠦᠷᠢᠮ᠂ ᠨᠠᠶᠢᠷᠠᠭᠤᠯᠤᠯᠲᠠ ᠳᠦᠷᠢᠮ» (ᠳᠡᠭᠡᠳᠦ᠂ ᠳᠤᠮᠳᠠᠳᠤ᠂ ᠳᠣᠣᠷᠠᠳᠤ)᠂ ᠰᠢᠨᠵᠢᠶᠠᠩ ᠤᠨ ᠠᠷᠠᠳ ᠤᠨ ᠬᠡᠪᠯᠡᠯ ᠦᠨ ᠬᠣᠷᠢᠶ᠎ᠠ᠂

(ᠮᠣᠩᠭᠣᠯ ᠬᠡᠯᠡᠨ) ᠮᠣᠩᠭᠣᠯ ᠰᠤᠳᠤᠯᠭᠠᠨ ᠤ ᠪᠦᠲᠦᠭᠡᠯ

ᠰᠢᠨᠵᠢᠶᠠᠩ ᠤᠨ ᠰᠢᠨᠵᠢᠯᠡᠬᠦ ᠤᠬᠠᠭᠠᠨ ᠪᠠ ᠮᠡᠷᠭᠡᠵᠢᠯ ᠦᠨ ᠬᠡᠪᠯᠡᠯ ᠦᠨ ᠬᠣᠷᠢᠶ᠎ᠠ᠂ 2013 ᠣᠨ ᠤ 9 ᠳᠦᠭᠡᠷ ᠰᠠᠷ᠎ᠠ᠃

★ ᠬᠠ᠂ ᠮᠥᠩᠬᠡᠪᠠᠶᠠᠷ: «ᠠᠮᠢᠳᠤ ᠪᠡᠷ ᠪᠣᠯᠪᠠᠰᠤᠷᠠᠭᠤᠯᠬᠤ ᠮᠡᠷᠭᠡᠵᠢᠯ ᠤᠨ ᠲᠠᠯ» (ᠬᠠ᠂ ᠮᠥᠩᠬᠡᠪᠠᠶᠠᠷ ᠶᠢᠨ ᠡᠷᠳᠡᠮ ᠰᠢᠨᠵᠢᠯᠡᠭᠡᠨ ᠦ ᠵᠣᠬᠢᠶᠠᠯ ᠤᠨ ᠰᠣᠩᠭᠣᠮᠠᠯ ᠳᠡᠪᠲᠡᠷ)᠂

ᠤᠨ ᠰᠢᠨᠵᠢᠯᠡᠬᠦ ᠤᠬᠠᠭᠠᠨ ᠪᠠ ᠮᠡᠷᠭᠡᠵᠢᠯ ᠦᠨ ᠬᠡᠪᠯᠡᠯ ᠦᠨ ᠬᠣᠷᠢᠶ᠎ᠠ᠂ 2010 ᠣᠨ ᠤ 10 ᠳᠤᠭᠠᠷ ᠰᠠᠷ᠎ᠠ᠃

★ ᠳᠠ᠂ ᠵᠠᠩᠴᠤᠪ: «ᠮᠠᠯ ᠤᠨ ᠡᠮ» (ᠳᠠ᠂ ᠵᠠᠩᠴᠤᠪ ᠤᠨ ᠪᠦᠲᠦᠭᠡᠯ ᠤᠨ ᠲᠣᠭᠤᠪᠴᠢ ᠡᠷᠳᠡᠮ ᠰᠢᠨᠵᠢᠯᠡᠭᠡᠨ ᠦ ᠵᠣᠬᠢᠶᠠᠯ ᠤᠨ ᠰᠣᠩᠭᠣᠮᠠᠯ ᠳᠡᠪᠲᠡᠷ)᠂ ᠰᠢᠨᠵᠢᠶᠠᠩ

ᠳᠡᠪᠲᠡᠷ)᠂ ᠰᠢᠨᠵᠢᠶᠠᠩ ᠤᠨ ᠰᠢᠨᠵᠢᠯᠡᠬᠦ ᠤᠬᠠᠭᠠᠨ ᠪᠠ ᠮᠡᠷᠭᠡᠵᠢᠯ ᠦᠨ ᠬᠡᠪᠯᠡᠯ ᠦᠨ ᠬᠣᠷᠢᠶ᠎ᠠ᠂ 2010 ᠣᠨ ᠤ 1 ᠳᠦᠭᠡᠷ ᠰᠠᠷ᠎ᠠ᠃

★ ᠬᠠ᠂ ᠰᠣᠭᠲᠠᠪᠠᠶᠠᠷ: «ᠪᠣᠯᠣᠭᠰᠠᠨ ᠤ ᠰᠢᠨᠵᠢᠯᠡᠭᠡᠨ ᠳᠣᠮ ᠮᠠᠯ» (ᠬᠠ᠂ ᠰᠣᠭᠲᠠᠪᠠᠶᠠᠷ ᠶᠢᠨ ᠡᠷᠳᠡᠮ ᠠᠮᠢᠳᠤ ᠤᠨ ᠡᠷᠳᠡᠮ ᠰᠢᠨᠵᠢᠯᠡᠭᠡᠨ ᠦ ᠰᠢᠨᠵᠢᠯᠡᠬᠦ ᠤᠬᠠᠭᠠᠨ ᠪᠦᠲᠦᠭᠡᠯ ᠤᠨ

ᠳᠤ ᠭᠠᠷᠭᠠᠪᠠ ᠂ 1997 ᠣᠨ ᠤ 10 ᠳᠤᠭᠠᠷ ᠰᠠᠷ᠎ᠠ ᠃

★ ᠮᠡᠷᠭᠡᠨᠪᠠᠭ᠎ᠠ ᠂ ᠳᠠ ᠂ ᠪᠠᠶᠠᠷ ᠂ ᠪᠠᠶᠠᠨᠴᠠᠭᠠᠨ : 《ᠮᠣᠩᠭᠣᠯ ᠪᠢᠴᠢᠭ ᠦᠨ ᠳᠦᠷᠢᠮ ᠦᠨ ᠲᠣᠯᠢ》(ᠪᠠᠶᠠᠷ ᠂ ᠪᠠᠶᠠᠨᠴᠠᠭᠠᠨ ᠂ ᠪᠠᠶᠠᠨᠳᠠᠷᠢ) ᠂ ᠦᠨᠳᠦᠰᠦᠲᠡᠨ ᠦ ᠬᠡᠪᠯᠡᠯ ᠦᠨ ᠬᠣᠷᠢᠶ᠎ᠠ

★ ᠪᠠᠲᠤ ᠂ ᠴᠣᠭᠲᠤ : 《ᠪᠠᠶᠠᠷ 〈ᠴᠣᠭᠲᠤ〉 ᠦᠨ ᠮᠠᠭᠲᠠᠭᠠᠯ》(ᠪᠠᠶᠠᠷ ᠂ ᠴᠣᠭᠲᠤ) ᠂ ᠦᠨᠳᠦᠰᠦᠲᠡᠨ ᠦ ᠬᠡᠪᠯᠡᠯ ᠦᠨ ᠬᠣᠷᠢᠶ᠎ᠠ ᠳᠤ ᠭᠠᠷᠭᠠᠪᠠ ᠂ 1997 ᠣᠨ ᠤ 12 ᠳᠤᠭᠠᠷ ᠰᠠᠷ᠎ᠠ ᠃

★ ᠡᠷᠳᠡᠮ ᠦᠨ ᠲᠣᠭᠲᠠᠭᠠᠯ : 《ᠮᠣᠩᠭᠣᠯ ᠬᠡᠯᠡᠨ ᠦ ᠰᠤᠳᠤᠯᠤᠯ ᠤᠨ ᠲᠣᠪᠴᠢ》 ᠂ ᠦᠨᠳᠦᠰᠦᠲᠡᠨ ᠦ ᠬᠡᠪᠯᠡᠯ ᠦᠨ ᠬᠣᠷᠢᠶ᠎ᠠ ᠳᠤ ᠭᠠᠷᠭᠠᠪᠠ ᠂ 1997 ᠣᠨ ᠤ 3 ᠳᠤᠭᠠᠷ ᠰᠠᠷ᠎ᠠ ᠃

ᠳᠤ ᠪᠠᠶᠠᠷ ᠤᠨ ᠮᠠᠭᠲᠠᠭᠠᠯ 》(ᠪᠠᠶᠠᠨᠳᠡᠯᠭᠡᠷ ᠮᠠᠭᠲᠠᠭᠠᠯ ᠂ ᠪᠠᠶᠠᠷ ᠮᠣᠩᠭᠣᠯ) ᠂ ᠦᠨᠳᠦᠰᠦᠲᠡᠨ ᠦ ᠬᠡᠪᠯᠡᠯ ᠦᠨ ᠬᠣᠷᠢᠶ᠎ᠠ ᠳᠤ ᠭᠠᠷᠭᠠᠪᠠ ᠂ 1997 ᠣᠨ ᠤ 3 ᠳᠤᠭᠠᠷ ᠰᠠᠷ᠎ᠠ ᠃

★ ᠮᠣᠩᠭᠣᠯ ᠤᠨ ᠦᠨ ᠭᠠᠷᠤᠯ ᠲᠠᠶᠢᠯᠪᠤᠷᠢ ᠦᠨ ᠪᠠᠶᠠᠷ ᠤᠨ ᠮᠠᠭᠲᠠᠭᠠᠯ ᠤ ᠨᠠᠶᠢᠷᠠᠭᠤᠯᠤᠭᠰᠠᠨ ᠪᠦᠯᠦᠭ ᠪᠢᠴᠢᠭ ᠮᠣᠩ ᠨᠠᠶᠢᠷᠠᠭᠤᠯᠪᠠ : 《 ᠮᠣᠩᠭᠣᠯ ᠤᠨ ᠦᠨ ᠭᠠᠷᠤᠯ ᠲᠠᠶᠢᠯᠪᠤᠷᠢ

ᠳᠤ ᠭᠠᠷᠭᠠᠪᠠ ᠂ 1997 ᠣᠨ ᠤ 5 ᠳᠤᠭᠠᠷ ᠰᠠᠷ᠎ᠠ ᠃

★ ᠮᠠᠨᠳᠤᠬᠤᠢ ᠂ ᠪᠣᠯᠤᠷᠴᠡᠴᠡᠭ ᠲᠠᠨᠢᠯ ᠨᠠᠶᠢᠷᠠᠭᠤᠯᠪᠠ : 《ᠮᠣᠩᠭᠣᠯ ᠪᠠᠶᠠᠷ ᠤᠨ ᠮᠠᠭᠲᠠᠭᠠᠯ ᠤᠨ ᠮᠠᠭᠲᠠᠭᠠᠯ ᠤᠨ ᠪᠠᠶᠢᠭᠠᠯ》 ᠂ ᠦᠨᠳᠦᠰᠦᠲᠡᠨ ᠦ ᠬᠡᠪᠯᠡᠯ ᠦᠨ ᠬᠣᠷᠢᠶ᠎ᠠ

ᠳᠤᠭᠠᠷ ᠰᠠᠷ᠎ᠠ ᠃

★ ᠴᠢ ᠂ ᠮᠡᠷᠭᠡᠨ ᠂ ᠪᠠ ᠂ ᠨᠠᠮᠵᠢᠯ ᠬᠠᠷᠢᠴᠠᠯ ᠨᠠᠶᠢᠷᠠᠭᠤᠯᠪᠠ : 《ᠮᠣᠩᠭᠣᠯ ᠤᠨ ᠴᠠᠭ ᠴᠠᠭᠠᠨ》 ᠂ ᠦᠨᠳᠦᠰᠦᠲᠡᠨ ᠦ ᠬᠡᠪᠯᠡᠯ ᠦᠨ ᠬᠣᠷᠢᠶ᠎ᠠ ᠳᠤ ᠭᠠᠷᠭᠠᠪᠠ ᠂ 1995 ᠣᠨ ᠤ 1

ᠣᠨ ᠤ 10 ᠳᠤᠭᠠᠷ ᠰᠠᠷ᠎ᠠ ᠃

★ ᠪᠣᠯᠤᠷᠴᠡᠴᠡᠭ : 《ᠮᠣᠩ ᠪᠠ ᠴᠣᠭ — ᠮᠣᠩᠭᠣᠯ ᠮᠣᠩᠭᠣᠯ ᠴᠠᠭᠠᠨ ᠤ ᠮᠠᠭᠲᠠᠭᠠᠯ ᠤᠨ ᠮᠠᠭᠲᠠᠭᠠᠯ ᠤᠨ》 ᠂ ᠦᠨᠳᠦᠰᠦᠲᠡᠨ ᠦ ᠬᠡᠪᠯᠡᠯ ᠦᠨ ᠬᠣᠷᠢᠶ᠎ᠠ ᠳᠤ ᠭᠠᠷᠭᠠᠪᠠ ᠂ 1994

ᠣᠨ ᠤ 8 ᠳᠤᠭᠠᠷ ᠰᠠᠷ᠎ᠠ ᠃

★ ᠳᠠ ᠂ ᠮᠣᠩᠭᠣᠯᠪᠠᠶᠠᠷ : 《ᠮᠣᠩᠭᠣᠯ ᠬᠡᠯᠡᠨ ᠦ ᠰᠤᠳᠤᠯᠤᠯ ᠤᠨ ᠮᠣᠩᠭᠣᠯ ᠤᠨ ᠭᠠᠷᠤᠯ ᠲᠠᠶᠢᠯᠪᠤᠷᠢ》 ᠂ ᠥᠪᠥᠷ ᠮᠣᠩᠭᠣᠯ ᠤᠨ ᠰᠤᠷᠭᠠᠨ ᠬᠥᠮᠦᠵᠢᠯ ᠦᠨ ᠬᠡᠪᠯᠡᠯ ᠦᠨ ᠬᠣᠷᠢᠶ᠎ᠠ ᠳᠤ ᠭᠠᠷᠭᠠᠪᠠ ᠂ 1994

1992 ᠣᠨ ᠤ 6 ᠳᠤᠭᠠᠷ ᠰᠠᠷ᠎ᠠ ᠃

★ ᠭᠠ ᠂ ᠪᠠᠶᠠᠷ ᠂ ᠮᠠᠨᠳᠤᠬᠤᠢ ᠂ ᠮᠡᠷᠭᠡᠨ ᠬᠠᠷᠢᠴᠠᠯ ᠪᠠᠶᠢᠭᠤᠯᠤᠯᠴᠠᠪᠠ : 《ᠮᠣᠩᠭᠣᠯ ᠤᠨ ᠪᠠᠶᠠᠷ ᠤᠨ ᠪᠠᠶᠢᠭᠠᠯ ᠤᠨ》 ᠂ ᠦᠨᠳᠦᠰᠦᠲᠡᠨ ᠦ ᠬᠡᠪᠯᠡᠯ ᠦᠨ ᠬᠣᠷᠢᠶ᠎ᠠ ᠳᠤ ᠭᠠᠷᠭᠠᠪᠠ ᠂

ᠰᠠᠷ᠎ᠠ ᠃

★ ᠮᠡ ᠂ ᠪᠠᠶᠠᠷ ᠨᠠᠶᠢᠷᠠᠭᠤᠯᠤᠯ ᠤᠨ ᠴᠣᠭᠲᠤᠪᠠ : 《ᠮᠣᠩᠭᠣᠯ ᠤᠨ ᠴᠠᠭ ᠮᠠᠭᠲᠠᠯ》 ᠂ ᠥᠪᠥᠷ ᠮᠣᠩᠭᠣᠯ ᠤᠨ ᠠᠷᠠᠳ ᠤᠨ ᠬᠡᠪᠯᠡᠯ ᠦᠨ ᠬᠣᠷᠢᠶ᠎ᠠ ᠳᠤ ᠭᠠᠷᠭᠠᠪᠠ ᠂ 1990 ᠣᠨ ᠤ 11 ᠳᠤᠭᠠᠷ

ᠳᠤᠭᠠᠷ ᠰᠠᠷ᠎ᠠ ᠃

★ ᠪᠣᠯᠤᠷᠴᠡᠴᠡᠭ ᠬᠠᠷᠢᠴᠠᠯ ᠨᠠᠶᠢᠷᠠᠭᠤᠯᠪᠠ : 《ᠮᠣᠩᠭᠣᠯ ᠪᠠᠶᠠᠷ ᠤᠨ ᠮᠣᠩᠭᠣᠯ ᠪᠠᠶᠠᠷ》 ᠂ ᠦᠨᠳᠦᠰᠦᠲᠡᠨ ᠦ ᠬᠡᠪᠯᠡᠯ ᠦᠨ ᠬᠣᠷᠢᠶ᠎ᠠ ᠳᠤ ᠭᠠᠷᠭᠠᠪᠠ ᠂ 1990 ᠣᠨ ᠤ 9

ᠰᠠᠷ᠎ᠠ ᠃

ᠳᠤᠭᠠᠷ ᠰᠠᠷ᠎ᠠ᠃

★ ᠴᠢ · ᠨᠠᠰᠤᠨ : 《ᠮᠣᠩᠭᠣᠯ ᠠᠷᠠᠳ ᠤᠨ ᠦᠨᠳᠦᠰᠦᠲᠡᠨ ᠦ ᠰᠣᠶᠣᠯ》· ᠥᠪᠥᠷ ᠮᠣᠩᠭᠣᠯ ᠤᠨ ᠠᠷᠠᠳ ᠤᠨ ᠬᠡᠪᠯᠡᠯ ᠦᠨ ᠬᠣᠷᠢᠶ᠎ᠠ· 1999 ᠣᠨ ᠤ 6 ᠳᠤᠭᠠᠷ ᠰᠠᠷ᠎ᠠ᠃

★ ᠵᠠ · ᠪᠠᠶᠠᠷ · ᠪᠠ · ᠮᠡᠷᠭᠡᠨ · ᠭᠠ · ᠰᠡᠷᠡᠨ ᠵᠡᠷᠭᠡ ᠨᠠᠶᠢᠷᠠᠭᠤᠯᠪᠠ : 《ᠲᠡᠦᠬᠡᠨ ᠦ ᠪᠢᠴᠢᠭ ᠰᠤᠳᠤᠯᠤᠯ》· ᠦᠨᠳᠦᠰᠦᠲᠡᠨ ᠦ ᠬᠡᠪᠯᠡᠯ ᠦᠨ ᠬᠣᠷᠢᠶ᠎ᠠ· 1999 ᠣᠨ ᠤ 2 ᠳᠤᠭᠠᠷ ᠰᠠᠷ᠎ᠠ᠃

★ ᠨᠠᠶᠢᠷᠠᠭᠤᠯᠤᠯ : 《ᠮᠣᠩᠭᠣᠯ ᠦᠨᠳᠦᠰᠦᠲᠡᠨ ᠦ ᠲᠡᠦᠬᠡ ᠶᠢᠨ ᠬᠣᠷᠢᠶᠠᠩᠭᠤᠢ ᠶᠢᠨ ᠲᠣᠪᠴᠢᠶᠠᠨ》· ᠥᠪᠥᠷ ᠮᠣᠩᠭᠣᠯ ᠤᠨ ᠠᠷᠠᠳ ᠤᠨ ᠬᠡᠪᠯᠡᠯ ᠦᠨ ᠬᠣᠷᠢᠶ᠎ᠠ· 1999 ᠣᠨ ᠤ 5 ᠳᠤᠭᠠᠷ ᠰᠠᠷ᠎ᠠ᠃

★ ᠨᠠᠶᠢᠷᠠᠭᠤᠯᠤᠯ : 《ᠮᠣᠩᠭᠣᠯ ᠦᠨᠳᠦᠰᠦᠲᠡᠨ ᠦ ᠲᠡᠦᠬᠡ ᠶᠢᠨ ᠬᠣᠷᠢᠶᠠᠩᠭᠤᠢ ᠶᠢᠨ ᠲᠣᠪᠴᠢᠶᠠᠨ》· ᠥᠪᠥᠷ ᠮᠣᠩᠭᠣᠯ ᠤᠨ ᠠᠷᠠᠳ ᠤᠨ ᠬᠡᠪᠯᠡᠯ ᠦᠨ ᠬᠣᠷᠢᠶ᠎ᠠ· 1999 ᠣᠨ ᠤ 6 ᠳᠤᠭᠠᠷ ᠰᠠᠷ᠎ᠠ᠃

★ ᠳᠠ · ᠰᠠᠷᠠᠨ · ᠪᠠ · ᠰᠡᠷᠡᠨ ᠬᠠᠷᠢᠭᠤᠴᠠᠪᠠ : 《ᠶᠤᠸᠠᠨ · ᠮᠢᠩ ᠤᠨ ᠦᠶ᠎ᠡ ᠶᠢᠨ ᠮᠣᠩᠭᠣᠯ ᠤᠨ ᠰᠤᠷᠭᠠᠭᠤᠯᠢ》· ᠥᠪᠥᠷ ᠮᠣᠩᠭᠣᠯ ᠤᠨ ᠰᠤᠷᠭᠠᠨ ᠬᠦᠮᠦᠵᠢᠯ ᠦᠨ ᠬᠡᠪᠯᠡᠯ ᠦᠨ ᠬᠣᠷᠢᠶ᠎ᠠ· 1999 ᠣᠨ ᠤ 8 ᠳᠤᠭᠠᠷ ᠰᠠᠷ᠎ᠠ᠃

★ ᠪᠠᠶᠠᠨᠮᠦᠩᠬᠡ (ᠶᠡᠷᠦᠩᠬᠡᠢ ᠨᠠᠶᠢᠷᠠᠭᠤᠯᠤᠭᠴᠢ) · ᠵᠠ · ᠪᠠᠶᠠᠷ (ᠳᠡᠳ ᠶᠡᠷᠦᠩᠬᠡᠢ ᠨᠠᠶᠢᠷᠠᠭᠤᠯᠤᠭᠴᠢ) : 《ᠰᠤᠶᠤᠯ ᠤᠨ ᠲᠣᠪᠴᠢᠶᠠᠨ ᠤ ᠨᠢᠭᠡᠳᠦᠭᠡᠷ ᠪᠣᠳᠢ》· ᠥᠪᠥᠷ ᠮᠣᠩᠭᠣᠯ ᠤᠨ ᠰᠤᠷᠭᠠᠨ ᠬᠦᠮᠦᠵᠢᠯ ᠦᠨ ᠬᠡᠪᠯᠡᠯ ᠦᠨ ᠬᠣᠷᠢᠶ᠎ᠠ· 1999 ᠣᠨ ᠤ 7 ᠳᠤᠭᠠᠷ ᠰᠠᠷ᠎ᠠ᠃

★ ᠰᠠ · ᠳᠤᠭᠠᠷᠵᠠᠪ · ᠨᠠᠶᠢᠷᠠᠭᠤᠯᠤᠭᠴᠢ ᠶᠡᠷᠦᠩᠬᠡᠢ ᠨᠠᠶᠢᠷᠠᠭᠤᠯᠪᠠ : 《ᠮᠣᠩᠭᠣᠯ ᠲᠡᠦᠬᠡ ᠶᠢᠨ ᠲᠣᠪᠴᠢ ᠲᠠᠢ ᠲᠠᠶᠢᠯᠪᠤᠷᠢ》· ᠥᠪᠥᠷ ᠮᠣᠩᠭᠣᠯ ᠤᠨ ᠰᠤᠷᠭᠠᠨ ᠬᠦᠮᠦᠵᠢᠯ ᠦᠨ ᠬᠡᠪᠯᠡᠯ ᠦᠨ ᠬᠣᠷᠢᠶ᠎ᠠ· 1998 ᠣᠨ ᠤ 10 ᠳᠤᠭᠠᠷ ᠰᠠᠷ᠎ᠠ᠃

★ ᠪᠠ · ᠮᠡᠷᠭᠡᠨ : 《ᠮᠣᠩᠭᠣᠯ ᠤᠯᠤᠰ ᠤᠨ ᠰᠤᠷᠲᠠᠯᠴᠢ ᠲᠡᠦᠬᠡ ᠶᠢᠨ ᠠᠷᠭ᠎ᠠ ᠰᠢᠷᠭᠢᠯ》· ᠥᠪᠥᠷ ᠮᠣᠩᠭᠣᠯ ᠤᠨ ᠰᠤᠷᠭᠠᠨ ᠬᠦᠮᠦᠵᠢᠯ ᠦᠨ ᠬᠡᠪᠯᠡᠯ ᠦᠨ ᠬᠣᠷᠢᠶ᠎ᠠ· 1998 ᠣᠨ ᠤ 8 ᠳᠤᠭᠠᠷ ᠰᠠᠷ᠎ᠠ᠃

★ ᠪᠠᠶᠠᠨᠲᠣᠭᠲᠠᠬᠤ ᠨᠠᠶᠢᠷᠠᠭᠤᠯᠪᠠ : 《ᠮᠣᠩᠭᠣᠯ ᠰᠤᠷᠲᠠᠯᠴᠢ ᠶᠢᠨ ᠰᠤᠳᠤᠯᠤᠯ ᠤᠨ ᠲᠣᠪᠴᠢ》· ᠥᠪᠥᠷ ᠮᠣᠩᠭᠣᠯ ᠤᠨ ᠰᠤᠷᠭᠠᠨ ᠬᠦᠮᠦᠵᠢᠯ ᠦᠨ ᠬᠡᠪᠯᠡᠯ ᠦᠨ ᠬᠣᠷᠢᠶ᠎ᠠ· 1998 ᠣᠨ ᠤ 8 ᠳᠤᠭᠠᠷ ᠰᠠᠷ᠎ᠠ᠃

★ ᠳᠠ · ᠮᠡᠷᠭᠡᠨ · ᠲᠠ · ᠪᠠᠲᠤ : 《ᠮᠣᠩᠭᠣᠯ ᠤᠨ ᠭᠠᠷᠤᠯ —— ᠮᠣᠩᠭᠣᠯ ᠬᠡᠯᠡ ᠪᠢᠴᠢᠭ ᠦᠨ ᠰᠤᠳᠤᠯᠤᠯ ᠤᠨ ᠲᠣᠪᠴᠢ》· ᠥᠪᠥᠷ ᠮᠣᠩᠭᠣᠯ ᠤᠨ ᠰᠤᠷᠭᠠᠨ ᠬᠦᠮᠦᠵᠢᠯ ᠦᠨ ᠬᠡᠪᠯᠡᠯ ᠦᠨ ᠬᠣᠷᠢᠶ᠎ᠠ· 1998 ᠣᠨ ᠤ 7 ᠳᠤᠭᠠᠷ ᠰᠠᠷ᠎ᠠ᠃

★ ᠪᠠ · ᠪᠠᠶᠠᠨᠲᠣᠭᠲᠠᠬᠤ · ᠲᠠ · ᠪᠠᠲᠤ : 《ᠮᠣᠩᠭᠣᠯ ᠬᠡᠯᠡ ᠪᠢᠴᠢᠭ ᠦᠨ ᠰᠤᠳᠤᠯᠤᠯ》· ᠥᠪᠥᠷ ᠮᠣᠩᠭᠣᠯ ᠤᠨ ᠰᠤᠷᠭᠠᠨ ᠬᠦᠮᠦᠵᠢᠯ ᠦᠨ ᠬᠡᠪᠯᠡᠯ ᠦᠨ ᠬᠣᠷᠢᠶ᠎ᠠ· 1998 ᠣᠨ ᠤ 7 ᠳᠤᠭᠠᠷ ᠰᠠᠷ᠎ᠠ᠃

★ ᠮᠣᠩᠭᠣᠯ ᠨᠠᠶᠢᠷᠠᠭᠤᠯᠤᠭᠰᠠᠨ ᠬᠣᠷᠢᠶᠠᠪᠠ : 《ᠮᠣᠩᠭᠣᠯ ᠤ ᠭᠣᠣᠯᠴᠢᠯᠠᠯ ᠰᠤᠷᠲᠠᠯ ᠬᠠᠮᠢᠶᠠᠷ》· ᠥᠪᠥᠷ ᠮᠣᠩᠭᠣᠯ ᠤᠨ ᠠᠷᠠᠳ ᠤᠨ ᠬᠡᠪᠯᠡᠯ ᠦᠨ ᠬᠣᠷᠢᠶ᠎ᠠ· 1998 ᠣᠨ ᠤ 4 ᠳᠤᠭᠠᠷ

ᠤᠨ ᠠᠷᠠᠳ ᠤᠨ ᠬᠡᠪᠯᠡᠯ ᠦᠨ ᠬᠣᠷᠢᠶ᠎ᠠ ᠂ 2003 ᠣᠨ ᠤ 4 ᠳᠦᠭᠡᠷ ᠰᠠᠷ᠎ᠠ ᠃

★ [illegible] : 《[illegible]》 ᠂ ᠥᠪᠥᠷ ᠮᠣᠩᠭᠣᠯ ᠤᠨ ᠠᠷᠠᠳ ᠤᠨ ᠬᠡᠪᠯᠡᠯ ᠦᠨ ᠬᠣᠷᠢᠶ᠎ᠠ ᠂ 2002 ᠣᠨ ᠤ 12 ᠳᠦᠭᠡᠷ ᠰᠠᠷ᠎ᠠ ᠃

★ [illegible] : 《[illegible]》 ([illegible]) ᠂ ᠥᠪᠥᠷ ᠮᠣᠩᠭᠣᠯ ᠤᠨ ᠠᠷᠠᠳ ᠤᠨ ᠬᠡᠪᠯᠡᠯ ᠦᠨ ᠬᠣᠷᠢᠶ᠎ᠠ ᠂ 2001 ᠣᠨ ᠤ 11 ᠳᠦᠭᠡᠷ ᠰᠠᠷ᠎ᠠ ᠃

★ [illegible] : 《[illegible]》 ᠂ 2001 ᠣᠨ ᠤ 11 ᠳᠦᠭᠡᠷ ᠰᠠᠷ᠎ᠠ ᠃

★ [illegible] : 《[illegible]》 ([illegible]) ᠂ ᠥᠪᠥᠷ ᠮᠣᠩᠭᠣᠯ ᠤᠨ ᠠᠷᠠᠳ ᠤᠨ ᠬᠡᠪᠯᠡᠯ ᠦᠨ ᠬᠣᠷᠢᠶ᠎ᠠ ᠃

★ [illegible] : 《[illegible]》 ᠂ ᠥᠪᠥᠷ ᠮᠣᠩᠭᠣᠯ ᠤᠨ ᠠᠷᠠᠳ ᠤᠨ ᠬᠡᠪᠯᠡᠯ ᠦᠨ ᠬᠣᠷᠢᠶ᠎ᠠ ᠂ 2001 ᠣᠨ ᠤ 7 ᠳᠦᠭᠡᠷ ᠰᠠᠷ᠎ᠠ ᠃

★ [illegible] : 《[illegible]》 ᠂ 2001 ᠣᠨ ᠤ 5 ᠳᠦᠭᠡᠷ ᠰᠠᠷ᠎ᠠ ᠃

★ [illegible] : 《[illegible]》 ᠂ ᠥᠪᠥᠷ ᠮᠣᠩᠭᠣᠯ ᠤᠨ ᠠᠷᠠᠳ ᠤᠨ ᠬᠡᠪᠯᠡᠯ ᠦᠨ ᠬᠣᠷᠢᠶ᠎ᠠ ᠂ 2000 ᠣᠨ ᠤ 9 ᠳᠦᠭᠡᠷ ᠰᠠᠷ᠎ᠠ ᠃

★ [illegible] : 《[illegible] — [illegible]》 ᠂ ᠥᠪᠥᠷ ᠮᠣᠩᠭᠣᠯ ᠤᠨ ᠠᠷᠠᠳ ᠤᠨ ᠬᠡᠪᠯᠡᠯ ᠦᠨ ᠬᠣᠷᠢᠶ᠎ᠠ ᠂ 2000 ᠣᠨ ᠤ 6 ᠳᠦᠭᠡᠷ ᠰᠠᠷ᠎ᠠ ᠃

★ [illegible] : 《[illegible]》 ᠂ ᠥᠪᠥᠷ ᠮᠣᠩᠭᠣᠯ ᠤᠨ ᠠᠷᠠᠳ ᠤᠨ ᠬᠡᠪᠯᠡᠯ ᠦᠨ ᠬᠣᠷᠢᠶ᠎ᠠ ᠂ 2000 ᠣᠨ ᠤ 6 ᠳᠦᠭᠡᠷ ᠰᠠᠷ᠎ᠠ ᠃

★ [illegible] : 《〈[illegible]〉 [illegible]》 ᠂ ᠥᠪᠥᠷ ᠮᠣᠩᠭᠣᠯ ᠤᠨ ᠠᠷᠠᠳ ᠤᠨ ᠬᠡᠪᠯᠡᠯ ᠦᠨ ᠬᠣᠷᠢᠶ᠎ᠠ ᠂ 2000 ᠣᠨ ᠤ 7 ᠳᠦᠭᠡᠷ ᠰᠠᠷ᠎ᠠ ᠃

★ [illegible] ([illegible]) ᠂ ᠥᠪᠥᠷ ᠮᠣᠩᠭᠣᠯ ᠤᠨ ᠠᠷᠠᠳ ᠤᠨ ᠬᠡᠪᠯᠡᠯ ᠦᠨ ᠬᠣᠷᠢᠶ᠎ᠠ ᠂ 1996 ᠣᠨ ᠤ 6 ᠳᠦᠭᠡᠷ ᠰᠠᠷ᠎ᠠ ... 1996 ᠣᠨ ᠤ 7 ᠳᠦᠭᠡᠷ ᠰᠠᠷ᠎ᠠ ... 2000 ...

★ 《[illegible]》 [illegible] : 《[illegible]》 ([illegible]) ᠂ ᠥᠪᠥᠷ ᠮᠣᠩᠭᠣᠯ ᠤᠨ ᠠᠷᠠᠳ ᠤᠨ ᠬᠡᠪᠯᠡᠯ ᠦᠨ ᠬᠣᠷᠢᠶ᠎ᠠ ᠂ 1999 ᠣᠨ ᠤ 8 ᠳᠦᠭᠡᠷ ᠰᠠᠷ᠎ᠠ ᠃

★ [illegible] : 《[illegible]》 ([illegible]) ᠂ ᠥᠪᠥᠷ ᠮᠣᠩᠭᠣᠯ ᠤᠨ ᠠᠷᠠᠳ ᠤᠨ ᠬᠡᠪᠯᠡᠯ ᠦᠨ ᠬᠣᠷᠢᠶ᠎ᠠ

2004 ᠣᠨ ᠤ 6 ᠰᠠᠷ᠎ᠠ ᠳᠤ ::

★ [illegible] : 《[illegible]》 , ᠥᠪᠥᠷ ᠮᠣᠩᠭᠣᠯ ᠤᠨ ᠠᠷᠠᠳ ᠤᠨ ᠬᠡᠪᠯᠡᠯ ᠦᠨ ᠬᠣᠷᠢᠶ᠎ᠠ ([illegible]) , 2004 ᠣᠨ ᠤ 6 ᠰᠠᠷ᠎ᠠ ᠳᠤ ::

★ [illegible] : 《[illegible]》 ([illegible]) , [illegible] , 2004 ᠣᠨ ᠤ 6 ᠰᠠᠷ᠎ᠠ ᠳᠤ ::

★ [illegible] : 《[illegible]》 , ᠥᠪᠥᠷ ᠮᠣᠩᠭᠣᠯ ᠤᠨ ᠠᠷᠠᠳ ᠤᠨ ᠬᠡᠪᠯᠡᠯ ᠦᠨ ᠬᠣᠷᠢᠶ᠎ᠠ , 2004 ᠣᠨ ᠤ 6 ᠰᠠᠷ᠎ᠠ ᠳᠤ ::

★ [illegible] : 《[illegible]》 ([illegible]) , ᠥᠪᠥᠷ ᠮᠣᠩᠭᠣᠯ ᠤᠨ ᠠᠷᠠᠳ ᠤᠨ ᠬᠡᠪᠯᠡᠯ ᠦᠨ ᠬᠣᠷᠢᠶ᠎ᠠ , 2004 ᠣᠨ ᠤ 6 ᠰᠠᠷ᠎ᠠ ᠳᠤ ::

★ [illegible] : 《[illegible] —— [illegible]》 , ᠥᠪᠥᠷ ᠮᠣᠩᠭᠣᠯ ᠤᠨ ᠠᠷᠠᠳ ᠤᠨ ᠬᠡᠪᠯᠡᠯ ᠦᠨ ᠬᠣᠷᠢᠶ᠎ᠠ , 2004 ᠣᠨ ᠤ 3 ᠰᠠᠷ᠎ᠠ ᠳᠤ ::

★ [illegible] ([illegible]) : 《[illegible]》 , [illegible] 《[illegible]》 , ᠥᠪᠥᠷ ᠮᠣᠩᠭᠣᠯ ᠤᠨ ᠠᠷᠠᠳ ᠤᠨ ᠬᠡᠪᠯᠡᠯ ᠦᠨ ᠬᠣᠷᠢᠶ᠎ᠠ , 2003 ᠣᠨ ᠤ 9 ᠰᠠᠷ᠎ᠠ ᠳᠤ ::

★ [illegible] : 《[illegible]》 , ᠥᠪᠥᠷ ᠮᠣᠩᠭᠣᠯ ᠤᠨ ᠠᠷᠠᠳ ᠤᠨ ᠬᠡᠪᠯᠡᠯ ᠦᠨ ᠬᠣᠷᠢᠶ᠎ᠠ , 2003 ᠣᠨ ᠤ 7 ᠰᠠᠷ᠎ᠠ ᠳᠤ ::

★ [illegible] : 《[illegible]》 , ᠥᠪᠥᠷ ᠮᠣᠩᠭᠣᠯ ᠤᠨ ᠠᠷᠠᠳ ᠤᠨ ᠬᠡᠪᠯᠡᠯ ᠦᠨ ᠬᠣᠷᠢᠶ᠎ᠠ , 2003 ᠣᠨ ᠤ 7 ᠰᠠᠷ᠎ᠠ ᠳᠤ ::

★ [illegible] : 《[illegible]》 ([illegible]) , ᠥᠪᠥᠷ ᠮᠣᠩᠭᠣᠯ ᠤᠨ ᠠᠷᠠᠳ ᠤᠨ ᠬᠡᠪᠯᠡᠯ ᠦᠨ ᠬᠣᠷᠢᠶ᠎ᠠ , 2003 ᠣᠨ ᠤ 7 ᠰᠠᠷ᠎ᠠ ᠳᠤ ::

★ [illegible] : 《[illegible] —— [illegible]》 , ᠥᠪᠥᠷ ᠮᠣᠩᠭᠣᠯ ᠤᠨ ᠠᠷᠠᠳ ᠤᠨ ᠬᠡᠪᠯᠡᠯ ᠦᠨ ᠬᠣᠷᠢᠶ᠎ᠠ , 2003 ᠣᠨ ᠤ

ᠣᠨ ᠤ 5 ᠳᠤᠭᠠᠷ ᠰᠠᠷ᠎ᠠ᠃

★ [illegible] : 《〈[illegible] — [illegible]〉[illegible]》· [illegible] ᠦ ᠬᠡᠪᠯᠡᠯ ᠦᠨ ᠬᠣᠷᠢᠶ᠎ᠠ · 2006
ᠬᠡᠪᠯᠡᠯ ᠦᠨ ᠬᠣᠷᠢᠶ᠎ᠠ · 2006 ᠣᠨ ᠤ 4 ᠳᠦᠭᠡᠷ ᠰᠠᠷ᠎ᠠ᠃

★ [illegible] : 《[illegible]》· [illegible] ᠤᠨ [illegible] ᠤᠨ 2005 ᠣᠨ ᠤ 12 ᠳᠤᠭᠠᠷ ᠰᠠᠷ᠎ᠠ᠃

★ [illegible] : 《[illegible]》([illegible]) · [illegible] ᠤᠨ [illegible] ᠤᠨ ᠬᠡᠪᠯᠡᠯ ᠦᠨ ᠬᠣᠷᠢᠶ᠎ᠠ · ᠬᠣᠷᠢᠶ᠎ᠠ · 2005 ᠣᠨ ᠤ 9 ᠳᠦᠭᠡᠷ ᠰᠠᠷ᠎ᠠ᠃

★ [illegible] : 《[illegible] 〈[illegible]〉》· [illegible] ᠬᠡᠪᠯᠡᠯ ᠦᠨ [illegible] ᠤᠨ ᠬᠡᠪᠯᠡᠯ ᠦᠨ ᠬᠣᠷᠢᠶ᠎ᠠ · 2005 ᠣᠨ ᠤ 9 ᠳᠦᠭᠡᠷ ᠰᠠᠷ᠎ᠠ᠃

★ [illegible] : 《[illegible] 〈[illegible]〉》· [illegible] ᠤᠨ [illegible] ᠦ ᠬᠡᠪᠯᠡᠯ ᠦᠨ ᠬᠣᠷᠢᠶ᠎ᠠ · 2005 ᠣᠨ ᠤ 6 ᠳᠤᠭᠠᠷ ᠰᠠᠷ᠎ᠠ᠃

★ [illegible] : 《[illegible] — [illegible] 75 [illegible]》· 2004 ᠣᠨ ᠤ 10 ᠳᠤᠭᠠᠷ ᠰᠠᠷ᠎ᠠ᠃

★ [illegible] : 《[illegible]》· [illegible] ᠤᠨ [illegible] ᠤᠨ ᠬᠡᠪᠯᠡᠯ ᠦᠨ ᠬᠣᠷᠢᠶ᠎ᠠ · 2004 ᠣᠨ ᠤ 10 ᠳᠤᠭᠠᠷ ᠰᠠᠷ᠎ᠠ᠃

★ [illegible] : 《[illegible]》([illegible]) · [illegible] ᠤᠨ [illegible] ᠤᠨ ᠬᠡᠪᠯᠡᠯ ᠦᠨ ᠬᠣᠷᠢᠶ᠎ᠠ · 2004 ᠣᠨ ᠤ 9 ᠳᠦᠭᠡᠷ ᠰᠠᠷ᠎ᠠ᠃

★ [illegible] : 《[illegible]》([illegible]) · [illegible] ᠤᠨ [illegible] ᠤᠨ ᠬᠡᠪᠯᠡᠯ ᠦᠨ ᠬᠣᠷᠢᠶ᠎ᠠ · 2004 ᠣᠨ ᠤ ᠳᠤᠭᠠᠷ ᠰᠠᠷ᠎ᠠ᠃

★ [illegible] : 《[illegible] — [illegible]》· [illegible] ᠤᠨ ᠬᠡᠪᠯᠡᠯ ᠦᠨ ᠬᠣᠷᠢᠶ᠎ᠠ · 2004 ᠣᠨ ᠤ 8 ᠣᠨ ᠤ 6 ᠳᠤᠭᠠᠷ ᠰᠠᠷ᠎ᠠ᠃

★ [illegible] : 《[illegible]》· [illegible] ᠤᠨ ᠬᠡᠪᠯᠡᠯ ᠦᠨ ᠬᠣᠷᠢᠶ᠎ᠠ · 2004

★ ᠮᠠ᠂ ᠭᠦᠷᠪᠠᠵᠠᠪ ᠄ 《 ᠮᠣᠩᠭᠣᠯ ᠬᠡᠯᠡᠨ ᠦ ᠰᠤᠷᠭᠠᠨ ᠬᠦᠮᠦᠵᠢᠯ ᠦᠨ ᠰᠤᠳᠤᠯᠭᠠ 》 ᠂ ᠥᠪᠥᠷ ᠮᠣᠩᠭᠣᠯ ᠤᠨ ᠠᠷᠠᠳ ᠤᠨ ᠬᠡᠪᠯᠡᠯ ᠦᠨ ᠬᠣᠷᠢᠶ᠎ᠠ ᠂ 2009 ᠣᠨ ᠤ
ᠳᠤᠭᠠᠷ ᠰᠠᠷ᠎ᠠ ᠃

ᠨᠠᠰᠤᠨᠪᠠᠶᠠᠷ ᠄ 《 ᠮᠣᠩᠭᠣᠯ ᠬᠡᠯᠡᠨ ᠦ ᠰᠤᠷᠭᠠᠨ ᠬᠦᠮᠦᠵᠢᠯ ᠦᠨ ᠰᠤᠳᠤᠯᠭᠠ 》 ᠂ ᠥᠪᠥᠷ ᠮᠣᠩᠭᠣᠯ ᠤᠨ ᠠᠷᠠᠳ ᠤᠨ ᠬᠡᠪᠯᠡᠯ ᠦᠨ ᠬᠣᠷᠢᠶ᠎ᠠ ᠂ 2008 ᠣᠨ ᠤ 12

★ ᠨᠠᠰᠤᠨ ᠄ 《 ᠮᠣᠩᠭᠣᠯ ᠬᠡᠯᠡᠨ ᠦ ᠰᠤᠷᠭᠠᠨ ᠬᠦᠮᠦᠵᠢᠯ ᠦᠨ ... 》 ᠂ ᠥᠪᠥᠷ ᠮᠣᠩᠭᠣᠯ ᠤᠨ ᠠᠷᠠᠳ ᠤᠨ ᠬᠡᠪᠯᠡᠯ ᠦᠨ ᠬᠣᠷᠢᠶ᠎ᠠ ᠂
2008 ᠣᠨ ᠤ 4 ᠳᠦᠭᠡᠷ ᠰᠠᠷ᠎ᠠ ᠃

★ ᠳᠠ᠂ ᠪᠠᠲᠤ ᠄ 《 ... 》 ᠂ ᠥᠪᠥᠷ ᠮᠣᠩᠭᠣᠯ ᠤᠨ ᠠᠷᠠᠳ ᠤᠨ ᠬᠡᠪᠯᠡᠯ ᠦᠨ ᠬᠣᠷᠢᠶ᠎ᠠ ᠂
ᠳᠦᠭᠡᠷ ᠰᠠᠷ᠎ᠠ ᠃

★ ᠳᠠ᠂ ᠵᠢ᠂ ᠪᠠᠶᠠᠷ ᠄ 《 ... 》 ᠂ ᠥᠪᠥᠷ ᠮᠣᠩᠭᠣᠯ ᠤᠨ ᠠᠷᠠᠳ ᠤᠨ ᠬᠡᠪᠯᠡᠯ ᠦᠨ ᠬᠣᠷᠢᠶ᠎ᠠ ᠂ 2008 ᠣᠨ ᠤ 4

★ ᠪᠤ᠂ ᠮᠥᠩᠬᠡ ᠄ 《 ... 》 ᠂ ᠥᠪᠥᠷ ᠮᠣᠩᠭᠣᠯ ᠤᠨ ᠰᠤᠷᠭᠠᠨ ᠬᠦᠮᠦᠵᠢᠯ ᠦᠨ ᠬᠡᠪᠯᠡᠯ ᠦᠨ ᠬᠣᠷᠢᠶ᠎ᠠ ᠂ 2007 ᠣᠨ ᠤ 12 ᠳᠤᠭᠠᠷ ᠰᠠᠷ᠎ᠠ ᠃
2007 ᠣᠨ ᠤ 12 ᠳᠤᠭᠠᠷ ᠰᠠᠷ᠎ᠠ ᠃

★ ᠪᠤ᠂ ᠮᠥᠩᠬᠡ ᠄ 《 〈 ... 〉 ... 》 ᠂ ᠥᠪᠥᠷ ᠮᠣᠩᠭᠣᠯ ᠤᠨ ᠠᠷᠠᠳ ᠤᠨ ᠬᠡᠪᠯᠡᠯ ᠦᠨ ᠬᠣᠷᠢᠶ᠎ᠠ ᠂
12 ᠳᠤᠭᠠᠷ ᠰᠠᠷ᠎ᠠ ᠃

... 》 ᠂ ᠥᠪᠥᠷ ᠮᠣᠩᠭᠣᠯ ᠤᠨ ᠠᠷᠠᠳ ᠤᠨ ᠬᠡᠪᠯᠡᠯ ᠦᠨ ᠬᠣᠷᠢᠶ᠎ᠠ ᠂ 2007 ᠣᠨ ᠤ

★ ᠪᠤ᠂ ᠮᠥᠩᠬᠡ ᠄ 《 〈 ... 〉 ... — ... 》 ᠂ ...

★ ᠨᠠᠷᠠᠨᠲᠤᠶ᠎ᠠ ᠄ 《 ... 》 ᠂ ᠥᠪᠥᠷ ᠮᠣᠩᠭᠣᠯ ᠤᠨ ᠠᠷᠠᠳ ᠤᠨ ᠬᠡᠪᠯᠡᠯ ᠦᠨ ᠬᠣᠷᠢᠶ᠎ᠠ ᠂ 2007 ᠣᠨ ᠤ 6 ᠳᠤᠭᠠᠷ ᠰᠠᠷ᠎ᠠ ᠃

ᠥᠪᠥᠷ ᠮᠣᠩᠭᠣᠯ ᠤᠨ ᠠᠷᠠᠳ ᠤᠨ ᠬᠡᠪᠯᠡᠯ ᠦᠨ ᠬᠣᠷᠢᠶ᠎ᠠ ᠂ 2007 ᠣᠨ ᠤ 4 ᠳᠦᠭᠡᠷ ᠰᠠᠷ᠎ᠠ ᠃

★ ... ᠄ 《 ... 》 (...) ᠂

ᠤᠨ ᠬᠣᠷᠢᠶ᠎ᠠ ᠂ 2006 ᠣᠨ ᠤ 10 ᠳᠤᠭᠠᠷ ᠰᠠᠷ᠎ᠠ ᠃

★ ᠰᠠ᠂ ... ᠄ 《 ... — ... 》 ᠂ ...

★ ᠳᠠ᠂ ... ᠄ 《 ... 》 ᠂ ᠥᠪᠥᠷ ᠮᠣᠩᠭᠣᠯ ᠤᠨ ᠠᠷᠠᠳ ᠤᠨ ᠬᠡᠪᠯᠡᠯ ᠦᠨ ᠬᠣᠷᠢᠶ᠎ᠠ ᠂ 2006 ᠣᠨ ᠤ 8 ᠳᠤᠭᠠᠷ ᠰᠠᠷ᠎ᠠ ᠃

★ ᠳᠠ᠂ ... ᠄ 《 ... 〈 ... 〉 》 ᠂ ᠥᠪᠥᠷ ᠮᠣᠩᠭᠣᠯ ᠤᠨ ᠠᠷᠠᠳ ᠤᠨ ᠬᠡᠪᠯᠡᠯ ᠦᠨ ᠬᠣᠷᠢᠶ᠎ᠠ ᠂ 2006 ᠣᠨ ᠤ 3 ᠳᠤᠭᠠᠷ ᠰᠠᠷ᠎ᠠ ᠃

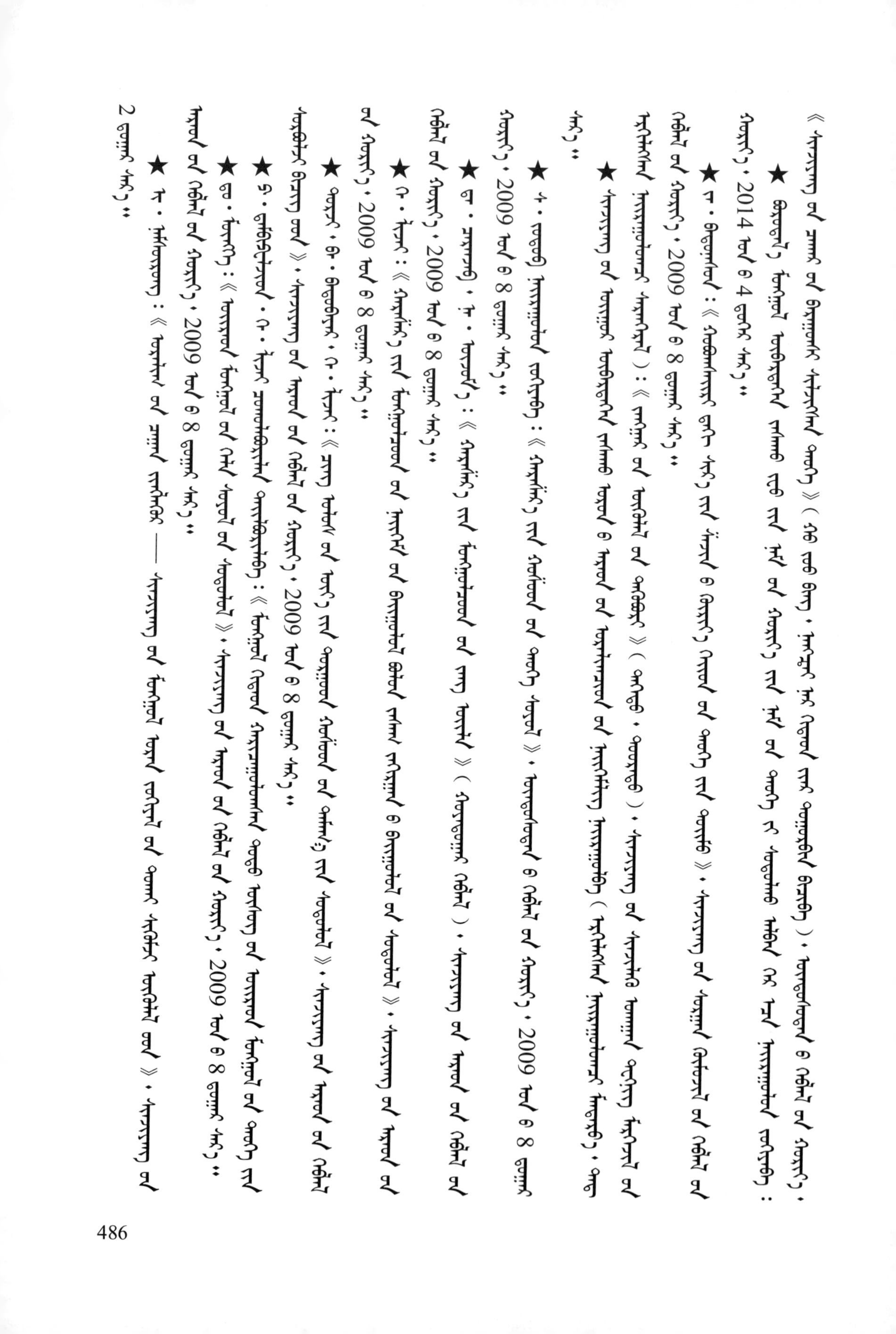

《[illegible]》([illegible])·[illegible]·[illegible]·

★ [illegible]:[illegible]·2014 [illegible] 4 [illegible]··

★ [illegible]:《[illegible]》·[illegible]·2009 [illegible] 8 [illegible]··

★ [illegible]([illegible]):《[illegible]》([illegible])·[illegible]([illegible])·[illegible]··

★ [illegible]:《[illegible]》·[illegible]·2009 [illegible] 8 [illegible]·2009 [illegible] 8 [illegible]··

★ [illegible]:《[illegible]》([illegible])·[illegible]·2009 [illegible] 8 [illegible]··

★ [illegible]:《[illegible]》·[illegible]·2009 [illegible] 8 [illegible]··

★ [illegible]:《[illegible]》·[illegible]·2009 [illegible] 8 [illegible]··

★ [illegible]:《[illegible]》·[illegible]·2009 [illegible] 8 [illegible]··

★ [illegible]:《[illegible]》·[illegible]·2009 [illegible] 8 [illegible]··

★ [illegible]:《[illegible] —— [illegible]》·[illegible] 2 [illegible]··

★ ᠠ᠂ ᠪᠠᠲᠤ : 《〈ᠮᠣᠩᠭᠣᠯ — ᠲᠡᠩᠭᠢᠰ ᠦᠨ ᠵᠠᠩᠭᠢᠯᠠᠭ᠎ᠠ ᠶᠢᠨ ᠪᠢᠴᠢᠭ〉ᠤᠨ ᠰᠢᠨ᠎ᠡ ᠰᠤᠳᠤᠯᠤᠯ》᠂ ᠦᠨᠳᠦᠰᠦᠲᠡᠨ ᠦ ᠬᠡᠪᠯᠡᠯ ᠦᠨ ᠬᠣᠷᠢᠶ᠎ᠠ᠂ 2012 ᠣᠨ ᠤ 5 ᠰᠠᠷ᠎ᠠ

2011 ᠣᠨ ᠤ 12 ᠰᠠᠷ᠎ᠠ ᠳᠤ᠃

★ ᠪᠠ᠂ ᠴᠢᠮᠡᠳᠳᠣᠷᠵᠢ : 《ᠡᠷᠳᠡᠮᠲᠡᠨ ᠦ ᠪᠢᠴᠢᠭ ᠰᠣᠶᠣᠯ ᠤᠨ ᠰᠤᠳᠤᠯᠭ᠎ᠠ ᠶᠢᠨ ᠡᠭᠦᠳᠡ ᠪᠢᠴᠢᠭ》(ᠡᠭᠦᠳᠡ)᠂ ᠥᠪᠥᠷ ᠮᠣᠩᠭᠣᠯ ᠤᠨ ᠠᠷᠠᠳ ᠤᠨ ᠬᠡᠪᠯᠡᠯ ᠦᠨ ᠬᠣᠷᠢᠶ᠎ᠠ᠂

★ ᠪᠣ᠂ ᠪᠠᠶᠠᠷ : 《ᠪᠣ᠂ ᠪᠠᠶᠠᠷ ᠤᠨ ᠰᠢᠯᠢᠳᠡᠭ ᠵᠣᠬᠢᠶᠠᠯ ᠤᠨ ᠲᠡᠭᠦᠪᠦᠷᠢ》᠂ ᠮᠣᠩᠭᠣᠯ ᠰᠤᠷᠭᠠᠭᠤᠯᠢ ᠶᠢᠨ ᠰᠤᠷᠭᠠᠯ ᠤᠨ ᠬᠡᠪᠯᠡᠯ ᠦᠨ ᠬᠣᠷᠢᠶ᠎ᠠ᠂ 2011 ᠣᠨ ᠤ 11 ᠰᠠᠷ᠎ᠠ ᠳᠤ᠃

★ ᠠ᠂ ᠮᠢᠩᠭᠠᠨ : 《ᠮᠣᠩᠭᠣᠯ ᠬᠡᠯᠡ ᠮᠣᠩᠭᠣᠯ ᠤᠨ ᠮᠣᠩᠭᠣᠯ》᠂ ᠥᠪᠥᠷ ᠮᠣᠩᠭᠣᠯ ᠤᠨ ᠠᠷᠠᠳ ᠤᠨ ᠬᠡᠪᠯᠡᠯ ᠦᠨ ᠬᠣᠷᠢᠶ᠎ᠠ᠂ 2011 ᠣᠨ ᠤ 10 ᠰᠠᠷ᠎ᠠ ᠳᠤ᠃

2011 ᠣᠨ ᠤ 8 ᠰᠠᠷ᠎ᠠ ᠳᠤ᠃

★ ᠵᠠᠷᠤᠳ ᠤᠨ ᠰᠡᠴᠡᠨᠪᠢᠯᠢᠭ : 《ᠰᠣᠶᠣᠯᠵᠢᠭᠤᠯᠤᠯ ᠤᠨ ᠡᠷᠳᠡᠮᠲᠡᠨ ᠦ ᠪᠠᠭᠰᠢ ᠰᠠᠶᠢᠨ ᠰᠠᠨᠠᠭ᠎ᠠ ᠬᠢ ᠡᠷᠢᠯᠲᠡ》᠂ ᠥᠪᠥᠷ ᠮᠣᠩᠭᠣᠯ ᠤᠨ ᠠᠷᠠᠳ ᠤᠨ ᠬᠡᠪᠯᠡᠯ ᠦᠨ ᠬᠣᠷᠢᠶ᠎ᠠ᠂

★ ᠪᠠ᠂ ᠮᠦᠩᠬᠡ : 《ᠲᠠ᠂ ᠰᠤᠷᠭᠠᠨ ᠤ 〈ᠲᠦᠷᠦ〉ᠶᠢᠨ ᠰᠤᠳᠤᠯᠤᠯ》᠂ ᠦᠨᠳᠦᠰᠦᠲᠡᠨ ᠦ ᠬᠡᠪᠯᠡᠯ ᠦᠨ ᠬᠣᠷᠢᠶ᠎ᠠ᠂ 2011 ᠣᠨ ᠤ 7 ᠰᠠᠷ᠎ᠠ ᠳᠤ᠃

ᠬᠡᠪᠯᠡᠯ ᠦᠨ ᠬᠣᠷᠢᠶ᠎ᠠ᠂ 2011 ᠣᠨ ᠤ 7 ᠰᠠᠷ᠎ᠠ ᠳᠤ᠃

★ ᠪᠣ᠂ ᠪᠠᠶᠠᠷ᠂ ᠪᠠ᠂ ᠪᠠᠳᠤᠪᠠᠶᠠᠷ ᠨᠠᠶᠢᠷᠠᠮᠳᠠᠯ ᠲᠣᠭᠠᠴᠠᠭᠰᠠᠨ : 《ᠰᠣᠶᠣᠯᠵᠢᠭᠤᠯᠤᠯ ᠤᠨ ᠮᠣᠩᠭᠣᠯᠴᠤᠳ ᠤᠨ ᠡᠷᠳᠡᠮ ᠰᠤᠳᠤᠯᠭ᠎ᠠ ᠶᠢᠨ ᠰᠤᠳᠤᠯᠤᠯ》᠂ ᠥᠪᠥᠷ ᠮᠣᠩᠭᠣᠯ ᠤᠨ ᠠᠷᠠᠳ ᠤᠨ

★ ᠪᠤ᠂ ᠡᠷᠳᠡᠨᠢ : 《ᠪᠢᠳᠡ ᠰᠣᠨᠣᠰᠬᠤᠢ ᠶᠢᠨ ᠡᠭᠦᠳᠡᠭᠰᠡᠨ 〈ᠲᠦᠷᠦ〉》᠂ ᠮᠣᠩᠭᠣᠯ ᠰᠤᠷᠭᠠᠯ ᠤᠨ ᠠᠷᠠᠳ ᠤᠨ ᠬᠡᠪᠯᠡᠯ ᠦᠨ ᠬᠣᠷᠢᠶ᠎ᠠ᠂ 2011 ᠣᠨ ᠤ 1 ᠰᠠᠷ᠎ᠠ ᠳᠤ᠃

ᠣᠨ ᠤ 12 ᠰᠠᠷ᠎ᠠ ᠳᠤ᠃

★ ᠪᠠ᠂ ᠪᠠᠳᠤᠪᠠᠶᠠᠷ ᠨᠠᠶᠢᠷᠠᠮᠳᠠᠯ ᠲᠣᠭᠠᠴᠠᠭᠰᠠᠨ : 《ᠰᠤᠷᠭᠠᠯᠢ ᠶᠢᠨ ᠮᠣᠩᠭᠣᠯᠴᠤᠳ ᠤᠨ ᠡᠷᠳᠡᠮ ᠰᠤᠳᠤᠯᠭ᠎ᠠ ᠶᠢᠨ ᠰᠤᠳᠤᠯᠤᠯ》᠂ ᠦᠨᠳᠦᠰᠦᠲᠡᠨ ᠦ ᠬᠡᠪᠯᠡᠯ ᠦᠨ ᠬᠣᠷᠢᠶ᠎ᠠ᠂ 2012

12 ᠰᠠᠷ᠎ᠠ ᠳᠤ᠃

★ ᠠ᠂ ᠮᠢᠩᠭᠠᠨ : 《ᠮᠣᠩᠭᠣᠯ ᠰᠤᠷᠭᠠᠯ ᠤᠨ ᠬᠢ ᠮᠣᠩᠭᠣᠯ ᠤᠨ ᠰᠤᠳᠤᠯᠭ᠎ᠠ》(ᠳᠡᠭᠡᠳᠦ ᠪᠣᠳᠢ)᠂ ᠥᠪᠥᠷ ᠮᠣᠩᠭᠣᠯ ᠤᠨ ᠠᠷᠠᠳ ᠤᠨ ᠬᠡᠪᠯᠡᠯ ᠦᠨ ᠬᠣᠷᠢᠶ᠎ᠠ᠂ 2010 ᠣᠨ ᠤ

8 ᠰᠠᠷ᠎ᠠ ᠳᠤ᠃

ᠲᠣᠭᠠᠴᠠᠭᠰᠠᠨ : 《ᠡᠷᠲᠡᠨ ᠦ ᠡᠶᠡ ᠶᠢᠨ ᠮᠣᠩᠭᠣᠯ ᠰᠣᠶᠣᠯᠵᠢᠭᠤᠯᠤᠯ ᠤᠨ ᠰᠤᠳᠤᠯᠭ᠎ᠠ ᠬᠢ ᠲᠡᠦᠬᠡ》(ᠳᠡᠭᠡᠷᠡ)᠂ ᠥᠪᠥᠷ ᠮᠣᠩᠭᠣᠯ ᠤᠨ ᠠᠷᠠᠳ ᠤᠨ ᠬᠡᠪᠯᠡᠯ ᠦᠨ ᠬᠣᠷᠢᠶ᠎ᠠ᠂ 2010 ᠣᠨ ᠤ

★ ᠡᠷᠲᠡᠨ ᠦ ᠡᠶᠡ ᠶᠢᠨ ᠮᠣᠩᠭᠣᠯ ᠤᠳᠤᠮ ᠤᠨ ᠰᠣᠶᠣᠯᠵᠢᠭᠤᠯᠤᠯ ᠤᠨ ᠰᠤᠳᠤᠯᠭ᠎ᠠ ᠬᠢ ᠲᠡᠦᠬᠡ ᠶᠢᠨ ᠲᠣᠭᠠᠴᠠᠭᠰᠠᠨ ᠪᠢᠴᠢᠭ ᠮᠡᠳᠡ ᠲᠣᠭᠠᠴᠠᠭᠰᠠᠨ ᠳᠠᠷᠤᠭ᠎ᠠ᠂ ᠲᠠ᠂ ᠰᠠᠷᠠᠨ ᠪᠠᠶᠠᠷ

ᠤᠨ ᠬᠡᠪᠯᠡᠯ ᠦᠨ ᠬᠣᠷᠢᠶ᠎ᠠ᠂ 2010 ᠣᠨ ᠤ 6 ᠰᠠᠷ᠎ᠠ ᠳᠤ᠃

★ ᠠ᠂ ᠪᠠᠳᠤᠮᠥᠩᠬᠡ ᠪᠠᠶᠠᠷ ᠲᠣᠭᠠᠴᠠᠭᠰᠠᠨ : 《ᠰᠡᠴᠡᠭᠰᠡᠨ ᠪᠢᠴᠢᠭ ᠤᠨ ᠮᠣᠩᠭᠣᠯ — ᠵᠠᠯᠠᠭᠤ ᠡᠶᠡ ᠶᠢᠨ ᠰᠢᠯᠢᠳᠡᠭ ᠵᠣᠬᠢᠶᠠᠯ ᠤᠨ ᠰᠣᠩᠭᠣᠮᠠᠯ》᠂ ᠥᠪᠥᠷ ᠮᠣᠩᠭᠣᠯ ᠤᠨ ᠠᠷᠠᠳ

2010 ᠣᠨ ᠤ 5 ᠰᠠᠷ᠎ᠠ ᠳᠤ᠃

★ ᠪᠠ · ᠪᠠᠶᠠᠷᠮᠠᠭ᠄ 《ᠮᠣᠩᠭᠣᠯ ᠤ ᠳᠠᠭᠤ ᠰᠤᠷᠭᠠᠯ ᠤᠨ ᠰᠤᠳᠤᠯᠤᠯ》᠂ ᠦᠨᠳᠦᠰᠦᠲᠡᠨ ᠦ ᠬᠡᠪᠯᠡᠯ ᠦᠨ ᠬᠣᠷᠢᠶ᠎ᠠ ᠶᠢᠨ ᠬᠡᠪᠯᠡᠯ᠂ 2013 ᠣᠨ ᠤ 12 ᠳᠤᠭᠠᠷ ᠰᠠᠷ᠎ᠠ ᠃

★ ᠳ · ᠰᠠᠷᠠᠨ ᠂ ᠴ · ᠪᠠᠶᠠᠷ᠄ 《ᠴᠠᠬᠠᠷ ᠪᠣᠰᠣᠯ ᠤᠨ ᠰᠢᠯᠦᠭ》᠂ ᠦᠨᠳᠦᠰᠦᠲᠡᠨ ᠦ ᠬᠡᠪᠯᠡᠯ ᠦᠨ ᠬᠣᠷᠢᠶ᠎ᠠ ᠶᠢᠨ ᠬᠡᠪᠯᠡᠯ᠂ 2013 ᠣᠨ ᠤ 12 ᠳᠤᠭᠠᠷ ᠰᠠᠷ᠎ᠠ ᠃
ᠦᠨᠳᠦᠰᠦᠲᠡᠨ ᠦ ᠬᠡᠪᠯᠡᠯ ᠦᠨ ᠬᠣᠷᠢᠶ᠎ᠠ ᠶᠢᠨ ᠬᠡᠪᠯᠡᠯ᠂ 2013 ᠣᠨ ᠤ 12 ᠳᠤᠭᠠᠷ ᠰᠠᠷ᠎ᠠ ᠃

★ ᠰ · ᠠᠮᠤᠷ᠄ 《ᠪᠢᠴᠢᠭ ᠰᠤᠳᠤᠯᠤᠯ ᠤ 〈ᠵᠠᠩᠭᠠᠷ〉 ᠤᠨ ᠦᠯᠢᠭᠡᠷ ᠤᠨ ᠳᠠᠭᠤᠯᠠᠯ — 〈ᠵᠠᠩᠭᠠᠷ〉 ᠤᠨ ᠡᠬᠡ ᠦᠯᠢᠭᠡᠷ ᠤᠨ ᠪᠦᠲᠦᠭᠡᠯ ᠠᠷᠭ᠎ᠠ ᠶᠢᠨ ᠦᠵᠡᠯ》᠂
ᠬᠡᠪᠯᠡᠯ᠂ 2013 ᠣᠨ ᠤ 12 ᠳᠤᠭᠠᠷ ᠰᠠᠷ᠎ᠠ ᠃

★ ᠳ · ᠴᠣᠭᠲᠤᠪᠠᠭᠠᠲᠤ · ᠠᠮᠤ · ᠠᠮᠤᠷ᠄ 《ᠵᠠᠩᠭᠠᠷ ᠲᠤᠤᠯᠢ ᠪᠣᠯᠣᠨ ᠳᠦᠷᠪᠡᠳ ᠦᠨ ᠬᠤᠪᠢᠰᠬᠠᠯ ᠤᠨ ᠠᠷᠭ᠎ᠠ》 (ᠨᠢᠭᠡ) ᠂ ᠦᠨᠳᠦᠰᠦᠲᠡᠨ ᠦ ᠬᠡᠪᠯᠡᠯ ᠦᠨ ᠬᠣᠷᠢᠶ᠎ᠠ ᠶᠢᠨ
ᠰᠠᠷ᠎ᠠ ᠃

★ ᠨᠠ · ᠪᠠᠶᠠᠷ᠄ 《ᠮᠣᠩᠭᠣᠯ ᠲᠤᠤᠯᠢ ᠶᠢᠨ ᠦᠯᠢᠭᠡᠷᠯᠡᠯ ᠦᠨ ᠪᠠᠶᠠᠯᠢᠭ ᠴᠢᠮᠡᠭ》᠂ ᠦᠨᠳᠦᠰᠦᠲᠡᠨ ᠦ ᠬᠡᠪᠯᠡᠯ ᠦᠨ ᠬᠣᠷᠢᠶ᠎ᠠ ᠶᠢᠨ ᠬᠡᠪᠯᠡᠯ᠂ 2013 ᠣᠨ ᠤ 8 ᠳᠤᠭᠠᠷ
2013 ᠣᠨ ᠤ 1 ᠳᠤᠭᠠᠷ ᠰᠠᠷ᠎ᠠ ᠃

★ ᠰ · ᠠᠮᠤᠷ ᠪᠠᠶᠠᠷᠮᠠᠭ ᠠᠷᠢᠭᠤᠨᠪᠢᠯᠢᠭ᠄ 《ᠮᠣᠩᠭᠣᠯ ᠤᠨ 〈ᠵᠠᠩᠭᠠᠷ〉 ᠤᠨ ᠬᠡᠪᠯᠡᠯ ᠬᠡᠪᠯᠡᠮᠡᠯ ᠰᠤᠳᠤᠯᠤᠯ》᠂ ᠥᠪᠥᠷ ᠮᠣᠩᠭᠣᠯ ᠤᠨ ᠬᠡᠪᠯᠡᠯ ᠦᠨ ᠬᠣᠷᠢᠶ᠎ᠠ ᠶᠢᠨ ᠬᠡᠪᠯᠡᠯ᠂
ᠤᠨ ᠬᠡᠪᠯᠡᠯ᠂ 2012 ᠣᠨ ᠤ 12 ᠳᠤᠭᠠᠷ ᠰᠠᠷ᠎ᠠ ᠃

★ ᠨᠠ · ᠠᠷᠢᠭᠤᠨ᠄ 《ᠴᠢᠩᠭᠢᠰ ᠲᠤᠤᠵᠢ — ᠪᠢᠴᠢᠮᠡᠯ ᠦᠨ ᠰᠤᠳᠤᠯᠤᠯᠤᠯ ᠤᠨ ᠡᠬᠡ ᠲᠤᠤᠯᠢ ᠶᠢᠨ ᠮᠢᠨᠦ》 (ᠨᠢᠭᠡ) ᠂ ᠥᠪᠥᠷ ᠮᠣᠩᠭᠣᠯ ᠤᠨ ᠬᠡᠪᠯᠡᠯ ᠦᠨ ᠬᠣᠷᠢᠶ᠎ᠠ
ᠤᠨ ᠬᠡᠪᠯᠡᠯ᠂ 2012 ᠣᠨ ᠤ 12 ᠳᠤᠭᠠᠷ ᠰᠠᠷ᠎ᠠ ᠃

★ ᠴᠠ · ᠰᠡᠪᠡᠯ᠄ 《ᠮᠣᠩᠭᠣᠯ ᠤᠨ ᠮᠣᠷᠢ ᠶᠢᠨ ᠮᠡᠳᠡᠯ — ᠮᠣᠩᠭᠣᠯᠴᠤᠳ ᠤᠨ ᠮᠠᠯᠵᠢᠯ ᠠᠵᠤ ᠠᠮᠢᠳᠤᠷᠠᠯ ᠤᠨ ᠲᠤᠤᠯᠢ ᠳᠠᠭᠤᠯᠠᠯ》᠂ ᠦᠨᠳᠦᠰᠦᠲᠡᠨ ᠦ ᠬᠡᠪᠯᠡᠯ ᠦᠨ ᠬᠣᠷᠢᠶ᠎ᠠ
ᠪᠢᠴᠢᠭᠯᠡᠯ》᠂ ᠥᠪᠥᠷ ᠮᠣᠩᠭᠣᠯ ᠤᠨ ᠬᠡᠪᠯᠡᠯ ᠦᠨ ᠬᠣᠷᠢᠶ᠎ᠠ ᠶᠢᠨ ᠬᠡᠪᠯᠡᠯ᠂ 2012 ᠣᠨ ᠤ 10 ᠳᠤᠭᠠᠷ ᠰᠠᠷ᠎ᠠ ᠃

★ ᠠᠮᠤ · ᠰᠡᠴᠡᠨ · ᠪᠠᠶᠠᠨᠮᠣᠩᠬᠡ ᠵᠢᠨ ᠵᠠᠷᠯᠢᠭᠤᠯᠤᠯ᠄ 《ᠦᠨᠳᠦᠰᠦᠲᠡᠨ ᠦ ᠮᠣᠩᠭᠣᠯ ᠬᠡᠯᠡ ᠶᠢᠨ ᠪᠢᠴᠢᠭ ᠪᠠᠶᠢᠳᠠᠯ ᠪᠢᠴᠢᠭ ᠠᠮᠢᠳᠤᠷᠠᠯ ᠤᠨ ᠪᠢᠴᠢᠭ ᠪᠢᠴᠢᠭ ᠤ ᠵᠢᠷᠤᠮ
2012 ᠣᠨ ᠤ 7 ᠳᠤᠭᠠᠷ ᠰᠠᠷ᠎ᠠ ᠃

★ ᠰ · ᠠᠮᠤᠷ ᠂ ᠨᠠ · ᠠᠷᠢᠭᠤᠨ ᠪᠠᠶᠠᠷᠮᠠᠭ ᠠᠷᠢᠭᠤᠨᠪᠢᠯᠢᠭ᠄ 《ᠮᠣᠩᠭᠣᠯ ᠤᠨ 〈ᠵᠠᠩᠭᠠᠷ〉 ᠰᠤᠳᠤᠯᠤᠯ ᠴᠢᠮᠡᠭ》᠂ ᠥᠪᠥᠷ ᠮᠣᠩᠭᠣᠯ ᠤᠨ ᠬᠡᠪᠯᠡᠯ ᠦᠨ ᠬᠣᠷᠢᠶ᠎ᠠ ᠶᠢᠨ ᠬᠡᠪᠯᠡᠯ᠂
ᠤᠨ ᠬᠣᠷᠢᠶ᠎ᠠ ᠶᠢᠨ ᠬᠡᠪᠯᠡᠯ᠂ 2012 ᠣᠨ ᠤ 6 ᠳᠤᠭᠠᠷ ᠰᠠᠷ᠎ᠠ ᠃

★ ᠪᠠ · ᠪᠠᠶᠠᠷ᠄ 《ᠪᠢᠴᠢᠮᠡᠯ ᠦᠨ ᠰᠤᠳᠤᠯᠤᠯᠤᠯ ᠤᠨ ᠮᠢᠨᠦ ᠶᠢᠨ ᠲᠤᠤᠯᠢ — ᠦᠯᠢᠭᠡᠷ ᠦᠨ ᠰᠤᠳᠤᠯᠤᠯᠭ᠎ᠠ ᠶᠢᠨ ᠠᠷᠭ᠎ᠠ》᠂ ᠥᠪᠥᠷ ᠮᠣᠩᠭᠣᠯ ᠤᠨ ᠬᠡᠪᠯᠡᠯ
ᠰᠠᠷ᠎ᠠ ᠃

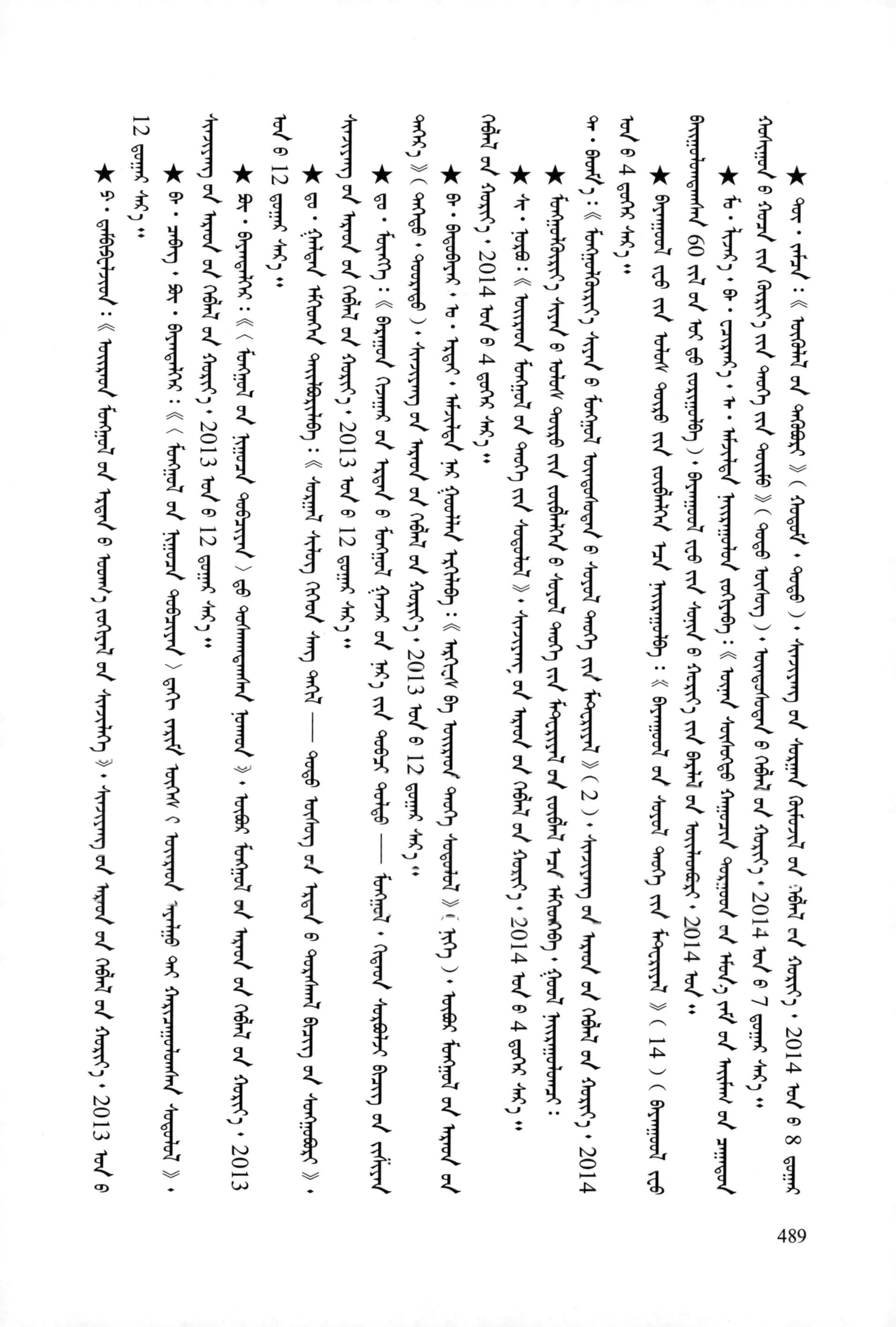

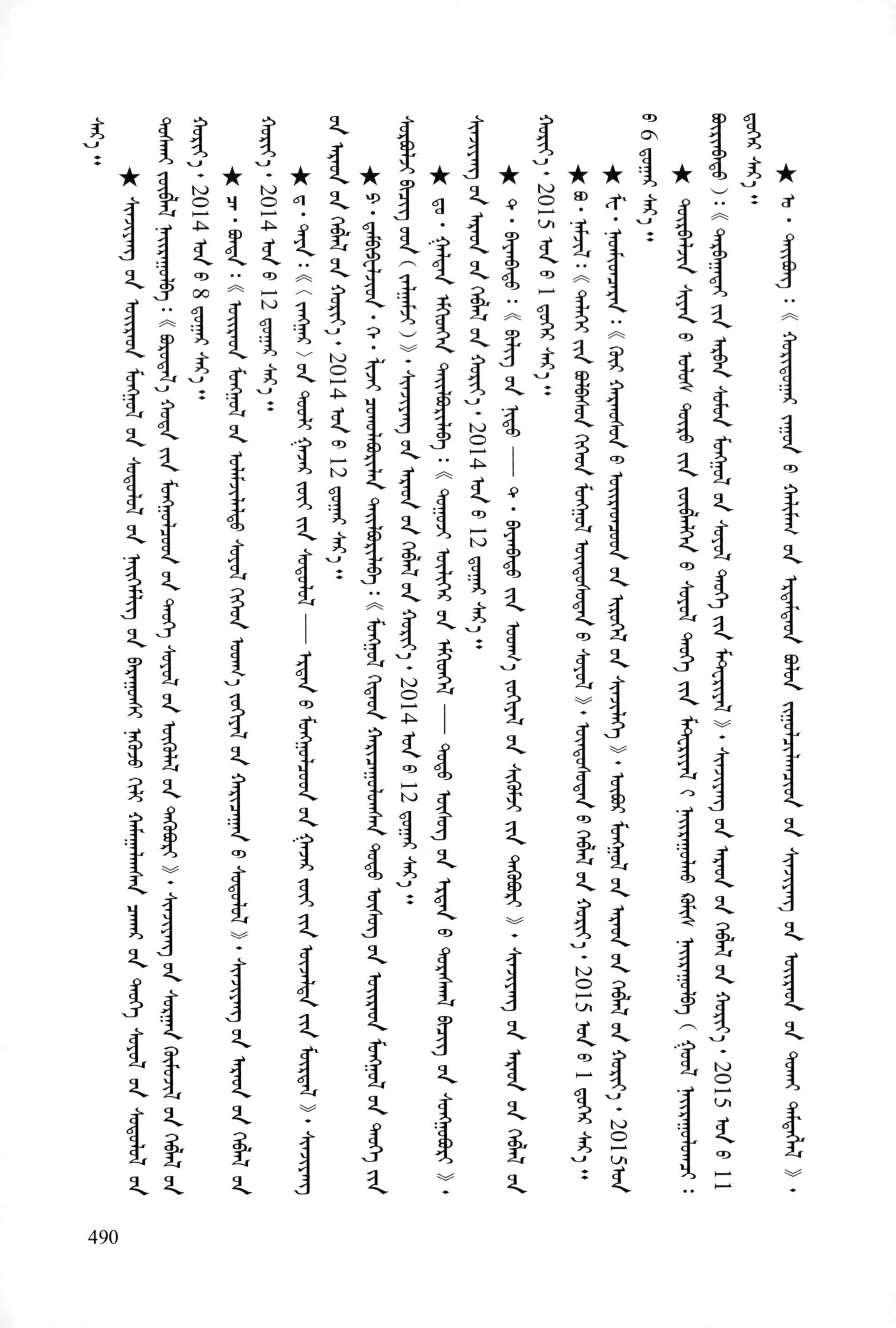

ᠦᠨᠳᠦᠰᠦᠲᠡᠨ ᠦ ᠬᠡᠪᠯᠡᠯ ᠦᠨ ᠬᠣᠷᠢᠶ᠎ᠠ · 2016 ᠣᠨ ᠤ 7 ᠳᠤᠭᠠᠷ ᠳᠡᠭᠲᠡ ::

★ ᠪᠣ · ᠲᠤᠶᠠᠭ᠎ᠠ : 《 ᠰᠢᠨᠵᠢᠯᠡᠭᠡ ᠶᠢᠨ ᠲᠣᠯᠢᠰᠬᠠᠯ ᠤᠨ ᠬᠠᠮᠢᠭ ᠲᠤᠰ ᠶᠢᠨ ᠮᠣᠩᠭᠣᠯ ᠬᠡᠯᠡᠨ ᠦ 》 (ᠳᠡᠭᠡᠷ᠎ᠡ) · ᠲᠥᠪ ᠦᠨ ᠲᠤᠤᠷᠠᠮ ᠤᠨ ᠬᠡᠪᠯᠡᠯ ᠦᠨ ᠬᠣᠷᠢᠶ᠎ᠠ · 2016 ᠣᠨ ᠤ 6 ᠳᠤᠭᠠᠷ ᠳᠡᠭᠲᠡ ::

ᠮᠣᠩᠭᠣᠯ ᠬᠡᠯᠡ ᠤᠷᠢᠳᠤ ᠰᠤᠷᠭᠠᠭᠤᠯᠢ ᠶᠢᠨ ᠲᠣᠪᠴᠢ ᠬᠡᠪᠯᠡᠯ ᠤᠨ ᠬᠣᠷᠢᠶ᠎ᠠ · ᠮᠣᠩᠭᠣᠯ ᠤᠨ ᠲᠣᠯᠢ ᠶᠢᠨ ᠬᠡᠪᠯᠡᠯ 》 · ᠲᠣᠪᠴᠢᠶᠠᠨ ᠦ ᠬᠡᠪᠯᠡᠯ ᠦᠨ ᠬᠣᠷᠢᠶ᠎ᠠ · 2016

★ ᠪᠣ · ᠪᠠᠶᠠᠷᠲᠤ ᠲᠡᠮᠦᠷ ᠨᠠᠶᠢᠷᠠᠭᠤᠯᠤᠭᠰᠠᠨ : 《 ᠮᠣᠩᠭᠣᠯ ᠤᠨ ᠲᠡᠦᠬᠡ ᠶᠢᠨ ᠲᠣᠯᠢᠨ ᠲᠣᠯᠢᠰᠬᠠᠯ ᠤᠨ ᠪᠢᠴᠢᠭ ᠦᠨ ᠪᠠᠭᠠ ᠲᠣᠪᠴᠢ ᠮᠣᠩᠭᠣᠯ (ᠰᠢᠨᠵᠢᠯᠡᠭᠡ ᠲᠣᠪᠴᠢᠯᠠᠯ 》 · ᠥᠪᠥᠷ ᠮᠣᠩᠭᠣᠯ ᠤᠨ ᠠᠷᠠᠳ ᠤᠨ ᠬᠡᠪᠯᠡᠯ ᠦᠨ ᠬᠣᠷᠢᠶ᠎ᠠ · 2016 ᠣᠨ ᠤ 4 ᠳᠦᠭᠡᠷ ᠳᠡᠭᠲᠡ ::

★ ᠴᠢ · ᠵᠢᠷᠭᠠᠯ : 《 ᠬᠠᠷᠢᠴᠠᠯ ᠪᠣᠯᠪᠠᠰᠤᠷᠠᠯ ᠬᠢᠭᠡᠳ ᠪᠣᠳᠣᠯ ᠰᠠᠨᠠᠭᠠᠨ — ᠮᠣᠩᠭᠣᠯ ᠤᠨ ᠲᠥᠪ ᠲᠤᠯᠬᠠ ᠶᠢᠨ ᠲᠣᠯᠢᠨ ᠲᠥᠷᠥᠯ ᠬᠠᠷᠢᠴᠠᠯ ᠤᠨ ᠮᠣᠩᠭᠣᠯ ᠰᠤᠳᠤᠯᠭ᠎ᠠ 》 · ᠳᠤᠭᠠᠷ ᠳᠡᠭᠲᠡ ::

★ ᠲᠣ · ᠲᠠᠪᠤᠨ : 《 ᠬᠠᠪᠰᠤᠷᠤᠨ ᠰᠤᠷᠭᠠᠭᠤᠯᠢ ᠲᠣᠪᠴᠢ ᠶᠢᠨ ᠵᠢᠷᠤᠮ ᠰᠤᠳᠤᠯ ᠤᠨ ᠮᠣᠩᠭᠣᠯ ᠰᠤᠳᠤᠯᠭ᠎ᠠ 》 · ᠥᠪᠥᠷ ᠮᠣᠩᠭᠣᠯ ᠤᠨ ᠠᠷᠠᠳ ᠤᠨ ᠬᠡᠪᠯᠡᠯ ᠦᠨ ᠬᠣᠷᠢᠶ᠎ᠠ · 2016 ᠣᠨ ᠤ 3
2016 ᠣᠨ ᠤ 1 ᠳᠦᠭᠡᠷ ᠳᠡᠭᠲᠡ ::

★ ᠲᠣ · ᠮᠡᠷᠭᠡᠨ ᠪᠠᠶᠠᠨᠳᠠᠯᠠᠢ ᠮᠡᠷᠭᠡᠵᠢᠯᠲᠡᠨ : 《 ᠬᠠᠷᠢᠴᠠᠭᠤᠯᠤᠨ ᠰᠤᠳᠤᠯᠬᠤ ᠶᠢᠨ ᠵᠢᠷᠤᠮ ᠪᠠᠷᠢᠮᠲᠠ ᠮᠡᠳᠡᠯᠭᠡ 》 (ᠵᠢᠷᠤᠮ) · ᠲᠥᠪ ᠦᠨ ᠲᠤᠤᠷᠠᠮ ᠤᠨ ᠠᠷᠠᠳ ᠤᠨ ᠬᠡᠪᠯᠡᠯ ᠦᠨ ᠬᠣᠷᠢᠶ᠎ᠠ ·
ᠲᠣᠯᠢᠨ ᠵᠢᠷᠤᠮ ᠤᠨ ᠵᠢᠷᠤᠮ ᠶᠢᠨ ᠰᠤᠳᠤᠯᠭ᠎ᠠ 》 · ᠥᠪᠥᠷ ᠮᠣᠩᠭᠣᠯ ᠤᠨ ᠠᠷᠠᠳ ᠤᠨ ᠬᠡᠪᠯᠡᠯ ᠦᠨ ᠬᠣᠷᠢᠶ᠎ᠠ · 2015 ᠣᠨ ᠤ 12 ᠳᠤᠭᠠᠷ ᠳᠡᠭᠲᠡ ::

★ ᠪᠣ · ᠲᠣᠷᠭᠠᠨ : 《 ᠬᠠᠷᠠ ᠮᠣᠷᠢᠲᠤ ᠶᠢᠨ ᠲᠣᠷᠭ᠎ᠠ ᠶᠢᠨ ᠥᠪᠥᠷ ᠮᠣᠩᠭᠣᠯ ᠤᠨ ᠰᠢᠯᠢ ᠶᠢᠨ ᠬᠣᠯᠠᠭᠠᠨ · ᠬᠠᠷᠠ ᠤᠨ ᠲᠠᠯ᠎ᠠ · ᠬᠠᠷᠠ ᠮᠣᠷᠢ ᠶᠢᠨ ᠪᠠᠶᠢᠭᠤᠯᠤᠯᠲᠠ · ᠲᠣᠪᠴᠢ ᠰᠤᠳᠤᠯᠭ᠎ᠠ ᠪᠠᠨ

★ ᠪ · ᠮᠣᠩᠭᠣ : 《 〈 ᠬᠠᠷᠢᠶ᠎ᠠ 〉 ᠲᠣᠯᠢᠰᠬᠠᠯ ᠬᠠᠮᠢᠭ ᠲᠤᠰ ᠶᠢᠨ ᠰᠤᠳᠤᠯᠭ᠎ᠠ 》 · ᠥᠪᠥᠷ ᠮᠣᠩᠭᠣᠯ ᠤᠨ ᠠᠷᠠᠳ ᠤᠨ ᠬᠡᠪᠯᠡᠯ ᠦᠨ ᠬᠣᠷᠢᠶ᠎ᠠ · 2015 ᠣᠨ ᠤ 12 ᠳᠤᠭᠠᠷ ᠳᠡᠭᠲᠡ ::
ᠬᠣᠷᠢᠶ᠎ᠠ · 2015 ᠣᠨ ᠤ 12 ᠳᠤᠭᠠᠷ ᠳᠡᠭᠲᠡ ::

★ ᠪᠢ · ᠪᠠᠶᠠᠷᠮᠠ : 《 ᠲᠣᠭᠠᠷᠠᠯ ᠤᠨ ᠲᠣᠮᠣ ᠮᠡᠳᠡᠯ ᠦᠨ ᠲᠣᠯᠢᠰᠬᠠᠯ ᠤᠨ ᠬᠢᠭᠡᠳ ᠶᠢᠨ ᠮᠣᠩᠭᠣᠯᠴᠤᠳ ᠪᠣᠳᠠᠯ ᠰᠤᠳᠤᠯᠭ᠎ᠠ 》 · ᠥᠪᠥᠷ ᠮᠣᠩᠭᠣᠯ ᠤᠨ ᠠᠷᠠᠳ ᠤᠨ ᠬᠡᠪᠯᠡᠯ ᠦᠨ
ᠳᠡᠭᠲᠡ ::

★ ᠲᠣ · ᠵᠢᠷᠭᠠᠯ · ᠴᠢ · ᠲᠤᠶᠠᠭ᠎ᠠ : 《 ᠮᠣᠩᠭᠣᠯ ᠤᠨ ᠰᠣᠶᠣᠯ ᠤᠨ ᠮᠣᠷᠢᠨ ᠰᠤᠳᠤᠯ 》 · ᠥᠪᠥᠷ ᠮᠣᠩᠭᠣᠯ ᠤᠨ ᠠᠷᠠᠳ ᠤᠨ ᠬᠡᠪᠯᠡᠯ ᠦᠨ ᠬᠣᠷᠢᠶ᠎ᠠ · 2015 ᠣᠨ ᠤ 12 ᠳᠤᠭᠠᠷ
ᠲᠣᠭᠠᠯᠠᠯᠲᠠ 》 · ᠥᠪᠥᠷ ᠮᠣᠩᠭᠣᠯ ᠤᠨ ᠠᠷᠠᠳ ᠤᠨ ᠬᠡᠪᠯᠡᠯ ᠦᠨ ᠬᠣᠷᠢᠶ᠎ᠠ · 2015 ᠣᠨ ᠤ 12 ᠳᠤᠭᠠᠷ ᠳᠡᠭᠲᠡ ::

★ ᠪᠣ · ᠰᠢᠷᠠᠪ ᠵᠢᠷᠭᠠᠯ ᠮᠡᠷᠭᠡᠵᠢᠯᠲᠡᠨ : 《 ᠮᠣᠩᠭᠣᠯ ᠵᠢᠷᠤᠮ ᠲᠠᠪᠤᠨ ᠶᠢᠨ ᠮᠣᠷᠢ ᠵᠢᠷᠤᠮ ᠦᠨᠳᠦᠰᠦᠨ ᠪᠠᠭ᠎ᠠ ᠤᠨ ᠰᠢᠪᠠᠭᠤ ᠮᠣᠩᠭᠣᠯ ᠪᠠᠨ ᠲᠣᠷᠢᠯᠠᠭ ᠮᠡᠷᠭᠡᠵᠢᠯ ᠮᠡᠳᠡᠯ
ᠲᠣᠪᠴᠢᠶᠠᠨ ᠦ ᠬᠡᠪᠯᠡᠯ ᠦᠨ ᠬᠣᠷᠢᠶ᠎ᠠ · 2015 ᠣᠨ ᠤ 11 ᠳᠦᠭᠡᠷ ᠳᠡᠭᠲᠡ ::

ᠬᠡᠪᠯᠡᠯ ᠦᠨ ᠬᠣᠷᠢᠶ᠎ᠠ᠂ 2020 ᠣᠨ ᠤ 6 ᠳᠤᠭᠠᠷ ᠰᠠᠷ᠎ᠠ᠃

★ ᠳ᠂ ᠪᠠᠶᠠᠷ ᠨᠠᠢᠷᠠᠭᠤᠯᠤᠨ ᠣᠷᠴᠢᠭᠤᠯᠪᠠ᠄《〈ᠵᠠᠩᠭᠠᠷ〉 ᠤᠨ ᠰᠤᠳᠤᠯᠤᠯ ᠤᠨ ᠲᠣᠪᠴᠢ》(ᠳᠡᠪᠲᠡᠷ)᠂ ᠦᠨᠳᠦᠰᠦᠲᠡᠨ ᠦ ᠬᠡᠪᠯᠡᠯ ᠦᠨ ᠬᠣᠷᠢᠶ᠎ᠠ᠂ 2019 ᠣᠨ ᠤ 12 ᠳᠤᠭᠠᠷ ᠰᠠᠷ᠎ᠠ᠃

★ ᠪ᠂ ᠮᠡᠨᠳᠦ᠄《ᠮᠣᠩᠭᠣᠯ ᠦᠨᠳᠦᠰᠦᠲᠡᠨ ᠦ ᠲᠡᠭᠦᠰ ᠮᠡᠳᠡᠯᠭᠡ ᠶᠢᠨ ᠰᠤᠳᠤᠯᠤᠯ ᠤᠨ ᠡᠮᠬᠢᠳᠭᠡᠯ》(ᠳᠡᠭᠡᠳᠦ ᠪᠦᠯᠦᠭ)᠂ ᠦᠪᠦᠷ ᠮᠣᠩᠭᠣᠯ ᠤᠨ ᠠᠷᠠᠳ ᠤᠨ ᠬᠡᠪᠯᠡᠯ ᠦᠨ ᠬᠣᠷᠢᠶ᠎ᠠ᠂ 2019 ᠣᠨ ᠤ 5 ᠳᠤᠭᠠᠷ ᠰᠠᠷ᠎ᠠ᠃

★ ᠪ᠂ ᠮᠡᠨᠳᠦ ᠨᠠᠢᠷᠠᠭᠤᠯᠤᠨ ᠣᠷᠴᠢᠭᠤᠯᠪᠠ᠄《ᠦᠪᠦᠷ ᠮᠣᠩᠭᠣᠯ ᠤᠨ 〈ᠵᠠᠩᠭᠠᠷ〉 ᠤᠨ ᠰᠤᠳᠤᠯᠤᠯ ᠤᠨ ᠲᠣᠪᠴᠢ》᠂ ᠦᠨᠳᠦᠰᠦᠲᠡᠨ ᠦ ᠬᠡᠪᠯᠡᠯ ᠦᠨ ᠬᠣᠷᠢᠶ᠎ᠠ᠂ 2018 ᠣᠨ ᠤ 11 ᠳᠦᠭᠡᠷ ᠰᠠᠷ᠎ᠠ᠃

★ ᠠᠷᠠᠪᠵᠢᠯᠲᠤ᠂ ᠪᠠᠳᠤᠷᠠᠬᠤ ᠨᠠᠢᠷᠠᠭᠤᠯᠪᠠ᠄《ᠵᠠᠩᠭᠠᠷ᠂ ᠭᠡᠰᠡᠷ ᠦᠨ ᠰᠤᠳᠤᠯᠤᠯ ᠤᠨ ᠲᠡᠦᠬᠡ ᠶᠢᠨ ᠲᠣᠢᠮᠣ ᠶᠢᠨ ᠲᠣᠪᠴᠢ》᠂ ᠦᠨᠳᠦᠰᠦᠲᠡᠨ ᠦ ᠬᠡᠪᠯᠡᠯ ᠦᠨ ᠬᠣᠷᠢᠶ᠎ᠠ᠂ 2018 ᠣᠨ ᠤ 7 ᠳᠤᠭᠠᠷ ᠰᠠᠷ᠎ᠠ᠃

★ ᠮ᠂ ᠰᠠᠢᠨᠪᠠᠶᠠᠷ ᠲᠠᠢᠯᠪᠤᠷᠢᠯᠠᠨ ᠣᠷᠴᠢᠭᠤᠯᠪᠠ᠄《ᠬ᠂ ᠪᠠᠳᠤ ᠶᠢᠨ ᠬᠢᠭᠰᠡᠨ ᠵᠠᠩᠭᠠᠷ》᠂ ᠦᠨᠳᠦᠰᠦᠲᠡᠨ ᠦ ᠬᠡᠪᠯᠡᠯ ᠦᠨ ᠬᠣᠷᠢᠶ᠎ᠠ᠂ 2018 ᠣᠨ ᠤ 5 ᠳᠤᠭᠠᠷ ᠰᠠᠷ᠎ᠠ᠃

★ ᠮ᠂ ᠰᠠᠢᠨᠪᠠᠶᠠᠷ ᠨᠠᠢᠷᠠᠭᠤᠯᠤᠨ ᠣᠷᠴᠢᠭᠤᠯᠪᠠ᠄《ᠮ᠂ ᠪ᠂ ᠪᠠᠳᠤᠷᠠᠬᠤ ᠶᠢᠨ 〈ᠵᠠᠩᠭᠠᠷ〉 ᠤᠨ ᠰᠤᠳᠤᠯᠤᠯ ᠤᠨ ᠲᠡᠦᠬᠡ —— ᠰᠤᠳᠤᠯᠭᠠ ᠶᠢᠨ ᠬᠡᠮᠵᠢᠶ᠎ᠡ》᠂ ᠦᠨᠳᠦᠰᠦᠲᠡᠨ ᠦ ᠬᠡᠪᠯᠡᠯ ᠦᠨ ᠬᠣᠷᠢᠶ᠎ᠠ᠂ [illegible] ᠣᠨ ᠤ 3 ᠳᠤᠭᠠᠷ ᠰᠠᠷ᠎ᠠ᠃

★ ᠮ᠂ ᠰᠠᠢᠨᠪᠠᠶᠠᠷ᠄《ᠵᠠᠩᠭᠠᠷ ᠤᠨ ᠬᠡᠯᠡᠨ ᠦ ᠤᠷᠠᠯᠢᠭ ᠤᠨ ᠰᠤᠳᠤᠯᠤᠯ》᠂ ᠦᠪᠦᠷ ᠮᠣᠩᠭᠣᠯ ᠤᠨ ᠰᠣᠶᠣᠯ ᠤᠨ ᠬᠡᠪᠯᠡᠯ ᠦᠨ ᠬᠣᠷᠢᠶ᠎ᠠ᠂ 2018 ᠣᠨ ᠤ 3 ᠳᠤᠭᠠᠷ ᠰᠠᠷ᠎ᠠ᠃

★ ᠳ᠂ ᠵᠢᠷᠭᠠᠯ ᠨᠠᠢᠷᠠᠭᠤᠯᠤᠨ ᠣᠷᠴᠢᠭᠤᠯᠪᠠ᠄《ᠵᠠᠩᠭᠠᠷ ᠤᠨ ᠪᠠᠷ ᠤᠨ ᠮᠡᠳᠡᠯᠭᠡ ᠶᠢᠨ ᠰᠤᠳᠤᠯᠤᠯ ᠤᠨ ᠡᠮᠬᠢᠳᠭᠡᠯ》(ᠳᠡᠪᠲᠡᠷ)᠂ ᠦᠨᠳᠦᠰᠦᠲᠡᠨ ᠦ ᠬᠡᠪᠯᠡᠯ ᠦᠨ ᠬᠣᠷᠢᠶ᠎ᠠ᠂ [illegible] ᠣᠨ ᠤ 12 ᠳᠤᠭᠠᠷ ᠰᠠᠷ᠎ᠠ᠃

★ ᠳ᠂ ᠰᠣᠶᠣᠯᠲᠤ᠄《ᠮᠣᠩᠭᠣᠯ ᠤᠨ ᠤᠯᠠᠮᠵᠢᠯᠠᠯᠳᠤ ᠰᠣᠶᠣᠯ ᠤᠨ ᠳᠦᠷᠰᠦᠯᠡᠯ》᠂ ᠦᠪᠦᠷ ᠮᠣᠩᠭᠣᠯ ᠤᠨ ᠠᠷᠠᠳ ᠤᠨ ᠬᠡᠪᠯᠡᠯ ᠦᠨ ᠬᠣᠷᠢᠶ᠎ᠠ᠂ 2016

★ ᠨ᠂ ᠨᠠᠷᠠᠨ᠄《ᠮᠣᠩᠭᠣᠯ ᠦᠯᠢᠭᠡᠷ ᠤᠨ ᠳᠦᠷᠰᠦᠯᠡᠯ》᠂ ᠦᠪᠦᠷ ᠮᠣᠩᠭᠣᠯ ᠤᠨ ᠠᠷᠠᠳ ᠤᠨ ᠬᠡᠪᠯᠡᠯ ᠦᠨ ᠬᠣᠷᠢᠶ᠎ᠠ᠂ 2016 ᠣᠨ ᠤ 12 ᠳᠤᠭᠠᠷ ᠰᠠᠷ᠎ᠠ᠃

ᠳᠤᠭᠠᠷ ᠰᠠᠷ᠎ᠠ᠃

★ ᠵ᠂ ᠪᠠᠶᠠᠷ᠄《〈ᠵᠠᠩᠭᠠᠷ〉 —— ᠮᠣᠩᠭᠣᠯ ᠤᠨ ᠪᠠᠭᠠᠲᠤᠷ ᠤᠨ 〉 ᠤᠨ ᠰᠤᠳᠤᠯᠤᠯ ᠤᠨ ᠲᠣᠪᠴᠢ》᠂ ᠦᠨᠳᠦᠰᠦᠲᠡᠨ ᠦ ᠬᠡᠪᠯᠡᠯ ᠦᠨ ᠬᠣᠷᠢᠶ᠎ᠠ᠂ 2016 ᠣᠨ ᠤ 11

★ ᠪᠦᠬᠦ ᠤᠯᠤᠰ ᠤᠨ ᠬᠡᠪᠯᠡᠯ ᠰᠤᠷᠭᠠᠯ ᠤᠨ ᠨᠣᠮ ᠤᠨ ᠪᠣᠯᠪᠠᠰᠤᠷᠠᠯ ᠪᠢᠴᠢᠭᠯᠡᠭᠡᠨ ᠣᠷᠴᠢᠭᠤᠯᠪᠠ : 《 ᠰᠤᠷᠭᠠᠯ 〈 ᠨᠣᠮ 〉 — ᠮᠣᠩᠭᠣᠯ ᠪᠢᠴᠢᠭ ᠰᠤᠷᠭᠠᠯ ᠤᠨ ᠬᠡᠷᠡᠭᠯᠡᠭᠡ 》· ᠦᠨᠳᠦᠰᠦᠲᠡᠨ ᠦ ᠬᠡᠪᠯᠡᠯ ᠦᠨ ᠬᠣᠷᠢᠶ᠎ᠠ · 2020 ᠣᠨ ᠤ 12 ᠳᠤᠭᠠᠷ ᠰᠠᠷ᠎ᠠ ::

★ ᠪᠦᠬᠦ ᠶᠢᠨ ᠵᠢᠷᠤᠭ : 《 〈 ᠬᠠᠮᠲᠤ ᠶᠢᠨ ᠬᠦᠮᠦᠨ ᠪᠠᠶᠢᠭᠤᠯᠬᠤ 〉 ᠪᠢᠴᠢᠭ ᠬᠡᠪᠯᠡᠭᠰᠡᠨ 》· ᠲᠥᠪ ᠦᠨ ᠦᠨᠳᠦᠰᠦᠲᠡᠨ ᠦ ᠬᠡᠪᠯᠡᠯ ᠦᠨ ᠬᠣᠷᠢᠶ᠎ᠠ · 2021 ᠣᠨ ::

★ ᠪ · ᠪᠠᠲᠤᠪᠠᠶᠠᠷ ᠪᠦᠯᠦᠭᠯᠡᠨ ᠨᠠᠶᠢᠷᠠᠭᠤᠯᠵᠤ ᠣᠷᠴᠢᠭᠤᠯᠪᠠ : 《 ᠬᠤᠪᠢᠰᠬᠠᠯ ᠰᠤᠷᠭᠠᠯ ᠤᠨ ᠪᠠᠶᠠᠷ ᠪᠢᠴᠢᠭ ᠦᠨ ᠮᠣᠩᠭᠣᠯ (ᠬᠡᠯᠡ) — ᠪᠠᠭᠠ ᠪᠠᠭᠰᠢ ᠶᠢᠨ ᠰᠤᠷᠭᠠᠭᠤᠯᠢ ᠶᠢᠨ ᠬᠡᠯᠡ ᠪᠢᠴᠢᠭ ᠦᠨ ᠰᠤᠷᠭᠠᠯ ᠤᠨ ᠨᠣᠮ 》· ᠦᠨᠳᠦᠰᠦᠲᠡᠨ ᠦ ᠬᠡᠪᠯᠡᠯ ᠦᠨ ᠬᠣᠷᠢᠶ᠎ᠠ · 2022 ᠣᠨ ᠤ 6 ᠳᠤᠭᠠᠷ ᠰᠠᠷ᠎ᠠ ::

★ ᠪ · ᠪᠠᠲᠤᠪᠠᠶᠠᠷ ᠪᠦᠯᠦᠭᠯᠡᠨ ᠨᠠᠶᠢᠷᠠᠭᠤᠯᠵᠤ ᠣᠷᠴᠢᠭᠤᠯᠪᠠ : 《 ᠬᠤᠪᠢᠰᠬᠠᠯ ᠰᠤᠷᠭᠠᠯ ᠤᠨ ᠪᠠᠶᠠᠷ ᠪᠢᠴᠢᠭ ᠦᠨ ᠮᠣᠩᠭᠣᠯ (ᠪᠢᠴᠢᠭ) 》· ᠦᠨᠳᠦᠰᠦᠲᠡᠨ ᠦ ᠬᠡᠪᠯᠡᠯ ᠦᠨ ᠬᠣᠷᠢᠶ᠎ᠠ · 2022 ᠣᠨ ᠤ 12 ᠳᠤᠭᠠᠷ ᠰᠠᠷ᠎ᠠ ::

★ ᠣ · ᠪᠠᠲᠤ ᠨᠠᠶᠢᠷᠠᠭᠤᠯᠪᠠ : 《 ᠪᠢᠴᠢᠭᠯᠡᠯ ᠦᠨ 〈 ᠰᠤᠷᠬᠤ 〉 ᠶᠢᠨ ᠬᠡᠷᠡᠭᠯᠡᠭᠡ ᠪᠠᠷ ᠤᠨ ᠬᠤᠪᠢᠷᠠᠯ 》· ᠦᠨᠳᠦᠰᠦᠲᠡᠨ ᠦ ᠬᠡᠪᠯᠡᠯ ᠦᠨ ᠬᠣᠷᠢᠶ᠎ᠠ · 2022 ᠣᠨ ᠤ ᠡᠬᠢᠨ ᠰᠠᠷ᠎ᠠ ::

★ ᠪᠦᠬᠦ ᠤᠯᠤᠰ ᠤᠨ ᠬᠡᠪᠯᠡᠯ ᠤᠨ ᠰᠤᠷᠭᠠᠭᠤᠯᠢ ᠰᠤᠷᠭᠠᠯ ᠤᠨ ᠨᠣᠮ ᠤᠨ ᠪᠣᠯᠪᠠᠰᠤᠷᠠᠯ ᠪᠢᠴᠢᠭᠯᠡᠭᠡᠨ ᠣᠷᠴᠢᠭᠤᠯᠪᠠ : 《 ᠰᠤᠷᠭᠠᠯ ᠤᠨ ᠪᠣᠯᠪᠠᠰᠤᠷᠠᠯ ᠪᠢᠴᠢᠭ — ᠮᠣᠩᠭᠣᠯ ᠪᠢᠴᠢᠭ ᠰᠤᠷᠭᠠᠯ ᠤᠨ ᠬᠡᠷᠡᠭᠯᠡᠭᠡ 》· ᠦᠨᠳᠦᠰᠦᠲᠡᠨ ᠦ ᠬᠡᠪᠯᠡᠯ ᠦᠨ ᠬᠣᠷᠢᠶ᠎ᠠ · 2023 ᠣᠨ ᠤ 2 ᠳᠤᠭᠠᠷ ᠰᠠᠷ᠎ᠠ ::

[illegible]

★ 1953 ᠣᠨ ᠤ 9 ᠰᠠᠷ᠎ᠠ ᠶᠢᠨ 29 ᠦ ᠡᠳᠦᠷ [illegible] 10 ᠰᠠᠷ᠎ᠠ ᠶᠢᠨ 13 ᠦ ᠡᠳᠦᠷ [illegible] 13 [illegible] 294 ᠲᠥᠯᠦᠭᠡᠯᠡᠭᠴᠢ [illegible] 1955 ᠣᠨ [illegible]

★ 1959 ᠣᠨ ᠤ 5 ᠰᠠᠷ᠎ᠠ ᠶᠢᠨ 13 ᠦ ᠡᠳᠦᠷ [illegible] 345 ᠲᠥᠯᠦᠭᠡᠯᠡᠭᠴᠢ ᠣᠷᠣᠯᠴᠠᠪᠠ ᠃ [illegible]

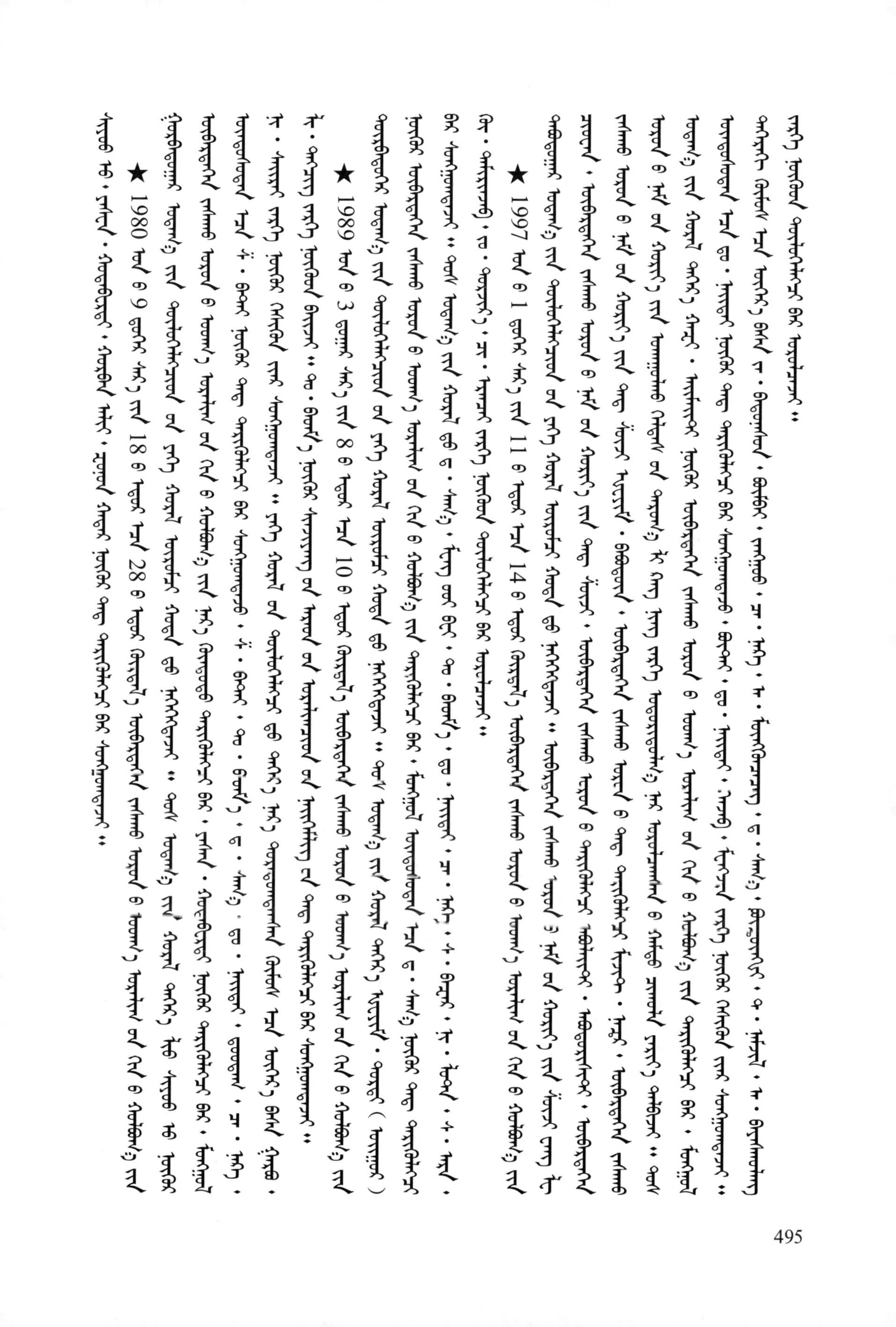

★ 1997 [illegible] 1 [illegible] 11 [illegible] 14 [illegible]

★ 1989 [illegible] 3 [illegible] 8 [illegible] 10 [illegible]

★ 1980 [illegible] 9 [illegible] 18 [illegible] 28 [illegible]

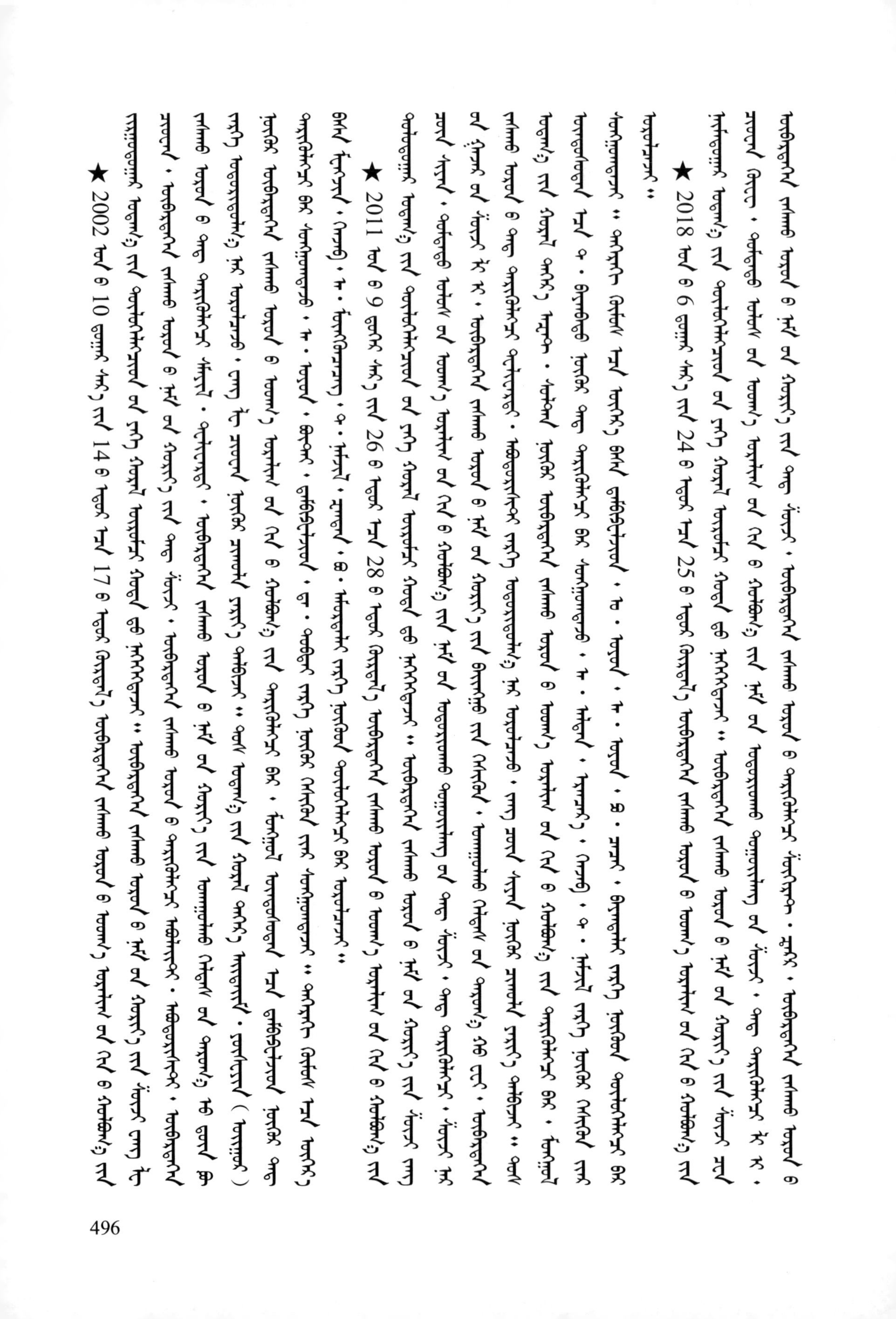

[illegible]

★ 2018 [illegible] 6 [illegible] 24 [illegible] 25 [illegible]

[illegible]

★ 2011 [illegible] 9 [illegible] 26 [illegible] 28 [illegible]

[illegible]

★ 2002 [illegible] 10 [illegible] 14 [illegible] 17 [illegible]

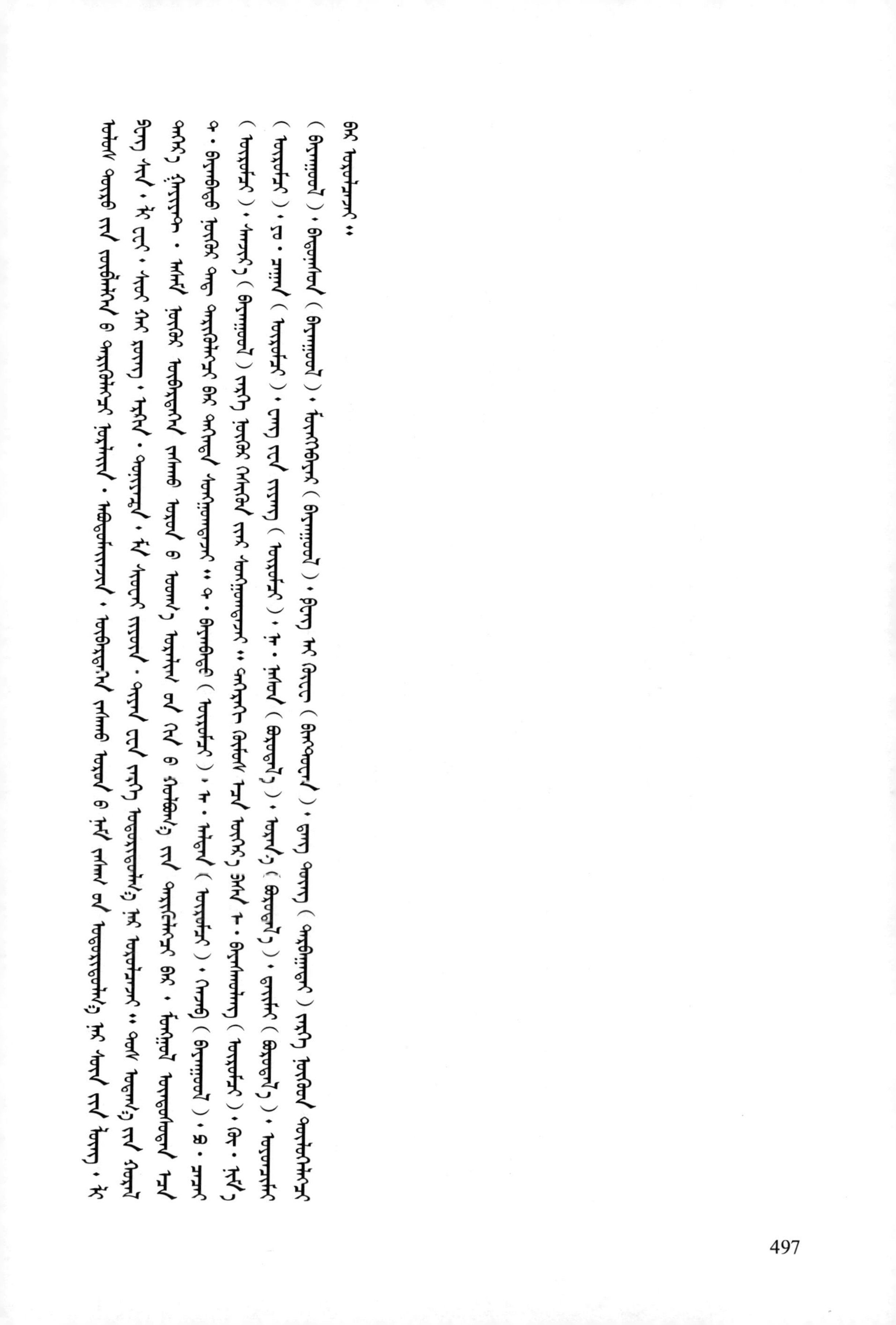

ᠥᠪᠥᠷ ᠮᠣᠩᠭᠣᠯ ᠤᠨ ᠮᠣᠩᠭᠣᠯ ᠬᠡᠯᠡ ᠪᠢᠴᠢᠭ ᠤᠨ ᠠᠵᠢᠯ ᠤᠨ
ᠶᠡᠬᠡ ᠬᠡᠷᠡᠭ ᠦᠨ ᠳᠡᠮᠳᠡᠭᠯᠡᠯ

★ 1957 ᠣᠨ ᠤ 5 ᠰᠠᠷ᠎ᠠ ᠶᠢᠨ 25 ᠤ ᠡᠳᠦᠷ ᠥᠪᠥᠷ ᠮᠣᠩᠭᠣᠯ ᠤᠨ ᠮᠣᠩᠭᠣᠯ ᠬᠡᠯᠡ ᠪᠢᠴᠢᠭ ᠦᠨ ᠠᠵᠢᠯ ᠤᠨ ᠬᠣᠷᠢᠶ᠎ᠠ ᠪᠠᠶᠢᠭᠤᠯᠤᠭᠳᠠᠪᠠ ᠃ 10 ᠰᠠᠷ᠎ᠠ ᠳᠤ 120 ᠭᠠᠷᠤᠢ ᠬᠦᠮᠦᠨ ᠢ ᠰᠤᠷᠭᠠᠨ ᠬᠦᠮᠦᠵᠢᠭᠦᠯᠦᠭᠰᠡᠨ ᠃ 50 ᠭᠠᠷᠤᠢ ᠬᠦᠮᠦᠨ ᠢ ᠮᠣᠩᠭᠣᠯ ᠬᠡᠯᠡ ᠪᠢᠴᠢᠭ ᠦᠨ ᠠᠵᠢᠯ ᠳᠤ ᠬᠤᠪᠢᠶᠠᠷᠢᠯᠠᠭᠰᠠᠨ ᠃ 6 ᠰᠠᠷ᠎ᠠ ᠶᠢᠨ 1 ᠦ ᠡᠳᠦᠷ ᠡᠴᠡ ᠡᠬᠢᠯᠡᠨ ᠬᠡᠷᠡᠭᠵᠢᠭᠦᠯᠪᠡ ᠃

★ 1959 ᠣᠨ ᠤ 5 ᠰᠠᠷ᠎ᠠ ᠶᠢᠨ 13 ᠠᠴᠠ 5 ᠰᠠᠷ᠎ᠠ ᠶᠢᠨ 19 ᠦ ᠡᠳᠦᠷ ᠬᠦᠷᠲᠡᠯ᠎ᠡ ᠥᠪᠥᠷ ᠮᠣᠩᠭᠣᠯ ᠤᠨ ᠮᠣᠩᠭᠣᠯ ᠬᠡᠯᠡ ᠪᠢᠴᠢᠭ ᠦᠨ ᠠᠵᠢᠯ ᠤᠨ ᠬᠤᠷᠠᠯ ᠪᠣᠯᠵᠤ ᠂ ᠮᠣᠩᠭᠣᠯ ᠬᠡᠯᠡ ᠪᠢᠴᠢᠭ ᠢ ᠰᠤᠷᠤᠯᠴᠠᠬᠤ ᠂ ᠬᠡᠷᠡᠭᠯᠡᠬᠦ ᠶᠢ ᠳᠡᠯᠭᠡᠷᠡᠩᠭᠦᠢ ᠪᠣᠯᠭᠠᠬᠤ ᠲᠤᠬᠠᠢ ᠪᠣᠳᠤᠯᠭ᠎ᠠ ᠶᠢ ᠬᠡᠯᠡᠯᠴᠡᠪᠡ ᠃ 17 ᠬᠣᠰᠢᠭᠤ ᠬᠣᠲᠠ ᠶᠢᠨ ᠮᠣᠩᠭᠣᠯ ᠬᠡᠯᠡ ᠪᠢᠴᠢᠭ ᠦᠨ ᠠᠵᠢᠯ ᠤᠨ ᠲᠠᠰᠤᠭ ᠪᠠᠶᠢᠭᠤᠯᠤᠭᠳᠠᠪᠠ ᠃

★ 1980 ᠣᠨ ᠤ 9 ᠰᠠᠷ᠎ᠠ ᠶᠢᠨ 18 ᠠᠴᠠ 28 ᠤ ᠡᠳᠦᠷ ᠬᠦᠷᠲᠡᠯ᠎ᠡ ᠥᠪᠥᠷ ᠮᠣᠩᠭᠣᠯ ᠤᠨ ᠮᠣᠩᠭᠣᠯ ᠬᠡᠯᠡ ᠪᠢᠴᠢᠭ ᠦᠨ ᠠᠵᠢᠯ ᠤᠨ ᠬᠤᠷᠠᠯ ᠬᠣᠶᠠᠳᠤᠭᠠᠷ ᠤᠳᠠᠭ᠎ᠠ ᠪᠣᠯᠵᠤ ᠂ ᠮᠣᠩᠭᠣᠯ ᠬᠡᠯᠡ ᠪᠢᠴᠢᠭ ᠦᠨ ᠠᠵᠢᠯ ᠢ ᠰᠡᠷᠭᠦᠭᠡᠨ ᠬᠥᠭᠵᠢᠭᠦᠯᠬᠦ ᠲᠤᠬᠠᠢ ᠠᠰᠠᠭᠤᠳᠠᠯ ᠢ ᠬᠡᠯᠡᠯᠴᠡᠪᠡ ᠃ 1981 ᠣᠨ ᠳᠤ 《 ᠮᠣᠩᠭᠣᠯ ᠬᠡᠯᠡ ᠪᠢᠴᠢᠭ ᠦᠨ ᠠᠵᠢᠯ ᠤᠨ ᠲᠤᠬᠠᠢ ᠲᠣᠭᠲᠠᠭᠠᠯ (ᠲᠤᠷᠰᠢᠯᠲᠠ) 》 ᠢ ᠨᠡᠶᠢᠲᠡᠯᠡᠪᠡ ᠃

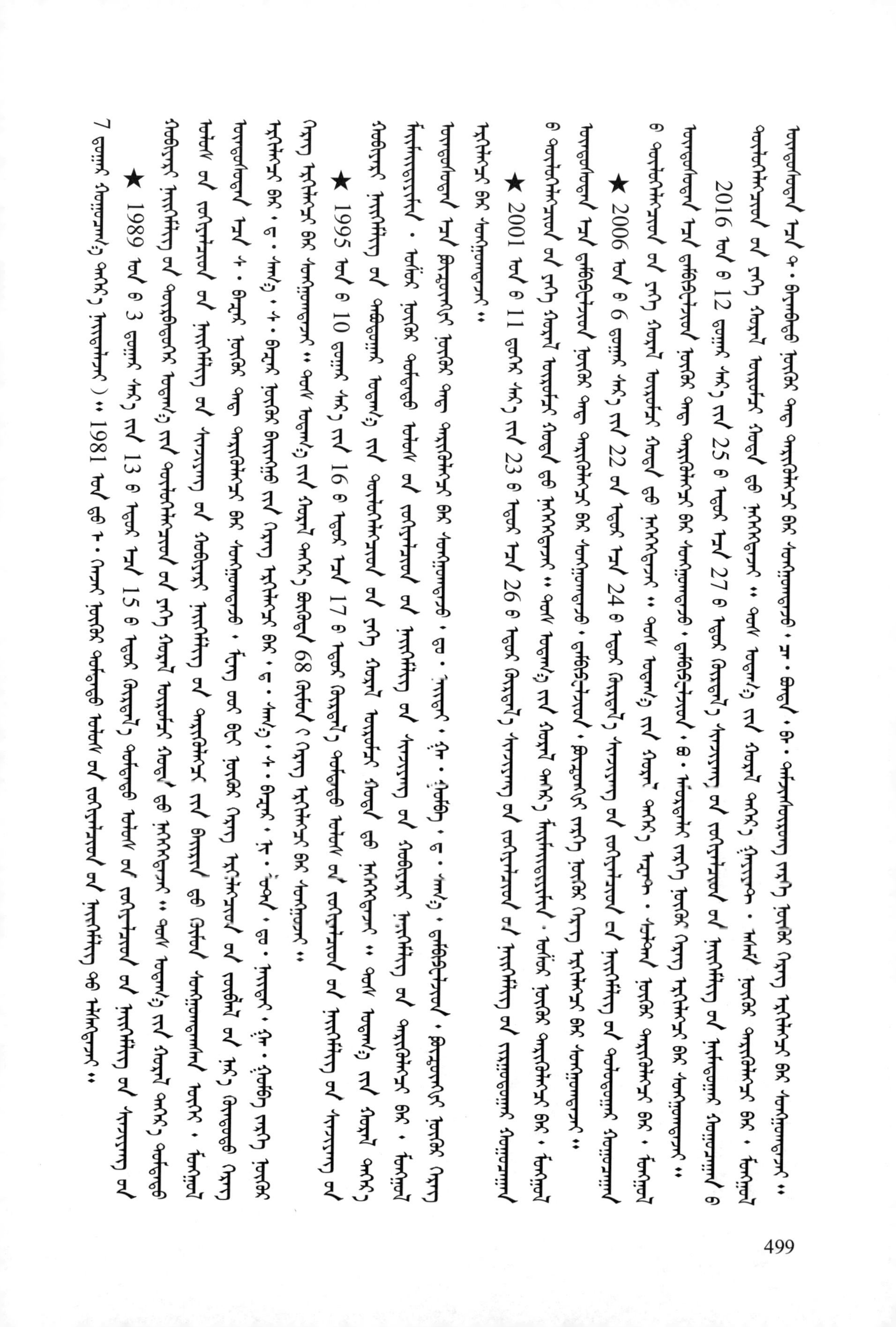

7 [illegible]) :: 1981 [illegible] ::

★ 1989 [illegible] 3 [illegible] 13 [illegible] 15 [illegible] ::

★ 1995 [illegible] 10 [illegible] 16 [illegible] 17 [illegible] 68 [illegible] ::

★ 2001 [illegible] 11 [illegible] 23 [illegible] 26 [illegible] ::

★ 2006 [illegible] 6 [illegible] 22 [illegible] 24 [illegible] ::

2016 [illegible] 12 [illegible] 25 [illegible] 27 [illegible] ::

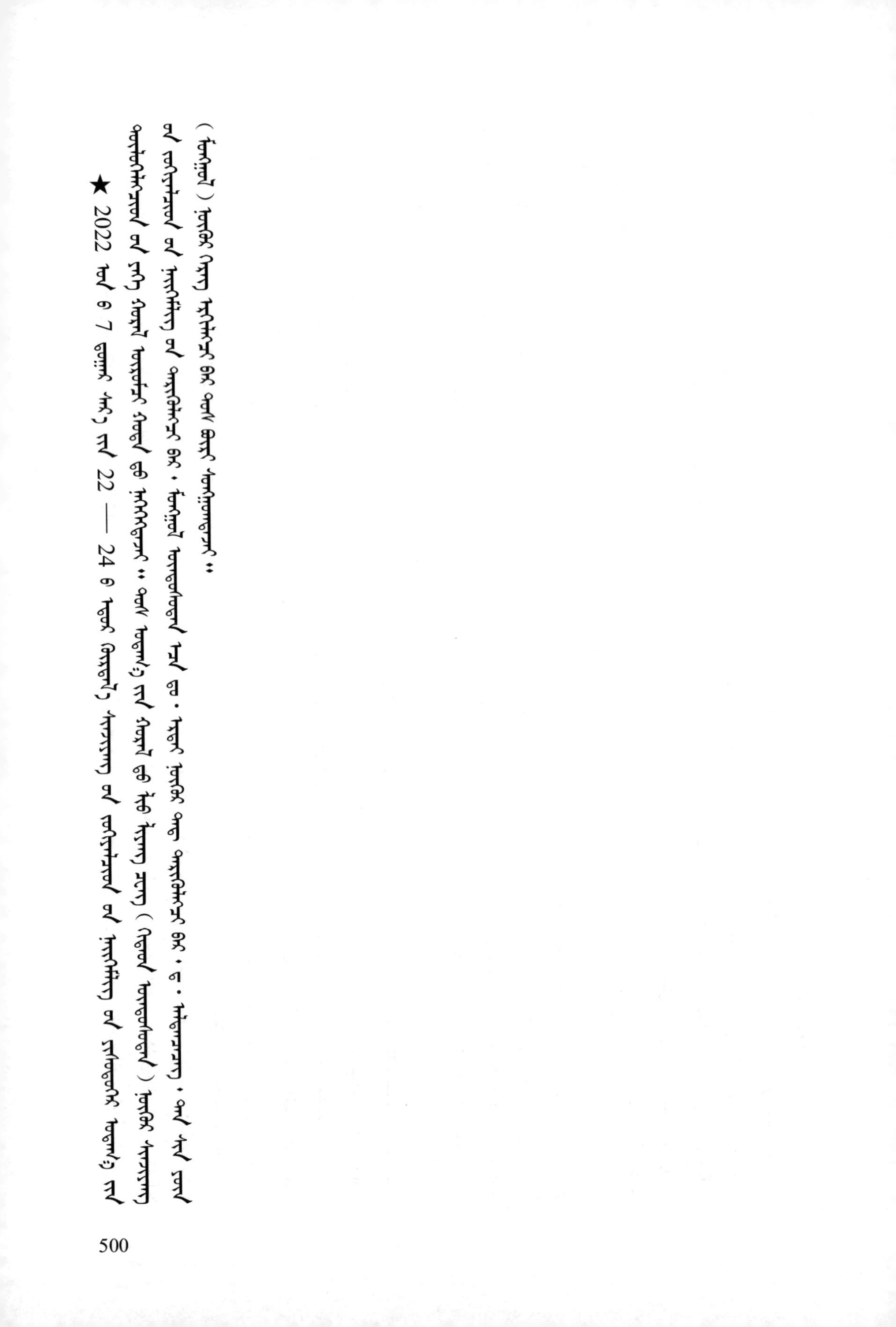

ᠦᠨ᠎ᠡ ᠶᠢᠨ ᠬᠡᠮᠵᠢᠶ᠎ᠡ: 98.00 ᠶᠤᠸᠠᠨ

ᠬᠤᠳᠠᠯᠳᠤᠭᠠᠨ ᠤ ᠳ᠋ᠧᠯᠹᠤᠨ: (010) 58130062　58130904

ᠰᠢᠤᠳᠠᠨ ᠤ ᠨᠣᠮᠧᠷ: 100013

2023 ᠣᠨ ᠤ 6 ᠰᠠᠷ᠎ᠠ ᠳ᠋ᠤ

2023 ᠣᠨ ᠤ 6 ᠰᠠᠷ᠎ᠠ ᠳ᠋ᠤ

图书在版编目（CIP）数据

璀璨星河：新疆蒙古族诗人、作家、学者传记：蒙古文 / 特 · 巴音巴图整理编辑 . -- 北京：民族出版社，2022.12

ISBN 978-7-105-16905-4

Ⅰ . ①璀… Ⅱ . ①特… Ⅲ . ①蒙古族—文化—名人—列传—新疆—蒙古语（中国少数民族语言）Ⅳ . ① K825.4

中国国家版本馆 CIP 数据核字 (2023) 第 018482 号

责任编辑：铁力木杰
责任校对：呼呼格
封面设计：金　晔

出版发行：民族出版社
地　　址：北京市和平里北街 14 号
邮　　编：100013
网　　址：http: // www.mzpub.com
印　　刷：北京盛通印刷股份有限公司
经　　销：各地新华书店
版　　次：2023 年 6 月第 1 版　2023 年 6 月第 1 次印刷
开　　本：710 毫米× 1000 毫米　1/16
印　　张：32.5
定　　价：98. 00 元
ISBN 978-7-105-16905-4 / K • 2914（蒙 177）

该书如有印装质量问题，请与本社蒙文发行科联系退换。
蒙文室电话：010-58130062 蒙文发行科电话：010-58130904